J. von Staudingers
Kommentar zum Bürgerlichen Gesetzbuch
mit Einführungsgesetz und Nebengesetzen
Buch 2 · Recht der Schuldverhältnisse
§§ 839, 839a
(Amtshaftungsrecht)

Kommentatorinnen und Kommentatoren

Dr. Christoph Althammer
Professor an der Universität Regensburg

Dr. Georg Annuß, LL.M., M.A.
Rechtsanwalt in München, Außerplanmäßiger Professor an der Universität Regensburg

Dr. Christian Armbrüster
Professor an der Freien Universität Berlin, Richter am Kammergericht a. D.

Dr. Arnd Arnold
Professor an der Universität Trier, Dipl.-Volksw.

Dr. Karin Arnold
Wiss. Mitarbeiterin an der Universität Tübingen

Dr. Markus Artz
Professor an der Universität Bielefeld

Dr. Martin Avenarius
Professor an der Universität zu Köln

Dr. Ivo Bach
Professor an der Universität Göttingen

Dr. Christian Baldus
Professor an der Universität Heidelberg

Dr. Wolfgang Baumann
Rechtsanwalt und Notar a. D. in Wuppertal, Professor an der Bergischen Universität Wuppertal

Dr. Winfried Bausback
Professor a. D. an der Bergischen Universität Wuppertal, bayerischer Staatsminister der Justiz a. D., Mitglied des Bayerischen Landtags

Dr. Oliver Becker
Notarassessor Notarkammer Pfalz

Dr. Roland Michael Beckmann
Professor an der Universität des Saarlandes, Saarbrücken

Dr. Andreas Bergmann
Professor an der Fernuniversität in Hagen

Dr. Falk Bernau
Richter am Bundesgerichtshof, Karlsruhe

Dr. Felix Berner, M.Jur.
Akad. Rat a. Z., Privatdozent an der Universität Tübingen

Dr. Martin Bialluch, LL.M.
Rechtsanwalt in Hamburg

Dr. Stephanie Bialluch-von Allwörden
Notarin in Hamburg

Dr. Marcus Bieder
Professor an der Universität Osnabrück

Dr. Werner Bienwald †
Professor an der Evangelischen Fachhochschule Hannover, Rechtsanwalt in Oldenburg

Dr. Tom Billing
Rechtsanwalt in Berlin

Dr. Reinhard Bork
Professor (em.) an der Universität Hamburg

Dr. Jan Busche
Professor an der Universität Düsseldorf

Dr. Georg Caspers
Professor an der Universität Erlangen-Nürnberg

Dr. Dr. h. c. Tiziana Chiusi
Professorin an der Universität des Saarlandes, Saarbrücken

Dr. Michael Coester, LL.M.
Professor an der Universität München

Dr. Dr. h. c. Dagmar Coester-Waltjen, LL.M.
Professorin an der Universität Göttingen

Dr. Johanna Croon-Gestefeld, LL.M.
Professorin an der Universität Lüneburg

Dr. Thomas Diehn, LL.M.
Notar in Hamburg, Lehrbeauftragter an der Universität Hamburg

Dr. Katrin Dobler
Richterin am Oberlandesgericht Stuttgart

Dr. Heinrich Dörner
Professor an der Universität Münster

Dr. Werner Dürbeck
Vorsitzender Richter am Oberlandesgericht Frankfurt a. M., Honorarprofessor an der Universität Frankfurt a. M.

Dr. Anatol Dutta, M.Jur.
Professor an der Universität München

Dr. Christina Eberl-Borges
Professorin an der Universität Mainz

Dr. Dres. h. c. Werner F. Ebke, LL.M.
Professor an der Universität Heidelberg

Dr. Jan Eickelberg, LL.M. †
Professor an der Hochschule für Wirtschaft und Recht, Berlin

Jost Emmerich
Richter am Oberlandesgericht München

Dr. Volker Emmerich †
Professor an der Universität Bayreuth, Richter am Oberlandesgericht Nürnberg a. D.

Dr. Cornelia Feldmann
Rechtsanwältin in Freiburg i. Br.

Dr. Matthias Fervers
Professor an der Universität zu Kiel

Dr. Timo Fest, LL.M.
Professor an der Universität Erlangen-Nürnberg

Dr. Karl-Heinz Fezer
Professor em. an der Universität Konstanz, Honorarprofessor an der Universität Leipzig, Richter am Oberlandesgericht Stuttgart a. D.

Dr. Philipp S. Fischinger, LL.M.
Professor an der Universität Mannheim

Dr. Holger Fleischer
Direktor am Max-Planck-Institut für ausländisches und internationales Privatrecht in Hamburg, Professor an der Bucerius Law School, Hamburg

Dr. Robert Freitag, Maître en droit
Professor an der Universität Erlangen-Nürnberg

Dr. Jörg Fritzsche
Professor an der Universität Regensburg

Dr. Tobias Fröschle
Professor an der Universität Siegen

Dr. Susanne Lilian Gössl, LL.M.
Professorin an der Universität Bonn

Dr. Beate Gsell, Maître en droit
Professorin an der Universität München, Richterin am Oberlandesgericht München

Dr. Thomas Gutmann, M. A.
Professor an der Universität Münster

Dr. Martin Gutzeit
Professor an der Universität Gießen

Dr. Martin Häublein
Professor an der Universität Innsbruck

Dr. Johannes Hager
Professor an der Universität München

Dr. Felix Hartmann, LL.M.
Professor an der Freien Universität Berlin

Dr. Wolfgang Hau
Professor an der Universität München, Richter am Oberlandesgericht München a. D.

Dr. Rainer Hausmann
Professor an der Universität Konstanz

Dr. Stefan Heilmann
Vorsitzender Richter am Oberlandesgericht Frankfurt, Honorarprofessor an der Frankfurt University of Applied Sciences

Dr. Jan von Hein
Professor an der Universität Freiburg i. Br.

Dr. Jörn Heinemann
Notar a. D. in Neumarkt i.d. Opf., Professor an der Hochschule für Wirtschaft und Recht, Berlin

Dr. Christian Heinze
Professor an der Universität zu Köln

Dr. Stefan Heinze
Notar in Köln

Dr. Tobias Helms
Professor an der Universität Marburg

Dr. Silas Hengstberger, LL.B.
Wiss. Mitarbeiter an der Universität Mannheim

Dr. Dr. h. c. mult. Dieter Henrich
Professor an der Universität Regensburg

Dr. Carsten Herresthal, LL.M.
Professor an der Universität Regensburg

Christian Hertel, LL.M.
Notar in Weilheim i. OB.

Dr. Stephanie Herzog
Fachanwältin für Erbrecht in Würselen

Dr. Clemens Höpfner
Professor an der Universität zu Köln

Dr. Bernd von Hoffmann †
Professor an der Universität Trier

Dr. Rainer Hüttemann
Professor an der Universität Bonn

Dr. Martin Illmer, M.Jur.
Richter am Landgericht Hamburg, Privatdozent an der Bucerius Law School

Dr. Florian Jacoby
Professor an der Universität Bielefeld

Dr. Ulrich von Jeinsen
Rechtsanwalt und Notar in Hannover, Honorarprofessor an der Universität Hannover

Dr. Dagmar Kaiser †
Professorin an der Universität Mainz

Dr. Bernd Kannowski
Professor an der Universität Bayreuth

Dr. Christoph A. Kern, LL.M.
Professor an der Universität Heidelberg

Dr. Christian Kesseler
Notar in Düren, Honorarprofessor an der Universität Trier

Dr. Martin Kessen
Richter am Bundesgerichtshof, Honorarprofessor an der Universität zu Köln

Dr. Walter Klein
Rechtsanwalt in Köln

Dr. Fabian Klinck
Professor an der Universität Bochum

Dr. Frank Klinkhammer
Richter am Bundesgerichtshof a.D., Karlsruhe, Honorarprofessor an der Universität Marburg

Dr. Steffen Klumpp †
Professor an der Universität Erlangen-Nürnberg

Dr. Jürgen Kohler
Professor an der Universität Greifswald

Dr. Sebastian Kolbe
Professor an der Universität Bremen

Dr. Stefan Koos
Professor an der Universität der Bundeswehr München

Dr. Lena Kunz, LL.M.
Professorin an der Universität zu Kiel

Dr. Steffen Kurth, LL.M.
Rechtsanwalt, Fachanwalt für Erbrecht, Notar und Fachberater für Unternehmensnachfolge (DStV e.V.) in Bielefeld

Dr. Friederike Lang
Richterin am Oberlandesgericht Celle

Dr. Clemens Latzel
Privatdozent an der Universität München

Dr. Arnold Lehmann-Richter
Professor an der Hochschule für Wirtschaft und Recht Berlin

Dr. Saskia Lettmaier, B.A., LL.M.
Professorin an der Universität Hamburg, Richterin am Schleswig-Holsteinischen Oberlandesgericht in Schleswig

Stefan Leupertz
Richter a. D. am Bundesgerichtshof, Honorarprofessor an der TU Dortmund

Dr. Johannes Liebrecht
Professor an der Universität Zürich

Dr. Jan Lieder, LL.M.
Professor an der Universität Freiburg i. Br., Richter am Schleswig-Holsteinischen Oberlandesgericht

Dr. Dimitrios Linardatos
Professor an der Universität des Saarlandes, Saarbrücken

Dr. Martin Löhnig
Professor an der Universität Regensburg

Dr. Dirk Looschelders
Professor an der Universität Düsseldorf

Dr. Stephan Lorenz
Professor an der Universität München

Dr. Sigrid Lorz
Professorin an der Universität Greifswald

Dr. Katharina Lugani
Professorin an den Universitäten Düsseldorf und Linz

Dr. Tobias Lutzi, LL.M., M.Jur.
Professor an der Universität Augsburg

Dr. Gerald Mäsch
Professor an der Universität Münster, Richter am Oberlandesgericht Hamm a. D.

Dr. Robert Magnus
Professor an der Universität Bayreuth

Dr. Ulrich Magnus
Professor an der Universität Hamburg, Affiliate des MPI für ausländisches und internationales Privatrecht, Hamburg, Richter am Hanseatischen Oberlandesgericht zu Hamburg a. D.

Dr. Mark Makowsky
Professor an der Universität Mannheim

Dr. Peter Mankowski †
Professor an der Universität Hamburg

Dr. Dr. h. c. Heinz-Peter Mansel
Professor an der Universität zu Köln

Dr. Peter Marburger †
Professor an der Universität Trier

Dr. Wolfgang Marotzke
Professor an der Universität Tübingen

Dr. Sebastian A. E. Martens
Professor an der Universität Passau

Dr. Dr. Dr. h. c. mult. Michael Martinek, M.C.J.
Professor an der Universität des Saarlandes, Saarbrücken, Honorarprofessor an der Universität Johannesburg, Südafrika

Dr. Annemarie Matusche-Beckmann
Professorin an und Vizepräsidentin der Universität des Saarlandes, Saarbrücken, Stellv. Richterin am Verfassungsgerichtshof des Saarlandes

Dr. Felix Maultzsch, LL.M.
Professor an der Universität Frankfurt a. M.

Dr. Johannes Meier
Akad. Rat a. Z. an der Universität Marburg

Dr. Patrick Meier
Notar in Bischofsheim i.d. Rhön, Privatdozent an der Universität Würzburg

Dr. Dr. Detlef Merten
Professor an der Deutschen Universität für Verwaltungswissenschaften Speyer

Dr. Tanja Mešina
Staatsanwältin, Stuttgart

Dr. Rudolf Meyer-Pritzl †
Professor an der Universität zu Kiel, Richter am Schleswig-Holsteinischen Oberlandesgericht in Schleswig

Dr. Morten Mittelstädt
Notar in Hamburg

Dr. Oliver Moufang
Rechtsanwalt in Frankfurt a. M., Honorarprofessor an der Hochschule Wiesbaden

Dr. Peter O. Mülbert
Professor an der Universität Mainz

Dr. Hans-Heinrich Nöll
Rechtsanwalt in Hamburg

Dr. Jürgen Oechsler
Professor an der Universität Mainz

Dr. Hartmut Oetker
Professor an der Universität zu Kiel, Richter am Thüringer Oberlandesgericht in Jena a. D.

Wolfgang Olshausen
Notar a. D. in Rain am Lech

Dr. Dirk Olzen
Professor an der Universität Düsseldorf

Dr. Sebastian Omlor, LL.M., LL.M.
Professor an der Universität Marburg

Dr. Gerhard Otte
Professor an der Universität Bielefeld

Dr. Frank Peters †
Professor an der Universität Hamburg, Richter am Hanseatischen Oberlandesgericht zu Hamburg a. D.

Dr. Christian Picker
Professor an der Universität Tübingen

Dr. Andreas Piekenbrock
Professor an der Universität Heidelberg

Dr. Jörg Pirrung †
Richter am Gericht erster Instanz der Europäischen Gemeinschaften i. R., Honorarprofessor an der Universität Trier

Dr. Paul Popescu
Rechtsanwalt in Köln

Dr. Maximilian Freiherr von Proff zu Irnich
Notar in Köln

Dr. Lukas Rademacher M.Jur.
Professor an der Universität zu Kiel

Dr. Thomas Raff
Notar in Ludwigshafen

Dr. Manfred Rapp †
Notar a. D., Landsberg am Lech

Dr. Dr. h.c. Dipl. math. Thomas Rauscher
Professor a. D. an der Universität Leipzig, Professor h.c. an der Eötvös Loránd Universität Budapest

Dr. Peter Rawert, LL.M.
Notar in Hamburg, Honorarprofessor an der Universität zu Kiel

Dr. Wolfgang Reetz
Notar in Köln

Eckhard Rehme
Vorsitzender Richter am Oberlandesgericht Oldenburg i. R.

Dr. Moritz Renner
Professor an der Universität Mannheim

Dr. Tilman Repgen
Professor an der Universität Hamburg

Dr. Robin Repnow, M.A.
Akademischer Mitarbeiter an der Universität Heidelberg

Dr. Bettina Rentsch, LL.M.
Professorin an der Freien Universität Berlin

Dr. Philipp Reuß, M.Jur.
Professor an der Universität Göttingen

Dr. Christoph Reymann, LL.M. Eur.
Notar in Landsberg am Lech, Professor an der Privaten Universität Liechtenstein

Dr. Reinhard Richardi †
Professor an der Universität Regensburg, Präsident a. D. des Kirchlichen Arbeitsgerichtshofs der Deutschen Bischofskonferenz, Bonn

Dr. Volker Rieble
Professor an der Universität München, Direktor des Zentrums für Arbeitsbeziehungen und Arbeitsrecht

Dr. Daniel Rodi
Akad. Rat a. Z. an der Universität Heidelberg

Dr. Christian Rolfs
Professor an der Universität zu Köln

Dr. Dr. h. c. Herbert Roth
Professor an der Universität Regensburg

Dr. Ludwig Salgo
Apl. Professor an der Universität Frankfurt a. M.

Dr. Adam Sagan, M. Jur.
Professor an der Universität Bayreuth

Dr. Anne Sanders
Professorin an der Universität Bielefeld

Dr. Daniel Schäuble
Notar in Waldshut-Tiengen

Dr. Renate Schaub, LL.M.
Professorin an der Universität Bochum

Dr. Martin Josef Schermaier
Professor an der Universität Bonn

Dr. Gottfried Schiemann
Professor an der Universität Tübingen

Dr. Eberhard Schilken
Professor an der Universität Bonn

Dr. Martin Schmidt-Kessel
Professor an der Universität Bayreuth

Ulf Schönenberg-Wessel
Notar und Rechtsanwalt in Kiel

Dr. Günther Schotten
Notar a. D. in Köln, Honorarprofessor an der Universität Bielefeld

Dr. Andrea Schulz
Bundesministerium der Justiz und für Verbraucherschutz

Dr. Holger Schulz
Direktor des Amtsgerichts Meldorf

Dr. Roland Schwarze
Professor an der Universität Hannover

Dr. Andreas Schwennicke
Rechtsanwalt und Notar a. D. in Berlin

Dr. Stephan Seiwerth, LL.M.
Professor an der Universität Halle-Wittenberg

Dr. Stephan Serr
Notar in Ochsenfurt

Dr. Reinhard Singer
Professor an der Humboldt-Universität Berlin, Richter am Oberlandesgericht Rostock a. D.

Dr. Stephanie Sittmann-Haury, M.M.
Wiss. Mitarbeiterin an der Universität Mainz

Dr. Martin Soutier
Notar in Roth

Dr. Dr. h. c. Ulrich Spellenberg
Professor an der Universität Bayreuth

Dr. Ansgar Staudinger
Professor an der Universität Bielefeld

Dr. Björn Steinrötter
Professor an der Universität Potsdam

Dr. Malte Stieper
Professor an der Universität Halle-Wittenberg

Dr. Markus Stoffels
Professor an der Universität Heidelberg

Dr. Benedikt Strauß
Notar in Illertissen

Dr. Michael Stürner, M. Jur.
Professor an der Universität Konstanz, Richter am Oberlandesgericht Karlsruhe

Dr. Felipe Temming, LL.M.
Professor an der Universität Hannover

Burkhard Thiele
Präsident des Oberlandesgerichts Rostock a. D., Präsident des Landesverfassungsgerichts Mecklenburg-Vorpommern a. D.

Dr. Christoph Thole
Professor an der Universität zu Köln

Dr. Karsten Thorn
Professor an der Bucerius Law School, Hamburg

Dr. Gregor Thüsing, LL.M.
Professor an der Universität Bonn

Dr. Madeleine Tolani, LL.M.
Professorin an der Hochschule Wismar

Dr. Johannes Ungerer, LL.M. oec.
Senior Research Lecturer in Law an der University of Oxford, Global Associate Professor of Law an der University of Notre Dame (USA) in England

Dr. Barbara Veit
Professorin an der Universität Göttingen

Dr. Bea Verschraegen, LL.M., M.E.M.
Professorin an der Universität Wien, adjunct professor an der Universität Macao

Dr. Klaus Vieweg
Professor an der Universität Erlangen-Nürnberg

Dr. A. Olrik Vogel
Rechtsanwalt in München

Dr. Markus Voltz
Notar in Offenburg

Dr. Reinhard Voppel
Rechtsanwalt in Köln

Dr. Rolf Wagner
Professor an der Universität Potsdam, Ministerialrat im Bundesjustizministerium

Dr. Christoph Andreas Weber
Privatdozent an der Universität München

Gerd Weinreich
Vorsitzender Richter am Oberlandesgericht Oldenburg a. D., Rechtsanwalt in Oldenburg

Dr. Matthias Wendland, LL.M.
Professor an der Universität Oldenburg

Dr. Domenik H. Wendt, LL.M.
Professor an der Frankfurt University of Applied Sciences

Dr. Olaf Werner
Professor an der Universität Jena, Richter am Thüringer Oberlandesgericht Jena a. D.

Dr. Denise Wiedemann, LL.M.
Professorin an der Universität zu Kiel

Dr. Daniel Wiegand, LL.M.
Rechtsanwalt in München

Dr. Wolfgang Wiegand †
Professor an der Universität Bern

Dr. Peter Winkler von Mohrenfels †
Professor an der Universität Rostock, Richter am Oberlandesgericht Rostock a. D.

Dr. Felix Wobst
Notar in Gerolzhofen

Dr. Luitpold Graf Wolffskeel von Reichenberg, LL.M.
Notar in Bamberg

Dr. Hans Wolfsteiner †
Notar a. D., Rechtsanwalt in München

Dr. Anton S. Zimmermann, B.Sc.
Professor an der Universität Heidelberg

Dagmar Zorn
Dipl.-Rechtspflegerin, Großbeeren

Redaktorinnen und Redaktoren

Dr. Christian Baldus
Dr. Christine Budzikiewicz
Dr. Dr. h. c. mult. Christian von Bar, FBA
Dr. Tobias Fröschle
Dr. Hans Christoph Grigoleit
Dr. Johannes Hager
Dr. Rafael Harnos
Dr. Dr. h. c. mult. Dieter Henrich
Dr. Carsten Herresthal, LL.M.
Sebastian Herrler
Dr. Jürgen Kohler
Stefan Leupertz
Dr. Dr. h. c. Manfred Löwisch
Dr. Robert Magnus
Dr. Heinz-Peter Mansel
Dr. Peter O. Mülbert
Dr. Gerhard Otte
Dr. Thomas Raff
Dr. Volker Rieble
Dr. Christian Rolfs
Dr. Markus Stoffels
Dr. Barbara Veit

J. von Staudingers
Kommentar zum Bürgerlichen Gesetzbuch mit Einführungsgesetz und Nebengesetzen

Buch 2
Recht der Schuldverhältnisse
§§ 839, 839a
(Amtshaftungsrecht)

Neubearbeitung 2026
von
Martin Kessen

Redaktor
Johannes Hager

ottoschmidt – De Gruyter · Berlin

Die Kommentatorinnen und Kommentatoren

Neubearbeitung 2026
§§ 839, 839a: MARTIN KESSEN

Neubearbeitung 2020
§§ 839, 839a: HEINZ WÖSTMANN

Neubearbeitung 2013
§§ 839, 839a: HEINZ WÖSTMANN

Neubearbeitung 2007
§§ 839, 839a: MICHAEL WURM

Dreizehnte Bearbeitung 2002
§§ 839, 839a: MICHAEL WURM

12. Auflage
§ 893: Senatspräsident i. R. Dr. KARL SCHÄFER (1986)
§ 839a: ./.

10./11. Auflage
§ 893: Senatspräsident i. R. Dr. KARL SCHÄFER (1969)
§ 839a: ./.

Sachregister

Dr. MARTINA SCHULZ, Pohlheim

Zitierweise

STAUDINGER/KESSEN (2026) § 839 Rn 1

Zitiert wird nach Paragraph bzw Artikel und Randnummer.

Hinweise

Der **Staudinger ist auf juris und Otto Schmidt online** abrufbar.
Nähere Angaben dazu finden Sie auf www.staudinger-bgb.de.

Der **Stand der Bearbeitung** ist März 2026.

Am Ende eines jeden Bandes befindet sich eine Übersicht über den aktuellen Stand des Gesamtwerks STAUDINGER.

Die Deutsche Nationalbibliothek verzeichnet diese Publikation in der Deutschen Nationalbibliografie; detaillierte bibliografische Daten sind im Internet über http://dnb.dnb.de abrufbar.

ISBN 978-3-8059-0008-9

Satz: jürgen ullrich typosatz, Nördlingen.

Druck und Bindearbeiten: CPI books GmbH, Leck.

Umschlaggestaltung: Bib Wies, München.

♾ Gedruckt auf säurefreiem Papier, das die DIN ISO 9706 über Haltbarkeit erfüllt.

Fragen zur allgemeinen Produktsicherheit: productsafety@degruyterbrill.com

Inhaltsübersicht

* Zitiert wird nicht nach Seiten, sondern nach Paragraph bzw Artikel und Randnummer; siehe dazu auch „Zitierweise".

§ 839
Haftung bei Amtspflichtverletzung

(1) Verletzt ein Beamter vorsätzlich oder fahrlässig die ihm einem Dritten gegenüber obliegende Amtspflicht, so hat er dem Dritten den daraus entstehenden Schaden zu ersetzen. Fällt dem Beamten nur Fahrlässigkeit zur Last, so kann er nur dann in Anspruch genommen werden, wenn der Verletzte nicht auf andere Weise Ersatz zu erlangen vermag.

(2) Verletzt ein Beamter bei dem Urteil in einer Rechtssache seine Amtspflicht, so ist er für den daraus entstehenden Schaden nur dann verantwortlich, wenn die Pflichtverletzung in einer Straftat besteht. Auf eine pflichtwidrige Verweigerung oder Verzögerung der Ausübung des Amts findet diese Vorschrift keine Anwendung.

(3) Die Ersatzpflicht tritt nicht ein, wenn der Verletzte vorsätzlich oder fahrlässig unterlassen hat, den Schaden durch Gebrauch eines Rechtsmittels abzuwenden.

Materialien: E I § 736 Abs 1, 3; II § 762; III § 823; Mot II 822; Prot II 758; VI 202.

Artikel 34 GG
[Haftung bei Amtspflichtverletzung]

Verletzt jemand in Ausübung eines ihm anvertrauten öffentlichen Amtes die ihm einem Dritten gegenüber obliegende Amtspflicht, so trifft die Verantwortlichkeit grundsätzlich den Staat oder die Körperschaft, in deren Dienst er steht. Bei Vorsatz oder grober Fahrlässigkeit bleibt der Rückgriff vorbehalten. Für den Anspruch auf Schadensersatz und für den Rückgriff darf der ordentliche Rechtsweg nicht ausgeschlossen werden.

Entstehungsgeschichte: Breuer, BK Loseblattausgabe Stand August 2022 Art 34 Rn 68 ff; Rohlfing Ad Legendum 2019, 123.

Schrifttum

I. Abgekürzt zitierte Standardwerke

BGB-RGRK/Kreft (12. Aufl, 40. Lfg, 1980); zitiert: Kreft

Beck'scher Online Großkommentar zum BGB, hrsg von Gsell/Krüger/Lorenz/Reymann (§ 839 BGB kommentiert von Thomas), zitiert: BeckOGK/Thomas

Itzel/Schwall, Praxishandbuch des Amts- und Staatshaftungsrechts (3. Aufl 2020)

Münchener Kommentar zum BGB (9. Aufl 2024) (§ 839 kommentiert von Papier/Shirvani); zitiert: MünchKommBGB/Papier/Shirvani

Ossenbühl/Cornils, Staatshaftungsrecht (6. Aufl 2013)

Soergel, Kommentar zum BGB (13. Aufl 2005); zitiert: Soergel/Bearbeiter (§ 839 kommentiert von Vinke).

II. Weitere Literatur

Acker, Vorrang des Primärrechtsschutzes – Analyse und Bewertung dieses Grundsatzes im Staatshaftungsrecht, NJOZ 2021, 641

Ackermann, Anmerkung zu BGH NVwZ 2017, 87, NVwZ 2017, 95

Althammer/Schäuble, Effektiver Rechtsschutz bei überlanger Verfahrensdauer – Das neue Gesetz aus zivilrechtlicher Perspektive, NJW 2012, 1

Armbrüster/Kämmerer, Verjährung von Staatshaftungsansprüchen wegen fehlerhafter Richtlinienumsetzung, NJW 2009, 3601

Bernau, Anmerkung zu BGHZ 196, 35 – zur Frage des Ersatzes von verursachten Schäden durch Kindergartenkinder, NZV 2013, 237

Bettermann, Rechtsgrund und Rechtsnatur der Staatshaftung, DÖV 1954, 299

ders, Vom Sinn der Amtshaftung, JZ 1961, 482

Beuthin, Zur Unvererblichkeit des Anspruchs auf Geldentschädigung für Persönlichkeitsrechtsverletzung, GRUR 2014, 957

Blankenagel, Die „Amtspflicht gegenüber einem Dritten“ – Kasuistik ohne Systematik?, DVBl 1981, 15

Böcker, Neuer Rechtsschutz gegen die überlange Dauer finanzgerichtlicher Verfahren, DStR 2011, 2173

Boujong, Staatshaftung für legislatives und normatives Unrecht in der neueren Rechtsprechung des Bundesgerichtshofes, in: FS Geiger (1989) 430

ders, Schadensersatz- und Entschädigungsansprüche wegen fehlerhafter Bauleitplanung und rechtswidriger Bauverwaltungsakte nach der Rechtsprechung des Bundesgerichtshofs, WiVerw 1991, 59

ders, Zum Staatshaftungsrecht im Gebiet der früheren DDR, in: FS Gelzer (1991) 273

ders, Zu den enteignungsrechtlichen Schutzgrenzen des eingerichteten und ausgeübten Gewerbebetriebs, in: FS Nirk (1992) 61

Brade, Amtshaftungsanspruch auf Ersatz des Verdienstausfalls wegen nicht rechtzeitig zur Verfügung gestellten Kinderbetreuungsplatzes, DVBl 2017, 621

Brüning, Staatshaftung bei überlanger Dauer von Gerichtsverfahren, NJW 2007, 1094

ders, Gerechtigkeit zwischen Bestandskraft von Beitragsbescheiden und Schadensersatz für Staatsunrecht, JZ 2020, 1027

Burger, Zur Passivlegitimation im europäischen Staatshaftungsrecht, DVBl 2012, 207

Buschlinger, Das Verhältnis des Amtshaftungsanspruchs zum subjektiv-öffentlichen Recht, DÖV 1965, 797

Conrad/Grünewald/Kalscheuer/Milker, Handbuch Öffentlich-rechtliches Äußerungsrecht (2022); zitiert: HdbÄußerungsrecht/Bearbeiter

Cornils, Der gemeinschaftsrechtliche Staatshaftungsanspruch (1995)

ders, Anmerkung zu BGH NJW 2019, 227 – Zur Frage der Amtshaftung nach dem Sicherungsarrest gegen einen Dritten, NJW 2019, 230

Breuer, Bonner Kommentar zum GG, Art 34 (Stand: August 2022)

ders, Ersatzpflicht des Staates bei legislativem Unrecht? (1963)

Deckert, Zur Haftung des Mitgliedstaats bei Verstößen seiner Organe gegen europäisches Gemeinschaftsrecht, EuR 1997, 203

Depenheuer/Shirvani, Die Enteignung (2018)

Deppenkemper, Der Aufopferungsanspruch im Wandel der Zeit: Jetzt auch Schmerzensgeld umfasst!, jM 2018, 100 ff

Deppert, Die Rechtsstellung des Dritten im Baugenehmigungsverfahren, in: FS Boujong (1996) 533

Desens, Zurechnung amtshaftungsrechtlicher Verantwortung bei mehreren Hoheitsträgern, DÖV 2009, 197

Detterbeck, Folgenbeseitigungs- und polizeirechtlicher Ausgleichsanspruch beim Vollzug rechtswidriger Gesetze, NVwZ 2019, 97

ders, Allgemeines Verwaltungsrecht (23. Aufl 2025)

Detterbeck/Windthorst/Sproll, Staatshaftungsrecht (2000)

Dörr, Der gemeinschaftsrechtliche Staatshaftungsanspruch in der Rechtsprechung des Bundesgerichtshofs, DVBl 2006, 598

ders, Neues zum unionsrechtlichen Staatshaftungsanspruch, WM 2010, 961

ders, Perspektiven des Gemeinschaftsrechtlichen Staatshaftungsanspruchs, Zentrum für Europäisches Wirtschaftsrecht Nr 176 (2010)

ders, Der unionsrechtliche Staatshaftungsanspruch in Deutschland zwanzig Jahre nach Franchovich, EuZW 2012, 86

ders (Hrsg), Staatshaftung in Europa (2014), zitiert: Dörr/Bearbeiter

Dohnold, Die Haftung des Staates für legislati-

ves und normatives Unrecht in der neueren Rechtsprechung des Bundesgerichtshofes, DÖV 1991, 152
Dünchheim/Gräler, Entschädigungs- und Schadensersatzansprüche wegen COVID-19-bedingter Anordnungen zur Schließung von Verkaufsstätten in der Bundesrepublik Deutschland, VerwArch 2021, 38
Dutta, Amtshaftung wegen Völkerrechtsverstößen bei bewaffneten Auslandseinsätzen deutscher Streitkräfte, AöR 2008 (133) 191
Ebert, Die hoheitliche Tätigkeit privater Sachverständiger, NZBau 2017, 707
Ehlers, Die Weiterentwicklung des Staatshaftungsrechts durch das europäische Gemeinschaftsrecht, JZ 1996, 776
Ehlers/Pünder, Allgemeines Verwaltungsrecht (16. Aufl 2022)
Eicholt, Sexueller Missbrauch und körperliche Misshandlungen durch katholische Kleriker nach kirchlichem Recht sowie zivil- und strafrechtliche Folgen nach deutschem Recht, NJOZ 2010, 1859
vEinem, Amtshaftungsansprüche zwischen Hoheitsträgern, BayVBl 1994, 486
Ernst/Zinkahn/Bielenberg/Krautzberger, BauGB [Stand: 160. EL August 2025]
Fassbender/Reichegger, Haftungsrechtliche Verantwortung für Fehlverhalten von Börsenorganen, WM 2009, 732
Fehn/Lechleuthner, Amtshaftung bei notärztlichen Behandlungsfehlern, MedR 2000, 140
Felix, Pflegenotstand in Deutschland – ein Haftungsrisiko?, NZS 2023, 281
Fellenberg, Die amtshaftungsrechtliche Vertrauenshaftung für fehlerhafte Genehmigungen und Auskünfte (2004)
Fetzer, Die Haftung des Staates für legislatives Unrecht (1994)
Förster, Verschuldensvermutung bei der Amtshaftung – Aufsichtspflicht von Kindergartenpersonal, NJW 2013, 1201
ders, Amtshaftung für fehlerhafte Freigabe von nicht auf BSE getesteter Ware, NJW 2013, 571
Franz/Götzkes, Die gemeinschaftliche Staatshaftung, JA 2009, 759
Frau, Anmerkung zu LG Bonn JZ 2014, 411, JZ 2014, 417
Frenz, Die Staatshaftung in den Beleihungstatbeständen (1992)
Funke, Das Unterlassen im Staatshaftungsrecht (2024)
Galke, Die Beschränkung der Staatshaftung nach Art 34 GG in der Rechtsprechung des Bundesgerichtshofs, DÖV 1992, 53
Geigel, Der Haftpflichtprozess (29. Aufl 2024)
Gerecke/Rossmüller, Schadensersatzhaftung der katholischen Kirche in Missbrauchsfällen, NJW 2022, 1911
Götsche, Anmerkung zu einer Entscheidung des BGH, Urteil vom 2. 8. 2018 (III ZR 466/16) – Zu den Anforderungen an Beratungspflichten eines Sozialhilfeträgers, FamRB 2018, 449
Gräfinger, Anmerkung zu BGH NJW 2014, 2730
Grooterhorst, Amtshaftungs- und Freistellungsansprüche gegen die Entsendungskörperschaften von Verwaltungsratsmitgliedern öffentlich-rechtlicher Landesbanken, ZIP 2011, 749
Grzeszick, Rechte und Ansprüche: Eine Rekonstruktion des Staatshaftungsrechts aus den subjektiven öffentlichen Rechten (2002)
ders, Staatshaftungsrecht (6. Aufl 2025)
Guckelberger, Der neue staatshaftungsrechtliche Entschädigungsanspruch bei überlangen Gerichtsverfahren, DÖV 2012, 289
dies, Öffentliche Verwaltung im Zeitalter der Digitalisierung, 2019
dies, Hochrisiko-KI-Systeme in der Verwaltung, DÖV 2025, 45
Hager, Umkehr der Beweislast für die Kausalität, jM 2019, 410
Hartmann, Amtshaftung für Volksgesetzgebung, VerwA 2007, 500
Hartmann/Jansen, Haftung der Verwaltung in Beruhensfällen am Beispiel der Regulierung von Sportwetten und Spielhallen unter dem GlüStV 2012, DVBl 2015, 861
Hebeler, Anwendbarkeit des Amtshaftungsanspruchs bei Schäden in Rahmen eines bewaffneten Auslandseinsatzes der Bundeswehr, JA 2017, 319
ders, Amtshaftung bei unterbliebener behördlicher Beratung, JA 2019, 558
Heidebach, Zur Amtshaftung der Länder für ihre Landesbanken, Die Verwaltung 2014, 493

HEIDENHAIN, Amtshaftung und Entschädigung aus enteignungsgleichem Eingriff (1965)
HEINE, Überlange Gerichtsverfahren – Die Entschädigungsklage nach § 198 GVG, MDR 2012, 327
HERBER, Aktuelle Rechtsprechung zur Straßenverkehrssicherungspflicht, NZV 2024, 522
HERBST/LÜHMANN, Die Staatshaftungsgesetze der neuen Länder (1997)
HERMANN, Persönlichkeitsrechte in der Krise – ein Notruf an den BGH, AfP 2018, 469
HERRMANN/SCHOTT, Grundlage und Umfang der Enteignungsentschädigung, NJW 2023, 3041
HERTERICH, Amtshaftung in Jobcentern, ZFSH/SGB 2019, 7
HESS, Umweltverträglichkeitsprüfung und Schadensersatz, NuR 2013, 264
ITZEL, Verfahrensrechtliche Probleme bei Amts- und Staatshaftungs- und Entschädigungsklagen, MDR 2015, 1217
ders, Zivilrechtliche Haftung der Straßenbehörden und privater Dritter bei Arbeiten im Straßenbereich, MDR 2017, 1393
ders, Ersatzansprüche bei Schäden an Gebäuden und Leitungen durch Straßenbauarbeiten, MDR 2018, 9
ders, Haftung der Kfz-Zulassungsstellen und Prüfer nach § 29 StVZO, MDR 2019, 968
ders, Schadensersatz und Entschädigungsansprüche gegen den Staat – Quo Vadis- Insbesondere: Zukunft des Amts- und Staatshaftungsanspruchs, Ad Legendum 2019, 128
ders, Ersatz- und Entschädigungsansprüche gegen den Staat: Problemzonen, Konfliktlinien und Verbesserungspotential, MDR 2023, 1488
ders, Amts- und Staatshaftungsverfahren – Die Besonderheiten der Darlegungs- und Beweislast, MDR 2025, 621–627
ders, Drittschutz als Haftungsbegrenzung bei Amtshaftungsansprüchen – nicht nur im Wasserrecht. BGH und EuGH auf neuen Wegen, DVBl 2024, 326
JACQUEMET-GAUCHÉ, Das französische Staatshaftungsrecht – Anderes Recht, andere Werte?, DÖV 2020, 453
JÄDE, Das Ende des gemeindlichen Einvernehmens?, Upr 2011, 125
JASCHINSKI, Der Fortbestand des Anspruchs aus enteignendem Eingriff (1997)
JELLINEK, Schadensersatz aus Amtshaftung und Enteignungsentschädigung, JZ 1955, 147
JEROMIN, Gemeindliches Einvernehmen – Planungshoheit, Ersetzung und Haftungsfolgen, BauR 2011, 456
KABUS, Anmerkung zu BGH VersR 2014, 1349, DAR 2014, 583
KAMPEN, Die Haftung des Durchgangsarztes – eine kritische Betrachtung, GuP 2020, 180
KATZENMEIER, Anmerkung zu einer Entscheidung des BGH, Urteil vom 23. 11. 2017 (III ZR 60/16) – Zur Haftung bei Badeunfällen, JZ 2018, 415
KELLNER, Haftungsprobleme bei informellem Verwaltungshandeln (2004)
ders, Anmerkung zu einer Entscheidung des BGH, Urteil vom 2. 8. 2018 (III ZR 466/16) – Zu den Anforderungen an die Beratungspflicht des Sozialhilfeträgers bei erkennbarem Beratungsbedarf in wichtiger rentenversicherungsrechtlicher Frage, DBVl. 2018, 1503
KIRCHBERG, in: JOHLEN/OERDER, Münchener Anwaltshandbuch Verwaltungsrecht, zit: Kirchberg, in: MAH Verwaltungsrecht
KISCHEL, Wann ist die Inhaltsbestimmung ausgleichspflichtig?, JZ 2003, 604
ders, Entschädigungsansprüche für Eigentumsbeeinträchtigungen, VerwArch 2006, 450
KLEINER/PODEWILS, Die Amtshaftung im Steuerrecht – unter besonderer Berücksichtigung der Problematik legislativen Unrechts, BB 2008, 2329
KLEMENT, Ungereimtes in der Beleihungsdogmatik des BGH, VerwArch 2010, 112
KLOSE, Anmerkung zum Urteil des BGH vom 4. 12. 2014 (III ZR 51/13) – Zur Frage der Zulässigkeit einer vorbeugenden Feststellungsklage, NJ 2015, 253 ff
KNOPS, Der unionsrechtliche Staatshaftungsanspruch wegen fehlerhafter Richtlinienumsetzung, NJW 2023, 2225
KOCH/RUPP, Die Beweislast im Rahmen der Schwimmbadaufsicht, NJW 2018, 267 ff
KOPP/RAMSAUER, VwVfG (26. Aufl 2025)
KORVES, Zivilrechtliche Haftung für Datenlecks in Zivilprozessen, RDi 2023, 571
KREFT, Öffentlich-rechtliche Ersatzleistungen (1980) (= BGB-RGRK, § 839 mit Vorbemerkungen)

ders, Öffentlich-rechtliche Ersatzleistungen (2. Aufl 1998) (= Neubearbeitung der Vorbemerkungen vor § 839)
Kretschmer, Die menschen(un)würdige Unterbringen von Strafgefangenen, NJW 2009, 2406
Kröner, Entschädigung und Amtshaftung bei Fehlern im Bauleitplan- und Baugenehmigungsverfahren, ZfBR 1984, 20
Krohn, Verantwortung und Haftung im kommunalen Bereich, BADK-Information 2/1991, 34
ders, Amtshaftung und Bauleitplanung – Zur „Altlasten"-Rechtsprechung des Bundesgerichtshofs, in: FS Gelzer (1991) 281
ders, Enteignung, Entschädigung, Staatshaftung (1993)
ders, Haftungsrechtlicher Vertrauensschutz bei rechtswidrigen baurechtlichen Genehmigungen, in: FS Boujong (1996) 573
ders, Entschädigungs- und Übernahmeansprüche in der Planfeststellung nach dem Verwaltungsverfahrensgesetz, DVBl 2017, 278
Krohn/Löwisch, Eigentumsgarantie, Enteignung, Entschädigung (3. Aufl 1984)
Küch, Vertrauensschutz durch Staatshaftung (2003)
Kühn, Die Amtshaftung der Gemeinden wegen der Überplanung von Altlasten (1997)
Kümper, Risikoverteilung im Staatshaftungsrecht (2011)
ders, Amtshaftungsrechtlicher Vertrauensschutz, VerwArch 2013, 104
ders, Unionsrechtliche Wiederkehr der Altlasten-Fälle: zur Staatshaftung wegen mangelnder Umweltprüfungen, DVBl 2015, 869
ders, Zur Frage einer Staatshaftung beim Zugang zu Umweltinformationen, ZUR 2012, 395
Kutzera, Straßenbäume als Haftungsrisiko, BADK-Information 2009, 15
Lansnicker/Schwirtzek, Die Amtshaftung der Bauordnungs- und Bauplanungsbehörden in der Rechtsprechung des BGH, NVwZ 1996, 745
Laumen, Beweisrecht: Beweislastumkehr zur Ursächlichkeit bei groben Berufspflichtverletzungen, MDR 2018, 256 f
Lehmann/Schürger, Staatshaftung für Versäumnisse der BaFin im Fall Wirecard, Teil II, WM 2021, 905
Leipold, Das Haftungsprivileg des Spruchrichters, JZ 1967, 737
Lisken/Dennigner/Bäcker, Handbuch Polizei- und Sicherheitsrecht (8. Aufl 2026)
Mailänder, Keine Amtshaftungsansprüche wegen rechtswidriger Untersagungsverfügungen gegen unerlaubte Glücksspielanbieter, ZfWG 2015, 223
Mann, Adhäsionsverfahren, konzentriertes Verfahren, OVG-Zuständigkeit, ZRP 2020, 20
Martini/Ruschemeier/Hain, Staatshaftung für automatisierte Verwaltungsentscheidungen – Künstliche Intelligenz als Herausforderung für das Recht der staatlichen Ersatzleistungen, VerwArch 2021, 1
Middendorf, Amtshaftung und Gemeinschaftsrecht (2001)
Mikyssek, Zur Verzinsungs- und Schadensersatzpflicht des Sozialhilfeträgers, RdLH 2015, 202
Nüssgens, Zur Rechtsfortbildung bei § 839 Abs 1 S 2 BGB (Verweisungsklausel), in: FS Geiger (1989) 456
ders, Ausschluss der Staatshaftung kraft Amtshaftung, in: FS Gelzer (1991) 293
Nüssgens/Boujong, Eigentum, Sozialbindung, Enteignung (1987)
Ogorek, Zur Amtshaftung der Kirchen in Fällen sexuellen Missbrauchs, JZ 2024, 271
Ossenbühl, Das Staatshaftungsrecht in den neuen Ländern, NJW 1991, 1201
ders, Verzögertes Amtshandeln, JZ 2007, 690
Osterloh, Der enteignende Eingriff – ein Relikt auf vorverfassungsrechtlicher Grundlage, in: FS Papier (2013) 547
Padé, Rückabwicklung bei Schuldbeitritt des Sozialhilfeträgers, jurisPR-SozR 12/2016 Anm 1
Pagenkopf, Keine Staatshaftung für legislatives Unrecht und bei Vollziehung von dem Unionsrecht widersprechenden nationalen Recht, NVwZ 2015, 1264
Papier, Recht der öffentlichen Sachen (3. Aufl 1998)
ders, Die Forderungsverletzung im öffentlichen Recht (1970)
ders, Zur Entschädigung für Amtshandlungen der Polizei, DVBl 1975, 567
ders, Wirtschaftsaufsicht und Staatshaftung, JuS 1980, 265
Papier/Shirvani, in: Dürig/Herzog/Scholz,

Grundgesetz, Art 14 (Loseblattausgabe Stand August 2025)
dies, in: Dürig/Herzog/Scholz, Grundgesetz, Art 34 (Loseblattausgabe Stand August 2025)
vPentz, Ausgewählte Fragen des Medien- und Persönlichkeitsrechts im Lichte der aktuellen Rechtsprechung des VI. Zivilsenats, AfP 2015, 11
Pfab, Staatshaftung in Deutschland (1997)
Pfeiffer, Haftung für Pflichtverletzungen der Kommunalaufsichtsbehörde (2006)
Philipp, Zur Verzinsungs- und Schadensersatzpflicht des Sozialhilfeträgers, Sozialrecht aktuell 2016, 160
Prütting, Grobe Pflichtverletzung und Kausalitätsnachweis, NJW 2019, 2661
Rakete-Dombek, Die Angst des Richters vor der Haftung – Mitteilungs- und Belehrungspflichten bei gerichtlichen Vergleichen, NJW 2012, 1689
Reinert, Das Erbrecht im Lichte des Staatshaftungsrechts, NJOZ 2023, 672
Reiter/Schott, Abgrenzungs- und Haftungsfragen im öffentlichen Straßen- und Kanalbau bei Beauftragung privater Unternehmer, NZBau 2023, 577
Remmert, Der Verwaltungshelfer im Amtshaftungsrecht, WM 2020, 1453
Remus, Amtshaftung bei verzögerter Amtstätigkeit des Richters, NJW 2012, 1403
Renner, Wen oder was schützt die behördliche Bilanzkontrolle? Zugleich Besprechung von OLG Frankfurt, Beschl v 6. 2. 2023 – 1 U 173/22, ZIP 2023, 729
Retzbach, Haftungsfragen beim „Helfer vor Ort“ und vergleichbaren Systemen ehrenamtlicher Notfallhelfer, GuP 2023, 108
Rinne, Entschädigungsfragen beim eingerichteten und ausgeübten Gewerbebetrieb, DVBl 1993, 869
ders, Die Nachprüfbarkeit von Verwaltungsakten im Amtshaftungsprozess, in: FS Boujong (1996) 633
ders, Strafprozessuale Bezüge in der Rechtsprechung des Bundesgerichtshofs zum Amtshaftungsrecht, in: FS Odersky (1996) 481
Ritgen, Anmerkung zu BGH 20. 10. 2016 – III ZR 303/15 ua – Amtshaftung wegen nicht rechtzeitig zur Verfügung gestellter Kinderbetreuungsplätze, DVBl 2017, 62
Rohlfing, Die Darlegungs- und Beweislast beim amtshaftungsrechtlichen Verweisungsprivileg (§ 812 I 2 BGB), MDR 2010, 237
ders, Amtshaftung (2015)
ders, Die historische Entwicklung der Amtshaftung, Ad Legendum 2019, 123
ders, Ausschluss des Amtshaftungsanspruchs durch Nichteinlegung von Rechtsmitteln, MDR 2009, 1257
Rotermund, Haftungsrecht in der kommunalen Praxis (1996)
Roth-Isigkeit, Staatshaftungsrechtliche Aspekte des Einsatzes automatisierter Entscheidungssysteme in der öffentlichen Verwaltung, AöR 2020 (145), 321
Rüfner, Haftungsbeschränkungen in verwaltungsrechtlichen Schuldverhältnissen, DÖV 1973, 808
Rupp, Widerruf amtlicher ehrkränkender Behauptungen, NJW 1961, 811
Ruttig, Staatshaftung beim Widerruf glückspielrechtlicher Genehmigungen?, ZfWG 2015, 347
Ruttloff/Brosende, Informationsrecht und „pre-trial discovery“ – Prozessuale und amtshaftungsrechtliche Folgen der Zugangsvereitlung durch informationspflichtige Stellen, DVBl 2015, 1482
Sauer, Der Kunduz-Beschluss des Bundesverfassungsgerichts und das Staatshaftungsrecht: Konstitutionalisierungspotenzial mit Unschärfen, DÖV 2021, 483
Schäfer, Der wartende Passagier – Ansprüche bei Mängeln und Verzögerungen der Luftsicherheitskontrollen, NJW 2019, 3029
Schäfer/Bonk, Staatshaftungsgesetz (StHG) (1982)
Scheidler, Das gemeindliche Einvernehmen im Bauplanungsrecht nach § 36 BauGB, VR 2020, 37
Scheffer, Regressanspruch gegen Richter wegen Amtspflichtverletzung, NVwZ 2010, 425
Schenke, Die Haftung des Staates bei normativem Unrecht, DVBl 1975, 121
ders, Staatshaftung und Aufopferung – der Anwendungsbereich des Aufopferungsanspruchs, NJW 1991, 1777
ders, Polizei- und Ordnungsrecht (12. Aufl 2023)
ders, Rechtsschutz bei überlanger Dauer verwaltungsgerichtlicher Verfahren, NVwZ 2012, 257
Schenke/Guttenberg, Rechtsprobleme einer

Haftung bei normativem Unrecht, DÖV 1991, 945
Ralf P Schenke, Die Lehre von der Doppelnatur des Verwaltungshandelns, VerwArch 2013, 486
Schladebach, Staatshaftung für Flugverbote, NVwZ 2010, 1468
Schlarmann/Krappel, Amtshaftungsansprüche gegen Gemeinden wegen rechtswidriger Versagung ihres Einvernehmens nach § 36 I 1 BauGB auch bei Ersetzungsbefugnis der Baugenehmigungsbehörde?, NVwZ 2011, 215 ff
Schlick, Arzt und Amtshaftung, in: FS für Müller (2009) 275
ders, Prozessrechtliche Besonderheiten des Amtshaftungsprozesses, DVBl 2010, 1484
ders, Rechtsweg in Amtshaftungssachen, in: FS für Krämer (2009) 527
ders, Grundprobleme des Amtshaftungsrechts dargestellt anhand der Rechtsprechung des BGH, Ad legendum, 2015, 250 ff sowie 347 ff
Schmahl, Amtshaftung für Kriegsschäden, ZaöRV 66 (2006) 699
dies, Keine Amtshaftung für schuldhafte Völkerrechtsverstöße in bewaffneten Auseinandersetzungen?, NJW 2017, 128
Schmid, Deutsches Bauträgervertragsrecht und Staatshaftung, BauR 2023, 1584
B Schmidt, Der Irrtum des Kollegialgerichts als Entschuldigungsgrund?, NJW 1993, 1630
J-P Schmidt, Staatshaftung für verzögertes Amtshandeln (2001)
K Schmidt, Kein Feststellungsinteresse für vorbeugende amtshaftungsrechtliche Feststellungsklage, JuS 2015, 558 ff
Schmidt-Assmann/Schoch, Besonderes Verwaltungsrecht (14. Aufl 2008)
Schmitt/Werner, Die Staatshaftung für legislatives Unrecht am Beispiel des Atomausstiegs, NVwZ 2017, 21
Schneider, Anmerkung zu BGHZ 196, 35, JZ 2013, 365 ff
Schnitzer, Der sozialrechtliche Herstellungsanspruch – Die Lösung für jedes Problem?, NZS 2023, 54
Schoch, Amtshaftung, Jura 1988, 585, 648
ders, Die Haftungsinstitute des enteignungsgleichen und enteignenden Eingriffs im System des Staatshaftungsrechts, Jura 1989, 529
ders, Die Haftung aus enteignungsgleichem und enteignendem Eingriff, Jura 1990, 140
ders, Rechtliche Konsequenzen der neueren Eigentumsdogmatik für die Rechtsprechung des BGH, in: FS Boujong (1996) 655
ders, Amtliche Publikumsinformation zwischen staatlichem Schutzauftrag und Staatshaftung, NJW 2012, 2844
ders, in: Schoch, Besonderes Verwaltungsrecht (2018), Polizei- und Ordnungsrecht; zitiert Schoch Kap 1 Rn
Schönenbroicher/Heusch, Ordnungsbehördengesetz NRW (2014)
Schröder, Die Drittschadenliquidation im öffentlichen Recht, VerwArch 2011, 223
Schrödter, Baugesetzbuch (9. Aufl 2019)
Schürger, Unionsrechtskonformität nationaler Beschränkungen der Staatshaftung im Bank- und Kapitalmarktrecht, BKR 2021, 601
Schultess, Vermögensschutz in der Amtshaftung – Erweiterung des deliktischen Haftungsgefüges bei hoheitlicher Schädigung, VersR 2019, 1331
Schumacher, Handbuch der Kommunalhaftung (5. Aufl 2015)
Shirvani, Zivildienst und Amtshaftung, NVwZ 2010, 283
ders, Amtshaftung und Wirtschaftüberwachung durch private Dritte, Die Verwaltung 2014, 57
Singbartl/Wehowski, Amtshaftung bei der Verweigerung des gemeindlichen Einvernehmens in der jüngeren Rechtsprechung des BGH, NVwZ 2013, 1525 ff
Singbartl/Zintl, Anmerkung zu BGHZ 215, 335 – Zum Anspruch auf Schmerzensgeld für Verletzungen bei rechtmäßigen Behördenmaßnahmen, NJW 2017, 3386
Soergel/E Klein, BGB (13. Aufl 2005) Anhang nach § 839: Staatshaftung
Starski/Beinlich, Der Amtshaftungsanspruch und Auslandseinsätze der Bundeswehr, JÖR 66, 299
Steinbeiss-Winkelmann, Amtshaftungsansprüche wegen überlanger Verfahrensdauer?, NJW 2014, 1276
Steinberg/Lubberger, Aufopferung – Enteignung und Staatshaftung (1991)
Stelkens, Verwaltungshaftungsrecht (1998)

Stüer, Amtshaftung bei rechtswidrigem Bauvorbescheid, BauR 2000, 1431
Stumpf/Götz, Vergabekammern im Recht der Amtshaftung, DVBl 2015, 154
Stuttmann, Keine Amtspflichtverletzung aufgrund Weisungsgebundenheit, NVwZ 2020, 95
Sydow, Entschädigungsansprüche im Polizei- und Ordnungsrecht, Jura 2007, 7
Tamoj/Rott, Staatshaftungsansprüche im Erbrecht, ErbR 2019, 70
Terhechte, Zum Amtshaftungsanspruch bei Organisationsmängeln innerhalb der Dritten Gewalt, DVBl 2007, 1134
Terwiesche, Staatshaftung für Altbergbauschäden, NVwZ 2007, 284
Tombrink, Der irrende OLG-Senat – Zur Amtshaftung für fehlerhafte Gerichtsentscheidungen, NJW 2002, 1324
Treffer, Staatshaftung im Polizeirecht (1993)
ders, Totaliter aliter – Spekulationen über die Amtshaftung, NJW 2021, 1052
Tremml/Karger/Luber, Der Amtshaftungsprozess (4. Aufl 2013)
Tremml/Luber, Amtshaftungsansprüche wegen rechtswidriger Produktwarnungen, NJW 2013, 262
Tünnesen-Harmes/Vogelsang, Amtshaftung bei der Genehmigung und Abnahme Fliegender Bauten, BauR 2023, 1188
Viegener, Drittschutz staats-, wirtschafts- und gemeinschaftsaufsichtsrechtlicher Bestimmungen (Diss Münster 2007)
Vierhaus, Zum Verhältnis nach Art 41 EMRK und Schadensersatz nach § 839 BGB, Art 34 GG bei überlanger Verfahrensdauer deutscher Prozesse, in: FS Jäger (2011) 719
Vosskuhle/Kaiser, Grundwissen – Öffentliches Recht: Der Amtshaftungsanspruch, JuS 2015, 1076
Wagner, Schadensersatz wegen Verletzung von Unionsrecht – Luxemburg locuta, causa aparta, NJW 2023, 1761
Waldhoff, Staatshaftungsrecht: Schmerzensgeld bei Aufopferungsanspruch, JuS 2018, 735
Wiebauer, Staatshaftung für private Wirtschaftsüberwachung am Beispiel zugelassener Überwachungsstellen, DVBl 2011, 208
Will, Ausgleichs- und Entschädigungsansprüche im Polizei- und Ordnungsrecht am Beispiel von §§ 64 ff HSOG, VerwArch 2015, 55
de Witt/Burmeister, Amtshaftung für rechtswidrig erteilte Genehmigungen, NVwZ 1992, 1039
Würtenberger/Heckmann/Tanneberger, Polizeirecht in Baden-Württemberg (8. Aufl 2024)
Wurm, Drittgerichtetheit und Schutzzweck der Amtspflicht als Voraussetzungen für die Amtshaftung, JA 1992, 1
ders, Öffentlich-rechtliche Ersatzleistungen, in: FS 50jährigen Bestehens von Bundesgerichtshof, Bundesanwaltschaft und Rechtsanwaltschaft beim Bundesgerichtshof (2000) 267
ders, Schadensersatzfragen bei der Überplanung sog „Altlasten", UPR 1990, 201
ders, Die neuere Rechtsprechung des Bundesgerichtshofs zur Amtshaftung für Altlasten, in: Jahrbuch des Umwelt- und Technikrechts (1994) 587
ders, Das Einvernehmen der Gemeinde nach § 36 BauGB in der neueren (Amtshaftungs-) Rechtsprechung des Bundesgerichtshofs, in: FS Boujong (1996) 687
ders, Das Einvernehmen der Gemeinde nach § 36 BauGB in amtshaftungsrechtlicher Sicht, NordÖR 2000, 404
Wustmann, Privatisierung von Laborleistungen und Fragen der Amts- und Staatshaftung, BayVBl 2007, 449
Zeiser, Der Wegfall der Außenwirkung der Einvernehmensversagung, BayVBl 2010, 613
Ziehm, Unvertretbarkeit justiziellen Handelns als Anspruchsvoraussetzung der Staatshaftung, NJW 2017, 1276
Zimmermann, Alte Grund- und neue Ansätze – Zum Gesamtschuldner-Innenausgleich bei polizei- und ordnungsrechtlicher Störermehrheit, NVwZ 2015, 787.

III. Rechtsprechungsübersichten

(seit der Vorbearbeitung, jeweils chronologisch geordnet)

Berkemann, Aktuelle Rechtsprechung zum Amtshaftungsrecht (BGH), DVBl 2021, 76
Itzel, Neuere Entwicklungen im Amts-, Staatshaftungs- und Entschädigungsrecht –Rechtsprechungsüberblick 2020, MDR 2021, 274
ders, Neuere Entwicklungen im Amts-, Staats-

haftungs- und Entschädigungsrecht – Rechtsprechungsüberblick 2021, MDR 2022, 279
ders, Neuere Entwicklungen im Amts-, Staatshaftungs- und Entschädigungsrecht – Rechtsprechungsüberblick 2022, MDR 2023, 261
ders, Neuere Entwicklungen im Amts-, Staatshaftungs- und Entschädigungsrecht – Rechtsprechungsüberblick 2023, MDR 2024, 207
ders, Die Entwicklungen im Amts-, Staatshaftungs- und Entschädigungsrecht – Rechtsprechungsüberblick 2024, MDR 2025, 212
ders, Die Entwicklungen im Amts-, Staatshaftungs- und Entschädigungsrecht – Rechtsprechungsüberblick 2025, MDR 2026, 205
Liepin, Die Rechtsprechung des BGH zu den öffentlich-rechtlichen Ersatzleistungen, NJW 2025, 2669
Schlick, Die Rechtsprechung des BGH zu den öffentlich-rechtlichen Ersatzleistungen, NJW 2020, 2690
ders, Die Rechtsprechung des BGH zu den öffentlich-rechtlichen Ersatzleistungen, NJW 2021, 2702
ders, Die Rechtsprechung des BGH zu den öffentlich-rechtlichen Ersatzleistungen, NJW 2022, 2658
ders, Die Rechtsprechung des BGH zu den öffentlich-rechtlichen Ersatzleistungen, NJW 2023, 2695
ders, Die Rechtsprechung des BGH zu den öffentlich-rechtlichen Ersatzleistungen, NJW 2024, 2661.

Systematische Übersicht

Alphabetische Übersicht

Siehe Sachregister.

I. Amtshaftung

1. Historischer Überblick

a) Entstehungsgeschichte des § 839 BGB

1 **aa)** Zu den schadensersatzrechtlichen Rechtsfolgen bei Verletzung der Amtspflicht im gemeinen Recht und in den Partikularrechten vor Inkrafttreten des BGB vgl die 10./11. Auflage (1969). Die Entwicklung der Staatshaftung in der Zeit vor 1900 und die dabei zutage getretenen Reformbestrebungen sind indessen für die Auslegung des jetzt geltenden Rechts ohne unmittelbare Bedeutung (vgl K Schäfer in der 12. Auflage Rn 1). Im Folgenden sind deshalb die Entstehungsgeschichte des § 839 BGB und die Entwicklung der Staatshaftung über Art 131 WeimVerf bis zu Art 34 GG dargestellt.

2 **bb)** Nach E I sollten Beamte im Allgemeinen für den aus vorsätzlicher oder fahrlässiger Verletzung der ihnen gegenüber Dritten gesetzlich obliegenden Amtspflicht erwachsenden Schaden haften. Die Verletzung der Amtspflicht bei der Leitung oder Entscheidung einer Rechtssache sollte nur dann verantwortlich machen, wenn die Pflichtverletzung mit einer im Wege des gerichtlichen Strafverfahrens zu verhängenden öffentlichen Strafe bedroht war (Mot II 822 ff; ZG II 417 ff). Gemäß Art 55 des E I des EG sollten aber die Vorschriften der Landesgesetze unberührt bleiben, nach welchen ein Beamter wegen des aus fahrlässiger Amtspflichtverletzung entstandenen Schadens nur haften sollte, wenn der Beschädigte nicht auf andere Weise Ersatz zu erlangen vermochte (Mot II 824 ff; Motive zum EG 184, ZG II 418 VII 67).

Die II. Kommission lehnte den Antrag ab, Beamte überhaupt nur für Vorsatz und grobe Fahrlässigkeit haften zu lassen, und nahm einen dem nunmehrigen § 839

Abs 2 S 2 BGB entsprechenden Zusatz auf, weil bei pflichtwidriger Verweigerung oder Verzögerung der Amtsausübung kein Grund bestehe, die mit der Leitung und Entscheidung von Rechtssachen betrauten Beamten in geringerem Umfang als andere Beamte haften zu lassen. Sie beschloss ferner, im BGB selbst auszusprechen, dass die Haftung des Beamten bei fahrlässiger Pflichtverletzung nur eine subsidiäre sei, und in das EG Vorschriften einzustellen, die den Gesetz gewordenen Artikeln 77–79 entsprechen (Prot II 658 ff, 670 ff). Der bei der zweiten Lesung in der II. Kommission gestellte Antrag, die Haftung des Beamten für Fahrlässigkeit auszuschließen, wenn der Beschädigte durch Gebrauch der zulässigen Rechtsmittel den Schaden hätte abwenden können, fand keine Annahme (Prot VI 202 ff; vgl II 662 ff).

Dagegen enthielt E III § 823 Abs 3 die Vorschrift, dass die Ersatzpflicht überhaupt wegfalle, wenn der Beschädigte unterlassen hatte, den Schaden durch den Gebrauch eines Rechtsmittels abzuwenden.

In der Reichstagskommission wurde der Antrag, die Haftung der Beamten ohne Rücksicht auf Verschulden eintreten zu lassen, abgelehnt und der Ausschluss des Ersatzanspruchs auf den Fall schuldhafter Unterlassung der Einlegung eines Rechtsmittels beschränkt. Die bei der ersten Lesung beschlossenen Vorschriften über die subsidiäre Haftung des Staates wurden bei der zweiten Lesung gestrichen und durch eine Resolution ähnlichen Inhalts ersetzt (RTK 109 ff).

Im Reichstagsplenum endlich wurden gelegentlich der zweiten Lesung die Worte „bei der Leitung oder Entscheidung einer Rechtssache“ ersetzt durch die Worte „bei der Entscheidung einer Rechtssache“, während bei der dritten Lesung die nunmehrige Fassung („bei dem Urteil in einer Rechtssache“) gewählt wurde. Die weiteren Anträge, die Haftung aller Beamten ohne Rücksicht auf Verschulden, eventuell die Haftung des Richters bei grober Fahrlässigkeit eintreten zu lassen, sowie die Haftung des Staates für seine Beamten im BGB grundsätzlich zu regeln, wurden abgelehnt (StenBer 431 ff, 846 ff).

cc) Durch Art 121 Nr 3 EGStGB vom 2. 3. 1974 (BGBl I 469) wurde in Abs 2 S 1 die Formulierung: „wenn die Pflichtverletzung mit einer im Wege des gerichtlichen Strafverfahrens zu verhängenden öffentlichen Strafe bedroht ist“ durch die heutige Fassung „wenn die Pflichtverletzung in einer Straftat besteht“ ersetzt (vgl Staudinger/BGB-Synopse 1896–2005 § 839). Durch § 34 Abs 1 Nr 1 BGB des Staatshaftungsgesetzes vom 26. 6. 1981 (BGBl I 553) wurde § 839 BGB aufgehoben. Dieses Staatshaftungsgesetz wurde indessen durch Urteil des Bundesverfassungsgerichts vom 19. 10. 1982 (BVerfGE 61, 149 = NJW 1983, 25) in vollem Umfang für nichtig erklärt; dadurch wurde § 839 BGB wiederhergestellt. Durch das Gesetz zur Modernisierung des Schuldrechts vom 26. 11. 2001 (BGBl I 3138) wurde § 839 BGB mit der amtlichen Überschrift „Haftung bei Amtspflichtverletzung“ versehen. Seit der Neufassung des Bürgerlichen Gesetzbuchs vom 2. 1. 2002 (BGBl I 42) sind auch die in Klammern gesetzten („gewickelten“) Nummern der Absätze amtlich. 3

b) Geschichtliche Entwicklung der Staatshaftung bis zum Inkrafttreten des Grundgesetzes

aa) Art 77 EGBGB überließ es den Ländern, Vorschriften über die Haftung des Staates, der Gemeinden und anderer Kommunalverbände für den von ihren Beam- 4 ten in Ausübung der ihnen anvertrauten öffentlichen Gewalt einem Dritten zugefügten Schaden zu erlassen und die Inanspruchnahme des Beamten auf Schadensersatz insoweit auszuschließen, als der Staat oder Kommunalverband haftet. Die Mehrzahl der Länder erließ entsprechende Landesgesetze (vgl die Aufzählung bei Kreft Rn 18 und Frowein JZ 1964, 358, 409); insbesondere führte Preußen durch Gesetz vom 1. 8. 1909 (GS 691) die Haftung des Staates und der Kommunalverbände für Schäden ein, die von ihren Beamten in Ausübung der ihnen anvertrauten öffentlichen Gewalt Dritten durch Verletzung der ihnen gegenüber obliegenden Amtspflicht zugefügt wurden. Durch Gesetz vom 14. 5. 1914 (GS 117) wurde die Haftung auf Schäden durch Lehrer an öffentlichen Anstalten ausgedehnt.

5 **bb)** Eine reichsgesetzliche Regelung erfolgte zunächst für die Grundbuchbeamten: Nach § 12 GBO vom 24. 3. 1897/20. 5. 1898 traf bei schuldhaften Amtspflichtverletzungen von Grundbuchbeamten die Haftung nach § 839 BGB anstelle des Beamten den Staat oder die Körperschaft, in deren Dienst er steht (in ihrer heutigen Fassung enthält die GBO eine entsprechende Bestimmung nicht mehr, weil sie durch die späteren allgemeinen Vorschriften entbehrlich wurde). Sodann begründete das Reichsgesetz vom 22. 5. 1910 (RBHG RGBl 798) im Anschluss an das PrStHG die Haftung des Reichs für Amtspflichtverletzungen von Reichsbeamten und Soldaten, die in Ausübung öffentlicher Gewalt begangen wurden.

6 **cc)** Eine generelle Regelung und zugleich die Erhebung des Grundsatzes der Staatshaftung zum Verfassungssatz brachte Art 131 WeimVerf:

> (1) Verletzt ein Beamter in Ausübung der ihm anvertrauten öffentlichen Gewalt die ihm einem Dritten gegenüber obliegende Amtspflicht, so trifft die Verantwortlichkeit grundsätzlich den Staat oder die Körperschaft, in deren Dienste der Beamte steht. Der Rückgriff gegen den Beamten bleibt vorbehalten. Der ordentliche Rechtsweg darf nicht ausgeschlossen werden.
>
> (2) Die nähere Regelung liegt der zuständigen Gesetzgebung ob.

(1) Diese „Verantwortlichkeit" des Staates bedeutete die Übernahme der Haftung in dem Umfang, wie sie nach § 839 BGB den Beamten traf, auf den Staat (RG HRR 1930 Nr 778; RGZ 102, 168; s dazu auch BVerfG NJW 1983, 29). Art 131, der im Zweiten Hauptteil der Verfassung „Grundrechte und Grundpflichten der Deutschen" enthalten war, enthielt nicht nur einen Programmsatz, dessen Verwirklichung der „zuständigen Gesetzgebung" zukam, sondern stellte unmittelbar geltendes Recht dar (RGZ 104, 291; 103, 430; 102, 168, 393). Damit wurden die früheren Staatshaftungsgesetze des Reichs und der Länder insoweit gegenstandslos, als sie dem Art 131 widersprachen (wie zB Vorschriften, nach denen der Staat nur als Bürge neben dem Beamten haftete, RG Recht 1930 Nr 237) oder als sie mit ihm übereinstimmten. Bei Bestand blieb jedoch die „nähere Regelung", dh die Regelung von Einzelheiten, die Art 131 Abs 2 der Reichs- und Landesgesetzgebung zuwies.

7 **(2)** Kraft der dem Einzelgesetzgeber in Reich und Ländern vorbehaltenen Befugnis, den Verfassungsgrundsatz der Staatshaftung in Einzelheiten auszugestalten, galten die Ausnahmen von der Staatshaftung fort, die das Reichs- und die Landesstaatshaftungsgesetze vorsahen. Hierbei handelte es sich hauptsächlich um die Vorschriften, wonach bei Angehörigen ausländischer Staaten die Staatshaftung nur

bei verbürgter Gegenseitigkeit eintrat (§ 7 RBHG; § 7 PrStHG), oder wegen fehlender Gegenseitigkeit versagt werden konnte (so Art 60 Abs 2 BayAGBGB aF; vgl BGHZ 76, 375), ferner um den Ausschluss der Staatshaftung bei sogenannten Gebührenbeamten (§ 5 Nr 1 RBHG, § 3 Abs 3 PrStHG) und um die Sondervorschriften für Beamte des Auswärtigen Amtes (§ 5 Nr 2 RBHG). Andererseits blieb aber auch die Ausdehnung der Staatshaftung in Form einer Billigkeitshaftung bei Bestand, wie sie – in Anlehnung an § 829 BGB – in § 1 Abs 2 RBHG, § 1 Abs 2 PrStHG und in verschiedenen anderen Landesgesetzen wörtlich übereinstimmend vorgesehen ist:

> Ist die Verantwortlichkeit des Beamten deshalb ausgeschlossen, weil er den Schaden im Zustand der Bewusstlosigkeit oder in einem die freie Willensbestimmung ausschließenden Zustand krankhafter Störung der Geistestätigkeit verursacht hat, so hat gleichwohl das Reich [der Staat] den Schaden zu ersetzen, wie wenn dem Beamten Fahrlässigkeit zur Last fiele, jedoch nur insoweit, als die Billigkeit die Schadloshaltung erfordert. (vgl dazu RGZ 109, 212; 107, 62; 102, 166).

(3) Art 131 WeimVerf wurde auch in der Zeit nach dem 30. 1. 1933 als fortgeltend **8**
anerkannt (RGZ 149, 167, 170; 160, 193, 196; BGHZ 155, 279, 295). Nach dem Übergang der Rechtspflege auf das Reich galt gemäß § 1 der Verordnung vom 3. 5. 1935 (RGBl I 587) bei Amtspflichtverletzungen von Justizbeamten allgemein das RBHG; mit dem Rückfall der Justizhoheit auf die Länder nach dem Kriege traten aber für die Landesjustizbediensteten die früheren Landesvorschriften wieder in Kraft (Schröer DRZ 1948, 228). Art 131 WeimVerf galt auch in der Zeit nach dem Kriege weiter (BGHZ 1, 388, 394), soweit er nicht durch entsprechende Vorschriften der Landesverfassungen ersetzt wurde (so zB durch Art 136 HessVerf, Art 97 BayVerf).

Einen Einblick in die Rechtswirklichkeit (nicht nur) des Amtshaftungsrechts in der Zeit 1933–1945 findet sich in Falk/Stump, Willige Vollstrecker oder standhafte Richter? Die Rechtsprechung des Oberlandesgerichts Frankfurt am Main in Zivilsachen von 1933 bis 1945, 279–378. Es zeigen sich die erwartbaren ideologischen Einflüsse, teilweise aber auch ein differenziertes Bild. Grundsätzlich neu war die Gleichstellung von Partei und Staat (vgl § 1 des Gesetzes zur Sicherung der Einheit von Partei und Staat vom 1. 12. 1933 [RGBl I 1016]), wonach die NSDAP Trägerin des Deutschen Staatsgedankens und mit dem Staat unlösbar verbunden (Abs 1) sowie eine Körperschaft des öffentlichen Rechts war (Abs 2). Ob daraus zu folgern war, dass das Amtshaftungsrecht auf die NSDAP und ihre Organisationen anwendbar sei, war durchaus umstritten und wurde insbesondere auch von der NSDAP in Abrede gestellt, insbesondere mit dem Argument, durch eine gerichtliche Feststellung einer Amtspflichtverletzung würde in die hoheitliche Sphäre der Partei eingegriffen (vgl Falk/Stump S 351 ff). Das RG nahm allerdings die Partei unter Berufung auf den „Führerwillen" in Haftung (RGZ 160, 193). Hierzu stellte der OGH für die Britische Zone 1950 fest (OGHZ 4, 121 = NJW 1950, 695, 696):

> Daß einer politischen Partei die Rechte einer Körperschaft des öffentlichen Rechts verliehen wurden, war schon ganz außergewöhnlich und nur durch die Besonderheit eines von dieser Partei beherrschten totalen Staates zu erklären. Wenn daraus aber weiter der Schluß gezogen wurde, daß der Partei und ihren „Amtsträgern" die Ausübung von Hoheitsrechten übertragen wurde und daß daraus Amtspflichten dieser „Amtsträger" gegenüber unbeteiligten Dritten er-

wuchsen, so handelt es sich um einen besonders krassen Fall des Einbruchs nationalsozialistischer Gedanken in das Gefüge des Rechtes und des Rechtsstaates.

(4) Soweit früher nach § 839 BGB, Art 131 WeimVerf gegen das Deutsche Reich begründete Schadensersatzansprüche gemäß § 1 des am 1. 1. 1958 in Kraft getretenen Allgemeinen Kriegsfolgengesetzes (AKG) als Anspruch gegenüber dem Reich erloschen, hatte § 95 AKG zur Folge, dass der Beamte, der die Amtspflichtverletzung begangen hatte, unmittelbar wieder in Anspruch genommen werden konnte. Wegen des Beginns der Verjährungsfrist des § 852 aF in diesen Fällen vgl BGH VersR 1966, 632.

c) Die Staatshaftung nach Art 34 GG

9 **aa)** Wie Art 131 WeimVerf, so versteht auch Art 34 GG unter der „Verantwortlichkeit", die den Staat trifft, die Haftung in dem Umfang, wie sie nach § 839 BGB den Beamten trifft (vgl BGHZ 13, 88, 98, 103 sowie Rn 21, 24). Mit dem Inkrafttreten des GG traten zwar nach überwiegend vertretener Auffassung die mit Art 23 GG inhaltlich übereinstimmenden wie die ihm inhaltlich widersprechenden Vorschriften der neuen Landesverfassung gemäß Art 31 GG außer Kraft. Da aber auch Art 34 GG den Staat oder die Körperschaft nur „grundsätzlich" haften lässt, sind die die Einzelheiten regelnden vorhandenen Vorschriften, die schon Art 131 WeimVerf unberührt gelassen hatte, bei Bestand geblieben (vgl wegen der Einzelheiten Rn 356–371).

10 **bb)** Im Wortlaut unterscheidet sich Art 34 GG von Art 131 WeimVerf dadurch, dass er nicht mehr auf die Amtspflichtverletzung des „Beamten" abstellt („verletzt **jemand** ...") und dass an die Stelle der „anvertrauten öffentlichen Gewalt" das „anvertraute öffentliche Amt" getreten ist. Sachlich besteht aber kein Unterschied gegenüber dem bisherigen Recht.

(1) Den Begriff des Beamten im Sinne der Staatshaftungsvorschriften (und damit auch im Sinne des § 839 BGB, soweit es sich um die Ausübung „öffentlicher Gewalt" handelt) hatten Rechtsprechung und Schrifttum nicht im staatsrechtlichen Sinne der Beamtengesetze verstanden, sondern, dem strafrechtlichen Begriff des Amtsträgers (§ 11 Abs 1 Nr 2 StGB) etwa entsprechend, als Beamten (im haftungsrechtlichen Sinne) jede Person angesehen, die von einer dazu befugten Stelle mit öffentlicher Gewalt ausgestattet ist (vgl Rn 52–71). In Kenntnis und Billigung dieser Rechtsprechung hat der Grundgesetzgeber ihren Ergebnissen durch die neutrale Fassung „jemand" Rechnung getragen.

(2) Die Fassung „in Ausübung eines ihm anvertrauten öffentlichen Amts" hat inhaltlich die gleiche Bedeutung wie „in Ausübung öffentlicher Gewalt" in Art 131 WeimVerf (BGH NJW 1956, 1836). Der Wechsel im Ausdruck beruht auf dem Bestreben, im Sinne der bisherigen Auslegung der „öffentlichen Gewalt" klarzustellen, dass die Staatshaftung sich nicht auf die Fälle eines Handelns mit obrigkeitlichem Zwang beschränkt, sondern jede Amtsausübung erfasst, die in Wahrnehmung von Staatshoheitsaufgaben (BGHZ 62, 372, 378) und nicht in der Wahrnehmung rein fiskalischer Aufgaben auf dem Boden des Privatrechts besteht (Rn 72 ff; 105 ff).

d) Das Staatshaftungsgesetz vom 26. 6. 1981

11 **aa)** Die Amtshaftung ist seit langem einer intensiven rechtspolitischen Kritik ausgesetzt (s wegen deren inhaltlicher Einzelheiten den folgenden Abschnitt Rn 25 ff). Deswegen

sind in den vergangenen Jahrzehnten mehrfach Anläufe zu einer Reform unternommen worden, deren oberstes Ziel es war, die personale Konzeption der Amtshaftung als einer übergeleiteten Beamtenhaftung (s dazu im Folgenden Rn 21 ff) durch eine unmittelbare Staatshaftung zu ersetzen. Ein im Januar 1967 vom Bundesministerium der Justiz vorgelegter Referentenentwurf eines Gesetzes zur Änderung und Ergänzung schadensersatzrechtlicher Vorschriften hatte dieses Ziel noch durch eine Neufassung des § 839 BGB erreichen wollen (Text bei Kreft Rn 5). Später wurde indessen die Konzeption eines eigenen, aus dem Bürgerlichen Gesetzbuch herausgelösten Staatshaftungsgesetzes ins Auge gefasst. Nach einem Kommissionsentwurf aus dem Jahre 1973, einem Referentenentwurf des Bundesjustiz- und des Bundesinnenministeriums aus dem Jahre 1976 und dem Entwurf eines Staatshaftungsgesetzes der Bundesregierung vom Mai 1978 (Texte bei Kreft Rn 7–9) verabschiedete der Bundestag schließlich das Staatshaftungsgesetz vom 26. 6. 1981 (BGBl I 553). Zur Entstehungsgeschichte im Einzelnen s vor allem Schäfer/Bonk, Staatshaftungsgesetz (Kommentar) München 1982, Teil II A Einführung in das neue Staatshaftungsrecht.

bb) Die Grundnorm der Staatshaftung hatte folgenden Wortlaut: 12

> § 1 Haftung der öffentlichen Gewalt
>
> (1) Verletzt die öffentliche Gewalt eine Pflicht des öffentlichen Rechts, die ihr einem anderen gegenüber obliegt, so haftet ihr Träger dem anderen für den daraus entstehenden Schaden nach diesem Gesetz.
>
> (2) Das Versagen einer technischen Einrichtung gilt als Pflichtverletzung, wenn der Träger anstatt durch Personen durch diese Einrichtung öffentliche Gewalt selbständig ausüben läßt und das Versagen einer Pflichtverletzung dieser Person entsprechen würde.
>
> (3) Personen, die die Pflichtverletzung begehen, haften dem Geschädigten nicht.

Zweck und Bedeutung dieses Grundhaftungstatbestandes werden von Schäfer/Bonk (Staatshaftung Einl §§ 1–13, erster Abschnitt Rn 2) wie folgt beschrieben:

> „Er faßt nicht nur die bisherigen Staatshaftungsinstitute der Amtshaftung des § 839 BGB, des enteignungsgleichen Eingriffs, des aufopferungsgleichen Eingriffs und der Folgenbeseitigung in einer einzigen Grundnorm zusammen, sondern verwirklicht darüber hinaus die Unmittelbarkeit der Staatshaftung, setzt an die Stelle der subsidiären die primäre Staatshaftung und beseitigt das Schuldelement als Haftungsvoraussetzung."

Als Zurechnungselement behielt das Verschulden allerdings Bedeutung, indem nach § 2 Abs 1 S 2 des Staatshaftungsgesetzes der Geldersatz entfiel, wenn die Pflichtverletzung auch bei Beachtung der bei der Ausübung öffentlicher Gewalt den Umständen nach gebotenen Sorgfalt nicht hätte vermieden werden können; darlegungs- und beweispflichtig war insoweit allerdings die haftpflichtige Körperschaft (Schäfer/Bonk § 2 Rn 17). Weitere Modifizierungen der bisherigen Rechtslage enthielt das Staatshaftungsgesetz in § 5, betreffend die Haftung bei Rechtsprechung und Gesetzgebung, und in § 6 hinsichtlich des Vorrangs des Primärrechtsschutzes (Versäumen von Rechtsbehelfen bei Geldersatz).

Auf eine Darstellung der weiteren Einzelheiten kann hier verzichtet werden; denn das Staatshaftungsgesetz ist – entgegen der von Schäfer/Bonk im Vorwort zu ihrem Kommentar geäußerten Erwartung – vom Bundesverfassungsgericht durch Urteil vom 19. 10. 1982 (BVerfGE 61, 149 = NJW 1983, 25) mangels Gesetzgebungskompetenz des Bundes für nichtig erklärt worden. Inzwischen ist durch die Grundgesetzänderung vom 27. 10. 1994 (BGBl I 3146) die konkurrierende Gesetzgebungskompetenz des Bundes auf die Staatshaftung erweitert worden (Art 74 Abs 1 Nr 25 GG), jedoch mit der Beschränkung der Gesetzgebungskompetenz des Bundes nach Art 72 Abs 2 GG; die entsprechenden Gesetze bedürfen der Zustimmung des Bundesrates (Abs 2).

e) Staatshaftung auf dem Gebiet der DDR

13 **aa)** In der ehemaligen DDR hatte die Staatshaftung in Art 106 der DDR-Verfassung vom 9. 4. 1968 (GBl-DDR I 199) iVm Art 104 des Gesetzes vom 7. 10. 1974 (GBl-DDR I 422; Ossenbühl/Cornils 755) eine verfassungsrechtliche Grundlage. Das Gesetz zur Regelung der Staatshaftung in der Deutschen Demokratischen Republik – Staatshaftungsgesetz – vom 12. 5. 1969 (GBl-DDR I 34), geändert durch Gesetz vom 14. 12. 1988 (GBl-DDR I 329), normierte in § 1 Abs 1 den Grundtatbestand der Haftung wie folgt:

> Für Schäden, die einem Bürger oder seinem persönlichen Eigentum durch Mitarbeiter oder Beauftragte staatlicher Organe oder staatlicher Einrichtungen in Ausübung staatlicher Tätigkeit rechtswidrig zugefügt werden, haftet das jeweilige staatliche Organ oder die staatliche Einrichtung.

14 **(1)** Damit wurden mögliche Beeinträchtigungen der Gesundheit, des Lebens, der persönlichen Freiheit und anderer Persönlichkeitsrechte der Bürger sowie Schäden an Gegenständen ihres persönlichen Eigentums erfasst. „Persönliches" Eigentum konnte nach der sozialistischen Eigentumslehre nur an dem persönlichen Bedarf dienenden Gütern bestehen, nicht dagegen an Produktionsmitteln. Eine nähere Bestimmung enthielt § 23 ZGB:

> „Zum persönlichen Eigentum gehören insbesondere die Arbeitseinkünfte und Ersparnisse, die Ausstattung der Wohnung und des Haushalts, Gegenstände des persönlichen Bedarfs, die für die Berufsausbildung, Weiterbildung und Freizeitgestaltung erworbenen Sachen sowie Grundstücke und Gebäude zur Befriedigung der Wohn- und Erholungsbedürfnisse des Bürgers und seiner Familie. Zum persönlichen Eigentum gehören auch die dem Wesen des persönlichen Eigentums entsprechenden Rechte, einschließlich vermögensrechtlicher Ansprüche aus Urheber-, Neuerer- und Erfindungsrechten."

Davon ist das „Privateigentum" zu unterscheiden. Es war nach marxistischem Verständnis individuelles Eigentum an Produktionsmitteln, für das in der DDR grundsätzlich kein Raum war. Es wurde, anders als das „persönliche Eigentum", von der Verfassung nicht gewährleistet, sondern nur noch geduldet. Schädigungen des „privaten Eigentums" lösten die Staatshaftung nicht aus (Krohn VersR 1991, 1085, 1092). Andererseits konnte der Begriff des „persönlichen Eigentums" im vorbezeichneten Sinne auch manche Elemente aufnehmen, die nach westdeutschem Verständnis eher dem Schutzbereich des Art 12 GG als demjenigen des Art 14 GG zuzuordnen gewesen wären, insbesondere die Chance, überhaupt Arbeitseinkünfte zu erzielen (BGHZ 127, 57, 66/67).

(2) Das Staatshaftungsgesetz der DDR in seiner Ursprungsfassung blieb für Handlungen bis einschließlich 2. 10. 1990, die einen ihm unterfallenden Haftungstatbestand erfüllten, und für die daran geknüpften Rechtsfolgen auch nach dem Beitritt maßgeblich. Es ist daher vom BGH auf den rechtswidrigen Ausschluss eines Rechtsanwalts aus einem Rechtsanwaltskollegium der ehemaligen DDR angewendet worden (BGHZ 127, 57). 15

bb) Der Einigungsvertrag bestimmte, dass das StHG-DDR im Beitrittsgebiet als Landesrecht fortgalt, allerdings mit tiefgreifenden inhaltlichen Umgestaltungen (Anlage II B Kapitel III Sachgebiet B Abschnitt III [BGBl 1990 II 885, 1168]). Jedoch wurde das StHG-DDR im Beitrittsteil von Berlin (Gesetz vom 21. 9. 1995 – GVBerl S 607) und in Mecklenburg-Vorpommern (Gesetz vom 12. 3. 2009 – GVOBl M-V S 281) ganz aufgehoben; ebenso in Sachsen, wo es der Rechtsbereinigung zum Opfer gefallen ist: Es wurde dort nicht in das Verzeichnis des fortgeltenden DDR-Rechts aufgenommen (Gesetz vom 17. 4. 1998 – SächsGVBl 151). In Sachsen-Anhalt wurde ein eigenes Gesetz zur Staatshaftung geschaffen (Rn 19). Eine Haftung nach dem StHG-DDR (im Folgenden: StHG) gibt es daher – mit marginalen Unterschieden – nur noch in Brandenburg und Thüringen. 16

Die Haftungsnorm (§ 1 Abs 1 StHG) hat in beiden Landesgesetzen folgenden Wortlaut:

> Für Schäden, die einer natürlichen oder einer juristischen Person hinsichtlich ihres Vermögens oder ihrer Rechte durch Mitarbeiter oder Beauftragte staatlicher oder kommunaler Organe in Ausübung staatlicher Tätigkeit rechtswidrig zugefügt werden, haftet das jeweilige staatliche oder kommunale Organ.

(1) Diese Vorschrift begründete eine umfassende, auf die Drittbezogenheit der verletzten Amtspflicht und auf das Verschulden als haftungsbegrenzende Kriterien verzichtende unmittelbare Staatshaftung (BGH NVwZ 2019, 1696 Rn 10). Dabei ist nicht auf ein Handlungsunrecht, sondern auf das Erfolgsunrecht abzustellen, dh eine Maßnahme kann auch dann rechtswidrig sein, wenn für die Behörde nach den ex ante verfügbaren Erkenntnisquellen keine Hinderungsgründe für den Erlass der Maßnahme ersichtlich waren oder sein konnten. Entscheidend ist vielmehr das Ergebnis, nämlich der Erlass eines objektiv als rechtswidrig zu beurteilenden Verwaltungsakts (BGH 19. 1. 2006 – III ZR 82/05, BGHZ 166, 22 Rn 9 ff). Besonders wichtig ist, dass nicht etwa nur solche Rechtsgüter geschützt werden, die den Anwendungsbereichen des allgemeinen enteignungs- oder aufopferungsgleichen Eingriffs unterfallen, sondern auch das Vermögen insgesamt. Dies hatte die wenig einleuchtende Konsequenz, dass eine unterschiedliche Haftungslage im wiedervereinigten Deutschland geschaffen wurde. Dieser unbefriedigende Zustand wurde dadurch verschärft, dass die strengeren Haftungsnormen ausgerechnet den Teil der Bundesrepublik betrafen, in dem nach dem Beitritt überhaupt erst einmal eine rechtsstaatlichen Anforderungen entsprechende Verwaltung eingerichtet werden musste (Krohn BADK-Information 2/1991, 34, 39).

(2) In ihrem Anwendungsbereich – dh nur für Landes- und Kommunalbehörden oder sonstige der Zuständigkeit der Länder unterliegende öffentlich-rechtliche Körperschaften, nicht dagegen für Bundesbehörden, da den betreffenden Bundesländern insoweit die Gesetzgebungskompetenz fehlt – tritt die Staatshaftung konkurrie- 17 rend neben mögliche bundesrechtliche Amtshaftungsansprüche. Für den BGH stellte sich damit die Aufgabe, das neu gestaltete StHG in das bestehende System der Amts- und Staatshaftung zu integrieren (s dazu WURM, in: FS 50 Jahre BGH [2000] 267, 270 f).

Die verschuldensunabhängige staatliche Unrechtshaftung geht in ihrem Anwendungsbereich als spezialgesetzliche Konkretisierung den allgemeinen auf Richterrecht beruhenden Grundsätzen über den enteignungsgleichen Eingriff vor (BGH NVwZ-RR 1997, 204, 205). Dabei ist es unschädlich, dass die Haftung nach dem StHG auch gewisse Nachteile – wie beispielsweise bei der Verjährung (§ 4 StHG: ein Jahr) – mit sich bringt (WURM 267, 270 f mwNw). Mit diesem Vorrang des StHG vor dem enteignungsgleichen Eingriff wird das Verhältnis zwischen beiden Haftungsinstituten in gleicher Weise bestimmt wie bei sonstigen landesgesetzlichen Normen, die eine verschuldensunabhängige Staats- oder Behördenhaftung festlegen und bei denen dieser Vorrang seit jeher anerkannt worden ist (vgl zB BGHZ 72, 273, betreffend § 42 Abs 1 lit b OBG NW aF [heute § 39 Abs 1 lit b OBG NW]).

18 Der Schutzbereich der jeweils verletzten Rechtsnorm gilt als haftungsbegrenzendes Kriterium auch im Rahmen des § 1 StHG (BGH 19. 1. 2006 – III ZR 82/05, BGHZ 166, 22 Rn 15; BGHZ 142, 259, 271 f, WURM JA 1992, 1, 10). Der Anspruch nach dem Staatshaftungsgesetz geht insoweit nicht weiter als ein konkurrierender Amtshaftungsanspruch (BGH NVwZ-RR 2008, 670 Rn 10). Auch im Anwendungsbericht des Staatshaftungsgesetzes gilt der Grundsatz, dass dann, wenn eine Behörde aufgrund einer bindenden Weisung einer übergeordneten Behörde eine – objektiv – rechtswidrige Maßnahme trifft, nicht die angewiesene, sondern die anweisende Behörde haftungsrechtlich verantwortlich ist (BGH NVwZ-RR 2009, 363).

§ 3 Abs 3 enthält eine dem § 839 Abs 1 S 2 BGB entsprechende Subsidiaritätsklausel (HERBST/LÜHMANN, Die Staatshaftungsgesetze der neuen Länder [1997] § 3 Abs 3 I 1. Anm 1): Ein Schadensersatzanspruch besteht insoweit nicht, als ein Ersatz des Schadens auf andere Weise erlangt werden kann.

Auch im Anwendungsbereich des StHG haben natürliche und juristische Personen alle ihnen möglichen und zumutbaren Maßnahmen zu ergreifen, um einen Schaden zu verhindern oder zu mindern. Verletzen sie diese Pflicht schuldhaft, so wird die Haftung des staatlichen oder kommunalen Organs entsprechend eingeschränkt oder ausgeschlossen (§ 2 StHG). Diese Pflicht zur Abwendung des Schadens findet ihr Gegenstück im Nichteintritt der Amtshaftung, wenn der Verletzte es vorsätzlich oder fahrlässig unterlassen hat, den Schaden durch Gebrauch eines Rechtsmittels abzuwenden (§ 839 Abs 3 BGB; WURM, in: FS BGH [2000] 270).

19 **cc)** In Sachsen-Anhalt wurde die umfassende Staatshaftung praktisch auf einen Entschädigungsanspruch wegen allgemeinen enteignungsgleichen Eingriffs reduziert (seit August 1992; inzwischen gilt das Gesetz zur Regelung von Entschädigungsansprüchen im Lande Sachsen-Anhalt in der Fassung der Bekanntmachung vom 1. 1. 1997 [GVBl LSA 2, 17]). Die Haftungsnorm lautet dort nunmehr (§ 1 Abs 1):

> Für den Vermögensnachteil, der einer natürlichen oder juristischen Person des Privatrechts durch einen unmittelbaren hoheitlichen Eingriff in ihr Eigentum von Mitarbeitern oder Beauftragten eines Trägers öffentlicher Gewalt rechtswidrig zugefügt wird, hat der jeweilige Ho-

heitsträger nach diesem Gesetz eine angemessene Entschädigung zu leisten, sofern nicht besondere Rechtsvorschriften für den Schadensausgleich bestehen.

Bemerkenswert ist jedoch, dass auch im Anwendungsbereich des neu gestalteten Gesetzes zur Regelung von Entschädigungsansprüchen im Lande Sachsen-Anhalt die Subsidiaritätsklausel weiterhin gilt: Ein Entschädigungsanspruch besteht insoweit nicht, als ein Ersatz des Schadens auf andere Weise erlangt werden kann (§ 3 Abs 2 StHG). Ein lediglich subsidiärer Entschädigungsanspruch wegen enteignungsgleichen Eingriffs stellt den Geschädigten in Sachsen-Anhalt nunmehr schlechter, als wenn das StHG ersatzlos aufgehoben worden wäre.

dd) Für Ansprüche nach dem Gesetz über die Regelung der Staatshaftung in der DDR haftet die Bundesrepublik Deutschland nicht. Eine Übernahme aller bestehenden Rechte und Pflichten der ehemaligen DDR, die mit dem Inkrafttreten des Einigungsvertrags als Rechtssubjekt unterging, durch die Beklagte ist weder zwischen den Parteien des Einigungsvertrags vereinbart noch sonst angeordnet worden (BGHZ 175, 232 Rn 8; 165, 159, 162; 128, 140, 146). Eine Gesamtrechtsnachfolge ergibt sich insbesondere nicht aus Art 135a Abs 2 GG. Diese Vorschrift enthält eine bloße Ermächtigung für den Gesetzgeber zum Ausschluss und zur Beschränkung der Erfüllung von Verbindlichkeiten der DDR oder ihrer Rechtsträger sowie von Verbindlichkeiten, die mit dem Übergang von Vermögenswerten der DDR in Zusammenhang stehen. Welche Verbindlichkeiten der früheren DDR auf andere Rechtsträger übergehen sollten und unter welchen Voraussetzungen, lässt Art 135a Abs 2 GG ebenso wie die Denkschrift zum Einigungsvertrag (unter B. Besonderer Teil Kapitel II zu Art 4 B Nr 4 – BT-Drucks 11/7760, 359) offen. Damit setzt Art 135a Abs 2 GG voraus, dass solche Verbindlichkeiten aufgrund einer anderweitigen Regelung auf die Bundesrepublik Deutschland oder andere Körperschaften und Anstalten des öffentlichen Rechts übergegangen sind (BGHZ 175, 232 Rn 8; 165, 159, 164 f mwNw). Im Rahmen der deutschen Wiedervereinigung hat der Gesetzgeber davon abgesehen, nach dem Wegfall der staatlichen Organe und Einrichtungen der DDR eine Rechtsnachfolge in deren Verbindlichkeiten – unter anderem solche nach dem Staatshaftungsgesetz – anzuordnen. Auch eine allgemeine Haftung wegen Vermögensübernahme entsprechend § 419 aF scheidet aus, weil diese Vorschrift zur Beurteilung öffentlich-rechtlicher Vorgänge – wie hier den Betritt der DDR zur Bundesrepublik Deutschland – weder unmittelbar noch analog gilt (BGHZ 175, 232 Rn 8; 128, 140, 147 mwNw). Eine solche Einstandspflicht ergibt sich auch nicht aus Art 21 Abs 1 S 1 Einigungsvertrag aufgrund der Übernahme von Vermögensgegenständen der NVA (siehe betreffend Gesundheitsbeschädigung von Soldaten der NVA durch radioaktive Strahlung von Radaranlagen BGHZ 175, 232). 20

2. Grundlagen und Struktur der Amtshaftung

a) Übergeleitete Beamtenhaftung

Die Amtshaftung ist in ihrer geltenden gesetzlichen Ausgestaltung eine übergeleitete Beamtenhaftung. 21

aa) Haftungstatbestand ist, dass ein Beamter schuldhaft (vorsätzlich oder fahrlässig) eine Amtspflicht verletzt, die ihm einem Dritten gegenüber obliegt. Führt diese Pflichtverletzung zu einer Schädigung des Dritten, so wäre nach der bürgerlich-rechtlichen Haftungsnorm des § 839 BGB an sich der Beamte persönlich dem Dritten schadensersatzpflichtig. Diese Haftung wird jedoch durch Art 34 S 1 GG unter der Voraussetzung, dass die Pflichtverletzung in Ausübung eines anvertrauten öffentlichen Amtes begangen worden ist, auf den Staat oder die Körperschaft übergeleitet, in deren Dienst der schuldige Amtsträger steht. Es findet insoweit eine Schuldübernahme statt, kraft deren der Amtsträger von der Schadensersatzpflicht befreit und der Staat oder die sonstige haftende Körperschaft mit ihr belastet wird. Die Struktur der Amtshaftung wird demnach durch das Ineinandergreifen dieser beiden Normen gekennzeichnet: § 839 BGB ist die haftungsbegründende, Art 34 GG die haftungsverlagernde Vorschrift. Grundlage des Amtshaftungsanspruchs sind demnach beide Normen gemeinsam; sie werden in der Rechtsprechung auch stets gemeinsam als Anspruchsgrundlage zitiert („§ 839 BGB iVm Art 34 GG").

22 **bb)** Das Bundesverfassungsgericht hat in seinem grundlegenden Urteil vom 19. 10. 1982 (BVerfGE 61, 149 = NJW 1983, 25) klargestellt, dass der Staat durch die Übernahme der persönlichen Beamtenhaftung nach § 839 BGB zwar Haftungs-, aber nicht Zurechnungssubjekt wird (im Anschluss an Dagtoglou, in: BK [Zweitbearbeitung 1970] Art 34 Rn 9). Das Grundgesetz hat damit die historisch aus der Ablehnung einer Verbandshaftung entstandene mittelbare Haftung des Staates bei Amtspflichtverletzungen seiner Beamten übernommen und folglich auch hingenommen (BVerfG NJW 1983, 30). Damit hat das Bundesverfassungsgericht Versuchen, Art 34 GG als eigenständige Anspruchsnorm einer originären Staatshaftung zu interpretieren (in diesem Sinn insbes Bettermann DÖV 1954, 299, 301; siehe auch allgemein dazu Kümper, Risikoverteilung S 320 ff), eine klare Absage erteilt und ihnen zumindest für die Rechtspraxis die Grundlage entzogen.

In einem Kammerbeschluss vom 18. 11. 2020 (2 BvR 477/17, NJW 2021, 2108) hat das BVerfG ein neues, weitergehendes Verständnis der Amtshaftung erwogen. Es hat dort ausgeführt, die Haftung für staatliches Unrecht sei nicht nur eine Ausprägung des Legalitätsprinzips, sondern auch Ausfluss der jeweils betroffenen Grundrechte, die zunächst Grundlage für Unterlassungs- und Beseitigungsansprüche, die die Effektivität des Grundrechtsschutzes sicherstellen, seien. Wo dies nicht möglich sei, ergäben sich aus ihnen grundsätzlich Kompensationsansprüche als Schadensersatz- oder Entschädigungs- und Ausgleichsansprüche. Dies mindere zumindest die Eingriffsintensität und verhindere so das vollständige Leerlaufen der in Rede stehenden grundrechtlich geschützten Interessen (BVerfG 2 BvR 477/17, NJW 2021, 2108 Rn 24 ff). Bei einem solchen Verständnis des Art 34 GG konnte es durchaus bezweifelt werden, ob das geltende Amtshaftungsrecht dessen Anforderungen genügt. Dies ergab sich insbesondere aus dem Hinweis, die entsprechenden Kompensationsansprüche ergäben sich nicht allein aus dem auf einer politischen Entscheidung des Gesetzgebers beruhenden einfachen Recht (BVerfG 2 BvR 477/17, NJW 2021, 2108 Rn 25), sowie daraus, dass eine derartige Rückbindung der staatlichen Unrechtshaftung den allgemeinen Rechtsgrundsätzen im europäischen Rechtsraum entspreche, was im Hinblick auf die gem Art 1 Abs 2 GG gebotene europäische Einbindung Deutschlands von Bedeutung sei (dezidiert **aA** Dörr/Dörr § 1 S 3: keine europäische Verfassungsordnung sehe den aus staatlichem Unrecht resultierenden Wiedergutmachungsanspruch als integralen Bestandteil der allgemeinen Grundrechtsgewährleistungen an – ein subjektiv-rechtliches Gepräge auf Verfassungsebene erhalte die Staatshaftung nur in einigen – sämtlich vormals sozialistischen – Staaten durch einen spezielle verfassungsunmittelbare Anspruchsnorm). Dabei verwies das BVerfG darauf, dass etwa Frankreich, Griechenland, Italien oder Ungarn eine grundsätzlich umfassende und verschuldensabhängige Haftung des Staates für jedes Verwaltungshandeln kennen würden (BVerfG 18. 11. 2020 – 2 BvR 477/17, NJW 2021, 2108 Rn 36 ff – s dazu aber auch Rn 41 ff). Diese Erwägungen hat das BVerfG in der Folge zwar einerseits bestätigt, andererseits aber doch klargestellt bzw erheblich eingeschränkt (BVerfGE 30. 6. 2022 – 2 BvR 737/20, 162, 325 Rn 89 ff). Danach kommt dem Gesetzgeber bei der Ausgestaltung spezifischer Sekundäransprüche ein Einschätzungs-, Wertungs- und Gestaltungspielraum zu, der Typisierungen und Pauschalisierungen nicht nur zulasse, sondern erfordere, um die Sekundäransprüche operationalisierbar zu machen.

b) Bestandteil des bürgerlich-rechtlichen Haftungssystems

Die persönliche Ersatzpflicht des Beamten, wie sie in § 839 BGB ihren Niederschlag gefunden hat, wird herkömmlich privatrechtlich behandelt, nämlich als Bestandteil des bürgerlich-rechtlichen Haftungssystems für den Ausgleich unerlaubter Handlungen. Damit fiel sie in die Zuständigkeit des Bundes zur konkurrierenden Gesetzgebung nach Art 74 Nr 1 GG. Der Bund genoss insoweit schon vor der Einfügung des Art 74 Abs 1 Nr 25 GG kompetenzrechtlichen Bestandsschutz, so dass dahinstehen konnte, ob die persönliche Haftung eines hoheitlich handelnden Beamten noch heute zum bürgerlichen Recht zu rechnen wäre (BVerfG NJW 1983, 26). Die Überleitung (Art 34 GG) selbst kann historisch dagegen nicht als Teil der Gesetzgebungsmaterie „bürgerliches Recht" qualifiziert werden. Denn gerade die Bestimmung darüber, den Staat als Schuldner zur Verfügung zu stellen, liegt aus kompetenzrechtlichen Gründen außerhalb des „bürgerlichen Rechts" (BVerfG NJW 1983, 29). An dieser mangelnden Gesetzgebungskompetenz des Bundes ist das Staatshaftungsgesetz vom 26. 6. 1981 (BGBl I 553) verfassungsrechtlich gescheitert. Durch die Grundgesetzänderung vom 27. 10. 1994 (BGBl I 3146) ist die konkurrierende Gesetzgebungskompetenz des Bundes auf die Staatshaftung erweitert worden (Art 74 Abs 1 Nr 25 GG); die entsprechenden Gesetze bedürfen der Zustimmung des Bundesrates (Abs 2). Das Bundesverfassungsgericht hat zur dogmatischen Einordnung des Amtshaftungsrechts ausgeführt, dass die Regeln über die Haftung des Staates für die Folgen einer pflichtwidrigen Ausübung öffentlicher Gewalt – auch wenn für sie betreffende Streitigkeiten der Rechtsweg zu den ordentlichen Gerichten eröffnet ist und daher die Zivilprozessordnung Anwendung findet (Art 34 S 3 GG) – dem öffentlichen Recht zuzuordnen sind. Das Amtshaftungsrecht dient nicht dem Interessenausgleich zwischen Privaten, sondern der Sicherung eines Mindestmaßes an Integrität privater Rechte gegenüber der öffentlichen Gewalt. Werden dem Bürger im Rahmen eines Amtshaftungsprozesses daher Pflichten oder Obliegenheiten auferlegt, geschieht dies mit Blick auf ein hoheitlich geprägtes Rechtsverhältnis, in dem die Grundrechte unmittelbar und ohne Einschränkung Anwendung finden (BVerfG EuGRZ 2013, 563 Rn 61). 23

c) Personale Konstruktion der Amtshaftung

Die personale Konstruktion der Amtshaftung hat zur Folge, dass der Staat grundsätzlich nur in dem gleichen Umfang haftet, wie der Amtsträger selbst es müsste, wenn es die Schuldübernahme nicht gäbe. Dies bedeutet, dass sämtliche auf die persönliche Verantwortlichkeit des Amtsträgers zugeschnittenen gesetzlichen Haftungsbeschränkungen, -milderungen oder -privilegien mittelbar auch dem Staat zugutekommen. So reicht es zur Begründung eines Ersatzanspruchs nicht aus, dass der Bürger durch rechtswidriges staatliches Handeln geschädigt worden ist; hinzukom- 24 men muss, dass die Schadenszufügung auf einer schuldhaften Pflichtverletzung des handelnden Amtsträgers beruht. Fällt dem Beamten nur Fahrlässigkeit zur Last, so besteht ein Anspruch nur, soweit der Verletzte nicht auf andere Weise Ersatz zu erlangen vermag (§ 839 Abs 1 S 2 BGB „Verweisungsprivileg"). Aus diesen Grundsätzen hat der BGH in NVwZ 2001, 835 die Konsequenz gezogen, dass die Bundesrepublik als Dienstherr eines Zivildienstleistenden in den Schutzbereich der von dessen privatrechtlich organisierter Beschäftigungsstelle abgeschlossenen Kfz-Haftpflichtversicherung fällt (s dazu Rn 795). Bei der Frage, unter welchen Voraussetzungen die Haftungsprivilegierung des § 106 Abs 3 Fallgruppe 3 SGB VII (vorübergehende betriebliche Tätigkeit von Versicherten mehrerer Unternehmen auf einer gemeinsamen Betriebsstätte) auch für Amtshaftungsansprüche gilt, ist jeweils auf die Person des einzelnen Schädigers, nicht dagegen auf diejenige seines Dienstherrn als des Unternehmers abzustellen (BGHZ 151, 198, 200; s auch Rn 370).

d) Kritik

25 Dieser Rechtszustand wird weitgehend als unbefriedigend und antiquiert empfunden.

aa) Die Kritik macht geltend, dass diese einschränkenden Voraussetzungen der Haftung ihren guten Sinn gehabt haben mochten, soweit und solange es um die persönliche Haftung des Beamten ging, dass sie jedoch im unmittelbaren Verhältnis zwischen Staat und Bürger einer inneren Rechtfertigung entbehren (s nun auch Treffer NJW 2021, 1052). Die rechtliche Konstruktion der Amtshaftung sei „sowohl staatstheoretisch als auch verfassungsrechtlich untragbar" (Ossenbühl/Cornils 7); die Amtshaftung sei schon kurz nach ihrer Einführung in den Ruf des „schlechtest konstruierten, dazu für das Volk unverständlichsten aller Rechtssätze gelangt" (Ossenbühl/Cornils 7 unter Hinweis auf Hofacker AcP 118 [1920] 281, 349). Dementsprechend wird als die bessere Alternative zur geltenden Amtshaftung die Konzeption einer unmittelbaren Staatshaftung angesehen, die von dem persönlichen Pflichtenstatus des Amtsträgers losgelöst ist und an die öffentlich-rechtlichen Pflichten des Staates im Außenverhältnis zum Bürger anknüpft (Schlagworte: Abkehr von der übergeleiteten Beamtenhaftung; Normierung der unmittelbaren Staatshaftung; Staatshaftung als bloße Unrechtshaftung; Abkehr vom Verschuldensprinzip; Wegfall des Verweisungsprivilegs; Bündelung der Zuständigkeiten für Primärrechtsschutz und Schadensausgleich bei der jeweiligen Fachgerichtsbarkeit). Auf dieser Linie hatte das Staatshaftungsgesetz vom 26. 6. 1981 (Ossenbühl/Cornils 7) den Grundtatbestand der Staatshaftung wie folgt normiert: *„Verletzt die öffentliche Gewalt eine Pflicht des öffentlichen Rechts, die ihr einem anderen gegenüber obliegt, so haftet ihr Träger dem anderen für den daraus entstehenden Schaden nach diesem Gesetz."* – Das Staatshaftungsgesetz ist jedoch durch Urteil des Bundesverfassungsgerichts vom 19. 10. 1982 (Ossenbühl/Cornils 7) mangels Gesetzgebungskompetenz des Bundes für verfassungswidrig erklärt worden; damit wurde die Amtshaftung nach § 839 BGB iVm Art 34 GG wiederhergestellt.

26 **bb)** Indessen gibt es auch im geltenden Recht – außerhalb und neben der Amtshaftung – Ansätze für eine unmittelbare Staatshaftung. Zu nennen ist beispielsweise das durch Richterrecht begründete Rechtsinstitut des enteignungsgleichen Eingriffs sowie bei Ansprüchen wegen Aufopferung. Weitere Fälle staatsunmittelbarer Haftung finden sich in Landesgesetzen über die Rechtsfolgen von Verwaltungsunrecht, so

etwa für NRW in der praktisch sehr wichtigen Entschädigungsnorm des § 39 Abs 1 lit b OBG NRW. Die Staatshaftungsgesetze von Brandenburg und Thüringen besteht die unmittelbare Staatshaftung des Staatshaftungsgesetzes der früheren DDR in geänderter Fassung fort (Rn 16).

cc) Die „strukturellen Schwächen und die rechtspolitischen Mängel des geltenden Amtshaftungsrechts" (MünchKommBGB/Papier/Shirvani § 839 Rn 171; Itzel Ad Legendum 2019, 128) dürfen jedoch nicht den Blick dafür verstellen, dass dieses so vielfach kritisierte Haftungsinstitut im Großen und Ganzen seiner Aufgabe gerecht geworden ist und weiterhin wird: Es stellt nämlich ein im Wesentlichen doch praktikables Instrumentarium bereit, das einerseits den Ausgleich berechtigter Forderungen des durch die öffentliche Gewalt Geschädigten gewährleistet, andererseits aber überzogene Begehrensvorstellungen nach einer allumfassenden öffentlichen Gefährdungshaftung abwehrt. Dies zeigt sich insbesondere am geltenden Verschuldensprinzip, wonach die Amtshaftung nur bei einer schuldhaften (vorsätzlichen oder fahrlässigen) Amtspflichtverletzung eintritt. Dem ist aus revisionsrichterlicher Sicht hinzuzufügen, dass die – seltenen – Fälle, in denen die Amtshaftung ausschließlich am fehlenden Verschulden scheitert, in der Regel solche sind, in denen die Zuerkennung eines Anspruchs grob unbillig gewesen wäre, weil sie auf eine sachlich nicht zu rechtfertigende Gefährdungshaftung der öffentlichen Hand hinausgelaufen wäre (vgl zB BGH 23. 7. 2020 – III ZR 66/19, VersR 2020, 1315). Auch „garantiert" das Grundgesetz in Art 34 nur den Bestand einer in der persönlichen Haftung des Amtsträgers gründenden verschuldensabhängigen Staatshaftung, fordert also gerade keine umfassende unmittelbare Staatshaftung (BVerfG NVwZ 1998, 271). In jüngerer Zeit hat das BVerfG zwar bemängelt, dass der „sekundäre" Grundrechtsschutz unvollständig sei, zugleich aber betont, dass dem Gesetzgeber bei der Ausgestaltung spezifischer Sekundäransprüche ein Einschätzungs-, Wertungs- und Gestaltungspielraum zukommt (s dazu bereits Rn 22). 27

Im Übrigen ist auch zu einem weiteren Kritikpunkt – der möglichen Aufspaltung der Rechtswege für den Primärrechtsschutz einerseits und den Amtshaftungsanspruch andererseits (Ossenbühl/Cornils 121 f; MünchKommBGB/Papier/Shirvani § 839 Rn 460 f) – anzumerken, dass die Konzentration der Amtshaftungsansprüche bei den ordentlichen Gerichten (Art 34 S 3 GG) sich in der Vergangenheit durchaus bewährt hat. Eine Aufgliederung der Amtshaftung auf die verschiedenen Gerichtszweige des jeweiligen Primärrechtsschutzes könnte die Einheitlichkeit der spezifisch haftungsrechtlichen Beurteilungsmaßstäbe gefährden. Außerdem schafft die Abkoppelung der Amtshaftung vom Primärrechtsschutz eine gewisse „Distanz", die der Beurteilung der Haftungsfragen nicht nur nachteilig zu sein braucht.

e) Amtspflichtverletzung als unerlaubte Handlung

Die Amtspflichtverletzung erfüllt auch materiell die allgemeinen Begriffsmerkmale einer unerlaubten Handlung im Sinne des Buchs 2 Abschnitt 8 Titel 27 BGB. 28

aa) Die Verletzung von Dienstpflichten ist für sich allein keine unerlaubte Handlung. Sie wird es erst dann, wenn sie einen gegenständlichen Eingriff in den allgemeinen Rechtskreis einer anderen Person enthält, mit dem das Gesetz die Rechtswirkung einer Schadensersatzpflicht verknüpft. Diesen allgemeinen Begriffsmerkmalen entspricht § 839 BGB, indem er einmal die Verletzung einer Amtspflicht, die einem Dritten (dem Geschädigten) gegenüber besteht, und zum andern einen Schaden, der diesem Dritten dadurch entstanden ist, tatbestandlich fordert. Haftungsbegründend ist indes allein die Verletzung der Amtspflicht, während der Schaden zum haftungsausfüllenden Tatbestand gehört – mit den entsprechenden Folgen für die Anwendbarkeit von § 286 ZPO einerseits und § 287 ZPO andererseits (s dazu Rn 417). Wenn und weil diese beiden Merkmale gegeben sind, wird die Verletzung innerdienstlicher Pflichten zu einer unerlaubten Handlung (BGHZ 34, 375, 380 f).

29 **bb)** Wenn die besonderen Regelungen des § 839 BGB nicht bestünden, so würden die Beamten, wenn sie unter Verletzung ihrer Amtspflicht eine unerlaubte Handlung begehen, den geschädigten Dritten nach den allgemeinen Vorschriften der §§ 823 ff BGB haften, und zwar ohne Rücksicht darauf, ob sie Hoheitsaufgaben des Staates und sonstiger öffentlicher Körperschaften wahrnehmen oder im privaten (fiskalischen) Geschäftsbereich ihres Dienstherrn tätig sind. Die Vorschrift des § 839 BGB bringt demgegenüber teils eine Erweiterung, teils eine Einschränkung der Haftung, wie sie sich bei Anwendung der allgemeinen Vorschriften für den Beamten gestalten würde:

(1) Erweitert ist die deliktische Haftung gegenüber den allgemeinen Vorschriften insofern, als jede schuldhafte (vorsätzliche oder fahrlässige) Verletzung der Amtspflicht, die dem Beamten gegenüber einem Dritten obliegt, die Haftung für den dem Dritten dadurch entstandenen Schaden auslöst, ohne Rücksicht darauf, ob die Amtspflichtverletzung den Tatbestand der §§ 823, 824, 825, 826, 831, 832, 833 S 2, 834, 836 bis 838 BGB erfüllt oder nicht. Es genügt also zB, dass die Amtspflichtverletzung nur allgemein eine Vermögensschädigung zur Folge hat, ohne dass ein Eingriff in bestimmte Vermögensrechte vorliegt (BGH WM 1957, 1165, 1167) oder ein Schutzgesetz (§ 823 Abs 2 BGB) verletzt ist, und es genügt ein sittenwidriges fahrlässiges Verhalten, während § 826 BGB vorsätzliche Begehung fordert (BGH MDR 1953, 287; s dazu Rn 186, 204). Wird aber die Amtspflichtverletzung aus § 826 BGB hergeleitet, so verbleibt es bei der Anwendbarkeit der Haftungsbeschränkungen nach § 839 Abs 3 BGB (s dazu die im Zusammenhang mit dem „Fluglotsenstreik" ergangenen Entscheidungen BGHZ MDR 1980, 126; BGHZ 70, 277; 69, 128).

30 **(2)** Eingeschränkt ist dagegen die Haftung gegenüber den allgemeinen Vorschriften nach drei Richtungen:

Bei fahrlässiger Amtspflichtverletzung entfällt nach § 839 Abs 1 S 2 BGB die Haftung, wenn und solange der Verletzte auf andere Art Ersatz erlangen kann. Der Beamte haftet also nur subsidiär. Die Haftungssubsidiarität wirkt sich auch zugunsten der haftenden Körperschaft aus, wenn diese gemäß Art 34 GG anstelle des Beamten haftet (s wegen der Einzelheiten den Abschnitt „Anderweitige Ersatzmöglichkeit – Verweisungsprivileg – Subsidiaritätsklausel" Rn 268 ff).

Der Richter haftet für Amtspflichtverletzungen beim Urteil nur unter den engen Voraussetzungen des § 839 Abs 2 S 1 BGB.

Mitwirkendes Verschulden des Verletzten, das darin besteht, dass er es schuldhaft unterlässt, den Schaden durch Gebrauch eines Rechtsmittels abzuwenden, führt nicht zu einer Abwägung nach § 254 BGB, vielmehr entfällt nach § 839 Abs 3 BGB jede Ersatzpflicht.

cc) Da der Anspruch aus § 839 BGB ein Anspruch aus unerlaubter Handlung im Sinne des 27. Titels ist, finden grundsätzlich die allgemein für unerlaubte Handlungen geltenden Vorschriften (§§ 827, 828, 830, 840, 842–853 BGB) Anwendung (RGZ 94, 103). § 841 BGB enthält eine besondere Ausgleichungsvorschrift für den Fall, dass neben dem Beamten (der für ihn eintretenden Körperschaft) ein Dritter haftet. § 830 BGB enthält eine Verursachungsvermutung bei mehreren Beteiligten (BGH 15. 5. 2025 – III ZR 417/23, NJW 2025, 2689 Rn 50; s auch BGH 31. 10. 2019 – III ZR 64/18, BGHZ 223, 316 Rn 29). Unanwendbar ist dagegen § 829 BGB (vgl RGZ 74, 145). Die darin für den Geschädigten liegende Unbilligkeit ist aber dadurch ausgeglichen, dass die Staatshaftungsgesetze eine Haftung des Staates nach Billigkeit für die von dem zurechnungsunfähigen Beamten verursachten Schäden vorsehen (vgl zB jeweils § 1 Abs 2 RBHG und PrStHG, s Rn 7). Ein Anspruch auf Geldentschädigung wegen der Verletzung des allgemeinen Persönlichkeitsrechts, auch in seiner Ausprägung als Recht auf informationelle Selbstbestimmung und in seiner amtshaftungsrechtlichen Einkleidung, ist nach Auffassung des BGH grundsätzlich **nicht vererblich** (BGH 23. 5. 2017 – VI ZR 261/16, BGHZ 215, 117 Rn 12 ff; BGH 29. 11. 2016 – VI ZR 530/15, NJW 2017, 800 Rn 7; BGH 29. 4. 2014 – VI ZR 246/12, BGHZ 201, 45 Rn 8 ff; vPentz AfP 2015, 11, 21; sehr str **aA** Staudinger/Kunz [2017] § 1922 Rn 311; MünchKommBGB/Leipold § 1922 Rn 162; Hermann AfP 2018, 469; Beuthien GRUR 2014, 957). Zur Änderung dieser Rechtslage liegt aktuell ein Gesetzentwurf zur Vererblichkeit bei Persönlichkeitsrechtsverletzungen vom 2. 4. 2025 vor (BT-Drucks 21/15). 31

dd) § 839 BGB ist auch unanwendbar, wenn das Handeln eines Beamten durch eine technische Einrichtung ersetzt wird – Hauptanwendungsfall: Verkehrsregelung nicht durch einen Polizeibeamten, sondern durch eine Signalampel – und ein Verkehrsteilnehmer dadurch einen Verkehrsunfall erleidet, dass die Verkehrsampel versagt, ohne dass eine schuldhafte Amtspflichtverletzung – wie mangelhafte Anlage oder Überwachung, fehlerhafter Schaltplan (so BGH NJW 1971, 2220) – in Betracht kommt (dazu s auch Rn 70 ff). In Abkehr von seiner früheren Rechtsprechung (BGHZ 54, 332; s dazu Staudinger/Schäfer[12] § 839 Rn 11) erkennt der BGH inzwischen dem Geschädigten in solchen Fällen Ansprüche nach den landesrechtlichen Polizei- und Ordnungsbehördengesetzen (zB § 39 Abs 1 lit b OBG NW) oder enteignungsgleichem Eingriff zu (BGHZ 99, 249, 256, s Rn 468, 505). 32

ee) Liegt keine Verletzung der gegenüber einem Dritten obliegenden Amtspflicht vor, so haftet der Beamte nach den allgemeinen Vorschriften, insbesondere nach §§ 823, 826 BGB; daneben kommt eine Haftung der Körperschaft, in deren Dienst er steht, nach §§ 89, 31, 831 BGB in Betracht (s wegen der Einzelheiten Rn 106). 33

ff) Die Anwendungsbereiche der haftungsbegründenden Norm des § 839 BGB und der haftungsverlagernden Norm des Art 34 GG sind nicht in vollem Umfang deckungsgleich: Art 34 GG enthält vielmehr gegenüber § 839 BGB insoweit eine Einschränkung, als er lediglich Amtspflichtverletzungen „in Ausübung eines anvertrauten öffentlichen Amtes“ betrifft, also nicht solche im privatrechtlichen, fiskalischen Bereich erfasst (s wegen der Einzelheiten den Abschnitt „Ausübung eines anvertrauten öffentlichen Amtes“ Rn 72–108). Dagegen ist der persönliche Anwendungsbereich des Art 34 GG im Verhältnis zu § 839 BGB weiter, indem die Amtshaftung nicht nur bei Beamten im staatsrechtlichen Sinne, sondern grundsätzlich (vorbehaltlich besonderer Haf- 34 tungsbeschränkungen) bei allen öffentlichen Amtsträgern eintritt (s den Abschnitt „,Beamter' im Sinne des § 839 Abs 1 S 1 BGB – ‚Jemand' im Sinne des Art 34 S 1 GG" Rn 52–71).

35 **gg)** Die Schadensersatzpflicht der öffentlichen Hand für Amtspflichtverletzungen ist im sozialen Rechtsstaat ein wichtiges Mittel zum Schutz des Bürgers gegen rechtswidriges Verhalten staatlicher Amtsträger (BGHZ 69, 128, 143; 70, 7, 10). Deswegen ist der Amtshaftungsanspruch – zumindest grundsätzlich – im Voraus vertraglich nicht abdingbar, und zwar auch insoweit nicht, als es bei der persönlichen Eigenhaftung des Amtswalters verbleibt (Soergel/Vinke § 839 Rn 19 mwNw). Auch durch eine kommunale Satzung kann der Amtshaftungsanspruch nicht beschränkt werden (BGH NVwZ 2008, 238 Rn 9; BGHZ 61, 7, 14 f; Rn 207, 356). Nicht völlig ausgeschlossen ist es dagegen, dass bei schwieriger, unsicherer Sach- oder Rechtslage in einen begünstigenden Verwaltungsakt oder eine sonstige begünstigende Maßnahme ein Hinweis auf diese Unsicherheit aufgenommen und so die Funktion dieser Maßnahme als „Verlässlichkeitsgrundlage" für den Begünstigten (Rn 164, 184, 258) ausgeschaltet wird, mit der Konsequenz, dass er nunmehr auf eigenes Risiko handelt, wenn er in Ausnutzung der betreffenden Maßnahme finanzielle Dispositionen trifft. Grundsätzlich zulässig dürfte es auch sein, im Verfahren des verwaltungsrechtlichen oder verwaltungsgerichtlichen (bzw sonstigen fachgerichtlichen) Primärrechtsschutzes (Rn 337 ff) durch Vergleich (§§ 55 VwVfG, 106 VwGO) auch Amtshaftungsansprüche mit zu erledigen (Beispiel: Die Behörde verpflichtet sich, einen – zunächst abgelehnten – begünstigenden Verwaltungsakt zu erlassen oder einen belastenden Verwaltungsakt aufzuheben; im Gegenzug verzichtet der Antragsteller auf Amtshaftungsansprüche, die sich aus einer etwaigen Rechtswidrigkeit der Ursprungsmaßnahme ergeben können).

f) Verhältnis zu sonstigen Haftungsnormen

36 **aa)** Die Unterschiede gegenüber den allgemeinen Haftungsvorschriften kennzeichnen den § 839 BGB als eine erschöpfende Regelung der Haftung aus schuldhafter Amtspflichtverletzung. § 839 BGB ist lex specialis, neben der für die Anwendung der allgemeinen Haftungstatbestände der §§ 823 ff BGB (einschl des § 826 BGB und § 839a BGB) wie auch derjenigen außerhalb des BGB, die Verschulden oder vermutetes Verschulden voraussetzen, kein Raum bleibt (BGHZ 200, 253 Rn 29; BGH NJW 2014, 138 mwNw). Dies bedeutet: § 839 BGB nimmt alle diese deliktischen Haftungstatbestände in sich auf und schließt sie zugleich aus mit der Folge, dass ein Beamter, der eine unerlaubte Handlung im Sinne der §§ 823 ff BGB gegenüber einem Dritten bei der Amtsausübung begeht, damit zugleich eine ihm gegenüber diesem Dritten obliegende Amtspflicht verletzt (Einzelheiten s Rn 140 f). Ausgeschlossen durch § 839 BGB werden zB § 826 BGB (BGHZ 3, 101; vgl auch BGH NJW-RR 2016, 995 Rn 13 f); § 831 Abs 1 S 2 BGB (BGH NJW 1977, 238; NJW-RR 2009, 658 Rn 14); § 832 BGB (BGHZ 13, 25); § 833 S 1 und S 2 BGB (RG DJ 1936, 188), § 839a BGB (BGHZ 200, 253 Rn 29), § 18 StVG (RGZ 125, 98; 140, 415, 418; BGHZ 29, 38). Dies gilt ohne Rücksicht darauf, ob der Beamte im Rahmen hoheitlicher Betätigung oder fiskalischer (privatrechtlicher) Verwaltung handelt (RGZ 155, 254, 268; BGHZ [GSZ] 34, 99, 104). Allerdings gelten gesetzliche Beweislastregeln wie § 832, § 833 S 2 BGB, § 18 StVG auch im Amtshaftungsprozess (RGZ 125, 98; BGHZ 196, 35; BGH NJW 1959, 985; VersR 1972, 1048). Ein Amtsmissbrauch ist stets bei Verwirklichung der Tatbestandsmerkmale des § 826 BGB zu bejahen (BGH NJW-RR 2016, 995 Rn 13). Auch soweit durch eine behauptete Amtspflichtverletzung der Tatbestand des § 836 BGB verwirklicht worden ist, gilt für das Verschulden des Amtsträgers die in dieser Vorschrift bestimmte Vermutung (BGH

5. 4. 1990 – III ZR 4/89, NJW-RR 1990, 1500 mwNw). Ausnahmsweise kann § 839 mit § 823 BGB zusammentreffen, nämlich wenn ein bestimmtes Verhalten eines Beamten sich zugleich als eine in Ausübung eines öffentlichen Amts begangene Amtspflichtverletzung und als unerlaubte Handlung innerhalb des bürgerlich-rechtlichen Geschäftskreises des öffentlichen Dienstherrn darstellt (BGH VersR 1983, 640; NJW 1996, 3208).

Spezieller gegenüber § 839 BGB sind Ansprüche nach dem SGB XIV mit Ausnahme der Ansprüche wegen Gewalttaten nach §§ 13–20 SGB XIV. Im Übrigen schließt § 8 Abs 1 S 1 SGB XIV andere Ansprüche wegen eines schädigenden Ereignisses nach dem SGB XIV gegen den Bund und die Länder aus. Dies gilt etwa auch für Impfschäden (Shirvani NZS 2025, 401; **aA** Bittner NZS 2025, 808, 812).

Anspruchskonkurrenz besteht auch zu dem Schadensersatzanspruch nach **Art 82 DSGVO**, der kein Amtshaftungsanspruch ist, da er nicht die persönliche Verantwortung eines Amtswalters voraussetzt (BGH 11. 2. 2025 – VI ZR 365/22, NJW 2025, 1656 Rn 17; BSG 6. 3. 2023 – B 1 SF 1/22 R, NZS 2023, 655 Rn 19; BFH 28. 6. 2022 – II B 92/21, BFHE 275, 571 Rn 7 ff; s dazu auch Rn 403).

bb) Dagegen bleibt eine reine Gefährdungshaftung der Beamten nach den Sondergesetzen über Gefährdungshaftung, zB aus § 7 StVG, neben der Verschuldenshaftung aus § 839 BGB bestehen (BGH 12. 12. 2023 – VI ZR 77/23, NJW 2024, 898 Rn 11; BGHZ 121, 161, 168; 50, 271, 273). So kann zB der Beamte, der in Ausübung öffentlicher Gewalt bei einer Dienstfahrt mit dem eigenen Kraftfahrzeug einen Unfall verursacht hat, als Halter aus Gefährdungshaftung persönlich vom Geschädigten nach §§ 7 ff StVG in Anspruch genommen werden, auch wenn, weil er schuldhaft gehandelt hat, die Haftung aus der schuldhaften Amtspflichtverletzung gemäß Art 34 GG anstelle des Beamten die Körperschaft trifft, in deren Dienst er tätig geworden ist (BGHZ 29, 38, 43; s auch BGHZ 49, 267, 269; 47, 196). Die Haftung des **Kfz-Führers** nach § 18 Abs 1 StVG ist dagegen Haftung aus vermutetem Verschulden; es finden daher auf sie § 839 BGB und Art 34 GG Anwendung (BGHZ 121, 161, 168; BGH VersR 1964, 79; 1959, 455; 1958, 320). Auch die Gefährdungshaftung nach § 89 WHG bleibt neben der Amtshaftung bestehen (BGHZ 62, 351, 355; 55, 180, 182 f jew zu § 22 WHG aF). 37

cc) Der Entschädigungsanspruch aus enteignungsgleichem Eingriff steht ebenfalls in Anspruchskonkurrenz zum Amtshaftungsanspruch (BGHZ 136, 182, 184; BGH NVwZ 1992, 1119, s wegen der Einzelheiten Rn 492). Gleiches gilt für die Ordnungsbehördenhaftung nach § 39 Abs 1 lit b OBG NW (BGHZ 117, 83; 109, 380, 393, s wegen der Einzelheiten Rn 643 ff). § 839 BGB, Art 34 GG sind auch neben § 77 BLG anwendbar, soweit die Ersatzpflicht für Schäden, die durch Manöver verursacht sind, im Bundesleistungsgesetz nicht besonders geregelt ist (BGH NJW-RR 1989, 673, juris Rn 24; NJW 1964, 104). Für Urheberrechtsverletzungen durch einen beamteten Hochschulprofessor hat der BGH entschieden, dass der Amtshaftungsanspruch die Geltendmachung eines Bereicherungsanspruchs gegen die haftpflichtige Körperschaft wegen Eingriffs in urheberrechtlich geschützte Rechte nicht ausschließe; ebenso werde der urheberrechtliche Unterlassungsanspruch aus § 97 Abs 1 UrhG durch die Amtshaftung nicht verdrängt (NJW 1992, 1310). Zur Amtshaftung neben Entschädigungsansprüchen wegen Impfschäden s BGH NJW 1990, 2311 (Schädigung des Impflings selbst; BGHZ 126, 386 – Schädigung einer Kontaktperson des Impflings). 38

Ebenso stehen Ansprüche wegen Rücknahme eines rechtswidrigen begünstigenden Verwaltungsakts (§ 48 Abs 3 VwVfG) selbständig neben Amtshaftungsansprüchen und sind von ihnen unabhängig (BGHZ 105, 52, 56). Konkurrierend sind auch Ansprüche aus der Verletzung besonderer behördlicher Fürsorge- und Betreuungspflichten (NJW-RR 1994, 213) sowie Ansprüche aus Verletzung der beamtenrechtlichen Fürsorgepflicht (BGHZ 43, 178, 184; s a Rn 404, 734). Ein Beamter kann von seinem Dienstherrn Ersatz des ihm durch Nichtbeförderung entstandenen Schadens verlangen, wenn der Dienstherr bei der Vergabe eines Beförderungsamtes den aus Art 33 Abs 2 GG folgenden Bewerbungsverfahrensanspruch des Beamten auf leistungsgerechte Einbeziehung in die Bewerberauswahl schuldhaft verletzt hat, wenn diese Rechtsverletzung für die Nichtbeförderung des Beamten kausal war und wenn der Beamte es nicht schuldhaft unterlassen hat, den Schaden durch Gebrauch eines Rechtsmittels abzuwenden. Rechtsgrundlage dieses unabhängig vom Schadensersatzanspruch aus Amtshaftung (§ 839 Abs 1 S 1 BGB, Art 34 S 1 GG) bestehenden Anspruchs ist das Beamtenverhältnis; eines Rückgriffs auf die Verletzung der Fürsorgepflicht bedarf es nicht. Entsprechendes gilt für Richter (BVerwG NVwZ 2013, 955).

Ansprüche aus enteignendem Eingriff (Rn 475 ff) können nicht neben Amtshaftungsansprüchen bestehen, da sie gerade die Rechtmäßigkeit der Maßnahme voraussetzen (vgl zB BGH 17. 3. 2022 – III ZR 79/21, BGHZ 233, 107 Rn 64 f; BGH 14. 3. 2013 – III ZR 253/12, BGHZ 197, 43 Rn 6 f).

39 **dd)** Ein Amtshaftungsanspruch kann mit einem Schadensersatzanspruch wegen (vor-)vertraglicher Pflichtverletzung – öffentlich-rechtliche culpa in contrahendo – konkurrieren (BGH VersR 2011, 348; BGH NVwZ 1990, 403; NJW 1986, 1109; Schlick NJW 2011, 3341, 3346; s a Rn 152). Gleiches gilt für Schadensersatzansprüche nach Maßgabe der §§ 280 ff BGB aus einem öffentlich-rechtlichen Schuldverhältnis allgemein (BGH NVwZ-RR 2008, 169; DVBl 1978, 108, 109), insbesondere aus öffentlich-rechtlichen Verwahrungs- und Treuhandverhältnissen (BGHZ 200, 188; 13, 88, 95; OLG Saarbrücken AbfallR 2012, 247), oder Ansprüche gegen die öffentliche Hand aus fehlerhafter Geschäftsführung ohne Auftrag (BGHZ 63, 167). Solche Ansprüche unterliegen nicht den Einschränkungen nach § 839 Abs 1 S 2 BGB (BGH DVBl 1978, 108, 109; BGHZ 63, 107, 171 ff). Hingegen kommen satzungsrechtliche Beschränkungen in Betracht, die für den Amtshaftungsanspruch ausscheiden (BGH DVBl 1978, 108, 109; BGHZ 61, 7, 14 f). Die sinngemäße Anwendung des vertraglichen Schuldrechts als Ausdruck allgemeiner Rechtsgedanken auch auf öffentlich-rechtliche Verhältnisse setzt nach der gefestigten Rechtsprechung des BGH voraus, dass ein besonders enges Verhältnis des Einzelnen zum Staat oder zur Verwaltung begründet worden ist und mangels ausdrücklicher Regelung ein Bedürfnis für eine angemessene Verteilung der Verantwortung innerhalb des öffentlichen Rechts besteht. Daran fehlt es bei einem öffentlich bestellten Vermessungsingenieur, der einen Lageplan erstellen soll, weil durch das Ansuchen, einen amtlichen Lageplan zu erstellen, keine besondere Nähebeziehung zum Auftraggeber begründet wird und angesichts der bestehenden detaillierten gesetzlichen Regelungen auch ein Bedürfnis nach einer angemessenen Verteilung der Verantwortung nicht besteht (BGH 7. 9. 2017 – III ZR 618/16, BGHZ 215, 344 Rn 27; s auch Rn 546).

40 **ee)** In Anspruchskonkurrenz stehen auch Amtshaftungsansprüche wegen Verzögerung der Ausübung des Amtes nach § 839 BGB mit dem Entschädigungsanspruch nach § 198 Abs 1 S 1 GVG. Es handelt sich bei letzterem um einen staatshaftungsrechtlichen Anspruch sui generis, der als Ausgleich für Nachteile infolge rechtwidrigen hoheitlichen Verhaltens geschaffen wurde (BT-Drucks 17/3802, 19). Es handelt sich bei den Ansprüchen aus Amtshaftung und aus § 198 Abs 1 S 1 GVG um verschiedene Streitgegenstände (BGH 28. 3. 2012 – III ZR 177/11; Althammer/Schäuble NJW 2012, 1, 6; Schenke NVwZ 2012, 257, 263). Die Anspruchskonkurrenz darf nicht zu einer Überkompensation führen. Im Rahmen des Amtshaftungsanspruchs ist eine bereits erhaltene Entschädigung im Wege der Vorteilsausgleichung zu berücksichtigen. Auch bei der Bemessung einer zu gewährenden Entschädigung ist ein erfüllter Amtshaftungsanspruch insoweit beachtlich, als es um dieselben Nachteile geht (BT-Drucks 17/302, 19). Zu näheren Einzelheiten siehe Rn 334 ff und 656 sowie Herrmann/Ostwaldt, in: FS 75 Jahre BGH (2025) 61 ff.

3. Rechtsvergleichung

Nachdem das Bundesverfassungsgericht in einer Kammerentscheidung vom 18. 11. 2020 (2 BvR 477/17, NJW 2021, 2108 Rn 26) auf die Bedeutung der allgemeinen Rechtsgrundsätze im europäischen Rechtsraum im Hinblick auf die gem Art 1 Abs 2 GG gebotene europäische Einbindung Deutschlands hingewiesen hat, muss wohl einer rechtsvergleichenden Sicht auf das Staatshaftungsrecht eine unmittelbar rechts(fort-)bildende Wirkung beigemessen werden. Insofern ist ein genauerer Blick auf die Beschreibung der Rechtslage im europäischen Raum durch das BVerfG angezeigt. Das Bundesverfassungsgericht hat hierzu ausgeführt, es würden etwa Frankreich (unter Verweis auf Gonod, in: vBogdandy/Cassese/Huber IPE V [2014] § 75 Rn 31, 135, 144), Griechenland (unter Verweis auf Efstratiou in vBogdandy/Cassese/Huber § 76 Rn 49, 59, 68), Italien (unter Verweis auf de Pretis in vBogdandy/Cassese/Huber § 78 Rn 56) oder Ungarn (unter Verweis auf Szente in vBogdandy/Cassese/Huber § 85 Rn 81) eine grundsätzlich umfassende und verschuldensunabhängige Haftung des Staates für jegliches Verwaltungshandeln kennen. Außerdem hat es darauf verwiesen, dass auch die spanischen Gerichte eine Staatshaftung für von der Verwaltung verursachte Schäden anerkennen würden (unter Verweis auf Mir in vBogdandy/Cassese/Huber § 84 Rn 152), ebenso Schweden (unter Verweis auf Marcusson in vBogdandy/Cassese/Huber § 82 Rn 61), die Schweiz (unter Verweis auf Jaag in vBogdandy/Cassese/Huber § 83 Rn 152) oder das Vereinigte Königreich (unter Verweis auf Craig in vBogdandy/Cassese/Huber § 77 Rn 114, 116). Dass das BVerfG diesen Befund als Begründung für die in dieser Entscheidung begründete Rückbindung der staatlichen Unrechtshaftung an die Grundrechte herangezogen hat, steht in Widerspruch zu der Einschätzung Dörrs, in keinem von 23 untersuchten europäischen Staaten werde der aus staatlichem Unrecht resultierende Wiedergutmachungsanspruch als integraler Bestandteil der allgemeinen Grundrechtsgewährleistungen angesehen (Dörr/Dörr § 1 S 3). Aufhorchen lässt auch, dass Dörr ausgerechnet Frankreich als Beispiel für eine Haftungsbeschränkung auf schwere Rechtsfehler (faute lourde) in bestimmten Bereichen benennt (Dörr/Dörr § 1 S 8), während das BVerfG für Frankreich eine „verschuldensunabhängige Haftung des Staates für jedes Verwaltungshandeln" konstatiert. Auch wenn das BVerfG in einer späteren Senatsentscheidung die Zulässigkeit und Erforderlichkeit der Ausgestaltung des Amtshaftungsrechts durch den einfachen Gesetzgeber klargestellt hat (BVerfGE 30. 6. 2022 – 2 BvR 737/20, 162, 325 Rn 89 ff; s auch Rn 22), bleibt der rechtsvergleichende Blick jedenfalls im Hinblick auf das Verständnis des Argumentationsmusters des BVerfG relevant. 41

Der folgende Überblick beruht im Wesentlichen auf den umfassenden Untersuchungen in dem von Dörr herausgegebenen Handbuch „Staatshaftung in Europa" (2014) und in dem vom BVerfG herangezogenen 5. Band des Ius Publicum Europaeum (zitiert: IPE V/Verfasser).

42 In **Belgien** (vgl hierzu Dörr/Van Schoubroeck § 3, S 61 ff) ist die Amtshaftung Teil des Zivilrechts, so dass auch der Rechtsweg zu den ordentlichen Gerichten eröffnet ist. Das gilt sowohl für das alte Bürgerliche Gesetzbuch (§§ 1382–1386 BW) wie auch nach dem Entwurf des Neuen Bürgerlichen Gesetzbuchs, in dem ausdrücklich vorgesehen ist, dass die Regelungen über die außervertragliche Haftung auf natürliche und juristische Personen des Privatrechts wie des öffentlichen Rechts (grundsätzlich) in gleicher Weise anwendbar sind (Art 6.5). Danach gilt der Grundsatz, dass der Schadensersatzanspruch Verschulden voraussetzt. Daneben gibt es sondergesetzliche (auch verschuldensunabhägige) Haftungsregelungen. Der Staat haftet für die für ihn tätigen Personen. Die überkommene „Organtheorie", die zwischen Organen in einem sehr eng verstandenen Sinn und übrigen Personen unterschied, soll aufgegeben werden. Einen Vorrang des Primärrechtsschutzes kennt das belgische Recht nicht. Der Staat haftet auch für legislatives Unrecht, jedenfalls wenn der Verfassungsgerichtshof die Rechtswidrigkeit einer Norm festgestellt hat. Judikatives Unrecht kann ebenfalls eine Haftung begründen; erforderlich ist aber, dass die gerichtliche Entscheidung durch ein letztinstanzliches Urteil geändert oder aufgehoben wurde. Daneben gibt es auch eine der Aufopferung vergleichbare Haftung, die aus dem Gleichheitssatz hergeleitet ist. Der Staat darf nicht ohne Entschädigung manchen Bürgern größere Belastungen auferlegen, als ein Einzelner zum Wohle der Allgemeinheit zu tragen verpflichtet ist.

43 In **Frankreich** (vgl hierzu Dörr/Marsch § 7 S 195 ff; IPE/Gonod § 75) ist die Staatshaftung durch richterliche Rechtsfortbildung entstanden. Grundlegend ist die Entscheidung „Blanco" aus dem Jahr 1873, in der das Tribunal des Conflits entschied, dass die zivilrechtlichen Regelungen auf die Staatshaftung nicht anwendbar und die Verwaltungsgerichte für die Entscheidung über die Staatshaftung zuständig seien. Daneben gibt es allerdings auch punktuelle gesetzliche Regelungen. Das Staatshaftungsrecht ist – wie das Verwaltungsrecht insgesamt – kaum durch Verfassungsrecht geprägt. Diese gibt nur die Eigentumsgarantie und den Grundsatz der Lastengleichheit vor. Einen Vorrang des Primärrechtsschutzes sieht das französische Recht nicht vor, es ist aber vorab ein Antrag auf Entschädigung an die Behörde zu stellen.

Grundsätzlich ist eine „faute de service" erforderlich, was wohl einem objektivierten Verschulden entspricht. Teilweise wird sogar eine „faute lourde" (grobe Fahrlässigkeit) verlangt, deren Anwendungsbereich aber zunehmend eingeschränkt wird. Dieser Maßstab gilt bei Aufsichtstätigkeiten und fand jedenfalls ursprünglich auch bei Realhandeln im Rahmen der Gefahrenabwehr Anwendung. Haftungssubjekt ist der Staat. Eine persönliche Haftung gibt es jedoch, wenn eine „faute personelle" vorliegt, weil die „faute" von der Verwaltungstätigkeit ablösbar ist. Dieser Anspruch ist vor den Zivilgerichten geltend zu machen. Steht die „faute personelle" in einer Beziehung zur Verwaltungstätigkeit können alternativ der Amtsträger oder die Körperschaft in Anspruch genommen werden. Ein neuer Trend ist in der Kriminalisierung der Verantwortlichen mit der Folge persönlicher Haftung zu erkennen (vgl IPE/Gonod § 75 Rn 110).

Dieser Befund steht im Widerspruch zu der These des BVerfG, Frankreich kenne eine grundsätzlich umfassende und verschuldensunabhängige Haftung des Staates für jegliches Verwaltungshandeln (BVerfG 18. 11. 2020 – 2 BvR 477/17, NJW 2021, 2108 Rn 26). Diese These wird auch durch die vom BVerfG angeführten Zitate (IPE V/Gonod § 75 Rn 31, 135, 144) nicht belegt. IPE V/Gonod § 75 Rn 31 berichtet über den (umfassenden) verwaltungsgerichtlichen Rechtsschutz und eine „zunehmende Anerkennung des Grundsatzes der Staatshaftung", während unter Rn 135 sowohl zwei Sonderfälle verschuldensunabhängiger Haftung (Gefährdungshaftung und Aufopferung) als auch der Grundsatz der verschuldensabhängigen Haftung dargestellt ist. Die weiter zitierte Rn 144 behandelt das Problem der validation législative (Bestätigung durch Gesetz). Allein IPE IX/Storr § 145 Rn 53 bestätigt die These des BVerfG von der verschuldensunabhängigen Staatshaftung in Frankreich, wobei dieser als Beleg allein IPE V/Gonod Rn 135 angibt, wo sich die soeben dargestellten (abweichenden) Ausführungen finden.

Eine Haftung für legislatives Unrecht war jedenfalls bis zum Jahr 2007 (außer in Fällen der Aufopferung) ausgeschlossen, da Gesetze nur vor ihrem Inkrafttreten vom Conseil Constitutionnel überprüft wurden. Nunmehr dürfte eine Haftung aber wohl bei selbstvollziehenden Gesetzen in Betracht kommen. Eine Haftung für judikatives Unrecht setzt eine „faute lourde" voraus. Wie in Belgien wird aus dem Gleichheitssatz eine Haftung „responsabilité sans faute" angenommen, wenn der Schaden „speziell und anormal" ist.

In **Griechenland** (vgl hierzu Dörr/Efstratiou § 8 S 233 ff; IPE V/Efstratiou § 76) ist die **44**
Staatshaftung, soweit der Staat öffentlich-rechtlich handelt, ebenfalls öffentlich-rechtlich ausgestaltet, so dass der Rechtsweg zu den Verwaltungsgerichten eröffnet ist. Sie ist verfassungsrechtlich gewährleistet und Ausdruck des Rechtsstaatsprinzips. Die Staatshaftung ist ausdrücklich gesetzlich geregelt, wobei der Gesetzgeber in Abweichung von der früheren Rechtsprechung ein Verschuldenserfordernis nicht vorgesehen hat. Insofern trifft der Verweis des BVerfG zu. Allerdings schließt (auch) das griechische Recht eine Haftung für Kriegsschäden aus. Im konkreten Fall (Haftung für Schäden bei einem bewaffneten Auslandseinsatz, s hierzu Rn 738 f), trägt daher gleichwohl der Verweis auf Griechenland nicht.

Neben dem Staat haftet auch die schuldhaft handelnde Person als Gesamtschuldner (Art 105 Abs 2 EGZGB). Dies setzt allerdings Verschulden voraus. Zudem ist die persönliche Haftung durch Spezialregelungen teilweise eingeschränkt. Für legislatives Unrecht haftet der Staat grds nicht. Es gilt: „Der Staat begeht kein Unrecht, wenn er Gesetzes erlässt". Judikatives Unrecht begründet eine Haftung in Fällen der Rechtsbeugung und bei einer „ungerechten oder gesetzeswidrigen Verurteilung, Untersuchungshaft oder sonstige Freiheitsberaubung". Im Übrigen lehnt die Rechtsprechung eine Haftung weitgehend ab.

In **Irland** (vgl hierzu Dörr/Quill § 9 S 273 ff) folgt die Staatshaftung weitgehend den Re- **45**
geln des „common law"; daneben existieren Spezialgesetze. Eine Haftung, die im Zivilrechtsweg geltend gemacht wird, kann zunächst aus „Negligence" folgen. Diese setzt ua das Bestehen eines Näheverhältnisses voraus, das ggf durch eine öffentliche Aufgabe begründet werden kann, und dass die Auferlegung der Pflicht im Einzelfall gerecht, billig und angemessen ist. Eine Haftung kann auch durch einen Gesetzesver-

stoß begründet werden, wenn das Gesetz Schutzcharakter gegenüber einem bestimmten Personenkreis hat, dem der Kläger angehört, und der Kläger einen „besonderen Schaden“ erlitten hat, oder sich aus „Trespassing“, „Nuisance“ oder (selten) „Misfeasance in public office“ ergeben. Nur ausnahmsweise gibt es eine Haftung für die Verletzung von Verfassungsrecht. Ob ein Verschulden erforderlich ist, hängt vom Haftungsgrund ab. Es ist insbesondere bei „Negligence“ Voraussetzung, bei der die Haftung die Verletzung von „reasonable care“ erfordert. Auch soweit eine verschuldensunabhängige Haftung in Betracht kommt, wird diese teilweise durch das Erfordernis der „Vorhersehbarkeit“ und den möglichen Einwand höherer Gewalt eingeschränkt. Haftungssubjekt ist grds nur der Staat. Niedrigere Beamte haften zwar auch persönlich, werden faktisch jedoch in der Regel nicht in Anspruch genommen. Der Anspruch ist grds auf Kompensation und ggf auf öfftl Rehabilitation gerichtet. Punitive damages sind im Einzelfall möglich. Für judikatives Unrecht sieht das common law keine Haftung vor; die Vorgaben des EuGH bleiben davon natürlich unberührt. Einen der Aufopferung ähnlichen Anspruch gibt es als „private nuisance“ jedenfalls bzgl. der Beeinträchtigung von Grundstücksrechten.

46 In **Italien** (vgl hierzu Dörr/Cortese/Magri § 10 S 311 ff; IPE/de Pretis § 78) gab es traditionell keine gesonderte Staatshaftung. Die Haftung des Staates war auf Fälle von iure gestionis (Verwaltungshandeln nach zivilrechtlichen Grundsätzen) beschränkt, während er für hoheitliches Verwaltungshandeln (iure imperii) nicht haftete. Seit 1999 ist die Haftung grundlegend neu gestaltet. Die (zivilrechtliche) Schadensersatznorm (Art 2043 cc) findet nunmehr auf jedes Verwaltungshandeln Anwendung. Daraus, dass die allgemeinen Vorschriften Anwendung finden, folgt, dass die Haftung auch ein Verschulden voraussetzt, dies jedoch mit der Maßgabe, dass Erlass und Vollstreckung des rechtswidrigen Verwaltungsaktes entgegen den Regeln der Unparteilichkeit, der Redlichkeit und der guten Verwaltungsführung, welche die Ausübung des Verwaltungsamtes prägen müssen, erfolgt sind. Haftungssubjekt ist der Staat; der Beamte haftet persönlich nur bei Vorsatz oder grober Fahrlässigkeit. Der Anspruch kann auf Schadensersatz gerichtet sein, häufig wird allerdings die Aufhebung der rechtswidrigen Maßnahme oder die Wiederherstellung des früheren Zustands als ausreichend angesehen. Für legislatives Unrecht sieht das nationale Recht keine Haftung vor, für judikatives Unrecht ist die Haftung beschränkt auf Straftaten (und für überlange Verfahrensdauer). Ein der Aufopferung ähnlicher Anspruch kann vor den Zivilgerichten geltend gemacht werden. Diese sind auch zuständig, wenn der Schaden nicht durch einen Verwaltungsakt, sondern durch sonstiges hoheitliches Handeln verursacht worden ist, zB Verkehrsunfall. Im Übrigen sind die Verwaltungsgerichte zuständig.

47 In **Portugal** (vgl hierzu Dörr/Calvão § 16 S 505 ff) wurde eine unmittelbare Staatshaftung durch die Verfassung von 1976 eingeführt (Art 22 Constituição da República Portuguesa, CRP). Der Rechtsweg führt zu den Verwaltungsgerichten. Grundsätzlich setzt die Haftung ein Verschulden voraus. Haftungssubjekt ist der Staat sowie – bei Vorsatz oder grober Fahrlässigkeit – der Beamte. Die Haftung ist vorrangig auf Naturalrestitution gerichtet. Der Staat haftet auch für legislatives Unrecht, und zwar sowohl für Tun als auch für ein Unterlassen. Auch hier ist ein Verschulden erforderlich, das einem „qualifizierten Verstoß“ im Sinne der Rechtsprechung des EuGH entspricht. Die Staatshaftung für judikatives Unrecht greift nach den allgemeinen Regeln sowohl bei Verfahrensfehlern (einschl überlanges Verfahren) als auch bei materiellen

Fehlern ein. Allerdings haftet der Richter nicht persönlich und der Regress ist eingeschränkt. Zudem muss die gerichtliche Entscheidung zuvor aufgehoben sein. Ein der Aufopferung vergleichbarer Anspruch wird – wie in Frankreich – aus dem Gleichheitsgrundsatz abgeleitet.

Die **Schweiz** (vgl hierzu DÖRR/UHLMANN § 19 S 605 ff, IPE/JAAG § 83) kennt bereits seit 1881 eine Haftung für „gewerbliche Verrichtungen" des Staates (§ 61 Abs 2 OR). 1958 trat das „Verantwortlichkeitsgesetz" (VG) in Kraft, das eine unmittelbare, verschuldensunabhängige Staatshaftung vorsieht. Inzwischen gibt es mehrere Ausnahmen. So haftet etwa die Finanzaufsichtsbehörde FINMAG nur subsidiär zum Beaufsichtigten und nur bei Verletzung einer wesentlichen Amtspflicht. Art 146 Bundesverfassung bestimmt, dass der Bund für Schäden haftet, die Organe bei Ausübung amtlicher Tätigkeit widerrechtlich verursachen. Dies umfasst auch die Tätigkeit Privater, die mit öffentlich-rechtlichen Aufgaben des Bundes betraut sind. Daneben besteht weiterhin eine privatrechtliche Haftung für „gewerbliche Tätigkeiten". Die Haftung wird dadurch eingeschränkt, dass sie die Verletzung „wesentlicher Amtspflichten" voraussetzt. Ein der Aufopferung vergleichbarer Anspruch wird in engen Grenzen gewährt. Zur Durchsetzung von Ansprüchen muss zunächst ein Antrag an das Finanzdepartement gerichtet werden. Dessen Entscheidung ist beim Bundesverwaltungsgericht anfechtbar. 48

In **Spanien** (vgl hierzu DÖRR/MIR § 22 S 701 ff; IPE/MIR § 84) ist die Staatshaftung in mehreren Vorschriften in der Verfassung verankert. Sie ist öffentlich-rechtlich, weist aber Parallelen zur zivilrechtlichen Haftung auf. Detailregelungen finden sich im Verwaltungsverfahrensgesetz, das einen eigenen Abschnitt zur Staatshaftung enthält. Dementsprechend sind auch die Verwaltungsgerichte zuständig. Gehaftet wird für jedes Verwaltungshandeln wie auch – nach denselben Vorschriften – für privatrechtliche Tätigkeit des Staates. Eine Haftung besteht zudem auch für legislatives und (gesondert geregelt) für judikatives Unrecht. Ein Drittschutz wird nicht geprüft und auch ein Verschulden ist an sich nicht erforderlich. Es werden aber Einschränkungen der Staatshaftung diskutiert. So wird ein „anormales Handeln" vorausgesetzt, das heißt die (objektive) Verletzung einer Sorgfaltspflicht. Haftungssubjekt ist grds der Staat, der bei Straftaten allerdings nur subsidiär haftet. Im Übrigen können Regressansprüche gegen den Beamten bestehen. Der Haftungsanspruch ist auf vollständigen Schadensersatz gerichtet. Einen Folgenbeseitigungsanspruch gewährt das spanische Recht nicht. Als „sacrificio especial" gibt es einen der Aufopferung ähnlichen Anspruch. 49

In **Ungarn** (vgl hierzu DÖRR/KÜPPER § 26 S 781 ff; IPE/SZENTE § 85) wurde die Staatshaftung erstmals im Jahr 1959 kodifiziert. Ihre Prägung durch das sowjetische Recht, das die Staatshaftung als Sonderfall der Arbeitgeberhaftung ansieht, ist im Kern erhalten geblieben. Damals galt allerdings der Grundsatz „Haushaltsrecht vor Haftungsrecht". Seit 2011 hat die Staatshaftung Verfassungsrang. Sie ist Teil des zivilrechtlichen Deliktsrechts, so dass auch der Zivilrechtsweg eröffnet ist. Ein eigenständiges „Staatshaftungsrecht" gibt es nicht. Die Haftung setzt ein rechtswidriges Handeln oder Unterlassen im Zuständigkeitsbereich der Verwaltung, Gerichte oder Staatsanwaltschaft voraus, das einen Schaden bei einem Dritten verursacht hat, den dieser weder mit regulären Rechtsbehelfen noch sonst vermeiden oder mindern kann. Ein Drittschutz ist nicht erforderlich, Rechtswidrigkeit genügt. Der Verstoß muss zudem vorwerfbar sein, was bei fehlerhafter Rechtsanwendung einen „außerordentlich schweren Rechts- 50 anwendungs- und Rechtsauslegungsirrtum" erfordert. Die vorausgesetzte Kausalität entfällt, wenn der Schädiger den Schaden nicht vorhergesehen hat und ihn auch nicht vorhersehen musste. Sie wird in der Praxis aber selten erörtert und oft großzügig angenommen. Haftungssubjekt ist der Staat. Ob daneben auch der Beamte persönlich in Anspruch genommen werden kann, ist nicht vollständig geklärt. Ein Regress ist möglich, der bei Vorsatz sowie bei leitenden Angestellte auch bei Fahrlässigkeit unbegrenzt ist, während er für einfache Angestellte bei grober Fahrlässigkeit auf 4 Monatsgehälter begrenzt ist. Eine Haftung für legislatives Unrecht wird bisher abgelehnt. Eine Haftung für judikatives Unrecht wird diskutiert. Ihr kann aber die Rechtskraft der Entscheidung entgegenstehen. Schadensersatz wird gewährt bei verwaltungsähnlichen Tätigkeiten der Gerichte, wie Registerführung oder Zwangsvollstreckung. Aufopferungsansprüche sind spezialgesetzlich geregelt und kommen insbesondere als Enteignungsentschädigung und bei der Inanspruchnahme von Nichtstörern durch die Polizei in Betracht.

51 **Zusammenfassend** ist festzustellen, dass – entgegen der Darstellung des BVerfG – ein auch nur annähernd einheitliches, zumal verschuldensunabhängiges Haftungsregime in Europa nicht existiert. Vielmehr ist gerade das Staatshaftungsrecht in besonderer Weise durch die unterschiedlichen Rechtssysteme und verschiedene historische Entwicklungen und Erfahrungen geprägt.

4. „Beamter" im Sinne des § 839 Abs 1 S 1 BGB – „jemand" im Sinne des Art 34 S 1 GG

a) Der haftungsrechtliche Beamtenbegriff

52 § 839 BGB setzt die Amtspflichtverletzung eines „Beamten" voraus; Art 34 S 1 GG verwendet dagegen nicht den Beamtenbegriff, sondern den umfassenden Begriff „jemand", der „in Ausübung eines ihm anvertrauten öffentlichen Amtes" handelt.

aa) Im Anwendungsbereich des Art 34 GG wird daher der Beamtenbegriff über seinen staats- und statusrechtlichen Bedeutungsgehalt hinaus interpretiert (zu gesetzlichen Einschränkungen der Haftungsüberleitung s u Rn 356 ff). Im staatsrechtlichen Sinne ist nur derjenige Beamter, der durch Aushändigung der gesetzlich vorgeschriebenen Ernennungsurkunde in das Beamtenverhältnis berufen worden ist (§§ 8 BeamtStG, 10 BBG). Beamtenrechtliche Dienstherrenfähigkeit besitzen außer dem Bund, den Ländern, den Gemeinden und den Gemeindeverbänden nur sonstige Körperschaften, Anstalten und Stiftungen des öffentlichen Rechts, die dieses Recht im Zeitpunkt des Inkrafttretens des Beamtenstatusgesetzes am 1. 4. 2009 (§ 63 Abs 3 BeamtStG) besessen haben oder denen es durch ein Landesgesetz oder aufgrund eines Landesgesetzes verliehen wird (§ 2 BeamtStG). Soweit es jedoch um „Ausübung eines öffentlichen Amtes" (und dabei begangene Amtspflichtverletzungen) geht, sind als Beamte im Sinne des Haftungsrechts und damit auch im Sinne des § 839 BGB außer den Beamten im staatsrechtlichen Sinne auch noch alle diejenigen Personen ohne Rücksicht auf ihre staatsrechtliche Qualifikation anzusehen, die hoheitliche Aufgaben (öffentliches Amt, öffentliche Gewalt) ausüben, die ihnen vom Staat oder einer sonst dazu befugten Körperschaft anvertraut worden sind (Kreft Rn 140).

53 **bb)** Die Unterscheidung zwischen Beamten im staatsrechtlichen Sinne und sonstigen Amtsträgern behält jedoch auch innerhalb des Amtshaftungsrechtes insoweit

Bedeutung, als bei Amtspflichtverletzungen im fiskalischen Bereich den Beamten im staatsrechtlichen Sinne die persönliche Eigenhaftung nach § 839 BGB trifft, während sonstige Amtsträger nicht nach § 839 BGB, sondern nach den allgemeinen deliktsrechtlichen Vorschriften der §§ 823 ff BGB persönlich haften. Keine haftungsrechtlichen Unterschiede bestehen dagegen, soweit bei Ausübung eines öffentlichen Amtes die Haftungsverlagerung auf den Staat ausnahmsweise nicht eintritt, also ggf bei Gebührenbeamten (Rn 357 f).

Dementsprechend ergibt sich folgendes Haftungsschema:

Beamte im staatsrechtlichen Sinne: 54

- Ausübung eines anvertrauten öffentlichen Amtes im Anwendungsbereich des Art 34 S 1 GG: Staatshaftung nach § 839 BGB iVm Art 34 GG, keine persönliche Eigenhaftung des Beamten (BGHZ 200, 188 Rn 7).

- Ausübung eines anvertrauten öffentlichen Amtes außerhalb des Anwendungsbereichs des Art 34 S 1 GG (beispielsweise: Gebührenbeamte – Rn 357 f): persönliche Haftung des Beamten nach § 839 BGB.

- Amtspflichtverletzungen im fiskalischen Bereich: persönliche Eigenhaftung des Beamten nach § 839 BGB (vgl etwa BGH 30. 11. 1982 – VI ZR 77/81, NJW 1983, 1374).

Sonstige Amtsträger, die nicht Beamte im staatsrechtlichen Sinne sind:

- Ausübung eines anvertrauten öffentlichen Amtes: Staatshaftung nach § 839 BGB iVm Art 34 GG; keine persönliche Eigenhaftung.

- Ausübung eines anvertrauten öffentlichen Amtes außerhalb des Anwendungsbereichs des Art 34 S 1 GG (Gebühren„beamte“, die nicht „Beamte“ im staatsrechtlichen Sinne sind, zB Bezirksschornsteinfegermeister [BGH 26. 4. 2018 – III ZR 367/16, NVwZ 2018, 1333 Rn 14; BGHZ 62, 372]): Eigenhaftung des Amtsträgers nach § 839 BGB.

- Pflichtverletzungen im fiskalischen Bereich: persönliche Eigenhaftung nach § 823 ff BGB.

b) Die Amtsträgereigenschaft im haftungsrechtlichen Sinne

aa) Amtsträger im haftungsrechtlichen Sinne können immer nur **natürliche Personen** sein (BGH 2. 2. 2006 – III ZR 131/05, VersR 2006, 698 Rn 7; missverständlich insofern BGHZ 161, 6, 10). Eine juristische Person des Privatrechts, auch soweit sie mit Hoheitsbefugnissen beliehen ist, kann als solche nicht „Beamter“ sein; vielmehr ist immer auf die handelnden Personen abzustellen. Gleiches gilt für Behörden, die ebenfalls als solche nicht Amtsträger sein können. Soweit in der Urteilssprache des BGH gelegentlich von Amtspflichten oder auch Amtspflichtverletzungen einer Behörde oder Dienststelle die Rede ist, so ist das lediglich eine vereinfachende Bezeichnung für die verantwortlichen Beamten oder sonstigen Amtsträger dieser Behörde oder Dienststelle, und es soll damit keineswegs gesagt werden, dass eine Behörde oder Dienststelle sich als solche einer Amtspflichtverletzung schuldig machen könne 55

(BGH VersR 1960, 1047, 1048). Allerdings ist es, wie in anderem Zusammenhang ausgeführt (Rn 229), nicht erforderlich, dass der Geschädigte darlegt, welcher Bedienstete die Amtspflichtverletzung begangen hat. Zwar muss im Hinblick auf das Wesen der übergeleiteten Haftung der gesamte Haftungstatbestand in der Person irgendeines Amtsträgers erfüllt sein; es bedarf aber deshalb nicht auch der Feststellung der Identität dieser Person. Vielmehr ist ausreichend, wenn feststeht, dass irgendein Amtsträger in seiner Person den gesamten Haftungstatbestand verwirklicht hat (BGHZ 116, 312, 314 f).

56 **bb)** Eine Amtsträgereigenschaft im Sinne des Art 34 S 1 GG wird noch nicht dadurch begründet, dass die betreffende Tätigkeit nur aufgrund einer öffentlich-rechtlichen Qualifikation, Zulassung oder Anerkennung ausgeübt werden darf (BGH 31. 3. 2016 – III ZR 70/15, NJW 2016, 2656 Rn 22). Öffentliche Auktionatoren, Taxatoren, Steuerberater oder Wirtschaftsprüfer sind daher als solche keine Amtsträger, ebenso wenig Rechtsanwälte, auch soweit sie im Wege der Prozesskostenhilfe, als Pflichtverteidiger usw gerichtlich beigeordnet sind; Vormünder (BGHZ 17, 108 [anders der **Amts**vormund und bei unterhaltsrechtlicher Beistandschaft des Jugendamtes; zu beidem s Rn 720 f]); Pfleger, Testamentsvollstrecker, Zwangs-, Insolvenz- und Nachlassverwalter. Erst recht keine Beamten im haftungsrechtlichen Sinne sind Schiedsrichter privater Schiedsgerichte (BGHZ 42, 313; 15, 12; RGZ JW 1933, 217; 65, 175) und Schiedsgutachter (BGHZ 22, 343).

Zu gerichtlichen Sachverständigen s § 839a Rn 2, 37 f.

57 **cc)** Für die Begründung der Amtsträgereigenschaft ist es ohne Bedeutung, welcher Art die Rechtsbeziehungen des Amtsträgers zu der Stelle sind, die ihn mit Aufgaben hoheitlicher Art betraut hat. Es ist insbesondere nicht erforderlich, dass zwischen dem Amtsträger und der Stelle, deren Aufgaben er wahrnimmt oder deren Befugnisse er ausübt, ein Anstellungsverhältnis besteht, vielmehr genügt auch jede andere im Gesetz vorgesehene Berufung in ein Amt.

Dementsprechend kommen als „jemand", der im Sinne des Art 34 S 1 GG „in Ausübung eines öffentlichen Amtes handelt", in Betracht (vgl Ossenbühl/Cornils 15):

- die Beamten im staatsrechtlichen Sinne, ohne Rücksicht auf die Art des Beamtenverhältnisses (auf Lebenszeit, auf Probe, auf Widerruf, als Ehrenbeamter oder auf Zeit).

- die Angestellten und Arbeiter, die im öffentlichen Dienst stehen.

- Personen, die in einem sonstigen öffentlich-rechtlichen Dienstverhältnis stehen (zB Richter – auch ehrenamtliche (RG JW 1924, 192; BGH 17. 12. 1992 – III ZR 114/91, BGHZ 121, 65, 69 f) –, Soldaten (BGHZ 30, 154; 38, 21), Zivildienstleistende, freiwillige Feuerwehr [vgl BGHZ 20, 290 sowie OVG NRW 20. 5. 2019 – 6 A 1228/16, NVwZ-RR 2020, 215]).

- Personen, die in einem öffentlich-rechtlichen Amtsverhältnis stehen, das kein Dienstverhältnis ist (Minister [BGHZ 63, 319; BGH 16. 12. 1967 – III ZR 28/64, juris Rn 118], Parlamentsabgeordnete, Mitglieder kommunaler Vertretungskörperschaften zB Gemeinderäte [BGH VersR 1982, 956], Kreistage [BGH 3. 12. 1953 – III ZR 66/52,

BGHZ 11, 192], Bürgermeister und Ausschüsse von Gemeinden [BGH 27. 4. 1981 – III ZR 71/79, NJW 1981, 2122, 2123 zum Umlegungsausschuss] und Körperschaften [BGH 10. 2. 2011 – III ZR 37/10, BGHZ 188, 302 zum Zulassungsausschuss der Kassenärztlichen Vereinigung]).

- Privatpersonen, die mit der Ausübung eines öffentlichen Amtes betraut sind (zB Beliehene oder Verwaltungshelfer).

c) Privatpersonen als Beamte im haftungsrechtlichen Sinne

Entscheidend für die Qualifikation als Amtsträger im haftungsrechtlichen Sinne sind **58** nicht die internen Rechtsbeziehungen, sondern dass jemand in „Ausübung eines ihm anvertrauten öffentlichen Amtes" gehandelt hat (Rn 52). Daher können auch Privatpersonen Amtsträger in diesem Sinne sein. Dies spiegelt sich teilweise in § 1 Abs 4 VwVfG wider, wonach Behörde „jede" Stelle ist, die Aufgaben der öffentlichen Verwaltung wahrnimmt, und damit auch Privatrechtssubjekte einschließt. Vorausgesetzt ist dort allerdings, dass das Privatrechtssubjekt die Befugnis erhalten hat, sich zur Erledigung der übertragenen Verwaltungsaufgaben der Handlungsformen des öffentlichen Rechts (zB durch Verwaltungsakt) zu bedienen (Schoch/Schneider/Schoch, VwVfG [Mai 2025] § 1 Rn 162). Eine solche **Beleihung** kann nur im Wege oder auf der Grundlage eines Parlamentsgesetzes erfolgen (vgl hierzu auch Ibler, in: Dürig/Herzog/Scholz, GG [August 2025], Art 86 Rn 75). Das verwaltungsrechtliche Institut des Beliehenen ist etabliert, so dass an sich eine solide Grundlage zur Beantwortung von Abgrenzungsfragen existiert. Damit ist anerkanntermaßen der Anwendungsbereich des Art 34 GG allerdings nicht ausgeschöpft. Insbesondere wenn öffentlich-rechtliche Aufgaben nicht in den Handlungsformen des öffentlichen Rechts, sondern durch Realakte erledigt werden, mit denen Privatpersonen in unterschiedlichster Form mit unterschiedlich weitreichenden Befugnissen betraut werden können, macht dies schwierige Abgrenzungen erforderlich. Dabei hat der BGH in einer grundlegenden Entscheidung zwischen der „Rechtsstellung **selbständiger privater Unternehmer**, die der Staat zur Erfüllung seiner Aufgaben durch privatrechtlichen Vertrag heranzieht", **„Beliehenen"** und dem „(unselbständigen) **Verwaltungshelfer**" unterschieden (BGH 21. 1. 1993 – III ZR 189/91, BGHZ 121, 161, 164). Diese Begrifflichkeit soll auch der folgenden Kommentierung zugrunde gelegt werden, auch wenn der BGH in späteren Entscheidungen lediglich das Begriffspaar „Beliehener"/"Verwaltungshelfer" verwendet hat (BGH 11. 1. 2024 – III ZR 15/23, VersR 2024, 576 Rn 12; BGH 13. 4. 2023 – III ZR 215/21, BGHZ 237, 30 Rn 24; BGH 9. 10. 2014 – III ZR 68/14, NJW 2014, 3580 Rn 17; BGH 23. 2. 2006 – III ZR 164/05, BGHZ 166, 268 Rn 14; BGH 14. 10. 2004 – III ZR 169/04, BGHZ 161, 6, 10). Inzwischen hat der „Verwaltungshelfer" auch Eingang in die Gesetzessprache gefunden, wobei (auch hier) der Begriff nicht einheitlich verwendet wird. Besonders deutlich wird dies etwa in § 4 SächsKAG, in dem die „Beleihung von Verwaltungshelfern" geregelt ist.

aa) Beliehene (im engeren Sinne)

Beliehene sind diejenigen natürlichen oder juristischen Personen des Privatrechts, de- **59** nen durch Gesetz oder aufgrund Gesetzes durch Verwaltungsakt oder verwaltungsrechtlichen Vertrag bestimmte einzelne hoheitliche Kompetenzen zur Wahrnehmung im eigenen Namen übertragen worden sind (MünchKommBGB/Papier/Shirvani § 839 Rn 196; Wolff/Bachof/Stober/Kluth/Kluth, VerwR II [8. Aufl 2023] § 67 Rn 21 mwNw).

Besonders bekannte **Beispiele** für eine Beleihung in Form einer Kompetenzübertragung durch Gesetz sind: die Deutsche Akkreditierungsstelle GmbH (DAkkS) gemäß § 8 Abs 1 AkkreditierungsstellenG (AkkStelleG) iVm § 1 Abs 1 der Verordnung über die Beleihung der Akkreditierungsstelle nach dem AkkreditierungsstellenG (AkkStelleGBV, s hierzu Hoeren/Sieber/Holznagel MMR-HdB/Ehlers/Stademann, Teil 18.3 Rn 19), Schiffskapitäne, die nach § 121 SeeArbG mit polizeilichen Befugnissen ausgestattet sind (vgl Ramming, in: Ramming, Kommentar Seehandelsrecht, Bd 1, Anh zu § 479 Rn 8), desgleichen Luftfahrzeugführer nach § 12 Abs 1 LuftSiG, die Jagdaufseher (§ 25 Abs 2 BJagdG) sowie die Forstschutzbeauftragten (zB § 53 LFoG NW), Fischereiaufseher (zB § 54 FischG NW, § 50 Abs 2 FischG BW). Jagdaufseher und Feld- und Forsthüter sind Beispiele dafür, dass Amtsträger im haftungsrechtlichen Sinne auch Personen sein können, die nicht unmittelbar zu der Stelle, die sie mit hoheitlichen Befugnissen versieht, sondern nur zu dritten Personen in dauernden rechtlichen Beziehungen stehen: Der Jagdaufseher wird vom Jagdausübungsberechtigten durch privatrechtlichen Dienstvertrag bestellt und durch die zuständige Jagdbehörde bestätigt, der Feld- und Forsthüter wird von den beteiligten Grundbesitzern bestellt und vom Landrat bestätigt. Im Bereich der Wirtschaftsüberwachung ist eine Beleihung angeordnet in § 3a BinSchAufG, § 7 SeeAufgG sowie § 28 UAG (vgl Shirvani Die Verwaltung 2014, 57, 59).

Auch der Bezirksschornsteinfeger ist mit öffentlich-rechtlichen Aufgaben beliehen (vgl BGH 26. 4. 2018 – III ZR 367/16, VersR 2018, 1257 Rn 15 sowie zum früheren Recht BGHZ 62, 372, 374). Darüber hinaus hat der BGH darauf hingewiesen, dass die Luftsicherheitsbehörde ihre Aufgabe, die Fluggäste und deren Gepäck nach Maßgabe des § 5 LuftSiG kontrollieren zu lassen, gemäß § 16a Abs 1 Nr 1 LuftSiG durch Beliehene durchführen lassen kann (BGH 8. 12. 2023 – III ZR 204/21, NJW 2023, 691 Rn 16); weitere Beleihungsmöglichkeiten sieht § 16a Abs 1 Nr 2 LuftSiG vor. Eine Beleihung hat der BGH auch – ohne dies ausdrücklich auszusprechen – für Schiedsmänner (BGH 11. 12. 1961 – III ZR 172/60, BGHZ 36, 193, 195 ff) und die Freiwillige Feuerwehr (BGH 23. 4. 1956 – III ZR 299/54, BGHZ 20, 290, 292) angenommen.

Im Bereich schlicht-hoheitlicher Tätigkeit hat der BGH ausdrücklich als Beliehene privatrechtlich organisierte Zivildienststellen (BGH 4. 6. 1992 – III ZR 93/91, BGHZ 118, 304, 307; BGH 5. 7. 1990 – III ZR 166/89, NVwZ 1990, 1103; BGH 16. 5. 1983 – III ZR 78/82, BGHZ 87, 253, 256), die Lizenznehmer, die nach § 33 I PostG 1997 Briefzustelldienstleistungen erbringen (BGH 19. 10. 2000 – IX ZB 69/00, NJW 2001, 832), den Ersatzkassenverband bei der Zulassung von Leistungserbringern für die Abgabe von Hilfsmitteln und bei deren Widerruf gemäß § 126 SGB V aF (BGH 25. 10. 2001 – III ZR 237/00, WM 2002, 96) sowie den Vermessungsingenieur bei der Aufstellung eines amtlichen Lageplans nach § 3 Abs 3 S 1 der nordrhein-westfälischen Verordnung über bautechnische Prüfungen vom 6. 12. 1995 (GV NRW S 218; BGH 7. 9. 2017 – III ZR 618/16, BGHZ 215, 344 Rn 17) bezeichnet.

Anerkannt ist auch, dass staatlich anerkannte **Privatschulen** bei Versetzungs- und Prüfungsentscheidungen sowie der Erteilung von Abschlusszeugnissen Beliehene sind (MünchKommBGB/Papier/Shirvani § 839 Rn 196). Dagegen liegt keine Beleihung vor, wenn die **BaFin** einen Wirtschaftsprüfer mit einer Prüfung nach § 44 Abs 1 KWG beauftragt (**aA** BeckOGK/Thomas [1. 11. 2025] § 839 Rn 53). Dieser wird als „Erfüllungsgehilfe" der BaFin aufgrund eines privatrechtlichen Vertrags tätig (BGH 7. 5. 2009 – III ZR 277/08, BGHZ 181, 12 Rn 23), verfügt daher nicht über Hoheitsrechte (Fischer/Schulte-Mattler/Braun, KWG § 44 Rn 51) und handelt nicht in eigener Verantwortung, sondern nur auf Weisung und Gefahr der BaFin (Schwark/Zimmer/Zetzsche/Lehmann, WpHG § 6 Rn 149; vgl auch BGH 26. 6. 2001 – X ZR 231/99, NJW 2001, 3115, 3117), gegen die daher auch ggf Ansprüche unmittelbar geltend zu machen sind (Fischer/Schulte-Mattler/Braun, KWG § 44 Rn 55). Auch der nach § 37 KWG bestellte Abwickler ist nicht Beliehener (Holzmann/Gerstmayr/Denefleh, BKR 2022, 711, 714; **aA** BeckOGK/Thomas [1. 11. 2025] § 839 Rn 53). Die **Börse** ist nicht aufgrund der ihr erteilten Erlaubnis nach § 4 Abs 1 BörsG als Beliehene zu qualifizieren, sondern selbständiger Verwaltungshelfer, weil ihr keine hoheitlichen Befugnisse übertragen sind (Kumpan, BörsG § 4 Rn 4; **aA** BTDrucks 17/8684, 27; tendenziell auch BeckOGK/Thomas [1. 11. 2025] § 839 Rn 53; offengelassen in BGH 22. 2. 2024 – III ZR 13/23, NVwZ 2024, 861 Rn 20). Aus diesem Grund können auch Pflegeeltern nicht als Beliehene qualifiziert werden (BGH 23. 2. 2006 – III ZR 164/05, BGHZ 166, 268 Rn 15).

Die Frage, ob auch der **Durchgangsarzt**, der für den Unfallversicherungsträger die Entscheidung trifft, ob eine besondere oder eine allgemeine Heilbehandlung einzuleiten ist, Beliehener ist (bejahend: BeckOGK/Thomas [1. 11. 2025] § 839 Rn 57.1; verneinend: LSG Bayern 19. 5. 2016 – L 2 U 121/16 B ER, juris Rn 32; Kampen GuP 2020, 180, 188), ist nur von akademischem Wert, da dieser – auch wenn er im Verhältnis zum Patienten privatrechtlich tätig wird (BGH 9. 12. 2008 – VI ZR 277/07, BGHZ 179, 115 Rn 12 ff; BeckOGK/Feddern [15. 11. 2025] § 34 SGB VII Rn 50) – insoweit jedenfalls hoheitlich tätig wird (BGH 9. 1. 2023 – VI ZB 81/20, NJW-RR 2023, 499 Rn 12 f; BGH 29. 11. 2016 – III ZR 208/15, BGHZ 213, 120 Rn 9; BGH 9. 3. 2010 – VI ZR 131/09, VersR 2010, 768 Rn 9; BGH 9. 12. 2008 – VI ZR 277/07, BGHZ 179, 115 Rn 16 f; **aA** Kampen GuP 2020, 180, 188. Zum früheren Recht s BGH 9. 12. 1974 – III ZR 131/72, BGHZ 63, 265, 268 ff). Zu Einzelheiten Rn 616.

Passivlegitimiert ist bei Amtspflichtverletzungen eines Beliehenen diejenige öffentlich-rechtliche Körperschaft, die ihm die betreffende Hoheitsaufgabe übertragen oder ihn mit den Hoheitsbefugnissen ausgestattet hat. Eine Ausnahme gilt jedoch für sog **Gebührenbeamte**, bei denen die Haftungsverlagerung auf den Staat nicht stattfindet, vielmehr dieser persönlich haftet (BGH NVwZ 2018, 1333 Rn 14; BGHZ 62, 372; dies gilt nicht in Bayern: OLG München 29. 1. 2004 – 1 U 4881/03, OLG-Report 2004, 227; s auch Rn 357). Der Bezirksschornsteinfeger kann den Geschädigten zudem nicht nach § 839 Abs 1 S 2 BGB auf die Leistung des „privaten" Feuerversicherers als anderweitige Ersatzmöglichkeit verweisen (BGH MDR 1983, 732; s auch Rn 270, 280). Diese Grundsätze gelten jedoch nicht für Schiedsmänner, deren Gebühren weder danach bemessen noch dazu bestimmt, ihre amtliche Tätigkeit abzugelten, sondern – soweit sie anteilig beim Schiedsmann verbleiben – nur eine pauschale Aufwandsentschädigung für den durch das Ehrenamt verursachten Zeitverlust bedeuten. Dies rechtfertigt eine Selbsthaftung nicht; vielmehr verbleibt es bei der Haftungsverlagerung auf das Land, das ihn mit hoheitlichen Befugnissen ausgestattet hat (BGH 11. 12. 1961 – III ZR 172/60, BGHZ 36, 193, 195 f). 60

bb) Beliehene im weiteren Sinne

(1) Fehlt es an einer förmlichen Beleihung wird der Private allein dadurch, aber auch nur insoweit zum Amtsträger, dass bzw als er „in Ausübung eines ihm anvertrauten öffentlichen Amtes" handelt. In mehreren Entscheidungen **Sachverständige** betreffend hat der BGH die Frage, ob eine Beleihung im Rechtssinne vorliegt, nicht erörtert, sondern lediglich untersucht, ob die Privatperson „hoheitlich" tätig gewor- 61 den ist. So hat er für den als Beispiel einer Beleihung angeführten amtlich anerkannten Prüfungsingenieur für Baustatik (so MünchKommBGB/Papier/Shirvani § 839 Rn 196; BeckOGK/Thomas [1. 11. 2025] § 839 Rn 56) in der dort jeweils zitierten Entscheidung eine Beleihung gerade nicht festgestellt, sondern vielmehr ausgeführt, diesem sei nicht ein öffentliches Amt übertragen und er übe nicht eigene, sondern lediglich die öffentliche Gewalt der Baugenehmigungsbehörde aus, von der er mit der Prüfung der Statik betraut werde (BGHZ 39, 358, 361 f). Danach läge gerade keine Beleihung im verwaltungsrechtlichen Sinne vor, die das BVerwG allerdings mit ausführlicher Begründung gleichwohl angenommen hat (BVerwG 25. 11. 1971 – I C 7.70, juris Rn 23).

Ähnlich verhält es sich beim amtlich anerkannten Sachverständigen für den Kraftfahrzeugverkehr im Rahmen der Erteilung insbesondere einer Betriebserlaubnis nach § 21 StVZO. Diese hat der BGH zwar später als Beispiel für eine Beleihung angeführt (BGH 21. 1. 1993 – III ZR 189/91, BGHZ 121, 161, 164 sowie BGH 14. 10. 2004 – III ZR 169/04, BGHZ 161, 6, 10), in der maßgeblichen Entscheidung aber (lediglich) eine hoheitliche Tätigkeit mit der Begründung bejaht, die Gutachter- und Prüfertätigkeit des Sachverständigen hänge mit der Erteilung der Erlaubnis durch die Verwaltungsbehörde aufs Engste zusammen und bilde „geradezu" einen Bestandteil der von der Verwaltungsbehörde ausgeübten und in ihrem Verwaltungsakt sich niederschlagenden hoheitlichen Tätigkeit (BGH 30. 11. 1967 – VII ZR 34/65, BGHZ 49, 108, 113; ähnlich BGH 11. 1. 1973 – III ZR 32/71, NJW 1973, 458). Unter Bezugnahme auf diese Rechtsprechung hat der BGH eine hoheitliche Tätigkeit – und damit die Anwendbarkeit des Amtshaftungsrechts – für die Tätigkeit eines TÜV-Sachverständigen bei der Vorprüfung einer überwachungsbedürftigen Anlage im Sinne des § 24 GewO iVm der (früheren) Druckbehälterverordnung vom 27. 2. 1980 BGBl I S 173, 184 (BGH 25. 3. 1993 – III ZR 34/92, BGHZ 122, 85, 87 ff) und die Nachprüfung von Luftfahrtgeräten auf ihre Lufttüchtigkeit durch luftfahrttechnische Betriebe und ihre Prüfer (BGH 22. 3. 2001 – III ZR 394/99, BGHZ 147, 169, 171 ff) angenommen. Entsprechendes wird für die Tätigkeit des TÜV bei der Abnahme fliegender Bauten gelten (Tünnesen-Harmes/Vogelsang BauR 2023, 1188). Auch diese beiden Fälle hat der BGH später als Beispiele für eine Beleihung bezeichnet, die er von einer Tätigkeit als bloßer Verwaltungshelfer mit der Begründung abgegrenzt hat, bei diesem blieben alle erforderlichen Verwaltungsakte in der Zuständigkeit der Behörde und dieser müsse in kritischen Fällen das weitere Vorgehen der Behörde überlassen, so dass ihm kein eigener Entscheidungsraum verbleibe (BGH 14. 10. 2004 – III ZR 169/04, BGHZ 161, 6, 10). Anhand der dargestellten Grundsätze hat der BGH zudem entschieden, dass der im Zuteilungsverfahren nach dem Treibhausgas-Emissionshandelsgesetz tätige Verifizierer ein öffentliches Amt wahrnimmt (BGH 15. 9. 2011 – III ZR 240/10, BGHZ 191, 71 Rn 13 ff; zust Ehrmann/Helmes NVwZ 2012, 1152, 1154).

Nach dieser Rechtsprechung ist maßgeblich, ob die eigentliche Zielsetzung, in deren Sinn der Betreffende tätig wird, hoheitlicher Tätigkeit zuzurechnen ist und ob zwischen dieser Zielsetzung und der schädigenden Handlung ein so enger äußerer und innerer Zusammenhang besteht, dass die Handlung ebenfalls noch als dem Bereich hoheitlicher Betätigung angehörend angesehen werden muss. Dabei stellt der BGH nicht auf die Person des Handelnden, sondern auf seine Funktion, dh auf die Aufgabe, deren Wahrnehmung die im konkreten Fall ausgeübte Tätigkeit dient, ab (BGH 9. 10. 2025 – III ZR 180/24, NJW 2025, 3788 Rn 10; BGH 22. 6. 2006 – III ZR 270/05, VersR 2006, 1684 Rn 7 mwNw; s auch BGH 30. 7. 2024 – VI ZR 115/22, VersR 2024, 1614 Rn 10). Es genügt nach dieser Rechtsprechung, dass seine Arbeit mit der Verwaltungstätigkeit einer Behörde auf das Engste zusammenhängt und er in diese so maßgeblich eingeschaltet ist, dass seine Aufgabe geradezu einen Bestandteil der von der Behörde ausgeübten und sich in ihrem Handeln niederschlagenden hoheitlichen Tätigkeit bildet. Ein gewichtiger Anhaltspunkt hierfür besteht insbesondere dann, wenn sich die Aufgaben der tätigen Person und diejenigen des Amts überschneiden und sie zu dessen Unterstützung und Entlastung in das behördliche Verfahren einbezogen ist (BGH 7. 9. 2017 – III ZR 618/16, BGHZ 215, 344 Rn 14; ähnlich bereits BGH 31. 3. 2016 – III ZR 70/15, NJW 2016, 2656 Rn 13; BGH 15. 9. 2011 – III ZR 240/10, BGHZ 191, 71 Rn 13). Dabei ist der BGH hinsichtlich des Maßes der Einbindung des Sachverständigen in ein Verwaltungsverfahren großzügig, wie sich in der Entscheidung zur Vorprüfung nach § 24 GewO zeigt, da diese lediglich im „Vorfeld" eines künftigen Genehmigungsverfahrens erfolgte. Es genügte, dass mangels entgegengesetzter Anhaltspunkte davon auszugehen war, dass der Prüfauftrag im Hinblick auf ein späteres Genehmigungsverfahren erteilt worden war, in dem der Prüfer „zumindest faktisch" ein „entscheidendes Wort mitzureden" hatte (BGH 25. 3. 1993 – III ZR 34/92, BGHZ 122, 85, 92). Im Übrigen zeichnet es die unter Bezugnahme auf eine Beleihung diskutierten Fälle aus, dass der Sachverständige eine gewisse Selbständigkeit aufweist, was nach verbreiteter, wenn auch bestrittener Meinung konstitutiv für eine Beleihung ist (vgl Klement VerwArch 2010, 112, 119 mwNw).

In anderen Fällen einer sachverständigen Tätigkeit hat der BGH eine **hoheitliche Tätigkeit verneint**. Dies gilt für die Tätigkeit als Sachverständiger für die Prüfstelle nach dem MaschinenschutzG (BGH 9. 2. 1978 – III ZR 160/75, NJW 1978, 2548), für die wiederkehrende Prüfung von Kranen durch einen Sachkundigen nach den berufsgenossenschaftlichen Unfallverhütungsvorschriften (BGH 14. 5. 2009 – III ZR 86/08, BGHZ 181, 65), die Prüfstelle für das GS-Zeichen (BGH 31. 3. 2011 – III ZR 339/09, VersR 2011, 1140) sowie den Prüfsachverständigen nach der hessischen BauO (BGH 31. 3. 2016 – III ZR 70/15, NJW 2016, 2656; krit hierzu Ebert NZBau 2017, 707). Dabei liegt der Unterschied zu den oben dargestellten Fällen nicht darin, dass der Prüfauftrag nicht von einer Behörde, sondern von einer Privatperson erteilt wurde. Dies ist vielmehr allen hier diskutierten Fällen gemein (mit Ausnahme des „Ursprungsfalls" betreffend den von der Baugenehmigungsbehörde beauftragten Prüfingenieur für Baustatik [BGH 27. 5. 1963 – III ZR 48/62, BGHZ 39, 358]). Ist eine Behörde Auftraggeber (des Prüfauftrags), prüft der BGH (seit der genannten Ausnahme) nicht, ob eine Beleihung vorliegt, sondern ob der Sachverständige als selbständiger Verwaltungshelfer tätig geworden ist (vgl BGH 14. 10. 2004 – III ZR 169/04, BGHZ 161, 6, 10 f zur Tätigkeit eines von einer Behörde mit der Durchführung von BSE-Tests beauftragten Labors; s hierzu auch Rn 67). Die Erwägungen zum „Sachverständigen" im vorliegenden Abschnitt betreffen daher nur die Fallgruppe derjenigen, die aufgrund eines Auftrags des Privaten tätig werden (für diese Fälle eine Amtshaftung idR verneinend: Shirvani Die Verwaltung 2014, 57, 68 f).

Die **Abgrenzung** erfolgt vielmehr insbesondere danach, in wessen Verantwortungsbereich die fragliche Prüfung fällt. So war bei dem Prüfer nach dem MaschinenschutzG für die Verneinung einer hoheitlichen Tätigkeit entscheidend, dass die beteiligten Wirtschaftskreise (als Auftraggeber der Prüfung) die Einhaltung der Sicherheitsanforderungen selbstverantwortlich erfüllen müssen (BGH 9. 2. 1978 – III ZR 160/75, NJW 1978, 2548), bei der Prüfung von Kranen durch einen Sachkundigen, dass nicht die Behörde, sondern der Unternehmer letztlich für die Unfallprävention verantwortlich ist (BGH 14. 5. 2009 – III ZR 86/08, BGHZ 181, 65 Rn 12), bei der Prüfstelle für das GS-Zeichen, dass es in erster Linie der Eigenverantwortung der Hersteller überlassen ist, für den sicherheitstechnischen Standard ihrer Erzeugnisse zu sorgen (BGH 31. 3. 2011 – III ZR 339/09, VersR 2011, 1140 Rn 10), und beim Prüfsachverständigen nach der hessischen BauO, dass dieser nach der „Privatisierung des Bauordnungsrechts" im Pflichten- und Verantwortungsbereich des Bauherrn tätig ist (BGH 31. 3. 2016 – III ZR 70/15, NJW 2016, 2656 Rn 19 m zust Anm Cornils).

62 **(2)** An der Rechtsprechung des BGH wird **kritisiert**, dass die zusammenfassend als „Funktionszusammenhang" bezeichneten Argumentationstopoi nicht zu der Frage passten, ob eine Beleihung vorliege. Diese sei durch Auslegung des Beleihungsaktes festzustellen, während ein Funktionszusammenhang allein etwas über den Inhalt, aber nicht über die Form der zu erfüllenden Aufgabe aussage (eingehend Klement VerwArch 2010, 112, 126 ff; in diese Richtung auch Shirvani Die Verwaltung 2014, 57, 66 f). Dieser Kritik an der „Beleihungsdogmatik des BGH" ist zuzugeben, dass der BGH sich mit dem „Beleihungsakt" selbst in den genannten Entscheidungen gar nicht auseinandersetzt. Allerdings behauptet der BGH – wie dargelegt – auch nicht, dass in diesen Fällen eine „Beleihung" vorgelegen hätte, sondern nimmt eine „Zurechnung" vor, die letztlich wohl auf dem – von der Kritik als plausibel anerkannten – Gedanken beruht, „dass der Staat, wenn er sich durch einen privaten Gehilfen entlastet, dessen Tätigkeit aber (fast) so eng wie diejenige der eigenen Behörden an seinen Willen und seine Zwecke bindet, wenigstens auf der Sekundärebene für die Fehler des Privaten soll einstehen müssen" (so Klement VerwArch 2010, 112, 129). Es handelt sich insofern, wie es in einem Kommentar treffend heißt, um eine (neben der Beleihung) „weitere Gruppe" von „Personen, die wegen ihrer besonderen beruflichen Sachkunde auf technischem Gebiet notwendige Überwachungsmaßnahmen von Behörden unterstützen oder für deren Entscheidungen erforderliche Vorarbeiten leisten" (BeckOGK/Thomas [1. 11. 2025] § 839 Rn 56).

63 **(3)** Ohne eine nähere Einordnung hat der BGH eine hoheitliche Tätigkeit von **Ärzten** angenommen, soweit diese im Auftrag der öffentlichen Hand im Zusammenhang mit einem Verwaltungsverfahren tätig werden. So handeln Ärzte bei den Untersuchungen, die sie für das Versorgungsamt vornehmen, in Rahmen ihnen übertragener hoheitlicher Aufgaben des Versorgungsamts. Dabei ist es auch hier unschädlich, dass die endgültige Feststellung der Grundlagen für die Festsetzung der Versorgungsrente vom Versorgungsamt selbst erfolgte. Denn hierbei übernahm es das Ergebnis der Begutachtung durch die Ärzte, die damit die „entscheidende ‚Grundlage'" für seine Entscheidung war (BGH 19. 12. 1960 – III ZR 194/59, NJW 1961, 969, juris Rn 35 f). Entsprechendes gilt für den **Vertrauensarzt** (BGH 15. 12. 1977 – III ZR 100/75, VersR 1978, 252; BGH 13. 5. 1968 – III ZR 182/67, NJW 1968, 2293, 2294; BGH 19. 12. 1960 – III ZR 185/60, VersR 1961, 225) bzw für den vom (inzwischen gemäß § 278 Abs 1 S 1 SGB V zwingend als Körperschaft des öffentlichen Rechts organisierten) Medizinischen Dienst gem § 278 Abs 2 S 1 SGB V beauftragten Arzt, der gegenüber der Krankenkasse eine Stellungnahme nach § 275 SGB V abgibt (BGH 22. 6. 2006 – III ZR 270/05, VersR 2006, 1684 Rn 8 ff). Ebenso erfüllt der **Durchgangsarzt** bei der Entscheidung, ob die allgemeine oder die besondere Heilbehandlung erforderlich ist, eine der Berufsgenossenschaft obliegende Aufgabe und handelt daher insoweit in Ausübung eines hoheitlichen Amtes (BGH 30. 7. 2024 – VI ZR 115/22, NJW-RR 2025, 19 Rn 12; zu Einzelheiten, insbes zum Umfang der hoheitlichen Tätigkeit s Rn 616).

Während die Heilbehandlung von Kranken in Krankenhäusern in öffentlich-rechtlicher Trägerschaft regelmäßig keine Ausübung eines öffentlichen Amts ist (BGH 30. 7. 2024 – VI ZR 115/22, NJW-RR 2025, 19 Rn 11 mwNw; s auch Rn 611), wird ein **Impfarzt**, der öffentlich empfohlene, unentgeltliche freiwillige Schutzimpfungen als Vertragsarzt des Gesundheitsamtes vornimmt, hoheitlich tätig (BGH 15. 2. 1990 – III ZR 100/88, NJW 1990, 2311; BGH 26. 1. 1959 – III ZR 213/57, VersR 1959, 355, 357; für eine Einordnung als „Beliehener“: Kirchberg, in: Johlen/Oerder, MAH Verwaltungsrecht § 18 Rn 15; Sangs/Eibenstein/Chmielewska, IfSG § 43 Rn 19 mwNw). Entsprechendes gilt für einen (privaten) Impfarzt bei Impfungen auf der Grundlage der CoronaImpfV in der bis zum 7. 4. 2023 geltenden Fassung (BGH 9. 10. 2025 – III ZR 180/24, NJW 2025, 3788; OLG Hamm 19. 6. 2024 – 3 U 119/23, VersR 2024, 1145, 1146 f; OLG Stuttgart 25. 6. 2024 – 1 U 34/23, MDR 2024, 1108 f; BeckOGK/Thomas [1. 11. 2025] § 839 Rn 65; **aA** MünchKommBGB/Wagner § 823 Rn 239; zu einer Impfung gegen das Virus H1N1, sog Schweinegrippe, vgl OLG Düsseldorf 18. 1. 2024 – 8 U 102/22, GesR 2024, 234). Hoheitlich wird auch der Arzt tätig, der von einem Anstaltsarzt oder einem Bundeswehrarzt zur Behandlung eines Strafgefangenen bzw Soldaten hinzugezogen wird, weil dessen eigene medizinische Möglichkeiten nicht ausreichen (BGH 26. 11. 1981 – III ZR 59/80, NJW 1982, 1328, 1329 bzw BGH 29. 2. 1996 – III ZR 238/94, NJW 1996, 2431). Auch hier wird der Private, der aufgrund seiner höheren Kompetenz hinzugezogen wird und daher inhaltlich nicht weisungsgebunden ist, im hoheitlichen Pflichtenkreis tätig.

cc) Selbständige und unselbständige Verwaltungshelfer

64 Der Begriff **Verwaltungshelfer** ist deutlich jünger und weniger konturiert als derjenige des Beliehenen. Der BGH hat sich erstmals im Jahr 1993 mit diesem Begriff näher befasst (vgl Remmert WM 2020, 1453, 1455). In dieser Entscheidung (BGH 21. 1. 1993 – III ZR 189/91, BGHZ 121, 161, 164) hat er in Abgrenzung zu den soeben erörterten Beliehenen die Haftung „selbständiger privater Unternehmer, die der Staat zur Erfüllung seiner Aufgaben durch privatrechtlichen Vertrag heranzieht“, und „unselbständiger“ Verwaltungshelfer erörtert. In der Folgezeit sind diese Begriffe aber nicht einheitlich verwendet worden. So wird in der Literatur teilweise diese Terminologie aufgegriffen (MünchKommBGB/Papier/Shirvani § 839 Rn 198 ff; Geigel/Brodöfel 20 Rn 13 f) und teilweise zwischen „selbständigen“ und „unselbständigen“ Verwaltungshelfern unterschieden (BeckOGK/Thomas [1. 11. 2025] § 839 Rn 59 sowie 64 sowie BeckOK-BGB/Kümper [1. 2. 2026] § 839 Rn 11).

65 **(1)** Als Beispiel für einen **„unselbständigen Verwaltungshelfer“** hat der BGH in der genannten Entscheidung den Hilfestellung leistenden Schüler im Turnunterricht angeführt, wobei er in der von ihm zitierten Entscheidung (BGH 3. 7. 1958 – III ZR 88/57, VersR 1958, 705) es lediglich als „naheliegende Erwägung“ bezeichnet hatte, dass dieser „ein ihm von der Schule anvertrautes Amt ausübt und als Folge davon eine ihm hierbei unterlaufende Säumnis nicht von ihm zu vertreten ist, sondern ebenso wie eine Pflichtwidrigkeit des Turnlehrers von der Verantwortlichkeit der Schule aus § 839 BGB iVm Art 34 GG umfasst wird“. In einer späteren Entscheidung hat der BGH als weiteres Beispiel für einen unselbständigen Verwaltungshelfer unter Bezugnahme auf eine Entscheidung des OLG Köln (OLG Köln 19. 1. 1968 – 2 U 11/67, NJW 1968, 655) den Schülerlotsen bezeichnet (BGH 14. 10. 2004 – III ZR 169/04, BGHZ 161, 6, 13; zustimmend BeckOGK/Thomas [1. 11. 2025] § 839 Rn 64; MünchKommBGB/Papier/Shirvani § 839 Rn 199). Das OLG hatte in dieser Entscheidung eingehend die Aufgabe des Schülerlotsen analysiert und diese als „Fürsorgeamt“ klassifiziert, das der Schülerlotse in

Ausübung eines öffentlichen Amtes wahrnehme. Das OLG selbst hatte allerdings den Schülerlotsen nicht als Verwaltungshelfer bezeichnet. Als weiteres Beispiel wird der Schüler, dem die Klassenaufsicht über Mitschüler übertragen worden ist, genannt (LG Rottweil NJW 1970, 474 f; zustimmend BeckOGK/Thomas [1. 11. 2025] § 839 Rn 64; MünchKommBGB/Papier/Shirvani § 839 Rn 199). Der BGH hat zugleich darauf hingewiesen, dass in diesen Fällen häufig ein Innenregress nach § 106 SGB VII ausgeschlossen sein wird (BGH 14. 10. 2004 – III ZR 169/04, BGHZ 161, 6, 13). Einen Anwendungsfall für einen unselbständigen Verwaltungshelfer hat der BGH selbst bisher allerdings nicht entschieden.

Diese Rechtsprechung hat in der Literatur Zustimmung gefunden. Dabei besteht mit leichten Differenzierungen Einigkeit, dass der unselbständige Verwaltungshelfer sich dadurch auszeichnet, dass er untergeordnete Tätigkeiten ausübt und strikten Handlungsanweisungen unterliegt (BeckOGK/Thomas [1. 11. 2025] § 839 Rn 64: abhängige Position des Verwaltungshelfers und bloße Hilfsfunktion bei strikten Handlungsanweisungen; MünchKommBGB/Papier/Shirvani § 839 Rn 199: unselbständige, weisungsabhängige Hilfsfunktion bei der Wahrnehmung der schulischen Fürsorgepflicht; BeckOK-BGB/Kümper [1. 2. 2026] § 839 Rn 11: ergänzende, Hilfsfunktion, weisungsabhängig, bei untergeordneten Tätigkeiten erbrachte Hilfeleistungen, bloßes Werkzeug, „verlängerter Arm" der öffentlichen Verwaltung). Dabei ergeben sich diese Bindungen des unselbständigen Verwaltungshelfers nicht aus einer vertraglichen Vereinbarung, vielmehr wird dieser unmittelbar im Rahmen der hoheitlichen Aufgabe des Verantwortlichen tätig, der seine Amtspflichten auf den Verwaltungshelfer delegiert hat. Pflegeeltern können nach diesen Grundsätzen nicht als unselbständige Verwaltungshelfer angesehen werden, weil sie zwar unter der Aufsicht des Jugendamtes stehen, ihre Tätigkeit aber ohne besondere Weisungen in eigener Verantwortung wahrnehmen (BGH 23. 2. 2006 – III ZR 164/05, BGHZ 166, 268 Rn 15).

Im **Ergebnis** ist der Begriff des unselbständigen Verwaltungshelfers danach eher eng zu verstehen. Es ging jeweils um Fälle, in denen ein Beamter im haftungsrechtlichen Sinne eine an sich ihm selbst obliegende Aufgabe einem Dritten (Schüler) übertragen hat, der daher seinen Weisungen unterworfen war und keinen Gestaltungsspielraum bei der Aufgabenwahrnehmung hatte. Wegen dieser vollständigen Fremdnützigkeit der Tätigkeit ist es in diesen Fällen unangemessen, den Dritten dem Risiko einer eigenen Haftung auszusetzen, wobei regelmäßig der Innenregress nach § 106 SGB VII ausgeschlossen ist. Umgekehrt kann sich der Staat der Haftung für die Erfüllung seiner Aufgaben hier nicht dadurch entziehen, dass er mit dieser einen Dritten beauftragt.

Soweit Ossenbühl/Cornils (S 21 unter Bezugnahme auf BGH 26. 11. 1981 – III ZR 59/80, NJW 1982, 1328, 1329 bzw BGH 29. 2. 1996 – III ZR 238/94, NJW 1996, 2431; s hierzu Rn 614) vom Anstalts- bzw Bundeswehrarzt hinzugezogene Ärzte als Beispiele für Verwaltungshelfer (selbständig oder unselbständig) bezeichnet, passen diese aufgrund der Entgeltlichkeit ihrer Tätigkeit und der ihnen zukommenden weitgehenden Weisungsunabhängigkeit nicht in diese Kategorie. In den genannten Entscheidungen sind diese allerdings auch nicht als Verwaltungshelfer angeführt. Wichtig und richtig ist allerdings ihr Hinweis, dass zu prüfen ist, ob der Verwaltungshelfer im Bereich der hoheitlichen Tätigkeit des ihn beauftragenden Amtsträgers tätig wird. Dies dürfte etwa bei der Unterstützung der Vorbereitung eines Mitschülers auf eine Klassenarbeit auf Bitte eines Lehrers einer staatlichen Schule oder einem von einer solchen Schule durchgeführten Mentorenprogramm nicht der Fall sein.

(2) Eine weitere Fallgruppe bilden jene **Selbständige** (idR Privatunternehmer – vgl Ossenbühl/Cornils 22 ff), die der Staat durch Vertrag im Zusammenhang mit hoheitlichen Aufgaben mit der Vornahme von Realakten beauftragt. Ursprünglich hatte der BGH für diese Fälle angenommen, die öffentliche Hand müsse bei der Durchführung von Maßnahmen hoheitlicher Gewalt durch einen Privaten dessen Verhalten gegen sich wie eigenes gelten lassen, wenn dieser aufgrund des Ausmaßes der Einflussnahme der Behörde auf die Arbeiten wie ein Werkzeug der Behörde anzusehen sei (sog **Werkzeugtheorie** vgl ua BGH 7. 2. 1980 – III ZR 153/78, NJW 1980, 1679; BGH 11. 1. 1973 – III ZR 186/71, VersR 1973, 417; BGH 14. 6. 1971 – III ZR 120/68, juris Rn 10; BGH 15. 6. 1967 – III ZR 23/65, BGHZ 48, 98, 103; BGH 18. 5. 1967 – III ZR 94/65, VersR 1967, 859, 861; s hierzu auch Remmert WM 2020, 1453, 1454). An dieser Rechtsprechung war kritisiert worden, dass sie eine „Flucht ins Privatrecht" begünstigen könne, indem die öffentliche Hand dem Privaten bei der Ausführung der übertragenen Aufgaben einen – die Werkzeugeigenschaft ausschließenden – gewissen Ausführungsspielraum überlasse. Als Reaktion auf diese Kritik hat der BGH das Prüfungsschema erweitert (BGH 21. 1. 1993 – III ZR 189/91, BGHZ 121, 161, 167 mit Nachweisen zur Kritik). Danach nimmt der BGH nunmehr in ständiger Rechtsprechung eine Verwaltungshilfe bei der Erledigung hoheitlicher Aufgaben an, „wenn ein innerer Zusammenhang und eine engere Beziehung zwischen der Betätigung des Privaten und der hoheitlichen Aufgabe besteht, wobei die öffentliche Hand in so weitgehendem Maße auf die Durchführung der Arbeiten Einfluss nimmt, dass der Private gleichsam als bloßes ‚Werkzeug' oder ‚Erfüllungsgehilfe' des Hoheitsträgers handelt und dieser die Tätigkeit des Privaten deshalb wie eine eigene gegen sich gelten lassen muss. Je stärker der hoheitliche Charakter der Aufgabe in den Vordergrund tritt, je enger die Verbindung zwischen der übertragenen Tätigkeit und der von der öffentlichen Hand zu erfüllenden hoheitlichen Aufgabe und je begrenzter der Entscheidungsspielraum des Privaten ist, desto näher liegt es, ihn als Beamten im haftungsrechtlichen Sinne anzusehen. Jedenfalls im Bereich der Eingriffsverwaltung kann sich die öffentliche Hand der Amtshaftung für fehlerhaftes Verhalten ihrer Bediensteten grundsätzlich nicht dadurch entziehen, dass sie die Durchführung einer Maßnahme durch privatrechtlichen Vertrag auf einen privaten Unternehmer überträgt" (NJW-RR 2019, 1163 Rn 18; BGH NJW 2014, 3580 Rn 17 mwNw). Dieses Prüfprogramm hat Dörr (BeckOGK/Dörr [3. 11. 2014] § 839 Rn 62) treffend als „bewegliches Beurteilungsraster" bezeichnet (dem folgend Remmert WM 2020, 1453, 1454; BGH 9. 10. 2025 – III ZR 180/24, NJW 2025, 3788 Rn 11; BGH 11. 1. 2024 – III ZR 15/23, VersR 2024, 576 Rn 13; BGH 13. 4. 2023 – III ZR 215/21, BGHZ 237, 30 Rn 25; BGH 13. 4. 2023 – III ZR 17/22, juris Rn 23; OLG Schleswig MDR 2022, 500, 501). 66

(3) Nach diesen Maßstäben sind Private, die im Bereich der **Eingriffsverwaltung** im Auftrag des Staates tätig werden, regelmäßig als Verwaltungshelfer zu klassifizieren. Hier kommt dem Kriterium, ob für den Privaten ein Entscheidungsspielraum bestand, keine Bedeutung zu (ebenso Itzel MDR 2015, 1217, 1218). Amtsträger ist danach der Private, der im Rahmen der Verwaltungsvollstreckung tätig wird, etwa wenn die Straßenverkehrsbehörde zur Vollstreckung eines Wegfahrgebots im Wege der Ersatzvornahme einen privaten Unternehmer mit dem Abschleppen eines verbotswidrig abgestellten Fahrzeugs beauftragt (BGH 21. 1. 1993 – III ZR 189/91, BGHZ 121, 161, 166; BGH 18. 2. 2014 – VI ZR 383/12, BGHZ 200, 188; s auch BGH 26. 1. 2006 – I ZR 83/03, NJW 2006, 67

1804 zu wettbewerbsrechtlichen Konsequenzen), bei der Tätigkeit eines Gerichtsmediziners in einem Verfahren nach §§ 159, 87 ff StPO (Obduktion und toxikologische Untersuchung wegen Verdachts eines unnatürlichen Todes; BGH 6. 3. 2014 – III ZR 320/12, NJW 2014, 1665 Rn 34), bei der Durchführung von BSE-Schnelltests, bis zu deren Abschluss die untersuchten Tierkörper sichergestellt sind (BGH 14. 10. 2004 – III ZR 169/01, BGHZ 161, 6, 10 f; BGH 2. 2. 2006 – III ZR 131/05, VersR 2006, 698 Rn 7; BGH 15. 2. 2007 – III ZR 137/06, VersR 2007, 1372 Rn 4; Wustmann BayVBl 2007, 449, 451; Förster NJW 2013, 571) sowie bei der Tätigkeit eines Arztes im Rahmen einer sofortigen Unterbringung nach dem PsychKG (OLG Koblenz 5. 11. 2003 – 1 U 611/03). Für die „sofortige Niederlegung" (also den Abriss) einer Brandruine zur Gefahrenabwehr hat der BGH die Frage offenlassen können, weil jedenfalls ein Verschulden des Leiters des Ordnungsamts bei der Auswahl, Einweisung und Überwachung des Abbruchunternehmers vorlag (BGH 12. 11. 1992 – III ZR 185/91, NVwZ 1993, 1128). Da es sich hierbei um klassische Eingriffsverwaltung handelt, liegt es aber auch hier nahe, den Abbruchunternehmer als Amtsträger zu betrachten (ebenso Itzel MDR 2015, 1217, 1218). Unzweifelhaft hoheitlich handelt auch der bei einer sofortigen Unterbringung nach dem PsychKG beigezogene Arzt (OLG Koblenz 5. 11. 2003 – 1 U 611/03, juris Rn 8). Dagegen werden Pflegeeltern bei der Betreuung eines Kindes nicht in das (Eingriffs-)Verwaltungsverfahren eingeschaltet, sondern üben ihre Tätigkeit – wenn auch unter Aufsicht des Jugendamts – ohne besondere Weisungen in eigener Verantwortung aus (BGH 23. 2. 2006 – III ZR 164/05, BGHZ 166, 268 Rn 15; krit Itzel MDR 2015, 1217, 1218).

Die Zuordnung der Tätigkeit eines Privaten zur Eingriffsverwaltung ist danach von erheblicher Bedeutung, kann allerdings im Grenzbereich zur Daseinsvorsorge durchaus Schwierigkeiten bereiten. Dies zeigt sich in den Entscheidungen des BGH zu Schädigungen im Zusammenhang mit Straßenbauarbeiten. Zu Schäden, die durch nicht ordnungsgemäße Verkehrsschilder verursacht worden sind, hat der BGH in einem ersten Fall seine Entscheidung ua darauf gestützt, dass die Aufstellung des unfallverursachenden Schildes „sehr eng" mit der von der Straßenverkehrsbehörde gem § 45 Abs 2 StVO getroffenen Verkehrsregelung als Maßnahme der Eingriffsverwaltung verbunden war (BGH 6. 6. 2019 – III ZR 124/18, NJW-RR 2019, 1163 Rn 20). In einer nachfolgenden Entscheidung hat der BGH erneut darauf hingewiesen, dass die Verkehrsregelung aufgrund der angeordneten Ge- und Verbote, die für die Verkehrsteilnehmer verbindliche Verhaltensbefehle sind, Eingriffsverwaltung ist; daher steht der hoheitliche Charakter sowohl bei der Aufstellung eines eine Geschwindigkeitsbegrenzung aufhebenden Verkehrszeichens (Zeichen 278) als auch eines Umleitungszeichens (Zeichen 250) zum Ausgleich eines Durchfahrtverbots im Vordergrund (BGH 11. 1. 2024 – III ZR 15/23, VersR 2024, 576 Rn 16, 19 f). Dagegen hat der BGH bei der Montage von Schutzplanken im Rahmen der Erneuerung einer öffentlichen Straße durch ein privates Unternehmen eine Amtsträgereigenschaft verneint. Es handelte sich zwar gemäß § 10 Abs 4 StrG SH um eine hoheitliche Maßnahme, bei der der hoheitliche Charakter aber nicht im Vordergrund stand, weil Schutzplanken der passiven Verkehrssicherheit und nicht der Verkehrslenkung dienen und daher ihre Errichtung keinen „engen Bezug" zur Eingriffsverwaltung aufweist (BGH 13. 4. 2023 – III ZR 215/21, BGHZ 237, 30 Rn 23 f). Der BGH hat dann weiter geprüft, ob der Bauunternehmer als „Werkzeug" oder „verlängerter Arm" der öffentlichen Hand tätig geworden ist. Das ähnelt der früheren Werkzeugtheorie, ohne jedoch deren schematische Sichtweise zu übernehmen. Festzuhalten ist aber, dass im Rahmen der Eingriffsverwaltung die Amtsträgereigenschaft auch dann zu bejahen ist, wenn dem

Privaten ein eigener Entscheidungsspielraum verbleibt; aber auch wenn nur ein enger „Bezug“ zur Eingriffsverwaltung besteht, kann sich der Staat nicht durch den Einsatz eines Privaten von seiner Haftung entlasten. Ob nach diesen Maßstäben die Aufstellung von mobilen Halteverbotsschildern aufgrund einer Genehmigung der Straßenverkehrsbehörde zu dem hauptsächlichen Zweck aufstellt, Bau- oder Umzugsarbeiten (oder auch Filmaufnahmen) zu erleichtern, als keine Ausübung eines öffentlichen Amts (durch einen Verwaltungshelfer) qualifiziert werden kann (so OLG Karlsruhe 1. 2. 2017 – 7 U 97/16, NJW-RR 2017, 986 Rn 9 ff; BeckOK-BGB/Kümper [1. 2. 2026] § 839 Rn 11), erscheint äußerst fraglich, denn der Umstand, dass die Straßenverkehrsbehörde die Aufstellung nicht anordnet, sondern nur genehmigt, ändert nichts daran, dass Verstöße bußgeldbewehrt sind und es sich unzweifelhaft um Eingriffsverwaltung handelt.

(4) Besonderer Betrachtung bedarf daher der Bereich der **Daseinsvorsorge** (Leistungsverwaltung). Für die Annahme einer Amtsträgereigenschaft ist hier zu prüfen, ob der Private als Werkzeug der Verwaltung gehandelt hat. Dies liegt nach der Rechtsprechung des BGH „nahe“, wenn eine erhebliche Einflussnahme der öffentlichen Hand, etwa durch bindende Vorgaben, Weisungen oder detaillierte Planungen, erfolgt und daher dem Unternehmer nach der konkreten vertraglichen Ausgestaltung kein relevanter eigener Entscheidungs- bzw Ausführungsspielraum verbleibt (BGH 13. 4. 2023 – III ZR 215/21, BGHZ 237, 30 Rn 30). Daher genügt es nicht, wenn ein Privater vom Staat lediglich finanziell gefördert wird. Die staatliche Förderung macht Grundrechtsberechtigte nicht zu Grundrechtsverpflichteten (HdbÄußerungsrecht/Kalscheuer/Jacobsen § 2 Rn 7a). 68

Der BGH hat eine solche „erhebliche Einflussnahme“ auf einen Bauunternehmer, der sich in eigener Verantwortung nach der Lage der Versorgungsleitungen zu erkundigen hatte und auf der Grundlage einer lediglich funktionalen Leistungsbeschreibung ohne Detailplanung für gefahrträchtige Rammarbeiten tätig geworden war, verneint (BGH 13. 4. 2023 – III ZR 215/21, BGHZ 237, 30 Rn 31 ff) und hinsichtlich Ingenieuren, die für die Fehlkonstruktion eines schlicht hoheitlich betriebenen Abwasserpumpwerks, durch die eine Überschwemmung verursacht worden war, Feststellungen vermisst, um beurteilen zu können, ob der Abwasserverband in so weitgehendem Maß auf die Durchführung der Arbeiten Einfluss genommen hatte, dass er die Leistungen der Ingenieure wie eigene gegen sich gelten lassen und es so angesehen werden musste, wie wenn die Ingenieure lediglich als Werkzeug des Verbandes bei der Durchführung von dessen hoheitlichen Aufgaben tätig geworden wären, oder dass die Ingenieure in einer so engen Verbindung mit der von dem Abwasserverband zu erfüllenden hoheitlichen Aufgabe gestanden und bei der Planung einen derartig begrenzten eigenen Entscheidungsspielraum gehabt hätten, dass es gerechtfertigt wäre, sie als „Beamte“ im haftungsrechtlichen Sinne anzusehen (BGH 27. 1. 1994 – III ZR 158/91, BGHZ 125, 19, 25 m Anm Ossenbühl JZ 1994, 786). Er hat einen relevanten eigenen Entscheidungsspielraum ihn dagegen für den als öffentliche Aufgabe wahrzunehmenden Winterdienst in Berlin verneint, weil der eingesetzte Unternehmer bei der Erledigung dieser Aufgabe an die gleichen Vorgaben gebunden war wie die öffentliche Hand (BGH 9. 10. 2014 – III ZR 68/14, NJW 2014, 3580 Rn 19 zu § 4 Abs 1 StrReinG Bln aF; krit Shirvani Die Verwaltung 2017, 571, 582; ähnlich für Arbeiten in Erfüllung einer hoheitlichen Verkehrssicherungspflicht für öffentliche Straßen: OLG Nürnberg 30. 7. 2010 – 4 U 949/10, VersR 2011,

802; OLG Celle 14. 5. 2009 – 8 U 191/08, VersR 2009, 1508; Itzel MDR 2015, 1217, 1219; s auch Rn 696 ff).

Zu beachten ist, dass den Beamten, der einen privaten Unternehmer im Rahmen der Erfüllung hoheitlicher Aufgaben beauftragt, Amtspflichten bezüglich der Auswahl, Einweisung und Überwachung des Unternehmers treffen (BGH 12. 11. 1992 – III ZR 185/91, NVwZ 1993, 1228; zu Überwachungspflichten s auch BGH 27. 1. 1994 – III ZR 158/91, BGHZ 125, 19, 25).

d) Amtsanmaßung

69 Die Amtshaftung nach § 839 BGB iVm Art 34 GG findet generell nicht statt, wenn ein **Nichtamtsträger** eine nur einem Amtsträger zustehende Handlung unbefugt vornimmt (Amtsanmaßung; RGZ 140, 129).

e) Technische Einrichtungen

70 Zunehmende Bedeutung hat die Frage, ob und inwieweit der Staat für Fehler technischer Einrichtungen besteht. Der klassische Anwendungsfall war die Fehlfunktion (feindliches Grün) einer Verkehrsampel. Hierzu hatte der BGH ursprünglich eine Haftung, insbesondere auch wegen enteignungsgleichen Eingriffs, verneint (BGH 15. 10. 1979 – III ZR 169/67, BGHZ 54, 332). Später hat der BGH unter Aufgabe dieser Rechtsprechung die Abgabe einander widersprechender Lichtzeichen durch eine Lichtzeichenanlage den Verkehrsteilnehmern gegenüber als rechtswidrige Maßnahme im Sinne des § 39 Abs 1 lit b OBG NW bewertet (BGH 18. 12. 1986 – III ZR 242/85, BGHZ 99, 249; vgl auch OLG Karlsruhe NVwZ-RR 2014, 331). Ansprüche aus § 839 BGB sind in beiden Entscheidungen nicht diskutiert worden, weil es offensichtlich an einer schuldhaften Amtspflichtverletzung eines (menschlichen) Amtsträgers fehlt. Insbesondere seit der Einführung des § 35a VwVfG konzentriert sich die Diskussion weniger auf die Haftung für schädigende Realakte und nimmt verstärkt den automatisierten Erlass von Verwaltungsakten in den Blick. In diesem Zusammenhang ist auch erwogen worden, „Algorithmen als Amtsträger" oder Verwaltungsassistenten bzw -helfer („e-Beamter") zu betrachten. Mit dem geltenden Recht sind derartige Überlegungen jedoch nicht vereinbar (vgl Roth-Isigkeit AöR 2020, 321, 348 ff) und auch de lege ferenda bestehen erhebliche Bedenken, Maschinen Verantwortung zuzuweisen, weil hierdurch die personelle demokratische Legitimation der Staatsgewalt, die der Amtsträger ausübt, ausgehöhlt wird (vgl Martini/Ruschemeier/Hain VerwArch 2021, 1, 16 f Fn 95). Eine Amtshaftung für vollautomatisierte / KI-generierte Maßnahmen der öffentlichen Verwaltung (Verwaltungsakte, Auskünfte und sonstige Realakte) kann daher nur aus der Verletzung einer Amtspflicht in Bezug auf den Einsatz dieser Technik hergeleitet werden, wie etwa bei der Entscheidung über den Einsatz oder der Auswahl und Kontrolle der Technik (s hierzu Rn 177 ff). Außerdem kommen Aufopferungsansprüche in Betracht (MünchKommBGB/Papier/Shirvani § 839 Rn 202 f; HdbÄußerungsrecht/vRochow § 10 Rn 54). Daneben wird zu prüfen sein, ob es weitergehender Haftungsregelungen (Gefährdungshaftung) bedarf (vgl ua Guckelberger, Öffentliche Verwaltung im Zeitalter der Digitalisierung, Rn 631 mwNw).

f) Notare

71 Auch der Notar ist Träger eines öffentlichen Amtes (§ 1 BNotO). Die persönliche Haftung für Amtspflichtverletzungen der Notare hat indessen in § 19 BNotO eine eigenständige Regelung außerhalb des Normengefüges des § 839 BGB iVm Art 34

GG erfahren. Eine Haftung des Staates anstelle des Notars besteht nicht (§ 19 Abs 1 S 4 BNotO; dieser sondergesetzliche Haftungsausschluss wird in der Rechtsprechung des Bundesgerichtshofs durchweg für verfassungsrechtlich unbedenklich erachtet; vgl BGHZ 135, 354, 356; 113, 71, 76; 62, 372, 376 ff). Besonderheiten bestanden für die Bezirksnotare im Oberlandesgerichtsbezirk Stuttgart und für die Notare im Oberlandesgerichtsbezirk Karlsruhe, wo die BNotO nicht galt (§§ 114, 115 BNotO aF). Dort richtete sich die Haftung für Amtspflichtverletzungen der Notare unmittelbar nach § 839 BGB iVm Art 34 GG; haftende Körperschaft war das Land Baden-Württemberg. Inhaltlich hat sich die Notarhaftung gegenüber der allgemeinen Amtshaftung weitgehend verselbständigt; deswegen wird hier auf eine Darstellung verzichtet und insoweit auf die Kommentierungen zu § 19 BNotO bei Schippel/Eschwey (BNotO [11. Aufl 2023]), Frenz/Miermeister (BNotO [6. Aufl 2024]) und Arndt/Lerch/Sandkühler (BNotO [8. Aufl 2016]) sowie auf die Monografie von Haug/Zimmermann, Die Amtshaftung des Notars (4. Aufl 2018), und auf das umfassende Werk von Ganter/Hertel/Wöstmann verwiesen (Handbuch der Notarhaftung [5. Aufl 2023]).

5. Ausübung eines anvertrauten öffentlichen Amtes

a) Begriffsbestimmung; Abgrenzungskriterien

aa) Der Eintritt der Staatshaftung anstelle der persönlichen Beamtenhaftung hängt davon ab, ob der Amtsträger die Amtspflichtverletzung „in Ausübung eines ihm anvertrauten öffentlichen Amtes" begangen hat. Dieses Tatbestandsmerkmal des Amtshaftungsanspruchs ist in Art 34 S 1 GG, nicht dagegen in § 839 BGB selbst enthalten. Bei Beamten im staatsrechtlichen Sinne („Beamten" im Sinne des § 839 Abs 1 S 1 BGB) grenzt es die die Staatshaftung begründende öffentlich-rechtliche, hoheitliche Tätigkeit des betreffenden Amtsträgers von sonstigen, insbesondere privatrechtlichen, fiskalischen Tätigkeitsbereichen ab, bei denen es bei der persönlichen Haftung nach § 839 BGB verbleibt. Bei sonstigen Amtsträgern, die nicht Beamte im staatsrechtlichen Sinne sind („jemand" im Sinne des Art 34 S 1 GG), entscheidet die Ausübung eines anvertrauten öffentlichen Amtes zugleich darüber, ob die betreffende Person Beamteneigenschaft im staats**haftungs**rechtlichen Sinne erlangt (MünchKommBGB/Papier/Shirvani § 839 Rn 206). Das gilt auch und in besonderem Maße für Private, die erst durch die ihnen übertragene Tätigkeit zu Amtsträgern werden (s hierzu bereits Rn 58 ff). 72

bb) Ausübung eines öffentlichen Amtes ist nicht auf die Ausübung staatlicher Gewalt beschränkt (BGH 20. 2. 2003 – III ZR 224/01, BGHZ 154, 54, 58). Ob ein bestimmtes Verhalten einer Person als Ausübung eines öffentlichen Amtes anzusehen ist, bestimmt sich nach ständiger Rechtsprechung des Bundesgerichtshofs danach, ob die eigentliche Zielsetzung, in deren Sinne die Person tätig wurde, hoheitlicher Tätigkeit zuzurechnen ist, und ob bejahendenfalls zwischen dieser Zielsetzung und der schädigenden Handlung ein so enger äußerer und innerer Zusammenhang besteht, dass die Handlung ebenfalls noch als dem Bereich hoheitlicher Betätigung angehörend angesehen werden muss. Diese Abgrenzung gilt sowohl beim Handeln Beamter (BGH 11. 3. 2004 – III ZR 90/03, BGHZ 158, 253, 258; BGH 16. 1. 1992 – I ZR 36/90, NJW 1992, 1310; BGH 12. 12. 1991 – III ZR 10/91, NJW 1992, 1227, 1228; BGH 16. 6. 1977 – III ZR 179/75, BGHZ 69, 128, 130 f; BGH 27. 1. 1977 – III ZR 173/74, 68, 217, 218; BGH 16. 4. 1964 – III ZR 182/63, BGHZ 42, 176, 179) wie auch Privater (BGH 7. 9. 2017 – III ZR 618/16, BGHZ 215, 344 Rn 14; BGH 31. 3. 2016 – III ZR 70/15, NJW 2016, 2656 Rn 12; BGH 15. 9. 2011 – III ZR 240/10, 73

BGHZ 191, 71 Rn 13; BGH 31. 3. 2011 – III ZR 339/09, NVwZ-RR 2011, 556 Rn 7; BGH 14. 5. 2009 – III ZR 86/08, BGHZ 181, 65 Rn 10; BGH 9. 12. 2008 – VI ZR 277/07, BGHZ 179, 115 Rn 13; BGH 22. 3. 2001 – III ZR 394/99, BGHZ 147, 169, 171; BGH 6. 7. 1989 – III ZR 79/88, BGHZ 108, 230, 232). Dabei ist nicht auf die Person des Handelnden, sondern auf seine Funktion, dh auf die Aufgabe, deren Wahrnehmung die im konkreten Fall ausgeübte Tätigkeit dient, abzustellen (BGH 31. 3. 2016 – III ZR 70/15, NJW 2016, 2656 Rn 12; BGHZ 215, 344 Rn 14; 191, 71 Rn 13; 181, 65, Rn 10; 158, 253, 258; 147, 169, 171; 118, 304, 305; Kreft Rn 74). Es genügt, dass die Arbeit des Handelnden mit der Verwaltungstätigkeit einer Behörde auf das Engste zusammenhängt und er in diese so maßgeblich eingeschaltet ist, dass seine Aufgabe geradezu einen Bestandteil der von der Behörde ausgeübten und sich in ihrem Handeln niederschlagenden hoheitlichen Tätigkeit bildet. Hierfür besteht ein gewichtiger Anhaltspunkt insbesondere dann, wenn sich die Aufgaben der tätigen Person und diejenigen des Amts überschneiden und sie zu dessen Unterstützung und Entlastung in das behördliche Verfahren einbezogen ist (BGHZ 215, 344 Rn 14). Hoheitliche Amtsausübung ist auch die eigennützige Benutzung amtlicher Machtmittel als Deckmantel für private Zwecke. Hingegen ist die Wahrnehmung von Sonderrechten nach § 35 Abs 5a, Abs 6 StVO für sich allein genommen noch keine Ausübung öffentlicher Gewalt; die betreffenden Befugnisse können vielmehr auch Privatrechtssubjekten zustehen, die nicht hoheitlich handeln (BGHZ 118, 304, 306; 113, 164, 168 f Rn 88).

74 Dementsprechend handelt in Ausübung eines ihm anvertrauten öffentlichen Amtes jeder, der ihm übertragene Aufgaben der gesetzgebenden und rechtsprechenden Gewalt oder Hoheitsaufgaben auf dem Gebiet der vollziehenden Gewalt wahrnimmt. Wahrnehmung von Hoheitsaufgaben der vollziehenden Gewalt sind alle dienstlichen Tätigkeiten auf dem Gebiet der vollziehenden Gewalt mit Ausnahme der Wahrnehmung bürgerlich-rechtlicher (fiskalischer) Belange auf dem Boden des bürgerlichen Rechts (BGHZ 9, 145, 147; 39, 49; 60, 54, 60; BGH 15. 2. 1992 – III ZR 293/88, BGHZ 110, 253, 254; zur fiskalischen Wahrnehmung öffentlicher Aufgaben s noch Rn 78 ff). In diesem Rahmen spielt es keine Rolle, ob es sich um obrigkeitliche Verwaltung (Eingriffsverwaltung) handelt, die in der Anwendung von Befehlsgewalt und in der Einsetzung von Zwangs- und Machtmitteln besteht, oder um das schlicht hoheitliche (schlicht verwaltende) Handeln (Leistungsverwaltung) durch Gewährung und Ausübung von öffentlichem Schutz und öffentlicher Fürsorge (Daseinsvorsorge). Unerheblich ist es insofern, wenn die Aufgaben mit privatrechtlichen Mitteln bewältigt werden, etwa erforderliche Gelder durch Darlehen beschafft oder Bauten auf Grund von Werkverträgen durch private Unternehmer ausgeführt werden (BGH 1. 6. 1970 – III ZR 210/68, BGHZ 54, 165, 167).

75 **cc)** Dabei muss der gesamte Tätigkeitsbereich, der sich auf die Erfüllung einer bestimmten hoheitlichen Aufgabe bezieht, als **Einheit** beurteilt werden, so dass es nicht angeht, die einheitliche Aufgabe in Einzelakte – teils hoheitlicher, teils bürgerlich-rechtlicher Art – aufzuspalten und einer gesonderten Beurteilung zu unterziehen (BGH NJW 2002, 3172; s aber auch zu Mischformen bei der Tätigkeit öffentlicher Einrichtungen Rn 81 f). Ist die eigentliche Zielsetzung, in deren Dienst der Beamte tätig wurde, eine hoheitliche, so ist „Ausübung eines öffentlichen Amtes“ nicht nur die unmittelbare Verwirklichung wie zB eine polizeiliche Festnahme oder die Löscharbeit der Feuerwehr am Brandort, sondern auch eine entferntere (vorangehende, begleitende oder nachfolgende) dienstliche Betätigung, wenn ein solcher Zusammenhang besteht,

dass die vorangehende oder nachfolgende Tätigkeit ebenfalls noch als dem Bereich der hoheitlichen Betätigung zugehörend anzusehen ist, insbesondere wenn sie zusammen mit der unmittelbaren Verwirklichung des hoheitlichen Ziels einen einheitlichen Lebensvorgang bildet (BGH 17. 2. 1983 – III ZR 147/81, NVwZ 1983, 763; RGZ 155, 186; 165, 370; 166, 1, 5; BGHZ 21, 48, 219; 29, 38; 42, 176; 68, 218; 69, 130). So ist zB bei einem Polizeibeamten nicht nur sein unmittelbarer Einsatz, sondern es sind auch Hin- und Rückweg sowie Nebenverrichtungen wie das Reinigen seiner Dienstwaffe (BGHZ 34, 375; VersR 1963, 1177) und die Betreuung des Diensthundes in der eigenen Wohnung des Beamten hoheitlich (Weimar VersR 1958, 52; **aA** LG Freiburg VersR 1957, 684). Für die Rechtmäßigkeit des Waffengebrauchs ist es ohne Bedeutung, ob die Waffe, die der Beamte benutzte, eine Dienstwaffe ist oder ihm persönlich gehört und zu privaten Zwecken angeschafft war (RGZ 159, 235, 238).

Infolge der Verknüpfung aller Maßnahmen in dem vorgenannten Bereich verbieten 76
sich also eine Aufspaltung und eine isolierte Wertung, ob der Einzelakt unmittelbar hoheitliche Betätigung darstellt oder – für sich und getrennt betrachtet – bürgerlichrechtlicher Art ist (RGZ 158, 83, 93; BGHZ 16, 112; 42, 176). Es sind dann eben alle dem Hauptzweck dienenden Tätigkeiten der Amtsträger, auch solche untergeordneter Art, die in den Kreis der einheitlich hoheitlichen Aufgaben fallen, selbst hoheitlich (BGH NJW 1963, 1830), einschließlich der Tätigkeiten, die lediglich im inneren Dienstbetrieb der Vorbereitung der eigentlichen hoheitlichen Aufgabe dienen (RGZ 170, 129, 133). So ist zB für einen Bundeswehrangehörigen auch die ihm befohlene Mitwirkung bei der Reinigung der Unterkunft hoheitliches Handeln (AG St Wendel NJW 1976, 1407), und das Gleiche gilt für dienstlich veranstaltete sportliche Betätigungen (zB Fußballspiel) der Bundeswehrangehörigen, da sie vornehmlich der körperlichen Ertüchtigung und damit der Erhaltung der Einsatzfähigkeit und der Verteidigungsbereitschaft der Truppe dienen (BGH VersR 1983, 85 mwNw). Dementsprechend ist im Strafvollzug nicht nur der Vollzug im engeren Sinne, sondern auch die Gesundheitsfürsorge für den Gefangenen hoheitlich (BGHZ 21, 214, 220).

dd) Im Wettbewerbsrecht hat der I. Zivilsenat für die Abgrenzung einer **geschäftli- 77
chen Handlung** im Sinne des **§ 2 Abs 1 Nr 1 UWG** von einer **hoheitlichen Tätigkeit** eigene Kriterien entwickelt. Danach liegt eine hoheitliche Tätigkeit in diesem Sinne vor, wenn die öffentliche Hand zur Erfüllung einer öffentlichen Aufgabe tätig wird. Dabei ist bei einer Tätigkeit zur Erfüllung öffentlicher Aufgaben danach zu unterscheiden, ob die öffentliche Hand aufgrund gesetzlicher Ermächtigung hoheitlich tätig wird. Ist dies der Fall, ist ihre Betätigung einer Überprüfung anhand des Wettbewerbsrechts entzogen, solange sich das Handeln innerhalb der Ermächtigungsgrundlage bewegt, die insoweit den Handlungsspielraum vorgibt. Handelt die öffentliche Hand dagegen zwar zur Erfüllung einer öffentlichen Aufgabe, wird sie aber ohne ausdrückliche gesetzliche Ermächtigung tätig, ist eine geschäftliche Handlung nicht ausgeschlossen. Sie ist allerdings auch nicht ohne weiteres zu vermuten, sondern anhand einer umfassenden Würdigung der relevanten Umstände des Einzelfalls besonders festzustellen. Maßgeblich sind insoweit vor allem die konkreten Auswirkungen des Handelns der öffentlichen Hand im Wettbewerb und die Frage, ob das Tätigwerden zur Erfüllung der öffentlichen Aufgabe nach Art und Umfang sachlich notwendig ist und die Auswirkungen auf den Wettbewerb nur notwendige Begleiterscheinungen der Erfüllung öffentlicher Aufgaben sind (BGH 12. 3. 2020 – I ZR 126/18, BGHZ 225, 59 Rn 49; BGH 20. 12. 2018 – I ZR 112/17, NJW 2019, 763 Rn 55; vgl auch BGH 13. 12. 2018 – I ZR 165/17, GRUR 2019,

741 Rn 14 sowie BGH 27. 7. 2017 – I ZR 162/15, GRUR 2018, 196 Rn 23 mwNw, wo allerdings die Beschränkung auf ein Handeln „innerhalb der Ermächtigungsgrundlage" fehlt). Nach diesen Maßstäben hat der BGH eine geschäftliche Handlung verneint bzgl der Veranlassung einer Bestattung anstelle der Angehörigen nach § 31 Abs 2 BestattG BW (BGH 27. 7. 2017 – I ZR 162/15, WRP 2018, 186 Rn 20 ff) sowie des Durchleitungsverfahrens für Finanzierungen, die von der Kreditanstalt für Wiederaufbau gemäß § 3 Abs 1 KfWG unter Einschaltung von Kreditinstituten gewährt werden (BGH 13. 12. 2018 – I ZR 165/17, GRUR 2019, 741). Nimmt der Standesbeamte die Anmeldung einer Eheschließung entgegen, handelt er in Ausübung eines öffentlichen Amtes. Die dabei erfolgte Übergabe eines „goldenen Kochbuchs" ist nach diesen Kriterien aber kein Teil dieser Amtshandlung, sondern erfolgt lediglich bei ihrer Gelegenheit und damit im „geschäftlichen Verkehr" (BGH NJW-RR 2009, 691 Rn 12). Gleiches gilt für die Herausgabe eines „presseähnlichen" Stadtblatts (BGH 20. 12. 2018 – I ZR 112/17, NJW 2019, 763) sowie die Versendung eines Informationsschreibens, in dem eine Zusammenarbeit mit einem einzelnen Unternehmen prominent und werbend herausgestellt ist, ohne auch andere Anbieter der in Rede stehenden Waren oder Dienstleistungen zu nennen (BGH 12. 7. 2012 – I ZR 54/11, GRUR 2013, 301). Hinsichtlich des Deutschen Wetterdienstes hat der BGH angenommen, dass dieser, soweit er Inhalte anbietet, die über seine gesetzlichen Aufgaben gemäß § 4 Abs 6 DWDG hinausgehen, geschäftliche Handlungen iSd § 2 Abs 1 Nr 1 UWG vornimmt, im Übrigen aber „hoheitlich" handelt, auch wenn er seine Dienstleistungen gemäß § 5 Abs 1 S 1 DWDG in privatrechtlicher Handlungsform erbringt (BGH 12. 3. 2020 – I ZR 126/18, BGHZ 225, 59 insbes Rn 55). Dies zeigt, dass die Maßstäbe für die Abgrenzung insofern nicht denjenigen des Amtshaftungsrechts entsprechen. Einerseits werden (zu Recht) wettbewerbliche Unterlassungsansprüche teilweise auch in Fällen angenommen, wenn amtshaftungsrechtlich eine hoheitliche Tätigkeit vorliegt. So dürfte jede Handlung des Standesbeamten im Zuge der Entgegennahme der Anmeldung einer Eheschließung zu einer Amtshaftung führen können, insbesondere auch dann, wenn er die Grenzen einer Ermächtigungsgrundlage überschreitet. Andererseits wird teilweise auch dort eine „hoheitliche" – eine geschäftliche Handlung ausschließende – Tätigkeit angenommen, wo kraft ausdrücklicher gesetzlicher Anordnung privatrechtliches Handeln vorliegt (§ 5 Abs 1 S 1 DWDG).

b) Abgrenzung von hoheitlichem und fiskalischem Handeln

78 **aa)** Die Erfüllung obrigkeitlicher, zB polizeilicher Aufgaben, die ihrer Art nach ausschließlich im Rahmen der Über- und Unterordnung der Beteiligten wahrgenommen werden können, ist stets Ausübung öffentlicher Gewalt (BGH NJW 1963, 40). Bei der Erfüllung typisch öffentlicher Aufgaben ist davon auszugehen, dass die Behörde auch ohne Einsatz obrigkeitlicher Mittel hoheitlich tätig war (vgl BGHZ 39, 49, 52). Im Bereich der **Daseinsvorsorge** hat die öffentliche Hand dagegen im Regelfalle, dh soweit die Eigenart der betreffenden öffentlichen Aufgabe nicht entgegensteht, die Wahl, ob sie sich der Aufgabe mit Mitteln des Privatrechts oder hoheitsrechtlich entledigen will (BGH 5. 4. 1984 – III ZR 12/83, BGHZ 91, 84, 95 ff; BGH 18. 12. 1972 – III ZR 121/70, BGHZ 60, 54, 59). Für die Frage, ob eine Amtsausübung in den hoheitlichen Wirkungskreis der öffentlichen Hand fällt und damit „Ausübung eines öffentlichen Amtes" ist oder ob sie dem privatrechtlichen Wirkungskreis zuzuordnen ist und damit keine Ausübung eines öffentlichen Amtes ist, bietet somit die **gewählte Rechtsform** einen wichtigen Anknüpfungspunkt. Es kommt also darauf an, ob die Verwaltung ein Rechtsinstitut des öffentlichen oder des privaten Rechts in Anspruch genommen

hat; darin kann in der Regel das prägende Merkmal gesehen werden (BGH 11. 3. 2004 – III ZR 90/03, BGHZ 158, 253, 258 f; BGH 16. 3. 2000 – III ZR 179/99, NJW 2000, 2810, 2811 mwNw). Wenn also eine öffentlich-rechtliche Körperschaft eine Aufgabe sowohl in den Formen des privaten wie des öffentlichen Rechts wahrnehmen kann, so ist ihr Verhalten nicht schon deshalb hoheitlich, weil sie ein öffentliches Interesse wahrnimmt, sondern nur, wenn sie dabei in den Formen des öffentlichen Rechts handelt, das ihr als Träger hoheitlicher Gewalt eingeräumt ist (BGHZ 41, 264, 266/67). Kauft zB eine Gemeinde ein Grundstück, um es für öffentliche Zwecke zu verwenden, so ist der Kaufvertrag seinem Gegenstand nach privatrechtlicher Natur (BGHZ 32, 214, 217) und verliert mit Einschluss vorvertraglicher Verhandlungen und der Begründung von Nebenpflichten seinen lediglich nach Privatrecht zu beurteilenden Charakter nicht deshalb, weil der Verkäufer in der Befürchtung handelt, dass bei nicht freihändigem Verkauf ein Enteignungsverfahren drohe (BGH MDR 1981, 572). Es spielt auch bei der Wahl der Mittel des Privatrechts keine Rolle, ob das Vorgehen von oben hoheitlich herbeigeführt oder durch Gewährung öffentlicher Mittel veranlasst worden ist (BGH NJW 1973, 1650, 1651). Auch die Entscheidung zum Verkauf eines Grundstücks kann allerdings als hoheitlich zu bewerten sein, wenn dieser nicht aus fiskalischem Interesse erfolgen, sondern dazu dienen soll, eine Bauleitplanung umzusetzen (OLG Brandenburg 24. 4. 2023 – 2 U 37/17 – NZB zurückgewiesen: BGH 27. 11. 2025 – III ZR 121/23; s hierzu auch Rn 548).

Entscheidet sich die öffentlich-rechtliche Körperschaft für eine privatrechtlich ausgestaltete Aufgabenerfüllung, so gilt dies allerdings nur im Verhältnis zum Benutzer der Einrichtung. Schädliche Auswirkungen auf Dritte sind auch in diesem Fall als hoheitlich zu beurteilen (BGH 17. 2. 1983 – III ZR 171/81, NVwZ 1983, 763 f).

bb) Betreibt der Staat oder eine sonstige öffentlich-rechtliche Körperschaft (zB 79
eine Gemeinde) zur Erreichung öffentlicher Ziele für einen bestimmten Aufgabenkreis ein **Unternehmen**, das nach seinem Gegenstand auch in privatrechtlichen Formen, also auf der Ebene der Gleichordnung der Benutzer, geführt werden kann (zB ein staatliches Krankenhaus, eine Staatsbibliothek, einen städtischen Schlachthof), so steht es im Ermessen der Körperschaft, ob sie sich privatrechtlicher Mittel bedient oder ob sie das Unternehmen schlicht hoheitlich in öffentlich-rechtlichen Formen mit der Folge der Haftung aus § 839 BGB, Art 34 GG führen will (vgl BGH NJW 1978, 2548 mwNw). Dabei sind auch Mischformen möglich, in denen sich die Haftung gegenüber den Benutzern teils nach Staatshaftungsgrundsätzen, teils nach vertragsähnlichen Grundsätzen bestimmt (vgl BGHZ 61, 7 und dazu Rn 81 f).

Ob und inwieweit privatrechtliche oder hoheitliche Betätigung vorliegt, richtet sich nicht nach der Zielsetzung oder der Art der Errichtung – der Begründungsakt kann stets hoheitlicher Natur sein –, auch nicht danach, ob die in dem Unternehmen tätigen Personen, zB die Ärzte eines staatlichen Krankenhauses oder einer Universitätsklinik, Beamte im beamtenrechtlichen Sinne sind oder nicht, sondern lediglich danach, wie die öffentlich-rechtliche Körperschaft das Unternehmen im Verhältnis zu den Benutzern im Rahmen ihrer Regelungszuständigkeit rechtlich geordnet (organisiert) hat (RGZ 158, 83, 91; 161, 341, 345; 164, 273, 277; BGHZ 4, 138; 9, 145 = JZ 1953, 551 m abl Anm Wolff; BGHZ 9, 373, 387; 17, 317, 320; 20, 102 = JZ 1956, 488 m Anm Wolff; 27, 278, 283; 35, 111; JZ 1962, 217; NJW 1963, 40). So ist zB, wenn es sich um ein staatliches Krankenhaus oder eine Universitätsklinik handelt, haftungsrechtlich entscheidend, ob die

Ordnung der Anstalt erkennen lässt, dass sie so – auf der Ebene der Gleichordnung von Anstalt und Patient – geführt wird, wie es in entsprechenden privaten Anstalten geschieht, oder ob sie den Willen zum Ausdruck bringt, die Aufgabe der Krankenbetreuung als öffentlich-rechtliche hoheitlich durchzuführen, so dass die Benutzer der Anstalt dieser in einem Unterordnungsverhältnis gegenüberstehen. Wesentliche Voraussetzung für die Annahme hoheitlichen Handelns ist bei wirtschaftlichen Unternehmen, dass die öffentlich-rechtliche Körperschaft den Willen, das Unternehmen hoheitlich zu führen, gegenüber der Allgemeinheit ausdrücklich und deutlich kundgegeben hat (BGHZ 35, 111; JZ 1962, 217). Maßgebend ist im Allgemeinen der Gesamtcharakter der organisatorischen Gestaltung. Eine bürgerlich-rechtliche Ausgestaltung kann auch vorliegen, wenn einzelne Merkmale der Organisation hoheitsrechtliche Züge tragen, wie zB das Fehlen eines Gewinnstrebens, die Erhebung der Gegenleistung in Form von Gebühren (BGHZ 50, 250, 254; 9, 145, 148) und deren Einziehung im Verwaltungszwangsverfahren (BGHZ 20, 102, 108; vgl auch BGH JZ 1962, 217: Die Abgabe von Eis in einem städtischen Schlachthof an private Benutzer gegen Zahlung einer „Gebühr" ist in Wahrheit privatrechtlicher Verkauf in den äußeren Formen des öffentlichen Rechts).

Dementsprechend ist grundsätzlich von rein privatrechtlichen Beziehungen auszugehen, wenn die betreffende Einrichtung in der Rechtsform einer juristischen Person des Privatrechts, also insbesondere einer Aktiengesellschaft oder GmbH geführt wird. Anders als bei juristischen Personen des öffentlichen Rechts streitet bei einer natürlichen und bei einer juristischen Person des privaten Rechts eine Vermutung für privates Handeln auch dann, wenn sie öffentliche Aufgaben erfüllt und hierbei vom Staat überwacht wird (BVerwGE 61, 222, 225). Tätigkeiten einer Person des Privatrechts schlagen erst dann in öffentlich-rechtliches Handeln um, wenn diese Person durch Gesetz oder aufgrund eines Gesetzes mit öffentlich-rechtlichen Handlungs- und Entscheidungsbefugnissen ausgestattet ist (BVerwGE 97, 282, 285; zu weiteren Fällen hoheitlicher Tätigkeit Privater iSd Amtshaftungsrechts s Rn 58 ff). Fehlt es an einer eindeutigen Zuordnung, so entscheidet der nach den vorgenannten Kriterien zu ermittelnde Gesamtcharakter des Unternehmens in der Regel auch darüber, ob die Schädigungen von Dritten, die außerhalb des Benutzungsverhältnisses stehen, nach Amtshaftungsgrundsätzen oder nach allgemeinem privatrechtlichen Deliktsrecht (§§ 823 ff BGB) zu beurteilen sind (Soergel/Vinke § 839 Rn 74; Papier, Recht der öffentlichen Sachen 134).

80 Der **Daseinsvorsorge** dienende Betriebe wie Straßenbahn, Wasser-, Gas-, Elektrizitäts-, Abwasserbeseitigungs- (Kläranlagen; nicht zu verwechseln mit der hoheitlich ausgestalteten Pflicht zur Abwasserbeseitigung, s dazu Rn 712 f), Heizwerke usw werden (und zwar auch, wenn Anschluss- oder Benutzungszwang besteht) regelmäßig fiskalisch betrieben wie die entsprechenden privaten Unternehmen (dazu Stober NJW 1984, 449). Vgl zB RGZ 93, 374; BGH Warn 1980, 3 mwNw betreffend Gaswerk; RGZ 91, 314 betreffend Sparkasse; BGH NJW 1955, 1025 betreffend Märkte; BGHZ 20, 47 betreffend Schleusenbetrieb – der Betrieb des Nordostsee-Kanals stellt jedoch hoheitliches Handeln dar, BGHZ 35, 111; OVG Koblenz NJW 1959, 2229 betreffend öffentliche Spielbank; RGZ 157, 237 betreffend Staatsbank (doch sind die Tätigkeiten der Banken des Bundes und der Länder zum Teil auch hoheitlicher Art; vgl BGH MDR 1961, 123; BayVerfGH NJW 1961, 163); RGZ 158, 90 betreffend Bergwerk; BGH NJW 1956, 339; MDR 1961, 221 betreffend Staatsbad; BGH 10. 2. 1956 – I ZR

61/54, GRUR 1956, 227 betreffend gemeindliches Reisebüro; BGH JZ 1961, 258 betreffend Kurbetrieb einer Badestadt. Fiskalisch ist insbesondere die Verwaltung des Staats- und Gemeindeguts und -vermögens einschließlich der dazu gehörigen Dienstfahrten (BGHZ 33, 230; 18, 253, 257; RGZ 155, 268).

cc) Unter Umständen kann staatliches Handeln, unbeschadet des Grundsatzes der Unaufspaltbarkeit einer einheitlichen hoheitlichen Betätigung (Rn 75 f), in dem Zusammenwirken hoheitlicher und bürgerlich-rechtlicher (fiskalischer) Betätigung bestehen. So kann zB bei der hoheitlichen Entscheidung über die Vergabe von Aufträgen durch die öffentliche Hand, bei wirtschaftslenkenden Maßnahmen durch Gewährung von Krediten, Übernahme staatlicher Bürgschaften usw, bei der Förderung des sozialen Wohnungsbaus durch Gewährung von Darlehen zu unterscheiden sein zwischen der dem Gebiet hoheitlicher Betätigung zuzurechnenden Entscheidung, ob und in welcher Höhe und unter welchen Bedingungen ein Auftrag erteilt, ein Darlehen gewährt werden soll, und dem dem bürgerlichen Recht angehörenden Vollzug der Entscheidung durch Abschluss eines Werk-, Bürgschafts- oder Darlehensvertrags ("Zweistufenlehre" vgl BGH 29. 7. 1991 – NotZ 25/90, BGHZ 115, 275, 279; BGHZ 65, 155, 157; 57, 130; BGH 16. 12. 1971 – III ZR 204/69, WM 1972, 477). In diesem Falle besteht die Amtshaftung nur auf der hoheitlichen, nicht dagegen auf der rein privatrechtlichen Stufe. Ein solcher Zwei-Stufen-Fall liegt zB auch vor, wenn eine Gemeinde im Rahmen schlicht hoheitlichen Handelns die Einrichtung eines Schülertransportspezialverkehrs beschließt, zur technischen Durchführung aber mittels privatrechtlichen Beförderungsvertrags den Unternehmer eines Autobusbetriebes beauftragt; Ersatzansprüche eines bei dem Busverkehr verletzten Schülers sind dann keine Amtshaftungsansprüche gegen die Gemeinde (OLG Hamm MDR 1983, 130). 81

dd) Aber auch die Ausführung der Aufgabe selbst kann – trotz des Grundsatzes der Einheit der Staatsverwaltung (Rn 75 f) – sowohl hoheitlich als auch „vertragsähnlich" sein. Dies hat der BGH in mehreren Entscheidungen die Benutzung kommunaler Einrichtungen (Schlachthöfe) betreffend ausgesprochen. Dabei gilt im Grundsatz, dass grundsätzlich die Amtshaftung eingreift, wenn die öffentliche Hand die Benutzung der Einrichtung durch Satzung zwingend anordnet und regelt und dadurch für den Betroffenen besondere Gefahrenquellen geschaffen werden. Die Sorge für die Sicherheit und gefahrlose Benutzung der Einrichtung ist dann eine Amtspflicht der Bediensteten, auch wenn es in der Satzung nicht ausdrücklich angesprochen ist (BGH 26. 4. 1983 – III ZR 117/82, VersR 1983, 668; vgl auch BGH 17. 5. 1973 – III ZR 68/71, BGHZ 61, 7, 10 mwNw). Zugleich kann aber (hier: außerhalb des Bereichs der veterinärpolizeilichen Überwachung) zu den Benutzern eine „Sonderverbindung" vertragsähnlichen Inhalts bestehen, namentlich bei einem auf Dauer angelegten Leistungsverhältnis, das weitgehend den Beziehungen zwischen einem Unternehmer bürgerlichen Rechts zu seinen Kunden entspricht. Diese führt dazu, dass die Verwaltung für Leistungsstörungen nach vertragsähnlichen Grundsätzen einzustehen hat, namentlich §§ 276, 278 BGB gelten und insoweit durch die Satzung Haftungsbeschränkungen auf Vorsatz oder grobe Fahrlässigkeit vorgesehen werden können (BGH 20. 6. 1974 – III ZR 97/72, NJW 1974, 1816 f; BGH 17. 5. 1973 – III ZR 68/71, BGHZ 61, 7, 10; s hierzu auch Rn 546). 82

ee) Bei behördlichen **Realakten** (insbesondere der Teilnahme am allgemeinen Straßenverkehr; s dazu im Folgenden Rn 93 ff) ist in erster Linie auf die **Zielsetzung** der betreffenden Tätigkeit abzustellen. Erforderlich ist in jedem Falle eine Diensthandlung 83 des Beamten, die mit der hoheitlichen Zielsetzung in einem so engen äußeren und inneren Zusammenhang steht, dass sie aus dem Bereich hoheitlicher Betätigung nicht herausgelöst werden kann (BGH 16. 3. 2000 – III ZR 179/99, NJW 2000, 2810, 2811; BGH 21. 1. 1993 – III ZR 189/91, BGHZ 121, 161, 165; BGH 4. 6. 1992 – III ZR 93/91, BGHZ 118, 304, 305 mwNw). An diesem inneren Zusammenhang fehlt es zB, wenn ein Beamter im Dienst mit seiner Dienstwaffe auf eine Person schießt, um sich an ihr zu rächen; der zwischen der schädigenden Handlung und dem Dienst des Beamten erforderliche Zusammenhang wird weder dadurch hergestellt, dass der Beamte aus Verärgerung durch Vorkommnisse im Dienst handelte, noch dadurch, dass dem eine Dienstwaffe führenden Beamten im Dienst die jedermann gegenüber bestehende amtliche Fürsorgepflicht obliegt, von der aus der Waffe entspringenden Gefahr keinen unvorsichtigen Gebrauch zu machen (BGHZ 11, 181, 185). Dagegen kann der innere und äußere Zusammenhang auch bestehen, wenn sich das Verhalten als amtspflichtwidrige Unterlassung gebotener Amtstätigkeit, wenn auch in verschleierter Form darstellt (BGHZ 69, 128, 133, betreffend streikähnliche Aktionen). Im Übrigen soll folgende Vermutung gelten: Ist der Staat oder eine sonstige öffentlich-rechtlich organisierte Rechtsperson zur Wahrnehmung öffentlich-rechtlich zugewiesener Aufgaben tätig geworden, so ist das Verhalten auch Dritten gegenüber so lange an den Normen des öffentlichen Rechts zu messen, wie der entgegenstehende Wille, nach Maßgabe des Privatrechts zu handeln, etwa durch Abschluss eines privatrechtlichen Vertrags, nicht deutlich in Erscheinung tritt (MünchKommBGB/Papier/Shirvani § 839 Rn 211 mwNw).

c) Handeln „in Ausübung" eines öffentlichen Amtes und Handeln „bei Gelegenheit der Ausübung" eines öffentlichen Amtes

84 **aa)** Die Amtshaftung setzt voraus, dass der Amtsträger **in Ausübung** des ihm anvertrauten öffentlichen Amtes handelt. Es besteht also keine Haftung für schädigende Handlungen, die er nur **bei Gelegenheit der Ausführung** öffentlicher Gewalt beging. Der Begriff „in Ausübung" ist aber nicht eng auszulegen (RGZ 104, 289; BGH 1. 8. 2002 – III ZR 277/01, NJW 2002, 3172, 3173). Wie bei der bereits erörterten Frage, wann Handlungen, die der unmittelbaren Betätigung öffentlicher Gewalt vorangehen oder nachfolgen, noch zur Ausübung öffentlicher Gewalt gehören, ist auch für die Abgrenzung, wann der Amtsinhaber in Betätigung oder nur gelegentlich der Betätigung öffentlicher Gewalt handelt, entscheidend, ob bei objektiver Betrachtung ein genügend naher innerer und äußerer Zusammenhang zwischen der ihm übertragenen Aufgabe und der Schadenshandlung besteht, so dass die Letztere noch als Teil einer, wenn auch mangelhaften Diensthandlung anzusehen ist, oder ob es an einer inneren Beziehung fehlt und die schädigende Handlung nur in einer rein äußerlichen örtlichen oder zeitlichen Beziehung zur Dienstausübung steht (BGH 20. 2. 1992 – III ZR 188/90, BGHZ 117, 240, 244 f; BGH VersR 1960, 365; 1964, 488; BGHZ 11, 181; RGZ 168, 231; 166, 1, 8; 159, 235, 238; 126, 28, 33; 104, 286). Zur Diensthandlung aber gehört, dass der Beamte in seiner Eigenschaft als Träger hoheitlicher Aufgaben und Befugnisse, dass er „in amtlicher Eigenschaft" gehandelt hat. Das ist noch der Fall, wenn ein Polizeibeamter in seiner dienstfreien Zeit oder im Urlaub, aber doch eben als Sicherheitsbeamter, gegen andere Personen einschreitet (RG Recht 1914 Nr 1615; HRR 1930 Nr 901; OLG Neustadt NJW 1959, 161), wenn ein Soldat in seiner Unterkunft in einer dienstfreien Stunde seine Dienstwaffe entlädt (RGZ 101, 355), wenn ein Zollbeamter durch mangelhafte Sicherung seiner Dienstwaffe auf einem außerdienstlichen Gang Schaden anrichtet (RGZ 155, 362) oder wenn ein ehrenamtlicher Ortsbürgermeisters unrichtige Auskünfte über Altlasten in seiner Funktion als „Anlaufstelle“ für Kaufinteressenten erteilt (BGHZ 121, 65, 70);

bb) Auch eine Überschreitung der örtlichen oder sachlichen Zuständigkeit schließt ein Handeln in Ausübung eines öffentlichen Amtes nicht aus, wenn nur die Handlung des Beamten überhaupt noch in einer Beziehung zu dem Kreis der Tätigkeiten steht, die die Ausführung seines Amtes darstellen. Eine solche Beziehung ist zu bejahen, wenn die Amtshandlung nicht erkennbar völlig außerhalb des allgemeinen Rahmens der Amtsbefugnisse des Beamten liegt (RG JW 1938, 2449; DRW 1941, 58; BGHZ 31, 393; 65, 187; NJW 1959, 1316 [betreffend Entsperrung eines Weges durch einen unzuständigen Beamten]; BGHZ 117, 240 [Absperrung eines Entwässerungsgrabens durch einen unzuständigen Beamten]; BayObLG VersR 1967, 356) oder sich schon als Amtsanmaßung darstellt. Es genügt insbesondere, dass der Beamte an der in der Hauptsache einem anderen Beamten obliegenden Amtshandlung mitgewirkt hat (BGH VersR 1963, 358). Ein Handeln in Ausübung eines anvertrauten öffentlichen Amtes liegt danach noch vor, wenn eine ministerielle Weisung in einer Angelegenheit ergeht, die nur durch Rechtsverordnung unter Mitwirkung des Parlaments hätte geregelt werden können (BGHZ 63, 319), wenn ein Beamter im Zusammenhang mit seinem Amt unter Überschreitung seiner sachlichen Zuständigkeit unbefugt Unterschriften in amtlicher Form beglaubigt und dabei eine gefälschte Unterschrift beglaubigt, über deren Echtheit er sich nicht vergewisserte (RGZ 71, 60), oder wenn ein Beamter einer Behörde unter Vortäuschung seiner Zuständigkeit sich Gelder aushändigen lässt (und unterschlägt), zu deren Entgegennahme eine andere Stelle oder ein anderer Beamter dieser Behörde zuständig ist (RGZ 148, 251; JW 1938, 2399; s ferner RGZ 154, 201, 208; 156, 232; 159, 235, 238). Die Amtshaftung aus der Überschreitung der sachlichen Zuständigkeit besteht gegenüber jedem als geschütztem „Dritten“, der von den Folgen der Amtsüberschreitung betroffen werden kann (RGZ 71, 60; 140, 428; 144, 395; BGHZ 65, 187; 117, 240, 244 f). 85

cc) Handeln in Ausübung des öffentlichen Amtes setzt nicht voraus, dass eine Pflicht zur hoheitlichen Betätigung bestand. Es genügt, wenn der Beamte freiwillig, wenn auch außerhalb seines eigentlichen Pflichtenkreises, eine hoheitliche Aufgabe (als amtliche, öffentliche) übernimmt, wenn sie nur in innerer Beziehung zu seinen sonstigen dienstlichen Aufgaben steht und nicht ganz außerhalb des Rahmens seines eigentlichen Dienstes liegt (BGH NJW 1983, 268; RG DRW 1940, 1950; JW 1934, 2398). So liegt Handeln „in Ausübung“ des Amtes vor, wenn der untersuchende Amtsarzt eine Röntgenaufnahme auswertet, wozu er an sich nicht verpflichtet war (BGH VersR 1958, 608), wenn die Polizei freiwillig polizeiliches Geleit für einen schwierigen Transport gewährt (BGH VersR 1961, 438), wenn ein Beamter, ohne dazu verpflichtet zu sein, Rat oder Auskunft (falsch) erteilt (BGH VersR 1965, 353; NJW 1955, 1835; BGHZ 14, 321; RGZ 68, 277, 282; 146, 35, 40), wenn ein Gemeindevorsteher, obwohl dazu nicht zuständig, Unterschriften beglaubigt (RGZ 71, 60, 63), wenn die Spenden aus Anlass einer Katastrophe freiwillig von einer Behörde verwaltet werden (BGHZ 27, 73). Hingegen ist eine Nebentätigkeit, die einem Beamten durch einen privaten Auftraggeber übertragen wird, nicht schon deshalb „Ausübung eines öffentlichen Amtes“, weil der Beauftragte gerade im Hinblick auf seine Beamteneigenschaft dafür ausgewählt worden war (BGH VersR 1985, 281, 282). 86

dd) Auch ein Missbrauch des Amtes zu eigennützigen, schikanösen oder gar strafbaren Zwecken, eine Pflichtwidrigkeit aus eigensüchtigen oder rein persönlichen Be- 87 weggründen, schließt den für das Handeln „in Ausübung des Amtes" maßgeblichen inneren Zusammenhang zwischen Amtsausübung und schädigendem Verhalten nicht von vornherein aus (BGH 1. 8. 2002 – III ZR 277/01, NJW 2002, 3172, 3173), so zB die planmäßige Vernachlässigung des Amtes zur Verbesserung der Arbeitsbedingungen in streikähnlicher Form durch „Bummelstreik" in Form grundloser Krankmeldung („go sick") oder erhebliche Herabsetzung der Arbeitsleistung über einen längeren Zeitraum hinweg („go slow") und die amtspflichtwidrige Unterlassung gebotener Amtstätigkeit (BGHZ 69, 128), oder wenn ein Polizeibeamter das gebotene Einschreiten aus rein persönlichen Gründen unterlässt (BGH 30. 4. 1953 – III ZR 204/52, VerwRspr 1953, 832, 834).

Für Schäden, die dadurch entstehen, dass ein Beamter im Rahmen der gemeinsamen Dienstausübung durch seinen Vorgesetzten (oder seine Kollegen) systematisch und fortgesetzt schikaniert und beleidigt wird **(„Mobbing")**, haftet der Dienstherr des Schädigers nach Amtshaftungsgrundsätzen (BGH NJW 2002, 3172; OLG Stuttgart NVwZ-RR 2003, 715; OLG Brandenburg MDR 2016, 86; zur Haftung eines kirchlichen Dienstherrn OLG Stuttgart 25. 11. 2014 – 4 W 83/14 – zugleich zur insoweit bestehenden Fürsorgepflicht des Dienstherrn; hierzu s auch Rn 734, sowie zum Verwaltungsrechtsweg insoweit Rn 404).

Insbesondere liegt eine Betätigung **in Ausübung des übertragenen öffentlichen Amtes** vor, wenn „der Bock zum Gärtner gemacht wird" und der Beamte selbst das tut, was er gerade verhindern sollte (BGHZ 3, 94; 14, 324; NJW 1969, 422; BGH 1. 8. 2002 – III ZR 277/01, NJW 2002, 3172, 3173), so wenn der Strafanstaltsbeamte dem Strafgefangenen zur Flucht verhilft, wenn Sicherheitsorgane, die Plünderungen verhindern sollten, sich selbst an den Plünderungen beteiligen (RGZ 104, 304; 107, 270), wenn der Polizeibeamte, der die missbräuchliche Verwendung polizeilicher Dienstfahrzeuge verhindern soll, selbst einen Dienstwagen zu einer Schwarzfahrt benutzt (BGHZ 1, 388; s auch Rn 98). Ein Amtsmissbrauch kann auch darin bestehen, dass eine dem Staat eingeordnete öffentlich-rechtliche Körperschaft mit Zwangsmitgliedschaft, die zu Akten autonomer Rechtssetzung berufen ist (hier: Kassenärztliche Vereinigung), unter offensichtlicher Missachtung ihrer Gestaltungsfreiheit Festsetzungen trifft, die für die Betroffenen unzumutbar und offensichtlich belastend sind, zB indem die Mehrheit der zur Beschlussfassung Berufenen ihre Willensmacht zu Lasten der Minderheit ausübt (BGHZ 81, 21, 26).

88 **ee)** Dagegen entfällt der innere Zusammenhang zwischen Amtsausübung und Schädigung, es liegt also nur ein Handeln bei Gelegenheit der Amtsausführung vor, wenn der Beamte grundsätzlich aus dem Bereich seiner Obliegenheiten heraustritt, gewissermaßen nur als Privatmann handelt, so zB wenn ein Polizeibeamter während eines Dienstgangs ohne die geringste dienstliche Veranlassung zu einem Einschreiten, sondern nur aus Rache, einen ihm Begegnenden mit seiner Dienstwaffe niederschießt (BGHZ 11, 181), wenn er ohne jede dienstliche Veranlassung eine Gastwirtschaft betritt, während des Alkoholgenusses mit den Gästen in Händel gerät und aus rein persönlichen Gründen von seiner Waffe Gebrauch macht (RGZ 159, 238; 104, 286), oder wenn er nur bei Gelegenheit einer rein privaten Gefälligkeit seine Dienstwaffe unvorsichtig handhabt (RGZ 155, 362, 366). Zu beachten ist aber, dass sonst ein unvorsichtiger Umgang mit der Dienstwaffe den inneren Zusammenhang mit dem Dienst behält (BGH NJW 1961, 1127; VersR 1960, 248; RGZ 168, 321). Insbesondere handelt ein Polizeibeamter, der mit Billigung seines Dienstherrn nach Dienstschluss seine

Dienstwaffe mit nach Hause nimmt und dort verwahrt, insoweit regelmäßig in Ausübung eines öffentlichen Amtes. Für Schäden aus seiner unsorgfältigen Verwahrung haftet deshalb nicht der Beamte persönlich, sondern dessen Dienstherr (BGH NVwZ 2000, 467).

ff) In der Rechtsprechung ist erwogen worden, die Haftung des Staates für solche **89** Beamten einzuschränken oder auszuschließen, die dem Staat allgemein und grundsätzlich den Gehorsam verweigern und sich aus der Bindung zum Dienstherrn schlechthin lösen, also bei einer solchen Sachlage, die sich durch die einseitige Aufkündigung der übertragenen Stellung als Organ des Staates kennzeichnet (vgl BGHZ 69, 128, 134; RGZ 104, 257, 263). Im konkreten Fall – Fluglotsenstreik – wurde eine derartige grundsätzliche Gehorsamsverweigerung indessen verneint (BGHZ 69, 128).

d) Einzelfälle

aa) Verkehrssicherungspflicht

Die Körperschaft, die auf den ihrer tatsächlichen Verfügungsgewalt unterworfenen **90** Grundflächen einen allgemeinen Verkehr eröffnet oder zugelassen hat oder einen Betrieb oder ein Unternehmen ausübt oder unterhält oder eine öffentliche Veranstaltung betreibt, trifft grundsätzlich – wie den Privatmann – die allgemeine **Verkehrssicherungspflicht**, die Pflicht zur Verhütung von Gefahren, die sich für die Teilnehmer an dem Verkehr aus dem gefährlichen Zustand des Grundstücks, Gebäudes usw und seiner Zugänge ergeben (Rn 698 ff). Soweit Versorgungsunternehmer auf der Grundlage von Verträgen Leistungen erbringen, trifft sie gegenüber dem Abnehmer eine inhaltlich der allgemeinen Verkehrssicherungspflicht entsprechende vertragliche Schutzpflicht, den Abnehmer vor Gefahren zu bewahren. Es hat also zB in einem Gasversorgungsverhältnis der kommunale Versorgungsträger die Pflicht, seine Abnehmer vor Schäden zu bewahren, deren Ursache in der Anlage oder im Betrieb der Gasversorgungseinrichtung liegt (BGH 9. 1. 1980 – VIII ZR 36/79, VersR 1980, 355). Die allgemeine Verkehrssicherungspflicht besteht zB beim Betrieb eines Pferdemarkts oder bei der Abhaltung eines Volksfests auf einem Bergplateau (BGHZ 34, 206). Aus der Eröffnung eines städtischen Strandbades folgt die Verpflichtung der Stadtgemeinde, die Besucher des Bades auch bei der Benutzung des Zugangs vor den ihnen hier drohenden Gefahren zu schützen (KG VersR 1967, 956). Diese Verkehrssicherungspflicht kann dabei sogar die Sicherung einer Bahnanlage betreffen, deren – an sich verbotenes – Betreten und Überqueren durch Badegäste die verantwortlichen städtischen Bediensteten stillschweigend hingenommen haben, ohne etwas zur Beseitigung dieses tatsächlichen Zustandes zu unternehmen (KG VersR 1967, 956).

bb) Öffentliche Einrichtungen

Die Benutzung öffentlicher Einrichtungen kann privatrechtlich oder öffentlich-recht- **91** lich ausgestaltet sein. Auch hier gilt, dass dann, wenn die öffentliche Hand eine privatrechtliche Organisationsform gewählt hat, das Benutzungsverhältnis nur privatrechtlicher Natur sein kann, es sei denn die Trägergesellschaft ist mit öffentlicher Gewalt beliehen (MünchKommBGB/Papier/Shirvani § 839 Rn 219; s auch Rn 78 f). Hoheitlich ist zB die Schaffung und Unterhaltung gemeindlicher Einrichtungen zur Ableitung von Abwässern – Kanalisation – (BGHZ 140, 380; BGH NJW 1998, 1307; BGHZ 115, 141; 109, 8; NJW 1984, 617; BGH NJW 1972, 101). Gleiches gilt für die Müllabfuhr der öffentlichen Hand, die im Interesse der Volksgesundheit der Seuchenabwehr dienen soll (BGHZ 40, 355, 360; BGH 17. 2. 1983 – III ZR 171/81, NVwZ 1983, 763), und die Einrichtung von Müllabladeplätzen (LG Darmstadt VersR 1960, 71); für die Einrichtung von Schlachthöfen mit Nebenbetrieben (BGH JZ 1962, 217; OLG Hamburg MDR 1961, 938) und ihre sicherheits- und gesundheitspolizeiliche Überwachung (BGH VersR 1957, 249; RGZ 55, 364).

Ein gemeindlicher **Friedhof** mit den für seine Unterhaltung erforderlichen Sachen ist, wenn nicht „eine Anstalt des öffentlichen Rechts" (so KREBS VersR 1959, 877), so doch jedenfalls im haftungsrechtlichen Sinne eine öffentliche Veranstaltung, und nach der Verkehrsauffassung erscheint eine von einem unzulänglich aufgestellten Grabdenkmal (Grabstein) ausgehende Gefahr für den Friedhofsbesucher als eine Gefahr der „Veranstaltung des Friedhofs". Erfüllt die Gemeinde ihre Sicherungspflicht gegenüber Besuchern des Friedhofs nicht ausdrücklich als hoheitliche Aufgabe mit der Folge der Haftung aus § 839 BGB, Art 34 GG, so beurteilt sich die Verletzung ihrer Verkehrssicherungspflicht nach §§ 823, 31, 89, 831 BGB (vgl statt aller BGHZ 34, 206). Die privatrechtlich zu beurteilende Sicherungspflicht wird nicht dadurch beeinträchtigt, dass die Gemeinde den Grabstelleninhabern bestimmte Nutzungsrechte einräumt, die die gemeindlichen Befugnisse aufheben oder mindern (BGHZ 34, 206), auch nicht dadurch, dass die Gemeinde als Satzung nach Maßgabe der Gemeindeordnungen eine Friedhofsordnung erlassen hat, die die Benutzung des Friedhofs regelt, wie zB auch der Umstand, dass die einen Pferdemarkt veranstaltende Gemeinde sich bei der Marktveranstaltung hoheitlich betätigt und marktpolizeiliche Pflichten zur Gefahrenabwehr hat, eine Verantwortlichkeit gegenüber Marktbesuchern aus § 823 BGB nicht ausschließt (BGH NJW 1955, 1025; BGHZ 34, 206). Die Sicherungspflicht auf Friedhöfen gegen Gefahren aus nicht standfesten Grabmälern beschränkt sich, entsprechend dem allgemein für den Umfang der Verkehrssicherungspflicht geltenden Grundsatz der Zumutbarkeit darauf, die Grabmäler in angemessenen Zeiten (in der Regel alljährlich; und zwar, wenn nach dem Ende der winterlichen Witterung oder des Frostes die Gräber vor Ostern hergerichtet werden [OLG Hamm NVwZ 1982, 333]) auch an Nebenwegen auf ihre Standfestigkeit nachdrücklich, zB durch kräftiges Anfassen, zu prüfen (BGHZ 34, 206 m Rechtspr-Nachw über engere oder weitergehende Bemessung der Sorgfaltspflichten). Unberührt bleibt die Verpflichtung des Grabstelleninhabers, für die Standfestigkeit des Grabsteins nach §§ 836, 837 BGB einzustehen. Diese Verpflichtung geht gemäß § 837 BGB der Verpflichtung der Gemeinde als Friedhofseignerin nach § 836 BGB vor, ohne indessen die Verantwortlichkeit der Gemeinde auszuschließen (vgl BGH NJW 1977, 1392; OLG Hamm NVwZ 1982, 333).

Zur Beleihung von Kirchen als Friedhofsträger vgl JANSSEN VerwArch 2025, 168, 202 ff.

92 Auch bei öffentlich-rechtlicher Gestaltung des Betriebes können nach gefestigter Rechtsprechung Schadensersatzansprüche wegen **Verletzung der öffentlich-rechtlichen Leistungsbeziehungen**, zB bei Schäden durch gesundheitsschädliches Leitungswasser, bestehen, auf die §§ 276, 278, 31, 89 BGB sinngemäß, nicht aber Amtshaftungsgrundsätze anzuwenden sind (BGH VersR 1963, 1030; 1961, 541; 1958, 194; BGHZ 17, 191; 15, 113, 118; RGZ 55, 364; 63, 374; 152, 129; 172, 176). So bestehen, auch wenn nur eine Gemeindesatzung über den Anschluss an die gemeindliche Wasserleitung und über die Abgabe von Wasser die Grundlage der Rechtsbeziehung zwischen der Gemeinde und den Beziehern von Trinkwasser bildet, doch hinsichtlich der Verpflichtung zur Lieferung einwandfreien Wassers vertragliche oder mindestens vertragsähnliche Beziehungen, deren Verletzung durch die Gemeinde (zB durch Ablagerung von Fäkalien im Wassereinzugsgebiet) nach bürgerlichem Recht zu beurteilende Schadensersatzansprüche entstehen lässt (BGH VersR 1963, 1030). Amtshaftungsgrundsätze gelten dagegen bei der Verletzung der Pflicht zur sicherheits- und gesundheitspolizeilichen Überwachung der Versorgungsbetriebe (BGH VersR 1957, 249; RGZ 55, 364).

cc) Teilnahme am Straßenverkehr (Dienstfahrten)

(1) Dienstfahrten bieten reiches Anschauungsmaterial für die Unterscheidung zwi- **93**
schen Amtsausübung und fiskalischer oder privater Tätigkeit. Unmittelbare hoheitliche Betätigung ist zB die Fahrt des polizeilichen Streifenwagens durch die zu überwachenden Straßen oder die Fahrt eines Panzers der Bundeswehr bei Übungen oder im Manöver (BGH NJW 1962, 229; VersR 1961, 512; BGHZ 30, 154). Ausübung eines öffentlichen Amtes ist aber auch eine Fahrt, die die unmittelbare Ausübung öffentlicher Gewalt vorbereitet oder die sonst im Dienst der Erreichung der eigentlichen hoheitlichen Zielsetzung steht und einen hinreichend engen inneren und äußeren Zusammenhang mit den hoheitlichen Aufgaben aufweist (BGH VersR 2008, 410 Rn 23; BGHZ 42, 176, 180). Dabei spricht eine tatsächliche Vermutung dafür, dass die Dienstfahrt der Erfüllung hoheitlicher Aufgaben, zB die Dienstfahrt eines Soldaten militärischen Zwecken, dient (BGHZ 49, 267, 272). Eine hoheitliche Dienstfahrt liegt danach zB vor bei der Beförderung von Polizeibeamten zu einem Übungsschießen (RGZ 125, 98), zu einer dienstlichen Besprechung (RGZ 155, 186) oder zum Einsatzort (RGZ 140, 415) oder bei der Rückfahrt des polizeilichen Fahrzeugs nach Beendigung der Dienstfahrt in die Garage (RG VAE 1937, 255), bei der Fahrt von Soldaten, die irgendwie der Versorgung der Truppe dient, zB zum Abholen von Verpflegung (BGH VersR 1966, 734; RGZ 162, 309, 312) oder die Fahrt zu einem Schulausflug (BGH 12. 12. 1991 – III ZR 10/91, NJW 1992, 1227). Die Feuerwehr übt öffentliche Gewalt nicht nur beim Löschen von Bränden aus, sondern auch bei der vorbereitenden Tätigkeit, die diesem Zweck unmittelbar dient, zB beim Verbringen von Feuerlöschgeräten in die Bereitschaftsstellung (RGZ 129, 307; OLG Kiel HRR 1940 Nr 662). Ausübung hoheitlicher Tätigkeit ist auch die Fahrt eines Mitglieds der freiwilligen Feuerwehr zum Einsatzort, selbst wenn die Fahrt mit dem Privat-PKW erfolgt (BGH VersR 2008, 410 Rn 23 für Bayern). Ausübung öffentlicher Gewalt sind auch die Dienstfahrt eines Straßenmeisters (BGHZ 68, 217, 218), die Übungsfahrt eines Feuerwehrwagens, die Fahrt des Fürsorgers, der die Lehrstellen der von ihm betreuten Lehrlinge mit dem Fahrrad aufsucht (BGH VersR 1960, 258), die Botenfahrt eines Angehörigen der Brandwache eines Grenzdurchgangslagers für Flüchtlinge und Aussiedler, wenn die Fahrt zum Aufgabenbereich der Brandwache gehört (BGH 28. 6. 1971 – III ZR 142/68, VersR 1971, 934). Da die Müllabfuhr regelmäßig zur schlicht hoheitlichen Verwaltung der Gemeinden gehört, haftet die Gemeinde nach Amtshaftungsgrundsätzen für Verletzungen, die ein Straßenbenutzer im Straßenverkehr beim Einsatz eines Müllfahrzeugs erleidet; dies gilt auch, wenn die Benutzung der Einrichtung der Müllabfuhr privatrechtlich ausgestaltet ist, da die Gestaltung der Benutzungsordnung nur im Verhältnis zu Benutzern als Geschädigten von Bedeutung ist, während bei Schädigungen Dritter Anspruchsgrundlage und Haftungsumfang nicht davon abhängen können, ob die Einrichtung im Verhältnis zum Benutzer hoheitlich oder fiskalisch betrieben wird (BGH 17. 2. 1983 – III ZR 147/81, NVwZ 1983, 763).

(2) Die Inanspruchnahme von Sonderrechten nach § 35 StVO (zB Einschaltung **94**
von Blaulicht und Martinshorn) ist für sich allein genommen keine hoheitliche Tätig-

keit, insbesondere etwa bei Werksfeuerwehren (BGHZ 113, 164, 168 f) oder bei privatrechtlich organisierten Rettungsdiensten (BGHZ 118, 304, 306; zu Rettungsdiensten insgesamt s Rn 618). Deswegen wurde in BGHZ 118, 304 die Amtshaftung nicht aus der Inanspruchnahme dieser Sonderrechte, sondern daraus hergeleitet, dass der betreffende Zivildienstleistende unabhängig von der privatrechtlichen Organisationsstruktur seiner damaligen Dienststelle allein aufgrund seines Zivildienstes ein anvertrautes öffentliches Amt ausgeübt hatte (Rn 795).

95 **(3)** Als nicht hoheitlich (fiskalisch) wurde die Probefahrt anlässlich des Ankaufs eines Feuerlöschfahrzeugs eingestuft (BGH MDR 1962, 803). Nimmt jemand den Kranwagen der Freiwilligen Feuerwehr einer bayerischen Gemeinde zum Verladen einer Maschine in Anspruch, so handeln die Mitglieder der Freiwilligen Feuerwehr bei ihrer Tätigkeit nicht in Ausübung eines öffentlichen Amts. Dies gilt auch dann, wenn die Benutzung des Kranwagens als gemeindliche Einrichtung außerhalb der gesetzlichen Pflicht als Aufgabe der Freiwilligen Feuerwehr durch Satzung, also öffentlichrechtlich, geregelt ist. In diesem Fall kann die Haftung der Gemeinde und der Mitglieder ihrer Freiwilligen Feuerwehr in der Satzung auf Vorsatz und grobe Fahrlässigkeit beschränkt werden (BayObLGZ 1989, 193). Obwohl Dienstfahrten, die der Fahrausbildung von Polizeibeamten dienen, grundsätzlich in Ausübung eines öffentlichen Amtes erfolgen (BGHZ 49, 267, 274 f), ist in einem Einzelfall ein innerer Zusammenhang zwischen der Dienstfahrt und ihrer hoheitlichen Zielsetzung verneint worden, weil die eigentliche Ausbildungsfahrt schon acht Stunden vor dem Unfall beendet worden war und die Beamten in der Zwischenzeit in erheblichem Umfang alkoholische Getränke zu sich genommen und mit diesem Verhalten ihre dienstliche Zielsetzung, die Fahrausbildung, aufgegeben hatten (BGH VersR 1988, 614). Rein fiskalischer Natur ist auch die Fahrt des Kurausschusses einer Badestadt (BGH MDR 1961, 221).

96 **(4)** Für die Einstufung einer Betätigung als Ausübung eines öffentlichen Amtes ist es unerheblich, in wessen Eigentum die von dem Beamten zur Amtsausübung benutzten Geräte stehen. So kann eine Dienstfahrt Ausübung öffentlicher Gewalt sein, gleichwie, ob das dazu benutzte Fahrzeug (Kfz oder Fahrrad) der Behörde gehört, ob sie es von einer Privatperson gemietet hat (vgl BGHZ 20, 102), oder ob es ein sogenanntes beamteneigenes (mit Unterstützung der Behörde angeschafftes) Fahrzeug ist, oder von dem Beamten privat gehalten wird (BGHZ 29, 28; VersR 2008, 410 Rn 23; 1979, 225, 226; NJW 1959, 481). Wesentlich ist nur, dass die Benutzung des Fahrzeugs unmittelbar mit den dienstlichen Interessen zusammenhängt. Allgemein steht die Durchführung einer Dienstfahrt mittels eines privaten PKWs dann nicht der Annahme einer hoheitlichen Tätigkeit entgegen, wenn dies zur Erfüllung einer hoheitlichen Aufgabe erfolgte und die Wahl dieses Verkehrsmittels zur sinnvollen Verwirklichung des hoheitlichen Ziels geboten war (BGH VersR 2008, 410 Rn 23; 1979, 225, 226; BGHZ 29, 38, 41). Wird das eingesetzte Fahrzeug selbst auf der Dienstfahrt beschädigt, kommt es allein auf das Rechtsverhältnis zwischen dem schädigenden Beamten und dem Eigentümer des Fahrzeugs an; so ist eine Amtshaftung des Dienstherrn einer Lehrerin, die ein ihr von ihrem Ehemann zur Verfügung gestelltes Fahrzeug für eine Dienstfahrt benutzt hatte, verneint worden, da es insoweit an der Ausübung eines öffentlichen Amtes gefehlt hatte (BGH NJW 1992, 1227, 1229).

97 **(5)** An dem vorbezeichneten Zusammenhang fehlt es, und es liegt daher keine Ausübung öffentlicher Gewalt vor, wenn es der Behörde gleichgültig ist, in welcher

Weise der Beamte zu dem Ort der unmittelbaren hoheitlichen Tätigkeit gelangt, wenn also die Art und Weise, wie er den Weg zurücklegt, „wertneutral" ist (vgl dazu BGHZ 49, 267, 274; VersR 1965, 138). Das ist zB der Fall, wenn der Beamte, statt die allgemeinen Beförderungsmittel des öffentlichen Verkehrs zu benutzen, den Weg zu einer dienstlichen Verrichtung nur aus Bequemlichkeit mit einem (behördeneigenen oder privaten) Kraftwagen zurücklegt, etwa wenn sich der Beamte morgens mit dem eigenen Wagen zu seiner Dienststelle begibt (RGZ 165, 365, 369). Das Gleiche gilt, wenn der Richter mit seinem Wagen zu einem auswärtigen Ortstermin fährt, ohne dass die Ausführung der Fahrt in dieser Weise vom Dienstvorgesetzten aus dienstlichen Gründen angeordnet war, und wenn auch keine dienstliche Notwendigkeit zur Wahrnehmung des Termins unter Benutzung des eigenen Wagens bestand (BGH 27. 9. 1965 – III ZR 43/65, VersR 1965, 1101; RGZ 156, 401). Ebenso: wenn ein Soldat zur Teilnahme an einem auswärtigen Lehrgang sein eigenes Kraftrad benutzt (RG JW 1938, 1652). Es spielt für die Anwendbarkeit des § 839 BGB iVm Art 34 GG in solchen Fällen keine Rolle, ob dem Beamten von seiner Behörde die Benutzung des eigenen Fahrzeugs unter dem Gesichtspunkt der Reisekostenerstattung gestattet ist (BGH 27. 9. 1965 – III ZR 43/65, VersR 1965, 1101). Dagegen ist die unmittelbare Verknüpfung mit der hoheitlichen Tätigkeit gegeben, wenn die Benutzung von Kraftfahrzeugen (Fahrrad) zur Durchführung der hoheitlichen Aufgabe notwendig war, zB mangelnde oder besonders ungünstige Bahnverbindungen den Richter zwingen, zur Wahrnehmung eines Lokaltermins sich eines Kraftfahrzeugs zu bedienen. Bei der Dienstfahrt eines Soldaten mit einem militäreigenen Kraftfahrzeug kann ohne weiteres von der hoheitlichen Natur der Fahrt ausgegangen werden, weil sie nach der militärischen Gewohnheit immer auch der Erprobung, Erhaltung oder Stärkung der Fahrsicherheit oder Fahrfähigkeit von Person und Wagen dient (BGHZ 49, 267). Vgl auch LG München VersR 1966, 1172, betreffend Fahrt eines Offiziers als Lehrer auf dem Weg zu den Unterrichtsräumen.

(6) Liegt hiernach eine Dienstfahrt vor, die als Ausübung eines öffentlichen Amtes **98**
anzusehen ist, so verliert sie diesen Charakter nicht dadurch, dass sie mit einem kleineren Umweg zu privaten Zwecken verbunden wird. Sie bleibt vielmehr insgesamt eine Dienstfahrt in Ausübung öffentlicher Gewalt, und es ist für die Haftung aus § 839 BGB iVm Art 34 GG bedeutungslos, ob der Unfall sich während des übrigen Teils der Fahrt ereignete. Anders liegt es, wenn der dienstliche Zweck der Fahrt von Anfang an fehlt, zB wenn der Beamte das ihm als Fahrer anvertraute Fahrzeug zu einer privaten Fahrt (Schwarzfahrt) benutzt. Ein Beamter, der eine Schwarzfahrt unternimmt, wird in der Regel nicht in Ausübung eines öffentlichen Amtes tätig, sondern allenfalls bei Gelegenheit der Amtsausübung (BGHZ 124, 15, 18; BGH NJW 1969, 421). Anders verhält es sich aber, wenn dem Beamten gerade die dienstliche Pflicht oblag, dafür zu sorgen, dass das betreffende Kraftfahrzeug nicht in einer Weise verwendet wurde, die mit dienstlichen Zwecken nichts zu tun hatte oder durch die andere zu Schaden kommen konnten. Dann trifft ihn die auch jedem Verkehrsteilnehmer gegenüber bestehende dienstliche Verpflichtung, einen missbräuchlichen Gebrauch, etwa eine Privatfahrt, zu verhindern und selbst zu unterlassen (BGHZ 124, 15, 18). In ähnlichem Sinne wurde die Amtshaftung in einem Falle bejaht, in dem ein offenbar sinnlos betrunkener Soldat einen Panzerwagen seiner Einheit zu einer Amokfahrt im öffentlichen Straßenverkehr benutzt hatte; die Amtspflichtverletzung wurde hier in der Verletzung der dem militärischen Vorgesetzten und dem Wachpersonal auch gegenüber den Verkehrsteilnehmern bestehenden Pflicht gesehen, militärische Fahr-

zeuge gegen unbefugte Benutzung zu sichern (BGH VersR 1983, 638). Eine nicht dienstliche Schwarzfahrt ist anzunehmen, wenn der dienstliche Zweck später aufgegeben wird, zB wenn ein Soldat das Dienstfahrzeug benutzt, um einen längeren, mit dem dienstlichen Auftrag unvereinbaren Umweg zu privaten Zwecken zu machen (RGZ 161, 145, 152), oder wenn nach Erreichung des dienstlichen Zwecks die weitere Fahrt ausschließlich privaten Zwecken dient (RGZ 167, 367). Ist die Fahrt vom Ausgangspunkt A bis B Dienstfahrt und schließt sich ein privater Abstecher von B nach C an, so ist doch der Teil der Rückfahrt von B bis A wieder Dienstfahrt (BGH NJW 1956, 1353). In diesen Fällen wird auch eine Haftung aus Art 34 GG nicht unter dem Gesichtspunkt begründet, dass der Täter mit der privaten Verwendung des Fahrzeugs gegen Dienstvorschriften verstoße, die auch im Interesse der Verkehrsteilnehmer erlassen sind (BGH NJW 1969, 421). Ebenso wird eine vorwiegend privaten Zwecken dienende Fahrt nicht dadurch zur Dienstfahrt in Ausübung eines öffentlichen Amtes, dass sie nebenher auch dienstlichen Zwecken dient, so wenn ein Soldat in Verbindung mit einer Urlaubsfahrt mit eigenem Kraftrad befehlsgemäß einem Vorgesetzten ein Schriftstück überbringt (RGZ 156, 401).

99 **(7)** Dienstwidriges Verhalten während einer Dienstfahrt steht der Haftung aus § 839 BGB iVm Art 34 GG nicht entgegen, wenn es insgesamt den Charakter der hoheitlichen Dienstfahrt unberührt lässt, so wenn ein beamteter Kraftfahrer unterwegs Bekannte mitfahren lässt oder vorübergehend einem anderen die Führung des Wagen überlässt (RG DR 1944, 118) oder wenn ein Soldat während einer Dienstfahrt entgegen einem dienstlichen Befehl Alkohol zu sich nimmt (vgl BGH NJW 1964, 1372; VersR 1964, 1231; OLG Celle VersR 1966, 254). Schädigt ein Landesbediensteter in Ausführung der Bundesauftragsverwaltung den Bund, schließt Art 104a Abs 2 und Abs 5 S 1 HS 2 GG die Geltendmachung eines Schadensersatzanspruchs gegen das Land gemäß § 839 Abs 1 S 1 iVm Art 34 S 1 GG nicht aus, wenn der Bund geschützter Dritter der verletzten Amtspflicht ist (BGH 7. 11. 2013 – III ZR 263/12, BGHZ 198, 374 Beschädigung eines ordnungsgemäß auf dem Parkplatz einer Autobahnraststätte abgestellten Bundeswehrfahrzeugs durch einen Lastwagen der Autobahnmeisterei beim Mülltonnenentleeren).

dd) Rettungsdienst, Feuerschutz, Gesundheitsdienst

100 **Bejaht** wurde die Ausübung öffentlicher Gewalt ferner für die freiwillige Feuerwehr einschließlich des Einsatzes bei Feuerwehrübungen (BGH VersR 2008, 410 [Bayern]; 1958, 886 [Nordbaden]; BGHZ 20, 290, 292 [NRW]); für den Katastrophenschutz in Hessen (BGH VersR 1994, 935); für die Durchführung einer öffentlich empfohlenen Keuchhustenschutzimpfung durch eine Vertragsärztin des Gesundheitsamtes (BGH NJW 1990, 2311, juris Rn 11 ff); für die Heilbehandlung eines Soldaten in einem Zivilkrankenhaus (BGH NJW 1996, 2431). Hoheitlich ist auch die Behandlung eines Patienten in der geschlossenen Abteilung eines psychiatrischen Landeskrankenhauses (BGH 22. 11. 2012 – III ZR 150/12, NVwZ 2013, 454 Rn 13 mwNw), auch wenn sie im Einverständnis des Patienten und seines Betreuers und nicht aufgrund einer hoheitlichen Unterbringung erfolgt (BGH NJW 2008, 1444). Zur Abgrenzung von hoheitlicher und privatrechtlicher Tätigkeit im öffentlichen **Gesundheitswesen** s auch Rn 611 ff.

ee) Sozialbereich (SGB)

101 Hoheitlich ist die Tätigkeit der Wohnungsämter (BGHZ 2, 350); die Mitwirkung bei der Erfüllung der Sozialaufgaben des Staates – öffentliche Wohlfahrtspflege und Sozialversicherung – auch zB die Erteilung von Auskünften in Angelegenheiten der öffentlichen Sozialversicherung durch die Behörden und Amtsträger der Sozialversicherung (BGH NJW 2018, 68; VersR 1960, 475; 1961, 225, 1966, 473; 1968, 371; vgl auch BGHZ 137, 11); die soziale Betreuung der im öffentlichen Dienst stehenden Arbeiter (RGZ 168, 370); für die öffentliche Arbeitsvermittlung (BGHZ 27, 29; MDR 1960, 34); die öffentliche Jugendfürsorge und -hilfe und die Tätigkeit der Jugendämter (BGHZ 24, 325, 328; MDR 1960, 289; VersR 1964, 488); für den örtlich (§ 86 SGB VIII) und sachlich (§ 85 Abs 1 SGB VIII) zuständigen Träger der öffentlichen Jugendhilfe (§ 3 Abs 2 S 2, § 69 Abs 1 SGB VIII iVm dem jeweiligen Landesrecht) besteht die (Amts-)Pflicht, im Rahmen seiner die Planungsverantwortung umfassenden Gesamtverantwortung (§ 79 Abs 1 und 2 Nr 1, § 80 SGB VIII) sicherzustellen, dass für jedes anspruchsberechtigte Kind, für das ein entsprechender Bedarf rechtzeitig angemeldet worden ist (§ 24 Abs 5 S 2 SGB VIII), ein Betreuungsplatz zur Verfügung steht; insoweit trifft ihn eine unbedingte Gewährleistungspflicht (BGHZ 212, 303 Rn 17); die Führung der Amtspfleg- und Vormundschaft nach § 55 Abs 1 SGB VIII (s hierzu Rn 719 ff; BGH VersR 1983, 1080; BGHZ 22, 73; 17, 108, 114; 9, 255; vgl für den Wirkungskreis des Amtspflegers nach § 1706 Nr 2 aF: BGH 17. 6. 1999 – III ZR 248/98, NJW-RR 1999, 1521); die unterhaltsrechtliche Beistandschaft des Jugendamtes (BGH NJW 2014, 692).

Der Insolvenzantrag eines Sozialversicherungsträgers ist, auch wenn er nicht als Verwaltungsakt zu qualifizieren ist, jedenfalls öffentlich-rechtliches Verwaltungshandeln (BGH 15. 2. 1990 – III ZR 293/88, BGHZ 110, 253, 254 f).

ff) Schulen, Hochschulen, Kindergärten

(1) Der Betrieb einer **öffentliche Schulen** (Art 7 Abs 1 GG) erfolgt hoheitlich. Jedoch kann die Betreuung eines Schulkinds außerhalb der Schulzeiten in einer städtischen Kindertagesstätte privatrechtlich ausgestaltet sein (KG 20. 9. 1973 – 12 U 1776/72, VersR 1974, 368). **Private Schulen** (Art 7 Abs 4 GG) nehmen dagegen – als insoweit Beliehene (Rn 59) – nur bei Versetzungs- und Prüfungsentscheidungen sowie der Erteilung von Abschlusszeugnissen hoheitliche Aufgaben wahr (OVG Sachsen-Anhalt 24. 10. 2012 – 3 L 305/09, NVwZ-RR 2013, 312). Im Übrigen sind die Rechtsverhältnisse zwischen Schule und Schülern durch privatrechtlichen Schulvertrag geregelt (vgl zB BGH 31. 3. 2016 – III ZR 267/15, BGHZ 209, 316 Rn 17; BGH 17. 1. 2008 – III ZR 74/07, BGHZ 175, 102 Rn 11), so dass auch die Haftung nur privatrechtlich sein kann (**aA** LG Siegen 26. 1. 2016 – 2 O 84/15, juris Rn 26). Dies gilt auch, wenn sie sich in kirchlicher Trägerschaft befinden (Eicholt NJOZ 2010, 1859, 1862). **102**

(2) Die Lehrtätigkeit an den **Universitäten** und die Mitwirkung an ihrer Selbstverwaltung ist hoheitliche Tätigkeit (OLG Karlsruhe JZ 1965, 410; Reinhardt JZ 1965, 388). Das gilt auch bei Urheberrechtsverletzungen, die ein im Landesdienst stehender Professor einer Hochschule des Landes in Ausübung seiner Amtstätigkeit begeht (BGH NJW 1992, 1310). Für eine Amtspflichtverletzung eines Honorarprofessors, der in keinem Dienstverhältnis zum Staat steht, haftet die Universität (BGH 14. 12. 1959 – III ZR 117/58, in NJW 1960, 911 insoweit nicht abgedruckt). Die Universität haftet auch für die Amtspflichtverletzung des von den Studenten gewählten Vorsitzenden des Allgemeinen Studentenausschusses, wenn die Studentenschaft nach der Satzung der betreffenden Universität Gliedkörperschaft in deren Rahmen ist (OLG Karlsruhe JZ 1965, 410).

(3) Bei **Kindergärten** steht es der öffentlichen Hand frei, diese öffentlich-rechtlich (als Eigenbetrieb) oder privatrechtlich zu organisieren. Die Beitragserhebung kann dementsprechend durch Verwaltungsakt oder durch einen öffentlich-rechtlichen oder privatrechtlichen Vertrag geregelt sein (Treichel RdA 2017, 379, 382 f). Eine generalisierende Aussage lässt sich daher nicht treffen. Das OLG Düsseldorf hat angenommen, die Beaufsichtigung der Kinder sei eine Amtspflicht (OLG Düsseldorf 12. 10. 1995 – 18 U 225/94, NVwZ 1997, 207; mit guten Gründen zweifelnd dagegen OLG Köln 20. 5. 1999 – 7 U 5/99, NVwZ-RR 2000, 75). Dagegen ist das Benutzungsverhältnis von Kindergärten in freier Trägerschaft stets privatrechtlich ausgestaltet. Kirchen als Träger eines Kindergartens haben jedenfalls (ebenso wie die öffentliche Hand) ein Wahlrecht, das Benutzungsverhältnis in einem von ihnen getragenen Kindergarten privatrechtlich zu organisieren (BVerwG 10. 7. 1986 – 7 B 27/86, NVwZ 1987, 677).

gg) Kirchen

103 **Kirchen** üben, auch wenn sie gemäß Art 140 GG iVm Art 137 Abs 5 WRV als Religionsgesellschaften Körperschaften des öffentlichen Rechts sind, grds (soweit sie nicht als Beliehene handeln, s dazu Rn 753 sowie Janssen VerwArch 2025, 168) keine hoheitliche Gewalt im eigentlichen Sinne aus. Nach allgemeinen verwaltungs- und staatsorganisationsrechtlichen Grundsätzen sind die „Kirchen" keine Körperschaften des öffentlichen Rechts (vgl Friehe NVwZ 2020, 1388 mwNw). Ihr Körperschaftsstatus wird als „Mittel zur Entfaltung der Religionsfreiheit" gedeutet (BVerfGE 102, 370, 381). Allerdings ist es anerkannt, dass § 839 BGB und Art 34 GG bei Amtspflichtverletzungen kirchlicher Beamter entsprechende Anwendung finden. Hierfür ist Voraussetzung, dass der Schädiger, mag er auch kein Beamter im kirchenbeamtenrechtlichen Sinne sein, im Rahmen von kirchlichen Aufgaben tätig geworden ist, die außerhalb des rein fiskalischen Tätigkeitsbereichs der Kirche liegen und deren Erfüllung sich mithin als Ausübung eines öffentlichen Amtes iSv Art 34 GG darstellt (grundlegend BGH 17. 12. 1956 – III ZR 89/55, BGHZ 22, 383 sowie BGH 30. 1. 1961 – III ZR 227/59, VersR 1961, 437; s auch Ogorek JZ 2024, 274). Ausübung eines öffentlichen Amtes ist nicht auf die Ausübung staatlicher Gewalt beschränkt (BGH 20. 2. 2003 – III ZR 224/01, BGHZ 154, 54, 58). Soweit der BGH gemeint hat, die Kirchen könnten im Rahmen ihrer Autonomie das Gebiet der Amtshaftung in ihrem Bereich durch eigene Kirchengesetze unter Wahrung rechtsstaatlicher Grundsätze regeln mit der Folge, dass Art 34 S 3 GG verdrängt würde (BGH 17. 12. 1956 – III ZR 89/55, BGHZ 22, 383, 389), würde dies indes, insbesondere in Fällen, in denen bei der Amtsausübung Straftaten begangen wurden, dem Justizgewährungsanspruch, der aus Art 20 Abs 3 GG iVm den Grundrechten, insbes Art 2 Abs 1 GG, folgt, nicht gerecht (zum Justizgewährungsanspruch insofern vgl auch BVerwG 27. 2. 2014 – 2 C 19/12, BVerwGE 149, 139 Rn 9 ff).

Nach den dargestellten Maßstäben ist nicht nur das Handeln eines Priesters als Beamter im haftungsrechtlichen Sinn bei der Ausstellung einer Lebensbescheinigung zur Vorlage bei einem Sozialversicherungsträger zu bejahen (OLG Düsseldorf 13. 2. 1969 – 18 U 92/67, NJW 1969, 1350), sondern es handelt auch der Sektenbeauftragte einer öffentlich-rechtlich korporierten Religionsgesellschaft in Ausübung eines öffentlichen Amtes, wenn er sich in Wahrnehmung seiner kirchlichen Aufgaben in den Medien kritisch über soziale Vorgänge äußert, und unterliegt daher einer besonderen Verantwortung (BGH 20. 2. 2003 – III ZR 224/01, BGHZ 154, 54). Die für den öffentlich-rechtlichen Rundfunk geltenden Maßstäbe, dessen Programmgestaltung privatrechtlich qualifiziert wird, sind insofern auf die Religionsgesellschaften als öffentlich-rechtliche Körperschaften nicht zu übertragen (BGH 24. 7. 2001 – VI ZB 12/01, BGHZ 148, 307, 311 f zur Rechtswegzuständigkeit der Verwaltungsgerichte bzgl der Äußerungen eines Sektenbeauftragten m differenziert abl Anm MUCKEL JZ 202, 192). Allerdings hat das BVerwG in Frage gestellt, ob daran festzuhalten ist, das Wirken kirchlicher Körperschaften des öffentlichen Rechts, soweit es der staatlichen Rechtsordnung unterliegt, aus verfassungsrechtlichen Gründen grundsätzlich als dem öffentlichen Recht angehörig zu betrachten, und daher anzunehmen, dass eine Vermutung für die öffentlich-rechtliche Qualifikation kirchlichen Handels spreche (BVerwG 9. 4. 2019 – 6 B 162/18, NVwZ 2020, 487 Rn 13; zu dieser Vermutung allgemein s auch Rn 83). Es hat diese Frage offengelassen, weil das Handeln einer kirchlichen gGmbH bzgl eines von dieser betriebenen Facebook-Accounts in Rede stand, das jedenfalls – auch gegenüber Dritten (Besuchern dieser Seiten) – privatrechtlich zu qualifizieren war. Ob die Dienstfahrt eines Kirchenangestellten „Ausübung eines hoheitlichen Amtes" ist, hängt davon ab, welchen Zwecken sie dient (BGH 30. 1. 1961 – III ZR 227/59, VersR 1961, 437 für die Fahrt zu einer Filmvorführung).

Die bauleitenden Aufgaben eines Kirchenbediensteten bei der Renovierung eines Kirchengebäudes betreffen den rein **fiskalischen Bereich** der Kirche, so dass insofern allein privatrechtliche Verkehrssicherungspflichten bestehen (BGH 4. 4. 1989 – VI ZR 269/87, NJW-RR 1989, 921). Das OLG Hamm hat in einem Verfahren auf Erstattung der Rechtsverfolgungskosten zur Anerkennung der Vaterschaft eines Priesters eine Amtspflichtverletzung des Bistums verneint und ausgeführt, die Führung des Vaterschaftsprozesses sei die höchstpersönliche Angelegenheit des Priesters gewesen (OLG Hamm 26. 5. 2021 – 11 U 79/20, juris Rn 40).

Schließlich ist zu beachten, dass ein Geistlicher, der Religionsunterricht an einer öffentlichen Schule erteilt, eine öffentliche Aufgabe ausführt, die ihm allerdings vom Staat (nicht von der Kirche) übertragen worden ist, so dass für ein Amtsversehen bei körperlichen Züchtigungen der Staat einzustehen hat (BGH 28. 11. 1960 – III ZR 200/59, BGHZ 34, 20; OLG Celle 12. 7. 1972 – 3 U 15/72, DVBl 1974, 44; GRZESZICK in EHLERS/PÜNDER Allg VerwR [16. Aufl 2022] § 44 Rn 13). Das gilt auch für Fälle sexuellen Missbrauchs (LG Aachen 2. 7. 2024 – 12 O 416/23, juris Rn 22 ff).

Ein sexueller Missbrauch durch einen Priester, der im Zusammenhang mit der Ausübung seines Priesteramts erfolgt, ist Ausübung eines öffentlichen Amts. Ein Grenzfall liegt vor, wenn ein Missbrauch in einem Urlaub geschehen ist, zu dem der Täter das Opfer eingeladen hat (vgl LG Köln 13. 6. 2023 – 5 O 197/22, NJW 2023, 2496 Rn 58 ff mwNw m abl Anm JANSSEN; eine Amtshaftung hingegen insg befürwortend RIXEN NVwZ 2023, 1481, 1482). Gerade Aufgaben der Seelsorge oder der Sakramentsverwaltung dürften insofern „kirchliche Aufgaben" im Sinne der Entscheidung des BGH vom 30. 1. 1961 (BGH 30. 1. 1961 – III ZR 227/59, VersR 1961, 437) sein, so dass ein in diesem Zusammenhang erfolgter Missbrauch zur Amtshaftung führt (**aA** EICHOLT NJOZ 2010, 1859, 1862 sowie NJOZ 2022, 993 f).

Aus der oben dargestellten Rechtsprechung folgt, dass ein Priester/Pfarrer – wie auch jeder Beamte – nicht stets in Ausübung seines öffentlichen Amtes handelt. Entgegen der Auffassung HOHLBEINS (VersR 2025, 1289, 1292) ist das katholisch-theologische Selbstverständnis, nach der ein Priester durch seine Weihe mittels eines „untilgbaren Prägemals" bestellt wird, in diesem Zusammenhang ohne Aussagekraft und mit der bisherigen Rechtsprechung nicht vereinbar. Vielmehr ist eine Abgrenzung vorzunehmen, bei der wohl auch eine Einladung durch einen Gemeindeprieseter als

Belohnung nach einer kirchlichen Ferienfreizeit noch als Tätigkeit im Rahmen kirchlicher Aufgaben angesehen werden kann (LG Essen 25. 4. 2025 – 16 O 204/24, juris). Die Verhältnisse der nicht mit amtlichen Befugnissen versehenen Gemeindemitglieder untereinander sind dagegen stets privatrechtlich ausgestaltet, unbeschadet der Möglichkeit, dass ein Gemeindemitglied als unselbständiger Verwaltungshelfer (hierzu Rn 65) tätig wird.

e) Ausführung hoheitlich beauftragter Maßnahmen durch private Unternehmer

104 Besondere Bedeutung hat die Abgrenzung zwischen hoheitlichem und privatrechtlichem Handeln, wenn Private aufgrund des Auftrags eines Hoheitsträgers tätig werden. Dabei ist Auftrag in einem weiteren Sinne zu verstehen, umfasst also das gesamte Spektrum zwischen Anordnungen (wie bei einem im Sportunterricht zum Hilfedienst eingeteilten Schüler) und vertraglichen Vereinbarungen jedweder Art. Ist diese Tätigkeit hoheitlich, so wird hierdurch der Private erst zum Amtsträger, so dass erst hierdurch der Anwendungsbereich des § 839 BGB überhaupt eröffnet wird, dem Privaten somit die Haftungsübernahme des Staates nach Art 34 Abs 1 GG zugutekommt und er allenfalls im Regresswege in Anspruch genommen werden kann. Die diesbezüglichen Abgrenzungsfragen sind bereits eingehend oben unter Rn 58 ff dargestellt.

f) Rechtsfolgen beim Handeln im fiskalischen Bereich

105 **aa)** Bei Amtspflichtverletzungen im fiskalischen Bereich haftet der Beamte im staatsrechtlichen Sinne persönlich nach Maßgabe des § 839 BGB, also mit dem Verweisungsprivileg nach Abs 1 S 2 (BGHZ 147, 381, 392; 85, 393). Eine Haftung des Staates aus Art 34 GG entfällt (BGHZ 147, 381, 392). Die persönliche Haftung aus § 839 BGB für Amtspflichtverletzungen im fiskalischen Bereich trifft **nur** den Beamten im staatsrechtlichen Sinne (im Sinne der Beamtengesetze, §§ 4, 10 BBG, §§ 3, 8 BeamtStG); der erweiterte Beamtenbegriff des Art 34 GG findet hier keine Anwendung (Rn 52 ff). Ein praktisch besonders wichtiger Anwendungsfall: die beamteten Ärzte im Dienst allgemeiner Krankenhäuser, die von öffentlichen-rechtlichen Körperschaften errichtet und unterhalten werden (s wegen der Einzelheiten den Abschnitt „Öffentliches Gesundheitswesen" Rn 611).

106 **bb)** Die Haftung der Körperschaft, in deren Dienst der Beamte steht, richtet sich nach den allgemeinen Vorschriften: Ist der Beamte verfassungsmäßig berufener Vertreter, so bestimmt sich die Haftung der Körperschaft, soweit die Amtspflichtverletzung den Tatbestand einer allgemeinen unerlaubten Handlung im Sinne der §§ 823 ff BGB erfüllt, nach §§ 89, 31 BGB. Zählt der Beamte nicht zu den verfassungsmäßig berufenen Vertretern, so tritt im allgemeinen deliktsrechtlichen Bereich die Verrichtungsgehilfenhaftung nach § 831 BGB ein. Der Umfang der Organhaftung kann nicht dadurch erweitert werden, dass § 839 BGB selbst als Schutzgesetz im Sinne des § 823 Abs 2 BGB angesehen wird; die Amtspflichtverletzung als solche ist keine widerrechtliche Schadenszufügung im Sinne des § 831 BGB (BGHZ 42, 176, 178). Allerdings hält der BGH im nichtdeliktischen Bereich eine Haftung des Dienstherrn für verfassungsmäßig berufene Vertreter nach §§ 89, 31 BGB auch in Verbindung mit den Grundsätzen der positiven Vertragsverletzung für möglich (BGH NJW 2001, 2226, 2629 letzter S [berichtigte Fassung]). Der haupt- oder ehrenamtliche Bürgermeister einer (dort: mecklenburg-vorpommerschen) Gemeinde wird im fiskalischen Bereich tätig, wenn er als deren Vertreter einen privatrechtlichen Vertrag neben Folgevereinbarungen (dort: treuhänderische Verwahrung eines Schecks) abschließt. Begeht er dabei gegenüber dem Vertragspartner eine (Amts-)Pflichtverletzung (dort: unberechtigte Weitergabe des Schecks; keine Unterrichtung darüber, dass der Vertrag der Genehmigung der Kommunalaufsichtsbehörde bedarf), so kommt eine persönliche Haftung des Bürgermeisters, eines Beamten im staatsrechtlichen Sinne, nach § 839 Abs 1 S 1 BGB in Betracht. Jedoch steht der Haftung des Bürgermeisters möglicherweise entgegen, dass die Gemeinde für sein Verhalten gemäß §§ 31, 89 iVm § 280 Abs 1 aF bzw culpa in contrahendo einzustehen hat und ihm deshalb das Verweisungsprivileg des § 839 Abs 1 S 2 BGB zugutekommt (BGH NVwZ 2005, 484; insoweit in BGHZ 157, 168 nicht abgedruckt; Rinne/Schlick NJW 2005, 3541, 3542).

cc) Ist eine Haftung der Körperschaft begründet, so kann bei fahrlässiger Amtspflichtverletzung der Beamte auf die Subsidiarität seiner eigenen Haftung gegenüber derjenigen der Körperschaft verweisen (§ 839 Abs 1 S 2 BGB), ggf auch in Gestalt eines Anspruchs aus positiver Vertragsverletzung (BGH NVwZ 2005, 484). Im Falle des § 831 BGB kann der Beamte auch geltend machen, dass der Staat bei Auswahl oder Leitung des Beamten die erforderliche Sorgfalt nicht beachtet habe. Bei vorsätzlicher Amtspflichtverletzung haftet der Beamte persönlich und daneben die Körperschaft, soweit nicht nach § 831 BGB ein Entlastungsbeweis in Betracht kommt und gelingt (RGZ 155, 257, 269, 273). **107**

dd) Die Staatshaftung aus § 839 BGB, Art 34 GG kann mit einer Haftung des Staates aus §§ 31, 89, 831 BGB zusammentreffen, wenn der Schaden nicht nur durch eine Amtspflichtverletzung des Beamten in Ausübung öffentlicher Gewalt, sondern auch durch unerlaubte Handlungen von Nichtbeamten verursacht ist, die im Auftrag des Staates eine privatrechtliche Tätigkeit ausüben (RGZ 151, 385), oder wenn die Handlung des Beamten zugleich schuldhafte Amtspflichtverletzung in Ausübung öffentlicher Gewalt wie auch unerlaubte Handlung in Wahrnehmung von Aufgaben im fiskalischen Geschäftsbereich darstellt (BGH NJW 1996, 3208; VersR 1983, 640; NJW 1955, 1025). **108**

6. Die haftende Körperschaft

a) Öffentlich-rechtliche Körperschaften als Haftungssubjekte

Nach Art 34 GG trifft, wenn ein Amtsträger in Ausübung eines ihm anvertrauten öffentlichen Amtes die ihm einem Dritten gegenüber obliegende Amtspflicht verletzt hat, die Verantwortlichkeit grundsätzlich den Staat oder die **Körperschaft, in deren Dienst er steht**. „Körperschaft“ in diesem Sinne kann nur eine solche des öffentlichen Rechts sein (BGH NVwZ 2013, 454 Rn 14; NVwZ 1994, 823; NVwZ 1990, 1103). Juristische Personen des Privatrechts, auch soweit sie mit Hoheitsbefugnissen ausgestattet sind, kommen dagegen als Haftungssubjekte nicht in Betracht (BGH NVwZ 2013, 454 Rn 14); Versuche, auch sie in die Amtshaftung einzubeziehen (vMangoldt/Klein, Grundgesetz [2. Aufl, 1964] Art 34 Anm III 6a; Huber, Wirtschaftsverwaltungsrecht [2. Aufl, 1954] Bd I 457; Frenz, Die Staatshaftung in den Beleihungstatbeständen [1992] 123 ff, 147 ff), haben sich nirgends durchsetzen können. Allerdings ist der Gesetzgeber nicht gehindert, durch ausdrückliche Regelung anzuordnen, dass auch Privatrechtssubjekte bei Verletzung öffentlich-rechtlicher Pflichten für die daraus entstehenden Schäden nach den Vorschriften über die Schadensersatzpflicht eines öffentlich-rechtlichen Dienstherrn für seine Bediensteten im hoheitlichen Bereich haften (so geschehen für die Haftung bei **109** der Durchführung der förmlichen Zustellung gemäß § 63 PostG; dadurch wird dann eine Amtshaftung des betreffenden Privatrechtssubjektes begründet, die aber ihre Geltungsgrundlage nicht unmittelbar in § 839 BGB iVm Art 34 GG, sondern eben in jener ausdrücklichen gesetzlichen Spezialregelung findet).

b) Die Bestimmung des Haftungssubjekts

110 **aa)** Die Amtshaftung einer juristischen Person des öffentlichen Rechts setzt nicht voraus, dass diese die beamtenrechtliche Dienstherrenfähigkeit (§ 2 BeamtStG) besitzt (BGH 31. 1. 1991 – III ZR 184/89, NVwZ 1992, 298; BGH 22. 10. 2009 – III ZR 295/08, VersR 2010, 346 Rn 15). Die Dienstherreneigenschaft ist jedoch das vorrangige und wichtigste Zurechnungskriterium für die Bestimmung des Haftungssubjektes (s dazu im Folgenden).

Nach ständiger Rechtsprechung des BGH beantwortet sich die Frage nach dem Haftungssubjekt danach, welche Körperschaft dem Amtsträger das Amt, bei dessen Ausübung er fehlsam gehandelt hat, anvertraut hat, wer – mit anderen Worten – dem Amtsträger die Aufgaben, bei deren Wahrnehmung die Amtspflichtverletzung vorgekommen ist, übertragen hat (BGH 22. 2. 2024 – III ZR 13/23, VersR 2024, 638 Rn 17; BGH 10. 2. 2011 – III ZR 37/10, BGHZ 188, 302 Rn 19; 160, 216, 228; 150, 172, 179; 143, 18, 26; 99, 326, 330). Es haftet daher im Regelfall die Körperschaft, die diesen Amtsträger angestellt und ihm damit die Möglichkeit zur Amtsausübung eröffnet hat. Dabei ist jedoch anerkannt, dass die Anknüpfung an die Anstellung dann versagt, wenn kein Dienstherr vorhanden ist (oder wenn mehrere Dienstherren vorhanden sind). In einem solchen Fall ist darauf abzustellen, wer dem Amtsträger die konkrete Aufgabe, bei deren Erfüllung er gefehlt hat, anvertraut hat (BGH 22. 2. 2024 – III ZR 13/23, VersR 2024, 638 Rn 17; BGH 15. 11. 2018 – III ZR 69/17, NVwZ-RR 2019, 245 Rn 28; NVwZ-RR 2013, 896 Rn 24; NVwZ 2013, 454 Rn 16; NVwZ 1992, 298; NVwZ 1994, 823; BGHZ 99, 326, 330).

Dementsprechend kann man festhalten, dass in der Regel die **Anstellungskörperschaft** als haftendes Rechtssubjekt in Betracht kommt, weil in der Mehrzahl aller Fälle sie es ist, die dem Amtsträger die von ihm wahrzunehmenden Aufgaben überträgt und anvertraut (BGH 15. 11. 2018 – III ZR 69/17, NVwZ-RR 2019, 245 Rn 28; NVwZ-RR 2013, 896; Ossenbühl/Cornils 113 f).

111 **bb)** Daraus lassen sich folgende allgemeinere Grundsätze ableiten:

Die **Länder** haften für Amtspflichtverletzungen ihrer Amtsträger, die diese bei Ausführung von Angelegenheiten im Auftrag des Bundes begehen (Art 85, 90 GG).

Für Amtspflichtverletzungen, die ein gemeindlicher Amtsträger bei der Wahrnehmung staatlicher Auftragsangelegenheiten (Pflichtaufgaben nach Weisung; übertragener Wirkungskreis) begeht, haftet die **Gemeinde** oder der Gemeindeverband und nicht der Staat; denn zu den Aufgaben des einem Gemeindebeamten von der Gemeinde anvertrauten Amtes gehört die Wahrnehmung der Auftragsangelegenheiten in gleicher Weise wie die der Selbstverwaltungsangelegenheiten (BGH MDR 1981, 566; BGHZ 16, 95; 6, 215; 2, 250; RGZ 168, 214, 218; 158, 95, 97). Die Gemeinde haftet auch dann, wenn die staatliche Auftragsangelegenheit ihr nicht als solcher, sondern einem bestimmten Gemeindeorgan (dem Bürgermeister) übertragen ist (BGH 14. 12. 2006 –

III ZR 74/06, VersR 2007, 497 Rn 8; BGH 21. 6. 1951 – III ZR 134/50, BGHZ 2, 350; BVerwG 27. 7. 1995 – 7 C 46/94, VIZ 1995, 654).

Für Amtspflichtverletzungen eines kreiskommunalen Bediensteten, gleichgültig, ob diese bei kreiskommunalen Aufgaben oder bei staatlichen Aufgaben des Landrats als unterer Behörde der allgemeinen Landesverwaltung eintreten, haftet der Kreis; andererseits haftet für Amtspflichtverletzungen von staatlichen Bediensteten bei einem Landrat das Land, ebenfalls unabhängig davon, ob die Amtspflichtverletzung bei kreiskommunalen oder bei staatlichen Aufgaben erfolgte (BGHZ 99, 326, 332). Dementsprechend haftet beispielsweise in Hessen für Amtspflichtverletzungen der bei der unteren Straßenverkehrszulassungsbehörde (Landrat) tätigen Bediensteten der Landkreis, wenn der handelnde Amtsträger in seinen Diensten steht (BGHZ 99, 326, 332; ähnlich in Rheinland-Pfalz: BGH 21. 4. 1983 – III ZR 2/82, BGHZ 87, 202 zu § 48 Abs 3 LKO RP aF). In dem vom BGH entschiedenen Fall wurden die staatliche Abteilung und die Verkehrsabteilung von einem Beamten des Landes Hessen geleitet; Sachbearbeiter in der Zulassungsstelle waren Verwaltungsangestellte des Landkreises. Hätte der Leiter selbst die Amtspflichtverletzung begangen, so hätte nicht der Kreis, sondern das Land gehaftet. Auch in Baden-Württemberg haftet für Amtspflichtverletzungen, die ein Angestellter des Landkreises als zuständiger Sachbearbeiter der unteren (staatlichen) Verwaltungsbehörde gegenüber einem Dritten begeht, der Landkreis als Anstellungskörperschaft (BGH NVwZ-RR 1989, 523, juris Rn 17 f). In einem gewissen Gegensatz hierzu hat der BGH angenommen, dass dann, wenn eine rheinland-pfälzische Gemeinde den Revierdienst in ihrem Gemeindewald durch staatliche Revierbeamte durchführen lässt, für Pflichtverletzungen dieser Beamten bei Erfüllung der Verkehrssicherungspflicht nur die Gemeinde, nicht aber das Land haftet (BGH 19. 1. 1989 – III ZR 258/87, NVwZ-RR 1989, 395). Das entscheidende Zurechnungskriterium hat der BGH darin erblickt, dass nach den einschlägigen landesrechtlichen Regelungen die Gemeinde in diesem Falle selbst die Beamten auswählen und bei Vorliegen triftiger Gründe auch ihre Versetzung verlangen konnte und somit in der Lage blieb, die zur Gefahrenabwehr erforderlichen Maßnahmen selbst zu treffen. Daher waren Versäumnisse, die bei der Durchführung des Revierdienstes unterlaufen waren, der Gemeinde zuzurechnen (im Anschluss an BGH VersR 1988, 957).

Allerdings ist der Landesgesetzgeber nicht gehindert, **durch gesetzliche Regelung** die haftpflichtige Körperschaft nach der Art der wahrzunehmenden Aufgaben zu **bestimmen**. So haftet beispielsweise in Thüringen der Landkreis für die ordnungsgemäße und rechtmäßige Erfüllung seiner Aufgaben im eigenen und übertragenen Wirkungskreis (§ 111 Abs 1 S 4 ThürKO in der Fassung der Bekanntmachung vom 28. 1. 2003 [GVBl 41]; zur früheren Rechtslage vgl BGH 18. 7. 2013 – III ZR 323/12, NVwZ-RR 2013, 896 Rn 24; BGH VersR 2007, 497 Rn 8). Auch das bayrische Kommunalrecht sieht vor, dass die Haftung nicht den Kreis, sondern den Freistaat trifft, wenn es sich um eine „reine Staatsangelegenheit" handelt (Art 37 Abs 5 iVm Art 35 Abs 3 S 1 BayLKrO).

Untere Wasserbehörden sind in den Landkreisen in Baden-Württemberg nach § 80 **112**
Abs 2 Nr 3 BadWürttWG iVm § 15 Abs 1 Nr 1 des Landesverwaltungsgesetzes und § 1 Abs 3 S 1 BadWürttLKrO die Landratsämter. Verletzt ein Beamter in Ausübung einer Tätigkeit der unteren Verwaltungsbehörde die ihm einem Dritten gegenüber obliegende Amtspflicht, so haftet auch bei dem Tätigwerden von Beamten des Landkreises anstelle des Landkreises als der Anstellungskörperschaft gemäß § 56 Abs 2

BadWürttLKrO das Land. Dies gilt lediglich für Beamte im staatsrechtlichen Sinn und nicht zugleich für in hoheitlicher Funktion tätige Angestellte und Arbeiter. Die Haftungsregelung des § 56 Abs 2 BadWürttLKrO weicht deshalb von dem Grundsatz ab, dass ohne Rücksicht auf die Beschaffenheit der zu erfüllenden Aufgabe die Anstellungskörperschaft haftet (BGH NVwZ-RR 2008, 672 Rn 14).

Nach § 3e SeeAufgG haftet die Verkehrsbehörde des Bundes, die die haftungsbegründende Maßnahme veranlasst hat. Generell haftet die Berufsgenossenschaft Verkehrswirtschaft Post-Logistik Telekommunikation (ehemals See-Berufsgenossenschaft), eine Körperschaft des öffentlichen Rechts, für Amtspflichtverletzungen bei der Wahrnehmung der ihr nach § 6 Abs 1 SeeAufG zugewiesenen Aufgaben (BGHZ 161, 224), auch wenn diese Aufgabenübertragung als „Beleihung" verstanden werden mag (Escherich NZW 2022, 383, 385).

Besonderheiten können auch bei **Urheberrechtsverletzungen** bestehen: So haftet grundsätzlich das Land als Anstellungskörperschaft der beamteten Hochschullehrer (BGH NJW 2009, 3509; BGHZ 77, 11, 16) auch für Urheberrechtsverletzungen durch einen Universitätsprofessor (BGH NJW 2009, 3509; 1992, 1310). Jedoch richtet sich der Unterlassungsanspruch nach § 97 UrhG gegen den Professor persönlich und gegen die Universität (§ 99 UrhG), gegen die auch ein Anspruch auf Abschöpfung der durch den Eingriff in urheberrechtlich geschützte Rechte gezogenen ungerechtfertigten Bereicherung besteht. Auch die Bekanntmachungsbefugnis nach § 103 UrhG besteht zu Lasten des Professors persönlich und auch der Universität (BGH NJW 2009, 3509; 1992, 1310). Entsprechendes wird für andere geistige Schutzrechte gelten.

113 Bei **Unklarheiten**, wie sie etwa bei der in BGHZ 99, 326, 332 (Rn 111) beschriebenen „Gemengelage" von staatlicher und kommunaler Haftung auftreten können, kann es vorkommen, dass sich im Nachhinein nicht mehr ermitteln lässt, ob die Amtspflichtverletzung von einem Amtsträger des Landes oder des Kreises begangen worden ist. Dem Geschädigten, der die Interna des Behördenbetriebes nicht kennt und auch nicht zu kennen braucht, wird es manchmal unmöglich sein, den schuldigen Amtsträger namhaft zu machen. In solchen Fällen ist es – wie im Abschnitt „Verschulden" näher dargelegt (Rn 229) – ausreichend, wenn feststeht, dass irgendein Amtsträger in seiner Person den gesamten Haftungstatbestand verwirklicht hat (BGHZ 116, 312, 314 f). Nach dem Rechtsgedanken der §§ 830 Abs 1 S 2, 840 Abs 1 BGB sollten in solchen Fällen der Kreis und das Land gesamtschuldnerisch haften (vgl BGH 15. 5. 2025 – III ZR 417/23, NJW 2025, 2689 Rn 50; s auch Rn 131).

Im Amtshaftungsprozess bereitet es mitunter sogar der in Anspruch genommenen Körperschaft selbst Schwierigkeiten, sich über die eigene Passivlegitimation klar zu werden. In einem solchen Fall trifft sie gegenüber dem Prozessgegner eine – sich möglicherweise zu einer drittgerichteten Amtspflicht verdichtende – Obliegenheit, möglichst frühzeitig darauf hinzuweisen, dass nicht sie, sondern eine andere Körperschaft richtiger Beklagter ist. Versäumt sie dies in den Tatsacheninstanzen und lässt sich vielmehr insoweit rügelos zur Sache selbst ein, so ist es ihr nach Treu und Glauben (§ 242 BGB) zumindest verwehrt, sich erstmals im Revisionsrechtszug auf ihre fehlende Passivlegitimation zu berufen. Noch viel weniger besteht in solchen Fällen für den BGH Anlass, erstmals dieser Frage von Amts wegen nachzugehen. Deshalb hat der BGH im Urteil vom 30. 11. 2006 (BGHZ 170, 99), wo es um eine Haftung des

Landes Rheinland-Pfalz für die rechtswidrige Verzögerung einer Baugenehmigung ging, bewusst darauf verzichtet, die in den Vorinstanzen unstreitige Passivlegitimation des beklagten Landes zu problematisieren, obwohl nach den vorstehend entwickelten Grundsätzen eine Haftung des Landkreises als der Bauaufsichtsbehörde von der Sache her näher gelegen hätte.

c) Inhaber mehrerer Ämter

aa) Bekleidet der Beamte ein Amt in mehreren Körperschaften, so haftet diejenige **114**
Körperschaft, deren Aufgaben der schuldig gewordene Amtsträger bei der Amtsverfehlung im Einzelfall wahrgenommen hat (BGH VersR 1983, 853). Das Gleiche gilt, wenn der Beamte ein von seinem Hauptamt unabhängiges Nebenamt im Bereich eines anderen Dienstherrn bekleidet. Dann haftet für Amtspflichtverletzungen im Bereich des Nebenamtes nur die Körperschaft, die dem Beamten das Nebenamt übertragen hat (BGH VersR 1983, 856; 1963, 748), zB nur die Gemeinde, wenn ein Lehrer an einer staatlichen Unterrichtsanstalt nebenamtlich an einer städtischen Berufsschule unterrichtet und dort eine Amtspflichtverletzung begeht (OLG Celle NJW 1958, 264) oder wenn ein Geistlicher im Nebenamt an einer öffentlichen Schule Unterricht erteilt (BGH 28. 11. 1960 – III ZR 200/59, BGHZ 34, 20; s auch Rn 103). Entsprechendes gilt, wenn ein Beamter zwei voneinander unabhängige Hauptämter verschiedener Dienstherren bekleidet.

bb) Wird ein Beamter zur Dienstleistung in dem Bereich einer anderen Körper- **115**
schaft abgeordnet, so haftet für Amtspflichtverletzungen in diesem Bereich die Körperschaft, zu der die Abordnung erfolgte (RGZ 168, 361, 368; 170, 1, 7; BGHZ 7, 76; MDR 1960, 474). Eine Abordnung des Beamten liegt vor, wenn zwar sein bisheriges Dienstverhältnis bestehen bleibt, er aber für die Dauer der Abordnung im Bereich des Dienstherrn, zu dem er abgeordnet ist, mit gleichen Rechten und Pflichten verwendet wird wie ein von dieser Körperschaft angestellter Beamter (vgl §§ 27 BBG, 14 BeamtStG; 37 DRiG). Eine solche Abordnung kann auch teilweise erfolgen, dh so, dass der Amtsträger für einen Teil seiner Arbeitskraft bei dem Stammdienstherrn, für den übrigen Teil im Bereich der Abordnung verwendet wird (BGHZ 34, 20). Dann haftet für Amtspflichtverletzungen jeweils diejenige Körperschaft, deren Hoheitsbefugnisse der Amtsträger ausübt. Ein der Abordnung entsprechender Fall liegt vor, wenn ein Beamter unter Aufrechterhaltung seines Beamtenverhältnisses zum Richter kraft Auftrags ernannt wird (§§ 14, 15 DRiG).

cc) Wird ein Beamter für seine Person und insoweit unter Herauslösung aus der **116**
Organisation und dem Behördenapparat seiner Anstellungskörperschaft von einer anderen Körperschaft zur Ausübung öffentlicher Gewalt in ihrem Bereich berufen, so haftet für Amtspflichtverletzungen allein die Körperschaft, die den Beamten mit der Wahrnehmung dieser Aufgabe betraut hat, weil sie ihn zur Mitwirkung bei ihrer hoheitlichen Aufgabe berufen und er dieses ihm von ihr anvertraute öffentliche Amt fehlsam ausgeübt hat (BGH VersR 1966, 1049; BGHZ 39, 358, 363; 36, 193, 196; 34, 20). Dieser Fall liegt zB vor, wenn ein Gemeindebeamter in Erfüllung seiner staatsbürgerlichen Pflicht das Amt eines Schöffen ausübt, oder wenn eine (genehmigungsbedürftige oder genehmigungsfreie) Nebentätigkeit außerhalb eines förmlichen Nebenamtes in Betracht kommt, zB der beamtete Arzt eines städtischen Krankenhauses im Einzelfall im Auftrag des Versorgungsamts versorgungsärztliche Untersuchungen durchführt (vgl BGH NJW 1961, 969), oder wenn die beamtenrechtlichen

Abordnungsbestimmungen nicht Platz greifen, weil der „Abgeordnete" nicht Beamter im unmittelbaren oder mittelbaren Dienst des Staates ist (vgl BGH 28. 11. 1960 – III ZR 200/59, BGHZ 34, 20).

117 **dd)** Wenn der Beamte eine sogenannte institutionelle Doppelstellung bekleidet, dh kraft seiner Amtsstellung zwei Dienstherren hat, dann haftet jeweils die Körperschaft – Bund, Land oder Kommunalverband –, deren Aufgaben der Beamte im Einzelfall bei der schädigenden Amtshandlung wahrgenommen hat (vgl BGHZ 99, 326, 330, 331; 87, 202, 204; 53, 217, 219). Auch bei dieser Fallgruppe „versagt" die Anknüpfung an allein die Dienstherreneigenschaft, so dass darauf abzustellen ist, wer dem Amtsträger die Aufgabe, bei deren Erfüllung er gefehlt hat, anvertraut hat (Rn 110). Hauptanwendungsfälle: Landrat in Nordrhein-Westfalen als Organ des Kreises und zugleich als untere staatliche Verwaltungsbehörde (§§ 42, 58–61 KreisO NRW). Eine solche Aufteilung der Haftung findet aber nicht statt bei den sonstigen Kreiskommunalbeamten, die im Auftrag des Landrats bei Aufgaben mitwirken, die dieser als Staatsbeamter zu erfüllen hat (Rn 111; vgl auch BGH VersR 1983, 856).

Ein Amtsträger, der zwei Ämter bekleidet, kann durch eine Handlung oder im gleichen Vorgang – indem er etwas tut, was das eine Amt verbietet, und zugleich unterlässt, was das andere Amt erfordert – gegen die Pflichten beider Ämter verstoßen. Für den daraus entstehenden Schaden haftet aber jeder der beteiligten Dienstherren nur, wenn der Tatbestand der Amtshaftungsbestimmungen in beiden Richtungen voll erfüllt ist (BGH VersR 1966, 1049).

d) Fehlen eines Dienstherrn

118 **aa)** Steht der Amtsinhaber nicht als Beamter oder Behördenangestellter in einem dauernden Dienstverhältnis zu einer Körperschaft, ist er also nicht bei einem öffentlich-rechtlichen Dienstherrn „angestellt", so haftet die Körperschaft, die ihm durch Übertragung hoheitlicher Befugnisse ein öffentliches Amt anvertraut und ihm damit die Eigenschaft eines Beamten im haftungsrechtlichen Sinne verliehen hat (Rn 110).

Dementsprechend haftet das Land für die Amtspflichtverletzung eines **Schiedsmanns** (BGHZ 53, 217; 36, 193). Auch die den Ortsgerichtsmitgliedern (in Hessen) obliegenden Aufgaben werden ihnen vom Land, nicht von der Gemeinde anvertraut (BGHZ 113, 71, 75). Das Gleiche gilt für die **Gutachterausschüsse** nach dem Baugesetzbuch (früher Bundesbaugesetz; BGHZ 146, 365, 368; BGH NVwZ 1982, 395, 396). Ebenso tritt Amtshaftung des Landes ein, wenn der Fahrer eines **Abschleppfahrzeugs**, der aufgrund privatrechtlichen Vertrags zwischen Polizeibehörde und Abschleppunternehmer ein Unfallfahrzeug birgt und dabei durch unsachgemäße Ausführung der polizeilich angeordneten Bergungsmaßnahme einen anderen Verkehrsteilnehmer schädigt (BGHZ 121, 161). Wird der Abschleppunternehmer von der Stadt beauftragt, haftet diese (BGHZ 200, 188 Rn 7). Für Amtspflichtverletzungen eines **TÜV-Sachverständigen** haftet nicht der Technische Überwachungsverein, der ihn angestellt hat, sondern das Land, das ihm die amtliche Anerkennung als Sachverständiger erteilt hat. Dies gilt sowohl für die den Sachverständigen des TÜV durch die Straßenverkehrs-Zulassungs-Ordnung übertragenen Befugnisse (BGH NJW 1973, 458; BGHZ 49, 108; OLG Köln NJW 1989, 2065; vgl OLG Braunschweig NJW 1990, 262), als auch für die Vorprüfung einer überwachungsbedürftigen Anlage im Sinne des § 24 GewO aF iVm der Druckbehälterverordnung (BGHZ 122, 85). Auch die (Amts-) Haftung für Fehler eines – auf den

Bezug von Gebühren angewiesenen, im Übrigen freiberuflich tätigen – **Prüfingenieurs für Baustatik**, den die Baugenehmigungsbehörde mit der Prüfung der statischen Berechnung eines Baugesuchs beauftragt, trifft im Verhältnis zu dem geschädigten Dritten den Träger der Baugenehmigungsbehörde (BGHZ 39, 358). Für die nach dem Treibhausgas-Emissionshandelsgesetz als **Verifizierer** tätigen Sachverständigen, die im Zuteilungsverfahren nach dem Treibhausgas-Emissionshandelsgesetz bei der Wahrnehmung der hoheitlichen Aufgaben des Umweltbundesamtes mitwirken, haftet die Bundesrepublik Deutschland (BGHZ 191, 71 Rn 30 zu § 9 Abs 2 S 6 TEHG AF, nunmehr S 4). Für Amtspflichtverletzungen, die anlässlich der **Unterbringung** eines psychisch Kranken durch Ärzte begangen werden, die bei einem in der Rechtsform der gGmbH organisierten, aus dem Kommunalunternehmen eines Bezirks ausgegliederten psychiatrischen Krankenhaus beschäftigt sind, haftet in Bayern der Freistaat und nicht der betreffende Bezirk (BGH NVwZ 2013, 454 Rn 19 ff). Für eine Amtspflichtverletzung eines Honorarprofessors, der in keinem Dienstverhältnis zum Staat steht, haftet die Universität (BGH 14. 12. 1959 – III ZR 117/58, in NJW 1960, 911 insoweit nicht abgedruckt). Die Universität haftet auch für die Amtspflichtverletzung des von den Studenten gewählten Vorsitzenden des Allgemeinen Studentenausschusses, wenn die Studentenschaft nach der Satzung der betreffenden Universität Gliedkörperschaft in deren Rahmen ist (OLG Karlsruhe JZ 1965, 410).

Auch der **Schülerlotse** fällt in Ausübung seiner Lotsentätigkeit unter die Regelung des Art 34 GG, so dass der schulische Hoheitsträger für unerlaubte Handlungen dieses Lotsen im Rahmen der allgemeinen Amtshaftungsbestimmungen einzustehen hat (OLG Köln NJW 1968, 655, 656). Im Fall des Hilfestellung leistenden Schülers im Turnunterricht (BGH VersR 1958, 705) kommen als Haftungssubjekt der Schulträger oder die Anstellungskörperschaft des Lehrers in Betracht, der dem Schüler die Aufgabe übertragen hat (BeckOGK/Thomas [1. 11. 2025] § 839 Rn 582), die idR nicht identisch sind (Landesbeamte an städtischen Schulen). Hier liegt es nahe, darauf abzustellen, dass der Schüler eine Aufgabe des Lehrers wahrgenommen hat (tendenziell auch BeckOGK/Thomas [1. 11. 2025] § 839 Rn 582). Dies setzt allerdings voraus, dass der Lehrer auf den Schüler – wie oben unter Rn 65 beschrieben – eine ihn persönlich treffende Amtspflicht delegiert hat. Wird der Schüler dagegen im Rahmen der den Träger treffenden Amtspflichten tätig (zB im Rahmen eines Winterdienstes), dürfte die Haftung auch dann den Träger treffen, wenn ein Lehrer dem Schüler konkrete Anweisungen erteilt hat.

bb) Wie eingangs bereits gesagt, setzt die Amtshaftung nicht zwingend voraus, dass **119**
die haftpflichtige Körperschaft Dienstherreneigenschaft im beamtenrechtlichen Sinne besitzt. Deshalb hat der BGH die Amtshaftung einer in der Rechtsform einer Körperschaft des öffentlichen Rechts organisierten Architektenkammer, der diese Dienstherrenfähigkeit fehlte, bejaht (NVwZ 1992, 298).

e) Zusammenwirken mehrerer Behörden

Haben an einer Amtspflichtverletzung Amtsträger mehrerer Behörden mitgewirkt, **120**
so lässt sich die Frage nach der haftungsrechtlichen Verantwortung nicht einheitlich beantworten. Dabei ergeben sich insbesondere Probleme daraus, dass eine Haftungslücke dadurch entstehen kann, dass § 278 BGB grundsätzlich bei Amtspflichtverletzungen nicht anwendbar ist (Rn 128). In der Rechtsprechung des Bundesgerichtshofs

haben sich folgende Fallgruppen herausgebildet, die zu unterschiedlichen Lösungen geführt haben:

aa) Nicht unterscheidbare Zusammenarbeit mehrerer Behörden

121 Ein solches Zusammenwirken gibt es etwa, wenn ein Kollegialorgan mit Personen aus mehreren Körperschaften gemischt besetzt ist. Dies ist etwa bei **Zulassungsgremien** zB der Kassenärztlichen Vereinigungen der Fall. Sind diese Körperschaften nur in Bezug auf die jeweils von ihnen bestellten Mitglieder zu einer Haftungsübernahme verpflichtet, wäre nach den üblichen Grundsätzen die Feststellung unabdingbar, dass jedenfalls ein von der in Anspruch genommenen Körperschaft bestelltes Mitglied Amtspflichten verletzt hat, weil es sonst an einer Voraussetzung für eine Übernahme der Haftung fehlen würde. Dies erscheint jedoch nicht angemessen, da der Zulassungsausschuss dem Geschädigten als Einheit gegenübertritt und die Einheit der Entscheidungen dieses Kollegiums durch das Beratungsgeheimnis institutionell abgesichert wird. Die für das Abstimmungsverhalten der von ihr bestellten Mitglieder der Zulassungsgremien (Zulassungsausschuss, Berufungsausschuss) in Haftung genommene Körperschaft trifft mit Rücksicht darauf, dass nach § 41 Abs 3 Ärzte-ZV über den Hergang der Beratungen und über das Stimmenverhältnis Stillschweigen zu bewahren ist, die Darlegungs- und Beweislast, dass ihre Mitglieder einer rechtswidrig ergangenen (Mehrheits-)Entscheidung des Kollegiums nicht zugestimmt haben (BGH 10. 2. 2011 – III ZR 37/10, BGHZ 188, 302 Rn 26).

bb) Weisungen

122 Bei Weisungen ist zunächst zu unterscheiden zwischen solchen, die im **konkreten Einzelfall** bzw einen überschaubaren Kreis bestimmter Personen betreffend erteilt werden und solchen, die der nachgeordneten Verwaltung zur gleichmäßigen Ausführung behördlicher Aufgaben **allgemein** eine bestimmte Gesetzesauslegung vorschreiben.

(1) Im **ersten Fall** kommt es zu einer Haftungsverlagerung von der nachgeordneten auf die übergeordnete Behörde (BGH 15. 8. 2019 – III ZR 18/19, BGHZ 223, 72 Rn 61). Denn die Frage, ob ein Beamter, der aufgrund einer ihn bindenden Weisung einer vorgesetzten Stelle im konkreten Einzelfall eine – objektiv – rechtswidrige Maßnahme trifft, amtspflichtwidrig handelt, wird vom BGH durchgängig verneint (BGHZ 223, 72 Rn 23; BGH 16. 4. 2015 – III ZR 333/13, BGHZ 205, 63 Rn 18; BGH NVwZ-RR 2009, 363 Rn 5; 1991, 171; NJW 1977, 713; 1959, 1629; s auch OLG Düsseldorf VersR 1994, 1065). Das geltende Recht bindet den Amtsträger auch dann an die Weisung seines Vorgesetzten, wenn die Verwirklichung dieses Befehls eine Außenpflicht des Staates verletzt, **ausgenommen** den Fall, dass die Ausführung die Würde des Menschen verletzt oder erkennbar strafbar oder ordnungswidrig ist (§ 63 Abs 2 S 4 BBG, § 35 Abs 2 S 4 BeamtStG vorliegt). Befolgt der Angewiesene die ihn bindende Anordnung, so verletzt er **seine** Amtspflichten nicht. Daran ändert sich nichts dadurch, dass ein Beamter verpflichtet ist, Bedenken gegen die Rechtmäßigkeit dienstlicher Anordnungen unverzüglich auf dem Dienstweg geltend zu machen (§ 36 Abs 2 BeamtStG, § 63 Abs 2 BBG). Diese Remonstrationspflicht ist zwar eine Amtspflicht, hat aber grundsätzlich keine Drittwirkung (BGH 15. 8. 2019 – III ZR 18/19, BGHZ 223, 72 Rn 37 ff; s hierzu auch Rn 155 sowie Rn 188). Mit der Weisung geht ein Stück Zuständigkeit und ein Teil von Amtspflichten, die generell bei einem bestimmten Beamten liegen, auf die anweisende Behörde und – für die Anwendbarkeit des § 839 BGB – auf einen Beamten dieser Behörde über. Deshalb liegt insoweit auch keine Amtshilfe vor (§ 4 Abs 2 Nr 1 VwVfG). Diese Entlastung des angewiesenen Beamten ist keine Frage fehlenden Verschuldens, sondern eine solche der objektiven Haftungszurechnung (BGH 16. 4. 2015 – III ZR 333/13, BGHZ 205, 63 Rn 18; NVwZ-RR 2009, 363 Rn 6; BGH NJW 1959, 1629). Dementsprechend haftet im Außenverhältnis zum Geschädigten allein die anweisende Behörde (BGHZ 223, 72 Rn 61; BGH 16. 4. 2015 – III ZR 333/13, BGHZ 205, 63 Rn 18; BGH NVwZ-RR 2009, 363 Rn 6; Rohlfing, Amtshaftung S 87).

Hiergegen wird eingewandt, ein und dieselbe Handlung könne durchaus zwar **intern** amtspflichtgemäß, **extern** aber amtspflichtwidrig sein (Ossenbühl/Cornils 58; ähnlich MünchKommBGB/Papier/Shirvani § 839 Rn 255 f, 276 f). In diesem Sinne habe der angewiesene Beamte nicht nur rechtswidrig gehandelt, sondern zugleich auch die ihm obliegende (externe) Amtspflicht zu rechtmäßigem Verhalten verletzt. Die Verantwortlichkeit treffe daher seine Anstellungskörperschaft, nicht dagegen die Anstellungskörperschaft des die fehlerhafte Weisung erteilenden Vorgesetzten. Es sprechen jedoch die besseren praktischen Argumente für die Betrachtungsweise des BGH, denn anderenfalls kann zum Nachteil des Geschädigten eine Haftungslücke bestehen. Der angewiesene Beamte wird sich nämlich regelmäßig mit Recht zumindest darauf berufen können, dass ihn jedenfalls kein Verschulden trifft, wenn er eine ihn bindende Weisung ausgeführt hat; zumal nach der einschlägigen Rechtsprechung des BGH (so) ja bereits der Tatbestand einer Amtspflichtverletzung zu verneinen ist. Die Haftung seiner Anstellungskörperschaft würde demnach am fehlenden Verschulden scheitern mit der Konsequenz, dass der Geschädigte überhaupt keinen Haftungsschuldner mehr hätte. Die gleichen Grundsätze gelten im Anwendungsbereich der verschuldensunabhängigen Polizei- und Ordnungsbehördenhaftung nach § 39 Abs 1 lit b OBG NW (BGH NVwZ-RR 2009, 363 Rn 6; OLG Düsseldorf VersR 1994, 1065) sowie bei der verschuldensunabhängigen Haftung nach § 1 StHG (BGH NVwZ-RR 2009, 363 Rn 6).

(2) Im **zweiten Fall** werden regelmäßig keine Amtspflichten begründet, da eine solche allgemeine Weisung keine Amtspflichten gegenüber dem einzelnen Bürger begründet, weil unbestimmt viele Sachverhalte geordnet werden (BGH 15. 8. 2019 – III ZR 18/19, BGHZ 223, 72 Rn 24; BGH 16. 4. 2015 – III ZR 333/13, BGHZ 205, 63 Rn 19; 63, 319, 324). Weisungen einer übergeordneten Körperschaft, die der nachgeordneten Verwaltung zur gleichmäßigen Ausführung behördlicher Aufgaben allgemein eine bestimmte Gesetzesauslegung vorschreiben, führen – anders als die Weisung in einem konkreten Einzelfall – daher nicht zu einer **Haftungsverlagerung**. Die übergeordnete Körperschaft kann sich aber dann nicht auf ihre fehlende Passivlegitimation berufen, wenn sie auf eine entsprechende Nachfrage des Geschädigten diesem gegenüber den Eindruck erweckt, es sei vom Vorliegen einer haftungsverlagernden Weisung auszugehen (BGH 16. 4. 2015 – III ZR 204/13, MDR 2015, 706 Rn 15; mit Anm Mailänder ZfGW 2015, 223; Pagenkopf NVwZ 2015, 1264; Hartmann/Janssen DVBl 2015, 861; Ruttig ZfWG 2015, 347).

cc) Anregung, Raterteilung

Wird die zuständige Behörde zum Erlass und/oder Vollzug bestimmter Maßnahmen **123** gegen einen Dritten dadurch veranlasst, dass eine andere Behörde bei ihr diese Maßnahmen überhaupt erst anregt, durch Raterteilung fördert oder sich sonst dafür einsetzt, so können die Amtspflichten, die die anregende Behörde wahrzunehmen hat, zugunsten des Betroffenen drittgerichtet sein. Dies gilt beispielsweise für die Amtspflicht, die zuständige Behörde über den gesamten Sachverhalt und über alle sonstigen ihr bekannten und für die zu treffende Entscheidung erheblichen Umstände vollständig und sachgemäß zu unterrichten. Bei Amtspflichtverletzungen in diesem Bereich sind daher Amtshaftungsansprüche des geschädigten Dritten auch gegen die mitwirkende Behörde (ggf neben solchen gegen die entscheidende Behörde) denkbar (BGH NJW 1963, 1199).

dd) Amtshilfe

124 In Fällen echter Amtshilfe (§§ 4–8 VwVfG) bleibt die Verantwortlichkeit für die Rechtmäßigkeit des Verfahrens und der Entscheidung, die durch das Ersuchen gefördert werden sollen, Sache der ersuchenden Behörde, während die ersuchte Behörde für die Art und Weise der geleisteten Amtshilfe, deren Rechtmäßigkeit sich nach dem für die ersuchte Behörde geltenden Recht richtet, verantwortlich ist (§ 7 VwVfG). Dementsprechend darf die ersuchte Behörde die erbetene Amtshilfe nur leisten, wenn diese in ihren Zuständigkeitsbereich fällt und nach den für die ersuchte Behörde maßgeblichen Rechtsvorschriften zulässig ist (§ 5 Abs 2 VwVfG; Kopp/Ramsauer § 5 Rn 17). Amtshaftungsrechtlich hat dies die Konsequenz, dass für Amtspflichtverletzungen, die bei der Durchführung der Amtshilfe unterlaufen, die Verantwortlichkeit diejenige Körperschaft trifft, in deren Dienst der die Amtshilfeleistung ausführende Beamte steht, nicht die Körperschaft, für die die Amtshilfe geleistet wird. Besteht die Pflichtverletzung darin, dass das Amtshilfeersuchen selbst rechtswidrig ist, kommt eine Haftung der ersuchenden Behörde in Betracht, möglicherweise neben einer solchen der ersuchten Behörde, wenn diese – eben wegen der Rechtswidrigkeit des Ersuchens – die Hilfe nicht hätte leisten dürfen.

Hiervon abzugrenzen sind Hilfeleistungen, die in Handlungen bestehen, die der ersuchten Behörde als eigene Aufgabe obliegen (§ 4 Abs 2 Nr 2 VwVfG). Dies sind alle Aufgaben, die der betreffenden Behörde bereits spezialgesetzlich außerhalb der Amtshilfe-Regelungen als Hilfeleistungen (auch) gegenüber anderen Behörden übertragen sind, für die sich also die Pflicht zur Hilfeleistung nicht erst aufgrund des Ersuchens der auf die Hilfe angewiesenen Behörde ergibt. Diese Regelung hat ihren inneren Grund darin, dass die von ihr erfassten Hilfeleistungen in der Regel bestimmten Fachbehörden zugewiesen sind, die häufig eigens zu diesem Zweck errichtet oder zumindest (auch) hierfür mit Dienstkräften und Einrichtungen ausgestattet wurden, um für andere Behörden unter Beachtung des Grundsatzes der Gesetzmäßigkeit der Verwaltung Hilfeleistungen zu erbringen, ohne dass der Rückgriff auf die §§ 4–8 des VwVfG notwendig wäre; das vom Gesetzgeber vorgegebene Zusammenwirken bestimmter Behörden, die dafür jeweils mit Teilaufgaben betraut sind, lässt sich nicht mit der Amtshilfe gleichsetzen, die die Aufgabenbewältigung nur in Ausnahmefällen mit fremder Hilfe ermöglichen soll (BGH 21. 6. 2001 – III ZR 34/00, NJW 2001, 2799 mwNw).

Unter dem Begriff „Organleihe" werden verschiedenartige organisatorische Erscheinungsformen eingeordnet, für die wesentlich das Merkmal der Amtshilfe (in einem weiteren Sinne) ist: Ein Verwaltungsträger hilft einem anderen mit seinen personellen und sächlichen Mitteln aus, weil dieser aus Zweckmäßigkeitsgründen entsprechende Einrichtungen nicht schaffen will. Kennzeichnend für die Organleihe ist weiterhin, dass die „entliehene" Einrichtung Verwaltung für die „entleihende" ausübt (BGH 2. 2. 2006 – III ZR 159/05, VersR 2006, 803 Rn 17). Besteht die Organleihe darin, dass einzelne Beamte oder sonstige Bedienstete unter (teilweiser) Herauslösung aus der

Organisation ihrer „verleihenden“ (Anstellungs-)Körperschaft in den „Betrieb“ der „entleihenden“ Körperschaft eingegliedert werden, so haftet bei Pflichtverletzungen eines dieser Bediensteten, die er bei Wahrnehmung der der „entleihenden“ Körperschaft obliegenden Aufgabe begangen hat, die „entleihende“ Körperschaft (BGH 2. 2. 2006 – III ZR 159/05, VersR 2006, 803 Rn 19). Entscheidend ist (jedenfalls für den Bereich der Verletzung von Verkehrssicherungspflichten), wer in der Lage gewesen ist, die zur Gefahrenabwehr erforderlichen Maßnahmen zu treffen (BGH 2. 2. 2006 – III ZR 159/05, VersR 2006, 803 Rn 21).

ee) Beteiligung mit Bindungswirkung

Eine solche Fallkonstellation ist beispielsweise gegeben, wenn die positive Bescheidung eines Gesuchs davon abhängt, dass eine weitere Behörde ihre Zustimmung erteilt. Für die verwaltungsinterne Mitwirkung einer zweiten Behörde hat der Gesetzgeber die Beteiligungsformen der „Zustimmung“, des „Einvernehmens“, des „Benehmens“ und der „Anhörung“ ausgebildet. Von diesen Beteiligungsformen haben die erstgenannten Beteiligungsverhältnisse der Zustimmung und des Einvernehmens bereits nach dem Sprachgebrauch ein sehr erhebliches sachliches Gewicht, während die Beteiligungsformen des Benehmens und der Anhörung der Zweitbehörde grundsätzlich geringere Beteiligungsrechte einräumen (BVerwGE 22, 342 = NJW 1966, 1513, 1514; vgl auch BVerwG 21. 11. 2023 – 6 B 11/23, NVwZ 2024, 1264 Rn 14; BVerwG 11. 8. 2016 – 7 A 1/15, BVerwGE 156, 20 Rn 148). Besondere praktische Bedeutung hatte insoweit das gemeindliche Einvernehmen nach § 36 BauGB erlangt (vgl Rn 593–601). Hierzu hatte der BGH den Grundsatz entwickelt, dass dann, wenn die rechtswidrige Versagung eines Bescheides durch die für seinen Erlass zuständige Behörde allein darauf beruht, dass die andere Behörde ihre erforderliche Zustimmung rechtswidrig, aber bindend verweigert hat, im Außenverhältnis zum Geschädigten allein die Zustimmungsbehörde haftet (BGH 21. 5. 1992 – III ZR 14/91, BGHZ 118, 263, 265 f). Diese Rechtsprechung ist allerdings durch die Neuregelung des § 36 BauGB überholt, wodurch die Möglichkeit geschaffen wurde, dass die Genehmigungsbehörde das zu Unrecht verweigerte Einvernehmen ersetzen kann (s hierzu BGH 16. 9. 2010 – III ZR 29/10, BGHZ 187, 51 Rn 12 ff sowie Rn 597 ff). Diese Rechtsprechung hat der BGH auch im Hinblick auf die Bindungswirkung der Landesprüfungsämter in Bezug auf die vom Institut für medizinische und pharmazeutische Prüfungsfragen erstellten Prüfungsaufgaben herangezogen (BGH 9. 7. 1998 – III ZR 87/97, BGHZ 139, 200). Damit hat der BGH zugleich die Haftungslücke geschlossen, die anderenfalls eingetreten wäre: Das Landesprüfungsamt, das die Prüfung durchgeführt hatte, konnte sich nämlich darauf berufen, dass es seinen Amtsträgern nicht zum Verschulden gereichte, wenn diese sich bei ihren Prüfungsentscheidungen den generell überlegenen Sachverstand des Zentralinstituts nutzbar gemacht hatten. Eine Amtshaftung des Landes (neben oder anstelle der des Zentralinstituts) schied daher aus. 125

ff) Beteiligung mit eingeschränkter Bindungswirkung

Sie kommt in Betracht, wenn die entscheidende Behörde an den Vorschlag der zu beteiligenden Behörde zwar nicht gebunden ist, sich aber andererseits auch nicht ohne weiteres über ihn hinwegsetzen kann. Beispiel (BGH 21. 10. 1993 – III ZR 68/92, NVwZ 1994, 825): Amtspflichtverletzungen einer Gemeinde als Schulträger im Rahmen der Mitwirkung bei staatlichen Personalentscheidungen (dort: Vorschlag eines schlechter qualifizierten Bewerbers zum Nachteil eines besser qualifizierten Mitbewerbers). Zwar war das Land als Anstellungsbehörde an den Vorschlag der Ge- 126 meinde nicht gebunden. Die Anstellungsbehörde hatte ihn jedoch bei ihrer Ermessensentscheidung als einen bedeutsamen Gesichtspunkt zu würdigen. Sie konnte ihn ablehnen, musste der Gemeinde dann aber Gelegenheit zu einem neuen Vorschlag geben. Der Schulträgervorschlag war daher keine bloße Verfahrensbeteiligung im Vorfeld der Stellenbesetzung, sondern die Ausübung eines subjektiven Rechts, das im Falle der Ablehnung des Vorschlags nicht verbraucht war, sondern wieder auflebte. Deswegen hat der BGH einen Amtshaftungsanspruch des unterlegenen besser qualifizierten Bewerbers unmittelbar gegen die Gemeinde bejaht. Ähnliche Grundsätze dürften allgemein für die schwächeren verwaltungsinternen Beteiligungsformen des „Benehmens" und der „Anhörung" gelten (Rn 125). Eine unmittelbare Haftung der anzuhörenden Zweitbehörde dürfte jedenfalls dann in Betracht kommen, wenn die Erstbehörde das Ergebnis der Anhörung ihrer eigenen Entscheidung faktisch zugrunde legt.

gg) Beteiligung ohne Bindungswirkung

127 **(1)** Holt die für die Sachentscheidung zuständige Behörde zur Vorbereitung dieser Entscheidung die Stellungnahme einer anderen (Fach-)Behörde ein, ohne jedoch an deren Auffassung gebunden zu sein, so bleibt sie im Außenverhältnis verantwortlich. Hieraus hatte der BGH zunächst die Folgerung gezogen, eine Mitverantwortung der hinzugezogenen Behörde gegenüber den Beteiligten des Ausgangsverfahrens bestehe nicht; diese nehme bei ihrer Mitwirkung lediglich behördeninterne, nicht aber außengerichtete Pflichten wahr (WM 1990, 2013, betreffend einen Fall, in dem der Landkreis als Baugenehmigungsbehörde im Rahmen des Baugenehmigungsverfahrens das staatliche Gewerbeaufsichtsamt, eine Behörde des Landes, eingeschaltet und aufgrund einer fehlerhaften Stellungnahme, die das Gewerbeaufsichtsamt erarbeitet hatte, den Baugenehmigungsantrag rechtswidrig beschieden hatte). Ungelöst blieb bei dieser Betrachtungsweise jedoch das Problem einer möglichen Haftungslücke: Denkbar ist nämlich, dass die Bediensteten der entscheidenden Behörde ohne Verschulden auf die Stellungnahme der Fachbehörde vertrauen konnten. Dann würde eine Amtshaftung der entscheidenden Behörde am fehlenden Verschulden, eine solche der Fachbehörde an der fehlenden Drittbezogenheit scheitern (ähnlich verhält es sich auch in dem unter Rn 125 dargestellten Fall BGH 9. 7. 1998 – III ZR 87/97, BGHZ 139, 200). Diese Lücke hat der BGH dadurch geschlossen, dass er seine Rechtsprechung modifiziert hat: Er erkennt auch den Amtspflichten der eingeschalteten Fachbehörde unmittelbare **Drittgerichtetheit** zugunsten der Verfahrensbeteiligten zu: Indem die von der zuständigen Behörde eingeschaltete Fachbehörde auf der Grundlage arbeitsteiligen Zusammenwirkens ihr überlegenes Fachwissen in die zu treffende Entscheidung einbringt, gewinnt ihre Mitwirkung – ihr erkennbar – im Verhältnis zum Bürger eine über die innerbehördliche Beteiligung hinausgehende Qualität. Sie ist dann ebenso wie die nach außen tätig werdende Behörde gehalten, bei der Ausübung des Amtsgeschäfts auch die Interessen des betroffenen Bürgers zu wahren (BGHZ 146, 365, 369 = NVwZ 2001, 1074: Die Amtspflichten, die der im Rahmen eines sanierungsrechtlichen Genehmigungsverfahrens nach §§ 144, 145 BauGB von der Genehmigungsbehörde intern mit der Wertermittlung beauftragte Gutachterausschuss wahrzunehmen hat, können auch zugunsten des Antragstellers des Genehmigungsverfahrens als eines geschützten „Dritten" bestehen; BGH NVwZ 2006, 245; s Rn 750).

128 **(2)** Die Amtshaftung der entscheidenden Behörde kann ausgeschlossen sein, wenn diese ohne Verschulden auf die Richtigkeit der Stellungnahme der Fachbehörde vertrauen durfte. Die entscheidende Behörde braucht sich insbesondere ein etwaiges

Verschulden der Fachbehörde haftungsrechtlich nicht zurechnen zu lassen. Als Zurechnungsnorm käme insofern nur der Rechtsgedanke des § 278 BGB – sei es in unmittelbarer oder in analoger Anwendung – in Betracht, der eine Haftung für fremdes Verschulden begründen würde. Zwar setzt die Zurechnungsnorm des § 278 BGB keinen Vertrag zwischen Gläubiger und Schuldner voraus, es genügt eine bestehende rechtliche Sonderverbindung auf gesetzlicher Grundlage. Zudem gilt der Rechtsgedanke des § 278 BGB grundsätzlich auch im öffentlichen Recht und ist insbesondere auf nicht vertragliche öffentlich-rechtliche Sonderverbindungen anzuwenden, soweit diese eine dem vertraglichen Schuldverhältnis vergleichbare Leistungs- oder Obhutsbeziehung zum Gegenstand haben. Die verletzten Pflichten müssen jedoch über allgemeine Amtspflichten im Sinne des § 839 BGB hinausgehen; nur ein zwischen dem Einzelnen und der öffentlich-rechtlichen Körperschaft bestehendes besonderes, enges Verhältnis kann Grundlage für eine sinngemäße Anwendung des § 278 BGB sein (BGHZ 146, 365, 371 = NVwZ 2001, 1074, 1075; BGHZ 131, 200, 204; vgl zu den einzelnen Fallgruppen einer derartigen Sonderverbindung auch Staudinger/Caspers [2025] § 278 Rn 12 ff). Der Rückgriff auf § 278 BGB ist deshalb nicht schon dann möglich, wenn der Bürger gegen die Behörde einen im Verwaltungsrechtsweg durchsetzbaren Anspruch auf Erteilung einer Genehmigung hat und sich die Behörde zur Erfüllung ihrer Verpflichtung eines Dritten, insbesondere einer Fachbehörde, bedient. Ein durch einen entsprechenden Antrag eingeleitetes Verwaltungsverfahren vermag für sich allein genommen noch keinen über die „normalen" Amtspflichten hinausgehenden, gesteigerten Pflichtenstatus der Behörde gegenüber dem betroffenen Bürger zu begründen. Dementsprechend hat der BGH (BGHZ 146, 365, 371) den Amtshaftungsanspruch, soweit er gegen die entscheidende Behörde gerichtet gewesen war, am fehlenden Verschulden der dortigen Amtsträger scheitern lassen (jedoch einen verschuldensunabhängigen Entschädigungsanspruch aus enteignungsgleichem Eingriff für denkbar gehalten).

(3) Die unter Rn 127 dargestellten Haftungsgrundsätze hat der BGH auch auf die **129**
interne Abstimmung zweier Ministerien desselben Bundeslandes übertragen: Nimmt ein Beamter zur Vorbereitung einer Auskunft gegenüber einem Dritten einen weiteren Amtsträger aufgrund dessen überlegenen Fachwissens in Anspruch, gewinnt dessen Mitwirkung am Zustandekommen der Auskunft gegenüber dem Adressaten eine über die innerbehördliche Beteiligung hinausgehende Qualität, so dass seine Amtspflicht zur zutreffenden und vollständigen Unterrichtung über die Rechtslage auch gegenüber dem Empfänger der Auskunft besteht (BGH VersR 2005, 1584: Dort hatte ein Amtsträger des Wissenschaftsministeriums einem Bewerber um eine ausgeschriebene Professorenstelle eine unrichtige Auskunft über die Höhe der Besoldung erteilt. Zur Vorbereitung und Absicherung hatte er eine interne Stellungnahme des Finanzministeriums eingeholt. Der BGH hat eine Amtshaftung des Landes unmittelbar wegen dieser unrichtigen Stellungnahme des Finanzministeriums für möglich gehalten, selbst wenn der auskunfterteilende Beamte des Wissenschaftsministeriums schuldlos auf deren Richtigkeit vertrauen durfte).

hh) Faktische Zusammenarbeit ohne „Beteiligung" im Rechtssinn

Wirken mehrere Behörden außerhalb einer Beziehung zum Geschädigten in der **130**
Weise zusammen, dass beispielsweise die eine die von der anderen erteilten Informationen auswertet und ihren eigenen Maßnahmen zugrunde legt, so beurteilt sich die Verantwortung im Außenverhältnis zum Geschädigten nach dem Pflichtenkreis der jeweiligen Einzelbehörde. So brauchte sich eine Flugsicherungsstelle der (ehemali-

gen) Bundesanstalt für Flugsicherung (die inzwischen privatrechtlich tätig ist, vgl § 5 Abs 1 S 1 DWD-Gesetz) ein Informationsdefizit nicht unmittelbar selbst zurechnen zu lassen, das dadurch entstanden war, dass der Deutsche Wetterdienst, ebenfalls eine in der Trägerschaft der beklagten Bundesrepublik stehende Anstalt, eine Hagelwarnung nicht rechtzeitig erteilt hatte (BGHZ 129, 17, 21). Zwar unterstanden beide Anstalten jeweils dem Bundesminister für Verkehr. Beide Dienststellen waren aber, wenngleich nicht rechtsfähig, eigenständig organisiert und geleitet. Diese Selbständigkeit des Wetterdienstes gegenüber der Flugsicherung bewirkte, dass Letztere nicht die Verantwortlichkeit für solche Fehlerquellen trug, die ausschließlich in den Zuständigkeitsbereich des ersteren fielen. Würde man etwaige Ausfälle – gleichsam „automatisch" – der Flugsicherung zurechnen, so hätte die Warnpflicht des Deutschen Wetterdienstes über diesen „Umweg" eine Drittgerichtetheit erlangt, die ihr nach ihrem Aufgabenbereich gerade nicht zukam.

ii) Gesamtschuldnerische Haftung

131 **(1)** Sind für denselben Schaden mehrere Beamte verschiedener öffentlich-rechtlicher Körperschaften aus Amtspflichtverletzung verantwortlich, haften diese grundsätzlich als Gesamtschuldner. Eine Abwälzung der Haftung nach § 839 Abs 1 S 2 BGB von dem einen auf den anderen ist grundsätzlich ausgeschlossen (Grundsatz der vermögensrechtlichen Einheit der öffentlichen Hand; Rn 283 ff). Das gilt auch, wenn der amtspflichtverletzende Beamte, für den insoweit der Staat gemäß Art 34 GG verantwortlich ist, zugleich persönlich als Kraftfahrzeughalter (§ 7 StVG) haftet. Eine gesamtschuldnerische Haftung tritt auch ein, wenn der Staat und andere öffentlich-rechtliche Körperschaften gemäß Art 34 GG nebeneinander für das Verhalten ihrer Beamten einzustehen haben. So haften zB Staat und Gemeinde gesamtschuldnerisch, wenn das städtische chemische Untersuchungsamt fahrlässig ein falsches Gutachten über eine von dem staatlichen Weinkontrolleur eingesandte Weinprobe abgibt und der Weinkontrolleur diesen Befund mit zusätzlichen (fahrlässig) irreführenden Bemerkungen an einen privaten Dritten weiterleitet und dem kontrollierten Weinhändler dadurch Schaden entsteht (BGH VersR 1964, 316, 319). Fallen bei der Erteilung einer rechtswidrigen Baugenehmigung für ein überplantes Altlastengelände Bauaufsichtsbehörde und plangebende Gemeinde auseinander, so kann die Gemeinde wegen der Aufstellung des rechtswidrigen Bebauungsplans, die Bauaufsichtsbehörde wegen der Erteilung der Baugenehmigung haften; es tritt dann ebenfalls eine Gesamtschuldnerschaft beider nach § 840 Abs 1 BGB ein (Rn 551; Wurm UPR 1990, 201, 203). Ebenso kann eine gesamtschuldnerische Verantwortung der entscheidenden Behörde und der von dieser eingeschalteten Fachbehörde entstehen (BGHZ 146, 365, 369 in Abkehr von WM 1990, 2013; Rn 127 f).

132 **(2)** Für den **Ausgleich** zwischen mehreren für ihre Beamten gesamtschuldnerisch haftenden öffentlich-rechtlichen Körperschaften gelten **§§ 840, 426 BGB**; für diese Ausgleichsansprüche ist der ordentliche Rechtsweg gegeben (BGHZ 9, 65, 66 ff; vgl auch BGHZ 175, 221, 229). Diese Ausgleichspflicht besteht auch dann, wenn beide Körperschaften bei dem betreffenden Amtsgeschäft in der Erfüllung einer ihnen gemeinsam übertragenen Aufgabe gleichsinnig und nicht in Vertretung einander widerstreitender Interessen derart zusammengearbeitet haben, dass sie im Rahmen dieser Aufgabe als Teil eines einheitlichen Ganzen erscheinen. In einem solchen Fall sind zwar unmittelbare Amtshaftungsansprüche der einen Behörde gegen die andere ausgeschlossen, da es insoweit in ihrem Innenverhältnis an einer Drittgerichtetheit der

wahrzunehmenden Amtspflichten fehlt (Rn 188). Dies bewirkt zugleich eine klare Risikoverteilung mit berechenbaren Ergebnissen in dem Sinne, dass die geschädigte Körperschaft ihren eigenen Schaden im Regelfall selbst tragen muss. Diese Grundsätze passen indes nicht auf den Fall, dass die betreffenden Körperschaften einem außenstehenden Dritten gegenüber haftpflichtig sind. Ein etwaiger auf den vorgenannten Erwägungen beruhender Ausschluss des Gesamtschuldnerausgleichs zwischen den haftpflichtigen Körperschaften würde vielmehr bewirken, dass die Eintrittspflicht von dem mehr oder weniger zufälligen Umstand abhängen würde, gegen welchen Gesamtschuldner der geschädigte Gläubiger seine Ansprüche erhebt oder welche haftende Körperschaft als erste ihre Verantwortlichkeit anerkennt und den Schaden reguliert. Dieses Ergebnis wäre umso unbefriedigender, als hinter der Eintrittspflicht des öffentlich-rechtlichen Dienstherrn im Außenverhältnis zum Geschädigten zugleich jeweils die Möglichkeit des Rückgriffs gegen den schuldigen Amtsträger im Innenverhältnis steht. Anders ausgedrückt: Es ist wenig einleuchtend, dass diejenige haftende Körperschaft, die ihre Haftpflicht anerkennt und die berechtigten Ansprüche des Geschädigten befriedigt, dafür „bestraft“ wird, indem sie endgültig auf dem Schaden sitzen bleibt. Es würde auch nicht im wohlverstandenen Interesse des Geschädigten liegen, wenn auf diese Weise gleichsam ein Anreiz für die haftenden Körperschaften geschaffen würde, um einen Rückgriff gegen die eigenen Beamten zu vermeiden, die Ersatzleistung zurückzuhalten und abzuwarten, ob nicht die andere Körperschaft den Schaden reguliert. Dementsprechend hat der BGH bereits in einer frühen Entscheidung (BGHZ 9, 65, 67, 68) ausgeführt, dass derartige Ausgleichsansprüche auch nicht in den allgemeinen Finanzausgleich zwischen dem Land und den Gemeinden oder Gemeindeverbänden fallen; daraus ergibt sich mithin, dass der gesamtschuldnerische Innenausgleich ein brauchbares Instrumentarium für die Verteilung der Verantwortlichkeit auf die einzelnen haftenden Körperschaften bietet (vgl auch § 10, insbesondere Abs 3, des [für verfassungswidrig erklärten] Staatshaftungsgesetzes). Zum Gesamtschuldnerausgleich zwischen Ausgangs- und Widerspruchsbehörde und die Bindungswirkungen aus einem verwaltungsgerichtlichen Vorprozess BGHZ 175, 221, 225 ff.

(3) Haben sowohl die Bundesrepublik nach Amtshaftungsgrundsätzen als auch der **133**
Träger der (privaten) Beschäftigungsstelle auf vertraglicher Grundlage für ein Fehlverhalten eines Zivildienstleistenden gegenüber dem Geschädigten einzustehen (Rn 795), so vollzieht sich der Gesamtschuldnerausgleich zwischen der Bundesrepublik und dem Träger der Beschäftigungsstelle unmittelbar nach § 426 Abs 1 S 1 BGB. Die Vorschriften des Zivildienstgesetzes enthalten keine andere Bestimmung, nach der einer von ihnen im Rahmen seiner Ausgleichungspflicht allein für den gesamten Schaden aufzukommen hat. Im Zweifel wird also intern jeder für die Hälfte des Schadens aufzukommen haben.

7. Die Amtspflichten im Allgemeinen

a) Allgemeine und besondere Amtspflichten

aa) Nach Art 20 Abs 3 GG ist die Gesetzgebung an die verfassungsmäßige Ord- **134**
nung und sind die vollziehende Gewalt und die Rechtsprechung an Gesetz und Recht gebunden. Es ist also aller Staatsgewalt schlechthin verboten, rechtswidrig zu handeln. Ins Positive gewendet ergeben sich Inhalt und Umfang der Pflichten, die ein Amt einem Amtsinhaber auferlegt, in verallgemeinerter Form aus den Amts-

und Diensteiden. So schwören zB die Beamten (vgl §§ 64 BBG, 38 BeamtStG), das Grundgesetz für die Bundesrepublik Deutschland und alle in der Bundesrepublik geltenden Gesetze zu wahren und ihre Amtspflicht gewissenhaft zu erfüllen; der Richtereid (§ 38 DRiG) lautet dahin, dass der Richter das Richteramt getreu dem Grundgesetz und getreu dem Gesetz ausüben, nach bestem Wissen ohne Ansehen der Person urteilen und nur der Wahrheit und Gerechtigkeit dienen werde. Die Wahrung des Grundgesetzes und aller in der Bundesrepublik geltenden (bundes- und landesrechtlichen) Gesetze, soweit sie sich an alle Rechtsunterworfenen wenden, wird damit nicht nur als eine allgemeine staatsbürgerliche Pflicht, sondern auch als eine den Amtsinhaber kraft des ihm übertragenen Amtes treffende Amtspflicht charakterisiert; die allgemein jedem Rechtsunterworfenen abverlangte Verpflichtung zu gesetzestreuem Verhalten ist für den Amtsinhaber, soweit es sich um sein amtliches Verhalten handelt, zur Amtspflicht erhöht. Die gleiche Pflicht kann also einem Amtsträger als Amtspflicht, einer Privatperson dagegen als bürgerlich-rechtliche Verpflichtung obliegen (BGHZ 16, 111, 114). Bei dieser Reichweite der Amtspflichten gibt es nach der Rechtsprechung im Bereich der Amtshaftung keinen „justizfreien Raum" und keine „injustitiablen Hoheitsakte" (BGHZ 57, 33, 46).

135 **bb)** Neben diese allgemeinen Amtspflichten treten die **besonderen Pflichten** (die Amtspflichten im engeren Sinne), die gerade den Amtsinhabern auferlegt sind. Sie sind für die Beamten im staatsrechtlichen Sinn zunächst in allgemeiner Weise in den Beamtengesetzen normiert, so die Pflichten zu uneigennütziger Verwaltung des Amtes nach bestem Gewissen (§ 61 BBG, § 34 BeamtStG), zur Befolgung der von den Vorgesetzten erlassenen Einzelanordnungen und allgemeinen Richtlinien (§ 62 BBG, § 35 BeamtStG), zur Remonstration bei Bedenken gegen die Rechtmäßigkeit dienstlicher Anordnungen (§ 63 Abs 2 BBG, § 36 Abs 2 BeamtStG; s hierzu auch Rn 155 sowie Rn 188), zur Enthaltung von der Amtsausübung bei Interessenkollision (§ 65 BBG) und zur Amtsverschwiegenheit. Dazu treten die Vorschriften der Gesetze, die die Voraussetzungen und den Inhalt amtlicher Betätigung für bestimmte Gruppen von Amtsinhabern regeln, wie zB die Vorschriften der GBO für die Grundbuchbeamten, des FGG für die Organe der freiwilligen Gerichtsbarkeit, der Schiedsmanngesetze für die Schiedsmänner usw Wichtig ist, dass außengerichtete Amtspflichten auch durch Runderlasse und sonstige allgemeine Verwaltungsvorschriften begründet werden können (BGH NJW 2001, 3054, 3056; NVwZ-RR 2000, 746). Hingegen hat der BGH es abgelehnt (BGHZ 87, 9, 18), beim Scheitern oder bei Nicht- oder Schlechterfüllung eines öffentlich-rechtlichen Vertrags die Grundsätze der Amtshaftung anzuwenden, weil anderenfalls die besonderen Regeln, die sich für die gegenseitigen Leistungen aus dem öffentlich-rechtlichen Leistungsverhältnis ergeben, und die gerichtliche Zuständigkeit dort, wo über den Erfüllungsanspruch nicht die Zivilgerichte zu entscheiden haben, umgangen werden könnten. Offen geblieben ist jedoch, ob diese Erwägungen es auch ausschließen, aus einem öffentlich-rechtlichen Vertrag Amtspflichten gegenüber Dritten herzuleiten, denen ein vertraglicher Erfüllungsanspruch nicht zusteht, die vielmehr mit der Begründung, sie seien in den Schutzbereich des Vertrags einbezogen, Schadensersatz wegen angeblich pflichtwidrigen Verhaltens eines Vertragspartners verlangen (BGHZ 120, 184, 188). Besondere Amtspflichten nicht beamteter Personen, die mit hoheitlichen Befugnissen bekleidet werden, können sich aus den mit dem **Beleihungsakt** verbundenen Weisungen ergeben.

Amtspflichten werden aber nicht nur durch gesetzliche Vorschriften und durch Dienstanweisungen begründet, sondern können sich auch unmittelbar aus der Art und Natur der wahrzunehmenden Aufgabe selbst ergeben (BGHZ 69, 136; BGH VersR 1958, 600) und aus der Konkretisierung allgemeiner Obersätze und Maximen, insbesondere des Grundsatzes des sozialen Rechtsstaats und der Bindung der Staatsorgane an „Gesetz und Recht" (Art 20 GG), hergeleitet werden. 136

Amtspflichten können sich auch aus einem als öffentlich-rechtlich zu qualifizierenden Mitgliedschaftsverhältnis in einem Verband ergeben, der eine Körperschaft des öffentlichen Rechts ist. Verletzungen dieser aus dem Mitgliedschaftsverhältnis sich ergebenden besonderen Pflichten können – neben Schadensersatzansprüchen aus einem öffentlich-rechtlichen Schuldverhältnis – Amtshaftungsansprüche begründen (BGH NVwZ-RR 2008, 169 Rn 7: Wasser- und Bodenverband). Zur Pflichtmitgliedschaft einer öffentlich-rechtlichen Körperschaft im Bayerischen Kommunalen Prüfungsverband vgl BGHZ 177, 37, 40. 137

Eine Amtspflichtverletzung kann auch begangen werden, wenn der Beamte zur Vornahme der Amtstätigkeit nicht verpflichtet war, sondern sie freiwillig, außerhalb seines „eigentlichen" Pflichtenkreises als amtliche Aufgabe übernommen hat (vgl BGH VersR 1961, 438: die Polizei übernimmt das Geleit für einen schwierigen Transport auf öffentlichen Straßen). Das Gleiche gilt, wenn der Beamte unter Überschreitung der Grenzen seiner sachlichen und örtlichen Zuständigkeit gehandelt hat, sofern nur eine innere Beziehung zu seinen dienstlichen Obliegenheiten besteht (BGH VersR 1966, 852; RGZ 104, 260, 348; 99, 288; 93, 261; 71, 60).

b) Rechtmäßiges Verhalten

aa) Jeder Amtsträger hat die Amtspflicht, sein Amt sachlich, unparteiisch und im Einklang mit den Forderungen von Treu und Glauben sowie guter Sitte auszuüben und sich jeden Missbrauchs seines Amtes zu enthalten. Der Staat darf seine Machtmittel nur nach sorgfältiger Prüfung sowie im unabweislich gebotenen Umfang einsetzen und anwenden. Jeder Amtsträger muss seine Machtmöglichkeiten maßvoll ausüben, so dass unbeteiligte Dritte dadurch nicht geschädigt werden und der Betroffene nur nach den Grundsätzen der Verhältnismäßigkeit, nämlich in den Grenzen des unumgänglich Notwendigen, benachteiligt wird (BGH 16. 12. 1967 – III ZR 28/64, BB 1967, 1189). 138

Die allgemeinen Amtspflichten jedes Beamten, sein Amt gewissenhaft und unparteiisch zu verwalten, die Gesetze zu wahren, sich jeden Amtsmissbrauchs und jedes Übermaßes eines Eingriffs zu enthalten, sind Amtspflichten, die dem Beamten gegenüber jedem als geschütztem „Dritten" obliegen, der durch die Verletzung dieser Pflichten geschädigt werden könnte (BGH 15. 5. 2003 – III ZR 42/02, VersR 2003, 1306; BGH 22. 5. 1984 – III ZR 18/83, BGHZ 91, 243, 252 mwNw). Ein **Amtsmissbrauch** liegt aber nicht schon bei jeder schuldhaft fehlerhaften Amtshandlung vor, wenn sie „wertneutral", dh noch nicht geeignet ist, in die Belange solcher Dritter einzugreifen, die nach der besonderen Natur dieses Amtsgeschäfts durch dieses berührt werden, sondern nur dann, wenn Umstände hinzutreten, durch die das Verhalten im Widerspruch mit den Forderungen von Treu und Glauben und guter Sitte steht. Sind diese Voraussetzungen aber gegeben, so ist die Haftung – anders als nach § 826 BGB – nicht auf vorsätzliche Schadenszufügung beschränkt, denn nach § 839 BGB wird auch für einen fahr- 139 lässig begangenen Amtsmissbrauch gehaftet. Das setzt aber bei den von Haus aus „wertneutralen“ Verfehlungen voraus, dass der Beamte als Folge des Amtsmissbrauchs die Möglichkeit der Schädigung eines Dritten erkannt hat oder hätte erkennen müssen, während im Allgemeinen die Voraussehbarkeit eines Schadens nicht zu den haftungsbegründenden Umständen gehört (vgl wegen der Einzelheiten den Abschnitt „Verschulden“ Rn 204).

140 **bb)** Eine besonders wichtige Konsequenz der Amtspflicht zu rechtmäßigem Verhalten ist die Pflicht, **deliktische Schädigungen** zu unterlassen.

(1) Der hoheitlich handelnde Beamte ist daher verpflichtet, sich bei der Amtsausübung aller rechtswidrigen Eingriffe in fremde Rechte zu enthalten; insbesondere also alle unerlaubten Handlungen im Sinne des BGB zu unterlassen (BGH 15. 5. 2025 – III ZR 417/23, NJW 2025, 2689 Rn 30; BGH 10. 1. 1955 – III ZR 153/53, BGHZ 16, 111, 113 mwNw), namentlich Eingriffe in die durch § 823 Abs 1 BGB geschützten absoluten Rechtsgüter wie Leben, Körper, Gesundheit, Freiheit, Eigentum (BGH 7. 11. 2013 – III ZR 263/12, BGHZ 198, 374 Rn 7; BGH 28. 11. 2002 – III ZR 122/02, NVwZ-RR 2003, 166) oder sonstige absolute Rechte wie das allgemeine Persönlichkeitsrecht (BGH 17. 3. 1994 – III ZR 15/93, NJW 1994, 1950, 1951), einschließlich der Ehre (BGH 25. 9. 1980 – III ZR 74/78, BGHZ 78, 274, 279), das Recht am eingerichteten und ausgeübten Gewerbebetrieb (BGH 16. 6. 1977 – III ZR 179/75, BGHZ 69, 128, 138), und das Urheberrecht (BGH 16. 1. 1992 – I ZR 36/90, NJW 1992, 1310 f). Aus der gegenüber jedem unbeteiligten Dritten bestehenden Amtspflicht, bei der Amtsausübung nicht in irgendeiner Weise unzulässig in dessen Bereich einzugreifen und sich unerlaubter Handlungen im Sinne der §§ 823 ff BGB gegenüber Dritten zu enthalten, ergibt sich insbesondere die Amtspflicht, bei hoheitlichen Dienstfahrten jedem Verkehrsteilnehmer gegenüber die Verkehrsvorschriften zu beachten (BGH 18. 12. 2007 – VI ZR 235/06 VersR 2008, 410 Rn 20; BGH 26. 3. 1997 – III ZR 295/96, NJW 1997, 2109, 2110; BGH 12. 12. 1991 – III ZR 10/91, NJW 1992, 1227, 1229; BGH VersR 1966, 494; BGHZ 16, 111, 113; BGHZ 14, 319, 324; BGHZ 1, 388, 395).

(2) Verletzung einer dem Geschädigten gegenüber obliegende Amtspflicht ist danach auch die Verletzung eines Schutzgesetzes (§ 823 Abs 2 BGB); diese kann bestehen in der Begehung einer strafbaren Handlung. Beispiele: unterlassene Hilfeleistung gem § 323c StGB (BGH 15. 5. 2017 – III ZR 417/23, NJW 2025, 2689 Rn 40) die Begehung fahrlässiger Körperverletzung durch unvorsichtigen Umgang mit der Dienstwaffe oder deren unzulängliche Verwahrung, die missbräuchliche Benutzung ermöglicht (vgl BGH NVwZ 2000, 467), die Begehung von Amtsunterschlagung (RGZ 56, 84), Urkundenfälschung (RGZ 66, 107), wie auch in der Verletzung außerstrafrechtlicher Schutzgesetze (vgl BGH 7. 2. 1980 – III ZR 153/78, NJW 1980, 1679, betreffend Verletzung des § 909 BGB durch die Straßenbaubehörde) oder anderer Verbotsgesetze (vgl BGHZ 76, 16, 30, betreffend verbindliche Abgabe einer gesetzwidrigen Zusage einer Gemeinde, bei der die Zulässigkeit nicht genügend sorgfältig geprüft war). Eine Amtspflichtverletzung kann schließlich auch durch Kreditgefährdung im Sinne des § 824 erfolgen (BGH 23. 9. 1963 – III ZR 22/62, VersR 1963, 1202, 1203) sowie durch Verwirklichung des § 826 BGB (BGH 20. 9. 1954 – III ZR 369/52, BGHZ 14, 319, 324).

141 **cc)** Die Pflicht zur gewissenhaften Verwaltung seines Amtes erfordert auch, dass ein Beamter über die zur Ausübung seines Amtes **erforderlichen fachlichen und rechtlichen Kenntnisse, Fähigkeiten und Erfahrungen** verfügt oder, soweit er sie nicht be-

sitzt, sich verschafft (st Rspr, zB BGH 19. 1. 2023 – III ZR 234/21, VersR 2023, 451 Rn 31; BGH 23. 7. 2020 – III ZR 66/19, VersR 2020, 1315 Rn 16; BGH 15. 8. 2019 – III ZR 18/19, BGHZ 223, 72 Rn 49; BGH 4. 7. 2013 – III ZR 342/12, BGHZ 198, 1 Rn 10; BGH 10. 2. 2011 – III ZR 37/10, BGHZ 188, 302 Rn 13; BGH 9. 12. 2004 – III ZR 263/04, BGHZ 161, 305, 309; BGH 11. 12. 1997 – III ZR 52/97, NJW 1998, 1307, 1308). So muss zB ein Beamter, zu dessen Amtsverrichtungen der Gebrauch von Schusswaffen gehört, wie etwa ein Polizeibeamter, auch die Gefahren kennen, die zur Nachtzeit mit einem Schuss auf ein Ziel in größerer Entfernung verbunden sind; er muss wissen, wann ein solcher Schuss mit Abprallern und Querschlägern verbunden ist und welche Folgen sich daraus ergeben (BGH VersR 1964, 536, 539). Ein mit **Rechtsangelegenheiten** befasster Beamter muss sich über die auf seinem Sachgebiet einschlägige Gesetzgebung und Rechtsprechung auf dem Laufenden halten und sich bei seiner Entscheidung mit dieser auseinandersetzen (BGH 15. 8. 2019 – III ZR 18/19, BGHZ 223, 72 Rn 49; BGH 10. 2. 2011 – III ZR 37/10, BGHZ 188, 302 Rn 13). Dazu ist eine Lektüre der aktuellen einschlägigen Fachzeitschriften erforderlich (vgl BGH 15. 8. 2019 – III ZR 18/19, BGHZ 223, 72 Rn 54 mAnm Stuttmann NVwZ 2020, 95). Ein selbst nicht rechtskundiger Amtsinhaber muss sich durch die ihm beigegebenen rechtskundigen Beamten beraten lassen, für deren schuldhafte Beratung der Staat einzustehen hat (so bereits RG JW 1932, 3767, betreffend einen Minister). Tut er dies nicht und setzt er sich infolgedessen mit der Rechtsprechung in Widerspruch, so verletzt er schuldhaft die Amtspflichten, die ihm gegenüber den von seiner Entscheidung betroffenen Dritten obliegen (BGH VersR 1963, 1080). Das bedeutet nicht, dass ein Beamter bei seinen Entscheidungen an die Rechtsprechung gebunden sei; er handelt nicht schuldhaft pflichtwidrig, wenn er bei seiner Entscheidung aus wohl erwogenen Gründen einer Rechtsprechung, die er für unrichtig hält, nicht folgt und dabei zu einer zumindest vertretbaren Rechtsansicht gelangt (BGH 15. 8. 2019 – III ZR 18/19, BGHZ 223, 72 Rn 49; BGH 10. 2. 2011 – III ZR 37/10, BGHZ 188, 302 Rn 13). Vgl wegen der Einzelheiten den Abschnitt „Verschulden“ Rn 214 ff.

dd) Die allen Behörden obliegende allgemeine Pflicht zur gesetzmäßigen Verwal- **142**
tung konkretisiert sich auch in der Pflicht jedes Amtsträgers, die Grenzen seiner **Zuständigkeit** einzuhalten. Die bestehenden Zuständigkeitsregelungen sind gerade auch deshalb geschaffen worden, damit der jeweilige Entscheidungsträger die erforderliche Fachkompetenz aufweist. Sinn der Zuständigkeitsbestimmungen ist daher auch die Gewährleistung einer sachlich richtigen Entscheidung, was regelmäßig auch dem Schutz der Betroffenen dient. Der Beamte, der seine amtlichen Befugnisse überschreitet und Amtshandlungen vornimmt, für die er nicht zuständig ist, verletzt eine ihm gegenüber jedem dadurch geschädigten Dritten obliegende Amtspflicht, wenn eine innere Beziehung zwischen der unter Zuständigkeitsüberschreitung vorgenommenen schädigenden Amtshandlung und den durch die zuständige Stelle zu schützenden Belangen des Dritten besteht, dh dessen Interessen dadurch konkret berührt werden (BGH 19. 1. 2023 – III ZR 234/21, VersR 2023, 451 Rn 18; BGHZ 117, 240, 244/45; BGHZ 65, 182, 187 f; BGH NJW 1959, 1316 f). Eine solche Beziehung ist auch noch gegeben, wenn eine Selbstverwaltungskörperschaft durch Hinausgreifen über die Grenzen ihrer Autonomie den „Zulassungsstatus“ der Mitglieder schmälert (BGHZ 81, 21, 27 f). Ebenso muss sich eine Kassenärztliche Vereinigung gegenüber ihren Mitgliedern im Rahmen des gesetzlich und vertraglich geregelten kassenärztlichen Leistungssystems halten (BGH 25. 11. 1991 – III ZR 24/91, juris Rn 5 im Anschluss an BSGE 62, 231). Die eine Amtspflichtverletzung darstellende Zuständigkeitsüberschreitung eines Beamten verlangt es nicht, dass er die Zuständigkeiten einer anderen öffentlich-rechtlichen

Körperschaft wahrgenommen hat (BGH NJW 1959, 1316; RGZ 148, 251, 256). Ebenso kann ein Beamter verpflichtet sein, im Falle seiner Unzuständigkeit einen Antrag an die zuständige Stelle **weiterzuleiten** (BGH 21. 1. 2021 – III ZR 70/19, VersR 2021, 1298 Rn 14 zu § 35 Abs 3 VermG).

143 **ee)** Allgemein trifft alle Beamten die Amtspflicht, sich bei ihrer amtlichen Tätigkeit innerhalb der Grenzen von **Recht und Gesetz** zu halten und nicht ohne gesetzliche Grundlage tätig zu werden (BGH 14. 12. 1978 – III ZR 37/77, NJW 1979, 642, 643), so, wenn ein Bundesminister nachgeordneten Behörden Anweisungen erteilt, deren Befolgung zur Schädigung Dritter führt (durch Ablehnung der Gesuche von Antragstellern), es aber für solche Anweisungen an der erforderlichen Rechtsgrundlage (Gesetz oder Verordnung) fehlt (BGH 12. 12. 1974 – III ZR 76/70, BGHZ 63, 319, 322 ff). Amtspflichtwidrig ist es daher auch, wenn ein Polizeibeamter als Hilfsbeamter der Staatsanwaltschaft dem Auftraggeber eines Privatdetektivs empfiehlt, den Ermittlungsauftrag wegen angeblicher, in Wirklichkeit nicht zu befürchtender Störung staatsanwaltschaftlicher Ermittlungen zu kündigen (BGH 19. 1. 1989 – III ZR 243/87, NJW 1989, 1924, 1925). Entsprechendes gilt, wenn Bedienstete des Landessozialamts verlangen, den Steuerberater nicht zu Verhandlungen hinzuzuziehen, und dessen Kündigung veranlassen (BGH 25. 1. 1990 – III ZR 60/89, juris Rn 4 ff). Ebenso darf die Bundesrepublik nicht durch Absprachen mit einer privaten Fluggesellschaft den beabsichtigten Berufswechsel eines Berufssoldaten (Luftwaffenpilot), der seine Entlassung auf eigenen Antrag betreiben will, über die gesetzlichen Voraussetzungen hinaus erschweren (BGH 18. 12. 1986 – III ZR 214/85, MDR 1987, 561). Schließlich gehört in diesen Zusammenhang die unzulässige „Koppelung" einer beantragten Baugenehmigung mit einer von dem Antragsteller zu erbringenden Gegenleistung, die für sachfremde Zwecke verwendet werden soll (BGH NJW 1979, 642; unter bestimmten – engen – Voraussetzungen kann indessen eine „Koppelung" zulässig sein: BGH WM 1981, 179 und 1983, 713).

144 **ff)** Auch der **Gebrauch von Rechtsmitteln** durch eine Behörde gegen die Entscheidung einer anderen Behörde kann amtspflichtwidrig sein. Ebenso stellt der Gebrauch von Rechtsbehelfen zur Durchsetzung amtspflichtwidriger Beschlüsse eine Amtspflichtverletzung dar. Damit wird die mit dem ursprünglichen amtspflichtwidrigen Beschluss begonnene Amtspflichtverletzung fortgesetzt (BGH 21. 10. 1993 – III ZR 68/92, NVwZ 1994, 825, 826). Auch darf eine Behörde bei einer anderen eine bestimmte gegen einen Dritten gerichtete Maßnahme nicht beantragen, wenn sie erkennt oder mangels gehöriger Prüfung nicht erkennt, dass die gesetzlichen Voraussetzungen für diese Maßnahme nicht gegeben sind. Das schließt allerdings nicht aus, dass eine Behörde bei Anwendung der in derartigen Fällen zu fordernden Sorgfalt nach Prüfung der ihr zur Verfügung stehenden Unterlagen einen Sachverhalt – objektiv – dahin beurteilen kann und darf, es liege ernstlich die Möglichkeit nahe, dass die zur Entscheidung über den Antrag zuständige Stelle die Voraussetzungen für die in Rede stehende Maßnahme als vorliegend werde erachten müssen, während die für die Anordnung der Maßnahme selbst allein zuständige Stelle mit Recht diese Voraussetzungen doch nicht für gegeben ansieht. In einem solchen Fall handelt die beantragende Behörde nicht pflichtwidrig (BGH 15. 2. 1990 – III ZR 293/88, BGHZ 110, 253, 256 zu einem Konkursantrag bei nicht vorliegendem Konkursgrund). Dementsprechend darf eine Behörde eine einem Dritten von einer anderen Behörde erteilte Genehmigung dann nicht anfechten, wenn sie erkennt oder hätte erkennen müssen, dass die gesetzlichen Voraussetzungen für die Genehmigung vorliegen (BGH 27. 9. 1994 – III ZR 36/93, NVwZ 1995,

100). Das Weiterbetreiben eines ursprünglich rechtmäßig eingelegten Rechtsbehelfs kann amtspflichtwidrig werden, wenn diesem durch eine nachträgliche Änderung der Sach- oder Rechtslage der Boden entzogen wird (BGH 30. 11. 2006 – III ZR 352/94, BGHZ 170, 99 Rn 14).

c) Pflicht, den Sachverhalt zu erforschen

Gemäß § 24 VwVfG (sowie den entsprechenden Landesvorschriften) hat die Behörde den Sachverhalt von Amts wegen zu ermitteln. Danach muss jeder Amtsträger vor einer hoheitlichen Maßnahme, die geeignet ist, einen anderen in seinen Rechten zu beeinträchtigen, den Sachverhalt im Rahmen des Zumutbaren so umfassend erforschen, dass die Beurteilungs- und Entscheidungsgrundlage nicht in wesentlichen Punkten zum Nachteil des Betroffenen unvollständig bleibt (BVerfG 21. 11. 2012 – 1 BvR 1711/09, juris Rn 16; BGH 19. 12. 2024 – III ZR 24/23, BGHZ 242, 341 Rn 48; BGH 6. 10. 2016 – III ZR 140/15, BGHZ 212, 173 Rn 33; BGH 19. 5. 1988 – III ZR 32/87, NJW 1989, 99). Dies gilt insbesondere bei komplexen Sachverhalten, aus denen Konsequenzen gezogen werden sollen, die mit erheblichen Beeinträchtigungen oder Risiken für den Betroffenen verbunden sein können (BGH 19. 12. 2024 – III ZR 24/23, BGHZ 242, 341 Rn 48 mwNw). Erforderlichenfalls trifft die Behörde die Amtspflicht, sich sachverständiger Hilfe zu bedienen (BGH VersR 1988, 134, betreffend die Genehmigung eines möglicherweise gefährlichen Drachenflugexperiments). Wie weit der Sachverhalt zu ermitteln ist, bestimmt sich auch nach der Eilbedürftigkeit und dem Gewicht einer drohenden Gefahr, deren Abwendung durch die weitere Sachverhaltsermittlung verzögert würde (BGH 19. 12. 2024 – III ZR 24/23, BGHZ 242, 341 Rn 49). So soll die Behörde etwa im Lebensmittel- oder Produktsicherheitsrecht ggf bereits auf der Basis von nicht sicherem Wissen eine Maßnahme ergreifen, um das erstrebte hohe Maß an Schutz für Leben und Gesundheit des Menschen zu gewährleisten (BGH 19. 12. 2024 – III ZR 24/23, BGHZ 242, 341 Rn 49). Darüber hinaus kann die Aufklärungspflicht der Behörde durch Mitwirkungs- und Kooperationsobliegenheiten des Betroffenen beschränkt sein. Solche Pflichten ergeben sich allgemein aus § 26 Abs 2 VwVfG und sind teilweise – insbesondere im Lebensmittelrecht –fachgesetzlich besonders ausgestaltet (BGH 19. 12. 2024 – III ZR 24/23, BGHZ 242, 341 Rn 50 ff). 145

Der durch die Verletzung der Aufklärungspflicht Geschädigte ist jedenfalls dann „Dritter" im Sinne des § 839 Abs 1 BGB, wenn die hoheitliche Maßnahme darauf abzielt, den Adressaten zu einem Eingriff in seine Rechtsstellung zu veranlassen (BGH 19. 5. 1988 – III ZR 32/87, NJW 1989, 99). Die Verpflichtung des Betriebsprüfers, die Besteuerungsgrundlagen nur unter den Voraussetzungen des Gesetzes und im Rahmen des gesetzlich Zulässigen festzustellen, ist eine Amtspflicht auch gegenüber dem Steuerpflichtigen (BGH NJW 1987, 434; BGH VersR 1975, 598 mwNw).

d) Pflicht zur zügigen Sachbearbeitung

aa) Im Rechtsstaat hat jede Behörde die Amtspflicht gegenüber dem Antragsteller, die an sie gestellten Anträge mit der gebotenen Beschleunigung zu bearbeiten und, sobald deren Prüfung abgeschlossen ist, ungesäumt zu bescheiden (BGH 12. 6. 2008 – III ZR 38/07, NVwZ-RR 2008, 674 Rn 13; BGH 11. 1. 2007 – III ZR 302/05, BGHZ 170, 260 Rn 17). Das gilt vor allem, wenn, der Behörde erkennbar, ein dringendes Interesse des Antragstellers an einer alsbaldigen Sachentscheidung besteht (BGHZ 30, 19). Dabei ist die Behörde auch gehalten, ggf auf die Vervollständigung eines Antrags hinzuwirken, insbesondere wenn der Antragsteller hierum bittet (BGH 12. 6. 2008 – III ZR 38/07, 146

NVwZ-RR 2008, 674 Rn 13). Sofortige Erledigung von Anträgen kann aber, wenn nicht ganz besondere zwingende Gründe vorliegen, in der Regel nicht verlangt werden. Welche Frist angemessen, welche Beschleunigung geboten ist, bestimmt sich nicht allein nach dem Interesse des Antragstellers oder des durch die erbetene Entscheidung betroffenen Einzelnen, sondern auch danach, dass im Einzelfall eine sachgerechte Entscheidung ausreichend vorbereitet und ermöglicht wird (BGH VersR 1964, 344). Auch wenn eine Sache entscheidungsreif ist, besteht eine Entscheidungspflicht erst nach Ablauf eines der Behörde zuzubilligenden Bearbeitungs- und Prüfungszeitraums, innerhalb dessen die ordnungsgemäße, ermessensfehlerfreie und zügige Bearbeitung des (entscheidungsreifen) Gesuchs abgeschlossen sein muss (BGH 24. 10. 2024 – III ZR 48/23, NVwZ-RR 2025, 252 Rn 23). Insbesondere kann einem zur Entscheidung berufenen Kollegialorgan im Hinblick auf die Redebefugnis und das Antragsrecht der Ausschussmitglieder, das zu ergänzenden Prüfungs- und Berichterstattungsaufträgen an die Verwaltung führen kann, eine Bedenkzeit zuzubilligen sein (BGH 24. 10. 2024 – III ZR 48/23, NVwZ-RR 2025, 252 Rn 30). Dabei führt auch die vorbereitende Befassung durch andere Amtsträger nicht zu einer Verkürzung der Bedenkzeit (BGH 24. 10. 2024 – III ZR 48/23, NVwZ-RR 2025, 252 Rn 29). Ein Beamter verletzt seine Amtspflicht gegenüber dem Antragsteller jedoch, wenn er infolge schuldhafter Verkennung der Rechtslage zögert, einem Antrag zu entsprechen, und damit dem Antragsteller zumindest zeitweilig die Entscheidung vorenthält (BGHZ 30, 19, 26; BGH VersR 1963, 1175). Er handelt aber nicht schuldhaft, wenn er bei einer zweifelhaften und ungeklärten Rechtsfrage, von der seine Entscheidung abhängt, zunächst die Entscheidung eines bereits mit der gleichen Frage befassten oberen Gerichts abwartet (BGH VersR 1964, 197). Die bevorstehende Änderung der Rechtslage, die die Ablehnung eines Antrags rechtfertigt, darf aber nicht zu einer verzögerten Bearbeitung führen, sondern begründet vielmehr eine besondere Eilbedürftigkeit der Bearbeitung (BGH 25. 10. 1990 – III ZR 167/89, NVwZ 1991, 298). Auch geänderte Planungsabsichten einer Gemeinde dürfen nicht zu einer Verzögerung der Entscheidung über eine Bauvoranfrage führen (BGH 23. 1. 1992 – III ZR 191/90, NVwZ 1993, 299).

Eine erhebliche Arbeitsüberlastung kann das Verschulden des Beamten ausschließen, wenn sie den vorgesetzten Stellen bekannt war oder wenigstens bei ordnungsmäßiger Aufsicht bekannt sein musste (BGH VersR 1963, 1080). Allerdings wird in solchen Fällen jeweils ein Organisationsverschulden zu prüfen sein (vgl wegen der Einzelheiten den Abschnitt „Verschulden“ Rn 228). Besonderheiten bestehen, wenn die Verzögerung des Verfahrens zu einer Genehmigungsfiktion führt. So begehen die Bediensteten der Genehmigungsbehörde durch den Erlass eines verspäteten Zwischenbescheides nach § 6 Abs 1 S 2 GrdstVG nicht deshalb eine Amtspflichtverletzung, weil sie das Verfahren verzögert bearbeitet haben, sondern dadurch, dass sie den unrichtigen Eindruck erwecken, die Entscheidung über den Antrag auf Genehmigung des Kaufvertrags sei noch in der Schwebe, während die Genehmigung wegen der Fiktion des § 6 Abs 2 GrdstVG in Wahrheit bereits als erteilt gilt (BGH 3. 6. 1993 – III ZR 104/92, BGHZ 123, 1, 5 f).

147 **bb)** Aus der Regelung der verwaltungsrechtlichen Untätigkeitsklage (§ 75 VwGO) lässt sich kein Hinweis darauf herleiten, dass eine Pflichtverletzung erst bei einer Verzögerung von mindestens drei Monaten angenommen werden könne. Die für eine Untätigkeitsklage erforderliche Drei-Monats-Frist stellt lediglich eine besondere Prozessvoraussetzung dar; dies schließt nicht die Möglichkeit aus, dass auch ein

kürzerer Verzögerungszeitraum zu einer Schädigung des Bürgers führen kann, für die die Verwaltung einzustehen hat, soweit die sonstigen Voraussetzungen einer schuldhaften Pflichtverletzung erfüllt sind (BGH 24. 10. 2024 – III ZR 48/23, NVwZ-RR 2025, 252 Rn 24; BGH NVwZ 1993, 299).

e) Sachgerechte Organisation

Verletzt ein Amtsträger seine Pflicht, den Sachverhalt hinreichend zu erforschen, ihn **148**
rechtlich zutreffend zu würdigen oder ihn zügig zu bearbeiten, oder stehen ihm aus anderen Gründen nicht alle zur Entscheidung erforderlichen Informationen zur Verfügung, so muss dies nicht auf seinem Verschulden beruhen. Es ist dann zu prüfen, ob Organisationspflichten verletzt sind. Alle Organe des Staates und alle Stellen, deren sich der Staat zur Durchführung seiner Aufgaben bedient, haben, soweit erforderlich, daran mitzuwirken, dass die zur Sachentscheidung zuständige Stelle in den Stand gesetzt wird, eine sachgerechte Entscheidung zu fällen; auch diese Mitwirkungspflicht ist eine ihnen dem Staatsbürger gegenüber obliegende Amtspflicht (BGH MDR 1978, 296; BGHZ 15, 305, 309). Eine Amtspflicht zu sachgerechter Unterrichtung obliegt einer Behörde auch, wenn sie durch Rat, Empfehlung oder Berichte eine andere Behörde zu hoheitlichen Maßnahmen veranlasst (BGH 10. 11. 1983 – III ZR 166/82, NJW 1984, 2946, betreffend Austausch besoldungsrechtlicher Vergleichsmitteilungen zwischen öffentlich-rechtlichen Arbeitgebern; BGH NJW 1963, 1199). Für weitere Einzelheiten zum Organisationsverschulden s Rn 228.

f) Pflicht zur Behebung begangener Fehler

Jeder Amtsträger hat die Pflicht, begangene Fehler zu beheben, im Rahmen des Zu- **149**
mutbaren ihre für den Betroffenen nachteiligen Folgen zu beseitigen und hervorgerufene Schadensgefahren auszuräumen (BGH 3. 10. 1985 – III ZR 28/84, NJW 1986, 2952, 2953; BGH 26. 3. 1981 – III ZR 171/79, juris Rn 34; BGHZ 43, 34, 38). Insbesondere besteht im Rahmen rechtmäßiger Amtsausübung für die insoweit zuständigen Amtsträger in der Regel die Pflicht, als rechtswidrig erkannte oder erkennbare Verwaltungsakte zurückzunehmen (BGH 3. 10. 1985 – III ZR 28/84, NJW 1986, 2952, 2953; BGH 26. 3. 1981 – III ZR 171/79, juris Rn 34; BGH 29. 3. 1971 – III ZR 98/69, VersR 1971, 859, 861).

g) Verhältnismäßigkeit

Ein den Inhalt der Amtspflicht beeinflussender allgemeiner Obersatz ist ferner der **150**
Grundsatz der Verhältnismäßigkeit (vgl dazu BGH NJW 1967, 622; s auch BGH 29. 4. 1993 – III ZR 3/92, BGHZ 122, 268, 271 f). Er besagt, dass, wo das Gesetz hoheitliche Eingriffe in die Rechtssphäre des Betroffenen zulässt, die Art und Schwere des Eingriffs in einem angemessenen Verhältnis zu dem erstrebten Zweck stehen müssen und dass bei einem Fehlverhalten einer Person nicht behördliche Maßnahmen ergriffen werden dürfen, die in einem Missverhältnis zu der Bedeutung des Fehlverhaltens stehen (BGH MDR 1965, 641). Aus dem Grundsatz der Verhältnismäßigkeit ergibt sich weiter, dass jeder obrigkeitliche Eingriff nur so weit zulässig ist, als er unumgänglich notwendig ist; der Beamte muss vermeidbare Schäden vermeiden und im Rahmen des Möglichen und Zumutbaren dazu beitragen, die nachteiligen Folgen des Eingriffs für den Betroffenen zu mildern (BGHZ 18, 336), also zB einen nach dem Bundesleistungsgesetz in Anspruch genommenen Kraftwagen zurückgeben, sobald er nicht mehr benötigt wird (BGHZ 9, 295), oder die Beschlagnahme des Führerscheins durch andere Maßnahmen ersetzen, wenn sonst erhebliche Schäden drohen (BGH NJW 1961, 264), oder in einem strafrechtlichen Ermittlungsverfahren das den Beschuldigten am we-

nigsten belastende Vorgehen wählen (OLG Koblenz MDR 1984, 144). Beim hoheitlich angeordneten Abbruch eines Hauses besteht die Amtspflicht zur Schonung erhaltenswerter Bausubstanz (BGH 12. 11. 1992 – III ZR 185/91, NVwZ 1993, 1228).

h) Konsequentes Verhalten

151 **aa)** Amtspflichten können sich auch aus vorausgegangenem Tun ergeben, durch das für Dritte ein Vertrauenstatbestand entstanden ist, der die Behörde zu konsequentem Verhalten, zur Vermeidung widersprüchlichen Verhaltens zwingt. Die Amtspflicht zu konsequentem Verhalten besagt, dass die Behörde verpflichtet ist, eine in bestimmter Weise geplante und begonnene Maßnahme auch entsprechend durchzuführen. Sie darf sich nicht zu dem eigenen früheren Verhalten in Widerspruch setzen, wenn die gebotene Rücksichtnahme auf die Interessen der Betroffenen es gebietet, das von diesen in den Bestand der Maßnahme gesetzte Vertrauen zu schützen (BGH 18. 5. 2006 – III ZR 396/04, NVwZ 2006, 1207 Rn 12; BGH 18. 12. 1997 – III ZR 241/96, BGHZ 137, 344, 346; BGH 22. 6. 1989 – III ZR 156/86, VersR 1990, 422; BGH 20. 9. 1984 – III ZR 58/83, VersR 1985, 37). Solange sich die Behörde jedoch innerhalb eines ihr zustehenden (Planungs-)Ermessens hält, kann sie auch von einer ursprünglichen Planung abweichen, ohne sich dem Vorwurf auszusetzen, amtspflichtwidrig gehandelt zu haben (BGH 18. 5. 2006 – III ZR 396/04, NVwZ 2006, 1207 Rn 12). Allgemein begründet die Pflicht zu konsequentem Verhalten kein Verbot, die Maßnahme nach Bedarf veränderten Situationen anzupassen (BGH 20. 9. 1984 – III ZR 58/83, VersR 1985, 37). Sie ist berechtigt, einen Bauantrag, der nach geltender Rechtslage positiv beschieden werden müsste, zum Anlass zu nehmen, ändernde Planungsmaßnahmen einzuleiten und dies nach §§ 14 ff BauGB zu sichern (BGH 24. 10. 2024 – III ZR 48/23, Rn 23; BGH 30. 11. 2006 – III ZR 352/04, BGHZ 170, 99 Rn 12). Ersatzansprüche können jedoch in dem Fall bestehen, dass die Behörde wahrheitswidrig, nämlich unvollständig oder unrichtig, Auskünfte erteilt, indem sie auf bereits bestehende Bedenken nicht hinweist, und so den Bürger sehenden Auges zu einem Verhalten veranlasst, aus dem ihm ein Schaden entsteht (BGH 18. 12. 1997 – III ZR 241/96, BGHZ 137, 344, 349 f; s hierzu auch Rn 167 ff).

Inhaltlich ist ein aus der Verletzung der Amtspflicht zu konsequentem Verhalten herzuleitender Ersatzanspruch nicht auf den Vertrauensschaden beschränkt; er geht vielmehr auf Herstellung der Vermögenslage, die bei Erfüllung der Amtspflicht eingetreten wäre (BGH 7. 2. 1980 – III ZR 23/78, BGHZ 76, 343, 351).

152 **bb)** Arbeitet eine Gemeinde bei der Bauleitplanung und/oder im Baugenehmigungsverfahren mit einem privaten Vorhabenträger an der Realisierung eines bestimmten Bauprojekts zusammen, so können sich dann, wenn dieses Projekt aus Gründen scheitert, die in der Sphäre der Gemeinde liegen, Berührungspunkte zwischen der Amtshaftung wegen Verletzung der Pflicht zu konsequentem Verhalten einerseits und der Haftung aus öffentlich-rechtlicher **culpa in contrahendo** andererseits ergeben. Schon vor Schaffung des § 1 Abs 3 S 2 HS 2 BauGB, der dies ausdrücklich ausspricht, war in der übereinstimmenden Rechtsprechung des Bundesverwaltungsgerichts und des Bundesgerichtshofs anerkannt, dass vertragliche Zusagen einer Gemeinde, einen inhaltlich näher bestimmten Bebauungsplan aufzustellen oder doch zumindest die Aufstellung in Übereinstimmung mit dem Vertragspartner zu fördern, der Wirksamkeit entbehrten (vgl BVerwGE 42, 331, 333; BVerwG DVBl 1977, 529 f; BGHZ 76, 16, 22; BGH NJW 1990, 245). Dies bedeutet, dass eine Haftung aus culpa in contra-

hendo in diesem Bereich nur unter ganz engen Voraussetzungen in Betracht kommen kann. Eine Haftung der Gemeinde kann insbesondere nicht schon deshalb bejaht werden, weil der (neu gewählte) Gemeinderat eine andere Planungskonzeption entwickelt und das frühere Planaufstellungsverfahren aufhebt. Das liegt in seinem Planungsermessen, das im Übrigen nur durch die gesetzlichen Bindungen der Bauleitplanung eingeschränkt ist. Angesichts dieser (relativen) Planungsfreiheit des Ortsgesetzgebers kann sich die im allgemeinen bürgerlichen Recht zu prüfende Frage, ob der Vertragspartner den Vertragsschluss „grundlos" verweigert hat, im Bereich der Bauleitplanung sinnvoll nicht stellen (BGH 18. 5. 2006 – III ZR 396/04, NVwZ 2006, 1207 Rn 7 ff; BGH 1. 12. 1983 – III ZR 38/82, ZfBR 1984, 146; BGH 8. 6. 1978 – III ZR 48/76, BGHZ 71, 386, 395 f). Ein Verschulden kann in solchen Fällen daher grundsätzlich nur in einem Verhalten der Gemeinde gesehen werden, das außerhalb der eigentlichen Bauleitplanung liegt, namentlich einem Verhalten, das dem Vertragspartner unrichtige, seine Vermögensdispositionen nachteilig beeinflussende Eindrücke über den Stand der Bauleitplanung vermittelt (BGH 8. 6. 1978 – III ZR 48/76, BGHZ 71, 386, 396). Es kann daher nicht darauf ankommen, ob dem Gemeinderat ein triftiger, sachlich gerechtfertigter Grund zur Seite gestanden hat, um von der früheren Planungskonzeption abzugehen. Denn die Gemeinde ist aufgrund ihrer Planungsfreiheit berechtigt, das Projekt nicht weiterzuverfolgen, solange sie sich nur im Rahmen ihres Planungsermessens hält. Diese Grundsätze gelten in ihrem wesentlichen Kern auch für das Verfahren betreffend die Aufstellung eines vorhabenbezogenen Bebauungsplans auf der Grundlage eines mit der Gemeinde abgestimmten Plans zur Durchführung der Vorhaben und der Erschließungsmaßnahmen (Vorhaben- und Erschließungsplan) nach § 12 BauGB (BGH 18. 5. 2006 – III ZR 396/04, NVwZ 2006, 1207). Solange sich die Gemeinde im Rahmen des ihr gesetzlich zustehenden Planungsermessens hält, kann ihr auch der mit der Sanktion des Schadensersatzes bewehrte Vorwurf einer amtspflichtwidrigen Inkonsequenz nicht gemacht werden. Deshalb scheidet auch ein Amtshaftungsanspruch wegen Verletzung der Amtspflicht zu konsequentem Verhalten aus. Anders kann es dann liegen, wenn die in Rede stehende Bauleitplanung die Grundlage für eine – ansonsten nach § 34 BBauG zu beurteilende – Baugenehmigung hatte bilden sollen, die die Gemeinde vorher durch zahlreiche rechtliche Teilschritte, insbesondere eine Bodenverkehrsgenehmigung, so weit gefördert hatte, dass lediglich der Abschluss eines Erschließungsvertrags fehlte, den sie dann grundlos, nämlich ohne eine andere Planungskonzeption entwickelt zu haben, abgelehnt hatte (BGH 7. 2. 1980 – III ZR 23/78, BGHZ 76, 349, 351).

cc) Als „letzten Rettungsanker" für den enttäuschten Vorhabenträger hat der BGH eine (konkludente) **vertragliche Risikoübernahme** durch die Gemeinde in Betracht gezogen: Ist eine Gemeinde einerseits nicht gebunden, eine bestimmte Bauleitplanung zu verwirklichen, so kann sie andererseits im Einzelfall durch ihr Verhalten einen Tatbestand setzen, der sie zwar nicht verpflichtet, die Planung überhaupt oder in einer bestimmten Richtung zu betreiben, aus dem sich aber die Verpflichtung ergeben kann, dem privaten Partner für den Fall des späteren Fehlschlagens der Planung aus Gründen, die in der Sphäre der Gemeinde liegen, einen finanziellen Ausgleich für nutzlos erbrachte Aufwendungen zu gewähren (BGH 1. 12. 1983 – III ZR 38/82, ZfBR 1984, 146; s auch BGH NJW 1990, 245; jeweils mwNw). Ob dies allerdings auch konkludent geschehen kann, insbesondere wenn die Kommune den privaten Partner mit erkennbarem Rechtsbindungswillen dazu anhält, Vorarbeiten zu leisten, deren Kosten sonst von ihr zu tragen wären (so BGH 1. 12. 1983 – III ZR 38/82, ZfBR 1984, 146), ist aller- **153**

dings im Hinblick auf die Formvorschriften für eine kommunale Verpflichtungserklärung fraglich. Zudem kann dies im Widerspruch dazu stehen, dass die vorrangige Planungsfreiheit der Gemeinde regelmäßig dazu führt, dass in solchen Fällen eine Haftung aus öffentlich-rechtlicher culpa in contrahendo verneint wird. Der BGH hat daher die frühere Rechtsprechung zu Recht mit einem Fragezeichen versehen (BGH 18. 5. 2006 – III ZR 396/04, NVwZ 2006, 1207 Rn 11; s auch OLG Brandenburg 22. 8. 2022 – 2 U 12/22 Rn 34).

i) Verschwiegenheitspflicht

154 Die allgemeine Verschwiegenheitspflicht der Beamten (§ 67 BBG, § 37 BeamtStG) ist eine Amtspflicht, die gegenüber allen Personen besteht, denen durch eine Verletzung dieser Pflicht Schaden entstehen kann (BGHZ 34, 184, 186; 58, 370, 379; 78, 274, 281). Sie erstreckt sich auf alle Angelegenheiten, die dem Beamten in seiner dienstlichen Tätigkeit unmittelbar oder mittelbar bekannt geworden sind, und besteht gegenüber allen Personen, die nicht zum engeren Dienstbereich des Beamten gehören (BGHZ 34, 184; OLG Karlsruhe MDR 1981, 754, betreffend Mitteilungen eines Kriminalbeamten von anhängig gewesenen Ermittlungsverfahren gegen einen Arbeitnehmer an dessen Arbeitgeber). Besonderen Schutz erfahren ua (vgl HdbÄußerungsrecht/Veil § 3 Rn 188) das Steuergeheimnis (§§ 30 AO, 355 StGB), das Sozialgeheimnis (§ 35 I 1 SGB I) und das Meldegeheimnis (§ 7 BMG). Die Verschwiegenheitspflicht bezieht sich aber (vgl § 67 Abs 1 S 2 BBG) grundsätzlich nicht auf das Verhältnis zwischen dem einzelnen Beamten und seinem Dienstvorgesetzten oder auf das Verhältnis zwischen einer Behörde und den ihr übergeordneten Stellen, deren Dienst-, Fach- oder Rechtsaufsicht sie unterliegt (BGHZ 78, 274, 282 ff, betreffend zentrale Sammlung und Auswertung von Nachrichten durch das Bundeskriminalamt im Rahmen seines gesetzlichen Aufgabenbereichs). Bei Mitteilungen von Angelegenheiten in diesem Rahmen trifft den Mitteilenden keine Amtspflicht, Vorkehrungen dagegen zu treffen, dass der Mitteilungsempfänger sie nicht zu Zwecken verwendet, die von seinem Aufgabenbereich nicht mehr gedeckt werden, oder sie gar in die Hände Unbefugter gelangen lässt (BGHZ 78, 283). Mitteilungen über Angelegenheiten, auf die sich die Amtsverschwiegenheit erstreckt, können, wenn sie außerhalb des Rahmens des § 67 Abs 1 S 2 BBG erfolgen, durch den Rechtfertigungsgrund der Wahrnehmung berechtigter Interessen (bei überwiegendem öffentlichen Interesse) gedeckt sein (vgl BGHZ 78, 284 ff). Überlagert werden Amtshaftungsansprüche in diesem Bereich inzwischen allerdings durch den konkurrierenden Schadensersatzanspruch aus Art 82 DSGVO (s hierzu Rn 403).

j) Gehorsamspflicht

155 Die Gehorsamspflicht des Beamten (§ 62 BBG, § 35 BeamtStG) begründet auch gegenüber Dritten die Amtspflicht, außer den Gesetzen auch die allgemeinen oder im Einzelfall erlassenen verbindlichen Weisungen der Vorgesetzten zu befolgen (BGH 24. 3. 1966 – III ZR 220/64, NJW 1966, 1356; BGH DRiZ 1963, 194; s auch BGH VersR 1968, 987, 988, betreffend Richtlinien für den Impfarzt über die Durchführung der Pockenschutzimpfung). Weisungen müssen unverzüglich ausgeführt werden; dies gilt auch dann, wenn die angewiesene Stelle gegen die Weisung Gegenvorstellungen oder Aufsichtsbeschwerde erhoben hat (vgl BGH DÖV 1954, 3347). Umgekehrt handelt der Beamte (grundsätzlich) auch dann nicht amtspflichtwidrig, wenn er eine Weisung ausführt, die rechtswidrig ist (Rn 122). Zu Grenzen der Gehorsamspflicht s aber auch Rn 213 sowie zur Remonstrationspflicht s Rn 188.

Ist ein Verwaltungsakt von der übergeordneten Stelle auf eine Beschwerde aufgehoben, so folgt aus dem Grundsatz der Über- und Unterordnung, dass die nachgeordnete Behörde ihre Amtspflicht verletzt, wenn sie bei unveränderter Sach- und Rechtslage den gleichen Akt mit der früheren Begründung erneut erlässt, auch wenn sie die Rechtsauffassung der übergeordneten Behörde für unrichtig hält und deshalb an der eigenen Rechtsauffassung festhält (BGH VersR 1963, 1175; BGH 6. 10. 1955 – III ZR 56/54, MDR 1956, 410, 412).

Hat ein Verwaltungsgericht durch rechtskräftiges Urteil die Verpflichtung einer Verwaltungsbehörde ausgesprochen, eine bestimmte Amtshandlung vorzunehmen (§ 113 Abs 5 VwGO), so ist die alsbaldige Erfüllung des Urteils eine dem Obsiegenden gegenüber bestehende Amtspflicht des zuständigen Beamten (BGH JZ 1962, 373; BGHZ 26, 232; 27, 210); die Nichterfüllung ist auch dann Amtspflichtverletzung, wenn die Verwaltungsbehörde das Urteil für unrichtig hält, zB weil es sich nicht mit einer nach Meinung der Verwaltungsbehörde der Verpflichtung entgegenstehenden Vorschrift auseinandergesetzt hat. Denn die Verwaltungsbehörde muss davon ausgehen, dass das Verwaltungsgericht den Sachverhalt unter allen nach den Umständen in Betracht kommenden tatsächlichen und rechtlichen Gesichtspunkten abschließend geprüft hat (BGH JZ 1962, 373). Hat der Rechtspfleger dem Richter eine Sache nach § 5 Abs 1 oder Abs 2 RPflG vorgelegt, so ist er an die vom Richter ausgesprochene Rechtsauffassung gebunden (§ 5 Abs 3 S 3 RPflG) und verletzt seine Amtspflicht gegenüber dem durch die Nichterledigung oder Verzögerung seines Antrags Geschädigten, wenn er die Sache nochmals dem Richter vorlegt, weil er von dessen Rechtsauffassung abweichen wolle (BGH VersR 1968, 1186).

k) Ermessensausübung und Beurteilungsspielraum

aa) Eine Ermessensentscheidung liegt vor, wenn ein Amtsträger bei einem be- **156**
stimmten festgestellten Sachverhalt einen Spielraum des Handelns und des Entschlusses hat, also die Wahl zwischen mehreren in gleicher Weise möglichen Arten des Verhaltens (BGH 18. 6. 1970 – III ZR 95/68, NJW 1970, 1543, 1544). Diese Ermessenausübung ist zu unterscheiden von den Fällen, in denen der Behörde ein Beurteilungsspielraum zusteht. Dies ist dann der Fall, wenn der staatlichen Stelle bei der Subsumtion unter einen unbestimmten Rechtsbegriff ein gewisser Wertungsspielraum zusteht, so dass es mehr als nur eine richtige Entscheidung geben kann (BGH 23. 2. 2025 – III ZR 63/24, VersR 2025, 558 Rn 26). Derartige Entscheidungen unterliegen im Amtshaftungsprozess einer (leicht) unterschiedlichen gerichtlichen Überprüfung.

bb) Ist die Art und Weise des Tätigwerdens eines Amtsträgers seinem pflichtgemä- **157**
ßen Ermessen anheimgegeben, so liegt eine Amtspflichtverletzung so lange nicht vor, als sich seine Tätigkeit innerhalb der Grenzen **fehlerfreien Ermessensgebrauchs** hält. Die materiellen Voraussetzungen für die Amtspflicht zu einem bestimmten Verhalten entsprechen weitgehend denen für ein subjektiv-öffentliches Recht auf behördliches Einschreiten, das für den Fall einer „Ermessensschrumpfung auf Null" angenommen wird (BGH 15. 2. 1979 – III ZR 108/76, BGHZ 74, 144, 155 mwNw; vgl auch BGH 14. 6. 2018 – III ZR 54/17, BGHZ 219, 77 Rn 18 ff). Seine anfängliche Rechtsprechung, nach der im Anwendungsbereich des Opportunitätsprinzips eine Amtspflichtverletzung grundsätzlich nur und erst anzunehmen war, wenn das Verhalten des Beamten den an eine ordnungsmäßige Verwaltung zu stellenden Anforderungen schlechterdings nicht genügte, weil der Beamte entweder überhaupt keine oder aber sachfremde Erwägungen an-

gestellt hatte, deren Fehlerhaftigkeit sich jedem objektiven Beobachter ohne weiteres aufdrängte (BGHZ 45, 143, 146 mwNw), hat der BGH aufgegeben (BGHZ 74, 144, 156), so dass ein Gleichlauf mit der verwaltungsgerichtlichen Kontrolle gemäß § 114 VwGO (vgl hierzu BVerfGE 9, 137, 147) besteht (insofern unklar BGH 24. 11. 2016 – III ZR 209/15, ZInsO 2017, 548 Rn 3 f, wonach die Entscheidung über Rückgewinnungshilfe einerseits im Ermessen der StA stehe, andererseits diese nur darauf zu überprüfen sei, ob sie vertretbar ist).

Amtspflichtwidrig handelt ein zur Ermessensausübung verpflichteter Beamter danach dann, wenn er sein Ermessen überhaupt nicht ausübt, die gesetzlichen Grenzen des Ermessens überschreitet oder von dem Ermessen in einer dem Zweck der gesetzlichen Ermächtigung nicht entsprechenden Weise Gebrauch macht. Der Beamte handelt hiernach amtspflichtgemäß, solange er sich innerhalb dieser „Bandbreite" pflichtgemäßen Ermessens hält, mag auch ein anderes pflichtgemäßes Verhalten denkbar sein. Eine Amtspflichtverletzung liegt hingegen vor, wenn der Beamte die vorstehend beschriebenen Ermessensschranken und -bindungen verletzt oder wenn er verkennt, dass sein Ermessen reduziert oder sogar auf eine bestimmte Verhaltensweise festgelegt ist, wie zB bei der „Ermessensschrumpfung auf Null" oder bei (zulässiger) Selbstbindung der Verwaltung, von der er ohne zureichenden rechtlichen Grund nicht abweichen darf (BGHZ 118, 263, 271; s auch BGH 10. 12. 2015 – III ZR 27/14, NVwZ-RR 2016, 258 Rn 26 sowie BGH 21. 10. 2021 – III ZR 166/20, BGHZ 231, 297 Rn 23 zugleich zum sog intendierten Ermessen).

Ursächlich ist eine fehlerhafte Ermessensentscheidung für einen Schaden nur dann, wenn feststeht, dass bei richtiger Ausübung des Ermessens der Schaden nicht eingetreten wäre (BGH 14. 6. 2018 – III ZR 54/17, BGHZ 219, 77 Rn 42. Zur Kausalität s auch Rn 234).

158 Es ist nicht zu beanstanden, wenn bei häufig **wiederkehrenden typischen Ermessensentscheidungen** der Ermessensbeamte seine grundsätzlichen Erwägungen ein für allemal angestellt hat und demgemäß in der Folgezeit ohne weiteres verfährt, solange nicht eine Veränderung der Sachlage im Einzelfall eine Berücksichtigung anderer Gesichtspunkte erfordert (BGHZ 6, 178, 183). Wenn aber eine Behörde ihr Ermessen grundsätzlich oder längere Zeit hindurch gleichförmig in einem bestimmten Sinne ausübt, so liegt eine Verletzung des Gleichbehandlungsgrundsatzes vor, wenn sie ohne besondere Umstände, ohne sachliche Gesichtspunkte, die eine abweichende Entscheidung rechtfertigen, von der bisherigen Handhabung abgeht (BGHZ 74, 144, 147; BGH VersR 1966, 289; WM 1963, 791). Das gilt insbesondere in den Fällen der sogenannten **Selbstbindung** der Verwaltung, wenn die Behörde, um eine einheitliche und gleichmäßige Handhabung des Ermessens zu gewährleisten, generelle Verwaltungsanordnungen erlässt, die der Allgemeinheit bekannt gemacht werden oder zugänglich sind (s dazu BVerwG JR 1967, 196). Aus dem Gleichbehandlungsgrundsatz ergibt sich bei wirtschaftslenkenden Maßnahmen durch Stützungs- und Hilfsmaßnahmen des Staates (Subventionen usw an die Wirtschaft) die den zuständigen Amtsträgern gegenüber allen Wettbewerbern obliegende Amtspflicht zur gleichmäßigen Behandlung aller gleich gelagerten Fälle; der Gleichbehandlungsgrundsatz ist verletzt, wenn ein vernünftiger, sich aus der Natur der Sache ergebender oder sonstwie einleuchtender Grund für eine Differenzierung sich nicht finden lässt (BGH VersR 1964, 590). Selbstverständlich ergibt sich aus dem Gleichbehandlungsgrundsatz nicht, dass, falls

anderen dem Gesetz zuwider etwas gewährt wurde, jemand verlangen könnte, die gleichen Vorteile müssten auch ihm gesetzwidrig zukommen (BGH DRiZ 1963, 355).

Besondere Bedeutung bei der Ermessensausübung hat ferner der Grundsatz der **Verhältnismäßigkeit** von Zweck und Mittel (BVerwG 20. 6. 2013 – 8 C 46/12, BVerwGE 147, 81 Rn 42; Hk-VerwR/Schwarz § 114 VwGO Rn 29; Vosskuhle JuS 2008, 117, 118: Nichtbeachtung als Ermessensüberschreitung; vgl auch BGH 10. 10. 1963 – III ZR 161/62, NJW 1964, 198, 199; BGH 27. 10. 1955 – III ZR 82/54, BGHZ 18, 366, 368; s auch Rn 150). Er wird zB verletzt, wenn die Straßenbehörde, in deren Ermessen die Wahl zwischen verschiedenen technischen Möglichkeiten der Ausführung von Arbeiten an der Straße steht, die gebührende Rücksicht auf die Interessen derjenigen unberücksichtigt lässt, die auf die Benutzung der Straße angewiesen sind. 159

Eine Ermessensentscheidung liegt insoweit nicht vor, als nach gesetzlicher Vorschrift für eine Ermessensausübung erst Raum ist, wenn bestimmte Voraussetzungen erfüllt sind. Sieht zB eine Vorschrift vor, dass eine erforderliche Genehmigung erteilt werden kann, wenn der Antragsteller bestimmte sachliche und persönliche Voraussetzungen erfüllt, so beginnt der Ermessensspielraum („kann") erst, wenn die genannten Voraussetzungen von der Behörde geprüft und bejaht sind. Die Nachprüfung des Gerichts, ob die Behörde bei der der Ermessensentscheidung vorausgehenden Aufklärung des Sachverhalts amtspflichtgemäß verfahren ist, unterliegt nicht den für die Nachprüfung der Ermessensentscheidung selbst bestehenden Beschränkungen (vgl BGH 28. 11. 1963 – III ZR 163/62, VersR 1964, 433, 435). 160

cc) Keine Ermessensentscheidung ist die **Auslegung sogenannter unbestimmter Gesetzesbegriffe**. Diese betrifft die richterlich nachprüfbare Beurteilung von Rechtsfragen. Da aber in solchen Fällen die Entscheidung auf einer Würdigung bestimmter tatsächlicher Umstände beruht, die den Beamten häufig einen gewissen Spielraum und eine gewisse Freiheit bei der Bildung seiner Überzeugung geben, fehlt es an einer Pflichtwidrigkeit, wenn der Beamte sich in dem ihm gewährten **Beurteilungsspielraum** gehalten hat. Zudem können hierbei Erfahrungssätze eine nicht unerhebliche Bedeutung haben (BGH 13. 2. 2025 – III ZR 63/24, VersR 2025, 558 Rn 27). Die Maßnahme ist in diesen Fällen nicht auf ihre Richtigkeit, sondern nur auf ihre Vertretbarkeit zu prüfen. Letztere darf nur dann verneint und eine Amtspflichtverletzung demgemäß angenommen werden, wenn bei voller Würdigung auch der Belange einer Funktionstüchtigkeit der Behörde die betreffende Entscheidung nicht mehr verständlich ist (BGH 13. 2. 2025 – III ZR 63/24, VersR 2025, 558 Rn 26 f, zu Beschränkungsmaßnahmen nach dem G 10-Gesetz sowie dem BVerfSchG; BGH 10. 1. 2024 – III ZR 57/23, VersR 2024, 422 Rn 13 zu § 107 Abs 1 S 1, § 108 Abs 1 S 2 Nr 2 WpHG aF, für die Tätigkeit der BaFin im Hinblick auf die Belange einer effektiven Bilanzkontrolle; BGH 1. 12. 2022 – III ZR 54/21, BGHZ 235, 206 Rn 21, für die Gewässerschau; BGH 15. 12. 2016 – III ZR 387/14, BGHZ 213, 200 Rn 14, 17, für staatsanwaltliche Maßnahmen wie Einleitung eines Ermittlungsverfahrens, Erhebung der öffentlichen Klage, Beantragung eines Haftbefehls oder einer Durchsuchungs- und Beschlagnahmeanordnung unter Berücksichtigung der Funktionstüchtigkeit der Strafrechtspflege; BGH 8. 7. 1968 – III ZR 56/66, NJW 1968, 2144, 2145 zum Begriff „Beeinträchtigung der Sicherheit und Leichtigkeit des Verkehrs"; BGH 19. 3. 1964 – III ZR 118/63, VersR 1964, 773, 776, zu den unbestimmten Rechtsbegriffen „Ausdruck guter Baugesinnung" und „einwandfreies Einfügen in die Umgebung" iSd § 126 LBO SH idF vom 1. 8. 1950). Dabei ist auf die Perspektive ex ante abzustellen, das Gericht darf sich nicht von einer rückschauenden ex-post-Wertung leiten lassen, die auf späteren Erkennt- 161 nissen beruht (BGH 10. 1. 2024 – III ZR 57/23, VersR 2024, 422 Rn 14). Besteht ein „Wertungsspielraum" ist es unerheblich, ob die Maßnahmen und ihre Voraussetzungen, einschließlich der diesen zugrunde liegenden unbestimmten Rechtsbegriffe, in einem verwaltungsgerichtlichen Verfahren der vollen richterlichen Nachprüfung unterliegen (BGH 13. 2. 2025 – III ZR 63/24, VersR 2025, 558 Rn 27). Selbstverständlich kann auch hier eine selbständig zu beurteilende Amtspflichtverletzung vorliegen, wenn die tatsächlichen Grundlagen für die Handhabung des unbestimmten Rechtsbegriffs nicht mit der erforderlichen Sorgfalt ermittelt sind und der Beamte bei seiner Entscheidung schuldhaft einen unrichtigen Sachverhalt unterstellt hat (BGH 24. 3. 1966 – III ZR 220/64, NJW 1966, 1356, 1358).

l) Erteilung dienstlicher Auskünfte, Belehrungen und Hinweise

162 **aa)** Eine **allgemeine** auf gesetzlichen Vorschriften beruhende **Auskunftspflicht** der Behörden gegenüber Privatpersonen ist mit dem Informationsfreiheitsgesetz (IFG) und entsprechenden Gesetzen der Länder geschaffen worden (HdbÄußerungsrecht/Harding § 5 Rn 71 ff). Durch das Gesetz zur Förderung der elektronischen Verwaltung (EGovG) sind weitere allgemeine Informations- und Veröffentlichungspflichten geschaffen worden (§ 3, 12a EGovG). Darüber hinaus gibt es zahlreiche besondere Veröffentlichungspflichten, insbesondere im Bereich des Umweltrechts sowie in Bezug auf Geodaten. Insgesamt gewinnt das anlasslose Öffnen staatlicher Daten („Open [Government] Data") als dritte Säule des Informationszugangsrechts zunehmend Bedeutung (vgl Gusy JZ 2014, 171 sowie eingehend HdbÄußerungsrecht/Jacobsen § 4 Rn 52 ff). Schließlich sehen die Landespressegesetze Informationsansprüche vor (s dazu insbesondere BGH NJW 2005, 1720 mit Besprechungen von Köhler NJW 2005, 2337 und Jahn EWiR 2005, 485; HdbÄußerungsrecht/Laude § 5 Rn 83 ff). Zur Abgrenzung zwischen staatlichem und privatem Handeln bei der Nutzung sozialer Medien durch staatliche Funktionsträger s zB HdbÄußerungsrecht/Harding § 2 Rn 45 ff; zu Grenzen und möglichen Rechtsverletzungen am Beispiel von Polizeibehörden s HdbÄußerungsrecht/Grünewald § 7 Rn 13 ff.

Im Übrigen erteilt die Behörde gemäß § 25 Abs 1 S 2 VwVfG, soweit erforderlich, Auskunft über die den Beteiligten im Verwaltungsverfahren zustehenden Rechte und die ihnen obliegenden Pflichten. Nach den Grundsätzen von Treu und Glauben (§ 242 BGB) kommt aber ein **Auskunftsanspruch** in Betracht bei Rechtsverhältnissen, deren Wesen es mit sich bringt, dass der Berechtigte entschuldbarer Weise über das Bestehen und den Umfang seines Rechts im Ungewissen ist, während der Verpflichtete die Auskunft unschwer erteilen kann. Unter diesen Voraussetzungen kann auch ein Auskunftsanspruch gegen eine Behörde bestehen, auch zur Vorbereitung von Schadensersatzansprüchen aus Amtshaftung (BGHZ 81, 21, 24; 78, 274, 276 f; Scholz NVwZ 2015, 1111, 1113 f; HdbÄußerungsrecht/Conrad § 11 Rn 77). Von diesen Fällen abgesehen bleibt in der Regel die Auskunfterteilung dem pflichtgemäßen Ermessen der Behörde überlassen (BVerwG MDR 1965, 690). Es besteht demgemäß jenseits des Informationsfreiheitsgesetztes bzw entsprechender Gesetze der Länder grundsätzlich kein Recht Privater auf Einsicht in behördliche Akten (vgl Hess VGH JZ 1965, 319 m Anm Dagtoglou; weitergehend Scholz NVwZ 2015, 1111; zur Staatshaftung bei Umweltinformationen s Kümper ZUR 2012, 395 und allgemein Ruttloff/Brosende DVBl 2015, 1482).

163 **(1) Auskünfte**, die ein Beamter erteilt, müssen dem Stand seiner Erkenntnismöglichkeiten entsprechend sachgerecht, dh vollständig, richtig und unmissverständlich

sein, so dass der Empfänger der Auskunft entsprechend disponieren kann (BGH NVwZ 2018, 1333 Rn 21; 2016, 708 Rn 24). Die an eine Auskunft inhaltlich zu stellenden Anforderungen (Wahrheit, Klarheit, Unmissverständlichkeit und Vollständigkeit) bestehen unabhängig davon, ob der Beamte zur Erteilung der Auskunft verpflichtet oder auch nur befugt ist (BGH NVwZ 2018, 1333 Rn 21; VersR 1985, 492). Auch dort, wo eine Amtspflicht zur Erteilung der Auskunft nicht besteht, muss die Auskunft, wenn sie gleichwohl erteilt wird, diesen Erfordernissen genügen. Dasselbe gilt auch dann, wenn die Auskunft nicht „verbindlich" ist (BGH 23. 7. 2015 – III ZR 196/14, NVwZ 2016, 708 Rn 24). Diese Amtspflicht besteht gegenüber jedem Dritten, in dessen Interesse oder auf dessen Antrag die Auskunft erteilt wird (BGH VersR 2008, 252 Rn 14; NVwZ 2002, 373; 2016, 708 Rn 24; vgl wegen der Einzelheiten Rn 184). Für die Frage, ob die Auskunft den zu stellenden Anforderungen genügt, kommt es entscheidend darauf an, wie sie vom Empfänger aufgefasst wird und werden kann und welche Vorstellungen zu erwecken sie geeignet ist. Maßgeblich ist insoweit nicht die innere Willensrichtung des auskunfterteilenden Beamten, sondern die Erkenntnismöglichkeit des Empfängers (BGH 10. 3. 2021 – III ZR 27/20, VersR 2021, 1043 Rn 12; BGH NVwZ 2018, 1333 Rn 21; NJW 1991, 3027). Klarheit der Auskunft ist insbesondere nötig, wenn Rechts- und Fachkenntnisse über den Gegenstand der Auskunft beim Empfänger nicht vorausgesetzt werden können; in diesem Falle muss die Auskunft nach Form und Inhalt so klar und eindeutig sein, dass Missverständnisse und Zweifel, wie sie bei unerfahrenen Personen leicht entstehen können, möglichst ausgeschlossen sind (BGH NVwZ 2018, Rn 21; VersR 1987, 50; 1970, 711, 712; 1964, 919, 922). Dabei hängt der Umfang der Auskunftspflicht auch vom Inhalt der Frage ab, die der Auskunftsuchende an die Behörde richtet (BGH NVwZ 2018, 1333 Rn 21; VersR 1997, 745; NJW 1993, 3204; 1991, 3027). Kann der Beamte nicht alle Gesichtspunkte, die eine Bitte um Auskunft aufwirft, übersehen oder beurteilen, so muss er seine Auskunft ausdrücklich beschränken und den Auskunftsuchenden möglichst an die zuständige Stelle verweisen (BayObLG MDR 1965, 502). Die Anforderungen an die Auskunft sind nicht deshalb geringer, weil der Beamte fachlich dafür nicht ausgebildet oder befugt ist (BGH NVwZ 2018, 1333 Rn 21).

(2) Für die Frage, ob die Auskunft eine die Haftung begründende hinreichende **Verlässlichkeitsgrundlage** (s hierzu auch Rn 184 sowie Rn 258) geschaffen hat, kann auch die Art des Zustandekommens der Auskunft bedeutsam sein: Eine Erklärung im Rahmen eines unvorbereiteten Telefongesprächs birgt – dem Anfragenden erkennbar – die Gefahr, dass der auskunfterteilende Beamte nicht alle entscheidungserheblichen Einzelheiten im Gedächtnis hat. Dieses Risiko muss dann grundsätzlich der Anfragende tragen; allerdings kann der Amtsträger gehalten sein, den Auskunftsuchenden ausdrücklich darauf hinzuweisen, dass er nicht über die erforderlichen Informationen für eine umfassende Auskunft verfüge und daher seine Angaben nur unter Vorbehalt machen könne (BGH NJW 1991, 3027). Erwähnt ein Beamter im Rahmen eines Gesprächs – erkennbar ohne Beiziehung einschlägiger Akten – beiläufig einen Umstand, der nach Auffassung der Gesprächsbeteiligten keine ausschlaggebende Bedeutung für die Beurteilung des den Gegenstand des Gesprächs bildenden Rechtsfalls hat, als Tatsache, dann kann sein Gesprächspartner, wenn er diesen Umstand im Rahmen einer weiteren Rechtsverfolgung als gegeben annimmt und vorträgt, aus der unzutreffenden „Auskunft" keinen Schadensersatzanspruch herleiten, wenn sich später herausstellt, dass dem Umstand entscheidende Bedeutung für das Obsiegen oder Unterliegen in einem Rechtsstreit zukommt und bei richtigem Vortrag die Rechtsverfolgung erfolgreich gewesen wäre. Bei Erwähnung eines 164 (scheinbar) unwichtigen Nebenpunktes ohne Hinzuziehung von Unterlagen besteht erfahrungsgemäß ein besonderes Irrtumsrisiko. Das ist für den Auskunftsuchenden ohne weiteres erkennbar. Will er insoweit eine verlässliche Vertrauensgrundlage erhalten, dann muss er den auskunfterteilenden Beamten ausdrücklich darauf hinweisen, dass er auf eine verbindliche Auskunft auch zu diesem Punkt Wert legt, und sich vergewissern, ob der Beamte selbst zuverlässige Kenntnisse darüber besitzt oder sich diese Kenntnisse durch eine Prüfung der einschlägigen Vorgänge erst noch verschaffen müsste (BGH NJW 1993, 3204, 3205 f).

165 **(3)** Zwischen einer **„Zusicherung“** (als bindende Verpflichtung für ein künftiges Verhalten) und einer **„Auskunft“** (über gegenwärtige tatsächliche Gegebenheiten) ist zu unterscheiden, mag auch in der Lebenswirklichkeit die Grenze zwischen beiden Erklärungen oft fließend sein (BGHZ 71, 386, 294). Die Auskunft bezieht sich auf Tatsachen, also auf gegenwärtige Gegebenheiten, mithin auf Umstände, die nicht von einer Willensentschließung abhängen. Eine derartige (tatsächliche) Auskunft kann äußerlich auch in die Form einer Zusage gekleidet sein. So sind die bestehende Absicht, der bereits gefasste Beschluss, künftig etwas zu tun, und die dazu getroffenen Vorbereitungen vorhandene Wirklichkeit und daher (innere) „Tatsachen“. Diese können – wie andere Tatsachen auch – Gegenstand einer Auskunft sein. Ihre Mitteilung kann sich schlüssig aus dem Gesamtinhalt der Erklärung und den sie begleitenden Umständen ergeben. Die Auslegung kann sogar dahin führen, dass die Auskunft über Tatsachen den eigentlichen Inhalt einer Erklärung bildet, die sich ihrem Wortlaut nach als Zusage künftigen Verhaltens darstellt. So wird die Erklärung, man werde (künftig) etwas Bestimmtes tun, vielfach nicht mehr als die Mitteilung bedeuten, man habe (gegenwärtig) eine solche Absicht. Daher trifft den handelnden Amtsträger die Pflicht, eine solche Auskunft nicht nur richtig, sondern auch unmissverständlich, nämlich so klar und vollständig zu erteilen, dass der Empfänger entsprechend disponieren kann (BGHZ 137, 344, 349 f; 117, 83, 88/89; vgl zu „inneren Tatsachen“ als Gegenstand von Auskünften auch BGH 23. 5. 1991 – III ZR 75/90, juris Rn 3; VersR 1996, 57). Ein Beamter verletzt seine Amtspflicht, wenn er erkennt, dass ein Gesuchsteller schon auf die beruhigende Erklärung einer Dienststelle hin mit bestimmten Vorbereitungen beginnen will, und ihn nicht darauf hinweist, dass noch keine abschließende Entscheidung vorliege und Änderungen möglich seien, wenn er selbst schon entschlossen ist, solche Änderungen herbeizuführen, dies aber dem Gesuchsteller verschweigt (BGH NJW 1965, 1226). Der Beamte darf künftige Maßnahmen der Behörde nur dann als gewiss ankündigen, wenn er sorgfältig geprüft hat, ob diese Gewissheit nicht wegen der Möglichkeit künftiger Änderungen oder aus anderen Gründen zweifelhaft ist (BGH NJW 1970, 1414; s dazu auch BGH NJW 1978, 371, betreffend behördliche Auskunft über künftige Fertigstellung eines U-Bahn-Baus; BGH MDR 1976, 561, betreffend Auskunft über beabsichtigte Änderungen eines Bebauungsplans; BGH MDR 1975, 826, betreffend Vertrauensschutz bei der Entscheidung über Theatersubventionierung). Ein sog Negativattest, dh eine durch Verwaltungsakt getroffene Entscheidung der zuständigen Behörde, dass das ihr mitgeteilte Rechtsgeschäft keiner Genehmigung bedürfe, kann einer Genehmigung gleichgestellt werden, wenn der gesetzliche Genehmigungsvorbehalt ausschließlich dem Schutz öffentlicher und nicht dem Schutz privater Interessen dient (BGH NJW 2010, 144 Rn 17 mwNw).

166 **(4)** Die Amtspflicht zu richtiger Auskunft besteht gegenüber jedem Dritten, in dessen Interesse oder auf dessen Antrag sie erteilt wird oder der nach der Natur des

Amtsgeschäfts durch die Auskunft berührt wird oder über den sich die Auskunft verhält (BGH NVwZ 2018, 1333 Rn 26; VersR 1987, 50; VersR 1964, 317, 922; BGH NJW 1962, 2100; 1955, 1835; BGHZ 14, 319, 321). Auch dann, wenn ein Beamter einem Anfrager Auskünfte über Rechtsverhältnisse eines – selbst an dem Verfahren nicht beteiligten – Dritten erteilt, an deren zutreffender Darstellung dieser Dritte ersichtlich ein berechtigtes Interesse hat, dann obliegt dem Beamten die Amtspflicht, Auskünfte nur „richtig, klar, unmissverständlich, eindeutig und vollständig" zu erteilen, auch im Interesse dieses Dritten (BGH 27. 9. 1990 – III ZR 295/89, juris Rn 9 mwNw). Mit der Auskunft, die ein Rentenversicherungsträger nach § 220 Abs 1 FamFG (§ 53b Abs 2 S 2 FGG aF) im familiengerichtlichen Verfahren zum Versorgungsausgleich erteilt, erfüllt er zugleich eine ihm gegenüber dem Versicherten und seinem Ehegatten obliegende Amtspflicht (BGHZ 137, 11). Wird in einer Sache, die einen größeren Kreis von Personen angeht, einem Vorsprechenden eine unrichtige Auskunft erteilt, so ist die Amtspflicht auch gegenüber denjenigen verletzt, die nicht bei der Auskunfterteilung anwesend waren, sondern von ihr auf dem Weg über den vorsprechenden Auskunftsempfänger Kenntnis erhielten und sich darauf einrichteten (OLG Karlsruhe JZ 1965, 410). „Berichtigt" eine Behörde eine Darstellung über Verwaltungsvorgänge, die ein Journalist der Presse zwecks Veröffentlichung zugänglich gemacht hat, in irreführender Weise, so verletzt sie – soweit kein Fall des § 826 BGB vorliegt – nicht eine ihr dem Journalisten gegenüber obliegende Amtspflicht zur sachgemäßen Auskunft (BGHZ 14, 319 = NJW 1955, 97 mit ablehnender Anmerkung Bettermann = JZ 1955, 172 m abl Anm Schröder).

(5) **Mitwirkendes Verschulden** liegt vor, wenn die Auskunft für den Empfänger erkennbar unrichtig ist und er sie hinnimmt, ohne Vervollständigung zu verlangen (vgl OLG Düsseldorf VersR 1966, 784). Im Übrigen darf grundsätzlich der Bürger auf Erklärungen und Auskünfte eines Beamten vertrauen, solange er nicht begründeten Anlass zu Zweifeln an ihrer Richtigkeit hat (BGH NJW 1978, 522). Ein Verstoß des Verfügungsberechtigten gegen die Vergewisserungspflicht nach § 3 Abs 5 VermG kann ein Mitverschulden im Sinne des § 254 Abs 1 BGB begründen (BGH NVwZ-RR 2016, 258). **167**

(6) Bei einer unrichtigen Auskunft, auf die der Geschädigte vertraut hat und vertrauen durfte, kann er den **Schaden** ersetzt verlangen, der ihm dadurch entstanden ist, dass er auf die Richtigkeit der Auskunft vertraut und mit Rücksicht hierauf Entscheidungen getroffen hat, die ihn in seinen Vermögensinteressen berühren. Hingegen kann er nicht die Herstellung eines Vermögensstandes fordern, den er hätte, wenn die Auskunft richtig gewesen wäre (vgl BGH NJW 1991, 929, 931). Das positive Interesse, so gestellt zu werden, wie wenn die Auskunft richtig gewesen wäre, begrenzt allerdings den Schadensersatzanspruch unter Schutzzweckgesichtspunkten (BGHZ 155, 354, 362; 116, 209, 213 f; s auch Rn 250 mwNw). **168**

bb) Ein Beamter ist regelmäßig nicht verpflichtet, den bei ihm erscheinenden oder sich an ihn wendenden Staatsbürgern **rechtliche Belehrungen** zu erteilen. Es besteht keine drittgerichtete Amtspflicht, sich ohne konkreten Anlass mit den Angelegenheiten der Bürger zu beschäftigen und sie umfassend zu beraten, um sie ggf vor Schaden zu bewahren. Erst wenn der Bürger in eine besondere Beziehung zu einer Behörde tritt, besteht für ihre Bediensteten nach Treu und Glauben Veranlassung, in diesem Rahmen seine Belange zu berücksichtigen (BGH 3. 5. 2005 – III ZR 186/04, VersR 2006, 76 mwNw). **169**

170 **(1)** Besondere tatsächliche Lagen und Verhältnisse können für den Beamten jedoch zusätzliche Pflichten schaffen, so auch die Pflicht, einen Gesuchsteller über die zur Erreichung seiner Ziele notwendigen Maßnahmen belehrend aufzuklären (BGH VersR 1965, 613) oder in anderer Weise helfend tätig zu werden, wenn er erkennt oder erkennen muss, dass der Betroffene seine Lage in tatsächlicher oder rechtlicher Beziehung nicht richtig zu beurteilen vermag, besonders wenn der Betreffende sonst Gefahr läuft, einen Schaden zu erleiden (BGH NJW 2019, 68 Rn 14; VersR 1982, 958). Der Beamte darf nicht „sehenden Auges" zulassen, dass der bei ihm vorsprechende Bürger Schaden erleidet, den der Beamte durch einen kurzen **Hinweis**, eine Belehrung mit wenigen Worten oder eine entsprechende Aufklärung zu vermeiden in der Lage ist (BGH 11. 3. 2021 – III ZR 27/20, VersR 2021, 1043 Rn 17; BGHZ 214, 360 Rn 42; BGH 2. 8. 2018 – III ZR 466/16, NJW 2019, 68 Rn 14; BGH 3. 7. 2014 – III ZR 502/13, NJW 2914, 2642 Rn 25; BGH 3. 3. 2005 – III ZR 186/04, ZfBR 2005, 469 [dort auch zu Gesichtspunkten einer besonderen Beziehung zwischen Gesuchsteller und Behörde sowie zum Schadensrisiko]). Diese zusätzliche Pflicht ergibt sich aus dem Grundsatz, dass der Beamte nicht nur Vollstrecker des staatlichen Willens, nicht nur Diener des Staates, sondern zugleich „Helfer des Bürgers" sein soll (BGH 2. 8. 2018 – III ZR 466/16, NJW 2019, 68 Rn 14; BGH 9. 10. 2003 – III ZR 414/02, VersR 2004, 1557; BGH 15. 5. 1984 – III ZR 86/83, NJW 1985, 1335, 1337; BGHZ 15, 305, 312). Er hat die Amtspflicht, seinen Betrag dazu zu leisten, dass der Gesuchsteller im Rahmen des jeweils Möglichen und Zulässigen das erreichen kann, was er zu erreichen wünscht und was das Gesetz ihm zubilligt (BGH NJW 1960, 1244, 1245; 1994, 2414, 2417). So ist die Gaststättenbehörde verpflichtet, den anwaltlich nicht vertretenen Antragsteller auf den Eintritt der Genehmigungsfiktion gemäß § 6a Abs 1 und 2 GewO, § 31 GastG hinzuweisen, wenn sie ihm zuvor mitgeteilt hat, dass sein Antrag auf Erteilung einer Gaststättenerlaubnis noch nicht beschieden werden könne, und insoweit um etwas Geduld gebeten hat (BGHZ 214, 360). Es kann sogar der Hinweis geboten sein, dass mit einer Änderung der bestehenden Rechtslage zu rechnen sei, wenn der Gesuchsteller dann sein Ziel erreichen könnte (BGH NJW 1960, 1244). Immerhin muss aber dem Beamten ein gewisser Ermessensspielraum bleiben, um zu beurteilen, ob eine „besondere tatsächliche Lage" gegeben ist und ob Veranlassung besteht, Belehrungen zu erteilen, die, wenn sie sich als unrichtig erweisen, den Dienstherrn haftpflichtig und ihn selbst ggf regresspflichtig machen könnten (BGH 24. 6. 1982 – III ZR 19/81, BGHZ 84, 285, 291 f). Der Umfang der Hinweispflicht kann verringert sein, wenn der Geschädigte anwaltlich vertreten war (BGHZ 214, 360 Rn 47). Besitzt ein angegangener Beamter bei schwieriger Rechtslage nicht die erforderliche Sach- und Rechtskenntnis, so muss er bei seiner Auskunft mindestens die bestehenden Zweifel zum Ausdruck bringen (BGH VersR 1964, 922).

171 **(2)** Besondere Aufklärungspflichten bestehen gegenüber erkennbar rechtsunkundigen Gesuchstellern in schwierigen Spezialgebieten, wenn sie sich an Beamte mit besonderen Erfahrungen auf diesem Gebiet wenden (BGH VersR 1965, 613). So unterliegen Behörden und Stellen, die über Sozialleistungsansprüche zu befinden haben oder funktionell in ein Sozialleistungsverfahren einbezogen sind, nach § 14 SGB I umfassenden Hinweis- und Beratungspflichten. Der BGH hat diese Pflichten wie folgt beschrieben (BGH 11. 3. 2021 – III ZR 27/20, VersR 2021, 1043 Rn 12; s auch BGH 2. 8. 2018 – III ZR 466/16, NJW 2019, 68 Rn 15 ff):

> Eine umfassende Beratung des Versicherten ist die Grundlage für das Funktionieren des immer komplizierter werdenden sozialen Leistungssystems. Dadurch soll sichergestellt werden,

dass die nach dem Sozialgesetzbuch bestehenden sozialen Rechte möglichst weitgehend verwirklicht werden (§ 2 Abs. 2 Hs. 2 SGB I). Dementsprechend gewährt § 14 S. 1 SGB I jedem Bürger einen subjektiven Anspruch auf umfassende Beratung über die ihn betreffenden Fragen im Zusammenhang mit der Inanspruchnahme sozialer Rechte oder der Erfüllung sozialrechtlicher Pflichten. Nach § 17 Abs. 1 Nr. 1 SGB I hat der zuständige Leistungsträger darauf hinzuwirken, dass jeder Berechtigte die ihm zustehenden Sozialleistungen in zeitgemäßer Weise, umfassend und zügig erhält. Im Vordergrund steht dabei die aufmerksame Prüfung durch den Sachbearbeiter, ob über die Beantwortung konkreter Fragen oder abgegrenzter Bitten hinaus Anlass besteht, auf (naheliegende) Gestaltungsmöglichkeiten bzw Vor- oder Nachteile, die sich mit dem Anliegen verbinden, hinzuweisen. Insbesondere muss vermieden werden, dass der einen Antrag stellende oder vorsprechende Bürger, der – wie im Sozialrecht häufig – seine Lage in tatsächlicher oder rechtlicher Hinsicht erkennbar nicht richtig zu beurteilen vermag, Schäden erleidet, die der Leistungsträger durch einen kurzen Hinweis, eine Belehrung mit wenigen Worten oder eine entsprechende Aufklärung über die Sach- und Rechtslage ohne weiteres zu vermeiden in der Lage ist. Der Bürger muss befähigt werden, von ihm offenstehenden Entscheidungsspielräumen sachgerecht Gebrauch zu machen. Für die Frage, ob eine Auskunft oder Beratung den an sie zu stellenden Anforderungen genügt, kommt es entscheidend auf die Erkenntnismöglichkeit des Empfängers an. Maßgebend ist, wie sie von ihm aufgefasst wird und werden kann und welche Vorstellungen zu erwecken sie geeignet ist.

Danach muss der Versicherte in einer Rentenauskunft darauf hingewiesen werden, wenn durch den Hinzuerwerb weiterer Entgeltpunkte (durch einen späteren Renteneintritt) die Höchstgrenze für die Anrechnung von Mindestentgeltpunkten nach § 262 SGB VI überschritten zu werden droht und sich wegen des Verlusts der Privilegierung rentenschädlich auswirkt (BGH 11. 3. 2021 – III ZR 27/20, VersR 2021, 1043 Rn 12). Ist ein Antragsteller auf Grund seiner Behinderung außerstande, seinen notwendigen Lebensunterhalt aus eigenen Mitteln (Einkommen, Vermögen) zu bestreiten, muss ein mit Fragen der Grundsicherung bei Erwerbsminderung befasster Sachbearbeiter mit Blick auf die Verzahnung und Verknüpfung der Sozialleistungssysteme in Erwägung ziehen, dass bereits vor Erreichen der Regelaltersgrenze ein gesetzlicher Rentenanspruch wegen Erwerbsunfähigkeit bestehen kann. Es ist deshalb ein Hinweis auf die Notwendigkeit einer Beratung durch den zuständigen Rentenversicherungsträger geboten (BGH 2. 8. 2018 – III ZR 466/16, NJW 2019, 68 Rn 21). Der Träger der gesetzlichen Rentenversicherung verletzt seine Amtspflicht gegenüber einem Versicherten, der nach einem schweren Verkehrsunfall mit erlittener Querschnittslähmung wegen der Übernahme von Heilbehandlungskosten anfragt und einen Rentenantrag stellt, wenn er diesen nicht auf die Möglichkeit hinweist, dass er Mitglied der Krankenversicherung der Rentner geworden ist (BGH 6. 2. 1997 – III ZR 241/95, VersR 1997, 745). Jedoch muss nicht jede noch so oberflächliche oder routinemäßige Befassung mit einer Angelegenheit dem zuständigen Beamten (hier: als Mitarbeiter des Jugendamts als Amtspfleger) Veranlassung geben, sein Augenmerk darauf zu richten, ob gesetzliche Leistungen, die außerhalb seines Zuständigkeitsbereichs liegen (hier: Ansprüche nach dem Unterhaltsvorschussgesetz, § 4 UVG aF), beantragt worden sind oder gewährt werden (BGH 17. 6. 1999 – III ZR 248/98, NJW-RR 1999, 1521).

(3) Allgemein geringere Anforderungen an den Umfang der Aufklärungs- und Belehrungspflichten können bestehen, wenn die Behörde sich mit Mitteilungen und Ankündigungen an Personen wendet, von denen sie erwarten kann, dass sie die Tragweite erfassen und übersehen oder sich Rechtsrat beschaffen. So ist zB die Pla- **172**

nungsbehörde, die dem Eigentümer eines größeren Industriewerks die im Generalbebauungsplan auf seiner Grundfläche geplanten Änderungen mitteilt, nicht ohne weiteres zu einem Hinweis verpflichtet, dass es sich nur um eine vorbereitende Bauplanung und noch nicht um einen rechtsverbindlichen Bebauungsplan handele, weil sie erwarten kann, dass der Adressat über die rechtlichen Unterschiede unterrichtet ist oder sich unterrichten lässt (BGHZ 17, 96, 107).

m) Behördliche Warnungen und sonstige Äußerungen

173 **aa)** Das BVerfG hat grundlegend in seiner Glykol-Entscheidung vom 26. 6. 2002 (BVerfG 26. 6. 2002 – 1 BvR 558/91, BVerfGE 195, 279) klargestellt, dass es zur Aufgabe der Staatsleitung der Regierung ua gehört, durch rechtzeitige Informationen auf Krisen schnell und sachgerecht zu reagieren und den Bürgern zu Orientierungen zu verhelfen, was insbesondere durch marktbezogene Informationen (Warnungen) geschehen kann. Besondere Bedeutung haben insofern (weiterhin) das Lebensmittel- sowie das Produktsicherheitsrecht, die weitgehend europarechtlich determiniert sind (vgl zum Lebensmittelrecht vor allem Lebensmittel-Basis-VO – EG 178/2002 sowie die Übersicht bei Boch, LFGB, [10. Aufl 2024] Einl Rn 5, 12 und insbes 18; zum [neuen] Produktsicherheitsrecht s VO [EU] 2023/988 sowie Neumann BB 2024, 2882; Mattheis CCZ 2024, 325; Lenz/Bertram r+s 2025, 145).

Gemäß § 40 LFGB soll (Abs 1) bzw muss (Abs 1a) die zuständige Behörde die Öffentlichkeit informieren, wenn dies zum Schutz vor Gesundheitsgefahren erforderlich ist. Voraussetzung ist, dass die Behörde vorab den Sachverhalt hinreichend aufklärt (§ 24 Abs 1 und 2 VwVfG). Dabei hängt der Umfang der erforderlichen Ermittlungen auch von der Eilbedürftigkeit und dem Gewicht einer drohenden Gefahr, deren Abwendung durch die weitere Sachverhaltsermittlung verzögert würde, ab (BGH 19. 12. 2024 – III ZR 24/23, BGHZ 242, 341 Rn 49). Gerade im Lebensmittelrecht treffen aber auch den Hersteller weitreichende Verantwortungen, die dazu führen, dass zu der Behörde ein Kooperationsverhältnis besteht, in dessen Rahmen der Hersteller verpflichtet ist, aktiv an der Warnung mitzuwirken und dafür Sorge zu tragen, dass die Verbraucher zutreffend informiert werden; dadurch werden die Anforderungen an die Ermittlungen durch die Behörde über das Maß des § 26 Abs 2 S 1 und 2 VwVfG hinaus begrenzt (BGH 19. 12. 2024 – III ZR 24/23, BGHZ 242, 341 Rn 50 ff).

Für den Bereich der „Non-Food-Produkte" sind Informationspflichten in § 19 des Marktüberwachungsgesetzes (MüG) geregelt. Damit ist die „bewährte" Regelung des § 31 ProdSG in das MüG übernommen worden (BT-Drucks 19/28401, 32). Bezüglich Arzneimitteln sieht § 69 Abs 4 AMG die Möglichkeit vor, eine öffentliche Warnung auszusprechen. Auch bei solchen Warnungen können die Grundsätze des o g Urteils herangezogen werden.

174 **bb)** Gegenstand behördlicher Warnungen können aber auch sonstige Gefahren außerhalb der Produktsicherheit sein, etwa solche, die von Glaubensgemeinschaften oder Jugendsekten ausgehen (Ossenbühl/Cornils 50). Das Grundrecht der Religions- und Weltanschauungsfreiheit aus Art 4 Abs 1 und Abs 2 GG bietet keinen Schutz dagegen, dass sich der Staat und seine Organe mit den Trägern dieses Grundrechts sowie ihren Zielen und Aktivitäten öffentlich – auch kritisch – auseinandersetzen. Diese Auseinandersetzung hat allerdings das Gebot religiös-weltanschaulicher Neutralität des Staates zu wahren und muss daher mit Zurückhaltung geschehen. Diffamierende, diskriminierende oder verfälschende Darstellungen einer religiösen oder

weltanschaulichen Gemeinschaft sind dem Staat untersagt. Die Bundesregierung ist aufgrund ihrer Aufgabe der Staatsleitung überall dort zur Informationsarbeit berechtigt, wo ihr eine gesamtstaatliche Verantwortung zukommt, die mit Hilfe von Informationen wahrgenommen werden kann. Für das Informationshandeln der Bundesregierung im Rahmen der Staatsleitung bedarf es über die Zuweisung der Aufgabe der Staatsleitung hinaus auch dann keiner besonderen gesetzlichen Ermächtigung, wenn es zu mittelbar-faktischen Grundrechtsbeeinträchtigungen führt (BVerfGE 105, 279 = NJW 2002, 2626). In diesem Bereich fehlt es an einer gesetzlichen Regelung. Jedoch sind auch hier die vorstehend wiedergegebenen allgemeinen Amtspflichten zu rechtmäßigem Verhalten zu beachten. Deren schuldhafte Verletzung kann durchaus geeignet sein, Amtshaftungsansprüche der betroffenen Gemeinschaft als eines geschützten „Dritten" im Sinne des § 839 Abs 1 S 1 BGB zu begründen. Zum Verwaltungsrechtsweg für Abwehransprüche gegen Äußerungen des Sektenbeauftragten einer Kirche s BGH NJW 2001, 3537 und des Bundesbeauftragen für die Unterlagen des Staatssicherheitsdienstes der ehemaligen DDR im Rahmen seines gesetzlichen Forschungs- und Unterrichtungsauftrags BGH VersR 2019, 1432 Rn 20 ff; zur Haftung der Kirche für derartige Äußerungen: OLG Düsseldorf NVwZ 2001, 1449; BGHZ 154, 54 und Rn 758.

n) Amtspflichten beim Einsatz technischer Einrichtungen, insbesondere Künstlicher Intelligenz

aa) Wenig problematisch ist zunächst der Einsatz technischer Einrichtungen mit deren Hilfe ein Amtswalter eine Entscheidung trifft. Hier besteht die Pflicht zur korrekten Eingabe der Daten und zur Überprüfung des Ergebnisses der Datenverarbeitung nach den allgemeinen Maßstäben (Roth-Isigkeit AöR 2020, 321, 334 f). Richtet eine Behörde ein Online-Portal ein, auf dem Fragen – etwa zu einem neuen Gesetz – beantwortet werden, so richtet sich die Haftung nach den oben dargestellten Grundsätzen zur Erteilung von Auskünften. Beauftragt die Behörde eine Anwaltskanzlei damit, die Fragen zu beantworten, so handeln deren Mitarbeiter bei dieser Tätigkeit als Beamte im haftungsrechtlichen Sinn (vgl HdbÄußerungsrecht/vRochow § 10 Rn 53). **175**

bb) Gewichtiger ist die Frage der Haftung für vollautomatisierte Maßnahmen der Verwaltung. Da technische Einrichtungen selbst nicht Amtsträger sind und aus guten Gründen auch dann nicht als solche fingiert werden sollten, wenn die Technik intelligent erscheint (Rn 70), kommt eine Haftung aus § 839 BGB für Fehler technischer Einrichtungen nur dann in Betracht, wenn ein menschlicher Verantwortungsträger Amtspflichten verletzt hat, also bei der Entscheidung über den Einsatz, die Auswahl oder Überwachung der technischen Einrichtung, wie zB eines Computerprogramms (Roth-Isigkeit AöR 2020, 321, 336; zur Haftung wegen enteignungsgleichen Eingriffs in seiner spezialgesetzlichen Konkretisierung gem § 39 Abs 1 lit b OBG NW vgl BGH 18. 12. 1986 – III ZR 242/85, BGHZ 99, 249). **176**

(1) Besondere Aufmerksamkeit finden diese Fragen im Hinblick auf die zunehmende Automatisierung der öffentlichen Verwaltung (vgl hierzu Rachut/Heckmann, VerwArch 2025, 133 ff; vGraevenitz, DVBl 2025, 1138 ff), wenn künstliche Intelligenz (KI) eingesetzt wird. Hierbei bringt ein Computerprogramm ein Ergebnis hervor, das nicht durch das Programm determiniert ist. Dabei birgt der Einsatz von KI besondere Risiken, da KI-generierte Ergebnisse auf Korrelationen bzw Wahrscheinlichkeiten beruhen, die sie aus ihren Trainingsdaten herausfiltern. Zudem liegt gerade der Vor- **177**

teil von KI darin, dass sie selbsttätig dazulernt und daher Lösungen erarbeitet, die für ihren Programmierer nicht vorhersehbar sind. Daraus ergibt sich zugleich das Risiko, dass sie sich von (gesetzlichen) Entscheidungsvorgaben löst (vgl Martini/Ruschemeier/Hain VerwArch 2021, 1, 2 f). KI kann sowohl bei der Vornahme von Realakten (namentlich Auskunfterteilung) wie auch beim Erlass von Verwaltungsakten zum Einsatz kommen. Letzteres hat eine Regelung insbesondere in § 35a VwVfG gefunden. Vor diesem Hintergrund kann nicht angenommen werden, dass der Einsatz von KI wegen der damit einhergehenden, letztlich nicht voll beherrschbaren Risiken generell nicht erlaubt wäre (vgl auch Guckelberg, Öffentliche Verwaltung im Zeitalter der Digitalisierung Rn 581; Roth-Isigkeit AöR 2020, 321, 340 f). Dem entspricht es, dass die **KI-VO** (VO [EU] 2024/1689 vom 13. 6. 2024 zur Festlegung harmonisierter Vorschriften für künstliche Intelligenz) den Einsatz sogar von Hochrisiko-KI nicht verbietet, sondern lediglich reguliert. Zugleich ergeben sich hieraus aber auch (bereits de lege lata) Grenzen für den und Pflichten bei dem Einsatz von KI. Ob darüber hinaus der Gesetzgeber gerufen ist, durch entsprechende Regelungen eine angemessene Haftung für fehlerhafte KI-Entscheidungen sicherzustellen (so Chibanguza/Kuss/Steege/Thiele, KI § 10 Rn 36), bleibt abzuwarten (s auch Guckelberg, Öffentliche Verwaltung im Zeitalter der Digitalisierung Rn 631).

Ist der Einsatz von KI nicht generell ausgeschlossen, so können Amtspflichten auf zwei verschiedenen Ebenen zum Tragen kommen. Zunächst ist abzuwägen, ob ein KI-System im konkreten Fall zur Anwendung kommen darf. Wenn dies bejaht wird, bestehen im Weiteren Verkehrssicherungs- und Überwachungspflichten (Martini/Ruschemeier/Hain VerwArch 2021, 1, 13).

178 **(2)** Für die Entscheidung, KI einzusetzen, lassen sich § 35a VwVfG bereits einige Beschränkungen entnehmen. Danach darf ein **Verwaltungsakt** vollständig durch automatische Einrichtungen erlassen werden, wenn dies durch Rechtsvorschrift zugelassen ist und weder ein Ermessen noch ein Beurteilungsspielraum besteht. Das lässt sich verallgemeinern. Die Entscheidung über den Einsatz von technischen Einrichtungen generell, besonders aber von letztlich nicht beherrschbarer KI bedarf einer Prüfung und intensiven Abwägung zwischen Nutzen und Risiken; es gibt aber auch Aufgaben, die jedenfalls nicht vollautomatisiert erledigt werden dürfen. Eine Haftung kann daher dann entstehen, wenn sich eine Behörde entscheidet, ein hierfür **ungeeignetes Verwaltungsverfahren** vollautomatisiert durchzuführen (Stelkens/Bonk/Sachs/U Stelkens, VwVfG § 35a Rn 57). Dabei kommt dem in § 35a VwVfG vorgesehenen Ausschluss solcher Maßnahmen, die nicht vollständig gerichtlich überprüfbar sind (Ermessen/Beurteilungsspielraum), eine Warnfunktion zu (vgl Ziekow NVwZ 2018, 1169, 1171). Diese Vorschrift beantwortet aber gleichwohl auch nicht ansatzweise, welche Verfahren für eine vollautomatisierte Bearbeitung geeignet sind. So mag es einerseits – entgegen § 35a VwVfG – durchaus sachlich zu rechtfertigen sein, Massenverfahren, in denen die Behörde durch Selbstbindung oder Verwaltungsvorschrift ihr Ermessen stets in bestimmter Weise ausübt (zB Beträge unter einer gewissen Schwelle nicht zu erheben), vollautomatisiert durchzuführen (vgl Stegmüller NVwZ 2018, 353, 357). Andererseits kann die (von § 35a VwVfG nicht als Ausschlussgrund vorgegebene) Subsumtion unter unbestimmte Rechtsbegriffe erhebliche prognostische Anteile haben (etwa unter den Begriff „tatsächliche Anhaltspunkte" in § 2 Abs 1 G 10, bei dem kein Beurteilungsspielraum besteht [BVerwG 17. 10. 1990 – 1 C 12/88, BVerwGE 87, 23, 26], aber ein „Wertungsspielraum" [BGH 13. 2. 2025 – III ZR 63/24, NJW 2025, 1116 Rn 26 f]; Roth-

Isigkeit AöR 2020, 321, 335 schreibt der Subsumtion generell ein „dezisionistisches Element" zu), die menschliche Verantwortung erfordern (vgl zur menschlichen Verantwortung als Erfordernis des Demokratieprinzips Martini/Ruschemeier/Hain VerwArch 2021, 1, 16 f Fn 95; zu Fragen demokratischer Legitimation vollautomatisierter Verfahren vgl Kube VVDStRL 78, 289, 313 ff). Ob sich ein Verfahren zur vollautomatisierten Bearbeitung eignet, lässt sich daher weniger danach beurteilen, ob ein Ermessen oder Beurteilungsspielraum besteht, sondern bestimmt sich danach, ob sich der zugrundeliegende Sachverhalt hinsichtlich Ermittlung und Bewertung zur Automatisierung eignet (Roth-Isigkeit AöR 2020, 321, 330). Danach zu beurteilen, welches Verwaltungsverfahren wirklich für eine derartige Bearbeitung geeignet ist, ist Aufgabe des Gesetzgebers, dessen Entscheidung gemäß § 35a VwVfG weitere Voraussetzung für die Zulässigkeit des vollautomatisierten Erlasses eines Verwaltungsakts ist. So sinnvoll – evtl sogar geboten – diese Regelung auch sein mag (vgl Ziekow NVwZ 2018, 1169, 1171; Siegel DVBl 2017, 24, 25 f), so führt sie haftungsrechtlich jedoch zu dem Problem, dass gesetzgeberische (Fehl-)Entscheidungen grundsätzlich keinen individuellen Drittschutz vermitteln (Rn 190 ff). Dies betrifft insofern jedoch lediglich die vom Gesetz vorgegebene Auswahl des Verwaltungsverfahrens. Die Auswahl der einzusetzenden Software/KI obliegt hingegen der Verwaltung, so dass insoweit drittschützende Amtspflichten bestehen können.

(3) Beim Einsatz von KI in einem Verwaltungsverfahren bestehende Amtspflichten ergeben sich zunächst aus der KI-VO (im Einzelnen hierzu ua Guckelberger DÖV 2025, 45 ff). Sie gilt beim Einsatz eines „KI-Systems", das in Art 3 Nr 1 KI-VO definiert ist als „ein maschinengestütztes System, das für einen in unterschiedlichem Grade autonomen Betrieb ausgelegt ist und das nach seiner Betriebsaufnahme anpassungsfähig sein kann und das aus den erhaltenen Eingaben für explizite oder implizite Ziele ableitet, wie Ausgaben wie etwa Vorhersagen, Inhalte, Empfehlungen oder Entscheidungen erstellt werden, die physische oder virtuelle Umgebungen beeinflussen können". Damit soll nach ErwG 12 KI-VO eine Abgrenzung von einfacheren herkömmlichen Softwaresystemen und Programmierungsansätzen erfolgen, die auf ausschließlich von natürlichen Personen definierten Regeln für das automatische Ausführen von Operationen beruhen. Die KI-VO regelt unmittelbar zum einen **generell verbotene „Praktiken im KI-Bereich"**, wobei ein Schwerpunkt im Profiling und der Nutzung biometrischer Daten liegt (Art 5 KI-VO). Zum anderen definiert die KI-VO Anforderungen und Pflichten bei der Nutzung von **„Hochrisiko-KI-Systemen"** (Art 6 ff KI-VO). Was als Hochrisiko-KI gilt, ist in Anhang III zur KI-VO aufgeführt. Für den Bereich der Amtshaftung sind von Bedeutung insbesondere dessen Nr 5 a): KI-Systeme, die bestimmungsgemäß von Behörden oder im Namen von Behörden verwendet werden sollen, um zu beurteilen, ob natürliche Personen Anspruch auf grundlegende öffentliche Unterstützungsleistungen und -dienste, einschließlich Gesundheitsdiensten, haben und ob solche Leistungen und Dienste zu gewähren, einzuschränken, zu widerrufen oder zurückzufordern sind; Nr 6 für den Bereich der Strafverfolgung; Nr 7 für den Bereich „Migration, Asyl und Grenzkontrollen"; Nr 8: KI-Systeme, die bestimmungsgemäß von einer oder im Namen einer Justizbehörde verwendet werden sollen, um eine Justizbehörde bei der Ermittlung und Auslegung von Sachverhalten und Rechtsvorschriften und bei der Anwendung des Rechts auf konkrete Sachverhalte zu unterstützen, oder die auf ähnliche Weise für die alternative Streitbeilegung genutzt werden sollen. Zu den Anforderungen bei der Nutzung solcher KI-Systeme gehören insbesondere die Einrichtung eines Risikomanagementsystems (Art 9 KI-VO), Qualitätsanforderungen an die Trainings-, Vali- 179 dierungs- und Testdatensätze (Art 10 KI-VO) und die Pflicht, dass die Systeme von natürlichen Personen wirksam beaufsichtigt werden können (Art 14 KI-VO). Diese Anforderungen dienen explizit der Verhinderung oder Minimierung der Risiken für Gesundheit, Sicherheit oder Grundrechte. Die Amtspflicht, bei der Auswahl von Hochrisiko-KI sicherzustellen, dass diese Anforderungen beachtet werden, ist daher drittschützend. Betreiber/Nutzer von Hochrisiko-KI treffen außerdem die in Art 26 KI-VO genannten Pflichten, namentlich die Pflicht, die Aufsicht solchen (natürlichen) Personen zu übertragen, die über die erforderliche Kompetenz, Ausbildung und Befugnis verfügen, und diesen die erforderliche Unterstützung zukommen zu lassen (Art 26 Abs 2 KI-VO). Die Überwachung der Hochrisiko-KI muss anhand der Betriebsanleitung erfolgen und ihre Verwendung muss unverzüglich ausgesetzt werden, wenn Grund zu der Annahme besteht, dass diese ein Risiko für die Gesundheit oder Sicherheit oder Grundrechte von Personen birgt (Art 26 Abs 5 S 2 iVm Art 79 Abs 1 KI-VO iVm Art 3 Nr 19 VO [EU] 2019/1020 [Marktüberwachungs-VO vom 20. 6. 2019]). Aus dieser Verpflichtung zur menschlichen Aufsicht ergibt sich eine persönliche (menschliche) Verantwortung, die zu einer Haftung aus § 839 BGB führen kann.

Bereits vor Erlass der KI-VO wurden vergleichbare Pflichten zur Überwachung und ggf Anpassung von Programmen generell, also nicht beschränkt auf Hochrisiko-KI, diskutiert (Guckelberger VVDStRL78, 235, 245; Roth-Isigkeit AöR 2020, 321, 336; Martini/Ruschemeier/Hain VerwArch 2021, 1, 14 f). Es spricht viel dafür, dass die in der KI-VO ausdifferenzierten Sorgfaltsanforderungen auch beim **Einsatz sonstiger KI** jedenfalls im Grundsatz in gleicher Weise gelten.

Ob danach noch im Hinblick auf das spezifische Autonomierisiko von KI eine Haftungslücke besteht, aus der sich eine Gestaltungsaufforderung an den Gesetzgeber ergibt (so Roth-Isigkeit AöR 2020, 321, 338 ff), bleibt abzuwarten.

8. Drittgerichtetheit und Schutzzweck der Amtspflicht

a) Allgemeine Kennzeichnung der Drittgerichtetheit

180 Die Haftungsnorm (§ 839 Abs 1 S 1 BGB) und die Überleitungsnorm (Art 34 S 1 GG) stellen in gleicher Weise darauf ab, dass der Amtsträger „die ihm einem Dritten gegenüber obliegende Amtspflicht" verletzt hat. Nur der solchermaßen geschützte „Dritte" kann Gläubiger des Amtshaftungsanspruchs sein.

aa) Eduard Engel, in der ersten Hälfte des vergangenen Jahrhunderts der namhafteste deutsche Stillehrer (W Sanders, Sprachkritikastereien [1992] 28), hielt den „Dritten" in § 839 BGB für ein Musterbeispiel misslungenen Kanzleistils: „Wie konnte im § 839 des BGB der sinnlose ‚Dritte' aus den versunkenen Zeiten Papinians auftauchen. ... Also [bestehen Amtspflicht und Schadensersatzpflicht gegenüber] einem Zweiten nicht?" (E Engel, Deutsche Stilkunst [31. Aufl 1931] 500). Gar so sinnlos, wie E Engel meinte, ist der „Dritte" jedoch nun auch wieder nicht: Die gesetzliche Regelung beruht auf der Vorstellung eines Drei-Personen-Verhältnisses (BGH 8. 11. 2012 – III ZR 151/12, BGHZ 195, 276 Rn 14), an dem – potenziell – der Beamte, sein Dienstherr und der Geschädigte beteiligt sind. Dies gilt auch für (ebenso Art 34 S 1 GG: „Jemand" – „Staat oder Körperschaft" – geschädigter „Dritter"). Die Vorschrift stellt klar, „dass nur die Verletzung solcher Amtspflichten, die dem Beamten nicht nur dem Dienstherrn, sondern einem Dritten gegenüber obliegen, eine Ersatzpflicht diesem gegenüber begründet" (Planck/Greiff [4. Aufl 1928] § 839 Anm 1a). Insoweit war es folgerichtig, dass das gescheiterte Staatshaftungsgesetz, das den handelnden Amtsträger aus den Rechtsbeziehungen zum Geschädigten herauslösen und das Rechtsverhältnis auf die öffentliche Gewalt einerseits und den Geschädigten andererseits beschränken wollte, nicht mehr von Pflichten gegenüber einem „Dritten", sondern gegenüber einem „anderen" (= einem „Zweiten" im Sinne Eduard Engels) sprach. (Ähnlich § 19 Abs 1 S 1 BNotO, wo das Haftungsverhältnis nur zwischen dem Notar und dem „anderen" besteht, ohne Beteiligung des Staates [S 4]).

bb) Die Drittgerichtetheit der Amtspflicht ist ein Tatbestandsmerkmal des Amts- 181
haftungsanspruchs, das sowohl eine haftungs**begründende**, als auch eine haftungs**begrenzende** Funktion hat: Haftungsbegründend, soweit es klarstellt, gegenüber welchem Geschädigten die Verantwortlichkeit des Staates oder der haftpflichtigen Körperschaft eintritt; haftungsbegrenzend insoweit, als anderen Personen, die nicht zum Kreis der „Dritten" zählen, ein Ersatzanspruch auch dann versagt wird, wenn sich das pflichtwidrige Handeln des Amtsträgers für sie nachteilig ausgewirkt hat. Im Schrifttum wird häufig beklagt, dass eine griffige Systematisierung der Drittbeziehungen von Amtspflichten nicht gelingen wolle, die hinreichend sichere Kriterien dafür böte, im konkreten Einzelfall festzustellen, ob der jeweils Betroffene geschützter „Dritter" sei (zB Blankenagel DVBl 1981, 15; Ossenbühl/Cornils 59 ff; MünchKommBGB/Papier/Shirvani § 839 Rn 298). Der Umstand, dass staatliches Handeln sich in nahezu allen Lebensbereichen auswirken kann, hat indes die unvermeidliche Folge, dass auch in den unterschiedlichsten Situationen Fehler begangen werden können, die sich dann in einer nahezu unübersehbaren Fülle von gerichtlichen Entscheidungen zum Amtshaftungsrecht widerspiegeln. Unter diesem Blickwinkel braucht es nicht unbedingt und ausschließlich ein Nachteil zu sein, wenn sich die Drittgerichtetheit der Amtspflicht nicht bis in die letzten Verästelungen systematisieren lässt; die Beschränkung auf allgemeiner gehaltene Leitlinien verleiht dem Tatbestandsmerkmal des „Dritten" vielmehr eine Elastizität, die flexible, den Besonderheiten des jeweiligen Lebenssachverhalts angepasste Lösungen ohne dogmatische Erstarrung ermöglicht. Dementsprechend beschreibt der Bundesgerichtshof in ständiger Rechtsprechung und in „gleich bleibenden und gleich lautenden Formulierungen" (MünchKommBGB/Papier/Shirvani § 839 Rn 298) die allgemeinen Anforderungen an die Drittgerichtetheit der Amtspflichten wie folgt:

Ob der Geschädigte geschützter Dritter ist, bestimmt sich danach, ob die Amtspflicht – wenn auch nicht notwendig allein, so doch ggf neben der Erfüllung allgemeiner Interessen und öffentlicher Zwecke – auch den Sinn hat, gerade sein Interesse wahrzunehmen. Aus den die Amtspflicht begründenden und sie umreißenden Bestimmungen sowie aus der besonderen Natur des Amtsgeschäfts muss sich ergeben, dass der Geschädigte zu dem Personenkreis zählt, dessen Belange nach dem Zweck und der rechtlichen Bestimmung des Amtsgeschäfts geschützt und gefördert werden sollen (BGH 28. 1. 2021 – III ZR 25/20, MDR 2021, 487 Rn 11; BGH 15. 8. 2019 – III ZR 18/19, BGHZ 223, 72 Rn 41; BGH 26. 4. 2018 – III ZR 367/16, NVwZ 2018, 1333 Rn 25; BGH 20. 10. 2016 – III ZR 278/15; BGHZ 221, 303 Rn 21). Darüber hinaus kommt es darauf an, ob in qualifizierter und zugleich individualisierbarer Weise auf schutzwürdige Interessen eines erkennbar abgegrenzten Kreises Dritter Rücksicht zu nehmen ist. Es muss mithin eine besondere Beziehung zwischen der verletzten Amtspflicht und dem geschädigten Dritten bestehen. Hierfür ist die unmittelbare Beteiligung am Amtsgeschäft ebenso wenig notwendige Voraussetzung wie ein Rechtsanspruch des Betroffenen auf die in Rede stehende Amtshandlung. Allerdings genügt es nicht allein, dass sich die Verletzung der Amtspflicht für den Geschädigten nachteilig ausgewirkt hat. Da eine Person, der gegenüber eine Amtspflicht zu erfüllen ist, nicht in allen ihren Belangen immer als Dritter anzusehen sein muss, ist jeweils zu prüfen, ob gerade das im Einzelfall berührte Interesse nach dem Zweck und der rechtlichen Bestimmung des Amtsgeschäfts geschützt sein soll (BGH 26. 4. 2018 – III ZR 367/16, NVwZ 2018, 1333 Rn 25; BGH 20. 10. 2016 – III ZR 278/15; BGHZ 221, 303 Rn 21 mwNw). Besonders dem Kriterium „Schutz der Interessen in individualisierter und qualifizierter Weise“ kommt dabei entscheidende Bedeutung zu (BGH 21. 10. 2021 – III ZR 166/20, BGHZ 231, 297 Rn 18; BGH 15. 8. 2019 – III ZR 18/19, BGHZ 223, 72 Rn 41).

Für die Frage, ob der Geschädigte zu dem Personenkreis zu rechnen ist, dessen Interessen durch die Amtspflicht (mit) geschützt werden sollen, oder ob er lediglich reflexartig durch die Wahrnehmung der im öffentlichen Interesse liegenden Amtspflichten begünstigt wird, kommt es wesentlich darauf an, welche Wertungen und Zielvorstellungen dem betreffenden Gesetz mit den herkömmlichen Auslegungsmethoden zu entnehmen sind (BGH 5. 4. 2018 – III ZR 211/17, NJW 2018, 2264 Rn 11; BGHZ 212, 303 Rn 23). Nicht Voraussetzung für die Einbeziehung in den Schutzbereich ist, dass dieser Kreis zahlenmäßig klein ist (BGH 5. 4. 2018 – III ZR 211/17, NJW 2018, 2264 Rn 13), jedoch darf sich das das Gesetz nicht an einen unüberschaubar großen und nicht individuell begrenzten Personenkreis richten (BGH 28. 1. 2021 – III ZR 25/20, NVwZ 2021, 1315 Rn 14).

182 Die unmittelbare Beteiligung am Amtsgeschäft ist ebenso wenig notwendige Voraussetzung für die Annahme einer drittgerichteten Amtspflicht wie ein Rechtsanspruch des Betroffenen auf die in Frage stehende Amtshandlung (BGH 20. 10. 2016 – III ZR 278/15, BGHZ 221, 303 Rn 22; BGH 14. 7. 2016 – III ZR 265/15, BGHZ 211, 171 Rn 16; BGHZ 137, 11, 15; BGH NJW 2005, 1865). Nach der Rechtsprechung des Bundesgerichthofs ist kein „Dritter“, wer nur aufgrund besonderer **rechtsgeschäftlicher Abmachungen** mit dem unmittelbar Verletzten von Nachwirkungen der Amtshandlung betroffen wird. Amtspflichten bestehen zudem nicht in Bezug auf Vertragspartner, denen gegenüber sich der Betroffene auf die Amtshandlung berufen hat (BGH 26. 4. 2018 – III ZR 367/16, NVwZ 2018, 1333 Rn 29; VerwRspr 1959, 457, 458). Anders liegt es dagegen, wenn sich – ähnlich der Situation der Drittschadensliquidation – das (wirtschaftliche) Risiko der Falschauskunft vollständig auf den Dritten verlagert hat, während dem vorrangig geschützten Betroffenen ein Schaden nicht entsteht (BGH 26. 4. 2018 – III ZR 367/16, NVwZ 2018, 1333 Rn 30).

Im Übrigen weisen MünchKommBGB/Papier/Shirvani (§ 839 Rn 296; 299) zutreffend darauf hin, dass die Drittbezogenheit dann zu bejahen ist, wenn der Amtspflichtverstoß zugleich eine Verletzung subjektiver öffentlicher Rechte des Geschädigten darstellt, insbesondere wenn der Verstoß in der Nicht-, Spät- oder Schlechterfüllung eines öffentlich-rechtlichen, gesetzlichen oder vertraglichen Leistungsanspruchs einer Zivilperson, in der Verletzung eines öffentlich-rechtlichen Anspruchs auf Erteilung einer Erlaubnis oder eines sonstigen begünstigenden Verwaltungsakts oder in der Beeinträchtigung eines gegenüber der öffentlichen Gewalt bestehenden Unterlassungsanspruchs, beispielsweise aufgrund der Freiheitsrechte der Verfassung, besteht. Dies gilt auch bei einer Verletzung von Nebenpflichten, etwa Schutz- und Sorgfaltspflichten, die durch ein derartiges verwaltungsrechtliches Schuldverhältnis begründet werden (MünchKommBGB/Papier/Shirvani § 839 Rn 299). All dies steht jedoch unter dem Vorbehalt, dass die betreffende verwaltungsrechtliche Beziehung überhaupt dem Amtshaftungsregime untersteht (s dazu Rn 135).

Nach diesen Grundsätzen tritt die Amtshaftung – mangels Drittgerichtetheit der verletzten Amtspflicht – **nicht** ein, wenn dem Beamten die Amtspflicht nur gegenüber der Allgemeinheit (einer unbestimmten Zahl von Personen) oder nur gegenüber seiner Behörde (seinem Dienstherrn) obliegt (BGH VersR 1961, 564; 1960, 980; BGHZ 32, 145; 18, 110, 113; 10, 124). Dient eine Amtspflicht lediglich dem allgemeinen öffentlichen Wohl, dem Schutz der öffentlichen Ordnung, dem allgemeinen Interesse des Gemeinwesens an einer ordnungsgemäßen sauberen Amtsführung der öffentlichen Bediensteten, der Wahrung innerdienstlicher Belange oder der Aufrechterhaltung einer im inneren Dienst wohlfunktionierenden geordneten Verwaltung, dann macht der Umstand, dass die pflichtgemäße Tätigkeit des Beamten einem anderen zugutekommt und ihm als Reflexwirkung einen Vorteil verschafft, den anderen noch nicht zum Dritten im Sinne des § 839 BGB (BGH NJW 1980, 641; BGHZ 69, 136; 58, 96; VersR 1966, 783), und es kommt Dritten gegenüber eine Haftung für Verletzung derartiger Amtspflichten auch dann nicht in Betracht, wenn die amtliche Tätigkeit sie betroffen, insbesondere ihre Interessen beeinträchtigt hat (BGH MDR 1983, 470; BGHZ 74, 147; 56, 40; NJW 1968, 641; VersR 1967, 358).

b) Der Schutzzweck der Amtspflicht und ihr Schutzbereich

In diesen allgemeinen Grundsätzen, nach denen der Kreis der geschützten „Dritten" 183
zu bestimmen ist, wird der **Schutzzweck** der Amtspflicht als ein solches Kriterium herangezogen (BGH NJW 2014, 2642; BGHZ 195, 276; 129, 23, 25; 110, 1, 8 f; 109, 163, 167 f; 106, 323, 331). Darin erschöpft sich die Bedeutung des Schutzzwecks der verletzten Amtspflicht indessen nicht. Er dient vielmehr auch zur inhaltlichen Bestimmung und zur sachlichen Begrenzung der Haftung. Dies bedeutet, dass neben die Feststellung, ob der Geschädigte zum Kreis der **geschützten Dritten** zählt, die weitere Feststellung treten muss, ob der geltend gemachte Schaden in den **Schutzbereich** der verletzten Amtspflicht fällt (BGH NJW 2018, 2264 Rn 18; 2014, 2642; BGHZ 191, 187 Rn 13; NJW-RR 2009, 335 Rn 15 mwNw). Im Schrifttum wird dies mit dem Begriff der „gespaltenen" Drittbezogenheit bezeichnet: Der Geschädigte könne in einer bestimmten Beziehung – nämlich eben hinsichtlich des vom Schutzzweck der Amtspflicht umfassten Belanges – Dritter sein, im Übrigen – hinsichtlich sonstiger, nicht geschützter Belange – dagegen nicht (Kreft Rn 276; Ossenbühl/Cornils 71 f; MünchKommBGB/Papier/Shirvani § 839 Rn 303; Erman/Mayen § 839 Rn 60). In der Urteilssprache des BGH wurden die Begriffe „gespaltene" Drittbezogenheit, „aufgespaltene" Amtspflicht jedoch nur ganz vereinzelt verwendet (zB NJW 1994, 2415, 2416; NVwZ 1986, 961, 962). Vielmehr dient die Drittbezogenheit der Amtspflicht der Festlegung des geschützten Personenkreises, der Schutzbereich dagegen der sachlichen Begrenzung des dem Dritten gewährten Schutzes (vgl Wurm JA 1992, 1, 2 f; anschauliches Beispiel: BGHZ 125, 258, 268 f; s dazu Rn 577; siehe auch die Ausführungen des BGH zum Schutzzweck der Beihilfeprüfung BGHZ 191, 187, 190 f; zum Schutzzweck von BSE-Tests BGHZ 195, 276 mit Anm Förster NJW 2013, 571). Als haftungsbegrenzendes Kriterium hat der Schutzzweck weit über die Amtshaftung hinaus zentrale Bedeutung erlangt: Er gilt für alle Bereiche staatlicher Haftung,

namentlich für Aufopferungsansprüche, die Ordnungsbehördenhaftung (BGHZ 123, 191, 198) und für die Haftung nach dem StHG (BGH VersR 2006, 800, Rn 11, 15; BGHZ 142, 259, 271 f).

Bei rechtswidrigen **belastenden** Maßnahmen grenzt der Schutzzweck die Verletzung eines geschützten Individualbelangs von dem allgemeinen – nicht mit der Sanktion des Schadensersatzes bewehrten – „Gesetzesvollziehungsanspruch" ab (BGHZ 65, 196; 86, 356; WURM JA 1992, 1, 9 f).

184 Bei rechtswidrigen **begünstigenden** Verwaltungsakten (insbesondere Genehmigungen) oder sonstigen behördlichen Maßnahmen (zB **Auskünften**) bestimmt sich der Schutzzweck vorrangig nach dem Vertrauen, das die betreffende Maßnahme begründen soll (vgl zum Vertrauenstatbestand als haftungsbegrenzendem Kriterium: DE WITT/BURMEISTER, Amtshaftung für rechtswidrig erteilte Genehmigungen, NVwZ 1992, 1039 ff; aus der Rechtsprechung insbesondere BGHZ 117, 83, 90; 123, 191, 198; 144, 394, 396; 149, 50, 52 ff; VersR 2008, 252 Rn 17; NJW 2009, 1207 Rn 11). Dieses Vertrauen bestimmt die Reichweite des dem Betroffenen durch das Amtshaftungsrecht gewährten Vermögensschutzes. Fehlt getätigten Aufwendungen, Investitionen etc die **„Verlässlichkeitsgrundlage"** (oder Vertrauensgrundlage), zB weil der Empfänger die Unrichtigkeit einer Auskunft oder des Bescheids kannte oder infolge grober Fahrlässigkeit nicht kannte, schließt dies bereits den Tatbestand des § 839 Abs 1 S 1 BGB aus und führt nicht etwa nur zu einem Mitverschulden iSd § 254 BGB (BGH 10. 12. 2015 – III ZR 27/14, NVwZ-RR 2016, 258 Rn 17 f). Bei der Beurteilung des Schutzzwecks der jeweiligen behördlichen Maßnahme kommen nicht nur objektive Umstände, sondern auch subjektive Kenntnisse und sich aufdrängende Erkenntnismöglichkeiten des Empfängers in Betracht (BGH 19. 1. 2023 – III ZR 234/21, VersR 2023, 451 Rn 38 f). Dazu sind alle relevanten objektiven und subjektiven Umstände in eine umfassende Würdigung des Sachverhalts einzubeziehen (BGH 10. 12. 2015 – III ZR 27/14, NVwZ-RR 2016, 258 Rn 18). Die Verlässlichkeitsgrundlage kann insbesondere dann fehlen, wenn der betreffende Verwaltungsakt mit Mängeln behaftet ist, die seine entschädigungslose Rücknahme rechtfertigen (§ 48 Abs 2 S 3 Nr 1–3 VwVfG), also wenn der Betroffene den Verwaltungsakt durch arglistige Täuschung, Drohung oder Bestechung oder durch Angaben erwirkt hat, die in wesentlicher Beziehung unrichtig oder unvollständig waren, oder wenn er die Rechtswidrigkeit des Verwaltungsaktes kannte oder infolge grober Fahrlässigkeit nicht kannte (BGHZ 134, 268, 284 [Fall „Mülheim-Kärlich"]).

Soweit der Schaden in der Belastung mit einer Verbindlichkeit gegenüber einem Dritten besteht, die aufgrund der Genehmigung eingegangen worden ist, fällt er in den Schutzbereich der Pflicht, die Genehmigung nicht rechtswidrig zurückzunehmen, wenn er von der Vertrauensgrundlage aufgrund der Genehmigung erfasst wird. Entscheidend ist daher, ob die vom Geschädigten eingegangene Verpflichtung unmittelbar mit der Durchführung der genehmigten Maßnahme verbunden ist; ist dies zu bejahen, so ist der zur Erfüllung dieser Forderung aufgewendete Betrag grundsätzlich ersatzfähig. Dagegen erfasst der Schutzbereich nicht solche „schadensursächlichen" Vertragsabsprachen, auf die sich ein wirtschaftlich denkender Vertragspartner auch unter Berücksichtigung der Interessen der Gegenseite nicht einlassen würde. Ebenfalls sind solche Forderungen ausgeschlossen, die im Hinblick auf eine – als möglich erkannte – Amtspflichtverletzung begründet wurden, um für diesen Fall eine möglichst hohe Schadensersatzforderung geltend machen zu können (BGH 22. 1. 2009 –

III ZR 197/08, NJW 2009, 1207 Rn 14). Ein weiteres Beispiel: Zwar ist es nicht die eigentliche Aufgabe des Beihilfeverfahrens, den Beihilfeberechtigten durch eine sachkundige Stellungnahme vor einer unberechtigten Inanspruchnahme durch Arzt oder Krankenhaus zu schützen und ihn so weit möglich davor zu bewahren, sich auf einen Zivilrechtsstreit über die Berechtigung der Rechnungsstellung einlassen zu müssen. Jedoch kann ein Beihilfeantrag bereits vor Zahlung der Rechnung gestellt werden und der Beihilfeberechtigte durch den Beihilfebescheid auf Bedenken gegen die Richtigkeit der Rechnungsstellung aufmerksam gemacht werden. Lässt sich daraufhin der Beihilfeberechtigte (nach erfolgloser Durchführung eines Widerspruchverfahrens) wegen der bei ihm durch amtspflichtwidrige Entscheidung hervorgerufenen begründeten Zweifel an der Richtigkeit der Rechnungsstellung auf einen Zivilrechtsstreit mit dem behandelnden Arzt ein, so sind ihm die im Falle des Unterliegens entstehenden Kosten vom Schutzzweck der Amtspflicht im Hinblick auf die Fürsorgepflicht des Dienstherrn bei der Prüfung der Beihilfefähigkeit der für medizinische Behandlungen getätigten Aufwendungen erfasst (BGH 13. 10. 2011 – III ZR 231/10, BGHZ 191, 187 Rn 14 ff).

Die im Rahmen eines förmlichen Bauvoranfrageverfahrens abgegebene mündliche Erklärung eines Sachbearbeiters, der zuständige Beamte des Bauamtes werde den beantragten Vorbescheid erlassen, begründet kein schutzwürdiges Vertrauen dahin, dass der Vorbescheid entsprechend erlassen werde. Tragende Erwägung hierfür ist, dass allen Beteiligten des Verfahrens klar war, dass nur und erst der dieses Verfahren beendende formelle Vorbescheid die abschließende Klärung herbeiführen konnte. Die vor dem Verfahrensabschluss abgegebenen Erklärungen konnten daher allenfalls den jeweiligen Stand der behördeninternen Willensbildung offenlegen, konnten jedoch keinerlei Verbindlichkeit für die letztlich zu erwartende Entscheidung beanspruchen (BGHZ 117, 83, 85, 90 f; in Abgrenzung dazu vgl BGH NJW 1994, 2087, wo die betreffende Auskunft an die Stelle eines anderenfalls ergangenen Bauvorbescheides getreten war und wo deshalb eine Haftung für möglich gehalten wurde).

Ein schutzwürdiges Vertrauen in einen Bebauungsplan besteht bei einem Bauträger dann nicht mehr, wenn und sobald er die positive Kenntnis von der Giftstoffbelastung des Geländes erlangt und er sich nunmehr in einer den Tatbestand der Arglist begründenden Weise über die daraus entstehenden Bedenken gegen die Bebaubarkeit hinwegsetzt und gleichwohl Grundstücksgeschäfte mit Ersterwerbern tätigt. Die Amtspflicht der Gemeinde, bei der Aufstellung von Bebauungsplänen Gesundheitsgefährdungen zu verhindern, die den zukünftigen Bewohnern des Plangebiets aus dessen Bodenbeschaffenheit drohen, hat nicht den Schutzzweck, einen Bauträger vor den haftungsrechtlichen Folgen derartiger Grundstücksgeschäfte zu bewahren. Auch dies ist nicht (erst) eine Frage des mitwirkenden Verschuldens des Bauträgers im Sinne des § 254 BGB, sondern bereits eine solche der objektiven Reichweite des ihm durch das Amtshaftungsrecht gewährten Vermögensschutzes (BGH NVwZ-RR 2016, 258; BGHZ 117, 363, 372; krit zu diesem Lösungsansatz des BGH: Ossenbühl DÖV 1992, 761, 766 ff).

c) Fallgruppen bestehender Drittgerichtetheit

Innerhalb des weiten Spektrums der Amtshaftung gibt es einzelne Fallgruppen, bei **185**
denen eine noch präzisere Begriffsbestimmung des Kreises der geschützten Dritten möglich ist, wo es daher eines Rückgriffs auf die vorstehend wiedergegebenen allgemeinen Leitsätze (in der Regel) nicht bedarf.

aa) Erfüllt die Amtspflichtverletzung zugleich den Tatbestand einer allgemeinen unerlaubten Handlung im Sinne der §§ 823 ff BGB, insbesondere bei Verletzung eines der in § 823 Abs 1 BGB aufgeführten absoluten Rechtsgüter, so ist der Geschädigte geschützter „Dritter" im Sinne des § 839 BGB, wenn und soweit er nach jenen allgemeinen Deliktsnormen Ersatz beanspruchen könnte (MünchKommBGB/Papier/Shirvani § 839 Rn 300). Dies gilt auch für das allgemeine Persönlichkeitsrecht und auch insoweit, als es den Schutz der Ehre umfasst (BGHZ 78, 274, 279; 69, 128, 138).

186 **bb)** Ähnliches gilt für § 826 BGB: Der Beamte hat die Pflicht, sein Amt sachlich, unparteiisch und im Einklang mit Treu und Glauben auszuüben. Verstößt er gegen diese Forderungen, so kann darin ein **Amtsmissbrauch** liegen; dies ist stets (aber nicht nur) bei Verwirklichung der Tatbestandsmerkmale des § 826 BGB der Fall (s bereits Rn 139). Ein solcher Amtsmissbrauch kann auch in den Bereichen, in denen an sich nur Amtspflichten gegenüber der Allgemeinheit zu erfüllen sind, Drittgerichtetheit erlangen; denn die Pflicht, sich jeglichen Amtsmissbrauchs zu enthalten, obliegt allen Beamten gegenüber jedem, der durch den Missbrauch geschädigt werden könnte (BGH 12. 4. 2016 – VI ZR 158/14, NJW-RR 2016, 995 Rn 13; BGHZ 91, 243, 252; VersR 1983, 156; 1979, 1053; 1970, 906; 1966, 473; OLG Braunschweig 22. 11. 2023 – 11 U 186/21, BeckRS 2023, 56087 Rn 94, NZB insoweit zurückgewiesen durch BGH 14. 11. 2024 – III ZR 431/23). Dient der Amtsmissbrauch der Teilhabe an einem (breit angelegten) Betrugsvorhaben, erstreckt sich der Schutzbereich der verletzten Amtspflicht grundsätzlich auf alle Opfer der durch den Amtsmissbrauch geförderten Straftaten und die dabei entstandenen Vermögensschäden (BGH 15. 5. 2003 – III ZR 42/02, VersR 2003, 1306).

187 **cc)** Wird der Amtshaftungsanspruch darauf gestützt, dass die Amtspflichtverletzung im Erlass eines rechtswidrigen belastenden **Verwaltungsakts** oder in der rechtswidrigen Ablehnung oder Unterlassung eines begünstigenden Verwaltungsakts bestehe, so fällt in der Regel die Drittgerichtetheit mit der Klagebefugnis nach § 42 Abs 2 VwGO zusammen: Dritter ist demnach, wer durch den Verwaltungsakt oder durch dessen Ablehnung oder Unterlassung in seinen Rechten verletzt ist (BGHZ 125, 258 f, 268 ff). In dem vom BGH entschiedenen Fall wurde der Amtshaftungsanspruch trotz zu bejahender Drittbezogenheit verneint, weil der Schaden (dort das Provisionsinteresse des mit der Baureifmachung eines Grundstücks beauftragten Architekten) nicht vom Schutzzweck der möglicherweise verletzten Amtspflicht umfasst wurde. Diese Faustregel versagt allerdings, wenn die Amtspflichtverletzung im Erlass eines **begünstigenden** Verwaltungsakts liegt. Wird der Antragsteller durch einen rechtswidrigen begünstigenden Verwaltungsakt geschädigt, so ist eine Übereinstimmung mit dem verwaltungsgerichtlichen Rechtsschutz nicht mehr gegeben. Denn der Antragsteller ist durch den begünstigenden, von ihm beantragten Bescheid nicht beschwert, so dass eine Klagebefugnis nach § 42 Abs 2 VwGO ausscheidet (Wurm JA 1992, 1, 2 mwNw).

d) Fallgruppen fehlender Drittgerichtetheit

188 **aa)** Die Verletzung einer gegenüber einem Dritten bestehenden Amtspflicht liegt insbesondere nicht vor bei der Verletzung sogenannter **Dienstpflichten, die nur behördeninterner Natur** sind (BGH VersR 1964, 590, 592), nur den inneren Dienst oder das Verhältnis zu Vorgesetzten, gleich-, neben- oder nachgeordneten Behörden oder die Behördenorganisation betreffen und im Interesse einer geordneten, wohl funktionierenden Verwaltung bestehen (BGHZ 26, 232), oder die, wie die aus der allgemeinen

Dienstaufsicht fließenden Pflichten, einer ordnungsmäßigen Amtsführung der Beamten im allgemeinen Interesse des Gemeinwesens dienen. So begründen **Verwaltungsanweisungen** der Ministerialinstanz an die nachgeordneten Behörden zur einheitlichen Auslegung und Handhabung einer Gesetzesvorschrift regelmäßig keine Amtspflichten gegenüber dem einzelnen Bürger (BGH 16. 4. 2015 – III ZR 333/13, BGHZ 205, 63; BGH NJW 1971, 1699); **anders aber** bei Weisungen betreffend Angelegenheiten bestimmter Personen (BGH 16. 4. 2015 – III ZR 333/13, BGHZ 205, 63; BGH 30. 6. 1983 – III ZR 73/82, BGHZ 88, 51, 55 ff; 63, 319) oder inhaltlicher Bindung (BGH 9. 7. 1998 – III ZR 87/97, BGHZ 139, 200). Die Pflicht der Zentralbehörden (Ministerien usw), die Fachbehörden so mit Personal und sachlichen Mitteln auszustatten, dass die anfallenden Arbeiten möglichst rasch erledigt werden können, ist keine Amtspflicht, die den Ministerialbeamten gegenüber Dritten (gegenüber den Einzelpersonen, die auf die Erledigung ihrer Anträge warten) obliegt (BGH VersR 1963, 1080; NJW 1959, 574). Das Gleiche gilt für die Behördenorganisation: Es kann zB ein Antragsteller, der sich über eine zu langsame Erledigung seines Antrags beklagt, Schadensersatzansprüche nicht darauf stützen, eine raschere Erledigung wäre durch Dezentralisation der Aufgaben auf eine Mehrzahl von Behörden statt ihrer Konzentration bei einer Stelle möglich gewesen (BGH VersR 1963, 1080). Es bestehen keine drittgerichteten Amtspflichtverletzungen des Haushaltsgesetzgebers, soweit es um die Zuweisung von Haushaltsmitteln und Stellen an die Gerichte geht (BGHZ 170, 260, 268). Die Pflicht eines Behördenvorstands, interne organisatorische Maßnahmen zu treffen, um die Effizienz der Behörde zu steigern, zB durch Aufstellung von „Grundsätzen", ist keine Amtspflicht gegenüber Außenstehenden (BGH MDR 1982, 555; BGHZ 75, 120, 127). – Hiervon zu unterscheiden und abzugrenzen sind die Fälle des „Organisationsverschuldens", in denen eine außengerichtete Amtshaftung der Behörde in Betracht kommt. Wegen der Einzelheiten wird auf die Darstellung im Abschnitt „Verschulden" verwiesen (Rn 228).

Nicht drittschützend ist grundsätzlich auch die **Remonstrationspflicht** des Beamten (BGH 15. 8. 2019 – III ZR 18/19, BGHZ 223, 72 Rn 42 ff; MünchKommBGB/Papier/Shirvani § 839 Rn 308; S hierzu auch Rn 122 sowie Rn 188). Der BGH begründet dies damit, dass die Remonstrationspflicht vorrangig der Lösung des Spannungsverhältnisses zwischen der Folgepflicht (§ 35 BeamtStG) einerseits und der Verantwortung des Beamten für die Rechtmäßigkeit seiner dienstlichen Handlungen (§ 36 I BeamtStG) andererseits dient und zu einer angemessenen Verteilung des Verantwortlichkeitsrisikos zwischen dem Beamten und seinem Dienstherrn sowie zur Klärung der Verantwortlichkeit führt, wenn Zweifel an der Rechtmäßigkeit einer Anordnung bestehen, indem der Beamte bei erfolgloser Remonstration von der eigenen Verantwortung befreit und diese auf den Vorgesetzten verlagert ist (BGH 15. 8. 2019 – III ZR 18/19, BGHZ 223, 72 Rn 45). Dem ist entgegengehalten worden (Staudinger/Wöstmann [2020] § 839 Rn 203; tendenziell kritisch auch BeckOGK/Thomas [1. 11. 2025] § 839 Rn 175 Fn 799), die Frage der Drittrichtung der Remonstrationspflicht könne nicht losgelöst vom nach außen gerichteten Verwaltungshandeln und einer bestehenden drittschützenden Norm wie zB den Grundrechten betrachtet werden. Die Amtspflicht zur Remonstration diene der Rechtmäßigkeit des Verwaltungshandelns im jeweiligen konkreten Einzelfall und sei deshalb in einem solchen Fall nicht allein behördeninterner Natur oder an die Allgemeinheit gerichtet. Es bestehe zudem die Gefahr nicht zu rechtfertigender Haftungslücken. Diese Kritik verkennt allerdings, dass § 36 Abs 4 S 2 BeamtStG eine Ausnahme von der Folgepflicht des Beamten ausdrücklich nur für den Fall statuiert, dass das aufgetragene Verhalten die Menschenwürde verletzt oder erkennbar strafbar und ordnungswidrig ist. In diesem Fall bindet die Anordnung nicht und kann den Beamten daher vom Vorwurf der Verletzung seiner Amtspflicht zu rechtmäßigem Handeln nicht entlasten. Daraus lassen sich weder Rückschlüsse auf eine Drittbezogenheit der Remonstrationspflicht im Allgemeinen, und erst recht nicht auf eine Drittgerichtetheit der Remonstrationspflicht über den dort normierten Ausnahmetatbestand hinaus ziehen. Inwieweit Haftungslücken entstehen, ist nicht ersichtlich.

189 **bb)** Weitere **Beispiele** fehlenden Drittschutzes:

Die den Veterinärbehörden im Zusammenhang mit der Vorbereitung, Durchführung und Auswertung von BSE-Tests an Rindern in einem Schlachthof obliegenden Amtspflichten entfalten grundsätzlich keine drittgerichtete Schutzwirkung zugunsten der Unternehmen, die vom Schlachthof – oder auch von einem „Zwischenlieferanten" – Schlachtprodukte erwerben und diese weiter veräußern oder verarbeiten. Diese Unternehmen in der weiteren Abnehmer- und Verarbeitungskette sind vorbehaltlich etwaiger Besonderheiten des Einzelfalls nicht durch die Amtspflicht in Bezug auf ihre individuellen Vermögensinteressen durch Absatz von Tierprodukten zum Zwecke der Gewinnerzielung geschützt. Die Haftung würde sonst konturlos und bestünde nicht mehr gegenüber einem erkennbar abgrenzbaren Kreis Dritter (BGHZ 195, 276). Unterrichtet die Veterinärbehörde aber einen Abnehmer, bei dem sich die vorläufig sichergestellte Ware befindet, im Zusammenhang mit der Freigabe der Ware darüber, dass die (vermeintlich vollständig) durchgeführten BSE-Tests negativ verlaufen seien, so schafft sie dadurch einen unmittelbaren Vertrauenstatbestand für die ordnungsgemäße Durchführung der Untersuchungen und haftet dem Adressaten der Mitteilung auf Ersatz seines Vertrauensschadens (BGHZ 195, 276).

Die unterbliebene Beachtung der Verwaltungsvorschrift des Landes Baden-Württemberg für die Erfassung von Kulturdenkmalen in einer Liste (VwV-Kulturdenkmallisten; Fassung: 2. 7. 1993) mit der darin vorgesehenen Unterrichtung der Eigentümer der betroffenen Objekte über die Eintragung in die Liste begründet mangels Verletzung drittbezogener Amtspflichten keine Amtshaftungsansprüche späterer Erwerber gegen die Träger der Denkmalschutzbehörden. Da die Denkmaleigenschaft nicht von der Eintragung in die Denkmalliste und von der Benachrichtigung der Eigentümer abhängt, kann eine fehlende Benachrichtigung kein Vertrauen begründen, dass ein Objekt keine Denkmaleigenschaft besitzt und daher keinen Einschränkungen in der Nutzung oder Veränderung des Objekts unterliegt; die Benachrichtigung des Eigentümers dient vielmehr allein dazu, einen wirksamen Denkmalschutz zu gewährleisten (BGH 6. 6. 2013 – III ZR 196/12, NJW 2013, 3370 Rn 17 f; an der von Staudinger/Wöstmann [2020] § 839 Rn 175 geäußerten Kritik wird nicht festgehalten, da diese unzutreffend davon ausgeht, solange die Denkmalschutzbehörde die Denkmaleigenschaft nicht bejahe, werde ein Eigentümer auch nicht mit nachteiligem Handeln der Denkmalschutzbehörden zu rechnen haben).

Die sich aus § 37 Abs 1 SGB VIII ergebende Verpflichtung des Jugendamts, die leiblichen Eltern über die Unterbringung des Kindes in einer Pflegefamilie zu unterrichten, hat nicht den Zweck, den Kindesvater vor der Zahlung nicht mehr geschuldeten Kindes- und Betreuungsunterhalts an seine geschiedene Ehefrau zu schützen. Die besondere, sich aus § 92 Abs 3 S 1 SGB VIII ergebende Pflicht des Jugendamts, eine unterhaltspflichtige Person über die Folgen für ihre Unterhaltspflicht aufzuklären, besteht nur im Zusammenhang mit der Erhebung eines Kostenbeitrags (BGH NJW 2014, 2642).

Nach früherer Rechtsprechung entfaltete die **Gewässerunterhaltungspflicht** nach §§ 39, 40 WHG keinen Drittschutz, sondern bestand nur gegenüber der Allgemeinheit (BGH NVwZ-RR 2008, 169 Rn 7; NJW 1996, 3208, 3209; BGHZ 125, 186, 188; 121, 367, 374; krit Czychowski/Reinhardt WHG [9. Aufl 2007] § 28 Rn 60; Reinhardt NuR 2004, 420, 427 f). Diese Rechtsprechung hat der BGH nunmehr aufgegeben. Danach hat die öffentlich-rechtliche Unterhaltungspflicht drittschützenden Charakter, soweit sie einer Verkehrssicherungspflicht inhaltlich gleichkommt (BGH 1. 12. 2022 – III ZR 54/21, BGHZ 235, 206 Rn 11 m Anm Reinhardt NVwZ 2023, 863 sowie abl Itzel ZfW 2023, 123; s hierzu Rn 711).

e) Legislatives und normatives Unrecht

aa) Die haftungsbegrenzende Funktion des Merkmals der Drittgerichtetheit der Amtspflicht zeigt sich besonders anschaulich bei der Frage, ob die allgemeinen Amtshaftungsvorschriften bereits nach geltendem Recht eine Grundlage für Schadensersatzansprüche wegen rechtswidriger Akte der Parlamentsgesetzgebung bilden können. In der Rechtsprechung des Bundesgerichtshofs scheitern solche Amtshaftungsansprüche nämlich regelmäßig schon daran, dass die beteiligten Mitglieder des jeweiligen Gesetzgebungsorgans (also des Bundestages oder eines Landesparlaments) ausschließlich Aufgaben der Allgemeinheit wahrnehmen, denen die Richtung auf bestimmte Personen oder Personenkreise, also die Drittgerichtetheit, mangelt (BGH 17. 3. 2022 – III ZR 79/21, BGHZ 233, 107 Rn 65; BGH EuZW 2013, 194; BGH NJW 2013, 168; 1989, 101; BGHZ 87, 321, 335; 56, 40, 44/45; vgl auch BGHZ 134, 30, 32). Nur ausnahmsweise – etwa bei sogenannten Maßnahme- oder Einzelfallgesetzen – kann etwas anderes in Betracht kommen und können die Belange bestimmter einzelner Personen unmittelbar berührt werden, so dass sie als „Dritte" im Sinne des § 839 BGB angesehen werden können (BGH NJW 1989, 101). Diese Grundsätze gelten auch, wenn der Amtshaftungsanspruch darauf gestützt wird, dass der Gesetzgeber eine bestimmte gebotene Regelung unterlassen habe (BGHZ 134, 30, 32 [Nichtanpassung des Biersteuergesetzes an höherrangige Normen des europäischen Gemeinschaftsrechts]; BGHZ 102, 350, 367 f [Waldschäden]). Eine Haftung für legislatives Unrecht in Gestalt eines mit dem Grundgesetz nicht zu vereinbarenden formellen Gesetzes besteht auch aus enteignungsgleichem Eingriff, auch in einer landesgesetzlichen Ausprägung wie § 1 BbgStHG, nicht (BGH 17. 3. 2022 – III ZR 79/21, BGHZ 233, 107 Rn 66). Dies beruht nicht zuletzt auf der Erwägung, die Haushaltsprärogative des Parlaments in möglichst weitgehendem Umfang zu wahren und die Gewährung von Entschädigungen für legislatives Unrecht angesichts der hiermit verbundenen erheblichen finanziellen Lasten für die öffentliche Hand der Entscheidung des Parlamentsgesetzgebers vorzubehalten. Auch für den **Vollzug** eines verfassungswidrigen Gesetzes haftet die öffentliche Hand nicht unter dem Gesichtspunkt des enteignungsgleichen Eingriffs. Ansonsten würde der Ausschluss der verschuldensunabhängigen Haftung für legislatives Unrecht in weiten Teilen unterlaufen, da Gesetze regelmäßig erst mit der Umsetzung durch die Verwaltung ihre Wirkung auf das Eigentum des Einzelnen entfalten (BGH 16. 4. 2015 – III ZR 333/13, BGHZ 205, 63 Rn 34; **aA** Detterbeck NVwZ 2019, 97). 190

bb) Hiergegen wird im Schrifttum insbesondere eingewendet, dann, wenn der Gesetzgeber einen Rechtssatz erlasse, der Freiheitsrechte Einzelner in unzulässiger 191

Weise beeinträchtige, so würden nicht nur Normen des objektiven Verfassungsrechts, sondern zugleich aus den Freiheitsrechten folgende öffentlich-rechtliche Unterlassungsansprüche des Einzelnen verletzt. Diesen subjektiven öffentlichen Rechten des Bürgers entsprächen stets drittbezogene Amtspflichten der zuständigen Organwalter. Wesentlich sei also die Betroffenheit subjektiver Rechte des Einzelnen, nicht aber die Rechtsnatur des eingreifenden Hoheitsaktes (MünchKommBGB/Papier/Shirvani § 839 Rn 329 mwNw; Schmitt/Werner NVwZ 2017, 21, zum Atomausstieg; Hartmann/Jansen DVBl 2015, 752, 755 ff; Kleiner/Podewils BB 2008, 2329: jedenfalls bei evident verfassungswidrigen Gesetzen). Diese Argumentation hat der BGH indessen ausdrücklich zurückgewiesen (NJW 1989, 101): Nicht in jedem Grundrechtsverstoß liegt die Verletzung einer drittgerichteten Amtspflicht (so auch BGHZ 129, 17, 19; BGH NJW 1994, 2415; BayObLGZ 1997, 31). Dies gilt insbesondere bei einem Verstoß der öffentlichen Hand gegen Art 2 Abs 1 GG, der hoheitliche Eingriffe in die Rechtssphäre des Bürgers verbietet, die nicht durch eine der verfassungsmäßigen Ordnung entsprechende Rechtsgrundlage gedeckt sind. Wollte man in diesen Fällen stets wegen des Grundrechtsverstoßes auch die Drittgerichtetheit der verletzten Amtspflicht bejahen, so würde das einschränkende Tatbestandserfordernis des „Dritten“ weitgehend leerlaufen. Das wäre umso weniger tragbar, als der Verstoß gegen die allgemeine Handlungsfreiheit des Art 2 Abs 1 GG sich gerade aus der Verletzung von Vorschriften ergeben kann, die ausschließlich im Allgemeininteresse erlassen worden sind.

192 **cc)** Auch durch den Erlass von untergesetzlichen Rechtsnormen (Rechtsverordnungen oder Satzungen), die gegen höherrangiges Recht verstoßen, sowie durch amtspflichtwidriges Untätigbleiben des Verordnungs- oder Satzungsgebers können in der Regel keine Amtshaftungsansprüche begründet werden. Denn auch der Verordnungs- oder Satzungsgeber nimmt grundsätzlich nur Amtspflichten gegenüber der Allgemeinheit wahr, nicht dagegen gegenüber dem Einzelnen durch die Verordnung oder Satzung Betroffenen als geschütztem „Dritten“ (BGH 17. 3. 2022 – III ZR 79/21, BGHZ 233, 107 Rn 65). Ausnahmen können – wie bei Parlamentsgesetzen – für solche Verordnungen oder Satzungen gelten, die nach Adressatenkreis und Regelungsgehalt einem Maßnahme- oder Einzelfallgesetz entsprechen (insbesondere bei Bebauungsplänen; vgl dazu den Abschnitt „Öffentliches Baurecht“ Rn 548 ff). Dementsprechend hatte der Verordnungsgeber beispielsweise durch den Erlass der vom Bundesverwaltungsgericht (BVerwGE 81, 49) für verfassungswidrig erklärten Bestimmung des § 6 Abs 6 der Milchgarantiemengenverordnung aF keine drittgerichteten Amtspflichten zu Lasten der betroffenen Milcherzeuger verletzt (BGH DVBl 1993, 718). Ein entschädigungsrechtlich bedeutsamer Unterschied zu Parlamentsgesetzen liegt allerdings darin, dass bei Verordnungen oder Satzungen, die an eigenen, nicht auf ein Parlamentsgesetz zurückgehenden Nichtigkeitsgründen leiden, Ansprüche wegen enteignungsgleichen Eingriffs in Betracht kommen können (BGH DVBl 1993, 718; BGHZ 111, 349). Wegen der näheren Einzelheiten wird auf die Ausführungen im Abschnitt „Enteignungsgleicher Eingriff“ verwiesen (Rn 460 f).

193 **dd)** Zu weiteren haftungsrechtlichen Besonderheiten bei Verstoß einer innerstaatlichen Rechtsnorm gegen europäisches Gemeinschaftsrecht siehe die Ausführungen im Abschnitt „Unionsrechtlicher Staatshaftungsanspruch“ (Rn 524).

f) Staatsaufsicht

aa) Die **Bundesaufsicht** gegenüber den Ländern (Art 84 Abs 3, Art 85 Abs 3, 4 GG) und die Staatsaufsicht der Länder gegenüber öffentlichen Stellen dienen grundsätzlich nur dem allgemeinen staatlichen oder öffentlichen Interesse und begründet keine Amtspflichten zum Einschreiten für dritte Personen (vgl BGHZ 15, 305; 35, 44; VersR 1967, 471, 605). So besteht zB keine Amtspflicht der **Straßenaufsichtsbehörde** gegenüber den einzelnen Wegebenutzern (BGH VersR 1967, 605). Nehmen Selbstverwaltungskörperschaften (Kreise, Gemeinden usw) bestimmte Aufgaben als Auftragsangelegenheiten nach Weisung des Staates wahr, so erfüllen die Landesbeamten bei Ausübung der Aufsicht, zB durch förmliche Weisungen, Empfehlungen, Ratschläge, Bestärkung der beaufsichtigten Körperschaft in ihrer Auffassung, grundsätzlich keine Amtspflichten, die ihnen einem einzelnen Dritten gegenüber oblägen. Nur bei Hinzutreten **besonderer Umstände** erwächst aus der regelmäßig im allgemeinen staatlichen Interesse bestehenden und ausgeübten Staatsaufsicht eine Amtspflicht, die den Beamten der Aufsichtsbehörde dem einzelnen Dritten gegenüber obliegt, so etwa wenn dieser sich unmittelbar an die Aufsichtsbehörde wendet, bei Amtsverweigerung der unteren Stelle, bei besonderen Gefahrensituationen (BGH VersR 1967, 471, 473; 1959, 271; NJW 1956, 1028; BGHZ 15, 305; 35, 44; RGZ 162, 129, 264; 95, 344). Auch die **Kommunalaufsicht** gegenüber der Gemeinde in weisungsfreien Angelegenheiten beschränkt sich darauf, die Gesetzmäßigkeit der Verwaltung sicherzustellen, soweit gesetzlich nichts anderes bestimmt ist. Sie dient damit grundsätzlich nur dem Interesse des allgemeinen Wohls, nicht aber dem Individualinteresse des Einzelnen (BGHZ 118, 263, 274 mwNw). Allerdings begründet die Kommunalaufsicht des Staates Amtspflichten **gegenüber den Gemeinden** zur sachgemäßen Ausübung der Aufsicht, weil dadurch auch die Interessen der Gemeinden gefördert oder geschützt werden sollen (BGHZ 35, 44, 50; RGZ 118, 97, 99). Die zu beaufsichtigende Gemeinde kann geschützter „Dritter" sein. Schutzpflichten der Aufsicht gegenüber der Gemeinde können auch bei begünstigenden Maßnahmen bestehen, also solchen, die von der Gemeinde selbst angestrebt werden, etwa bei der Genehmigung eines von der Gemeinde abgeschlossenen Rechtsgeschäfts. Verletzungen dieser Pflichten können Amts- oder Staatshaftungsansprüche der Gemeinde gegen die Aufsichtsbehörde auslösen. Der Einbeziehung eines durch eine solche Genehmigung verursachten Schadens in den Schutzbereich der wahrzunehmenden Amtspflichten steht insbesondere nicht entgegen, dass das genehmigte Handeln der Gemeinde in den Bereich kommunaler Selbstverwaltung fällt. Denn auch in diesem Bereich ist die Gemeinde verpflichtet, ihre finanziellen Dispositionen an den Rechts- und Verwaltungsgrundsätzen einer sparsamen Haushaltsführung und der Einhaltung ihrer wirtschaftlichen Leistungsfähigkeit auszurichten. Die Missachtung dieser Grenzen begründet daher in besonderem Maße die Gefahr von Selbstschädigungen. Deswegen hat die Rechtsaufsicht auch den Zweck, die Gemeinde in diesem Bereich vor vermeidbaren Schädigungen zu bewahren. Allerdings sind insoweit vom Ansatz her Anspruchskürzungen wegen mitwirkenden Verschuldens der Gemeinde in Betracht zu ziehen (vgl zu diesen Fragen zusammenfassend die Grundsatzentscheidung BGHZ 153, 198, 203 f und dazu die Besprechungen von Meyer NVwZ 2003, 1818 und Teichmann JZ 2003, 960, sowie die Dissertation von Pfeiffer, Haftung für Pflichtverletzungen der Kommunalaufsichtsbehörde [2006]; s auch BGH NVwZ-RR 2013, 896). Holt die Gemeinde die Genehmigung der Aufsichtsbehörde für ein Rechtsgeschäft ein, das überhaupt nicht genehmigungsbedürftig ist, so hat die gleichwohl erteilte Genehmigung grundsätzlich keine haftungsbegründende Schutzfunktion zugunsten der Gemeinde; es bewendet vielmehr bei deren eigener Verantwortung 194

(BGHZ 170, 356). Aus der Kommunalaufsicht des Staates können sich auch gegenüber einem kommunalen (Vor-)**Zweckverband** Amtspflichten zur sachgemäßen Ausübung dieser Aufsicht ergeben. Die sich aus einer Verletzung dieser Pflichten ergebenden Amts- oder Staatshaftungsansprüche eines Vor-Zweckverbands gehen auf den Zweckverband über, sobald dieser wirksam entstanden ist (BGH NVwZ-RR 2013, 896). Offengelassen hat der Bundesgerichtshof dagegen, ob der **Bayerische Kommunale Prüfungsverband** bei der überörtlichen Rechnungsprüfung gegenüber der geprüften öffentlich-rechtlichen Körperschaft drittgerichtete Amtspflichten erfüllt (BGHZ 177, 37). Im konkreten Fall scheiterte ein Amtshaftungsanspruch jedenfalls daran, dass die unzutreffende Feststellung einer personellen Unterbesetzung für einen bestimmten Verwaltungsbereich im Prüfungsbericht der überörtlichen Rechnungsprüfung keine Verlässlichkeitsgrundlage für die geprüfte öffentlich-rechtliche Körperschaft bietet, eine personelle Aufstockung vorzunehmen, ohne sich zuvor von deren Notwendigkeit unter dem Blickwinkel der ordnungsgemäßen Aufgabenerledigung eigenverantwortlich zu vergewissern.

195 **bb)** Der BGH hat schon früh ausgesprochen, dass die den Trägern der **Versicherungsaufsicht** obliegende Amtspflicht, die „Belange der Versicherten" zu wahren (VAG §§ 8 Abs 1, 61 Abs 2), grundsätzlich nur dem allgemeinen staatlichen oder öffentlichen Interesse dient und regelmäßig keine Amtspflichten gegenüber bestimmten Personen begründet (BGHZ 58, 96, 98 zu §§ 8, 81 VAG aF). Daran hat sich auch nichts dadurch geändert, dass nach § 294 Abs 1 VAG Hauptziel der Beaufsichtigung der Schutz der Versicherungsnehmer und der Begünstigten von Versicherungsleistungen ist, denn § 294 Abs 8 VAG stellt klar, dass die Aufsichtsbehörde ihre Aufgaben und Befugnisse nur im öffentlichen Interesse wahrnimmt (vgl auch MünchKomm-BGB/Papier/Shirvani § 839 Rn 319). Allein die Überwachung des Bestehens eines Versicherungsschutzes im Rahmen der Kraftfahrzeug-Haftpflichtversicherung ist eine im Interesse der einzelnen Verkehrsteilnehmer bestehende Amtspflicht, deren schuldhafte Verletzung zur Staatshaftung gegenüber den geschädigten Verkehrsopfern führt (BGHZ 58, 96, 101 mwNw). Dies gilt auch weiterhin (MünchKommBGB/Papier/Shirvani § 839 Rn 319).

Hingegen hat der BGH später entschieden, dass die dem Bundesaufsichtsamt für das Kreditwesen obliegende Pflicht zur Prüfung, ob ein Unternehmen genehmigungspflichtige Bankgeschäfte betreibt, (auch) eine den Einlagegläubigern dieses Unternehmens gegenüber bestehende Amtspflicht darstellte (BGHZ 74, 144). Diese Drittgerichtetheit der staatlichen Aufsicht über die Kreditinstitute bestand namentlich dort, wo die Aufsicht den Zweck verfolgte, den Kreditinstituten „zur Sicherheit der ihnen anvertrauten Vermögenswerte ein angemessenes haftendes Eigenkapital zu erhalten" (§ 10 Abs 1 KWG), und das Gesetz das Bundesaufsichtsamt ermächtigte, eine „für die Erfüllung der Verpflichtung eines Kreditinstituts gegenüber seinen Gläubigern, insbesondere für die Sicherheit der ihm anvertrauten Vermögenswerte" drohende Gefahr durch einstweilige Maßnahmen abzuwenden (§ 46 KWG; BGHZ 75, 120, 122). Diese Rechtsprechung ist indessen durch eine nachträgliche Gesetzesänderung überholt worden: Durch das Dritte Gesetz zur Änderung des Gesetzes über das Kreditwesen vom 20. 12. 1984 (BGBl I 1693) ist in § 6 KWG der folgende Abs 3 eingefügt worden (seit der 6. KWG-Novelle 1997: Abs 4): „Das Bundesaufsichtsamt nimmt die ihm nach diesem Gesetz und nach anderen Gesetzen zugewiesenen Aufgaben nur im öffentlichen Interesse wahr". Entsprechende Regelungen sind für die Versicherungsaufsicht (§ 81 Abs 1 S 3 VAG), die Börsenaufsicht (§ 1 Abs 4 BörsG) und die Aufsicht über den Wertpapierhandel (§ 4 Abs 2 WpHG) getroffen worden. Auch danach hat der Bundesgesetzgeber an dieser Konzeption festgehalten. Durch das Gesetz über die Bundesanstalt für Finanzdienstleistungsaufsicht (Finanzdienstleistungsaufsichtsgesetz – FinDAG), verabschiedet als Art 1 des Gesetzes über die integrierte Finanzdienstleistungsaufsicht vom 22. 4. 2002 (BGBl I 1310), ist durch Zusammenlegung des Bundesaufsichtsamtes für das Kreditwesen, des Bundesaufsichtsamtes für das Versicherungswesen und des Bundesaufsichtsamtes für den Wertpapierhandel eine bundesunmittelbare, rechtsfähige Anstalt des öffentlichen Rechts zum 1. 5. 2002 errichtet worden, die die Bezeichnung „Bundesanstalt für Finanzdienstleistungsaufsicht" trägt (§ 1 Abs 1 FinDAG) und nach § 4 Abs 4 FinDAG ihre Aufgaben und Befugnisse nur im öffentlichen Interesse wahrnimmt. Damit ist der Drittbezug der entsprechenden Aufsichtspflichten kraft Gesetzes ausgeschlossen. Auf Vorlage des BGH (NJW 2002, 2464) hat der EuGH entschieden, dass europäisches Gemeinschaftsrecht der in § 6 Abs 4 KWG und § 4 Abs 4 FinDAG getroffenen Regelung nicht entgegensteht (NJW 2004, 3479). Der BGH hat daraufhin auch die gegen diese Bestimmungen erhobenen verfassungsrechtlichen Bedenken (MünchKommBGB/Papier/Shirvani § 839 Rn 323; s hierzu auch Lehmann/Schürger WM 2021, 905, 907 f; jew mwNw) nicht für durchgreifend erachtet (BGHZ 162, 49). Durch § 6 Abs 4 KWG und die an seine Stelle getretene Vorschrift des § 4 Abs 4 FinDAG sind auch Amtshaftungsansprüche von Gläubigern (dort: aufgrund einer typisch und atypisch stillen Beteiligung) eines Unternehmens ausgeschlossen, die daraus hergeleitet werden, dass die Bankenaufsicht durch eine Abwicklungsanordnung die Insolvenz des Unternehmens verursacht habe (BGH NJW-RR 2005, 1406). – Anzumerken ist noch, dass nach Inkrafttreten des FinDAG (so) nicht mehr die Bundesrepublik, sondern die Bundesanstalt selbst haftende Körperschaft im Sinne des Art 34 GG für etwaige Amtshaftungsansprüche ist; dies gilt auch für bereits anhängige Verfahren (§ 18 Abs 1 FinDAG).

Neben den og verfassungsrechtlichen Bedenken, wird auch in Frage gestellt, ob ein Verständnis von § 4 Abs 4 FinDAG, nach dem die Bankenaufsicht keinen weitergehenden Drittschutz vermittelt (hiergegen schon Hippeli BKR 2023, 357, 361 ff), unionsrechtlich haltbar ist (s zB Renner ZIP 2023, 729; Lehmann/Schürger WM 2021, 905; jew mwNw). Ansatzpunkt für diese Kritik ist, dass der EuGH in seiner Entscheidung *Kantarev* (EuGH 4. 10. 2018 – C-571/16, WM 2019, 156) das Erfordernis der Unmittelbarkeit relativiert habe (so auch BeckOGK/Thomas [1. 11. 2025] § 839 Rn 934; s aber auch Cornils/Gurlit ZBB 2024, 157; iE auch Hippeli BKR 2023, 357, 363), wobei diese Entscheidung einen anderen Sachverhalt betraf (Wojcik WM 2019, 1046). Die Diskussion ist im Zusammenhang mit der Frage der Amtshaftung der BAFin für etwaige Versäumnisse im sog Wirecard-Skandal stark belebt worden. Die Instanzrechtsprechung hat eine solche Haftung auch im Hinblick auf § 4 Abs 4 FinDAG verneint (zB OLG Bremen 16. 4. 2025 – 1 U 53/24, WM 2025, WM 2025, 1319, 1323; OLG Saarbrücken 6. 3. 2025 – 4 U 35/24, WM 2025, 1473 Rn 36 ff; OLG Stuttgart 18. 12. 2024 – 4 U 94/24, WM 2025, 1480 Rn 259 ff; OLG Köln 25. 11. 2024 – 7 U 46/24, WM 2025, 1466 Rn 16; OLG Frankfurt 6. 2. 2020 – 1 U 83/19, WM 2020, 2338 Rn 34 ff; tendenziell auch OLG Brandenburg 5. 6. 2025 – 2 U 54/24, juris Rn 15). Der BGH konnte die Frage in den diesbezüglichen Nichtzulassungsbeschwerdeverfahren offenlassen, weil sie nicht entscheidungserheblich war (BGH 27. 11. 2025 – III ZR 162/24 ua; BGH 10. 1. 2024 – III ZR 57/23, VersR 2024, 422 Rn 31).

196 **cc)** Aus der besonderen Natur der staatlichen **Stiftungsaufsicht** ergibt sich, dass sie auch den Interessen der Stiftung selbst dient. Diese besondere Natur liegt in der rechtlichen Konstruktion der selbständigen Stiftung als einer juristischen Person ohne Mitglieder mit der Folge, dass regelmäßig niemand vorhanden ist, der die Stiftungsorgane zur Beachtung der Satzung anhalten könnte, und dem daraus resultierenden Bedürfnis, die Stiftung vor ihren eigenen Organen zu schützen. Die Staatsaufsicht besteht demgemäß als Amtspflicht auch gegenüber der Stiftung selbst (BGHZ 68, 142; BayObLGZ 1990, 264). Daraus den Schluss zu ziehen, die Länder hafteten gegenüber einer Landesbank für eine mangelhafte Aufsicht durch die sie vertretenden Mitglieder in deren Aufsichts- oder Verwaltungsrat (so Grooterhorst ZIP 2021, 749, 753), dürfte indes zu weit gehen, denn weder ist die Tätigkeit als Verwaltungsratsmitglied mit derjenigen der staatlichen Stiftungsaufsicht vergleichbar, noch stehen sich Landesbank und Verwaltungsrat in einer Weise gegenüber, die mit dem Verhältnis zwischen Selbstverwaltungskörperschaft und Kommunalaufsichtsbehörde vergleichbar wäre.

197 **dd)** Auch die **allgemeine Dienstaufsicht**, die der Ministerialinstanz und den von ihr ermächtigten Behörden und Behördenvorständen gegenüber den der Aufsicht unterstellten Behörden, Dienststellen und Beamten zusteht, ist grundsätzlich nur ein im öffentlichen Interesse bestehendes Mittel zur Aufrechterhaltung eines ordnungsmäßigen Dienstbetriebes und begründet für die Träger der Dienstaufsicht keine Amtspflichten zugunsten einzelner Personen, die Dienstaufsicht sorgfältig auszuüben (BGH 15. 5. 1997 – III ZR 204/96, BGHZ 135, 354, 358; BGH JR 1969, 157; RGZ 162, 129, 163). Der Staat ist demgemäß nicht allen denjenigen zum Schadensersatz verpflichtet, die durch den zu Beaufsichtigenden geschädigt worden sind, aber bei eingehenderer Ausübung der Aufsicht möglicherweise vor Schaden bewahrt worden wären (BGHZ 35, 44, 49).

Jedoch können auch hier aus der grundsätzlich nur im öffentlichen Interesse begründeten allgemeinen Aufsichtspflicht im Einzelfall Amtspflichten gegenüber dem Einzelnen erwachsen, wenn eine besondere Beziehung zu diesem Einzelnen hergestellt wird. Wendet sich zB der Bürger unmittelbar an die Aufsichtsbehörde mit Anträgen oder Rechtsbehelfen, so hat sie ihm gegenüber bereits Amtspflichten, insbesondere die Pflicht, Eingaben sachgemäß zu bearbeiten und zu bescheiden (BGH 15. 5. 1997 – III ZR 204/96, BGHZ 135, 354, 358; BGH JR 1969, 157; VersR 1967, 471; BGHZ 15, 305; 35, 44, 49).

198 Auch können besondere Umstände des Einzelfalls bewirken, dass gegenüber einzelnen Dritten aus der Aufsicht die Amtspflicht zum Einschreiten von Amts wegen erwächst, so zB wenn der die allgemeine Dienstaufsicht über die Notare führenden Justizverwaltung zureichende tatsächliche Anhaltspunkte – Verdachtsmomente von einer gewissen Stärke – dafür gegeben sind, dass die wirtschaftlichen Verhältnisse eines Notars und die Art seiner Wirtschaftsführung die Belange der Rechtsuchenden gefährden und eine Amtsenthebung in Betracht kommt (BGH NJOZ 2015, 1106; BGH 15. 5. 1997 – III ZR 204/96, BGHZ 135, 354, 358 f; BGH VersR 1964, 304; BGHZ 35, 44). Dementsprechend kommt eine Amtshaftung der Aufsichtsbehörde gegenüber dem durch einen ungetreuen Notar Geschädigten beispielsweise in Betracht, wenn ein mit der Notarprüfung beauftragter Richter Mängel in der Amtsführung des Notars festgestellt hat, die Anlass für eine „vorläufige“ Amtsenthebung des Notars gegeben hätten (BGH 15. 5. 1997 – III ZR 204/96, BGHZ 135, 354, 358).

Allein die unterlassene Mitteilung des Prozessgerichts an die Dienstaufsicht entgegen der Anordnung über Mitteilungen für Zivilsachen über Vorgänge, die einen Notar betreffen, begründet keine Amtshaftung des Landes (BGH 18. 12. 2014 – III ZR 125/14, NJOZ 2015, 1106 Rn 16). Für die Abgrenzung, wann eine zunächst nur im öffentlichen Interesse bestehende Aufsicht kraft besonderer Umstände Amtspflichten zum Einschreiten erzeugt, die der Aufsichtsbehörde nunmehr gegenüber Dritten obliegen, ist dann nicht das Maß der anzuwendenden Sorgfalt oder die Größe der Gefahr, sondern die Frage entscheidend, ob das Amtsgeschäft (die Aufsicht) nach seiner Natur nunmehr auch dem Interesse des Einzelnen zu dienen bestimmt ist, ob die Erledigung des Amtsgeschäftes eine so große und unbestimmte Zahl von Personen betrifft, dass diese der Allgemeinheit gleichzusetzen sind, oder ob die Verknüpfung der Amtshandlung mit den Interessen einzelner Betroffener oder eines bestimmten Personenkreises nach der Natur des Amtsgeschäfts bereits so stark ist, dass die Wahrung der Interessen der Allgemeinheit nicht mehr überwiegt oder der Amtshandlung nicht mehr das entscheidende Gepräge gibt (BGHZ 35, 44; BGH NJW 1959, 574). „Besondere Umstände des Einzelfalls" liegen zB vor, wenn die Aufsichtsbehörde mit Bezug auf eine bestimmte Person oder Personengruppe Weisungen erteilt (BGH NJW 1977, 713; BGHZ 63, 374; s ferner BGH NJW 1971, 1700). Zudem ist zu beachten, dass eine Behörde die Amtspflicht haben kann, jenseits des eigenen unmittelbaren Aufgabenbereichs tätig zu werden – dies allerdings nur, wenn besondere Umstände dies gebieten (BGH 1. 12. 2022 – III ZR 54/21, BGHZ 235, 206 Rn 18 zur Gewässerschau).

g) Beamter als „Dritter"

„Dritter" im Sinne des § 839 BGB kann auch ein Beamter sein, der der gleichen Be- **199**
hörde angehört oder dem gleichen Dienstherrn untersteht wie der die Amtspflicht verletzende Beamte, so wenn ein Polizeibeamter beim Reinigen seiner Dienstwaffe unter vorsätzlicher Nichtbeachtung der hierzu ergangenen Dienstanweisungen einen Kollegen verletzt (BGH VersR 1963, 1177; BGHZ 34, 375) oder wenn die Nichtbeförderung eines Beamten auf die Amtspflichtverletzung eines anderen Beamten zurückzuführen ist. Jedoch ist, wenn sich die Beschädigung des Beamten als Dienstunfall darstellt, die Haftungsbeschränkung bei unvorsätzlichem Handeln nach § 46 Abs 2 BeamtVG zu beachten (Rn 365 ff). Zum „Mobbing" eines Beamten durch Vorgesetzte oder Kollegen s Rn 87.

h) Juristische Personen des öffentlichen Rechts als „Dritte"

aa) Auch eine juristische Person des öffentlichen Rechts (sogar der Staat selbst) **200**
kann verletzter „Dritter" sein, wenn sie der Anstellungskörperschaft des handelnden Amtsträgers in der Weise gegenübersteht, wie es für das Verhältnis zwischen dem Dienstherrn des Beamten und dem Bürger charakteristisch ist, der sich auf die Verletzung einer ihm gegenüber bestehenden Amtspflicht beruft. Die Ersatz verlangende Körperschaft muss der Anstellungskörperschaft des die Amtspflicht verletzenden Bediensteten im Hinblick auf die entgegengesetzten Interessen gewissermaßen als „Gegner" gegenüberstehen (BGH NJW-RR 2016, 995 Rn 14; BGH 2. 3. 2017 – III ZR 271/15 Rn 24; BGHZ 198, 374; BGH 13. 10. 2011 – III ZR 126/10, BGHZ 191, 173 Rn 15; BGH VersR 2010, 346 Rn 21; 2008, 252 Rn 15; BGHZ 177, 37 Rn 11 mwNw; BGB-RGRK/Kreft § 839 Rn 245; MünchKommBGB/Papier/Shirvani § 839 Rn 340 ff). Im Allgemeinen werden die unter den verschiedenen Körperschaften des öffentlichen Rechts bestehenden Pflichten jedoch lediglich solche sein, die eine ordentliche Verwaltung gewährleisten sollen. Wirken also der Dienstherr des Beamten und eine andere Körperschaft des öffentlichen

Rechts bei der Erfüllung einer ihnen gemeinsam übertragenen Aufgabe gleichsinnig und nicht in Vertretung einander widerstreitender Interessen derart zusammen, dass sie im Rahmen dieser Aufgabe als Teil eines einheitlichen Ganzen erscheinen, dann können jene Pflichten, die dem Beamten im Interesse der Förderung des gemeinsam angestrebten Zieles obliegen, nicht als „drittgerichtete" Amtspflichten angesehen werden, deren Verletzung außenrechtliche Amtshaftungsansprüche der geschädigten Körperschaft auslöst (BGH NJW 1992, 972; BGH NJW-RR 1991, 707; BGHZ 87, 253, 255).

201 **bb)** Nach diesen Grundsätzen ist die Drittgerichtetheit verneint worden:

– Bei der Pflicht des Angestellten eines kommunalen Versicherungsamtes, bei Entgegennahme von Rentenanträgen für eine Klarstellung maßgeblicher Abstammungsverhältnisse und der Versicherungsberechtigung zu sorgen, im Verhältnis zum Träger der Rentenversicherung (BGHZ 26, 232). Gleiches gilt für die Amtspflicht des Bediensteten eines Rentenversicherungsträgers, der zuständigen Krankenkasse den Zeitpunkt der verbindlichen Ablehnung eines Rentenantrags unverzüglich mitzuteilen; diese Pflicht besteht nicht gegenüber der Krankenkasse als einem „Dritten".

– Bei der Verpflichtung des Gewerbeaufsichtsamts zur Leistung von Amtshilfe bei der Durchführung von Maßnahmen der Unfallverhütung im Verhältnis zur Berufsgenossenschaft (BGH VersR 1974, 666).

– Bei der Verpflichtung des für die Entgegennahme eines Antrags auf Erwerbsunfähigkeitsrente zuständigen Amtsträgers einer Gemeinde zur unverzüglichen Bearbeitung und Weiterleitung des Rentenantrags im Verhältnis zum Träger der gesetzlichen Krankenversicherung (BGH VersR 1977, 765).

– Bei der Verpflichtung des Zivildienstleistenden, das ihm dienstlich anvertraute Sacheigentum sorgsam zu behandeln und vor vermeidbaren Schäden zu bewahren, im Verhältnis zu seiner Beschäftigungsstelle (BGHZ 87, 253); dies gilt auch, wenn die Dienststelle eine juristische Person des Privatrechts (dort das DRK) ist (zur Kritik hieran unter Geltung des § 34 ZDG aF, zustimmend aber unter Geltung der durch das Gesetz vom 11. 6. 1992 [BGBl I 1030, 1036, Art 6 Nr 1] bewirkten Neuregelung der Innenhaftung des Zivildienstleistenden: MünchKommBGB/Papier/Shirvani § 839 Rn 343).

– Bei der Verpflichtung der Bediensteten einer Besoldungs-(Vergütungs-)Stelle eines Landes, in den Konkurrenzfällen des § 40 Abs 6 BBesG Vergleichsmitteilungen auszutauschen, im Verhältnis zu einer Stadtgemeinde als dem anderen Dienstherrn oder Arbeitgeber (BGH NVwZ 1987, 531; nicht dagegen im Verhältnis zu dem von einer Vergleichsmitteilung betroffenen Besoldungs- oder Gehaltsempfänger selbst: BGH NJW 1984, 2946 [dort ist die Drittbezogenheit bejaht worden]).

– Bei den dem staatlichen Gewerbeaufsichtsamt im Baugenehmigungsverfahren obliegenden Pflichten im Verhältnis zur Baugenehmigungsbehörde (BGH NJW-RR 1991, 707).

– Der Amtsarzt eines hamburgischen Gesundheitsamts, der eine in Hamburg wohnende Bewerberin um Berufung in ein Beamtenverhältnis in Schleswig-Holstein untersucht und der schleswig-holsteinischen Einstellungsbehörde ein amtsärztliches Zeugnis über ihre gesundheitliche Eignung als Beamtin erteilt, erfüllt keine Amtspflichten gegenüber dem Land Schleswig-Holstein als einem „Dritten" im Sinne von § 839 BGB (BGH NJW 2001, 2799).

- Zur (fehlenden) Drittgerichtetheit von Amtspflichten, die das staatliche Finanzamt im Gewerbesteuerverfahren gegenüber der hebeberechtigten Gemeinde wahrzunehmen hat, s BGH NVwZ 2004, 127.

- Die Amtspflicht zur sorgfältigen Ermittlung und Feststellung des im Rahmen von § 19 SGB II entscheidungserheblichen Sachverhalts obliegt dem Leistungsträger nicht im Drittinteresse der gesetzlichen Krankenkassen, s BGH VersR 2010, 346.

- Bei einer Übertragung einer gesetzlichen Aufgabe auf einen neuen Träger hat der bisherige Aufgabenträger die Amtspflicht, alles zu tun, insbesondere die erforderlichen Unterlagen und Informationen bereitzustellen, damit der neue Träger seine Tätigkeit aufnehmen kann. Diese Pflicht ist aber nicht drittgerichtet, weil es an der hierzu erforderlichen „Gegnerstellung" fehlt, sondern es sich vielmehr um eine gleichsinnige Aufgabenerfüllung handelt (BGH 13. 10. 2011 – III ZR 126/10, BGHZ 191, 173 Rn 10, 15 ff).

- Die von der Gemeinde zur Wahrnehmung der Aufgaben nach dem SGB II zur Verfügung gestellten Mitarbeiter in einer ARGE nach § 44b Abs 3 SGB II aF erfüllen die Aufgaben der Arbeitsagentur für Arbeit und stehen ihr nicht wie ein Amtsträger gegenüber (BGH NJW-RR 2016, 995 Rn 15).

- Zwischen einem sächsischen Schulzweckverband und seinen Mitgliedsgemeinden besteht ein verwaltungsrechtliches Schuldverhältnis, auf das die Regelungen über zivilrechtliche Schuldverhältnisse in § 280 Abs 1 S 1 BGB in Verbindung mit § 276 Abs 1 S 1, § 278 S 1 BGB entsprechende Anwendung finden. Amtshaftungsansprüche kommen insofern nicht in Betracht (BGH 2. 3. 2017 – III ZR 271/15 Rn 24 f).

Eine Amtshaftung dürfte auch nicht in Frage kommen für Fehlverhalten für die von den Ländern entsandten Mitglieder in Aufsichtsgremien der **Landesbanken**, da es an widerstreitenden Interessen fehlt. Vielmehr erlaubt die Entsendung von Aufsichtsratsmitgliedern es dem Land, seine Zielsetzungen mit dem Handeln der Landesbank zu verfolgen (**aA** Heidebach Die Verwaltung 2014, 493).

cc) Bejaht werden kann ein „Gegner-Verhältnis", wenn ein Beamter nach den für ihn maßgeblichen Vorschriften die Vermögensinteressen einer anderen als seiner Anstellungskörperschaft wahrzunehmen hat (RGZ 144, 119, 124; 134, 302, 321), wenn die Meldebehörde einer Gemeinde Aufenthaltsbescheinigungen auszustellen hat, die die Grundlage für Leistungen des Staates an Dritte bilden (BGH MDR 1960, 827), oder wenn ein katholischer Geistlicher, für den das Bistum haftet, schuldhaft eine unrichtige Lebensbescheinigung ausstellt und dadurch die Schädigung eines Sozialversicherungsträgers verursacht (OLG Düsseldorf NJW 1969, 1353). Der Treuhandanstalt konnten bei ihrer Privatisierungstätigkeit (öffentlich-rechtliche) Amtspflichten gegenüber einer Gemeinde obliegen, sofern diese einen spezifizierten Kommunalisierungs- oder Restitutionsantrag gestellt hatte (BGHZ 158, 253). Dem Bundesamt zur Regelung offe- **202**

ner Vermögensfragen oblagen gegenüber der Treuhandanstalt drittgerichtete Amtspflichten. Während die Treuhandanstalt volkseigenes Vermögen zu privatisieren und zu verwerten hatte und in diesem Rahmen wie jeder andere Verfügungsberechtigte zu einer Anfrage nach § 3 Abs 5 VermG verpflichtet war, entschieden die Ämter zur Regelung offener Vermögensfragen über die Restitutionsansprüche früherer Eigentümer. Ihnen oblagen damit unterschiedliche Verwaltungsaufgaben, die zu gegenläufigen Interessen führen konnten (BGH VersR 2008, 252 Rn 15 f). Zu Amtspflichten der Kommunalaufsichtsbehörde gegenüber der zu beaufsichtigenden Gemeinde als geschütztem „Dritten" s Rn 194. Zur Amtspflicht einer überörtlichen kommunalen Prüfverbandes gegenüber der geprüften öffentlich-rechtlichen Körperschaft s BGHZ 177, 37, 39 f. Schädigt ein Landesbediensteter in Ausführung der Bundesauftragsverwaltung den Bund, schließt Art 104a Abs 2 und Abs 5 S 1 HS 2 GG die Geltendmachung eines Schadensersatzanspruchs gegen das Land gemäß § 839 Abs 1 S 1 BGB iVm Art 34 S 1 GG nicht aus, wenn der Bund geschützter Dritter der verletzten Amtspflicht ist (BGH 7. 11. 2013 – III ZR 263/12, BGHZ 198, 374: Beschädigung eines ordnungsgemäß auf dem Parkplatz einer Autobahnraststätte abgestellten Bundeswehrfahrzeugs durch einen Lastwagen der Autobahnmeistereien beim Mülltonnenentleeren).

9. Verschulden

a) Das Verschuldenserfordernis

203 **aa)** Eine wichtige Konsequenz aus der Ausgestaltung der Amtshaftung als übergeleitete Beamtenhaftung ist, dass eine Ersatzpflicht des Staates nur dann eintritt, wenn der Amtsträger die Pflichtverletzung schuldhaft begangen hat. Zwar ist in Art 34 GG Verschulden nicht ausdrücklich gefordert; dieses Erfordernis ergibt sich aber ohne weiteres aus dem Rückgriff auf § 839 BGB, nämlich daraus, dass Art 34 GG an § 839 BGB „angeseilt" (Formulierung von Jellinek JZ 1955, 147, 149) ist und die persönliche Beamtenhaftung lediglich auf den Staat (oder auf die sonstige haftpflichtige Körperschaft) verlagert wird. Es gilt der zivilrechtliche Verschuldensmaßstab des § 276 BGB; gehaftet wird also für Vorsatz und Fahrlässigkeit in all ihren Varianten (BGH 4. 4. 2019 – III ZR 35/18, NJW 2019, 1809 Rn 30; BGH 14. 6. 2018 – III ZR 54/17, BGHZ 219, 77 Rn 47; 117, 240, 249). Auch bei der Amtshaftung gelten die allgemeinen deliktsrechtlichen Bestimmungen über den Ausschluss der Verantwortlichkeit (§§ 827, 828 BGB). In bundes- und landesrechtlichen Beamtenhaftungsgesetzen ist jedoch geregelt, dass dann, wenn die Verantwortlichkeit des Beamten deshalb ausgeschlossen ist, weil er den Schaden im Zustand der Bewusstlosigkeit oder in einem die freie Willensbestimmung ausschließenden Zustand krankhafter Störung der Geistestätigkeit verursacht hat, der Staat gleichwohl ersatzpflichtig ist, wie wenn dem Beamten Fahrlässigkeit zur Last fiele, jedoch nur insoweit, als die Billigkeit die Schadloshaltung erfordert (zB § 1 Abs 2 RBHaftG, § 1 Abs 2 PrStHG [Rn 7]). Im Übrigen weisen MünchKommBGB/Papier/Shirvani (§ 839 Rn 363) mit Recht darauf hin, dass in diesen Fällen nicht selten ein Organisations-, Auswahl- oder Aufsichtsverschulden anderer Amtsträger vorliegen dürfte (s dazu auch Rn 228 ff; zu Beweiserleichterungen bei erheblicher Verletzung von Organisationspflichten s Rn 417).

Die Haftung gemäß § 839 BGB iVm Art 34 S 1 GG wegen eines amtspflichtwidrigen Verhaltens eines zur Gefahrenabwehr verpflichteten Amtsträgers (zB Feuerwehrbeamten oder Sportlehrers) ist nicht entsprechend § 680 BGB auf Vorsatz und grobe

Fahrlässigkeit beschränkt (BGH 4. 4. 2019 – III ZR 35/18, NJW 2019, 1809 Rn 32; BGH 14. 6. 2018 – III ZR 54/17, BGHZ 219, 77 Rn 49).

Für den Eintritt der Staatshaftung selbst sind die Schuldform und der Grad des Verschuldens ohne Bedeutung. Auch bei Vorsatz tritt eine persönliche Außenhaftung des Beamten nur außerhalb des Anwendungsbereich des Art 34 GG ein (BGH 11. 5. 1999 – III ZR 331/98, juris Rn 2). Von der Frage, ob Vorsatz oder Fahrlässigkeit gegeben ist, hängt allerdings die Anwendbarkeit der Subsidiaritätsklausel des § 839 Abs 1 S 2 BGB sowie der Haftungsbeschränkungen nach § 91a Abs 1 S 1 SVG und § 46 Abs 2 BeamtVG ab (BGHZ 120, 176).

bb) Das Verschulden muss sich nur auf die Verletzung der Amtspflicht beziehen; **204**
dass der Beamte den hieraus für einen in den Schutzbereich der Amtspflicht einbezogenen Dritten entstandenen Schaden – oder überhaupt einen Schaden – vorausgesehen hat oder voraussehen konnte, ist nicht erforderlich (BGHZ 135, 354, 362). Dies gilt, soweit es um die Verletzung von Pflichten geht, die den Schutz des Lebens und der Gesundheit Dritter bezwecken, auch für den Schmerzensgeldanspruch (BGH 27. 9. 1990 – III ZR 5/90, juris Rn 4).

Ausnahmen: Ein Beamter, der in einer den Tatbestand des § 826 BGB erfüllenden Weise durch Ausübung seiner Amtsgewalt einem Dritten Schaden zufügt, verletzt eine ihm diesem gegenüber obliegende Amtspflicht nur dann, wenn dieser Amtsmissbrauch mit dem Bewusstsein erfolgt, diesen Dritten schädigen zu können (BGH 18. 6. 1956 – III ZR 322/54, WM 1960, 1058). In Fällen, in denen eine an sich wertneutrale Amtshandlung gerade erst dadurch zum Amtsmissbrauch wird, dass sie vorgenommen wird, obgleich erkennbar ist, dem Dritten werde unter Ausnutzung dieser Amtshandlung möglicherweise ein Schaden zugefügt werden, ist eine Haftung nach § 839 BGB nur begründet, wenn der Beamte auch die Möglichkeit des Eintritts eines Schadens erkannt hat oder hätte erkennen müssen (BGH 18. 10. 1962 – III ZR 134/61, VersR 1963, 235; zusammenfassend Kreft § 839 Rn 287).

cc) Jeder Beamte trägt für die Rechtmäßigkeit seiner dienstlichen Handlungen **205**
grundsätzlich selbst die persönliche Verantwortung (§ 63 BBG, § 36 BeamtStG). Er muss deshalb vor einer Entscheidung die Sachlage grundsätzlich selbst und in eigener Verantwortung prüfen und verletzt seine Amtspflicht, wenn er die gebotene eigene Nachprüfung im Vertrauen darauf unterlässt, dass schon eine mit dem Sachverhalt unter anderen Gesichtspunkten befasste Stelle die auftauchenden Fragen ausreichend geprüft habe (RGZ 138, 6, 14). Die eigene selbständige Prüfung erübrigt sich auch nicht schon ohne weiteres deshalb, weil die vorgesetzte Dienstbehörde des Beamten sein Verhalten stillschweigend durch Nichtbeanstandung oder ausdrücklich gebilligt hat (RGZ 125, 85). Doch gereicht es einem juristisch nicht vorgebildeten Beamten im Allgemeinen nicht zum Verschulden, wenn er auf die besondere Sachkunde einer Fachbehörde oder des Spezialreferenten einer übergeordneten Behörde vertraut oder der Auffassung folgt, die ihm bei seiner Ausbildung (auf Lehrgängen usw) von den Unterrichtenden vermittelt worden ist (Kreft Rn 290 mwNw). Grundsätzlich darf sich eine Behörde auch den generell überlegenen Sachverhalt einer spezialisierten Fachbehörde nutzbar machen. Daher trifft sie kein Verschulden, wenn sie ihre eigene Meinungsbildung nach der Auffassung der Fachbehörde ausrichtet (BGH 1. 2. 2001 – III ZR 193/99, BGHZ 146, 365, 370; s auch schon Rn 73). Dies gilt zumindest dann,

wenn kein Anhalt dafür besteht, dass ein verantwortlicher Amtsträger der entscheidenden Behörde einen besseren Kenntnisstand als die Fachbehörde selbst hat (BGH 9. 7. 1998 – III ZR 87/97, BGHZ 139, 200, 214, betreffend das Verhältnis zwischen Landesprüfungsämtern und dem Institut für medizinische und pharmazeutische Prüfungsfragen). Allerdings nimmt ein Landratsamt gegenüber einer kreisangehörigen Gemeinde in Angelegenheiten, die in den Kernbereich von deren Selbstverwaltungskompetenz fallen (dort: Planungshoheit), nicht von vornherein die Stellung einer spezialisierten Fachbehörde ein, auf deren Rechtsauffassung die Gemeinde hätte unbesehen vertrauen dürfen. Deswegen kann die Gemeinde die haftungsrechtliche Verantwortlichkeit für ein Fehlverhalten in diesem Bereich nicht auf das Landratsamt abwälzen (BGH 21. 11. 2002 – III ZR 278/01, NVwZ-RR 2003, 403, betreffend die Versagung des gemeindlichen Einvernehmens). S auch Rn 125 und Rn 593 ff.

206 **dd)** Mitunter können gewisse subjektive Elemente der Vorwerfbarkeit bereits auf der Tatbestandsebene der Amtspflichtverletzung und nicht erst beim Verschulden zu würdigen sein. Dies gilt insbesondere bei Planungsfehlern oder bei sonstigen Maßnahmen, bei denen der betreffenden Behörde angelastet wird, sie habe es versäumt, eine bestimmte Gefahrensituation aufzuklären und Gefahrenpotenziale zu berücksichtigen, die ihr bekannt waren oder hätten bekannt sein müssen (insbesondere bei der Überplanung von Altlastenflächen; s wegen der Einzelheiten den Abschnitt „Öffentliches Baurecht“ Rn 548 ff). Was die planende Stelle nicht „sieht“, und was sie nach den gegebenen Umständen auch nicht zu „sehen“ braucht, kann von ihr nicht berücksichtigt werden und braucht von ihr auch nicht berücksichtigt zu werden; es besteht insbesondere keine uferlose Prüfungspflicht „ins Blaue hinein“ (BGHZ 113, 367, 371). Dies hat die Konsequenz, dass die anschließende Verschuldensprüfung entsprechend entlastet und vereinfacht wird: Wenn ein solches Versäumnis festgestellt ist, begründet dies nahezu zwangsläufig einen Fahrlässigkeitsvorwurf gegen die handelnden Amtsträger (OLG Saarbrücken NVwZ-RR 2018, 348; Wurm UPR 1990, 201).

207 **ee)** Der Sondertatbestand des § 839 BGB verdrängt zwar die Haftungstatbestände der §§ 823 ff BGB als solche, nicht hingegen die in ihnen enthaltenen besonderen **Beweislastregeln** der **§§ 832, 833 S 2 und § 836 BGB** (BGH 13. 12. 2012 – III ZR 226/12, BGHZ 196, 35 Rn 24; sowie BGH 5. 4. 1990 – III ZR 4/89, NJW-RR 1990, 1500, juris Rn 14 zu § 836 BGB und BGH 26. 6. 1972 – III ZR 32/70, VersR 1972, 1047, 1048 zu § 833 S 2 BGB).

Beschränkungen der Amtshaftung (anders als für die vertragsähnliche Haftung, s Rn 82 sowie Rn 546) durch kommunale Satzung sind nicht möglich (BGH 17. 5. 1973 – III ZR 68/71, BGHZ 61, 7, 14). Das gilt insbesondere auch, wenn die Haftung aus einem verwaltungsrechtlichen Schuldverhältnis mit einem Anspruch aus Amtshaftung konkurriert. Insoweit ist dann eine Haftungsbeschränkung (ohne gesonderte gesetzliche Grundlage) nicht möglich (BGH 21. 6. 2007 – III ZR 177/06, NVwZ 2008, 238 Rn 9).

Bei einer fehlerhaften behördlichen Entscheidung fehlt es an einem haftungsbegründenden Verschulden des Amtsträgers, wenn sich von mehreren die Entscheidung selbständig tragenden Begründungen auch nur eine als unverschuldet erweist (BGHZ 161, 305; BGH 10. 2. 2011 – III ZR 310/09, NZS 2012, 35 Rn 18).

b) Vorsatz

Bei vorsätzlichem Handeln greifen die Subsidiaritätsklausel des § 839 Abs 1 S 2 BGB sowie die Haftungsbeschränkungen nach § 91a Abs 1 S 1 SVG und § 46 Abs 2 BeamtVG nicht ein (Rn 365 ff). Der Vorsatz umfasst, wie auch sonst, den unmittelbaren (dolus directus) und den bedingten Vorsatz (dolus eventualis). **208**

aa) Nach der ständigen Rechtsprechung des Bundesgerichtshofs handelt ein Amtsträger vorsätzlich, wenn er sich bewusst über die verletzte Amtspflicht hinwegsetzt. Zum Vorsatz gehört nicht nur die Kenntnis der Tatsachen, aus denen die Pflichtverletzung sich objektiv ergibt, sondern auch das Bewusstsein der Pflichtwidrigkeit, dh das Bewusstsein, gegen eine Amtspflicht zu verstoßen. Zumindest muss der Beamte mit der Möglichkeit eines solchen Verstoßes rechnen und diesen billigend in Kauf nehmen (BGH NVwZ 1992, 911; NJW 1988, 2037, 2038; VersR 1987, 1112; jew m zahlr wNw; sowie BGH 8. 5. 2025 – III ZR 398/23, WM 2025, 1435 Rn 19 mwNw zur Notarhaftung). Selbstverständlich kann ein Vorwurf vorsätzlichen Handelns nicht schon daraus hergeleitet werden, dass der Beamte bei der Anwendung eines unbestimmten Gesetzesbegriffes oder bei der Klärung schwieriger tatsächlicher oder rechtlicher Probleme Zweifel hat, ob seine Entscheidung von der übergeordneten Behörde oder den Verwaltungsgerichten gebilligt wird. Der Prozess der pflichtgemäßen Entscheidungsfindung besteht bei zweifelhafter Sach- und Rechtslage gerade darin, die Pro und Contra sprechenden Argumente zu sichten und gegeneinander abzuwägen. Die Überwindung etwa noch verbleibender Bedenken begründet daher noch kein Bewusstsein der Pflichtwidrigkeit im Sinne der vorstehend wiedergegebenen Rechtsprechungsgrundsätze.

bb) Der Vorsatz hinsichtlich der Amtspflichtverletzung kann sowohl durch Tatsachenirrtum wie auch durch Rechtsirrtum ausgeschlossen sein (BGHZ 69, 128, 142; BGH VersR 1973, 445; 1966, 876). So liegt wegen fehlenden Bewusstseins der Amtspflichtwidrigkeit eine vorsätzliche Amtspflichtverletzung nicht vor, wenn der Amtsträger die Dienstvorschriften betreffend die Genehmigungsbedürftigkeit einer Dienstfahrt kennt, aber eine Fahrt, die objektiv eine Dienstfahrt darstellt, ohne Genehmigung durchführt (und dabei einen Unfall verursacht), weil er die Fahrt nicht als Dienstfahrt im Sinne der Dienstvorschrift ansieht (BGH VersR 1964, 490). Das Bewusstsein der Amtspflichtwidrigkeit kann auch fehlen, wenn der Beamte gegen eine Dienstvorschrift verstößt, sein Verhalten aber einer von den Vorgesetzten geduldeten und gebilligten Übung entspricht (Kreft Rn 288). **209**

Ein „error in persona“ oder „in objecto“ schließt den Vorsatz selbstverständlich nicht aus. Beispiel (nach BGH 13. 4. 2000 – III ZR 120/99): Polizeibeamte verprügeln einen Kollegen, den sie irrtümlich für den verfolgten Straftäter halten.

Der Vorsatz entfällt nicht schon deshalb, weil der Beamte damit rechnet, der geschädigte Dritte werde mit seinem Verhalten einverstanden sein (RG HRR 1934 Nr 1109).

cc) Ist Vorsatz in diesem Sinne gegeben, so erstreckt sich die Schadensersatzpflicht auch auf nur fahrlässige oder nicht verschuldete Folgen der Amtspflichtverletzung. Setzt sich zB ein Polizeibeamter bewusst über die Dienstvorschrift hinweg, seine Dienstwaffe nur in der „Ladeecke“ zu laden oder zu entladen, so haftet die Anstellungskörperschaft aus **vorsätzlicher** Amtspflichtverletzung, wenn bei dem Hantieren mit der Waffe ein Dritter körperlich verletzt wird, auch wenn den Beamten hinsicht- **210**

lich der Körperverletzung selbst nicht der Vorwurf der Fahrlässigkeit trifft, sofern die Verletzung die adäquate Folge der vorsätzlichen Amtspflichtverletzung ist, die durch Missachtung der Dienstvorschriften begangen wurde (vgl BGH MDR 1981, 32; BGHZ 34, 375, 381; **aA** Deutsch NJW 1966, 705, 706, 710). Infolgedessen haftet gemäß § 46 Abs 2 BeamtVG der Staat auch, wenn der Verletzte ein Beamter ist, seine Verletzung sich als Dienstunfall darstellt und ihm Unfallfürsorgeansprüche gegen den Dienstherrn zustehen. Ebenso haftet nach § 91a SVG der Bund, wenn die Vorsatztat eines Soldaten darin besteht, dass er nach Beendigung einer Schießübung entgegen den Dienstvorschriften nicht überprüft, ob im Lauf des Maschinengewehrs scharfe Patronen zurückgeblieben sind, und sich auf dem Rückmarsch ein scharfer Schuss löst, der einen Kameraden tötet; gegen den schuldigen Soldaten ist der Rückgriff nach § 24 Soldatengesetz zulässig (BGH MDR 1968, 217). Weitere Beispiele für vorsätzliche Amtspflichtverletzungen im militärischen Bereich: bedingt vorsätzliche Verletzung von Dienstvorschriften zur Einhaltung der inneren Sicherheit bei einer Schießübung, indem Munition im Gefahrenbereich eines Geschützes gelagert wurde (BGH 27. 9. 1990 – III ZR 5/90, juris Rn 3); Verstoß gegen soldatische Pflichten, eine Waffenstörung zu melden (BGH NVwZ-RR 1996, 625).

c) Fahrlässigkeit

211 **aa)** Fahrlässig handelt, wer die im Verkehr erforderliche Sorgfalt außer Acht lässt (§ 276 Abs 2 BGB); je nach dem Gewicht dieser Sorgfaltsverletzung reicht die Bandbreite fahrlässigen Handelns von ganz leichter bis zu grober Fahrlässigkeit (zur Unanwendbarkeit des Haftungsprivilegs gemäß § 680 BGB s Rn 203). Allerdings ist der Sorgfaltsmaßstab im Rahmen des § 839 BGB zunehmend objektiviert worden (BGH 4. 4. 2019 – III ZR 35/18, NJW 2019, 1809 Rn 32; BGH 14. 6. 2018 – III ZR 54/17, BGHZ 219, 77 Rn 58; BGH 6. 2. 2003 – III ZR 44/02, NVwZ-RR 2003, 401, 402). Es kommt für die Beurteilung des Verschuldens auf die Kenntnisse und Fähigkeiten an, die für die Führung des übernommenen Amtes im Durchschnitt erforderlich sind. Die an die Sorgfaltspflicht zu stellenden Anforderungen richten sich danach, was bei dem Sachverhalt, den der Beamte nach seiner Kenntnis der Dinge als gegeben ansehen konnte, von einem pflichtgetreuen Durchschnittsbeamten, erwartet werden darf (BGH 26. 10. 2000 – III ZR 53/99, VersR 2002, 55; BGH 16. 1. 1997 – III ZR 117/95, BGHZ 134, 268, 274; VersR 1964, 371, 373). Dabei muss der Amtsträger die zur Führung seines Amtes notwendigen **Rechts- und Verwaltungskenntnisse** besitzen oder sich verschaffen und die Gesetzes- und Rechtslage unter Zuhilfenahme der ihm zu Gebote stehenden Hilfsmittel sorgfältig und gewissenhaft prüfen und danach sich aufgrund vernünftiger Überlegungen eine Rechtsmeinung bilden (Einzelheiten s unter Rn 214; s auch schon Rn 141).

Die Voraussehbarkeit eines bestimmten Schadens gehört nicht zur fahrlässigen Amtspflichtverletzung (BGH VersR 1969, 427; 1959, 561).

212 **bb)** Für die Mitglieder kommunaler Vertretungskörperschaften gelten keine milderen Sorgfaltsmaßstäbe. Im sozialen Rechtsstaat kann der Bürger auch von Gemeinde- und Stadträten erwarten, dass sie bei ihrer Amtstätigkeit den nach § 276 BGB zu verlangenden Standard der verkehrserforderlichen Sorgfalt einhalten. Anderenfalls würde das Schadensrisiko in unzumutbarer Weise auf den Bürger verlagert. Die Mitglieder von Ratsgremien müssen sich daher auf ihre Entschließungen sorgfältig vorbereiten und, soweit ihnen die eigene Sachkunde fehlt, den Rat ihrer Verwaltung oder die Empfehlung von sonstigen Fachbehörden einholen bzw notfalls sogar au-

ßerhalb der Verwaltung stehende Sachverständige zuziehen (BGHZ 106, 323, 330, betreffend die Überplanung von „Altlasten"). Sie können sich nicht entlastend darauf berufen, einen Rechtsanwalt zur Überprüfung der Sach- und Rechtslage eingeschaltet zu habe, der die amtspflichtwidrige Handlung gebilligt habe (OLG Saarbrücken NVwZ-RR 2018, 348).

d) Verschulden bei Befolgen von Anordnungen

Handelt der Beamte einer Anordnung gemäß, so handelt er grundsätzlich auch dann nicht amtspflichtwidrig, wenn diese Weisung objektiv rechtswidrig ist; dies gilt nur dann nicht, wenn für den Beamten erkennbar ein ihm durch dienstliche Anordnung aufgetragenes Verhalten strafbar oder ordnungswidrig ist oder wenn es die Würde des Menschen verletzt (§ 63 Abs 2 S 4 BBG, § 36 Abs 2 S 4 BeamtStG, ähnlich bei Soldaten § 11 Abs 2 SoldatenG; zur Remonstrationspflicht s Rn 122 sowie Rn 188). Danach dürfte das Verschulden immer dann ohne weiteres zu bejahen sein, wenn die Folgepflicht deshalb entfällt, weil die Strafbarkeit oder Ordnungswidrigkeit des Verhaltens für den Beamten erkennbar war. Die Frage des Verschuldens stellt sich daher nur, wenn eine Verletzung der Menschenwürde in Rede steht, bei der es auf eine Erkennbarkeit nicht ankommt (BeckOK-BeamtenR/Weinrich [1. 4. 2025] § 36 BeamtStG Rn 102). Bereits der Umstand, dass das Gesetz insofern differenziert, zeigt, dass es auch nicht erkennbare Verletzungen der Menschenwürde geben kann. Erschwerend kommt hinzu, dass der Beamte grundsätzlich von der Bindungswirkung einer Anordnung wird ausgehen dürfen. Es bleibt dann eine Würdigung des Sachverhalts unter dem Gesichtspunkt des enteignungs- oder aufopferungsgleichen Eingriffs möglich. Zudem kann die anweisende Behörde amtshaftungsrechtlich verantwortlich sein (Rn 122). 213

e) Unrichtige Gesetzesauslegung durch Verwaltungsbehörden

aa) Jeder Amtsträger ist verpflichtet, sich über die Entwicklung von Gesetzgebung und Rechtsprechung, soweit sie für sein Sachgebiet einschlägig ist, auf dem Laufenden zu halten (s bereits Rn 141). Nicht jeder objektive Rechtsirrtum begründet allerdings einen Schuldvorwurf. Wenn die nach sorgfältiger Prüfung gewonnene Rechtsansicht des Amtsträgers als rechtlich vertretbar angesehen werden kann und er daran bis zur gerichtlichen Klärung der Rechtslage festhält, so kann aus der (nachträglichen) Missbilligung seiner Rechtsauffassung durch die Gerichte ein Schuldvorwurf nicht hergeleitet werden (st Rspr, zB: BGH 19. 1. 2023 – III ZR 234/21, VersR 2023, 451 Rn 31; BGH 23. 7. 2020 – III ZR 66/19, VersR 2020, 1315 Rn 16; BGH 15. 8. 2019 – III ZR 18/19, BGHZ 223, 72 Rn 49; BGH 10. 2. 2011 – III ZR 37/10, BGHZ 188, 302 Rn 13; BGH NJW 1998, 1307; 1997, 3432 [insoweit in BGHZ 136, 182 nicht abgedruckt]; NVwZ 1998, 1329; 1997, 1243; BGHZ 119, 365, 369 f; 1992, 298, 299). Dies gilt insbesondere in Fällen, in denen die objektiv unrichtige Rechtsanwendung eine Vorschrift betrifft, deren Inhalt – bezogen auf den zur Entscheidung stehenden Einzelfall – zweifelhaft sein kann und noch nicht durch eine höchstrichterliche Rechtsprechung klargestellt ist (BGH 23. 7. 2020 – III ZR 66/19, VersR 2020, 1315 Rn 16; BGHZ 161, 305, 309 f). Eine infolge unrichtiger Gesetzesauslegung und Rechtsanwendung fehlerhafte Amtsausübung ist jedoch jedenfalls dann schuldhafte Amtspflichtverletzung, wenn die Auslegung gegen den klaren, bestimmten und völlig eindeutigen Wortlaut des Gesetzes verstößt (BGH 4. 7. 2013 – III ZR 342/12, BGHZ 198, 1 Rn 10; BGH 4. 7. 2013 – III ZR 338/12, juris Rn 10; BGH WM 1976, 873, 876; BGHZ 30, 19, 22). Zudem müssen beide Voraussetzungen kumulativ erfüllt sein: Die bloße „Vertretbarkeit" des – später als objektiv unzutreffend erkannten – Ergebnisses für sich allein 214 genommen reicht noch nicht aus, um einen Schuldvorwurf von vornherein entfallen zu lassen. Hinzu kommen muss, dass die betreffende Rechtsmeinung aufgrund sorgfältiger rechtlicher und tatsächlicher Prüfung gewonnen worden war (BGH 8. 10. 1992 – III ZR 220/90, BGHZ 119, 365, 369 f). Schwierigkeiten bei der Beurteilung der Sach- und Rechtslage können daher kein Entschuldigungsgrund sein, wenn sie von dem handelnden Amtsträger gar nicht erkannt werden (BGH NVwZ 1994, 405).

Eine schuldhafte Amtspflichtverletzung liegt auch vor bei offenbar unrichtiger (= nicht vertretbarer) Gesetzesauslegung, die mit Rechtsprechung und Schrifttum – bei fehlender Rechtsprechung mit der eindeutigen Auslegung im Schrifttum (BGH NJW 1984, 168, betreffend gesetzlich vorgeschriebene Rechtsmittelbelehrung) – in Widerspruch steht (BGH 4. 7. 2013 – III ZR 338/12, juris Rn 10). Auch wenn es um eine Rechtsfrage geht, zu der es noch keine Rechtsprechung und noch keine Stellungnahme im Schrifttum gibt, kann ein Fahrlässigkeitsvorwurf begründet sein, wenn sich Auslegung und Anwendung so weit von Wortlaut und Sinn des Gesetzes entfernen, dass das gewonnene Ergebnis nicht mehr als vertretbar angesehen werden kann (BGH NVwZ 1992, 298, 299). Dass seine nach sorgfältiger Prüfung erlangte und vertretbare Rechtsauffassung später von den Gerichten missbilligt wird, kann dem Beamten (wie bereits oben dargelegt) nicht später rückschauend als Verschulden angelastet werden (BGH NJW 1979, 2097; OLG Frankfurt DGVZ 1982, 57). Eine Behörde, die ihre vertretbare, wenn auch in einem späteren Rechtsstreit missbilligte Rechtsmeinung aufgrund sorgfältiger rechtlicher und tatsächlicher Prüfung gewonnen hat, trifft auch dann nicht ohne weiteres der Vorwurf der Fahrlässigkeit, wenn sie sich in der Folgezeit einer gegen sie ergangenen nicht rechtskräftigen Entscheidung nicht beugt. Ob die Rechtslage durch das ihr nachteilige Urteil so eindeutig geklärt worden ist, dass ein Festhalten an ihrer ablehnenden Haltung nicht mehr vertretbar erscheint, muss stets der tatrichterlichen Beurteilung des Einzelfalls vorbehalten bleiben (BGH NJW 1994, 3158 mwNw).

215 **bb)** Nach der Rechtsprechung des Reichsgerichts (RG JW 1936, 1211; 1938, 947; RGZ 133, 137, 142) und des Bundesgerichtshofs liegt auch dann eine schuldhafte Verletzung der Amtspflicht vor, wenn der Beamte sich mit seiner Auslegung im Gegensatz zu einer gefestigten höchstrichterlichen Rechtsprechung stellt (BGH 4. 7. 2013 – III ZR 342/12, BGHZ 198, 1 Rn 10; BGH 9. 12. 2004 – III ZR 263/04, BGHZ 161, 305, 309; BGH 17. 3. 1994 – III ZR 27/93, NJW 1994, 3158, 3159; BGH 8. 7. 1968 – III ZR 56/66, NJW 1968, 2144, 2145; BGH 5. 2. 1968 – III ZR 162/66, VersR 1968, 788, 790; BGH 23. 3. 1959 – III ZR 207/57, BGHZ 30, 19, 22; 1965, 470). Auf jeden Fall aber trägt die betreffende öffentlich-rechtliche Körperschaft das Haftungsrisiko, wenn der Amtsträger einer Mindermeinung folgt, die im Gegensatz zur übereinstimmenden Rechtsprechung zweier oberster Gerichtshöfe des Bundes und der herrschenden Meinung im Schrifttum steht (BGH 28. 11. 1985 – III ZR 24/85). Von besonderer Bedeutung für die Verwaltungspraxis muss es sein, wenn das zuständige OVG einen bestimmten Rechtsstandpunkt unter ausdrücklicher Auseinandersetzung mit einer eigenen früheren, ablehnenden Entscheidung nachhaltig vertrat und vertritt. Die Nichtbeachtung dieser Rechtsprechung kann daher gegen die Amtsträger den Vorwurf begründen, sie hätten entweder keine umfassende Rechtsprüfung vorgenommen oder sie hätten die einhellige (ober-)verwaltungsgerichtliche Entscheidungspraxis zwar zur Kenntnis genommen, sie aber unbeachtet gelassen (BGH NJW 1995, 2918, 2920 [insoweit in BGHZ 130, 332 nicht abgedruckt]). Zum Konflikt in dem Fall, dass der Amtsträger die gefestigte Rechtsprechung zwar zur Kenntnis genommen hat, aus wohl erwogenen Gründen aber gleichwohl eine andere Rechtsauf-

fassung vertritt, s eingehend Staudinger/Wöstmann [2020] § 839 Rn 206 unter Bezugnahme auf Staudinger/Schäfer[12] § 839 Rn 308 und 309. Grundsätzlich wird der Beamte danach zur Wahrung von Rechtssicherheit und des Gleichbehandlungsgrundsatzes einer gefestigten Rechtsprechung folgen müssen.

cc) Die Sorgfaltsanforderungen, die an den Beamten zur Vermeidung „unrichtiger" Rechtsanwendung zu stellen sind, können im Einzelfall verschieden sein, wobei namentlich die konkrete Amtsstellung eine Rolle spielt (BGH NJW 1979, 2097). So muss zB von den mit Wasserrechtsfragen befassten Beamten der Aufsichtsbehörden verlangt werden, dass sie die einschlägigen Spezialkommentare zu dem in Betracht kommenden Gesetz kennen, bei Auslegungszweifeln zu Rate ziehen und so sorgfältig prüfen, dass sie offenbar belanglose Zitate bei ihrer Meinungsbildung erkennen und ausscheiden können (vgl dazu BGH MDR 1984, 28; VersR 1983, 782). Bei Zweifeln über den Umfang der Übertragung von Geschäften auf nachgeordnete Behörden muss sich der Beamte einer solchen Behörde um Aufklärung an die vorgesetzten Stellen, ggf an das federführende Ministerium, das die Delegation ausgesprochen hat, wenden (BGH VersR 1967, 358). Verteidigt das übergeordnete Ministerium den Rechtsstandpunkt der Behörde nachdrücklich, so kann auch dies ein Indiz gegen ein Verschulden des handelnden Amtsträgers sein (BGH NJW 1994, 3158). **216**

dd) Die Nachprüfung der Gesetzmäßigkeit formell gültig zustande gekommener Gesetze ist – auch bei vorkonstitutionellen Gesetzen – im Allgemeinen nicht Sache des das Gesetz anwendenden Verwaltungsbeamten (OLG Hamburg HRR 1929 Nr 1511). Auch bei Anwendung einer untergesetzlichen Rechtsnorm dürfen die Beamten grundsätzlich von deren Rechtswirksamkeit ausgehen, zumindest solange es an konkreten entgegengesetzten Anhaltspunkten fehlt (vgl zum fehlenden Verschulden bei der Anwendung eines unerkannt nichtigen Bebauungsplans die Ausführungen im Abschnitt „Öffentliches Baurecht" Rn 549). **217**

f) Unrichtige Gesetzesauslegung durch Gerichte

Grundsätzlich anders ist die Rechtslage, wenn eine Amtshaftungsklage darauf gestützt wird, ein Gericht habe bei seiner Entscheidung die Amtspflicht durch „falsche Gesetzesauslegung" verletzt. Dieses Problem stellt sich praktisch nur dann, wenn die Entscheidung nicht ohnehin nach § 839 Abs 2 S 1 BGB einer Nachprüfung entzogen ist, also nur außerhalb des „Spruchrichter-" oder „Richterspruchprivilegs". Auch außerhalb des Anwendungsbereichs des § 839 Abs 2 S 1 BGB ist jedoch bei richterlichen Amtspflichtverletzungen der Verfassungsgrundsatz der richterlichen Unabhängigkeit zu beachten (wohl noch strenger BGH VersR 1964, 146 sowie BGHZ 36, 144, 148). Soweit in solchen Fällen im Amtshaftungsprozess darüber zu befinden ist, ob ein Richter bei der Rechtsanwendung und Gesetzesauslegung schuldhaft amtspflichtwidrig gehandelt hat, hat der BGH demgemäß zunächst ausgesprochen, dem Richter könne in diesem Bereich ein Schuldvorwurf nur bei besonders groben Verstößen gemacht werden; inhaltlich laufe das auf eine Haftung für Vorsatz oder grobe Fahrlässigkeit hinaus (BGHZ 155, 306; s wegen der Einzelheiten Rn 314, Rn 651). Später hat der BGH stattdessen auf die Vertretbarkeit der richterlichen Rechtsansicht abgestellt (BGH 16. 10. 2014 – IX ZR 190/13, NJW-RR 2015, 369 Rn 19; BGH 22. 1. 2009 – III ZR 172/08, NJW-RR 2009, 601 Rn 13; BGH 5. 10. 2006 – III ZR 283/05, NJW 2007, 224 Rn 19; BGH 21. 7. 2005 – III ZR 21/05, NJOZ 2005, 3987, 3988 f; s auch BGH 4. 11. 2010 – III ZR 32/10, BGHZ 187, 286 Rn 27 zu § 198 GVG). Denn aus der Unabhängigkeit des Richters (Art 97 Abs 1 GG, **218**

§ 25 DRiG, § 1 GVG) folgt, dass er – von bestimmten verfahrensrechtlichen Bindungen abgesehen – bei Entscheidungen, die er unter richterlicher Unabhängigkeit trifft, nur seiner rechtlichen Überzeugung zu folgen braucht und an keine noch so gefestigte höchstrichterliche Rechtsprechung gebunden ist, wenn er glaubt, ihr aus besserer Einsicht nicht folgen zu können. Dies betrifft die gesamte richterliche Tätigkeit, also auch die Bereiche außerhalb des Spruchrichterprivilegs. S hierzu auch bereits STAUDINGER/SCHÄFER[12] § 839 Rn 314.

Dieser Maßstab gilt auch, wenn der Rechtspfleger in dem Bereich tätig wird, in dem seine sachliche Unabhängigkeit gem § 9 RPflG besteht (BGH 22. 1. 2009 – III ZR 172/08, NJW-RR 2009, 601 Rn 13; BGH 5. 10. 2006 – III ZR 283/05, NJW 2007, 224 Rn 20).

g) Die „Kollegialgerichts-Richtlinie"

219 **aa)** Nach ständiger Rechtsprechung des Reichsgerichts und des Bundesgerichtshofs trifft einen Beamten in der Regel kein Verschulden, wenn ein mit mehreren Rechtskundigen (Berufsrichtern) besetztes Kollegialgericht die Amtstätigkeit in einem Hauptsacheverfahren als objektiv rechtmäßig angesehen hat (zB BGH 13. 2. 2025 – III ZR 63/24, BGHZ 243, 71 Rn 53; BGH 19. 12. 2024 – III ZR 24/23, BGHZ 242, 341 Rn 45; BGH 24. 10. 2024 – III ZR 48/23, NVwZ-RR 2025, 252 32; BGH 12. 10. 2023 – III ZR 192/22, MDR 2024, 36 Rn 16; BGH 24. 7. 2023 – NotZ [Brfg] 1/23, juris Rn 10; BGH VersR 2021, 1043 Rn 20; BGH 9. 7. 2020 – III ZR 245/18, VersR 2020, 1185 Rn 17; BGHZ 187, 286 Rn 36; BGH NJW 1998, 751, BGHZ 97, 97, 107; 73, 161, 164; BGH NJW 1977, 1148 [in BGHZ 68, 142 insoweit nicht abgedruckt]; NJW 1962, 793, 794; BGHZ 27, 338, 343; RGZ 141, 328, 334; 106, 406, 410; s auch BVerfG 16. 1. 2019 – 2 BvR 1081/18, juris Rn 7). Der gleichen Auffassung ist auch das Bundesverwaltungsgericht, soweit im Verwaltungsprozess die Frage des Verschuldens eines Beamten zu beurteilen ist (BVerwG NVwZ 2006, 212; 2004, 104; 1999, 404; s zum Ganzen STEIN/ITZEL/SCHWALL Rn 155 f). Diese „Kollegialgerichts-Richtlinie" beruht auf der Erwägung, dass von einem Beamten, der allein und im Drang der Geschäfte handeln muss, keine bessere Rechtseinsicht erwartet werden kann als von einem Gremium mit mehreren Rechtskundigen, das in voller Ruhe und nach reiflicher Überlegung entscheidet, nachdem vorher der Prozessstoff in ganzer Fülle vor ihm ausgebreitet war (BGHZ 187, 286 Rn 36 mwNw). Die Anwendung dieses Grundsatzes setzt voraus, dass das konkrete Verhalten desjenigen Amtsträgers, der die im Haftungsprozess zu beurteilende Amtspflichtverletzung begangen hat, Gegenstand kollegialgerichtlicher Billigung gewesen ist; er gilt also nicht bereits dann, wenn sich der Amtsträger lediglich allgemein auf Gerichtsentscheidungen berufen kann, die seine Rechtsauffassung stützen (vgl BGH NVwZ-RR 2003, 166). Nicht anwendbar ist der Grundsatz daher auch in Bezug auf ein Sachverständigengutachten eines Gutachterausschusses im baulandgerichtlichen Verfahren, da die Amtsausübung der Mitglieder des Gutachterausschusses nicht Gegenstand der Entscheidung des Gerichts ist (BGH 31. 1. 2014 – III ZR 84/13 Rn 3). Erforderlich ist zudem, dass das Kollegialgericht das Verhalten des Amtsträgers als rechtmäßig beurteilt hat. Es genügt nicht, dass es lediglich ein Verschulden verneint hat (BGHZ 97, 97, 107).

220 **bb)** Eine Verneinung des Verschuldens ist nur dann gerechtfertigt, wenn das Kollegialgericht die Rechtmäßigkeit der Amtstätigkeit **nach sorgfältiger Prüfung** bejaht hat. Die Richtlinie greift daher nicht ein, wenn die Annahme des Kollegialgerichts, die Amtshandlung sei rechtmäßig gewesen, auf einer unzureichenden tatsächlichen oder rechtlichen Beurteilungsgrundlage beruht. Dies ist etwa dann der Fall, wenn das Ge-

richt infolge unzureichender Tatsachenfeststellung von einem anderen Sachverhalt als dem, vor den der Beamte gestellt war, ausgegangen ist, wenn es den festgestellten Sachverhalt nicht sorgfältig und erschöpfend gewürdigt hat, etwa für die Beurteilung des Falls wesentliche Gesichtspunkte unberücksichtigt gelassen hat, wenn es sich bereits in seinem Ausgangspunkt von einer rechtlich oder sachlich verfehlten Betrachtungsweise nicht hat freimachen können oder eine gesetzliche Bestimmung „handgreiflich falsch" ausgelegt hat (BGH 19. 12. 2024 – III ZR 24/23, BGHZ 242, 341 Rn 45; BGH 11. 3. 2021 – III ZR 27/20, VersR 2021, 1043 Rn 20; BGH 9. 7. 2020 – III ZR 245/18, VersR 2020, 1185 Rn 17; BGH NJW 2002, 1265, 1266; BGH 21. 10. 1993 – III ZR 68/92, NVwZ 1994, 825, 826; BGHZ 117, 240, 250; NJW 1989, 96, 98 f; BVerwG NVwZ 2006, 212 f). Beispiele für derartige Ausnahmen, in denen im Amtshaftungsprozess ein Verschulden bejaht worden ist, obwohl zuvor ein Kollegialgericht die Amtshandlung als rechtmäßig erachtet hatte: Das Kollegialgericht hat eine eindeutige Bestimmung handgreiflich falsch ausgelegt (BGHZ 27, 338, 343); das Gericht hat angenommen, bei der Entscheidung des verantwortlichen Amtsträgers handele es sich um eine Ermessensentscheidung, während es in Wahrheit um einen Teil der Rechtsanwendung geht (BGH NJW 1989, 96, 98 f; VersR 1967, 602, 604); das Kollegialgericht bildet sich seine Überzeugung von der Rechtmäßigkeit des Handelns aufgrund eines verfahrensfehlerhaft festgestellten Sachverhalts (BGHZ 117, 236, 250); das Gericht trifft eine Beweislastentscheidung auf der Grundlage unvollständiger Tatsachenfeststellungen (BGH 13. 2. 2025 – III ZR 63/24, BGHZ 243, 71 Rn 55); das Gericht verengt die Fragestellung auf einen falschen Punkt und verkennt so die eigentlich maßgebenden Fragen (BGH 11. 3. 2021 – III ZR 27/20, VersR 2021, 1043 Rn 20 f; VersR 2020, 1185 Rn 17 und 21; BGH 2. 8. 2018 – III ZR 466/16, VersR 2019, 28 Rn 24; 1997, 745; 1994, 558; vgl auch BGH NVwZ-RR 2005, 152); das Kollegialgericht führt die für die Beurteilung des Falles maßgebliche höchstrichterliche Rechtsprechung (dort: des Bundesverwaltungsgerichts) zwar an, folgt ihr aber gleichwohl nicht, ohne sich damit auseinanderzusetzen (BGH NVwZ 2002, 124) oder zieht eine höchstrichterlich angesprochene Frage nicht in Erwägung (BGH 21. 2. 2019 – III ZR 115/18, NJW 2019, 1374 Rn 20). Unanwendbar ist die Kollegialitätsrichtlinie auch, wenn das Kollegialgericht das Verhalten des Amtsträgers aus Gründen billigt, die dieser selbst nicht erwogen hat (BGH 21. 2. 2019 – III ZR 115/18, NJW 2019, 1374 Rn 20; NVwZ 1994, 405, 407).

cc) Hat das Kollegialgericht die Tätigkeit lediglich anhand eines gegenüber der **221** eigenen Prüfungspflicht des Beamten **reduzierten Prüfungsmaßstabs** gebilligt, so braucht darin nicht notwendig die Wertung zu liegen, das Verhalten des Beamten sei rechtmäßig (Beispiel: Die einem Haftbefehlsantrag der Staatsanwaltschaft zugrunde liegende Annahme dringenden Tatverdachts ist unvertretbar und die Maßnahme deswegen amtspflichtwidrig; ein mit mehreren Rechtskundigen besetztes Kollegialgericht bejaht aber die Vertretbarkeit). In solchen Fällen trifft den Beamten selbst die Pflicht, sein Verhalten uneingeschränkt am Maßstab der Rechtmäßigkeit auszurichten. Hingegen entscheidet die richterliche Überprüfung im Amtshaftungsprozess anhand des reduzierten Maßstabs der Vertretbarkeit lediglich darüber, ob er amtspflichtgemäß gehandelt hat. Auch in solchen Fällen erfährt die Richtlinie eine Ausnahme (BGH NJW 1998, 751, 752).

dd) Die innere Rechtfertigung für die Anwendung der Regel, dass nämlich der **222** Idee nach das rechtskundige Kollegialgericht dem handelnden Beamten an Beurteilungsmöglichkeiten überlegen sei, fehlt, wenn der Beamte über die gleichen Möglichkeiten verfügte wie das Gericht; zB wenn es sich um eine grundsätzlich bedeutsame Maßnahme einer zentralen Dienststelle handelt, die ihre Entscheidung in ruhiger Abwägung aller Gesichtspunkte und unter Benutzung allen einschlägigen Materials treffen konnte, insbesondere dann, wenn es sich um die Handhabung eines Spezialgesetzes handelt, dessen Bestimmungen den Sachbearbeitern aus täglicher Befassung mit ihnen besonders vertraut waren (BGH JZ 1962, 318; BGHZ 150, 172, 184). Sie gilt nicht für Einschätzungen oberster Landesbehörden (BGHZ 198, 1 Rn 14). Dagegen gilt die Kollegialitätsrichtlinie auch bei der Beurteilung richterlicher Tätigkeit (BGH NJW-RR 1992, 919 f; offengelassen von BGHZ 187, 286 Rn 37).

Die innere Rechtfertigung der Regel fehlt erst recht, wenn der handelnde Beamte sich in einer vergleichsweise günstigeren Lage befand als das Gericht, so wenn es um die Beurteilung von rechtlichen Spezialfragen geht, mit denen die Gerichte wenig befasst waren, die jedoch dem tätig gewordenen Beamten in besonderem Maß vertraut sind (vgl BGH MDR 1982, 555; BGHZ 73, 161, 164; BGH NJW 1962, 2100, 2101). Dies gilt auch dann, wenn der Beamte eine zweifelhafte oder nicht einfach zu lösende Rechtsfrage zu beantworten hat (BGHZ 187, 286 Rn 37 zu verzögerter Entscheidung durch einen Richter).

223 **ee)** Ebenfalls unanwendbar ist die Richtlinie, wenn es sich bei der Kollegialgerichtsentscheidung um eine solche handelt, die im Verfahren des einstweiligen Rechtsschutzes aufgrund summarischer Prüfung ergangen ist (BGH 23. 7. 2020 – III ZR 66/19, VersR 2020, 1315 Rn 18; BGHZ 215, 344 Rn 25; 152, 172, 184; 117, 240, 250; BGH NJW 1986, 1954). Die Richtlinie greift auch dann nicht ein, wenn das Kollegialgericht lediglich in einer Entscheidung über die Bewilligung von Prozesskostenhilfe das Verhalten des Amtsträgers als objektiv rechtmäßig angesehen hat (BGH 29. 3. 1990 – III ZR 151/89, BGHR Art 34 S 1 GG; s auch Schwager/Krohn DVBl 1990, 1077, 1084 Fn 63). Anders ist es nach der Rechtsprechung des Bundesverwaltungsgerichts bei Entscheidungen über die Gewährung vorläufigen Rechtsschutzes in beamtenrechtlichen Konkurrentenstreitigkeiten. Diese Entscheidungen sind grundsätzlich für die Anwendung der Richtlinie geeignet. Denn hier fordert das Gebot effektiven Rechtsschutzes von den Gerichten eine eingehende tatsächliche und rechtliche Prüfung, weil unterlegenen Bewerbern regelmäßig nur dieses Verfahren zur Verfügung steht (BVerwG NVwZ 2006, 212, 213 mwNw).

224 **ff)** „Kollegialgericht" im Sinne der Richtlinie ist nur ein Gericht, das mit mehreren Berufsrichtern, nicht dagegen ein solches, das lediglich mit einem rechtskundigen Berufsrichter und im Übrigen mit ehrenamtlichen Beisitzern besetzt ist (BVerfG 16. 1. 2019 – 2 BvR 1081/18, juris Rn 7; BGH 18. 12. 2014 – III ZR 108/14: Sozialgericht; NJW-RR 2013, 1490 Rn 19: Einzelrichter LG; BGHZ 152, 172, 184; BGH VersR 1968, 371, 373; NJW 1996, 2422, 2424). Allerdings ist es nicht ausgeschlossen, auch die Entscheidung eines Nicht-Kollegialgerichts, die Amtshandlung sei rechtmäßig gewesen, als **Indiz** gegen ein Verschulden zu verwerten (BGH NJW 1996, 2422, 2424); das Gleiche gilt auch für Kollegialgerichtsentscheidungen im Prozesskostenhilfeverfahren oder im Verfahren des einstweiligen Rechtsschutzes.

Für die Anwendbarkeit der Kollegialgerichts-Richtlinie ist nicht zwingend erforderlich, dass das betreffende Kollegialgericht aufgrund **mündlicher Verhandlung** durch Urteil entschieden hat. Es genügt vielmehr beispielsweise auch ein Gerichtsbescheid nach § 84 VwGO: Wenn die einschlägige Verfahrensordnung es zulässt, dass das Gericht sich seine abschließende Überzeugung über die Rechtmäßigkeit eines behördlichen Aktes ohne mündliche Verhandlung bildet, so muss ein auf diese Weise gewonnenes urteilsvertretendes Erkenntnis auch im Amtshaftungsprozess die gleiche Wirkung entfalten wie ein aufgrund mündlicher Verhandlung ergangenes Urteil (BGH NVwZ 1998, 1329, 1330; VersR 1991, 308).

gg) Als Kollegialgerichtsentscheidungen im Sinne der Richtlinie kommen nicht nur solche der Gerichte im Verfahren des Primärrechtsschutzes (insbesondere Verwaltungs-, Finanz- und Sozialgerichte) in Betracht, sondern auch diejenigen der Vorinstanzen im Amtshaftungsprozess selbst (anschaulich: BGH 16. 9. 2021 – III ZR 52/21, juris Rn 2; NVwZ 1998, 878. Dort hatte jeweils die Rechtsfrage, derentwegen das Berufungsgericht die Revision zugelassen hatte, ihre Entscheidungserheblichkeit verloren, weil der BGH als Revisionsgericht den Amtshaftungsanspruch bereits an der Kollegialgerichts-Richtlinie hat scheitern lassen; Entsprechendes gilt im Berufungsverfahren, wenn das Landgericht – nach sorgfältiger Prüfung – eine Amtspflichtverletzung verneint hat: BGH VersR 2020, 1185 Rn 16 f; s auch BGH VersR 2021, 1043 Rn 19 ff; NJW 2019, 68 Rn 24). 225

hh) Im **wissenschaftlichen Schrifttum** stößt die Kollegialgerichts-Richtlinie auf ein geteiltes Echo: dezidiert ablehnend: B Schmidt NJW 1993, 1630; skeptisch Ossenbühl/Cornils 78: „weitgehend aufgehoben und durch eine eigenständige Vertretbarkeitserwägung des jeweiligen Obergerichts ersetzt"; zustimmend hingegen MünchKommBGB/Papier/Shirvani § 839 Rn 359: Der Grundsatz der kollegialgerichtlichen Billigung sollte nur in den Extremfällen gröbster und evidenter Fehlerhaftigkeit der gerichtlichen Entscheidung durchbrochen werden, damit sich die Amtshaftungsgerichte nicht zu einer „Superinstanz" der Fachgerichte, insbesondere der allgemeinen und besonderen Verwaltungsgerichte, aufschwingen. 226

ii) Der Grundsatz gilt nicht für alle Fälle der Haftung eines Beamten oder einer öffentlichen Körperschaft nach den allgemeinen Haftungsvorschriften der §§ 823 ff BGB (BGH VersR 1967, 226, 228; s auch BGH VersR 1966, 562). Er gilt auch dann nicht, wenn der BGH selbst als Revisionsgericht zunächst eine bestimmte Rechtsauffassung vertreten hat (hier: dass bestimmte persönlichkeitsverletzende Äußerungen durch Art 5 Abs 1 GG gedeckt seien), das BVerfG aber auf Verfassungsbeschwerde eine andere Rechtsmeinung vertritt und der BGH nunmehr erneut entscheiden muss. Grundsätzlich erfordert es nämlich der Geltungsanspruch des Rechts, „dass der Verpflichtete das Risiko seines Irrtums über die Rechtslage selbst trägt; auch ein Richterkollegium kann ihn hiervon auf Kosten des Berechtigten nur unter besonderen Umständen entlasten" (BGH MDR 1982, 396). 227

h) Organisationsverschulden

aa) Ein Schuldvorwurf kann in bestimmten Fällen gegen die haftende Körperschaft unter dem Gesichtspunkt des „Organisationsverschuldens" auch dann begründet sein, wenn der tätig gewordene Beamte selbst subjektiv nach bestem Wissen und Gewissen gehandelt hat. Dies ist namentlich dann der Fall, wenn die Körperschaft es versäumt hat, ihre Amtsträger mit den erforderlichen Informationen und Anweisungen zu versehen. Beispiele: Die Amtshaftung einer Gemeinde für die unrichtige Auskunft, ein Bebauungsplan sei gültig, wurde bejaht, weil die Gemeinde es versäumt hatte, den (subjektiv gutgläubigen) auskunfterteilenden Beamten auf die ihr bekannten Bedenken gegen die Gültigkeit des Plans hinzuweisen (BGH 25. 11. 1991 – III ZR 228

190/90, juris Rn 6; BGH NJW 1990, 245, 246 f [beide Revisionsentscheidungen betreffen denselben Rechtsstreit]). Das Fehlen einer ordnungsgemäßen Erfassung eines Altlastenstandorts führt dazu, dass die Altlasten bei der Überplanung des betreffenden Gebietes nicht berücksichtigt werden; dieser Organisationsmangel ist der Gemeinde auch dann als Verschulden zuzurechnen, wenn ihre an der Planung beteiligten Amtsträger selbst subjektiv nach bestem Wissen und Gewissen gehandelt haben (BGHZ 113, 367, 371, 372). Des Weiteren gehören in diesen Zusammenhang Fälle, in denen die Behörde personell und sachlich so unzureichend ausgestattet ist, dass ihre Amtsträger überlastet und überfordert sind (MünchKommBGB/Papier/Shirvani § 839 Rn 362 mwNw). Ein Organisationsverschulden wurde beispielsweise bejaht bei der menschenunwürdigen Unterbringung eines Strafgefangenen in einer überbelegten Justizvollzugsanstalt (BGHZ 161, 33, 35 sowie BGH 1. 10. 2009 – III ZR 18/09, BGHZ 182, 301 Rn 15). Schadensersatzansprüche kommen auch wegen unzumutbarer Verzögerung von Eintragungen im Grundbuch in Betracht. Jede Behörde – dort: das Grundbuchamt – hat die Amtspflicht, Anträge mit der gebotenen Beschleunigung zu bearbeiten. Ist dies wegen Überlastung des zuständigen Beamten nicht gewährleistet, so haben nicht nur die zuständige Behörde (Amtsgericht), sondern auch die übergeordneten Stellen (Landgericht, Oberlandesgericht, Justizministerium) im Rahmen ihrer Möglichkeiten Abhilfe zu schaffen (BGHZ 170, 260, 266). Bei einer unzumutbaren Verzögerung von Eintragungsanträgen kommt außer dem Amtshaftungsanspruch noch ein Anspruch des Grundstückseigentümers auf angemessene Entschädigung für die entgangene Nutzung seines Eigentums aus dem Gesichtspunkt des enteignungsgleichen Eingriffs in Betracht. Dieser Anspruch ist allerdings nicht auf vollen Schadensausgleich gerichtet (Rn 485 ff; BGHZ 170, 260, 266; s auch BGH 4. 11. 2010 – III ZR 32/10, BGHZ 187, 286 Rn 17).

229 **bb)** Im Amtshaftungsprozess braucht der Geschädigte den einzelnen Amtsträger, der ihm gegenüber die Pflichtverletzung begangen hat, nicht konkret zu bezeichnen. Zwar ist im Hinblick auf das Wesen der übergeleiteten Haftung erforderlich, dass der gesamte Haftungstatbestand in der Person irgendeines Amtsträgers erfüllt ist; es bedarf deshalb aber nicht auch der Feststellung der Identität einer Person. Vielmehr ist es ausreichend, wenn feststeht, dass irgendein Amtsträger in seiner Person den gesamten Haftungstatbestand verwirklicht hat. Weitergehende Darlegungen sind dem Geschädigten, der die Interna des Behördenbetriebs nicht kennt und auch nicht zu kennen braucht, häufig auch nicht möglich und deshalb auch nicht zumutbar (BGHZ 151, 198, 203 f; 116, 312, 314 f; BGH WM 1960, 1304, 1305; vgl auch MünchKommBGB/Papier/Shirvani § 839 Rn 361; s auch Rn 55).

230 **cc)** Bei Verletzung von Berufs- oder Organisationspflichten, die dem Schutz von Leben und Gesundheit anderer dienen, können Beweiserleichterungen für den Geschädigten bestehen (BGH 23. 11. 2017 – III ZR 60/16, BGHZ 217, 50 Rn 23 f). Siehe hierzu Rn 417.

10. Kausalität – Schaden – Mitverschulden

a) Adäquater Ursachenzusammenhang

231 **aa)** Im Amtshaftungsrecht gilt – wie im übrigen Schadensersatzrecht – das Erfordernis des **adäquaten Kausalzusammenhangs** zwischen Amtspflichtverletzung und Schaden (zum Schutzzweckerfordernis s bereits Rn 183 f). Ein solcher adäquater Zusam-

menhang besteht, wenn die Amtspflichtverletzung im Allgemeinen und nicht nur unter besonders eigenartigen, ganz unwahrscheinlichen oder nach dem regelmäßigen Verlauf der Dinge außer Betracht zu lassenden Umständen zur Herbeiführung des Schadens geeignet war (BGH 21. 1. 2021 – III ZR 70/19, VersR 2021, 1298 Rn 24; BGH 21. 10. 1993 – III ZR 68/92, NVwZ 1994, 825, 827). Zur Beantwortung der Frage, ob die Amtspflichtverletzung den behaupteten Schaden verursacht hat, ist zu prüfen, welchen Verlauf die Dinge bei pflichtgemäßem Verhalten des Amtsträgers genommen hätten und wie sich in diesem Falle die Vermögenslage des Verletzten darstellen würde (BGHZ 211, 171 Rn 29; 146, 122, 128; 129, 226, 232 f). Nur soweit die Vermögenslage des Verletzten bei pflichtgemäßem Verhalten des Beamten günstiger als die tatsächliche sein würde, hat die Amtspflichtverletzung den Schaden verursacht (BGHZ 129, 226, 232 f; BGH VersR 1966, 286, 289). Verzögert die Bauaufsichtsbehörde pflichtwidrig die Entscheidung über eine Bauvoranfrage und erlässt die Gemeinde im Anschluss daran eine Veränderungssperre, so beurteilt sich die Schadensursächlichkeit der Amtspflichtverletzung für das spätere Scheitern des Vorhabens danach, zu welchem Zeitpunkt der Antragsteller bei pflichtgemäßer Entscheidung über seine Bauvoranfrage den Antrag auf Baugenehmigung gestellt hätte und ob diesem noch vor Inkrafttreten der Veränderungssperre hätte stattgegeben werden müssen (BGH NVwZ 1994, 405, 407). Ein adäquater Kausalzusammenhang ist danach auch etwa dann zu bejahen, wenn eine pflichtwidrig verzögerte Beförderung durch die zwischenzeitliche Streichung einer Beförderungsstelle verhindert wird. Denn eine solche Streichung ist im öffentlichen Dienst kein „besonders eigenartiges und ganz unwahrscheinliches“ Ereignis (BGH 21. 10. 1993 – III ZR 68/92, NVwZ 1994, 825, 826). Eine fehlerhafte Entscheidung bei einer Vor- und Zwischenprüfung führt nur dann zu einem Verdienstausfallschaden, wenn der Prüfling für die Ausübung des angestrebten Berufs überhaupt hinreichend geeignet und befähigt ist. Ist demgegenüber ein Prüfling – worüber der Tatrichter eine Prognoseentscheidung zu treffen hat – von vornherein nicht in der Lage, die berufliche „Endqualifikation“, für die die in Rede stehende Vorprüfung nur ein notwendiges Zwischenstadium darstellt, zu erreichen, so erweist sich die angestrebte Verdienstmöglichkeit in Wirklichkeit als von Anfang an nicht gegeben. Sie ist dem Prüfling also nicht erst durch die fehlerhafte Prüfungsentscheidung genommen worden, so dass es an der haftungsausfüllenden Kausalität zwischen Amtspflichtverletzung und Vermögensschaden fehlt (BGHZ 139, 200, 209 f).

bb) Besteht die Amtspflichtverletzung in einem **Unterlassen**, so kann ein Ursachen- 232
zusammenhang zwischen Pflichtverletzung und Schaden nur bejaht werden, wenn der Schadenseintritt bei pflichtgemäßem Handeln mit an Sicherheit grenzender Wahrscheinlichkeit vermieden worden wäre; eine bloße Möglichkeit, ebenso eine gewisse Wahrscheinlichkeit genügen nicht (BGH 21. 1. 2021 – III ZR 70/19, VersR 2021, 1298 Rn 24; BGH NJW 2019, 1809 Rn 25; 2018, 301 Rn 15; 2005, 68, 71; VersR 1994, 935; NJW 1974, 453, 455). Der Geschädigte hat darzulegen und ggf zu beweisen, in welcher für ihn günstigen Weise das Geschehen bei Vornahme der gebotenen Amtshandlung verlaufen wäre (BGH NJW 1986, 2829). Diese Grundsätze gelten auch für Pflichtverletzungen durch **verzögerliches Verhalten** (BGH NVwZ-RR 2008, 674 Rn 19 f: verzögerte Genehmigung für Krankentransport). Durch die Verzögerung der Erledigung eines Antrags oder Gesuchs entsteht kein Schaden, wenn das Begehren auch bei sofortiger Bescheidung erfolglos geblieben wäre (BGH 18. 10. 1984 – III ZR 157/83; BGH 15. 11. 1951 – III ZR 164/50, LM § 839 D Nr 2; RG JW 1936, 2707).

233 **cc)** Kommt es darauf an, welche Maßnahme oder Entscheidung bei amtspflichtgemäßem Verhalten getroffen worden wäre, so ist nach der Rechtsprechung bei Maßnahmen und Entscheidungen, die der **Beurteilung** oder dem **Ermessen** Spielraum lassen, wie folgt zu unterscheiden:

(1) Bei der Frage, wie die (nicht unter das Richterprivileg des § 839 Abs 2 BGB fallende) Entscheidung eines **Gerichts** ausgefallen wäre, ist stets – ohne Rücksicht darauf, ob es sich um Ermessens-, Beurteilungs- und Auslegungsfragen handelt – nicht darauf abzustellen, wie dieses Gericht, etwa seiner Übung entsprechend, entschieden haben würde, sondern wie es nach Auffassung des mit dem Amtshaftungsprozess befassten Gerichts nach der damaligen objektiven Rechtslage richtigerweise hätte entscheiden müssen (RGZ 117, 287, 293; 142, 331, 333; BGH VersR 1958, 329; NJW 1959, 1125; JZ 1962, 499; VersR 1966, 1186; 1969, 425, 428; Kreft 311). Dies gilt nicht nur für gerichtliche Entscheidungen im Prozessverfahren, sondern auch für Entscheidungen eines Gerichts in anderen Verfahren, zB bei Beschwerden gegen Streitwertbeschlüsse (BGHZ 36, 144, 154) oder in dem Insolvenz- (früher: Konkurs-) Verfahren (RG HRR 1931 Nr 1852) oder im Eilrechtsschutzverfahren (BGH NJW 2019, 1374 Rn 16). Besteht zB die Amtspflichtverletzung darin, dass bei der Entscheidung über die Gegenvorstellung gegen einen Streitwertbeschluss der Senat eines OLG fehlerhaft (mit zwei statt mit drei Mitgliedern) besetzt war, so ist nicht maßgebend, wie nach der Übung dieses an sich letztlich entscheidenden Senats die Entscheidung bei richtiger Besetzung ausgefallen wäre, sondern das Gericht im Amtshaftungsprozess entscheidet selbst über den „richtigen" Streitwert (BGHZ 36, 144). Besteht die Amtspflichtverletzung in einer fehlerhaften Auslegung des Gesetzes durch den Richter, so kommt es nicht darauf an, welchen Standpunkt im Falle einer Anfechtung das Rechtsmittelgericht vermutlich eingenommen hätte, sondern wie nach Ansicht des Schadensersatzgerichts zu entscheiden war (RG HRR 1940 Nr 852). Hat ein Notar bei der Beurkundung eines Rechtsgeschäfts amtspflichtwidrig die Belehrung eines gesetzlichen Vertreters über die Notwendigkeit vormundschaftsgerichtlicher Genehmigung unterlassen und ist infolgedessen ein Antrag auf Genehmigung nicht gestellt worden, so ist maßgebend, wie nach Auffassung des Schadensersatzgerichts der Vormundschaftsrichter, wäre er angegangen worden, sein pflichtgemäßes Ermessen in Wahrnehmung des Mündelinteresses richtigerweise hätte ausüben müssen (BGH VersR 1966, 1186).

234 **(2)** Steht aber in Frage, wie die Maßnahme einer **Verwaltungsbehörde** ohne die Amtspflichtverletzung ausgefallen wäre, so kommt es darauf an, ob es sich um eine Ermessensentscheidung handelt oder nicht. Im letzteren Falle – also hauptsächlich bei Rechtsfragen – gilt der Grundsatz, dass der Amtshaftungsrichter entscheidet, welche Maßnahme richtigerweise zu erwarten war (BGH NVwZ-RR 1988, 283; BGHZ 36, 144, 154; RG DR 1939, 1007; JW 1936, 813; HRR 1933 Nr 1914). Rechtfertigen beispielsweise Tatsachen die Annahme, dass die öffentliche Sicherheit oder Ordnung durch eine Luftfahrtveranstaltung gefährdet werden kann, so ist deren Genehmigung nach § 24 Abs 2 LuftVG zu versagen; ein Ermessensspielraum steht der Behörde insoweit nicht zu (BGH VersR 1988, 134). Andere Maßstäbe gelten für **Ermessensentscheidungen**, bei denen sich die Behörde innerhalb der rechtlichen Grenzen des Ermessens (vgl § 40 VwVfG) frei bewegen konnte. Hier prüft das Schadensersatzgericht, das grundsätzlich sein Ermessen nicht an die Stelle des Ermessens der Behörde setzen darf, in Anwendung des § 287 ZPO, ob die Behörde die angegriffene Entscheidung hätte treffen dürfen. Deshalb ist ein ursächlicher Zusammenhang zwischen Amtspflicht-

verletzung und Schaden nur gegeben, wenn **feststeht**, dass bei fehlerfreiem Verhalten eine andere, den Schaden vermeidende Ermessensausübung vorgenommen wäre (BGH 14. 6. 2018 – III ZR 54/17, BGHZ 219, 77 Rn 42; BGH VersR 1982, 275). Es muss also feststehen, dass der Schaden bei fehlerfreier Ermessensausübung nicht eingetreten wäre. Kann nicht ausgeschlossen werden, dass dasselbe Ergebnis auch bei fehlerfreier Ermessensausübung erzielt worden wäre, entfällt ein Schadensersatzanspruch (BGH VersR 1985, 887). Bei der Beurteilung dieser Fragen spielt die behördenübliche Praxis (einwandfreier) Ermessensausübung eine Rolle. Besteht zB die Amtspflichtverletzung eines Notars in der Versäumung eines Rechtsbehelfs, über den eine Verwaltungsbehörde nach ihrem Ermessen zu entscheiden gehabt hätte, so muss der Richter im Schadensersatzprozess darauf abstellen, wie die Verwaltungsbehörde nach ihrer sonstigen Übung in gleichen oder ähnlichen Fällen ihr Ermessen auszuüben pflegte und demgemäß entschieden hätte (BGH VersR 1982, 275; BGH 23. 2. 1959 – III ZR 77/58, NJW 1959, 1125; BGHZ 36, 144; RG JW 1936, 813).

Ebenso muss, wenn die Amtspflichtverletzung in der Überschreitung der Zuständigkeit eines Beamten besteht, geprüft werden, wie die zuständige Behörde nach ihrer sonstigen Übung verfahren wäre. Kann eine sonstige Übung nicht festgestellt werden, so entfällt die Kausalität der Amtspflichtverletzung für den Schaden, wenn die zuständige Behörde ebenso wie der Beamte hätte handeln müssen oder nach der Feststellung des Schadensersatzgerichts gehandelt hätte, weil sie ebenso wie der Beamte hätte handeln dürfen oder können (BGH VersR 1962, 275). Ist die Prüfungsentscheidung eines amtlichen Prüfungsausschusses wegen Voreingenommenheit eines Mitglieds vom Verwaltungsgericht aufgehoben worden, so kann auf die Amtshaftungsklage des Prüflings das Gericht im Rahmen der Schadensbestimmung hypothetische Feststellungen über das Ergebnis einer rechtmäßig durchgeführten Prüfung treffen, wobei dem Kläger die Beweiserleichterungen des § 287 ZPO zugutekommen (BGH NJW 1983, 2241).

dd) Der haftungsrechtliche Zurechnungszusammenhang kann fehlen, wenn der Geschädigte selbst in völlig ungewöhnlicher oder unsachgemäßer Weise in den schadensträchtigen Geschehensablauf eingreift und eine weitere Ursache setzt, die den Schaden endgültig herbeiführt (BGH NJW-RR 2003, 563, 565; NJW 1989, 99, 100 m zahlr wNw). In solchen Fällen ist ebenso wie in anderen Fällen psychisch vermittelter Kausalität erforderlich, dass für die Zweithandlung des Geschädigten ein rechtfertigender Anlass bestand oder dass diese durch das haftungsbegründende Ereignis herausgefordert wurde und eine nicht ungewöhnliche Reaktion auf dieses Ereignis darstellt (BGH 9. 6. 2022 – III ZR 24/21, BGHZ 234, 102 Rn 57). Daran kann es etwa dann fehlen, wenn der Geschädigte von der Möglichkeit, den Schadenseintritt durch Inanspruchnahme gerichtlichen Schutzes (außerhalb des Anwendungsbereichs des § 839 Abs 3 BGB) zu verhindern, keinen Gebrauch macht, vielmehr mit dem Abschluss eines Vergleichs den Schaden endgültig herbeiführt. Ob die vergleichsweise Einigung zur **Unterbrechung des Zurechnungszusammenhangs** führt, hängt von den Umständen des Einzelfalls ab, insbesondere von den Erfolgsaussichten der Klage und dem Interesse des Geschädigten an der alsbaldigen Streitbeendigung (BGH 28. 1. 2010 – III ZR 75/09 Rn 6). Der BGH hat eine derartige Unterbrechung in einem Falle verneint, in dem der Geschädigte, dessen Arbeitsverhältnis infolge des amtspflichtwidrigen Verhaltens gekündigt worden war, im Kündigungsschutzprozess durch Vergleich mit seinem Arbeitgeber die Auflösung des Arbeitsverhältnisses vereinbart hatte (BGH NJW 1989, 235

99). Der Zurechnungszusammenhang besteht auch bei einem Schaden, der im Verlust eines nur wegen der Amtspflichtverletzung notwendig gewordenen Rechtsstreits bestand (BGH 9. 6. 2022 – III ZR 24/21, BGHZ 234, 102 Rn 57; BGH NJW 1990, 176, 177; s hierzu auch Rn 251).

236 **ee)** Das Handeln **Dritter** unterbricht den Zurechnungszusammenhang zwischen der Amtspflichtverletzung und dem entstandenen Schaden erst dann, wenn dieser bei wertender Betrachtung in keinem inneren Zusammenhang mehr mit der zuerst gesetzten Ursache steht. Ob dies der Fall ist, erfordert eine Güter- und Interessenabwägung, wobei es darauf ankommt, inwieweit der Erstverursacher eine Gefahrerhöhung herbeigeführt hat, ob sein Verhalten gewissermaßen Aufforderungscharakter hatte, inwieweit dem Eingreifen des Dritten Dringlichkeit und Vernünftigkeit zuzusprechen ist oder ob sein Verhalten mit Blick auf das von ihm verfolgte Ziel der Verhältnismäßigkeit entspricht. Eine Unterbrechung des Zurechnungszusammenhangs liegt daher nicht vor, wenn die Ursache das Verhalten des Dritten herausgefordert hat, und zwar auch dann, wenn jenem ein gravierenderes Fehlverhalten vorgeworfen werden kann (BGH 21. 1. 2021 – III ZR 70/19, VersR 2021, 1298 Ls 2 sowie Rn 25). Kommt es aufgrund einer fehlerhaften Auskunft, die ein Rentenversicherungsträger nach § 220 FamFG im familiengerichtlichen Verfahren zum Versorgungsausgleich erteilt, zu einer unrichtigen Entscheidung des Familiengerichts über den Versorgungsausgleich, steht der Bejahung eines adäquaten Ursachenzusammenhangs zwischen der fehlerhaften Auskunft und dem Schaden des betroffenen Ehegatten nicht entgegen, dass dieser endgültig erst durch die Gerichtsentscheidung herbeigeführt wird (BGHZ 137, 11 zu § 53b Abs 2 S 2 FGG aF). Kündigt der Auftraggeber eines Privatdetektivs infolge einer amtspflichtwidrigen hoheitlichen Empfehlung das Vertragsverhältnis, so kann ein Zurechnungszusammenhang zwischen der Amtspflichtverletzung und dem dem Detektiv durch die Kündigung entstandenen Schaden zu bejahen sein. Dieser Zusammenhang wird nicht dadurch unterbrochen, dass der Auftraggeber den Vertrag mit dem Geschädigten gekündigt hatte, obwohl er dazu rechtlich nicht gezwungen war. Von einem völlig ungewöhnlichen oder unsachgemäßen Eingreifen eines Dritten (des Auftraggebers) in den schadensträchtigen Geschehensablauf kann nämlich keine Rede sein, wenn das Tätigwerden des Dritten gerade darauf beruht, dass der Schädiger ihn veranlasst hatte, in die Rechtsstellung des Geschädigten einzugreifen (BGH NJW 1989, 1924, 1926). Der Zurechnungszusammenhang zwischen Amtspflichtverletzung und Schaden ist auch zu bejahen, wenn eine Gemeinde als Steuergläubiger verfrüht die Zwangsvollstreckung aus einem Haftungsbescheid in das Grundstück des Geschädigten betreibt und daher ein Interessent vom Kauf des Grundstücks absieht (BGH 16. 1. 1992 – III ZR 197/90, NJW 1992, 2086).

237 **ff)** Zu Beweisfragen hinsichtlich der Kausalität s Rn 417 f.

b) Rechtmäßiges Alternativverhalten

238 **aa)** Der Einwand „rechtmäßigen Alternativverhaltens“ (vgl hierzu allgemein Staudinger/Höpfner [2021] § 249 Rn 103–107), das heißt der Einwand, der Schaden wäre auch bei einer ebenfalls möglichen rechtmäßigen Verhaltensweise entstanden (vgl BGH 20. 4. 2017 – III ZR 470/16, BGHZ 214, 360 Rn 53), wird in Amtshaftungsprozessen häufig erhoben. Es handelt sich dabei nicht um einen bloßen Teilaspekt der – sei es auch hypothetischen – Kausalität, sondern um die der Bejahung des Kausalzusammenhangs nachfolgende Frage, inwieweit einem Schadensverursacher die Folgen seines

pflichtwidrigen Verhaltens bei wertender Betrachtung billigerweise zugerechnet werden können (BGH 20. 4. 2017 – III ZR 470/16, BGHZ 214, 360 Rn 53; BGH NJW 1998, 1307, 1308; BGH NJW 1995, 2778, 2780; BGHZ 96, 157, 172). Darüber, ob und inwieweit der Einwand im Einzelfall erheblich ist, entscheidet der Schutzzweck der jeweils verletzten Norm (BGH 20. 4. 2017 – III ZR 470/16, BGHZ 214, 360 Rn 53; BGHZ 120, 281, 286; 96, 157, 173).

Im Amtshaftungsrecht kann dieser Einwand insbesondere – aber nicht nur – dann erheblich werden, wenn die Rechtswidrigkeit der schädigenden Amtshandlung darauf beruht, dass diese verfahrensfehlerhaft vorgenommen worden war. In solchen Fällen kann sich die Behörde darauf berufen, bei ordnungsgemäßem Verfahren hätte eine gleichlautende behördliche Entscheidung ergehen müssen (BGH NJW 1995, 2778, 2780; BGHZ 96, 157, 171). Der Einwand des rechtmäßigen Alternativverhaltens setzt deshalb voraus, dass derselbe Erfolg effektiv herbeigeführt worden wäre; die bloße Möglichkeit, ihn rechtmäßig herbeiführen zu können, reicht nicht aus. Daher greift der Einwand rechtmäßigen Alternativverhaltens nicht, wenn das alternative Verhalten dem in Kenntnis der rechtlichen Problematik gebildeten Willen der Behörde widerspräche (BGH 19. 1. 2023 – III ZR 234/21, VersR 2023, 451 Rn 47; BGH 20. 4. 2017 – III ZR 470/16, BGHZ 214, 360 Rn 53). Soweit die Prüfung Verwaltungsakte betrifft, bei denen es ausschließlich um die Entscheidung einer Rechtsfrage geht – also nicht bei Ermessensentscheidungen (s dazu im Folgenden Rn 240) –, kommt es darauf an, wie nach Ansicht des über den Amtshaftungsanspruch erkennenden Gerichts richtigerweise hätte entschieden werden müssen; gleiches gilt für die amtshaftungsrechtliche Nachprüfung von Gerichtsentscheidungen außerhalb des Spruchrichterprivilegs (BGHZ 36, 144, 154).

Dementsprechend ist der Einwand rechtmäßigen Alternativverhaltens in einem Falle als durchgreifend erachtet worden, in dem einem Verwaltungsakt die erforderliche materielle Rechtsgrundlage (dort: eine Baupolizeiverordnung) fehlte, die Behörde aber die Rechtsgrundlage pflichtgemäß hätte schaffen können und müssen (BGH VersR 1963, 1175, 1176; s auch BGH 24. 10. 2024 – III ZR 48/23, NVwZ-RR 2025, 252 Rn 35). Andererseits ist dieser Grundsatz in einem ähnlichen Fall nicht angewandt worden, wo die pflichtwidrig handelnde Verwaltungsstelle die fehlende materielle Rechtsgrundlage für ihr Vorgehen nicht in alleiniger Zuständigkeit, sondern nur mit parlamentarischer Mitwirkung hätte schaffen können. Denn der die Schadensersatzpflicht begründende Vorwurf ging in diesem Fall gerade dahin, die Bindung der Verwaltung an das Gesetz zum Nachteil des Bürgers, der Anspruch auf den Vollzug der bestehenden Gesetze hat, missachtet zu haben (BGHZ 63, 319, 325 f). Bejaht wurde rechtmäßiges Alternativverhalten bei einem Steuerbescheid, der wegen eines Formfehlers nichtig war, aber bei Vermeidung dieses Fehlers völlig inhaltsgleich hätte erlassen werden müssen (BGH NJW 1995, 2778, 2780). In einem weiteren Falle hatte sich die Behörde geweigert, Abfälle bestimmter Art zur Lagerung in einer Deponie anzunehmen; diese Ausschließung hätte korrekterweise in Form eines mit der Anordnung sofortiger Vollziehung versehenen Verwaltungsakts ergehen müssen. Auch hier griff der Einwand rechtmäßigen Alternativverhaltens durch: Die Abfälle waren unstreitig mit Giftstoffen kontaminiert und zur Entsorgung auf der Deponie ungeeignet. Deshalb konnte unter den Verfahrensbeteiligten kein Zweifel bestehen, dass das Verbot, diese Abfälle auf der Deponie zu lagern, sofort durchgesetzt werden musste. Die Rechtsverfolgung der Klägerin wurde durch die unkorrekte Handlungsform auch nicht beeinträchtigt (BGH 26. 9. 1996 – III ZR 244/95). Gegenüber einem Amtshaftungsanspruch aufgrund rechtswidriger Untersagung einer erlaubten Gewässerbenutzung hat der BGH den Einwand rechtmäßigen Alternativverhaltens ausgeschlossen, obwohl der gleiche Erfolg durch – rechtmäßigen – Widerruf der wasserrechtlichen Erlaubnis hätte erzielt werden können. Der Sachverhalt erhielt jedoch sein besonderes Gepräge dadurch, dass ein solcher Widerruf der erkennbaren damaligen Absicht der Verwaltungsbehörde widersprochen hätte (BGH WM 2000, 928). Bei einem freiheitsentziehenden Eingriff ist der Einwand des rechtmäßiges Alternativverhalten ausgeschlossen; indessen schließt dies nicht aus, dass bei der Bemessung der Anspruchshöhe wegen einer formell rechtswidrigen Inhaftierung der Umstand Berücksichtigung finden kann, dass die materiellrechtlichen Voraussetzungen für eine Inhaftierung vorgelegen hätten (BGH 1. 8. 2007 – III ZR 284/06).

239 **bb)** Zur Rechtmäßigkeit von Eingriffen in verfassungsmäßig geschützte Rechtspositionen des Bürgers gehört es, dass die eingreifende Behörde die gesetzlich vorgeschriebenen Handlungsformen wahrt. Hält sie diese Formen nicht ein, kann sie sich grundsätzlich nicht auf rechtmäßiges Alternativverhalten berufen. So hat zB der Bürger einen aus seinem Eigentum hergeleiteten Anspruch darauf, sein Grundstück im Rahmen der Rechtsordnung bebauen zu dürfen. Ein Eingriff in dieses Recht ist nur unter den gesetzlichen Voraussetzungen zulässig, zu denen auch die Einhaltung der für etwaige Beschränkungen erforderlichen formellen Wirksamkeitsvoraussetzungen gehört. Dementsprechend hat der BGH dem bloßen Aufstellungsbeschluss nach § 2 Abs 1 BauGB vor dessen Bekanntmachung keine die Zurückstellung einer entscheidungsreifen Bauvoranfrage rechtfertigende Wirkung beigemessen, auch nicht unter dem Gesichtspunkt des rechtmäßigen Alternativverhaltens (BGH 12. 7. 2001 – III ZR 282/00, NVwZ 2002, 124, 125). Legt der Bauherr gegen die auf § 15 BauGB gestützte Zurückstellung seines Baugesuchs Widerspruch ein, so hat die Bauaufsichtsbehörde mit Rücksicht auf dessen aufschiebende Wirkung die Amtspflicht, die Bearbeitung fortzusetzen, solange kein Sofortvollzug angeordnet wird. Die Anordnung des Sofortvollzugs steht im pflichtgemäßen Ermessen der Baubehörde. Wenn sie darauf verzichtet, von diesem ihr zur Verfügung stehenden Instrument Gebrauch zu machen, besteht keine innere Rechtfertigung dafür, ihr den Einwand rechtmäßigen Alternativverhaltens zugutekommen zu lassen (BGH 26. 7. 2001 – III ZR 206/00, NVwZ 2002, 123, 124). Von diesen Fällen, in denen der bloße Aufstellungsbeschluss nach § 2 Abs 1 BauGB und die mit Widerspruch angegriffene Zurückstellung nach § 15 BauGB der Baugenehmigungsbehörde keine Handhabe geboten hatten, die Bearbeitung einzustellen, ist ein weiterer Fall zu unterscheiden: Dort hatte die Gemeinde eine Veränderungssperre erlassen, die jedoch wegen eines Formfehlers nicht wirksam geworden war. Im Gegensatz zu den beiden vorigen Fällen, in denen die ergriffenen Maßnahmen schon ihrer Art nach nicht geeignet waren, eine Rechtsgrundlage für die Nichtweiterbearbeitung zu bilden, hatte hier die Gemeinde durch ihr zuständiges Gemeindeorgan ihren Planungswillen eindeutig kundgetan. Gescheitert war die Realisierung dieses Planungswillens nur an Verfahrensfehlern. Diese Fehler hätten indessen bei rechtmäßigem Verhalten des Bürgermeisters der Gemeinde vermieden werden müssen. Die Endentscheidung hätte also bei Einhaltung der Verfahrensvorschriften nicht anders ausfallen können, da inhaltliche, materiellrechtliche Mängel der Veränderungssperre nicht vorlagen. Deswegen waren hier keine durchgreifenden Bedenken dagegen erkennbar, den Einwand rechtmäßigen Alternativverhaltens zuzulassen (OLG Jena NVwZ-RR 2001, 702, 704; Revision nicht angenommen

BGH 3. 5. 2001 – III ZR 55/00). Steht ein Bauvorbescheidsantrag betreffend eine Windkraftanlage im Außenbereich in Widerspruch zu einem nachträglich beschlossenen Flächennutzungsplan, so hat die Bauaufsichtsbehörde, wenn sie einen formellen Mangel des Plans (hier: fehlerhafte Bekanntmachung) feststellt, der Gemeinde vor der Entscheidung Gelegenheit zu geben, diesen zu beheben. Lässt sich die Feststellung treffen, dass bei pflichtgemäßem Handeln der Bauaufsichtsbehörde der Mangel rückwirkend geheilt worden wäre, so kann dies einem auf die rechtswidrige Versagung des Bauvorbescheids gestützten Amtshaftungsanspruch unter dem Gesichtspunkt des rechtmäßigen Alternativverhaltens entgegengehalten werden. Dies gilt auch dann, wenn der Anspruch auf Erteilung des Bauvorbescheids durch rechtskräftiges verwaltungsgerichtliches Verpflichtungsurteil tituliert ist, dieses Urteil aber wegen der zwischenzeitlichen Rechtsänderung erfolgreich mit der Vollstreckungsabwehrklage angegriffen werden kann (BGH NVwZ 2008, 815).

cc) Grundlegend anders verhält es sich bei Ermessensentscheidungen (s wegen der Einzelheiten Rn 234). Der BGH stellt für die Frage der Ursächlichkeit einer Amtspflichtverletzung bei Ermessenshandlungen darauf ab, wie die Behörde bei fehlerfreiem Vorgehen entschieden hätte. Die Kausalität zwischen Amtspflichtverletzung und Schaden ist danach nur gegeben, wenn feststeht, dass bei richtiger Handhabung des Ermessens der Schaden nicht eingetreten wäre (BGHZ 219, 77 Rn 42). Dabei kommt es auf die Verwaltungsübung, also darauf an, wie die Behörde unter Berücksichtigung der zu beachtenden Ermessensschranken entschieden hätte, nicht wie sie hätte entscheiden müssen (BGH VersR 1985, 588, 589 mwNw). Ein Schadensersatzanspruch kommt deshalb nur in Betracht, wenn feststeht, dass bei richtiger Handhabung des Ermessens der Schaden nicht eingetreten wäre. Für einen Anspruch auf Schadensersatz wegen Amtspflichtverletzung ist also schon dann kein Raum, wenn nicht ausgeschlossen werden kann, dass die Behörde bei fehlerfreier Ausübung des ihr eingeräumten Ermessens zu demselben Ergebnis gelangt wäre (BGH VersR 1985, 887). Die Frage der – hypothetischen – rechtmäßigen Ausübung des Ermessens wird also als eine solche der Kausalität betrachtet (so auch BGHZ 120, 281, 288; vgl auch Staudinger/Höpfner [2021] § 249 Rn 107). **240**

dd) Aus der eingangs beschriebenen „Abkoppelung" des rechtmäßigen Alternativverhaltens von der Kausalität folgt, dass für den Ursachenzusammenhang selbst den Geschädigten die **Darlegungs- und Beweislast** trifft. Für das rechtmäßige Alternativverhalten, also sowohl für dessen tatbestandsmäßige Voraussetzungen als auch für die Behauptung, der Schaden wäre auch bei einem solchen eingetreten, ist sodann der Schädiger beweispflichtig (BGH 19. 1. 2023 – III ZR 234/21, VersR 2023, 451 Rn 47; BGH 21. 1. 2021 – III ZR 70/19, VersR 2021, 1298 Rn 54; BGH 20. 4. 2017 – III ZR 470/16, BGHZ 214, 360 Rn 54). Die Würdigung, ob der Einwand durchgreift, ist im Wesentlichen dem Tatrichter vorbehalten, und nur darauf durch das Revisionsgericht zu überprüfen, ob sie vollständig ist und nicht gegen Denkgesetze und Erfahrungssätze verstößt (BGH 20. 4. 2017 – III ZR 470/16, BGHZ 214, 360 Rn 56). **241**

Dementsprechend hat der BGH bei einem Überschwemmungsschaden, der auf eine amtspflichtwidrig unzureichende Dimensionierung der gemeindlichen Kanalisation zurückgeführt wurde, dem Geschädigten die Beweislast für die unzureichende Dimensionierung der Anlage und die dadurch herbeigeführte Überschwemmung auferlegt. Diesen Nachweis hatte der Geschädigte jedoch schon dadurch geführt, dass er die unzureichende Kapazität der Kanalisationsanlage und deren dadurch bewirkte objektive Ungeeignetheit dargetan hatte, die im konkreten Schadensereignis angefallenen Wassermassen zu bewältigen und ordnungsgemäß abzuführen. Daraus ergab sich der Rückschluss auf die Ursächlichkeit zwischen dem pflichtwidrigen Handeln der Gemeinde und dem eingetretenen Schaden von selbst. Die Gemeinde war nunmehr ihrerseits dafür beweispflichtig, dass der Schaden auch bei einer ordnungsgemäßen, ausreichend dimensionierten Anlage eingetreten wäre; dies war eine Frage des rechtmäßigen Alternativverhaltens (BGH NJW 1998, 1307, 1308).

242 **ee)** Allen Fällen rechtmäßigen Alternativverhaltens ist gemeinsam, dass durch das betreffende Verhalten das jeweilige Ergebnis **rechtmäßig** hätte herbeigeführt werden müssen oder – bei Ermessensentscheidungen – können. Davon zu unterscheiden sind die Fälle, in denen die Behörde bei sorgfältiger Sachbehandlung **ohne Schuldvorwurf** zu demselben – unzutreffenden – Ergebnis gelangt wäre oder hätte gelangen können. Ein solches „schuldloses" Alternativverhalten wird in der Amtshaftungsrechtsprechung des BGH durchgängig nicht anerkannt (BGH VersR 2005, 1584). Beruht beispielsweise der Vorwurf einer schuldhaften Amtspflichtverletzung darauf, dass die Behörde den Sachverhalt nicht sorgfältig genug aufgeklärt hat, und ist die solchermaßen vorgenommene Amtshandlung auch objektiv rechtswidrig, so entlastet es die Behörde nicht, dass sie auch bei pflichtgemäßer, sorgfältiger Arbeitsweise möglicherweise ohne Verschulden zu demselben – objektiv unrichtigen – Ergebnis hätte gelangen können (BGH VersR 1993, 1521; NJW 1986, 2952, 2954; OLG Köln VersR 1996, 456). Allerdings fehlt es bei einer fehlerhaften behördlichen Entscheidung an einem haftungsbegründenden Verschulden des Amtsträgers, wenn sich von mehreren die Entscheidung selbständig tragenden Begründungen auch nur eine als unverschuldet erweist (Rn 207). Der Unterschied zum „schuldlosen Alternativverhalten" besteht bei dieser Fallkonstellation darin, dass hier die entsprechenden schuldlosen Erwägungen tatsächlich angestellt worden waren, während dies beim „schuldlosen Alternativverhalten" gerade nicht der Fall gewesen war, sondern sie dort nur hätten angestellt werden können.

c) Der zu ersetzende Schaden

aa) Berechtigung zum Schadensersatz

243 Schadensersatzberechtigt ist derjenige, dem gegenüber die Amtspflicht zu erfüllen war, und der durch ihre Verletzung geschädigt wurde, mit anderen Worten der geschädigte „Dritte". Auch im Bereich der Amtshaftung finden die §§ 844–845 BGB (RGZ 94, 102) Anwendung. Im Übrigen gilt auch hier, dass das BGB einen Ersatzanspruch aus unerlaubter Handlung grundsätzlich nur dem unmittelbar Verletzten gewährt; es enthält demgemäß zB eine gegen eine Ehefrau begangene Amtspflichtverletzung nicht ohne weiteres eine solche auch gegenüber dem Ehemann (RGZ 126, 243). Bei einer Amtspflichtverletzung gegenüber einer Ein-Mann-GmbH (Beispiel: Ablehnung einer von dieser beantragten Bau- oder Gewerbeerlaubnis) kann auch deren Alleingesellschafter unmittelbar geschädigter „Dritter" sein, wenn die tatsächlichen Aufwendungen, um deren Ersatz es geht, von ihm selbst erbracht worden sind. Im Übrigen erscheint eine Ein-Mann-Gesellschaft für die schadensrechtliche Beurteilung praktisch als ein in besonderer Form verwalteter Teil des dem Alleingesellschafter gehörenden Vermögens (BGH 12. 6. 2008 – III ZR 38/07, NVwZ-RR 2008, 674 Rn 23; BGH NJW-RR 1995, 864; Schlick/Rinne NVwZ 1997, 1065, 1077).

244 Die allgemeine Frage, ob im Amtshaftungsrecht – abgesehen vom Sonderbereich der Notarhaftung (vgl dazu BGH NJW 1997, 2327; 1967, 930) – für eine Anwendung der Grundsätze der **Drittschadensliquidation** Raum bleibt, hat der BGH ablehnend beantwortet (BGH NVwZ-RR 2008, 670 Rn 9; OLG Brandenburg 24. 1. 2019 – 2 W 6/18, juris Rn 41; offengelassen noch von BGH NJW-RR 1996, 724; NJW 1991, 2696, 2697; BGHZ 93, 87, 95/96 und dann wieder BGH 26. 4. 2018 – III ZR 367/16, NVwZ 2018, 1333 Rn 44). Im Amtshaftungsrecht bietet bereits die Bestimmung des Kreises der geschützten „Dritten" ein taugliches Instrument für einen interessengerechten Schadensausgleich (Hagen, Die Drittschadensliquidation im Wandel der Rechtsdogmatik [1971] 230; Rohling, Amtshaftung, 204; Schultess VersR 2019, 1331, 1339 f). Aus dieser Erwägung folgt, dass dann, wenn ein Geschädigter nicht zum Kreis der geschützten „Dritten" zählt, eine innere Rechtfertigung dafür fehlt, ihm über den Umweg der Drittschadensliquidation letztlich doch einen Ersatzanspruch zuzuerkennen (BGH NVwZ-RR 2008, 670 Rn 9; NJW-RR 1996, 724; NJW 1991, 2696, 2697; vgl auch BGH 26. 4. 2018 – III ZR 367/16, NVwZ 2018, 1333 Rn 44 f; siehe zur Drittschadenliquidation im öffentlichen Recht Schröder VerwArch 2011, 223 ff).

bb) Art und Umfang des Schadensersatzes

245 **(1)** Art und Umfang des Schadensersatzes ergeben sich zunächst aus den allgemeinen Vorschriften (§§ 249 ff BGB), insbesondere gilt auch § 253 Abs 2 BGB (RGZ 113, 104; BGHZ 12, 278 zu § 847 aF). Auch finden §§ 842–843 BGB Anwendung (zu § 842 BGB vgl BGH 19. 9. 2013 – III ZR 374/12). Der zu leistende Schadensersatz soll die Vermögenslage herstellen, die bei pflichtgemäßem Verhalten des Beamten eingetreten wäre (BGH 2. 2. 2017 – III ZR 41/16, NVwZ-RR 2017, 579 Rn 40; BGH 14. 7. 2016 – III ZR 265/15, BGHZ 2 11, 171 Rn 29; BGH 2. 10. 1986 – III ZR 93/85, NJW-RR 1987, 246; MDR 1973, 35). Diese Vermögenslage ist nach der sogenannten Differenzhypothese mit der durch die Amtspflichtverletzung geschaffenen Vermögenslage des Verletzten zu vergleichen (BGH 14. 7. 2016 – III ZR 265/15, BGHZ 211, 171 Rn 29). Nach den allgemeinen Grundsätzen der Amtshaftung wird nicht zwischen mittelbaren und unmittelbaren Schäden differenziert (BGH NJW 2011, 3648 Rn 32). Danach ist jeder durch die Amtspflichtverletzung adäquat verursachte Vermögensschaden zu ersetzen; einen dem § 823 Abs 1 BGB vergleichbaren entschädigungsfähigen Rechtsgüterkatalog gibt es nicht (Ossenbühl/Cornils 73; Schultess VersR 2019, 1331, 1334). Eine Ausnahme gilt bei Amtspflichtverletzungen im Bereich der Verkehrssicherungspflicht, da in diesem Sonderbereich eine inhaltliche Kongruenz des Amtshaftungsanspruchs mit der allgemeinen Deliktshaftung besteht.

246 Eine Besonderheit des Schadensersatzanspruchs nach § 839 BGB besteht aber darin, dass er – **abweichend von dem Grundsatz der Naturalrestitution** – in der Regel auf **Ersatz in Geld**, allenfalls auf Wertersatz, jedenfalls aber nicht auf Wiedergutmachung durch eine dem Amt zuzurechnende Handlung (Vornahme oder Unterlassung einer Amtshandlung) geht (BGH 2. 2. 2017 – III ZR 41/16, NVwZ-RR 2017, 579 Rn 40; BGHZ 137, 11, 26; 121, 367, 374; 78, 274, 276; 67, 92, 100; 34, 99, 105). Dadurch werden allerdings Nebenansprüche auf Auskunfterteilung und Abgabe einer eidesstattlichen Versicherung nicht ausgeschlossen, da sie lediglich der Durchsetzung des Geldersatzanspruchs dienen (BGHZ 78, 276). Tragender Grund für diese Einschränkung ist, dass § 839 BGB von der Eigenhaftung des Beamten ausgeht, der persönlich für die Folgen pflichtwidriger Amtsführung haftbar gemacht wird. Diese Haftung kann aber grundsätzlich nur auf das gehen, was der Beamte selbst zu leisten vermag, und es geht nicht an, mit Hilfe eines gegen den Beamten persönlich gegebenen Schadensersatzanspruchs ei-

nen Rechtszwang auf seine weitere Amtsführung auszuüben, die kraft der Organstellung des Beamten der öffentlichen-rechtlichen Körperschaft zugerechnet wird, deren Funktion der Beamte ausübt (BGHZ 34, 99, 105; 67, 92, 100). Soweit diese Bedenken nicht eingreifen, kann ausnahmsweise Naturalrestitution verlangt werden (BGH 2. 2. 2017 – III ZR 41/16, NVwZ-RR 2017, 579 Rn 40).

247 Nach diesen Grundsätzen gibt § 839 BGB dem Geschädigten gegenüber **ehrkränkenden Behauptungen** in der Regel kein Recht, von dem Beamten persönlich zur Wiedergutmachung des Schadens die Abgabe einer Erklärung zu verlangen, die seiner Amtsführung zuzurechnen ist (GSZ in BGHZ 34, 99). Allerdings ist wegen der besonderen Eigenart der Ehrkränkung eine Ausnahme anzuerkennen: Ein von einem Beamten erhobener Vorwurf kann unbeschadet seiner Zurechnung zur Amtsführung (§ 839 BGB) so sehr Ausdruck einer persönlichen Meinung oder Einstellung sein, dass wegen dieses persönlichen Gepräges der Ehrkränkung die Widerrufserklärung eine unvertretbare persönliche Leistung des Beamten darstellt und eben deshalb nur, wenn sie vom Beamten persönlich abgegeben wird, geeignet ist, der Wiederherstellung der Ehre zu dienen. In solchen Fällen werden auch unter Würdigung der Interessen des Dienstherrn kaum durchgreifende Bedenken dagegen bestehen, dass der Streit um die Rücknahme des Vorwurfs mit seinem durch persönliche Momente geprägten Charakter zwischen dem Beleidigten und dem Beleidiger ausgetragen wird. Natürlich kann immer nur unter Berücksichtigung der gesamten Umstände des Einzelfalls entschieden werden, ob wegen des Übergewichts persönlicher Momente der geforderte Widerruf eine unvertretbare Erklärung des einzelnen Beamten ist. Liegt ein solches Übergewicht persönlicher Momente nicht vor, erfordert insbesondere das berechtigte Interesse des Dienstherrn seine Beteiligung, so bleibt es bei dem Grundsatz, dass § 839 BGB dem in seiner Ehre Geschädigten gegen den Beamten keinen Anspruch auf Rücknahme oder Richtigstellung von Erklärungen gibt, die im Amt abgegeben sind (BGHZ 34, 99, 107).

248 Dem Grundsatz des Ausschlusses der Naturalrestitution widerstreitet nicht die Verurteilung der haftenden Körperschaft zur **Lieferung vertretbarer Sachen** (BGHZ 5, 102). Derjenige, der Amtshaftungsansprüche gegen eine Gemeinde geltend macht, weil er in einem Umlegungsverfahren eine für Bauzwecke ungeeignete Altlasten-Teilfläche erhalten hat, kann allerdings nicht die Zuweisung eines anderen – unbelasteten – Grundstücks verlangen. Der personalen Konstruktion der Amtshaftung steht es jedoch nicht entgegen, wenn diesem Geschädigten nicht lediglich die Differenz zwischen dem hypothetischen Wert des ihm zuzuteilenden Grundstücks und dem tatsächlichen Restwert des belasteten Grundstücks, sondern der volle Wert Zug um Zug gegen Übertragung des Altlastengrundstücks zuerkannt wird (BGH NVwZ 2003, 1285; Rinne/Schlick NJW 2004, 1918, 1925; zur Vorteilsausgleichung s auch Rn 256).

249 Besteht die behauptete Amtspflichtverletzung in der **Nichterfüllung eines angeblich fälligen Geldanspruchs**, so kann die Erfüllung dieses Anspruchs nicht unter dem Gesichtspunkt des Schadensersatzes verlangt werden, da die Nichterfüllung als solche, die den Anspruch bestehen lässt, keinen Schaden im Sinne des § 839 BGB bedeutet (BGH NJW 1958, 1183; BGHZ 11, 212); anderenfalls könnte ein Beamter, der die Erfüllung vermögensrechtlicher Ansprüche aus dem Beamtenverhältnis beansprucht, die Vorschriften über die Zuständigkeit der Verwaltungsgerichte für solche Ansprüche (§ 126 BBG, § 126 BRRG; § 54 BeamtStG) dadurch umgehen, dass er unter dem Ge-

sichtspunkt des Schadensersatzes aus Amtspflichtverletzung wegen Nichterfüllung seiner Ansprüche die ordentlichen Gerichte angeht (BGHZ 11, 212).

(2) Bei der Frage nach dem **Umfang** des verursachten und daher zu ersetzenden Schadens ist die tatsächliche Lage infolge der Amtspflichtverletzung mit der Lage zu vergleichen, die vorhanden wäre, wenn die unerlaubte Handlung nicht vorläge, sondern der Beamte amtspflichtgemäß gehandelt hätte; nur soweit die Vermögenslage des Geschädigten bei pflichtgemäßem Verhalten günstiger als die tatsächliche wäre, ist der Schaden durch die Amtspflichtverletzung verursacht und, sofern adäquat verursacht, zu ersetzen (BGH VersR 1965, 484). **250**

So ist beispielsweise bei der **rechtswidrigen Ablehnung** einer Baugenehmigung der Geschädigte so zu stellen, wie wenn die Genehmigung rechtzeitig und ordnungsgemäß erteilt worden wäre. Im umgekehrten Falle der rechtswidrigen Erteilung einer Baugenehmigung kann der Geschädigte dagegen nur die Herstellung der Vermögenslage beanspruchen, die bestände, wenn die Genehmigung nicht erteilt worden wäre, also in der Regel lediglich die im Vertrauen auf die scheinbare Verlässlichkeitsgrundlage getätigten Aufwendungen, nicht dagegen etwa den entgangenen Gewinn.

Bei einer unrichtigen **Auskunft**, auf die der Geschädigte vertraut hat und vertrauen durfte, kann er den Schaden ersetzt verlangen, der ihm dadurch entstanden ist, dass er auf die Richtigkeit der Auskunft vertraut und mit Rücksicht hierauf Entscheidungen getroffen hat, die ihn in seinen Vermögensinteressen berühren (BGH NJW 1991, 2759, 2761; 1990, 1038). Hingegen kann er nicht die Herstellung eines Vermögensstandes fordern, den er haben würde, wenn die Auskunft inhaltlich richtig gewesen wäre (BGH NJW 1991, 2759, 2761). Das positive Interesse, so gestellt zu werden, wie wenn die Auskunft richtig gewesen wäre, begrenzt allerdings den Schadensersatzanspruch unter Schutzzweckgesichtspunkten (BGH 21. 4. 2005 – III ZR 264/04, NVwZ 2006, 245, 246; BGHZ 155, 354, 362; 116, 209, 213 f). Eine gesetzlich unzulässige und daher unverbindliche **Zusage** verpflichtet nicht dazu, den gutgläubigen Zusageempfänger so zu stellen, wie bei Verbindlichkeit der Zusage (vgl dazu BSG NJW 1967, 77), sondern verpflichtet nur zum Ersatz der Aufwendungen, die er im Vertrauen auf ihre Rechtmäßigkeit gemacht hat (OLG Hamburg MDR 1965, 567).

Beruht die Ablehnung eines Antrags auf der Annahme eines nicht zutreffenden Sachverhalts infolge **unsorgfältiger Ermittlungen**, so ist zu fragen, wann dem Antrag entsprochen worden wäre, falls die notwendigen Ermittlungen mit der erforderlichen Sorgfalt durchgeführt worden wären (vgl BGH 24. 3. 1966 – III ZR 220/64, NJW 1966, 1356, 1358).

Ersatzfähig sind auch **Aufwendungen**, die dem Geschädigten aufgrund der Amtspflichtverletzung entstehen, zB für die Beseitigung einer durch eine Amtspflichtverletzung entstandenen Bodenkontamination, wobei es unerheblich ist, ob der geschädigte Grundstückseigentümer die zur Sanierung notwendigen Aufwendungen aus eigenem Antrieb oder nur deshalb getätigt hat, weil er als Zustandsstörer in Anspruch genommen wurde (BGH 15. 10. 2009 – III ZR 8/09, NVwZ 2010, 467 Rn 34) oder für berichtigende Darstellungen und Gegenerklärungen (BGHZ 78, 274, 279 f mwNw). Ersatzfähig können auch die Kosten eines Prozesses sein, wenn der Kläger die Rechtsstreitigkeiten nach Lage der Dinge aufgrund einer durch eine Amtspflichtverletzung **251** beruhenden Fehlvorstellung verständigerweise für erforderlich halten durfte (BGHZ 191, 187, zu Rechtsverfolgungskosten des Beihilfeberechtigten aus einem Zivilprozess mit dem Arzt aufgrund rechtswidriger Versagung der Beihilfe für die getätigten Aufwendungen für die medizinischen Leistungen).

Zu den adäquat verursachten Schadensfolgen rechnen auch die Kosten eines durch die Amtspflichtverletzung veranlassten Prozesses und sonstiger Maßnahmen, mit denen sich der Geschädigte gegen die Amtspflichtverletzung zur Wehr setzte, ihre Folgen abzuwenden oder seine Ersatzansprüche wahrzunehmen suchte, soweit sie sich als sachgerechte und vernünftige Maßnahmen erweisen. Das gilt zB für die Kosten des Widerspruchsverfahrens und einer verwaltungsgerichtlichen Anfechtungsklage (BGH 24. 6. 2021 – III ZR 151/20, VersR 2021, 1380 Rn 8; BGHZ 178, 51 Rn 8; BGH NJW 2007, 224, 226; BGH 12. 1. 1959 – III ZR 197/57, juris Rn 17) und für die Verteidigerkosten, wenn ein aufgrund unzuverlässiger Verkehrskontrolle eingeleitetes Ermittlungsverfahren mit Einstellung endet (vgl BGH VersR 1959, 294) oder wenn gegen den Geschädigten ein Bußgeld- oder Strafverfahren geführt wird, weil er ein amtspflichtwidrig erstelltes fehlerhaftes Kennzeichen am PKW angebracht hatte (BGH NJW 2018, 2264 mit Anm Itzel MDR 2019, 968). Zu ersetzen sind Anwaltskosten, die bei Schäden durch die in der Bundesrepublik stationierten ausländischen NATO-Truppen (in Ausübung ihres Dienstes) durch die Geltendmachung des Ersatzanspruchs beim Amt für Verteidigungslasten entstanden sind (BGHZ 30, 154).

Insbesondere sind bei fahrlässiger Amtspflichtverletzung, soweit der Kläger gemäß **§ 839 Abs 1 S 2 BGB** den Nachweis führen muss, dass er von einem Dritten keinen Ersatz verlangen kann, in der Regel die Kosten eines erfolglosen Prozesses gegen den Dritten und aller Maßnahmen, die der Geschädigte zur Erlangung eines solchen Ersatzes vernünftigerweise ergreifen konnte, als durch die Amtspflichtverletzung adäquat verursacht anzusehen (BGH 9. 6. 2022 – III ZR 24/21, BGHZ 234, 102 Rn 57; BGH 11. 9. 2008 – III ZR 212/07, BGHZ 178, 51 Rn 8; BGH NJW 2007, 224 Rn 22; OLG Zweibrücken AnwBl 1968, 363; zu Rechtsverfolgungskosten eines erfolglosen Primärrechtsschutzes s auch Rn 355). Dies gilt jedoch nicht, wenn die Prozessführung und sonstige Maßnahmen aus Rechtsgründen offenbar aussichtslos oder wegen völligen Zahlungsunvermögens des Gegners als erkennbar zwecklos erscheinen mussten (BGH VersR 1968, 897; 1964, 875; BGH NJW 1956, 57; BGHZ 18, 366, 371; RGZ 145, 56, 70; 139, 198; 91, 232), es sei denn, dass der Ersatzpflichtige auf Anfrage die Aussichtslosigkeit des Rechtsstreits gegen den Dritten nicht anerkennt (RGZ 91, 232; 87, 418). Kosten eines Rechtsstreits erster Instanz sind erstattungsfähig, wenn und soweit die Klage rechtlich wie wirtschaftlich Aussicht auf Erfolg bot und dem Geschädigten zumutbar war; Kosten eines Rechtsmittels sind dagegen idR nicht ersatzfähig, soweit es zur Interessenwahrung des Geschädigten genügt, mittels einer Streitverkündung gegenüber dem Schädiger Bindungswirkung für den nachfolgenden Amtshaftungsprozess herzustellen (BGH 9. 6. 2022 – III ZR 24/21, BGHZ 234, 102 Rn 57). Erstattungspflichtig sind in gleicher Weise die Kosten von Zwangsvollstreckungsmaßnahmen gegen den im Sinne des § 839 Abs 1 S 2 BGB anderweitig Ersatzpflichtigen (RG Recht 1920 Nr 3379). Die Kosten des aus einer Amtspflichtverletzung sich so ergebenden Rechtsstreits sind selbst dann zu ersetzen, wenn in diesem ein aus der Amtspflichtverletzung sich ergebender unmittelbarer Schaden des Klägers verneint wird (RG DNotZ 1934, 944).

Ersatzfähig ist auch der **entgangene Gewinn nach § 252 BGB** (BGH 19. 9. 2013 – III ZR 374/12, juris Rn 14; BGH 12. 6. 2008 – III ZR 38/07 VersR 2010, 529 Rn 7; BGH 11. 6. 1992 – III ZR 210/90 NVwZ 1992, 1119, 1120 f; BGH 8. 12. 1977 – III ZR 46/75 VersR 1978, 281; BGHZ 14, 365; RGZ 142, 12; 91, 67) einschließlich des Verlustes des Verletzten auf Arbeitslosengeld II (BGH 19. 9. 2013 – III ZR 374/12) und der Schäden im öffentlich-rechtlichen Rechtskreis des Geschädigten (BGHZ 23, 36, 48 in Abkehr von RG JW 1921, 342). Beruht zB das Nichtbestehen der an einer Universität abgelegten Diplomprüfung auf einer fehlerhaften Anwendung der Prüfungsbestimmungen, so umfasst der Ersatzanspruch auch den Schaden, der dem Prüfling dadurch entsteht, dass er seine berufliche Laufbahn erst mit Verspätung beginnen kann (BGHWarn 1979, 497; zur Erforderlichkeit einer Prognose darüber, wie sich der berufliche Werdegang des Prüflings entwickelt hätte, s Rn 231). Die übermäßige Heranziehung eines Arztes zum Notfalldienst, die (lediglich) zu einer Einbuße an Freizeit geführt hat, begründet dagegen keinen ersatzfähigen Vermögensnachteil (BGH 13. 7. 1993 – III ZR 116/92, juris Rn 4). Ein entgangener Gewinn ist dann nicht ersatzfähig, wenn er nur durch Verletzung eines gesetzlichen Verbots hätte erzielt werden können (BGHZ 125, 27 [Irak-Embargo]). Ein allgemeiner Rechtsgrundsatz, dass ein Schadensersatzanspruch aus unerlaubter Handlung vom Zeitpunkt seiner Entstehung an mit dem gesetzlichen Zinssatz zu verzinsen ist, ist – wie sich aus der Regelung in § 849 BGB herleiten lässt – dem deutschen Recht fremd; dies gilt auch für Amtshaftungsansprüche (BGH NVwZ 1994, 409). Wird durch eine Amtspflichtverletzung eine erfolgreiche **Zwangsvollstreckung** verhindert und sind für die Zukunft keine realistischen Möglichkeiten der Zwangsvollstreckung erkennbar, ist ein Schaden des Betroffenen eingetreten. Dabei genügt nach § 287 Abs 1 S 1 ZPO eine überwiegende Wahrscheinlichkeit, dass es in Zukunft keine solchen Möglichkeiten geben wird (BGHZ 211, 171). 252

Führt die Amtspflichtverletzung zu einer Verletzung des Persönlichkeitsrechts oder der Freiheit der Person, kann auch ein Anspruch auf Entschädigung für **immaterielle Nachteile** bestehen, zB wegen amtspflichtwidrig erwirkter Untersuchungshaft und durchgeführter Abhörmaßnahmen (BGH 23. 10. 2003 – III ZR 9/03, NJW 2003, 3693, 3697; BGH NJW 1994, 1950; BGH VersR 1972, 368, 369; BGHZ 78, 274, 280). Dabei bestehen keine verfassungsrechtlichen Bedenken, dass eine solche Geldentschädigung nur bei einer hinreichenden Schwere und dem Fehlen einer anderweitigen Genugtuungsmöglichkeit beansprucht werden kann. Dabei ist eine umfassende Würdigung geboten, die im Fall einer Freiheitsentziehung nicht allein auf die Umstände der Durchführung des Gewahrsams abstellen darf, sondern auch die Verletzung des Grundrechts aus Art 2 Abs 2 S 2 GG, die bereits in der rechtswidrigen Freiheitsentziehung selbst liegt, ebenso berücksichtigen muss wie ua auch die Vermeidbarkeit der Rechtsverletzung und eine evtl abschreckende Wirkung (BVerfG I. Senat 1. Kammer 11. 11. 2009 – 1 BvR 2853/08, NJW 2010, 433). Ein solcher Anspruch geht nicht auf die Erben über (vgl BGH 29. 11. 2021 – VI ZR 258/18, BGHZ 232, 68 Rn 10 ff; NJW 2017, 800 Rn 8; zu neueren Entwicklungen s aber auch Rn 31). Es ist es der Justizverwaltung verwehrt, gegen einen Entschädigungsanspruch für immaterielle Schäden infolge menschenunwürdiger Haftbedingungen (vgl BGH 4. 11. 2004 – III ZR 361/03, BGHZ 161, 33, 35 ff) mit einer Gegenforderung auf Erstattung offener Kosten des Strafverfahrens aufzurechnen (BGH 1. 10. 2009 – III ZR 18/09, BGHZ 182, 301 Rn 11 f). Dagegen ist die Aufrechnung mit anderen Ansprüchen (auf Kostenerstattung) zulässig (BGH 7. 11. 2019 – III ZR 17/19, BGHZ 224, 20 Rn 27; BGH 12. 11. 2015 – III ZR 204/15, BGHZ 207, 365 Rn 11). Die Ersatzfähigkeit setzt aber voraus, dass es sich um einen schwerwiegenden Eingriff handelt und die erlittene Beein- 253 trächtigung nicht auf andere Weise befriedigend ausgeglichen werden kann. Dies ist auf Grund der gesamten Umstände des Einzelfalls zu beurteilen, wobei insbesondere Bedeutung und Tragweite des Eingriffs sowie Anlass, Beweggrund und Grad des Verschuldens des Handelnden zu berücksichtigen sind (BGH 23. 10. 2003 – III ZR 9/03, NJW 2003, 3693, 3697). Einen Ersatzanspruch hat der BGH etwa bei der Beeinträchtigung durch eine ungünstige dienstliche Beurteilung verneint, weil der Beamte hiergegen auf andere Weise Rechtsschutz erlangen kann (BGH 10. 1. 1972 – III ZR 202/66, VersR 1972, 369).

254 Hinsichtlich Zinsen gelten grundsätzlich die allgemeinen Regeln, einschließlich § 849 BGB, der eine Verzinsung mit dem gesetzlichen Zinssatz (§ 246 BGB) vorsieht, wenn wegen der Entziehung oder Beschädigung einer Sache Ersatz zu leisten ist (BGH 3. 12. 1964 – III ZR 141/64, NJW 1965, 392 f, auch zur Berechnung). Dazu muss aber die Entziehung der Sache unmittelbar durch die Amtspflicht bewirkt worden sein (BGH 28. 9. 1993 – III ZR 91/92, NVwZ 1994, 409, 410). Zudem können einer Verzinsung nach § 849 BGB vorrangige abschließende Regelungen entgegenstehen (BGH 12. 10. 2023 – III ZR 192/22, MDR 2024, 36 Rn 13 zu § 234 Abs 1 S 2 AO). Zur Verzinsung bei einer Zug-um-Zug-Verurteilung s auch Rn 256.

255 **(3)** Für die Frage, ob ein Schaden entstanden ist, und für die Schadensbemessung ist grundsätzlich der **Zeitpunkt** der letzten mündlichen Verhandlung (in der Tatsacheninstanz) maßgebend (BGHZ 109, 380, 391; 7, 96, 103; OLG Saarbrücken NVwZ-RR 2018, 348; RGZ 142, 8; Reinken/Schwager DVBl 1988, 919, 931 mwNw). Im Amtshaftungsprozess ist zu berücksichtigen, dass bei einem fehlerhaften Gebührenbescheid der Mangel der angewandten Rechtsgrundlage nachträglich behoben worden ist (BGHZ 127, 223, 228). Bei einem ursprünglich rechtswidrigen Verwaltungsakt, der im Widerspruchsverfahren rechtmäßig wird, kann eine im Erlass des ursprünglichen Verwaltungsakts mit unzutreffender Begründung liegende Amtspflichtverletzung nur zu einer Ersatzpflicht für diejenigen Schäden führen, die dadurch entstanden sind, dass der Verwaltungsakt nicht sogleich die zutreffende Begründung enthalten hat (BGH 21. 9. 1989 – III ZR 226/88). Ein Schaden – und nicht nur eine noch nicht als Schaden zu wertende Beeinträchtigung – entsteht sofort: Bei Eintragung eines schlechteren Ranges im Grundbuch, die zur Gefährdung der Befriedigung des Gläubigers führt (BGH VersR 1969, 425; RG JW 1937, 1917), bei pflichtwidrig verfrühter Auszahlung der Valuta vor der vereinbarten dinglichen Sicherung mit bestimmtem Rang (RGZ 144, 80), bei fehlerhafter Nichterwähnung der Nacherbfolge im Erbschein, die den Vorerben in den Stand setzte, als freier Erbe zu handeln (RGZ 139, 343).

cc) Vorteilsausgleichung

256 Auch im Amtshaftungsrecht gilt der Grundsatz der **Vorteilsausgleichung** (BGH 10. 4. 2025 – III ZR 431/23, juris Rn 15; BGH 2. 2. 2017 – III ZR 41/16, NVwZ-RR 2017, 579 Rn 40; BGH 10. 12. 2015 – III ZR 27/14, NVwZ-RR 2016, 258 Rn 41; BGH 22. 1. 2009 – III ZR 172/08, NJW-RR 2009, 601 Rn 23; BGH VersR 1961, 368; BGHZ 22, 75). Danach sind Wegfall oder Minderung des Schadens insoweit zu berücksichtigen, als sie in einem adäquat-ursächlichen Zusammenhang zu dem schädigenden Ereignis stehen. Außerdem muss die Anrechnung dem Zweck des Schadensersatzes entsprechen und darf weder den Geschädigten unzumutbar belasten noch den Schädiger unbillig entlasten (BGH 2. 2. 2017 – III ZR 41/16, NVwZ-RR 2017, 579 Rn 41; BGH 10. 12. 2015 – III ZR 27/14, NVwZ-RR 2016, 258 Rn 41). Liegen ihre Voraussetzungen vor, kann eine Vorteilsausgleichung auch bei einem reinen Geld- und Wertersatzanspruch ggf durch eine Zug-um-Zug-Verurteilung verwirklicht werden, sofern dadurch nicht auf das behördliche Handeln ein Rechtszwang ausgeübt würde (BGH 2. 2. 2017 – III ZR 41/16, NVwZ-RR 2017, 579 Rn 41). Erwirbt ein Bauwilliger im Vertrauen auf einen Vorbescheid ein Grundstück, dessen Unbebaubarkeit sich später herausstellt, so kann er demgemäß Erstattung des Kaufpreises Zug um Zug gegen Übereignung des Grundstücks verlangen (BGH 2. 2. 2017 – III ZR 41/16, NVwZ-RR 2017, 579 Rn 42; zur Verzinsungspflicht bei einem solchen Amtshaftungsanspruch s BGH 21. 10. 2004 – III ZR 323/03 NJW-RR 2005, 170).

Für die schadensmindernden Umstände trägt der Schädiger die Beweislast (BGH 9. 6. 2022 – III ZR 24/21, BGHZ 234, 102 Rn 48). Abzuziehen sind auch Gebrauchsvorteile (BGH 10. 4. 2025 – III ZR 431/23, juris Rn 15), was aber voraussetzt, dass dem Geschädigten die Nutzungsvorteile auch tatsächlich zugutekommen (BGH 18. 7. 2002 – III ZR 248/01, BGHReport 2002, 1080).

d) Mitwirkendes Verschulden

aa) Mitwirkendes Verschulden ist im Rahmen des § 254 BGB zu berücksichtigen **257**
(vgl etwa BGH 23. 4. 2020 – III ZR 251/17, NJW 2020, 3106 Rn 44 ff). Dabei kann sich die haftende Körperschaft aber nur in dem Umfang auf § 254 BGB berufen, wie dies auch der schuldige Beamte selbst gekonnt hätte (RGZ 156, 220, 239). Damit wird dem Geschädigte nicht auferlegt, jede objektiv mögliche Maßnahme zu ergreifen oder sich in jedem Fall so zu verhalten, als hätte er den Schaden selbst zu tragen. Was dem Geschädigten insoweit zugemutet werden kann, bestimmt sich nach den Umständen des Einzelfalls. Dabei spielt nicht nur eine Rolle, ob eine Maßnahme unter Berücksichtigung seiner besonderen Situation wirtschaftlich vernünftig ist, sondern auch, ob ihm die zu ihrer Ergreifung erforderlichen Mittel zur Verfügung stehen. So ist es dem Geschädigten nicht zuzumuten, um der vagen Aussicht willen, den von anderer Seite zu verantwortenden Schaden zu kompensieren, ein mit spekulativen Risiken behaftetes Geschäft einzugehen (BGH 17. 12. 2020 – III ZR 45/19, NVwZ-RR 2021, 483 Rn 23 f).

Ist bereits rechtskräftig festgestellt worden, dass dem Geschädigten ein Schadensersatzanspruch aus Amtshaftung uneingeschränkt zusteht, kann eine Verletzung seiner Schadensminderungspflicht nur noch aufgrund von Tatsachen angenommen werden, die erst nach der letzten mündlichen Verhandlung über die Feststellungsklage entstanden sind (BGH 17. 12. 2020 – III ZR 45/19, VersR 2021, 851 Rn 16).

Einen Sonderfall des mitwirkenden Verschuldens, die Unterlassung der Schadensabwendung durch Gebrauch eines Rechtsmittels, regelt § 839 Abs 3 BGB (s dazu den Abschnitt: „Vorrang des Primärrechtsschutzes“ Rn 337 ff). Für die Anwendung der allgemeinen Vorschrift des § 254 BGB bleibt Raum außerhalb des Anwendungsbereichs des § 839 Abs 3 BGB, dh wenn die Abwendung eines Schadens durch ein Rechtsmittel nicht oder noch nicht in Frage steht oder ein Schaden bereits entstanden ist und geeignete Wiedergutmachungsmaßnahmen unterbleiben. Dabei kommt ein Mitverschulden aber auch dann in Betracht, wenn der Geschädigte zwar ein Rechtsmittel eingelegt, dieses aber schuldhaft unzureichend begründet (BGH 19. 12. 2024 – III ZR 24/23, BGHZ 242, 341 Rn 65; vgl auch BGH 21. 2. 2019 – III ZR 115/18, NJW 2019, 1374 Rn 19; BGH 6. 12. 1984 – III ZR 141/83, VersR 1985, 358; s auch hierzu Rn 347). Zur Bemessung des Schadensersatzes, wenn mitwirkendes Verschulden und Haftungssubsidiarität zusammentreffen, s Rn 301.

258 **bb)** Nicht erst eine Frage des mitwirkenden Verschuldens im Sinne des § 254 BGB, sondern bereits eine solche der objektiven Reichweite des dem Betroffenen durch das Amtshaftungsrecht gewährten Vermögensschutzes ist es, ob die in Rede stehende Maßnahme (etwa: Auskunft, Verwaltungsakt) ihrer Art nach überhaupt geeignet ist, eine **„Verlässlichkeitsgrundlage"** (oder „Vertrauensgrundlage") für auf sie gestützte Aufwendungen, Investitionen und dergleichen zu bilden. S hierzu Rn 184.

Außerhalb dieses Bereichs eines gänzlichen Nichtentstehens oder eines völligen Wegfalls der Verlässlichkeitsgrundlage bleibt indessen Raum für die Anwendbarkeit der Grundsätze des Mitverschuldens. Das „Rechtsanwendungsrisiko", dh die ordnungsgemäße Handhabung der einschlägigen öffentlich-rechtlichen Vorschriften, wird also nicht bereits dadurch in vollem Umfang von der Behörde auf den antragstellenden Bürger selbst verlagert, dass dieser im Vergleich zu ihr über die besseren Erkenntnisquellen und die größere Erfahrung verfügt (BGH NVwZ 2004, 638; BGHZ 149, 50, 55).

In diesen Zusammenhang gehören insbesondere die Fälle einer **Drittanfechtung**: Wenn und soweit eine Genehmigung geeignet ist, schutzwürdiges Vertrauen des Adressaten in ihren Bestand zu begründen, so kommt diese Vertrauensgrundlage im Falle der Anfechtung des Bescheids durch Dritte jedenfalls dann nicht ohne weiteres völlig in Wegfall (vorbehaltlich einer Risikoüberwälzung auf den Genehmigungsinhaber nach § 254 BGB), wenn und solange der Verwaltungsakt sofort vollziehbar ist. Aus § 50 VwVfG, der in Fällen, in denen bereits ein Rechtsbehelfsverfahren anhängig ist, den Widerruf oder die Rücknahme eines begünstigenden Verwaltungsakts erleichtert, kann nicht der generelle Schluss gezogen werden, dass mit der Anfechtung das in den Bestand des Verwaltungsakts gesetzte Vertrauen nunmehr auch haftungsrechtlich in vollem Umfang entfällt und daher nachfolgende Investitionen sich nicht mehr im Schutzbereich der Amtspflicht halten. Allerdings wird doch ab dem Vorliegen von Drittanfechtungen grundsätzlich eine größere Eigenverantwortung des Bauherrn oder des Unternehmers unter dem Gesichtspunkt des § 254 BGB anzunehmen sein.

Ist zulässigerweise Widerspruch eingelegt oder Klage erhoben, verbunden mit dem Antrag auf Wiederherstellung der aufschiebenden Wirkung, so muss der Unternehmer die Möglichkeit der Rechtswidrigkeit der ihm erteilten Genehmigung jedenfalls dann ernsthaft in Betracht ziehen, wenn Anfechtungsgründe vorgebracht werden, deren Richtigkeit nicht ohne weiteres von der Hand zu weisen ist. Setzt der Unternehmer in einer solchen Situation sein Vorhaben entsprechend der Genehmigung fort, ohne die Entscheidung des Gerichts der Hauptsache über die Wiederherstellung der aufschiebenden Wirkung abzuwarten, so nimmt er das in der Drittanfechtung liegende Risiko bewusst auf sich (BGH NJW 2008, 2502). Lehnt das Gericht der Hauptsache die Wiederherstellung der aufschiebenden Wirkung ab, so können sich aus der Begründung der gerichtlichen Entscheidung Anhaltspunkte dafür ergeben, ob der Unternehmer noch davon ausgehen kann, sein Vorhaben ohne übermäßiges Risiko ausführen zu können (Schlick, in: Schlick/Rinne NVwZ-Beilage II/2000 21, 28 unter Hinweis auf das „Mülheim-Kärlich"-Urteil, dessen einschlägige Passagen insoweit in BGHZ 134, 268 nicht abgedruckt sind; s ferner BGH NJW 2008, 2502, 2504; BGHZ 145, 50, 56 mwNw). Zum Mitverschulden eines Bauherrn, der sofort die erteilte Baugenehmigung ausnutzt, die später auf Widerspruch von Nachbarn aufgehoben wird, vgl BGH NJW 1975, 1968. Zur bewussten Risikoübernahme durch vorzeitigen Baubeginn vgl ferner BGH NJW 1985, 265 und 1692.

Bereits der Widerspruch selbst, ohne Antrag auf aufschiebende Wirkung, kann für den Unternehmer hinreichender Anlass sein, das genehmigte Vorhaben nicht blindlings fortzusetzen (BGH NVwZ 2003, 501). Umgekehrt hatte es eine Behörde einem bereits im Besitz einer Baugenehmigung befindlichen Bauherrn, gegen den nachträglich eine Stilllegungsverfügung ergangen war, gegen die er Widerspruch eingelegt hatte, als Mitverschulden angelastet, dass er die bereits begonnenen Bauarbeiten nicht mit Rücksicht auf die aufschiebende Wirkung dieses Rechtsbehelfs faktisch fortführte. Insoweit ist nach Auffassung des BGH an ein etwaiges Mitverschulden zu Lasten der Behörde und zugunsten des Bauherrn ein strenger Maßstab anzulegen (BGH NVwZ 2002, 122).

Ein Mitverschulden kann auch darin liegen, dass naheliegende Maßnahmen zur Absicherung unterlassen werden, so wenn ein Bauherr sich auf eine mündliche Falschauskunft der Baubehörde verlässt, statt einen Bauvorbescheid (der insoweit kein Rechtsmittel im Sinne des § 839 Abs 3 BGB ist, BGH VersR 2008, 254 Rn 13) einzuholen (BGH NJW 1978, 1523). Allerdings begründet die Unterlassung einer solchen Voranfrage ein Mitverschulden dann nicht, wenn die Auskunft vertrauenswürdig ist (BGH NJW 1978, 1523). Nimmt der Bauherr im Vertrauen auf die tatsächlich bestehende Rechtslage von einer Bauvoranfrage Abstand, so begründet dies allein noch keinen Mitverschuldensvorwurf (BGH VersR 2008, 254 Rn 13). Ein Verstoß des Verfügungsberechtigten gegen die Vergewisserungspflicht nach § 3 Abs 5 VermG kann ein Mitverschulden im Sinne des § 254 Abs 1 BGB begründen (BGH NVwZ-RR 2016, 258).

cc) Bezüglich der Frage, ob nach § 254 Abs 2 S 2 BGB **§ 278 BGB** im Rahmen des mitwirkenden Verschuldens entsprechende Anwendung findet, ist zu differenzieren: **259**

(1) Die Anwendung ist bei unerlaubten Handlungen und damit auch im Falle des § 839 BGB grundsätzlich ausgeschlossen, soweit es sich um mitwirkendes Verschulden **bei der Entstehung des Schadens** (§ 254 Abs 1 BGB) handelt (BGHZ 33, 136; 1, 248; RGZ 159, 283, 292; 121, 114, 118). Eine Ausnahme gilt jedoch, wenn die Schadensmitverursachung durch den gesetzlichen Vertreter oder Erfüllungs- und Verrichtungsgehilfen im Rahmen eines schon vor dem Schadenseintritt bestehenden Schuldverhältnisses oder eines einem Schuldverhältnis ähnlichen Verhältnisses zwischen dem Geschädigten und dem Schädiger oder Ersatzpflichtigen erfolgt, das gewisse Sorgfaltspflichten des durch den Schaden Bedrohten gegenüber dem Schädiger begründete (BGH VersR 1962, 783; 1957, 269; 1959, 1024; 1958, 834; BGHZ 24, 327; 9, 316; 3, 46; 1, 248; RGZ 141, 353). Ein solches Verhältnis besteht zB zwischen dem Erziehungsberechtigten und der Schule (BGH VersR 1967, 730, betreffend mitwirkendes Verschulden der Eltern, die das sechsjährige Schulkind mit einem wertvollen Schmuckstück zum Turnunterricht gehen lassen, wo dieses durch fahrlässige Amtspflichtverletzung des Lehrers in Verlust gerät). Für möglich gehalten wurde eine derartige Sonderverbindung zwischen dem Geschädigten und einer Bauaufsichtsbehörde, wenn dieser sich in monatelangen Verhandlungen eines Architekten oder Steuerberaters als Verhandlungsgehilfen bediente (BGH NJW 1994, 2087, 2089; OLG Brandenburg 25. 11. 2008 – 2 U 28/07, juris Rn 38; vgl ferner BGH 27. 2. 1992 – III ZR 204/90, juris Rn 7). Demgegenüber hat ein minderjähriges Kind für das Verhalten seines gesetzlichen Vertreters zu einem Zeitpunkt, in dem der Bezirksnotar/Vormundschaftsrichter die eigene schadensstiftende Handlung – Genehmigung eines dem Kind nachteiligen Unterhalts-, Pflichtteils- und Erbverzichtsvertrags – noch nicht vorgenommen hat, nicht einzustehen. Gleiches gilt für ein Fehlverhalten der Rechtsanwälte des Kindes, das sich jedoch ggf unter Heranziehung des § 831 BGB ein Verschulden der Anwälte als seiner Verrichtungsgehilfen anrechnen lassen muss (BGH NJW-RR 1995, 248; Schlick/Rinne NVwZ 1997, 1171, 1177). Kein solches Schuldverhältnis bestand beim mit der Auflösung der Landeswohlfahrtsverbände in Baden-Württemberg verbundenen Übergang von Aufgaben auf die Stadt- und Landkreise und den Kommunalverband für Jugend und Soziales zum 1. 1. 2005 (BGHZ 191, 173 = NVwZ-RR 2012, 54).

260 **(2) Nach Begehung der Amtspflichtverletzung** entsteht jedoch zwischen dem Geschädigten und dem Schädiger oder der haftenden Körperschaft ein gesetzliches Schuldverhältnis, kraft dessen der Geschädigte nach § 254 Abs 2 BGB sich in entsprechender Anwendung des § 278 BGB ein Verschulden seines gesetzlichen Vertreters bei unterlassener Abwendung oder Minderung des Schadens wie eigenes Verschulden anrechnen lassen muss (BGH VersR 1965, 985; BGHZ 33, 136, 141; 3, 46; RG JW 1939, 155; 1935, 3530; RGZ 141, 353). Dies gilt auch, wenn Schadensersatzansprüche des Mündels aus § 839 BGB iVm Art 34 GG auf einer Verletzung der Aufsichtspflicht des Vormundschaftsrichters gegenüber dem Vormund beruhen (BGHZ 33, 136).

(3) Die Frage, ob sich der Geschädigte ein Mitverschulden dritter Personen in entsprechender Anwendung des § 278 BGB im Rahmen der nach § 254 BGB vorzunehmenden Abwägung anrechnen lassen muss, stellt sich dann nicht, wenn wegen dieses Fehlverhaltens das Verweisungsprivileg des § 839 Abs 1 S 2 BGB zum Tragen kommt, der Geschädigte also anderweitige Ersatzmöglichkeiten in Form von Schadensersatzansprüchen gegen diese Personen hat (BGH NJW-RR 1995, 248; Schlick/Rinne NVwZ 1997, 1171, 1177).

261 **dd)** Die Frage, ob und inwieweit iSd § 254 BGB einerseits die Amtspflichtverletzung und andererseits das Verhalten des Geschädigten den Schaden verursacht haben, ist in Anwendung des **§ 287 ZPO** zu beurteilen (BGH 11. 1. 2007 – III ZR 116/06, NJW 2007, 1063 Rn 7 mwNw), wobei der Schädiger für die Voraussetzungen des § 254 BGB die Beweislast trägt (BGH 17. 12. 2020 – III ZR 45/19, NVwZ-RR 2021, 483 Rn 26 mwNw). Die **Abwägung** der beiderseitigen Verursachungs- und Verschuldensbeiträge fällt in den Bereich der tatrichterlichen Würdigung (BGH 23. 4. 2020 – III ZR 251/17, NJW 2020, 3106 Rn 36; BGH 20. 6. 2013 – III ZR 326/12, NVwZ-RR 2013, 909 Rn 19; BGH 10. 5. 2007 – III ZR 115/06; NJW 2007, 3211 Rn 7; BGH 11. 1. 2007 – III ZR 116/06, NJW 2007, 1063 Rn 7; BGH 18. 11. 1993 – III ZR 178/92, NJW-RR 1994, 603, 604).

Liegt eine **vorsätzliche Amtspflichtverletzung** vor, so ist in der Regel fahrlässiges Mitverschulden des Geschädigten bei der Entstehung des Schadens nicht zu seinem Nachteil in Ansatz zu bringen (RGZ 156, 220, 239), das gilt aber nicht bei Unterlassung der Abwendung oder Minderung des Schadens – § 254 Abs 2 BGB – (RGZ 148, 48, 58). Eine vollständige Überbürdung des Schadens auf einen Beteiligten im Rahmen des § 254 BGB kommt im Übrigen nur ausnahmsweise in Betracht (BGH 23. 7. 2015 – III ZR 86/15, VersR 2016, 63 Rn 31; BGH 20. 6. 2013 – III ZR 326/12, NVwZ-RR 2013, 909 Rn 27; NJW 2007, 3211; VersR 1995, 583, 584; s auch BGH 1. 7. 2025 – VI ZR 357/24, NJW-RR 2025, 1277 Rn 19). Ein **anspruchsausschließendes Mitverschulden** hat der BGH angenommen, wenn ein Fahrer eines tiefergelegten Autos dieses beim Überhangparken am Randstein des Parkplatzes beschädigt (BGH VersR 2014, 1349). Ein anspruchsausschließendendes Mitverschulden kann auch in der vorzeitigen Kündigung eines vorhandenen Betreuungsplatzes für ein Kind liegen, wenn es (rechtswidrig) noch keinen anderen iSd § 24 SGB VIII von den staatlichen Stellen zur Verfügung gestellt bekommt (OLG Braunschweig MDR 2018, 342).

ee) Grundsätzlich darf der Staatsbürger davon ausgehen, dass die Behörden recht- **262** mäßig handeln und die Beamten ihre Amtspflicht nach Gesetz und Recht erfüllen (BGH MDR 1965, 467). Ein Mitverschuldensvorwurf ist daher im Allgemeinen nicht begründet, wenn der Bürger die Nachprüfung behördlichen Verhaltens im Vertrauen auf dessen Richtigkeit unterlässt, soweit er nicht nach der Sachlage Anlass zu Bedenken hat (BGH NVwZ-RR 2014, 252; WM 1968, 1169). Der Bürger braucht nicht klüger zu sein als die mit der Sache befassten Beamten (BGHZ 108, 224, 230; Kreft Rn 321 mwNw). So darf er von der Richtigkeit der Auskunft eines Beamten ausgehen, soweit sie nicht für den Empfänger als bedenklich erkennbar ist (BGH VersR 1964, 923). Das Nichterkennen von Rechtsmängeln kann nur schuldhaft sein, wenn diese dem Betroffenen nach dem Maß seiner Kenntnisse und Einsichten erkennbar sein müssen oder ihm nach Sachlage die Inanspruchnahme rechtskundigen Rates zumutbar ist; einem Betroffenen von einfachem Bildungsgrad und mangelnden Rechtskenntnissen kann das Nichterkennen von Rechtsmängeln nicht zum Vorwurf gemacht werden (BGH VersR 1964, 289).

Allerdings wurde im Altlastenfall „Osnabrück“ (BGHZ 108, 224, 230) ein mitwirkendes Verschulden der Erwerber des überplanten Altlastengeländes für möglich gehalten, weil sich in dem Zeitraum zwischen der Planung und dem Erwerb das Problembewusstsein hinsichtlich der Gefährdung durch Altlasten intensiviert haben konnte und die Erwerber nach ihrem Kenntnisstand zum Zeitpunkt des Erwerbs möglicherweise nicht mehr blindlings darauf vertrauen durften, dass das ihnen als solches bekannte ehemalige Deponiegelände von Gefährdungspotenzialen frei war. Im Verfahren ohne Anwaltszwang kann der rechtsunkundigen Partei nicht zugemutet werden, dass sie vorsorglich mit Rücksicht auf mögliche künftige Fehler des Gerichts einen Anwalt beauftragen müsste (RGZ 166, 256). Dass ein am Zwangsversteigerungsverfahren Beteiligter die Grundsätze dieses Verfahrens nicht kennt, sich aber trotzdem ohne Rechtsbeistand als Bieter daran beteiligt, stellt keine Fahrlässigkeit im Sinne des § 254 BGB dar. Ein Vertragschließender handelt nicht leichtfertig, wenn er Maßnahmen zu seiner Sicherung, die er sonst gegenüber dem Vertragspartner ergreifen würde, im Vertrauen auf eine Verpflichtungserklärung des beurkundenden Notars unterlässt, dass dieser treuhänderisch seine Interessen wahrnehmen werde (BGH VersR 1964, 320, 323).

Handelt es sich um die Minderung des Schadens (§ 254 Abs 2 BGB), so kann es dem durch eine Amtspflichtverletzung Geschädigten im Allgemeinen nicht zum Verschulden gereichen, wenn er einen zur Minderung des Schadens geeigneten anderen als den von ihm eingeschlagenen Weg, um schnell zu dem erstrebten Ziel zu kommen, ebenso wenig wie die mit der Sache befassten Beamten erkennt und deshalb von ihm keinen Gebrauch macht (BGHZ 15, 305, 313). Insgesamt kann von einem Mitverschulden nicht gesprochen werden, wenn der Betroffene das ihm zumutbare Maß an Aufmerksamkeit und Sorgfalt bei der Besorgung seiner Angelegenheiten aufgewandt hat (BGH 17. 11. 1958 – III ZR 167/57, VersR 1959, 233; BGH 23. 2. 1956 – III ZR 209/54, VersR 1956, 257).

263 **ff)** Ein Vorwurf mitwirkenden Verschuldens kann grundsätzlich nicht daraus hergeleitet werden, dass der Betroffene **sich selbst durch gesetzwidriges Verhalten** in eine Lage gebracht hat, die zu behördlichem Vorgehen gegen ihn zwang, denn auch in dieser Lage behält der Betroffene das Recht darauf, dass nur gesetzmäßig gegen ihn verfahren werde (BGH 25. 1. 1990 – III ZR 60/89, juris Rn 6; VersR 1963, 748, 752).

So ist die Nichterfüllung einer titulierten Forderung keine schuldhaft gesetzte mitwirkende Ursache für Amtspflichtverletzungen des Vollstreckungsorgans bei der Vollstreckung (RGZ 142, 379), die Straffälligkeit eines Beschuldigten kein Mitverschulden bei Amtspflichtverletzungen im Strafverfahren oder bei der Strafvollstreckung (Kreft Rn 320). Für einen Vermieter, der „fahrlässig" (ohne genügende Erkundigung) einen ungeeigneten Mieter aufnimmt und dann gegen ihn ein Räumungsurteil erwirken muss, kann daraus nicht der Vorwurf mitwirkenden Verschuldens hergeleitet werden, wenn die Polizei den Räumungsschuldner pflichtwidrig als Obdachlosen wieder in die Mieträume einweist, obwohl hier andere Unterbringungsmöglichkeiten zur Verfügung standen (BGH MDR 1965, 467). Ein mitwirkendes Verschulden kann auch nicht darin gesehen werden, dass Verzögerungen entstehen, weil der Betroffene sich einer rechtswidrigen Verwaltungspraxis widersetzt (BGH MDR 1980, 38).

Dem Umstand, dass ein Geschädigter, als er sich der von ihm erkannten Glättegefahr aussetzte, keine unaufschiebbaren Angelegenheiten zu erledigen hatte, begründet kein Mitverschulden bei einem Schaden durch Sturz infolge Glatteises. Die Notwendigkeit und Unaufschiebbarkeit der Tätigkeit, zu deren Erledigung sich der später Geschädigte der von ihm erkannten Gefahr ausgesetzt hat, mag allenfalls ein im Einzelfall in die Gesamtabwägung einzubeziehender Belang sein, der geeignet ist, ein aufgrund der erkannten Selbstgefährdung anzunehmendes Mitverschulden auszuschließen (BGH NVwZ-RR 2013, 909; s auch Rn 702). Die deutliche Erkennbarkeit einer Gefahrenstelle ist ein Gesichtspunkt, welcher der Annahme eines (ggfs anspruchsausschließenden) Mitverschuldens des Geschädigten nicht entgegensteht, sondern für ein solches Mitverschulden spricht (BGH 23. 10. 2018 – III ZB 50/18, juris Rn 9; s aber auch BGH 1. 7. 2025 – VI ZR 357/24, VersR 2025, 1219). Ein Radfahrer muss grundsätzlich nicht mit einem quer über einen Feldweg gespannten, ungekennzeichneten Stacheldraht rechnen. Ihn trifft deshalb an einem Unfall kein Mitverschulden wegen Verstoßes gegen das Sichtfahrgebot, wenn er seine Fahrgeschwindigkeit auf ein solches Hindernis nicht einstellt und deshalb zu spät davor bremst und sich schwer verletzt (BGH 23. 4. 2020 – III ZR 250/17, NJW 2020, 3106 Rn 44).

264 **gg)** Der Inhaber eines Gewerbebetriebs ist grundsätzlich dafür verantwortlich, dass von seinem Betrieb keine Gefahren für die Allgemeinheit und keine unzulässigen Störungen ausgehen; das gilt grundsätzlich auch für Betriebe, die einer behördlichen Genehmigung bedürfen und für die eine Genehmigung erteilt ist. Dieser Gesichtspunkt führt dazu, dass in den Fällen, in denen eine behördlich erforderliche Genehmigung auch dazu dienen sollte, den Inhaber des Betriebs vor nutzlosen Aufwendungen zu bewahren, die sich aus einer unzulässig erteilten Genehmigung ergeben können, der Inhaber den Schaden nicht in vollem Umfang auf die öffentliche Hand abschieben kann, wenn die Behörde unter Verletzung ihrer Amtspflicht die Geneh-

migung erteilt hat und sie später zurücknehmen muss; er muss sich mitwirkendes Verschulden anrechnen lassen, wenn er die Genehmigung beantragt hat, ohne selbst sorgfältig zu prüfen, ob der genehmigungsbedürftige Betrieb sich im Rahmen der gesetzlichen Ordnung hält (BGH JR 1969, 181).

hh) Mitwirkendes Verschulden ist ferner zu bejahen, wenn der Geschädigte aus 265
dem vorangegangenen Verhalten der Behörde **erkennen konnte**, dass sie von **unzutreffenden Voraussetzungen** ausging. So wenn ein Steuerschuldner, der dadurch geschädigt ist, dass die Vollstreckungsbehörde die Vollstreckung betrieb, ohne dass deren formale Voraussetzungen (Zustellung des Steuerbescheids, Mahnung) vorlagen, schon aus vorangegangenen Vollstreckungsversuchen erkannt hatte, dass die Vollstreckungsbehörde vom Vorliegen der Vollstreckungsvoraussetzungen ausging, er es aber unterließ, seine Bedenken gegen die Vollstreckung vollständig vorzutragen und zB nur die (in Wirklichkeit gegebene) Fälligkeit der Steuerforderung bemängelte (BGH NVwZ 1982, 393, 394). Ähnlich liegt es, wenn der Betroffene aus Zuschriften einer Behörde erkennen konnte, dass die ihn betreffenden Unterlagen nicht mit der Wirklichkeit übereinstimmten, er deshalb ein ihn beschwerendes Vorgehen zu besorgen hat und es unterlässt, durch einen mit geringer Mühe verbundenen berichtigenden Hinweis das zu besorgende behördliche Vorgehen abzuwenden (BGH NJW 1964, 195). Der BGH (NJW 1964, 195) hat diesen Fall zum Anlass genommen, eine allgemeine Regel aufzustellen: Ebenso wie der Beamte als „Helfer des Bürgers" dem von ihm betreuten Personenkreis durch Belehrung und Aufklärung im Rahmen des Möglichen und Zulässigen behilflich sein solle, zu erreichen, was er zu erreichen wünscht, sei auch der Staatsbürger im Interesse eines gedeihlichen Zusammenlebens gehalten, im Rahmen des Zumutbaren das Seine zur Vermeidung von Schwierigkeiten zu tun (so auch BGH 11. 1. 2007 – III ZR 116/06, NJW 2007, 1063 Rn 9 – im konkreten Fall ein Mitverschulden eines Bauherrn, der es unterlassen hat, die Bauaufsichtsbehörde nach Rücknahme einer bestandskräftigen Baugenehmigung auf ihn günstige Stellungnahmen der übergeordneten Behörde hinzuweisen, verneinend).

Ob sich eine allgemeine „Pflicht" des Staatsbürgers statuieren lässt, gewissermaßen „Helfer der Behörde" zu sein, erscheint indes zweifelhaft; der schlichte und einleuchtende Gedanke eines Verschuldens gegen sich selbst bedarf möglicherweise keiner solchen „Untermauerung" von schwer abzusehender Tragweite. Ebenso geht es möglicherweise zu weit, wenn der BGH (MDR 1965, 467) für den Fall, dass der Betroffene allgemein auf mögliche Schäden hinweist, ein mitwirkendes Verschulden durch Unterlassung einer näheren Konkretisierung des Schadens bejaht, falls der Betroffene annehmen musste, dass die Behörde seine Mitteilung „nicht gebührend ernst nehmen werde".

ii) Klagt ein geschädigter Beamter gegen den Schädiger und fällt ihm mitwirken- 266
des Verschulden in Ausübung hoheitlicher Betätigung zur Last (zB als Geschädigter durch einen Verkehrsunfall wegen einer hoheitlichen Dienstfahrt mit Sonderrecht – § 35 StVO – und als Kläger hinsichtlich der Ansprüche, die ihm nach § 76 BBG verbleiben), so kann ihm der Drittschädiger § 254 BGB entgegenhalten, obwohl eine eigene Haftung des Beamten gegenüber dem Schädiger im Hinblick auf die Haftungsverlagerung des Art 34 GG entfällt (BGH NJW 1959, 985).

267 **jj)** Klagt der Staat als Geschädigter gegen den Schädiger und war ein Beamter in Ausübung eines öffentlichen Amtes schuldhaft an dem Unfall beteiligt, so entspricht es dem Grundsatz des Übergangs der Haftung des Beamten nach § 839 BGB iVm Art 34 GG auf den Staat, dass der Staat als Geschädigter sich die schuldhafte Mitverursachung des ihm entstandenen Schadens durch den Beamten bei der Schadensausgleichung nach § 254 BGB anrechnen lassen muss. Denn der Rechtsgedanke des § 254 BGB ist, dass Schädiger und Geschädigter den Schaden insoweit zu tragen haben, als sie die Bedingungen zu verantworten haben, die zusammen die Schadensursache setzen. Aus diesem Rechtsgedanken ist die Folgerung gezogen worden, dass der Verletzte in entsprechender Anwendung des § 831 BGB sich das widerrechtliche Verhalten seines Verrichtungsgehilfen bei Entstehung des Schadens anrechnen lassen muss. Folgerichtig trägt der Staat, der ohne den Entlastungsbeweis nach § 831 BGB für das Verschulden seiner Beamten nach § 839 BGB, Art 34 GG einzustehen hat, auch die Verantwortung für das mitwirkende Verschulden des Beamten bei der Entstehung des dem Staat zugefügten Schadens (RG HRR 1940 Nr 1431). Wird ein Zivildienstleistender durch pflichtwidriges Verhalten des Vorgesetzten seiner privaten Beschäftigungsstelle verletzt und wird dadurch eine Zivildienstbeschädigung verursacht, die Aufwendungen des Bundes für Heilfürsorge und Versorgungsleistungen auslöst, kann der Bund gegen den Träger der Beschäftigungsstelle wegen seiner Aufwendungen aufgrund der Verletzung des verwaltungsrechtlichen Schuldverhältnisses Rückgriff nehmen, falls den Verantwortlichen der Beschäftigungsstelle Vorsatz oder grobe Fahrlässigkeit zur Last fällt. Der Rückgriffsanspruch ist der Höhe nach auf den Verantwortungsbeitrag der Beschäftigungsstelle beschränkt; im Umfang eines mitwirkenden Verschuldens des Zivildienstleistenden an der eingetretenen Zivildienstbeschädigung steht dem Bund kein Rückgriffsanspruch zu (BGHZ 135, 341). Das Mitverschulden des als Geschädigter klagenden Staates kann auch ohne Rücksicht auf die Subsidiarität der Haftung des Beamten und des Staates aus § 839 Abs 1 S 2 BGB eingewendet werden. Wird zB bei einem Verkehrsunfall durch Zusammenstoß zweier Kraftfahrzeuge ein Verkehrszeichen zerstört, so muss die öffentlich-rechtliche Körperschaft, die als Eigentümerin des Verkehrszeichens einen der Unfallbeteiligten in Anspruch nimmt, es sich gefallen lassen, dass der Beklagte ihr mitwirkendes Verschulden durch fehlerhafte Aufstellung des Verkehrszeichens geltend macht, obwohl die Körperschaft, würde sie selbst von dem Beklagten in Anspruch genommen, den Kläger gemäß § 839 Abs 1 S 2 BGB auf die Möglichkeit anderweitigen Ersatzes durch Inanspruchnahme des anderen an dem Verkehrsunfall Beteiligten verweisen könnte.

11. Anderweitige Ersatzmöglichkeit – Verweisungsprivileg – Subsidiaritätsklausel (§ 839 Abs 1 S 2 BGB)

a) Fortgeltung und Funktion der Subsidiaritätsklausel

268 Fällt dem Beamten nur Fahrlässigkeit zur Last, kann er nur dann in Anspruch genommen werden, wenn der Verletzte nicht auf andere Weise Ersatz zu erlangen vermag. Diese Regelung ist in § 839 Abs 1 S 2 BGB enthalten; man bezeichnet sie als das „Verweisungsprivileg" (der Beamte kann den Geschädigten auf die anderweitige Ersatzmöglichkeit verweisen; dies ist sprachlich nicht ganz korrekt, da es einer „Verweisung", etwa im Sinne der Ausübung eines entsprechenden Gestaltungsrechts durch den Beamten bzw die eintrittspflichtige Körperschaft, nicht bedarf) oder als

die „Subsidiaritätsklausel" (die Amtshaftung ist gegenüber der vorrangigen anderweitigen Ersatzmöglichkeit subsidiär).

aa) An der Geltung der Subsidiaritätsklausel des § 839 Abs 1 S 2 BGB haben weder Art 131 WeimVerf noch Art 34 GG etwas geändert. Die nach diesen Vorschriften haftende Körperschaft tritt nur an die Stelle des Amtsträgers; Voraussetzungen und Umfang der Haftung der hinter dem Amtsträger stehenden Körperschaft decken sich mithin mit denen der in § 839 BGB geregelten Haftung des Beamten. Die Haftungsbeschränkung gilt auch, wenn anstelle des Beamten der Staat oder eine sonstige Körperschaft haftet (st Rspr; vgl zB BGHZ 120, 124, 125 f; 113, 164, 166 f). **269**

Diese Haftungssubsidiarität diente nach den gesetzgeberischen Intentionen bei ihrer Schaffung vorzugsweise dem Schutz des Beamten, dessen Entschlossenheit und Tatkraft nicht durch die Sorge gelähmt werden solle, für jedes Versehen in Ausübung seines Amtes mit seinem Vermögen einstehen zu müssen (vgl Mugdan Protokolle 1156; BGHZ 49, 276, 277; 13, 88, 100; RGZ 74, 272). Das Verweisungsprivileg war also auf den ursprünglichen Rechtszustand zugeschnitten, wonach der Beamte persönlich haftete. Deswegen ist es seit der Überleitung der Haftung auf den Staat oder die sonstige haftpflichtige Körperschaft seit langem einer rechtspolitischen und rechtsdogmatischen Kritik ausgesetzt, die insbesondere beanstandet, dass dem Staat auf diese Weise ohne innere Rechtfertigung alle Haftungsprivilegien zugutekommen, die ihrem Sinn und Zweck nach auf den persönlich haftenden Amtswalter gemünzt sind (Ossenbühl/Cornils 81 m zahlr wNw, auch zu den im Schrifttum gebrauchten, teilweise recht drastischen Formulierungen: „Anachronistisches Fiskusprivileg" [Isensee, Subsidiaritätsprinzip und Verfassungsrecht [1968] 86 ff]; „Schandfleck des BGB" [E Schneider NJW 1966, 1263, 1264, Anm zu BGH ebenda]). Auch der BGH hat bereits in einer Entscheidung aus dem Jahre 1964 eingeräumt, dass die Bestimmung bei mancherlei Fallgestaltungen heute nicht mehr stets zu sachgerechten Ergebnissen führe und sie deshalb auch mit einer gewissen Berechtigung als „antiquiert" bezeichnet werden möge (BGHZ 42, 176, 181). Die Rechtsprechung des BGH hat daher – wie im Folgenden noch ausführlich darzustellen sein wird – den Anwendungsbereich der Subsidiaritätsklausel zunehmend eingeengt, aber nur punktuell und ohne sie grundsätzlich in Frage zu stellen. Eine Auffassung, nach der die Verweisungsklausel allgemein ausgeschaltet werden sollte, entspräche nicht der gegenwärtigen gesetzlichen Lage (BGH 19. 3. 1992 – III ZR 117/90, NVwZ 1992, 911, 912; Nüssgens, in: FS Geiger [1989] 456, 457, 474). Im Übrigen hat das Privileg jedenfalls im Bereich bestehenbleibender persönlicher Außenhaftung des Beamten unverändert seine sachliche Berechtigung (vgl in diesem Sinne auch BGHZ 79, 26, 31). Im Anwendungsbereich des Art 34 GG kann die primär die öffentlich-rechtliche Körperschaft begünstigende Haftungssubsidiarität auch dem Beamten selbst insofern zugutekommen, als der bei grob fahrlässigem Handeln zulässige Rückgriff der Körperschaft entfällt, weil letztere infolge der Subsidiarität nicht in Anspruch genommen werden kann. Aber auch im Übrigen lässt sich als Argument für die lediglich subsidiäre Haftung der Körperschaft anführen, dass die in § 839 BGB statuierte weitgehende Haftung für jede Fahrlässigkeit und für jeden Schaden und das Einstehenmüssen des zahlungskräftigen Dienstherrn weitgehend auf Billigkeitsgründen beruhen, so gesehen also eine Art Billigkeitshaftung besteht und es mit dem Wesen einer solchen Haftung verträglich und nicht unangemessen ist, wenn sie lediglich subsidiär eintritt (vgl BGH VersR 1966, 366, 367). Auch Ossenbühl/Cornils, der die Kritik am Verweisungsprivileg ihrerseits einer kritischen Beurteilung unterzieht, gelangt zu dem Ergebnis, dass es verfehlt wäre, bereits unter dem geltenden Rechtszustand die Subsidiaritätsklausel als Ganzes pauschal zu verabschieden, und dass ein vollständiger Wegfall insbesondere nicht mit dem undifferenzierten Hinweis auf den Wegfall ihrer Ratio gerechtfertigt werden kann. Insoweit würde das Richterrecht an seine Legitimationsgrenzen stoßen (Ossenbühl/Cornils 90).

270 **bb)** In den Fällen, in denen der Staat für den pflichtwidrig handelnden Beamten nach Art 34 GG eintritt, hat die Rechtsprechung – beginnend mit BGHZ 62, 380 und 394 aus dem Jahre 1974 – den Begriff des „anderweitigen Ersatzes" restriktiv definiert. Es gilt der Grundsatz, dass der Geschädigte nicht mehr auf solche Ersatzmöglichkeiten verwiesen werden darf, die er sich unter Aufwendung eigener Mittel verschafft oder die er durch von ihm verdiente Leistungen Dritter erlangt hat. In Anwendung dieses Grundsatzes sind Ansprüche aus der gesetzlichen Unfall- und Rentenversicherung, der gesetzlichen Krankenversicherung, der privaten Krankenversicherung, der Kaskoversicherungen und der privaten Feuerversicherung von dem Verweisungsprivileg ausgenommen worden. Parallel zu dieser Entwicklung hat die Rechtsprechung das Verweisungsprivileg in bestimmten Fällen gänzlich entfallen lassen. Zudem kann das Verweisungsprivileg gesetzlich ausgeschlossen sein. Die Prüfung der Subsidiarität der Amtshaftung vollzieht sich also in zwei Schritten:

1. Ist das Verweisungsprivileg überhaupt anwendbar?

2. Wenn ja: Ist ein anderweitiger Anspruch eine „Ersatzmöglichkeit" im Sinne des § 839 Abs 1 S 2 BGB (dazu Rn 277 ff)?

3. Muss bzw musste der Geschädigte diesen Anspruch geltend machen (dazu Rn 296 ff)?

b) Ausschluss der Anwendung der Haftungssubsidiarität

271 **aa)** Das Verweisungsprivileg entfällt schlechthin bei der dienstlichen Teilnahme eines Amtsträgers am allgemeinen **Straßenverkehr** (BGHZ 68, 217), soweit keine Sonderrechte, etwa nach § 35 StVO, in Anspruch genommen werden (s dazu Rn 272). Für den allgemeinen Straßenverkehr hat sich ein eigenständiges Haftungssystem entwickelt, in dem der Grundsatz haftungsrechtlicher Gleichbehandlung aller Verkehrsteilnehmer gilt. In diesem Ordnungssystem gibt es keine Rechtfertigung für die haftungsrechtliche Benachteiligung etwaiger Mitschädiger, die bei Geltung des Verweisungsprivilegs den auf den Beamten/Staat entfallenden Haftungsanteil sonst mittragen müssten (BGHZ 123, 102, 104; Krohn VersR 1991, 1085, 1088).

272 Dieser Fortfall des Verweisungsprivilegs gilt aber nur, soweit sich die öffentliche Hand im Straßenverkehr wie jeder andere Verkehrsteilnehmer verhält und verhalten muss. Nimmt sie **Sonderrechte** in Anspruch, so hat sie ihr Verhalten an den allgemeinen verwaltungsrechtlichen Pflichten auszurichten. Dies rechtfertigt es, bei dabei begangenen Pflichtverletzungen die öffentliche Hand nur subsidiär haften zu lassen. In diesen Fällen bleibt also das Verweisungsprivileg im Grundsatz bestehen. Auch dann ist allerdings zu beachten, dass der Geschädigte auf selbst finanzierte Ersatz- oder Erfüllungsansprüche nicht als „anderweitige Ersatzmöglichkeit" verwiesen werden kann (oben Fallgruppe 2). Eine solche Inanspruchnahme von Sonderrechten ist vor allem in § 35 Abs 1 StVO geregelt: Bundeswehr, Bundespolizei, Feuerwehr, Katastrophenschutz, Polizei und Zolldienst sind von den Vorschriften der StVO befreit, soweit dies zur Erfüllung hoheitlicher Aufgaben dringend geboten ist. Wird bei der Erfüllung solcher hoheitlicher Aufgaben ein Dritter in einer den Tatbestand der Amtshaftung verwirklichenden Weise geschädigt, so greift das Verweisungsprivileg mithin ein (BGHZ 85, 225). Das Gleiche gilt bei Inanspruchnahme von Sonderrechten nach § 35 Abs 5a StVO durch Fahrzeuge des Rettungsdienstes (BGH NJW 1997, 2109) und für den Fall, dass ein Amtsträger bei der dienstlichen Teilnahme am Straßenverkehr mit einem der Straßenunterhaltung dienenden Kraftfahrzeug Sonderrechte nach § 35 Abs 6 S 1 StVO in Anspruch nimmt (BGHZ 113, 164, betreffend den Einsatz eines langsam fahrenden Fahrzeugs für Grasmäharbeiten auf der Autobahn in Erfüllung der Straßenbaulast).

bb) In allen Bundesländern mit Ausnahme Hessens ist die Pflicht zur Sicherung der öffentlichen Straßen und Wege den damit betrauten Beamten als Amtspflicht auferlegt. Die Haftung für Pflichtverletzungen ergibt sich daher, wie im Abschnitt „Öffentliches Straßenwesen" (Rn 698 ff) näher dargelegt ist, aus § 839 BGB iVm Art 34 GG. Der BGH hat im Urteil vom 12. 7. 1979 (BGHZ 75, 134) die für die Teilnahme am allgemeinen Straßenverkehr geltenden Haftungsgrundsätze auch für die öffentlich-rechtliche **Straßenverkehrssicherungspflicht** übernommen. Er begründet dies mit dem engen Zusammenhang, in dem die Pflichten zur Sicherung des Verkehrs auf den Straßen zu den im Straßenverkehr selbst zu beobachtenden Pflichten stehen. In Amtshaftungsfällen, die aus der Verletzung öffentlich-rechtlicher Straßenverkehrssicherungspflichten herrühren, ist daher ebenfalls das Verweisungsprivileg von vornherein nicht anwendbar. In einer neueren Entscheidung (BGHZ 118, 368) hat der BGH ausgesprochen, dass das Verweisungsprivileg auch dann nicht eingreift, wenn die öffentliche Hand die Amtspflicht verletzt, die Einhaltung der Räum- und Streupflichten durch die Anlieger zu überwachen. Dies betrifft die Fälle, in denen eine Gemeinde etwa durch Satzung die Reinigung und Winterwartung von Bürgersteigen oder bestimmten Straßenteilen auf die Anlieger überwälzt. In solchen Fällen haben die Amtsträger der Gemeinde die Pflicht, im Rahmen des Zumutbaren zu überwachen, dass die Anlieger dieser Verpflichtung auch tatsächlich nachkommen. Verletzen die Amtsträger diese Überwachungspflicht, so können daraus Amtshaftungsansprüche entstehen. Beispiel (vgl BGHZ 118, 368): Jemand kommt bei winterlicher Glätte auf einem nicht gestreuten Bürgersteig zu Fall und verletzt sich. Dann kann er nicht nur den streupflichtigen Anlieger, sondern möglicherweise auch die Gemeinde in Anspruch nehmen, indem er geltend macht, der Unfall hätte vermieden werden können, wenn die Gemeinde den Anlieger ordnungsgemäß zur Erfüllung der Streupflicht angehalten hätte. In einem solchen Fall ist das Verweisungsprivileg von vornherein nicht anwendbar. Die Gemeinde kann sich also nicht darauf berufen, dass dem Geschädigten eine anderweitige Ersatzmöglichkeit in Form des Anspruchs gegen den streupflichtigen Anlieger zustehe. 273

Die öffentlich-rechtlich ausgestaltete Straßenverkehrssicherungspflicht umfasst auch die Sorge für die **Standsicherheit von Straßenbäumen**. Auch zu dieser Fallkonstellation hat der BGH entschieden, dass dem etwaigen Amtshaftungsanspruch das Verweisungsprivileg nicht entgegengehalten werden könne (BGHZ 123, 102).

Allgemein ist danach das Verweisungsprivileg nicht auf die Haftung der öffentlichen Hand wegen Verletzung von **Verkehrssicherungspflichten** anwendbar (BGH 23. 4. 2020 – III ZR 251/17, NJW 2020, 3109 Rn 29; BGH 9. 10. 2014 – III ZR 68/14, NJW 2014, 3580 Rn 19).

274 **cc)** Zu den Fällen, in denen das Verweisungsprivileg durch ausdrückliche **gesetzliche Regelungen** abbedungen ist, gehört **§ 12 Abs 1 S 4 PflVG**. Treffen im Falle des § 12 PflVG Ansprüche des Geschädigten gegen den „Entschädigungsfonds für Schäden aus Kraftfahrzeugunfällen" mit solchen aus Amtspflichtverletzung gegen den Träger der Kraftfahrzeugzulassungsstelle zusammen, so geht nach dieser Vorschrift im Falle einer fahrlässigen Amtspflichtverletzung abweichend von § 839 Abs 1 S 2 BGB die Ersatzpflicht aufgrund der Vorschriften über die Amtspflichtverletzung der Leistungspflicht des Entschädigungsfonds vor. Dies betrifft etwa Fälle, in denen ein Bediensteter der Kraftfahrzeugzulassungsstelle die Amtspflicht verletzt, den Fahrzeugschein eines Fahrzeugs, für das keine dem Pflichtversicherungsgesetz entsprechende Kraftfahrzeughaftpflichtversicherung besteht, unverzüglich einzuziehen und das Kennzeichen zu entstempeln, und in denen sodann der Fahrer des nicht vorschriftsmäßig versicherten Fahrzeugs einen Unfall verursacht. In diesen Fällen kann die zuständige öffentlich-rechtliche Körperschaft den Geschädigten nicht nur nicht an den Entschädigungsfonds als anderweitig Ersatzpflichtigen verweisen, sondern entfällt umgekehrt die Eintrittspflicht des Fonds von vornherein, weil die Amtshaftung eingreift. Deswegen brauchte der BGH in den Entscheidungen BGHZ 111, 272 und 99, 326 auf die Frage einer anderweitigen Ersatzmöglichkeit von vornherein nicht einzugehen.

Des Weiteren ist **§ 117 Abs 4 VVG** zu nennen. Danach ist die nach Art 34 GG haftbare öffentliche Körperschaft etwa bei einem Verkehrsunfall unter Inanspruchnahme von Sonderrechten (so) nicht gehindert, den Geschädigten vorrangig an den Haftpflichtversicherer eines Zweitschädigers zu verweisen. Der Haftpflichtversicherer hat allerdings die Möglichkeit, nachträglich den aufgrund von § 839 Abs 1 BGB, Art 34 GG Ersatzpflichtigen zum Ausgleich heranzuziehen (Prölss/Martin/Klimke VVG § 117 Rn 34; zur abweichenden früheren Rechtslage unter Geltung von § 158c Abs 5 S 1 VVG aF s BGHZ 85, 225, 229).

275 **dd)** Trifft ein Entschädigungsanspruch wegen einer Gewalttat nach §§ 13–20 SGB XIV mit einem Schadensersatzanspruch aufgrund fahrlässiger Amtspflichtverletzung zusammen, so wird der Anspruch nach § 839 Abs 1 BGB nicht dadurch ausgeschlossen, dass die Voraussetzungen für den Entschädigungsanspruch vorliegen (**§ 8 Abs 1 S 3 SGB XIV**; ebenso bereits § 3 Abs 3 des bis 31. 12. 2023 gegoltenen Opferentschädigungsgesetzes – OEG). Eine entsprechende Regelung enthält auch **§ 28 Abs 3 BLeistG**. S auch Rn 36 sowie Rn 513.

276 **ee)** Versuche, die zum allgemeinen Straßenverkehr und zur Straßenverkehrssicherungspflicht entwickelten Grundsätze dahin fortzubilden, dass das Verweisungsprivileg in allen Fällen wegfallen müsse, in denen die Amtspflichtverletzung zugleich einen allgemeinen Deliktstatbestand, insbesondere denjenigen einer Verletzung der durch § 823 Abs 1 BGB geschützten absoluten Rechte, erfüllt (Nüssgens Anm LM BGB § 839 E Nr 38a unter III 3 b; Kreft Rn 490; MünchKommBGB/Papier/Shirvani § 839 Rn 372), haben sich in der Rechtsprechung bisher nicht durchsetzen können (BGHZ 120, 124, 126).

c) Fallgruppen von Ansprüchen, die keine „anderweitigen Ersatzmöglichkeiten" sind

277 Gilt das Verweisungsprivileg grundsätzlich fort (also außerhalb des unter Rn 271–276 beschriebenen Bereichs), so braucht der Geschädigte sich doch auf folgende Fallgruppen

von Ansprüchen **nicht** als „anderweitige Ersatzmöglichkeiten“ im Sinne des § 839 Abs 1 S 2 BGB verweisen zu lassen:

aa) Lohnfortzahlung: Leistungen des Arbeitgebers aufgrund des Lohnfortzahlungsgesetzes stellen für den unfallgeschädigten Arbeitnehmer **keine** anderweitige Ersatzmöglichkeit im Sinne des § 839 Abs 1 S 2 BGB dar (BGHZ 62, 380). 278

bb) Keine anderweitige Ersatzmöglichkeit sind ferner Leistungen der **gesetzlichen Unfall- und Rentenversicherung** (BGH NJW 1983, 2191). Die einschlägige Rechtsprechung beginnt mit BGHZ 70, 7, wo die Leistungen eines Trägers der französischen gesetzlichen Unfallversicherung an die Hinterbliebenen von Unfallopfern (dort: Flugzeugabsturz) nicht als anderer Ersatz im Sinne von § 839 Abs 1 S 2 BGB angesehen worden sind. In BGHZ 79, 26 wurden diese Grundsätze auf die Leistungen (Sachleistungen und Baraufwendungen) der **gesetzlichen Krankenversicherung** bei unfallbedingter Krankheit übertragen, jedenfalls soweit die Haftung des Staates (Art 34 GG) in Frage steht. Wie es bei einer persönlichen Außenhaftung des Beamten gewesen wäre, blieb unentschieden (BGHZ 79, 29). 279

cc) Auch **privatrechtliche Versicherungsleistungen** sind generell keine anderweitige Ersatzmöglichkeit. Denn der Geschädigte hat diese Leistungen verdient bzw unter Aufwendung eigener Mittel erkauft. Zudem wäre es nicht sachgerecht, den Solidargemeinschaften der Versicherten die Folgen staatlichen Unrechts aufzubürden (BGH 5. 4. 2018 – III ZR 211/17, NJW 2018, 2264 Rn 22). Ausdrücklich hat der BGH dies ausgesprochen für Leistungen einer privaten Krankenversicherung (BGHZ 79, 35), der privaten Feuerversicherung (BGH NJW 1987, 2664, 2666), einer Kaskoversicherung, und zwar sowohl für Kraftfahrzeuge (BGHZ 85, 230) als auch für Flugzeuge (BGHZ 129, 23; BGH VersR 2000, 356 m krit Anm Mühlbauer), sowie einer Rechtsschutzversicherung (BGH 5. 4. 2018 – III ZR 211/17, NJW 2018, 2264 Rn 22). Für Leistungen der privaten Unfall- und Rentenversicherung kann danach nichts anderes gelten. 280

Dabei ist es unerheblich, ob der Staat oder der Beamte persönlich (wie etwa der Bezirksschornsteinfegermeister) als „Gebührenbeamter“ (s hierzu Rn 357 f) haftet (BGH 24. 2. 1983 – III ZR 82/81, VersR 1983, 462).

dd) In allen Fällen, in denen der private oder gesetzliche Versicherer an den Geschädigten Leistungen erbringt, obwohl das Verweisungsprivileg nicht eingreift, gehen die Amtshaftungsansprüche des Geschädigten auf den jeweiligen Versicherer nach § 86 Abs 1 S 1 VVG oder § 116 Abs 1 SGB X über (vgl BGH VersR 2000, 356; BGHZ 129, 23, 24; s wegen der Einzelheiten Rn 313). Zur Durchsetzung dieses Anspruchs kann er die Schädiger nicht im Wege der Amtshilfe auf Herausgabe von Unterlagen (zB Winterdienstprotokollen) in Anspruch nehmen (OVG Sachsen 14. 11. 2024 – 4 A 546/23, DVBl 2025, 1161). 281

d) (Keine) Anwendbarkeit der Haftungssubsidiarität auf konkurrierende Ansprüche

Da § 839 Abs 1 S 2 BGB eine auf Ansprüche aus Amtspflichtverletzung beschränkte Ausnahmevorschrift ist, ist eine entsprechende Anwendung auf andere Ersatz- oder Entschädigungsansprüche öffentlich-rechtlicher Natur grundsätzlich ausgeschlossen. Das gilt auch dann, wenn der gleiche Vorgang zur Entstehung von Amtshaftungs- 282 ansprüchen und selbständig daneben bestehenden Ansprüchen anderer Art führen kann (instruktiv BGH 20. 11. 1980 – III ZR 122/79, BGHZ 79, 26, 27 f). So unterliegen Ansprüche aus enteignungsgleichem Eingriff dem Verweisungsprivileg nicht (BGHZ 13, 88); ebenso nicht Ansprüche aus der Verletzung beamtenrechtlicher Fürsorgepflichten (BGH VersR 1978, 281; BVerwGE 13, 17) oder besonderer Fürsorge- und Betreuungspflichten (BVerwGE 20, 136; 30, 46). Im Bereich der „verwaltungsrechtlichen Schuldverhältnisse" hat die Rechtsprechung in Anerkennung des Bedürfnisses nach einer angemessenen Verteilung der Verantwortung innerhalb des öffentlichen Rechts (BGHZ 21, 214) die Anwendbarkeit des § 839 Abs 1 S 2 BGB bei der öffentlich-rechtlichen Verwahrung und Treuhand (BGHZ 13, 88) und bei den öffentlich-rechtlichen Benutzungs- und Leistungsverhältnissen verneint (BGHZ 66, 302; 61, 7; 54, 299), obwohl ein Verstoß gegen Pflichten aus einem „verwaltungsrechtlichen Schuldverhältnis" in aller Regel ohne eine gleichzeitige Amtspflichtverletzung kaum denkbar ist. Öffentlich-rechtliche Ansprüche aus culpa in contrahendo, die mit Amtshaftungsansprüchen konkurrieren können, werden ebenfalls ohne Rücksicht auf andere Ersatzmöglichkeiten gewährt (BGHZ 71, 386), ebenso Ansprüche gegen die öffentliche Hand aus fehlerhafter Geschäftsführung ohne Auftrag (BGHZ 63, 167). Auch und gerade in den Fällen, in denen der Beamte bei der Ausübung von Hoheitsbefugnissen in den privaten Bereich übergreift, ist die Selbständigkeit der sich daraus ergebenden Ansprüche der Betroffenen anerkannt worden. So steht § 839 Abs 1 S 2 BGB der Seerechtshaftung des Staates nach den für alle Schiffseigner geltenden Haftungsbestimmungen nicht entgegen (BGHZ 3, 321, 332; RGZ 129, 167). Die Gefährdungshaftung nach § 7 StVG (BGHZ 29, 38, 44) und § 89 WHG (BGHZ 62, 354; 55, 180 zu § 22 WHG aF) wird durch die Möglichkeit, anderweitig Ersatz zu erlangen, nicht berührt. Nichts anderes kann für den Schadensersatzanspruch nach Art 82 DSGVO gelten (s hierzu Rn 403).

e) Vermögensrechtliche Einheit der öffentlichen Hand

283 **aa)** Die Haftungssubsidiarität nach § 839 Abs 1 S 2 BGB setzt voraus, dass der Geschädigte von einem Dritten Ersatz zu erlangen vermag und betrifft damit nicht die Konkurrenz von Ansprüchen gegen denselben Beamten bzw die für diesen haftende Körperschaft (s hierzu Rn 37). Kommt die **Haftung mehrerer Beamter** nebeneinander in Betracht, so kann keiner den Geschädigten gemäß § 839 Abs 1 S 2 BGB auf Ersatzpflichten anderer Beamter, die ebenfalls nur subsidiär haften, verweisen, weil dies dem Sinn der Vorschrift zuwiderliefe (BGH NJW 1983, 1374, 1378; BGHZ 31, 13; 13, 88, 102; 2, 218). Dies gilt aber nicht, wenn neben der subsidiären Eigenhaftung des Beamten aus § 839 BGB eine Haftung des Dienstherrn nach §§ 31, 89, 831 BGB in Betracht kommt (BGH NJW 1983, 1374, 1378; VersR 1966, 264). Die gleichen Grundsätze gelten, wenn – im Rahmen des § 46 Abs 2 BeamtVG – mit dem Anspruch aus § 839 BGB, Art 34 GG gegen die gleiche Körperschaft ein Anspruch des Geschädigten aus Verletzung der dem Dienstherrn obliegenden beamtenrechtlichen Fürsorgepflicht (vgl BGHZ 43, 178) oder ein solcher aus einem vertragsähnlichen Verhältnis wie zB aus öffentlich-rechtlicher Verwahrung (BGH NJW 1963, 40, 43; 1962, 791) konkurriert.

284 **bb)** § 839 Abs 1 S 2 BGB ist auch dann allgemein unanwendbar, wenn sich neben dem Amtshaftungsanspruch ein aus dem gleichen Sachverhalt entspringender **anderweitiger Ersatzanspruch gegen die öffentliche Hand** richtet (BGH 12. 3. 2026 – III ZR 182/25 WM 2026, 627 Rn 57; BGHZ 62, 394, 397; 49, 267, 279). Dieser Grundsatz ist seit der Entscheidung des Großen Senats des BGH in Zivilsachen (BGHZ 13, 88, 104) entwickelt worden, um gegenüber Amtshaftungsansprüchen die unerwünschte Möglichkeit ein-

zuschränken, dass der durch Amtspflichtverletzung geschädigte Bürger in Anwendung des § 839 Abs 1 S 2 BGB mit seinen Ansprüchen von einer Stelle der öffentlichen Hand an eine andere verwiesen werde. Er besagt, dass dem Geschädigten gegenüber der aus Amtspflichtverletzung belangten Körperschaft die Berufung auf das Bestehen irgendeines anderweitigen (aus demselben Tatsachenkreis entsprungenen, durch die Amtspflichtverletzung erst ausgelösten) Ersatzanspruchs (zB aus Verletzung der beamtenrechtlichen Fürsorge- und Treuepflicht) gegen die „öffentliche Hand" – dh gegen jede Stelle der öffentlichen Hand, sei es die verklagte Körperschaft selbst oder eine andere öffentlich-rechtliche Körperschaft – versagt ist (BGHZ 62, 394, 397 = NJW 1974, 1769; VersR 1972, 982; NJW 1966, 1750; VersR 1964, 279; 1963, 254; 1962, 335; 1958, 705). Das gilt auch dann, wenn dieser weitere Ersatzanspruch, sei es auch aus Verschulden des Klägers, nicht mehr durchsetzbar ist (BGH MDR 1962, 379; JZ 1962, 169; VersR 1960, 994). Auch ein evtl Anspruch gegen den eigenen Rechtsanwalt, der die Geltendmachung eines Anspruchs gegen einen anderen Träger der öffentlichen Hand versäumt hat, ist konsequenterweise kein anderer Ersatzanspruch iSd § 839 Abs 1 S 2 BGB (BGH 12. 3. 2026 – III ZR 182/25, WM 2026, 627 Rn 58 f). Etwas unklar ist die Rechtsprechung in der Frage, ob die Berufung auf die Subsidiarität auch dann ausgeschlossen ist, wenn der eine Beamte fahrlässig, der andere vorsätzlich handelt (BGH 15. 9. 1997 – III ZR 204/96, BGHZ 135, 354, 367 f; Subsidiarität verneinend Staudinger/Wöstmann [2020] § 839 Rn 76). Eine Subsidiarität besteht jedenfalls dann, wenn die Haftung nicht „demselben Tatsachenkreis entspringt". Daran fehlt es etwa, wenn ein vorsätzlich amtspflichtwidrig handelnder Amtsträger nicht als wirtschaftlicher Teil der aus Amtshaftung in Anspruch genommenen öffentlichen Hand anzusehen ist (BGH 15. 5. 1997 – III ZR 204/96, BGHZ 135, 354, 368). Im Übrigen aber spricht viel dafür, auch in diesem Fall dem Grundsatz der vermögensrechtlichen Einheit der öffentlichen Hand den Vorrang einzuräumen und eine Subsidiarität der Haftung zu verneinen (ebenso BeckOGK/Thomas [1. 11. 2025] § 839 Rn 601).

Entsprechend dem Grundsatz der vermögensrechtlichen Einheit der öffentlichen Hand kann eine nach Art 34 GG haftende deutsche öffentlich-rechtliche Körperschaft den Geschädigten nicht auf einen gegen die EU zu richtenden Anspruch verweisen, weil auch die EU, deren Haushalt aus deutschen Beiträgen mit bestritten wird, als eine Stelle der öffentlichen Hand im Sinne des genannten Grundsatzes zu werten ist (BGHZ 63, 319, 327; BGH NJW 1972, 383, betreffend Ansprüche gegen EWG-Kommission). Das Amt zur Regelung offener Vermögensfragen kann sich der Amtshaftung für eine fahrlässige Falschauskunft nicht dadurch entziehen, dass es den Geschädigten auf einen etwaigen Anspruch gegen die (ehemalige) Treuhandanstalt aus culpa in contrahendo verweist (BGH VersR 2004, 604). Ein Anspruch des Restitutionsberechtigten iSd Vermögensgesetzes nach § 1 Abs 1 S 1 NS-VEntschG stellt ebenfalls gegenüber einem Amtshaftungsanspruch wegen unterbliebener Mitteilung nach § 31 Abs 2 VermG keine anderweitige Ersatzmöglichkeit dar (BGH VersR 2012, 1436 Rn 41).

cc) Eine ähnliche Konstellation von wechselseitigen Verweisungen besteht, wenn 285
der Schaden durch fahrlässige Amtspflichtverletzungen eines **Beamten** und eines **Notars** verursacht worden ist. Denn nach § 19 Abs 1 S 2 HS 1 BNotO besteht ein dem § 839 Abs 1 S 2 BGB entsprechendes Verweisungsprivileg auch zugunsten des persönlich haftenden Notars. Deshalb greift nach ständiger Rechtsprechung des BGH auch im Verhältnis zwischen der Staatshaftung und der konkurrierenden Notarhaftung das Verweisungsprivileg des § 839 Abs 1 S 2 BGB nicht ein (BGHZ 135, 354, 367;

123, 1, 7). Die Haftungssubsidiarität zugunsten des Notars entfällt allerdings bei Amtsgeschäften der in §§ 23, 24 BNotO bezeichneten Art im Verhältnis zwischen dem Notar und dem Auftraggeber. Gleichwohl kann der nach Art 34 GG haftende Dienstherr des für die Amtspflichtverletzung neben dem Notar mit verantwortlichen Beamten auch in diesen Fällen den Geschädigten nicht auf die Notarhaftung verweisen. Denn der Wegfall der Haftungssubsidiarität soll ausschließlich den Auftraggeber des Notars begünstigen und nicht etwa die neben dem Notar haftende Körperschaft entlasten (BGHZ 123, 1, 7; BGH DNotZ 1984, 511, 513). Anders ist es indessen, wenn mit der fahrlässigen Amtspflichtverletzung eines Beamten eine vorsätzliche des Notars zusammentrifft. In einem solchen Fall ist für eine wechselseitige Verweisung von vornherein kein Raum. Daher besteht im Ansatz die Verweisungsmöglichkeit des nur fahrlässig fehlenden Beamten bzw der für ihn haftenden Körperschaft fort (BGHZ 135, 354, 367 f). Entsprechendes gilt umgekehrt zugunsten des Notars, wenn diesem lediglich Fahrlässigkeit, dem mitschuldigen Beamten dagegen Vorsatz zur Last fällt.

286 **dd)** Ob der in Betracht kommende „anderweitig Ersatzpflichtige" seinerseits wieder aus demselben Ereignis gegen den in Anspruch genommenen Beamten oder gegen dessen Anstellungskörperschaft vorgehen kann, soll grundsätzlich ohne Bedeutung sein (BGH 19. 12. 1995 – III ZR 190/94, NVwZ-RR 1997, 204, 205; RGZ 91, 96, 98; Kreft Rn 493). Auch der Grundsatz der „vermögensrechtlichen Einheit der öffentlichen Hand" stehe in solchen Fällen der Anwendbarkeit des Verweisungsprivilegs nicht entgegen. Demgegenüber ist für die vergleichbare Subsidiaritätsklausel bei der Amtshaftung des Notars (§ 19 Abs 1 S 2 HS 1 BNotO) in der Rechtsprechung inzwischen anerkannt, dass Ansprüche gegen den Vertragspartner des durch eine notarielle Amtspflichtverletzung Geschädigten, der im Falle seiner Inanspruchnahme seinerseits einen Ersatzanspruch gegen den Notar hat, weil er selbst in den Schutzbereich der verletzten Amtspflichten einbezogen ist, als anderweitige Ersatzmöglichkeit regelmäßig ausscheiden (BGH 23. 1. 2020 – III ZR 28/19, NJW-RR 2020, 626 Rn 17; NVwZ-RR 2004, 1704; NJW-RR 2005, 1150; vgl auch schon BGH NJW 2003, 202, 204 f). Es erscheint naheliegend, diesen Grundsatz auch in das allgemeine Amtshaftungsrecht zu übernehmen und dementsprechend auch dort in den Fällen, in denen dem anderweitig Ersatzpflichtigen seinerseits ein Amtshaftungsanspruch zusteht, das Verweisungsprivileg erst gar nicht anzuwenden.

287 **ee)** Der Grundsatz der „vermögensrechtlichen Einheit der öffentlichen Hand" ist **unanwendbar** auf den Fall des Interessenausgleichs zwischen zwei Stellen der öffentlichen Hand, da hier die Überlegungen, die zur Entwicklung dieses Grundsatzes geführt haben (Rn 284), nicht durchgreifen. Zum Sonderfall des Gesamtschuldnerausgleichs zwischen zwei öffentlich-rechtlichen Körperschaften s Rn 131 ff. Bei Ansprüchen der wegen eines Dienstunfalls bei der Teilnahme am allgemeinen Verkehr iSd § 46 Abs 2 Nr 2 BeamtVG eingetreten ist, hat der Dienstherr, der nach den Vorschriften des Versorgungsrechts Leistungen gewährt, keinen Anspruch auf Ersatz dieser Leistungen gegen die öffentliche Verwaltung, die zum Schadensersatz verpflichtet ist (s hierzu BGH NVwZ 2014, 389 Rn 18; BGH NJW 2013, 2351 Rn 18; s auch Rn 395). 91a Abs 2 SVG nimmt auf diese Bestimmung Bezug.

288 **ff)** Der Umstand, dass die Bundesrepublik für Schäden, die ein **Zivildienstleistender** in Ausübung seines Dienstes Dritten zufügt, nach Amtshaftungsgrundsätzen einzustehen hat, schließt eine vertragliche Haftung des Trägers einer als Beschäftigungsstelle anerkannten privatrechtlichen Einrichtung, die sich des Zivildienstleistenden zur Er-

füllung ihrer vertraglichen Pflichten bedient hat, nicht aus. In einem solchen Fall kann die Bundesrepublik den Geschädigten nicht auf die Vertragshaftung der Beschäftigungsstelle als anderweitige Ersatzmöglichkeit verweisen, sondern es besteht gegenüber dem Geschädigten eine gesamtschuldnerische Haftung (BGHZ 152, 380; s auch Rn 133, 267, 795). Dies folgt zwar nicht unmittelbar aus dem Grundsatz der vermögensrechtlichen Einheit der öffentlichen Hand, da dieser sich nicht auf das Verhältnis der öffentlichen Hand zu einer privatrechtlich organisierten Beschäftigungsstelle übertragen lässt. Wohl aber ist der Bund unter dem Gesichtspunkt der Gleichbehandlung privater und öffentlicher Beschäftigungsstellen gehalten, die privaten haftungsrechtlich nicht schlechter zu stellen als die öffentlichen. Damit stünde es nicht in Einklang, wenn der Bund in den Fällen, in denen eine vertragliche Haftung einer privatrechtlichen Beschäftigungsstelle in Betracht kommt, den Geschädigten im Sinne des § 839 Abs 1 S 2 BGB auf diese Ansprüche verweisen könnte, während eine solche Verweisungsmöglichkeit auf Ansprüche gegen eine Beschäftigungsstelle in öffentlicher Trägerschaft unter dem Gesichtspunkt der vermögensrechtlichen Einheit der öffentlichen Hand ausgeschlossen wäre (vgl wegen der Einzelheiten BGHZ 152, 380, 388–391).

f) Fälle bestehenbleibender Haftungssubsidiarität

aa) Eine besonders wichtige Fallgruppe bestehen gebliebener Haftungssubsidiarität 289
betrifft die deliktische **Eigenhaftung beamteter Ärzte** nach § 839 BGB außerhalb des Anwendungsbereichs des Art 34 GG (s Einzelheiten Rn 611). Dass beamtete Ärzte in öffentlich-rechtlichen Krankenhäusern nicht hoheitlich, sondern privatrechtlich tätig werden, schließt zwar eine Übernahme ihrer Haftung durch ihre Anstellungskörperschaft nach Art 34 GG aus, lässt aber grundsätzlich unberührt, dass sich ihre deliktische Eigenhaftung nach der für Beamte geltenden Sondervorschrift des § 839 BGB mit dem den Schädiger begünstigenden Verweisungsprivileg des § 839 Abs 1 S 2 BGB richtet. Als besonders naheliegende anderweitige Ersatzmöglichkeit kommt eine Inanspruchnahme des Krankenhausträgers nach §§ 31, 89, 831 BGB sowie – insbesondere, wenn ein totaler Krankenhausvertrag geschlossen worden ist – aus Vertrag in Betracht. Dadurch wird die Belastung des Geschädigten abgemildert und eine weitgehende Konzentrierung der Schadensregulierung beim Krankenhausträger bewirkt (BGH 24. 6. 1986 – VI ZR 202/85, NJW 1986, 2883; BGHZ 85, 394, 395 f; vgl auch BGH 21. 11. 2017 – VI ZR 436/16, NJW 2018, 623). Dies gilt allerdings nur für die deliktische Haftung des betreffenden Arztes. Etwaige konkurrierende vertragliche Ansprüche gegen den Arzt persönlich bleiben davon unberührt; insoweit findet das Verweisungsprivileg keine Anwendung (BGH 28. 6. 1988 – VI ZR 288/87, NJW 1988, 2946 [insoweit in BGHZ 105, 45 nicht abgedruckt]).

bb) Bei Amtspflichtverletzungen im **Justizbereich** (außerhalb des Spruchrichterpri- 290
vilegs) sind als vorrangige anderweitige Ersatzmöglichkeiten in Betracht gezogen worden: Für den durch einen ungetreuen Notar Geschädigten die von der Notarkammer abgeschlossene Vertrauensschadensversicherung im Verhältnis zur nach § 839 BGB, Art 34 GG haftenden Aufsichtsbehörde (BGHZ 135, 354); bei der amtspflichtwidrigen Löschung einer Grunddienstbarkeit ein Bereicherungsanspruch des Geschädigten gegen den gutgläubigen Erwerber nach § 816 Abs 1 S 1 BGB (BGHZ 104, 139, 144 mwNw).

Ist der Schaden durch eine fahrlässige Amtspflichtverletzung des Gerichts entstanden, so ist der vertragliche Schadensersatzanspruch des Geschädigten gegen seinen **Rechtsanwalt**, der durch sein Verhalten zur Entstehung des Schadens beigetragen hat, ein anderweitiger Ersatzanspruch (BGH VersR 1966, 184; RG HRR 1914 Nr 980). Denn für die Haftung des Anwalts gegenüber dem Auftraggeber kommt es nicht auf eine Abwägung seines Verschuldens gegenüber dem etwaigen Verschulden eines Richters an (BGH VersR 1967, 135, 137; RG JW 1936, 2708 m Anm CARL; st Rspr des RG). Dabei kommt dem Rechtsanwalt nicht der im Amtshaftungsrecht geltende Grundsatz zugute, dass ein Verschulden zu vermeinen ist, wenn ein Kollegialgericht die Amtshandlung als rechtmäßig ansieht (BGH 27. 3. 2003 – IX ZR 399/99, NJW 2003, 2022, 2024. Zur sog Kollegialgerichts-Richtlinie s Rn 219 ff). Vielmehr obliegt es dem Rechtsanwalt grundsätzlich, ua durch geeignete Anträge das (Tatsachen-)Gericht vor einem Fehler zu bewahren (BGH NJW 1964, 2402) und nach Kräften dem Aufkommen von (Rechts-) Irrtümern und Versehen des Gerichts entgegenzuwirken (BGH 18. 12. 2008 – IX ZR 179/07, NJW 2009, 987 Rn 8). Auch der Zurechnungszusammenhang eines derartigen Fehlers wird nicht unterbrochen, soweit sich in einer gerichtlichen Fehlentscheidung das allgemeine Prozessrisiko verwirklicht, das darin liegt, dass das Gericht bei ordnungsgemäßem Vorgehen trotz des Anwaltsfehlers richtig hätte entscheiden können und müssen (BGH 18. 12. 2008 – IX ZR 179/07, NJW 2009, 987 Ls sowie Rn 21 f, zu einem Versäumnis des Berufungsanwalts, auf ein die Rechtsauffassung seines Mandanten stützendes Urteil des Bundesgerichtshofs hinzuweisen). Trotz des gerichtlichen Fehlers besteht daher eine anderweitige Ersatzmöglichkeit durch Inanspruchnahme des Anwalts. Keine anderweitige Ersatzmöglichkeit besteht dagegen für den Geschädigten gegen seinen ihn im Restitutionsverfahren nach dem Vermögensgesetz vertretenden Rechtsanwalt, wenn dieser darauf verzichtet hat, sich vom Amt zur Regelung offener Vermögensfragen eine Eingangsbestätigung für die Anmeldung von Rückgabeansprüchen erteilen zu lassen bzw nach dem Eingang des Restitutionsantrags nachzufragen. In diesem Verfahrensstadium geht es schlicht um den Eingang des Antrags und nicht die Vorsorge gegen eine sich zeitlich anschließende inhaltlich fehlerhafte Bearbeitung des gestellten Antrags (BGH NJW-RR 2011, 305 ff).

Im Amtshaftungsprozess eines abgeschobenen Ausländers hatte die beklagte Behörde geltend gemacht, der Kläger müsse sich vorrangig an seinen im Verwaltungsverfahren tätig gewordenen Rechtsanwalt halten, weil dieser es pflichtwidrig unterlassen habe, durch geeignete Rechtsbehelfe der Abschiebung entgegenzuwirken. Eine Sorgfaltspflichtverletzung wurde jedoch verneint (BGH DVBl 2003, 460 = NVwZ 2003, 1409). Ebenfalls verneint wurde eine anderweitige Ersatzmöglichkeit des geschädigten Bauherrn in Gestalt eines Schadensersatzanspruchs gegen seinen im Verwaltungsverfahren tätig gewordenen Rechtsanwalt, der es unterlassen hatte, die Widerspruchsbehörde auf eine nachträglich ergangene neue Entscheidung des Bundesverwaltungsgerichts hinzuweisen (BGH NVwZ 2006, 117).

291 **cc)** Macht der Bauherr gegen die Bauaufsichtsbehörde einen Amtshaftungsanspruch geltend, weil ihm für ein fehlerhaft geplantes Bauvorhaben eine rechtswidrige Baugenehmigung erteilt worden ist, so muss er dartun, dass er von dem planenden Architekten nicht anderweitig Ersatz erlangen kann (BGH 19. 3. 1992 – III ZR 117/90, NVwZ 1992, 911, 912; vgl auch BGH NVwZ 1993, 602). Der Erwerber eines Altlastengrundstücks, der Amtshaftungsansprüche wegen der Überplanung des betreffenden Geländes, der positiven Erteilung der Baugenehmigung für das Grundstück oder der Erteilung unrichtiger amtlicher Auskünfte über die Grundstücksqualität geltend macht, muss sich vorrangig an den Grundstücksverkäufer halten (BGHZ 121, 65, 71); allerdings wird dessen Haftung meistens an einem im Kaufvertrag vereinbarten Gewährleistungsausschluss scheitern. Dies kann jedoch anders sein, wenn dem Verkäufer etwa eine arglistige Täuschung über die Grundstücksbeschaffenheit zur Last fällt (BGHZ 121, 65, 72; vgl auch BGHZ 117, 363, 368).

dd) Verletzt ein Polizeibeamter die Amtspflicht, die für die **Sicherheit des Straßenverkehrs** zuständigen Stellen von der Funktionsstörung einer Lichtzeichenanlage unverzüglich zu unterrichten, so haftet sein Dienstherr einem dadurch geschädigten Verkehrsteilnehmer nur nach Maßgabe des § 839 Abs 1 S 2 BGB. Die Grundsätze über den Wegfall des Verweisungsprivilegs im allgemeinen Straßenverkehr (BGHZ 68, 217) und bei der Erfüllung der öffentlich-rechtlichen Straßenverkehrssicherungspflicht (BGHZ 75, 134) sind insoweit nicht anwendbar (BGHZ 91, 48; vgl dazu näher den Abschnitt „Öffentliches Straßenwesen“ Rn 698 ff). **292**

ee) Der BGH hat unter bestimmten – einschränkenden – Voraussetzungen eine Amtspflicht des Schulträgers für denkbar gehalten, für die Möglichkeit sicherer Aufbewahrung in die Schule mitgebrachter Sachen Sorge zu tragen. Eine Mutter, die Amtshaftungsansprüche wegen der Verletzung dieser Pflicht deswegen geltend machte, weil ihr während einer Elternversammlung eine wertvolle Pelzjacke gestohlen worden war, wurde auf die Inanspruchnahme des Diebes als vorrangige Ersatzmöglichkeit verwiesen. Die Geschädigte wurde für verpflichtet angesehen, zumindest die Möglichkeit auszuschöpfen, durch eine Strafanzeige polizeiliche Ermittlungen zu veranlassen, die vielleicht zur Feststellung des Diebes geführt hätten (BGH 10. 12. 1987 – III ZR 206/86, NJW 1988, 1258, 1259). **293**

ff) Eine anderweitige Ersatzmöglichkeit ist auch die Haftung eines Tierhalters, wenn der durch das Tier angerichtete Schaden (zunächst) durch fahrlässige Amtspflichtverletzung eines Beamten herbeigeführt ist, da die Haftung des Tierhalters aus § 833 BGB der Haftung des Beamten (der Körperschaft) vorgeht (OLG Schleswig 3. 12. 1987 – 11 U 310/85, VersR 1989, 849; OLG Zweibrücken JZ 1965, 646 = MDR 1965, 823). **294**

gg) Schließlich sind auch Ausgleichsansprüche gegen Mitschuldner und Bürgen, sowie auch etwaige Bereicherungsansprüche, eine anderweitige Ersatzmöglichkeit (BGH NJW 1962, 791, 793; RG JW 1934, 2545; HRR 1932 Nr 1448; RGZ 138, 211). Besteht ein solcher Anspruch, so ist die Anwendbarkeit des § 839 Abs 1 S 2 BGB nicht deshalb ausgeschlossen, weil der leistungspflichtige Dritte seinerseits gegen den schuldigen Beamten (die haftende Körperschaft) Rückgriff nehmen kann (RGZ 91, 96; Rn 286). **295**

Bei einer Amtspflichtverletzung im fiskalischen Bereich kann der Beamte (im beamtenrechtlichen Sinn) sich auch darauf berufen, dass der Staat (die sonstige öffentlich-rechtliche Körperschaft) nach §§ 31, 89, 831 BGB hafte (s wegen der Einzelheiten Rn 105 ff).

g) Zumutbarkeit des Verweises auf die anderweitige Ersatzmöglichkeit

aa) Der Geschädigte hat ein Recht auf alsbaldigen Schadensersatz (BGH 21. 1. 2021 – III ZR 70/19, VersR 2021, 1298 Rn 32; BGH 5. 11. 1992 – III ZR 91/91, BGHZ 120, 124, 126). Die Nutzung der anderweitigen Ersatzmöglichkeit muss ihm daher zumutbar sein (BGH 21. 1. 2021 – III ZR 70/19, VersR 2021, 1298 Rn 32; BGH 7. 9. 2017 – III ZR 618/16, BGHZ 215, 344 Rn 20; BGHZ 120, 124, 126; BGH 23. 5. 1960 – III ZR 66/59, VersR 1960, 663; RGZ 158, 277; 138, 211). Er kann nur auf solche Ersatzmöglichkeiten verwiesen werden, die **296**

- demselben Tatsachenkreis entsprungen sind, aus dem die eingeklagte Schadensersatzforderung entstanden ist (BGH VersR 1969, 423; 1964, 751; 1959, 1005, 1008; BGHZ 31, 148; RGZ 170, 37; 145, 56, 62);

- begründete Aussicht auf Verwirklichung in absehbarer und angemessener Zeit bieten (BGH 7. 9. 2017 – III ZR 618/16, BGHZ 215, 344 Rn 20; BGH NVwZ 2008, 338 Rn 19; BGHZ 120, 124, 126; 2, 209, 218);

- die Möglichkeit eines wirklichen Ersatzes bieten; der Geschädigte kann nicht auf eine Ersatzmöglichkeit verwiesen werden, wenn er durch deren Inanspruchnahme und Durchführung eine Vermögenseinbuße in gleicher Höhe wie der Schaden erleiden würde (BGH VersR 1964, 682; 1960, 663; RG DNotZ 1934, 677).

Unter diesen Voraussetzungen kann der Geschädigte jedoch auch auf Ersatzmöglichkeiten rein tatsächlicher Art verweisen werden, falls deren Ausnutzung ihm zumutbar ist (BGH 25. 2. 1999 – IX ZR 240/98, VersR 2000, 1023; BGH 23. 5. 1960 – III ZR 66/59, 1960, 663; BGH 21. 1. 1957 – III ZR 93/56, VersR 1957, 201; RGZ 158, 277; 138, 211). Beispielsweise hat der Mitgesellschafter einer GmbH, der durch die Amtspflichtverletzung eines Notars im Zusammenhang mit der von diesem beurkundeten Gründung der GmbH geschädigt ist, eine anderweitige Ersatzmöglichkeit auch dann, wenn nicht ihm persönlich, sondern der GmbH ein Ersatzanspruch gegen einen Dritten zusteht, der Verletzte aber nach dem Stimmenverhältnis es in der Hand hat, die Inanspruchnahme des Dritten durch Gesellschafterbeschluss und dadurch auch Ersatz eines Schadens herbeizuführen (BGH VersR 1964, 682). Auch die Inanspruchnahme eines Dritten im Wege der Drittschadensliquidation kann zumutbar sein und daher eine anderweitige Ersatzmöglichkeit darstellen (OLG Saarbrücken 4. 5. 2006 – 6 U 2/05, juris Rn 47).

297 **Unzumutbar** ist ein Verweis des Verletzten auf Ersatzansprüche, die er nicht oder jedenfalls nicht in absehbarer oder angemessener Zeit durchsetzen kann. Auch weitläufige, unsichere oder im Ergebnis zweifelhafte Wege des Vorgehens gegen Dritte braucht er nicht einzuschlagen (BGH 8. 5. 2025 – III ZR 398/23, WM 2025, 1435 Rn 34; BGH 21. 1. 2021 – III ZR 70/19, VersR 2021, 1298 Rn 32 f jew mwNw). Zukünftige ungewisse Möglichkeiten stellen keinen „Ersatz auf andere Weise“ dar (BGH VersR 1966, 238; RG HRR 1930 Nr 111; RGZ 80, 252). Dabei sind auch etwaige Beweisschwierigkeiten zu berücksichtigen (BGH 23. 10. 1958 – III ZR 91/57, MDR 1959, 107). Eine Unzumutbarkeit wird allerdings nicht schon dadurch begründet, dass der Geschädigte den Klageweg beschreiten muss, um den Anspruch auf anderweitigen Ersatz durchzusetzen (BGHZ 135, 354, 366). Eine anderweitige Ersatzmöglichkeit ist auch dann nicht gegeben, wenn die Befriedigung zwar einigermaßen wahrscheinlich, der ersatzpflichtige Dritte aber zur Leistung in einigermaßen absehbarer Zeit wirtschaftlich nicht in der Lage ist (BGH 7. 9. 2017 – III ZR 618/16, BGHZ 215, 344 Rn 20; BGH VRS 62 [1982] 22; RG WarnR 1936 Nr 91). Daher greift das Verweisungsprivileg nicht ein, wenn eine realistische Vollstreckungsmöglichkeit nicht besteht (BGH 10. 1. 2002 – III ZR 13/01, NJW 2002, 1266) oder die Zwangsvollstreckung durch die Möglichkeiten des Vollstreckungsschutzes zugunsten des Dritten beträchtlich erschwert wird (RGZ 161, 109, 120). Dasselbe gilt, wenn Prozessführung oder Vollstreckung im Ausland stattfinden müssten und dies für den Geschädigten nicht zumutbar ist (BGH VersR 1961, 653; NJW 1976, 2074).

Bei der Beurteilung der Zumutbarkeit ist auf die Sicht ex ante abzustellen; es ist mithin eine auf den Zeitpunkt der Geltendmachung des Anspruchs bezogene Prognose über die Erfolgsaussichten der anderweitigen Ersatzmöglichkeit vorzunehmen (BGH 21. 1. 2021 – III ZR 70/19, VersR 2021, 1298 Rn 32; BGHZ 120, 124, 131; vgl auch BGH NJW 2002, 1266). „Zumutbarkeit" ist dabei ein Rechtsbegriff, der revisionsrechtlich überprüfbar ist (BGH 12. 10. 2000 – III ZR 121/99, VersR 2001, 1424; BGH 6. 5. 1993 – III ZR 2/92, BGHZ 122, 317, 326). Die Beurteilung enthält indes auch Elemente tatrichterlicher Würdigung (BeckOGK/Thomas [1. 11. 2025] § 839 Rn 654). So lässt sich die Frage, ob und inwieweit es dem Geschädigten, wenn Ersatzansprüche gegen mehrere Schädiger in Betracht kommen, nach § 839 Abs 1 S 2 BGB unter Zumutbarkeitsgesichtspunkten angesonnen werden kann, nicht nur einen, sondern mehrere von ihnen – sei es gleichzeitig, sei es nacheinander – gerichtlich in Anspruch zu nehmen, nur nach den Umständen des Einzelfalls beantworten (BGHZ 120, 124, 127). Entsprechendes muss dann gelten, wenn der Geschädigte nur für einen Teil des Schadens auf andere Weise Ersatz erlangen kann.

bb) Aus diesen Erwägungen hat der BGH beispielsweise in folgendem Fall die Ausschöpfung einer vorrangigen anderweitigen Ersatzmöglichkeit für unzumutbar gehal- **298**
ten: Der Geschädigte war bei einem Verkehrsunfall schwer verletzt worden, der sich auf einer hoheitlichen Rettungsfahrt unter Inanspruchnahme von Sonderrechten nach § 35 Abs 5a StVO, dh an sich unter Fortgeltung des Verweisungsprivilegs, ereignet hatte. Der Verletzte nahm die Bundesrepublik aus Amtshaftungsgrundsätzen als Dienstherrin des schuldigen Zivildienstleistenden auf Schmerzensgeld in Anspruch. Diese verwies ihn an den Kfz-Haftpflichtversicherer als anderweitig Ersatzpflichtigen. Dessen Eintrittspflicht hing von der Klärung verschiedener schwieriger Rechtsfragen ab, über die noch keine höchst- oder auch nur obergerichtliche Rechtsprechung vorlag. Damit hatte die Bundesrepublik keinen Erfolg; die Amtshaftungsklage scheiterte also nicht an der Haftungssubsidiarität (BGH NJW 1997, 2109). Die Anwendbarkeit des Verweisungsprivilegs ist allerdings inzwischen zugunsten der Bundesrepublik geklärt (BGH NVwZ 2001, 835, 836).

Wird ein Grundstück unter Verstoß gegen das Unterlassungsgebot mit einem Grundpfandrecht belastet und beruht dies sowohl auf einem schuldhaften Verstoß des Verfügungsberechtigten gegen seine Vergewisserungspflicht (§ 3 Abs 5 VermG) als auch auf einer Amtspflichtverletzung der Behörde, die den Verfügungsberechtigten nicht nach § 31 Abs 2 VermG unterrichtet hat, kann es dem Restitutionsantragsteller grundsätzlich nicht zugemutet werden, den Verfügungsberechtigten vor der Bestandskraft des Rückgabebescheides des Amtes zur Regelung offener Vermögensfragen auf Beseitigung der Belastung, Schadensersatz oder Sicherstellung in Anspruch zu nehmen (BGH VersR 2005, 1732).

Das Verhältnis zwischen Verfügungsberechtigtem und Restitutionsberechtigtem iSd Vermögensgesetzes ist nicht so ausgestaltet, dass ein Aufwendungsersatzanspruch als anderweitige Ersatzmöglichkeit in Betracht zu ziehen wäre, da insofern jedenfalls die Durchsetzung von Ansprüchen zu unsicher ist (BGHZ 143, 18, 29 f). Etwas anderes gilt für Kostenerstattungsansprüche nach § 3 Abs 3 S 4 VermG (BGH 26. 11. 2009 – III ZR 316/08, ZOV 2010, 19 Rn 5).

299 **cc)** Der Geschädigte muss sich zwar mit Teilzahlungen des Dritten abfinden – § 266 BGB greift gegenüber § 839 Abs 1 S 2 BGB nicht Platz (BGH VersR 1964, 488, 490, betreffend Schmerzensgeld) –, aber nur, wenn sie innerhalb angemessener Zeit zur vollständigen Befriedigung oder wenigstens zur Begleichung eines erheblichen Teils führen (BGH VRS 62 [1982] 22; BGH 27. 2. 1957 – V ZR 104/55, WM 1957, 610). Auf eine Ersatzmöglichkeit (zB durch laufende Lohnpfändungen), die ihm nur nach und nach eine Befriedigung in kleineren Beträgen verschafft, braucht der Geschädigte sich nicht verweisen zu lassen (BGH VRS 62 [1982] 22; VersR 1967, 140, 142; 1966, 238, 494; RGZ 141, 353, 354; 86, 253). In RGZ 80, 252 hätte der Verletzte durch Gehaltspfändungen erst im Laufe von zwei Jahren volle Befriedigung erlangen können, eine Zeitspanne, die RG (RGZ 80, 252) und RG HRR 1930 Nr 779 als unzumutbar lang ansahen, während BGH VersR 1964, 490 bei einem Schmerzensgeldanspruch von 3.500 DM monatliche Ratenzahlungen von 150 DM für zumutbar erklärt hat. Allerdings hat der BGH die Anforderungen an die Zumutbarkeit tendenziell erhöht, so dass diese Werte nicht unbedingt als allgemeine Richtschnur herangezogen werden können. Letztlich werden auch hier alle Umstände des Einzelfalls zu berücksichtigen sein, wie zB die Gewissheit, ob letztlich die Inanspruchnahme des Dritten Erfolg haben wird.

300 **dd)** Bei **Schädigung mehrerer Personen** durch dieselbe Amtspflichtverletzung ist die Frage der Haftungssubsidiarität für jeden Verletzten gesondert zu prüfen. War eine anderweitige Ersatzmöglichkeit für alle Geschädigten gegeben und hätte sie nur den Schaden eines Verletzten, nicht auch den der übrigen decken können, so hat die Versäumung der Ersatzmöglichkeit für den säumigen Verletzten nicht den völligen Verlust seines Ersatzanspruchs, sondern nur dessen Verminderung im Verhältnis der ergangenen Ersatzmöglichkeit zur Summe aller Ersatzansprüche zur Folge (RG JW 1934, 2398).

301 **ee)** Muss sich der Verletzte auf seinen Gesamtschaden gegenüber der verklagten Körperschaft mitwirkendes Verschulden oder eine ihm zur Last fallende mitwirkende Betriebsgefahr (seines Kfz usw) anrechnen lassen und besteht für einen Teil des Schadens die Möglichkeit anderweitigen Ersatzes, so ist die anderweitige Ersatzmöglichkeit von dem Betrag abzusetzen, der nach Berücksichtigung des mitwirkenden Verschuldens verbleibt (dazu BGH VersR 1976, 1066, 1068; 1969, 71; OLG Köln NJW 1966, 887).

h) Schuldhafte Versäumung der anderweitigen Ersatzmöglichkeit

302 **aa)** Der Geschädigte kann sich der Verweisung nicht dadurch entziehen, dass er schuldhaft die anderweitige Ersatzmöglichkeit versäumt. Vielmehr greift die Subsidiaritätsklausel auch dann ein, wenn der Geschädigte eine früher vorhandene anderweitige Ersatzmöglichkeit schuldhaft versäumt hat (BGH 21. 1. 2021 – III ZR 70/19, VersR 2021, 1298 Rn 41; BGH VersR 2018, 210 Rn 9); eine Abwägung des beiderseitigen Verschuldens findet nicht statt (BGH VersR 2000, 1023 zu § 19 Abs 1 S 2 BNotO). Dies kann im Extremfall – ähnlich wie bei § 839 Abs 3 BGB – dazu führen, dass schon die leicht fahrlässige Versäumung zum Totalverlust des Amtshaftungsanspruchs selbst bei grob fahrlässigen Amtspflichtverletzungen führt. Die Beurteilung des Verschuldens ist dabei grundsätzlich dem Tatrichter vorbehalten (BGH 21. 1. 2021 – III ZR 70/19, VersR 2021, 1298 Rn 41).

bb) Schuldhaft ist die Versäumung einer vorhanden gewesenen und weggefallenen Ersatzmöglichkeit, wenn der Geschädigte – in Kenntnis von der Entstehung des Schadens (nicht nur in fahrlässiger Unkenntnis, RGZ 145, 258) – die mögliche und ihm nach den Umständen des Falles zuzumutende anderweitige Deckung seines Schadens unterlassen hat (BGH NJW 1979, 3425; VersR 1958, 373, 375; BGH 27. 2. 1957 – V ZR 104/55, WM 1957, 610); zB indem er sich um eine naheliegende anderweitige Ersatzmöglichkeit nicht kümmerte und daher zu spät (nach der Klageerhebung) von ihr erfuhr (vgl RG HRR 1934 Nr 1672), oder indem er den Ersatzanspruch gegen den Dritten verjähren ließ (BGH 19. 3. 1992 – III ZR 117/90, NVwZ 1992, 911, 912). Dagegen liegt im Allgemeinen keine schuldhafte Versäumung einer anderweitigen Ersatzmöglichkeit vor, wenn der Geschädigte, dessen Gesuch um Prozesskostenhilfe zur Verfolgung eines Anspruchs gegen einen ersatzpflichtigen Dritten (objektiv zu Unrecht) abgelehnt wurde, von weiterem Vorgehen gegen diesen Dritten Abstand nimmt (vgl BGH VersR 1957, 612, 614); wenn er nach Abweisung der gegen den Dritten erhobenen Klage durch das Gericht des ersten Rechtszugs, und zwar auch, wenn ein Amtsgericht oder der Einzelrichter der Zivilkammer entschieden hat, es bei dieser Entscheidung bewenden lässt, falls nicht die Fehlerhaftigkeit des Urteils ihm ohne weiteres erkennbar ist (vgl BGH 21. 1. 2021 – III ZR 70/19, VersR 2021, 1298 Rn 41; BGH 12. 11. 1992 – III ZR 185/91, NVwZ 1993, 1228, 1229; BGH 6. 12. 1984 – III ZR 141/83, VersR 1985, 358; BGH 4. 10. 1956 – III ZR 41/55 mwNw; RGZ 150, 323); wenn er nach fruchtloser Pfändung das Verfahren nach § 807 ZPO nicht betreibt (RG HRR 1937 Nr 800) oder wenn er im Hinblick auf die Vermögensverhältnisse des Gegners in einem Zivilprozess einen Vergleich abschließt (BGH 12. 7. 2012 – III ZR 104/11, VersR 2012, 1437 Rn 39). Wird eine schwierige und umstrittene Rechtsfrage, ob das Verweisungsprivileg in einem bestimmten Bereich besteht, erstmals höchstrichterlich entschieden, so ist auch dies bei der Verschuldensfrage mit zu berücksichtigen (BGH NJW 1983, 1374, 1378). 303

i) Darlegungs- und Beweislast

aa) Die Unmöglichkeit, anderweitig Ersatz zu erlangen, bildet einen Teil des Tatbestandes, aus dem der Amtshaftungsanspruch hergeleitet wird. Dementsprechend hat der Verletzte das Vorliegen dieser zur Klagebegründung gehörenden Voraussetzung des Amtshaftungsanspruchs darzulegen und im Streitfall zu beweisen (BGH NVwZ 2018, 1333 Rn 39; BGH 19. 3. 1992 – III ZR 117/90, NVwZ 1992, 911, 912; BGHZ 113, 164, 167; eingehend Rohlfing MDR 2010, 237). Die bestehende Möglichkeit, auf andere Weise Ersatz zu erlangen, verhindert – anders ausgedrückt – materiellrechtlich die Entstehung eines Amtshaftungsanspruchs. Die fehlende Möglichkeit anderweitigen Ersatzes begründet erst den Anspruch aus fahrlässiger Amtspflichtverletzung, ist also ein negatives Tatbestandsmerkmal (BGH DVBl 1967, 661; NJW 1962, 1862). Die Voraussetzungen der Amtshaftungsklage werden mithin nicht schon dadurch erfüllt, dass bloße rechtliche oder tatsächliche Zweifel an dem Bestehen anderweitiger Ersatzansprüche oder deren Realisierbarkeit vorliegen; sie nötigen vielmehr stets zur Prüfung und Entscheidung (BGHZ 16, 111, 117). Solange noch eine realisierbare anderweitige Ersatzmöglichkeit besteht, ist der Beamte (die Körperschaft) überhaupt nicht ersatzpflichtig (BGHZ 37, 175; BGH NJW 1960, 241; BGHZ 31, 148, 151; 28, 297, 301; RGZ 138, 209, 212), mit der Folge, dass nicht nur eine Leistungs-, sondern auch eine Feststellungsklage unbegründet ist, solange der Ausfall nicht feststeht (BGH VersR 1963, 1169). Da die Darlegung des Fehlens anderer Ersatzmöglichkeiten zur Schlüssigkeit der Klage gehört, ist es ohne Bedeutung, dass der Beklagte keinen Einwand aus § 839 Abs 1 S 2 BGB erhebt (RG HRR 1930 Nr 112). Das Revisionsgericht kann über 304 mangelnde Feststellungen zur Frage anderweitiger Ersatzmöglichkeit nur hinwegsehen, wenn nach der Sachlage die Möglichkeit anderweitigen Ersatzes ausgeschlossen ist oder so fern liegt, dass praktisch mit ihr nicht gerechnet zu werden braucht (RG HRR 1930 Nr 112).

305 **bb)** Ob eine Ersatzmöglichkeit im Sinne des § 839 Abs 1 S 2 BGB besteht, ist grundsätzlich nach den im **Zeitpunkt der Erhebung der Amtshaftungsklage**, nicht nach den im Zeitpunkt der letzten mündlichen Verhandlung im Amtshaftungsprozess bestehenden Verhältnissen zu beurteilen (BGH 21. 1. 2021 – III ZR 70/19, VersR 2021, 1298 Rn 32; BGH NVwZ 2008, 338 Rn 19; BGHZ 120, 124, 131; BGH VersR 1964, 732; RGZ 100, 128). Das bedeutet, dass sich der Kläger auf eine erst im Laufe des Rechtsstreits eintretende, zur Zeit der Klageerhebung noch nicht vorhandene Ersatzmöglichkeit nicht verweisen zu lassen braucht. Denn andernfalls läge es in der Hand des Beklagten, den Rechtsstreit durch wiederholte Behauptungen, dass sich inzwischen neue Ersatzmöglichkeiten ergeben hätten, in die Länge zu ziehen (RGZ 100, 128 f; Kreft Rn 507). Bestand im Zeitpunkt der Klageerhebung objektiv eine Ersatzmöglichkeit, so schließt sie den Amtshaftungsanspruch grundsätzlich auch dann aus, wenn der Geschädigte sie ohne sein Verschulden nicht erkannt und von ihr keinen Gebrauch gemacht hat (BGH VersR 1964, 723). Nur dann ist die unverschuldete Unkenntnis für den Verletzten unschädlich, wenn die zunächst im Zeitpunkt der Klageerhebung vorhandene Ersatzmöglichkeit – wiederum ohne Verschulden des Klägers – im Lauf des Rechtsstreits weggefallen ist (Kreft Rn 508). Darüber hinaus ist es denkbar, dass eine etwaige unverschuldete Unkenntnis für die Frage eine Rolle spielen kann, ob die Inanspruchnahme anderweitigen Ersatzes dem Geschädigten zumutbar war. Bestand eine Ersatzmöglichkeit **vor der Klageerhebung**, ist sie aber bei Klageerhebung nicht mehr vorhanden, so muss der Geschädigte nachweisen, dass er die frühere Ersatzmöglichkeit nicht schuldhaft versäumt hat (BGH 10. 1. 2002 – III ZR 13/01, NJW 2002, 1266; BGH VersR 1978, 252; 1966, 238; BGH WM 1965, 290; BGHZ 37, 380; RGZ 161, 109, 117; 145, 56, 69; 126, 362; 100, 128; 86, 286; BayObLGZ 1976, 305).

306 **cc)** Die dem Kläger obliegende Darlegungs- und Beweislast, dass er anderweitig Ersatz nicht zu erlangen vermag, bedeutet nicht, dass er vor Erhebung der Amtshaftungsklage alle denkbaren Möglichkeiten anderweitiger Ersatzerlangung erschöpft haben müsse (BGH DVBl 1967, 661). Es bedarf auch nicht eines vorgängigen Prozesses – und bei obsiegendem Urteil des Versuchs der Befriedigung durch Vollstreckung – gegen die etwa in Betracht kommenden Personen. Vielmehr kann und muss das Gericht des Amtshaftungsprozesses, wenn der Geschädigte substantiierte Behauptungen über das Nichtvorhandensein anderer Ersatzmöglichkeiten aufstellt, selbst – bei widersprüchlichen Behauptungen ggf nach eigener Beweisaufnahme – darüber entscheiden (BGH VersR 1967, 711; NJW 1962, 1862; BGHZ 4, 10, 46; RGZ 165, 91, 105; 139, 349; 96, 164).

Solange die Frage einer anderweitigen Ersatzmöglichkeit noch offen ist, darf das Gericht einem Amtshaftungsanspruch wegen fahrlässigen Handelns nicht stattgeben und darf andererseits die Klage ohne abschließende Entscheidung darüber, ob der Kläger auf andere Weise Ersatz erlangen kann, nicht abweisen, wenn der unterbreitete Sachverhalt eine solche Entscheidung ermöglicht (BGH VersR 1964, 388). Ist ein Beamter wegen einer Amtspflichtverletzung nach § 839 BGB auf Leistung von Schadensersatz **allein** verklagt, so kann allerdings, wenn eine anderweitige Ersatzmöglichkeit nicht auszuschließen ist, die Klage als **(derzeit) unbegründet** abgewiesen werden (s dazu ausführlich Rn 311). Wird aber die Amtshaftungsklage wegen desselben Schadens mit der Klage gegen einen anderen verbunden, und ist die Frage, ob diesen eine Ersatzpflicht trifft, noch nicht entscheidungsreif, dann darf die Amtshaftungsklage nicht mit dem Hinweis auf die noch nicht geklärte Ersatzpflicht des (einfachen) Streitgenossen durch Teilurteil abgewiesen werden, weil die Entscheidung hierüber für den durch Teilurteil entschiedenen Amtshaftungsanspruch präjudiziell ist (BGH NVwZ 2004, 1526; BGHZ 120, 376, 380; s auch BGH NJW 1999, 1035; BGH VersR 1958, 451; BayObLGZ 1964, 416, 427; KG VersR 1968, 1067). Erst wenn der Kläger den Negativbeweis nicht antritt oder dieser misslingt, kann das Gericht die Klage mit der Begründung abweisen, der Kläger sei dafür beweisfällig geblieben, dass er sich nicht bei dem anderen für seinen Schaden erholen könne (vgl BGH VersR 1964, 387; 1961, 653).

dd) Der dem Kläger im Amtshaftungsprozess obliegende Beweis geht inhaltlich **307**
nicht dahin, dass ein Ersatzanspruch gegen einen Dritten nicht besteht, sondern nur dahin, dass sich ein Ersatzanspruch nicht nachweisen lässt. Verlangt zB A Schadensersatz vom Fiskus und wendet der Beklagte ein, ein Dritter (C) habe den Schaden schuldhaft mit verursacht, so muss A zur Ausräumung der Möglichkeit anderweitigen Ersatzes nicht beweisen, dass den C kein Verschulden trifft; es genügt, wenn sich ein Verschulden des C nicht nachweisen lässt und deshalb seine Inanspruchnahme keine Aussicht auf Erfolg bietet (BGH VersR 1964, 369; 1959, 353; 1958, 886; vgl auch BGHZ 37, 375). Dies gilt insbesondere, wenn dem A wegen schwieriger Schuldfrage eine Inanspruchnahme des C nicht zuzumuten ist (BGH NJW 1979, 35).

ee) Bei dem Negativbeweis darf dem Geschädigten nichts Unmögliches zugemutet **308**
werden. Es kann von ihm, wenn sich aus dem Sachverhalt selbst keine Anhaltspunkte für die rechtliche und tatsächliche Möglichkeit anderweitigen Ersatzes ergeben, nicht ein weiterer, abseitige Ersatzmöglichkeiten umfassender Nachweis dieser negativen Klage begründenden Tatsache verlangt werden (BGH VersR 1978, 252; 1969, 423; 1964, 732). Der Geschädigte kann sich danach in aller Regel darauf beschränken, die sich aus dem Sachverhalt selbst etwa ergebenden Ersatzmöglichkeiten auszuräumen, und es ist dann Sache des Beklagten, dem Kläger das Vorhandensein anderweitiger Ersatzmöglichkeiten nachzuweisen (BGH 8. 5. 2025 – III ZR 398/23, WM 2025, 1435 Rn 34; BGH 24. 10. 2002 – III ZR 107/02, NJW 2003, 202, 204; BGH NJW 1983, 1374, 1378; BGH VersR 1969, 423; 1967, 711; 1966, 494; RGZ 158, 277, 283; Kreft Rn 506). Dies gilt besonders dann, wenn der Ersatzpflichtige selbst bei dem gegebenen Sachverhalt allein dazu tatsächlich in der Lage ist (RGZ 158, 277, 283; BGH VersR 1964, 732). Ergibt die Sachlage, dass eine als anderweitig ersatzpflichtig in Betracht kommende Person kein greifbares Vermögen besitzt, so ist es Sache des Beklagten, darzutun, dass dennoch Vollstreckungsmöglichkeiten bestehen (BGH VersR 1962, 953; RGZ 162, 24, 31). Es ist also die unsubstantiierte Behauptung des Beklagten, der Dritte besitze Vermögen, bedeutungslos; der Beklagte muss vielmehr konkrete Vollstreckungsmöglichkeiten vortragen (BGH VersR 1966, 494).

j) Weitere Verfahrensfragen – insbesondere zur Rechtskraft

aa) Steht die Höhe des Schadens fest, ist aber die Höhe dessen ungewiss, was dem **309**
Geschädigten von anderer Seite als Ersatz zufließen wird oder kann, oder kann der Geschädigte seinen künftigen Schaden nicht übersehen und bleibt deshalb unsicher, ob der Schaden durch eine anderweitige Ersatzmöglichkeit voll ausgeglichen werden

wird, so ist nach der Rechtsprechung des BGH ein **Feststellungsurteil** möglich, das die grundsätzliche Verpflichtung zum Ersatz „aus dem Gesichtspunkt der Amtspflichtverletzung" feststellt; ein solches Urteil lässt in einem nachfolgenden Leistungsprozess die Berücksichtigung etwa später eingetretener anderer Ersatzmöglichkeiten offen (BGH VersR 1969, 422; 1966, 238). Ergibt sich im Amtshaftungsprozess, dass der in Betracht kommende anderweitige Ersatz den Gesamtschaden nicht abdeckt, so kann über den Amtshaftungsanspruch ein Grundurteil (§ 304 ZPO) ergehen und die anderweitige Ersatzmöglichkeit dem Betragsverfahren vorbehalten bleiben (Rn 433). Eine künftige ungewisse anderweitige Ersatzmöglichkeit ist aber weder gegenüber einer Leistungsklage noch gegenüber einer Feststellungsklage zu berücksichtigen, wenn gegenwärtige Ersatzmöglichkeiten anderer Art nicht bestehen (OLG Celle NJW 1964, 1905).

310 **bb)** Wird eine auf fahrlässige Amtspflichtverletzung gestützte Amtshaftungsklage **rechtskräftig** mit der Begründung abgewiesen, dass vor Klageerhebung eine anderweitige Ersatzmöglichkeit bestanden habe, aber fortgefallen sei, weil der Geschädigte schuldhaft ihre rechtzeitige Wahrnehmung versäumt habe, oder dass sie zur Zeit der Klageerhebung bestanden habe und ihr Wegfall im Laufe des Amtshaftungsrechtsstreits auf einem Verschulden des Klägers beruhe, so hat ein solches Urteil die gleiche Rechtskraftwirkung wie ein klageabweisendes Urteil, das den Bestand des Klageanspruchs aus anderen materiell-rechtlichen Gründen, zB wegen fehlenden Verschuldens des Beamten, wegen fehlendes Schadens usw verneint (BGH NJW 1962, 1862, 1863).

311 **cc)** Anders liegt es dagegen, wenn eine auf fahrlässige Amtspflichtverletzung gestützte Schadensersatzklage deshalb abgewiesen wurde, weil das Gericht eine anderweitige Ersatzmöglichkeit als nicht ausgeschlossen oder als bestehend und durchsetzbar ansah und der Geschädigte einen zumutbaren Versuch, auf diesem Wege Ersatz zu erlangen, bisher nicht unternommen habe: Ein solches Urteil hat – gleichgültig ob das Gericht dies ausdrücklich ausspricht oder nicht – nur die Bedeutung, dass die Klage als zur Zeit unbegründet abgewiesen wird (BGH VersR 1963, 1169; BGHZ 37, 375; 35, 338). Die Klageabweisung hat also insoweit lediglich vorläufigen Charakter (BGHZ 215, 344 Rn 20; BGH 1. 12. 1994 – III ZR 1994, VersR 1995, 334), vergleichbar etwa dem Fall, dass die Klage abgewiesen wird, weil die eingeklagte Forderung noch nicht fällig sei. Versucht der Geschädigte nunmehr, anderweitig Ersatz zu erlangen, und misslingt dieser Versuch, so ist die im ersten Verfahren noch fehlende negative Voraussetzung des Amtshaftungsanspruchs nunmehr erfüllt und dieser neue Tatbestand ermöglicht eine neue Amtshaftungsklage (BGHZ 37, 375; 35, 338, 340). Es macht dabei keinen Unterschied, ob der Versuch, anderweitig Ersatz zu erlangen, aus rechtlichen Gründen (Abweisung der Klage im späteren Verfahren gegen den Dritten, auch wenn sie nur wegen Beweisschwierigkeiten erfolgt) oder aus tatsächlichen Gründen (Mangel an Zugriffsmöglichkeiten) erfolglos ist, ob die Unmöglichkeit, anderweitig Ersatz zu erlangen, schon zur Zeit der ersten Amtshaftungsklage bestand und erst hinterher festgestellt wurde, oder ob sie erst nachträglich (zB durch Verjährung oder durch Vermögensverfall des Dritten) eingetreten ist; maßgeblich ist vielmehr, dass die Unmöglichkeit erst nachträglich zutage getreten ist (BGHZ 37, 375, 377/378). Von dem Standpunkt aus, dass die Abweisung der Amtshaftungsklage wegen Bestehens anderweitiger Ersatzmöglichkeiten stets nur eine Abweisung „als zur Zeit unbegründet" darstellt, steht die Rechtskraft des Urteils im ersten Amtshaftungsprozess einer erneuten Amtshaftungsklage auch dann nicht entgegen, wenn das erste Urteil, selbst über die Frage eines anderweitigen Ersatzanspruchs entscheidend, ausgesprochen hat, dass ein anderer Ersatzanspruch tatsächlich bestehe und durchsetzbar sei, während das Urteil im Verfahren gegen den Dritten aufgrund anderer rechtlicher Betrachtung oder tatsächlicher Würdigung der Beweise die Klage gegen den Dritten abgewiesen hat. Denn wenn die Klage gegen den Dritten zu Unrecht abgewiesen wurde, so ist ein neuer Sachverhalt gegeben, weil die (nach Auffassung des Urteils im ersten Amtshaftungsprozess) an sich gegebene anderweitige Ersatzmöglichkeit durch die rechtskräftige Abweisung im Verfahren gegen den Dritten jetzt undurchsetzbar geworden ist (BGHZ 37, 375, 379; so auch ZEUNER JZ 1962, 496 zu BGHZ 35, 338). Ist dagegen die Klage gegen den Dritten zu Recht abgewiesen worden, so ist das Misslingen des Versuchs, anderweitig Ersatz zu erlangen, eine neue Tatsache, aufgrund deren die negative Anspruchsvoraussetzung des § 839 Abs 1 S 2 BGB nunmehr erfüllt ist (BGHZ 37, 375).

Die Abweisung einer Amtshaftungsklage wegen Eingreifens einer anderweitigen Ersatzmöglichkeit nach § 839 Abs 1 S 2 BGB als „derzeit unbegründet" setzt voraus, dass die **übrigen Tatbestandsvoraussetzungen** des Amtshaftungsanspruchs **erfüllt** sind. Daher ist der Beklagte durch ein solches Urteil beschwert und kann hiergegen Rechtsmittel einlegen (BGH 7. 9. 2017 – III ZR 618/16, BGHZ 215, 344 Rn 23). Dies ist ggf auch erforderlich, denn die Rechtskraft eines Urteils, mit dem die gegen einen Notar gerichtete Amtshaftungsklage wegen einer anderweitigen Ersatzmöglichkeit als derzeit unbegründet abgewiesen wird, umfasst die Gründe des Urteils, soweit in ihnen die übrigen Anspruchsvoraussetzungen positiv festgestellt werden. Ist dies der Fall, kann im Folgeprozess die Amtshaftungsklage nicht mit der Begründung abgewiesen werden, der Anspruch habe bereits im Zeitpunkt der Erstentscheidung dem Grunde nach nicht bestanden (BGH 9. 6. 2022 – III ZR 24/21, BGHZ 234, 102 Ls 1 und Rn 25). Die (materielle) **Beschwer** der beklagten Partei, gegen die eine Amtshaftungsklage wegen des Bestehens einer anderweitigen Ersatzmöglichkeit nach § 839 Abs 1 S 2 BGB abgewiesen wurde, kann sich nicht nach dem vollen Wert der Klagforderung richten, da sie dann genauso bemessen würde, als ob die Partei zur Zahlung verurteilt worden wäre. Maßgeblich ist der nach § 3 ZPO zu bemessende „Minderwert" der nur vorübergehenden statt endgültigen Klagabweisung. Dabei ist auch zu berücksichtigen, ob eine erneute Inanspruchnahme fernliegt (BGH 13. 8. 2015 – III ZR 333/14, juris Rn 5).

dd) Hat die Vorinstanz die Amtshaftungsklage in Anwendung des Verweisungspri- **312**
vilegs als zur Zeit unbegründet abgewiesen und legt der Kläger hiergegen Rechtsmittel ein, so ist das Rechtsmittelgericht nicht gehindert, dieses Rechtsmittel mit der Begründung zurückzuweisen, dass ein anderes Tatbestandsmerkmal nicht erfüllt sei und dieses Fehlen zum endgültigen Scheitern des Amtshaftungsanspruchs führen müsse. Der Austausch eines vorläufigen Abweisungsgrundes in einen endgültigen ist im Rechtsmittelverfahren möglich, ohne dass darin ein Verstoß gegen das Verbot der reformatio in peius liegt (BGH 1. 12. 1994 – III ZR 33/94, VersR 1995, 334).

k) Fragen aus dem Bereich der Legalzession

Wird ein Beamter durch einen Dritten und zugleich durch einen anderen Beamten **313**
im hoheitlichen Bereich verletzt und ist der Dienstherr dem Geschädigten sowohl aus § 839 BGB iVm Art 34 GG wie auch wegen Verletzung der beamtenrechtlichen

Fürsorgepflicht durch das von ihm zu vertretende Handeln des Schädigers verpflichtet, so ist der gemäß § 76 BBG übergegangene Anspruch, soweit es sich um die Verletzung der Fürsorgepflicht handelt, beim Ausgleich mit dem dritten Schädiger zu kürzen (BGH VersR 1967, 580, BGHZ 43, 178). Ist § 839 Abs 1 S 2 BGB unanwendbar, weil eine vorsätzliche Amtspflichtverletzung vorliegt, so kann kraft Legalzession an die Stelle des Geschädigten eine dritte Stelle als anspruchsberechtigt treten. Das Gleiche gilt in den Fällen, in denen das Verweisungsprivileg auch bei fahrlässiger Amtspflichtverletzung nicht durchgreift, sei es, weil es von vornherein nicht anwendbar ist, sei es, weil bestimmte Leistungen kein „anderweitiger Ersatz" sind (s dazu ausführlich Rn 271 ff). Dabei ist zwischen dem Forderungsübergang nach § 116 SGB X (früher § 1542 RVO) auf den Sozialversicherungsträger und dem Rechtsübergang nach § 67 VVG auf den Privatversicherer des Geschädigten zu unterscheiden. Der Rechtsübergang nach § 116 SGB X vollzieht sich dem Grunde nach im Augenblick des Schadensfalles. Dagegen kommt es nach § 67 VVG nicht nur auf die Verpflichtung des Versicherers zur Leistung an den Geschädigten, sondern darauf an, ob er die Versicherungsleistungen tatsächlich auch erbringt. Bevor er leistet, hat er noch keinen Anspruch gegen den schädigenden Beamten oder die nach § 839 BGB iVm Art 34 GG an dessen Stelle haftende Körperschaft, auch nicht einen bedingten. Es besteht vielmehr, wenn mit künftigen Schäden zu rechnen ist, die Versicherungsansprüche auslösen können, zunächst nur ein künftiges Rechtsverhältnis, das den Versicherer nicht berechtigt, gegen den Beamten (die haftende Körperschaft) auf Feststellung der Schadensersatzpflicht hinsichtlich künftiger Versicherungsleistungen zu klagen. Wohl aber ist eine Feststellungsklage des Versicherers gegen den Beamten (die Körperschaft) dahin zulässig, dass der Haftende im Rahmen der zu erbringenden Versicherungsleistungen dem **Geschädigten** Schadensersatz leisten muss, da das festzustellende Rechtsverhältnis nicht unmittelbar zwischen dem Kläger und dem Beklagten zu bestehen braucht (BGH VersR 1966, 876).

12. Spruchrichterprivileg – Richterspruchprivileg (§ 839 Abs 2 BGB)

a) Funktion des Richterprivilegs

314 Von dem Grundsatz des § 839 Abs 1 S 1 BGB, dass jede schuldhafte Verletzung der einem „Beamten" einem Dritten gegenüber obliegenden Amtspflichten zum Schadensersatz verpflichtet, macht § 839 Abs 2 S 1 BGB eine Ausnahme zugunsten des sogenannten Spruchrichters: Erfolgt die Amtspflichtverletzung „bei dem Urteil in einer Rechtssache", so tritt die Haftung nur ein, wenn die Pflichtverletzung „in einer Straftat besteht".

aa) Dass damit, von seltensten Ausnahmefällen abgesehen, die Tätigkeit des „Spruchrichters" „bei dem Urteil in einer Rechtssache" einer Nachprüfung im Amtshaftungsprozess entzogen ist, wird gemeinhin als „Richterprivileg" bezeichnet. Die abkürzende Umschreibung des Inhalts des § 839 Abs 2 S 1 BGB ist aber insofern missverständlich, als sie den Eindruck zu erwecken geeignet sein könnte, es sollte dem Richter um seiner Tätigkeit willen – etwa zum Schutz der richterlichen Unabhängigkeit, oder weil er in besonderem Maß Irrtümern ausgesetzt wäre – eine Sonderstellung im Sinne einer Vergünstigung gegenüber anderen Amtsträgern eingeräumt werden. Allerdings wird das „Richterprivileg" vielfach mit dem Schutz der richterlichen Unabhängigkeit in Verbindung gebracht (vgl dazu Leipold JZ 1967, 737, 739). Es ist jedoch heute allgemein anerkannt, dass – entgegen zum Teil im Schrifttum vertretenen Auffassungen (Nachweise bei KREFT Rn 514) – nicht diese die alleinige Rechtfertigung des „Richterprivilegs" ist. Nach BGHZ 50, 14, 19 f (= NJW 1968, 989) dient § 839 Abs 2 BGB **auch** dem Schutz der richterlichen Unabhängigkeit: Der Richter soll im Interesse seiner inneren Freiheit und Unbefangenheit nicht befürchten müssen, dass sein Verhalten ihm als Fehlverhalten angelastet und zur Grundlage eines Ersatzanspruchs gemacht würde. Auf dieser Linie liegt es, dass bei richterlichen Amtspflichtverletzungen **außerhalb** des Anwendungsbereichs des § 839 Abs 2 BGB der Verfassungsgrundsatz der richterlichen Unabhängigkeit zu beachten ist. Soweit in solchen Fällen im Amtshaftungsprozess darüber zu befinden ist, ob ein Richter bei der Rechtsanwendung und Gesetzesauslegung schuldhaft amtspflichtwidrig gehandelt hat, kann dem Richter in diesem Bereich ein Schuldvorwurf nur bei besonders groben Verstößen gemacht werden; inhaltlich läuft das auf eine Haftung für Vorsatz oder grobe Fahrlässigkeit hinaus (BGHZ 155, 306). Eine Haftung tritt jedenfalls dann nicht ein, wenn die betreffende richterliche Maßnahme nicht unvertretbar gewesen ist (BGH 21. 7. 2005 – III ZR 21/05, BGHZ 187, 286; RINNE/SCHLICK NJW 2005, 3541, 3548). Die neuere Rechtsprechung des Bundesgerichtshofs löst sich von dem Begriff der groben Fahrlässigkeit und stellt auf die Unvertretbarkeit als Maßstab ab (BGH 18. 4. 2019 – III ZR 68/17 Rn 21; BGH 15. 12. 2016 – III ZR 387/14, BGHZ 213, 200 Rn 14; BGH 27. 8. 2015 – III ZR 327/14 Rn 2; BGH 16. 10. 2014 – IX ZR 190/13, NJW-RR 2015, 369 Rn 19; BGH 22. 1. 2009 – III ZR 172/08, NJW-RR 2009, 601 Rn 13; BGH 5. 10. 2006 – III ZR 283/05, NJW 2007, 224 Rn 19; BGH 21. 7. 2005 – III ZR 21/05, NJOZ 2005, 3987, 3988 f; s auch BGH 4. 11. 2010 – III ZR 32/10, BGHZ 187, 286 Rn 27 zu § 198 GVG m Anm ROLLER DRiZ 2011, 172; BRÜNING NJW 2011, 1077; FÖLSING EWIR 2011, 142; krit ZUCK JZ 2011, 471; ZIEHM NJW 2017, 1276; RINNE/SCHLICK NJW 2005, 3541, 3548; anders bei Ansprüchen aus Art 5 Abs 5 EMRK: BGH 18. 4. 2019 – III ZR 68/17, Rn 23 ff; s auch Rn 509).

bb) Indessen müsste dieser Gesichtspunkt, wäre er **allein** maßgebend, folgerichtig **315** dazu führen, dass **jede** unter richterlicher Unabhängigkeit ausgeübte richterliche Tätigkeit unter das „Richterprivileg" fiele; der Gesetzgeber hat aber lediglich den „Spruchrichter" privilegiert (so schon RGZ 116, 91). Der entscheidende (vom BGH in BGHZ 50, 14, 19 f auch verwertete) innere Rechtfertigungsgrund des § 839 Abs 2 BGB ist vielmehr, es zu verhindern, dass eine Rechtskraftwirkung, die bei gleich bleibender Sachlage eine erneute Befassung mit der Sache ausschließt (BGHZ 51, 326 = NJW 1969, 876), dadurch umgangen wird, dass durch Erhebung einer Amtshaftungsklage das Urteil und das Verhalten der Richter „bei dem Urteil" zum Gegenstand der Nachprüfung in einem anderen Verfahren gemacht werden, ohne dass die engen Voraussetzungen erfüllt sind, unter denen die Verfahrensvorschriften die Wiederaufrollung eines rechtskräftig abgeschlossenen Verfahrens zulassen. Indem § 839 Abs 2 S 1 BGB solche Umgehungsmöglichkeiten ausschließt, dient die Vorschrift, nicht anders als die Enge der Voraussetzungen für die Wiederaufnahme eines rechtskräftig abgeschlossenen Verfahrens, primär der Rechtssicherheit und der Erhaltung des durch das Urteil geschaffenen Rechtsfriedens (BVerfG 22. 8. 2013 – 1 BvR 1067/12, NJW 2013, 3630 Rn 35; so auch deutlich BGHZ 57, 33, 45 und im Schrifttum die ganz überwiegend vertretene Auffassung, zB STEFFEN DRiZ 1968, 237; LEIPOLD JZ 1967, 737, 739; KÖNDGEN JZ 1979, 246, 248; KREFT Rn 514; BeckOGK/THOMAS [1. 11. 2025] § 839 Rn 658; MünchKommBGB/PAPIER/SHIRVANI § 839 Rn 393; SOERGEL/VINKE § 839 Rn 208). Der Schutz der richterlichen Unabhängigkeit stellt mithin in diesem Bereich nur eine Nebenwirkung dar, und es wäre, wie dies auch schon vorgeschlagen worden ist, richtiger, statt von einem „Spruchrichterprivileg" von einem „Richterspruchprivileg" zu sprechen.

316 **cc)** Die dem § 839 Abs 2 S 1 BGB zugrunde liegenden Erwägungen führen dazu, das „Richterprivileg" auch auf Enteignungs- und Aufopferungsansprüche auszudehnen, die richterliche Maßnahmen „bei dem Urteil in einer Rechtssache" zur Grundlage haben (BGH 18. 4. 2019 – III ZR 68/17 Rn 21; BGHZ 50, 14), und weitgehend auch auf die beamtenrechtliche Haftung des Richters gegenüber seinem Dienstherrn in den Fällen, in denen der Dienstherr „wie ein Dritter" durch die richterliche Maßnahme geschädigt worden ist, zB als Prozesspartei durch eine nachteilige Entscheidung (vgl Pentz DÖV 1958, 496; Steffen DRiZ 1968, 237, 239).

b) Begriff der Pflichtverletzung, die in einer Straftat besteht

317 Nach den Vorschriften der Prozessgesetze findet eine **Wiederaufnahme** eines durch rechtskräftiges Urteil abgeschlossenen Verfahrens unter anderem statt, wenn bei dem Urteil ein Richter mitgewirkt hat, „der sich in Beziehung auf die Sache (oder ‚auf den Rechtsstreit') einer strafbaren Verletzung seiner Amtspflichten schuldig gemacht hat" (s insbesondere § 580 Nr 5 ZPO und § 359 Nr 3 StPO). Diese Vereinheitlichung des Wortlauts der Verfahrensvorschriften beruht auf dem EGStGB vom 2. 3. 1974 (BGBl I 469). Durch dieses Gesetz erhielt auch § 839 Abs 2 S 1 BGB seine jetzige Fassung; bis dahin sprach die Vorschrift von einer Pflichtverletzung, die „mit einer im Wege des gerichtlichen Strafverfahrens zu verhängenden öffentlichen Strafe bedroht ist".

318 § 839 Abs 2 S 1 BGB knüpft schon nach seinem Wortlaut an die vorgenannten Verfahrensvorschriften an. Sowohl in diesen Vorschriften als auch in § 839 Abs 2 S 1 BGB sind als „in einer Straftat bestehende" oder als „strafbare" Amtspflichtverletzungen nur solche anzusehen, die im StGB mit Kriminalstrafe bedroht sind; reine Disziplinarverfehlungen scheiden aus. Praktisch kommen nur Straftaten nach §§ 331 Abs 2, 332 Abs 2, 3, 339 StGB („Richterbestechung" und Rechtsbeugung) in Betracht. Auch strafbare Beleidigungen, die der Richter „bei dem Urteil", etwa gegenüber dem Angeklagten oder einer Prozesspartei, begeht, einzubeziehen, widerspricht – gegen BGHZ 50, 14, 16 – dem Sinn der Vorschrift: Gedacht ist hier offenbar nur an solche strafbaren Amtspflichtverletzungen, die auf das Urteil einwirken oder einwirken können. Dabei ist zu berücksichtigen, dass zum Vorsatz der Rechtsbeugung (§ 339 StGB) das Bewusstsein gehört, das Recht zugunsten oder zuungunsten einer Partei zu beugen, und auch bedingter Vorsatz ausreicht. Die Vorschrift des § 339 StGB betrifft im Übrigen nicht jede unrichtige Rechtsanwendung, sondern erfordert die „Beugung" des Rechts. Zweck der Vorschrift ist es, den Rechtsbruch als elementaren Verstoß gegen die Rechtspflege unter Strafe zu stellen; dass die Rechtsbeugung nach dem Recht der Bundesrepublik Deutschland ein Verbrechen ist, indiziert die Schwere des Unwerturteils. Rechtsbeugung begeht deshalb nur der Amtsträger, der sich bewusst in schwerwiegender Weise vom Gesetz entfernt und sein Handeln als Organ des Staates statt an Recht und Gesetz an seinen eigenen Maßstäben ausrichtet (BGH 20. 11. 2024 – 2 StR 54/24, FamRZ 2024, 639 Rn 31; BGHSt 43, 183, 190; 41, 247, 251; 40, 169, 178; 38, 381, 383). Das muss auch für die zivilrechtliche Haftung gelten, wenn ein Amtshaftungsprozess auf die Behauptung gestützt wird, ein Richter, der beim Erlass eines rechtskräftig gewordenen Urteils mitwirkte, habe sich der Rechtsbeugung schuldig gemacht. Denn der Zweck des § 839 Abs 2 S 1 BGB, rechtskräftige Urteile der Nachprüfung im Amtshaftungsprozess im Interesse des Rechtsfriedens und der Rechtssicherheit grundsätzlich zu entziehen, verlangt substantiierte Darlegungen, dass der Richter entweder gegen seine Rechtsüberzeugung (Steffen

DRiZ 1969, 45) oder unter billigender Inkaufnahme der Unvertretbarkeit der von ihm geäußerten Rechtsüberzeugung gehandelt habe.

Für die Geltendmachung von Amtshaftungsansprüchen genügt, dass der Tatbestand der Richterbestechung oder Rechtsbeugung nach der objektiven und subjektiven Seite erfüllt ist; es braucht nicht zu einem Strafverfahren gekommen zu sein. Die diesbezüglichen Beschränkungen für die Wiederaufnahme des Verfahrens (§ 581 ZPO und § 364 StPO) gelten im Amtshaftungsprozess also nicht.

c) Zur Abgrenzung der Begriffe „Beamter" und „Urteil in einer Rechtssache"

aa) Die Entstehungsgeschichte des Absatzes 2 belegt, dass der historische Gesetz- 319
geber unter „Urteilen" nur solche in einem Rechtsstreit (einer „Rechtssache") ergangenen Entscheidungen verstanden hat, die nach gesetzlicher Vorschrift unter der technischen Bezeichnung „Urteil" zu ergehen hatten (einschl der Ausschlussurteile nach §§ 952 ff ZPO aF, siehe jetzt 439 ff FamFG). Als „Urteil" bezeichnete der Antragsteller im Reichstag (vgl Mugdan 1397, 1402, 1409) „diejenigen Entscheidungen, durch welche das Prozessrechtsverhältnis für die Instanz beendet wird, also bei Strafsachen die Endurteile, bei Zivilsachen auch noch die Zwischenurteile und die Teilurteile". Maßgeblich war dabei die Erwägung, dass diese Urteile der materiellen Rechtskraft fähig sind. Zur Abhilfe gegen Fehler und Versagen der „Beamten" sollten zunächst die zulässigen Rechtsmittel dienen; nach Eintritt der Rechtskraft, die grundsätzlich alle Fehler „heilt", sollte grundsätzlich nur die Wiederaufnahme des Verfahrens zur Verfügung stehen und die Nachprüfung in einem Amtshaftungsprozess auf den extremen Fall der Rechtsbeugung oder Richterbestechung beschränkt werden. Entscheidungen, die nach den für die Rechtssache maßgebenden Verfahrensvorschriften keine Urteile im technischen Sinne waren, sollten nicht in den Anwendungsbereich des Absatzes 2 fallen (vgl auch Planck/Greiff [4. Aufl 1928] § 839 Nr 6 mwNw aus der zeitgenössischen Rechtsliteratur).

bb) „Urteile" in diesem technischen Sinne konnten **nach der damaligen Gesetzeslage** 320
nicht nur die staatlichen Organe, die die Bezeichnung „Gericht" trugen, fällen; „Urteile in Rechtssachen" im Sinne des § 839 Abs 2 BGB waren vielmehr zB auch die in der seinerzeitigen RVO als „Urteil" bezeichneten Entscheidungen im Spruchverfahren des Spruchausschusses beim Versicherungsamt und die Rechtsmittelentscheidungen des Ober- und Reichsversicherungsamts, in der Knappschaftsversicherung nach dem Reichsknappschaftsgesetz die im Rechtsmittelzug ergehenden „Urteile" des Knappschaftsoberversicherungsamts und des Reichsversicherungsamts.

cc) Für die Auslegung der Begriffe „Beamter" und „Urteil in einer Rechtssache" 321
müssen angesichts der seit der Schaffung der Vorschrift eingetretenen Veränderung der Rechtslage folgende Überlegungen maßgebend sein: Die rechtsprechende Gewalt ist nach Art 92 GG bei den Gerichten monopolisiert. Urteile der vollziehenden Gewalt können in „Rechtssachen" keine abschließenden Entscheidungen treffen, die der richterlichen Nachprüfung entzogen wären; denn nach Art 19 Abs 4 GG unterliegen grundsätzlich alle Maßnahmen der öffentlichen Gewalt, wenn der dadurch Betroffene sich in seinen Rechten verletzt glaubt, der Nachprüfung im Rechtswege. Aus dem Zweck des § 839 Abs 2 BGB, „Urteile in Rechtssachen", die nach Erschöpfung der gesetzlichen Anfechtungsmöglichkeiten rechtskräftig geworden sind, (vom Fall der „Bestechung" und Rechtsbeugung abgesehen) einer richterlichen Nachprü-

fung nach der Richtung zu entziehen, ob eine schadenverursachende Amtspflichtverletzung vorliegt, ergibt sich, dass unter „Beamten“ nur Richter der staatlichen Gerichte bei Ausübung der Rechtsprechung zu verstehen sind (BGH VersR 1966, 1053; NJW 1962, 1500; BGHZ 10, 57; s aber auch sogleich Rn 322). Ein staatliches Gericht ist ein von der Staatsgewalt eingesetztes Organ, das dazu berufen ist, einen Rechtsstreit, dh einen Streit um geltend gemachtes oder bestrittenes Recht oder eine Straf-, Dienststraf-, Anwalts- oder Berufsgerichtssache unter Anwendung des Gesetzes in einem gesetzlich geregelten Verfahren durch unparteiische, dh unbeteiligte, vom Staat ernannte, unter richterlicher Unabhängigkeit handelnde und mit einem Mindestmaß von Garantien für die persönliche Unabhängigkeit ausgestattete Dritte zu entscheiden (BVerfG MDR 1965, 544; NJW 1962, 1611; 1956, 137; 1955, 18; BGH NJW 1969, 876; VersR 1966, 1053).

322 **dd)** Zu den „Beamten“, die bei dem Urteil „in einer Rechtssache“ mitwirken, gehören nicht nur die Berufsrichter, dh die Richter auf Lebenszeit, auf Zeit, auf Probe oder kraft Auftrags (§ 8 DRiG), sondern nach der Legaldefinition des Begriffs „Richter“ in § 11 Abs 1 Nr 3 StGB die entsprechend gesetzlicher Vorschrift bei dem „Urteil“ mitwirkenden ehrenamtlichen Richter (die Schöffen und Handelsrichter im Sinne des GVG sowie die im Bereich der Arbeits-, allgemeinen und besonderen Verwaltungsgerichtsbarkeit und bei sonstigen Gerichten nach gesetzlicher Vorschrift neben Berufsrichtern mitwirkenden ehrenamtlichen Richter). Denn die rechtsprechende Gewalt wird nach § 1 DRiG durch Berufsrichter und durch ehrenamtliche Richter ausgeübt, und diese wirken bei den „Urteilen“ mit gleichen Rechten und Pflichten und in richterlicher Unabhängigkeit wie die Berufsrichter mit (§ 45 Abs 1 S 1 DRiG; vgl zB Kreft Rn 516 und bezüglich der Schöffen RG JW 1924, 192). Auch der Notar, der an die Stelle des Prozessgerichts treten und in rechtsprechender Funktion entscheidet, ist Beamter in einer Rechtssache (BGH 12. 8. 2020 – III ZR 160/19, WM 2021, 129 Rn 26 für die Vollstreckbarerklärung eines Anwaltsvergleichs gemäß § 796c ZPO).

323 **ee)** Andere vom Staat eingesetzte oder mit staatlicher Ermächtigung tätige Organe, die nicht den vorgenannten Anforderungen an die Eigenschaft als Gericht und Richter entsprechen, sind auch dann nicht im Sinne des § 839 Abs 2 BGB „Beamte“ und ihre Entscheidungen nicht „Urteile in einer Rechtssache“, wenn sie über geltend gemachte Rechtsansprüche in einem durch Rechtsvorschriften geordneten Verfahren und – entsprechend dem Grundsatz der Gesetzmäßigkeit der Verwaltung – unter Bindung an Gesetz und Recht und frei von Weisungen entscheiden und solche Entscheidungen bei Nichtanfechtung mit den vorgesehenen Rechtsbehelfen der Rechtskraft fähig und Vollstreckungstitel sind. Hier handelt es sich vielmehr um Verwaltungsentscheidungen der Exekutive, die unter § 839 Abs 1 BGB fallen. Das gilt auch dann, wenn Entscheidungen nichtrichterlicher Behörden in einem den Vorschriften der ZPO oder StPO oder einer anderen gerichtlichen Verfahrensordnung angenäherten Verfahren (wie zB im förmlichen Verwaltungsverfahren nach §§ 63 ff VwVfG) ergehen (BGH NJW 1962, 1500; BGHZ 10, 55, 57 = NJW 1953, 1298; RG JW 1928, 2534; OLG Schleswig NJW 1958, 2019). Nicht unter § 839 Abs 2 BGB fallen daher Bußgeldbescheide der Verwaltungsbehörden nach Maßgabe des OWiG, durch die Geldbußen und andere Nebenfolgen wegen Ordnungswidrigkeiten festgesetzt werden und die in Rechtskraft erwachsen und Vollstreckungstitel bilden, wenn der Betroffene nicht fristgemäß durch Einspruch die Nachprüfung durch den Strafrichter herbei-

führt. Ebenso werden Vergabekammern nicht von § 839 Abs 2 BGB erfasst (Stumpf/Götz DVBl 2015, 154).

d) „Urteile“ und „urteilsvertretende Entscheidungen“

Rechtssachen sind alle dem Gericht unterbreiteten Angelegenheiten, die Gegenstand einer Entscheidung des Gerichts in Ausübung der rechtsprechenden Gewalt sind (Gegensatz: Justizverwaltungsaufgaben, deren Erledigung nicht unter § 839 Abs 2 BGB fällt). **324**

aa) Das Reichsgericht hat im Anschluss an die parlamentarischen Erörterungen (Rn 319) grundsätzlich als Urteile nur solche Entscheidungen angesehen, die aufgrund obligatorischer mündlicher Verhandlung ergehen, den Rechtsstreit für die Instanz ganz oder teilweise beenden (End-, Teil- und Zwischenurteile), und die in den Prozessordnungen als „Urteil“ bezeichnet werden, einschließlich der Versäumnis- und Anerkenntnisurteile. Eine ausdehnende Auslegung dieses Begriffs wurde als nach Wortlaut und Entstehungsgeschichte der Vorschrift ausgeschlossen bezeichnet (vgl RGZ 170, 333, 338; 156, 44; 116, 90; 89, 14; 62, 367, 369). Eine Ausnahme sollte nur für solche Entscheidungen gelten, die zwar nach der Prozessordnung nicht unter der Bezeichnung als Urteil ergehen, die aber ihrem Wesen nach Bestandteile des Urteils seien wie der gemäß § 319 ZPO erlassene Beschluss auf Berichtigung eines Urteils (RGZ 90, 228; Planck/Greiff § 839 Nr 6).

bb) Der Bundesgerichtshof stellt – im Gegensatz zum Reichsgericht – nicht mehr auf die formale Bezeichnung der Entscheidung als „Urteil“ ab; er zieht mit Recht dem Begriff des „Urteils“ im Sinne des § 839 Abs 2 S 1 BGB weitere Grenzen. „Urteile“ sind danach auch alle diejenigen in Beschlussform ergehenden Entscheidungen, die „urteilsvertretende Erkenntnisse“ darstellen (BGHZ 64, 347; 57, 33, 45; 36, 379, 384; 13, 144; 10, 55, 60; aus dem Schrifttum zustimmend zB: Kreft Rn 520; MünchKommBGB/Papier/Shirvani § 839 Rn 396; Soergel/Vinke § 839 Rn 210). Das sind Entscheidungen, die (a) in einem Erkenntnisverfahren, dh einem Verfahren über den Bestand von Rechten, das Prozessverhältnis abschließen oder wenigstens die Instanz beenden, und zwar unter Selbstbindung des Gerichts, so dass sie also nicht nur formeller, sondern auch materieller Rechtskraft fähig sind; (b) ferner einem Urteil im technischen Sinne in allen wesentlichen Voraussetzungen – Gewährung des rechtlichen Gehörs, ggf Erhebung von Beweisen, Begründung des Spruchs – gleichzusetzen sind (BGH 12. 8. 2020 – III ZR 160/19, WM 2021, 129 Rn 26; BGHZ 64, 347; 57, 33, 45; 50, 14; 46, 106; 36, 379; BGH NJW 1964, 2402; BGH JZ 1962, 59). Im Sinne der Rechtsprechung des BGH bezeichnete auch § 5 Abs 1 S 1 des (vom BVerfG wegen fehlender Gesetzgebungskompetenz des Bundes für verfassungswidrig erklärten) Staatshaftungsgesetzes vom 26. 6. 1981 als Gegenstand des „Spruchrichterprivilegs“ eine solche „Entscheidung der rechtsprechenden Gewalt, die ein gerichtliches Verfahren mit bindender Wirkung beenden soll“ oder „eine gerichtliche Maßnahme, durch die die Grundlagen der Entscheidung gewonnen werden sollen“. **325**

cc) Beispiele für die Anerkennung als „urteilsvertretende Erkenntnisse“: Im Bereich der **Zivilprozessordnung** die gemäß § 91a ZPO ergehende isolierte Entscheidung über die Kosten des von den Parteien in der Hauptsache für erledigt erklärten Rechtsstreits, weil die Kostenentscheidung grundsätzlich gemäß § 308 Abs 2 ZPO einen Bestandteil des Urteils bildet (BGH JZ 1962, 59; BGHZ 21, 298, 300; 13, 142). Der im **326**

früheren Entmündigungsverfahren die Entmündigung wegen Geistesschwäche aussprechende oder ablehnende Beschluss nach § 645 ZPO aF (BGHZ 46, 106); Entsprechendes gilt für die Anordnung einer Betreuung nach § 1814 BGB (vgl LG Bayreuth, 6. 11. 2017 – 43 O 776/16; Coeppicus NJW 1996, 1947; **aA** MünchKommBGB/Papier/Shirvani § 839 Rn 395; Mazur BtPrax 2021, 168, 170; Zimmermann BtPrax 2008, 185), Entscheidungen über Anhörungsrügen nach § 321a ZPO, die Berufung oder die Revision als unzulässig verwerfende Beschlüsse nach §§ 522 Abs 1 S 2, 552 ZPO; die Berufung einstimmig zurückweisende Beschlüsse nach § 522 Abs 2 ZPO, die Nichtzulassungsbeschwerde zurückweisende Beschlüsse des Revisionsgerichts nach § 544 Abs 4 ZPO sowie Aufhebungsbeschlüsse nach § 544 Abs 9 ZPO und Zurückweisungsbeschlüsse nach § 552a ZPO.

Arreste und einstweilige Verfügungen (BGHZ 161, 298 in Abweichung von BGHZ 10, 55, 60).

Die Vollstreckbarerklärung eines Anwaltsvergleichs gemäß § 796c ZPO durch den Notar (BGH 12. 8. 2020 – III ZR 160/19, WM 2021, 129 Rn 26).

Im Verfahren nach der **Verwaltungsgerichtsordnung**: Der Gerichtsbescheid nach § 84 VwGO. Einstweilige Anordnungen nach § 123 VwGO (BGHZ 161, 298).

Im Verfahren über die Verfassungsbeschwerde: Die Kammerbeschlüsse nach §§ 93b und 93c BVerfGG (vgl für die Entscheidungen der früheren Richterausschüsse: BGH NJW 1966, 246).

Im Bereich der **Strafprozessordnung** sind „Urteile" die Verwerfungsbeschlüsse des Revisionsgerichts nach § 349 StPO (BGH VersR 1966, 388), die Beschlüsse, durch die die Eröffnung des Hauptverfahrens abgelehnt oder die Privatklage zurückgewiesen wird (BGHZ 51, 326 [im Hinblick auf die Konsumtionswirkung solcher Beschlüsse nach § 211 StPO]); Beschlüsse über die Tragung der notwendigen Auslagen des Verfahrens nach § 464 StPO und über die Entschädigung für Strafverfolgungsmaßnahmen nach § 6 StrEG (BGHZ 57, 33, 45); Einstellungsbeschlüsse nach § 153 Abs 2 StPO (BGHZ 64, 347); Kostengrundentscheidung nach § 465 StPO (OLG Saarbrücken 20. 2. 2020 – 4 U 52/18, NJW-RR 2020, 531).

327 Auch im Verfahren nach der **freiwilligen Gerichtsbarkeit** sind urteilsvertretende Beschlüsse, also Urteile im Sinne des § 839 Abs 2 BGB, möglich (BGHZ 36, 379 unter Aufgabe von BGH JZ 1962, 59; NJW 1956, 1716). Dem steht nicht entgegen, dass in dem jeweiligen Verfahren nach dem FamFG (grundsätzlich) eine mündliche Verhandlung nicht vorgeschrieben ist. Auch die neuere Prozessgesetzgebung (vgl § 128 ZPO, § 101 VwGO) lässt Entscheidungen unter der Bezeichnung „Urteil" zu, ohne dass eine mündliche Verhandlung vorangegangen ist; den erforderlichen Ausgleich bringt der allgemein geltende Anhörungsgrundsatz. Für die Beurteilung, ob ein urteilsvertretender Beschluss vorliegt, sind stets der materielle Gehalt des Streitgegenstandes und die materielle Bedeutung der Entscheidung maßgeblich. Eine urteilsvertretende Entscheidung ist anzunehmen, wenn nach Sinn und Zweck der Regelung eine jederzeitige erneute Befassung des Gerichts (von Amts wegen oder auf Antrag eines Beteiligten) mit der formell rechtskräftig entschiedenen Sache ausgeschlossen ist, die Entscheidung vielmehr eine Sperrwirkung in dem Sinne entfaltet, dass eine erneute Befassung nur unter entsprechenden Voraussetzungen in Betracht kommt wie bei einer rechtskräftig durch Urteil abgeschlossenen Sache (dh wenn die Voraussetzungen einer Wiederaufnahme des Verfahrens vorliegen), oder wenn eine wesentliche Veränderung des Sachverhalts eintritt, die nach besonderer gesetzlicher Vorschrift eine erneute Entscheidung rechtfertigt. Nicht abschließend geklärt ist die Frage, ob Beschlüsse der freiwilligen Gerichtsbarkeit von vornherein nur insoweit dem Richterprivileg unterfallen können, als sie „Streitsachen" betreffen (BGHZ 155, 306, 309).

dd) Beispiele für die Verneinung eines urteilsvertretenden Erkenntnisses: **Keine Urteile** im Sinne des § 839 Abs 2 BGB sind – von lediglich prozessleitenden Verfügungen ganz abgesehen – die in Beschlussform ergehenden Entscheidungen, die der die Instanz im Erkenntnisverfahren abschließenden Entscheidung vorausgehen oder als sogenannte Nachtragsentscheidungen nachfolgen. Dies gilt zB für die Beschlüsse im Streitwertfestsetzungsverfahren nach §§ 3 ff ZPO, § 63 GKG, § 33 RVG (vgl BGH 21. 7. 2005 – III ZR 21/05; BGH VersR 1964, 146; BGHZ 36, 144, 146; Rinne/Schlick NJW 2005, 3541, 3548). Es gilt aber auch für die im Kosten- oder Auslagenfestsetzungsverfahren (§§ 104 ff ZPO, § 464b StPO) ergehenden gerichtlichen Entscheidungen. Denn sie konkretisieren zwar die im Urteil (oder in einem urteilsvertretenden Beschluss) getroffene Entscheidung über die Kostentragungs- oder Auslagenerstattungspflicht, jedoch ist dieses Verhältnis nicht mit dem eines Betragsurteils zum Grundurteil zu vergleichen (BGH NJW 1962, 36 und hierzu: Kreft LM § 839 G Nr 7). Gleiches gilt auch für Entscheidungen im Prozesskostenhilfeverfahren, insbesondere Beschlüsse, durch die ein Prozesskostenhilfegesuch zurückgewiesen wird (OLG Frankfurt NJW 2001, 3270; zweifelnd Tombrink NJW 2002, 1324; vgl auch BGH 27. 8. 2015 – III ZR 327/14). 328

Keine „Urteile" sind ferner der Haft- oder Unterbringungsbefehl nach §§ 112 ff, 126a StPO (BGHZ 27, 338, 346; RGZ 89, 14; 62, 367; vgl ferner BGHZ 122, 268, 271) sowie der Beschluss über die vorläufige Entziehung der Fahrerlaubnis nach § 111a StPO (BGH NJW 1964, 2402). Denn bei diesen Maßnahmen handelt es sich, nicht anders als etwa bei Beschlagnahme- und Durchsuchungsbeschlüssen (§§ 98, 105 StPO), nur um vorläufige, jederzeit abzuändernde Sicherungsmaßregeln des Gerichts (BGH NJW 1964, 2402). Auch die im Zuge der Zwangs- oder Strafvollstreckung erforderlichen Entscheidungen (§ 793 ZPO, § 462 StPO) sind grundsätzlich keine „Urteile" (BGH NJW 2000, 3358, 3360; NJW-RR 1986, 412; BGHZ 36, 379), soweit nicht, wie nach §§ 767, 771 ZPO, neue Erkenntnisverfahren erforderlich werden. Ein urteilsvertretender Charakter wurde ferner verneint bei einer einstweiligen Anordnung, betreffend eine vorläufige Unterbringungsmaßnahme (BGHZ 155, 306), sowie bei einer auf Antrag der Polizei vom Amtsgericht getroffenen Anordnung über den Einsatz verdeckter technischer Mittel zur Datenerhebung in oder aus Wohnungen (BGH NJW 2003, 3693 zu §§ 23, 31 BadWürttPolG aF).

Da es sich beim Insolvenzverfahren um eine Generalexekution handelt, sind (wie bei der Singularzwangsvollstreckung) auch Entscheidungen nach § 5 InsO keine „Urteile" (BGHZ 32, 208 zu § 73 KO).

Kein „Urteil" ist der gerichtliche **Vergleich** (siehe näher Rn 654).

Wegen weiterer Einzelheiten wird auf den Abschnitt „Rechtspflege“ (Rn 651 ff) verwiesen.

329 **ee)** Nachdem anerkannt ist, dass einstweilige Verfügungen und der Arrest urteilsvertretende Erkenntnisse sind (BGHZ 161, 298 in Abweichung von BGHZ 10, 55, 60), müsste dies konsequenterweise auch für amtsrichterliche Strafbefehle (§§ 407 ff StPO) gelten, mit denen die Masse der Bagatellstraffälle erledigt wird, und die nur in einem verhältnismäßig geringen Teil der Fälle mit Einspruch angegriffen werden, so dass ein Urteil aufgrund einer Hauptverhandlung ergehen muss. Hier kommt hinzu, dass gegen Strafbefehle nach § 373a StPO die Wiederaufnahme des Verfahrens vorgesehen ist. Erst recht müssen als urteilsvertretende Erkenntnisse Beschlüsse in solchen Fällen anerkannt werden, in denen es im Ermessen des Gerichts oder des Betroffenen bzw der Beteiligten steht, ob die die Instanz abschließende Entscheidung in der Form eines Urteils oder eines Beschlusses getroffen wird; dies lässt sich auch mit der Erwägung begründen, dass die Beteiligten, die von ihrem Recht, eine Entscheidung durch Urteil nach vorausgegangener Hauptverhandlung herbeizuführen, keinen Gebrauch machen und sich mit einer Entscheidung durch Beschluss begnügen, also im Beschlussverfahren eine gleichgroße Gewähr für einen richtigen Spruch sehen wie in einem Urteilsverfahren.

e) „Bei dem Urteil in einer Rechtssache“

330 **aa)** Die Privilegierung nach § 839 Abs 2 BGB tritt ein, wenn „**bei** dem Urteil“ die Pflichtverletzung begangen wird. Durch diese erweiternde Fassung („**bei** einem Urteil“, nicht: „**durch** ein Urteil“) werden nicht nur sachlich- oder verfahrensrechtliche Mängel erfasst, die in dem Urteil selbst liegen – wie zB auch unrichtige Bezeichnung der Parteien oder ihrer Vertreter im Urteilskopf (RG SeuffA 86 Nr 179) und unrichtige Angaben im Tatbestand – oder die unmittelbar bei seinem Erlass begangen werden wie zB der Erlass eines Versäumnisurteils ohne genügende Prüfung der Klagezustellung oder vor der Terminstunde (vgl RG JW 1914, 85). Vielmehr ist privilegiert die gesamte Tätigkeit, die Gesamtheit aller Maßnahmen, die objektiv darauf gerichtet sind, die Rechtssache durch Urteil zu entscheiden, dh die Grundlage für die Sachentscheidung zu gewinnen (BGHZ 187, 286 Rn 13: Beweis-, Auflagen-, Hinweisbeschlüsse; BGHZ 50, 14 = JZ 1968, 358 m Anm Leipold 463; BGH DRiZ 1966, 28). An diese Formulierung knüpfte auch § 5 des (vom BVerfG für nichtig erklärten) Staatshaftungsgesetzes 1981 an.

Amtspflichtverletzungen „**bei** dem Urteil“ sind also auch dem Urteil vorausgehende Verfahrensfehler, die sich nur im Zusammenhang mit dem Urteil nachteilig für den Betroffenen auswirken können, wie zB die Versagung des rechtlichen Gehörs, etwa durch Erlass der Entscheidung, ohne einen angekündigten Schriftsatz abzuwarten (vgl BGH DRiZ 1966, 28), mangelnde Sachaufklärung – Verletzung des § 139 ZPO – (RG HRR 1933 Nr 651), die Behandlung streitiger Parteibehauptungen als unstreitig, das Übergehen erheblicher Beweisangebote (BGH 19. 11. 1956 – III ZR 119/55, VersR 1957, 43) oder die Entscheidung über einen Aussetzungsantrag nach § 148 ZPO (BGH VersR 1964, 92). Der einzelne Verfahrensfehler ist also „privilegiert“, wenn er nicht als solcher, sondern erst im Zusammenhang mit dem „Urteil“ zu einem Eingriff in die Rechtssphäre des Betroffenen führen kann (BGH JZ 1962, 59; BGHZ 10, 55, 62); dies gilt auch dann, wenn es im Einzelfall später nicht zu einem Urteil kommt (BGH 19. 11. 1956 – III ZR 119/55, VersR 1957, 43; RG HRR 1933 Nr 651). § 839 Abs 2 BGB ist demgemäß zB **unanwendbar** bei Fehlern im Kostenfestsetzungsverfahren, da sich ein solcher

Fehler nicht kraft seines Zusammenhangs mit dem Urteil auswirkt, der fehlerhafte Kostenfestsetzungsbeschluss vielmehr ein selbständiger Vollstreckungstitel ist (BGH JZ 1962, 59). Zu den Voraussetzungen einer Amtspflichtverletzung durch vorschriftswidrige Besetzung einer Richterbank vgl BGH MDR 1978, 1006.

bb) Das „Richterprivileg" greift nach der Rechtsprechung nicht nur gegenüber Scha- 331
densersatzansprüchen der an der Rechtssache Beteiligten, sondern auch dann durch, wenn – ausnahmsweise – ein an der Rechtssache nicht unmittelbar Beteiligter als Geschädigter in Betracht kommt, so zB wenn in einem Strafverfahren der Vorsitzende einen – später auch im Urteil verwerteten – Bericht verliest, der Mitteilungen über bereits getilgte Vorstrafen eines an dem Verfahren nicht Beteiligten enthält (BGHZ 50, 14). Das ist, obwohl dem Nichtbeteiligten die Möglichkeit fehlt, den Auswirkungen solcher Pflichtverletzungen alsbald zu begegnen, doch gerechtfertigt, da es nach dem Zweck des § 839 Abs 2 S 1 BGB, im Interesse der Rechtssicherheit und des Rechtsfriedens die Nachprüfung rechtskräftiger Urteile und der richterlichen Maßnahmen „bei dem Urteil" im Amtshaftungsprozess auszuschließen, nicht darauf ankommen kann, ob der Fehler gegenüber einem Verfahrensbeteiligten oder einem Nichtbeteiligten begangen wird (Steffen DRiZ 1968, 237, 239; Kreft Rn 525; **aA** Leipold JZ 1968, 465; Merten, in: FS Wengler [1973] II 519, 539). In einem solchen Fall versagen auch Ansprüche des Betroffenen aus Aufopferung oder enteignungsgleichem Eingriff (BGHZ 50, 14).

f) Schiedsrichter, Sachverständige im schiedsrichterlichen Verfahren, Schiedsgutachter

aa) Schiedsrichter (§§ 1025 ff ZPO) sind keine „Beamten" im Sinne des § 839 332
Abs 2 BGB, denn sie fällen den Schiedsspruch nicht kraft übertragener staatlicher Gewalt, sondern kraft privaten Auftrags (BGHZ 15, 12; RGZ 65, 175). Auch eine **entsprechende** Anwendung des § 839 Abs 2 BGB ist mit der Beschränkung dieser Vorschrift auf den staatlichen Richter unverträglich (BGHZ 15, 12). Indessen muss es als stillschweigend von den Parteien des Schiedsvertrags vereinbart angesehen werden, dass Schiedsrichter aus Vertrag nicht schärfer haften sollen als die Richter staatlicher Gerichte nach § 839 Abs 2 BGB. Denn es entspricht der Lebenserfahrung, dass die Beteiligten davon ausgehen werden, schon zur Wahrung ihrer Unabhängigkeit bedürften die Schiedsrichter des besonderen Schutzes gegen eine Inanspruchnahme wegen eines Versehens, das ihnen unterlaufen sollte; ohne einen solchen Haftungsausschluss würden die Schiedsrichter regelmäßig den Auftrag überhaupt nicht annehmen (BGH MDR 1965, 569; BGHZ 42, 313, 317; 15, 12; RG JW 1927, 1484; RGZ 65, 175).

Zu den Sachverständigen im schiedsrichterlichen Verfahren s § 839a Rn 33.

bb) Ähnliche Erwägungen, wie sie die Beschränkung der Haftung der Schiedsrich- 333
ter und der vom Schiedsgericht beauftragten Sachverständigen rechtfertigen, führen auch beim **Schiedsgutachter** zu einer Beschränkung seiner vertraglichen Haftung: Diese Haftung ist nach dem Willen der Parteien in der Weise als beschränkt anzusehen, dass Ansprüche gegen ihn aus Fehlern des Schiedsgutachtens nur dann hergeleitet werden können, wenn das Schiedsgutachten offenbar unrichtig ist (BGH MDR 1965, 569). In diesem Fall haftet der Schiedsgutachter aber auch gemäß §§ 675, 611, 276 BGB für Fahrlässigkeit, denn seine Stellung unterscheidet sich von der des Sachverständigen dadurch, dass er selbst entscheidet, ohne dass ihm auch die Stellung eines Schiedsrichters eingeräumt ist (BGHZ 42, 313, 317; 22, 343, 345; RG JW 1933, 217).

g) Pflichtwidrige Verweigerung oder Verzögerung der Ausübung des Amtes (§ 839 Abs 2 S 2 BGB)

334 Nach § 839 Abs 2 S 2 BGB ist die Privilegierung des Spruchrichters ausgeschlossen bei einer pflichtwidrigen Verweigerung oder Verzögerung der Ausübung des Amtes. Damit besagt die Vorschrift etwas Selbstverständliches, denn pflichtwidrige Untätigkeit des Richters (iustitia denegata vel protracta) ist gerade keine fehlerhafte Tätigkeit „bei einem Urteil" (BGHZ 187, 286 Rn 12). Aus dem Rechtsstaatsprinzip (Art 20 Abs 3 GG) ist in Verbindung mit Art 2 Abs 1 GG für zivilrechtliche Streitigkeiten die Gewährleistung eines wirkungsvollen Rechtsschutzes abzuleiten. Dazu gehört auch, dass streitige Rechtsverhältnisse in angemessener Zeit geklärt werden. Hierbei verdichtet sich mit zunehmender Verfahrensdauer die Verpflichtung des Gerichts, sich nachhaltig um eine Förderung und Beendigung des Verfahrens zu bemühen. Die Gerichte müssen daher – und zwar als drittbezogene Amtspflicht gegenüber den Parteien – anhängige Verfahren mit der gebotenen Beschleunigung bearbeiten und bei Entscheidungsreife möglichst zeitnah abschließen. Der aus dem Rechtsstaatsprinzip folgende Anspruch auf Justizgewährung beinhaltet insoweit das Recht auf eine Entscheidung innerhalb angemessener Frist; gleiches folgt auch aus Art 6 Abs 1 EMRK. Nicht unter § 839 Abs 2 S 2 BGB fallen dabei Maßnahmen des Gerichts, die rechtzeitig getroffen wurden, aber im Ergebnis zu einer Verlängerung des Verfahrens geführt haben. Aber auch soweit das richterliche Verhalten nicht von § 839 Abs 2 S 1 BGB erfasst wird, kann bei der Beurteilung der Frage, ob eine haftungsbegründende Verzögerung vorliegt, der verfassungsrechtlich garantierte Grundsatz richterlicher Unabhängigkeit (Art 97 Abs 1 GG) nicht unberücksichtigt bleiben. Die zügige Erledigung eines Rechtsstreits ist kein Selbstzweck. Vielmehr verlangt gerade das Rechtsstaatsprinzip die grundsätzlich umfassende tatsächliche und rechtliche Prüfung des Streitgegenstands durch das dazu berufene Gericht. Insoweit ist die sachgerechte Führung eines Prozesses – abgesehen von zwingenden gesetzlichen Vorgaben – in das Ermessen der verantwortlichen Richter gestellt. Hierbei kann die Verfahrensführung im Amtshaftungsprozess nicht auf ihre Richtigkeit, sondern nur auf ihre Vertretbarkeit überprüft werden. Letztere darf nur verneint werden, wenn bei voller Würdigung auch der Belange einer funktionstüchtigen Zivilrechtspflege das richterliche Verhalten nicht mehr verständlich ist. Bei der insoweit anzustellenden Bewertung darf der Zeitfaktor – zumal sich bei zunehmender Verfahrensdauer die Pflicht des Gerichts, sich nachhaltig um eine Förderung und Beendigung des Verfahrens zu bemühen, verdichtet – selbstverständlich nicht ausgeblendet werden; er ist aber nicht der allein entscheidende Maßstab (BGHZ 187, 286 Rn 11 ff mwNw, m krit Anm Steinbeiss-Winkelmann NJW 2014, 1276; BVerfG NJW 2013, 3630; Remus NJW 2012, 1403, 1405). Das Gericht benötigt einen Gestaltungsspielraum, der es ihm ermöglicht, dem Umfang und der Schwierigkeit der einzelnen Rechtssachen ausgewogen Rechnung zu tragen und darüber zu entscheiden, wann es welches Verfahren mit welchem Aufwand sinnvollerweise fördern kann und welche Verfahrenshandlungen dazu erforderlich sind (BGHZ 199, 87 Rn 33). Die Überprüfung der Verfahrensführung im Vorprozess obliegt insoweit grundsätzlich dem Tatrichter. Dessen Würdigung kann vom Revisionsgericht daraufhin überprüft werden, ob der rechtliche Rahmen verkannt, Denkgesetze oder allgemeine Erfahrungssätze verletzt und ob alle für die Beurteilung wesentlichen Umstände berücksichtigt und angemessen abgewogen worden sind (BGHZ 199, 87 Rn 34; 187, 286 Rn 18). Insoweit gilt der allgemeine amtshaftungsrechtliche Haftungsmaßstab einfacher Fahrlässigkeit, da die für die Privilegierung

des Spruchrichters und die Wahrung der richterlichen Unabhängigkeit außerhalb jenes Privilegs maßgeblichen Gesichtspunkte hier nicht zutreffen.

Der Gesetzgeber hat mit dem Gesetz über den Rechtsschutz bei überlangen Gerichtsverfahren und strafrechtlichen Ermittlungsverfahren (BGBl I 2011, 2302) einen staatshaftungsrechtlichen Anspruch sui generis geschaffen, der auf den Ausgleich für Nachteile infolge rechtwidrigen hoheitlichen Verhaltens gerichtet ist (BT-Drucks 17/3802, 19). Die Bestimmung lautet: **335**

§ 198 GVG

(1) Wer infolge unangemessener Dauer eines Gerichtsverfahrens als Verfahrensbeteiligter einen Nachteil erleidet, wird angemessen entschädigt. Die Angemessenheit der Verfahrensdauer richtet sich nach den Umständen des Einzelfalles, insbesondere nach der Schwierigkeit und Bedeutung des Verfahrens und nach dem Verhalten der Verfahrensbeteiligten und Dritter.

(2) Ein Nachteil, der nicht Vermögensnachteil ist, wird vermutet, wenn ein Gerichtsverfahren unangemessen lange gedauert hat. Hierfür kann Entschädigung nur beansprucht werden, soweit nicht nach den Umständen des Einzelfalles Wiedergutmachung auf andere Weise gemäß Absatz 4 ausreichend ist. Die Entschädigung gemäß Satz 2 beträgt 1 200 Euro für jedes Jahr der Verzögerung. Ist der Betrag gemäß Satz 3 nach den Umständen des Einzelfalles unbillig, kann das Gericht einen höheren oder niedrigeren Betrag festsetzen.

(3) Entschädigung erhält ein Verfahrensbeteiligter nur, wenn er bei dem mit der Sache befassten Gericht die Dauer des Verfahrens gerügt hat (Verzögerungsrüge). Die Verzögerungsrüge kann erst erhoben werden, wenn Anlass zur Besorgnis besteht, dass das Verfahren nicht in einer angemessenen Zeit abgeschlossen wird; eine Wiederholung der Verzögerungsrüge ist frühestens nach sechs Monaten möglich, außer wenn ausnahmsweise eine kürzere Frist geboten ist. Kommt es für die Verfahrensförderung auf Umstände an, die noch nicht in das Verfahren eingeführt worden sind, muss die Rüge hierauf hinweisen. Anderenfalls werden sie von dem Gericht, das über die Entschädigung zu entscheiden hat (Entschädigungsgericht), bei der Bestimmung der angemessenen Verfahrensdauer nicht berücksichtigt. Verzögert sich das Verfahren bei einem anderen Gericht weiter, bedarf es einer erneuten Verzögerungsrüge.

(4) Wiedergutmachung auf andere Weise ist insbesondere möglich durch die Feststellung des Entschädigungsgerichts, dass die Verfahrensdauer unangemessen war. Die Feststellung setzt keinen Antrag voraus. Sie kann in schwerwiegenden Fällen neben der Entschädigung ausgesprochen werden; ebenso kann sie ausgesprochen werden, wenn eine oder mehrere Voraussetzungen des Absatzes 3 nicht erfüllt sind.

(...)

Der hier normierte Anspruch setzt ein Verschulden des Gerichts nicht voraus. Der **336**
zu ersetzende materielle Nachteil muss durch die Verfahrensdauer im Verantwortungsbereich des in Anspruch genommenen Rechtsträgers verursacht sein.

Andere mögliche Ansprüche, insbesondere aus Amtshaftung, bleiben unberührt; sie stehen mit dem Entschädigungsanspruch in Anspruchskonkurrenz, was allerdings nicht zu einer Überkompensation führen darf. Im Rahmen des Amtshaftungsanspruchs ist eine bereits erhaltene Entschädigung im Wege der Vorteilsausgleichung zu berücksichtigen. Auch bei der Bemessung einer zu gewährenden Entschädigung ist ein erfüllter Amtshaftungsanspruch insoweit beachtlich, als es um dieselben Nachteile geht. Es handelt sich bei den Ansprüchen aus Amtshaftung und aus § 198 Abs 1 S 1 GVG um verschiedene **Streitgegenstände** (BGH 28. 3. 2012 – III ZR 177/11; ALTHAMMER/SCHÄUBLE NJW 2012, 1, 6; SCHENKE NVwZ 2012, 257, 263). Die im Amtshaftungsprozess außerhalb des Anwendungsbereichs des § 839 Abs 2 S 1 BGB entwickelten Grundsätze zu den Grenzen der Überprüfbarkeit der richterlichen Verfahrensführung werden auch auf das Entschädigungsverfahren nach §§ 198 ff GVG übertragen. Im Entschädigungsprozess kann deshalb die Verfahrensführung des Richters nicht auf ihre Richtigkeit, sondern nur auf ihre Vertretbarkeit überprüft werden (BGH 5. 12. 2013 – III ZR 73/13, BGHZ 199, 190 Rn 45 ff).

Wegen weiterer Einzelheiten zu dem Entschädigungsanspruch nach § 198 ff GVG wird auf die einschlägigen Kommentierungen zum Gerichtsverfassungsgesetz und auf HERRMANN/OSTWALDT, in: FS 75 Jahre BGH (2025) 61 ff verwiesen.

13. Vorrang des Primärrechtsschutzes (§ 839 Abs 3 BGB)

a) Verhältnis von Primärrechtsschutz und Schadensausgleich

337 Die Ersatzpflicht tritt nicht ein, wenn der Verletzte vorsätzlich oder fahrlässig unterlassen hat, den Schaden durch Gebrauch eines Rechtsmittels abzuwenden. Diese in § 839 Abs 3 BGB enthaltene Regelung betrifft das Verhältnis von Primärrechtsschutz und Schadensausgleich im Amtshaftungsrecht.

aa) Das Spannungsverhältnis zwischen beiden Rechtsinstituten wird durch § 839 Abs 3 BGB in dem Sinne geregelt, dass der Primärrechtsschutz grundsätzlich Vorrang vor dem Schadensausgleich hat. Im Amtshaftungsrecht steht dem Verletzten nicht etwa ein Wahlrecht der Art zu, dass er von einer Anfechtung ihn rechtswidrig belastender Maßnahmen folgenlos absehen und sich auf einen Schadensersatzanspruch wegen Amtspflichtverletzung beschränken darf (BGHZ 197, 375 Rn 22; 113, 17, 22; 98, 85). Das Prinzip des „dulde und liquidiere" gilt insoweit nicht. Ebenso wie das Verweisungsprivileg des § 839 Abs 1 S 2 BGB diente auch der Wegfall des Amtshaftungsanspruchs bei schuldhafter Rechtsmittelversäumung in Abs 3 ursprünglich dem persönlichen Schutz des Beamten. Mit der objektivierten Zielrichtung, den durch eine Amtspflichtverletzung Betroffenen zu zwingen, sich vorrangig gegen diese selbst zu wenden, dh Primärrechtsschutz in Anspruch zu nehmen (BGHZ 197, 375 Rn 22; 113, 17, 22; 98, 85), behält die in Abs 3 getroffene Regelung auch nach der Haftungsverlagerung auf den Staat ihren guten Sinn (MünchKommBGB/PAPIER/SHIRVANI § 839 Rn 401; SOERGEL/VINKE § 839 Rn 217). Einer im Vorgriff auf den Erlass eines Heranziehungsbescheids (zB Kosten zur Beseitigung von Umweltgefahren) erhobenen „vorbeugenden" (amtshaftungsrechtlichen) Feststellungsklage fehlt grundsätzlich das Feststellungsinteresse, weil dies dem Grundsatz des Vorrangs des Primärrechtschutzes entgegenstünde (BGHZ 203, 312 Rn 14).

338 **bb)** In der Sache selbst stellt Abs 3 eine Sonderregelung des mitwirkenden Verschuldens gegenüber der allgemeinen Vorschrift des § 254 BGB dar. Anders als in § 254 Abs 1 BGB ist jedoch im Rahmen des § 839 Abs 3 BGB eine Abwägung des Grades von Verursachung und Verschulden ausgeschlossen. Stattdessen tritt in dem

Umfang, in dem das versäumte Rechtsmittel den Schaden verhindert hätte, ein Totalverlust des Ersatzanspruchs ein. Allerdings gilt der für den allgemeinen Mitverschuldenseinwand entwickelte Grundsatz, dass dem Schädiger ausnahmsweise dieser Einwand verwehrt ist, wenn das jenen Vorwurf begründende Verhalten des Geschädigten vom Schädiger veranlasst worden ist oder der Einwand des Mitverschuldens sonst gegen § 242 BGB verstößt, auch im Rahmen des § 839 Abs 3 BGB. So kann es einer Gemeinde wegen widersprüchlichen Verhaltens verwehrt sein, sich in einem auf Ersatz von Aufwendungen zur Erfüllung eines Beitragsbescheides gerichteten Amtshaftungsprozess auf den Haftungsausschluss des Nichtgebrauchs von Rechtsmitteln zu berufen, wenn der Beitragsschuldner in einem Vergleich mit der Gemeinde den Widerspruch gegen den Bescheid zurückgenommen hatte, die Gemeinde sodann aber den Bescheid aufhob und durch einen anderen ersetzte (BayObLGZ 1988, 216, 219 f).

cc) Abs 3 gilt sowohl für die Fälle des Abs 1 wie die des Abs 2. Auch ist es ohne Bedeutung, ob die Amtspflichtverletzung vorsätzlich oder fahrlässig begangen wurde. Im Extremfall kann dies also bedeuten, dass bereits eine leicht fahrlässige Rechtsmittelversäumung zum Nichtentstehen eines Schadensersatzanspruchs sogar bei einer vorsätzlichen Amtspflichtverletzung führt (Soergel/Vinke § 839 Rn 216). Der Vorrang des Primärrechtsschutzes ist grundsätzlich auch auf Amtshaftungsansprüche wegen amtspflichtwidrigen „Mobbings“ anwendbar. Ob es dem Anspruchsteller möglich und zumutbar ist, sich mit einem Rechtsmittel gegen **„Mobbing“**-Maßnahmen zu wehren, und sich der Nichtgebrauch eines Rechtsmittels als vorwerfbar darstellt, ist ebenso wie die Erfolgsaussicht des Rechtsmittels eine Frage, die aufgrund der konkreten Umstände des jeweiligen Einzelfalls zu beurteilen ist (BGH NJW-RR 2016, 917 Rn 2). Entsprechendes gilt auch für den beamtenrechtlichen Schadensersatzanspruch, etwa wegen Verletzung der Fürsorgepflicht bei „Mobbing“ (BVerwG 28. 3. 2023 – 2 C 6/21, BVerwGE 178, 116 Rn 18, 30). Insbesondere wenn bloße Gegenvorstellungen und oder sonstige formlose Rechtsmittel für den Betroffenen erkennbar nicht ausreichend sind, das Mobbing zu beenden, kann er gehalten sein, gerichtliche Hilfe in Anspruch zu nehmen (OLG Brandenburg MDR 2016, 86). Dagegen ist dieser Rechtsgedanke auch dann nicht auf den unionsrechtlichen Anspruch aus Art 82 Abs 1 DSGVO übertragbar, wenn ihn ein Beamter gegen seinen Dienstherrn geltend macht (BGH 11. 2. 2025 – VI ZR 365/22, NJW 2025, 1656 Rn 17). 339

b) Begriff des „Rechtsmittels“

aa) Der Begriff „Rechtsmittel“ im Sinne des § 839 Abs 3 BGB ist weit auszulegen und nicht im technischen Sinne zu verstehen (BGH 24. 4. 2025 – III ZR 18/24, WM 2025, 1440 Rn 16; BGH 3. 6. 1993 – III ZR 104/92, BGHZ 123, 1, 7). Rechtsmittel sind daher nicht nur die in Verfahrensvorschriften vorgesehenen und dem prozesstechnischen Begriff eines Rechtsmittels unterfallenden Behelfe (Berufung, Revision, Beschwerde), sondern alle rechtlich möglichen und geeigneten, förmlichen oder formlosen Rechtsbehelfe, die sich unmittelbar gegen die schädigende Vornahme oder Unterlassung der Amtshandlung selbst richten und nach gesetzlicher Ordnung ihre Beseitigung oder Berichtigung bezwecken und ermöglichen (BGHZ 197, 375; 181, 199; 137, 11, 23; 123, 1, 7). Besteht die Pflichtverletzung in der rechtswidrigen Ablehnung oder Unterlassung einer Maßnahme, so muss das Rechtsmittel geeignet sein, die Vornahme der betreffenden Amtshandlung zu erwirken. Unter den somit weit zu fassenden Begriff des Rechtsmittels fallen etwa: Gegenvorstellungen, Erinnerungen an die Erledigung 340 eines Antrags, Beschwerden und Dienstaufsichtsbeschwerden, beispielsweise in Grundbuchsachen (zusammenfassend: BGHZ 123, 1, 7 f).

341 **bb)** Der Rechtsbehelf muss sich **unmittelbar** gegen die schädigende Amtshandlung oder Unterlassung selbst richten und ihre Beseitigung oder Vornahme bezwecken und ermöglichen (BGH 24. 4. 2025 – III ZR 18/24, WM 2025, 1440 Rn 16; BGHZ 197, 375; BGH ZNotP 2009, 33 Rn 24; NJW-RR 2004, 706, 707; VersR 1978, 641). Ein Antrag auf einstweilige Einstellung der Zwangsversteigerung nach § 30a ZVG ist daher kein „Rechtsmittel" gegen die Versagung der Genehmigung des Verkaufs des betroffenen Grundstücks nach § 145 BauGB (BGH NVwZ 1994, 409 zu § 15 StBauFG aF). Solange eine Amtspflichtverletzung nicht begangen ist, kann insoweit kein „Rechtsmittel" eingelegt werden; die Unterlassung eines Hinweises auf eine erst zu befürchtende Amtspflichtverletzung kann nur nach § 254 BGB beurteilt werden (BGH VersR 1982, 953). Vom Bauantragsteller kann auch nicht erwartet werden, vor Abschluss eines Bauträgervertrags, durch eine Bauvoranfrage die Zulässigkeit des Bauvorhabens abzuklären (BGH VersR 2008, 254 Rn 13). Aus dem Erfordernis der Unmittelbarkeit folgt, dass, soweit mehrere Beamte einen Schaden verursacht haben, das Rechtsmittel gegen die Amtshaftung des gerade in Anspruch genommenen Beamten eingelegt sein muss (BGH NJW 1960, 1718). Sollen durch einen neuen Antrag die Folgen einer abgeschlossenen Amtspflichtverletzung abgewendet werden, sind der Widerspruch gegen die Ablehnung des neuen Antrags (§ 69 VwGO) und die verwaltungsgerichtliche Klage nach ablehnendem Widerspruchsbescheid keine Rechtsbehelfe im Sinne des § 839 Abs 3 BGB, da sie nicht mehr unmittelbar gegen die schädigende ursprüngliche Amtshandlung gerichtet sind (BGH VersR 1964, 387, s auch Rn 345).

c) Förmliche Rechtsbehelfe

342 **aa)** Im verwaltungsrechtlichen und verwaltungsgerichtlichen Verfahren, dem praktisch wichtigsten Anwendungsfall für den Vorrang des Primärrechtsschutzes, sind als förmliche Rechtsmittel im Sinne des § 839 Abs 3 BGB anerkannt: der Widerspruch nach § 69 VwGO (BGH NVwZ 2001, 468; BGH 10. 2. 2011 – III ZR 37/10, BGHZ 188, 302 Rn 35) sowie – wahlweise – der Einspruch gegen einen Steuerbescheid oder einem Änderungsantrag nach § 164 Abs 2 S 2 AO (BGH 12. 5. 2011 – III ZR 59/10, BGHZ 189, 365 Rn 59); die verwaltungsgerichtliche Anfechtungsklage mit dem Ziel, die Beseitigung eines belastenden Verwaltungsakts zu erwirken (§ 42 Abs 1 Fall 1 VwGO; BGHZ 113, 17, 20); ebenso die auf Erlass eines abgelehnten oder unterlassenen (begünstigenden) Verwaltungsakts gerichtete Verpflichtungsklage (§ 42 Abs 1 Fall 2 VwGO; BGHZ 113, 17, 20 unter Hinweis auf BGHZ 90, 17, 23, 31 f); ein Beamter, dessen Anspruch auf eine Beförderung, dh auf den seiner Eignung entsprechenden Zugang zu öffentlichen Ämtern (Art 3 iVm Art 33 Abs 2 GG), durch eine (rechtswidrige) „faktischen Beförderungssperre" durch pauschale Wartezeiten seinen Anspruch verletzt wird, muss sich auf eine Beförderungsstelle bewerben und gegen die Ablehnung gerichtlich vorgehen (BGH 5. 12. 2002 – III ZR 148/02, NVwZ 2003, 502, 503); die Fortsetzungsfeststellungklage nach § 113 Abs 1 S 4 VwGO (BGHZ 95, 238, 242), die verwaltungsgerichtliche Untätigkeitsklage (§ 75 VwGO; BGH NVwZ 2008, 815 Rn 4; 31. 1. 1991 – III ZR 184/89, NVwZ 1992, 298, 299), wobei Zurückhaltung geboten ist bei der Annahme, es gereiche dem Geschädigten zum Verschulden, wenn er nicht unmittelbar nach Ablauf der Dreimonatsfrist des § 75 S VwGO Untätigkeitsklage erhebt (Schlick NJW 2009, 3487, 3492; Rohlfing MDR 2009, 1257, 1259: Verschulden nach weiteren drei Monaten). Zudem fehlt es am Verschulden, wenn der Geschädigte die berechtigte Erwartung hatte, auf

andere Weise – etwa durch Einwirken der Kommunalaufsicht – schneller zum Ziel zu gelangen (BGH 15. 2. 1990 – III ZR 87/88, VersR 1990, 656). Des Weiteren gehören in diesen Zusammenhang auch die Rechtsbehelfe des einstweiligen Rechtsschutzes nach §§ 80, 80a und 123 VwGO. Beispiele: Antrag auf Wiederherstellung der aufschiebenden Wirkung eines Antrags auf gerichtliche Entscheidung gegen einen Besitzeinweisungsbeschluss (BGH NJW 1986, 1107, 1108; für die Klagen wegen Besitzansprüchen sind die Verwaltungsgerichts bzw Baulandkammern zuständig: BGH NvWZ-RR 2020, 380); Antrag nach § 80 Abs 5 VwGO gegen den Sofortvollzug eines Gebührenbescheids (BGHZ 156, 294, 299; dagegen ist ein Antrag, eigentlich eine Anregung, dass nach § 80 Abs 8 VwGO der Vorsitzende allein über den Antrag entscheide, kein Rechtsmittel, weil dieser ohnehin von sich aus darüber entscheiden muss, ob ein dringender Fall eine Entscheidung durch ihn allein erfordert, und daher ein solcher Antrag nicht geeignet ist, jedenfalls aber nicht erforderlich ist, um einen drohenden Schaden abzuwenden; wohl offengelassen von OLG Frankfurt 19. 1. 2023 – 1 U 62/20, juris Rn 29); Antrag auf einstweilige Anordnung mit dem Ziel, den Abriss einer Lagerhalle zu unterbinden (BGH 7. 11. 1996 – III ZR 283/95, VersR 1997, 238); Antrag auf Erlass einer einstweiligen Anordnung mit dem Ziel, die Behörde zu verpflichten, eine Wohnung, in die ein Obdachloser eingewiesen gewesen war, nach Ablauf der Einweisungsfrist geräumt herauszugeben (BGHZ 130, 332, 338); vorläufiger Rechtsschutz gegen Ernennung eines Konkurrenten (BVerwG NVwZ-RR 2017, 736); Antrag nach §§ 86a, 86b SGG (BGH 10. 2. 2011 – III ZR 37/10, BGHZ 188, 302 Rn 31); die Anfechtung der Baugenehmigung, mit der die Nichtigkeit des ihr zugrundeliegenden Bebauungsplans geltend gemacht wird, stellt ein Rechtsmittel iS des § 839 Abs 3 BGB gegen den Vollzug des amtspflichtwidrig erlassenen Bebauungsplans dar (BGH 21. 12. 1990 – III ZR 280/89, juris Rn 3; OLG Saarbrücken NVwZ-RR 2018, 348). **Kein** taugliches Rechtsmittel ist eine Beschwerde an die EU-Kommission mit dem Ziel, dass diese ein Vertragsverletzungsverfahren durchführe (BGH 4. 6. 2009 – III ZR 144/05, BGHZ 181, 199 Rn 35 f). Offen geblieben ist bisher, ob ein Antrag auf einstweilige Anordnung im Normenkontrollverfahren, betreffend einen Bebauungsplan (§ 47 Abs 6 VwGO), als Rechtsmittel im Sinne von § 839 Abs 3 BGB anzusehen ist. Jedoch ist in diesem Zusammenhang zu prüfen, ob die einzelnen aufgrund des Bebauungsplans erteilten Baugenehmigungen von den Antragstellern, die sich durch sie beeinträchtigt fühlen, angefochten werden können (BGH 21. 12. 1990 – III ZR 280/89, juris Rn 3).

Die Geltendmachung des **sozialrechtlichen Herstellungsanspruchs** hat zwar verjährungshemmende Wirkung nach § 204 Abs 1 Nr 1, § 209 BGB analog (BGH 12. 5. 2011 – III ZR 59/10, BGHZ 189, 365 Rn 57; 10. 2. 2011 – III ZR 37/10, BGHZ 188, 302 Rn 36; 11. 2. 1998 – III ZR 221/86, BGHZ 103, 242, 247). Rechtsmittel im Sinne des § 839 Abs 3 BGB sind der sozialrechtliche Herstellungsanspruch und der Folgenbeseitigungsanspruch des allgemeinen Verwaltungsrechts jedoch nicht (BGH 4. 7. 2013 – III ZR 201/12, BGHZ 197, 375 Rn 17 ff). Entscheidend ist für den Bundesgerichtshof, dass beide Ansprüche nicht auf die Abwehr oder Veränderung der zugrundeliegenden Verwaltungsmaßnahme gerichtet sind, sondern die Beseitigung von deren Folgen zum Ziel haben. Sie tragen damit einen auf die Konsequenzen des in Rede stehenden Verwaltungshandelns oder Unterlassens gerichteten kompensatorischen, nicht aber auf die Maßnahme selbst gerichteten defensiven Charakter. Diese Rechtsprechung des Bundesgerichtshofs steht in einem Spannungsverhältnis zu seiner Rechtsprechung hinsichtlich der Hemmung der Verjährung durch Geltendmachung des sozialrechtlichen Herstellungsanspruchs, die ihre Grundlage gerade in der Vergleichbarkeit zum Primärrechtsschutz findet. Allein die sonst noch bestehende Prozesswirtschaftlichkeit reicht als Grundlage für eine analoge Anwendung der §§ 204, 209 BGB nicht aus.

343 **bb)** Im finanzgerichtlichen Verfahren kommen als Rechtsmittel im Sinne des § 839 Abs 3 BGB in Betracht: die auf Nichtigkeit eines Gewinnfeststellungsbescheides gerichtete finanzgerichtliche Klage (BGH 6. 7. 1995 – III ZR 145/94, NJW 1995, 2778, 2779); der Antrag auf Aussetzung der Vollziehung nach §§ 361 Abs 2 AO, 69 Abs 2 FGO (BGH VersR 1984, 947). Verjährungsunterbrechende bzw -hemmende Wirkung hat der Bundesgerichtshof auch einem im Rahmen eines noch offenen Vorbehalts der Nachprüfung gestellten Änderungsantrag nach § 164 Abs 2 S 2 AO beigemessen und ihn in der Sache einem Rechtsmittel gleichgestellt (BGH WM 2011, 1670 Rn 58 ff).

Weitere Beispiele für förmliche Rechtsbehelfe aus anderen Verfahrensordnungen: Zu den „Rechtsmitteln" im Sinne des § 839 Abs 3 BGB gehören: der Antrag auf gerichtliche Entscheidung gegen einen Justizverwaltungsakt nach § 23 EGGVG und der nach § 24 Abs 2 EGGVG vorgesehene andere förmliche Rechtsbehelf im Verwaltungsverfahren (OLG Karlsruhe VersR 2008, 1693, zu einem Antrag auf Veröffentlichung einer berichtigenden Presseerklärung); der Widerspruch gegen Arrestbefehle und einstweilige Verfügungen; der Antrag auf richterliche Entscheidung gegen eine ohne richterliche Anordnung erfolgte Beschlagnahme (§ 98 Abs 2 StPO); der Einspruch gegen den Bußgeldbescheid der Verwaltungsbehörde (§ 67 OWiG); die Klage gegen den Vorbescheid der Verwaltungsbehörde in Wild- und Jagdschadenssachen (§ 35 BJagdG); der Einspruch gegen Strafbefehle oder gegen Versäumnisurteile oder Vollstreckungsbescheide; die Erinnerung nach § 766 ZPO; der Widerspruch gegen den Teilungsplan in der Zwangsversteigerung; die befristete Erinnerung nach § 74a Abs 5 S 3 ZVG iVm § 11 Abs 1 RPflG aF gegen den Beschluss über die Festsetzung des Grundstückswertes (BGH 27. 9. 1990 – III ZR 53/89, NVwZ 1991, 915); allgemein die Erinnerung gegen Entscheidungen des Rechtspflegers in den ihm zur selbständigen Erledigung übertragenen Geschäften nach § 11 RPflG.

d) Formlose Rechtsbehelfe

344 **aa)** Außer diesen förmlichen Rechtsbehelfen sind Rechtsmittel im Sinne des § 839 Abs 3 BGB aber auch alle nicht förmlichen, rechtlich zulässigen Abhilfemöglichkeiten, wie die Anregung zur Eintragung eines Amtswiderspruchs im Grundbuch (RGZ 138, 114) oder zur Amtslöschung (RGZ 163, 125), die formlose Erinnerung – auch in Form einer Sachstandsanfrage – an die Erledigung eines Antrags (BGH VersR 1982, 984; NJW 1974, 640; 1960, 1718; BGHZ 28, 104; RG JW 1935, 772) oder einer sonstigen Amtspflicht (BGH NJW 1976, 848); eine mündliche oder schriftliche Gegenvorstellung (BGH VersR 1982, 984; WM 1960, 982) oder ein Antrag auf die gewünschte aber bislang unterlassene Maßnahme (OLG Saarbrücken NVwZ-RR 2018, 348; OLG München NZS 2012, 675). Im Hinblick auf geltend gemachte menschenunwürdige Haftbedingungen ist auch ein Verlegungsantrag an den Anstaltsleiter nach § 108 Abs 1 StVollzG ein Rechtsmittel (BGHZ 198, 1 Rn 19). Erinnerungen als das schwächste „Rechtsmittel" sind aber dann nicht mehr ein hinreichendes Rechtsmittel im Sinne des § 839 Abs 3 BGB, wenn ihre Erfolglosigkeit erkenntlich wird (BGH WM 1963, 841, 842). Ein Rechtsbehelf liegt auch vor, wenn der Behörde Kenntnis von Umständen gegeben wird, die sie zur Änderung ihrer Amtshandlung veranlassen könnten, so dass die Unterlassung des Gebrauchs eines Rechtsmittels auch zum Beispiel gegeben ist, wenn der Gemeinschuldner davon Kenntnis hat, dass der zum Konkursverwalter Bestellte (der sich

später an der Konkursmasse vergreift) bereits wegen Veruntreuung vorbestraft ist, und es unterlässt, dem Konkursrichter davon Mitteilung zu machen (BGH DRiZ 1965, 378). Entsprechendes gilt für das Insolvenzverfahren. Auch ein Antrag nach § 6 Abs 3 GrdstVG an die Behörde, den Eintritt der Genehmigungsfiktion zu bescheinigen, stellt, verbunden mit einem Hinweis auf den verspätet ergangenen Zwischenbescheid, ein Rechtsmittel im Sinne des § 839 Abs 3 BGB dar (BGHZ 123, 1). Mit der Auskunft, die ein Rentenversicherungsträger nach § 220 FamFG im familiengerichtlichen Verfahren zum Versorgungsausgleich erteilt, erfüllt er zugleich eine ihm gegenüber dem Versicherten und dessen Ehegatten obliegende Amtspflicht. Als Rechtsmittel, die einem betroffenen Ehegatten gegen eine fehlerhafte Auskunft zu Gebote stehen, kommen im Sinne des § 839 Abs 3 BGB auch Einwendungen in Betracht, die im Rahmen des familiengerichtlichen Verfahrens gegen die Richtigkeit der Auskunft erhoben werden (BGHZ 137, 11). Soweit es um die Abwehr zukünftiger Beeinträchtigungen durch die (weitere) Durchführung eines Strafverfahrens geht, kann in dem Verteidigungsvorbringen des Angeschuldigten/Angeklagten ein nach § 839 Abs 3 BGB gebotenes „Rechtsmittel" liegen (BGHZ 138, 247, 251 f). Als Rechtsbehelf kommt schließlich auch eine formlose, mündlich oder schriftlich angebrachte Dienstaufsichtsbeschwerde in Betracht (BGH NJW 1986, 1924; BGH VersR 1985, 358, 359; BGH WM 1985, 336, 338; BGH VersR 1982, 984; 1963, 849; BGHZ 28, 104; RGZ 150, 348), deren Nichtgebrauch jedoch nur dann fahrlässig ist, wenn die Annahme einer Amtspflichtverletzung dringlich naheliegt (BGH NJW 1974, 639; WM 1963, 841, 843; BGHZ 28, 104, 106, betreffend Grundbuchamt; RG JW 1927, 1412). Soweit es sich um richterliche Amtshandlungen handelt, sind die der Dienstaufsicht gezogenen Grenzen (vgl § 26 DRiG) zu berücksichtigen.

bb) Anerkannt ist, dass der Ausnahmecharakter der Verfassungsbeschwerde es allgemein verbietet, diese als „Rechtsmittel" im Sinne des § 839 Abs 3 BGB zu betrachten (BGHZ 30, 19, 28; OSSENBÜHL/CORNILS 96).

e) Unterlassung von Wiedergutmachungsmaßnahmen

aa) Die Bestimmung des § 839 Abs 3 BGB richtet sich nur gegen den schuldhaften **345**
Nichtgebrauch solcher Rechtsbehelfe, die darauf gerichtet und dazu geeignet sind, einen Schaden durch eine bereits erfolgte Amtspflichtverletzung (pflichtwidriges Tun oder Unterlassen) dadurch abzuwenden oder zu mindern (dh die Entstehung eines Schadens ganz oder teilweise abzuwehren), dass das schädigende Verhalten beseitigt oder berichtigt wird. Sie betrifft dagegen nicht den Fall, dass der Geschädigte es schuldhaft unterlässt, Maßnahmen zu ergreifen, die auf Ersatz eines bereits entstandenen Schadens gerichtet sind. Die Unterlassung geeigneter Wiedergutmachungsmaßnahmen ist vielmehr – soweit ihr nicht ein Verschulden im Sinne des § 839 Abs 3 BGB vorausgegangen und dadurch bereits jeder Erstattungsanspruch verwirkt ist – lediglich nach der allgemeinen Vorschrift des § 254 BGB zu bewerten. Keine Rechtsmittel im Sinne des § 839 Abs 3 BGB sind dementsprechend Maßnahmen zur Ingangsetzung neuer selbständiger Verfahren, die einen drohenden Schaden abwenden oder gar einen entstandenen Schaden wiedergutmachen sollen. Dies gilt zB für die Verfolgung eines anderweitigen Ersatzanspruchs gemäß § 839 Abs 1 S 2 BGB (RGZ 150, 323), für Unterlassungsklagen (RG JW 1933, 1029), für Anträge auf Erlass eines Arrestes oder einer einstweiligen Verfügung (RG HRR 1934 Nr 1452), für den Antrag auf Eintragung einer Vormerkung im Grundbuch (RG JW 1937, 222; HRR 1931 Nr 1543), für den Antrag des Berufungsklägers auf einstweilige Ein-

stellung der Zwangsvollstreckung (RG JW 1937, 2038) und wohl auch für die Nichtigkeits- oder Restitutionsklage im Zivilprozess und den Antrag auf Wiederaufnahme im Strafprozess (**aA** Kreft Rn 529). § 839 Abs 3 BGB ist auch unanwendbar, wenn der Betroffene es unterlässt, gegen einen Verwaltungsakt, der den sachlichen Inhalt eines vorher erlassenen und von ihm angefochtenen Verwaltungsakts lediglich wiederholt, erneut ein Rechtsmittel einzulegen (BGHZ 56, 57).

346 **bb)** Auch die Bauvoranfrage, mit der ein Antragsteller die verbindliche Klärung zu einzelnen Fragen eines beabsichtigten Bauvorhabens erstrebt, ist kein Rechtsmittel im Verhältnis zu vorangegangenen formlosen Erklärungen oder Erörterungen mit der Behörde. Dies gilt nach beiden Richtungen: Glaubt sich der Antragsteller dadurch benachteiligt, dass die Behörde ihm bei derartigen vorangegangenen Besprechungen amtspflichtwidrig zu verstehen gegeben hat, das von ihm angestrebte Maß der baulichen Nutzung des Grundstücks sei unzulässig, so führt es nicht zum Totalverlust des etwaigen Amtshaftungsanspruchs nach § 839 Abs 3 BGB, wenn er auf die Stellung einer förmlichen Bauvoranfrage verzichtet; die Unterlassung eines solchen Antrags ist nur nach § 254 BGB zu beurteilen (BGH NJW 1978, 1522, 1523). Auch im umgekehrten Fall, dass dem Antragsteller die ihm günstige Falschauskunft erteilt wurde, das Grundstück sei in einem höheren Maße baulich nutzbar, als es tatsächlich der Fall war, braucht sich der Antragsteller nicht unter dem Gesichtspunkt des § 839 Abs 3 BGB durch Einholung eines Bauvorbescheides weiter abzusichern (BGH NJW 1980, 2576, 2577). Ebenso wenig fällt es in den Anwendungsbereich des § 839 Abs 3 BGB, wenn der Antragsteller versucht, eine in Übereinstimmung mit einem ihm günstigen unrichtigen Bauvorbescheid stehende endgültige Baugenehmigung zu erwirken (BGHZ 122, 317, 324). Aus diesen Rechtsprechungsgrundsätzen ist allgemein die Folgerung zu ziehen, dass bei amtspflichtwidrigen Falschauskünften Anträge entweder auf Erteilung eines der Auskunft konformen begünstigenden Verwaltungsakts (BGH 6. 5. 1993 – III ZR 2/92, BGHZ 122, 317, 324; BGH 28. 2. 1991 – III ZR 252/89, juris Rn 6) oder auf Beseitigung eines in Widerspruch zu jener Auskunft ergangenen belastenden Verwaltungsakts (BGH NVwZ 2001, 468) keine „Rechtsmittel“ im Sinne des § 839 Abs 3 BGB darstellen, sondern ausschließlich nach § 254 BGB zu beurteilen sind.

f) „Gebrauch“ eines Rechtsmittels

347 „Gebrauch“ eines Rechtsmittels ist, soweit Formen und Fristen vorgesehen sind, nur die ordnungsgemäße Einlegung. Kein „Gebrauch“ liegt vor, wenn das Rechtsmittel nur „formell“, dh ohne Absicht ernstlicher Durchführung und daher auch ohne sachdienliche Begründung eingesetzt wird (BGHZ 56, 57, 59; RGZ 138, 309, 311). Dies ist namentlich dann der Fall, wenn das Rechtsmittel ohne Begründung eingelegt wird, obwohl das Gesetz eine solche vorschreibt (BGH 19. 12. 2024 – III ZR 24/23, BGHZ 242, 341 Rn 60). Dagegen können ein unzulänglicher Sachvortrag oder sonstige schuldhafte Nachlässigkeiten nicht als Nichtgebrauch eines Rechtsmittels im Sinne des § 839 Abs 3 BGB gewertet werden (BGH 19. 12. 2024 – III ZR 24/23, BGHZ 242, 341 Rn 59 ff; in diese Richtung bereits BGH III ZR 98/69, BGHZ 29. 3. 1971 – III ZR 98/69, BGHZ 56, 57, 63f; **aA** Staudinger/Wöstmann [2020] § 839 Rn 344). Dafür spricht insbesondere, dass das weite Spektrum an möglichen Nachlässigkeiten (und die insoweit bestehenden Wertungsspielräume) nicht einen generellen Haftungsausschluss rechtfertigen können. Vielmehr ist insofern die flexible Sanktion des § 254 BGB die angemessene Rechtsfolge (BGH 19. 12. 2024 – III ZR 24/23, BGHZ 242, 341 Rn 63).

Zum „Gebrauch eines Rechtsmittels" im Sinne des § 839 Abs 3 BGB gehört es nicht, dass der Bauherr, der gegen eine Baustilllegungsverfügung Widerspruch eingelegt hat, wegen dessen aufschiebender Wirkung die bereits begonnenen Bauarbeiten fortsetzt (BGH NVwZ 2002, 122). In dem mit einem Wiedereinsetzungsantrag verbundenen, verspätet eingelegten Widerspruch gegen eine Ausweisungsverfügung der Ausländerbehörde kann auch ein geeigneter Rechtsbehelf mit der Zielrichtung gesehen werden, die Behörde zu veranlassen, ihre – rechtswidrige – Ordnungsverfügung unter dem Blickwinkel einer Rücknahme nach § 48 VwVfG zu überprüfen. Deshalb ist in einem solchen Fall der Amtshaftungsanspruch nicht nach § 839 Abs 3 BGB ausgeschlossen, wenn kein ausdrücklicher Rücknahmeantrag gestellt wird (BGH DVBl 2003, 460; Rinne/Schlick NJW 2004, 1918, 1928).

Wenn mehrere Rechtsmittel vorhanden sind, muss der Geschädigte das „stärkste" und effektivste wählen, um nicht seines Amtshaftungsanspruchs verlustig zu werden, jedenfalls dann, wenn sich die Erfolglosigkeit des gewählten Rechtsmittels abzeichnet (BGH 4. 7. 2013 – III ZR 342/12, BGHZ 198, 1 Rn 22; BGH WM 1963, 841, 842; BGH 10. 3. 1955 – III ZR 188/53 S 8; Rohlfing MDR 2009, 1257, 1259). Das bedeutet auch, dass ein formloser Rechtsbehelf grundsätzlich dann nicht genügt, wenn ein förmlicher zur Verfügung steht und keine Anhaltspunkte dafür vorliegen, dass dieser keine Erfolgsaussichten hat. Hier ist jedoch die Frage des Verschuldens und der Zumutbarkeit besonders genau zu prüfen.

g) Verschulden

Der Verlust des Ersatzanspruchs setzt voraus, dass dem Verletzten das Unterlassen 348
eines Rechtsmittels vorwerfbar im Sinne eines „Verschuldens gegen sich selbst" ist (BGH 24. 10. 2019 – III ZR 141/18, NJW 2020, 1592 Rn 25). Dazu genügt auch der Vorwurf **leichter** Fahrlässigkeit; sogar dann, wenn die Amtspflichtverletzung selbst grob fahrlässig oder gar vorsätzlich begangen worden ist (Rn 339).

aa) Nach ständiger Rechtsprechung des BGH ist bei der Prüfung, ob der Verletzte es schuldhaft unterlassen hat, ein Rechtsmittel einzulegen, unter Berücksichtigung der Umstände des Einzelfalls auf die Verhältnisse des Verkehrskreises, dem der Verletzte angehört, mithin darauf abzustellen, welches Maß an Umsicht und Sorgfalt von Angehörigen dieses Kreises verlangt werden muss (BGH 29. 1. 2009 – III ZR 182/08, juris Rn 3; BGH 7. 11. 1996 – III ZR 283/95, VersR 1997, 238; BGH 27. 9. 1990 – III ZR 53/89, NVwZ 1991, 915; BGHZ 113, 17, 25). Die Frage, ob der Geschädigte fahrlässig den Gebrauch eines Rechtsmittels unterlassen hat, hängt davon ab, ob er die nach den gegebenen Umständen sowie die nach seinem Bildungsstand und seiner Geschäftsgewandtheit gebotene Sorgfalt nicht beachtet hat (BGH 24. 4. 2025 – III ZR 18/24, WM 2025, 1440 Rn 18; BGH 7. 11. 1996 – III ZR 283/95, VersR 1997, 238; NJW 1990, 1242, 1243). Die Zumutbarkeit des Rechtsmittels ist nicht deshalb zu verneinen, weil es möglicherweise Anlass zu einem Vorabentscheidungsersuchen an den Gerichtshof der Europäischen Union gibt oder dieser mit einer Vertragsverletzungsklage befasst ist (BGH 4. 6. 2009 – III ZR 144/05, BGHZ 181, 199 Rn 22 ff). Grundsätzlich genügt es, dass der Geschädigte sein Rechtsmittel in einer Instanz verfolgt. Eine Partei verstößt in der Regel noch nicht gegen die in ihrem eigenen Interesse gebotene Sorgfalt, wenn sie sich auf die Richtigkeit einer erstinstanzlichen Gerichtsentscheidung verlässt; es müssen vielmehr besondere Umstände vorliegen, die eine Anfechtung der Gerichtsentscheidung aussichtsreich erscheinen lassen (BGH 19. 12. 2024 – III ZR 24/23, BGHZ 242, 341 Rn 64; BGH 21. 2. 2019 – III ZR 115/18, NJW 2019, 1374 Rn 19).

Der Umstand, dass der Geschädigte in dem Verfahren auf Drängen der Behörde einen Vergleich mit einem Dritten abgeschlossen hat, begründet nicht den Vorwurf, der Geschädigte habe schuldhaft von dem Rechtsmittel keinen Gebrauch gemacht (BGH 23. 1. 1986 – III ZR 134/84, NVwZ 1986, 789, 791).

Im Rahmen einer beamtenrechtlichen Konkurrentenklage kann es für einen Bewerber unzumutbar sein, einen Antrag auf einstweilige Anordnung gegen die beabsichtigte Ernennung des Konkurrenten zu stellen, solange ihm das Ergebnis seiner eigenen dienstlichen Beurteilung noch nicht vorliegt, denn bis dahin ist er nicht in der Lage, substantiiert darzutun, dass er besser qualifiziert ist als der Mitbewerber (BGH NVwZ-RR 2005, 152; Rinne/Schlick NJW 2005, 3541, 3548). Nach allgemeinen Rechtsgrundsätzen kann Fahrlässigkeit auch dadurch ausgeschlossen sein, dass der Verletzte bei Wahrung verkehrserforderlicher Sorgfalt einem entschuldbaren Rechtsirrtum unterlegen ist (RGZ 156, 113, 120; 146, 133, 144). Ist die Amtshandlung rechtsfehlerhaft, so gilt, dass sich ein Rechtsunkundiger im Allgemeinen darauf verlassen darf, Gerichte und Behörden wendeten das Recht richtig an. Insbesondere ist Verschulden zu verneinen, wenn die rechtlichen Mängel der Amtshandlung für einen Laien nicht erkennbar sind (BGH VersR 1964, 289). Auf Belehrungen und Erklärungen eines Beamten ihm gegenüber darf der Staatsbürger grundsätzlich vertrauen und es kann ihm in der Regel nicht zum Verschulden gereichen, wenn er nicht klüger ist als der Beamte (st Rspr, zB: BGH 13. 7. 1995 – III ZR 160/94, BGHZ 130, 332, 339; 113, 17, 25; 108, 224, 230; BGH VersR 1964, 269; BGH WM 1963, 841; vgl auch Kreft Rn 535). Jedoch ist mangelnde Rechtskenntnis allein nicht schlechthin ein genügender Entschuldigungsgrund. So muss auch ein Rechtsunkundiger Rechtsrat einholen, wenn er sich nicht allein über die Möglichkeiten der Anfechtung einer Entscheidung unterrichten kann (BGH 24. 4. 2025 – III ZR 18/24, WM 2025, 1440 Rn 18; RGZ 166, 256). Dabei müssen sowohl die Auskunftsperson als auch die Auskunft aus der Sicht des Täters verlässlich sein; die Auskunft selbst muss zudem einen unrechtsverneinenden Inhalt haben. Eine Auskunft ist in diesem Sinne nur dann verlässlich, wenn sie objektiv, sorgfältig, verantwortungsbewusst und insbesondere nach pflichtgemäßer Prüfung der Sach- und Rechtslage erteilt worden ist. Bei der Auskunftsperson ist dies der Fall, wenn sie die Gewähr für eine diesen Anforderungen entsprechende Auskunfterteilung bietet. Es ist zu unterscheiden, ob der Geschädigte die Äußerung als objektive, nach gehöriger Sachprüfung erteilte, abschließende (Rechts-)Auskunft oder als eine einseitige, jegliche Verantwortlichkeit der Behörde von sich weisende (»Partei«-)Erklärung auffassen darf bzw muss (BGH 13. 7. 1995 – III ZR 160/94, BGHZ 130, 332, 339). Ist dies der Fall, kann von dem Geschädigten nicht verlangt werden, gegen den ausdrücklichen Rat des Rechtskundigen zu handeln (BGH 24. 4. 2025 – III ZR 18/24, WM 2025, 1440 Rn 18).

349 Den Angehörigen bestimmter Berufs- und Interessengruppen obliegen Nachprüfungspflichten, so zB den Kaufleuten die Nachprüfung auf Richtigkeit und Vollständigkeit der Mitteilungen des Registergerichts über Eintragungen im Handelsregister (RGZ 131, 12; HRR 1931 Nr 501; JW 1938, 593), den Beteiligten bezüglich der Mitteilungen des Grundbuchamts über Vorgänge im Grundbuch (BGHZ 128, 104; RG JW 1936, 1891; RGZ 138, 114), den Beteiligten am Zwangsversteigerungsverfahren bezüglich wesentlicher Verfahrensvorgänge wie Zuschlagsbeschluss und Teilungsplan (RGZ 166, 249;

HRR 1934 Nr 131, vgl in diesem Zusammenhang auch BGH 27. 9. 1990 – III ZR 53/89, NVwZ 1991, 915, wo der BGH einem Steuerberater als dem Eigentümer eines in der Zwangsversteigerung befindlichen Grundstücks die Obliegenheit auferlegt hat, eine vermeintlich zu niedrige Wertfestsetzung anzufechten). Längeres Ausbleiben einer Nachricht über beantragte Maßnahmen (zB Eintragung im Handelsregister oder Grundbuch) kann Anlass zu Nachfragen oder Erinnerungen geben (BGH NJW 1958, 1532; RG JW 1935, 772). Im Einzelfall kann ein Verschulden hinsichtlich des Nichtgebrauchs eines Rechtsmittels für den Verletzten darin liegen, dass er im Vorprozess gegen einen Unfallbeteiligten auf die Richtigkeit tatsächlicher prozessentscheidender Angaben des Gegners vertraut und nicht versucht hat, die Richtigkeit durch eigene sachgemäße Erkundigungen festzustellen (RGZ 126, 81, 95). Schuldhaft kann auch handeln, wer zwar ein Rechtsmittel ergreift, sich bei dessen Erfolglosigkeit aber nicht eines zur Verfügung stehenden „stärkeren" Rechtsmittels bedient. Dieser Vorwurf trifft im Allgemeinen – aber nicht regelmäßig – den, der sich mit der bloßen Erinnerung als dem schwächsten Rechtsbehelf begnügt, wenn ihre Erfolglosigkeit erkenntlich wird (BGH WM 1963, 841, 842). Allgemeine Grundsätze, wann es einem Verletzten zum Verschulden gereicht, dass er den Gebrauch eines stärkeren Rechtsmittels unterlassen hat, lassen sich im Übrigen aber nicht aufstellen; es kommt auf die besonderen Umstände des Einzelfalls an, ob und inwieweit dem Verletzten der Gebrauch eines stärkeren Rechtsbehelfs zuzumuten war (BGH WM 1963, 841, 842), wobei zu berücksichtigen ist, dass die Unterlassung einer Dienstaufsichtsbeschwerde nur vorwerfbar ist, wenn die Annahme einer Amtspflichtverletzung dringlich nahelag (so), und dass die Untätigkeitsklage (§ 75 VwGO) die ultima ratio ist (BGHZ 15, 305, 312), so dass kein Verschulden darin liegt, wenn der Verletzte nicht alsbald von ihr Gebrauch macht und zunächst zu schwächeren Rechtsmitteln greift (BGH NVwZ 2008, 815 Rn 5; 1992, 298, 299 f; VersR 1990, 656, 658). Einem Betroffenen, dessen Dienstaufsichtsbeschwerde an die vorgesetzte Dienststelle erfolglos blieb, ist nicht zuzumuten, den Instanzenweg bis zur Ministerialinstanz weiterzuverfolgen (Kreft Rn 535).

bb) Kein Verschulden beim Nichtgebrauch liegt vor, wenn die Erfolgsaussicht des **350**
Rechtsmittels so gering oder zweifelhaft ist, dass dem Verletzten dessen Gebrauch nicht zuzumuten ist (BGH NJW 2003, 1308, 1113; BGHZ 128, 346, 357) oder er nicht damit rechnen kann, durch die Einlegung eines Rechtsmittels wesentlich schneller zum Ziel zu kommen (BGH 29. 1. 2009 – III ZR 182/08 Rn 2). Gegenüber einer fehlerhaften Kostenentscheidung nach § 91a ZPO gereicht das Nichteinlegen eines Rechtsmittels dem Geschädigten regelmäßig nur zum Verschulden, wenn besondere Umstände den Erfolg einer Anfechtung nahelegen (BGH VersR 1985, 358). Andererseits kann die Wichtigkeit der Sache und eine die Erfolgschancen nicht ausschließende Zweifelhaftigkeit die Nichteinlegung als fahrlässig erscheinen lassen (OLG Hamm OLGZ 30, 115). Die Zumutbarkeit, verwaltungsgerichtlichen Rechtsschutz in Form einer einstweiligen Anordnung auf Freimachung einer beschlagnahmten Wohnung in Anspruch zu nehmen, wurde in einem Fall verneint, in dem eine derartige Verfahrensweise aus der Sicht des Geschädigten unsicher war und ihm andererseits ein einfacherer Weg der Vollstreckung aus einem privatrechtlichen Räumungstitel zur Verfügung stand (BGHZ 130, 332, 338 ff). Ist gänzlich unklar, ob ein Rechtsmittel zulässig ist, kann es dem Geschädigten nicht vorgeworfen werden, dies nicht eingelegt zu haben (BGHZ 150, 172, 185 f, zu einer sozialgerichtlichen Klage von Vertragsärzten auf Feststellung der Unwirksamkeit einer zwischen der Kassenärztlichen Bundesvereinigung und den Spitzenverbänden der Krankenkasse geschlossenen Übergangsvereinbarung).

Zum Verschuldensmaßstab beim Nichtgebrauch eines Rechtsmittels im Sinne des § 839 Abs 3 BGB in einer politischen Umbruchsituation (dort: im Frühjahr 1991 im Lande Brandenburg), s BGH 7. 11. 1996 – III ZR 283/95, VersR 1997, 238.

351 **cc)** Ein Antragsteller, dessen Antrag (zB Baugesuch) von der Behörde nicht stattgegeben, aber auch nicht förmlich abgelehnt wird, hat vielfach die Wahl, alsbald Rechtsmittel im Sinne von § 839 Abs 3 BGB einzulegen oder zunächst zu versuchen, die Behörde im Verhandlungsweg dazu zu bewegen, dem Antrag doch stattzugeben. In diesem Fall handelt er grundsätzlich nicht schuldhaft, wenn er nicht sogleich förmliche Rechtsmittel ergreift. Etwas anderes gilt jedoch, wenn die Behörde bereits zu erkennen gegeben hat, dass sie dem Antrag auch nach geführten Verhandlungen nicht stattgeben will. In diesem Fall darf der Antragsteller nicht unbegrenzt weiterverhandeln, sondern muss zur Vermeidung der aus § 839 Abs 3 BGB sich ergebenden Rechtsnachteile einen gegebenen Rechtsbehelf ergreifen (BGH 5. 2. 1987 – III ZR 16/86 Rn 27).

352 **dd)** Die Verpflichtung zur Schadensabwendung nach § 839 Abs 3 BGB ist eine Verbindlichkeit im Sinne des § 278 BGB, so dass der Minderjährige für die schuldhafte Unterlassung eines Rechtsmittels durch den gesetzlichen Vertreter, die Partei für eine solche ihres Anwalts, eine geschädigte Körperschaft für diejenigen des berufenen Beamten einzustehen hat (BGH 24. 10. 2019 – III ZR 141/18, NJW 2020, 1592 Rn 25; BGHZ JZ 1984, 537; BGHZ 33, 136; RGZ 138, 117; 163, 124; MünchKommBGB/Papier/Shirvani § 839 Rn 406). Auch der mit dem Vollzug eines Grundstückskaufvertrags, auch durch Vertretung der Beteiligten bei Verwaltungsbehörden, beauftragte beurkundende Notar kann in diesem Sinne Erfüllungsgehilfe sein mit der Folge, dass die Auftraggeber sich schuldhafte Rechtsmittelversäumnisse zurechnen lassen müssen (BGHZ 123, 1, 13).

h) Ursachenzusammenhang

353 **aa)** Die Folge des § 839 Abs 3 BGB tritt nur ein, wenn die Nichteinlegung des Rechtsmittels für den Schadenseintritt ganz oder teilweise ursächlich geworden ist (BGH 9. 10. 2003 – III ZR 342/02, BGHZ 156, 294, 299; RGZ 163, 125). Die Ersatzpflicht entfällt, **soweit** die schuldhafte Nichteinlegung eines Rechtsmittels für den eingetretenen Schaden ursächlich geworden ist. Hätte zB die Einlegung eines Rechtsbehelfs erst von einem bestimmten Zeitpunkt an weitere Schäden verhindert, entfällt der Schadensersatzanspruch nur für jene späteren Schäden, bleibt jedoch für die bereits vorher entstandenen bestehen (BGH 11. 3. 2010 – III ZR 124/09, NJW-RR 2010, 1465 Rn 17; NJW 1986, 1924). Die Kausalität der Unterlassung kann entfallen, wenn nach gesetzlicher Vorschrift die Vollziehung einer Entscheidung durch ein Rechtsmittel nicht gehindert wird (vgl BGH MDR 1982, 554). Der Beweis des Kausalzusammenhangs obliegt dem Ersatzpflichtigen (BGH 11. 3. 2010 – III ZR 124/09, NJW-RR 2010, 1465 Rn 16; BGH 9. 10. 2003 – III ZR 342/02, BGHZ 156, 294, 299; RG JW 1927, 2457). An der Ursächlichkeit fehlt es, wenn durch den unterlassenen Rechtsbehelf zwar die Beseitigung der schädlichen Amtshandlung, aber nicht die Abwendung des Schadens erreicht worden wäre, es hierfür vielmehr der Einleitung eines neuen (selbständigen) Verfahrens bedurft hätte.

354 **bb)** Die Prüfung der Kausalität erfordert bei § 839 Abs 3 BGB im Ansatz ähnliche Überlegungen wie zu Abs 1: Ebenso wie dort zu fragen ist, wie die Vermögenslage

des Verletzten sich ohne die Amtspflichtverletzung gestaltet hätte, sind auch hier Feststellungen über den hypothetischen Geschehensablauf bei Einlegung des Rechtsbehelfs zu treffen. Dabei lassen sich jedoch nicht alle Grundsätze, die für die Ursächlichkeitsprüfung im Bereich des Absatzes 1 gelten, uneingeschränkt auf Abs 3 übertragen. Insbesondere kann im Bereich des Abs 3 der Grundsatz, dass allein auf die sachlich richtige, nicht auf die tatsächliche Entscheidung abzustellen ist (so zum Abschnitt „rechtmäßiges Alternativverhalten" Rn 238 ff), nicht uneingeschränkt gelten. Der Schädiger, der grundsätzlich für die Kausalität zwischen Nichteinlegung des Rechtsbehelfs und Schadenseintritt beweispflichtig ist (Rn 417), kann sich nicht in jedem Falle darauf stützen, wie über den Rechtsbehelf hätte richtigerweise entschieden werden müssen. Dies gilt insbesondere, wenn es nicht um die Anrufung eines Gerichts gegen einen Verwaltungsakt geht, sondern nur darum, dass eine Verwaltungsbehörde – durch Gegenvorstellungen oder Dienstaufsichtsbeschwerde – zur Überprüfung ihres eigenen Handelns veranlasst werden sollte. Ist in einem solchen Fall die Feststellung möglich, dass der pflichtwidrig handelnde Beamte auch auf eine Gegenvorstellung hin seine Rechtsauffassung oder sein tatsächliches Verhalten nicht geändert hätte oder dass auch eine Dienstaufsichtsbeschwerde seinen Dienstvorgesetzten nicht veranlasst hätte, das Fehlverhalten des Untergebenen zuzugeben und zu korrigieren, so ist es nicht gerechtfertigt, trotzdem die Kausalität zwischen Nichteinlegung des Rechtsbehelfs und Schadenseintritt zu bejahen und dem Geschädigten den Ersatzanspruch aus § 839 BGB iVm Art 34 GG zu versagen (st Rspr, zB BGH NJW 1986, 1924, 1925 [grundlegend]; s auch BGH 11. 3. 2010 – III ZR 124/09 BGH NJW-RR 2010, 1465 Rn 11; BGH NJW 1989, 98, 99 mwNw). Geht es um einen Antrag, der zu einer gerichtlichen Entscheidung führen soll, wird die wirkliche Rechtslage grundsätzlich eine größere Rolle spielen. Dennoch muss auch dort die Rechtspraxis in der in Rede stehenden Frage zu dem Zeitpunkt in Betracht gezogen werden, in dem der Rechtsbehelf hätte angebracht werden müssen, wenn er den Eintritt des Schadens hätte verhindern sollen (BGH NJW-RR 2010, 1465 Rn 11; BGHZ 156, 294, 300). Lässt sich danach nicht feststellen, dass ein Antrag des Geschädigten nach § 80 Abs 5 VwGO den Erfolg gehabt hätte, die aufschiebende Wirkung eines Gebührenbescheids anzuordnen, kann die Ersatzpflicht für einen durch den Sofortvollzug eingetretenen Zinsschaden nicht mit der Begründung verneint werden, der Geschädigte habe die Einlegung eines solchen Rechtsmittels unterlassen (BGHZ 156, 294, 300). Ähnliche Erwägungen sind allgemein nicht ausgeschlossen, wenn es um die (hypothetische) Entscheidung eines Gerichts geht und ersichtlich eine einigermaßen zuverlässige Beurteilung, wie richtigerweise zu entscheiden gewesen wäre, nicht ohne weiteres möglich ist (BGH NJW 2003, 1308, 1313; insoweit in BGHZ 154, 54 nicht abgedruckt). Hinsichtlich der Umsetzung erstrittener Urteile im Rechtsmittelverfahren ist grundsätzlich davon auszugehen, dass Behörden gerichtliche Entscheidungen beachten (zu Ausnahmen s OLG Brandenburg 10. 4. 2024 – 2 U 9/23, NVwZ-RR 2024, 835 Rn 24 ff, bzgl eines Anspruchs auf einen Betreuungsplatz gem § 24 SGB VIII; s hierzu auch Rn 725). Bei Rechtsmitteln gegen menschenunwürdige Haftbedingungen ist deshalb anzunehmen, dass auch ohne konkrete andere Möglichkeit der Unterbringung des Häftlings mangels Hafträumen die Rechtsmittel erfolgreich sein werden. Sind die Haftbedingungen menschenunwürdig und kann eine Vollzugsanstalt auch unter Berücksichtigung aller ihr zur Verfügung stehenden Möglichkeiten einer Gerichtsentscheidung, die dies feststellt, nicht nachkommen, muss notfalls die Strafvollstreckung unterbrochen werden. Die Aufrechterhaltung eines gegen Art 1 Abs 1 GG verstoßenden Zustands ist verboten. Eine Abwägung der unantastbaren Menschenwürde mit anderen – selbst verfassungsrechtlichen Belangen – ist nicht möglich

(BGH NJW-RR 2010, 1465 Rn 15; zustimmend BVerfG NJW-RR 2011, 1043; s auch BGH 4. 7. 2013 – III ZR 338/12 Rn 19).

i) Kosten eines erfolglosen Rechtsmittels

355 Die Kosten eines erfolglosen Rechtsmittels, das der Verletzte ergriffen hat, um dem Vorwurf aus § 839 Abs 3 BGB zu entgehen, sollten nach RG Warn 1912 Nr 390 nicht zu dem ihm zu ersetzenden Schaden gehören (Staudinger/Schäfer[12] § 839 Rn 477). Da nach inzwischen gewandelter Rechtsauffassung die innere Rechtfertigung des § 839 Abs 3 BGB in der Sicherstellung des Vorrangs des Primärrechtsschutzes erblickt wird (s eingangs Rn 337), kann diese Auffassung heute nicht mehr akzeptiert werden. Insbesondere dann, wenn die Rechtslage keineswegs eindeutig ist und dem Geschädigten zugebilligt werden muss, zu versuchen, vorrangig den Weg des Primärrechtsschutzes zu beschreiten, bestehen keinerlei Bedenken dagegen, auch die hierdurch entstehenden Kosten als ersatzfähige Schadenspositionen in den Amtshaftungsanspruch einzustellen (BGHZ 178, 51, 55; BGH NJW 2007, 224, 226; s auch Rn 251).

14. Beschränkungen der Staatshaftung durch Sondervorschriften

a) Grundsätzliche Fortgeltung der Beschränkungen der Staatshaftung

356 Nach Art 34 GG trifft, wenn ein Amtsträger in Ausübung eines ihm anvertrauten öffentlichen Amtes die ihm einem Dritten gegenüber obliegende Amtspflicht verletzt, die Verantwortlichkeit „grundsätzlich" den Staat oder die Körperschaft, in deren Dienst er steht. Indem Art 34 GG die Staatshaftung (lediglich) als Grundsatz vorsieht, lässt er zu, dass der zuständige Einzelgesetzgeber (vgl dazu Art 77 EGBGB) Ausnahmen von der Staatshaftung statuiert. Demgemäß bleiben auch die Ausnahmen bestehen, die in den schon bei Inkrafttreten des Art 131 WeimVerf und des Art 34 GG geltenden Gesetzen vorgesehen waren (vgl dazu insbesondere BVerfGE 61, 149, 199 = NJW 1983, 25, 29 f). Die beschränkenden oder ausschließenden Regelungen sind allerdings als Ausnahmen von dem Verfassungsgrundsatz eng auszulegen und nur zulässig, soweit sie von der Sache her gerechtfertigt werden können; sie dürfen nicht willkürlich getroffen werden, müssen auf sachgerechten Erwägungen beruhen und sich an der Grundentscheidung der Verfassung ausrichten (BGHZ 99, 62, 64; 62, 372, 377 f; 25, 231, 237). Ein **Haftungsausschluss** durch kommunale Satzung kommt im Rahmen eines öffentlich-rechtlichen Schuldverhältnisses unter bestimmten Voraussetzungen, jedoch grundsätzlich nicht für Amtshaftungsansprüche in Betracht (BGH NVwZ 2008, 238 Rn 9; BGHZ 217, 50 Rn 34 [Badeordnung]; NJW 1984, 615, 617; 61, 7, 14 f; 54, 299, 304 f). Der Nichteintritt der Staatshaftung hat die allgemeine Konsequenz, dass es bei der persönlichen Eigenhaftung des Beamten gegenüber dem Geschädigten verbleibt; dies gilt im Rahmen der Ausübung eines anvertrauten öffentlichen Amtes auch für Amtsträger, die nicht Beamte im staatsrechtlichen Sinne sind (Rn 53 f). § 1 Abs 4 HS 2 des Gesetzes über die Öffentlich bestellten Vermessungsingenieurinnen und -ingenieure in Nordrhein-Westfalen vom 1. 4. 2014, GV. NRW 256 – ÖbVIG NRW schließt die Überleitung der Haftung für **Vermessungsingenieure** in NRW aus. Sind mehrere Öffentlich bestellte Vermessungsingenieure in einer Arbeitsgemeinschaft oder Bürogemeinschaft zusammengeschlossen, so haftet jeder von ihnen nur insoweit, als er in seiner Eigenschaft als Öffentlich bestellter Vermessungsingenieur selbständig hoheitliche Aufgaben wahrgenommen hat (BGHZ 215, 344).

b) Gebührenbeamte

Nach § 5 Nr 1 des Gesetzes über die Haftung des Reiches für seine Beamten – RBHG – vom 22. 5. 1910 (RGBl 798) und nach § 3 Abs 3 des Preußischen Gesetzes über die Haftung des Staates und anderer Verbände für Amtspflichtverletzungen von Beamten bei Ausübung öffentlicher Gewalt vom 1. 8. 1909, das in den ehemals preußischen Teilen der alten Bundesländer weitgehend als Landesrecht fortgalt (PrStHG), entfiel die Staatshaftung bei Amtspflichtverletzungen von „Gebührenbeamten", dh von Amtsträgern, die ausschließlich auf den Bezug von Gebühren für ihre Amtshandlungen angewiesen sind (so die reichsrechtliche und die preußische Regelung übereinstimmend), und von anderen „Beamten", soweit sie für bestimmte Amtshandlungen eine besondere Vergütung durch Gebühren von den Beteiligten beziehen (so die preußische Regelung). Für Schleswig-Holstein ist in § 23a AGBGB ein Ausschluss der Haftungsüberleitung für Gebührenbeamte normiert, für Hessen in § 21 AGBGB (gültig bis 31. 12. 2025), für Rheinland-Pfalz in § 18b AGBGB, für Bremen in § 4 Nr 2 AmtPflVG und für Niedersachsen in § 28a AGBGB, wobei dies für Amtspflichtverletzungen gilt, die im Gebiet des früheren Landes Oldenburg vor dem 1. 4. 2011 begangen wurden. **357**

aa) Für den Begriff des Gebührenbeamten ist es ohne Bedeutung, ob er die Gebühren aus einer öffentlichen Kasse oder unmittelbar von den Beteiligten erhält (BGHZ 63, 372, 379; RGZ 134, 178; 88, 256). Wesentlich ist aber, ob die Gebühr danach bemessen oder dazu bestimmt ist, die amtliche Tätigkeit abzugelten (BGHZ 36, 195). Den Hauptfall der „Gebührenbeamten" bilden die Notare, die nicht Beamte im Sinne der Beamtengesetze sind und deren Rechtsverhältnisse durch die Bundesnotarordnung geregelt werden. Eine Haftung des Staates anstelle des Notars wird durch § 19 Abs 1 S 4 BNotO ausdrücklich ausgeschlossen. Dieser Ausschluss ist mit dem Grundgesetz vereinbar (BGHZ 135, 354, 356; 9, 289). Nach dem seit dem gemäß § 45 SchfHwG seit 1. 1. 2018 geltenden § 12a SchfHwG besteht eine Staatshaftung an Stelle des bevollmächtigten Bezirksschonsteinfegers nicht (zur früheren Rechtslage s Staudinger/Wöstmann [2020] § 839 Rn 355). **358**

bb) Keine Gebührenbeamten im Sinne der Staatshaftungsvorschriften sind: Gerichtsvollzieher (BGH NJW 2001, 434); Schiedsmänner (BGHZ 36, 195); Mitglieder der Ortsgerichte in Hessen (BGHZ 113, 71); Lotsen (RGZ 93, 38); Bürgermeister bei Errichtung eines Nottestaments nach § 2249 BGB (BGH 17. 10. 1955 – III ZR 33/54, NJW 1956, 260; RG JW 1938, 810); auch nicht ein auf den Bezug von Gebühren angewiesener, im Übrigen freiberuflicher Prüfingenieur für Baustatik, den die Baugenehmigungsbehörde mit der Prüfung der statischen Berechnung eines Baugesuchs im Einzelfall beauftragt hat (BGHZ 39, 358).

c) Auswärtiger Dienst

Nach § 5 Nr 2 RBHG tritt die Staatshaftung nicht ein, soweit es sich um das Verhalten eines mit Angelegenheiten des auswärtigen Dienstes befassten Beamten handelt und dieses Verhalten nach einer amtlichen Erklärung des Reichskanzlers politischen oder internationalen Rücksichten entsprochen hat. Gegen die Fortgeltung dieser Bestimmung werden gewichtige verfassungsrechtliche Bedenken erhoben, da der Haftungsausschluss durch sachliche Gründe des öffentlichen Wohls nicht gerechtfertigt sei und deshalb gegen Art 34 GG verstoße (so insbesondere MünchKommBGB/Papier/Shirvani § 839 Rn 414). Überwiegend wird indessen von der Weitergeltung auch dieser **359**

Beschränkung ausgegangen (Ossenbühl/Cornils 98; Galke DÖV 1992, 53, 58). An die Stelle des Reichskanzlers ist der Bundeskanzler getreten (Art 129 Abs 1 S 1 GG; Ossenbühl/Cornils 98; Galke DÖV 1992, 53, 58; anders noch Staudinger/Schäfer[12] § 839 Rn 41: der Bundesminister des Auswärtigen). Ob im Anwendungsbereich dieser Bestimmung eine persönliche Haftung des Beamten nach § 839 BGB stattfindet (so RGZ 102, 166, 173), ist zweifelhaft. Denn das Verhalten eines Beamten, das politischen oder internationalen Rücksichten entsprochen hat, dürfte nicht pflichtwidrig gewesen sein (Galke DÖV 1992, 53, 58 mwNw; **aA** BeckOGK/Thomas [1. 11. 2025] § 839 Rn 730).

d) Haftung gegenüber Ausländern

360 **aa)** Insbesondere hatten nach Inkrafttreten des Art 34 GG zunächst auch diejenigen vorkonstitutionellen – reichs- und landesrechtlichen – Rechtsvorschriften ihre Geltung behalten, die die unmittelbare Staatshaftung gegenüber Ausländern einschränkten. Für Bundesbeamte galt § 7 RBHG, wonach der Bund bei Amtspflichtverletzungen gegenüber Ausländern nur haftete, wenn durch den Bundesminister der Justiz im Bundesgesetzblatt amtlich bekannt gemacht war, dass durch die Gesetzgebung des ausländischen Staates oder durch Staatsvertrag die Gegenseitigkeit verbürgt war. Eine analoge Regelung traf § 7 PrStHG mit der Maßgabe, dass in den ehemaligen preußischen Gebieten an die Stelle des Bundesministers der Justiz die jeweilige Landesregierung und an die Stelle der Bekanntmachung im Bundesgesetzblatt diejenige im Landesgesetzblatt trat. Die Einschränkung der Staatshaftung in den nichtpreußischen Teilen des Bundesgebietes war unterschiedlich ausgestaltet (vgl etwa BGHZ 76, 375, 377 für Bayern; BGH VersR 1961, 857 für Württemberg). Alle diese Regelungen wurden jedoch in ständiger Rechtsprechung des Bundesgerichtshofs als wirksam angesehen (zB BGHZ 99, 62, 64 f; 76, 375, 376; BGH NJW 1985, 1257) und auch vom Bundesverfassungsgericht als verfassungsgemäß bestätigt (NVwZ 1983, 89; vgl zuletzt BVerfG NJW 2006, 2542 Rn 24 [Fall Distomo; s dazu Rn 796]).

361 **bb)** Durch Gesetz vom 28. 7. 1993 (BGBl I 1394) ist § 7 RBHG wie folgt neu gefasst worden:

> (1) Die Bundesregierung kann zur Herstellung der Gegenseitigkeit durch Rechtsverordnung bestimmen, dass einem ausländischen Staat und seinen Angehörigen, die im Geltungsbereich dieses Gesetzes keinen Wohnsitz oder ständigen Aufenthalt haben, Ansprüche aus diesem Gesetz nicht zustehen, wenn der Bundesrepublik Deutschland oder Deutschen nach dem ausländischen Recht bei vergleichbaren Schädigungen kein gleichwertiger Schadensausgleich von dem ausländischen Staat geleistet wird. Angehörigen eines ausländischen Staates stehen juristische Personen sowie Gesellschaften und Vereinigungen des bürgerlichen Rechts oder des Handelsrechts gleich; an die Stelle des Wohnsitzes oder des ständigen Aufenthaltsortes tritt bei ihnen der tatsächliche und, wenn ein solcher bestimmt ist, der satzungsmäßige Sitz.
>
> (2) Absatz 1 gilt nicht für die Mitgliedstaaten der europäischen Gemeinschaften und ihre Angehörigen und für die sonstigen Fälle, in denen kraft des Rechts der europäischen Gemeinschaften eine Gleichbehandlung mit Deutschen erfolgen muss.

Landesrechtliche Beschränkungen der Staatshaftung gegenüber Ausländern bestanden zuletzt nur noch in Schleswig-Holstein nach § 7 PrStHG, der bis 2013 als Landesrecht fortgalt, inzwischen aber aufgehoben wurde (GVBl Schleswig-Holstein 2013, 167).

Für **Landesbeamte** bestehen daher keine Beschränkungen der Haftung gegenüber Ausländern mehr.

Für **Bundesbeamte** ist durch die Neuregelung des § 7 RBHG das Regel-Ausnahme-Verhältnis der früheren Fassung umgekehrt worden. Jetzt haben grundsätzlich jeder ausländische Staat und seine Angehörigen bei einer Amtspflichtverletzung durch Bundesbeamte Ansprüche gegen die Bundesrepublik. Unberührt bleiben alle Ausländer, die in der Bundesrepublik ihren Wohnsitz oder ständigen Aufenthalt haben. Diese sind amtshaftungsrechtlich Inländern gleichgestellt (MünchKommBGB/Papier/Shirvani § 839 Rn 415). Bislang fehlt es an einer solchen Rechtsverordnung, sodass die Ausländereigenschaft einer Klage gegen den Bund nicht entgegensteht, wenn dieser nach Art 34 S 1 GG verantwortlich ist. Für Mitgliedstaaten der Europäischen Union wie auch für deren Angehörigen ist nach § 7 Abs 2 RBHG ein Ausschluss der Amtshaftung nicht möglich. Die bei Erlass einer Rechtsverordnung bestehende Haftungsbeschränkung entfiele, wenn der geschädigte ausländische Staatsangehörige nachträglich die deutsche Staatsangehörigkeit erwirbt; offen ist allerdings, ob dies unbegrenzt auch dann gelten würde, wenn er die deutsche Staatsangehörigkeit erst längere Zeit nach der Amtspflichtverletzung erworben hätte (BGHZ 77, 11). Die Haftungsbeschränkung würde aber nicht dadurch berührt, dass der geschädigte Ausländer die Forderung an einen Inländer abträte oder diese im Wege des Erbgangs auf einen Ausländer übergehen würde (BGH NJW 1956, 1836). Dagegen unterliegt der einem Inländer zustehende Staatshaftungsanspruch nicht den (eventuellen) Haftungsbeschränkungen, wenn er ihn an einen Ausländer abtritt (RGZ 111, 294). Die Haftung des Staates oder einer sonstigen Körperschaft, in deren Dienst ein Amtsträger steht, der eine ihm einem Ausländer gegenüber obliegende Amtspflicht verletzt hat, wäre auch beim Fehlen der Gegenseitigkeit im Verhältnis zu dem Heimatstaat des Geschädigten nicht ausgeschlossen, wenn und soweit der Schadensersatzanspruch des Verletzten nach § 116 SGB X auf einen inländischen Sozialversicherungsträger übergegangen ist (BGHZ 99, 62). **362**

Ob die Verbürgung der Gegenseitigkeit und deren amtliche Bekanntmachung gegeben sind, richtete sich unter Geltung des früheren Rechts nach den Verhältnissen im Zeitpunkt der Entstehung des Anspruchs, so dass auch eine nach der Tat erfolgte Verbürgung der Gegenseitigkeit die Staatshaftung nicht entstehen lässt (BGHZ 77, 11, 13; BGH 13. 7. 1961 – III ZR 96/60, VersR 1961, 857), es sei denn, dass die spätere Verbürgung auch vorherliegende Amtspflichtverletzungen umfasst (RGZ 128, 238). Nach neuem Recht muss Entsprechendes gelten. Allerdings dürfte einer die Haftung beschränkenden Verordnung keine Rückwirkung zukommen können.

cc) Soweit die Haftung des Staates gegenüber dem verletzten Ausländer ausgeschlossen ist, haftet der Beamte aus § 839 BGB persönlich (BVerfG NVwZ 1983, 89; BGH NJW 1980, 2457; BGHZ 76, 389; 76, 375, 381; VersR 1961, 857; RGZ 128, 238). Auf diese Weise kann das gleiche amtspflichtwidrige Verhalten für den Beamten verschiedene Rechtsfolgen auslösen, je nachdem ob seine amtliche Tätigkeit einem Ausländer gilt, für dessen Heimatstaat die Gegenseitigkeit verbürgt ist, oder einem Ausländer, bei dem es an einer solchen Verbürgung fehlt. Das durch die persönliche Haftung dem einzelnen Beamten im Allgemeininteresse abverlangte Opfer trifft ihn mehr oder minder „zufällig“. Dieser Sachverhalt kann es rechtfertigen oder gar erfordern, den so betroffenen Beamten durch Maßnahmen der Fürsorge seines Dienstherrn (unter **363**

anderem Gewährung von Rechtsschutz, von Freistellungs- oder Ausgleichsansprüchen, die nicht zugunsten des Geschädigten pfändbar sind) den anderen Beamten weitgehend gleichzustellen (BGH 28. 2. 1980 – III ZR 165/78, BGHZ 76, 375, 381 f).

Auch wenn eine Staatshaftung wegen fehlender Gegenseitigkeit ausgeschlossen ist, bleiben Ansprüche auf Entschädigung wegen rechtswidrigen enteignungsgleichen Eingriffs unberührt (BGH 28. 2. 1980 – III ZR 165/78, BGHZ 76, 375, 383 ff; BGH 28. 2. 1980 – III ZR 131/77, BGHZ 76, 387, 392).

364 **dd)** Es verstößt nicht gegen die deutsche öffentliche Ordnung, wenn ein ausländisches Gericht einen deutschen Beamten wegen einer im Ausland begangenen Amtspflichtverletzung persönlich zum Ersatz von Sachschäden verurteilt (BGHZ 123, 268). Zum Ausschluss der Anerkennung des Urteils eines griechischen Gerichts gegen die Bundesrepublik Deutschland wegen Kriegsverbrechen der Deutschen Wehrmacht s eingehend Rn 796.

e) Haftungsbeschränkungen nach dem Beamtenversorgungsgesetz, dem Soldatenversorgungsgesetz und ähnlichen Regelungen

365 **aa)** Nach § 46 Abs 1 S 1 BeamtVG haben der verletzte Beamte und seine Hinterbliebenen aus Anlass eines Dienstunfalls gegen den Dienstherrn nur die in den §§ 30–43a BeamtVG geregelten Ansprüche (zu denen ein Schmerzensgeldanspruch nicht gehört). Weitergehende Ansprüche aufgrund allgemeiner gesetzlicher Vorschriften können gegen einen öffentlich-rechtlichen Dienstherrn im Geltungsbereich des BeamtVG oder gegen die in seinem Dienst stehenden Personen nur dann geltend gemacht werden, wenn der Dienstunfall durch eine vorsätzliche unerlaubte Handlung einer solchen Person verursacht worden ist oder bei einer Teilnahme am allgemeinen Verkehr eingetreten ist (§ 46 Abs 2 S 1 BeamtVG; ähnlich auch § 91a SVG für Versorgungsansprüche nach jenem Gesetz, also insbesondere für die Ansprüche von geschädigten Soldaten). Für sonstige Arbeitnehmer des öffentlichen Dienstes gelten die §§ 104, 105 SGB VII (früher: §§ 636, 637 RVO), ebenso für Schulunfälle (Rn 780).

366 **bb)** Diese Haftungsvorschriften sind mit dem Grundgesetz vereinbar (BVerfGE 85, 176; 31, 212; BGHZ 120, 176, 182 ff; s auch BGH 4. 6. 2009 – III ZR 229/07, NJW 2009, 2956 für Unfälle im Kindergartenbereich). Sie beseitigen die materiellen Ersatzansprüche nach allgemeinen Vorschriften gegen den Dienstherrn nicht von Grund auf, sondern schränken sie lediglich der Höhe nach in der Hand des verletzten Beamten, Soldaten, Arbeitnehmers oder der sonstigen ersatzberechtigten Person ein (BGHZ 120, 176, 182). Diese Beschränkungen finden ihre innere Berechtigung darin, dass der Dienstherr die betreffenden Versorgungsansprüche unabhängig vom Verschulden der beteiligten Personen, einschließlich des eigenen Mitverschuldens des Geschädigten (abgesehen vom Vorsatz des Verletzers) zu gewähren hat, dass diese Versorgungsansprüche im Gesetz so umschrieben sind, dass ihre Höhe im Einzelfall (infolge der Pauschalierung) leicht und sofort errechenbar ist, und dass aufgrund dieser klaren Rechtslage der Geschädigte ohne Verzögerung in den Genuss der Leistungen kommt. Dass die Betroffenen dabei unter Umständen im Einzelfall weniger erhalten können, als ihnen ggf aufgrund allgemeiner Schadensersatzansprüche zustünde, ergibt sich aus dem notwendig pauschalierenden und typisierenden Charakter der Versorgungsansprüche. Diese Erwägungen treffen auch dann zu, wenn die Anwendung

der Haftungsbeschränkung zu dem Ergebnis führt, dass dem Geschädigten im konkreten Fall überhaupt kein Anspruch verbleibt (BGHZ 120, 176, 183).

cc) Wichtig ist, dass nach §§ 46 BeamtVG, 91a SVG gewissermaßen alle öffentlich-rechtlichen Dienstherrn im Bundesgebiet ein Unternehmen darstellen und alle in ihrem Dienst stehenden Personen als Angehörige „desselben Betriebes" behandelt werden (Staudinger/Schäfer[12] § 847 Rn 27 mwNw). Die Entscheidung der Verwaltungsbehörde über das Vorliegen eines Dienstunfalls bindet auch die Gerichte, die über Schadensersatzansprüche aus Anlass des Unfalls zu entscheiden haben (BGHZ 121, 131). **367**

dd) Eine **vorsätzliche** Amtspflichtverletzung, bei deren Vorliegen die vorgenannten Haftungsbeschränkungen entfallen, kommt auch in Betracht, wenn dem die Amtspflicht verletzenden Beamten hinsichtlich der körperlichen Schädigung des Dienstunfallverletzten nur Fahrlässigkeit zur Last fällt oder ein Schuldvorwurf nicht zu erheben ist; es reicht mithin aus, wenn sich der Vorsatz auf die Verletzung der Amtspflicht als solcher bezieht (BGHZ 34, 375, 381, betreffend die Verletzung von Dienstvorschriften beim Entladen einer Dienstwaffe; ferner BGH 27. 9. 1990 – III ZR 5/90, juris Rn 5, betreffend Verletzung von Dienstvorschriften zur Einhaltung der inneren Sicherheit bei militärischen Schießübungen). Demgegenüber haftet außerhalb der Amtshaftung im Anwendungsbereich der §§ 104, 105, 106 SGB VII der Schädiger dem Geschädigten nur, wenn sein Vorsatz auch den Eintritt eines ernstlichen Personenschadens umfasst hat (BGHZ 154, 11). **368**

ee) Die Haftungsbeschränkung findet ferner nicht statt, wenn sich der Dienstunfall bei der Teilnahme am allgemeinen Verkehr ereignet hat (§ 46 Abs 2 BeamtVG). „Allgemeiner Verkehr" in diesem Sinne ist nicht gleichbedeutend mit dem „öffentlichen Straßenverkehr". Ob ein Beamter bei Erleiden eines Dienstunfalls am allgemeinen Verkehr teilgenommen hat, ist nach der besonderen Lage des Einzelfalls danach zu entscheiden, ob der Verletzte den Unfall in einem Gefahrenkreis erlitten hat, für den seine Zugehörigkeit zum Organisationsbereich des für den Unfall verantwortlichen Dienstherrn im Vordergrund steht oder ob der Unfall nur in einem losen, äußerlichen Zusammenhang mit dem dienstlichen Organisationsbereich steht, der Verletzte also „wie ein normaler Verkehrsteilnehmer" verunglückt ist (BGHZ 121, 136 mwNw). Eine Teilnahme am allgemeinen Verkehr in diesem Sinne wurde dementsprechend verneint für einen Verkehrsunfall, den ein Bundeswehrsoldat (Angehöriger des Feldheeres) beim Einsatz auf einem Truppenübungsplatz durch Verschulden eines ebenfalls dort im Einsatz befindlichen Angehörigen der territorialen Verteidigung erlitten hatte (BGH VersR 1979, 32). In Abgrenzung dazu hat der BGH eine „Teilnahme am allgemeinen Verkehr" bejaht bei einem Verkehrsunfall, den ein Bundeswehrsoldat beim Transport zu einem Truppenübungsplatz durch Verschulden eines Panzerfahrers erlitten hatte, dessen Einsatz in keinem dienstlichen Zusammenhang mit diesem Transport gestanden hatte (VersR 1990, 222). Allgemeiner Verkehr ist ferner verneint worden für einen Unfall auf einem Behördenparkplatz (BGH NJW 1995, 1558); ebenso bei dem Unfall eines emeritierten Professors auf dem Weg zu seinem Arbeitszimmer in der Universität (BGHZ 121, 131); sowie bei dem Unfall eines Beamten, der seine in angemieteten Räumen eines Privathauses untergebrachte Dienststelle zur Mittagspause verlässt und dabei auf einem auf demselben Grundstück verlaufenden Weg, der die Hauseingangstür mit dem öffentlichen Gehweg verbindet, **369**

wegen Glatteises stürzt (BGH NJW-RR 2004, 234); ferner bei „ausgeweiteter Schulaufsicht“ (Lehrer begleitet Schulkinder zur Bushaltestelle: BGH VersR 1992, 1514).

370 Zu „Betriebswegen“ im Sinne der Schüler-Unfallversicherung s Rn 780. Die Haftungsprivilegierung des § 106 Abs 3 Fallgruppe 3 SGB VII (vorübergehende betriebliche Tätigkeit auf einer gemeinsamen Betriebsstätte) gilt auch für Amtshaftungsansprüche nur dann, wenn der schädigende Amtsträger gesetzlich unfallversichert ist; dafür ist sein Dienstherr darlegungs- und beweispflichtig (BGHZ 151, 198).

Zum (teilweisen) Ausschluss der Amtshaftung bei Ansprüchen aus dem SGB XIV s Rn 36 sowie Rn 513.

Auf Wehrdienstbeschädigungen, die ein Soldat bei einer truppenärztlichen Heilbehandlungsmaßnahme erleidet, gestützte Amtshaftungsansprüche sind nach Maßgabe des § 91a SVG beschränkt (BGHZ 120, 176; BGH NJW 1992, 744); dies gilt auch, wenn die betreffende Heilbehandlungsmaßnahme in einem zivilen Krankenhaus durchgeführt worden ist (BGH NJW 1996, 2431).

371 **ff)** Ist an einem schädigenden Ereignis neben einem gemäß § 46 BeamtVG, § 91a SVG privilegierten Erstschädiger noch ein weiterer nicht privilegierter Zweitschädiger beteiligt, so gelten die Grundsätze des „gestörten Gesamtschuldverhältnisses“: Der verletzte Beamte kann einen außerhalb des Dienstverhältnisses stehenden Zweitschädiger nur insoweit auf Schmerzensgeld in Anspruch nehmen, als dieser im Verhältnis zu dem im öffentlichen Dienst beschäftigten Mitschädiger für den Schaden verantwortlich ist (BGHZ 94, 173; s auch BGH 30. 5. 2017 – VI ZR 501/16, VersR 2017, 1014). In dem oben bereits angesprochenen Fall BGH VersR 1990, 222 war der Dienstunfall des Soldaten sowohl durch den Fahrer des Transportbusses als auch durch den Panzerfahrer verursacht worden. Im Verhältnis zu dem Busfahrer hatte es sich für den Verletzten nicht um Teilnahme am „allgemeinen Verkehr“ gehandelt, wohl aber im Verhältnis zum Panzerfahrer. Deshalb hat der BGH hinsichtlich des schuldhaften Verhalten des Busfahrers den Haftungsausschluss gemäß § 91a SVG eingreifen lassen und gleichzeitig den Schadensersatzanspruch des Geschädigten wegen des schuldhaften Verhaltens des Panzerfahrers nach den Grundsätzen des gestörten Innenausgleichs auf das beschränkt, was auf die beklagte Bundesrepublik im Innenverhältnis zu dem Mitschädiger endgültig entfiele, wenn der Haftungsausschluss nicht Platz griffe. Dieser Kürzung des Anspruchs gegen den Zweitschädiger steht § 46 Abs 3 BeamtVG nicht entgegen, wonach Ersatzansprüche gegen andere Personen unberührt bleiben. Diese Vorschrift dient nur der Klarstellung, dass der Haftungsausschluss lediglich die gegen den Dienstherrn und die in seinem Dienst stehenden Personen gerichteten Ersatzansprüche des Geschädigten ergreift. Damit ist aber nichts über die Lösung der durch das Haftungsprivileg bewirkten Störung des Gesamtschuldverhältnisses ausgesagt. Insbesondere lässt sich aus § 46 Abs 3 BeamtVG nicht entnehmen, dass dieser Konflikt zu Lasten des außerhalb des Dienstverhältnisses stehenden Zweitschädigers gelöst werden müsste (BGHZ 94, 173, 179).

Die Grundsätze des gestörten Gesamtschuldnerausgleichs sind auf jeden Fall unanwendbar, wenn der Geschädigte die bestehende anderweitige Ersatzmöglichkeit versäumt hat (BGH BeckRS 2013, 4412 Rn 2; OLG Bremen NJW-RR 2012, 191).

15. Verjährung

a) Allgemeines

Der Amtshaftungsanspruch unterliegt der regelmäßigen Verjährungsfrist von drei 372
Jahren nach § 195 BGB. Diese Frist beginnt mit dem Schluss des Jahres, in dem (1.) der Anspruch entstanden ist und – kumulativ – (2.) der Gläubiger von den Anspruch begründenden Umständen und der Person des Schuldners Kenntnis erlangt oder ohne grobe Fahrlässigkeit erlangen müsste (§ 199 Abs 1 BGB). Amtshaftungsansprüche, die auf der Verletzung des Lebens, des Körpers, der Gesundheit oder der Freiheit beruhen, verjähren ohne Rücksicht auf ihre Entstehung und die Kenntnis oder grob fahrlässige Unkenntnis in 30 Jahren von der Begehung der Amtspflichtverletzung an (§ 199 Abs 2 BGB). Sonstige Amtshaftungsansprüche, dh solche, die nicht auf der Verletzung der vorgenannten Rechtsgüter beruhen, verjähren (1.) ohne Rücksicht auf die Kenntnis oder grob fahrlässige Unkenntnis in zehn Jahren von ihrer Entstehung an; (2.) ohne Rücksicht auf ihre Entstehung oder die Kenntnis oder grob fahrlässige Unkenntnis in 30 Jahren von der Begehung der Amtspflichtverletzung an (§ 199 Abs 3 BGB), wobei insoweit jeweils die „Ultimo-Regel" nicht gilt; vielmehr ist die Zehn-Jahres-Frist tagesgenau zu ermitteln. Dies betrifft insbesondere solche Amtshaftungsansprüche, die (lediglich) zu reinen Vermögensschäden geführt haben. Der wesentliche Unterschied zwischen den von Abs 2 und Abs 3 erfassten Amtshaftungsansprüchen besteht also darin, dass für die ersteren die zehnjährige Höchstfrist, die auf die bloße Entstehung ohne Rücksicht auf Kenntnis oder fahrlässige Unkenntnis abstellt, nicht gilt. Die Verjährung ist nur auf Einrede, also nicht von Amts wegen zu berücksichtigen (§ 214 BGB). Amtshaftungsansprüche, die auf der vorsätzlichen Verletzung des Lebens, des Körpers, der Gesundheit, der Freiheit oder der sexuellen Selbstbestimmung beruhen, gilt die 30-jährige Verjährungsfrist des am 30. 6. 2013 in Kraft getretenen § 197 Abs 1 Nr 1 BGB. Hier beginnt die Verjährung gem § 200 S 1 BGB taggenau mit der Entstehung des Anspruchs. Diese Frist gilt auch für solche Ansprüche, die zum Zeitpunkt des Inkrafttretens des § 197 Abs 1 Nr 1 BGB noch nicht verjährt waren (Art 229 § 31 EGBGB). Es gelten die allgemeinen Hemmungsregelungen (Rn 380 ff). So ist gem § 208 S 1 BGB die Verjährung von Ansprüchen wegen Verletzung der sexuellen Selbstbestimmung bis zur Vollendung des 21. Lebensjahrs des Gläubigers gehemmt.

Nach Ablauf der Verjährung eines Amtshaftungsanspruchs kann grundsätzlich ein Anspruch aus § 852 BGB auf Herausgabe einer Bereicherung bestehen. Zuviel geleistete Arbeit ist kein Schaden, so dass § 852 BGB auf eine solche Fallgestaltung nicht anwendbar ist. Dies gilt auch für einen unionsrechtlichen Staatshaftungsanspruch wegen geleisteter Zuvielarbeit (BGH 14. 12. 20217 – III ZR 117/17).

b) Der Verjährungsbeginn

Bei Ansprüchen aus § 839 BGB kann die Verjährung erst beginnen, wenn der Ge- 373
schädigte weiß, dass die in Rede stehende Amtshandlung widerrechtlich und schuldhaft war und deshalb eine zum Schadensersatz verpflichtende Amtspflichtverletzung darstellt. Für die Kenntnis (bzw die dieser gleichgestellte grob fahrlässige Unkennt-

nis) des gesamten Entschädigungsanspruchs ist bereits auf die Fälligkeit des ersten einklagbaren Teils der Entschädigung abzustellen (BGH 10. 10. 2019 – III ZR 227/18, NJW 2020, 466 Rn 12; BGH NVwZ 2011, 1150 Rn 32; vgl zum Grundsatz der Schadenseinheit BGH NVwZ 2007, 362 Rn 34). Außerdem müssen die subjektiven Voraussetzungen sich auch darauf erstrecken, dass der Geschädigte nicht auf andere Weise Ersatz erlangen kann (s hierzu Rn 268 ff).

aa) Im Allgemeinen genügt es, dass der Verletzte die tatsächlichen Umstände kennt, die eine schuldhafte Amtspflichtverletzung als naheliegend, mithin eine Amtshaftungsklage – sei es auch nur als Feststellungsklage – als so aussichtsreich erscheinen lassen, dass dem Verletzten die Erhebung der Klage zugemutet werden kann (BGH 10. 10. 2019 – III ZR 227/18, NJW 2020, 466 Rn 12; BGHZ 200, 172 Rn 11; BGH NVwZ 2007, 362, 365 f; 2016, 708 Rn 15; BGHZ 170, 260, 271; 138, 247, 252). Die erforderliche Kenntnis bzw grob fahrlässige Unkenntnis als Voraussetzung für den Beginn der Verjährungsfrist ist vorhanden, wenn der Geschädigte aufgrund der ihm bekannten Tatsachen gegen eine bestimmte Person eine Schadensersatzklage, sei es auch nur eine Feststellungsklage, erheben kann, die bei verständiger Würdigung so viel Erfolgsaussicht hat, dass sie zumutbar ist. Die Frage, wann dem Geschädigten eine Klage zumutbar ist, beurteilt sich im Amtshaftungsrecht nach ähnlichen Gesichtspunkten, wie der BGH sie für den Gebrauch eines Rechtsmittels im Sinne des § 839 Abs 3 BGB angenommen hat (BGH 31. 1. 2014 – III ZR 84/13 Rn 6; BGH NJW 1990, 245, 247 mwNw). Grundsätzlich ist es nicht erforderlich, dass der Geschädigte aus den ihm bekannten Tatsachen auch die zutreffenden rechtlichen Schlüsse zieht. Allerdings kann Rechtsunkenntnis im Einzelfall bei unsicherer oder zweifelhafter Rechtslage den Verjährungsbeginn hinausschieben (BGH 10. 10. 2019 – III ZR 227/18, NJW 2020, 466 Rn 12; BGH VersR 2004, 604, 605; BGH NJW 1994, 3162, 3164; BGHZ 150, 172, 186). Für den Beginn des Laufs der Verjährung ist es unmaßgeblich, ab wann der Geschädigte der Rechtsauffassung ist, einen Schadensersatzanspruch zu haben. Der Beginn der Verjährung hängt nicht von der Beurteilung der Rechtslage durch den Geschädigten, sondern allein von der Kenntnis der den Anspruch begründenden Tatsachen ab. Ebenso wie es grundsätzlich unerheblich ist, wenn der Verletzte aus diesen nicht die zutreffenden rechtlichen Schlüsse zieht (so) und es unterlässt, den Amtshaftungsanspruch zu verfolgen, gilt umgekehrt das Gleiche für den Fall, dass der Geschädigte eine Schadensersatzforderung voreilig erhebt, ohne die sie rechtlich tragenden Tatsachen zu kennen (BGH VersR 2006, 76, 78).

Die Feststellung, ob und wann der Geschädigte Kenntnis von bestimmten tatsächlichen Umständen hatte, unterliegt tatrichterlicher Würdigung. Das Revisionsgericht kann aber ohne Einschränkungen beurteilen, ob dem Geschädigten eine Klageerhebung aufgrund des vom Tatrichter festgestellten Kenntnisstands zumutbar war (vgl BGH 10. 10. 2019 – III ZR 227/18, NJW 2020, 466 Rn 12; BGH 2. 4. 1998 – III ZR 309/96, BGHZ 138, 247, 253).

Spiegelbildlich zu dem oben (Rn 229) wiedergegebenen Grundsatz, dass es für den Amtshaftungsanspruch ausreicht, wenn feststeht, dass irgendein Amtsträger in seiner Person den gesamten Haftungstatbestand verwirklicht hat, und es nicht erforderlich ist, den konkreten Bediensteten namhaft zu machen (BGHZ 116, 312, 314 f), erfordert auch die Kenntnis nicht, dass der Verletzte den konkreten Amtsträger benennen kann.

bb) Soweit es um Amtspflichtverletzungen bei bestimmten Maßnahmen der Staatsanwaltschaft geht, die, wie unter anderem die Entschließung über die Erhebung der öffentlichen Klage, im Amtshaftungsprozess nicht auf ihre „Richtigkeit", sondern nur daraufhin zu überprüfen sind, ob sie vertretbar sind (Rn 659), muss das notwendige Wissen des Geschädigten die „Unvertretbarkeit" der Maßnahme umfassen (BGHZ 138, 247, 252). Im Falle der Ablehnung der Eröffnung des Hauptverfahrens beginnt die Verjährungsfrist für einen Schadensersatzanspruch wegen Amtspflichtverletzungen der Staatsanwaltschaft im Zusammenhang mit der Erhebung der öffentlichen Klage regelmäßig nicht vor der Rechtskraft der ablehnenden Entscheidung (BGHZ 138, 247). Die Zumutbarkeit, eine Amtshaftungsklage zu erheben, als Element der erforderlichen Kenntnis ist beispielsweise verneint worden, solange für den Geschädigten die aussichtsreiche Möglichkeit bestand, durch Verhandlungen mit der Behörde zwar nicht Schadensersatz im engeren Sinne zu erlangen (dann gilt § 203 BGB), wohl aber eine anderweitige Kompensation, durch die die Vermögenseinbuße ausgeglichen wurde, ohne dass es eines Schadensersatzprozesses bedürfte (BGH NJW 1990, 245, betreffend die Herstellung der Bebaubarkeit eines Grundstücks durch eine in Aussicht genommene Planungsänderung). Wer als geschädigter Beamter eine vorsätzliche Amtspflichtverletzung geltend macht, kann sich nicht darauf berufen, die Erhebung der Amtshaftungsklage sei unzumutbar, solange nicht das verwaltungsrechtliche Verfahren zur Feststellung eines Dienstunfalls abgeschlossen gewesen sei, was Ansprüche aus fahrlässiger nicht jedoch vorsätzlicher Amtspflichtverletzung ausschließt (BGH 31. 8. 2017 – III ZR 560/16, juris Rn 5). Im Fall des Unterlassens der Erteilung eines Bauvorbescheides beginnt die Verjährung mit der Kenntnis bzw grob fahrlässigen Unkenntnis von diesem Umstand. Der Umstand, dass sich der Entschädigungsanspruch mit fortlaufender Zeit ständig erhöht, führt nicht dazu, dass jeweils ein neuer Entschädigungsanspruch entsteht. Vielmehr hat dieses Unterlassen die Folge, dass das Grundstück während der folgenden Zeit nicht bebaut werden kann. Klage auf Zahlung einer Entschädigung kann unmittelbar mit dem Verstreichen des Zeitpunktes erhoben werden, zu dem der beantragte Bauvorbescheid hätte erlassen werden müssen (BGH NVwZ 2011, 1150 Rn 30 f). 374

Dagegen gehört bei Amtspflichtverletzungen in Ausübung öffentlicher Gewalt das Wissen, dass nach Art 34 GG anstelle des Beamten der Staat oder eine sonstige öffentlich-rechtliche Körperschaft haftet, nicht zur Kenntnis von der Person des Ersatzpflichtigen. Denn sonst würde der Ersatzanspruch eines nicht rechtskundigen Verletzten nur in den seltensten Fällen verjähren können (BGH VersR 1966, 632, 634; 1957, 428 zu § 852 aF; RG HRR 1933 Nr 1921; RGZ 142, 348). Das Gleiche gilt, wenn der Geschädigte eine Rechtsnorm nicht kennt, die ausnahmsweise die Staatshaftung beseitigt und den Rückgriff gegen den Beamten unmittelbar eröffnet (BGH VersR 1966, 632, 634).

Bei rechtlichen Zweifeln, welche von mehreren in Betracht kommenden öffentlich-rechtlichen Körperschaften anstelle des Beamten die richtige Beklagte ist, gelten die Grundsätze zur Rechtsunkenntnis (Rn 373) entsprechend. Jedenfalls durch die Bewilligung der Prozesskostenhilfe für die Klage gegen eine bestimmte Körperschaft erhält der Geschädigte eine so hinreichende Kenntnis von dem richtigen Beklagten, dass ihm die Erhebung der Klage gegen diese Körperschaft zugemutet werden kann (BGH JZ 1958, 54).

375 **cc)** Geht ein Amtshaftungsanspruch bereits im Augenblick seiner Entstehung mit dem Schadensereignis im Wege der Legalzession gemäß § 116 Abs 1 SGB X auf den Träger der gesetzlichen Unfallversicherung über (vgl BGH 12. 4. 2011 – VI ZR 158/10, BGHZ 189, 158), so kann für den Beginn der Verjährung nur auf dessen Kenntnis abgehoben werden. Sind aber innerhalb der regressbefugten Berufsgenossenschaft (Körperschaft des öffentlichen Rechts) mehrere Stellen für die Bearbeitung eines Schadensfalls zuständig (nämlich die Leistungsabteilung hinsichtlich der Einstandspflicht gegenüber dem verunglückten Mitglied und die Regressabteilung bezüglich der Geltendmachung von Schadensersatz- oder Regressansprüchen gegenüber Dritten), so kommt es für den Beginn der Verjährung von Regressansprüchen grundsätzlich auf den Kenntnisstand der Bediensteten der Regressabteilung an. Das Wissen der Bediensteten der Leistungsabteilung ist demgegenüber regelmäßig unmaßgeblich, und zwar auch dann, wenn die Mitarbeiter dieser Abteilung aufgrund einer behördeninternen Anordnung gehalten sind, die Unfallakte an die Regressabteilung weiterzuleiten, sofern sich im Zuge der Unfallsachbearbeitung Anhaltspunkte für eine Unfallverursachung Dritter oder eine Gefährdungshaftung ergeben (BGH 8. 7. 2025 – VI ZR 303/23, NJW 2025, 3496 Rn 10 f; BGH 17. 4. 2012 – VI ZR 108/11, BGHZ 193, 67 Rn 12; BGH 20. 10. 2011 – III ZR 252/10, NJW 2012, 447 Rn 18 ff; sowie zu § 852 aF: BGH NJW 2000, 1411; BGH NJW 1992, 1755).

376 **dd)** Bei wiederholten Amtspflichtverletzungen setzt die Verjährung hinsichtlich des jeweils schädigenden Einzelakts gesondert ein. Das gilt zB, wenn die Vorsteuerabzugsberechtigung mit mehreren Bescheiden für verschiedene Zeiträume versagt wird (BGH WM 2011, 1670 Rn 40). Jede schädigende Teilhandlung oder Unterlassung stellt eine verjährungsrechtlich selbständige neue Schädigung dar, die einen neuen Ersatzanspruch mit eigenem Lauf der Verjährungsfrist erzeugt. Der Umstand, dass die wiederholten schadenstiftenden Handlungen Ausfluss eines einheitlichen Entschlusses sind – etwa im Sinne einer „Kampagne" –, bewirkt nach der Rechtsprechung des BGH nicht, dass die Verjährung von Schadensersatzansprüchen erst mit der letzten unerlaubten Handlung für alle beginnt; strafrechtliche Begriffe wie die natürliche Handlungseinheit und die fortgesetzte Handlung, sind für die Verjährung deliktischer Ansprüche unmaßgeblich (BGH 17. 9. 2008 – III ZR 129/07, juris Rn 1; BGH 12. 10. 2006 – III ZR 144/05, NVwZ 2007, 362 Rn 37; BGH NJW 2003, 1308, 1313, insoweit in BGHZ 154, 54 nicht abgedruckt; BGH NVwZ 2007, 362; BGHZ 71, 86, 94). Diese Grundsätze sind auch auf den Beginn der Verjährung von Amtshaftungsansprüchen wegen pflichtwidriger Unterlassung anzuwenden (BGH 11. 1. 2007 – III ZR 302/05, BGHZ 170, 260 Rn 25 ff).

c) Insbesondere: Kenntnis (oder grob fahrlässige Unkenntnis) vom Fehlen einer anderweitigen Ersatzmöglichkeit

377 **aa)** Hängt nach § 839 Abs 1 S 2 BGB die Haftung des Beamten oder des Staates davon ab, dass der Geschädigte nicht auf andere Weise Ersatz erlangen kann, so beginnt die Verjährung erst mit der Kenntnis, dass und in welcher Höhe solcher Ersatz auf andere Weise nicht zu erlangen ist; diese Kenntnis besteht, sofern nach der einschränkenden neuen Rechtsprechung des BGH (Rn 261 ff, 282 ff) anderweitige Ersatzmöglichkeiten rechtlich noch in Betracht kommen, erst, wenn der Geschädigte im Prozessweg oder auf andere zumutbare Weise sich hinreichende Kenntnis verschaffen konnte, ob und in welchem Umfang ein realisierbarer Ersatzanspruch gegen einen Dritten besteht (BGHZ 121, 65, 71; 102, 246; 221, 253 Rn 33; BGH NJW 1979, 34, 35; WM

1976, 1137, 1141). Ist die Inanspruchnahme aber nicht zumutbar, setzt der Beginn der Verjährung keineswegs voraus, dass der Geschädigte eine ablehnende – zumal rechtskräftige – Entscheidung erwirkt hat. Denn maßgeblich ist allein die Unzumutbarkeit, die im Amtshaftungsprozess eigenständig geprüft werden kann und muss. Die Kenntnis setzt voraus, dass die anderweitige Ersatzmöglichkeit den Schaden mindestens teilweise nicht deckt (BGHZ 221, 253 Rn 33; BGH NJW 1986, 1866).

bb) Die Kenntnis vom Fehlen anderweitiger Ersatzmöglichkeiten braucht dabei **378**
nicht weiter zu gehen als in dem Fall, dass der Geschädigte Amtshaftungsansprüche gerichtlich geltend macht (Rn 303). Dies bedeutet: Das vermeintliche Vorhandensein einer anderweitigen Ersatzmöglichkeit hindert nicht die Verjährung wegen fahrlässiger Amtspflichtverletzung, wenn die Amtshaftungsklage auch angesichts der für das Bestehen einer anderweitigen Ersatzmöglichkeit sprechenden Umstände so viel Erfolgsaussichten bietet, dass dem Verletzten die Erhebung der Klage zuzumuten ist (BGH MDR 1967, 753). Erst recht wird die Verjährung nicht gehindert, wenn die vom Kläger irrtümlich angenommene anderweitige Ersatzmöglichkeit objektiv nicht besteht (Beispiel: Die rechtswidrige Amtspflichtverletzung zum Nachteil des Klägers besteht in der rechtswidrigen Erteilung der Baugenehmigung für ein benachbartes Bauvorhaben; dieses ist bereits durchgeführt, der Kläger sieht aber eine anderweitige Ersatzmöglichkeit in einem öffentlich-rechtlichen Anspruch auf teilweisen Abriss des errichteten Gebäudes, obwohl diese Möglichkeit nach Lage des Falles ausscheidet, BGH NJW 1979, 35). Ebenso wenig kann der Geschädigte durch Untätigbleiben und Nichtausschöpfen der anderweitigen Ersatzmöglichkeit den Beginn der Verjährung des Amtshaftungsanspruchs beliebig hinausschieben. Allgemein kann der Geschädigte sich zur Begründung eines späteren Verjährungsbeginns nicht auf Umstände berufen, die ihn an der Erhebung der Schadensersatzklage aus § 839 BGB tatsächlich in keiner Weise gehindert haben (BGHZ 121, 65, 72 f; BGH 29. 10. 1963 – III ZR 311/62 WM 1963, 1303; ferner RGZ 145, 56, 71, 73).

cc) Soweit sich der Verletzte um Ersatzmöglichkeiten nicht zu kümmern braucht, **379**
sei es, dass sich aus dem Sachverhalt selbst keine greifbaren Anhaltspunkte für solche ergeben (Rn 308), sei es, dass er sich von diesen keine alsbaldige Verwirklichung versprechen kann, wird auch die Verjährung seines Amtshaftungsanspruchs durch sie nicht verhindert (BGH DVBl 1967, 661). Insbesondere kann der Verletzte den Verjährungsbeginn nicht immer schon damit hinausschieben, dass er in Wirklichkeit nicht vorhandenen Ersatzmöglichkeiten nachgeht und den Verjährungsbeginn erst als gekommen ansieht, wenn er sich in seinen unzutreffenden Vorstellungen von Ersatzmöglichkeiten endgültig widerlegt sieht (BGH MDR 1964, 671).

Erforderlich ist aber, dass der Geschädigte Schritte zur Klärung der Ersatzpflicht des Dritten unternimmt. Die Verjährung des Amtshaftungsanspruchs beginnt, wenn er dies unterlässt, in dem Zeitpunkt, in dem anzunehmenderweise gerichtlich hätte festgestellt werden können, dass von dem Dritten nicht oder nur teilweise Ersatz zu erlangen war.

d) Hemmung der Verjährung

aa) Nach früherer Auffassung sollte, wenn eine Amtspflichtverletzung durch Erlass **380**
eines rechtswidrigen Verwaltungsakts in Betracht kam, der Geschädigte, der von der Rechtswidrigkeit des Verwaltungsakts überzeugt war, mit der Erhebung der Amtshaftungsklage nicht warten dürfen, bis ihm seine Überzeugung durch ein rechtskräf-

tiges verwaltungsgerichtliches Urteil bestätigt wurde (BGH NJW 1979, 34; 1960, 1811; Staudinger/Schäfer[12] § 852 Rn 91). Das wird inzwischen seit Langem ganz anders gesehen und der Inanspruchnahme verwaltungsgerichtlichen (oder sonstigen fachgerichtlichen) **Primärrechtsschutzes** im Sinne des § 839 Abs 3 BGB wird durchweg verjährungshemmende Wirkung analog §§ 204 Abs 1 Nr 1, 209 BGB auch für den Amtshaftungsprozess beigemessen (grundlegend: BGH 11. 7. 1985 – III ZR 62/84, BGHZ 95, 238 zum alten Verjährungsrecht; ebenso BGH 4. 6. 2009 – III ZR 144/05, BGHZ 181, 199 Rn 35; BGH 17. 9. 2008 – III ZR 129/07 Rn 4; BGH NJW 1995, 2778; BGHZ 122, 317, 323; 103, 242; 97, 97; sowie zum neuen Recht BGH 23. 7. 2015 – III ZR 196/14, NVwZ 2016, 708 Rn 14; BGH 10. 2. 2011 – III ZR 37/10, BGHZ 188, 302 Rn 35). Darüber hinaus kann verjährungshemmende Wirkung auch solchen Rechtsbehelfen zukommen, die nicht Primärrechtsschutz im Sinne des § 839 Abs 3 sind. Die Hemmungs- (bzw früher Unterbrechungs-) wirkung wurde dementsprechend nicht nur für den Widerspruch und die verwaltungsgerichtliche Klage gegen einen amtspflichtwidrig erlassenen Verwaltungsakt (BGHZ 95, 238) bejaht, sondern auch für die Geltendmachung des sozialrechtlichen Herstellungsanspruchs durch Klage vor den Sozialgerichten (BGHZ 103, 242; 188, 302 Rn 36 ff; obwohl er kein „Rechtsmittel“ im Sinne des § 839 Abs 3 ist [BGHZ 197, 375; Rn 342]). Verjährungsunterbrechende bzw -hemmende Wirkung hat der Bundesgerichtshof weiter einem im Rahmen eines noch offenen Vorbehalts der Nachprüfung gestellten Änderungsantrag nach § 164 Abs 2 S 2 AO beigemessen und ihn in der Sache einem Rechtsmittel gleichgestellt (BGH WM 2011, 1670 Rn 58 ff). Erfordert die betreffende Verfahrensordnung die Durchführung eines vorherigen Widerspruchsverfahrens, so unterbricht bzw hemmt bereits der Widerspruch die Verjährung (BGH 23. 7. 2015 – III ZR 196/14, NVwZ 2016, 708 Rn 14; NVwZ-RR 2005, 152; BGH NVwZ 2001, 468; 2011, 1150 Rn 33). Wichtig ist, dass die Anfechtung des Ursprungsverwaltungsaktes die Verjährung auch hinsichtlich solcher Amtshaftungsansprüche unterbricht bzw hemmt, die aus dessen amtspflichtwidrigem Vollzug hergeleitet werden (BGHZ 97, 97, betreffend einen Planfeststellungsbeschluss). Greift ein Betroffener die Maßnahme einer durch eine andere Behörde verbindlich angewiesenen Behörde mit den vorgesehenen Rechtsbehelfen des Primärrechtsschutzes an, so hat dies verjährungsunterbrechende (bzw -hemmende) Wirkung auch für den Schadensersatzanspruch gegen die anweisende Behörde (BGH NVwZ-RR 2009, 363, 364). Keine Hemmung tritt in analoger Anwendung des § 204 Abs 1 Nr 1 BGB wegen eines erhobenen Widerspruchs gegen die Ablehnung einer Bauvoranfrage oder der Erhebung einer Normenkontrollklage gegen einen zeitlich später erlassenen Bebauungsplan ein, wenn ein Entschädigungsanspruch aus enteignungsgleichem Eingriff bereits entsprechend der verstrichenen Zeit durch die zeitlich vorher erfolgte rechtswidrige Ablehnung des Bauvorbescheids bzw der Baugenehmigung entstanden war und zwar unabhängig vom Erfolgs- oder Misserfolgsfall im Widerspruchs- bzw Normenkontrollverfahren (BGH NVwZ 2011, 1150 Rn 33).

381 Besteht die Amtspflichtverletzung im Erlass eines dem Geschädigten günstigen Verwaltungsakts (etwa eines Bauvorbescheides) oder in der Erteilung einer ihm günstigen Auskunft, so kommt die Inanspruchnahme von Primärrechtsschutz im engeren Sinne nicht in Betracht (vgl Rn 346). Dementsprechend hat der BGH eine verjährungsunterbrechende Wirkung im technischen Sinne hinsichtlich solcher Maßnahmen verneint, die auf die Erteilung einer dem Vorbescheid entsprechenden endgültigen Baugenehmigung (BGHZ 122, 317), eines in Übereinstimmung mit der Auskunft stehenden begünstigenden Verwaltungsakts (BGH 6. 5. 1993 – III ZR 2/92, BGHZ 122, 317, 323 ff) oder auf Beseitigung eines zu ihr im Widerspruch stehenden belastenden Verwaltungsaktes (NVwZ 2001, 468) gerichtet waren. Die vom Geschädigten insoweit ergriffenen Rechtsbehelfe konnten sich aber dennoch auf den Lauf der Verjährung auswirken, nämlich in der Weise, dass erst der Ausgang des betreffenden verwaltungsgerichtlichen Verfahrens dem Geschädigten die erforderliche Kenntnis verschaffte, ob überhaupt eine Amtspflichtverletzung vorgelegen hatte, bzw ob ein Schaden entstanden war. Der BGH hat daher in BGHZ 121, 317 und NVwZ 2001, 468 die Zumutbarkeit, vor Abschluss des vom Geschädigten betriebenen verwaltungsrechtlichen bzw sozialgerichtlichen Verfahrens (BGH NVwZ 2016, 708 Rn 16, Zurückweisung eines Antrags auf Bewilligung von Arbeitslosengeld) Amtshaftungsklage zu erheben – und damit den Beginn der Verjährung –, verneint. Dies gilt nicht, wenn diese vorgeschaltete Rechtsverfolgung von vornherein aussichtslos ist (BGH VersR 2005, 1584 = NVwZ 2006, 245).

Hat unter Geltung des StHG ein durch eine Amtspflichtwidrigkeit Geschädigter vor **382**
dem Verwaltungsgericht Untätigkeitsklage im Sinne des § 75 VwGO mit dem Ziel erhoben, einen „rechtsmittelfähigen Bescheid“ über den geltend gemachten Schadensersatzanspruch zu erlangen, so konnte eine derartige Klage nur die Verjährung des Anspruchs aus § 1 S 1 StHG unterbrechen bzw hemmen, nicht jedoch die des Anspruchs aus § 839 BGB iVm Art 34 GG. Ein behördliches Verfahren, in dem über einen geltend gemachten Schadensersatzanspruch durch Verwaltungsakt zu befinden ist, ist nämlich nur im Staatshaftungsgesetz (§ 5) vorgesehen (BGH VersR 2004, 604, 605).

Die Verjährung eines Anspruchs aus § 1 StHG wird durch einen Antrag aus Schadensersatz nach § 4 Abs 3 S 1 StHG, über den nach Grund und Höhe in einem Verwaltungsverfahren zu entscheiden ist, unterbrochen. Wird der Antrag vor Beginn der Verjährungsfrist gestellt, tritt die mit der Antragstellung verbundene Unterbrechungswirkung mit dem Beginn des Laufs der Verjährungsfrist ein. Wird der Antrag bei einer unzuständigen Stelle gestellt, will die in § 5 Abs 2 StHG vorgesehene Pflicht zur Weiterleitung eines Schadensersatzantrags an die zuständige Stelle sicherstellen, dass einem Geschädigten die mit der rechtzeitigen Stellung des Antrags verbundenen verjährungsrechtlichen Wirkungen zugutekommen; die verjährungsrechtlichen Wirkungen treten bereits mit der Einreichung des Antrags ein (vgl BGH NJW-RR 2011, 305 ff).

bb) Die Verjährung wird durch **Klageerhebung** und Zustellung eines Mahn- **383**
bescheids gehemmt (§ 204 Abs 1 Nr 1 und 3 BGB), wobei die Hemmungswirkung bereits mit Eingang der Klage eintritt, wenn die Zustellung demnächst erfolgt (§ 167 ZPO) bzw wenn innerhalb eines Monats seit der Zustellung der Zurückweisung des Mahnbescheidsantrags Klage eingereicht und diese demnächst zugestellt wird (§ 691 Abs 2 ZPO).

Voraussetzung ist, dass die **Zustellung wirksam** ist. Dazu ist zunächst erforderlich, dass sich die Klage gegen den richtigen Beklagten richtet. Dabei hat der BGH die Auslegung des Passivrubrums einer Klageschrift „Freistaat Thüringen, vertreten durch die Landeshauptstadt Erfurt, diese vertreten durch den Oberbürgermeister, diese vertreten durch das Bauordnungsamt" dahin, dass sich die Klage gegen die Landeshauptstadt richte, nicht beanstandet (BGH 18. 11. 2004 – III ZR 97/03, NVwZ-RR 2005, 148).

Zudem muss an den **gesetzlichen Vertreter** zugestellt werden (§ 170 Abs 1 ZPO). Dabei sind die jeweils einschlägigen, teilweise komplizierten Vertretungsregelungen der öffentlichen Hand zu beachten. Besonders fehleranfällig ist es, wenn die Vertretungsregelung für das außergerichtliche und das gerichtliche Verfahren auseinanderfallen. Zu einem solchen Fall (zu § 51 Abs 1 GO SH bzw § 3 Abs 1 S 5 AmtsO SH) hat der BGH darauf hingewiesen, dass der Mangel der Zustellung an den nur außergerichtlichen gesetzlichen Vertreter (dort: Bürgermeister) gemäß § 189 ZPO geheilt wird, wenn sich im gerichtlichen Verfahren für die Behörde ein von dieser bevollmächtigter Rechtsanwalt bestellt, der bereits vor der Bevollmächtigung oder zeitgleich in den Besitz des zuzustellenden Schriftstücks gelangt ist (BGH 23. 4. 2020 – III ZR 251/17, NJW 2020, 3106 Rn 17), was zB deshalb der Fall sein kann, weil dieser die Behörde bereits außergerichtlich vertreten hatte. Dabei ist entsprechend § 88 Abs 2 ZPO davon auszugehen, dass der Rechtsanwalt wirksam, dh von dem insoweit zuständigen gesetzlichen Vertreter, für das gerichtliche Verfahren bevollmächtigt ist (BGH 23. 4. 2020 – III ZR 251/17, NJW 2020, 3106 Rn 17).

Insbesondere beim **Mahnbescheidsantrag** ist zudem zu beachten, dass dieser nur dann geeignet ist, die Verjährung zu unterbrechen, wenn er hinreichend bestimmt ist (BGH 16. 7. 2015 – III ZR 238/14, NJW 2015, 3162 Rn 17). Zudem kann die Berufung auf die durch Zustellung eines Mahnbescheids eingetretene Verjährungshemmung rechtsmissbräuchlich sein, wenn der Antrag auf Erlass des Mahnbescheids die bewusst wahrheitswidrige Erklärung enthält, dass die Gegenleistung bereits erbracht sei, wobei dies auch alle Fälle umfasst, in denen Schadensersatz Zug um Zug gegen Herausgabe eines durch das schädigende Ereignis adäquat kausal erlangten Vorteils geschuldet ist (BGH 16. 7. 2015 – III ZR 238/14, NJW 2015, 3162 Rn 18, 21).

384 **cc)** Eine Hemmung der Verjährung kann auch durch eine **Streitverkündung** erreicht werden (§ 204 Abs 1 Nr 6 BGB; zum Zweck der Streitverkündung s BGH 12. 11. 1992 – III ZR 185/91, NVwZ 1993, 1228, 1229). Die Streitverkündung muss hierzu allerdings zulässig und wirksam sein (BGH 7. 3. 2019 – III ZR 117/18, BGHZ 221, 253 Rn 29; BGH 6. 12. 2007 – IX ZR 143/06, BGHZ 175, 1 Rn 14). Dazu muss der Streitverkündungsschriftsatz inhaltlich den Anforderungen des § 73 Abs 1 ZPO genügen, und zudem ist gem § 72 Abs 1 ZPO erforderlich, dass die Partei für den Fall des ihr ungünstigen Ausgangs des Rechtsstreits einen Anspruch auf Schadloshaltung gegen einen Dritten erheben zu können glaubt. Die Hemmungswirkung erstreckt sich nur auf Ansprüche, die von den Angaben in der Streitverkündungsschrift umfasst sind und tritt nicht ein, wenn – auch vom Standpunkt der streitverkündenden Partei aus – der der Streitverkündung zugrunde liegende vermeintliche Anspruch sowohl in tatsächlicher als auch in rechtlicher Hinsicht in keiner Weise von dem Ausgang des Rechtsstreits berührt werden kann (BGH 7. 3. 2019 – III ZR 117/18, BGHZ 221, 253 Rn 29). Eine Hemmungswirkung tritt auch dann nicht ein, wenn der Dritte, dem der Streit verkündet worden ist, von vornherein – etwa als Gesamtschuldner – hätte in Anspruch genommen werden können, wohl aber dann, wenn der Streitverkünder aus naheliegenden Gründen im Falle seines Unterliegens einen Anspruch auf Gesamtschuldnerausgleich gegen den Streitverkündeten erheben zu können glaubt (BGH 7. 5. 2015 – VII ZR 104/14, NJW-RR 2015, 1058 Rn 24 f). Im Amtshaftungsprozess kann die Streitverkündung insbesondere einerseits für die öffentliche Hand im Hinblick auf den Regress gegen den Beamten (Rn 386 ff), andererseits für den Geschädigten im Hinblick auf das Verweisungsprivileg (Rn 268 ff) und in solchen Fällen von Bedeutung sein, wenn Unsicherheiten hinsichtlich der Passivlegitimation bestehen, etwa weil die Frage inmitten steht, ob ein Privater persönlich haftet oder als Träger hoheitlicher Gewalt gehandelt hat (Rn 58 ff). Dabei hat der Geschädigte den Vorteil, dass eine Streitverkündung auch in dem Fall, dass der Geschädigte auch im Erfolgsfall nur Ersatz eines Teils seines Schadens von einem Dritten erlangen kann, hemmt dies die Verjährung des gesamten Amtshaftungsanspruchs gegen den Amtsträger (BGH 7. 3. 2019 – III ZR 117/18, BGHZ 221, 253 Rn 32).

Eine **Beiladung** im Verwaltungsrechtsstreit nach § 65 Abs 1 VwGO bewirkt grundsätzlich keine Hemmung der Verjährung (BGH 6. 2. 2003 – III ZR 223/02, VersR 2003, 873 zu § 209 Abs 2 aF). Ob hiervon Ausnahmen zuzulassen sind, wenn sich der Geschädigte vor dem VG gegen einen amtspflichtwidrigen Bescheid wehrt und im dortigen Verfahren – von Amts wegen oder auf Antrag – durch Gerichtsbeschluss die Beiladung eines Dritten stattfindet, der im Rahmen der Rechtskraftwirkung an die Entscheidung gebunden ist (so BeckOGK/Thomas [1. 11. 2025] § 839 Rn 815), erscheint fraglich. Die überzeugende Argumentation des BGH in dem og Urteil, insbesondere der Verweis auf den abschließenden Charakter des § 204 Abs 2 BGB und die systematischen Unterschiede zwischen Streitverkündung und Beiladung, gelten auch in diesem Fall.

e) Verwirkung

Auch im Amtshaftungsprozess kann die Berufung auf die Verjährung treuwidrig und daher unwirksam sein. Dies setzt voraus, dass der Gläubiger aus dem gesamten Verhalten des Schuldners für diesen erkennbar das Vertrauen geschöpft hat und schöpfen durfte, der Schuldner werde die Verjährungseinrede nicht geltend machen, sich vielmehr auf sachliche Einwendungen beschränken. Dabei ist zu Lasten des Gläubigers ein strenger Maßstab anzulegen; dies gilt besonders für die 30jährige Verjährungshöchstfrist, die nicht nur der Rechtssicherheit, sondern auch dem berechtigten und schutzwürdigen Interesse des Schuldners dient, vor der Geltendmachung von Ansprüchen bewahrt zu werden, die in so lange zurückliegenden und deshalb möglicherweise kaum oder nur mit Schwierigkeiten mehr aufklärbaren Vorgängen wurzeln (BGH 27. 2. 1992 – III ZR 199/89, BGHZ 117, 287, 293 f). Soweit der Geschädigte sich darauf beruft, der Schuldner habe ihn von der Erhebung der Klage abgehalten, ist dessen Absicht insofern nicht erforderlich. Vielmehr reicht aus, dass der Schuldner durch sein Verhalten objektiv – sei es auch unabsichtlich – bewirkt, dass die Klage nicht rechtzeitig erhoben wird, und die spätere Verjährungseinrede unter Berücksichtigung aller Umstände des Einzelfalls mit dem Gebot von Treu und Glauben unvereinbar wäre. Auch insoweit ist indes ein strenger Maßstab anzulegen (BGH 14. 11. 2013 – IX ZR 215/12, NJW-RR 2014, 1020 Rn 15). 385

Soweit eine Amtshaftung für sexuellen Missbrauch durch kirchliche Amtsträger in Rede steht (s hierzu auch Rn 103), die (nicht nur in diesem Kommentar) erst in jüngster Zeit Gegenstand wissenschaftlicher Betrachtung geworden ist (so auch Gerecke/Rossmüller NJW 2022, 1911 Rn 6; s aber auch Eicholt NJOZ 2010, 1859, 1862 f), ist weiter zu beachten, dass das Bestehen einer besonderen Vertrauensbeziehung oder sogar sozialen Abhängigkeit dazu führen kann, dass der Schuldner bei der Wahrnehmung seiner Rechte in besonderer Weise Rücksicht nehmen muss (MünchKommBGB/Schubert § 242 Rn 235). Diesem Grundgedanken hat allerdings der Gesetzgeber allerdings – jedenfalls teilweise – auch die die Regelung des § 208 BGB Rechnung getragen (LG Aachen 2. 7. 2024 – 12 O 444/23, juris Rn 51). Will man diese Norm analog auf ein Vertrauensverhältnis zwischen Amtsträger und seinem Opfer anwenden, kann als Rechtsfolge allerdings nur eine Hemmung, keine Verwirkung der Verjährung angenommen werden. Dabei wird allerdings im Einzelfall zu prüfen sein, ob ein derartiges Näheverhältnis bestand, was nicht abstrakt-generell unter Hinweis auf kirchenrechtliche Normen bejaht werden kann (in diese Richtung jedoch Ogorek, JZ 2024, 271, 277; zust Beck-OGK/Thomas [1. 11. 2025] § 839 Rn 816), sondern nur anhand der konkreten Umstände des Einzelfalls.

Nach Eintritt der Verjährung kann noch ein Herausgabeanspruch nach § 852 BGB bestehen (BGH 14. 12. 2017 – III ZR 117/17).

16. Der Rückgriff gegen den Beamten

a) Innenregress und Eigenhaftung

386 **aa)** Nach Art 34 S 2 GG bleibt der **Rückgriff** der aus S 1 haftenden Körperschaft gegen den schuldigen Amtsinhaber bei Vorsatz oder grober Fahrlässigkeit „vorbehalten“. Das Grundgesetz schließt also Bestimmungen, die einen solchen Rückgriff vorsehen, nicht aus, beschränkt ihn aber auf die Fälle, in denen der Amtsinhaber vorsätzlich oder grob fahrlässig gehandelt hat. Bei leichter oder mittlerer Fahrlässigkeit findet ein Rückgriff grundsätzlich nicht statt.

Dieser „Innenregress“ (Ossenbühl/Cornils 119 f) liegt dann vor, wenn der klagende öffentlich-rechtliche Dienstherr die von ihm geltend gemachten Regressansprüche darauf stützt, dass er aufgrund eines aus § 839 BGB hergeleiteten Schadensersatzanspruchs Leistungen an einen Dritten erbracht und dadurch einen – mittelbaren – Schaden (Haftungsschaden) erlitten hat (BGH 9. 1. 2023 – VI ZB 81/20, NJW-RR 2023, 499 Rn 15). Davon zu unterscheiden sind die Fälle einer unmittelbaren Schädigung des Dienstherrn durch den Beamten, etwa dadurch, dass der Beamte das Eigentum oder sonstige geschützte Rechtsgüter des Dienstherrn verletzt. In diesen Fällen kann eine **unmittelbare Eigenhaftung** des Beamten gegenüber dem Dienstherrn begründet sein, die ihre Grundlage aber nicht in der Amtshaftung und in der durch diese begründeten Regressmöglichkeit findet. Nicht erfasst sind aber auch Ansprüche des Dienstherrn gegen den Amtsträger wegen anderer Schäden, mögen diese auch auf eine Amtspflichtverletzung zurückzuführen sein (BGH 9. 1. 2023 – VI ZB 81/20, NJW-RR 2023, 499 Rn 15).

387 **bb)** Beide Haftungstatbestände, also sowohl der Innenregress als auch die Eigenhaftung des Beamten, sind in den Haftungsnormen des Beamtenrechts einheitlich und zusammengefasst geregelt (§ 48 BeamtStG, § 75 BBG sowie entsprechenden Regelungen des Landesbeamtengesetze). Die Unterscheidung zwischen Eigenhaftung und Innenregress ist nur noch in § 75 Abs 2 S 2 BBG angesprochen, wonach beim Innenregress für die Verjährung an die Stelle des Zeitpunktes, in dem der Dienstherr von dem Schaden Kenntnis erlangt, der Zeitpunkt tritt, in dem der Ersatzanspruch des Dritten diesem gegenüber vom Dienstherrn anerkannt oder dem Dienstherrn gegenüber rechtskräftig festgestellt wird. Wichtig ist, dass nunmehr auch die unmittelbare Eigenhaftung des Beamten gegenüber dem Dienstherrn nur noch bei Vorsatz oder grober Fahrlässigkeit eintritt. Dies gilt (jedenfalls) bei einer ehrenamtlichen Tätigkeit auch dann, wenn es an einer gesetzlichen Regelung fehlt (BGH 2. 3. 2017 – III ZR 271/15, juris Rn 12 ff).

cc) Die Rückgriffsbeschränkung in Art 34 S 2 GG auf Vorsatz und grobe Fahrlässigkeit gilt nicht für als Verwaltungshelfer herangezogene selbständige private Unternehmer. Dies gilt jedenfalls dann, wenn Grundlage dieser Heranziehung ein Vertragsverhältnis zwischen dem betreffenden Unternehmer und der öffentlichen Hand ist. Insoweit bewendet es bei der privatrechtlichen Haftung aus dem Vertragsverhältnis nach den dortigen Sorgfaltsmaßstäben, die – je nach Vertragsgestaltung – auch einfache Fahrlässigkeit umfassen können (BGHZ 161, 6 ff; BGH VersR 2006, 698 Rn 7). Zuweilen gibt es auch ausdrückliche gesetzliche Regelungen, wie etwa in § 10 Abs 4 KfSachvG, der eine völlige Freistellung des Landes durch den Beliehenen vorsieht. **388**

dd) Die Vorschriften über die Schadensersatzansprüche des Dienstherrn nach den Beamtengesetzen (§ 48 BeamtStG, § 75 BBG) regeln die Haftung des Beamten im Innenverhältnis abschließend und lassen den Rückgriff auf die Vorschriften des allgemeinen Rechts, insbesondere auch auf die deliktsrechtlichen Anspruchsgrundlagen des bürgerlichen Rechts, nicht zu (BGH NVwZ 2009, 928 Rn 3 mwNw). **389**

b) Der Rückgriffsschuldner

Die og Regelungen betreffen die Beamten im staatsrechtlichen Sinne. Sie gelten für Richter kraft der Verweisungen der §§ 46, 71 DRiG entsprechend. Weitere inhaltsgleiche Bestimmungen finden sich: für Soldaten in § 24 SoldG; für Zivildienstleistende in § 34 ZDG. Nach § 3 Abs 7 TV-L finden für Beschäftigte eines Arbeitgebers, der Mitglied der Tarifgemeinschaft deutscher Länder (TdL) oder eines Mitgliedverbandes der TdL ist, hinsichtlich der Schadenshaftung die jeweiligen für die Beamten dieses Landes geltenden Haftungsbestimmungen entsprechende Anwendung. § 3 Abs 6 TVöD enthält eine eigenständige Regelung zur Haftungsbeschränkung auf grobe Fahrlässigkeit und Vorsatz, § 3 Abs 7 TVöD für Beschäftigte des Bundes einen Verweis auf § 48 BeamtStG, so dass auch insofern ein Gleichklang zur Haftung der Beamten – wieder (zur zwischenzeitlichen Rechtslage vgl Dassau/Langenbrinck, TVöD Schnelleinstieg [2005] 65 f) – hergestellt ist. Für Beliehene und Verwaltungshelfer richten sich die Ansprüche des Dienstherrn nach dem zwischen ihnen und dem Staat bestehenden verwaltungsrechtlichen Schuldverhältnis (Haftungsgrund ist positive Forderungsverletzung). Gegen Parlamentsabgeordnete ist wegen deren Indemnität grundsätzlich kein Rückgriff zulässig (vgl zB Art 46 Abs 1 GG). Für Mitglieder kommunaler Vertretungskörperschaften bieten die Kommunalordnungen der Länder nur vereinzelt entsprechende Regressgrundlagen (vgl zB § 43 Abs 4 GO NW; § 28 Abs 3 KrO NW; § 54 Abs 4 NdsKommVG). Durch die vorstehend beschriebenen Regelungen wird der Vorbehalt des Art 34 S 2 GG ausgefüllt. Hingegen ergibt sich die Rückgriffsmöglichkeit noch nicht unmittelbar aus § 839 BGB. Denn diese Vorschrift betrifft nur das Verhältnis zwischen dem schuldigen Beamten und einem außenstehenden Dritten, nicht das Innenverhältnis zwischen dem Beamten und der haftenden Körperschaft, die auch nicht dadurch „Dritter" im Sinne des § 839 BGB wird, dass sie die Haftung anstelle des Beamten trifft (vgl schon RGZ 165, 323, 332; 164, 1; 134, 311, 320). Für Steuerbeamte enthält § 32 AO eine Sonderregelung. Diese haften, wenn sie durch eine Amts- oder Dienstpflichtverletzung einen Steuerausfall verursacht haben, nur dann, wenn diese mit Strafe bedroht ist. **390**

c) Grobe Fahrlässigkeit

Der Begriff der groben Fahrlässigkeit im Sinne des Art 34 S 2 GG ist der gleiche wie in anderen gesetzlichen Vorschriften (vgl zB § 277 BGB, § 61 VVG); er entspricht **391** dem Verschuldensgrad, der im Strafrecht als Leichtfertigkeit bezeichnet wird (vgl zB §§ 138 Abs 3, 311 Abs 3 StGB). Grobe Fahrlässigkeit erfordert einen in objektiver Hinsicht schweren und in subjektiver Hinsicht nicht entschuldbaren Verstoß gegen die Anforderungen der im Verkehr erforderlichen Sorgfalt. Diese Sorgfalt muss in ungewöhnlich hohem Maße verletzt und es muss dasjenige unbeachtet geblieben sein, was im gegebenen Fall jedem hätte einleuchten müssen. Es muss eine auch subjektiv schlechthin unentschuldbare Pflichtverletzung vorliegen, die das in § 276 Abs 2 BGB bestimmte Maß erheblich überschreitet (BGH 10. 10. 2013 – III ZR 345/12, BGHZ 198, 265 Rn 26 mwNw). Grob fahrlässig handelt zB ein Polizeibeamter, der beim Hantieren mit der Waffe im Wachdienstraum einen Pistolenschuss auslöst, ohne zuvor die Ladeecke aufzusuchen oder die Waffe zumindest auf den Boden zu richten (BGH VersR 1983, 87). Durch die Nichtbearbeitung einer auf seinem Dienstzimmer befindlichen Akte trotz Verkündungstermins und die darüber hinaus nicht vorhandene Kontrolle des Verfahrens für die Dauer von sechs Monaten verstößt ein Richter grob fahrlässig gegen seine Amtspflichten (OLG Dresden NVwZ 2010, 471 mit krit Anm SchefFER NVwZ 2010, 425). Ob grobe oder leichte Fahrlässigkeit vorliegt, unterliegt grundsätzlich der tatrichterlichen Würdigung; das Revisionsgericht prüft nur, ob das Berufungsgericht den Rechtsbegriff der groben Fahrlässigkeit verkannt hat (BGH 10. 10. 2013 – III ZR 345/12, BGHZ 198, 265 Rn 29).

d) Rückgriff und Verweisungsprivileg

392 **aa)** Der Staat kann sich im Amtshaftungsprozess nicht auf § 839 Abs 1 S 2 BGB (das Verweisungsprivileg oder die Subsidiaritätsklausel) berufen, wenn dem Verletzten neben dem Anspruch aus § 839 BGB, Art 34 GG aufgrund des gleichen Sachverhalts ein Anspruch aus Aufopferung oder enteignungsgleichem Eingriff gegen die öffentliche Hand zusteht. Dieser Gesichtspunkt gilt auch dann, wenn ein Beamter einen anderen Beamten in Ausübung öffentlicher Gewalt (zB bei vorschriftswidrigem Hantieren mit der Dienstwaffe) verletzt und dem Beamten gegen seinen Dienstherrn sowohl ein – im Hinblick auf § 46 BeamtVG dem Grunde nach bestehender und nur der Höhe nach begrenzter – Anspruch aus § 839 BGB, Art 34 GG als auch der beamtenrechtliche Anspruch auf Unfallfürsorge zusteht; auch dieser letztere Anspruch ist kein anderweitiger Ersatzanspruch im Sinne des § 839 Abs 1 S 2 BGB (BGH NJW 1963, 2168). Soweit sich danach der haftende Staat nicht auf § 839 Abs 1 S 2 BGB berufen kann, ist auch dem schädigenden Beamten im Rückgriffsprozess eine Berufung auf die Subsidiarität seiner Haftung versagt (BGH NJW 1963, 2168).

393 **bb)** Der in dem vorgenannten Fall von dem Schädiger zu ersetzende Schaden mindert sich auch nicht um die dem Geschädigten zustehende Versorgung, wie sie sich aus § 76 BBG ergibt (Übergang der Schadensersatzansprüche eines Verletzten, der Hinterbliebenen eines getöteten Beamten auf den die Dienstbezüge fortzahlenden oder Versorgung gewährenden Dienstherrn; siehe dazu und dem Verhältnis zu § 46 Abs 2 BeamtVG BGH NJW 2013, 2351), denn er regelt verneinend die früher streitige Frage, ob die Gewährung von Dienst- und Versorgungsbezügen den durch die Verletzung oder Tötung entstandenen Schaden beseitigt oder mindert (BGH VersR 1963, 1177). Im Übrigen ist bei der Verletzung eines Beamten durch einen anderen Beamten in Ausübung öffentlicher Gewalt § 76 BBG unanwendbar, denn da dem Verletzten gegen den Schädiger im Hinblick auf Art 34 GG kein Schadensersatz zusteht, ist eine cessio

legis gemäß § 76 BBG ausgeschlossen (§ 75 BBG enthält also für solche Fälle die ausschließlich anwendbare Regelung, BGH NJW 1963, 2168).

e) Weitere Einzelfragen

aa) Ein Rückgriffsanspruch ist ausgeschlossen, wenn der geschädigte Dritte den Dienstherrn nicht über § 839 BGB, Art 34 GG, sondern aus Gefährdungshaftung nach Sondergesetzen (als Fahrzeughalter nach § 7 StVG oder nach § 1 HaftpflichtG) in Anspruch genommen hat (LG Berlin VersR 1958, 650; RGZ 164, 1, 8; Weimar MDR 1958, 896). 394

bb) Hat der Dienstherr die Möglichkeit, sich etwa auf dem Wege des § 255 BGB Ersatz zu verschaffen, so gebietet es ihm die Fürsorgepflicht (§§ 45 BeamtStG; 79 BBG), gegen den schuldigen Beamten erst im Rückgriff vorzugehen, wenn solche Ersatzansprüche nicht mehr bestehen oder nicht durchgesetzt werden können (Kreft Rn 134).

cc) Ist ein Dienstunfall bei der Teilnahme am allgemeinen Verkehr eingetreten, so hat nach § 46 Abs 2 S 2 HS 2 BBG die öffentliche Verwaltung, die nach den Vorschriften des Versorgungsrechts Leistungen gewährt, keinen Anspruch auf Ersatz dieser Leistung gegen die öffentliche Verwaltung, die zum Schadensersatz verpflichtet ist. In diesem Falle ist der Rückgriff gegen einen Bediensteten der zum Schadensersatz verpflichteten öffentlichen Verwaltung auch dann ausgeschlossen, wenn diese die Freistellung ihrer Bediensteten von solchen Ansprüchen durch Vereinbarung übernommen und zugleich auf ihre Kosten eine Haftpflichtversicherung abgeschlossen hat, die sich auf die persönliche Haftung der Bediensteten erstreckt (BGH VRS 27, 418). 395

dd) Hat ein Beamter in Ausübung des ihm anvertrauten öffentlichen Amtes als Fahrer eines Dienstkraftwagens einen Verkehrsunfall grob fahrlässig verursacht, so kann der Dienstherr wegen der bundesrechtlichen Sonderregelung des § 2 Abs 2 S 6 PflVG gegen den Beamten nur insoweit Rückgriff nehmen, als die Schadensersatzleistungen die Mindestversicherungssummen des Pflichtversicherungsgesetzes übersteigen (BGHZ 96, 50 zu § 2 Abs 2 S 4 aF). Grund: Die beamtenrechtliche Fürsorgepflicht verbietet es jedenfalls dem Dienstherrn, aus der mit der versicherungsrechtlichen Freistellung verbundenen Vergünstigung, keine Versicherungsprämie leisten zu müssen, auch noch den weiteren Vorteil zu ziehen, wirtschaftliche Nachteile aus seiner Eigenschaft als „Eigenversicherer" ganz oder zum Teil auf seine Bediensteten abzuwälzen (BGHZ 96, 50, 59 f). 396

f) Mangelnde wirtschaftliche Leistungsfähigkeit des regresspflichtigen Beamten

Mangelnde wirtschaftliche Leistungsfähigkeit des schädigenden Beamten berührt den Rückgriffsanspruch des Dienstherrn grundsätzlich nicht (RGZ 163, 87, 89). Auch liegt in der Verfolgung des Rückgriffsanspruchs noch keine Verletzung der Fürsorgepflicht des Dienstherrn (BGH VersR 1962, 426; s aber auch Battis/Grigoleit BBG [6. Aufl 2022] § 75 Rn 14). Schließlich verträgt auch der im Arbeitsrecht entwickelte Gedanke, dass im Falle schadens- oder gefahrgeneigter Arbeit bei nur geringem Verschulden des Arbeitnehmers der Arbeitgeber den Schaden nicht ausschließlich dem Arbeitnehmer aufbürden kann (BGHZ 16, 111; 27, 62; BAG NJW 1959, 1796; 1958, 235), keine sinngemäße Ausdehnung auf § 75 BBG, der grobe Fahrlässigkeit voraussetzt (BGH NJW 397

1963, 2168, 2170; BVerwG NJW 1965, 458). In aller Regel hat der Beamte die gegen ihn bestehenden Schadensersatzansprüche seines Dienstherrn zu erfüllen. Dem Dienstherrn steht bei der Entscheidung der Frage, ob er im Rahmen seiner Fürsorgepflicht unter Heranziehung des Haushaltsrechts auf eine Forderung gegen seinen Beamten ganz oder teilweise verzichtet, grundsätzlich auch in Härtefällen ein Ermessen zu. Eine auch nur teilweise Abstandnahme von der Verfolgung begründeter Forderungen kann nur ausnahmsweise verlangt werden. Ein Anspruch des Beamten hierauf muss auf Sachverhalte beschränkt bleiben, die durch das Vorliegen eines besonders gestalteten Einzelschicksals und seiner Person geprägt sind, mit der Folge, dass er durch eine Belastung mit den Forderungen seines Dienstherrn in ungewöhnlich schwerer Weise getroffen würde (BGHZ 124, 15, 16).

g) Mitwirkendes Verschulden des Dienstherrn

398 Mitwirkendes Verschulden des Dienstherrn, zB durch Überlastung des Beamten, kann gemäß § 254 BGB auch gegenüber dem Rückgriffsanspruch geltend gemacht werden (RGZ 146, 362; RG HRR 1936 Nr 357; s auch BVerwG MDR 1970, 444). Macht der Beamte geltend, sein amtspflichtwidriges Verhalten beruhe auf mangelnder Belehrung durch den Dienstherrn, so macht er praktisch einen dem Rückgriffsanspruch des Dienstherrn entgegenstehenden eigenen Anspruch auf Verletzung der beamtenrechtlichen Fürsorgepflicht geltend. Im Rückgriffsprozess ist das Zivilgericht nach § 17 Abs 2 GVG nicht gehindert, auch über eine hierauf gestützte Einwendung des Beamten mit zu entscheiden. Für Rückgriffsansprüche (also im Bereich des Innenregresses) darf gemäß Art 34 S 3 GG der ordentliche Rechtsweg nicht ausgeschlossen werden (BGH 9. 1. 2023 – VI ZB 81/20, NJW-RR 2023, 499 Rn 15); dh es sind die ordentlichen Gerichte zuständig, gleichviel ob es sich um den Rückgriffsanspruch gegen Beamte im staatsrechtlichen Sinne oder um Nichtbeamte (Beamte im haftungsrechtlichen Sinne) handelt (vgl Kreft Rn 136 mwNw). Die Zuständigkeit der ordentlichen Gerichte ist aber nur gegeben, wenn der Dienstherr von dem Geschädigten tatsächlich nach § 839 BGB iVm Art 34 GG in Anspruch genommen worden ist oder er dem Geschädigten aufgrund dieser Vorschriften Ersatz geleistet hat. Gewährt dagegen der Staat einem Beamten, der von einem anderen Beamten verletzt wurde, aufgrund der beamtenrechtlichen Vorschriften (§ 46 BeamtVG) Unfallfürsorge, so ist für den Rückgriffsanspruch nach § 75 Abs 1 BBG der Verwaltungsrechtsweg (§§ 126 BBG, 126 Abs 2 BRRG, § 54 BeamtStG) auch dann gegeben, wenn der Staat aus Staatshaftung hätte belangt werden oder dem Geschädigten hätte Ersatz leisten können, dies aber tatsächlich nicht geschehen ist (BVerwG NJW 1963, 69). Ebenso ist für den Regressanspruch des Dienstherrn gegen den Beamten der Verwaltungsrechtsweg gegeben, wenn der Beamte im nicht hoheitlichen Bereich die Amtspflicht verletzt hat und der Staat den Verletzten nach § 278 BGB oder nach §§ 31, 89, 823, 831 BGB haftete (VG Köln VersR 1964, 394).

Verursachen mehrere Beamte den Schaden grob fahrlässig oder vorsätzlich gemeinsam, so haften sie gem § 75 Abs 1 S 2 BGB, § 48 S 2 BeamtStG gesamtschuldnerisch. Der Ausgleichsanspruch (§ 426 Abs 1 S 1 BGB) der Beamten, zwischen denen bis zum Schadensfall kein Rechtsverhältnis und damit auch keine öffentlich-rechtliche Beziehung bestand, ist privatrechtlicher Natur, so dass für diesen der Zivilrechtsweg gegeben ist (BGH 7. 1. 2021 – III ZB 13/21, NVwZ 2021, 742 Rn 18 ff).

h) Die Durchsetzung des Rückgriffsanspruchs

aa) Ist der Rechtsweg zu den ordentlichen Gerichten gegeben, so ist nach § 71 Abs 2 Nr 2 GVG das Landgericht zuständig; unter „Beamten" im Sinne dieser Vorschrift sind nach dem Sinn und Zweck der Vorschrift auch die nicht beamteten Amtsinhaber (Beamte im haftungsrechtlichen Sinne) zu verstehen (Kreft Rn 137). Das Arbeitsgericht ist nach der Terminologie des Grundgesetzes kein „ordentliches Gericht" (MünchKommBGB/Papier/Shirvani § 839 Rn 446). **399**

bb) Außer im Wege der Klage kann der Rückgriffsanspruch auch durch die zivilrechtlichen Instrumente der Aufrechnung oder der Zurückbehaltung geltend gemacht werden; hingegen scheidet eine Beitreibung mittels eines Leistungsbescheids und der Verwaltungsvollstreckung aus (Ossenbühl/Cornils 121; MünchKommBGB/Papier/Shirvani § 839 Rn 446).

Für Ansprüche des Dienstherrn wegen unmittelbarer Schädigung durch den Beamten (also außerhalb des Innenregresses) ist wie folgt zu unterscheiden: Bei Beamten im staatsrechtlichen Sinne kann der Dienstherr gegen den Beamten im Verwaltungsrechtsweg (§ 126 Abs 2 BRRG; § 54 Abs 1 BeamtStG) Leistungsklage erheben (BGH 9. 4. 2009 – III ZR 200/08, VersR 2010, 790); daneben besteht wahlweise die Möglichkeit, aufzurechnen oder einen Leistungsbescheid zu erlassen. Bei Angestellten und Arbeitern: Leistungsklage vor dem Arbeitsgericht; ggf Erlass eines Erstattungsbeschlusses (Ossenbühl/Cornils 121 mwNw).

Mit Anerkennung einer privatrechtlich organisierten Beschäftigungsstelle des Zivildienstes nach § 4 ZDG, die als mitwirkungsbedürftiger Verwaltungsakt zu bewerten ist, wird zwischen dem Bund und dem Träger der Beschäftigungsstelle zugleich ein verwaltungsrechtliches Schuldverhältnis begründet. Die Verletzung der Fürsorgepflicht und der Dienstaufsicht über den Dienstleistenden ist als positive Vertragsverletzung des zwischen dem Bund und dem Träger der Beschäftigungsstelle bestehenden verwaltungsrechtlichen Schuldverhältnisses zu werten. Wird durch ein pflichtwidriges Verhalten des Vorgesetzten der privaten Beschäftigungsstelle eine Zivildienstbeschädigung verursacht, die Aufwendungen des Bundes für Heilfürsorge und Versorgungsleistungen auslöst, kann der Bund gegen den Träger der Beschäftigungsstelle wegen seiner Aufwendungen aufgrund der Verletzung des verwaltungsrechtlichen Schuldverhältnisses Rückgriff nehmen, falls den Verantwortlichen der Beschäftigungsstelle Vorsatz oder grobe Fahrlässigkeit zur Last fällt. Der Rückgriffsanspruch ist der Höhe nach auf den Verantwortungsbeitrag der Beschäftigungsstelle beschränkt; im Umfang eines mitwirkenden Verschuldens des Zivildienstleistenden an der eingetretenen Zivildienstbeschädigung steht dem Bund kein Rückgriffsanspruch zu (BGHZ 135, 341). Dieser Anspruch ist ein Schadensersatzanspruch aus der Verletzung öffentlich-rechtlicher Pflichten, die nicht auf einem öffentlich-rechtlichen Vertrag beruhen, und fällt daher in die Zuständigkeit des ordentlichen Gerichts nach § 40 Abs 2 S 1 VwGO. Die gleichen Grundsätze gelten in allen Rückgriffsfällen bei unmittelbarer Schädigung des Dienstherrn durch einen Beliehenen, Verwaltungshelfer oder dergleichen, sofern das betreffende Beleihungsverhältnis nicht auf einem öffentlich-rechtlichen Vertrag beruht. Besteht dagegen ein solcher öffentlich-rechtlicher Vertrag, ist die Zuständigkeit der Verwaltungsgerichte gegeben. **400**

17. Verfahrensfragen

a) Rechtsweg

401 **aa)** Soweit der Beamte persönlich aus § 839 BGB in Anspruch genommen werden kann, ergibt sich die Zuständigkeit der ordentlichen Gerichte aus § 13 GVG, und soweit sich der Anspruch gegen die haftende Körperschaft richtet, unmittelbar aus Art 34 S 3 GG. Soweit die ordentlichen Gerichte für den Hauptanspruch zuständig sind, folgen auch die **Hilfs- und Nebenansprüche** auf Auskunfterteilung und Abgabe einer eidesstattlichen Versicherung zwecks Durchsetzung des Hauptanspruchs, obwohl sie auf ein Verwaltungshandeln gerichtet sind, dieser Zuständigkeit, da grundsätzlich auch solche Annexansprüche in der Rechtswegfrage denselben Regeln wie der Hauptanspruch unterfallen (BGHZ 81, 21, 24; 78, 274; VG Bayreuth 12. 9. 2023 – B 3 E 23.629).

402 **bb)** Nach Art 34 S 3 GG ist auch für den **Rückgriff** des haftenden Dienstherrn gegen den schuldigen Beamten die Zuständigkeit der ordentlichen Gerichte gegeben, und das Gleiche gilt sinngemäß auch für die Ausgleichsansprüche zwischen mehreren öffentlich-rechtlichen Körperschaften, die für denselben auf Amtspflichtverletzung beruhenden Schaden haften (BGHZ 9, 65). Die ausschließliche Zuständigkeit der ordentlichen Gerichte für Amtshaftungsansprüche hat zur Folge, dass solche Ansprüche auch dann nicht im Wege der Widerklage vor Gerichten anderer Gerichtszweige geltend gemacht werden können, wenn die betreffende Amtshandlung sich auf eine Angelegenheit bezieht, für die die Gerichte dieses Gerichtszweigs zuständig sind (BSG VersR 1964, 348). Die Gerichte der anderen Gerichtsbarkeiten befinden auch dann nicht über Amtshaftungsansprüche, wenn mit diesen im Rahmen eines dortigen Prozesses, etwa eines Verwaltungsprozesses, aufgerechnet wird. Nach Auffassung des Bundesverwaltungsgerichts (DVBl 1993, 885) ist in solchen Fällen das betreffende verwaltungsgerichtliche Verfahren auszusetzen, um dem Aufrechnenden die Klage vor den Zivilgerichten zu ermöglichen.

403 **cc)** Ergänzt wird Art 34 S 3 GG durch § 40 Abs 2 VwGO. Danach ist der ordentliche Rechtsweg für vermögensrechtliche Ansprüche aus Aufopferung für das gemeine Wohl und aus öffentlich-rechtlicher Verwahrung sowie für Schadensersatzansprüche aus der Verletzung öffentlich-rechtlicher Pflichten, die nicht auf einem öffentlich-rechtlichen Vertrag beruhen, gegeben. Die besonderen Vorschriften des Beamtenrechts sowie über den Rechtsweg bei Ausgleich von Vermögensnachteilen wegen Rücknahme rechtswidriger Verwaltungsakte bleiben unberührt. Aus dieser Rechtswegzuweisung sind Schadensersatzansprüche aus der Verletzung öffentlich-rechtlicher Verträge (§ 54 ff VwVfG) ausdrücklich ausgeklammert. Für derartige Ansprüche ist somit der Rechtsweg zu dem jeweils zuständigen Fachgericht eröffnet. Ansprüche auf Schadensersatz aus öffentlich-rechtlicher culpa in contrahendo beruhen dagegen nicht auf einem öffentlich-rechtlichen Vertrag, so dass insoweit § 40 Abs 2 VwGO eingreift (BGH 3. 10. 1985 – III ZR 60/84, NJW 1986, 1109; ebenso, jedenfalls soweit solche Ansprüche – wie im Regelfall – in einem engen Zusammenhang mit Amtshaftungsansprüchen stehen: BVerwG 30. 4. 2002 – 4 B 72/01, NJW 2002, 2894; **aA** MünchKommBGB/Papier/Shirvani § 839 Rn 448 sowie Staudinger/Wöstmann [2020] § 839 Rn 408). Ohnehin sind solche Ansprüche, wenn sie aus demselben Lebenssachverhalt wie ein Amtshaftungsanspruch hergeleitet werden, gemäß § 17 Abs 2 S 2 GVG vor den ordentlichen Gerichten geltend zu machen.

An der privatrechtlichen Natur eines Grundstückskaufvertrags ändert sich nicht dadurch etwas, dass auf beiden Seiten Träger öffentlicher Verwaltung beteiligt sind und der Verkäufer mit der Gewährung eines Preisnachlasses einen öffentlichen Zweck verfolgt. Für Streitigkeiten aus einem solchen Vertrag ist der Rechtsweg zu den ordentlichen Gerichten gegeben (BGH NJW 2012, 379).

Der Schadensersatzanspruch nach **Art 82 DSGVO** ist kein Amtshaftungsanspruch, da er nicht die persönliche Verantwortung eines Amtswalters voraussetzt. Für ihn gilt Art 34 S 3 GG daher nicht; der Rechtsweg richtet sich insofern daher nach den allgemeinen Regeln (BSG 6. 3. 2023 – B 1 SF 1/22 R, NZS 2023, 655 Rn 19; BFH 28. 6. 2022 – II B 92/21, BFHE 275, 571 Rn 7 ff; vgl auch BGH 11. 2. 2025 – VI ZR 365/22, NJW 2025, 1656 Rn 17). Dagegen ist eingewandt worden, es handele sich um einen einheitlichen Streitgegenstand, bei dem Art 82 DSGVO den Amtshaftungsanspruch zwar verdränge, auf den aber Art 34 S 1 GG anwendbar sei (Korves RDi 2023, 571). Diese Folgerung ist allerdings nicht richtig. Zwar dürften Ansprüche aus Art 82 DSGVO und § 839 Abs 1 S 1 BGB aus demselben Streitgegenstand folgen; insofern kann nichts anderes gelten als im Verhältnis von Amtshaftungsansprüche und solchen aus enteignungsgleichem Eingriff (Rn 411). Der Zuständigkeitsnorm des Art 34 S 1 GG liegt indes die persönliche Verantwortung einzelnen Amtsträgers zugrunde (Rn 21 ff, 55). Bei einem Datenschutzverstoß ist hingegen Verantwortlicher iSd Art 82 Abs 1 DSGVO gem Art 4 Nr 7 DSGVO nicht die jeweils handelnde Person, sondern die Behörde selbst und bei einer juristischen Person (auch im privaten Bereich) deren Rechtsträger (Gola/Heckmann/Gola [3. Aufl 2022] DSGVO Art 4 Rn 63). Art 34 S 1 GG ist daher nicht anwendbar. Zutreffend ist indes, dass zur Entscheidung über einen mit Art 82 Abs 1 konkurrierenden Amtshaftungsanspruch gem Art 34 S 3 GG allein die Zivilgerichte zuständig sind und diese gem § 17 Abs 2 S 1 GVG dazu berufen sind, ggf gemeinsam mit dem Amtshaftungsanspruch zugleich über den Anspruch aus Art 82 Abs 1 DSGVO zu entscheiden (Korves RDi 2023, 571 Rn 20).

dd) Nach **§ 17 Abs 2 GVG** entscheidet das Gericht des zulässigen Rechtswegs den Rechtsstreit unter allen in Betracht kommenden rechtlichen Gesichtspunkten. Art 14 Abs 3 S 4 und Art 34 S 3 des Grundgesetzes bleiben unberührt. Dies hat die Konsequenz, dass die Zuständigkeit der ordentlichen Gerichte im Amtshaftungsprozess auch auf die Prüfung der nach § 40 Abs 2 VwGO an sich den Verwaltungs- oder sonstigen Fachgerichten vorbehaltenen Ansprüche, also insbesondere Schadensersatzansprüche aus der Verletzung öffentlich-rechtlicher Verträge oder der beamtenrechtlichen Fürsorgepflicht (zB bei „Mobbing“, vgl BVerwG 28. 3. 2023 – 2 C 6.21, BVerwGE 178, 116 Rn 29 ff), erweitert wird. Dies gilt indessen nur, wenn und soweit Einheitlichkeit des Streitgegenstandes besteht, insbesondere also, wenn aus ein- und demselben Lebenssachverhalt sowohl ein Amtshaftungsanspruch als auch ein mit diesem konkurrierender vertraglicher oder vertragsähnlicher öffentlich-rechtlicher Schadensersatzanspruch oder ein solcher aus Verletzung der beamtenrechtlichen Fürsorgepflicht hergeleitet werden kann (zu weiteren Einzelfragen des Streitgegenstandes im Amtshaftungsprozess s Rn 411 f). Davon zu unterscheiden sind Fälle, in denen mehrere selbständige Ansprüche im Wege der objektiven Klagehäufung (§ 260 ZPO) geltend gemacht werden. Bei einer derartigen Mehrheit prozessualer Ansprüche ist das Gericht nicht gehindert, für einen dieser Ansprüche die Zulässigkeit des beschrittenen Rechtswegs zu verneinen (BGHZ 114, 1, 2). Besteht hingegen jene Einheitlichkeit des Streitgegenstandes, so können nach Beschreiten des ordentlichen Rechtswegs die öf- 404 fentlich-rechtlichen Klagegründe nicht mehr im Verwaltungsrechtsweg geltend gemacht werden; einer späteren verwaltungsgerichtlichen Klage stünden die Prozesshindernisse der anderweitigen Rechtshängigkeit der Sache bei den Zivilgerichten oder der Rechtskraft der zivilgerichtlichen Entscheidung entgegen (MünchKommBGB/Papier/Shirvani § 839 Rn 452).

ee) Wird umgekehrt zunächst ein Verwaltungsgericht wegen eines Schadensersatzanspruchs aus der Verletzung eines öffentlich-rechtlichen Vertrags oder der beamtenrechtlichen Fürsorgepflicht angerufen, so ist ihm die Entscheidung über einen konkurrierend in Betracht kommenden Amtshaftungsanspruch verwehrt (§ 17 Abs 2 S 2 GVG); das gilt auch, wenn ein Amtshaftungsanspruch im verwaltungsgerichtlichen Verfahren zur Aufrechnung gestellt wird.

405 **ff)** Die Zuständigkeit der ordentlichen Gerichte wird nicht schon dadurch eröffnet, dass der Kläger sich zur Begründung seines Klagebegehrens auf § 839 BGB iVm Art 34 GG beruft.

(1) Der ordentliche Rechtsweg ist vielmehr unzulässig, wenn mit der Klage in Wahrheit der Ausübung von Hoheitsrechten oder der Vornahme von Verwaltungsakten entgegengetreten werden soll, oder wenn aus öffentlich-rechtlichen Maßnahmen nur deshalb Schadensersatzansprüche erhoben werden, weil der Kläger auf diese Weise die Nachprüfung öffentlich-rechtlicher Rechtsverhältnisse durch die ordentlichen Gerichte erreichen will (BGHZ 14, 294, 297). Der Weg zu den Zivilgerichten ist also verschlossen, wenn im formalen Gewand einer Amtshaftungsklage unter dem Gesichtspunkt des Schadensersatzes in Wahrheit die Aufhebung von hoheitlichen Verwaltungsakten oder die Vornahme oder Unterlassung von Amtshandlungen verlangt wird. Das Gleiche gilt, wenn bei einem auf § 1004 BGB oder § 861 BGB gestützten Anspruch schon nach dem Klagevortrag die abzuwehrenden Eingriffe oder Beeinträchtigungen auf der Ausübung der Herrschaftsgewalt des Staates beruhen oder auf die Ausübung einer hoheitlich bestimmten Tätigkeit zurückgehen und die Vollstreckung des stattgebenden Urteils zur Aufhebung oder Änderung einer hoheitlichen Maßnahme führen oder hoheitliches Handeln behindern würde. Solche öffentlich-rechtlichen Streitigkeiten gehören vor die dazu berufenen Verfassungsgerichte, die allgemeinen oder besonderen Verwaltungsgerichte oder sind gemäß §§ 23 ff EGGVG zu verfolgen (BGHZ 49, 347 mwNw; RGZ 93, 255).

406 **(2)** Beispiele unzulässiger Klagen: Wenn die Amtshaftungsklage nur dazu herhalten soll, um andere Ansprüche durchzusetzen, für die der ordentliche Rechtsweg nicht gegeben ist (BGHZ 67, 92, 100; 24, 302, 305; 4, 77, 84; RGZ 168, 143, 163; 162, 230; 159, 247; 146, 369; 143, 84), wenn der Kläger sich nur auf § 839 BGB, Art 34 GG beruft, um in Wahrheit einen nach seiner Auffassung bestehenden Anspruch auf Übertragung eines öffentlichen Amtes oder auf eine Beförderung durchzusetzen (BGHZ 21, 256; RGZ 159, 247; 146, 369; 110, 265), wenn die Amtshaftungsklage bezweckt, die Gültigkeit einer Polizeiverordnung nachprüfen zu lassen (RGZ 144, 253) oder die Rechtmäßigkeit einer behördlichen Inanspruchnahme aufgrund des Bundesleistungsgesetzes (vgl RG DR 1943, 193) oder die Verteilung öffentlicher Mittel zur Durchführung öffentlicher Aufgaben zwischen verschiedenen öffentlichen Körperschaften (BGHZ 24, 302).

(3) Die Schlüssigkeit einer Amtshaftungsklage erfordert es, dass ein Sachverhalt dargelegt wird, der in seinen tatsächlichen Zusammenhängen, die Behauptung des Klägers als richtig unterstellt, sämtliche Merkmale des § 839 BGB iVm Art 34 GG als gegeben ausweist (BGHZ 13, 145, 152). Es müssen also die vom Kläger vorgetragenen tatsächlichen Behauptungen bei Unterstellung ihrer Richtigkeit objektiv und unabhängig von der Rechtsauffassung des Klägers geeignet sein, die Annahme einer schuldhaften Amtspflichtverletzung im Sinne des § 839 BGB iVm Art 34 GG zu rechtfertigen, also wenigstens die Möglichkeit der Haftung der öffentlich-rechtlichen Körperschaft hinreichend deutlich erkennen lassen (BGHZ 67, 92, 100; 21, 359; 15, 185; 13, 145, 152; 9, 65, 66; RGZ 170, 54, 57; 165, 323, 329; 157, 197; 146, 257; 144, 253). Bieten sich als Rechtsgrundlagen, nach denen das Klagebegehren seinem wahren inneren Gehalt nach zu würdigen ist, ungezwungen Rechtsgrundsätze des öffentlichen Rechts an, während der vom Kläger angeführte Klagegrund der Amtspflichtverletzung fernliegt und das rechtliche Bild des Sachverhalts nicht entscheidend formt, so ist der Rechtsweg vor den Zivilgerichten ausgeschlossen (BGH NJW 1962, 1204). Er ist aber zum Beispiel gegeben, wenn Gegenstand des Rechtsstreits nicht die unterlassene Anstellung und der Beförderung als solche ist, auf die kein Rechtsanspruch besteht, sondern nur die Verletzung der Amtspflichten, die in diesem Zusammenhang dem Bewerber gegenüber oblagen (BGH VersR 1964, 289; BGHZ 21, 256). 407

b) Sachliche und örtliche Zuständigkeit

Ausschließlich **sachlich** zuständig sind die Landgerichte ohne Rücksicht auf den Wert des Streitgegenstandes (§ 71 Abs 2 Nr 2 GVG). Diese Regelung betrifft zwar ihrem Wortlaut nach nur „Ansprüche gegen Richter und Beamte wegen Überschreitung ihrer amtlichen Befugnisse oder wegen pflichtwidriger Unterlassung von Amtshandlungen"; sie gilt indessen auch für Klagen gegen die nach Art 34 GG haftende Körperschaft. Nach § 71 Abs 2 Nr 2 GVG sind die Landgerichte auch zuständig für Ansprüche aus enteignungsgleichem Eingriff und Ansprüche aus entsprechenden landesgesetzlichen Regelungen (§ 39 Abs 1b OBG NW). Ansprüche aus enteignendem Eingriff bzw entsprechenden landesgesetzlichen Regelungen (§ 39 Abs 1a OBG NW) fallen nicht darunter (Schönenbroicher/Heusch § 43 Rn 2; Will VerwArch 2015, 55, 73). Einige Länder haben in ihren Ausführungsgesetzen Bestimmungen erlassen, die auch solche Ansprüche in die Zuständigkeit der Landgerichte streitwertunabhängig verweisen (§ 71 Abs 3 GVG iVm § 9 HmbgAGGVG; § 7 BrAGGVG; § 3 AGVGV BW; § 9 BbgGerOrgG; Art 9 BayAGGVG; Art 20 GVGAG HE; § 9 AGGerStrG MV; § 6 ThürAGGVG; § 6 AGGVG LSA; § 5 AGGVG RhPf; § 16 Sächs-JG). Soweit diese Ansprüche nicht bereits landesrechtlich den Landgerichten zugewiesen sind, aber zusammen mit Amtshaftungsansprüchen oder Ansprüchen aus enteignungsgleichem Eingriff geltend gemacht werden, erfasst die Zuweisung nach § 71 Abs 2 Nr 2 GVG auch die Ansprüche aus enteignendem Eingriff (OLG Brandenburg 14. 12. 2006 – 1 AR 69/06; VG Aachen 18. 11. 2003 – 6 K 575/03; Schönenbroicher/Heusch § 43 Rn 2). Ansonsten verbleibt es bei den allgemeinen streitwertabhängigen Regelungen. 408

Örtlich zuständig ist das Landgericht des allgemeinen Gerichtsstandes, der bei der öffentlichen Hand durch den Sitz der Behörde bestimmt wird, die berufen ist, die Körperschaft in dem Rechtsstreit zu vertreten (vgl § 18 ZPO). Daneben gilt wahlweise (vgl § 35 ZPO) auch der besondere Gerichtsstand der unerlaubten Handlung nach § 32 ZPO: zuständig ist auch das Gericht, in dessen Bezirk die Handlung begangen worden ist. Zur – durch besonderen Sachzusammenhang begründeten – Zuständigkeit des Schifffahrtsgerichts nach § 2 Abs 1 lit d BinnSchVerfG für Amtshaftungsansprüche s OLG Karlsruhe VersR 2004, 669.

c) Feststellungsklage

409 Eine Feststellungsklage ist trotz der Möglichkeit, Leistungsklage zu erheben, zulässig, wenn sie unter dem Gesichtspunkt der Prozesswirtschaftlichkeit zu einer sinnvollen und sachgemäßen Erledigung der aufgetretenen Streitpunkte führt. Das ist in der Regel anzunehmen, wenn es sich bei der beklagten Partei – wie im Amtshaftungsprozess – um eine öffentliche Körperschaft handelt, von der zu erwarten ist, dass sie sich auch einem eventuellen Feststellungsurteil beugen wird (BGH NJW 2003, 3488, insoweit in BGHZ 155, 279 nicht abgedruckt; Rinne/Schlick NJW 2004, 1918, 1930).

410 Einer im Vorgriff auf den Erlass eines Heranziehungsbescheids (zB Kosten zur Beseitigung von Umweltgefahren) erhobenen **„vorbeugenden" (amtshaftungsrechtlichen) Feststellungsklage** fehlt grundsätzlich das Feststellungsinteresse. Würde man in diesem Verfahrensstadium den erst durch Erlass eines Verwaltungsakts (endgültig) eintretenden Schaden ausreichen lassen, um das für eine „amtshaftungsrechtliche Feststellungsklage" notwendige Feststellungsinteresse zu bejahen, würde dies dem in § 839 Abs 3 BGB zum Ausdruck gekommenen Prinzip des Vorrangs des Primärrechtsschutzes widersprechen. Mit diesem Grundsatz wäre es schwerlich zu vereinbaren, wenn im Wege der Feststellungsklage die Schadensersatzpflicht der Behörde zu einem Zeitpunkt „festgeschrieben" werden könnte, zu dem der – den Schaden erst herbeiführende – Verwaltungsakt noch gar nicht erlassen ist und zu dem auch noch gar nicht feststeht, ob der Betroffene gegen einen etwa ergehenden Verwaltungsakt die ihm zu Gebote stehenden Rechtsbehelfe ergreifen wird (BGHZ 203, 312 Rn 14 m zust Anm K Schmidt JuS 2015, 558 und Klose NJ 2015, 253).

d) Streitgegenstand

411 **aa)** Der BGH bejaht eine Einheitlichkeit des Streitgegenstands im Verhältnis zwischen dem Amtshaftungsanspruch und dem Anspruch aus enteignungsgleichem Eingriff. In einem Fall, in dem der Kläger als Grundlage für sein Schadensersatzbegehren lediglich die Amtshaftung herangezogen hatte, sind die Gerichte daher berechtigt und verpflichtet, den Prozessstoff auch unter dem rechtlichen Gesichtspunkt des enteignungsgleichen Eingriffs zu würdigen (BGH NVwZ 2004, 1143; BGHZ 146, 365, 371; 136, 182, 184; NVwZ 1992, 1119). Das Gleiche gilt für das Verhältnis der Amtshaftung zu dem Anspruch auf Entschädigung für rechtswidrige Maßnahmen der Ordnungsbehörden (BGH NVwZ 1995, 620). Kann aus demselben Lebenssachverhalt ein Amtshaftungsanspruch und hilfsweise ein Anspruch wegen rechtmäßiger Inanspruchnahme (dort: nach § 59 Abs 1 Nr 1 BerlASOG) hergeleitet werden, so handelt es sich ebenfalls um einen einheitlichen Streitgegenstand (BGH NJW 1996, 3151). Nichts anderes kann im Verhältnis zu dem konkurrierenden Schadensersatzanspruch aus Art 82 DSGVO gelten. Auch hier führt der Umstand, dass dieser Anspruch – anders als der Amtshaftungsanspruch (s Rn 21 ff, 55) – eine persönliche Verantwortung eines Beamten nicht voraussetzt (s hierzu auch Rn 403), nicht dazu, dass es sich um einen anderen Lebenssachverhalt und mithin Streitgegenstand handelte.

In einem gewissen Gegensatz zu dieser gefestigten späteren Rechtsprechung steht es, wenn der BGH in einer früheren Entscheidung eine Einheitlichkeit des Streitgegenstandes bei einem Anspruch aus öffentlich-rechtlicher Aufopferung einerseits gegenüber Ansprüchen aus Gefährdungshaftung (nach dem Luftverkehrsgesetz) und aus Amtspflichtverletzung andererseits verneint hat (BGH NJW 1993, 2173, insoweit in BGHZ 122, 363 nicht abgedruckt). Macht der Kläger einen Anspruch aufgrund der Härteklausel des § 54 Abs 2 PflSchG geltend, der voraussetzt, dass es sich um einen Vermögensnachteil handelt, der nicht nach § 54 Abs 1 PflSchG abzugelten ist, und hält einen auf diese Vorschrift zugeschnittenen Tatsachenvortrag, so ist das Gericht nicht berechtigt und verpflichtet, von sich aus den Blick auf einen Anspruch nach (oder analog) Abs 1 dieser Vorschrift zu lenken und hierzu Hinweise zu geben; gleichwohl liegt es nahe, dass es sich bei beiden Ansprüchen um Teilaspekte eines einheitlichen Streitgegenstandes handelt (BGH 3. 6. 2004 – III ZR 56/03, RdL 2004, 271 zu § 32 PflSchG aF; Rinne/Schlick NJW 2005, 3330, 3335, sowie Rn 496).

Die Klage aus eigenem Recht als Alleineigentümer hemmt nicht die **Verjährung** der Ansprüche der Miteigentümergemeinschaft, da es sich insoweit um verschiedene Streitgegenstände handelt (BGH NVwZ 2011, 1150 Rn 40; NJW 1996, 117, 119).

Bei den Ansprüchen aus Amtshaftung und aus § 198 Abs 1 S 1 GVG handelt es sich um verschiedene Streitgegenstände (BGH 28. 3. 2012 – III ZR 177/11; Althammer/Schäuble NJW 2012, 1, 6; Schenke NVwZ 2012, 257, 263).

bb) Leitet der Kläger einen Amtshaftungsanspruch daraus her, dass die Rücknah- **412**
me eines ihm erteilten Bauvorbescheides rechtswidrig sei, so muss das Gericht, das die Rücknahme für rechtmäßig hält, weil der erteilte Vorbescheid rechtswidrig gewesen sei, auch prüfen, ob der Amtshaftungsanspruch sich aus dem Erlass des Vorbescheides herleiten lässt (BGH NVwZ 1987, 446). Ähnliches gilt, wenn der Kläger einen Amtshaftungsanspruch darauf stützt, dass sein Bauvorhaben trotz einer erteilten Baugenehmigung stillgelegt worden ist: Das Gericht, das die Stilllegung für rechtmäßig hält, weil die erteilte Baugenehmigung rechtswidrig gewesen sei, muss prüfen. ob der Amtshaftungsanspruch sich aus dem Erlass der Baugenehmigung herleiten lässt (BGH NVwZ 2002, 122). Wird ein Amtshaftungsanspruch wegen rechtswidriger Verzögerung einer Baugenehmigung darauf gestützt, dass eine Veränderungssperre, auf der diese Verzögerung beruht, unwirksam sei, so hat das Amtshaftungsgericht, das die Sperre für wirksam hält, zu prüfen, ob der Anspruch sich (teilweise) daraus herleiten lässt, dass die zeitliche Geltungsdauer der Sperre nicht beachtet worden ist (BGHZ 170, 99, 104).

e) Beweislast

aa) Allgemeines

Gemäß den allgemeinen Regeln trägt auch beim Amtshaftungsanspruch für dessen **413**
Voraussetzungen grundsätzlich derjenige die Beweislast, der diesen Anspruch geltend macht (BGH 15. 5. 2025 – III ZR 417/23, NJW 2025, 2689 Rn 43; BGH 13. 2. 2025 – III ZR 63/24, BGHZ 243, 71 Rn 43; BGH 1. 12. 2022 – III ZR 54/21, BGHZ 235, 206 Rn 25). Das Amtshaftungsrecht dient nicht dem Interessenausgleich zwischen Privaten, sondern der Sicherung eines Mindestmaßes an Integrität privater Rechte gegenüber der öffentlichen Gewalt. Werden dem Bürger im Rahmen eines Amtshaftungsprozesses daher Pflichten oder Obliegenheiten auferlegt, geschieht dies mit Blick auf ein hoheitlich geprägtes Rechtsverhältnis, in dem die Grundrechte unmittelbar und ohne Einschränkung Anwendung finden. Auch wenn die Verpflichtung zu einer fairen Handhabung des Beweisrechts, insbesondere der Beweislastregeln im Zivilprozess, ihrer-

seits bereits aus dem Rechtsstaatsprinzip folgt, können sich vor allem aus den Grundrechten jedoch darüber hinausgehende Anforderungen an das gerichtliche Verfahren ergeben; der gerichtlichen Durchsetzung von Grundrechtspositionen dürfen keine praktisch unüberwindbaren Hindernisse entgegengesetzt werden. Die Verteilung der Darlegungs- und Beweislast darf den durch einfachrechtliche Normen bewirkten Schutz grundrechtlicher Gewährleistungen daher nicht leerlaufen lassen. Das Prozessrecht bietet insoweit geeignete Handhaben für eine abgestufte Darlegungs- und Beweislast (BVerfG EuGRZ 2013, 563 Rn 61).

Gesetzliche **Schuldvermutungen** (§ 833 S 2 BGB, § 18 StVG) gelten auch im Amtshaftungsprozess (BGH VersR 1972, 1048; NJW 1959, 985; RGZ 125, 98). Gleiches gilt für die Beweislastregel des § 832 BGB (BGHZ 196, 35).

Die Grundsätze zur **Beweisvereitelung** (vgl hierzu MünchKommZPO/Prütting § 286 Rn 86 ff) gelten auch im Amtshaftungsprozess. Dabei muss sich die Behörde das Wissen ihrer vertretungsberechtigten Organe zurechnen lassen und derjenigen, an die dieses Organ seine Kenntnis weiterleiten muss (BGH 11. 3. 1993 – III ZR 182/91, juris Rn 9 f).

bb) Beweislast des Verletzten

414 Der Verletzte hat im Rahmen des Haftungstatbestandes des § 839 Abs 1 S 1 BGB zu beweisen:

- dass eine schuldhafte Amtspflichtverletzung vorliegt;
- dass ein Schaden eingetreten ist (BGH VersR 1978, 282; 1974, 782; BGHZ 37, 336, 337; RGZ 137, 153, 155);
- dass eine Kausalbeziehung im Ablauf des Geschehens besteht, das den **konkreten Haftungsgrund** bildet, während über die Frage des Kausalzusammenhangs zwischen dem schadenstiftenden Ereignis und dem eingetretenen Schaden das Gericht unabhängig von der Beweislast gemäß § 287 ZPO nach seiner freien Überzeugung zu entscheiden hat (BGH VersR 1968, 988; BGHZ 4, 192).

415 **(1)** Welche Tatsachen der Geschädigte im Einzelnen für das **Vorliegen einer Amtspflichtverletzung** darlegen und beweisen muss, bestimmt sich nach den für die Beurteilung der Amtspflichtverletzung maßgeblichen Rechtsnormen (BGH NJW 1963, 1829; BGHZ 37, 333, 337). So muss zB bei einer Amtshaftungsklage, die darauf gestützt ist, dass der Kläger trotz fehlender Gemeingefährlichkeit in einer Anstalt untergebracht sei, der Kläger die fehlende Gemeingefährlichkeit beweisen (BayObLG MDR 1968, 149). Der Konkursantrag (jetzt: Insolvenzantrag) einer Gemeindefinanzbehörde ist amtspflichtwidrig, wenn ein Konkursgrund nicht vorliegt. Im Amtshaftungsprozess trägt die Darlegungs- und Beweislast für das Nichtvorliegen des Konkursgrundes der säumige Steuerschuldner (BGHZ 110, 253). Die Darlegungs- und Beweislast dafür, dass ein staatsanwaltschaftliches oder richterliches Handeln unvertretbar und insoweit amtspflichtwidrig war, trägt grundsätzlich derjenige, der einen Amtshaftungsanspruch geltend macht. Allerdings können dem Anspruchsteller Erleichterungen in Form der sekundären Darlegungslast zugutekommen (BGH 13. 2. 2025 – III ZR 63/24, BGHZ 243, 71 Rn 29; BGH 15. 12. 2016 – III ZR 387/14, BGHZ 213, 200 Rn 14; BVerfG EuGRZ

2013, 563 Rn 61). Bei der Frage, in welchem Umfang dabei der Behörde Angaben zumutbar sind, kann ggf die Wertung des § 99 Abs 1 S 3VwGO herangezogen werden (BGH 13. 2. 2025 – III ZR 63/24, BGHZ 243, 71 Rn 33). Danach können Informationen verweigert werden, wenn das Bekanntwerden des Inhalts der Urkunden, Akten, elektronischen Dokumente oder Auskünfte dem Wohl des Bundes oder eines Landes Nachteile bereiten würde oder wenn die Vorgänge nach einem Gesetz oder ihrem Wesen nach geheim gehalten werden müssen. Das gilt jedenfalls dann, wenn die Maßnahme einer „gerichtsähnlichen" Kontrolle unterzogen werden, was der BGH für Maßnahmen des Verfassungsschutzes, die der Kontrolle der G 10-Kommission unterliegen, angenommen hat (BGH 13. 2. 2025 – III ZR 63/24, BGHZ 243, 71 Rn 39 ff).

Für den Beweis einer **schuldhaften** Amtspflichtverletzung genügt im Allgemeinen die Darlegung und ggf der Beweis eines Sachverhalts, der nach dem regelmäßigen Ablauf der Dinge die Folgerung begründet, dass ein Beamter schuldhaft seine Amtspflicht verletzt hat (BGH 20. 10. 2016 – III ZR 278/15, BGHZ 212, 303 Rn 40; BGH 23. 5. 1960 – III ZR 110/59, VersR 1960, 905; BGH 25. 6. 1957 – III ZR 244/55, VersR 1957, 600). Der auch im Amtshaftungsprozess in Betracht kommende Beweis des ersten Anscheins (BGH VersR 1963, 857) ist für Verschulden zB gerechtfertigt, wenn als Folge des Handelns (oder Unterlassens) des Beamten ein ordnungswidriger Zustand festgestellt wird, der erfahrungsgemäß nur auf Vernachlässigung der erforderlichen Sorgfalt zurückzuführen ist (BGH VersR 1976, 762; BGHZ 54, 173); liegt eine objektiv unrichtige Maßnahme einer Fachbehörde auf ihrem Fachgebiet vor, so spricht eine tatsächliche Vermutung dafür, dass die Maßnahme auf Außerachtlassung der erforderlichen Sorgfalt beruht (BGH VersR 1969, 541; OLG Düsseldorf VersR 1976, 1180).

Der dem Verletzten obliegende Beweis einer schuldhaften Amtspflichtverletzung umfasst auch die **Rechtswidrigkeit** des Verhaltens des Beamten. Dem kommt insofern besondere Bedeutung zu, als – wie für Staatsakte im Allgemeinen – für die Maßnahmen einer Verwaltungsbehörde die Vermutung der Rechtmäßigkeit gilt, die der Verletzte widerlegen muss (BGH 13. 2. 2025 – III ZR 63/24, BGHZ 243, 71 Rn 21 mwNw). Dies gilt grundsätzlich auch für einen Eingriff in absolute Rechte iSd § 823 Abs 1 BGB, wenn der Eingriff durch die für ihn maßgebliche Rechtsnormen erlaubt wird. Nur wenn bereits die (besondere) Art des Eingriffs in die Rechtssphäre des Geschädigten die Rechtswidrigkeit indiziert, muss das Vorliegen eines Rechtfertigungsgrundes von demjenigen dargelegt und bewiesen werden, der sich darauf beruft (BGH 13. 2. 2025 – III ZR 63/24, BGHZ 243, 71 Rn 21 m abl Anm Grzeszick; **aA** auch OLG Köln 14. 4. 2022 – 7 U 147/20, juris Rn 48). Nimmt aber der Amtsträger im Einzelfall für sich in Anspruch, dass die Voraussetzungen vorgelegen hätten, unter denen eine grundsätzlich bestehende Regel im Einzelfall durchbrochen werden darf, ist es Sache des Beamten (der Körperschaft), die besonderen Voraussetzungen darzulegen (und ggf zu beweisen), die nach Sachlage den Eingriff als gerechtfertigt erscheinen lassen können. Kreuzt also zB ein Fahrzeug eines Hoheitsträgers im hoheitlichen Einsatz im Sinne des § 35 StVO (Polizei, Feuerwehr etc) die Fahrbahn eines auf bevorrechtigter Straße fahrenden PKW und kommt es dabei zum Zusammenstoß, so muss der Beklagte beweisen, dass die Voraussetzungen vorlagen, unter denen das an sich bestehende Vorfahrtsrecht des Verletzten nach § 35 StVO „missachtet" werden durfte (BGHZ 37, 336). Auch hier gelten aber in vollem Umfang die Grundsätze des sogenannten Anscheinsbeweises. Sie können dazu führen, dass der bei einer strafbaren Handlung in der Dunkelheit Betroffene, der sich der Ergreifung widersetzt oder zu entziehen sucht, den Anscheinsbeweis für die Rechtmäßigkeit der ihm von dem Polizeibeamten in Verfolgung der Ergreifungsmaßnahmen zugefügten Verletzungen zu entkräften hat (vgl OLG Düsseldorf MDR 1954, 358; Kreft Rn 547).

416 Einen „Gleichklang" von materieller Beweislast im Verwaltungsverfahren und Beweislast im Amtshaftungsprozess gibt es nicht (BGH 13. 2. 2025 – III ZR 63/24, BGHZ 243, 71 Rn 23 m abl Anm Grzeszick; vgl zur materiellen Beweislast im Verwaltungsverfahren: Badura, in: Erichsen, Allg VerwRecht [12. Aufl 2002] § 37 Rn 10: sie fällt beim belastenden Verwaltungsakt der Behörde, beim begünstigenden Verwaltungsakt dem Antragsteller zu). Der Umstand, dass im Verwaltungsprozess die Unerweislichkeit einer Tatsache zur Aufhebung eines vom Betroffenen angegriffenen Verwaltungsaktes hätte führen müssen, rechtfertigt daher, jedenfalls solange keine rechtskräftige verwaltungsgerichtliche Entscheidung die Rechtswidrigkeit des betreffenden Verwaltungsakts festgestellt hat, im Amtshaftungsprozess keine Verschiebung der Beweislast zugunsten des durch den belastenden Verwaltungsakt Geschädigten. In der og Entscheidung hat der BGH in diesem Zusammenhang angemerkt, eine rechtskräftige Entscheidung sei nur „möglicherweise" präjudiziell für einen Amtshaftungsanspruch (BGH 13. 2. 2025 – III ZR 63/24, BGHZ 243, 71 Rn 24). Eine ähnliche Problematik stellt sich bei Beweislastentscheidungen in Verfahren, in denen eine Streitverkündung erfolgt ist. Hierzu hat der BGH entschieden, dass eine non-liquet-Entscheidung im Vorprozess nicht dazu führt, dass die nicht bewiesene Tatsache bindend für den Folgeprozess feststünde (BGH 27. 10. 1986 – II ZR 103/86, BGHZ 99, 50, 53). Etwas anderes gilt dort jedoch dann, wenn die Entscheidung im Vorprozess nicht auf der Beweislast beruht, sondern die Schadensursache positiv festgestellt worden ist (BGH 18. 12. 2014 – VII ZR 102/14, NJW 2015, 559 Rn 25). Es liegt nahe, diese Grundsätze auch im Amtshaftungsprozess entsprechend anzuwenden.

417 **(2)** Nach ständiger Rechtsprechung des BGH hat der durch eine Amtspflichtverletzung Geschädigte grundsätzlich auch den Beweis zu führen, dass ihm ein **Schaden** entstanden ist (s hierzu auch Rn 231 ff).

Für den **ursächlichen Zusammenhang** zwischen Amtspflichtverletzung und Schaden trägt ebenfalls im Grundsatz der Geschädigte die Beweislast. Bei der Frage, ob durch eine Amtspflichtverletzung ein Vermögensschaden entstanden ist, handelt es sich im Rahmen des § 839 BGB um eine Beurteilung der **haftungsausfüllenden Kausalität**, bei der dem Geschädigten die Beweiserleichterungen des **§ 287 ZPO** zugutekommen (BGH 15. 5. 2025 – III ZR 417/23, NJW 2025, 2689 Rn 49; BGHZ 135, 354, 365 mwNw), die auch die Anforderungen an die Darlegung verringern (BGHZ 129, 226, 233 mwNw). Darin liegt insofern ein Unterschied zu etwa § 823 Abs 1, als der durch eine Amtspflichtverletzung verursachte Schaden zB in der Verletzung eines Rechtsguts iSd § 823 Abs 1 BGB liegen kann. Im Rahmen der Anwendung des § 287 ZPO ist der Richter von der Einhaltung der strengen allgemeinen Beweisregeln insoweit befreit, als er in einem der jeweiligen Sachlage angemessenen Umfang weniger wahrscheinliche Verlaufsmöglichkeiten ausschließen kann. Es müssen aber für die Überzeugungsbildung gewisse gesicherte Grundlagen gegeben sein. Es genügt jedenfalls, wenn eine „deutlich überwiegende, auf gesicherter Grundlage beruhende Wahrscheinlichkeit" für den ursächlichen Zusammenhang besteht (zum Beweismaß vgl BGH 15. 6. 2023 – III ZR 44/22, BGHZ 237, 165 Rn 15 mwNw).

Stehen Amtspflichtverletzung und der zeitlich nachfolgende Schaden fest und besteht nach der Lebenserfahrung eine tatsächliche Vermutung oder spricht eine tatsächliche Wahrscheinlichkeit für den **ursächlichen Zusammenhang**, so kann der Geschädigte der öffentlichen Körperschaft den Nachweis überlassen, dass der Schaden nicht auf die Amtspflichtverletzung zurückzuführen ist (BGH 15. 5. 2025 – III ZR 417/23, NJW 2025, 2689 Rn 49; BGH NJW 2019, 1809 Rn 18 f mit krit Anm Hager jM 2019, 410; BGHZ 217, 50 Rn 31: Badeaufsicht; BGH 22. 7. 2004 – III ZR 154/03, NVwZ-RR 2005, 5; BGH VersR 1984, 333; NJW 1983, 2241, 2242; VersR 1978, 281). Eine Ursachenvermutung kommt auch in Betracht bei Verfahrensfehlern wie fehlender Sachaufklärung und Verletzung des rechtlichen Gehörs (BayObLG MDR 1968, 149) und ähnlichen Fallgestaltungen (vgl BGH NJW 1983, 2241: hypothetische Feststellung des Zivilgerichts über das Ergebnis einer rechtmäßig durchgeführten Prüfung, wenn die vorausgegangene Prüfungsentscheidung vom Verwaltungsgericht wegen Fehlerhaftigkeit [Voreingenommenheit eines Mitglieds des Prüfungsausschusses gegenüber dem Prüfling] aufgehoben worden war).

Bei der groben Verletzung von Berufs- oder Organisationspflichten, die ähnlich dem Arztberuf dem Schutz von Leben und Gesundheit anderer dienen, kommt eine Beweislastumkehr in Betracht. Dies gilt etwa für die Pflichten zur Überwachung eines Schwimmbadbetriebs (BGH 23. 11. 2017 – III ZR 92/16, BGHZ 215, 44 Rn 22 ff) und die Amtspflichten eines Leistellendisponenten bei einem Rettungsdiensteinsatz (BGH 15. 5. 2025 – III ZR 417/23, NJW 2025, 2689 Rn 47). In diesen Fällen soll der Schädiger nach Treu und Glauben die Ungewissheit, ob der Schaden abwendbar war, nicht dem Geschädigten aufbürden. Daher muss, wer solche Pflichten grob vernachlässigt hat, die Nichtursächlichkeit festgestellter Fehler beweisen, die allgemein als geeignet anzusehen sind, einen Schaden nach Art des eingetretenen herbeizuführen (BGH 15. 5. 2025 – III ZR 417/23, NJW 2025, 2689 Rn 45; BGH NJW 2019, 1809 Rn 19 mit krit Anm Hager jM 2019, 410; 217, 50 Rn 24 f: Badeaufsicht; mit Anm Koch/Rupp NJW 2018, 267; krit Laumen MDR 2018, 256; Katzenmeier JZ 2018, 415; BGHZ 215, 44 Rn 44). Eine zu einer solchen Beweislastumkehr führende grobe Vernachlässig von Pflichten erfordert allerdings zum einen, dass die verletzte Pflicht eine Hauptpflicht ist (BGH 4. 4. 2019 – III ZR 35/18, NJW 2019, 1809 Rn 20 ff), und setzt zum anderen einen Fehler voraus, der aus objektiver Sicht nicht mehr verständlich erscheint, weil er dem Amtsträger schlechterdings nicht unterlaufen darf (BGH 15. 5. 2025 – III ZR 417/23, NJW 2025, 2689 Rn 48; BGHZ 215, 44 Rn 23). Liegt ein solcher Fehler nicht vor, kommen die allgemeinen Grundsätze zur Anwendung, es kann also ggf eine tatsächliche Vermutung für den Ursachenzusammenhang sprechen, im Übrigen bleibt es bei den Beweiserleichterungen, die § 287 ZPO bietet (BGH 15. 5. 2025 – III ZR 417/23, NJW 2025, 2689 Rn 49).

Da hinsichtlich der Entstehung und der Höhe eines Schadens die Beweiserleichterung des § 287 ZPO gilt, wird die Frage der objektiven Beweislast erst wesentlich, wenn es an greifbaren Anhaltspunkten zur Bildung einer richterlichen Überzeugung fehlt (BGH VersR 1961, 155, 183; 1960, 369).

Besteht die Amtspflichtverletzung in einer **Unterlassung**, setzt der Ursachenzusammenhang zwischen ihr und einem Schaden voraus, dass dieser bei pflichtgemäßem Handeln mit an Sicherheit grenzender Wahrscheinlichkeit vermieden worden wäre; die bloße Möglichkeit oder Wahrscheinlichkeit der Verhinderung des Schadens genügt nicht (BGH 8. 8. 2024 – III ZR 287/23, NJW 2024, 3077; BGH 16. 2. 2023 – III ZR 210/21, ZNotP 2023, 189; BGH NJW 2019, 1809 Rn 25; BGH NJW 1974, 255; BGHZ 64, 51; 34, 206, 215).

Dazu muss zunächst der fragliche hypothetische Verlauf vorgetragen werden (BGH 8. 8. 2024 – III ZR 287/23, NJW 2024, 3077 Rn 16).

418 Ist die Beweislage des von einer Amtspflichtverletzung Betroffenen in Bezug auf die Entstehung eines Schadens durch die Amtspflichtverletzung, derentwegen er Schadensersatz begehrt, erheblich verschlechtert worden, nimmt die Rechtsprechung „Beweiserleichterungen bis hin zu einer Umkehr der Beweislast" an (BGH 14. 7. 2016 – III ZR 265/15, BGHZ 211, 171 Rn 32; BGH MDR 1978, 736; NJW 1983, 2241; s aber auch BGH NJW 1963, 1828; zu dieser Terminologie s aber auch LAUMEN NJW 2002, 3739). Dementsprechend kommen Beweiserleichterungen zugunsten des Geschädigten nicht in Betracht, wenn die Schwierigkeiten nicht in den Verantwortungsbereich des Amtsträgers fallen (BGH NJW-RR 1995, 248).

Dem durch eine Fürsorgepflichtverletzung seines Dienstherrn oder die Mitwirkung eines voreingenommenen Prüfers in Beweisnot geratenen Geschädigten können bis zur Umkehr der Beweislast gehende Beweiserleichterungen zugebilligt werden (BGH NJW 1983, 2241, 2242). Ähnliches gilt für den unterlegenen Bewerber um eine ausgeschriebene Stelle: Mit Rücksicht auf den weiten Ermessens- und Beurteilungsspielraum des Dienstherrn wird es sich ohne entsprechende Aufklärung regelmäßig der Kenntnis des erfolglosen Kandidaten entziehen, nach welchen Kriterien die konkrete Auswahlentscheidung getroffen wurde. Dies gilt im besonderen Maße für „außenstehende" Bewerber, denen die Interna, betreffend das Bewerberfeld und die Verwaltungspraxis der Einstellungsbehörde, nicht zugänglich geworden sein dürften. Dies muss im Amtshaftungsprozess zu einer sachgerechten Modifizierung und Einschränkung der den unterlegenen Bewerber treffenden Darlegungs- und Beweislast führen (BGHZ 129, 226, 234). Erforderlich ist ein adäquat kausaler Zusammenhang zwischen der Rechtsverletzung und dem Schaden, dh der Nichtbeförderung. Ob ein solcher Zusammenhang gegeben ist, hängt von allen Umständen des konkreten Falles ab. Das Gericht hat demgemäß den hypothetischen Kausalverlauf zu ermitteln, den das Auswahlverfahren ohne den Amtspflichtenverstoß voraussichtlich genommen hätte. Es muss ermitteln, welche Handlungsalternativen der Dienstherr erwogen und warum er sich für den konkret eingeschlagenen fehlerhaften Weg entschieden hat. Es muss beurteilen, welchem Bewerber der Dienstherr den Vorzug gegeben hätte, wenn er eine rechtmäßige Alternative verfolgt hätte. Allerdings ist die Darlegung und Ermittlung eines derartigen hypothetischen Kausalverlaufs umso schwieriger, je fehlerhafter das Auswahlverfahren im konkreten Fall gewesen ist. Denn auch wenn es häufig möglich sein wird, einzelne Rechtsfehler eines Auswahlverfahrens hinwegzudenken, um den hypothetischen Kausalverlauf bei rechtmäßigem Verhalten des Dienstherrn nachzuzeichnen, werden hinreichende Anhaltspunkte für eine derartige Betrachtung häufig fehlen, wenn das Auswahlverfahren durch eine Vielzahl miteinander verschränkter Rechtsfehler gekennzeichnet ist. Schwierig, wenn nicht vielfach unmöglich, kann die Ermittlung des hypothetischen Kausalverlaufs auch dann sein, wenn der Dienstherr zu seiner Aufklärung nichts beiträgt, obwohl ihm dies möglich wäre, etwa durch umfassende Aktenvorlage. Denn unter diesen Umständen ist das Fehlen einer tragfähigen Entscheidungsgrundlage auf die Verwaltungspraxis oder das Verhalten des Dienstherrn im Prozess zurückzuführen und kann dem Beamten nicht angelastet werden. Dies gilt in gleichem Maße, wenn Unterlagen zwar vorgelegt werden, ihnen aber nicht zu entnehmen ist, dass der Dienstherr eine rechtmäßige Handlungsalternative verfolgt hat. In einem solchen Fall kann das Gericht Beweiserleichterungen bis hin zur Beweislastumkehr zugunsten des Klägers erwägen oder der Situation bei seiner Prognose eines möglichen Erfolgs des Klägers bei rechtmäßigem Verhalten des Dienstherrn Rechnung tragen. Ein Anspruch auf Schadensersatz wird hierbei schon dann regelmäßig in Betracht kommen, wenn der unterlegene Kandidat bei einer Entscheidung nach leistungsbezogenen Auswahlkriterien zumindest reelle Beförderungschancen gehabt hätte, wenn also seine Beförderung ohne den schuldhaften Amtspflichtenverstoß nach Lage der Dinge ernsthaft möglich gewesen wäre. Dies schließt die Möglichkeit ein, dass in Einzelfällen nicht nur ein, sondern mehrere unterlegene Kandidaten einen Anspruch auf Schadensersatz wegen rechtswidrig unterbliebener Beförderung geltend machen können, wenn sie die ernsthafte Möglichkeit einer für sie positiven Auswahlentscheidung darlegen können (BVerwG IÖD 2012, 272).

Zur Beweislast bei der Entscheidung eines gemischt besetzten Kollegialorgans, bei dem mehrere haftpflichtige Körperschaften in Betracht kommen, s bereits Rn 121. Generell gilt, dass bei Amtspflichtverletzungen mehrerer Amtsträger die Verursachungsvermutung des § 830 Abs 1 S 2 BGB eingreift (BGH 15. 5. 2025 – III ZR 417/23, NJW 2025, 2689 Rn 50; s auch BGH 31. 10. 2019 – III ZR 64/18, BGHZ 223, 316 Rn 29).

(3) Bei fahrlässiger Amtspflichtverletzung muss der Verletzte im Hinblick auf § 839 Abs 1 S 2 BGB außerdem die **Unmöglichkeit, anderweitig Ersatz zu erlangen**, nachweisen, ggf auch, dass er eine vorhanden gewesene Ersatzmöglichkeit nicht schuldhaft versäumt hat (s wegen der Einzelheiten den Abschnitt „Anderweitige Ersatzmöglichkeit" Rn 302 f). 419

(4) Im Falle des § 839 Abs 2 S 1 BGB muss der Geschädigte die objektiven und subjektiven Voraussetzungen der von dem **Spruchrichter** begangenen **Straftat** beweisen. Soweit eine Haftung wegen verzögerter Entscheidung in Betracht kommt, hat der Geschädigte die Darlegungs- und Beweislast dafür, dass ein richterliches Verhalten unvertretbar und insoweit amtspflichtwidrig war (BGHZ 187, 286 Rn 15).

cc) Beweislast des Ersatzpflichtigen

Der **Ersatzpflichtige** hat zu beweisen: 420

- dass die an sich anzunehmende Widerrechtlichkeit des schädigenden Verhaltens aus besonderen Gründen ausgeschlossen ist;

- das Vorliegen eines den Vorsatz (oder auch das Verschulden insgesamt) ausschließenden Rechtsirrtums (BGHZ 69, 128, 143);

- dass der Verletzte es schuldhaft unterlassen hat, den Schaden durch Gebrauch eines Rechtsmittels abzuwenden (§ 839 Abs 3 BGB), insbesondere auch dass die Nichteinlegung des Rechtsmittels kausal für den eingetretenen Schaden war (BGH 9. 10. 2023 – III ZR 342/02, BGHZ 156, 294, 299)

- ein Mitverschulden des Geschädigten (§ 254 BGB).

f) Umfang der Nachprüfung von Verwaltungsakten im Amtshaftungsprozess

aa) Von der Frage der Zulässigkeit des Rechtswegs zum ordentlichen Gericht ist die Frage zu unterscheiden, in welchem Umfang das Gericht, wenn der Rechtsweg 421 zu ihm nach dem vorstehend Ausgeführten (Rn 401 ff) zu bejahen ist, dazu berufen ist, Maßnahmen der Verwaltungsbehörden, insbesondere Verwaltungsakte, auf ihre Rechtmäßigkeit und ihre Rechtswirksamkeit zu prüfen.

(1) Auch mit Mängeln behaftete (rechtsfehlerhafte) Verwaltungsakte sind wegen der Vermutung, die für die Gültigkeit staatlicher Hoheitsakte spricht, grundsätzlich nicht nichtig, sondern lediglich anfechtbar und mithin bis zu ihrer etwaigen Zurücknahme oder Aufhebung durch die zuständige Stelle rechtswirksam. Ihre Zurücknahme oder Aufhebung ist Sache der Verwaltungsbehörden und -gerichte, soweit dem ordentlichen Gericht nicht durch besondere Gesetze (zB Art 19 Abs 4 S 2 GG, §§ 217 ff BauGB) die Entscheidung über den Verwaltungsakt selbst zugewiesen ist. Für die Amtshaftung kommt es indessen nicht auf die Rechtswirksamkeit, sondern auf die Rechtmäßigkeit der Amtshandlung an. Die Feststellung, dass ein Verwaltungsakt eine Amtspflichtverletzung darstellt, setzt daher nicht voraus, dass der Verwaltungsakt nichtig ist oder wegen seiner Anfechtbarkeit zurückgenommen oder aufgehoben wurde; auch ist das Amtshaftungsgericht an die Gründe, aus denen die Verwaltungsbehörde den Verwaltungsakt später zurückgenommen hat, nicht gebunden (BGH NJW 1980, 2580). Wird der Amtshaftungsanspruch darauf gestützt, dass die Amtspflichtverletzung im Erlass eines rechtswidrigen Verwaltungsakts bestehe, so haben die Zivilgerichte die Rechtmäßigkeit dieses Verwaltungsakts ohne Rücksicht auf seine Bestandskraft zu überprüfen (BGH NJW-RR 2015, 269 Rn 24). Dies gilt auch für Verwaltungsakte, die öffentliche Abgaben festsetzen (BGHZ 113, 17 m zahlr wNw; vgl dazu auch die im Ergebnis zustimmenden Besprechungen von Schröder DVBl 1991, 751 und Nierhaus JZ 1992, 209; BGHZ 127, 223, 225). Allerdings ist im Amtshaftungsprozess zu berücksichtigen, wenn der Mangel der angewandten Rechtsgrundlage nachträglich durch Erlass einer wirksamen Satzung behoben worden ist (BGHZ 127, 223). Noch nicht abschließend geklärt ist, ob es Fallgruppen geben kann, bei denen auch im Amtshaftungsprozess eine Nachprüfung des bestandskräftig gewordenen Verwaltungsakts mit Rücksicht auf dessen verfahrensmäßige Ausgestaltung und umfassende rechtsgestaltende Wirkung ausgeschlossen oder eingeschränkt ist (wie es der BGH in BGHZ 98, 85, 88 für den Flurbereinigungsplan in Erwägung gezogen und in BGHZ 197, 277 Rn 8 ff angenommen hat; vgl auch Bross VerwArchiv 1987, 91, 106, 110 für Planfeststellungsbeschlüsse). Eine derartige Einschränkung kann allenfalls für solche Verwaltungsakte gelten, die in einem mit den Garantien des gerichtlichen Rechtsschutzes vergleichbaren Verwaltungsverfahren ergehen, welches etwaige Fehlerquellen auf ein solches Maß zurückführt, dass sie von dem betroffenen Bürger im Interesse der Rechtssicherheit hingenommen werden müssten (BGHZ 113, 17, 23 unter Hinweis auf BGHZ 9, 129, 133). Die Entscheidung der Verwaltungsbehörde über das Vorliegen eines Dienstunfalls bindet auch die Gerichte, die über Schadensersatzansprüche aus Anlass des Unfalls zu entscheiden haben (BGHZ 121, 131).

422 **(2)** Die Vermutung der Rechtswirksamkeit eines Verwaltungsakts entfällt, wenn er bestimmte schwere Mängel aufweist. Die Voraussetzungen der **Nichtigkeit** eines Verwaltungsakts sind durch § 44 VwVfG gesetzlich geregelt. Einem nichtigen Verwaltungsakt kann jedermann die Anerkennung versagen; er kann und muss daher auch vom Zivilgericht als unverbindlich behandelt werden (BGHZ 2, 209). Nach § 44 Abs 5 VwVfG kann auch „die Behörde" die Nichtigkeit jederzeit von Amts wegen feststellen. Auf Antrag muss sie festgestellt werden, wenn der Antragsteller hieran ein berechtigtes Interesse hat. Auch wenn ein Verwaltungsakt nicht nichtig ist, kann das

Gericht ihn dann unbeachtet lassen, wenn dieser das überhaupt nicht erreichen konnte, was er erzielen wollte, zB wenn der Akt eine nicht mehr laufende Frist verlängerte und nach deren Ablauf ein nach einer anderen gesetzlichen Bestimmung zu beurteilendes Rechtsverhältnis entstanden war, das der Verwaltungsakt nicht betraf (BGHZ 14, 240, 245).

(3) Die Nachprüfbarkeit bestandskräftiger Verwaltungsakte steht unter dem Vor- 423
behalt des Vorrangs des Primärrechtsschutzes: Hat es der Betroffene schuldhaft versäumt, den Verwaltungsakt mit dem dafür vorgesehenen Rechtsbehelf anzufechten, so führt dies nach § 839 Abs 3 BGB zum Verlust des Amtshaftungsanspruchs, ohne dass dann noch in eine Prüfung der Rechtmäßigkeit eingetreten werden könnte (BGHZ 113, 17).

(4) Auch im Amtshaftungsprozess kann – nicht anders als im Verwaltungsrechtsstreit – die Verwaltungsbehörde im Allgemeinen zur Begründung eines Verwaltungsakts Rechtsgründe und Tatsachen, die bereits bei seinem Erlass vorlagen, „nachschieben". Ein solches Nachschieben ist aber nicht zulässig, wenn hierdurch der Verwaltungsakt in seinem Wesensgehalt und seinem Ausspruch geändert und der Geschädigte in seiner Rechtsverteidigung beeinträchtigt wird (BGH VersR 1963, 1157, betreffend Amtshaftungsprozess).

bb) Hat bereits ein **Verwaltungsgericht** durch Sachurteil rechtskräftig über Recht- 424
mäßigkeit und Rechtswirksamkeit eines Verwaltungsakts entschieden, so bindet die **Rechtskraft** eines solchen Urteil nach **§ 121 VwGO** die Beteiligten und ihre Rechtsnachfolger so weit, als über den Streitgegenstand entschieden worden ist. Aber auch der Amtshaftungsrichter ist wegen der grundsätzlichen Gleichwertigkeit der Gerichtszweige an eine solche Entscheidung gebunden, soweit der Streitgegenstand der gleiche ist (BGH 22. 2. 2024 – III ZR 13/23, VersR 2024, 638 Rn 22; BGH 23. 7. 2020 – III ZR 66/19, VersR 2020, 1315 Rn 15; NVwZ 2019, 1969 Rn 24; BGH 7. 2. 2008 – III ZR 76/07, BGHZ 175, 221 Rn 10; BGHZ 119, 365, 368; zur Bindungswirkung, wenn die OHG durch Ausscheiden eines Gesellschafters endet und das Geschäft vom verbliebenen Gesellschafter fortgeführt wird BGH NVwZ-RR 2008, 674 Rn 17). Lehnt das OVG einen Antrag auf Zulassung der Berufung, der auf ernstliche Zweifel an der Richtigkeit des die Klage als unbegründet abweisenden Urteils des Verwaltungsgerichts gestützt ist (§ 124 Abs 2 Nr 1 VwGO), mit der Begründung ab, die Klage sei – nach strikter rechtlicher Prüfung – bereits unzulässig, erwächst das vorinstanzliche Urteil nur nach Maßgabe der Gründe des Nichtzulassungsbeschlusses in Rechtskraft, also mit der Begründung, dass die Klage unzulässig war (BGH 22. 2. 2024 – III ZR 13/23, VersR 2024, 638 Rn 24). Die Bindungswirkung erfasst in persönlicher Hinsicht die Beteiligten des verwaltungsgerichtlichen Verfahrens (§ 63 VwGO) einschließlich der Beigeladenen – bei Behörden deren Rechtsträger – und ihre Rechtsnachfolger (BGH 14. 8. 2025 – III ZR 125/24, BauR 2025, 1681 Rn 19; BGH III ZR 67/18, Rn 17; BGH 12. 6. 2008 – III ZR 38/07, VersR 2010, 529 Rn 15; BGH 7. 2. 2008 – III ZR 76/07, BGHZ 175, 221 Rn 10 mwNw).

Im Amtshaftungsprozess wegen rechtswidriger Versagung des Einvernehmens nach § 36 BauGB besteht eine derartige Bindungswirkung auch zu Lasten der im Verwaltungsprozess beigeladenen Gemeinde (BGH NVwZ-RR 2003, 403). Allerdings entfalten verwaltungsgerichtliche Eilentscheidungen, die im Aussetzungsverfahren nach § 80 Abs 5 VwGO getroffen werden und vom Verwaltungsgericht nach § 80 Abs 7

VwGO jederzeit geändert oder aufgehoben werden können, im Amtshaftungsprozess keine Bindungswirkung. Dies gilt auch dann, wenn das amtspflichtwidrige Verhalten nicht im Erlass des Verwaltungsaktes selbst, sondern nur in der Anordnung der sofortigen Vollziehbarkeit durch die Behörde nach § 80 Abs 2 S 1 Nr 4 VwGO gesehen werden kann (BGH NVwZ 2001, 452 = LM § 839 J Nr 15 m krit Anm Ossenbühl; vgl auch BGH NVwZ-RR 2005, 148).

Steht ein Bauvorbescheidsantrag betreffend eine Windkraftanlage im Außenbereich in Widerspruch zu einem nachträglich beschlossenen Flächennutzungsplan, so hat die Bauaufsichtsbehörde, wenn sie einen **formellen Mangel** des Plans (hier: fehlerhafte Bekanntmachung) feststellt, der Gemeinde vor der Entscheidung Gelegenheit zu geben, diesen zu beheben. Lässt sich die Feststellung treffen, dass bei pflichtgemäßem Handeln der Bauaufsichtsbehörde der Mangel rückwirkend geheilt worden wäre, so kann dies einem auf die rechtswidrige Versagung des Bauvorbescheids gestützten Amtshaftungsanspruch unter dem Gesichtspunkt des **rechtmäßigen Alternativverhaltens** entgegengehalten werden. Dies gilt auch dann, wenn der Anspruch auf Erteilung des Bauvorbescheids durch rechtskräftiges verwaltungsgerichtliches Verpflichtungsurteil tituliert ist, dieses Urteil aber wegen der zwischenzeitlichen Rechtsänderung erfolgreich mit der Vollstreckungsabwehrklage angegriffen werden kann (BGH NVwZ 2008, 815, 816). Gegenüber der Vollstreckung aus einem rechtskräftigen Verpflichtungsurteil auf Erteilung eines Bauvorbescheides für eine Windenergieanlage kann die Behörde die **Vollstreckungsabwehrklage** darauf stützen, dass nach Rechtskraft des Urteils durch eine Änderung des Flächennutzungsplans die Voraussetzungen des § 35 Abs 3 S 3 BauGB geschaffen wurden (BVerwGE 117, 44, 45 f). Zwar kann sich ein bestandskräftiger Bauvorbescheid, der die Feststellung enthält, dass das Vorhaben bauplanungsrechtlich zulässig ist, gegenüber nachfolgenden Rechtsänderungen durch das Inkrafttreten einer Veränderungssperre oder eines Bebauungsplans durchsetzen. Dem kann jedoch nicht ohne Weiteres der Fall gleichgestellt werden, dass eine Behörde durch rechtskräftiges Urteil zum Erlass eines Bauvorbescheids verpflichtet worden ist, den Bescheid aber noch nicht erteilt hat. Der gerichtlich festgestellte Anspruch auf Erteilung verleiht – auch hinsichtlich des Vertrauensschutzes – nicht die gleiche Rechtsposition wie ein bereits erlassener Bauvorbescheid. Wie aus § 14 Abs 3 BauGB zu ersehen ist, schützt erst ein erteilter Bescheid den Bauherrn vor Rechtsänderungen. Bis dahin steht der Anspruch auf Erteilung, auch wenn er rechtskräftig tituliert ist, unter dem Vorbehalt, dass sich die Sach- und Rechtslage nicht in rechtlich relevanter Weise ändert (BVerwGE 117, 44 mwNw; BGH NVwZ 2008, 815, 816).

425 **(1)** In materieller Hinsicht ist die Bindungswirkung gemäß § 121 VwGO auf den Streitgegenstand beschränkt. Wird durch ein rechtskräftiges Urteil eines Verwaltungsgerichts auf eine Anfechtungsklage hin ein Verwaltungsakt aufgehoben, so ist damit zugleich dessen Rechtswidrigkeit festgestellt; in gleicher Weise tritt die Bindung ein, wenn die Wirksamkeit und Rechtmäßigkeit eines Verwaltungsaktes durch das rechtskräftige Urteil eines Verwaltungsgerichts bejaht und deshalb die Anfechtungsklage aus sachlichen Gründen abgewiesen wird. Ebenso wird durch eine Fortsetzungsfeststellungsklage rechtskräftig über die Rechtmäßigkeit bzw Rechtswidrigkeit eines Verwaltungsakts entschieden (BGH 22. 2. 2024 – III ZR 13/23, VersR 2024, 638 Rn 22 mwNw). Die Zivilgerichte sind an diese Feststellung im Rahmen ihrer Rechtskraftwirkung gebunden, wenn sie unter denselben Parteien über einen Anspruch auf

Entschädigung wegen dieses Verwaltungsakts zu entscheiden haben (BGHZ 9, 329; 10, 220; 20, 382, 72, 275; BGH VersR 1963, 1080; 1968, 523; 1975, 450; 1984, 41; 2008, 254 Rn 7; JR 1969, 181; NJW 1979, 209; 1923, 2241; WM 1985, 1349, 1350; BGHZ 103, 242, 245; NJW 1994, 1950; BGHZ 134, 268, 273; s auch BGHZ 161, 305, 309, betr die Versagung einer Abbaubewilligung nach § 8 BBergG). Bei zusprechenden verwaltungsgerichtlichen Urteilen auf **Verpflichtungsklagen** gilt hinsichtlich der Bindungswirkung der Zivilgerichte dasselbe. Wenn keine Veränderung der entscheidungserheblichen Sach- und Rechtslage zu berücksichtigen ist, ist die Beurteilung des Verwaltungsgerichts bindend, dass die jeweils ablehnenden Bescheide rechtswidrig gewesen sind (BGHZ 119, 365, 368; 175, 221 Rn 11; BGH NJW 1980, 387; 1994, 3158 f; NVwZ-RR 2003, 403; 2008, 674 Rn 15). Zur Bindung des Amtshaftungsgerichts an die Entscheidung über die Wirksamkeit oder Unwirksamkeit eines Bebauungsplans im Normenkontrollverfahren nach § 47 VwGO s BGH BauR 2002, 290. Jedoch wird von der Bindung des Zivilgerichts an das einen Verwaltungsakt aufhebende Urteil des Verwaltungsgerichts nicht die von diesem gegebene Begründung, warum der Verwaltungsakt rechtswidrig sei, umfasst (BGHZ 134, 268, 273 f; BGH NJW 1983, 2241). Deswegen ist das Zivilgericht auch bei der Frage, ob durch den vom Verwaltungsgericht bindend als rechtswidrig festgestellten Verwaltungsakt ein Schaden entstanden ist, nicht an die Gründe gebunden, aus denen das Verwaltungsgericht die Rechtswidrigkeit des Verwaltungsakts hergeleitet hat (BGHZ 20, 379).

Ergibt sich aus einer rechtskräftigen verwaltungsgerichtlichen Entscheidung, dass die **426** Baugenehmigungsbehörde verpflichtet war, bis zum Inkrafttreten einer Veränderungssperre im Bereich eines Bebauungsplans die beantragte Baugenehmigung zu erteilen, so ist im Amtshaftungsprozess der Einwand abgeschnitten, die Baugenehmigungsbehörde sei nach § 15 BauGB berechtigt gewesen, die Entscheidung über den Baugenehmigungsantrag bis zu zwölf Monaten auszusetzen (BGH NVwZ-RR 1996, 65; Schlick/Rinne NVwZ 1997, 1171, 1180). Zur Bindungswirkung einer Entscheidung des Landwirtschaftsgerichts, durch die eine – vom Landwirtschaftsamt rechtswidrig versagte – Genehmigung nach dem Grundstückverkehrsgesetz erteilt wird, s BGHZ 136, 182.

Dieselbe materielle Rechtskraft und damit Bindungswirkung wie einem inhaltsgleichen verwaltungsgerichtlichen Urteil kommt dem Feststellungsausspruch eines OLG-Strafsenats im Verfahren nach §§ 23 ff EGGVG zu. Dass hierbei im Beschlussverfahren und ohne mündliche Verhandlung entschieden wird, ändert daran ebenso wenig wie der Umstand, dass grundsätzlich nur eine Instanz in Anspruch genommen werden kann (BGH 17. 3. 1994 – III ZR 15/93, NJW 1994, 1950; Schlick/Rinne NVwZ 1997, 1171, 1180). Die rechtskräftige Entscheidung der Strafvollstreckungskammer im Verfahren nach § 109 StVollzG, die die Rechtswidrigkeit der Unterbringung eines Gefangenen feststellt, entfaltet auch im Amtshaftungsprozess Bindungswirkung (BGH 4. 11. 2004 – III ZR 361/03, BGHZ 161, 33, 34). Das Gleiche gilt für einen Schadensersatzanspruch nach Art 5 Abs 5 EMRK und insoweit für die Beschwerdeentscheidung des Landgerichts im Verfahren betreffend die Anordnung der Abschiebungshaft (BGH 18. 5. 2006 – III ZR 183/05, NVwZ 2006, 960). In einem gegen die gerichtliche Abhöranordnung nach § 23 BadWürttPolG geführten Beschwerdeverfahren entfaltet zwar nicht die amtsgerichtliche Anordnung selbst, wohl aber die Beschwerdeentscheidung Bindungswirkung für den Amtshaftungsprozess (BGH NJW 2003, 3693, 3696).

427 **(2)** Die Frage, ob der betreffende Amtswalter **schuldhaft** gehandelt hat, wird durch die vorangegangene Entscheidung eines Verwaltungs-, Sozial-, Finanz- oder sonstigen Fachgerichts **nicht** präjudiziert (BGH 23. 7. 2020 – III ZR 66/19, VersR 2020, 1315 Rn 14 ff; BGH NVwZ 1998, 878; BGHZ 136, 182; BGH VersR 1963, 1080).

428 **(3)** Bejaht eine rechtskräftige verwaltungsgerichtliche Entscheidung nach sachlicher Prüfung die Wirksamkeit und Rechtmäßigkeit eines Verwaltungsaktes, wird zB aus sachlichen Gründen eine Anfechtungsklage abgewiesen, so bindet auch eine solche Entscheidung im Rahmen ihrer Rechtskraftwirkung den Zivilrichter (vgl BGHZ 9, 329; 10, 220; 15, 17, 19; 20, 379; BGH JZ 1962, 252; VersR 1964, 289; 1983 86; BGH MDR 1980, 38; 1981, 473; BVerwG MDR 1963, 706; BGHZ 113, 17, 20). Die auf das Vorliegen einer amtspflichtwidrig herbeigeführten Wehrdienstbeschädigung gestützte Amtshaftungsklage kann daher keinen Erfolg haben, wenn das Sozialgericht rechtskräftig entschieden hat, dass die geltend gemachten gesundheitlichen Beeinträchtigungen nicht Folgen einer Wehrdienstbeschädigung gewesen sind (Rinne/Schlick NVwZ Beilage Nr II/2000, 29 mwNw). Dagegen kann eine (objektive) Amtspflichtverletzung eines Trägers der gesetzlichen Rentenversicherung wegen unzureichender Beratung des Versicherten nicht schon deshalb abgelehnt werden, weil die Sozialgerichte rechtskräftig den bei ihnen geltend gemachten sozialrechtlichen Herstellungsanspruch verneint haben. In jenem Verfahren war die Frage, ob sich die Mitarbeiter des Rentenversicherungsträgers pflichtgemäß oder pflichtwidrig verhalten hatten, lediglich eine Vorfrage, auf die sich die Rechtskraftwirkung des sozialgerichtlichen Urteils nicht erstreckte (BGH NVwZ 1997, 1243; Rinne/Schlick NVwZ Beilage Nr II/2000, 29). Auch bei einer die Rechtmäßigkeit eines Verwaltungsakts bejahenden verwaltungsgerichtlichen Entscheidung ist der Amtshaftungsrichter an deren Gründe nicht gebunden (BGH NJW 1983, 2241; MDR 1981, 473; 1980, 1913; BGHZ 66, 118, 122; 20, 379, 383). Nimmt eine Verwaltungsbehörde einen Verwaltungsakt zurück, weil er dem bestehenden Recht widerspreche, und wird die dagegen erhobene Anfechtungsklage rechtskräftig vom Verwaltungsgericht abgewiesen, so steht für den Zivilrichter nicht rechtskräftig fest, dass die Zurücknahme rechtmäßig und der zurückgenommene Verwaltungsakt rechtswidrig war, weil die Rechtswidrigkeit des Verwaltungsakts nur eine zwar logisch mit der Rechtmäßigkeit der Rücknahme verbundene aber nicht von der Rechtskraft erfasste Vorfrage ist (BGH NJW 1994, 2087; anders aber BGH JR 1969, 181).

429 **(4)** Ist im verwaltungsgerichtlichen Verfahren über eine Verpflichtungsklage entschieden worden, dass dem Antragsteller ein Anspruch auf Erlass eines ihn günstigen Bescheids zusteht, und werden diesem Anspruch entgegenstehende Bescheide der Ausgangs- und der Widerspruchsbehörde aufgehoben, ist nach Schadloshaltung des Antragstellers durch den Rechtsträger der Ausgangsbehörde der Rechtsträger der Widerspruchsbehörde im Verfahren über seine mögliche Ausgleichspflicht nach § 426 Abs 1 BGB an das verwaltungsgerichtliche Urteil auch im Verhältnis zum Rechtsträger der Ausgangsbehörde gebunden (BGHZ 175, 221, 225 f).

g) Rechtskraft

430 Die Rechtskraft der Abweisung einer Schadensersatzklage hindert den Kläger, in einem nachfolgenden Rechtsstreit gegen denselben Beklagten über eine andere Forderung, die das Bestehen des abgewiesenen Schadensersatzanspruchs voraussetzt, geltend zu machen, der Vorprozess sei unrichtig entschieden. Ist die Entscheidung des Vorprozesses durch eine dem Beklagten zuzurechnende Amtspflichtverletzung

(dort: erteilte falsche Auskunft) beeinflusst worden, so hängt es von dem Gewicht der Amtspflichtverletzung ab, ob die Berufung auf die Rechtskraft gegen Treu und Glauben verstößt (BGH NJW 1993, 3204).

Zur Rechtskraft bei Abweisung einer Klage wegen Bestehens einer anderweitigen Ersatzmöglichkeit s Rn 310 ff.

h) Weitere Einzelfragen

aa) Besteht Streit, ob eine **behördliche Willenserklärung** einen unmittelbar in die Rechtssphäre eingreifenden Verwaltungsakt darstellt oder nicht (zB ob die Festsetzung einer Baulinie oder nur die Stellungnahme der Behörde zu einem Antrag der Anlieger auf Baulinienänderung vorliegt), so ist die **Auslegung** Sache des ordentlichen Gerichts (BGH VersR 1967, 356). Bei der Auslegung sind die §§ 133, 157 BGB entsprechend anzuwenden. Maßgebend ist danach nur der erklärte Wille, also das, was als Wille für den Empfänger erkennbar ist, wie er die Erklärung auffassen durfte. Rechtliche Erwägungen darüber, ob die Erklärung je nach der gewählten Auslegung Mängel aufweist, die sie nichtig oder wenigstens fehlerhaft machten, treten bei der Auslegung in den Hintergrund. Einzelne Mängel, die den Bescheid, wie er sich nach der Auslegung darstellt, fehlerhaft erscheinen lassen, verwehren diese Auslegung erst dann, wenn sie diese Maßnahme begrifflich ausschließen (BGH VersR 1967, 356). 431

bb) Zur Problematik, den richtigen gesetzlichen Vertreter der haftenden Körperschaft zu ermitteln, und zur Zustellung an diesen s Rn 383. 432

cc) Ein **Grundurteil** darf ergehen, wenn ein Anspruch nach Grund und Höhe streitig ist, alle Fragen, die zum Grund des Anspruchs gehören, erledigt sind und nach dem Sach- und Streitstand zumindest wahrscheinlich ist, dass der Anspruch in irgendeiner Höhe besteht. Bei einer einheitlichen, aus mehreren Einzelposten zusammengesetzten Schadensersatzforderung darf dabei dem Betragsverfahren die Prüfung vorbehalten werden, ob und inwieweit einzelne Schadenspositionen auf die schadenstiftende Handlung zurückzuführen sind. Ein allenfalls zu einer Anspruchsminderung führendes Mitverschulden kann ebenso dem Betragsverfahren überlassen bleiben wie das Bestehen einer anderweitigen Ersatzmöglichkeit, wenn feststeht, dass diese den Schaden nicht voll ausgleicht. Gleiches gilt, wenn der Geschädigte eine Enteignungsentschädigung erhalten hat, die den entstandenen Schaden nicht abdeckt (BGH VersR 2006, 76, 78 f; RINNE/SCHLICK NJW 2005, 3541, 3549). Ein Zwischenurteil über den Grund **beschwert** den Kläger in Höhe eines abgewiesenen Bruchteils oder insoweit, als es hinsichtlich des nachfolgenden Betragsverfahrens eine für ihn negative Bindungswirkung auslöst. Ob Letzteres vorliegt, ist durch Auslegung der Urteilsformel unter Heranziehung der Entscheidungsgründe zu ermitteln. Ausführungen, die ausschließlich die Höhe des Anspruchs betreffen, sind im Grundurteil unzulässig und binden für das Betragsverfahren nicht (BGH NJW-RR 2016, 1162). Wird eine Amtshaftungsklage wegen desselben Schadens mit der Klage gegen einen Dritten verbunden und ist die Frage, ob diesen eine Ersatzpflicht trifft, noch nicht entscheidungsreif, darf die Amtshaftungsklage nicht mit dem Hinweis auf die noch nicht geklärte Ersatzpflicht des (einfachen) Streitgenossen durch **Teilurteil** abgewiesen werden, weil die Entscheidung hierüber für den durch Teilurteil entschiedenen Amtshaftungsanspruch präjudiziell ist (BGH VersR 2018, 210). 433

434 **dd)** Die **Beschwer** durch die Abweisung der Klage eines Beamten auf Feststellung der Schadensersatzverpflichtung seines Dienstherrn wegen einer unterlassenen Beförderung bemisst sich nach dem Rechtsgedanken des § 9 ZPO. Danach ist der $3^1/_2$-fache Wert der einjährigen Bruttogehaltsdifferenz zwischen der derzeitigen Besoldungsgruppe und der mit der Beförderung erstrebten maßgebend. Hiervon ist der für Feststellungsklagen übliche Abschlag von in der Regel 20 vH vorzunehmen. Dies gilt auch, wenn damit zu rechnen ist, dass der Schuldner sich einem Feststellungsausspruch beugt (BGH 27. 6. 2012 – III ZR 49/12; NVwZ-RR 2008, 741, 742).

Zur Bemessung der Beschwer des Beklagten, wenn die Klage als derzeit unbegründet wegen des Bestehens einer anderweitigen Ersatzmöglichkeit abgewiesen wurde, s Rn 311.

435 **ee)** Allein der Umstand, dass sich ein Richter zur Erprobung bei einem Oberlandesgericht befindet, rechtfertigt noch nicht die Besorgnis seiner **Befangenheit** in einem gegen seinen Dienstherrn gerichteten Amtshaftungsprozess (BGH NJW-RR 2010, 493, 494; Schlick DVBl 2010, 1484, 1487 f). Die Tätigkeit eines noch nicht auf Lebenszeit ernannten Richters in Prozessen gegen seinen Dienstherrn, rechtfertigt ebenfalls nicht von vornherein eine Befangenheitsablehnung des Richters auf Probe. Die Parteien können darauf vertrauen, dass ein Richter in der Lage und bereit ist, dem Recht zu dienen und nicht seinem Vorgesetzten gefällig zu sein. Im Übrigen ist die Vermutung, ein Proberichter müsse wegen bestimmter Entscheidungen dienstliche Nachteile befürchten, durch nichts gerechtfertigt, denn auch der Richter auf Probe genießt volle sachliche Unabhängigkeit und er könnte etwaige Beeinträchtigungen jedenfalls durch das Dienstgericht überprüfen lassen (KG MDR 1995, 1164; MünchKomm-ZPO/Stackmann § 42 Rn 18; Musielak/Heinrich, ZPO [22. Aufl 2025] § 42 Rn 16; Schneider DRiZ 1978, 42, 45; **aA** Zöller/G Vollkommer, ZPO [36. Aufl 2026] § 42 Rn 12a; offengelassen von BGH NJW-RR 2010, 493).

436 **ff)** Bei einer auf Amtshaftung und öffentlich-rechtlicher Aufopferung bzw enteignendem Eingriff gestützten Klage, kann die Zulassung der **Revision** auf den Entschädigungsanspruch beschränkt werden (BGH NJW 2018, 1396 Rn 7).

437 **gg)** Die **Anerkennung** des Urteils eines griechischen Gerichts, durch das die Bundesrepublik Deutschland wegen Kriegsverbrechen der Deutschen Wehrmacht in Griechenland im Zweiten Weltkrieg zur Zahlung von Schadensersatz an verletzte griechische Staatsangehörige verurteilt wurde, ist ausgeschlossen (BGHZ 155, 279; s Rn 796).

438 **hh)** Wird eine Gebietskörperschaft im bürgerlichen Rechtsstreit (hier Staatshaftungsprozess wegen behaupteten Verstoßes gegen Unionsrecht) durch zwei jeweils unabhängigen Verfassungsorganen zuzuordnenden Stellen vertreten (hier: Präsident des Bundesverfassungsgerichts und Generalbundesanwalt), kann sie im Obsiegensfall gleichwohl nur die **Kosten** eines Rechtsanwalts erstattet verlangen (BGHZ 188, 121, 122).

II. Staatshaftung außerhalb der Amtshaftung

1. Enteignungsgleicher und enteignender Eingriff

a) Historischer Überblick

aa) Das Haftungsinstitut des enteignungsgleichen Eingriffs ist in der Rechtsprechung des Bundesgerichtshofs entwickelt worden, um die Haftungslücke zu schließen, die zwischen der Amtshaftung als einer umfassenden Haftung für durch schuldhafte Amtspflichtverletzungen verursachte Schäden einerseits und der Haftung für rechtmäßige hoheitliche Zugriffe auf individuell geschützte Rechtsgüter andererseits bestand: nämlich durch Entschädigungsansprüche wegen Enteignung als des gesetzmäßigen, insbesondere den Erfordernissen des Art 14 Abs 3 GG, namentlich der Junktimklausel des S 2, genügenden Eingriffs in vermögenswerte Rechtspositionen und wegen Aufopferung als des Eingriffs in nichtvermögenswerte Schutzgüter wie Freiheit, Leben und Gesundheit. Der allgemeine Aufopferungsgedanke findet seinen gesetzlichen Niederschlag in §§ 74, 75 der Einleitung zum Allgemeinen Preußischen Landrecht (EinlALR) und ist in der ganzen Bundesrepublik, also auch außerhalb des eigentlichen früheren Geltungsbereichs jenes Gesetzbuchs, Gewohnheitsrecht (BGHZ 90, 17, 29; BGH NJW 1957, 1595; BGHZ 6, 270, 275). 439

Diese Bestimmungen haben folgenden Wortlaut:

> **§ 74 EinlALR**
> Einzelne Rechte und Vorteile der Mitglieder des Staates müssen den Rechten und Pflichten zur Beförderung des gemeinschaftlichen Wohls, wenn zwischen beiden ein wirklicher Widerspruch (Kollision) eintritt, nachstehen.

> **§ 75 EinlALR**
> Dagegen ist der Staat denjenigen, welcher seine besonderen Rechte und Vorteile dem Wohle des gemeinen Wesens aufzuopfern genötigt wird, zu entschädigen gehalten.

Diese Dichotomie zwischen verschuldensabhängiger Unrechtshaftung und Entschädigungspflicht für rechtmäßige Beeinträchtigungen stellte – isoliert betrachtet – indessen kein brauchbares Entschädigungsinstrumentarium zur Verfügung, wenn die Schädigung durch einen zwar rechtswidrigen, aber schuldlosen Eingriff bewirkt worden war. Einen ersten wichtigen Schritt, um diese Haftungslücke zumindest teilweise zu schließen, tat der Große Senat für Zivilsachen in seinem Beschluss vom 10. 6. 1952 (BGHZ 6, 270). Der BGH hat dort ausgeführt: 440

> „Es ist aber geboten, unrechtmäßige Eingriffe der Staatsgewalt in die Rechtssphäre eines einzelnen dann wie eine Enteignung zu behandeln, wenn sie sich für den Fall ihrer gesetzlichen Zulässigkeit sowohl nach ihrem Inhalt wie nach ihrer Wirkung als eine Enteignung darstellen würden und wenn sie in ihrer tatsächlichen Wirkung dem Betroffenen ein besonderes Opfer auferlegt haben. Die Beschränkung des Tatbestandes der Enteignung in Art. 153 WeimVerf und in Art. 14 GG auf rechtmäßige Eingriffe des Staates bedeutet ihrem Sinn nach eine Beschränkung für die Zulässigkeitsvoraussetzungen eines solchen Eingriffs, nicht aber eine Beschränkung für die Zubilligung eines Entschädigungsanspruchs. Der entscheidende Grundgedanke für die Zubilligung eines Entschädigungsanspruchs ist bei einem unrechtmäßigen Staatseingriff, der in seiner Wirkung für den Betroffenen einer Enteignung gleichsteht, min-

destens in dem gleichen Maße gegeben wie bei einer rechtmäßigen, also gesetzlich zulässigen Enteignung."

In Ergänzung hierzu entschied der III. Zivilsenat (übrigens in einer der Sachen, in denen er die vorbezeichnete Entscheidung des Großen Senats eingeholt hatte), der durch einen rechtswidrigen enteignungsgleichen Eingriff von hoher Hand Geschädigte habe nicht nur dann einen Anspruch auf Entschädigung, wenn der Eingriff schuldlos, sondern auch dann, wenn er schuldhaft gewesen sei (BGHZ 7, 296). In dem weiteren Beschluss des Großen Senats für Zivilsachen vom 12. 4. 1954 (BGHZ 13, 88, 92) wird ausgeführt, der tragende Grundgedanke, der zu einer entschädigungsrechtlichen Gleichbehandlung von rechtmäßigen und rechtswidrigen Eingriffen von hoher Hand in die Rechtssphäre des Einzelnen zwinge, werde darin erblickt, dass beide Eingriffe den Betroffenen in ganz der gleichen Weise mit einem Sonderopfer belasteten. An dieser Opferlage des Betroffenen ändert sich nichts dadurch, dass zu der Rechtswidrigkeit des Eingriffs ein Verschulden des handelnden Beamten hinzutritt. Wenn bereits der schuldlos enteignungsgleiche Eingriff dem Geschädigten einen Anspruch auf Entschädigung nach Enteignungsgrundsätzen gewährt, muss dies erst recht dann gelten, wenn der Eingriff nicht nur rechtswidrig, sondern auch schuldhaft war.

441 **bb)** Diese Gedankenfolge: Wenn schon Entschädigung für rechtmäßige Eingriffe, dann erst recht für rechtswidrige; wenn schon für rechtswidrig-schuldlose, dann erst recht für rechtswidrig-schuldhafte, ist im wissenschaftlichen Schrifttum ironisch als „Erst-Recht-Logik" apostrophiert worden (Forsthoff, Verwaltungsrecht [10. Aufl 1973] 357). Die Entwicklung hat – wie auch der BGH anerkennt – in der Tat dazu geführt, dass der Entschädigungsanspruch aus enteignungsgleichem Eingriff sich von dem dem Recht der unerlaubten Handlung angehörenden Schadensersatzanspruch wegen Amtspflichtverletzung (§ 839 BGB iVm Art 34 GG) – abgesehen vom Umfang der Leistungspflicht – im Wesentlichen nur in der Frage des Verschuldens unterscheidet. Dementsprechend können beide Ansprüche nebeneinander geltend gemacht werden. Darüber hinaus hat der III. Zivilsenat sogar die Verurteilung aus wahlweisem Haftungsgrund insoweit zugelassen, als sich die Ansprüche decken (BGHZ 14, 363, 364). Tatsächlich kommt es immer wieder zu Grenzfällen, in denen eine schuldhafte Amtspflichtverletzung schwer feststellbar, ein enteignungsgleicher Eingriff dagegen weniger zweifelhaft ist (vgl zB BGH NJW 1964, 198; aufschlussreich für das Zusammenspiel von Haftungstatbeständen verschiedenster Art im Bereich der öffentlichen Hand auch BGHZ 54, 332). Schließlich werden auf den Entschädigungsanspruch wegen enteignungsgleichen Eingriffs in nicht unerheblichem Umfang Grundgedanken des Schadensersatzrechts angewendet, etwa der der Berücksichtigung eigenen Verschuldens des Betroffenen bei der Abwehr oder der Minderung der Folgen des Eingriffs (s dazu im Folgenden Rn 489). Das alles zeigt, dass – bei durchaus anzuerkennender Verschiedenheit in Voraussetzung und Umfang – zwischen den Entschädigungsansprüchen wegen enteignungsgleichen Eingriffs und Schadensersatzansprüchen aus unerlaubter Handlung eine enge innere Verwandtschaft besteht. Sie ergibt sich vor allem aus dem mit beiden Ansprüchen verfolgten Zweck, dem Betroffenen einen gerechten Ausgleich für den erlittenen Nachteil zu gewähren, der einmal als das ihm abgenötigte Sonderopfer, das andere Mal als der ihm entstandene Schaden bezeichnet wird, sich aus der Sicht des Betroffenen aber jeweils gleich darstellt. Für die entschädigungspflichtige Körperschaft ist es ebenso. Auch für sie bedeutet der im Einzelfall zu zahlende Betrag ohne Rücksicht auf den Rechtsgrund stets eine sich wie ein Schaden auswirkende Einbuße (BGHZ 57, 335, 336 f).

cc) Das Haftungsinstitut des enteignungsgleichen Eingriffs bildete in der Folgezeit **442**
den Grundstein für den „weiten Enteignungsbegriff", der es dem Bundesgerichtshof ermöglichte, in den Fällen, in denen die hoheitliche Gewalt in eine eigentumsmäßig geschützte Rechtsposition rechtswidrig eingegriffen hatte, dem Geschädigten eine Entschädigung ohne Rücksicht darauf zuzuerkennen, auf welchem Grund die Rechtswidrigkeit des Eingriffs beruhte. Der Bundesgerichtshof ging (bis zum Nassauskiesungsbeschluss des Bundesverfassungsgerichts vom 15. 7. 1981 = BVerfGE 58, 300 = NJW 1982, 745) von einem weiten Enteignungsbegriff aus. Danach lag ein entschädigungspflichtiger Enteignungstatbestand vor, wenn durch einen hoheitlichen Eingriff, der nicht als Ausprägung der Inhalts- und Schrankenbestimmung (Art 14 Abs 1 S 2 GG) oder als sonstige Konkretisierung der Sozialpflichtigkeit (Art 14 Abs 2 GG) des Eigentums zu rechtfertigen war, auf eine als Eigentum geschützte Rechtsposition nachteilig eingewirkt wurde (vgl BGHZ 80, 111, 114; 57, 359, 363; 54, 293, 295). Innerhalb dieses weit gefassten Enteignungsbegriffs unterschied der BGH zwischen der (rechtmäßigen) Enteignung im Sinne des Art 14 Abs 3 GG, dem (rechtswidrigen) enteignungsgleichen Eingriff und dem enteignenden Eingriff, der die unzumutbaren – meist atypischen und unvorhergesehenen – Nebenfolgen eines an sich rechtmäßigen Eingriffs erfasste.

Inzwischen ist jedoch geklärt, dass ein enger, stark formalisierender Begriff der Enteignung im Sinne des Art 14 Abs 3 GG gilt (vgl insbesondere BVerfGE 58, 300, 331 und 52, 1, 27). Inhalts- und schrankenbestimmende Vorschriften (Art 14 Abs 1 S 2 GG), die die durch die Verfassung gezogenen Grenzen überschreiten, schlagen nicht in eine Enteignung um. Eine verfassungswidrige Inhaltsbestimmung kann nicht in eine Enteignung umgedeutet werden; der Verfassungsverstoß lässt sich nicht durch Zubilligung einer gesetzlich nicht vorgesehenen Entschädigung „heilen". Das Bundesverfassungsgericht sieht die Enteignung als eine zweckgerichtete (finale) Maßnahme an. Sie ist zum einen auf die vollständige oder teilweise **Entziehung** konkreter subjektiver Rechtspositionen, die durch Art 14 Abs 1 S 1 GG geschützt werden, **gerichtet** (BVerfG 6. 12. 2016 – 1 BvR 2821/11 ua, BVerfGE 143, 246 Rn 245; BVerfG 17. 12. 2013 – 1 BvR 3139/08 ua, BVerfGE 134, 242 Rn 162; BVerfGE 58, 300, 331; 56, 259, 260; 52, 1, 27). Dieser Enteignungsbegriff, von dem seither auch die Rechtsprechung der ordentlichen Gerichte auszugehen hat, gestattet dem Gesetzgeber in aller Regel eine vorausschauende Beurteilung, ob sich Eingriffe aufgrund des Gesetzes als entschädigungspflichtige Enteignungen im Sinne des Art 14 Abs 3 GG darstellen. Da sich die Junktimklausel nur auf Enteignungen in diesem (engen) Sinne bezieht, findet sie auf enteignungsgleiche und enteignende Eingriffe, für deren Verwirklichung ein hoheitlicher Realakt genügt, keine Anwendung. Diese beiden Haftungsinstitute hat der Bundesgerichtshof wegen der Rechtsprechung des Bundesverfassungsgerichts von der Enteignung im Sinne des Art 14 Abs 3 GG „abgekoppelt". Sie finden ihre Rechtsgrundlage im allgemeinen Aufopferungsgrundsatz der §§ 74, 75 EinlALR (BGHZ 99, 24, 27–29; 91, 20, 26; 90, 17, 29 f). Darüber hinaus setzt eine Enteignung iSd Art 14 Abs 3 GG zwingend voraus, dass der hoheitliche Zugriff auf das Eigentumsrecht zugleich eine **Güterbeschaffung** zugunsten der öffentlichen Hand oder des sonst Enteignungsbegünstigten ist (BVerfG 6. 12. 2016 – 1 BvR 2821/11 ua, BVerfGE 143, 246 Rn 246 ff; zum Meinungsstand Papier/Shirvani in Dürig/Herzog/Scholz, GG [August 2025] Art 14 Rn 645). Daran fehlt es, wenn das Eigentum im weitesten Sinne bemakelt ist oder in sonstiger Weise als Gemeinwohllast wahrgenommen wird (BVerfG 6. 12. 2016 – 1 BvR 2821/11 ua, BVerfGE 143, 246 Rn 253). Die Einziehung gem § 74 Abs 1 StGB etwa kann auch deshalb keine Enteignung sein (vgl BVerfG 14. 1. 2004 – 2 BvR 564/95, BVerfGE 110, 1, 24 f zu § 73d StGB aF).

443 **dd)** Der Nassauskiesungsbeschluss des Bundesverfassungsgerichts hatte eine lebhafte wissenschaftliche Kontroverse darüber ausgelöst, ob die richterrechtlich entwickelten Haftungsinstitute des enteignenden und des enteignungsgleichen Eingriffs überhaupt noch fortbestehen konnten (vgl BGH 29. 3. 1984 – III ZR 11/83, BGHZ 91, 20, 27 f; umfassende Nachweise bei Ossenbühl/Cornils 267: für den Fortbestand Fn 24; dagegen Fn 25). Diese Diskussion ist jedoch durch die Rechtswirklichkeit überholt worden. Auch das Bundesverfassungsgericht anerkennt den enteignungsgleichen Eingriff als Rechtsinstitut des einfachen Rechts, das von der Zivilrechtsprechung ergänzend zu den positivrechtlich normierten deliktischen Haftungstatbeständen entwickelt worden ist (BVerfG NJW 1992, 36, 37; vgl auch BVerfG [II. Senat 2. Kammer] 18. 11. 2020 – 2 BvR 477/17, NJW 2021, 2108 Rn 21 f). In seinem Beschluss vom 26. 5. 1998 (NJW 1998, 3264), durch den die Verfassungsbeschwerde gegen das Waldschäden-Urteil (BGHZ 102, 350) nicht angenommen worden ist, hat das Bundesverfassungsgericht die Existenz auch des enteignenden Eingriffs als Rechtsinstitut nicht in Frage gestellt (Rinne NVwZ Beilage II/2000, 6). Der einfache Bundesgesetzgeber hat den enteignungsgleichen Eingriff in seiner dem Nassauskiesungsbeschluss zeitlich nachfolgenden Gesetzgebung behandelt (§ 232 BauGB sowie § 48 Abs 6 VwVfG in der bis 20. 5. 1996 gegoltenen Fassung). Dass die Ausgestaltung des enteignungsgleichen Eingriffs – Gleiches gilt für den enteignenden – nach Tatbestandsvoraussetzungen und Rechtsfolgen im Einzelnen auf der Ebene des einfachen Rechts liegt, war in der Rechtsprechung des Bundesgerichtshofs schon vor dem Nassauskiesungsbeschluss anerkannt (BGHZ 76, 375, 384) und ist in der Zeit danach bestätigt worden (BGHZ 90, 17, 30; s dazu insgesamt Ossenbühl/Cornils 270).

444 **ee)** Dem entspricht es, dass auch Versuche, die Begriffe „enteignungsgleicher Eingriff" und „enteignender Eingriff" durch solche zu ersetzen, die die „Abkoppelung" beider Haftungsinstitute von Art 14 Abs 3 GG deutlicher machen sollen (Vorschläge: „Eigentumsaufopferung" für beide Haftungsinstitute [Lege NJW 1990, 864, 872], „Eigentumsunrechtshaftung" für den enteignungsgleichen, „Unfallhaftung" für den enteignenden Eingriff [Lege NJW 1993, 2565, 2569 f]), sich nirgends haben durchsetzen können.

b) Begriffsbestimmung

445 Der BGH führt die „Abkoppelung" des enteignungsgleichen und des enteignenden Eingriffs von Art 14 Abs 3 GG und die Fundierung beider Haftungsinstitute in dem allgemeinen Aufopferungsgedanken der §§ 74, 75 EinlALR konsequent fort (BGH 13. 2. 2025 – III ZR 63/24, BGHZ 243, 71 Rn 57 mwNw; BGHZ 111, 349, 352; 102, 350, 357; 100, 136, 145; 99, 24, 29; 90, 17, 29). Dabei beachtet er die durch den Nassauskiesungsbeschluss gezogenen Schranken, insbesondere den Grundsatz, dass eine verfassungswidrige Inhaltsbestimmung nicht in eine Enteignung umgedeutet werden kann und der Verfassungsverstoß sich nicht durch Zubilligung einer gesetzlich nicht vorgesehenen Entschädigung „heilen" lässt. Außerdem besteht – ähnlich dem Amtshaftungstatbestand (§ 839 Abs 3 BGB) – auch beim enteignungsgleichen Eingriff der Vorrang des Primärrechtsschutzes (s dazu im Folgenden Rn 489). Auf dieser Grundlage definiert der

BGH – wie schon früher – die Anspruchsvoraussetzungen beider Haftungsinstitute wie folgt:

Ein Entschädigungsanspruch aus **enteignungsgleichem** Eingriff setzt voraus, dass rechtswidrig in eine durch Art 14 GG geschützte Rechtsposition von hoher Hand unmittelbar eingegriffen wird, die hoheitliche Maßnahme also unmittelbar eine Beeinträchtigung des Eigentums herbeiführt, und dem Berechtigten dadurch ein besonderes, anderen nicht zugemutetes Opfer für die Allgemeinheit auferlegt wird (BGHZ 111, 348, 355; 117, 240, 252; 125, 258, 264). Dieses Haftungsinstitut gewährt einen Entschädigungsanspruch nur bei (rechtswidrigen) unmittelbar oder mittelbar **staatlichen** hoheitlichen Eingriffen. Es ist daher unanwendbar, wenn es um Maßnahmen **kirchlicher** Amtsträger geht, die in Wahrnehmung ihrer kirchlichen Ämter und Aufgaben rechtswidrig in eigentumsmäßig geschützte Rechtspositionen Dritter eingreifen (BGHZ 154, 54, 58). 446

Ein Entschädigungsanspruch aus **enteignendem** Eingriff kommt in Betracht, wenn rechtmäßige hoheitliche Maßnahmen bei einem Betroffenen zu Nachteilen führen, die er aus rechtlichen oder tatsächlichen Gründen hinnehmen muss, die aber die Schwelle des enteignungsrechtlich Zumutbaren übersteigen (BGHZ 197, 43; 117, 240, 252). Nicht anders als ein Entschädigungsanspruch wegen enteignungsgleichen erfordert auch ein solcher wegen enteignenden Eingriffs weiter, dass dem Eigentümer durch den Eingriff ein Sonderopfer auferlegt worden ist, das die Schwelle des enteignungsrechtlich Zumutbaren überschreitet (BGHZ 197, 43).

Hinsichtlich der Anspruchsvoraussetzungen „geschützte Rechtsposition", „Sonderopfer", sowie hinsichtlich des Umfangs der Entschädigungsansprüche sind also beide Haftungsinstitute kongruent; sie unterscheiden sich auch nicht hinsichtlich des Eingriffstatbestandes als solchen, sondern nur darin, ob der Eingriff rechtswidrig oder rechtmäßig war. Dies hat die praktische Konsequenz, dass mitunter im Einzelfall dahingestellt bleiben kann, ob die streitigen Maßnahmen der öffentlichen Gewalt als (rechtswidriger) enteignungsgleicher oder als (rechtmäßiger) enteignender Eingriff zu werten sind (vgl zB BGHZ 117, 240, 253).

Sowohl die Haftungsinstitute des enteignenden als auch des enteignungsgleichen Eingriffs setzen voraus, dass die Ansprüche auf Entschädigung wegen Eingriffs in eine geschützte Rechtsposition nicht **anderweitig abschließend geregelt** sind (BGH 17. 3. 2022 – III ZR 79/21, BGHZ 233, 107 Rn 57 zum enteignenden Eingriff; BGHZ 189, 231, 245). 447

c) Die geschützte Rechtsposition

aa) Allgemeine Grundsätze

Sowohl der enteignungsgleiche als auch der enteignende Eingriff setzen eine Einwirkung auf eine konkrete subjektive, von der Eigentumsgarantie des Art 14 Abs 1 GG umfasste Rechtsposition voraus (BGHZ 94, 373, 374 f m zahlr wNw; s auch Shirvani, Parl Beilage 2020, Nr 41, 12–18). Als solche kommen nicht nur das Eigentum an Grundstücken oder beweglichen Sachen in Betracht, sondern auch sonstige dingliche oder obligatorische Rechte. Nicht erforderlich ist, dass auf die Rechtsstellung selbst in ihrem rechtlichen Bestand eingewirkt wird; vielmehr genügen auch rein tatsächliche Einwirkungen, die die Rechte in den Grenzen der geschützten Rechtsposition faktisch beeinträchtigen (BGHZ 94, 373, 374; 84, 261, 266). Allerdings sind nur solche Nachteile 448 und Beeinträchtigungen bedeutsam, die den Eigentümer in seiner **Rechts**position treffen. Denn nur sie ist „Eigentum“ im Sinne der Verfassungsgarantie des Art 14 GG. Ein enteignungsgleicher oder enteignender Eingriff, der einen Entschädigungsanspruch begründet, ist nicht schon dann gegeben, wenn eine Maßnahme der öffentlichen Hand irgendwelche dem Eigentümer nachteilige Auswirkungen hat, sondern erst dann, wenn der Eigentümer in seiner aus seinem Eigentum sich ergebenden Rechtsposition betroffen und beeinträchtigt worden ist (BGHZ 94, 373, 374 f; 80, 360, 362; 72, 211, 218). Art 14 GG schützt grundsätzlich nur konkrete subjektive Rechtspositionen, die einem Rechtsträger bereits zustehen, nicht dagegen Chancen und Aussichten, auf deren Verwirklichung ein rechtlich gesicherter Anspruch nicht besteht (BGH MDR 1986, 736; Schwager/Krohn WM 1991, 33). Subjektiv-öffentliche Rechte genießen daher (nur) dann Eigentumsschutz, wenn sie dem Einzelnen eine Rechtsposition verschaffen, die so stark ist, dass ihre ersatzlose Entziehung dem rechtstaatlichen Gehalt des Grundgesetzes widersprechen würde, sie also insbesondere ein Äquivalent eigener Leistung darstellen und nicht überwiegend auf staatlicher Gewährung beruhen (BGH 31. 1. 2019 – III ZR 186/17, BGHZ 221, 75 Rn 20 mwNw). Dementsprechend fallen öffentlich-rechtliche Subventionen grundsätzlich nicht unter den Schutz des Art 14 Abs 1 GG (BGH 31. 1. 2019 – III ZR 186/17, BGHZ 221, 75 Rn 21 mwNw auch zu dem [entschädigungspflichtigen] Ausnahmefall des Verlusts eines Beihilfeanspruchs bei unveränderter Rechtslage durch einen Einzelzugriff). Auch in der Auferlegung einer Geldleistung, die lediglich das Vermögen als solches belastet, liegt danach noch kein Eingriff in Rechte, die durch die Eigentumsgarantie geschützt sind (BGHZ 83, 190, 195 – Bardepot). Der Schutzbereich des Art 14 GG wird vielmehr erst berührt, wenn die erzwungene Geldleistung von solcher Art ist, dass auch die hinter dem Vermögen stehenden Eigentumsrechte nicht nur wirtschaftlich-faktisch betroffen, sondern in rechtlich relevanter Weise angegriffen und ausgehöhlt werden. Erst bei einer solchen Eingriffsintensität kann der Zugriff auf das Vermögen in seiner Gesamtheit – das als solches nicht Schutzobjekt der Eigentumsgarantie ist – einem unmittelbaren Eingriff in eine Rechtsposition gleichgesetzt werden (BGHZ 83, 195).

bb) Einzelfälle, in denen eine eigentumsmäßig geschützte Rechtsposition verneint worden ist

449 Nach diesen Grundsätzen hat der BGH in folgenden Fällen Entschädigungsansprüche wegen enteignungsgleichen oder enteignenden Eingriffs bereits deswegen versagt, weil keine eigentumsmäßig geschützte Rechtsposition tangiert gewesen war:

Der Inhaber eines Fährbetriebs hat keinen Anspruch und auch kein schutzwürdiges Vertrauen darauf, dass das Straßennetz in der Nähe der Fähre auf diese „ausgerichtet“ bleibt und diese vorteilhafte Situation nicht durch den Bau einer etwa 3 km entfernten, dem überörtlichen Verkehr dienenden Flussbrücke beeinträchtigt wird (BGHZ 94, 373, 377).

Eine nur gegen Entschädigung entziehbare Rechtsposition liegt nicht vor, wenn eine in einem fremden Grundstück verlegte Fernwasserleitung aufgrund eines lediglich obligatorischen Nutzungsrechts betrieben wird, das als Leihe oder der Leihe ähnlich anzusehen ist und von dem Vertragspartner durch Kündigung oder in anderer Weise beendet werden kann (BGHZ 125, 293).

Die Nutzbarkeit eines in der vorbelasteten Lärmschutzzone I eines Militärflughafens gelegenen Grundstücks zu Wohnzwecken ist nicht Bestandteil einer eigentumsrechtlich geschützten Rechtsposition (BGH 16. 3. 1995 – III ZR 166/93, BGHZ 129, 124; s auch BGH 25. 1. 1991 – III ZR 7/91, VersR 1992, 322).

Die Beeinträchtigung der für Zwecke des Gartenbaubetriebs berechtigterweise ausgeübten Grundwassernutzung durch den winterlichen Streudienst auf einer benachbarten Bundesstraße greift nicht in eine vom Eigentumsschutz umfasste wasserrechtliche Position des Betriebsinhabers ein (BGHZ 124, 394, 400).

Durch die Erlaubnis der Eigentümer zur Anlage einer überregionalen Skilangaufloipe erlangt der berechtigte Sportverein kein eigenständiges, gegenüber Dritten rechtlich geschütztes Nutzungsrecht, das gegen Beschädigungen bei Manöverübungen schützt (BGH 8. 12. 1988 – III ZR 193/87, NJW-RR 1989, 673, 674).

Der Anspruch auf Erteilung einer Abbaubewilligung nach § 8 BBergG ist selbst dann nicht eigentumsmäßig geschützt, wenn dem Antragsteller zuvor eine Erlaubnis zum Aufsuchen desselben Bodenschatzes erteilt war. Bei rechtswidriger Versagung der Bewilligung besteht daher kein Entschädigungsanspruch aus enteignungsgleichem Eingriff oder nach § 1 Abs 1 des Gesetzes zur Regelung von Entschädigungsansprüchen im Lande Sachsen-Anhalt (BGHZ 161, 305).

cc) Beispiele für geschützte Rechtspositionen

Wird die Giebelwand eines denkmalgeschützten Gebäudes durch Straßenbauarbeiten 450
der öffentlichen Hand beschädigt, so ist Objekt des enteignenden Eingriffs das Eigentum an der Giebelwand in deren konkreter Ausgestaltung, dh einschließlich des die Denkmalschutzwürdigkeit begründenden Fassadenschmucks. Das bedeutet, dass auch der Fassadenschmuck in den unmittelbaren Schutzbereich der Eigentumsgarantie des Art 14 GG fällt. Der Substanzverlust, den der Eigentümer erlitten hat, wird daher nicht etwa schon dadurch ausgeglichen, dass das Gebäude nunmehr mit einer Fassade in einfacher Bauart versehen wird, sondern erfordert – zumindest im Grundsatz – auch eine Wiederherstellung der den optischen Reiz des Gebäudes ausmachenden Stuck- und Putzgliederungen (BGHZ 140, 200, 204). Muss wegen des Neubaus einer Bundesfernstraße die aufgrund privatrechtlichen Gestattungsvertrags in einem Grundstück verlegte Erdöl- und Salzwasserleitung verändert werden, so kann dies einen nach enteignungsrechtlichen Grundsätzen zu beurteilenden Entschädigungsanspruch auslösen (BGHZ 123, 166; 125, 293). Die Frage, ob von einem militärischen Flugplatz ausgehende Fluglärmimmissionen auf ein noch unbebautes, aber baureifes Grundstück in einem Wohngebiet einen Anspruch auf Entschädigung aus enteignendem Eingriff begründen können, wurde im Grundsatz bejaht (BGHZ 129, 124 Leitsatz b). In den Schutzbereich des Art 14 GG fällt auch eine Aufsuchungserlaubnis gemäß § 7 BBergG, im Gegensatz zum Anspruch auf Erteilung einer Abbaubewilligung nach § 8 BBergG, der nicht eigentumsrechtlich geschützt ist (Rn 449). Die Vermietbarkeit eines Hauses gehört zu den eigentumsrechtlich geschützten Rechtspositionen (BGH 20. 9. 2012 – III ZR 264/11, NVwZ-RR 2013, 7 Rn 19; NVwZ 2008, 348).

Von besonderer praktischer Bedeutung ist, dass zu den durch Art 14 Abs 1 GG geschützten Rechtspositionen auch die aus dem Grundeigentum fließende Befugnis zu bauen gehört (Grundsatz der Baufreiheit; s hierzu BGH 14. 8. 2025 – III ZR 125/24, BauR

2025, 1681 Rn 24 f). Die hiermit zusammenhängenden Einzelfragen werden im folgenden Abschnitt, beim Eingriffstatbestand, zusammenfassend mit behandelt (Rn 463, 469).

dd) Der eingerichtete und ausgeübte Gewerbebetrieb als geschützte Rechtsposition

451 Auch der eingerichtete und ausgeübte Gewerbebetrieb ist eine Rechtsposition, die durch Art 14 Abs 1 S 1 GG geschützt ist (BGH 3. 8. 2023 – III ZR 54/22, BGHZ 238, 105 Rn 35; BGH 31. 1. 2019 – III ZR 186/17, BGHZ 221, 75 Rn 13; weiterhin offengelassen in BVerfG 6. 12. 2016 – 1 BvR 2821/11 ua, BVerfGE 143, 246 Rn 240 mwNw). Ein enteignender Eingriff in einen Gewerbebetrieb als Eigentum im Sinne des Art 14 liegt allerdings nur vor, wenn in die **Substanz** dieses Betriebes eingegriffen wird. Erfasst wird jeder durch Zusammenfügung sachlicher und persönlicher Mittel geschaffene, auf Erwerb gerichtete Betrieb (Unternehmen), gleichgültig, ob er zugleich ein Gewerbebetrieb im Sinne der Gewerbeordnung oder des Handelsgesetzbuchs ist (BGH 3. 8. 2023 – III ZR 54/22, BGHZ 238, 105 Rn 35; BGHZ 193, 227 Rn 19). Indessen ist die „Substanz" eines Gewerbebetriebes nur berührt, wenn in die den Betrieb darstellende Sach- und Rechtsgesamtheit als solche, in den Betrieb als wirtschaftlichen Organismus eingegriffen und damit das ungestörte Funktionieren dieses Organismus unterbunden oder beeinträchtigt, wenn mit anderen Worten der „Eigentümer" gehindert wird, von dem Gewerbebetrieb als der von ihm aufgebauten und aufrechterhaltenen Organisation sachlicher und persönlicher Mittel den bestimmungsgemäßen Gebrauch zu machen (BGH 3. 8. 2023 – III ZR 54/22, BGHZ 238, 105 Rn 36; BGH 31. 1. 2019 – III ZR 186/17, BGHZ 221, 74 Rn 13; BGHZ 193, 227 Rn 19; BGHZ 111, 349, 356 – „Kakaoverordnung"; BGH NJW 1967, 1857 – „Saatgut"). Dagegen schützt die Eigentumsgarantie den Betriebsinhaber nicht davor, dass sich die allgemeinen Gegebenheiten für seine unternehmerische Tätigkeit zu seinem Nachteil ändern. Derartige „Umfeldbedingungen" können zwar für die Gewinnchancen und Risiken des Unternehmers von erheblicher Bedeutung sein, sie werden aber von der Rechtsordnung nicht dem geschützten Bestand des einzelnen Unternehmens zugerechnet (vgl BGH 3. 8. 2023 – III ZR 54/22, BGHZ 238, 105 Rn 37).

Dem Eigentum kommt im Gefüge der Grundrechte die Aufgabe zu, dem Träger des Grundrechts einen Freiheitsraum im vermögensrechtlichen Bereich sicherzustellen und ihm damit eine eigenverantwortliche Gestaltung des Lebens zu ermöglichen. Die Gewährleistung des Eigentums ergänzt insoweit die Handlungs- und Gestaltungsfreiheit, indem sie dem Einzelnen vor allem den durch eigene Arbeit und Leistung erworbenen Bestand an vermögenswerten Gütern anerkennt. Mit dieser „objektbezogenen" Gewährleistungsfunktion schützt Art 14 Abs 1 GG jedoch nur Rechtspositionen, die einem Rechtssubjekt bereits zustehen, insbesondere schützt er keine Chancen und Verdienstmöglichkeiten; Art 14 Abs 1 GG schützt – anders ausgedrückt – das Erworbene, das Ergebnis der Betätigung, Art 12 Abs 1 GG dagegen den Erwerb, die Betätigung selbst. Greift somit ein Akt der öffentlichen Gewalt eher in die Freiheit der individuellen Erwerbs- und Leistungstätigkeit ein, so ist der Schutzbereich des Art 12 Abs 1 GG berührt; begrenzt er mehr die Innehabung und Verwendung vorhandener Vermögensgüter, so kommt der Schutz des Art 14 GG in Betracht (BGHZ 111, 349, 356, 357 f). Dabei gehören zu den künftigen Chancen und Erwerbsmöglichkeiten, auf die sich die geschützte Rechtsposition des Inhabers eines eingerichteten und ausgeübten Gewerbebetriebs nicht erstreckt, auch beabsichtigte Betriebserweiterungen (BGHZ 98, 341, 351; 92, 34, 46; BGH NJW 1980, 387; BGHZ 34, 188, 190).

(1) Dementsprechend können Beeinträchtigungen des Gewerbebetriebs eines Straßenanliegers infolge des Baus einer Untergrundbahn enteignenden Charakter haben (BGH NJW 1976, 1312 und 1977, 1817 – „Münchener S-Bahn"; BGH NJW 1965, 1907 m Anm E SCHNEIDER – „Buschkrugbrücke"; BGHZ 57, 359 – „Frankfurter U-Bahn"). Zu dem durch Art 14 GG geschützten Bestand des Betriebes gehört auch die besondere Lage an der Straße, der „Kontakt nach außen", der dem Betrieb den Zugang zur Straße sowie die Zugänglichkeit von der Straße her gewährt und dem Inhaber eine Einwirkung durch Werbung auf den vorüberfließenden Verkehr und damit das Gewinnen von Laufkundschaft ermöglicht (BGH NJW 1980, 2703). 452

(2) Die enteignende Wirkung von normativen (rechtmäßigen) Einwirkungen auf das „Umfeld" des Gewerbebetriebes wird vom Bundesgerichtshof in ständiger Rechtsprechung verneint (vgl zB BGH 30. 9. 1976 – III ZR 134/74, MDR 1977, 474 – „Frachtverteilung"; BGHZ 45, 83 – „Knäckebrot"; NJW 1968, 293 – „Kfz-Ausrüstung"; BGH 5. 12. 1963 – III ZR 31/62, NJW 1964, 769 – „Märchenfilm"). Es besteht nämlich grundsätzlich keine Gewähr dafür, dass bestehende rechtliche (oder tatsächliche) Rahmenbedingungen unverändert fortbestehen (BGH 3. 8. 2023 – III ZR 54/22, BGHZ 238, 105 Rn 37; BGH 11. 5. 2023 – III ZR 41/22, BGHZ 237, 93 Rn 46; BGH 31. 1. 2019 – III ZR 186/17, BGHZ 221, 75 Rn 20 mwNw). Eine Ausnahme lässt der BGH nur dort zu, wo ein Vertrauenstatbestand begründet worden war, aufgrund dessen der Unternehmer sich auf das unveränderte Fortbestehen der bisherigen Rechtslage verlassen und einrichten durfte (BGH 31. 1. 2019 – III ZR 186/17, BGHZ 221, 75 Rn 20; BGHZ 25, 266, 269; vgl auch BGHZ 78, 41, 45; 45, 83, 87). 453

(3) Andererseits hat der Bundesgerichtshof die enteignungsgleiche Wirkung eines gegen Art 12 Abs 1 GG verstoßenden (absoluten) Verbots (Rechtsverordnung) von innerörtlichen reinen Werbefahrten für Unternehmen bejaht, die sich auf eine solche gewerbliche Tätigkeit eingerichtet hatten; als Verbot einer weiteren bestimmten Verwendung vorhandener Vermögensgüter in ihrer unternehmensrechtlichen Zusammenfassung berührte die betreffende Regelung nicht nur den Schutzbereich des Art 12, sondern auch denjenigen des Art 14 GG (BGHZ 78, 41, 46). 454

(4) Von einem Eingriff in die Substanz des Gewerbebetriebes kann nicht gesprochen werden, wenn im Rahmen der die Produktionsverhältnisse regelnden Normen lediglich auf die Ausgestaltung eines einzelnen Produktes Einfluss genommen wird, und dort auch nur auf das „Wie", nicht dagegen auf das „Ob" der Herstellung (dort: verfassungswidriges [BVerfGE 53, 135] absolutes Verkehrsverbot für mit kakaohaltiger Fettglasur hergestellte Puffreiserzeugnisse; BGHZ 111, 349, 356). Im enteignungsrechtlichen Sinne stellte sich mithin das Verkehrsverbot lediglich als das Vorenthalten der Möglichkeit dar, in einer bestimmten Weise Gewinn zu erzielen; diese Beeinträchtigung einer bloßen Chance hatte an dem eigentumsmäßigen Schutz der personellen und gegenständlichen Grundlagen des Gewerbebetriebes keinen Anteil. Auch die Strafsanktionen, die der Durchsetzung des in der verfassungswidrigen Kakaoverordnung enthaltenen absoluten Verkehrsverbotes dienten, mussten nach den gleichen Maßstäben beurteilt werden, die bei dem Verkehrsverbot selbst angewandt worden waren. Ebenso wie das Verkehrsverbot selbst beeinträchtigten daher die Straf- und Ermittlungsverfahren lediglich bestimmte Gewinnchancen der gewerbetreibenden Firma, nicht dagegen den eigentumsmäßig geschützten Gewerbebetrieb als solchen (BGHZ 111, 349, 357 f, 360; bestätigt durch BVerfG NJW 1992, 36). In gleicher Weise wurden die Chancen einer französischen Brauerei, ihre Erzeugnisse auf dem deutschen Markt absetzen zu 455 können, von der deutschen Rechtsordnung nicht dem geschützten Bestand des Unternehmens zugeordnet (BGHZ 134, 30, 33 – „Brasserie du Pêcheur"). Auch ein auf eine EWG-Verordnung gestütztes Vertriebsverbot für Traubenkernöl beeinträchtigte die eigentumsmäßig geschützte Substanz des Gewerbebetriebes des betroffenen Winzers nicht, soweit dadurch lediglich die Chance vereitelt wurde, weiterhin Traubenkernöl aus Italien zu importieren. Insoweit ging es nämlich lediglich um das Vorenthalten der Möglichkeit, in einer bestimmten Weise Gewinn zu erzielen; diese Beeinträchtigung einer bloßen Chance hatte an dem eigentumsmäßigen Schutz der personellen und gegenständlichen Grundlagen des Gewerbebetriebs keinen Anteil. Sie betraf lediglich den Schutzbereich des Art 12 Abs 1 GG, nicht dagegen denjenigen des Art 14 Abs 1 GG. Anders verhielt es sich indessen hinsichtlich derjenigen Bestände an Traubenkernöl, die bereits in den Gewerbebetrieb des Winzers einbezogen waren und damit zu dessen eigentumsrechtlich geschützter „Substanz" gehörten. Insbesondere betraf dies die vom Winzer durch Lieferung an seine Abnehmer bereits vermarktete Ware. Hierbei ging es nicht nur um die Vereitelung künftiger Gewinnchancen, sondern um bereits erwirtschaftete Gewinne, die zum „Erworbenen" im Sinne der Grundsätze des Urteils BGHZ 111, 349, 357 zählten. Dies bedeutete, dass nicht nur die Kosten der Rückrufaktion für das Traubenkernöl, sondern auch die Rückgängigmachung etwaiger aus dem Verkauf bereits erzielter Gewinne in den Schutzbereich der Haftung wegen enteignungsgleichen Eingriffs fallen konnten (BGH 13. 7. 2000 – III ZR 131/99, WM 2000, 2016, 2018). Bei einem Unfall eines Arbeitnehmers im Straßenverkehr liegt kein betriebsbezogener Eingriff in den eingerichteten und ausgeübten Gewerbebetrieb des Arbeitgebers vor (BGH VersR 2017, 304; 2008, 1697).

456 **(5)** Die im Jahre 1993 vorgenommene Neugliederung der Einzugsbereiche der Tierkörperbeseitigungsanstalten im Lande Thüringen und die dadurch bewirkte Stilllegung bisheriger Tierkörperbeseitigungsanstalten stellte keinen entschädigungspflichtigen Eingriff in den bestandsgestützten Gewerbebetrieb der von der Stilllegung betroffenen, in der Rechtsform der GmbH geführten Tierkörperbeseitigungsanstalten dar (BGHZ 133, 265). Auch die durch Rechtsverordnung auf der Grundlage des § 6 NW AG TierkBG vorgenommene Neugliederung der Einzugsbereiche von Tierkörperbeseitigungsanstalten konnte keinen Entschädigungsanspruch des Unternehmers auslösen, dem die Aufgabe der Tierkörperbeseitigung durch Beleihungsakt übertragen worden war und der durch die Neugliederung an der Fortführung der von ihm betriebenen Tierkörperbeseitigungsanstalt gehindert worden war (BGH WM 2001, 1734).

457 **(6)** Auch die Praxis des zugelassenen Kassenarztes wird durch die Eigentumsgarantie (Art 14 Abs 1 GG) geschützt (BGHZ 81, 21; BGH 22. 9. 2011 – III ZR 217/10 Rn 8). Geschützter Gewerbebetrieb im Sinne des Enteignungsrechts ist die eingerichtete und ausgeübte Arztpraxis als Gesamtheit alles dessen, was die gegenständliche und personelle Grundlage der Tätigkeit des praktizierenden Arztes bei der Erfüllung der ihm obliegenden Aufgaben bildet (BGHZ 81, 21, 33). Dementsprechend wurde ein enteignungsgleicher Eingriff, der sich unmittelbar auf den „Zulassungsstatus" des betroffenen Arztes auswirkte, darin erblickt, dass dieser durch rechtswidrige Maßnahmen der Kassenärztlichen Vereinigung gehindert worden war, von seiner Zulassung, dh dem Recht, Patienten auch ohne vorherige Überweisung kassenärztlich zu behandeln, vollen Gebrauch zu machen. Die geplante Expansion einer Arztpraxis durch Anschaffung eines Computertomografen ist dagegen nicht dem eigen-

tumsmäßig geschützten Gewerbebetrieb im Sinne des Art 14 GG, sondern ausschließlich der Berufsfreiheit im Sinne des Art 12 GG (Chancen und Erwerbsmöglichkeiten) zuzuordnen. Der Tatbestand eines enteignungsgleichen Eingriffs wurde daher bei der rechtswidrigen Weigerung einer Kassenärztlichen Vereinigung verneint, der Erbringung kassenärztlicher Leistungen mit dem anzuschaffenden Computertomografen zuzustimmen (BGHZ 132, 181, 186). Der nicht erfolgte Abschluss eines Versorgungsvertrags nach § 111 Abs 2 SGB V stellt dagegen keinen Eingriff in den eingerichteten und ausgeübten Betrieb einer Rehabilitationsklinik dar, weil nur die Verdienstmöglichkeiten betroffen sind, nicht jedoch bereits erworbene und bestehende Rechte (BGH NZS 2012, 261). Ebenso liegt kein Eingriff in eine geschützte Rechtsposition vor, wenn das Honorar durch die Kassenärztliche Vereinigung gekürzt wird (BGH 22. 9. 2011 – III ZR 217/10 Rn 7).

(7) Eigentumsmäßig geschützt ist auch die Praxis eines Rechtsanwalts (BGHZ 97, 204, 209; 127, 58, 67). Dementsprechend hat der BGH den Tatbestand eines enteignungsgleichen Eingriffs in einem Fall bejaht, in dem die Justizverwaltung einer Rechtsanwältin durch rechtswidrige Drohung den Verzicht auf die Anwaltszulassung abgenötigt hatte (BGH DRiZ 1974, 163). **458**

(8) Eine rechtswidrige Prüfungsentscheidung (bei einer Medizinprüfung) tangiert keine eigentumsmäßig geschützte Rechtsposition des Betroffenen. Berührt wird allenfalls sein Grundrecht aus Art 12 Abs 1 GG, nicht jedoch dasjenige des Art 14 GG (BGH NJW 1994, 2229; bestätigt durch BVerfG NVwZ 1998, 271). Auch die Chance, aufgrund der Ausbildung im Rahmen einer Umschulungsmaßnahme einen Arbeitsplatz zu erhalten, ist nicht eigentumsmäßig geschützt (BGH 16. 2. 1989 – III ZR 28/88, unveröffentlicht, mitgeteilt von Schwager/Krohn WM 1991, 33, 35 Fn 13).

d) Der Eingriffstatbestand beim enteignungsgleichen Eingriff

aa) Allgemeines

Ein Entschädigungsanspruch aus (rechtswidrigem) enteignungsgleichem Eingriff erfordert, dass in eine solchermaßen durch Art 14 Abs 1 GG geschützte Rechtsposition von hoher Hand unmittelbar rechtswidrig eingegriffen wird. Die rechtswidrige hoheitliche Maßnahme muss also unmittelbar eine Beeinträchtigung des Eigentums herbeigeführt haben (BGH 3. 8. 2023 – III ZR 54/22, BGHZ 238, 105 Rn 28). Die Unmittelbarkeit des Eingriffs setzt voraus, dass die schädigenden Auswirkungen auf das Eigentum des Betroffenen aus der Eigenart der hoheitlichen Maßnahme folgen. Erforderlich ist ein innerer Zusammenhang zwischen Eigentumsbeeinträchtigung und hoheitlicher Maßnahme. Es muss sich eine besondere Gefahr verwirklichen, die typischerweise in der hoheitlichen Maßnahme angelegt ist (BGH 3. 8. 2023 – III ZR 54/22, BGHZ 238, 105 Rn 38). Der Betroffene muss nicht Adressat der eingreifenden Maßnahme sein, sie muss also nicht zielgerichtet zu sein, vielmehr können auch unbeabsichtigte Nebenfolgen einen unmittelbaren Eingriff darstellen (BGH 3. 8. 2023 – III ZR 54/22, BGHZ 238, 105 Rn 39). **459**

Ein Eingriff im enteignungsrechtlichen Sinne setzt ein positives Handeln der öffentlichen Gewalt voraus. Ein reines Unterlassen und Untätigbleiben der öffentlichen Hand erfüllt grundsätzlich nicht die Merkmale eines Eingriffs. Nur dann gilt etwas anderes, wenn sich das Unterlassen ausnahmsweise als ein in den Rechtskreis des

Betroffenen eingreifendes Handeln qualifizieren lässt (BGHZ 102, 350, 364 f; BGH NVwZ 1992, 913, 914; auf die Einzelheiten wird später zurückgekommen Rn 469 f).

bb) Legislatives und normatives Unrecht

460 **(1)** Das richterrechtlich geprägte und ausgestaltete Haftungsinstitut des enteignungsgleichen Eingriffs gewährt grundsätzlich keinen Ausgleich von Nachteilen, die unmittelbar oder mittelbar durch „legislatives Unrecht" im engeren Sinne, dh durch ein gegen höherrangiges Recht – etwa gegen das Grundgesetz oder gegen EG-Recht – verstoßendes formelles Parlamentsgesetz des Bundes oder eines Bundeslandes herbeigeführt worden sind (st Rspr; s etwa: BGHZ 100, 136, betreffend die durch BVerfGE 52, 1 = NJW 1980, 985 festgestellte teilweise Verfassungswidrigkeit des geltenden Kleingartenrechts; ferner BGH NJW 1989, 101, betreffend schädigende Auswirkungen des durch BVerfGE 67, 256 für verfassungswidrig erklärten Investitionshilfegesetzes; BGHZ 134, 30, 32 f, betreffend das gegen EG-Recht verstoßende Reinheitsgebot des Biersteuergesetzes; BGH 16. 4. 2015 – III ZR 333/13, BGHZ 205, 63, betreffend Sportwetten; Schmitt/Werner NVwZ 2017, 21 zum Atomausstieg). Diese Haftungsbeschränkung betrifft nicht nur die Auswirkungen des betreffenden gegen höherrangiges Recht verstoßenden Gesetzes selbst, sondern auch diejenigen seines Vollzuges, insbesondere der auf seiner Grundlage ergangenen untergesetzlichen Normen (Rechtsverordnungen), Verwaltungsakte oder sonstigen Maßnahmen, sofern sie nicht an eigenen, von der gesetzlichen Grundlage unabhängigen Rechtsmängeln leiden (BGH 3. 8. 2023 – III ZR 54/22, BGHZ 238, 105 Rn 29 ff zu Corona-Schutzverordnungen; BGHZ 205, 63, betreffend Sportwetten; ferner BGHZ 125, 27, betreffend die Umsetzung des europarechtlichen Irak-Embargos; BGHZ 100, 136, betreffend die Festsetzung von Höchstbeträgen für den Pachtzins auf der Grundlage des verfassungswidrigen Kleingartenrechts).

In Betracht kommen Entschädigungsansprüche aus enteignungsgleichem Eingriff bei Einzelfall- oder Maßnahmegesetzen und deren Vollzug. Insoweit besteht eine Parallele zur Amtshaftung (Rn 192). Allgemein sind bei formellen innerstaatlichen Parlamentsgesetzen, die gegen höherrangiges EU-Recht verstoßen, gemeinschaftsrechtliche Staatshaftungsansprüche denkbar (Rn 524); dies betrifft aber nicht das Haftungsinstitut des enteignungsgleichen Eingriffs (BGHZ 205, 63 Rn 36).

461 **(2)** Der enteignungsgleiche Eingriff bildet jedoch eine geeignete Grundlage für eine Staatshaftung für rechtswidrige untergesetzliche Normen, die an eigenen, nicht auf ein Parlamentsgesetz zurückgehenden Nichtigkeitsgründen leiden. Rechtsverordnungen und Satzungen gehören nicht zur Gesetzgebung im formellen Sinne, sondern sind der vollziehenden Gewalt zuzuordnen. Es ist anerkannt, dass sich das Haftungsinstitut des enteignungsgleichen Eingriffs auch auf Eingriffe durch derartige rechtswidrige Rechts(setzungs)akte bezieht (BGH 3. 8. 2023 – III ZR 54/22, BGHZ 238, 105 Rn 29; BGHZ 111, 349, 353; Boujong, in: FS Willi Geiger [1989] 430, 442).

Der Tatbestand des enteignungsgleichen Eingriffs wurde dementsprechend bejaht bei dem in § 33 Abs 1 S 3 StVO 1970 enthaltenen (absoluten) Verbot von innerörtlichen reinen Werbefahrten für Unternehmen, die sich auf eine solche gewerbliche Tätigkeit eingerichtet hatten (BGHZ 78, 41). Jene Bestimmung war vom Bundesverfassungsgericht wegen Verstoßes gegen Art 12 Abs 1 GG für nichtig erklärt worden (BVerfGE 40, 371). Durch den Erlass der vom Bundesverwaltungsgericht (BVerwGE 81, 49) für verfassungswidrig erklärten Bestimmung des § 6 Abs 6 Milchgarantiemengen-VO aF hatte der Verordnungsgeber zwar keine drittgerichteten Amtspflichten zu

Lasten der betroffenen Milcherzeuger verletzt. In Betracht kam jedoch, dass diesen ein Entschädigungsanspruch wegen enteignungsgleichen Eingriffs zustand (BGH 11. 3. 1993 – III ZR 110/92, DVBl 1993, 718). Ebenso hat der BGH den Erlass eines nichtigen, aber vollzogenen Bebauungsplans als einer untergesetzlichen Rechtsnorm, nämlich einer Satzung (§ 10 BauGB), mit schweren und unerträglichen Folgewirkungen für einen immissionsempfindlichen Landwirtschaftsbetrieb als enteignungsgleichen Eingriff eingestuft (BGHZ 92, 34, 36; Boujong, in: FS Willi Geiger [1989] 442).

Auch hier kann in einem schlichten Untätigbleiben des Verordnungs- oder Satzungsgebers, also in einem bloßen Unterlassen, ein Enteignungstatbestand grundsätzlich nicht gefunden werden (BGHZ 56, 40, 42).

cc) Rechtswidrige Verwaltungsakte oder sonstige behördliche Maßnahmen

Die praktisch wichtigeren Tatbestände des enteignungsgleichen Eingriffs liegen indessen unterhalb der Ebene der Normsetzung; sie bestehen insbesondere in rechtswidrigen Verwaltungsakten oder sonstigen behördlichen Maßnahmen, einschließlich Realakten. Dabei können grundsätzlich drei Fallgruppen unterschieden werden, vom denen insbesondere die zweite und dritte große praktische Bedeutung haben (vgl MünchKommBGB/Papier/Shirvani § 839 Rn 47): Der rechtswidrige Vollzug eines (rechtmäßigen) Enteignungsgesetz (sog fehlgeschlagene Enteignung); der rechtswidrige Vollzug von inhalts- und schrankenbestimmenden Gesetzen iSv Art 14 Abs 1 S 2 GG; rechtswidrige eigentumsbeeinträchtigende Realakte. **462**

(1) Zur zweiten Fallgruppe gehören rechtswidrige „faktische Bausperren“. Eine solche liegt vor, wenn eine nach allgemeinem Bau- und Bodenrecht an sich zulässige Bebauung tatsächlich verhindert wird (BGHZ 58, 124). Dies setzt voraus, dass der Eigentümer das betreffende Grundstück entweder selbst hätte bebauen wollen oder können oder es doch im Wege der Veräußerung einer baulichen Nutzung hätte zuführen wollen und können (BGH 17. 9. 1987 – III ZR 176/86, juris Rn 10). Der Eingriffstatbestand setzt nicht notwendig voraus, dass eine Bauvoranfrage oder ein Bauantrag des Eigentümers ablehnend beschieden wird; eine faktische Bausperre kann auch dann gegeben sein, wenn ein Grundstückseigentümer mit Rücksicht auf entsprechende Erklärungen der zuständigen Behörde vernünftigerweise davon absieht, ein förmliches Baugesuch einzureichen. Dabei ist aber ein eindeutiges Verhalten der Behörde zu verlangen, das als Ausdruck ihrer in dieser Frage verbindlichen Haltung aufgefasst werden kann (BGH 7. 5. 1992 – III ZR 95/91, NVwZ 1992, 1119; BGH 17. 9. 1987 – III ZR 176/86, juris Rn 10; BGHZ 58, 124). Der Eigentümer muss grundsätzlich seine Nutzungsvorstellungen, soweit sie nicht offen zutage liegen, der Behörde so verdeutlichen, dass diese zur Prüfung des konkreten Vorhabens in der Lage ist (BGH 7. 5. 1992 – III ZR 95/91, NVwZ 1992, 1119; BGH DVBl 1981, 391, 394 – insoweit in BGHZ 78, 152 nicht abgedruckt –; BGHZ 58, 124, 129). Dementsprechend ist ein Eingriffstatbestand erst recht dann gegeben, wenn die Nutzung oder Veräußerung eines Grundstücks zu Bauzwecken durch rechtswidrige formelle Ablehnung eines an sich im positiven Sinne entscheidungsreifen Baugesuchs vereitelt wird (vgl BGHZ 65, 182, 188 f; OLG Saarbrücken NVwZ-RR 2018, 348). Auch die rechtswidrige Ablehnung eines Bauvorbescheides ist als enteignungsgleicher Eingriff zu werten. Wird ein Vorbescheid, auf dessen Erteilung der Eigentümer Anspruch hat, rechtswidrig versagt, so wird dadurch in die durch Art 14 Abs 1 GG geschützte Baufreiheit, die aus dem Grundeigentum abzuleiten ist, eingegriffen (BGH NVwZ 2011, 1150 Rn 21; BGHZ 125, 258, 264; OLG Saarbrücken **463**

NVwZ-RR 2018, 348). Auch die Verzögerung bei der Erteilung einer Baugenehmigung oder eines Bauvorbescheides kann ebenso einen enteignungsgleichen Eingriff darstellen wie eine förmliche, dem geltenden Recht widersprechende Ablehnung einer Bauerlaubnis (BGH 11. 6. 1992 – III ZR 210/90, NVwZ 1992, 1119, 1121; BGH 29. 9. 1975 – III ZR 40/73, BGHZ 65, 182, 188 f).

Ein weiterer Anwendungsfall war die die rechtswidrige Versagung des Einvernehmens der Gemeinde nach § 36 BauGB, die zu einer Ablehnung oder zu einer verzögerten Erteilung der Baugenehmigung durch die Bauaufsichtsbehörde geführt hatte (BGHZ 118, 253; 65, 182, 188/189). Entscheidend war dabei, dass der Versagung des Einvernehmens eine für den Bauwilligen ausschlaggebende Bedeutung zukam, weil die Baugenehmigungsbehörde gehindert war, eine Baugenehmigung auszusprechen, solange die Gemeinde ihr Einvernehmen nicht erklärt hatte (vgl BGH 16. 9. 2010 – III ZR 29/10, BGHZ 187, 51 Rn 11 mwNw). Nachdem durch das BauROG für die nach Landesrecht zuständige Behörde – meistens die Bauaufsichtsbehörde – die Möglichkeit geschaffen worden ist, ein rechtswidrig versagtes Einvernehmen der Gemeinde zu ersetzen (§ 36 Abs 2 S 3 BauGB; Einzelheiten s Rn 593 ff), ist die Versagung des gemeindlichen Einvernehmens ein rein behördeninterner Vorgang ohne Bindungswirkung. Dies hat die Konsequenz, dass der Eingriffstatbestand nunmehr allein im außengerichteten Handeln der Bauaufsichtsbehörde zu erblicken ist und – nicht anders als bei der Amtshaftung – diese die Alleinverantwortung trifft (BGH 21. 10. 2021 – III ZR 166/20, BGHZ 231, 297 Rn 30; BGH 16. 9. 2010 – III ZR 29/10, BGHZ 187, 51 Rn 11).

464 Der Tatbestand eines „Eingriffs" scheidet von vornherein aus, wenn ein Baugesuch des antragstellenden Eigentümers rechtswidrig **positiv** beschieden worden ist. In solchen Fällen fehlt es an einem Eingriff in eine durch Art 14 Abs 1 GG geschützte Rechtsposition des Eigentümers. Ihm wird nichts an Eigentumssubstanz genommen, sondern es wird nur unberechtigtes Vertrauen erzeugt. Das Grundeigentum gewährt keinen Anspruch auf eine materiell illegale Bebauung (Boujong WiVerw 2/91, 61, 104; Rinne/Schlick NVwZ-Beilage II/2000, 7). Ob die Erteilung einer rechtswidrigen Baugenehmigung einen enteignungsgleichen Eingriff zum Nachteil des betroffenen Nachbarn enthalten kann, hängt davon ab, ob die verletzte Rechtsnorm nachbarschützenden Charakter hatte.

465 Die Versagung eines baurechtlichen oder sonstigen **Dispenses** stellt grundsätzlich keinen entschädigungspflichtigen Eingriff in das Eigentum dar; denn wenn auch jedermann einen Anspruch darauf hat, dass sein Baugesuch ordnungsgemäß erledigt wird, so wird doch seine geschützte Rechtsposition – die Befugnis, das Grundstück nach den allgemein geltenden Bestimmungen der Bauordnung zu bebauen – durch die Ablehnung eines Dispenses nicht beeinträchtigt (BGH NJW 1998, 1398 f; BGH NJW 1980, 1567, 1570 mwNw; insoweit in BGHZ 76, 375 nicht abgedruckt).

Die Ablehnung des Bauantrages oder der Bauvoranfrage eines Dritten beeinträchtigt grundsätzlich nicht die Rechtsstellung des am Verfahren selbst nicht beteiligten Grundstückseigentümers (BGHZ 125, 258, 267 f).

466 Geschützt ist ferner die Befugnis des Eigentümers, sein Eigentum ganz oder teilweise zu veräußern. Bedarf eine derartige Veräußerung zu ihrer Wirksamkeit einer behördlichen Genehmigung, so kann deren rechtswidrige Versagung einen enteignungsgleichen Eingriff darstellen. Beispiele: Versagung einer Teilungsgenehmigung nach §§ 19, 20 BauGB aF (BGHZ 134, 316); Versagung einer Genehmigung nach § 9 GrdstVG (BGHZ 136, 182); Versagung einer sanierungsrechtlichen Genehmigung nach §§ 144, 145 BauGB (BGHZ 146, 365, 371 f).

Bei Schädigungen von Anliegergrundstücken durch öffentlich-rechtlich organisierte Straßenbauarbeiten kommen bei rechtswidrig-schuldhaftem Verhalten Schadensersatzansprüche aus Amtspflichtverletzung, bei rechtmäßigem Verhalten Entschädigungsansprüche wegen enteignenden und bei rechtswidrigem Verhalten solche wegen enteignungsgleichen Eingriffs in Betracht (BGHZ 101, 106, 110; 72, 289, 292; Krohn/Löwisch, Eigentumsgarantie, Enteignung, Entschädigung [3. Aufl 1984] Rn 224 ff, 235a, 236; Nüssgens/Boujong, Eigentum, Sozialbindung, Enteignung [1987] Rn 237 bis 240, jew mwNw).

(2) Auch eine rechtswidrige Beschlagnahme im Rahmen eines staatsanwaltschaftlichen Ermittlungsverfahrens (§§ 111b, 111c StPO) kann einen Entschädigungsanspruch wegen enteignungsgleichen Eingriffs begründen. Allerdings ist Kriterium für die Rechtswidrigkeit des Eingriffs (wie bei der Amtshaftung, s hierzu Rn 161) nicht die „Richtigkeit" der betreffenden Maßnahme, sondern allein deren Vertretbarkeit (BGH 15. 12. 2016 – III ZR 387/14, BGHZ 213, 200 Rn 21; BGH 21. 4. 1988 – III ZR 255/86, NJW 1989, 96). **467**

Ist eine Überschwemmung durch eine rechtswidrige hoheitliche Maßnahme verursacht worden, können Entschädigungsansprüche wegen enteignungsgleichen Eingriffs begründet sein. Die Einzelheiten werden im Abschnitt „Abwasserbeseitigung, Hochwasserschutz, Gewässerschutz" zusammenfassend behandelt (Rn 714 ff).

(3) Zum Versagen einer Verkehrssignalanlage hatte der BGH früher die Auffassung vertreten, dass eine Haftung wegen enteignungsgleichen Eingriffs nicht eintrete (BGHZ 54, 332). Diese Rechtsprechung hat er allerdings später aufgegeben und entschieden, dass die Abgabe einander widersprechender Lichtzeichen durch eine Lichtzeichenanlage (sogenanntes „feindliches Grün") den Verkehrsteilnehmern gegenüber eine rechtswidrige Maßnahme im Sinne des § 39 Abs 1 lit b OBG NW sein könne, und zugleich klargestellt, dass er an der früheren Verneinung des enteignungsgleichen Eingriffs für solche Fälle nicht festhalte (BGHZ 99, 249, 256; OLG Karlsruhe NVwZ-RR 2014, 331; s auch Rn 70). **468**

dd) Unterlassen und Untätigbleiben als „Eingriff"

Ein Eingriff im enteignungsrechtlichen Sinne erfordert ein positives Handeln der öffentlichen Gewalt. Ein reines Unterlassen und Untätigbleiben der öffentlichen Hand erfüllt grundsätzlich nicht die Merkmale eines Eingriffs. Ein Eingriff ist jedoch zu bejahen, wenn sich das Unterlassen ausnahmsweise als ein in den Rechtskreis des Betroffenen eingreifendes Handeln qualifizieren lässt (BGH VersR 1986, 372, 374; BGHZ 56, 40, 42). Ein derartiges qualifiziertes Unterlassen ist beispielsweise anzunehmen, wenn entgegen einem Anspruch auf Genehmigungserteilung eine Bauerlaubnis oder eine gewerberechtliche Erlaubnis für Ersatz- oder Anpassungsinvestitionen förmlich versagt oder faktisch vorenthalten wird; in diesen Fällen wird in konkrete, vom Schutz des Art 14 Abs 1 GG umfasste Rechtspositionen des Eigentümers, nämlich in die aus dem Grundeigentum abzuleitende Baufreiheit oder in den eingerichteten und ausgeübten Gewerbebetrieb, eingegriffen (BGHZ 102, 350, 364 f mwNw). Ebenso ist die Auf- **469** rechterhaltung einer Beschlagnahme (§§ 111b, 111c StPO) auf die Beschwerde des Betroffenen hin nicht als bloßes Untätigbleiben der Strafverfolgungsorgane zu bewerten, sondern erfüllt die Merkmale eines Eingriffs im enteignungsrechtlichen Sinne (BGH 15. 5. 1997 – III ZR 46/96, VersR 1997, 1363). Entsprechendes kommt bei einer unzumutbaren Verzögerung von Eintragungen in das Grundbuch (BGHZ 170, 260, 273) oder der Verzögerung der Entscheidung des Rechtsstreits (BGHZ 187, 286) in Betracht.

470 Ein reines Untätigbleiben, das nicht die Merkmale eines qualifizierten Unterlassens erfüllt, ist beispielsweise bejaht worden beim Unterbleiben von Hochwasserschutzmaßnahmen (BGHZ 120, 124, 132), sowie beim Unterlassen von Maßnahmen nach einer „Bodenversiegelung" (BGH 23. 1. 1992 – III ZR 265/89, NVwZ 1992, 913).

Allgemein kann von einem qualifizierten Unterlassen nicht gesprochen werden, wenn nicht eindeutig feststeht, welches konkrete Verhalten der öffentlichen Hand nach öffentlichem Recht geboten ist. In den genannten Anwendungsfällen des qualifizierten Unterlassens lag offen zutage, zu welchem Verhalten die öffentliche Hand verpflichtet war; sie war gehalten, die bau- oder gewerberechtlichen Genehmigungen bei Vorliegen der gesetzlichen Voraussetzungen zu erteilen oder die Beschlagnahme aufzuheben. Im Waldschäden-Urteil wurde hingegen ein qualifiziertes Unterlassen schon deswegen verneint, weil mehrere Lösungen, nämlich ein Tätigwerden der öffentlichen Hand zur weiteren Schadensverhütung oder zur Schaffung wirksamerer Ersatz- oder Ausgleichsansprüche der Geschädigten, denkbar waren, wobei innerhalb dieser beiden Fallgruppen wiederum unterschiedliche Gestaltungsmöglichkeiten bestanden (BGHZ 102, 350, 365).

ee) Unmittelbarkeit des Eingriffs

471 In frühen Entscheidungen hatte der Bundesgerichtshof zunächst als weiteres Merkmal des Eingriffstatbestandes gefordert, dass der Eingriff final vorgenommen worden sein müsse: „Eingriff ist nur, was eingreifen soll, nicht, was zufällig geschieht" (BGHZ 12, 52, 57 unter Bezugnahme auf Forsthoff, Verwaltungsrecht [2. Aufl 1951] 271). Seit BGHZ 37, 44, 47 stellt der BGH darauf ab, dass eine hoheitliche Maßnahme „unmittelbar" – nicht nur mittelbar mit Ausnahme der rechtsähnlichen Fälle der §§ 844, 845 BGB – Auswirkungen auf das Eigentum im Sinne des Enteignungsrechts, mithin auf das Eigentum in all seinen Ausstrahlungen, hat (s zur Entwicklung der Rechtsprechung insbesondere Kreft, Öffentlich-rechtliche Ersatzleistungen [2. Aufl 1998] Rn 108). Hierin liegt ein Abgrenzungskriterium gegenüber sonstigen sich für einen Dritten nachteilig auswirkenden hoheitlichen Maßnahmen. Das Kriterium der Unmittelbarkeit ist kein formales, sondern betrifft die Zurechenbarkeit der hoheitlichen Maßnahme. Es hat damit eine haftungsbegrenzende und verantwortungszuordnende Funktion (MünchKommBGB/Papier/Shirvani § 839 Rn 58) und dient auch der Abgrenzung der Verantwortungsbereiche mehrerer Hoheitsträger (BGH 27. 1. 1994 – III ZR 158/91, BGHZ 125, 19, 22). Nötig ist ein innerer Zusammenhang mit dieser Maßnahme, dh es muss sich eine besondere Gefahr verwirklichen, die bereits in der hoheitlichen Maßnahme selbst angelegt ist. In diesem Sinne ist das Tatbestandsmerkmal der Unmittelbarkeit ein Kriterium für die wertende Zurechnung der Schadensfolgen nach Verantwortungsbereichen und Risikosphären (BGHZ 125, 19, 21 mwNw).

472 In allen bereits dargestellten Fällen, in denen die Beeinträchtigung einer eigentumsmäßig geschützten Rechtsposition und das Vorliegen eines Eingriffstatbestandes für

möglich gehalten worden sind, ist jeweils auch die Unmittelbarkeit in diesem Sinne bejaht worden. Außerdem sind hier noch folgende Fälle zu nennen: Ablagerung von Hausmüll auf einer schlicht hoheitlich betriebenen Mülldeponie, wodurch Scharen von nahrungssuchenden Krähen und Möwen angelockt wurden, die auf benachbarten Feldern an der jungen Saat erhebliche Schäden anrichteten (BGH NJW 1980, 770); Beeinträchtigung von Gewerbebetrieben, die auf die ordnungsmäßige Durchführung der Flugsicherung angewiesen waren, durch einen Fluglotsenstreik (BGHZ 76, 387, 392); Ausschachtungsarbeiten, die die Standfestigkeit eines benachbarten Gebäudes beeinträchtigt hatten (BGH NJW 1981, 1663); Beeinträchtigung eines Forstbetriebes durch Einwirkungen von Schießübungen auf einem in der Nähe gelegenen Truppenübungsplatz (BGHZ 87, 321, 336); Versagung einer Bodenabbaugenehmigung (BGHZ 90, 17, 22 ff); Beeinträchtigung von Waldeigentum durch von der Jagdbehörde zu niedrig festgesetzte Abschusszahlen für Rotwild (BGHZ 92, 34, 41); Beeinträchtigung von Straßenanliegereigentum durch übermäßige Straßenverkehrsemmissionen (BGH NJW 1988, 900, 901).

Hingegen stellt die Einbeziehung eines Grundstücks in einen militärischen Schutz- **473**
bereich für sich allein genommen noch keine zur Entschädigung verpflichtende Einwirkung auf das Vermögen des Grundstückseigentümers dar, solange sie diesem noch kein fühlbares Opfer abverlangt hat. Eine Schutzbereichserklärung oder andere „Gebietserklärungen" bilden im Allgemeinen nur die Grundlage bzw die Ermächtigung dafür, durch Einzelakt bestimmte eigentumsbeschränkende Maßnahmen zu erlassen (BGHZ 57, 278, 283 mwNw). Auch im „Waldschadens-Urteil" wurde ein unmittelbarer Eingriff durch Maßnahmen der öffentlichen Hand in das Waldeigentum verneint (BGHZ 102, 350, 357/358). Der BayVerwGH hat mit Recht die Entscheidung eines Strafgerichts, ein strafgerichtliches Hauptverfahren nicht zu eröffnen, nicht als Eingriff in das – von dem Beschuldigten verletzte – Eigentum des Anzeigeerstatters gewertet (NJW 1983, 2436).

e) Der Eingriffstatbestand beim enteignenden Eingriff

aa) Der **enteignende** Eingriff besteht darin, dass eine an sich rechtmäßige hoheitli- **474**
che Maßnahme auf eine Rechtsposition des Eigentümers einwirkt und im konkreten Fall bei einzelnen Betroffenen zu – meist atypischen und unvorhergesehenen – Nebenfolgen und Nachteilen führt, die die Schwelle des enteignungsrechtlich Zumutbaren (sog Sozialbindungsschwelle) überschreiten (BGH 17. 3. 2022 – III ZR 79/21, BGHZ 233, 107 Rn 56; BGH 13. 9. 2018 – III ZR 339/17, NJW 2019, 227 Rn 26; BGH 14. 3. 2013 – III ZR 253/12, BGHZ 197, 43; BGH 29. 3. 1984 – III ZR 11/83, BGHZ 91, 20, 26 f). Solche Nachteile können ein entschädigungspflichtiges Sonderopfer darstellen, wenn sie in einem inneren Zusammenhang mit der hoheitlichen Maßnahme stehen. Dafür genügt es nicht, dass sie deren adäquat kausale Folge sind; das würde auf die Annahme einer allgemeinen Gefährdungshaftung der öffentlichen Hand hinauslaufen, für die das geltende Recht keine Grundlage bietet (BGHZ100, 335, 338; 60, 303, 307 f, 311; 55, 229, 232 f). Dass es zumeist um atypische und unvorhergesehene Nachteile geht, ist für den Anspruch aus enteignendem Eingriff aber nicht Voraussetzung (BGHZ 197, 43; BGH NJW 1986, 2423, 2424). Erforderlich ist vielmehr, dass sich eine besondere Gefahr verwirklicht, die bereits in der hoheitlichen Maßnahme selbst angelegt ist, so dass sich der im konkreten Fall eintretende Nachteil aus der Eigenart dieser Maßnahme ergibt (BGHZ 197, 43 Rn 7; 100, 335, 338 f; 60, 302, 310 f; 28, 310, 313). In diesem Sinne ist das Merkmal der **Unmittelbarkeit** des Eingriffs für den enteignenden Eingriff ebenso er-

forderlich wie für den enteignungsgleichen (BGHZ 102, 350, 358). Ob in diesem Sinn eine hoheitliche Maßnahme die Schwelle des enteignungsrechtlich Zumutbaren überschreitet oder sich noch als Ausdruck der Sozialbindung des Eigentums begreifen lässt, kann nur aufgrund einer umfassenden Beurteilung der Umstände des Einzelfalls entschieden werden (BGH NJW 2019, 227 Rn 26; BGH 15. 12. 2016 – III ZR 387/14, BGHZ 213, 200 Rn 25). Maßgeblich ist letztlich, wo nach dem vernünftigen Urteil aller billig und gerecht Denkenden die Opfergrenze liegt bzw wo die Grenze dessen liegt, was eine Gemeinschaft, die ihre verfassungsmäßige Ordnung in einem sozialen Rechtsstaat gefunden hat, dem Einzelnen entschädigungslos zumuten kann und will (BGH 14. 3. 2013 – III ZR 253/12, BGHZ 197, 43 Rn 8 mwNw).

475 Der Bundesgerichtshof hat eine Haftung aus dem Rechtsinstitut des enteignenden Eingriffs bejaht, wenn es um einzelfallbezogene Eigentumsbeeinträchtigungen durch hoheitliche Realakte, straßenrechtliche Planfeststellungsbeschlüsse (im Zusammenhang mit Verkehrsemmissionen) oder Verwaltungsakte (zB straßenrechtliche Widmung) ging. Bei den in einer Vielzahl von Fällen auftretenden nachteiligen Auswirkungen eines **Gesetzes** auf durch Art 14 Abs 1 GG geschützte Eigentümerpositionen können die Gerichte dagegen nur dann Entschädigungsansprüche oder Ausgleichsleistungen im Anwendungsbereich des Art 14 Abs 1 S 2 GG zuerkennen, wenn das Gesetz eine entsprechende Regelung enthält. Offengeblieben ist, ob das Rechtsinstitut des enteignenden Eingriffs Anwendung findet, wenn ein Gesetz im Einzelfall zu Eigentumseinbußen führt, die Ausnahmecharakter tragen und nur unter besonderen Umständen entstehen (BGHZ 102, 350, 361). Im Waldschäden-Urteil hat der BGH das Vorliegen eines enteignenden Eingriffs, auch soweit es um das Verhalten des Gesetzgebers ging, insgesamt verneint (BGHZ 102, 350, 361).

476 **bb)** Nach diesen Grundsätzen kommt ein enteignender Eingriff in Betracht, wenn bei hoheitlich durchgeführten **Straßenbauarbeiten** Anliegergrundstücke beschädigt werden (vgl etwa BGH 10. 12. 1998 – III ZR 233/97, BGHZ 140, 200: Beschädigung eines denkmalgeschützten Gebäudes). Ein gewerbetreibender Straßenanlieger, der den Gemeingebrauch an einer Straße für seinen Gewerbebetrieb nutzt, ist insofern mit dem Schicksal der Straße verbunden, als er als Ausfluss der Sozialpflichtigkeit seines Anlieger-Eigentums Arbeiten, die der Erhaltung, Verbesserung und Modernisierung der Straße dienen, bis zu einer verhältnismäßig hoch anzusetzenden Opfergrenze entschädigungslos dulden muss. Auch bei ordnungsgemäß durchgeführten Bauarbeiten zur Modernisierung und Anpassung der Anliegerstraße an gestiegene Verkehrsbedürfnisse kann indessen die Grenze der entschädigungslos hinzunehmenden Sozialbindung des Anlieger-Eigentums überschritten werden, wenn die Arbeiten nach Art und Dauer sich besonders einschneidend, gar existenzbedrohend, auf den Anliegergewerbebetrieb ausgewirkt haben, wobei dies auch zur Rechtswidrigkeit des Eingriffs und damit zu einer Haftung aus enteignungsgleichem Eingriff führen kann (zB BGH 6. 11. 1997 – III ZR 198/96, VersR 1998, 504; BGH 7. 7. 1980 – III ZR 32/79, NJW 1980, 2703). Bei der Beeinträchtigung von Anlieger-Gewerbebetrieben durch Arbeiten, die der Anlage einer U-Bahn dienen, setzt der BGH die Opfergrenze dagegen niedriger an und stellt darauf ab, ob die Folgen des Eingriffs für den Anlieger nach Dauer, Intensität und Auswirkungen so erheblich sind, dass ihm eine entschädigungslose Hinnahme nicht mehr zuzumuten ist (BGH 26. 4. 1990 – III ZR 208/88, juris Rn 2; BGH 1. 2. 1982 – III ZR 93/80, BGHZ 83, 61, 65). Für die Bestimmung der Opfergrenze kommt es nicht auf den Gewinnverlauf einer einzelnen betroffenen Filiale, sondern auf denjenigen des Gesamtunternehmens an. Diese Betrachtungsweise trägt gerade der Tatsache Rechnung, dass beim eingerichteten und ausgeübten Gewerbebetrieb Schutzobjekt der Eigentumsgarantie alles ist, was in seiner Gesamtheit den Betrieb zum Wirken in der Wirtschaft befähigt und seinen wirtschaftlichen Wert ausmacht (BGH 31. 5. 1990 – III ZR 138/88, juris Rn 3).

cc) Auch **Verkehrsemmissionen**, die von einer in Betrieb genommenen öffentlichen Straße ausgehen, sind als öffentlich-rechtliche Einwirkungen zu beurteilen. Die Beeinträchtigung betroffener Anliegergrundstücke durch Verkehrsemmissionen ist die unmittelbare Folge der Bestimmung der vorbeiführenden Straße für den Kraftverkehr. Diese Zweckbestimmung beruht auf der Widmung der Straße für diesen Gebrauch. Dazu wird zugleich die Pflicht der Anlieger begründet, die von der Straße ausgehenden Verkehrsemmissionen zu dulden. Die Verkehrslärmeinwirkungen bilden daher einen unmittelbaren hoheitlichen Eingriff in das Anliegereigentum (BGHZBGH 10. 12. 1987 – III ZR 204/86, NJW 1988, 900, 901; 97, 361, 394; 64, 220, 222). Grundsätzlich allerdings greifen in diesen Fällen spezialgesetzliche Vorschriften ein, die Ansprüche aus enteignendem Eingriff ausschließen. Diese gehen schon deshalb weiter, weil „enteignungsrechtliche Zumutbarkeitsschwelle“ und **„fachplanungsrechtliche Vorsorgeschwelle“** zu unterscheiden sind. Erste verlangt, dass die zugelassene Nutzung des Straßengrundstücks die vorgegebene Grundstückssituation nachhaltig verändert und dadurch das benachbarte Wohneigentum schwer und unerträglich trifft (BGHZ BGH 10. 12. 1987 – III ZR 204/86, NJW 1988, 900, 901; 140, 285, 298; 97, 361, 362 f; 97, 114, 16; 64, 220, 229). Die Überschreitung der zweiten begründet eine einfachgesetzliche (§ 74 Abs 2 S 3 VwVfG) Billigkeitsentschädigung im Vorfeld enteignender Eingriffe, dh für solche nachteiligen Einwirkungen des straßenrechtlichen Planvorhabens, die unterhalb der enteignungsrechtlichen Zumutbarkeitsschwelle bleiben (BGHZ 97, 114, 117). Gleiches gilt für den Anspruch auf Entschädigung für Schallschutzmaßnahmen nach § 42 BImSchG. Die „fachplanungsrechtliche Vorsorgeschwelle“ ist in § 2 der Verkehrslärmschutzverordnung – 16. BImSchV vom 12. 6. 1990 (BGBl I 1036 zuletzt geändert durch Art 1 der Verordnung vom 4. 11. 2020, BGBl I S 2334) – geregelt und sieht für reine und allgemeine Wohngebiete Immissionsgrenzwerte von 59 dB(A) am Tag und 49 dB(A) in der Nacht vor. Nach der Rechtsprechung des Bundesgerichtshofs ist die enteignungsrechtliche Zumutbarkeitsschwelle für Verkehrslärmimmissionen in Wohngebieten im Allgemeinen bei Werten von 70 bis 75 dB(A) tagsüber und von 60 bis 65 dB(A) nachts anzusetzen (vgl BGHZ 122, 76, 81 m zahlr wNw). 477

Hinsichtlich **Fluglärm** findet sich eine Regelung in § 9 FluglärmG (s hierzu auch BGHZ 161, 323 für den nachbarrechtlichen Ausgleichsanspruch gemäß § 906 Abs 2 S 2 BGB sowie BGH NJW 2010, 1141, 1142 Rn 20 ff).

Aus dem Vorrang des Planfeststellungsverfahrens folgt, dass der Anlieger einer Straße, die auf der Grundlage eines bestandskräftigen Planfeststellungsbeschlusses errichtet oder ausgebaut worden ist, nicht unter dem Gesichtspunkt des enteignenden Eingriffs einen Geldausgleich für im Planfeststellungsbeschluss nicht vorgesehene Schallschutzeinrichtungen auf dem betroffenen Grundstück verlangen kann (BGHZ 140, 285 in teilweiser Abweichung von BGHZ 97, 117). Weitergehende Schallschutzvorkehrungen oder Entschädigungen können die Betroffenen ggf nur durch Anfechtung des Planfeststellungsbeschlusses mit dem Ziel einer Ergänzung desselben in diesem Punkte und durch eine entsprechende Klage vor dem Verwaltungsgericht erzwingen. 478

Ist dagegen der Planfeststellungsbeschluss unanfechtbar geworden und treten **nicht voraussehbare** Wirkungen des Vorhabens oder der dem festgestellten Plan entsprechenden Anlagen auf das Recht eines anderen erst nach Unanfechtbarkeit des Planes auf, so kann der Betroffene Vorkehrungen oder die Errichtung und Unterhaltung von Anlagen verlangen, welche die nachteiligen Wirkungen ausschließen (BGHZ 140, 285, 296). Im Fall von nach Unanfechtbarkeit des Planfeststellungsbeschlusses (zB Ortsumgehung einer Landesstraße) aufgetretenen, **nicht voraussehbaren** und durch Schutzvorkehrungen **nicht mehr zu verhindernden** Schäden am Eigentum Dritter (zB Feuchtigkeitsschäden am Wohnhaus) besteht kein Anspruch der Betroffenen auf angemessene Entschädigung nach § 75 Abs 2 S 4 VwVfG. In einem solchen Fall können die Betroffenen Ansprüche aus enteignendem Eingriff vor den Zivilgerichten geltend machen (BGH NVwZ 2015, 1317; krit dazu Kohn DVBl 2017, 278).

479 **dd)** Wird ein Kraftfahrzeug im Zuge **strafrechtlicher Ermittlungen** als Beweismittel sichergestellt und in Verwahrung genommen, so steht dem Eigentümer für Schäden, die durch vorsätzliche Fremdeinwirkung („Vandalismus") an dem Fahrzeug entstehen, keine Entschädigung aus dem Gesichtspunkt des enteignenden Eingriffs zu. Die Unterstellung eines – rechtmäßig – sichergestellten und in Verwahrung genommenen Kraftfahrzeugs in der verschlossenen Halle eines Kraftfahrzeugbetriebes begründet nicht typischerweise die Gefahr, dass sich Dritte gewaltsam Zutritt verschaffen und das Fahrzeug vorsätzlich beschädigen. Wenn sich gleichwohl einmal ein solcher Schadensfall ereignet, so trifft dies den Eigentümer unabhängig davon, aus welchem Anlass sein Fahrzeug in der Halle untergestellt ist. In einem solchen Fall verwirklicht sich eine Gefahr, die nicht schon in der Sicherstellung und Inverwahrungnahme selbst angelegt ist, also nicht aus deren Eigenart folgt. Vielmehr ist das Eigentum des Geschädigten dann durch ein außerhalb der hoheitlichen Maßnahme liegendes selbständiges Ereignis betroffen, das jederzeit auch zu anderer Gelegenheit hätte eintreten können und mit dem sich nur ein allgemein zu tragendes Risiko verwirklicht. Dass der Betroffene sein Fahrzeug möglicherweise besonders sorgfältig geschützt und damit schädigenden Einwirkungen Dritter entzogen hätte, ist angesichts der gebotenen typisierenden Betrachtungsweise unerheblich (BGHZ 100, 335, 339).

480 **ee)** Dem Vermieter einer Wohnung steht für Schäden, die im Zuge einer rechtmäßigen Durchsuchung der Wohnung im Rahmen eines strafrechtlichen Ermittlungsverfahrens gegen den Mieter verursacht worden sind, grundsätzlich ein Anspruch aus enteignendem Eingriff zu. Ein dem Anspruch aus enteignendem Eingriff zugrundeliegendes gleichheitswidriges Sonderopfer kann allerdings dann zu verneinen sein, wenn der Vermieter weiß bzw davon erfährt oder es sich ihm aufdrängen muss, dass die Wohnung für die Begehung von Straftaten, die Lagerung von Diebesgut oder von (illegalen) Drogen benutzt wird oder werden soll, und er gleichwohl den Mietvertrag abschließt oder von einem Kündigungsrecht keinen Gebrauch macht (BGH 14. 3. 2013 – III ZR 253/12, BGHZ 197, 43). Der von einem rechtmäßigen Sicherungsarrest nach der Strafprozessordnung (Rückgewinnungshilfe) Betroffene hat nach Auffassung des BGH keinen Anspruch auf Entschädigung wegen enteignenden Eingriffs, soweit es um die entgangene Nutzung des vom Arrest erfassten Gegenstands oder des zur Abwendung des Arrestvollzugs hinterlegten Geldbetrages geht und sich die Dauer der Maßnahme in einem angemessenen Rahmen hält (BGH NJW 2019, 227 m krit Anm Cornils NJW 2019, 230).

ff) Die Bundesrepublik Deutschland haftet nicht für die Krankenhausbehandlungskosten eines mittellosen Notfallpatienten. Ein solcher Anspruch lässt sich insbesondere nicht aus enteignendem Eingriff begründen. Die Strafnorm des § 323c StGB, die den Krankenhausträger und dessen Bedienstete zur Hilfeleistung verpflichtet, stellt trotz der mit der Erfüllung dieser Hilfspflicht möglicherweise verbundenen finanziellen Belastungen keinen enteignenden Eingriff in den eingerichteten und ausgeübten Gewerbebetrieb dar (BGH NJW 2005, 1363). **481**

gg) Wegen möglicher Ansprüche aus enteignendem Eingriff bei Überschwemmungsschäden s den Abschnitt „Abwasserbeseitigung, Hochwasserschutz, Gewässerschutz" (Rn 714 ff). **482**

f) Das Sonderopfer für die Allgemeinheit

Das „Sonderopfer für die Allgemeinheit", das Tatbestandsvoraussetzung sowohl des enteignungsgleichen als auch des enteignenden Eingriffs ist, wird bereits in der grundlegenden Entscheidung des Großen Senats für Zivilsachen vom 10. 6. 1952 (BGHZ 6, 270, 280) wie folgt umschrieben: „Als zwangsweiser staatlicher Eingriff in das Eigentum, sei es in der Gestalt der Entziehung oder Belastung, der die betroffenen einzelnen oder Gruppen im Vergleich zu anderen ungleich, besonders trifft und sie zu einem besonderen, den übrigen nicht zugemuteten Opfer für die Allgemeinheit zwingt, und zwar zu einem Opfer, das gerade nicht den Inhalt und die Grenzen der betroffenen Rechtsgattung allgemein und einheitlich festlegt, sondern das aus dem Kreise der Rechtsträger einzelne oder Gruppen von ihnen unter Verletzung des Gleichheitssatzes besonders trifft." Ein Sonderopfer liegt mit anderen Worten vor, wenn die Einwirkungen die Sozialbindungsschwelle überschreiten, also im Verhältnis zu anderen ebenfalls betroffenen Personen eine besondere „Schwere" aufweisen oder im Verhältnis zu anderen nicht betroffenen Personen einen Gleichheitsverstoß bewirken, was – wie bereits oben dargelegt (Rn 474) – aufgrund einer umfassenden Beurteilung der Umstände des Einzelfalls entschieden werden muss (BGH 14. 12. 2017 – III ZR 48/17, NJW 2018, 1396 Rn 10; BGH 14. 3. 2013 – III ZR 253/12, BGHZ 197, 43 Rn 8; Ossenbühl/Cornils 344). Beim enteignungsgleichen Eingriff kommt dem Tatbestandsmerkmal „Sonderopfer" grundsätzlich keine eigenständige Bedeutung zu. Das Sonderopfer wird bereits durch die Rechtswidrigkeit der Maßnahme begründet (BGH 15. 12. 2016 – III ZR 387/14, BGHZ 213, 200 Rn 20; BGH 14. 3. 2013 – III ZR 253/12, BGHZ 197, 43 Rn 8). Rechtswidrige Vollstreckungsmaßnahmen, auch solche zur Durchsetzung von Steuerforderungen, können allerdings keine Entschädigungsansprüche wegen enteignungsgleichen Eingriffs begründen, weil hier das Schadensbild und seine Ausgleichung nicht von einem zu Unrecht abverlangten „Sonderopfer im Interesse des Allgemeinwohls" geprägt wird (BGH 2. 4. 1998 – III ZR 111/97, NVwZ 1998, 878, 879; BGH WM 1984, 1240; 1986, 204, 207; BGHZ 32, 240; 30, 123). **483**

Nach wirtschaftlicher Betrachtungsweise kann regelmäßig nur eine fühlbare Beeinträchtigung einer vermögenswerten Rechtsposition als entschädigungspflichtiges Opfer angesehen werden; geringfügige Beeinträchtigungen scheiden aus (BGHZ 54, 293, 296 mwNw). Bei einer gezielten Beschädigung bzw Zerstörung von Eigentum durch strafprozessuale Zwangsmaßnahmen liegt aber bereits in der Substanzverletzung eine solche fühlbare Beeinträchtigung des betroffenen Eigentums, die abgesehen von Bagatellfällen für die Annahme eines nicht hinzunehmenden Sonderopfers ausreicht (BGH 14. 3. 2013 – III ZR 253/12, BGHZ 197, 43: im Streitfall 803 € Schaden). Vom „Abverlangen eines Sonderopfers“ kann keine Rede sein, wenn der nachteilig Betroffene sich freiwillig in die Gefahr begeben hat, die ganz allgemein von ihm grundsätzlich selbst zu tragen oder von ihm herbeigeführt worden ist (BGH 8. 12. 2022 – III ZR 204/21, NJW 2023, 691 Rn 23 f; BGH NJW 2018, 1396 Rn 13; BGH 14. 3. 2012 – III ZR 253/12, BGHZ 197, 43 Rn 11; BGHZ 31, 1, 4; 17, 172, 175 f; 5, 144, 152; vgl auch BGHZ 129, 124, 129; BGH NJW 1976, 1204, 1205; BGHZ 37, 44, 48). Kein Sonderopfer liegt auch vor, wenn ein Passagier den Flug wegen der Dauer der Sicherheitskontrolle am Flughafen verpasst, wenn er nicht zur angezeigten Zeit, sondern später an der Kontrollstelle eintrifft (BGH NJW 2018, 1396; allgemein dazu Schäfer NJW 2019, 3029).

484 Unerheblich ist in diesem Zusammenhang, ob dem Kläger möglicherweise ein Anspruch auf Schadensersatz gegen einen Dritten zusteht. Die Regelung des § 839 Abs 1 S 2 BGB, wonach dann, wenn einem Beamten nur Fahrlässigkeit zur Last fällt, dieser – bzw die haftpflichtige Körperschaft (Art 34 S 1 GG) – nur dann in Anspruch genommen werden kann, wenn der Verletzte nicht auf andere Weise Ersatz zu erlangen vermag, gilt nicht für andere selbständige Erstattungsansprüche gegen den Staat (BGHZ 63, 167, 171 ff mwNw). Das Vorliegen eines Sonderopfers kann nicht vom Fehlen einer **anderweitigen Ersatzmöglichkeit** abhängig gemacht werden. Ob der Geschädigte aus dem Schadensereignis auch Ansprüche gegen Dritte hat, ist für die Frage, ob ihm im Interesse der Allgemeinheit durch hoheitlichen Zwang ein Sonderopfer in gleichheitswidriger Weise abverlangt worden ist, grundsätzlich ohne Bedeutung. Ein an sich entschädigungspflichtiges Sonderopfer wird im Allgemeinen nicht dadurch zum hinzunehmenden Nachteil, dass der Geschädigte auf Ansprüche gegen einen Dritten verwiesen und ihm insoweit das Risiko der Durchsetzbarkeit dieser Ansprüche auferlegt wird (BGHZ 197, 43).

g) Die Entschädigung

485 **aa)** Die Höhe der Entschädigung wegen (enteignenden oder) enteignungsgleichen Eingriffs richtet sich nach den Grundsätzen, die für die Bemessung der Enteignungsentschädigung gelten; denn anders als bei der verschuldensabhängigen Amtshaftung nach § 839 BGB iVm Art 34 GG führen die richterrechtlich entwickelten Institute des enteignungsgleichen und des enteignenden Eingriffs nicht zu einem Schadensersatz-, sondern zu einem Entschädigungsanspruch, dessen Ausgestaltung sich an das Enteignungsrecht anlehnt (BGH 14. 3. 1996 – III ZR 139/93, NJW-RR 1996, 792 f; BGH NJW 1975, 1880, 1881). Der Anspruch ist seiner Funktion nach darauf gerichtet, dem Eigentümer einen Ausgleich für das Genommene, die entzogene Vermögenssubstanz, zu gewähren. Der Betroffene soll durch die Entschädigung in den Stand gesetzt werden, sich eine Sache oder ein Recht gleicher Art und Güte zu verschaffen (BGH 27. 2. 1992 – III ZR 66/90, juris Rn 27). Für die Bemessung der Entschädigung ist der Zustand des Grundstücks in dem Zeitpunkt der Entscheidung über den Enteignungsantrag maßgebend (§ 93 Abs 4 S 1, § 95 Abs 1 S 2 BauGB). Unberücksichtigt bleiben aber auf der Qualität beruhende Wertänderungen, die infolge der bevorstehenden Enteignung eingetreten sind, sog enteignungsrechtliche Vorwirkung – vgl § 95 Abs 2 Nr 2 BauGB (s hierzu BGH 22. 4. 1982 – III ZR 131/80; BGH 22. 5. 1967 – III ZR 121/66). Zudem ist zu beachten, dass der Eigentümer durch Inhaltsbeschränkungen des Eigentums zum Wohle der Allgemeinheit verursachte Wertminderungen nach dem Regelungssystem des Art 14 GG bis zu einem gewissen Grad als entschädigungsfreie Sozialbindung hinnehmen muss, so dass die Entschädigung nur die Nachteile auszugleichen hat, die die von der Sozialgebundenheit gerechtfertigte Belastung des Eigentums übersteigt

(BGH 7. 7. 2016 – III ZR 28/15, BGHZ 211, 88 Rn 42). Grundsätzlich aber gilt, dass dem Betroffenen das volle Äquivalent für das abverlangte Opfer gewährt werden muss (HERRMANN/SCHOTT NJW 2023, 3041 Rn 7).

bb) Der Substanzverlust, den der Eigentümer eines infolge hoheitlicher Straßenbauarbeiten beschädigten denkmalgeschützten Gebäudes erlitten hatte, wurde nicht schon dadurch ausgeglichen, dass das Gebäude nunmehr mit einer Fassade in einfacher Bauart versehen wurde, sondern erforderte – zumindest im Grundsatz – auch eine Wiederherstellung der den optischen Reiz des Gebäudes ausmachenden Stuck- und Putzgliederung aus der Jugendstilepoche. Die öffentliche Hand musste daher die hierdurch verursachten Mehraufwendungen ersetzen, obwohl der Eigentümer selbst möglicherweise nach dem einschlägigen Landesrecht nicht verpflichtet gewesen wäre, diese Instandsetzungen auf eigene Kosten durchzuführen (BGHZ 140, 200, 204; auch zur Methode der Berechnung des „Substanzverlustes“ im Einzelnen [205 ff]). Bei einer **„faktischen Bausperre“** besteht der „Substanzverlust“ darin, dass der Eigentümer in der baulichen Ausnutzung seines Grundstücks zeitweise behindert worden ist. Für den Ausgleich dieses Verlustes ist regelmäßig auf die „Bodenrente“ abzustellen (BGH NJW 2010, 681, 682; BGHZ 65, 182, 188). Für deren Bemessung bietet sich der Betrag an, den ein Bauwilliger für die Erlaubnis zeitlicher baulicher Nutzung gezahlt haben würde (Miet-, Pacht- oder Erbbauzins); sie wird sich weitgehend mit einer angemessenen Verzinsung des bei endgültiger Teilenteignung für die entzogene Substanz geschuldeten Kapitals decken. Auf eine „Teilenteignung“ und nicht auf eine Vollenteignung ist deshalb abzustellen, weil ihr Gegenstand nicht das Eigentum am Grundstück selbst, sondern nur die daraus fließende Befugnis ist, das Grundstück bebauen zu können. Ist aber gerade die Bebaubarkeit der wesentliche wert- und preisbildende Faktor des Grundstücks, so liegt es nicht fern, dass das zu verzinsende Kapital die volle Höhe des Grundstückswertes (oder bei einer gescheiterten Veräußerung: des Kaufpreises) erreichen kann (BGH NJW 2010, 681; BGH 29. 9. 1975 – III ZR 40/73, BGHZ 65, 182, 188 f). Allerdings rechtfertigt sich aus diesem Grundsatz indessen keineswegs gleichsam „automatisch“ der Rückschluss, dass die Bodenrente jährlich 6 vH des in dem betreffenden Kaufvertrag vereinbarten Preises ausmachen müsse. Vielmehr kommt es auf die objektiven Gegebenheiten des gesunden Grundstücksmarktes an; insbesondere hat der entgangene Gewinn des Eigentümers grundsätzlich außer Betracht zu bleiben (BGHZ 134, 316, 324 f). Denn ein über den Substanzverlust hinausgehender Gewinnentgang, den der Eigentümer dadurch erlitten hat, dass infolge des Eingriffs die Veräußerung des betroffenen Vermögensgegenstandes gescheitert ist, ist nicht entschädigungsfähig (BGH 27. 2. 1992 – III ZR 66/90, juris Rn 27). Auch mit der rechtswidrigen Versagung einer Grundstückverkehrsgenehmigung (§ 9 GrdstVG), die den Eigentümer vorübergehend an der Veräußerung seines Grundstücks hindert, wird ihm dessen wirtschaftlicher Gegenwert in Gestalt des Veräußerungserlöses zeitweise vorenthalten. Dieser Erlös tritt – eigentumsrechtlich gesehen – an die Stelle des Grundstücks, jedoch der Höhe nach nur bis zu dessen objektivem Wert. „Genommen“ wird dem Eigentümer damit die Möglichkeit der Nutzung dieses an die Stelle des Grundstücks tretenden Kapitals, also der Zins. Der ihm insoweit entstehende Nachteil wird sich in der Regel dadurch vermindern, dass dem Eigentümer die Möglichkeit verbleibt, das Grundstück bis zur endgültigen Veräußerung weiterhin zu nutzen, mag auch sein Interesse an der Nutzung im Hinblick auf den beabsichtigten Verkauf geringer zu bewerten sein. Der so ermittelte Kapitalnutzungswert wird der Höhe nach 486 regelmäßig der – wegen der vorübergehend verbliebenen Nutzungsmöglichkeit um einen Abschlag verminderten – Bodenrente entsprechen (BGHZ 136, 182, 186 f).

487 Bei einem enteignenden Eingriff durch Verkehrsemissionen (s dazu auch Rn 477) bestimmt sich der für die »Qualitätsmerkmale« des Enteignungsobjekts ausschlaggebende Stichtag nach dem Zeitpunkt des Eingriffs (BGH 17. 4. 1986 – III ZR 202/84, BGHZ 97, 361, 370; BGH 3. 3. 1983 – III ZR 93/81; BGHZ 87, 66, 79 f; Herrmann/Schott NJW 2023, 3041 Rn 31 f). Jedoch ist als Stichtag für die Preisverhältnisse auf den Zeitpunkt der letzten mündlichen Tatsachenverhandlung abzustellen (BGH 12. 3. 1992 – III ZR 133/90, NVwZ 1992, 915, 916; BGH 17. 4. 1986 – III ZR 202/84, BGHZ 97, 361, 371). Das gilt auch dann, wenn das von Verkehrsemmissionen betroffene Grundstück veräußert wird. Gegenstand der Veräußerung ist nämlich der aufgrund des enteignenden Eingriffs in seinem Wert geminderte Restbesitz; die Entschädigungspflicht bezieht sich demgegenüber auf den von der Veräußerung gerade nicht umfassten (fiktiven) Mehrwert, den das Objekt gehabt hätte, wenn es nicht von dem enteignenden Eingriff betroffen worden wäre. Der Entschädigungspflichtige würde anderenfalls begünstigt, wenn er die Entschädigung zu Unrecht zurückhält, indem er von dem Risiko nachträglicher Preissteigerungen befreit würde (BGH 12. 3. 1992 – III ZR 133/90, NVwZ 1992, 915, 916). Ist der Eigentümer/Erbbauberechtigte wegen einer rechtswidrigen Versagung einer Nutzungsänderungsgenehmigung – vorübergehende Bau- bzw Nutzungssperre – zu entschädigen, so kann er aus dem Gesichtspunkt des enteignungsgleichen Eingriffs nicht Erstattung des Mindererlöses verlangen, den er bei einem Verkauf des Grundstücks während der Sperre mit Rücksicht auf dessen eingeschränkte Nutzbarkeit hinnehmen musste (BGH 17. 3. 1994 – III ZR 27/93, NJW 1994, 3158, 3160). Hierbei handelt es sich um eine rein tatsächliche nachteilige Eingriffsfolge, die den Eigentümer nicht in seinem allein eigentumsrechtlich geschützten Interesse trifft, nicht in der ungestörten Nutzung des Objekts – auch nicht vorübergehend – beeinträchtigt zu werden. Der nicht auf der Eigenart der hoheitlichen Maßnahme beruhende, allein in der ungünstigen wirtschaftlichen Lage des Eigentümers angelegte Umstand, dass das Erbbaurecht gerade während der zeitweiligen Nutzungsminderung veräußert werden musste, ohne dass dabei der volle Wert des Rechts erzielt werden konnte, berührt kein entschädigungsrechtlich erhebliches Interesse. Im Entschädigungsprozess ist es erforderlich, dass der Anspruch des Eigentümers dem „Substanzverlust" zugeordnet werden kann. Ist dies nicht möglich – etwa weil der Kläger seinen Schaden nach der Gesamtvermögenslage, die ohne das schädigende Ereignis bestehen würde, berechnet und sein etwaiger Anspruch auf Bodenrente sich keiner der bezifferten Schadenspositionen zuordnen lässt –, kann schon dies einem Entschädigungsanspruch entgegenstehen (BGH 18. 6. 1998 – III ZR 100/97, NVwZ 1998, 1328, 1330). Wird durch eine rechtswidrige faktische Bausperre die beabsichtigte Veräußerung des Grundstücks verzögert, dann muss der Eigentümer sich auf die ihm zustehende Entschädigung (Bodenrente) als auszugleichenden Vorteil die Wertsteigerung des Grundstücks anrechnen lassen, die er durch die Verzögerung erlangt. Wird durch eine rechtswidrige faktische Bausperre die beabsichtigte Vermietung des geplanten Gebäudes verhindert, dann muss der Eigentümer sich auf die ihm zustehende Entschädigung als auszugleichenden Vorteil anrechnen lassen, dass ihm mit der Vermietung verbundene Verluste erspart geblieben sind (BGH 15. 12. 1988 – III ZR 110/87, NJW 1989, 2117, 2118).

Zur Berechnung der Entschädigung für Eingriffe in lediglich obligatorische Nutzungsrechte (Miete, Pacht, Leihe) vgl BGH 17. 3. 1994 – III ZR 10/93, BGHZ 125,

293, 297 ff; BGH 8. 7. 1993 – III ZR 146/92, BGHZ 123, 166, 171 f; BGH 10. 7. 1986 – III ZR 269/85.

Die Verzugsregeln der §§ § 286 ff BGB iVm § 280 Abs 1 und 2 BGB finden auf die Entschädigungspflicht wegen enteignungsgleichen Eingriffs keine entsprechende Anwendung (BGH NJW 1982, 1277 zu § 284 aF).

cc) Der Entschädigungsanspruch richtet sich gegen den „Begünstigten" des Eingriffs im enteignungsrechtlichen Sinn. Allerdings wird der Begriff der „Begünstigung" in diesem Sinn zu eng gefasst, wenn man ihn dahingehend versteht, dass dem betroffenen Hoheitsträger unmittelbare Vorteile aus der den Eingriffstatbestand darstellenden Maßnahme zugeflossen sein müssen. Entschädigungspflichtig ist der Hoheitsträger, dessen Aufgaben wahrgenommen wurden oder dem die Vorteile des Eingriffs zugeflossen sind. Deswegen kann eine „Begünstigung" auch darin liegen, dass – entsprechend der ersten Alternative des vorstehend bezeichneten Grundsatzes – mit der Maßnahme eigene Aufgaben des betroffenen Hoheitsträgers wahrgenommen worden sind (BGHZ 134, 316, 321; vgl auch BGH NJW 1980, 387). Haben an einem Eingriff mehrere Hoheitsträger mitgewirkt, kommt daher eine gesamtschuldnerische Haftung dieser in Betracht. **488**

h) Vorrang des Primärrechtsschutzes

Ähnlich wie im Amtshaftungsrecht (§ 839 Abs 3 BGB) besteht auch beim enteignungsgleichen Eingriff ein Vorrang des Primärrechtsschutzes. Unterlässt der Betroffene es schuldhaft, den Eingriff mit den zulässigen Rechtsmitteln abzuwehren, so kann er in entsprechender Anwendung des § 254 BGB regelmäßig eine Entschädigung für solche Nachteile nicht verlangen, die er durch den Gebrauch der Rechtsmittel hätte vermeiden können (BGHZ 113, 17, 23; 110, 12; 90, 17, 31, 32; vgl auch BGH VersR 1985, 492, 494, wo ausdrücklich hervorgehoben wird, dass die Frage nach der Anwendbarkeit des § 254 BGB beim enteignungsgleichen Eingriff der Problematik des § 839 Abs 3 BGB im Amtshaftungsrecht vergleichbar ist). **489**

Im Übrigen kann sich ein **mitwirkendes Verschulden** (§ 254 BGB) auch außerhalb des Bereichs der Unterlassung von Rechtsbehelfen sowohl beim enteignenden als auch beim enteignungsgleichen Eingriff anspruchsmindernd auswirken. Wenn das Eigentum schadensgeneigt ist, kann die deshalb schwächere Rechtsposition geringer als ein Eigentumsrecht ohne die Schadensneigung entschädigt werden, was sogar anspruchsausschließend wirken kann, wenn die enteignungsrechtliche Opfergrenze deshalb nicht überschritten wird (BGH NVwZ 2015, 1317 Rn 35).

i) Weitere Einzelfragen

aa) Die **Darlegungs- und Beweislast** für die Voraussetzungen der Ansprüche aus enteignendem Eingriff bzw landesrechtlicher Spezialregelung wie zB § 39 Abs 1 OBG NW liegen beim Anspruchsteller. Dies gilt auch für die Frage, ob er Nichtstörer war. Die Nichterweislichkeit einer tatsächlich nicht vorliegenden Gefahr geht zu seinen Lasten, da die Inanspruchnahme als Nichtstörer bzw Anscheinsstörer Anspruchsvoraussetzung ist. Allerdings können Beweiserleichterungen zu seinen Gunsten eingreifen, insbesondere, wenn durch den Eingriff der Beweis einer Inanspruchnahme als Nichtstörer erschwert oder vereitelt wurde (BGH NJW 1996, 3151, 3152; BGHZ 126, 279, 285; **aA** OLG Karlsruhe 3. 7. 2013 – 22 U 1/13 zu § 64 HSOG und BGH MDR 1968, 478). Je- **490**

denfalls trifft die Behörde eine sekundäre Darlegungslast hinsichtlich der Voraussetzungen des von ihr vorgenommenen Eingriffs.

491 **bb)** Für Entschädigungsansprüche wegen enteignungsgleichen oder enteignenden Eingriffs gilt die regelmäßige **Verjährungsfrist** von drei Jahren (§ 195 BGB). Sie beginnt nach § 199 Abs 1 BGB mit dem Schluss des Jahres, in dem (1.) der Anspruch entstanden ist, und – kumulativ – (2.) der Gläubiger von den den Anspruch begründenden Umständen und der Person des Schuldners Kenntnis erlangt oder ohne grobe Fahrlässigkeit erlangen müsste. Mit Rücksicht auf die enge innere Verwandtschaft zwischen dem Entschädigungsanspruch und einem Schadensersatzanspruch erscheint es gerechtfertigt, die für Schadensersatzansprüche geltenden Höchstfristen des § 199 Abs 3 BGB auf den Entschädigungsanspruch entsprechend anzuwenden. Hingegen kommt eine entsprechende Anwendung des § 199 Abs 2 BGB nicht in Betracht, da die dort in Rede stehenden Rechtsgüter (Leben, Körper, Gesundheit oder Freiheit) außerhalb des Anwendungsbereichs des enteignungsgleichen oder enteignenden Eingriffs liegen. Die zum Amtshaftungsrecht entwickelten Grundsätze über die verjährungshemmende Wirkung der Inanspruchnahme von Primärrechtsschutz (Rn 380) gelten auch beim enteignungsgleichen oder enteignenden Eingriff.

492 **cc)** Zwischen dem Amtshaftungsanspruch (§ 839 BGB iVm Art 34 GG) und dem Entschädigungsanspruch aus enteignungsgleichem Eingriff kann Anspruchskonkurrenz bestehen (BGH NVwZ-RR 2003, 403). Unerheblich ist, ob der Kläger im Amtshaftungsprozess die Klage auch ausdrücklich auf enteignungsgleichen Eingriff gestützt hat. Entscheidend ist vielmehr, ob sich auf der Grundlage des vorgetragenen Sachverhalts die begehrte Rechtsfolge auch aus enteignungsgleichem Eingriff herleiten lässt; ist dies der Fall, so sind die Gerichte berechtigt und verpflichtet, den Prozessstoff auch unter diesem rechtlichen Gesichtspunkt zu würdigen (BGHZ 136, 182, 184; BGH NVwZ 1992, 1119). Das Verweisungsprivileg (§ 839 Abs 1 S 2 BGB) gilt beim allgemeinen enteignungsgleichen Eingriff nicht (Rn 282). Wird eine Klage auf einen Amtshaftungsanspruch und hilfsweise auf einen solchen aus enteignungsgleichem Eingriff gestützt, findet bei der Bemessung des Streitwerts keine Wertaddition statt, weil die Ansprüche wirtschaftlich identisch sind (BGH 26. 11. 2009 – III ZR 116/09, NJW 2010, 681 Rn 7).

493 **dd)** Landesrechtliche **Spezialregelungen** über eine verschuldensunabhängige Behördenhaftung für rechtswidrige Maßnahmen (zB § 39 Abs 1 lit b OBG NW) gehen in ihrem Anwendungsbereich dem allgemeinen Haftungsinstitut des enteignungsgleichen Eingriffs vor. Dementsprechend hat der BGH entschieden, dass im Geltungsbereich des nordrhein-westfälischen Ordnungsbehördengesetzes ein Anspruch aus enteignungsgleichem Eingriff wegen einer sogenannten faktischen Bausperre dann ausscheide, wenn die Bauaufsichtsbehörde die beabsichtigte Bebauung nicht (nur) tatsächlich verhindere, sondern durch formellen Bescheid den beantragten Vorbescheid versage. Bei dieser Sachlage komme eine Haftung nur aus dem Gesichtspunkt der ordnungsbehördlichen Spezialvorschriften und wegen Amtshaftung in Betracht (BGH 11. 7. 1991 – III ZR 174/90, juris Rn 2; vgl auch BGH 10. 3. 1994 – III ZR 9/93, BGHZ 125, 258, 264). Fehlt es hingegen an einer derartigen landesrechtlichen Spezialregelung, so steht einem Rückgriff auf das allgemeine Haftungsinstitut des enteignungsgleichen Eingriffs nichts im Wege (BGH 3. 8. 2023 – III ZR 54/22, BGHZ 238, 105 Rn 26 zum baden-württembergischen Polizeigesetz; BGHZ 125, 258, 264).

Auch § 59 (früher § 37) ASOG Berlin enthält eine erschöpfende Regelung der Ansprüche aus Aufopferung und aus enteignungsgleichem Eingriff (BGH 25. 5. 1987 – III ZR 216/86, VersR 1987, 1133). Ebenso geht die Haftung nach dem StHG (Rn 16), soweit dessen Anwendungsbereich reicht, als spezialgesetzliche Konkretisierung den allgemeinen, auf Richterrecht beruhenden Grundsätzen über den enteignungsgleichen Eingriff vor (BGH 19. 12. 1995 – III ZR 190/94, NVwZ-RR 1997, 204, 205). 494

§§ 56, 65 IfSG enthalten keine Spezialregelung für Entschädigungstatbestände außerhalb des Infektionsschutzgesetzes, ihnen liegt allerdings für rechtmäßig auferlegte Beschränkungen ein abschließendes Regelungskonzept zugrunde (BGH 3. 8. 2023 – III ZR 54/22, BGHZ 238, 105 Rn 25; BGH 17. 3. 2022 – III ZR 79/21, BGHZ 233, 107 Rn 57 mwNw; s hierzu auch AUF DER HEIDEN NJW 2022, 3737). Im Umfang derartiger Spezialregelungen sind auch die für diese geltenden Verjährungsregelungen maßgeblich (§ 4 StHG: ein Jahr [BGH NVwZ-RR 1997, 204, 205]). Solche Fristen werden allerdings durch Inanspruchnahme verwaltungsgerichtlichen Primärrechtsschutzes in gleicher Weise unterbrochen bzw gehemmt wie bei der Amtshaftung (Rn 380 ff).

ee) Beim enteignenden Eingriff besteht ein entsprechender Vorrang der spezialgesetzlichen Haftungsinstitute für rechtmäßige behördliche Maßnahmen, beispielsweise für die Inanspruchnahme des Nichtstörers nach § 39 Abs 1 lit a OBG NW oder nach §§ 56, 65 IfSG (BGH 3. 8. 2023 – III ZR 54/22, BGHZ 238, 105 Rn 23). Ebenso enthält das Bundesleistungsgesetz eine abschließende, dem enteignenden Eingriff vorgehende Regelung für Manöverschäden, soweit sie den Schadenstatbeständen dieses Gesetzes unterfallen (BGHZ 112, 392). 495

j) Anhang: Die ausgleichspflichtige Inhaltsbestimmung

aa) Aufgrund der Junktimklausel des Art 14 Abs 3 S 2 GG muss jedes nach Inkrafttreten des Grundgesetzes erlassene Enteignungsgesetz ohne Rücksicht darauf, ob sein Enteignungscharakter ohne weiteres erkennbar ist oder nicht, eine Regelung über Art und Ausmaß der Entschädigung enthalten (BVerfGE 4, 219, 230). Unter der Geltung des – vorstehend beschriebenen (Rn 442) – weiten Enteignungsbegriffs (dh bis zum Nassauskiesungsbeschluss) ergaben sich für den Gesetzgeber bei einer strikten Anwendung der Junktimklausel erhebliche Schwierigkeiten, weil häufig nicht oder kaum vorhersehbar war, ob gesetzeskonforme Eingriffe sich im Einzelfall für den betroffenen Bürger enteignend auswirkten und Entschädigungsansprüche auslösten. Diesen Schwierigkeiten begegnete der Gesetzgeber, indem er sogenannte „salvatorische Entschädigungsklauseln" erließ (BGHZ 99, 24, 27). Diese finden sich insbesondere im Natur-, Landschafts-, Umwelt- und Denkmalschutzrecht. Sie lauten sinngemäß: „Stellen Maßnahmen aufgrund dieses Gesetzes eine Enteignung dar, ist eine angemessene Entschädigung in Geld zu leisten" (vgl die Beispielsfälle BGHZ 99, 24, 27 f zum Denkmalschutzrecht; BGH RdL 2004, 271 = NuR 2004, 755 zu § 32 PflSchG aF nunmehr § 54 Abs 2 PflSchG; auch BGHZ 133, 265, 266; 126, 379, 382; 121, 328, 334). Einige Länderregelungen zu § 68 BNatSchG führen typische – nicht abschließende – Beispielsfälle an, zB dass eine bisher rechtmäßig ausgeübte Nutzung nicht mehr fortgesetzt werden darf (vgl § 54 Abs 1 NatSchGBln, § 20 Abs 2 HmbBNatSchAG, § 40 Abs 1 SächsNatSchG). Andere gesetzliche Regelungen verzichten auf die Angabe derartiger Regelbeispiele, stellen also „reine" salvatorische Entschädigungsklauseln dar (vgl auf bundesrechtlicher Ebene zB § 52 Abs 4 WHG [vgl BGHZ 133, 271 zu § 19 Abs 3 S 1 WHG aF]). 496

497 **bb)** Die zur Entschädigungspflicht nach diesen gesetzlichen Vorschriften führenden Maßnahmen des Natur-, Landschafts-, Umwelt- und Denkmalschutzes zielen im Lichte der gewandelten höchstrichterlichen Rechtsprechung nicht mehr auf eine Enteignung im Sinne des Art 14 Abs 3 GG ab, sondern stellen lediglich eine Inhaltsbestimmung des Eigentums im Sinne von Art 14 Abs 1 S 2 GG dar. Sie sind nicht auf den Entzug konkreter Rechtspositionen gerichtet, sondern bestimmen Inhalt und Umfang des Eigentums und aktualisieren damit dessen Sozialpflichtigkeit (BGHZ 133, 271, 274 mwNw). Auch die Entschädigungsregelungen selbst gewähren daher keine Enteignungsentschädigung, sondern dienen als Ausgleichsregelungen im Rahmen der Inhaltsbestimmung des Eigentums dem Zweck, eine dem Eigentümer durch naturschutzrechtliche oder vergleichbare Maßnahmen im Einzelfall auferlegte besondere Belastung durch eine Geldleistung auf ein zumutbares Maß herabzumindern und die andernfalls eintretende Folge der Verfassungswidrigkeit zu vermeiden. Ausgleichspflichtig ist danach eine Beeinträchtigung einer Rechtsposition, durch die der Eigentümer unverhältnismäßig oder im Verhältnis zu anderen ungleich in unzumutbarer Weise belastet wird (BGHZ 126, 379, 382 mwNw). Die Ausgleichsregelungen sind daher insbesondere **nicht** an Art 14 Abs 3 zu messen (BGHZ 133, 271, 274; 133, 265, 267; 126, 379, 381; 123, 242, 244; 121, 328, 332; 121, 73, 78). Auch in ihrer Ausgestaltung als generalklauselartige „reine" salvatorische Klauseln genügen sie dem verfassungsrechtlichen Bestimmtheitsgebot und den Anforderungen des Art 14 Abs 1 S 2 GG (BGHZ 133, 271, 274 mwNw).

498 **cc)** Ausgleichsregelungen, die den Grundsatz der Verhältnismäßigkeit in besonderen Härtefällen wahren sollen, sind unzulänglich, wenn sie sich darauf beschränken, dem Betroffenen einen Entschädigungsanspruch in Geld zuzubilligen. Die Bestandsgarantie des Art 14 Abs 1 S 1 GG verlangt, dass in erster Linie Vorkehrungen getroffen werden, die eine unverhältnismäßige Belastung des Eigentümers real vermeiden und die Privatnützigkeit des Eigentums so weit wie möglich erhalten. Als Instrumente stehen dem Gesetzgeber hierfür Übergangsregelungen, Ausnahme- und Befreiungsvorschriften sowie der Einsatz sonstiger administrativer und technischer Vorkehrungen zur Verfügung. Ist ein solcher Ausgleich im Einzelfall nicht oder nur mit unverhältnismäßigem Aufwand möglich, kann für diesen Fall ein finanzieller Ausgleich in Betracht kommen, oder es kann geboten sein, dem Eigentümer einen Anspruch auf Übernahme durch die öffentliche Hand zum Verkehrswert einzuräumen (BVerfGE 100, 226, 245 f).

Unabdingbare Voraussetzung für eine Entschädigung ist, dass die Zubilligung einer Ausgleichsleistung von Gesetzes wegen festgelegt ist. Wenn sich keine einschlägige Vorschrift findet, ist es nicht zulässig, einen derartigen Ausgleichsanspruch kraft Richterrechts zu gewähren (BGH 3. 8. 2023 – III ZR 54/22, BGHZ 238, 105 Rn 59; BGH 17. 3. 2022 – III ZR 79/21, BGHZ 233, 107 Rn 59; BGH 10. 12. 1987 – III ZR 220/86, BGHZ 102, 350, 360).

Ein Eigentümer, der einen ihn in seinem Grundrecht aus Art 14 Abs 1 S 1 GG beeinträchtigenden Verwaltungsakt für unverhältnismäßig hält, muss ihn im Verwaltungsrechtsweg anfechten. Lässt er ihn bestandskräftig werden, so kann er eine Entschädigung auch als Ausgleich im Rahmen von Art 14 Abs 1 S 2 GG nicht mehr einfordern (vgl BVerfGE 58, 300, 324 = NJW 1982, 745; BGHZ 186, 136, 142). Der Betroffene muss sich daher entscheiden, ob er den die Eigentumsbeschränkung aktualisierenden Eingriffsakt hinnehmen oder anfechten will. Diese Entscheidung kann er sinnvoll nur treffen, wenn er weiß, ob ihm ein Ausgleich zusteht. Es ist dem Betroffenen nicht zuzumuten, einen Verwaltungsakt, den er für unvereinbar mit der Eigentumsgarantie des Grundgesetzes hält, in der unsicheren Erwartung eines nachträglich in einem anderen Verfahren zu bewilligenden Ausgleichs bestandskräftig werden zu lassen. Auch die Verwaltungsgerichte müssen, um die Rechtmäßigkeit eines in Eigentumspositionen eingreifenden Verwaltungsaktes abschließend beurteilen zu können, wissen, ob und in welcher Weise eine anderenfalls unzumutbare Belastung ausgeglichen wird.

Der Gesetzgeber hat seine materiellrechtlichen Ausgleichsregelungen deshalb durch verwaltungsverfahrensrechtliche Vorschriften zu ergänzen, die sicherstellen, dass mit einem die Eigentumsbeschränkung aktualisierenden Verwaltungsakt zugleich über einen dem belasteten Eigentümer ggf zu gewährenden Ausgleich entschieden wird; bei finanzieller Kompensation ist zumindest dem Grunde nach über das Bestehen des Anspruchs zu entscheiden. Dementsprechend hat der Gesetzgeber die Streitigkeiten über das Bestehen und die Höhe eines Ausgleichsanspruchs im Rahmen des Art 14 Abs 1 S 2 GG den Verwaltungsgerichten zugewiesen (§ 40 Abs 2 S 1 HS 2 VwGO in der Fassung des Gesetzes vom 20. 12. 2001; BGBl I 3987; s auch § 78 IfSG).

2. Aufopferung

a) Aufopferung und aufopferungsgleicher Eingriff

aa) Die Rechtsprechung des Reichsgerichts entwickelte aus § 75 EinlALR von 1794 (Text: s Rn 439) den allgemeinen Rechtsgedanken, dass bei rechtmäßigen beeinträchtigenden Eingriffen der Staatsgewalt, die im Allgemeininteresse in nichtvermögenswerte Lebensgüter des Einzelnen in Form der Auferlegung eines Sonderopfers (Aufopferung im engeren Sinne) erfolgen, ein Aufopferungsanspruch gegen den Staat gegeben sei (vgl RGZ 102, 390, 391; zur Rechtsentwicklung s auch BGH 7. 9. 2017 – III ZR 71/17, BGHZ 215, 335 Rn 16). Dieser Rechtsgedanke fand auch in der Rechtsprechung des BGH Anerkennung, wobei zunächst Impfschäden im Vordergrund standen (vgl BGHZ 34, 24; 31, 187; 25, 238; 9, 83; 7, 331; 6, 270, 275), sowie Eingang in die Rspr des BVerfG (BVerfG [II. Senat 1. Kammer] 19. 5. 2023 – 2 BvR 78/22, NVwZ-RR 2023, 649 Rn 35) und hat inzwischen allgemeine Geltung erlangt (BGH 13. 2. 2025 – III ZR 63/24, BGHZ 243, 71 Rn 57; BGH 7. 9. 2017 – III ZR 71/17, BGHZ 215, 335 Rn 16). Die Gewährung des Aufopferungsanspruchs gründet sich dabei auf die Überlegung, dass Sonderopfer an nichtvermögenswerten Gütern, wie Freiheit und körperliche Integrität, nicht weniger ausgleichsbedürftig seien als Einbußen an Vermögenswerten. Eine Rechtsgrundlage des Aufopferungsanspruchs in Form einer Blankettvorschrift wurde zum 1. 1. 1976 in § 5 SGB-AT (nunmehr SGB I) geschaffen, der nunmehr (nahezu unverändert) lautet: 499

> Wer einen Gesundheitsschaden erleidet, für dessen Folgen die staatliche Gemeinschaft in Abgeltung eines besonderen Opfers oder aus anderen Gründen nach Grundsätzen des Sozialen Entschädigungsrechts einsteht, hat ein Recht auf 1. die notwendigen Maßnahmen zur Erhaltung, zur Besserung und zur Wiederherstellung der Gesundheit und der Leistungsfähigkeit und 2. angemessene wirtschaftliche Versorgung.

bb) Nachdem die Rechtsentwicklung dazu geführt hatte, einen Entschädigungsanspruch auch bei schuldlos-rechtswidrigen enteignungsgleichen Eingriffen in Vermögenswerte zuzubilligen, lag es in der Konsequenz des Gedankens der Gleichwertig- 500 keit von Vermögenswerten und Nichtvermögenswerten, einen entsprechenden Entschädigungsanspruch auch bei aufopferungsgleichen Eingriffen, dh bei rechtswidrigen Eingriffen der Organe der Staatsgewalt in nichtvermögenswerte Persönlichkeitsgüter zuzulassen. Dieser Schritt ist – im Gegensatz zur Rechtsprechung des Reichsgerichts (RGZ 140, 276, 287; 126, 356, 361) – in der Rechtsprechung des BGH (vgl BGH VersR 1966, 388; BGHZ 36, 379, 391; 23, 157; 13, 88, 92) vollzogen worden. Voraussetzung des Entschädigungsanspruchs ist, nicht anders als beim rechtmäßigen Eingriff, ein dem Betroffenen im öffentlichen Interesse abverlangtes, ihn ungleich treffendes Sonderopfer, und zwar ein solches, das ihm unmittelbar abverlangt oder auferlegt worden ist (BGHZ 50, 14, 18; BGH NJW 1966, 1859, 1860). Die Maßnahme muss bei einem Betroffenen unmittelbar zu Nachteilen führen, die er aus rechtlichen oder tatsächlichen Gründen hinnehmen muss, die aber die Schwelle des enteignungs- bzw aufopferungsrechtlich Zumutbaren übersteigen; die Einwirkungen auf die Rechtsposition des Betroffenen müssen die Sozialbindungsschwelle überschreiten, also im Verhältnis zu anderen ebenfalls betroffenen Personen eine besondere Schwere aufweisen oder im Verhältnis zu anderen nicht betroffenen Personen einen Gleichheitsverstoß bewirken (BGH 13. 2. 2025 – III ZR 63/24, BGHZ 243, 71 Rn 63; BGH 4. 12. 2017 – III ZR 48/17, NJW 2018, 1396 Rn 10). Die Voraussetzung, dass das Sonderopfer im öffentlichen Interesse abverlangt wird, kann auch bei irrtümlich angeordneten Eingriffen gegeben sein, da es nicht entscheidend ist, ob der Allgemeinheit tatsächlich aus dem Eingriff ein Vorteil erwachsen ist (BGHZ 36, 179; 13, 88, 92). Das Gleiche gilt regelmäßig bei rechtswidrigen Eingriffen, da die Machtbefugnis zu hoheitlichen Eingriffen schlechthin nur aus dem vermeintlichen Interesse der Allgemeinheit herzuleiten ist (vgl BGHZ 36, 179; 13, 88, 92).

501 **cc)** Dementsprechend ist die Tatbestandsstruktur der Aufopferung (einschl des aufopferungsgleichen Eingriffs) mit der des enteignungsgleichen Eingriffs deckungsgleich (Ossenbühl/Cornils 136 f). Beide Haftungsinstitute unterscheiden sich nur hinsichtlich des Eingriffsobjekts, das beim enteignungsgleichen Eingriff als einem Spezialfall der allgemeinen Aufopferung im Eigentum oder in einer sonstigen durch Art 14 GG geschützten Rechtsposition besteht, während bei der Aufopferung nichtvermögenswerte Rechtsgüter, wie insbesondere die von Art 2 Abs 2 GG geschützten Rechtsgüter Leben, Gesundheit, Freiheit, körperliche Unversehrtheit in Betracht kommen, nicht aber Eingriffe in das Grundrecht aus Art 12 Abs 1 GG (vgl BGH 13. 2. 2025 – III ZR 63/24, BGHZ 243, 71 Rn 57; BGH NJW 1994, 2229; bestätigt durch BVerfG NVwZ 1998, 271). Darüber hinaus ist der BGH nunmehr der in der Literatur bereits seit Langem vertretenen Auffassung (Ossenbühl/Cornils 135, 138; MünchKommBGB/Papier/Shirvani § 839 Rn 101; Grzeszick in Ehlers/Pünder [16. Aufl 2022] § 45 Rn 102; Schenke NJW 1991, 1777, 1781) gefolgt und hat – auch im Hinblick auf die Rechtsprechung des EGMR (EGMR 22. 10. 2020 – 6780/18, 30776/18 [Roth/Deutschland], NJW 2022, 35 Rn 92 f) – entschieden, dass auch ein Eingriff in das allgemeine Persönlichkeitsrecht einen Aufopferungsanspruch auszulösen vermag (BGH 13. 2. 2025 – III ZR 63/24, BGHZ 243, 71 Rn 58 f). Keine wesentlichen Unterschiede bestehen auch hinsichtlich der Merkmale, dass der betreffende Eingriff von hoher Hand vorgenommen worden sein muss, hinsichtlich des Erfordernisses der Unmittelbarkeit und hinsichtlich der Auferlegung eines Sonderopfers zum Wohle der Allgemeinheit.

502 **dd)** Die wichtigsten bisherigen Anwendungsfelder des allgemeinen Aufopferungsanspruchs (Beispiele bei Ossenbühl/Cornils 134) sind inzwischen spezialgesetzlich ge-

regelt (insbesondere Impfschäden, Schäden durch rechtswidrige oder rechtmäßige ordnungs- oder polizeirechtliche Maßnahmen, rechtswidrige Inhaftierungen, Schulunfälle). Da der Aufopferungsanspruch als äußerster Rechtsbehelf zurücktritt, soweit der Staat den Betroffenen für das erlittene Sonderopfer bereits auf andere Weise hinreichend entschädigt (BGH 6. 5. 1993 – III ZR 126/92, NJW-RR 1994, 213), sind gerichtliche Entscheidungen, in denen ein reiner Aufopferungsanspruch zuerkannt wird, „eine Rarität" (Ossenbühl/Cornils 133 mwNw). Auch die folgenden Ausführungen zum allgemeinen Aufopferungsanspruch stehen daher unter dem Vorbehalt, dass die Tatbestandsvoraussetzungen etwaiger **Spezialvorschriften** jeweils **vorrangig** zu prüfen sind.

b) Das Sonderopfer

aa) Bei **rechtmäßigen Eingriffen** auf gesetzlicher Grundlage liegt ein Sonderopfer nicht vor, wenn das Gesetz für alle Bürger oder einen unbestimmten Kreis von ihnen die gleiche Pflichtenlage geschaffen und bestimmte Opfer gefordert und gewollt hat, wie etwa grundsätzlich beim Wehrdienst (BGHZ 66, 118; 65, 196, 206 ff; 20, 64; 9, 83). Nur Nachteile, die über das hinausgehen, was nach dem Willen des Gesetzes der Einzelne hinzunehmen hat, die also die allgemeine Opfergrenze überschreiten, können danach als ein einen Entschädigungsanspruch begründendes Sonderopfer angesehen werden, wie zB schwere Körper- und Gesundheitsschäden, die der im Krieg verwundete Soldat aus einer neuen und selbständigen Opferlage – ärztliche Behandlung zu Forschungszwecken – erleidet (BGHZ 20, 61), oder solche Schäden als Folgen einer allgemein angeordneten Schutzimpfung (hier erfolgt die Entschädigung nach § 24 SGB XIV, früher § 60 IfSG), oder einer Untersuchung nach § 372a ZPO, weil diese Eingriffe normalerweise mit solchen Schädigungen nicht verbunden sind, oder einer (unbeabsichtigten) Bissverletzung durch einen Polizeihundeeinsatz (OLG Frankfurt NVwZ-RR 2014, 142). Bei erzwingbaren gesetzlichen Verpflichtungen macht es keinen Unterschied, ob der Schaden aus einer erzwungenen Impfung oder ärztlichen Behandlung usw erwächst, oder ob der Betroffene der gesetzlichen Pflicht „freiwillig" nachkommt (BGHZ 25, 238, betreffend Salvarsanbehandlung). Ein „Abfordern" liegt aber auch vor, wenn der Betroffene einer behördlichen Empfehlung folgt, ohne dass ein gesetzlicher Befolgungszwang besteht (behördliches Anraten einer Schutzimpfung), sei es, dass er unter Gewissenszwang steht, weil ihm die eigene Entschließung nur noch der Form nach zukommt, sei es, dass er dem Rat vertraut und sich der Rücksicht auf das Gemeinwohl fügt – behördlicher Rat = „psychologisches Abfordern" – (BGHZ 31, 187; 24, 25). 503

Bei **rechtswidrigen Eingriffen** ergibt sich das Vorliegen eines Sonderopfers bereits aus der Rechtswidrigkeit der Maßnahme. So muss der von Überwachungsmaßnahmen des Verfassungsschutzes Betroffene diese nur dann nicht entschädigungslos hinnehmen, wenn die Maßnahmen rechtswidrig waren (BGH 13. 2. 2025 – III ZR 63/24, BGHZ 243, 71 Rn 62 ff). Dabei macht es keinen Unterschied, ob der rechtswidrige Eingriff schuldlos oder schuldhaft erfolgt ist, da für den aufopferungsgleichen Eingriff insoweit nichts anderes gelten kann als für den enteignungsgleichen Eingriff. Es ist dabei auch ohne Bedeutung, ob der Eingriff, der objektiv rechtswidrig ist, weil seine gesetzlichen Voraussetzungen objektiv nicht gegeben waren, auf verwaltungsmäßig hoheitlichem Handeln oder auf einer gerichtlichen Anordnung (zB Impfung aufgrund verwaltungsgerichtlicher Entscheidung) beruht (BGHZ 36, 379, 390). Bedeutungslos ist auch, ob es sich um eine „gezielte" oder eine „zufällige" Beeinträchtigung handelt.

504 **bb)** Ein entschädigungspflichtiges Sonderopfer setzt nach der Rechtsprechung des Bundesgerichtshofs voraus, dass eine an sich rechtmäßige hoheitliche Maßnahme bei einem Betroffenen unmittelbar zu Nachteilen führt, die er aus rechtlichen oder tatsächlichen Gründen hinnehmen muss, die aber die Schwelle des grundrechtlich Zumutbaren übersteigen; die Einwirkungen auf die Rechtsposition des Betroffenen müssen die Sozialbindungsschwelle überschreiten, also im Verhältnis zu anderen ebenfalls betroffenen Personen eine besondere Schwere aufweisen oder im Verhältnis zu anderen nicht betroffenen Personen einen Gleichheitsverstoß bewirken. Insofern gelten die Erwägungen zum Sonderopfer beim enteignenden bzw enteignungsgleichen Eingriff entsprechend (Rn 483). Bei der Enteignung bereitet es im Einzelfall Schwierigkeiten, die Grenze zu ziehen zwischen Einbußen, die der Betroffene kraft der Inhaltsbeschränkung und Sozialgebundenheit des Entschädigungsanspruchs hinnehmen muss, und Eingriffen, die eine einen Entschädigungsanspruch auslösende Sonderbelastung darstellen. In gleicher Weise ergeben sich auch bei der Aufopferung im engeren Sinne Schwierigkeiten, im Einzelfall die Opfergrenze festzulegen, nämlich die Grenze zwischen den Einbußen an Freiheit, Leben, Gesundheit, die das Gesetz dem einzelnen hinzunehmen zumutet, und den diese Grenze überschreitenden Sondereinbußen (vgl BGH NJW 1962, 1500, 1504). Es gilt dabei, die Fälle auszuscheiden, in denen zwar zwischen staatlichem Zwang und einer besonders schweren Einbuße ein innerer Zusammenhang besteht, der staatliche Zwang aber nicht eine besondere Gefahrensituation „künstlich" geschaffen hat, sondern die Einbuße in den „vorgegebenen" Bereich des allgemeinen Lebensrisikos fällt, weil der Betroffene von der Schädigung in ähnlicher Weise allgemein auch unabhängig von dem staatlichen Zwang bedroht war und das allgemeine Lebensrisiko nur unter der Einwirkung des Zwanges in anderer Weise konkretisiert wurde.

505 **cc)** Nach diesen Maßstäben ist ein Sonderopfer bejaht worden, wenn durch den abirrenden Schuss des Polizeibeamten, der bei der Verfolgung eines fliehenden Verbrechers von der Schusswaffe Gebrauch macht, ein unbeteiligter Dritter verletzt wird (vgl BGH VersR 1960, 248; BGHZ 50, 18; 20, 81), oder wenn die Mutter sich bei Betreuung ihres pockengeimpften Kindes ansteckt (BGHZ 45, 290). Das Gleiche gilt, wenn ein Feuerwehrmann, der zum seuchenpolizeilichen Absperrdienst herangezogen wurde, sich an spinaler Kinderlähmung infiziert. Der Tatbestand eines Sonderopfers wurde ferner bejaht bei einer Sprunggelenkverletzung, die sich ein Mitglied der freiwilligen Feuerwehr bei einem Hochwassereinsatz zugezogen hatte; allerdings wurde dort der Aufopferungsanspruch im Ergebnis verneint, weil zugunsten des Geschädigten Versicherungen der öffentlichen Hand bestanden hatten, die die speziellen, mit seiner Inanspruchnahme verbundenen Risiken abdeckten (BGH 6. 5. 1993 – III ZR 126/92, NJW-RR 1994, 213). Im Falle des Versagens einer Verkehrssignalanlage – Abgabe einander widersprechender Lichtzeichen durch eine Lichtzeichenanlage (sogenanntes „feindliches Grün") – kommt, wenn bei dem dadurch verursachten Verkehrsunfall eine Person verletzt worden ist, ein Anspruch aus aufopferungsgleichem Eingriff in Betracht, soweit nicht die vorrangige landesrechtliche Polizei- oder Ordnungsbehördenhaftung eintritt (vgl zur ähnlichen Problematik beim enteignungsgleichen Eingriff Rn 468 sowie BGHZ 99, 249). Kein Sonderopfer liegt vor, wenn wegen der Sicherheitskontrolle am Flughafen der Flug verpasst wird und der geschädigte Passagier nicht zur empfohlenen Zeit und damit rechtzeitig bei der Kontrollstelle eingetroffen ist (BGH NJW 2018, 1396).

dd) Der auf den §§ 74, 75 Einl ALR beruhende Aufopferungsgedanke wurde für Sachverhalte des alltäglichen Verwaltungshandelns („Normalfall") entwickelt und kann auf **Kriegsschäden** nicht angewendet werden. Diese sind nicht Ausdruck „echter" verwaltungsrechtlicher Tätigkeit, sondern die Folge eines nach dem Völkerrecht zu beurteilenden Zustands. Staatliche Ausnahmezustände, wie namentlich Kriege und umfangreiche Einsätze der Streitkräfte im Ausland im Verbund mit anderen Staaten, können in ihren Auswirkungen, insbesondere mit Blick auf mögliche zivile Schäden, nicht über den allgemeinen Aufopferungsanspruch reguliert werden, sondern bedürfen besonderer Ausgleichssysteme und Ausgleichsmaßstäbe, die in entsprechenden Gesetzen niederzulegen sind (BGHZ 212, 173 Rn 18). **506**

c) Aufopferungsansprüche bei unrichtigen gerichtlichen Entscheidungen

aa) Eine allgemeine Gefahren- und Opfergrenze besteht darin, dass jeder Staatsbürger ein objektiv unrichtiges gerichtliches „Urteil in einer Rechtssache", das nach § 839 Abs 2 BGB der Nachprüfung in einem Amtshaftungsprozess entzogen ist, und die fehlerhafte Tätigkeit des Spruchrichters „bei" einem solchen Urteil hinnehmen muss (BGHZ 50, 14, 18; 36, 379). Entschädigungsansprüche kommen danach nur unter den in dem Gesetz über die Entschädigung für Strafverfolgungsmaßnahmen vom 8. 3. 1971 (BGBl I 157 – StrEG) bestimmten Voraussetzungen und nur in dem dort bestimmten Umfang in Betracht (s wegen der Einzelheiten: Galke, Die Entschädigung nach dem StrEG – ein Fall verschuldensunabhängiger Staatshaftung, DVBl 1990, 145). Sind Ansprüche nach diesen Vorschriften nicht gegeben, so kann eine Entschädigung nicht aus Aufopferung begehrt werden, so zB nicht, wenn jemand dadurch Schaden erleidet, dass in der Hauptverhandlung eines Strafverfahrens das Gericht zu Unrecht seine Vorstrafen bekannt gibt (BGHZ 50, 14, 18). Der Grund hierfür liegt darin, dass die genannten Entschädigungsgesetze eine abschließende Regelung der Ansprüche wegen der Schädigung durch objektiv unrichtige Urteile darstellen, aber auch, dass die gleichen Gründe, aus denen gemäß § 839 Abs 2 BGB das rechtskräftige Urteil und die Tätigkeit des Richters „bei" dem Urteil einer Nachprüfung in einem Amtshaftungsprozess entzogen sind – Beschränkung der Wiederaufrollung rechtskräftig erledigter Verfahren im Interesse der Rechtssicherheit und des Rechtsfriedens auf die Nachprüfung im Wiederaufnahmeverfahren –, es ausschließen, dass die Richtigkeit des rechtskräftigen Urteils den Gegenstand der Nachprüfung in einem Verfahren bildet, in dem über geltend gemachte Aufopferungsansprüche entschieden wird. **507**

bb) Bei richterlichen Amtspflichtverletzungen außerhalb des Anwendungsbereichs des § 839 Abs 2 S 1 BGB ist der Verfassungsgrundsatz der richterlichen Unabhängigkeit zu beachten. Insoweit gelten die oben (Rn 218) dargestellten Erwägungen entsprechend. Für den – an sich verschuldensunabhängigen – Anspruch aus Aufopferung oder aufopferungsgleichem Eingriff ist hieraus zu folgern, dass das entschädigungspflichtige Abfordern eines Sonderopfers bereits auf der Tatbestandsebene jedenfalls dann ausscheidet, wenn die betreffende richterliche Entscheidung oder Maßnahme vertretbar war. Dies steht im Einklang damit, dass auch in anderen Bereichen der Amtshaftung gewisse subjektive Elemente der Vorwerfbarkeit schon auf der Tatbestandsebene der Amtspflichtverletzung und nicht erst beim Verschulden zu würdigen sind (Rn 206). **508**

d) Ansprüche aus der Menschenrechtskonvention

509 **aa)** Nach Art 5 Abs 5 der Konvention zum Schutze der Menschenrechte und Grundfreiheiten vom 4. 11. 1950 (BGBl 1952 II 685, 953; Neubekanntmachung nach Art 2 G v 21. 2. 2006, BGBl 2006 II 138), der die Bundesrepublik beigetreten ist, hat jeder, der entgegen den Vorschriften des Art 5 Abs 1 bis 4 von Festnahme oder Freiheitsentziehung betroffen wird, einen unmittelbaren klagbaren Anspruch auf „Schadensersatz" – also nicht nur auf „Entschädigung" –, wenn der Eingriff auf Maßnahmen von Organen der Bundesrepublik beruht (BGH NVwZ 2006, 960; BGHZ 122, 268, 269 f; 45, 58). Dieser Anspruch umfasst auch den Ersatz immateriellen Schadens (Schmerzensgeld; BGH NJW 2014, 67; BGHZ 122, 268). Art 5 Abs 5 EMRK betrifft im Wesentlichen den Fall, dass die formalen, nach nationalem Recht zu beurteilenden Voraussetzungen einer rechtmäßigen Freiheitsentziehung nicht vorlagen, nicht aber auch den den Gegenstand des StrEG bildenden Fall, dass die Strafverfolgung zunächst rechtmäßig betrieben wird, nachträglich aber ihre Voraussetzungen durch Wiederaufnahme des Verfahrens, Beendigung des Verfahrens durch Freispruch oder Einstellung des Verfahrens entfallen. Art 5 Abs 5 EMRK ist daher zB unanwendbar, wenn eine verurteilende Entscheidung auf dem innerstaatlich vorgeschriebenen Weg rechtskräftig und vollstreckbar wird, auch wenn sich später herausstellt, dass dem Gericht Verfahrensverstöße oder Rechtsfehler unterlaufen sind, die aber nicht zur Aufhebung des Urteils geführt haben oder führen konnten. Denn auch ein solches Urteil ist noch „auf dem gesetzlich vorgeschriebenen Wege" erwirkt (BGH NVwZ 2006, 960 Rn 9; BGHZ 57, 34, 43). Anwendbar ist Art 5 Abs 5 dagegen, wenn der Vollzug einer aufgrund eines an sich rechtmäßigen Haftbefehls oder einer rechtmäßigen Verurteilung angeordneten Untersuchungs- oder Strafhaft bei einem Beschuldigten (Verurteilten) deswegen rechtswidrig wird, weil dessen Haftfähigkeit durch die Folgen einer schweren Erkrankung beeinträchtigt ist (BGHZ 122, 268). Bejaht wurde ein Schadensersatzanspruch nach der Menschenrechtskonvention wegen rechtswidriger Abschiebungshaft (BGH NVwZ 2006, 960; gegen OLG Köln NVwZ 1997, 518). Einem Inhaftierten steht für eine vollzogene „nachträglich" aufgrund von § 67d StGB in der Fassung ab dem 31. 1. 1998 angeordnete Sicherungsverwahrung eine Haftentschädigung auf der Grundlage des Art 5 Abs 5 EMRK zu (BGH 19. 9. 2013 – III ZR 405/12, NJW 2014, 67). Der Anspruch aus Art 5 Abs 5 EMRK ist im System der Ansprüche ein Anspruch aus rechtswidrigem Verhalten der Staatsorgane, der ein Verschulden nicht voraussetzt (BGH NJW 2014, 67 Rn 13; BGHZ 45, 48, 66), und zwar wegen seines „deliktsähnlichen Einschlags" ein Anspruch aus Gefährdungshaftung, da er nicht – wie der Anspruch aus Aufopferung oder aufopferungsgleichem Eingriff – (nur) auf angemessene Entschädigung, sondern auf Schadensersatz, einschließlich Schmerzensgeldes, geht (BGH NJW 2014, 67 Rn 13; NVwZ 2006, 960 Rn 12; BGHZ 122, 268; 45, 58, 64). Die Rechtswidrigkeit der Freiheitsentziehung hängt nicht davon ab, dass die staatlichen Amtsträger willkürlich gehandelt haben. Zwar bezweckt Art 5 EMRK auch und gerade, die Freiheit des Einzelnen vor willkürlichen Übergriffen staatlicher Stellen zu schützen (EGMR NJW 1987, 3066 Rn 54 und 59; OLG Hamm NJW 1989, 1547); indessen geben weder Wortlaut noch Sinn der Bestimmung etwas dafür her, dass dieser Schutz nur und erst bei einem Verstoß gegen das Willkürverbot einsetzen soll. Es reicht vielmehr, dass die freiheitsentziehende Maßnahme einer Gesetz- und Rechtmäßigkeitsprüfung nicht standhält. Dies gilt sogar dort, wo die innerstaatlichen Anforderungen an eine Freiheitsentziehung strenger sind als die in der Konvention selbst festgelegten (BGH NVwZ 2006, 960 Rn 11; BGHZ 122, 268, 270; 57, 33, 38). Auf die **Vertretbarkeit** der richterlichen Haftanordnung kommt es anders als bei dem Amtshaftungsanspruch **nicht** an (BGH 18. 4. 2019 – III ZR 67/18, NJW 2019, 2400 Rn 20 ff).

Selbst wenn man den Anspruch aus Art 5 Abs 5 EMRK seiner Natur nach als Anspruch aus Aufopferung oder aufopferungsgleichem Eingriff charakterisieren wollte, wäre ein Rückgriff auf die allgemeinen für solche Ansprüche entwickelten Grundsätze ausgeschlossen, da Art 5 Abs 5 EMRK eine besondere Regelung für das Sonderopfer enthält. Die Garantie des Art 5 EMRK bezieht sich grundsätzlich nur auf die Freiheitsentziehung als solche, nicht auf die Modalitäten des **Vollzugs** der Haft; daher ergeben sich aus ihr keine Rechte von in Haft befindlichen Personen in Bezug auf ihre Behandlung in der Haft und damit keine Schadensersatzansprüche wegen Haftbedingungen, die gegen die Menschenwürde verstoßen (BGH NJW 2019, 2400; BGH 4. 7. 2013 – III ZR 342/12, BGHZ 198, 1 Rn 28 ff; BGH 4. 7. 2013 – III ZR 338/12 Rn 19; zu solchen Ansprüchen s Rn 666). Ein Verstoß gegen das sogenannte Trennungsgebot im Rahmen des Vollzugs der Abschiebehaft nach Art 16 Abs 1 der Richtlinie 2008/115/EG vom 16. 12. 2008 (ABl EU Nr L 348/98) betrifft in diesem Sinn nur den Vollzug (BGH 18. 4. 2019 – III ZR 67/18, NJW 2019, 2400 Rn 34 f). Der BGH hat offengelassen, ob § 839 Abs 3 BGB oder § 254 BGB – der ebenfalls gebieten kann, einen belastenden hoheitlichen Akt durch geeignete Rechtsbehelfe abzuwehren – auf einen Anspruch aus Art 5 EMRK anwendbar sind (BGH NJW 2014, 67 Rn 29; BGHZ 198, 1 Rn 33; bejahend OLG Naumburg NJW 2005, 514, 515; OLG München NJW 2007, 1986, 1987). Die **Aufrechnung** gegenüber einem Schadensersatzanspruch wegen konventionswidriger Sicherungsverwahrung mit einer Kostenforderung aus einem neuen Strafverfahren, in dem erneut Sicherungsverwahrung angeordnet wurde, ist zulässig wie auch dessen **Pfändung** (BGHZ 207, 365). Die Bindungswirkung an rechtskräftige Entscheidungen der Verwaltungsgerichte im Umfang ihrer Rechtskraftwirkung binden auch bei Ansprüchen nach der EMRK das Zivilgericht (BGH 18. 4. 2019 – III ZR 67/18, NJW 2019, 2400 Rn 17). Im Rahmen der innerstaatlichen Geltendmachung eines Schadensersatzanspruchs nach Art 5 Abs 5 EMRK ist die Frage der Person des Verpflichteten – wie bei der Amtshaftung – durch Anwendung des Art 34 GG zu klären. Danach ist der Hoheitsträger (Bund, Land oder sonstige Gebietskörperschaft) verantwortlich, dessen Hoheitsgewalt bei der rechtswidrigen Freiheitsentziehung ausgeübt wurde. Bei nachträglicher Sicherungsverwahrung wie auch der Freiheitsentziehung bei einer Abschiebehaft ist passivlegitimiert das Land und nicht der Bund (BGH NJW 2019, 2400; 2014, 67).

bb) Entscheidet der Europäische Gerichtshof für Menschenrechte, dass eine Ent- 510
scheidung oder Maßnahme einer gerichtlichen oder sonstigen Behörde eines Vertragsstaates ganz oder teilweise mit den Verpflichtungen aus der EMRK in Widerspruch steht, und gestatten die innerstaatlichen Gesetze des betreffenden Vertragsstaates nur eine unvollkommene Wiedergutmachung für die Folgen dieser Entscheidung oder Maßnahme, so hat der Europäische Gerichtshof für Menschenrechte der verletzten Partei ggf eine gerechte Entschädigung zuzubilligen (Art 41 EMRK). Denkbar ist eine derartige Entschädigung beispielsweise wegen Verletzung der Pflicht aus Art 6 Abs 1 EMRK, die Sache innerhalb angemessener Frist zu hören (BGH NJW 1998, 2288). Über eine solche Entschädigung hat indessen ausschließlich der EGMR zu befinden, nicht jedoch ein Gericht der Mitgliedstaaten (BGH NJW 1998, 2288). Die vom Europäischen Gerichtshof für Menschenrechte einem Individualbeschwerdeführer zugesprochene Entschädigung wegen der durch eine Menschenrechtsverletzung infolge überlanger Verfahrensdauer erlittenen immateriellen Schäden ist nicht abtretbar und pfändbar; sie fällt bei Eröffnung des Insolvenzverfahrens über das Vermögen des Beschwerdeführers nicht in die Insolvenzmasse. Dasselbe gilt für die zuerkannte Erstattung der Kosten für das Verfahren vor dem Gerichtshof.

Der von dem Gerichtshof zuerkannte Anspruch auf Erstattung von Mehrkosten im vorausgegangenen innerstaatlichen Verfahren ist abtretbar, pfändbar und fällt in die Masse, wenn über das Vermögen des Individualbeschwerdeführers das Insolvenzverfahren eröffnet wird (BGH NJW 2011, 2296; anders für Ansprüche nach Art 5 Abs 5 EMRK BGHZ 207, 365 Rn 24). Die vom EGMR zugesprochene Entschädigung nach Art 41 EMRK wegen überlanger Verfahrensdauer ist auf den materiellen Schadensersatzanspruch nach § 839 BGB nicht anzurechnen (Vierhaus, in: FS Jäger [2011] 719, 740). Nicht ausgeschlossen ist dagegen eine Berücksichtigung bei der Zuerkennung einer Entschädigung von Nichtvermögensnachteilen gemäß § 198 Abs 2 GVG.

e) Weitere Einzelfragen

511 **aa)** Der allgemeine Anspruch aus Aufopferung (aufopferungsgleichem Eingriff) geht – nicht anders als der Anspruch aus Enteignung oder enteignungsgleichem Eingriff – grundsätzlich nicht auf Schadensersatz, dh auf volle Wiedergutmachung, sondern im Regelfall nur auf billige oder angemessene Entschädigung in Geld, also auf einen die Belange des Betroffenen wie der Allgemeinheit berücksichtigenden angemessenen Ausgleich der erlittenen materiellen Schäden, wie Kosten der Heilbehandlung oder verminderte Erwerbs- oder Heiratsaussichten, die unselbständige Elemente, bloße Berechnungsgrundlagen des einheitlichen Aufopferungsanspruchs sind (BGH VersR 1966, 393; BGHZ 28, 297; 22, 43). An die Stelle der Entschädigung in Geld können Ansprüche auf Versorgung treten (s § 3 SGB XIV). Bei einem Aufopferungsanspruch wegen eines hoheitlichen Eingriffs in die körperliche Unversehrtheit sind auch **nichtvermögensrechtliche Nachteile** des Betroffenen mit umfasst (BGHZ 215, 335 m krit Anm Deppenkemper jM 2018, 100 und Singbartl/Zintl NJW 2017, 3386; zust Waldhoff JuS 2018, 735). Entsprechendes gilt bei einem Eingriff in das allgemeine Persönlichkeitsrecht, dies allerdings nur bei ernsten und nachteiligen Persönlichkeitsrechtsverletzungen, weil nur hier das unabweisbare Bedürfnis besteht, den Betroffenen wenigstens einen gewissen Ausgleich für schwere Beeinträchtigungen durch Zubilligung einer Geldentschädigung zu gewähren (BGH 13. 2. 2025 – III ZR 63/24, BGHZ 243, 71 Rn 65). Gegen eine solche Beschränkung bestehen keine verfassungsrechtlichen Bedenken (BVerfG I. Senat 1. Kammer 11. 11. 2009 – 1 BvR 2853/08, NJW 2010, 433).

„Begünstigter" Entschädigungspflichtiger ist bei Impfschäden regelmäßig das Land als Träger der Gesundheitspflege (BGH 17. 9. 2008 – III ZR 326/07 zu § 66 IfSG aF; BGHZ 29, 95). Hinsichtlich der Art und des Umfangs der Entschädigung ist bei rechtswidrigen enteignungs- und aufopferungsgleichen Eingriffen der Betroffene nicht auf die Geltendmachung der Ansprüche beschränkt, die ihm bei rechtmäßigem Vorgehen ein Sondergesetz geben würde (BGHZ 32, 208, 212; 23, 157, 171; 13, 3). Für die Verjährungsfrist gelten §§ 195, 199 Abs 2 BGB. §§ 844, 845 BGB sind entsprechend anwendbar. Nach § 24 S 2 SGB XIV (früher: § 60 Abs 1 iVm § 2 Nr 11 HS 2 IfSG aF) kann bei Impfungen mit lebenden Erregern auch eine andere als die geimpfte Person Versorgung verlangen, wenn sie durch diese Erreger einen Gesundheitsschaden erleidet.

512 **bb)** Entschädigungsberechtigt ist – von den Fällen der §§ 844, 845 BGB abgesehen – grundsätzlich nur der unmittelbar Geschädigte, nicht auch der mittelbar Geschädigte, der durch die Auswirkung der Maßnahmen gegen den unmittelbar Betroffenen nachteilig berührt wird (BGHZ 23, 235, 240). Der Erbe eines Getöteten ist auf die Ansprüche beschränkt, die der Erblasser schon zu Lebzeiten gegen den Eingreifenden oder Haftenden hätte geltend machen können (BGH VersR 1968, 554).

cc) Treffen Ansprüche aus Amtshaftung (§ 839 BGB iVm Art 34 GG) mit Ansprüchen aus Aufopferung oder aufopferungsgleichem Eingriff aufgrund des gleichen Sachverhalts zusammen, so bestehen sie selbständig nebeneinander (vgl BGHZ 63, 167, 171). Es entfällt die Möglichkeit, gegenüber dem Amtshaftungsanspruch gemäß § 839 Abs 1 S 2 BGB auf den Aufopferungsanspruch als anderweitige Ersatzmöglichkeit zu verweisen. Das ist zB in § 8 Abs 1 S 3 SGB XIV ausdrücklich ausgesprochen und entspricht einem allgemein geltenden Grundsatz. Kommt außer einem Anspruch aus Amtshaftung die Haftung aus enteignungsgleichem Eingriff oder aus culpa in contrahendo in Betracht, so ist zunächst die Amtshaftung zu prüfen, weil diese Anspruchsgrundlage am weitesten reicht; erst nach ihrer Verneinung ist Raum für die Prüfung der anderen Ansprüche (BGH NJW 1981, 2123). Die einem Betroffenen nach den Grundsätzen des enteignungsgleichen Eingriffs zu gewährende angemessene Entschädigung bleibt regelmäßig hinter der Höhe eines Schadensersatzanspruchs zurück (BGH 25. 11. 1991 – III ZR 13/91; Krohn/Löwisch, Eigentumsgarantie, Enteignung, Entschädigung [3. Aufl 1984] Rn 250). Dies ist jedoch nicht stets der Fall; beide Ansprüche – auf angemessene Entschädigung und auf Schadensersatz – können auch wirtschaftlich identisch sein (BGH NJW-RR 2016, 1162 Rn 7). **513**

dd) Im Übrigen ergibt sich aus dem subsidiären Charakter des Aufopferungsanspruchs als eines äußersten Rechtsbehelfs (BGH 6. 5. 1993 – III ZR 126/92, NJW-RR 1994, 213) – aber nicht etwa aus entsprechender Anwendbarkeit des § 839 Abs 1 S 2 BGB –, dass er entfällt, wenn der Geschädigte auf andere Weise Ersatz zu erlangen vermag. Dies ist in allgemeiner Form für Ansprüche wegen Körper- und Gesundheitsschäden nach dem Bundesleistungsgesetz ausdrücklich in § 28 Abs 1 BLG ausgesprochen und in der Rechtsprechung für die Fälle anerkannt, dass die Sozialversicherung für Ausgleich zu sorgen hat und sorgt (BGH VersR 1958, 394; BGHZ 28, 297; 20, 81, 84). Aufopferungsansprüche bestehen ferner nicht, wenn das Opfer durch eine tatsächliche Fürsorge in Form einer Familienhilfe ausgeglichen wird, die geldliche Leistungen nicht erfordert und den Angehörigen zuzumuten ist (BGH VersR 1966, 394; 1957, 394), oder wenn der Betroffene zugleich realisierbare vertragliche Schadensersatzansprüche hat (vgl BGHZ 28, 297; LG Kiel NJW 1957, 994). **514**

ee) Auf den Aufopferungsanspruch ist der Rechtsgedanke des § 254 BGB sinngemäß anzuwenden (BGHZ 57, 336; 56, 57, 64; 45, 290, 297). Dieser Grundsatz hat in einer Reihe von Sondergesetzen, die Aufopferungsansprüche regeln, seinen Niederschlag gefunden, insbesondere in §§ 5 Abs 2 und 3, 6 Abs 1 Nr 1 StrEG, § 32 Abs 2 BLG. Nach § 16 SGB XIV ist eine Entschädigung ausgeschlossen, wenn der Geschädigte das schädigende Ereignis in vorwerfbarer Weise verursacht hat. Nach § 254 BGB ist auch die Frage zu beurteilen, ob es zur Minderung oder zum Wegfall des Aufopferungsanspruchs führt, wenn der Geschädigte es unterlassen hat, gegen eine ihn belastende Maßnahme mit Rechtsmitteln oder Rechtsbehelfen anzugehen. Ein automatischer Totalverlust des Anspruchs nach § 839 Abs 3 BGB findet insoweit jedoch nicht statt. Das ist in § 5 Abs 2 S 2 StrEG ausdrücklich ausgesprochen. Nach § 17 Abs 2 SGB XIV können Leistungen ganz oder teilweise versagt werden, wenn Geschädigte es unterlassen haben, das ihnen Mögliche und Zumutbare zur Aufklärung des Sachverhalts und zur Verfolgung des Täters beizutragen. **515**

ff) Der für den Schadensersatzanspruch geltende Grundsatz, dass er entfällt, wenn der Schaden auch ohne das schädigende Tun eingetreten wäre (§§ 831 Abs 1 S 2, 832 **516**

Abs 1 S 2, 833 S 2, 834 S 2, 848 BGB), gilt als Grundsatz von allgemeingültiger Bedeutung auch für Ansprüche aus Aufopferung, aufopferungs- oder enteignungsgleichem Eingriff (so ausdrücklich § 32 Abs 3 BLG).

517 **gg)** Der gesetzliche Forderungsübergang nach § 116 SGB X erstreckt sich nicht auf Aufopferungsansprüche, da ein Aufopferungsanspruch dem Betroffenen in der Regel nicht zusteht, soweit die ihm entstandenen Nachteile durch bestimmungsgemäße Leistungen der Sozialversicherung ausgeglichen werden (BGH NJW 1956, 825; BGHZ 20, 81). Aber auch beim Impfschadensversorgungsanspruch nach §§ 51 ff BSeuchG (jetzt § 24 SGB XIV) findet, obwohl er kein subsidiärer Anspruch ist, kein Forderungsübergang statt, wenn die Sozialversicherung Leistungen erbracht hat (BGHZ 51, 3).

518 **hh)** Hinsichtlich der Verjährung unterfällt der Anspruch aus Aufopferung oder aufopferungsgleichem Eingriff – anders als derjenige aus enteignungsgleichem oder enteignendem Eingriff (s dazu Rn 491) – nicht der Regelung des § 199 Abs 3 BGB, sondern derjenigen des Absatzes 2, soweit es um die Verletzung des Lebens, des Körpers, der Gesundheit oder der Freiheit geht.

3. Der unionsrechtliche Staatshaftungsanspruch

a) Die Grundlagen

aa) Deliktische Eigenhaftung der Europäischen Union

519 Die außervertragliche (insbesondere deliktische) Haftung der Europäischen Union findet ihre Grundlage in Art 340 Abs 2 AEUV (früher 288 Abs 2 EG bzw 215 Abs 2 EGV). Danach ersetzt im Bereich der außervertraglichen Haftung die Union den durch ihre Organe oder Bediensteten in Ausübung ihrer Amtstätigkeit verursachten Schaden nach den allgemeinen Rechtsgrundsätzen, die den Rechtsordnungen der Mitgliedstaaten gemeinsam sind. Die näheren Einzelheiten hierzu liegen außerhalb des Rahmens der vorliegenden, auf die Haftung der deutschen öffentlichen Hand beschränkten Kommentierung. Insoweit muss daher auf die zusammenfassende Darstellung von Ossenbühl/Cornils (592 ff) sowie von Dörr (EuZW 2012, 86 ff) und auf das europarechtliche Spezialschrifttum verwiesen werden.

bb) Vorrang des europäischen Unionsrechts gegenüber dem nationalen deutschen Recht

520 Die Normen des europäischen Unionsrechts haben gegenüber dem nationalen deutschen Recht Vorrang. Art 24 Abs 1 GG ermöglicht es von Verfassungs wegen, Verträgen, die Hoheitsrechte auf zwischenstaatliche Einrichtungen übertragen, und dem von solchen Einrichtungen gesetzten Recht Geltungs- und Anwendungsvorrang vor dem innerstaatlichen Recht der Bundesrepublik durch einen entsprechenden innerstaatlichen Anwendungsbefehl beizulegen. Dies ist für die europäischen Unionsverträge und das auf ihrer Grundlage von den Unionsorganen gesetzte Recht durch die Zustimmungsgesetze zu den Verträgen gemäß Art 24 Abs 1, 59 Abs 2 S 1 GG geschehen (BVerfGE 73, 339, 374/75 = NJW 1987, 577, 580 – „Solange II"). Dies gilt sowohl für das primäre Unionsrecht, also das Vertragswerk selbst, als auch für das sekundäre Unionsrecht, also diejenigen Rechtsvorschriften und Rechtsakte, die von den Organen der europäischen Union erlassen werden, insbesondere Verordnungen, Richtlinien und Entscheidungen (Art 288 AEUV; früher Art 249 EG bzw 189 EGV). Der Rechtsanwendungsbefehl des Zustimmungsgesetzes begründet einen Anwendungs-

vorrang auch dieses sekundären EG-Rechts gegenüber dem innerstaatlichen Recht (BVerfGE 73, 339, 374/75 = NJW 1987, 577, 580).

Dementsprechend sind innerstaatliche Rechtsakte, die gegen dieses höherrangige Europarecht verstoßen, schon allein aufgrund dieses Verstoßes rechtswidrig.

cc) Entwicklung des Unionsrechtlichen Staatshaftungsanspruchs in der Rechtsprechung des EuGH

In der Rechtsprechung des Gerichtshofes der Europäischen Union ist, beginnend **521** mit dem Urteil vom 19. 11. 1991 (Slg I 1991, 5357 = NJW 1992, 165 – *Francovich*), der „unionsrechtliche Staatshaftungsanspruch" (früher: „gemeinschaftsrechtlicher" Staatshaftungsanspruch – vgl hierzu Dörr WM 2010, 961 Fn 3; Geigel/Brodöfel 20 Rn 315) entwickelt worden, der die haftungsrechtlichen Folgen eines derartigen Verstoßes des einzelnen Mitgliedstaates gegenüber den einzelnen betroffenen natürlichen oder juristischen Personen regelt.

(1) Er beruht auf folgenden tragenden Erwägungen (EuGH Urteil *Francovich* Rn 31–37; s auch den Vorlagebeschluss des BGH in Sachen *Brasserie du Pêcheur* EuZW 1993, 226 f): Bereits der EWG-Vertrag hat eine eigene Rechtsordnung geschaffen, die in die Rechtsordnungen der Mitgliedstaaten aufgenommen worden und von den nationalen Gerichten anzuwenden ist. Rechtssubjekte dieser Rechtsordnung sind nicht nur die Mitgliedstaaten, sondern auch die Einzelnen, denen das Unionsrecht, ebenso wie es ihnen Pflichten auferlegt, auch Rechte verleihen soll. Solche Rechte entstehen nicht nur, wenn der Vertrag dies ausdrücklich bestimmt, sondern auch aufgrund von eindeutigen Verpflichtungen, die der Vertrag den Einzelnen wie auch den Mitgliedstaaten und den Organen der Union auferlegt. Nach ständiger Rechtsprechung müssen die nationalen Gerichte, die im Rahmen ihrer Zuständigkeiten die Bestimmungen des Unionsrechts anzuwenden haben, die volle Wirkung dieser Bestimmungen gewährleisten und die Rechte schützen, die das Unionsrecht den einzelnen verleiht. Die volle Wirksamkeit der unionsrechtlichen Bestimmungen wäre beeinträchtigt und der Schutz der durch sie begründeten Rechte gemindert, wenn die Einzelnen nicht die Möglichkeit hätten, für den Fall eine Entschädigung zu erlangen, dass ihre Rechte durch einen Verstoß gegen das Unionsrecht verletzt werden, der einem Mitgliedstaat zuzurechnen ist. Die Möglichkeit einer Entschädigung durch den Mitgliedstaat ist vor allem dann unerlässlich, wenn die volle Wirkung der gemeinschaftsrechtlichen Bestimmungen davon abhängt, dass der Staat tätig wird, und die Einzelnen deshalb im Falle einer Untätigkeit des Staates die ihnen durch das Gemeinschaftsrecht zuerkannten Rechte vor den nationalen Gerichten nicht geltend machen können. Der Grundsatz einer Haftung des Staates für Schäden, die dem Einzelnen durch dem Staat zurechenbare Verstöße gegen das Gemeinschaftsrecht entstehen, gehört somit untrennbar zu der durch den EWG-Vertrag geschaffenen Rechtsordnung. Die Verpflichtung des Mitgliedstaates zum Erlass dieser Schäden findet auch in Art 4 Abs 3 EUV (früher Art 5 EWGV bzw Art 10 EG) eine Stütze, nach dem die Mitgliedschaften alle geeigneten Maßnahmen allgemeiner oder besonderer Art zur Erfüllung ihrer Verpflichtungen aus dem Unionsrecht zu treffen haben. Zu diesen Verpflichtungen gehört auch diejenige, die rechtswidrigen Folgen eines Verstoßes gegen das Unionsrecht zu beheben. Es ist nach alledem ein Grundsatz des Unionsrechts, dass die Mitgliedstaaten zum Ersatz der Schäden verpflichtet sind, die den Einzelnen durch Verstöße gegen das Unionsrecht entstehen, die diesen Staaten zuzurechnen sind.

Diese Rechtsprechung hat der EuGH insbesondere im Urteil *Brasserie du Pêcheur* und *Factortame* (EuGH 5. 3. 1996 – C-46/93 u C-48/93, NJW 1996, 1267) weiterentwickelt, das grundlegend für die einzelnen Tatbestandsvoraussetzungen ist.

522 (2) Die Entscheidung *Francovich* löste eine wissenschaftliche Debatte über die Grenzen der Rechtsfortbildung durch den EuGH aus, dem vorgeworfen wurde, seine Rechtsprechungskompetenzen überschritten zu haben (s die Übersicht bei Ossenbühl/Cornils 49 m zahlr wNw in Fn 13). Inzwischen ist jedoch der unionsrechtliche Staatshaftungsanspruch als Haftungsinstitut in der Rechtspraxis, auch derjenigen der deutschen Gerichte, fest verankert (vgl zB BGHZ 134, 30 [Revisionsentscheidung in Sachen *Brasserie du Pêcheur*]; BGHZ 146, 153 = JZ 2001, 456 m Anm Classen; BGHZ 156, 294; BGH NJW 2019, 528) und hat „aufgrund der Judikatur des Gerichtshofs der Europäischen Gemeinschaften in die innerstaatliche Rechtspraxis selbstverständlich Einzug gehalten" (BGHZ 161, 224, 236).

b) Verhältnis des unionsrechtlichen Staatshaftungsanspruchs zu innerstaatlichen Haftungsinstituten

aa) Unmittelbare Herleitung des Staatshaftungsanspruchs aus dem Unionsrecht

523 Der EuGH hat hervorgehoben, dass die Haftung der Mitgliedstaaten für Verstöße gegen das Unionsrecht ihre Grundlage unmittelbar in diesem selbst findet und dass (lediglich) die Folgen des verursachten Schadens im Rahmen des nationalen Haftungsrechts zu beheben sind, wobei dessen Anwendung unter dem Vorbehalt steht, dass die dort festgelegten Voraussetzungen nicht ungünstiger sein dürfen als bei entsprechenden innerstaatlichen Ansprüchen und nicht so ausgestaltet sein dürfen, dass die Erlangung der Entschädigung praktisch unmöglich oder übermäßig erschwert wird (EuGH 24. 3. 2009 – C-445/06 *Danske Slagterier*, NVwZ 2009, 771 Rn 31; EuGH 5. 3. 1996 – C-46/93, C-48/93 *Brasserie du Pêcheur,* NJW 1996, 1267 Rn 67; s auch BGH 4. 6. 2009 – III ZR 144/05, BGHZ 181, 199 Rn 42 ff). Die unmittelbare Herleitung des Staatshaftungsanspruchs aus dem Unionsrecht wird auch dadurch unterstrichen, dass die Tatbestandsvoraussetzungen der Haftung des Staates für Schäden, die dem Einzelnen wegen Verstoßes gegen das Unionsrecht entstehen, sich nicht ohne besonderen Grund von den Voraussetzungen unterscheiden dürfen, die unter vergleichbaren Umständen für die Haftung der Union selbst gelten. Deshalb hat der EuGH das System, das er gemäß Art 215 Abs 2 EGV aF (jetzt Art 340 Abs 2 AEUV; früher Art 288 Abs 2 EG) speziell für die Haftung für Rechtssetzungsakte der Union entwickelt hat, auf die Haftung der Mitgliedstaaten in der Weise übertragen, dass die Tatbestandsvoraussetzungen für die Haftung eines Mitgliedstaates mit denjenigen für die Haftung der Union selbst kongruent sind (EuGH 5. 3. 1996 – C-46/93, C-48/93 *Brasserie du Pêcheur,* Slg 1996 I-1029 = NJW 1996, 1267 Rn 42; BGHZ 134, 30, 36). Die wissenschaftliche Streitfrage, ob es sich um einen unionsrechtlichen Anspruch sui generis handelt, der neben die Haftungstatbestände des nationalen Rechts tritt und diesen nur für den Bereich der Haftungsausfüllung und verfahrensrechtlichen Durchsetzung Raum lässt (in diesem Sinne: Ossenbühl/Cornils 628), oder ob es um gemeinschaftsrechtliche Mindestvorgaben geht, so dass der Anspruch auf der Grundlage und im Rahmen des jeweiligen nationalen Staatshaftungsrechts geltend zu machen ist, das diesen Vorgaben im Wege der unionsrechtskonformen Auslegung oder ggf des Anwendungsvorrangs anzupassen ist (hierfür: MünchKommBGB/Papier/Shirvani § 839 Rn 170), ist daher für die Rechtspraxis im Sinne der ersten Alternative, nämlich eines eigenständigen Anspruchs, entschieden (so mit Recht: Windthorst, in: Detterbeck/Windthorst/Sproll, Staatshaftungsrecht [2000] 52; vgl auch die Nachweise

aus der Rechtsprechung der Instanzgerichte bei MünchKommBGB/Papier/Shirvani § 839 Rn 170). Dies schließt es indessen, wie im Folgenden noch zu zeigen sein wird, nicht aus, dass bestimmte Regelungen des nationalen Rechts auch zur inhaltlichen Bestimmung der Haftung herangezogen werden können.

bb) Haftung für legislatives Unrecht eines Mitgliedstaates

Ein unionsrechtlicher Staatshaftungsanspruch kommt grundsätzlich für jeden Fall des Verstoßes eines Mitgliedstaates gegen das Unionsrecht in Betracht, unabhängig davon, welches mitgliedsstaatliche Organ durch sein Handeln oder Unterlassen den Verstoß begangen hat (EuGH 30. 9. 2003 – C-224/01 *Köbler,* NJW 2003, 3539 Rn 31; EuGH 5. 3. 1996 – C-46/93, C-48/93 *Brasserie du Pêcheur,* Slg 1996 I-1029 = NJW 1996, 1267 Rn 32). Daraus hat der EuGH die für die deutsche Rechtsordnung praktisch besonders wichtige Konsequenz gezogen, dass die Haftung des Mitgliedstaates auch bei legislativem Unrecht eintreten kann (BGH NJW-RR 2019, 528 Rn 21 f). Der unionsrechtliche Staatshaftungsanspruch kann daher insbesondere nicht bereits daran scheitern, dass der Gesetzgeber bei seinem Tun oder Unterlassen grundsätzlich keine drittgerichteten Amtspflichten im Sinne des Amtshaftungsrechts wahrnimmt (vgl wegen der Einzelheiten den Abschnitt „Drittgerichtetheit und Schutzzweck der Amtspflichten" Rn 190 ff). 524

cc) Keine Haftung des Mitgliedstaates, wenn der Verstoß dem europäischen Unionsgesetzgeber selbst zuzurechnen ist

Eine unionsrechtliche Haftung des Mitgliedstaates scheidet dagegen von vornherein dann aus, wenn der betreffende Verstoß nicht ihm, sondern dem europäischen Gemeinschaftsgesetzgeber selbst zuzurechnen ist. Dies kann etwa der Fall sein, wenn eine Verordnung, Richtlinie oder Entscheidung ihrerseits gegen höherrangiges primäres Gemeinschaftsrecht verstößt und sich das Handeln des nationalen Gesetz- oder Verordnungsgebers darauf beschränkt, dieses Sekundärrecht in nationales Recht umzusetzen, ohne dass der Umsetzungsakt selbst mit weiteren, nicht in der umzusetzenden Rechtsnorm selbst wurzelnden Rechtswidrigkeitsgründen behaftet ist. Solches Unrecht ist weder dem nationalen Gesetz- oder Verordnungsgeber, soweit er sich darauf beschränkt, die europäische Regelung umzusetzen, noch den mit der Anwendung dieser Rechtsnorm befassten Verwaltungsbehörden anzulasten; vielmehr kommt insoweit ausschließlich eine Haftung der Europäischen Union selbst nach Art 340 Abs 2 AEUV (früher Art 288 Abs 2 EG) in Betracht (EuGH DVBl 1992, 1150; BGH NJW 1998, 1398 [Vermarktungsverbot für Elfenbein]; BGH BGHZ 125, 27 [Irak-Embargo]; BGH DVBl 1993, 717 [Milchgarantiemengenverordnung]). 525

dd) Anspruchskonkurrenz mit Amtshaftung und enteignungsgleichem Eingriff

Zwischen dem unionsrechtlichen Staatshaftungsanspruch einerseits und den innerstaatlichen Haftungstatbeständen der Amtshaftung (§ 839 BGB iVm Art 34 GG) und dem enteignungsgleichen Eingriff andererseits kann Anspruchskonkurrenz eintreten. Denn selbstverständlich kann ein Verstoß gegen höherrangiges Europarecht zugleich den Tatbestand einer Amtspflichtverletzung (s zB BGHZ 161, 224) und – sofern dadurch eine eigentumsmäßig geschützte Rechtsposition tangiert wird – denjenigen des enteignungsgleichen Eingriffs erfüllen. Auf diese mögliche Anspruchskonkurrenz zwischen unionsrechtlichem Staatshaftungsanspruch und einer Haftung des Staates auf der Grundlage des nationalen Rechts weist auch der EuGH ausdrücklich hin (EuGH Slg 1996 I-1029 = NJW 1996, 1267 *Brasserie du Pêcheur* Rn 66). 526

In der gerichtlichen Praxis kann daher bei einer der Klage stattgebenden Entscheidung die rechtliche Erörterung auf denjenigen Anspruch beschränkt werden, dessen Tatbestandsvoraussetzungen sich im konkreten Fall am einfachsten feststellen lassen. In diesem Sinne hatte in dem der Entscheidung BGHZ 146, 153 zugrunde liegenden Rechtsstreit das Berufungsgericht allein den von ihm dem Grunde nach für gerechtfertigt gehaltenen unionsrechtlichen Staatshaftungsanspruch geprüft. Wird dagegen die Klage abgewiesen, so müssen jeweils sämtliche in Betracht kommenden Ansprüche erörtert und verneint werden. Dementsprechend hat der BGH in BGHZ 134, 30 festgestellt, dass die Forderung der *Brasserie du Pêcheur* weder nach den innerstaatlichen Haftungsinstituten der Amtshaftung oder des enteignungsgleichen Eingriffs noch als unionsrechtlicher Staatshaftungsanspruch bestand. In NVwZ 2001, 465 (= BGHZ 146, 153) ist der BGH, der die Auffassung des Berufungsgerichts über das Bestehen eines unionsrechtlichen Staatshaftungsanspruchs nicht teilte, in der Revisionsinstanz in die Prüfung eines Amtshaftungsanspruchs eingetreten.

Auch ein unionsrechtlicher Staatshaftungsanspruch wegen „legislativen Unrechts“, das gegen die Gleichbehandlungs-Rahmen-Richtlinie (RL 2000/78/EG) verstößt, weist eine andere inhaltliche Qualität auf als die auf § 15 Abs 1 und 2 AGG beruhenden Ansprüche. Nur diese unterliegen daher der Ausschlussfrist des § 15 Abs 4 S 1 AGG (BGHZ 206, 260 Rn 13 Altersgrenze für Polizeivollzugsbeamte).

ee) Haftungsschema

527 Verstößt der betreffende mitgliedsstaatliche Rechtsetzungs- oder Realakt selbst gegen das Unionsrecht, leidet er also insoweit an einem eigenen, nicht auf die unionsrechtliche Vorgabe zurückgehenden Rechtswidrigkeitsgrund, so ergibt sich im deutschen Recht für das Verhältnis von unionsrechtlichem Staatshaftungsanspruch und nationalem Amts- oder Staatshaftungsrecht folgendes Haftungsschema:

Legislatives Unrecht (Tun oder Unterlassen des Parlamentsgesetzgebers):

- mangels Drittgerichtetheit der möglicherweise verletzten Amtspflicht grundsätzlich keine Amtshaftungsansprüche (Ausnahme: Einzelfall- oder Maßnahmegesetze);
- ebenso keine Ansprüche wegen enteignungsgleichen Eingriffs (Rn 460);
- aber: unionsrechtlicher Staatshaftungsanspruch.

Normatives Unrecht (Rechtsverordnungen oder Satzungen):

- Amtshaftungsansprüche hängen davon ab, ob bei der betreffenden untergesetzlichen Rechtsnorm drittgerichtete Amtspflichten verletzt worden sind; das kann dann der Fall sein, wenn die betreffende Norm einem Einzelfall- oder Maßnahmegesetz ähnelt (etwa bei einem Bebauungsplan), in der Regel jedoch nicht;
- allerdings Ansprüche wegen enteignungsgleichen Eingriffs denkbar (Rn 461);
- unionsrechtlicher Staatshaftungsanspruch.

Administratives Unrecht (Verwaltungs- oder Realakte):

– Amtshaftung, enteignungsgleicher Eingriff und unionsrechtlicher Staatshaftungsanspruch kommen uneingeschränkt nebeneinander in Betracht.

c) Die Tatbestandsvoraussetzungen im Einzelnen

aa) Allgemeines

Die Haftungsvoraussetzungen werden in ständiger Rechtsprechung des EuGH wie 528 folgt umschrieben: (1) Die Rechtsnorm, gegen die verstoßen worden ist, muss bezwecken, dem Einzelnen Rechte zu verleihen, (2) der Verstoß muss hinreichend qualifiziert sein, und (3) zwischen dem Verstoß gegen die dem Staat obliegende Verpflichtung und dem den geschädigten Personen entstandenen Schaden muss ein unmittelbarer Kausalzusammenhang bestehen. Die Beurteilung dieser Voraussetzungen hängt von der jeweiligen Fallgestaltung ab (EuGH 14. 3. 2013 – C-420/11 *Leth,* NVwZ 2013, 565; EuGH 24. 3. 2009 – C-445/06 *Danske Slagterier,* NVwZ 2009, 771 Rn 20; EuGH 4. 7. 2000 – C-424/97 *Haim II,* ZIP 2000, 1215 Rn 36; EuGH 5. 3. 1996 – C-46/93, C-48/93 *Brasserie du Pêcheur,* NJW 1996, 1267 Rn 51; EuGH 26. 3. 1996 – C-392-6 *British Telecommunications,* EuZW 1996, 435 Rn 39 f; EuGH 23. 5. 1996 – C-5/94 *Hedley Lomas,* EuZW 1996, 435 Rn 25; EuGH 8. 10. 1996 – C-178/94 *Dillenkofer,* NJW 1996, 3141 Rn 21; BGH NJW-RR 2019, 528 Rn 22; WM 2013, 715). Diese drei Voraussetzungen müssen sowohl erfüllt sein, wenn die Schäden, deren Ersatz begehrt wird, auf eine Untätigkeit des Mitgliedstaats zurückgehen, zB bei der Nichtumsetzung einer Unionsrichtlinie, als auch dann, wenn sie auf den Erlass eines gegen das Unionsrecht verstoßenden Gesetzgebungs- oder Verwaltungsakts zurückgehen, unabhängig davon, ob dieser vom Mitgliedstaat selbst oder von einer öffentlich-rechtlichen Einrichtung erlassen wurde, die vom Staat rechtlich unabhängig ist (EuGH 4. 7. 2000 – C-424/97 *Haim II,* ZIP 2000, 1215 Rn 37).

bb) Individuell begünstigender Schutzzweck der verletzten Rechtsnorm

An den individuell begünstigenden Schutzzweck der verletzten Rechtsnorm werden 529 in der Rechtsprechung des EuGH keine allzu hohen Anforderungen gestellt (Ossenbühl/Cornils 607). Hierfür genügt es, dass eine Norm darauf abzielt, einem hinreichend bestimmten Personenkreis ein Recht einzuräumen, dessen Inhalt sich anhand der verletzten Norm ermitteln lässt (EuGH 19. 11. 1991 – C-6/90 *Francovich,* NJW 1992, 165 Rn 11 f; BGH 10. 2. 2022 – III ZR 87/21, NVwZ 2022, 896 Rn 9 mwNw). Er wurde in den Sachen *Brasserie du Pêcheur, Hedley Lomas* und *Factortame* (s Rn 521) bei den dort in Rede stehenden Bestimmungen des primären Unionsrechts uneingeschränkt bejaht, nämlich Art 30 EGV (jetzt Art 34 AEUV; früher Art 28 EG [Verbot mengenmäßiger Einfuhrbeschränkungen und aller Maßnahmen gleicher Wirkung – *Brasserie du Pêcheur*]), Art 34 EGV (jetzt Art 35 AEUV; früher Art 29 EG [Verbot mengenmäßiger Ausfuhrbeschränkungen – *Hedley Lomas*]) und Art 52 EGV (jetzt Art 49 AEUV; früher Art 43 EG [Abbau der Beschränkungen des Niederlassungsrechts – *Factortame,* s Rn 521]). Bei Richtlinien, die zwar für jeden Mitgliedstaat, an den sie gerichtet werden, hinsichtlich des zu erreichenden Ziels verbindlich sind, den innerstaatlichen Stellen jedoch die Wahl der Form und der Mittel überlassen (Art 288 Abs 3 AEUV; früher Art 249 Abs 3 EG), genügt es, wenn die betreffende Norm die Verleihung individueller Rechte „bezweckt", also auf die Verleihung – wenn auch erst in Zukunft – „gerichtet" ist (Ossenbühl/Cornils 607 mwNw). Aus diesem Grund kann auch der Verstoß gegen das Gebot der ordnungsgemäßen Umsetzung von Richtlinien, die ihrerseits selbst (noch) keine einklagbaren Rechte begründet haben, sondern nur darauf ausgerichtet waren, solche Rechte erst zur Entstehung zu bringen, zur Staatshaftung führen (Ossenbühl/Cornils 607; Knops NJW 2023, 2225; aus der Rechtsprechung des EuGH vgl insoweit insbesondere *Francovich* und *Dillenkofer*). Andererseits hat der BGH in NVwZ 2001, 465 (= BGHZ 146, 153) trotz einer festgestellten Verletzung des Unionsrechts den unionsrechtlichen Staatshaftungsanspruch daran scheitern lassen, dass der dortige Kläger kein ihm unionsrechtlich verliehenes Recht gehabt habe, von den beanstandeten höheren Gebühren verschont zu bleiben. Nach der Rechtsprechung des EuGH (*Francovich* Rn 11 und *Dillenkofer* Rn 22) ist es aber Voraussetzung für eine Staatshaftung, dass die an den Einzelnen verliehenen Rechte auf der Grundlage der Richtlinie bestimmt werden können (vgl auch dazu KG NVwZ 2009, 1445; Frenz/Götzkes JA 2009, 759, 761).

530 Durch Urteil vom 12. 10. 2004 hat der EuGH entschieden, dass die Einlagensicherungsrichtlinie vom 30. 5. 1994 ebenso wie eine Reihe weiterer Bankenaufsichts-Richtlinien einer nationalen Vorschrift nicht entgegenstehen, nach der die nationale Behörde zur Aufsicht über die Kreditinstitute ihre Aufgaben nur im öffentlichen Interesse wahrnimmt, was nach dem nationalen Recht ausschließt, dass der Einzelne Ersatz des Schadens verlangen kann, der ihm durch eine unzureichende Aufsicht dieser Behörde entstanden ist (EuGH 12. 10. 2004 – C-222/02 *Paul ua*, NJW 2004, 3479). Dementsprechend hat der BGH in (BGHZ 162, 49) entschieden, dass § 6 Abs 4 KWG, wonach das Bundesaufsichtsamt für Kreditwesen die ihm nach diesem Gesetz und nach anderen Gesetzen zugewiesenen Aufgaben nur im öffentlichen Interesse wahrnimmt, und die an seine Stelle getretene Vorschrift des § 4 Abs 4 FinDAG mit dem europäischen Unionsrecht (und mit dem Grundgesetz) vereinbar sind (BGH 20. 1. 2005 – III ZR 48/01, BGHZ 162, 49 = JZ 2005, 724 m Anm vDanwitz). Diese Rechtsprechung ist auf Kritik gestoßen. Im Einzelnen s hierzu Rn 195.

cc) Hinreichend qualifizierter Verstoß

531 Das entscheidende Kriterium für die Beurteilung der zweiten Tatbestandsvoraussetzung, nämlich ob ein Verstoß gegen das Unionsrecht als hinreichend qualifiziert anzusehen ist, besteht darin, ob ein Mitgliedstaat die Grenzen, die seinem Ermessen gesetzt sind, offenkundig und erheblich überschritten hat. Dies ist zugleich das wesentliche Kriterium für die deliktische Haftung der Union selbst (Art 340 Abs 2 AEUV früher Art 288 Abs 2 EG; EuGH 5. 3. 1996 – C-46/93, C-48/93 *Brasserie du Pêcheur,* NJW 1996, 1267 Rn 55; EuGH 26. 3. 1996 – C-392-6 *British Telecommunications,* EuZW 1996, 274 Rn 42; st Rspr BGH NJW-RR 2019, 528 Rn 26; BGH 17. 1. 2019 – III ZR 209/17, NJW-RR 2019, 528 Rn 22, 26; VersR 2013, 324; NJW 2013, 168). Die vom Gerichtshof entwickelten Grundsätze zur Haftung eines Mitgliedstaats für Verstöße gegen das Gemeinschaftsrecht gelten dabei für alle Staatsgewalten unabhängig davon, ob der schadensverursachende Verstoß dem Gesetzgeber, den Gerichten oder der Verwaltung des Mitgliedstaats anzulasten ist (vgl EuGH 30. 9. 2003 – C-224/01 *Köbler*, Slg 2003, I-10290 Rn 31 f; BGH NJW 2013, 168). Ob an den vorstehenden Kriterien gemessen ein Verstoß gegen das Gemeinschaftsrecht hinreichend qualifiziert ist, haben die (nationalen) Tatsachengerichte unter Berücksichtigung aller maßgeblichen Umstände, insbesondere an Hand der vom Gerichtshof der Europäischen Union entwickelten Leitlinien zu beurteilen (EuGH NZBau 2020, 46 Rn 40; BGH 29. 4. 2020 – III ZA 22/19, juris Rn 2; NJW-RR 2019, 528 Rn 27; NVwZ 2014, 1294 Rn 107; BGH NJW 2009, 2534). Im Revisionsverfahren ist die Überprüfung insoweit eingeschränkt (BGH NJW 2013, 168). Der Bundesgerichtshof hat damit dem mit der umfassenden Würdigung der Umstände des Einzelfalls angesprochenen Tatrichter den notwendigen Freiraum gewähren wollen, um in geeigneten Fällen von einer Zulassung der Revision absehen zu können (Dörr, Perspektiven 21 f).

Diesem restriktiven Haftungsmaßstab, den der Gerichtshof seiner Rechtsprechung zur außervertraglichen Haftung der Union (vgl jetzt Art 340 AEUV) entnommen hat, liegt die Erwägung zugrunde, dass die Wahrnehmung gesetzgeberischer Tätigkeit, insbesondere bei wirtschaftspolitischen Entscheidungen, nicht jedes Mal durch die Möglichkeit von Schadensersatzklagen behindert werden darf, wenn Allgemeininteressen den Erlass von Maßnahmen gebieten, die die Interessen des Einzelnen beeinträchtigen können (EuGH 5. 3. 1996 – C-46/93, C-48/93 *Brasserie du Pêcheur*, NJW 1996, 1267 Rn 45; EuGH 26. 3. 1996 – C-392-6 *British Telecommunications*, EuZW 1996, 274 Rn 40; vgl auch BGH 17. 1. 2019 – III ZR 209/17, NJW-RR 2019, 528 Rn 26). Nur wenn der Mitgliedstaat zum Zeitpunkt der Rechtsverletzung über einen erheblich verringerten oder gar auf Null reduzierten Gestaltungsspielraum verfügte, kann schon die bloße Verletzung des Unionsrechts ausreichen, um einen hinreichend qualifizierten Verstoß anzunehmen (EuGH 13. 11. 2012 – C-35/11 *Test Claimants in the Thin Cap Group Litigation*, EuGRZ 2010, 183 Rn 118; EuGH 8. 10. 1996 – C-178/94 *Dillenkofer*, NJW 1996, 3141 Rn 25; BGH NJW-RR 2019, 528 Rn 26; NJW 2013, 168). Um festzustellen, ob ein hinreichend qualifizierter Verstoß vorliegt, sind alle Gesichtspunkte des Einzelfalls zu berücksichtigen, die für den dem nationalen Gericht vorgelegten Sachverhalt kennzeichnend sind. Zu diesen Gesichtspunkten gehören insbesondere das Maß an Klarheit und Genauigkeit der verletzten Vorschrift, die Frage, ob der Verstoß oder der Schaden vorsätzlich begangen bzw zugefügt wurde oder nicht, die Frage, ob ein etwaiger Rechtsirrtum entschuldbar ist oder nicht, und die Frage, ob möglicherweise das Verhalten eines Gemeinschaftsorgans dazu beigetragen hat, dass nationale Maßnahmen oder Praktiken in gemeinschaftsrechtswidriger Weise eingeführt oder aufrechterhalten wurden (EuGH 23. 5. 1996 – C-5/94 *Hedley Lomas*, Rn 28 ff; EuGH 17. 4. 2017 – C-470/03 *AGM-COSMET*, Rn 80 f; EuGH 28. 3. 1995 – C-324/93 *Evans* Rn 86; EuGH 25. 1. 2007 – C-278/05 *Robins* Rn 77; *Test Claimants in the Thin Cap Group Litigation*, Rn 119; BGH 17. 1. 2019 – III ZR 209/17, NJW-RR 2019, 528 Rn 27; BGH VersR 2013, 324; NJW 2013, 324). Für die Beurteilung der Frage, ob ein Verstoß gegen das Unionsrecht qualifiziert ist, sind auch bestimmte objektive und subjektive Gesichtspunkte von Bedeutung, die im Rahmen des deutschen Amtshaftungsrechtes mit dem Begriff des Verschuldens (Vorsatz oder Fahrlässigkeit) im Sinne des § 839 Abs 1 S 1 BGB in Verbindung gebracht werden können (BGH NJW-RR 2019, 528 Rn 27). Eine selbständige Haftungsvoraussetzung, die über den hinreichend qualifizierten Verstoß hinausginge, ist das Verschulden jedoch nicht (EuGH 5. 3. 1996 – C-46/93, C-48/93 *Brasserie du Pêcheur*, NJW 1996, 1267 Rn 80). Auch die Nichtumsetzung oder nicht fristgemäße Umsetzung von Richtlinien in das nationale Recht kann bereits als solche einen qualifizierten Verstoß gegen das Unionsrecht darstellen (EuGH 8. 10. 1996 – C-178/94 *Dillenkofer*, NJW 1996, 3141 Rn 26–29; BGH NJW-RR 2019, 528 Rn 28). Dabei genügen allerdings bloß inhaltliche Mängel jedenfalls dann nicht, wenn die betreffende Norm richtlinienkonform ausgelegt werden kann (Knops NJW 2023, 2225 Rn 4). Jedenfalls ist ein Verstoß gegen das Unionsrecht offenkundig qualifiziert, wenn er trotz des Erlasses eines Urteils des EuGH, in dem der zur Last gelegte Verstoß festgestellt wird, oder eines Urteils im Vorabentscheidungsverfahren oder aber einer gefestigten einschlägigen Rechtsprechung des EuGH, aus denen sich die Pflichtwidrigkeit des vertraglichen Verhaltens ergibt, fortbestanden hat (EuGH 5. 3. 1996 – C-46/93, C-48/93 *Brasserie du Pêcheur*, NJW 1996, 1267 Rn 57); andererseits ist ein Urteil des Gerichtshofs, in dem der Verstoß zuvor festgestellt wird, zwar ein wesentliches, 532 sein Vorliegen aber kein unbedingt notwendiges Kriterium dafür, dass diese Voraussetzung erfüllt ist (EuGH 5. 3. 1996 – C-46/93, C-48/93 *Brasserie du Pêcheur*, NJW 1996, 1267 Rn 93). Die Konkretisierung einer für sich genommenen möglicherweise unklaren Richtlinie durch den EuGH ist zu berücksichtigen (BGH WM 2011, 1670 Rn 25). Bei der Beurteilung der Frage, ob ein hinreichend qualifizierter Verstoß gegen Unionsrecht vorliegt, kann auch zu berücksichtigen sein, wie die nationalen Gerichte das Unionsrecht im Rahmen von Gerichtsverfahren ausgelegt haben, die von den durch die beanstandeten Regelungen Betroffenen anhängig gemacht worden sind (EuGH 5. 3. 1996 – C-46/93, C-48/93 *Brasserie du Pêcheur*, NJW 1996, 1267 Rn 63; BGH NJW 2009, 2534 Rn 35).

dd) Unmittelbarer Kausalzusammenhang

533 Hinsichtlich der dritten Voraussetzung ist zu prüfen, ob zwischen dem Verstoß gegen die dem Staat obliegende Verpflichtung und dem den geschädigten Personen entstandenen Schaden ein unmittelbarer Kausalzusammenhang besteht (EuGH 17. 4. 2017 – C-470/03 *AGM-COSMET*, Slg 2007, I-02749 Rn 83; EuGH 5. 3. 1996 – C-46/93, C-48/93 *Brasserie du Pêcheur*, NJW 1996, 1267 Rn 65). Es ist Sache der nationalen Rechtsordnung der einzelnen Mitgliedstaaten, unter Wahrung der vollen Wirksamkeit des Unionsrechts die Haftungsvoraussetzungen der „unmittelbaren Kausalität“ in das nationale Recht umzusetzen (BGH 10. 2. 2022 – III ZR 87/21, NVwZ 2022, 896 Rn 11 mwNw). Der BGH geht davon aus, dass es insoweit einer wertenden, auf den Haftungstatbestand bezogenen Zurechnung der Haftungsfolgen bedarf, vergleichbar derjenigen Beziehung, die im deutschen Recht durch den Adäquanzgedanken ausgedrückt wird (BGHZ 134, 30, 39 f). Der Sache nach bedeutet dies, dass die Frage, ob dem Einzelnen durch eine Norm des Unionsrechts ein Recht verliehen worden ist, durch Schutzzwecküberlegungen der verletzten Norm zu ergänzen ist, um den zu ersetzenden Schaden näher zu bestimmen (BGH 10. 2. 2022 – III ZR 87/21, NVwZ 2022, 896 Rn 11). Dementsprechend haftet die Bundesrepublik Deutschland, die nach den Urteilen des EuGH vom 4. 12. 1997 (EuGH 4. 12. 1997 – C-97/96 *Daihatsu*, Slg 1997 I-6843) und vom 29. 9. 1998 (EuGH 29. 9. 1998 – C-191/95 *Kommission/Deutschland*, Slg 1998 I-5449) dadurch gegen ihre Verpflichtungen aus den Richtlinien 68/151/EWG und 78/660/EWG verstoßen hat, dass sie keine geeigneten Maßregeln getroffen hatte, um die Offenlegung von Jahresabschlüssen von Kapitalgesellschaften sicherzustellen, einem Dritten, der sich um keine Einsichtnahme in diese Unterlagen bemüht und als Gläubiger der Kapitalgesellschaft davon abgesehen hat, ein Einschreiten des Registergerichts zu beantragen, nicht auf Schadensersatz. Der dortige Kläger hatte die ihm nach der Richtlinie verliehenen Rechte, auch soweit sie umgesetzt waren, nicht genutzt. Ein weitergehender Anspruch, so gestellt zu werden, als sei die später in Insolvenz gefallene Gesellschaft zum Zeitpunkt seines Vertragsschlusses gar nicht mehr am Markt gewesen, stand ihm nicht zu (BGH NJW 2006, 690).

ee) Der zu ersetzende Schaden

534 Der Ersatz der Schäden, die dem Einzelnen durch Verstöße gegen das Unionsrecht entstehen, muss dem erlittenen Schaden angemessen sein, so dass ein effektiver Schutz der Rechte des Einzelnen gewährleistet ist. Soweit es auf diesem Gebiet keine Unionsvorschriften gibt, ist es Sache der nationalen Rechtsordnung jedes Mitgliedstaats, die Kriterien festzulegen, anhand deren der Umfang der Entschädigung bestimmt werden kann, wobei diese Kriterien nicht ungünstiger sein dürfen als bei entsprechenden Ansprüchen, die auf nationales Recht gestützt sind; auch dürfen sie keinesfalls so ausgestaltet sein, dass die Entschädigung praktisch unmöglich ist oder übermäßig erschwert wird (EuGH 5. 3. 1996 – C-46/93, C-48/93 *Brasserie du Pêcheur*, NJW

1996, 1267 Rn 82 f). Dementsprechend ist es nicht zulässig, den unionsrechtlichen Staatshaftungsanspruch etwa auf eine Entschädigung für Eingriffe in eigentumsmäßig geschützte Rechtspositionen – etwa in Anlehnung an das Haftungsinstitut des enteignungsgleichen Eingriffs – zu beschränken; vielmehr darf auch der entgangene Gewinn nicht völlig ausgeschlossen werden (EuGH 5. 3. 1996 – C-46/93, C-48/93 *Brasserie du Pêcheur,* NJW 1996, 1267 Rn 86 f; EuGH 17. 4. 2017 – C-470/03 *AGM-COSMET,* Slg 2007, I-02749 Rn 94). Nach diesen Maßstäben hat der BGH zu viel geleistete Zuvielarbeit auch im Hinblick auf einen unionsrechtlichen Staatshaftungsanspruch nicht als Schaden gewertet, weil dieser kein Schaden im Sinne des deutschen Schadensersatzrechts ist und es das Unionsrecht nicht gebietet, bei der Anwendung des § 852 BGB einen von der deutschen Rechtslage abweichenden Schadensbegriff zugrunde zu legen (BGH 14. 12. 2017 – III ZR 117/17, juris Rn 2 f).

d) Haftungssubjekte des unionsrechtlichen Staatshaftungsanspruchs

aa) Als Haftungssubjekte des unionsrechtlichen Staatshaftungsanspruchs kommen nicht nur die Mitgliedstaaten als die Vertragspartner des europäischen Vertragswerks in Betracht. Zwar sind in erster Linie sie es, die die zentrale Verpflichtung trifft sicherzustellen, dass dem einzelnen der Schaden ersetzt wird, der ihm durch einen Verstoß gegen Unionsrecht entstanden ist, gleichgültig, welche staatliche Stelle diesen Verstoß begangen hat (zB auch durch höchstrichterliche Rechtsprechung; BGH NJW-RR 2019, 528 Rn 66; NJW 2005, 747; EuGH NJW 2006, 3337 Rn 30 ff) und welche Stelle nach dem Recht des betreffenden Mitgliedstaats diesen Schadensersatz grundsätzlich zu leisten hat. Ein Mitgliedstaat kann sich seiner Haftung nicht dadurch entziehen, dass er auf die Aufteilung der Zuständigkeit und der Haftung auf andere Körperschaften verweist, die nach seiner Rechtsordnung bestehen. Unter diesem Vorbehalt verpflichtet das Unionsrecht die Mitgliedstaaten jedoch nicht dazu, die Aufteilung der Zuständigkeit und der Haftung auf die öffentlichen Körperschaften in ihrem Gebiet zu ändern. Den Erfordernissen des Unionsrechts ist genügt, wenn die innerstaatlichen Verfahrensregelungen einen wirksamen Schutz der Rechte, die dem Einzelnen aufgrund Unionsrecht zustehen, ermöglichen und die Geltendmachung dieser Rechte nicht gegenüber derjenigen solcher Rechte erschwert ist, die dem Einzelnen nach innerstaatlichem Recht zustehen. Ein bundesstaatlich aufgebauter Mitgliedstaat kann seine unionsrechtlichen Verpflichtungen auch erfüllen, wenn nicht der Gesamtstaat den Ersatz der einem Einzelnen durch unionsrechtswidrige innerstaatliche Maßnahmen entstandenen Schäden sicherstellt (Konle Rn 62–64), sondern – wie zu ergänzen ist (BGHZ 161, 224, 234) – das einzelne Bundesland. Jene Entscheidung des EuGH betraf den Verstoß eines Gesetzes des österreichischen Bundeslandes Tirol gegen Unionsrecht. 535

In der späteren Entscheidung *Haim II* hat der EuGH (ZIP 2000, 1215) es unionsrechtlich nicht beanstandet, wenn die Haftung einer öffentlich-rechtlichen Körperschaft auf Ersatz des Schadens, der einem Einzelnen durch von ihr unter Verstoß gegen das Unionsrecht getroffene Maßnahmen entstanden ist, neben derjenigen des Mitgliedstaats selbst gegeben ist. Dies beruhte indessen auf der entsprechenden Fragestellung des vorlegenden Gerichts. Die Entscheidung *Haim II* schreibt die frühere Entscheidung *Konle* (EuGH 1. 6. 1999 – C 302/97) im Wege eines „argumentum a fortiori" fort: Wenn schon eine nationale Regelung unionsrechtlich nicht zu beanstanden ist, nach der nicht der Gesamtstaat, sondern eine andere haftpflichtige Körperschaft die Erfüllung des unionsrechtlichen Staatshaftungsanspruchs sicherstellt, so muss erst recht eine nationale Regelung mit den Vorgaben des Europarechts vereinbar sein, 536 nach der die Haftung jener anderen Körperschaft kumulativ neben diejenige des Gesamtstaats tritt. Dementsprechend wird durch die Entscheidung *Haim II* nicht etwa ausgeschlossen, dass nach Maßgabe der Grundsätze der Entscheidung *Konle* auch eine Alleinhaftung der anderen öffentlich-rechtlichen Körperschaft eintreten kann. Es ist daher unionsrechtlich nicht geboten, neben der Haftung der anderen Körperschaft stets auch eine konkurrierende Haftung der Bundesrepublik selbst zu bejahen (Ossenbühl/Cornils 623 f; Burger DVBl 2012, 207, 212).

537 **bb)** Auf die deutsche Rechtsordnung übertragen, ist aus diesen Grundsätzen zu entnehmen, dass sich die Passivlegitimation für den unionsrechtlichen Staatshaftungsanspruch nach denselben Gesichtspunkten beurteilt wie beim Amtshaftungsrecht. Es gilt also Art 34 GG mit der Maßgabe, dass an die Stelle der Verletzung einer drittgerichteten Amtspflicht der qualifizierte Verstoß gegen eine individuell begünstigende Norm des europäischen Unionsrechts tritt. Daher ist der Bund, der unionsrechtlich verpflichtet ist, den Ersatz des durch einen Verstoß gegen das Unionsrecht entstandenen Schadens sicherzustellen, innerstaatlich nur dann Schuldner eines unionsrechtlichen Staatshaftungsanspruchs, wenn ihn zugleich die Verantwortlichkeit nach Art 34 S 1 GG trifft (BGHZ 161, 224, 234 ff). Verletzt ein Land Unionsrecht, ist dieses passivlegitimiert (BGH WM 2011, 1670 Rn 13). Der EuGH hat festgestellt, dass das Unionsrecht eine persönliche Haftung des Beamten neben derjenigen des Mitgliedstaates nicht ausschließt, diese aber auch nicht verlangt (EuGH 17. 4. 2017 – C-470/03 *AGM-COSMET,* Slg 2007, I-02749 Rn 99).

e) Weitere Einzelfragen

aa) Vorrang des Primärrechtsschutzes; Mitverschulden

538 Auch beim unionsrechtlichen Staatshaftungsanspruch gilt der **Vorrang des Primärrechtsschutzes.** Es ist zu prüfen, ob der Geschädigte rechtzeitig von allen ihm zur Verfügung stehenden Rechtsschutzmöglichkeiten Gebrauch gemacht hat (EuGH WM 2019, 156 Rn 140; EuGH 5. 3. 1996 – C-46/93, C-48/93 *Brasserie du Pêcheur,* NJW 1996, 1267 Rn 84; BGHZ 156, 294), soweit sie zumutbar sind (BGHZ 181, 199 Rn 23).

Auf eine Vorlage des Bundesgerichtshofs (NVwZ 2007, 362) hat der EuGH ausgeführt, dass das Gemeinschaftsrecht der Anwendung einer nationalen Regelung nicht entgegensteht, nach der ein Einzelner keinen Ersatz für einen Schaden verlangen kann, bei dem er es vorsätzlich oder fahrlässig unterlassen hat, ihn durch Gebrauch eines Rechtsmittels abzuwenden, vorausgesetzt, dass der Gebrauch dieses Rechtsmittels dem Geschädigten zumutbar ist; es ist Sache des nationalen Gerichts, dies anhand aller Umstände zu prüfen. Die Wahrscheinlichkeit, dass das nationale Gericht nach Art 234 EG (jetzt Art 267 AEUV) ein Vorabentscheidungsersuchen stellt oder eine beim EuGH anhängige Vertragsverletzungsklage (Art 258 AEUV), lassen für sich genommen nicht den Schluss zu, dass der Gebrauch des Rechtsmittels unzumutbar ist (EuGH 24. 3. 2009 – C-445/06 *Danske Slagterier,* NVwZ 2009, 771 Rn 69). Das nationale Recht darf die Pflicht zur Ausschöpfung der Rechtsmittel aber nicht für eine Staatshaftungsklage wegen Verletzung von Unionsrecht strenger handhaben als für eine Verletzung nationalen Rechts (EuGH 26. 1. 2010 – C-118/1 *Transportes Urbanos y Servisions Generales,* EuGRZ 2010, 183 Rn 33). Der Bundesgerichtshof hat in Umsetzung der Entscheidung des EuGH die Erhebung einer Feststellungsklage gegen den Normgeber (hier die Bundesrepublik), der die Anpassung an europäisches Recht unterlassen hat, im konkreten Fall als unzumutbar angesehen (BGHZ 181, 191 Rn 26).

Darüber hinaus ist allgemein das **Mitverschulden** des Geschädigten anspruchsmindernd zu berücksichtigen; der Geschädigte ist gehalten, sich in angemessener Form um die Verhinderung des Schadenseintritts oder um die Begrenzung des Schadensumfangs zu bemühen (EuGH 5. 3. 1996 – C-46/93, C-48/93 *Brasserie du Pêcheur,* NJW 1996, 1267 Rn 84).

bb) Kein Verweisungsprivileg

Die Frage, ob die Subsidiaritätsklausel des § 839 Abs 1 S 2 BGB auch auf den unionsrechtlichen Staatshaftungsanspruch übertragen werden kann, ist bisher noch nicht entschieden worden. Mit Rücksicht auf das vorrangige Ziel dieses Haftungsinstituts, die volle Wirksamkeit des Gemeinschaftsrechts zu sichern, dürfte sie jedoch zu verneinen sein (so auch Ossenbühl/Cornils 620 ff; BeckOGK/Thomas [1. 11. 2025] § 839 Rn 958 f). **539**

cc) Kein Richterspruchprivileg

(1) Der EuGH betont durchgängig, dass der unionsrechtliche Staatshaftungsanspruch unabhängig davon besteht, welches mitgliedsstaatliche Organ durch sein Handeln oder Unterlassen den Verstoß begangen hat (EuGH 5. 3. 1996 – C-46/93, C-48/93 *Brasserie du Pêcheur*, NJW 1996, 1267 Rn 32; EuGH 30. 9. 2003 – C-224/01 *Köbler,* NJW 2004, 3479 Rn 31 m zahlr wNw). Gleichwohl war früher zweifelhaft, ob damit auch der Ausgleich judikativen Unrechts gefordert wurde. Für eine Übertragung des Richterspruchprivilegs des § 839 Abs 2 S 1 BGB auf den unionsrechtlichen Staatshaftungsanspruch, wenn das betreffende Urteil Unionsrecht verletzte, sprach die Erwägung, dass die Respektierung der Rechtskraft gerichtlicher Urteile der Rechtssicherheit und damit ebenfalls einem tragenden Pfeiler der europäischen Rechtsordnung diente (vgl in diesem Sinne Staudinger/Wurm [2002] § 839 Rn 542). Der EuGH hat jedoch entschieden, dass die Grundsätze des unionsrechtlichen Staatshaftungsanspruchs für Verstöße der Mitgliedstaaten gegen das Unionsrecht auch dann anwendbar sind, wenn der fragliche Verstoß in einer Entscheidung eines letztinstanzlichen Gerichts besteht (EuGH 29. 7. 2019 – C-620/17 *Hochtief Solutions*, NZBau 2020, 46; EuGH 13. 6. 2006 – C-173/03 *Traghetti del Mediterraneo*, NJW 2006, 3337; *Köbler* 30. 9. 2003, NJW 2003, 3539). Zwar sieht der EuGH, dass die Bedeutung des Grundsatzes der Rechtskraft nicht zu bestreiten ist. Zur Gewährleistung des Rechtsfriedens und der Beständigkeit rechtlicher Beziehungen sowie einer geordneten Rechtspflege sollen nach Ausschöpfung des Rechtswegs oder nach Ablauf der entsprechenden Rechtsmittelfristen unanfechtbar gewordene Gerichtsentscheidungen nicht mehr in Frage gestellt werden können (EuGH 30. 9. 2003 – C-224/01 *Köbler*, NJW 2003, 3539 Rn 38). Er meint jedoch, die Anerkennung des Grundsatzes der Staatshaftung für Entscheidungen letztinstanzlicher Gerichte stelle die Rechtskraft einer solchen Entscheidung nicht in Frage (EuGH 30. 9. 2003 – C-224/01 *Köbler*, NJW 2003, 3539 Rn 39). Bei der Prüfung, ob die Tatbestandsvoraussetzung eines hinreichend qualifizierten Verstoßes gegen das Unionsrecht erfüllt ist, muss den Besonderheiten der richterlichen Funktion sowie den berechtigten Belangen der Rechtssicherheit Rechnung getragen werden. Der Staat haftet für eine solche gemeinschaftsrechtswidrige Entscheidung nur in dem Ausnahmefall, dass das Gericht offenkundig gegen das geltende (Unions-)Recht verstoßen hat (EuGH 30. 9. 2003 – C-224/01 *Köbler*, NJW 2003, 3539 Rn 53, 59). In einem solchen Fall darf die Haftung auch nicht auf Vorsatz oder grob fehlerhaftes Verhalten des Richters begrenzt werden (EuGH 24. 11. 2011 – C-379/10 *Kommission/Italien*, BeckRS 2012, 80029; EuGH 13. 6. 2006, NJW 2006, 3337). **540**

Als offenkundiger Verstoß kann auch ein solcher gegen die Vorlagepflicht aus Art 267 Abs 3 AEUV (früher 234 Abs 3 EG) in Betracht kommen (EuGH 30. 9. 2003 – C-224/01 *Köbler*, NJW 2003, 3539 Rn 55). Ein derartiger offenkundiger Verstoß wurde bei der in Rede stehenden Entscheidung des österreichischen Verwaltungsgerichtshofs verneint. Gleiches galt im Falle „Revisore contabile" für die dort in Rede stehenden Gerichtsentscheidungen (BGH NJW 2005, 747).

dd) Verjährung

541 Nach den oben (Rn 523) dargestellten Maßstäben sind auf den unionsrechtlichen Staatshaftungsanspruch die nationalen Verjährungsvorschriften anzuwenden. Hierzu hat der Gerichtshof entschieden, dass die Festsetzung angemessener Ausschlussfristen für die Rechtsverfolgung im Interesse der Rechtssicherheit, die zugleich den Abgabepflichtigen und die Behörde schützt, mit dem Gemeinschaftsrecht vereinbar ist. Solche Fristen sind nämlich nicht geeignet, die Ausübung der durch die Gemeinschaftsrechtsordnung verliehenen Rechte praktisch unmöglich zu machen oder übermäßig zu erschweren. Unter diesem Gesichtspunkt erscheint eine nationale Verjährungsfrist von drei Jahren angemessen. Eine Verjährungsfrist muss im Voraus festgelegt werden, um ihren Zweck, die Rechtssicherheit zu gewährleisten, zu erfüllen. Es ist Sache des nationalen Gerichts, unter Berücksichtigung aller Gesichtspunkte der Sach- und Rechtslage im Zeitpunkt der Ereignisse des Ausgangsverfahrens im Hinblick auf den Grundsatz der Effektivität zu prüfen (EuGH 24. 3. 2009 – C-445/06 *Danske Slagterier*, NJW 1996, 1267 Rn 30 ff). Es gilt daher die Regelverjährung nach § 195 BGB (BGHZ 181, 299 Rn 46; NJW-RR 2019, 528; krit Armbrüster/Kämmerer NJW 2009, 3601, 3604). Etwas anderes galt für die Verjährungsregelung des § 852 Abs 1 aF, da sich dessen (analoge) Anwendung auf den unionsrechtlichen Staatshaftungsanspruch nicht hinreichend sicher voraussehen ließ (BGH 4. 6. 2009 – III ZR 144/05, BGHZ 181, 199 Rn 45; anders noch im Vorlagebeschluss BGH 12. 10. 2006 – III ZR 144/05, NVwZ 2007, 362).

Zur Hemmung oder Unterbrechung der Verjährung hat der EuGH festgestellt, dass es Sache der Mitgliedstaaten ist, diese Art von Verfahrensmodalitäten zu regeln, sofern die Grundsätze der Gleichwertigkeit und Effektivität gewahrt werden (EuGH 24. 3. 2009 – C-445/06 *Danske Slagterier*, NVwZ 2009, 771 Rn 36). Das Unionsrecht verlangt dabei nicht, dass ein Vertragsverletzungsverfahren nach Art 226 EG (jetzt Art 258 AEUV) nach dem Recht des Mitgliedsstaates zur Hemmung oder Unterbrechung der Verjährung des unionsrechtlichen Schadensersatzanspruchs führen muss (EuGH 24. 3. 2009 – C-445/06 *Danske Slagterier*, NVwZ 2009, 771 Rn 45). Deshalb hat der Bundesgerichtshof angenommen, dass eine verjährungsunterbrechende Wirkung nach analog § 209 Abs 1, § 211 aF bzw verjährungshemmende Wirkung nach analog § 204 Abs 1 Nr 1, § 209 BGB einem Vertragsverletzungsverfahren nicht beizumessen ist (BGH 4. 6. 2009 – III ZR 144/05, BGHZ 181, 199 Rn 35 f).

Der EuGH hat zum Beginn der Verjährung ausgeführt, dass das Unionsrecht es nicht verwehrt, die Verjährungsfrist für einen Staatshaftungsanspruch wegen fehlerhafter Umsetzung einer Richtlinie zu dem Zeitpunkt in Lauf zu setzen, in dem die ersten Schadensfolgen der fehlerhaften Umsetzung eingetreten und weitere Schadensfolgen absehbar sind, selbst wenn dieser Zeitpunkt vor der ordnungsgemäßen Umsetzung dieser Richtlinie liegt (EuGH 24. 3. 2009 – C-445/06 *Danske Slagterier*, NVwZ 2009, 771 Rn 56). Der Bundesgerichtshof hat sich daraufhin der Auffassung angeschlossen und den Verjährungsbeginn angenommen für den Zeitpunkt, in dem die Voraussetzungen vorlagen, klageweise gegen den Ersatzpflichtigen vorzugehen und nicht erst mit Beseitigung der europarechtswidrigen Rechtslage (BGHZ 181, 199 Rn 32). Die Zumutbarkeit der Klageerhebung richtet sich insoweit nach den ähnlichen Gesichtspunkten, wie sie der Bundesgerichtshof für den Gebrauch eines Rechtsmittels im Sinne des § 839 Abs 3 BGB angenommen hat (BGH NJW-RR 2019, 528 Rn 82). Der Grundsatz der Schadenseinheit ist damit auch auf den europäischen Staatshaftungsanspruch anzuwenden (BGH NVwZ 2007, 362 Rn 34; vgl Dörr WM 2010, 961, 967). Dabei hat der BGH die verschiedenen Versuche, die europarechtswidrige Rechtslage zu beseitigen, als selbständige schadensstiftende Handlungen und nicht als Dauerhandlung angesehen (BGHZ 181, 199 Rn 29 ff; NVwZ 2007, 362 Rn 37 ff).

Ein Herausgabeanspruch nach § 852 BGB wegen Bereicherung nach Verjährung **542**
eines unionsrechtlichen Staatshaftungsanspruchs kann grundsätzlich bestehen. Er kommt aber nicht wegen geleisteter Zuvielarbeit in Betracht (BGH 14. 12. 2017 – III ZR 117/17).

ee) Gerichtliche Zuständigkeit

Der EuGH hat im Urteil *Köbler* darauf hingewiesen, es sei Sache der Rechtsordnung **543**
der einzelnen Mitgliedstaaten, zu bestimmen, welches Gericht für die Entscheidung von Rechtsstreitigkeiten über den unionsrechtlichen Staatshaftungsanspruch zuständig ist (EuGH 30. 9. 2003 – C-224/01 *Köbler*, NJW 2003, 3539 Rn 59). Für die Bundesrepublik Deutschland ist diese Frage im Sinne einer Zuständigkeit der ordentlichen Gerichte zu beantworten. Dies folgt unmittelbar aus Art 34 S 3 GG, der – wie oben in anderem Zusammenhang bereits dargelegt (Rn 537) – auch für den unionsrechtlichen Staatshaftungsanspruch gilt.

4. Haftung aus verwaltungsrechtlichem Schuldverhältnis

a) Öffentlich-rechtlicher Vertrag

Ein verwaltungsrechtliches Schuldverhältnis kann sich zunächst auf einem **öffentlich- 544**
rechtlichen Vertrag ergeben, auf den die bürgerlich-rechtlichen Vorschriften ergänzend anwendbar sind (§ 62 S 2 VwVfG; s auch § 59 Abs 1 VwVfG). In haftungsrechtlicher Hinsicht bedeutet dies, dass insbes grds auch §§ 280 ff, 320 ff BGB anwendbar sind (Stelkens/Bonk/Sachs/Siegel [10. Aufl 2022] VwVfG § 62 Rn 38), wobei allerdings die Sonderregelung zum Wegfall der Geschäftsgrundlage in § 59 VwVfG zu beachten ist (vgl hierzu Stelkens/Bonk/Sachs/Siegel [10. Aufl 2022] VwVfG § 60 Rn 1; s auch BVerwG 21. 1. 2015 – 9 C 1/14, BVerwGE 151, 171, 178).

b) Öffentlich-rechtliche culpa in contrahendo

Zur **öffentlich-rechtlichen culpa in contrahendo** s ua BGH 18. 5. 2006 – III ZR 396/04, **545**
NVwZ 2006, 1207 Rn 7 ff sowie Rn 152 f sowie zum Rechtsweg Rn 403.

c) Öffentlich-rechtliche Sonderbeziehungen

Die Regeln des vertraglichen Schuldrechts sind nach der Rechtsprechung des Bun- **546**
desgerichtshofs bei auf Dauer angelegten öffentlich-rechtlichen Leistungsbeziehungen sinngemäß heranzuziehen, wenn ein besonderes, enges Verhältnis des Einzelnen zur öffentlichen Verwaltung begründet worden ist und mangels ausdrücklicher gesetzlicher Regelung ein Bedürfnis für eine angemessene Verteilung der Verantwortlichkeit innerhalb des öffentlichen Rechts vorliegt (zB BGH 8. 3. 2007 – III ZR 55/06,

NVwZ 2007, 1221 Rn 9; BGH 11. 1. 2007 – III ZR 294/05, NJW-RR 2007, 457 Rn 9; BGH 14. 12. 2006 – III ZR 303/05, WuM 2007, 76 Rn 9; BGHZ 21, 214, 218 ff). Fallgruppen sind etwa der Anschluss an die gemeindliche Abwasserkanalisation (BGH 14. 12. 2006 – III ZR 303/05, NJW 2007, 1061; BGHZ 115, 141, 146; 54, 299, 302 ff), die (öffentlich-rechtliche) Lieferung von Trink- oder Brauchwasser (BGH 1. 2. 2007 – III ZR 289/06, NJW-RR 2007, 823). Das OLG Zweibrücken hat darüber hinaus eine verwaltungsrechtliche Sonderbeziehung zwischen dem Jugendamt als Veranstalter einer Ferienfreizeit und einem Teilnehmer angenommen (OLG Zweibrücken 10. 5. 2023 – 9 U 49/23, nv – NZB zurückgewiesen: BGH 27. 2. 2025 – III ZR 437/23).

Auch bei der Benutzung kommunaler Einrichtungen kann ein verwaltungsrechtliches Schuldverhältnis bestehen. Zwar gilt im Grundsatz, dass grundsätzlich die Amtshaftung eingreift, wenn die öffentliche Hand die Benutzung der Einrichtung durch Satzung zwingend anordnet und regelt und dadurch für den Betroffenen besondere Gefahrenquellen geschaffen werden. Die Sorge für die Sicherheit und gefahrlose Benutzung der Einrichtung ist dann eine Amtspflicht der Bediensteten, auch wenn es in der Satzung nicht ausdrücklich angesprochen ist (BGH 26. 4. 1983 – III ZR 117/82, VersR 1983, 668; vgl auch BGH 17. 5. 1973 – III ZR 68/71, BGHZ 61, 7, 10 mwNw). Der BGH hat aber mehrfach (Schlachthöfe betreffend) ausgeführt, dass zugleich zu den Benutzern eine „Sonderverbindung“ vertragsähnlichen Inhalts bestehen kann, namentlich bei einem auf Dauer angelegten Leistungsverhältnis, das weitgehend den Beziehungen zwischen einem Unternehmer bürgerlichen Rechts zu seinen Kunden entspricht. Diese führt dazu, dass die Verwaltung für Leistungsstörungen nach vertragsähnlichen Grundsätzen einzustehen hat, namentlich §§ 276, 278 BGB gelten und durch die Satzung Haftungsbeschränkungen auf Vorsatz oder grobe Fahrlässigkeit vorgesehen werden können (BGH 20. 6. 1974 – III ZR 97/72, NJW 1974, 1816 f; BGH 17. 5. 1973 – III ZR 68/71, BGHZ 61, 7, 10; s hierzu auch Rn 82). Dies wirkt sich allerdings nicht auf einen ggf konkurrierenden Anspruch aus Amtshaftung aus; insoweit bedürfte eine Haftungsbeschränkung einer gesonderten gesetzlichen Grundlage (BGH 21. 6. 2007 – III ZR 177/06, NVwZ 2008, 238 Rn 9).

Die **Einweisung eines Obdachlosen** in eine private Wohnung begründet zwischen der Einweisungsbehörde und dem Eigentümer zwar ein verwaltungsrechtliches Schuldverhältnis. Daraus folgt aber nicht, dass die Behörde das Verschulden des Eingewiesenen als ihres Erfüllungsgehilfen zu vertreten hätte, wenn dieser durch unsachgemäßen Gebrauch der Wohnung oder mutwillig Schäden anrichtet, da die Behörde selbst nicht die Wohnung „gebraucht“ (BGH 21. 12. 2005 – III ZR 148/05, NJW-RR 2006, 802 Rn 9).

Kein verwaltungsrechtliches Schuldverhältnis entsteht gegenüber einem Strafgefangenen (BGH 9. 7. 1956 – III ZR 320/54, BGHZ 21, 2104, 220; anders dagegen bei der „zwangsweisen Unterbringung eines Geisteskranken in einer staatlichen Heil- und Pflegeanstalt“: BGHZ 4, 138, 151); durch das Ansuchen an einen Öffentlich bestellten Vermessungsingenieur, einen amtlichen Lageplan zu erstellen, da hierdurch kein besonderes Näheverhältnis zum Auftraggeber begründet wird (BGH 7. 9. 2017 – III ZR 618/16, BGHZ 215, 344 Rn 27); durch die Unterbringung eines Kindes in einer Pflegefamilie (BGH 23. 2. 2006 – III ZR 164/05, BGHZ 166, 268 Rn 16 ff mAnm Ossenbühl JZ 2006, 924) und ein solches bestand auch nicht beim mit der Auflösung der Landeswohlfahrtsverbände in Baden-Württemberg verbundenen Übergang von Aufgaben auf die Stadt- und Landkreise und den Kommunalverband für Jugend und Soziales zum 1. 1. 2005 (BGH 13. 10. 2011 –

III ZR 126/10, NVwZ-RR 2012, 54 Rn 19 ff). Dagegen besteht zwischen dem sächsischen Schulzweckverband und seinen Mitgliedsgemeinden ein verwaltungsrechtliches Schuldverhältnis (BGH 2. 3. 2017 – III ZR 271/15, juris Rn 12).

Ein öffentlich-rechtliches **Verwahrungsverhältnis** kann zB dadurch begründet werden, **547** dass eine Fundsache in öffentliche Verwahrung genommen wird (BGH 5. 10. 1989 – III ZR 126/88, NJW 1990, 1230), oder durch das Abschleppen eines verbotswidrig geparkten Fahrzeugs im Wege der Ersatzvornahme (BGHZ 200, 188). Auch durch die Begründung amtlichen Gewahrsam der Staatsanwaltschaft durch die Beschlagnahme von Gegenständen gem § 94 Abs 2 StPO entsteht ein öffentlich-rechtliches Verwahrungsverhältnis (BGH 16. 5. 2019 – III ZR 6/18, NJW 2019, 2618 Rn 14). Es genügt, dass ein Verwaltungsträger bei Wahrnehmung öffentlicher Aufgaben fremde bewegliche Sachen in Besitz nimmt und den Berechtigten von Einwirkungen ausschließt, insbesondere an eigenen Sicherungs- und Obhutsmaßnahmen hindert. Anders als im Privatrecht entsteht das Rechtsverhältnis bei Eintritt dieses Tatbestands, ohne dass es eines Vertrags bedarf. An die Stelle der Willenseinigung Privater treten öffentlich-rechtliche Maßnahmen (BGH 16. 5. 2019 – III ZR 6/18, NJW 2019, 2618 Rn 14).

Auf das öffentlich-rechtliche Verwahrungsverhältnis sind die §§ 688 ff BGB sowie §§ 280 ff BGB – auch iVm §§ 276, 278 BGB – entsprechend anzuwenden, wobei den Verwaltungsträger im Gegensatz zur Amtshaftung die Beweislast für fehlendes Verschulden (§ 280 Abs 1 S 2 BGB) trifft (BGH 16. 5. 2019 – III ZR 6/18, NJW 2019, 2618 Rn 14). Dementsprechend sind die in einem Strafverfahren beschlagnahmten Gegenstände (auch gegenüber unbeteiligten Dritten) in entsprechender Anwendung des § 697 BGB an dem Ort zurückzugeben, an welchem sie aufzubewahren waren. Der Dritte ist nach § 23 Abs 2 S 1 Nr 1 JVEG zu entschädigen. Weitergehende Ansprüche aus enteignendem oder enteignungsgleichen Eingriff stehen ihm nicht zu (BGH 16. 5. 2019 – III ZR 6/18, NJW 2019, 2618 Rn 18 zu einer Entwässerungssatzung).

Anders als im bürgerlich-rechtlichen Vertragsverhältnis kann bei Fundsachen auch ein Verhalten des Berechtigten zeitlich vor der Ingewahrsamnahme als **Mitverschulden** berücksichtigt werden, insbes die Umstände, die zum Verlust des Gegenstandes geführt haben und ein unterlassenes Bemühen, die Sache selbständig zurückzuerlangen (BGH 5. 10. 1989 – III ZR 126/88, NJW 1990, 1230, 1231).

Hinsichtlich des Rechtswegs enthält § 40 Abs 2 S 1 Fall 2 VwGO eine Sonderzuweisung zur ordentlichen Gerichtsbarkeit (Rn 403).

III. Einzelne Bereiche der Amts- und der Staatshaftung

1. Öffentliches Baurecht

a) Bauleitplanung

aa) Drittgerichtete Amtspflichten bei der Bauleitplanung im Allgemeinen

(1) Bebauungspläne ergehen als gemeindliche Satzung (§ 10 Abs 1 BauGB; in Berlin, Hamburg und Bremen bestehen Besonderheiten: § 246 BauGB [„Stadtstaatenklausel"]). Bei der Beschlussfassung über den Bebauungsplan werden die Mitglieder des Gemeinderats als „Beamte" im amtshaftungsrechtlichen Sinne tätig (st Rspr; vgl zB BGHZ 110, 1, 8; 106, 323, 330; 92, 34, 51; 84, 292, 298; BGH WM 1975, 630, 633; VersR 1970, **548**

1007, 1009; OLG Saarbrücken NVwZ-RR 2018, 348). Die bei der Bauleitplanung zu beachtenden Amtspflichten lassen sich ihrem sachlichen Inhalt nach weitgehend bereits aus den in § 1 BauGB normierten Grundsätzen entnehmen, insbesondere dem Katalog der zu berücksichtigenden Belange in Abs 6 Nr 1 bis 12 und dem Abwägungsgebot nach Abs 7 einschließlich der in die Abwägung einzubeziehenden umweltschützenden Belange nach § 1a BauGB. Die Bebauungsplanung ist zweifellos eine öffentliche Aufgabe. Nach einer Entscheidung des OLG Brandenburg kann aber auch der Verkauf eines Grundstücks durch eine Gemeinde hoheitlich erfolgen (zur Unterscheidung s Rn 78). Die Gemeinde hatte mit der Veräußerung der in ihrem Eigentum stehenden Grundstücke an Investoren das Ziel einer Entwicklung eines Gebiets in der ehemaligen Vorstadt gemäß einem „bereits weit gediehenen Entwurf" eines Bebauungsplans verfolgt, vor allem aber mit dem Ausbedingen von nach öffentlichem Baurecht notwendigen Dienstbarkeiten zugunsten innenliegender Grundstücke im Kaufvertrag die plangemäße Bebaubarkeit dieser Grundstücke zu sichern bezweckt. Dabei hatte die beklagte Gemeinde allerdings bei der Veräußerung der ihr gehörenden Wegegrundstücke die Erwerberin nur verpflichtet, den Eigentümern bestimmter Grundstücke die notwendigen Wege-, Fahr- und Leitungsrechte einzuräumen, nicht aber zugunsten der Klägerin, obwohl auch diese für die bauliche Nutzbarkeit ihres Grundstücks erkennbar einer solchen Absicherung bedurfte. Dies hat das Gericht zu Recht als Amtspflichtverletzung in Form eines Verstoßes gegen das Gleichbehandlungsgebot (Art 3 Abs 1 GG) gewertet (OLG Brandenburg 24. 4. 2023 – 2 U 37/17 – NZB zurückgewiesen: BGH 27. 11. 2025 – III ZR 121/23).

549 **(2)** Die durch einen verbindlichen Bauleitplan betroffenen Grundeigentümer oder sonst dinglich Berechtigten stellen eine durch die räumlichen Grenzen des Plans und durch ihre rechtliche Beziehung zu den erfassten Grundstücken bestimmte Personengruppe dar, die Adressat dieses Ortsgesetzes (der Satzung) ist.

Damit liegt – ähnlich wie im Falle eines Maßnahmegesetzes – eine Einengung des Kreises der Betroffenen und eine Individualisierung der Rechtsadressaten vor, die eine besondere Beziehung zwischen dem Rechtsetzungsakt und den geschützten Interessen bestimmter Betroffener schafft und diesen Betroffenen daher die Stellung von geschützten „Dritten" im Sinne des § 839 BGB iVm Art 34 GG verleihen kann (BGHZ 106, 323, 330 ff; 92, 34, 51 ff; 84, 292, 300; BGH WM 1975, 630, 633). Jedoch können von den bei der Verabschiedung des Bebauungsplans zu beachtenden Amtspflichten nur solche als drittgerichtet in Betracht kommen, die eine Berücksichtigung konkreter Interessen des einzelnen Bürgers oder einer Gruppe von Bürgern erfordern. Es genügt also nicht, wenn die betreffende Pflicht lediglich im Interesse einer nachhaltigen städtebaulichen Entwicklung und einer dem Wohl der Allgemeinheit entsprechenden sozialgerechten Bodennutzung wahrzunehmen ist (§ 1 Abs 5 S 1 BauGB; vgl BGHZ 110, 1, 9 f; 109, 380, 388 ff). Daraus hat der BGH die Folgerung gezogen, dass insbesondere die Verletzung von Verfahrens- und Formvorschriften, auch wenn sie die Nichtigkeit des Bebauungsplans zur Folge hatte, regelmäßig keine Drittgerichtetheit entfalten kann. Dies gilt beispielsweise für die Pflichten, die Entwürfe der Bauleitpläne öffentlich auszulegen (§ 3 Abs 2 BauGB; BGH 27. 9. 1990 – III ZR 67/89, BayVBl 1991, 187), die Genehmigung des Bebauungsplans ortsüblich bekanntzumachen (§ 10 Abs 3 BauGB; BGH NJW 1990, 245, 246), den Bebauungsplan aus einem Flächennutzungsplan zu entwickeln (§ 8 Abs 2 BauGB; BGHZ 84, 292, 300 f). Hiergegen haben MünchKommBGB/Papier/Shirvani eingewandt, der Gemeinde, die einen Bebauungsplan

„in die Welt setze" und damit Vertrauenstatbestände schaffe, obliege die drittbezogene Amtspflicht, eine Enttäuschung der auf die Normgültigkeit vertrauenden Dritten durch Schaffung rechtsfehlerhaften und daher ungültigen Ortsrechts zu vermeiden. Die Amtspflicht, eine Bekanntmachung der Genehmigung im Sinne des § 10 BauGB ordnungsgemäß vorzunehmen, bestehe daher nicht nur im allgemeinen Interesse an der Gesetzmäßigkeit der Ausübung öffentlicher Gewalt. Mit einer (gesetzeswidrigen) Bekanntmachung werde ein Vertrauenstatbestand geschaffen; das enttäuschte Vertrauen falle daher in den Schutzbereich der Drittbezogenheit (MünchKommBGB/Papier/Shirvani § 839 Rn 331). Jedoch besteht nach ständiger Rechtsprechung des BGH kein allgemeiner Anspruch auf Entschädigung für Aufwendungen, die im Vertrauen auf den Bestand eines (nichtigen) Bebauungsplans gemacht worden sind; insbesondere gibt es keinen umfassenden Plangewährleistungsanspruch. Nur das berechtigte Vertrauen auf den Bestand eines rechtsverbindlichen Bebauungsplans wird in § 39 BauGB geschützt, also gerade nicht dasjenige in einen nichtigen Plan (BGHZ 110, 1, 4 f; 84, 292, 297; OLG Saarbrücken NVwZ-RR 2018, 348). Mit diesen Regelungen trifft das Gesetz eine klare Entscheidung, wo die Grenzen des geschützten Vertrauens liegen. Es ist nicht Aufgabe des Amtshaftungsrechts, diese Entscheidung des Gesetzgebers durch einen Abbau oder eine Preisgabe der Erfordernisse der Drittgerichtetheit und des Schutzzwecks der bei der Bebauungsplanung zu beachtenden Amtspflichten zu unterlaufen (BGHZ 109, 380, 391). Zu denkbaren Ansprüchen aus vertraglicher Risikoübernahme oder aus öffentlich-rechtlicher culpa in contrahendo s Rn 152, 153.

(3) Allgemein gilt, dass ein schutzwürdiges Vertrauen in die Festsetzungen eines Bebauungsplans grundsätzlich erst mit der Bekanntmachung der genehmigten Satzung nach § 10 Abs 3 S 4 BauGB entstehen kann. Gleiches gilt für einen von der Gemeinde nach § 12 BauGB gebilligten Vorhaben- und Erschließungsplan (BGHZ 142, 259 zu §§ 246a Abs 1 Nr 6 BauGB aF, 45 DDR-BauZVO). Allerdings kann ein derartiges Vertrauen eines Grundstückskäufers auch dann gegeben sein, wenn der Kaufvertrag selbst zwar vor Inkrafttreten des Bebauungsplans abgeschlossen worden ist, aber dem Käufer für den Fall, dass der Bebauungsplan nicht bis zu einem bestimmten Zeitpunkt in Kraft tritt, ein Rücktrittsrecht eingeräumt wird. In diesem Fall kommt als schädliche, die Ersatzpflicht der Gemeinde auslösende Vermögensdisposition nicht der Abschluss des Kaufvertrags selbst, sondern die Nichtausübung des Rücktrittsrechts in Betracht (BGH NVwZ 1998, 318; Rinne/Schlick NVwZ-Beilage II/2000, 20). **550**

(4) Im Schrifttum ist erwogen worden, in den Fällen, in denen auf der Grundlage eines rechtswidrigen Bebauungsplans eine – ebenfalls rechtswidrige – Baugenehmigung erteilt worden ist, diese bei der amtshaftungsrechtlichen Beurteilung als das schadensstiftende Ereignis zu bewerten, das in überholender Kausalität zwischen den Bebauungsplan als die entferntere Schadensursache und die fehlgeschlagene Bauinvestition als die Schadensfolge trete (Gaentzsch NVwZ 1990, 505, 510). Indessen hat der BGH geklärt, dass die Erteilung von Baugenehmigungen für Vorhaben im Planbereich jedenfalls auch der Gemeinde in ihrer Eigenschaft als Plangeber zuzurechnen ist, da sie hierfür eine – von den zuständigen Behörden zunächst als gültig angesehene – planungsrechtliche Grundlage geschaffen hat (BGHZ 92, 34, 37). Dementsprechend verliert der Planungsfehler durch das spätere Hinzutreten der Baugenehmigung nicht seine rechtliche Bedeutung als selbständiger Haftungstatbestand. In den Fällen, in denen die plangebende Gemeinde zugleich auch Bauaufsichtsbehörde ist, besteht daher zwischen den durch beide Haftungstatbestände begründe- **551**

ten Schadensersatzansprüchen Anspruchskonkurrenz. Fallen dagegen plangebende Gemeinde und Bauaufsichtsbehörde auseinander, etwa wenn Bauaufsichtsbehörde der Landkreis ist, so kann eine deliktsrechtliche Gesamtschuldnerschaft beider nach § 840 Abs 1 BGB eintreten (Wurm UPR 1990, 201, 203; Boujong WiVerw 2/91, 59, 94).

bb) Das Abwägungsgebot

552 Von den Amtspflichten, die bei der inhaltlichen Gestaltung der Bebauungspläne wahrzunehmen sind, kommt als drittgerichtet – mit Einschränkungen – das Abwägungsgebot des § 1 Abs 7 BauGB in Betracht. Diesem Gebot erkennt der BGH drittschützende Wirkung zu, wenn und soweit konkrete abwägungserhebliche Individualbelange bestimmter Planbetroffener bei der Abwägung nicht oder nicht mit dem ihnen zukommenden Gewicht berücksichtigt werden (BGHZ 92, 34, 53; OLG Saarbrücken NVwZ-RR 2018, 348; vgl auch Wurm JA 1992, 1, 5). Allerdings muss der Betroffene die Nachteile entschädigungslos hinnehmen, die ihn auch im Falle rechtmäßiger Bauplanung (ohne Entschädigung) getroffen hätten (BGHZ 92, 34, 50; OLG Saarbrücken NVwZ-RR 2018, 348).

cc) Baugrundrisiken

553 Mit der planerischen Ausweisung von Baugelände erzeugt die Gemeinde grundsätzlich nicht das Vertrauen, dass der Baugrund geologisch oder in sonstiger Weise nach Bodenbeschaffenheit und -struktur für eine Bebauung geeignet ist. Die Bauleitplanung soll nämlich die geordnete städtebauliche Entwicklung sicherstellen, nicht aber den Eigentümern der Grundstücke Baugrundrisiken abnehmen (BGH 14. 10. 1993 – III ZR 156/92, BGHZ 123, 363, 367; BGH 18. 9. 1987 – V ZR 219/85, WM 1988, 200, 202 f); Ausnahmen gelten insoweit für Verseuchungen durch „Altlasten" oder bei sonstigen Gefahren für die Sicherheit der Wohn- und Arbeitsbevölkerung, etwa aus Tagesbrüchen wegen Bergschäden (s dazu im folgenden Rn 564). Erst recht kann keine Rede davon sein, dass die Bauleitplanung einen Anspruch des Grundstückserwerbers auf ein Grundstück gewährleisten müsse, das jederzeit in jeder Weise nutzbar sei (BGH WM 1993, 1105). Daher dient auch die Kennzeichnungspflicht nach § 9 Abs 5 Nr 1 bis 3 BauGB nur dem Schutz der künftigen baulichen Anlagen, nicht anderen Belangen, so zB auch nicht den Belangen der Wasserwirtschaft und des Natur- und Landschaftsschutzes. Auch die Kennzeichnungspflicht nimmt daher den Eigentümern der Grundstücke Baugrundrisiken nicht ab (BGHZ 113, 367). Anders kann es – ebenso wie bei der allgemeinen Bauleitplanung (s dazu sogleich Rn 554 ff) – bei Flächen sein, die in erheblichem Maße mit gesundheitsgefährdenden Schadstoffen („Altlasten") belastet sind.

dd) Gesunde Wohn- und Arbeitsverhältnisse; insbesondere „Altlasten"-Rechtsprechung

554 Die in § 1 Abs 6 BauGB enthaltenen Planungsleitlinien dienen dem Ziel, eine geordnete städtebauliche Entwicklung zu gewährleisten (§ 1 Abs 5 BauGB). Die Pflicht, diese Grundsätze zu berücksichtigen, obliegt den Amtsträgern der planenden Gemeinde daher in erster Linie gegenüber der Allgemeinheit. Eine mit der Sanktion des Schadensersatzes bewehrte Amtspflicht gegenüber dem einzelnen planbetroffenen Bürger wird dadurch – zumindest im Grundsatz – nicht geschaffen.

555 **(1)** Die aus diesem allgemeinen Schutzzweck herausgehobene Pflicht, auch die Individualinteressen der Planbetroffenen zu wahren, besteht jedoch hinsichtlich des Gebots, bei der Bauleitplanung die Anforderungen an gesunde Wohn- und Arbeitsverhältnisse zu berücksichtigen (§ 1 Abs 6 Nr 1 BauGB). Dieses Gebot soll nicht nur dem Schutz der Allgemeinheit dienen. Es bezweckt vielmehr auch den Schutz gerade der Personen, die in dem konkreten, von der jeweiligen Bauleitplanung betroffenen Plangebiet wohnen werden. Diese Personen müssen sich darauf verlassen können, dass ihnen zumindest aus der Beschaffenheit von Grund und Boden keine Gefahren für Leben und Gesundheit drohen. Dieser Personenkreis ist daher „Dritter" und Adressat der genannten Amtspflicht (BGHZ 109, 380, 388, 389; 106, 323, 332). Dies ist der tragende Grundgedanke der vom BGH seit 1989 entwickelten „Altlasten"-Rechtsprechung (s auch BGH NVwZ 2003, 1285; NVwZ 1998, 318; NJW 1993, 384; BGHZ 123, 363; 122, 191; BGH WM 1993, 1105; BGHZ 121, 65; 117, 363; 113, 367; 108, 224). Dabei geht es um die Haftung von Gemeinden, die mit gesundheitsgefährdenden Schadstoffen belastete Flächen durch Bebauungsplan als Wohngebiete ausgewiesen hatten; teilweise hatten die Gemeinden in ihrer Eigenschaft als Bauaufsichtsbehörden auch Baugenehmigungen für die schadstoffbelasteten Grundstücke erteilt. Nach Aufdeckung der Kontaminationen wurden die Gemeinden von Grundstückserwerbern auf Schadensersatz in Anspruch genommen, die geltend machten, dass die errichteten Häuser unbewohnbar und wertlos seien oder dass die gekauften Grundstücke nicht mehr wie vorgesehen bebaut werden konnten.

Zur Amtshaftung wegen Informationspflichten s Kümper ZUR 2012, 395. Zur Staatshaftung wegen mangelnder Umweltprüfungen s Kümper DVBl 2015, 869.

(2) Aus den vorstehend wiedergegebenen Grundgedanken hat die Rechtsprechung 556
des BGH folgende Konsequenzen gezogen: Die Amtsträger einer Gemeinde haben die Amtspflicht, bei der Aufstellung von Bebauungsplänen Gesundheitsgefährdungen zu verhindern, die den zukünftigen Bewohnern des Plangebiets aus dessen Bodenbeschaffenheit drohen. Diese Amtspflicht besteht jedenfalls gegenüber demjenigen als „Dritten", der ein nach der planerischen Ausweisung dem Wohnen dienendes Grundstück mit noch zu errichtendem Wohnhaus erwirbt. Die Haftung wegen einer Verletzung dieser Amtspflicht umfasst auch Vermögensschäden, die die Erwerber dadurch erleiden, dass sie im Vertrauen auf eine ordnungsgemäße Planung Wohnungen errichten oder kaufen, die nicht bewohnbar sind (BGHZ 106, 323). Damit hat der BGH – ohne Rückgriff auf das Abwägungsgebot – unmittelbar aus der Planungsleitlinie des § 1 Abs 6 Nr 1 BauGB, wonach bei der Aufstellung der Bauleitpläne insbesondere die allgemeinen Anforderungen an gesunde Wohn- und Arbeitsverhältnisse und die Sicherheit der Wohn- und Arbeitsbevölkerung zu berücksichtigen sind, die Folgerung gezogen, dass Flächen, die die Quelle einer Gesundheitsgefahr sind, nicht zu Wohnzwecken ausgewiesen werden dürfen. Zu den geschützten Dritten zählen nicht nur die Ersterwerber der kontaminierten Grundstücke, sondern in den Grenzen eines überschaubaren Zurechnungszusammenhangs auch spätere Nacherwerber (Wurm UPR 1990, 201, 202). Geschützte „Dritte" sind auch die Mitglieder einer Bauträgergesellschaft, die die Grundstücke nach Bebauung weiterveräußern wollten. Denn diese Bauträgergesellschaft war den zukünftigen Käufern dafür verantwortlich, dass die Gebäude von Gesundheitsgefahren frei waren (BGHZ 108, 224). Bejaht wurde die Drittgerichtetheit auch gegenüber einem Arbeitgeber, der nach § 618 Abs 1 BGB verpflichtet war, seine Arbeitnehmer gegen Gefahren für Leben und Gesundheit zu schützen, die von dem kontaminierten Betriebsgelände ausgehen konnten (NJW 1993, 384). Nicht zu dem Kreis der geschützten Dritten zählen dagegen diejenigen Eigentümer, die überhaupt nicht die Absicht haben, die Grund-

stücke zu bebauen, bei denen also eine Verantwortlichkeit für die zu errichtenden Bauten von vornherein ausscheidet. Ebenso wenig werden solche Personen geschützt, die zwar an der Verwirklichung einer den Festsetzungen des Plans entsprechenden Bebauung wirtschaftlich beteiligt sind, damit jedoch reine Vermögensinteressen verfolgen, ohne zugleich auch eine nach außen gerichtete Verantwortlichkeit zu übernehmen. Dies betrifft insbesondere die Kreditgeber der Bauträger und -herren, die sich durch Grundpfandrechte an den als Bauland ausgewiesenen Grundstücken absichern lassen. Die Kreditgeber können zwar dadurch geschädigt werden, dass sich die Sicherheiten infolge der Bodenkontamination als nicht werthaltig erweisen. Diese Schädigung begründet jedoch für sich allein noch keine besondere Beziehung zwischen dem Geschädigten und der auf Abwehr von Gesundheitsgefahren und Verhinderung gesundheitsgefährdender Bauten gerichteten Amtspflicht (BGHZ 108, 224, 229). Aus dem Kreis der geschützten Dritten ausgeklammert sind ferner solche Personen, deren Grundstücke von Schadstoffbelastungen und -einwirkungen frei sind und bei denen eine Gesundheitsgefahr nicht besteht, mögen die errichteten Wohnhäuser auch in der Nachbarschaft kontaminierten Geländes liegen und in ihrem Wert gemindert sein (BGHZ 109, 380, 390).

ee) Der objektivierte Sorgfaltsmaßstab bei der Aufstellung eines Bebauungsplans

557 Der objektivierte Sorgfaltsmaßstab, den die Gemeinde bei der Aufstellung eines Bebauungsplans einzuhalten hat, wird vom BGH wie folgt umschrieben: Die Gemeinde unterliegt nicht etwa einer Gefährdungshaftung für unerkennbare Schadstoffbelastungen. Sie schuldet auch keine uferlose Überprüfung des zu beplanenden Areals gleichsam „ins Blaue hinein". Was die planende Stelle nicht „sieht" und was sie nach den ihr zur Verfügung stehenden Erkenntnisquellen auch nicht zu „sehen" braucht, kann von ihr nicht berücksichtigt werden und braucht von ihr auch nicht berücksichtigt zu werden. Überzogene Anforderungen an die Prüfungspflicht dürfen nicht gestellt werden (BGHZ 113, 367, 371; UPR 1992, 438; NJW 1994, 253).

ff) Schutzzweck

558 **(1)** Das maßgebliche Kriterium für den Schutzzweck der bei der Bauleitplanung wahrzunehmenden Pflichten besteht in dem Vertrauen, das der Plan bei dem von ihm betroffenen Bürger zu schaffen bestimmt und geeignet ist. Nur soweit diese „Verlässlichkeitsgrundlage" sich als nicht tragfähig erwiesen hat, können die im Vertrauen auf sie getätigten Aufwendungen als ersatzfähige Schadenspositionen in Betracht kommen. In den Altlastenfällen beschränkt sich das schutzwürdige Vertrauen darauf, dass keine Flächen im Plangebiet derart mit Schadstoffen belastet sind, dass für die Wohnbevölkerung Gesundheitsgefahren entstehen können. Dieses Vertrauen wird gerade dadurch legitimerweise begründet, dass die Gemeinde bei der Planung die Frage der Bodenverseuchung in ihre Erwägungen einbeziehen muss (BGHZ 106, 323, 334).

559 **(2)** Dementsprechend sind (nur) solche Schäden **ersatzfähig**, bei denen eine unmittelbare Beziehung zu der Gesundheitsgefährdung besteht, die – anders ausgedrückt – dadurch verursacht werden, dass die vom Boden ausgehende Gefahr zum völligen Ausschluss der Nutzungsmöglichkeiten der errichteten Wohnungen führt. Ersatzfähig sind daher die fehlgeschlagenen Aufwendungen für den Grundstückserwerb und den Bau des Hauses, abzüglich eines etwa auf dem Grundstücksmarkt noch erzielbaren Preises. In dem Altlastenfall „Bad Nauheim" hatte die beklagte Gemeinde ein Umlegungsverfahren durchgeführt, in Zuge dessen die Kläger ein schadstoff-

belastetes Grundstück erhalten. Sie warfen der beklagten Gemeinde vor, dass die Schadstofffläche nicht hätte überplant werden dürfen, und machten geltend, sie hätten durch die Umlegung ihr werthaltiges Ursprungsgrundstück eingebüßt und ein wertloses, nicht bebaubares Altlastengrundstück erhalten. Als Schadensersatz konnten sie den hypothetischen Wert eines unbelasteten Grundstücks Zug um Zug gegen Übertragung des Altlastengrundstücks verlangen und mussten sich nicht auf die Differenz zwischen dem hypothetischen Wert des ihnen zuzuteilenden Grundstücks und dem tatsächlichen Restwert des belasteten Grundstücks verweisen lassen (BGH NVwZ 2003, 1285). Zu ersetzen ist auch ein Zinsschaden, der darauf beruht, dass der Geschädigte das Grundstück wegen der von ihm ausgehenden Gefahren nicht mehr bestimmungsgemäß verwerten konnte (NVwZ 1998, 318). Das Gleiche gilt für den Nutzungsausfall, den der Geschädigte in dem Zeitraum zwischen der Räumung des Hauses und dessen Veräußerung erlitten hat; dieser Schaden bestimmt sich nach den (fiktiven) Mieteinnahmen (BGHZ 106, 323, 335). Auch die Aufwendungen für den Erwerb eines überplanten Grundstücks durch eine Bauträgergesellschaft mit dem Ziel, später Wohnbauten zu errichten und zu veräußern, können ersatzfähig sein (BGHZ 108, 224). Ebenso besteht eine Ersatzpflicht für solche Aufwendungen des planbetroffenen Bauherrn, die unmittelbar der Beseitigung der Gesundheitsgefahren dienen. Da die Ersatzpflicht gerade durch die Verletzung des Gebots begründet wird, bei der Planung die Anforderungen an gesunde Wohn- und Arbeitsverhältnisse zu berücksichtigen, ist die nachträgliche Beseitigung dieser Gesundheitsgefahren ein Umstand, der geeignet ist, dem Schadensersatzanspruch (zumindest teilweise) die Grundlage zu entziehen. Führt der geschädigte Bauherr selbst diese Sanierung durch, so erfüllt er damit eine Aufgabe, die an sich der für die fehlerhafte Planung verantwortlichen Gemeinde obliegt. Daher liegen die für die Sanierung erforderlichen Mehraufwendungen innerhalb des Schutzbereichs der verletzten Amtspflicht (BGHZ 123, 363).

(3) Verneint wurde ein Anspruch auf Ersatz der finanziellen Mehraufwendungen, **560**
die durch Aushub und Abtransport des Deponieguts – von dem keine Gesundheitsgefahren ausgingen – verursacht worden waren. Diese Mehraufwendungen waren ein reiner Vermögensschaden, der nicht in den Schutzbereich der auf Abwehr von Gesundheitsgefahren gerichteten Amtspflicht fiel. Diese Aufwendungen unterschieden sich nicht wesentlich von solchen, die aus sonstigen Gründen für die Baureifmachung erforderlich werden konnten und bei denen die Rechtsprechung eine Ersatzpflicht stets verneint hat (BGHZ 113, 367). Erst recht wird durch die Pflicht, bei der Bauleitplanung die Anforderungen an gesunde Wohn- und Arbeitsverhältnisse zu berücksichtigen, das bloße Vermögensinteresse nicht geschützt, welches darin besteht, dass ein von Altlasten freies Grundstück einen höheren Marktwert hat als ein belastetes. Ein Anspruch auf Ersatz für die „Zahlung eines überhöhten Kaufpreises für ein minderwertiges Grundstück" (anders als ggf für Schutzmaßnahmen) besteht daher nicht (BGHZ 121, 65). Ebenso wenig erzeugt die Gemeinde mit der planerischen Festsetzung des Geländes zu Wohnzwecken ein allgemeines Vertrauen dahin, dass die betroffenen Grundstücke auch für jede gewünschte gärtnerische Nutzung geeignet sind (WM 1993, 1105).

(4) Maßgeblicher Zeitpunkt für die Schadensberechnung ist die letzte mündliche **561**
Tatsachenverhandlung (BGHZ 109, 380, 391). Eine bis zu diesem Zeitpunkt durch die Gemeinde bewirkte Sanierung des kontaminierten Gebietes, die zwischenzeitlich zur Herstellung gesunder Wohnverhältnisse in dem Plangebiet geführt hat, betrifft un-

mittelbar die durch die verletzte Amtspflicht geschützten Belange der Planbetroffenen. Sie muss daher schadensmindernd berücksichtigt werden, wenn feststeht, dass sie dauerhaft zum Erfolg geführt hat (BGHZ 109, 380, 391 f).

gg) Mitwirkendes Verschulden

562 Ein mitwirkendes Verschulden (§ 254 BGB) hat der BGH in einem Falle für denkbar gehalten, in welchem dem Geschädigten beim Erwerb (im Jahr 1983) des (1971 beplanten) Grundstücks dessen frühere Nutzung als Mülldeponie bekannt gewesen war (BGHZ 108, 224, 229 f). Darüber hinaus kann es mitunter von Umständen, die in der Person des Betroffenen selbst liegen, abhängen, ob das Vertrauen, das er in den Plan setzt, überhaupt schutzwürdig ist. Beispielsweise kann ein Bauträger, der das Altlastengelände erworben hat und bebauen will, als Gläubiger eines Amtshaftungsanspruchs in Betracht kommen. Ein schutzwürdiges Vertrauen in den Plan besteht bei einem Bauträger indessen nicht mehr, wenn und sobald er die positive Kenntnis von der Giftstoffbelastung des Geländes erlangt und er sich nunmehr in einer den Tatbestand der Arglist begründenden Weise über die daraus entstehenden Bedenken gegen die Bebaubarkeit hinwegsetzt und gleichwohl Grundstücksgeschäfte mit Ersterwerbern tätigt. Die Amtspflicht der Gemeinde, bei der Aufstellung von Bebauungsplänen Gesundheitsgefährdungen zu verhindern, die den zukünftigen Bewohnern des Plangebiets aus dessen Bodenbeschaffenheit drohen, hat nicht den Schutzzweck, einen Bauträger vor den haftungsrechtlichen Folgen derartiger Grundstücksgeschäfte zu bewahren. Dies ist – im Unterschied zum zuvor erörterten Fall, in dem der Kläger Ersatz der Erwerbskosten geltend gemacht hat – nicht (erst) eine Frage des mitwirkenden Verschuldens im Sinne des § 254 BGB, sondern bereits eine solche der objektiven Reichweite des ihm durch das Amtshaftungsrecht gewährten Vermögensschutzes (BGHZ 117, 363, 371 f; krit zu diesem Lösungsansatz des BGH: Ossenbühl DÖV 1992, 761, 766 ff, der „die Gefahr der Verformung des Tatbestandes der Amtshaftung" befürchtet).

hh) Lösung des Konflikts mit planerischen Mitteln

563 Allen Fällen, in denen eine Amtshaftung für die Überplanung von Altlasten bejaht wurde, ist gemeinsam, dass eine bauliche Nutzung der Grundstücke wegen der damit verbundenen Gefahren für Leben oder Gesundheit der Bewohner ausgeschlossen ist. Davon zu unterscheiden sind Fallgestaltungen, in denen der Konflikt mit planerischen Mitteln gelöst werden kann. Dementsprechend hat der BGH einen Amtshaftungsanspruch in einem Falle verneint, in dem ein in der Nachbarschaft eines asbestverarbeitenden Gewerbebetriebes gelegenes Gelände als Wohngebiet ausgewiesen worden war. Von dem Grund und Boden des betreffenden Wohngebiets gingen selbst keine Gefahren für Leben oder Gesundheit aus. Die Emissionen des Gewerbebetriebs hatten eine Nutzung der Flurstücke nicht schlechthin ausgeschlossen. Eine planerische Ausweisung als Wohngebiet begründete für den Grundstückserwerber kein vermögensschützendes Vertrauen dahin, dass ihm von benachbarten Gewerbebetrieben keine nachteiligen Beeinträchtigungen drohten. Andernfalls würde eine Amtshaftung praktisch auf eine Plangewährleistung hinauslaufen (BGHZ 110, 1, 10 ff). In ähnlichem Sinn hat der BGH eine Amtshaftung wegen der Überplanung eines überschwemmungsgefährdeten Gebiets abgelehnt, weil die Gefahr durch eine ausreichende Abwasserkanalisation gebannt werden konnte (BGHZ 140, 380; allerdings wurde die Haftung unter dem weiteren Gesichtspunkt, dass die dortigen Entwässerungsanlagen unzureichend dimensioniert waren, für möglich gehalten).

ii) Bergschäden

In Fortführung seiner „Altlasten"-Rechtsprechung hat der BGH entschieden (BGHZ 142, 259), dass die Amtsträger einer Gemeinde die Amtspflicht haben, bei der Aufstellung von Bebauungsplänen auch solche Gefahren für die Sicherheit der Wohn- und Arbeitsbevölkerung zu vermeiden, die aus Tagesbrüchen wegen Bergschäden entstehen können. Dies betrifft die Planungsleitlinie des § 1 Abs 6 Nr 1 2. Alt BauGB, während die aus Altlasten herrührenden Gefahren eher der ersten Alternative, nämlich den Anforderungen an gesunde Wohn- und Arbeitsverhältnisse, zuzuordnen sind. Im Vergleich zu „normalen" Baugrundrisiken (s hierzu BGHZ 123, 363, 367; BGH NJW 1993, 384, 385; WM 1988, 200, 202 f; BGHZ 39, 358) kann hier die Besonderheit bestehen, dass die durch in großer Tiefe (im entschiedenen Fall 50 bis 90 m) befindlichen alten Bergwerksgänge für die Standsicherheit der zu errichtenden Gebäude ausgehenden Gefahren für die Bauherren nicht beherrschbar sind, weil sie weder bauordnungsrechtlich verpflichtet sind noch es ihnen im eigenen Interesse abverlangt werden kann, ohne zureichende Anhaltspunkte die Tragfähigkeit des Baugrunds bis zu der erforderlichen Tiefe zu prüfen. **564**

jj) Besondere planerische Instrumente

(1) Der Grundsatz, dass es keinen allgemeinen Plangewährleistungsanspruch auf Ersatz von Aufwendungen gibt, die im enttäuschten Vertrauen auf einen scheinbar wirksamen, in Wirklichkeit aber nichtigen Bebauungsplan getätigt worden sind, gilt auch, wenn es sich um einen Plan handelt, der der Verwirklichung eines einzigen Großprojektes dient (OLG Oldenburg BADK-Information 3/1994, 101, Revision nicht angenommen BGH 14. 7. 1994 – III ZR 147/93). Gleiches gilt für die Amtshaftung einer Gemeinde für einen nichtigen Vorhaben- und Erschließungsplan (§ 12 BauGB; früher § 7 BauGB-MaßnG; OLG Dresden NVwZ 1998, 993, Revision nicht angenommen BGH 30. 4. 1998 – III ZR 84/97). Die Begrenzung des räumlichen und sachlichen Geltungsbereichs der entsprechenden Satzung auf ein konkretes Bauvorhaben begründete keine über die allgemeinen Grundsätze der Bauleitplanung hinausgehende Intensivierung möglicher Drittbeziehungen zwischen dem Bauherren und der Gemeinde. Der Vorhaben- und Erschließungsplan stellt lediglich ein gegenüber der allgemeinen Bauleitplanung vereinfachtes Instrument städtebaulicher Planung dar. Gerade wegen dieses Vereinfachungszwecks kann nicht angenommen werden, dass seine Handhabung ein gegenüber dem allgemeinen Bebauungsplan gesteigertes Haftungsrisiko für die Gemeinde mit sich bringen soll. **565**

Wegen denkbarer Ansprüche aus öffentlich-rechtlicher culpa in contrahendo oder aus vertraglicher Risikoübernahme siehe Rn 152, 153.

(2) Durch eine Satzung nach § 34 Abs 4 BauGB können die Gemeinden die Grenzen für im Zusammenhang bebaute Ortsteile festlegen und unter bestimmten im Einzelnen geregelten Voraussetzungen auch Außenbereichsflächen in die im Zusammenhang bebauten Ortsteile einbeziehen (sog Ergänzungssatzung, vgl Battis/Krautzberger/Löhr/Mitschang/Reidt, BauGB § 34 Rn 79; früher „Abrundungssatzung"). Der rechtliche Gehalt solcher Satzungen erschöpft sich nicht darin, dass einzelne im Außenbereich gelegene Flächen dem unbeplanten bzw nicht qualifizierten Innenbereich zugewiesen werden und so eine klarere Grenzziehung zwischen beiden Bereichen erzielt wird; die „Abrundung" muss vielmehr auch mit einer geordneten städtebaulichen Entwicklung vereinbar sein. Dies bedeutet, dass die Einbeziehung in den Innenbereich den **566**

Ordnungszielen des § 1 BauGB nicht widersprechen darf. Der BGH hat indessen den Kreis der geschützten „Dritten" bei der Aufstellung einer fehlerhaften Abrundungssatzung noch enger gezogen als beim Bebauungsplan. Tragende Erwägung hierfür ist: Auch wenn die Abrundungssatzung materiellrechtlichen Zielvorstellungen wie einer geordneten städtebaulichen Entwicklung Rechnung tragen und die Bestimmbarkeit der zulässigen Nutzung berücksichtigen muss, begründet sie doch nicht selbst die planungsrechtliche Zulässigkeit von Vorhaben im Innenbereich; diese beurteilt sich vielmehr im Einzelfall nach § 34 BauGB, dem insoweit eine planersetzende Funktion zukommt. Der planerische Gehalt von Abrundungssatzungen bleibt danach hinter demjenigen qualifizierter Bebauungspläne deutlich zurück. Abrundungssatzungen sind daher, soweit es um die Zulässigkeit von Vorhaben geht, als Grundlage schutzwürdigen Vertrauens in aller Regel weniger geeignet als rechtsverbindliche Bebauungspläne. Deswegen hat der BGH in einem Fall, in dem das in den Innenbereich einbezogene Grundstück wegen vom Nachbargrundstück ausgehender Gefahren (Steinschlag, umstürzende Gebäude) zur Wohnbebauung ungeeignet und dies den Umständen nach ohne weiteres erkennbar war, eine Amtshaftung der Gemeinde verneint (BGHZ 116, 215).

567 **(3)** Eine Gemeinde handelt grundsätzlich nicht rechts- und amtspflichtwidrig, wenn sie das planungsrechtliche Instrument einer Veränderungssperre (§ 14 BauGB) gezielt zu dem Zweck einsetzt, ein an sich zulässiges Bauvorhaben aus planungsrechtlichen Erwägungen zu verhindern (übereinstimmende Rechtsprechung des BVerwG und des BGH; s wegen der Einzelheiten Rn 571). Allerdings hat die Gemeinde in diesen Fällen die selbstverständliche Amtspflicht, bei der inhaltlichen Gestaltung der Veränderungssperre deren Rechtmäßigkeitsvoraussetzungen zu wahren. Verletzt sie diese Amtspflicht, können Ansprüche aus Amtshaftung oder enteignungsgleichem Eingriff des in seiner Baufreiheit beeinträchtigten Bauherrn begründet sein (vgl BGH 24. 10. 2024 – III ZR 48/23, NVwZ-RR 2025, 252 Rn 35). Diese Ansprüche können insbesondere nicht etwa daran scheitern, dass die wahrzunehmenden Amtspflichten nicht drittgerichtet im Sinne des § 839 Abs 1 S 1 BGB gewesen wären. Denn die Veränderungssperre hat insoweit den Charakter eines „Maßnahmegesetzes" zu Lasten des betroffenen Bauherrn, wenn damit ein bestimmtes Bauvorhaben verhindert werden soll Im Übrigen verbleibt es bei den Haftungsgrundsätzen wie bei der Bauleitplanung (Rn 549). Bei einer (lediglich) formunwirksamen Veränderungssperre kann einem Anspruch allerdings der Grundsatz des rechtmäßigen Alternativverhaltens entgegenstehen (BGH 24. 10. 2024 – III ZR 48/23, NVwZ-RR 2025, 252 Rn 35; s auch Rn 238 ff, 573).

kk) Erschließung

568 Die Erschließung eines Baugebiets, insbesondere die Herstellung der Erschließungsanlagen wie der öffentlichen Straßen und der Einrichtungen zur Sammlung und Beseitigung des Abwassers, ist eine hoheitliche Aufgabe (vgl § 123 BauGB). Für Fehler bei der Planung oder der Errichtung derartiger Anlagen hat die Gemeinde nach Amtshaftungsgrundsätzen einzustehen (Rinne/Schlick NJW 2004, 1918, 1919; s für den Straßenbau BGH NVwZ 1982, 700, 701 = VersR 1982, 772, 773, und NJW 1996, 3208, 3209; für Entwässerungsanlagen BGHZ 140, 380, 384, und NVwZ 2002, 1143).

b) Bauverwaltungsakte

aa) Allgemeine Amtspflichten

(1) Die Baugenehmigung ist eine „gebundene Erlaubnis"; sie muss auf Antrag erteilt werden, wenn das Vorhaben den öffentlich-rechtlichen Vorschriften, insbesondere des Bauplanungs- und Bauordnungsrechts, entspricht. Gleiches gilt für den Bauvorbescheid, der als Ausschnitt aus dem feststellenden Teil der Baugenehmigung insbesondere die „bodenrechtliche Zulässigkeit eines bestimmten Vorhabens" klärt (BVerwGE 48, 242, 245; 68, 241 = NJW 1984, 1474; 69, 1 = NJW 1984, 1473; vgl zur Amtshaftung speziell bei rechtswidrigen Bauvorbescheiden: Stüer BauR 2000, 1431). Bei der Bearbeitung und Bescheidung eines Antrags auf Baugenehmigung oder Bauvorbescheid sind Amtspflichtverletzungen nach zweierlei Richtungen denkbar: Einmal in **negativer** Hinsicht, also bei einer rechtswidrigen Verweigerung oder Verzögerung der beantragten Erlaubnis, obwohl das Vorhaben zulässig ist; zum anderen in **positiver** Hinsicht, also bei der rechtswidrigen Erteilung des beantragten Bauverwaltungsakts, obwohl das Vorhaben unzulässig ist. Was den Inhalt der der Bauaufsichtsbehörde obliegenden Amtspflichten, insbesondere die einzuhaltenden Prüfungsmaßstäbe, angeht, unterscheiden sich beide Konstellationen kaum; grundlegend anders ist es indessen bei Drittgerichtetheit und Schutzzweck. **569**

(2) Hängt die Entscheidung in der einen oder anderen Richtung davon ab, ob das **570** Vorhaben den Festsetzungen eines Bebauungsplans entspricht, so handelt die Baugenehmigungsbehörde grundsätzlich nicht rechtswidrig, zumindest nicht schuldhaft, wenn sie mangels entgegengesetzter Anhaltspunkte von der Wirksamkeit des Plans ausgeht (BGH NVwZ 1998, 1329). Hat die Behörde hingegen Zweifel an der Gültigkeit des Plans, so darf sie ihn nicht blindlings zur Grundlage ihrer Entscheidungen machen. Ihr steht zwar keine eigene Verwerfungskompetenz zu (BGH NVwZ 2013, 167; 1987, 168), wohl aber eine Prüfungskompetenz. Wendet sie einen unwirksamen Plan an, statt den Bauwilligen auf ihre Bedenken gegen dessen Wirksamkeit hinzuweisen, so handelt sie amtspflichtwidrig (BGH NVwZ 2013, 167; BGHZ 84, 292, 302 f; WM 1978, 37). Dasselbe gilt für den Fall, dass für sie Anlass bestanden hätte, die Wirksamkeit des Plans zu überprüfen, und dass sie bei sachgerechter Beurteilung dessen Nichtigkeit hätte feststellen müssen (BGH NJW 1994, 3158 f; NVwZ 1987, 168). Da die Bauordnungsbehörde andererseits aber auch nicht befugt ist, ihrer Entscheidung die Rechts**un**wirksamkeit des Bebauungsplans zugrunde zu legen, hat sie die Gemeinde und die Kommunalaufsicht von ihrem Bedenken zu unterrichten und das weitere Verfahren über den Bebauungsplan zunächst abzuwarten (BGH 25. 10. 2012 – III ZR 29/12, NVwZ 2013, 167 Rn 19; BGH 10. 4. 1986 – III ZR 209/84, NVwZ 1987, 168, 169). Für das weitere Verfahren liegt es nahe, dass die Genehmigungsbehörde das Genehmigungsverfahren für kurze Zeit analog § 94 VwGO aussetzt, bis die Gemeinde das Aufhebungs- oder Heilungsverfahren bezüglich des Bebauungsplans durchgeführt bzw die Voraussetzungen des § 15 BauGB geschaffen hat. Beharren Gemeinde und/oder Kommunalaufsicht auf der Gültigkeit des Plans und hält der Bauinteressent seinen auf diesen Plan gestützten Antrag aufrecht, so sollte die Genehmigungsbehörde einen Normenkontrollantrag nach § 47 VwGO stellen (BGH 25. 10. 2012 – III ZR 29/12, NVwZ 2013, 167; Boujong WiVerw 2/91, 59, 79 mwNw).

Steht ein Baugenehmigungsantrag in Widerspruch zu einer nachträglich beschlosse- **571** nen Veränderungssperre, so hat die Bauaufsichtsbehörde, wenn sie einen formellen Mangel der Sperre feststellt, der Gemeinde vor der Entscheidung Gelegenheit zu geben, diesen zu beheben. Lässt sich im Amtshaftungsprozess feststellen, dass die Gemeinde bei einem entsprechenden Vorgehen der Bauaufsichtsbehörde den formellen Mangel der Veränderungssperre behoben hätte und der Bauantrag deshalb keinen Erfolg hätte haben können, so kann die Amtshaftungsklage schon aus diesem Grunde unbegründet sein (BGH NVwZ 2004, 1143). Unabhängig von einer Prüfungs- oder Verwerfungskompetenz der Bauaufsichtsbehörde in Bezug auf die Veränderungssperre hat die Behörde in eigener Verantwortung die Geltungsdauer der Sperre gegenüber dem Bauherrn zu berechnen (BGH 170, 99 Rn 20).

bb) Rechtswidrige Ablehnung oder Verzögerung

572 **(1)** Entspricht das Vorhaben den öffentlich-rechtlichen Vorschriften, so muss die Genehmigung erteilt werden. Eine ablehnende Entscheidung – wie auch eine stattgebende, die mit rechtswidrigen belastenden Nebenbestimmungen versehen ist – kann in solchen Fällen eine Amtspflichtverletzung darstellen. Gleiches gilt, wenn die Entscheidung über einen genehmigungsfähigen Antrag pflichtwidrig verzögert wird. Aus der für die verwaltungsgerichtliche Untätigkeitsklage geltenden Drei-Monats-Frist (§ 75 VwGO) kann nicht etwa gefolgert werden, dass erst nach Ablauf dieses Zeitraums eine pflichtwidrige Verzögerung in Betracht kommt. Vielmehr kann auch ein kürzerer Verzögerungszeitraum zu einer Schädigung des Bürgers führen, für die die Verwaltung einzustehen hat, soweit die sonstigen Voraussetzungen einer schuldhaften Pflichtverletzung erfüllt sind; dabei kommt es vor allem auf die Komplexität des vorgeschriebenen Verfahrensablaufs und der in der Sache zu treffenden Entscheidung an (BGH 24. 10. 2024 – III ZR 48/23, NVwZ-RR 2025, 252 Rn 24; s auch BGH NVwZ 1993, 299). Dies bedeutet indes nicht, dass die Gemeinde unmittelbar im Zeitpunkt der Entscheidungsreife verpflichtet ist, über den Bauantrag zu entscheiden. Eine solche Entscheidungspflicht ergibt sich vielmehr erst nach Ablauf eines ihr zuzubilligenden Bearbeitungs- und Prüfungszeitraums, innerhalb dessen die ordnungsgemäße, ermessensfehlerfreie und zügige Bearbeitung des (entscheidungsreifen) Gesuchs abgeschlossen sein muss (BGH 24. 10. 2024 – III ZR 48/23, NVwZ-RR 2025, 252 Rn 23). Ist die Entscheidung über die Erteilung der Baugenehmigung einem gesonderten Ausschuss des Gemeinderats übertragen (zu einer solchen Möglichkeit – in Bayern – s BGH 24. 10. 2024 – III ZR 48/23, NVwZ-RR 2025, 252 Rn 28) so ist entscheidend, ob dieser verzögert entschieden hat, wobei ihm eine gewisse Bedenkzeit zuzubilligen ist (BGH 24. 10. 2024 – III ZR 48/23, NVwZ-RR 2025, 252 Rn 29 f).

Bloße Planungsabsichten der Gemeinde, die dem betreffenden Vorhaben entgegenstehen, geben der Bauaufsichtsbehörde für sich allein genommen keinen hinreichenden Grund, die Entscheidung über einen genehmigungsfähigen Antrag zu verweigern oder hinauszuzögern. Entsprechendes gilt für die Verzögerung einer nach Landesrecht erforderlichen Stellungnahme der Gemeinde zu einem planungsrechtlich zulässigen Vorhaben (BayObLGZ 1995, 95). Allerdings ist es nicht grundsätzlich unzulässig, dass eine Gemeinde einen Bauantrag, der nach der bestehenden Rechtslage positiv beschieden werden muss, zum Anlass nimmt, ändernde Planungsmaßnahmen einzuleiten und diese nach Maßgabe der §§ 14, 15 BauGB zu sichern. So ist es beispielsweise denkbar, dass die Gemeinde den Zeitraum, der für eine ordnungsgemäße Bearbeitung der Bauvoranfrage ohnehin erforderlich ist, zugleich dazu nutzt, eine Veränderungssperre zu beschließen (BGH 24. 10. 2024 – III ZR 48/23, NVwZ-RR 2025, 252 Rn 23). Liegt dann in dem Zeitpunkt, zu dem die ordnungsgemäße, ermessensfehlerfreie und zügige Bearbeitung des Gesuchs abgeschlossen sein muss, der Aufstellungsbeschluss für eine geänderte Planung gemäß § 14 BauGB vor, ist die Gemeinde nicht gehindert, beispielsweise eine Zurückstellung des Vorhabens nach § 15 BauGB zu beantragen. Eine derartige Verfahrensweise müsste vom Antragsteller hingenommen werden (BGH NVwZ 1993, 299). Solange indessen weder eine Veränderungssperre nach § 14 BauGB beschlossen, noch eine Zurückstellung des Baugesuchs nach § 15 BauGB beantragt worden ist, darf der Antrag aus planungsrechtlichen Erwägungen nicht versagt werden. Eine auf solche Erwägungen gestützte bewusste Nichtbearbeitung des Baugesuchs, die im Ergebnis einer Ablehnung gleichkommt, ist amtspflichtwidrig (BGH 12. 7. 2001 – III ZR 282/00, NVwZ 2002, 124; BVerwG NVwZ 1999, 523 = UPR 1999, 108). Auch die Berufung auf rechtmäßiges Alternativverhalten ist der Gemeinde in solchen Fällen versagt (BGH 12. 7. 2001 – III ZR 282/00, NVwZ 2002, 124; BVerwG NVwZ 1999, 523 = UPR 1999, 108; s auch Rn 239). Auch ein noch nicht verkündeter Beschluss über die Aufstellung eines Bebauungsplans vermag für sich allein genommen eine Verzögerung bei der Bearbeitung einer Bauvoranfrage nicht zu rechtfertigen (BGH 12. 7. 2001 – III ZR 282/00, NVwZ 2002, 124). Legt der Bauherr gegen die auf § 15 BauGB gestützte Zurückstellung seines Baugesuchs Widerspruch ein, so hat die Bauaufsichtsbehörde mit Rücksicht auf dessen aufschiebende Wirkung die Amtspflicht, die Bearbeitung fortzusetzen, solange kein Sofortvollzug angeordnet wird (BGH 26. 7. 2001 – III ZR 206/00, NVwZ 2002, 123, 124).

Anders kann es bei einer formunwirksamen **Veränderungssperre** liegen, deren Formmängel bei rechtmäßigem und amtspflichtgemäßem Verhalten der zuständigen Amtsträger hätten vermieden werden müssen und tatsächlich vermieden worden wären. In einem solchen Fall kann der Einwand rechtmäßigen Alternativverhaltens durchgreifen (BGH 24. 10. 2024 – III ZR 48/23, NVwZ-RR 2025, 252 Rn 35; BGH 19. 3. 2008 – III ZR 49/07, VersR 2008, 1690 Rn 10 mwNw). Zur Amtspflicht der Bauaufsichtsbehörde, in eigener Prüfungskompetenz und Verantwortung die Dauer einer Veränderungssperre zu berechnen, vgl BGHZ 170, 99 Rn 20. Steht ein Bauvorbescheidsantrag (zB betreffend eine Windkraftanlage im Außenbereich) in Widerspruch zu einem nachträglich beschlossenen **Flächennutzungsplan**, so hat die Bauaufsichtsbehörde, wenn sie einen formellen Mangel des Plans (hier: fehlerhafte Bekanntmachung) feststellt, der Gemeinde vor der Entscheidung Gelegenheit zu geben, diesen zu beheben. Lässt sich die Feststellung treffen, dass bei pflichtgemäßem Handeln der Bauaufsichtsbehörde der Mangel rückwirkend geheilt worden wäre, so kann dies einem auf die rechtswidrige Versagung des Bauvorbescheids gestützten Amtshaftungsanspruch unter dem Gesichtspunkt des rechtmäßigen Alternativverhaltens entgegengehalten werden. Dies gilt auch dann, wenn der Anspruch auf Erteilung des Bauvorbescheids durch rechtskräftiges verwaltungsgerichtliches Verpflichtungsurteil tituliert ist, dieses Urteil aber wegen der zwischenzeitlichen Rechtsänderung erfolgreich mit der Vollstreckungsabwehrklage angegriffen werden kann (BGH NVwZ 2008, 815, 816). 573

(2) Geschützter **„Dritter“** ist in den Fällen rechtswidriger Ablehnung oder Verzögerung grundsätzlich (nur) der Antragsteller. Sonstigen am Ausgang des Baugenehmigungsverfahrens interessierten Personen gegenüber kommt der Versagung einer Baugenehmigung keine materielle Bestandskraft im Sinne einer Feststellungswirkung zu. Insbesondere berechtigt die bestandskräftige Versagung einer Baugenehmigung die Behörde nicht, einen neuen Bauantrag ohne Sachprüfung abzulehnen. Etwas anderes gilt nur, wenn eine Klage auf Erteilung der Genehmigung rechtskräftig 574 abgewiesen ist, auch dann aber nur zwischen den Beteiligten des Verwaltungsgerichtsverfahrens und ihren Rechtsnachfolgern (§ 121 VwGO).

575 Hat nicht der Grundeigentümer selbst, sondern eine andere Person den Bauantrag gestellt, so ist der Eigentümer dementsprechend grundsätzlich nicht „Dritter" (BGH 14. 8. 2025 – III ZR 125/24, BauR 2025, 1681 Rn 23); sogar wenn er im verwaltungsgerichtlichen Verfahren beigeladen wird (BGH NJW 1994, 2091). Dies gilt beispielsweise für die Bauvoranfrage des Käufers (BGH 23. 11. 1989 – III ZR 161/88, NVwZ 1990, 501), den Bauantrag des Mieters (BGH 30. 10. 1986 – III ZR 10/86, NVwZ 1987, 356) und für die im eigenen Namen gestellte Bauvoranfrage eines Architekten (BGH 6. 6. 1991 – III ZR 221/90, NJW 1991, 2696), wie auch für die Einmann-GmbH als Grundstückeigentümerin, deren geschäftsführender Gesellschafter einen Antrag auf Genehmig einer Nutzungsänderung gestellt hat (BGH 26. 6. 2008 – III ZR 118/07, NVwZ-RR 2008, 670). Anders ist es, wenn der Grundstückseigentümer dem von der betreffenden anderen Person eingeleiteten Antragsverfahren beitritt; dann erlangt er von diesem Zeitpunkt an selbst die Stellung eines geschützten „Dritten" (BGH 25. 3. 2004 – III ZR 227/02, NVwZ 2004, 1143, 1144; s in gleichem Sinne auch BVerwG BauR 2004, 1263).

576 Ganz ausnahmsweise kann auch dann etwas anderes gelten, wenn die am Baugenehmigungsverfahren formell nicht beteiligte Person eigentlicher Träger des Interesses an der Verwirklichung eines konkreten Bauvorhabens gewesen ist (BGH NJW 1991, 2696) und (auch) eine Rechtsstellung innehatte, die ihrem sachlichen Gehalt nach der eines Bauherrn gleichkam, der seine aus dem Grundeigentum folgende Baufreiheit in Anspruch nahm (BGH 14. 8. 2025 – III ZR 125/24, BauR 2025, 1681 Rn 24). Dies ist beispielsweise bejaht worden für einen Kaufinteressenten, der aufgrund eines vor Antragstellung mit dem Eigentümer abgeschlossenen notariellen Vertrags befugt war, das Grundstück zu bebauen, und dem ein Anspruch auf Übertragung des Eigentums eingeräumt worden war (BGHZ 93, 87; ähnlich BGH 14. 8. 2025 – III ZR 125/24, BauR 2025, 1681 Rn 25). Ebenso hat der BGH als geschützten „Dritten" die Alleingesellschafterin einer antragstellenden Bauherrengemeinschaft angesehen, nachdem das Bauherrenmodell durch ein Erwerbermodell ersetzt und die Verhandlungen über die Erteilung der Baugenehmigung ausschließlich von der Alleingesellschafterin geführt worden waren (BGHZ 119, 365, 368). Ein rein wirtschaftliches Interesse genügt dagegen nicht, mag es im Einzelfall auch erheblich sein (BGH 14. 8. 2025 – III ZR 125/24, BauR 2025, 1681 Rn 24). Verneint hat der BGH die für die Drittgerichtetheit der Amtspflicht erforderliche Beziehung daher für den Grundstückeigentümer, der als geschäftsführender Gesellschafter einer Einmann-GmbH den Genehmigungsantrag gestellt hat (BGH NVwZ-RR 2008, 670). Dies beruhte allerdings tragend darauf, dass die GmbH zunächst einen eigenen Bauantrag zurückgenommen und daraufhin ihr Alleingesellschafter und alleinvertretungsberechtigter Geschäftsführer als natürliche Person im eigenen Namen einen neuen Bauantrag gestellt hatte. Im Hinblick auf die von den Beteiligten gewählte Verselbständigung der Rechtspersönlichkeiten und die damit verbundenen Konsequenzen für die Reichweite des amtshaftungsrechtlichen Drittschutzes war nicht erkennbar, dass die Klägerin aus rechtlichen oder tatsächlichen Gründen gehindert gewesen sein könnte, das verwaltungsrechtliche Genehmigungsverfahren selbst zu betreiben (BGH 14. 8. 2025 – III ZR 125/24, BauR 2025, 1681 Rn 26).

577 **(3)** In den sachlichen Schutzbereich der Amtshaftung wegen pflichtwidriger Verweigerung oder Verzögerung der beantragten Erlaubnis fallen grundsätzlich alle

Nachteile, die bei pflichtgemäßem Handeln der Behörde vermieden worden wären. Der Geschädigte ist also so zu stellen, wie wenn sein Gesuch rechtzeitig und zutreffend beschieden worden wäre. Allerdings muss insoweit ein Bezug zur baulichen Nutzbarkeit des Grundstücks bestehen. Dementsprechend fällt das Provisionsinteresse eines vom Grundstückseigentümer mit der „Baureifmachung" eines Grundstücks beauftragten Architekten nicht in den Schutzbereich der Amtspflichten der Bauaufsichtsbehörde, die bei der Bearbeitung einer von diesem Architekten im eigenen Namen gestellten Bauvoranfrage wahrzunehmen sind (BGH VersR 2008, 254 Rn 10: gescheiterter Verkauf einer noch zu erstellenden Eigentumswohnung; BGHZ 125, 258, 269 f). Zu beachten ist, dass die „Drittgerichtetheit" als Kriterium zur Bestimmung des geschützten Personenkreises und der „Schutzzweck" als Kriterium für die inhaltliche Bestimmung und sachliche Begrenzung der Haftung nicht immer kongruent zu sein brauchen (vgl BGHZ 125, 258): Die Pflicht, die Bauvoranfrage nicht rechtswidrig abzulehnen, war sicherlich zugunsten des antragstellenden Architekten drittgerichtet; insoweit stand ihm insbesondere die Klagebefugnis nach § 42 VwGO zu. Hingegen wiesen seine durch Vertrag mit dem Grundstückseigentümer begründeten Provisionsansprüche keinen inneren sachlichen Bezug zu den Amtspflichten der Bauaufsichtsbehörde auf. Die Vertragsparteien hatten es nicht etwa in der Hand, durch eine Vertragsgestaltung wie die damals zu beurteilende den Schutzbereich der Amtspflichten der Bauaufsichtsbehörde uferlos dahin zu erweitern, dass jedes beliebige Vermögensinteresse darunterfiel. Zur rechtswidrigen Rücknahme einer erteilten Genehmigung siehe Rn 608.

cc) Rechtswidrige Erteilung

(1) Für die Erteilung einer rechtswidrigen (positiven) Baugenehmigung oder eines **578**
Bauvorbescheides ist in der Rechtsprechung des BGH seit langem anerkannt, dass die Amtspflicht, einen solchen, den einschlägigen baurechtlichen Vorschriften widersprechenden Bescheid **nicht** zu erteilen, den Baugenehmigungsbehörden auch dem antragstellenden Bauherrn selbst gegenüber obliegt (BGH NVwZ 2004, 638; BGHZ 149, 50, 52; 60, 112). Der Kreis der geschützten „Dritten" ist bei einem rechtswidrigen positiven Bescheid weiter zu ziehen als bei einer rechtswidrigen Versagung. Im Gegensatz zu jener ist die – positiv erteilte – Baugenehmigung oder der entsprechende Bauvorbescheid nicht an die Person des Antragstellers gebunden, sondern auf das Grundstück und das Bauvorhaben bezogen. Die Feststellung, dass das Vorhaben planungsrechtlich zulässig ist, ist in diesem Sinne „objektbezogen" und nicht (lediglich) personenbezogen. Deshalb ist bei der Erteilung eines solchen Bescheides nicht nur auf die Interessen des Antragstellers selbst, sondern auch auf diejenigen der Personen Rücksicht zu nehmen, die im berechtigten, schutzwürdigen Vertrauen auf den Bescheid unmittelbar die Verwirklichung des konkreten Bauvorhabens in Angriff nehmen wollen und zu diesem Zwecke konkrete Aufwendungen für die Planung des Vorhabens tätigen (vgl BGH NJW 2009, 1207 Rn 12; 1994, 2087, 2091; BGHZ 134, 268, 277). Dies gilt jedenfalls in den Grenzen eines überschaubaren zeitlichen und sachlichen Zusammenhangs (BGHZ 134, 268, 277; 122, 317, 322). Zu den geschützten Personen gehört daher der Rechtsnachfolger des Antragstellers (BGH NJW 1991, 2696, 2697), zB ein künftiger Käufer, der das Grundstück im Vertrauen auf jenen Bescheid von dessen ursprünglichem Adressaten erwirbt (BGHZ 144, 394, 396; BGH NJW 1994, 130). Bei der Genehmigung fliegender Bauten, für die regelmäßig der TÜV als Beliehener im weiteren Sinne herangezogen wird (Rn 61), gehören zum Kreis der geschützten Dritten

etwa auch die Benutzer eines Fahrgeschäfts (Tünnesen-Harmes/Vogelsang BauR 2023, 1188, 1191 f).

579 (2) Die inhaltliche Bestimmung und sachliche Begrenzung der Amtshaftung für rechtswidrige positive Bauverwaltungsakte beurteilt sich unter dem Gesichtspunkt des Schutzzwecks nach dem Vertrauen, das der jeweilige Bescheid begründen soll. Baugenehmigungen und Bauvorbescheide sollen klären, ob das Bauvorhaben den öffentlich-rechtlichen Vorschriften entspricht bzw ob dem Vorhaben öffentlich-rechtliche Hindernisse entgegenstehen. Der Bauherr darf nicht in die Gefahr gebracht werden, einen vorschriftswidrigen Bau auszuführen, der keinen Bestand haben kann und unter Umständen wieder beseitigt werden muss; insoweit soll ihm eine verlässliche Grundlage für seine wirtschaftlichen Dispositionen verschafft werden (BGH NJW 2009, 1207 Rn 12; BGHZ 144, 394; BGHZ 109, 380, 394). Der Bauherr hat es aber nicht in der Hand, durch eine besondere Vertragsgestaltung den Schutzbereich der Amtspflichten der Bauaufsichtsbehörde uferlos dahin zu erweitern, dass jedes beliebige Vermögensinteresse darunterfällt (BGHZ 125, 258, 269 f). Dementsprechend fallen in den sachlichen Schutzbereich der Amtshaftung beispielsweise Aufwendungen, die ein Käufer im – später enttäuschten – Vertrauen auf die durch einen rechtswidrigen Bauvorbescheid fälschlicherweise bestätigte Baulandqualität für den Erwerb des Grundstücks getätigt hat (BGH NJW 1994, 130, 131). Dieses Vertrauen kann sogar über die formelle Geltungsdauer des Bescheides hinaus schutzwürdig bleiben. Der Bauherr darf grundsätzlich darauf vertrauen, dass die Bebaubarkeit des Geländes erhalten bleibt, solange sich dessen öffentlich-rechtliche Situation nicht ändert (BGH 2. 2. 2017 – III ZR 41/16, NVwZ-RR 2017, 579 Rn 32). Er trägt somit (lediglich) das Risiko, dass das Grundstück aufgrund einer Änderung der einschlägigen öffentlich-rechtlichen Vorschriften unbebaubar wird. Hingegen trägt er nicht das Risiko, dass die Bebauung aus Gründen scheitert, die schon bei der Erteilung des Ursprungsbescheides vorlagen und gerade die Amtspflichtwidrigkeit der behördlichen Maßnahme begründeten (BGH NJW 1994, 130, 131; BGHZ 105, 52, 57 f).

580 Der BGH hat den Tatbestand einer Amtspflichtverletzung bei der (positiven) Erteilung einer rechtswidrigen atomrechtlichen Anlagengenehmigung bejaht, da diese Genehmigung sich auf eine Anlage bezog, die so nicht mehr errichtet werden sollte, und da die im Hinblick auf die geänderte Planung neu aufgeworfene Sicherheitsfrage ungeprüft geblieben war (Fall „Kernkraftwerk Mülheim-Kärlich“: BGHZ 134, 268; s auch BVerwGE 80, 207). Dies hatte zur Folge, dass es an einer hinreichenden Grundlage für das zum notwendigen Inhalt einer atomrechtlichen Teilgenehmigung gehörende vorläufige positive Gesamturteil über die Anlage und ihren Betrieb an dem vorgesehenen Standort fehlte (BGHZ 134, 268, 273). Die Amtspflicht, keine rechtswidrige atomrechtliche Teilgenehmigung zu erteilen, ist grundsätzlich zugunsten des antragstellenden energiewirtschaftlichen Unternehmens drittgerichtet (BGHZ 134, 268, 279). Als Gesichtspunkte, die der Annahme haftungsrechtlichen schutzwürdigen Vertrauens auf diese rechtswidrige Anlagengenehmigung – in bereits den Tatbestand des § 839 Abs 1 S 1 BGB ausschließender Weise – entgegenstehen konnten, kamen nicht nur objektive Umstände, sondern auch subjektive Kenntnisse und sich aufdrängende Erkenntnismöglichkeiten des antragstellenden Energieversorgungsunternehmens in Betracht. Diesem war erkennbar, dass sich die Teilgenehmigung auf ein Kernkraftwerk bezog, das nach den Vorstellungen der Genehmigungsbehörde wie auch des Betreibers so wie in dem Genehmigungsbescheid beschrieben, überhaupt

nicht mehr gebaut werden sollte. Damit lag andererseits – ohne weiteres ersichtlich – zum Zeitpunkt der betreffenden Teilgenehmigung eine abschließende Sicherheitsprüfung, die das mit dieser Grundlage ausgesprochene vorläufige positive Gesamturteil hätte tragen können, nicht vor (BGHZ 134, 268, 293 f). Allerdings konnten im gestuften atomrechtlichen Genehmigungsverfahren bei der Beurteilung, ob Aufwendungen im schutzwürdigen Vertrauen auf einen ersten Genehmigungsbescheid getätigt worden waren, auch solche Genehmigungsakte zu berücksichtigen sein, die dem rechtswidrigen Bescheid nachfolgten. Dies galt insbesondere deswegen, weil die nachträglichen Genehmigungsakte möglicherweise aus damaliger Sicht der Beteiligten die ursprünglich erkennbaren Mängel der ersten Teilgenehmigung geheilt haben konnten. Deshalb konnte die erste Genehmigung **insoweit** als „Vertrauensgrundlage“ für nachfolgende Investitionen in Betracht zu ziehen gewesen sein (BGHZ 134, 268, 303).

(3) Das Baugenehmigungsverfahren ist nicht dazu bestimmt, dem Bauherrn die all- **581**
gemeinen wirtschaftlichen und technischen Risiken für die Durchführbarkeit des Bauvorhabens abzunehmen. Deswegen bezweckt die Pflicht der Baugenehmigungsbehörde, die statische Berechnung eines Bauvorhabens ordnungsgemäß zu prüfen, nicht, den Bauherrn davor zu schützen, durch einen statisch falsch berechneten Bau nutzlose finanzielle Aufwendungen zu tätigen (BGHZ 39, 358; BayObLGZ 1993, 142). Ebenso hat die Amtspflicht der Bauaufsichtsbehörde, die Baugenehmigung für ein Wohnhaus nur dann zu erteilen, wenn eine ausreichende Trinkwasserversorgung gesichert ist, nicht den Schutzzweck, den Bauherrn vor (vermeidbaren) Mehraufwendungen zu bewahren, die durch die spätere Sanierung eines ursprünglich ungeeigneten Trinkwasseranschlusses verursacht werden (BGH WM 1995, 771). Auch das wirtschaftliche Risiko, dass das genehmigte und errichtete Bauvorhaben sich später, was den hinreichenden Feuerschutz angeht, als unzureichend erweist und durch die nachträgliche Schaffung hinreichender Feuerwehrzufahrten Mehraufwendungen anfallen, hat der Bauherr selbst zu tragen (BGH 30. 7. 1997 – III ZR 166/96, NVwZ-RR 1997, 675). Ebenso fällt die **zivilrechtliche** Realisierbarkeit des Vorhabens ausschließlich in den eigenen Risikobereich des Bauherrn und nicht in denjenigen der Baugenehmigungsbehörde. Die Amtspflicht der Bauaufsichtsbehörde, eine Baugenehmigung nur dann zu erteilen, wenn die Zuwegung zu dem Baugrundstück öffentlich-rechtlich (durch Baulast) gesichert ist, nimmt dem Bauherrn daher nicht das **privatrechtliche** Risiko ab, dass die Nachbarn die Bewilligung dieser Baulast deswegen verweigern, weil die bestehende Grunddienstbarkeit die beabsichtigte Erweiterung der Nutzung nicht abdeckt (BGHZ 144, 394). Eine Haftung der Bauaufsichtsbehörde wegen einer rechtswidrigen, unter Befreiung von den Festsetzungen des Bebauungsplans erteilten Baugenehmigung tritt auch dann nicht ein, wenn der Bauherr bei der Verwirklichung des Vorhabens in wesentlichen Punkten von der genehmigten Planung abweicht. Aufwendungen, die auf wesentlichen Abweichungen von der genehmigten Planung beruhen, liegen grundsätzlich nicht mehr im Schutzbereich der verletzten Amtspflicht. In derartigen Fällen genügt es deshalb für die Haftungsbegründung nicht, dass zwischen der rechtswidrigen Erteilung der Baugenehmigung und den vom Bauherrn getätigten Aufwendungen ein ursächlicher Zusammenhang besteht. Der Bauherr kann sich deshalb auch nicht mit Erfolg darauf berufen, dass ohne den Befreiungsbescheid das Bauvorhaben überhaupt unterblieben wäre (BGH 27. 1. 1994 – III ZR 97/92, NVwZ 1994, 821). Wegen weiterer Einzelheiten wird auf die vergleichbare Problematik bei unrichtigen Auskünften in Bausachen verwiesen (Rn 602 ff).

582 **(4)** Auch in den „Altlastenfällen" kommt die Erteilung der Baugenehmigung für das schadstoffbelastete Grundstück als Haftungstatbestand in Betracht. In den Fällen einer Schadstoffbelastung des Baugrundstücks kann eine Überschneidung der Amtshaftung wegen rechtswidriger Erteilung der Baugenehmigung mit dem zusätzlichen Amtshaftungstatbestand der planerischen Ausweisung der Altlastenfläche (Rn 553) stattfinden. Ein Ersatzanspruch kann unter beiden Gesichtspunkten begründet sein. Ist die Gemeinde zugleich Bauaufsichtsbehörde, kann insoweit Anspruchskonkurrenz eintreten. Fallen hingegen die Verantwortlichkeiten für die Aufstellung des Bebauungsplans einerseits und die Erteilung der Baugenehmigung andererseits auseinander, etwa wenn Baugenehmigungsbehörde der Kreis ist, kann eine deliktsrechtliche Gesamtschuldnerschaft beider nach § 840 BGB eintreten (Wurm UPR 1990, 201, 203 f). Wie bei der Bauleitplanung und aus den gleichen sachlichen Gründen wie dort ist auch im Baugenehmigungsverfahren den Bauaufsichtsbehörden die drittgerichtete Amtspflicht auferlegt, bei der Entscheidung über die Erteilung der Baugenehmigung die überragenden Belange des Schutzes von Leben und Gesundheit und deren Gefährdung durch Bodenkontaminationen zu berücksichtigen. Das allgemeine Baugrundrisiko, das jeder Bauherr selbst tragen muss, ist insoweit eingeschränkt. Die Verlässlichkeitsgrundlage, die die Baugenehmigung dem Bauherrn verschafft, bezieht sich allerdings nur darauf, dass bei sorgfältiger und gewissenhafter Prüfung des Bauvorhabens insoweit keine Hinderungsgründe für die Erteilung der Genehmigung zutage getreten sind (BGHZ 123, 191, 199). Das Restrisiko, dass trotz einer solchen Prüfung Gefahrenpotenziale unentdeckt geblieben sind, verbleibt dagegen beim Bauherrn (BGHZ 123, 191, 199).

583 **(5)** Von diesen Grundsätzen ausgehend, hat der BGH die bei der Baugenehmigung einzuhaltenden Sorgfaltsanforderungen nach den gleichen Grundsätzen beurteilt wie bei der Bauleitplanung:

- keine Gefährdungshaftung der Bauaufsichtsbehörde für unerkennbare Schadstoffbelastungen;
- keine uferlose Überprüfung des zu bebauenden Areals gleichsam „ins Blaue hinein";
- keine überzogenen Anforderungen an die Prüfungspflicht (BGHZ 123, 191, 195).

584 **(6)** Auch die Drittgerichtetheit und den Schutzzweck der bei der Erteilung der Baugenehmigung wahrzunehmenden Amtspflichten hat der BGH in ganz ähnlicher Weise bestimmt wie bei der Aufstellung des Bebauungsplans. Hier wie dort hängt daher der Amtshaftungsanspruch entscheidend davon ab, ob die Vermögensverluste mit der Unbewohnbarkeit des Geländes unmittelbar zusammenhängen. Fehlt es hingegen an einer Gesundheitsgefährdung, so sind die Geschädigten nicht Opfer der Gefahr geworden, vor der sie die der Bauaufsichtsbehörde obliegende Amtspflicht bewahren soll (BGHZ 109, 380, 394). Im Ergebnis bedeutet dies, dass sowohl hinsichtlich der Prüfungspflichten als auch hinsichtlich der Drittgerichtetheit und des Schutzzwecks bei beiden Amtshaftungstatbeständen eine weitgehende Kongruenz besteht (Wurm UPR 1990, 201, 204).

In Fortführung dieser Rechtsprechung hat der BGH diese Grundsätze auch auf die Erteilung einer wegen drohender Bergschäden rechtswidrigen Baugenehmigung übertragen (BGHZ 142, 259).

(7) Zur Abgrenzung zwischen Vertrauens- bzw Verlässlichkeitsgrundlage und Haftungseinschränkung wegen Mitverschuldens siehe Rn 258. **585**

dd) Rechtswidrige Baugenehmigung für ein Nachbargrundstück

Wird das Grundstückseigentum dadurch beeinträchtigt, dass für ein Nachbargrundstück eine rechtswidrige Baugenehmigung erteilt worden ist, so kann der betroffene Nachbar Schadensersatz nach Amtshaftungsgesichtspunkten nur dann verlangen, wenn die Rechtswidrigkeit auf der Verletzung baurechtlicher Vorschriften beruht hat, die nachbarschützenden Charakter haben. Der Nachbar ist in seinen eigenen Rechten betroffen, wenn die bei der Erteilung der Baugenehmigung verletzte Norm des Baurechts nicht nur öffentlichen Interessen, sondern – zumindest auch – seinen Individualinteressen zu dienen bestimmt ist. Wenn die baurechtliche Vorschrift, von der bei der Erteilung der Baugenehmigung zum Nachteil des Nachbarn abgewichen wurde, dagegen nicht dessen Individualschutz bezweckt, sondern allein im öffentlichen Interesse an einer geordneten städtebaulichen Entwicklung erlassen wurde, so schützt diese Norm auch nicht das nachbarliche Eigentum gegen Wertminderungen durch rechtswidrig genehmigte Bauvorhaben (BGHZ 86, 356, 361 f). **586**

ee) Haftungssubsidiarität

In allen Amtshaftungsfällen wegen rechtswidriger Bauverwaltungsakte ist bei Fahrlässigkeit der handelnden Amtsträger das Verweisungsprivileg des § 839 Abs 1 S 2 BGB zu beachten. Macht der Bauherr beispielsweise gegen die Bauaufsichtsbehörde einen Amtshaftungsanspruch geltend, weil ihm für ein fehlerhaft geplantes Bauvorhaben eine rechtswidrige Baugenehmigung erteilt worden ist, so muss er dartun, dass er von dem planenden Architekten nicht anderweitig Ersatz erlangen kann (BGH 9. 7. 1992 – III ZR 119/91, NVwZ 1993, 602; BGH 19. 3. 1992 – III ZR 117/90, NVwZ 1992, 911, 912). Dies gilt jedenfalls, soweit es um die Einhaltung grundlegender Anforderungen des Bauordnungsrechts, beispielsweise der Grenzabstände, geht, die jeder Architekt bei der Planung zu beachten hat. Hingegen kann die Klärung schwieriger Rechtsfragen von einem Architekten nicht verlangt werden, da er einem Rechtsberater des Bauherrn nicht gleichgestellt werden darf (BGH NJW 1985, 1692, 1693, betreffend die Prüfung der Voraussetzungen des § 34 BauGB). Das gilt erst recht, wenn ein Bauunternehmer die Planung übernommen hat, da dieser auf eine anhand ordnungsgemäßer Unterlagen erteilte Baugenehmigung vertrauen darf (BGH 29. 3. 1990 – ZR 145/88, juris Rn 7). Auch in dem Fall einer Baugenehmigung für ein Vorhaben, bei dem die Gefahr bestand, dass es unzumutbaren Belästigungen oder Störungen durch Geruchsimmissionen ausgesetzt war, war eine Inanspruchnahme der planenden Architekten als anderweitige Ersatzmöglichkeit in Erwägung gezogen worden. Dies hat der BGH abgelehnt, da eine zum Schadensersatz verpflichtende Vertragsverletzung der Architekten nicht erkennbar war. Sie waren ihren vertraglichen Pflichten dadurch in ausreichendem Maße nachgekommen, dass sie die Bauherren auf die bauplanungsrechtlichen, insbesondere immissionsschutzrechtlichen Probleme hingewiesen und angeregt hatten, speziell zur Klärung dieser Frage einen Bauvorbescheid einzuholen (BGH NJW 2001, 3054 = BauR 2001, 1566). Verneint wurde eine anderweitige Ersatzmöglichkeit des geschädigten Bauherrn in Gestalt eines Schadensersatzanspruchs gegen seinen im Ver- **587** waltungsverfahren tätig gewordenen Rechtsanwalt, der es unterlassen hatte, die Widerspruchsbehörde auf eine nachträglich ergangene neue Entscheidung des BVerwG hinzuweisen (BGH NVwZ 2006, 117).

ff) Enteignungsgleicher Eingriff

588 Zum enteignungsgleichen Eingriff wegen „faktischer Bausperre" (rechtswidrige Verhinderung oder Verzögerung einer nach allgemeinem Bau- und Bodenrecht an sich zulässigen Bebauung durch Versagung oder Verzögerung der Baugenehmigung oder des Bauvorbescheides) s Rn 463.

Die rechtswidrige **Erteilung** einer Baugenehmigung oder eines Bauvorbescheides stellt keinen enteignungsgleichen Eingriff gegenüber dem Grundstückseigentümer dar. Es fehlt an einem Eingriff in eine durch Art 14 Abs 1 GG geschützte Rechtsposition des Eigentümers. Diesem wird nichts an Eigentumssubstanz genommen, sondern es wird nur unberechtigtes Vertrauen erzeugt. Das Grundeigentum gewährt keinen Anspruch auf eine materiell illegale Bebauung (Wurm, Jahrbuch des Umwelt- und Technikrechts 1994, 587, 602 s auch Rn 464).

gg) Haftung nach landesrechtlichen Regelungen

589 **(1)** Die rechtswidrige Entscheidung über ein Baugesuch kann außerdem landesrechtliche Entschädigungsansprüche für rechtswidriges Handeln der Bauaufsichtsbehörde begründen. In der Rechtsprechung des BGH hat in diesem Zusammenhang die Entschädigungsbestimmung des § 39 Abs 1 lit b OBG NW besondere Bedeutung erlangt. Diese Vorschrift lautet: „Ein Schaden, den jemand durch Maßnahmen der Ordnungsbehörden erleidet, ist zu ersetzen, wenn er ... durch rechtswidrige Maßnahmen, gleichgültig, ob die Ordnungsbehörden ein Verschulden trifft oder nicht, entstanden ist." Diese Bestimmung begründet eine verschuldensunabhängige Haftung der Ordnungsbehörde für rechtswidrige Maßnahmen. Der Haftungstatbestand stellt – im Gegensatz zu § 839 BGB – nicht darauf ab, dass durch die betreffende Maßnahme eine Pflicht gegenüber einem konkreten geschützten „Dritten" verletzt worden ist. Umso größere Bedeutung kommt dem Schutzzweck der jeweiligen ordnungsbehördlichen Maßnahme als Kriterium für die inhaltliche Bestimmung und sachliche Begrenzung der Haftung zu.

590 Die Baugenehmigung ist eine ordnungsbehördliche „Maßnahme" im Sinne des § 39 Abs 1 lit b OBG, da die Bauaufsichtsbehörde eine Ordnungsbehörde ist (§ 57 Abs 1 BauO NW). Die (positive) Erteilung der Baugenehmigung hat Maßnahmecharakter auch gegenüber dem antragstellenden Eigentümer selbst (BGHZ 123, 191, 197); umso mehr gilt dies natürlich für die Ablehnung. Der Eintritt der Ordnungsbehördenhaftung hängt davon ab, ob die verletzte Rechtsnorm einen individuell begünstigenden Schutzzweck gehabt hat und der geltend gemachte Schaden von diesem Schutzzweck umfasst ist (BGHZ 123, 191, 197 ff; BGHZ 109, 380, 395; BGHZ 86, 359).

591 **(2)** Die Rechtsprechung des Bundesgerichtshofs zu § 39 Abs 1 lit b OBG lässt sich auf das Recht der anderen Bundesländer nicht unbesehen übertragen. Erforderlich ist vielmehr jeweils eine landesrechtliche Zurechnungsnorm, die das Handeln der Bauaufsichtsbehörde der verschuldensunabhängigen Polizei- und Ordnungsbehördenhaftung unterstellt. Dies hat der BGH beispielsweise für § 68 Abs 1 S 2 PVG RhPf aF (nunmehr: § 87 Abs 1 S 2 POG RPf) verneint (BGHZ 125, 258). Offengeblieben – aber wohl zu bejahen – ist dabei, ob eine analoge Anwendung der Norm auf rechtswidrige Maßnahmen der Bauaufsichtsbehörde in den Fällen zulässig ist, in denen die Bauaufsichtsbehörde ihr nach der Landesbauordnung verliehene polizeiliche Spezialbefugnisse wahrgenommen hat; dies ist aber beispielsweise bei der bloßen Ablehnung einer Bauvoranfrage nicht der Fall. § 87 Abs 1 S 2 POG RPf sieht eine Haftung für rechtswidrige Maßnahmen der „allgemeinen Ordnungsbehörden oder der Polizei" vor. Ob die Bauaufsichtsbehörden solche allgemeinen Ordnungsbehörden sind, erscheint zweifelhaft und ist eher zu verneinen, da der Aufbau der Bauverwaltung in der Landesbauordnung eine eigenständige Regelung erfahren hat, die von der allgemeinen Organisation der Ordnungsbehörden im Polizei- und Ordnungsbehördengesetz unabhängig ist, und auch die Rechtsgrundlagen für das Tätigwerden der Bauaufsichtsbehörden nicht auf der im Polizei- und Ordnungsbehördengesetz geregelten allgemeinen Gefahrenabwehr, sondern auf dem Normengefüge der Landesbauordnung beruhen (BGHZ 125, 258, 263).

(3) Die zu § 39 Abs 1 lit b OBG NW entwickelten Schutzzweck-Überlegungen hat der BGH auch zur inhaltlichen Bestimmung der Haftung nach dem StHG herangezogen (BGHZ 142, 259, 271 f mwNw; vgl BGHZ 166, 22). **592**

c) Das Einvernehmen der Gemeinde (§ 36 BauGB)

aa) Das Einvernehmen der Gemeinde nach § 36 Abs 1 S 1 BauGB ist erforderlich bei Baugenehmigungen für solche Vorhaben, die auf Grundstücken im Gemeindegebiet errichtet werden sollen, die nicht oder noch nicht überplant sind, oder für Vorhaben, bei denen von verbindlichen Festsetzungen eines Bebauungsplans abgewichen werden soll (§§ 31, 33, 34 oder 35 BauGB). § 31 betrifft Ausnahmen und Befreiungen von den Festsetzungen eines Bebauungsplans, § 33 Vorhaben während der Planaufstellung, § 34 Vorhaben innerhalb der im Zusammenhang bebauten Ortsteile und § 35 das Bauen im Außenbereich. Die Baugenehmigungsbehörde darf also dem Antrag eines Bauherrn, für ein von dieser Regelung betroffenes Grundstück eine Baugenehmigung zu erteilen, grundsätzlich (vorbehaltlich der im Folgenden zu erörternden Neugestaltung des gemeindlichen Einvernehmens durch das BauROG) nur dann stattgeben, wenn zuvor die Gemeinde zugestimmt hat. § 36 Abs 1 BauGB gilt für sämtliche Bauverwaltungsakte, die die planungsrechtliche Zulässigkeit eines dem Einvernehmen unterliegenden Bauvorhabens verbindlich feststellen. Dazu gehören nicht nur die Baugenehmigung selbst, sondern auch der Bauvorbescheid (die Bebauungsgenehmigung) oder die Teilbaugenehmigung (vgl zB BGH VersR 1990, 305, betreffend einen Bauvorbescheid; BGH WM 1981, 204, betreffend eine Teilbaugenehmigung). Alleiniger Prüfungsmaßstab für das gemeindliche Einvernehmen ist, ob das Vorhaben nach den planungsrechtlichen Vorschriften der §§ 31, 33, 34 und 35 BauGB zulässig ist. Zustimmung oder Versagung ergehen in diesen Fällen in Anwendung zwingenden Rechts; Ermessensspielraum verbleibt der Gemeinde insoweit nicht (BGHZ 118, 253, 258). Das Einvernehmen der Gemeinde ist weiter erforderlich bei Ausnahmen von einer Veränderungssperre (§ 14 Abs 2 S 2 BauGB) und bei der Teilungsgenehmigung in Gebieten mit Fremdenverkehrsfunktionen (§ 22 Abs 5 S 1 BauGB). Im Außenverhältnis zum antragstellenden Bauherrn ist allein die Baugenehmigungsbehörde berufen, durch Verwaltungsakt über den Anspruch auf Verwirklichung des betreffenden Bauvorhabens zu entscheiden. Das gemeindliche Einvernehmen ist insoweit lediglich ein Verwaltungsinternum; die Versagung ist insbesondere nicht selbständig durch verwaltungsgerichtliche Klage gegen die Gemeinde anfechtbar **593**

(BVerwGE 28, 145; BGHZ 118, 253, 263; Ernst/Zinkahn/Bielenberg/Krautzberger/Söfker § 36 BauGB [August 2025] Rn 24). Entscheidungen der Gemeinde über das Einvernehmen sind auch keine ordnungsbehördlichen „Maßnahmen" iSd § 39 Abs 1 lit b OBG NW; denn die Gemeinde wird insoweit nicht etwa als Ordnungsbehörde, sondern ausschließlich in Ausübung ihrer Planungshoheit tätig (BGHZ 99, 262, 272/273). Die Herstellung des Einvernehmens setzt ihrem Wesen nach zwei verschiedene Willensträger voraus; dh dass zwischen Gemeinde und Baugenehmigungsbehörde keine Identität besteht (Wurm, in: FS Boujong 687, 688 f; BVerwGE 48, 207, 212, 214). Die mit der unteren Bauaufsichtsbehörde identische Gemeinde darf die Ablehnung eines Bauantrags daher nicht mit der Versagung ihres Einvernehmens begründen. Gegen die von der Widerspruchsbehörde verfügte Verpflichtung, die Baugenehmigung zu erteilen, kann die Gemeinde sich deshalb nicht unter Berufung auf ihr fehlendes Einvernehmen zur Wehr setzen. Der Erfolg eines Abwehranspruchs setzt vielmehr die Verletzung ihrer materiellen Planungshoheit voraus (BVerwG NVwZ 2005, 83).

594 Amtspflichtverletzungen der für die Entscheidung über das Einvernehmen zuständigen Amtsträger der Gemeinde sind – ähnlich wie im Baugenehmigungsverfahren – an sich nach beiden Richtungen hin denkbar, also sowohl bei einer rechtswidrigen positiven Entscheidung (das Einvernehmen wird erteilt, obwohl das Vorhaben planungsrechtlich unzulässig ist) als auch bei einer negativen Entscheidung (es wird trotz planungsrechtlicher Zulässigkeit des Vorhabens versagt).

595 **bb)** Die (positive) Erteilung des Einvernehmens durch die Gemeinde bindet die Baugenehmigungsbehörde nicht; diese kann die Baugenehmigung dennoch verweigern. Daraus folgt, dass das positiv erteilte Einvernehmen ein reines Verwaltungsinternum ist und bleibt, das die außengerichtete Alleinverantwortung der Baugenehmigungsbehörde unberührt lässt. Die Gemeinde tritt bei der Erteilung also nicht in eine unmittelbare drittgerichtete Rechtsbeziehung zum Bauherrn (BGH NJW 1994, 253, 255; BGHZ 99, 262, 273). Auch ein Grundstückseigentümer, der sich dadurch beeinträchtigt fühlt, dass die Bebauung eines Nachbargrundstücks genehmigt worden ist, die er für planungsrechtlich unzulässig hält, ist im Verhältnis zu der Gemeinde, die ihr Einvernehmen mit dieser Bebauung erklärt hat, nicht geschützter „Dritter" (BGHZ 99, 262, 273). Das positiv erteilte Einvernehmen bleibt vielmehr auch in solchen Fällen ein bloßes Verwaltungsinternum und wirkt lediglich als Reflex zu Lasten des beeinträchtigten Eigentümers.

596 **cc)** Bei Versagung des Einvernehmens war die Baugenehmigungsbehörde nach früherem Recht gehindert, eine Baugenehmigung auszusprechen, solange die Gemeinde ihr Einvernehmen nicht erklärt hatte (übereinstimmende Rechtsprechung des BVerwG und des BGH; vgl zB BVerwGE 22, 342; BVerwG UPR 1992, 234, 235; BGHZ 65, 182, 186; 99, 262, 273; 118, 263, 265). Die unberechtigte Verweigerung des Einvernehmens ein planungsrechtlich zulässiges Bauvorhaben, berührte – sei es auch nur mittelbar – notwendig und bestimmungsgemäß die Rechtsstellung des Bauwilligen und begründete daher eine besondere Beziehung zwischen der verletzten Amtspflicht und dem Bauwilligen, dessen Interessen durch die Amtspflicht, das Einvernehmen nicht zu verweigern, wenn das Bauvorhaben nach den §§ 31, 33, 34 oder 35 BauGB zulässig ist, in individualisierter und qualifizierter Weise geschützt wurde (BGHZ 65, 182, 184–186; seither st Rspr, vgl BGHZ 118, 263, 265/266 mwNw). Daher kamen Amtshaftungsansprüche, aber auch eine Haftung der Gemeinde wegen enteignungsgleichen Eingriffs

(BGHZ 65, 182, 188/189; 118, 253; 134, 316; NVwZ-RR 2003, 403, 404) in Betracht (zu Einzelheiten vgl Staudinger/Wöstmann [2020] § 839 Rn 594–600).

Durch das BauROG 1998 ist in § 36 Abs 2 S 3 BauGB die Möglichkeit geschaffen worden, dass die nach Landesrecht zuständige Behörde ein rechtswidrig versagtes gemeindliches Einvernehmen zu einem genehmigungsbedürftigen Bauvorhaben ersetzt. Dabei ist der BGH zunächst davon ausgegangen, dass es zur Umsetzung dieser Möglichkeit einer Zuständigkeitsregelung durch den Landesgesetz- oder Verordnungsgeber bedürfe (BGH NVwZ 2006, 117). Die hM ist dem nicht gefolgt (vgl BeckOK-BauGB/Hofmeister [25. 10. 2025] § 36 Rn 33 mwNw). Inzwischen hat der BGH jedoch klargestellt, dass es sich um eine eigenständige bundesgesetzliche Ersetzungsbefugnis handelt (BGH 21. 10. 2021 – III ZR 166/20, BGHZ 231, 297 Rn 17), wobei es hinsichtlich der Haftungsfolgen unerheblich ist, ob das Land als zuständige Behörde die Bauordnungsbehörde oder etwa – wie Schleswig-Holstein – die Kommunalaufsichtsbehörde als zuständige Behörde im Sinne des § 36 Abs 2 S 3 BauGB bestimmt (BGH 21. 10. 2021 – III ZR 166/20, BGHZ 231, 297 Rn 23). Ohnehin haben inzwischen fast alle Länder entsprechende ausdrückliche Regelungen getroffen (Nachweise bei Staudinger/Wöstmann [2020] § 839 Rn 601 sowie BeckOK-BauGB/Hofmeister [25. 10. 2025] § 36 Rn 33.1). 597

Durch die Neuregelung ist die Prüfungs- und Entscheidungskompetenz der Baugenehmigungsbehörde (ggf im Zusammenwirken mit der „zuständigen Behörde“) grundlegend erweitert worden: Sie hat nicht mehr lediglich zu überprüfen, ob das Einvernehmen erforderlich ist, sondern auch, ob die Verweigerung rechtmäßig ist. Die Verweigerung entfaltet also – anders als früher – keine Bindungswirkung mehr. Der Fall, dass die Baugenehmigungsbehörde sehenden Auges ein an sich genehmigungsfähiges Vorhaben allein aufgrund ihrer Bindung an das rechtswidrig versagte Einvernehmen ablehnen muss, kann nicht mehr eintreten. Damit entfällt zugleich der wesentliche Grund für die haftungsrechtliche Verantwortlichkeit der Gemeinde im Außenverhältnis zum Bauherrn. Das gilt unabhängig davon, ob der „zuständigen Behörde“ – wie in manchen Ländern – eine ausdrückliche Rechtspflicht auferlegt worden ist, das Einvernehmen zu ersetzen, sondern auch in denjenigen, in denen mittelbar oder unmittelbar die „Kann“-Regelung des § 36 Abs 2 S 3 BauGB anwendbar ist und daher – zumindest formal – ein Ermessen eingeräumt ist (zur Frage, ob es sich um eine Ermessensentscheidung handelt s OVG Schleswig-Holstein 17. 12. 2024 – 12 MS 24/24, NVwZ-RR 2025, 554 Rn 43; BeckOK-BauGB/Hofmeister [25. 10. 2025] § 36 Rn 32 jew bejahend; tendenziell verneinend BGH 16. 9. 2010 – III ZR 29/10, BGHZ 187, 51 Rn 14). Denn auch, wenn man von einer Ermessensentscheidung ausgeht, besteht jedenfalls die Amtspflicht der zuständigen Behörde, sich über die Rechtmäßigkeit des verweigerten Einvernehmens Klarheit zu verschaffen. Führt diese Prüfung zu dem Ergebnis, dass die Verweigerung rechtswidrig gewesen ist, ist eine rechtmäßige Ermessensausübung anderen Inhalts, als das Einvernehmen zu ersetzen, kaum denkbar; insoweit findet eine entsprechende Ermessensreduzierung statt. Die diesbezüglichen Amtspflichten sind auch drittgerichtet, da sie der Verwirklichung des Rechtsanspruchs des Bauherrn dienen, sein Grundstück im Rahmen der Rechtsordnung bebauen zu dürfen. Im Ergebnis bedeutet dies, dass die Entscheidung der Gemeinde über das Einvernehmen nicht nur bei der (positiven) Erteilung, sondern auch bei der (negativen) Versagung ein reines Verwaltungsinternum ist, die Gemeinde im Außenverhältnis aus der haftungsrechtlichen Verantwortung entlassen wird und im Verhältnis zum Antragsteller aus- 598 schließlich die Baugenehmigungsbehörde haftet (vgl BGH NVwZ 2013, 167; BGHZ 187, 51 Rn 12; dazu Schlarmann/Krappel, NVwZ 2011, 215 ff; Zeiser BayVBl 2010, 613; Jeromin BauR 2011, 456 ff; Schrader VBlBW 2011, 146; Scheidler VR 2020, 37; Schumacher Rn 454; kritisch Jäde UPR 2011, 146).

599 Dies gilt auch dann, wenn der (einfache) Bebauungsplan, dessen Festsetzungen das Bauvorhaben widerspricht und auf dessen Inhalt die Verweigerung des Einvernehmens gestützt wird, unwirksam ist, auch wenn dies gerichtlich noch nicht festgestellt wurde. Zwar darf in diesem Zusammenhang nicht unberücksichtigt bleiben, dass der Baugenehmigungsbehörde grundsätzlich keine Kompetenz zur Verwerfung eines von ihr als unwirksam erkannten Bebauungsplans zusteht. Damit steht jedoch nicht fest, dass die Bauaufsichtsbehörde im Rahmen der Prüfung der Erteilung der beantragten Baugenehmigung und – damit in Zusammenhang stehend – der Ersetzung des gemeindlichen Einvernehmens einen von ihr für unwirksam gehaltenen Plan zugrunde zu legen oder eine auf diesen Plan gestützte Verweigerung des Einvernehmens zu beachten hat. Vielmehr handeln die Bediensteten der Baugenehmigungsbehörde amtspflichtwidrig, wenn sie einen unwirksamen Bebauungsplan anwenden. Hinsichtlich der Unwirksamkeit des Bebauungsplans kommt der Bauaufsichtsbehörde eine Prüfungskompetenz zu. Erkennt die Baugenehmigungsbehörde die Unwirksamkeit, hat sie die Gemeinde und die Kommunalaufsicht von ihren Bedenken zu unterrichten. Die Gemeinde hat den Bebauungsplan aufzuheben, soweit sie sich nicht dafür entscheidet, – soweit möglich – die die Nichtigkeit begründenden behebbaren Fehler zu beseitigen. Sollte sich die Gemeinde der Rechtsauffassung der Baugenehmigungsbehörde nicht anschließen, kann die Kommunalaufsicht die gesetzwidrigen Satzungsbeschlüsse der Gemeinde beanstanden und deren Aufhebung innerhalb angemessener Frist verlangen. Soweit die Frist des § 47 Abs 2 S 1 VwGO noch nicht abgelaufen ist, kommt auch ein eigener Normenkontrollantrag der Baugenehmigungsbehörde gegen den von ihr als unwirksam erkannten Bebauungsplan in Betracht (vgl BVerwG NVwZ 1990, 57 f; 1989, 654 f). Auf diesen genannten Wegen kann die Baugenehmigungsbehörde deshalb die Beseitigung des Bebauungsplans erreichen und so die Voraussetzungen sowohl für die Erteilung der Baugenehmigung als auch – sofern dann noch erforderlich – für die Ersetzung des gemeindlichen Einvernehmens schaffen (BGH NVwZ 2013, 167).

600 Soweit in Bayern (Art 67 Abs 1 S 2 BauO) ausdrücklich bestimmt ist, ein Rechtsanspruch auf Ersetzung des gemeindlichen Einvernehmens bestehe nicht, ändert dies nichts an der haftungsrechtlichen Alleinverantwortlichkeit der Baugenehmigungsbehörde. Diese Regelung hat der Bayerische Gesetzgeber geschaffen, um der „Gefahr einer Verlagerung von Haftungsrisiken von der das Einvernehmen verweigernden Gemeinde auf den Freistaat Bayern“ entgegenzutreten (LT-Drucks 15/7161, 70 zu Art 71a BayBO-E). Auch wenn der Bauwillige keinen eigenständigen Anspruch auf Ersetzung des rechtswidrig verweigerten gemeindlichen Einvernehmens hat, so bleibt es dabei, dass in diesem Fall bei Ablehnung der Baugenehmigung seine grundrechtlich geschützte Rechtsposition verletzt wird. Er hat einen durch Art 14 GG geschützten Anspruch auf Erteilung der Baugenehmigung gegenüber der Baugenehmigungsbehörde. Das kann nicht durch eine landesrechtliche Regelung in Frage gestellt werden. Es bleibt vielmehr bei dem Grundsatz, dass die haftungsrechtliche Verantwortlichkeit der Baugenehmigungsbehörde dann begründet ist, wenn sie in eigener Verantwortung über die Baugenehmigung zu befinden hat und die Prüfungskompetenz nicht hinter derjenigen der Gemeinde zurückbleibt (vgl BGHZ 99, 262, 273 f). Dies ist gegeben, wenn die Baugenehmigungsbehörde über die Frage der Ersetzung des gemeindlichen Einvernehmens entscheiden muss und zwar unbeschadet der Frage, ob der Bauwillige einen eigenständigen Rechtsanspruch hierauf hat (BGH NVwZ 2013, 167; BGHZ 187, 51 Rn 18 ff).

Wenn jedoch die Gemeinde die trotz des versagten Einvernehmens erteilte Geneh- **601**
migung ihrerseits mit einem unbegründeten verwaltungsgerichtlichen Rechtsbehelf anficht und dadurch eine Verzögerung eintritt, ist eine unmittelbare Haftung der Gemeinde gegeben. Denn auch der Gebrauch von Rechtsbehelfen zur Durchsetzung amtspflichtwidriger Beschlüsse stellt eine Amtspflichtverletzung dar (BGH 21. 10. 1993 – III ZR 68/92, NVwZ 1994, 825, 826; s auch Rn 144 sowie BGHZ 187, 51 Rn 16). Diese Pflichtverletzung überschreitet den verwaltungsinternen Bereich und die Amtspflicht erlangt die zuvor fehlende drittgerichtete Außenwirkung. Schäden aufgrund einer etwa eingetretenen Verzögerung sind von der Gemeinde zu ersetzen. Für andere Verzögerungsschäden während des Verfahrens zur Einholung des gemeindlichen Einvernehmens sieht der BGH dagegen die haftungsrechtliche Verantwortlichkeit grundsätzlich nicht bei der Gemeinde (BGHZ 187, 51 Rn 16; bestätigt in BGH 21. 10. 2021 – III ZR 166/20, BGHZ 231, 297 Rn 14; **aA** Shirvani Die Verwaltung 2017, 571, 587). Nach § 36 Abs 2 S 2 BauGB gilt das Einvernehmen der Gemeinde als erteilt, wenn es nicht binnen zwei Monaten nach Eingang des Ersuchens der Genehmigungsbehörde oder nach Einreichung des Bauantrags – sofern dieser nach Landesrecht bei der Gemeinde und nicht bei der Genehmigungsbehörde einzureichen sei – verweigert wird. Durch eine Untätigkeit kann die Gemeinde das Verfahren daher nicht mehr verzögern. Die Gemeinde kann durch eine Verweigerung des Einvernehmens das Verfahren – ihr zurechenbar – nur um den Zeitraum verlängern, der bei zügigstem Vorgehen für die Ersetzung (nach vorheriger Anhörung) notwendig ist. Ob in diesem Fall die Versagung des erforderlichen gemeindlichen Einvernehmens ausnahmsweise mittelbare Eingriffswirkung in die Rechtsstellung des Bauwilligen entfaltet, weil diese durch die mögliche Ersetzung hinsichtlich der zwangsläufigen Verzögerung nicht effektiv geschützt werden kann, oder ob der Antragsteller dieses sich aus der gesetzlichen Konzeption des § 36 Abs 2 S 3 BauGB zwingend ergebende Risiko einer Verlängerung der Verfahrensdauer letztlich selbst tragen muss, hat der BGH nunmehr ausdrücklich offengelassen (BGH 21. 10. 2021 – III ZR 166/20, BGHZ 231, 297 Rn 28). Dieser Zeitraum mag überschaubar, kann aber entscheidend sein, wenn ein erheblicher Schaden während der Zeit des – ggf bewussten – Hinauszögerns der Entscheidung über das Einvernehmen durch die Gemeinde eintritt, bevor dieses ersetzt werden kann. Eine solche Fallgestaltung ist zB denkbar, wenn ein Verbrauchermarkt auf einem Grundstück errichtet werden soll und der Betreiber in der Vereinbarung mit dem das Baugesuch stellenden Eigentümer eine Rücktrittsmöglichkeit vorgesehen hat, sollte bis zu einem bestimmten Termin die Baugenehmigung nicht vorliegen. Wenn dieser Bedingungseintritt in die Zeit fällt, in der das gemeindliche Einvernehmen von der Gemeinde verweigert wird und allein zeitlich gesehen von der Baugenehmigungsbehörde noch nicht ersetzt werden konnte, so würde für den aufgrund eines Rücktritts eingetretenen erheblichen Schaden unter Zugrundelegung der Rechtsauffassung des Bundesgerichtshofs eine Haftungslücke entstehen. Die Gemeinde haftete – soweit nicht ein Amtsmissbrauch vorliegt – mangels Verletzung einer drittgerichteten Amtspflicht nicht und die Baugenehmigungsbehörde entweder bereits mangels einer Pflichtverletzung, jedenfalls aber mangels Verschuldens nicht.

Dies wäre mit den Grundgedanken des Art 14 Abs 1 GG nicht zu vereinbaren, da dann die grundrechtlich geschützte Baufreiheit entschädigungslos verletzt wäre.

Für die Beurteilung ist auch die Konstellation in den Blick zu nehmen, die Gegenstand der Entscheidung des Bundesgerichtshofes vom 25. 10. 2012 (NVwZ 2013, 167) war. In dem Fall war das gemeindliche Einvernehmen aufgrund eines von der Baugenehmigungsbehörde als unwirksam erkannten einfachen Bebauungsplans verweigert worden. Die Bauaufsichtsbehörde durfte daher diesen Bebauungsplan nicht anwenden, sondern musste die Gemeinde und die Kommunalaufsicht von ihren Bedenken unterrichten. Das dann folgende Verfahren (s Rn 599) kann uU mehrjährige Verzögerungen mit sich bringen, was erhebliche Schäden entstehen lassen kann. Es erscheint nicht sachgerecht, in solchen Fällen die Gemeinde nicht haften zu lassen. Sie trägt in solchen Fällen allein die Verantwortung für die Verzögerung und den eingetretenen Schaden (vgl auch BeckOGK/Thomas [1. 11. 2025] § 839 Rn 358 f; Singbartl/Wehowski NVwZ 2013, 1525, 1528 f; Shirvani Die Verwaltung 2017, 571, 587). Den Beamten der Baugenehmigungsbehörde ist insoweit kein Verschuldensvorwurf zu machen. Der Geschädigte hätte im Ergebnis den Schaden selbst zu tragen.

d) Auskünfte, Hinweise und Belehrungen in Bausachen

602 Die allgemeine Pflicht eines jeden Amtsträgers, Auskünfte und Belehrungen richtig, klar und unmissverständlich, eindeutig und vollständig zu erteilen, so dass der um sie nachsuchende Bürger als Empfänger der Auskunft entsprechend disponieren kann, gilt auch und gerade für den Bereich des öffentlichen Baurechts (BGHZ 117, 83, 87 f m zahlr wNw; s auch Rn 162 ff; allgemein zur Dogmatik Kümper VerwA 2013, 104).

aa) Nicht anders als bei begünstigenden Bauverwaltungsakten ist maßgebliches haftungsbegründendes und -begrenzendes Kriterium auch bei einer dem Bauherrn günstigen Auskunft das **Vertrauen** in ihre **Verlässlichkeit**. Nur wenn und soweit der auskunftsuchende Bürger auf die Richtigkeit der Auskunft vertrauen durfte, kommt eine haftungsrechtliche Verantwortlichkeit der auskunfterteilenden Behörde in Betracht (BGHZ 117, 83, 86).

603 **(1)** Nächstliegender Ansatzpunkt, die Reichweite dieses Vertrauensschutzes zu ermitteln, ist der Inhalt der Auskunft. Erklärt ein nach der Bebaubarkeit eines im Außenbereich belegenen Grundstücks befragter Bürgermeister, er könne zur Frage der Bebaubarkeit keine endgültige klare Aussage treffen, vielmehr gehe er nur von einer eventuellen Bebaubarkeit des Grundstücks aus und der Bauherr müsse sich hierüber an anderer Stelle, nämlich beim Bauamt, erkundigen, so wird hinreichend deutlich, dass die möglicherweise bestehende Erwartung des Bürgermeisters, das Grundstück werde bebaubar werden, in der Sphäre des rechtlich Unverbindlichen verblieb und dem Bauherrn das Risiko eines Fehlschlags dieser Erwartung gerade nicht abgenommen wurde.

Auch die im Rahmen eines förmlichen Bauvoranfrageverfahrens abgegebene mündliche Erklärung eines Sachbearbeiters, der zuständige Beamte des Bauamtes werde den beantragten Vorbescheid erlassen, begründet kein schutzwürdiges Vertrauen dahin, dass der Vorbescheid entsprechend erlassen werde. Dies gilt auch dann, wenn dem Antragsteller der nicht unterzeichnete Entwurf des Vorbescheides von dem Sachbearbeiter bereits ausgehändigt worden ist. Für den Antragsteller war klar erkennbar, dass die das Bauvoranfrageverfahren abschließende Entscheidung gerade noch nicht ergangen war. Das Schriftstück, das er ausgehändigt erhalten hatte, war nicht der Vorbescheid selbst, sondern lediglich ein – rechtlich völlig unverbindlicher – Entwurf eines solchen. Die zuverlässige Grundlage, die der Antragsteller für seine weiteren Planungen erhalten wollte, konnten ihm durch derartige Mitteilungen, die allenfalls den jeweiligen Stand der behördeninternen Willensbildung offenlegten, nicht verschafft werden. Das Nichtentstehen einer „Verlässlichkeitsgrundlage" ist nicht (erst) eine Frage des mitwirkenden Verschuldens des Antragstellers im Sinne des § 254 BGB, sondern bereits eine solche der objektiven Reichweite des ihm durch das Amtshaftungsrecht gewährten Vermögensschutzes (BGHZ 117, 83, 90 f).

Auch eine „festverbindliche Zusage", dass in direkter Nähe des Grundstücks des Auskunftsuchenden „niemals" eine Querstraße gebaut werde, ist von vornherein nicht geeignet, eine verbindliche Verpflichtung der Gemeinde zu begründen, den Bau der Querstraße für alle Zeiten zu unterlassen. Sie gewährt dem Auskunftsuchenden keinen Schutz dagegen, dass sich die Planungsabsichten der Gemeinde später ändern. Aber auch dann, wenn diese Erklärung als (bloße) Auskunft bewertet würde, ist sie nicht geeignet, ein schutzwürdiges Vertrauen des Auskunftsuchenden dahin zu begründen, für alle Zeiten von dem Straßenbau verschont zu werden, selbst wenn sie den derzeitigen Meinungsstand bei Gemeinderat und Stadtverwaltung richtig wiedergibt. Auch die Formulierungen wie „festverbindliche Zusage" oder „niemals" eine Querstraße zu bauen, können dem Auskunftsuchenden nicht das allgemeine Risiko abnehmen, dass die ursprünglich vorhandenen tatsächlichen Umstände, auf denen seine Erwartung über den zukünftigen Zustand beruhen, sich nachträglich ändern (BGH VersR 1996, 57).

Geht der Eigentümer eines Grundstücks im Falle eines Verkaufs irrigerweise vom drohenden Erlass einer Nutzungsunterlassungsverfügung wegen zu erwartender bauaufsichtsrechtlicher Maßnahmen unter dem Aspekt des Brandschutzes durch die zuständige Kreisverwaltung aus, obwohl das auf dem umstrittenen Grundstück gelegene Wohngebäude Bestandsschutz genießt, so hat er gegen die Kreisverwaltung keinen Amtshaftungsanspruch. Mangels Eingriff in das Eigentumsrecht scheiden auch Ansprüche aus einem enteignungsgleichen Eingriff aus (BGH 22. 11. 2012 – III ZR 30/12, LKRZ 2013, 70).

(2) Hingegen kann die im Rahmen eines Baugenehmigungsverfahrens an den An- **604**
tragsteller gerichtete, schriftliche und vom Amtsleiter unterzeichnete Mitteilung der unteren Bauaufsichtsbehörde, dass „gegen das Bauvorhaben keine planungs- und baurechtlichen Bedenken bestehen", geeignet sein, bei dem Adressaten – aber auch bei einem Dritten, der am Erwerb des Objekts zur Durchführung des Bauvorhabens interessiert ist – ein schutzwürdiges Vertrauen in die Richtigkeit der Auskunft zu begründen, das Grundlage für Vermögensdispositionen sein kann. Von der zuvor erörterten Fallkonstellation unterscheidet sich diese dadurch, dass das Schriftstück nach Anlass, äußerer Gestaltung und Inhalt – unterschrieben vom Amtsleiter – „nach außen" gerichtet ist und der Sache nach eine amtliche Bescheinigung über die bauplanungsrechtliche und die grundsätzliche bauordnungsrechtliche Zulässigkeit des Vorhabens enthielt, die erkennbar den Sinn hatte, den Baubewerbern anstelle eines Vorbescheids eine Grundlage für Vermögensdispositionen – etwa als Dokument bei Bemühungen um eine Veräußerung oder eine Finanzierung des Objekts – an die

Hand zu geben. Darin lag aus der Sicht derer, die Anstalten machten, das Bauvorhaben zu verwirklichen, eine einem Bauvorbescheid jedenfalls annähernd vergleichbare Vertrauensgrundlage (BGH NJW 1994, 2087).

605 Für möglich gehalten hat der BGH ferner die Amtshaftung einer Gemeinde für eine unrichtige mündliche Auskunft über die (künftige) bauliche Nutzbarkeit von Grundstücken nach dem derzeitigen Stand der Bauleitplanung (NJW 1980, 2576). Erst recht kann die ausdrückliche schriftliche unrichtige Erklärung des Bürgermeisters, ein Grundstückserwerber werde für Erschließungskosten nicht herangezogen, eine Haftung begründen (BGH 3. 5. 2001 – III ZR 191/00, NVwZ 2002, 373; s auch BGH NVwZ 2001, 468: sowie auch zur Schadensberechnung BGH 18. 7. 2002 – III ZR 248/01, BGH-Report 2002, 1080).

606 **bb)** Bei Auskünften über die **zukünftige Entwicklung** der Bebaubarkeit von Grundstücken ist zu beachten, dass eine Auskunft sich auf **Tatsachen** bezieht, also auf gegenwärtige Gegebenheiten, mithin auf Umstände, die nicht von einer Willensentschließung abhängen (BGH 23. 5. 1991 – III ZR 75/90, juris Rn 3; BGH NJW 1978, 371). Dies gilt auch dann, wenn die Auskunft als Grundlage für die Beurteilung einer zukünftigen Entwicklung dienen soll. Künftiges Verhalten wurzelt nämlich vielfach in gegenwärtigen Gegebenheiten, nämlich in der bestehenden Absicht, künftig etwas zu tun, und den dazu getroffenen Vorbereitungen. Diese gegenwärtigen Gegebenheiten sind „Tatsachen", die – wie andere Tatsachen auch – Gegenstand einer Auskunft sein können (BGH NJW 1978, 371). Ändern sich die für die Bebaubarkeit maßgeblichen planungsrechtlichen Gegebenheiten nachträglich, so lässt dies allein keinen Rückschluss darauf zu, dass die ursprünglich erteilte zu den späteren Änderungen im Widerspruch stehende Auskunft inhaltlich unrichtig gewesen sei.

Die Erklärung eines städtischen Bediensteten, Nachbargrundstücke des Auskunftsuchenden gehörten dem unbebauten Außenbereich an und die Gemeinde werde auch in Zukunft eine Bebauung nicht zulassen, ist daher inhaltlich richtig, wenn dies im Zeitpunkt der Auskunfterteilung tatsächlich der Meinungsstand bei Verwaltung und Gemeinderat war und Anhaltspunkte dafür, dass sich in absehbarer Zukunft daran etwas ändern werde, nicht vorlagen. Dadurch wird – erkennbar – kein Vertrauen dahin geschaffen, dass dies für alle Zeiten so bleiben werde. Die Möglichkeit, dass der Ortsgesetzgeber seine Planungsabsichten ändern werde, muss in Rechnung gestellt werden, ohne dass es erforderlich wäre, ihm insoweit einen ausdrücklichen Hinweis zu erteilen oder die Auskunft mit einer ausdrücklichen entsprechenden Einschränkung zu versehen (BGH 23. 5. 1991 – III ZR 75/90, juris Rn 4). Gleiches gilt für die – durch eine entsprechende Auskunft enttäuschte – Erwartung, die Ausweisung eines bestimmten Geländes als Wohnbaufläche im Flächennutzungsplan und der Aufstellungsbeschluss für einen entsprechenden Bebauungsplan seien nur noch eine Formsache (BGH 26. 9. 1991 – III ZR 69/90, juris Rn 2).

607 **cc)** Auch in Bausachen gilt der Grundsatz, dass ein haftungsrechtlich schutzwürdiges Vertrauen in eine Auskunft dann nicht in Betracht kommt, wenn der Empfänger die Unzulänglichkeit der Auskunft kennt oder infolge grober Fahrlässigkeit nicht erkennt, wobei Sonderwissen des Adressaten der Auskunft (hier eines Architekten, der ein Bauvorhaben von 22 Einfamilienhäusern verwirklichen will) zu berücksichtigen ist (BGH WM 2002, 2115). Dabei schließt das Fehlen eines haftungsrechtlichen

schutzwürdigen Vertrauens bereits den Tatbestand des § 839 Abs 1 S 1 BGB aus (vgl auch BGH 16. 1. 1997 – III ZR 117/95, BGHZ 134, 268, 293 f).

dd) Eine Vertrauenshaftung der öffentlichen Hand für eine unrichtige Auskunft kann nur für solche **Aufwendungen** in Betracht kommen, die der Auskunft „kongruent" sind. Hält sich der Empfänger dagegen nicht an die in der Auskunft enthaltenen Vorgaben und Hinweise, so handelt er auf eigenes Risiko, das er nicht auf die auskunfterteilende Körperschaft abwälzen kann. Deswegen hat der BGH bei einer unrichtigen planungsrechtlichen Auskunft, in der jedoch ausdrücklich auf das Erfordernis einer Baugenehmigung hingewiesen worden war, eine Haftung für solche Aufwendungen verneint, die die Bauherrin zur Verwirklichung des Vorhabens getätigt hatte, bevor sie im Besitz einer Baugenehmigung war. Ein Bauherr, der ein insgesamt genehmigungsbedürftiges Vorhaben in Angriff nimmt, handelt vor Erteilung der Genehmigung grundsätzlich auch bei solchen Maßnahmen auf eigenes Risiko, die – isoliert betrachtet – nicht genehmigungsbedürftig gewesen wären (BGH NVwZ 2003, 376, 377; s auch Rn 581). 608

Der **Schutzzweck** der Amtspflichten, eine erteilte Baugenehmigung nicht zu Unrecht zurückzunehmen, korrespondiert als belastender Verwaltungsakt mit der Reichweite des Vertrauens, den die zurückgenommene Genehmigung für den Bauherrn begründet hat. Der Umstand, dass die als Schaden geltend gemachte Belastung mit einer Verbindlichkeit gegenüber einem Dritten ihre Grundlage in einer von den dispositiven Normen des Werkvertragsrechts (§§ 631 ff BGB, insbesondere §§ 642 ff BGB) abweichenden Vereinbarung findet, rechtfertigt es für sich allein nicht, sie nicht mehr als von der Vertrauensgrundlage der Baugenehmigung umfasst anzusehen. Der Schutzzweck der Amtspflichten der für die Erteilung und die Rücknahme einer Baugenehmigung zuständigen Behörde ist nicht darauf begrenzt, dass nur solche Aufwendungen zu berücksichtigen sind, die der Erfüllung allein unmittelbar aus dem Gesetz abzuleitender Forderungen gegen den Bauherrn als Geschädigten dienen. Hierbei ist in den Blick zu nehmen, dass die Parteien eines Schuldverhältnisses bis auf die Grenzen zwingender Vorschriften in großem Umfang den beiderseitigen Interessen bei der Vertragsdurchführung Rechnung tragen können, in dem sie gerade in Abweichung von der gesetzlichen Regelung Ansprüche zwischen ihnen begründen oder ausschließen. Deshalb ist ausgehend von der Vertrauensgrundlage, die durch die später rechtswidrig aufgehobene Baugenehmigung begründet wird, in den Mittelpunkt zu rücken, ob die vom Geschädigten eingegangene Verpflichtung unmittelbar mit der Durchführung der beabsichtigten Baumaßnahme verbunden ist; ist dies zu bejahen, so ist der zur Erfüllung dieser Forderung aufgewendete Betrag grundsätzlich ersatzfähig. In Abgrenzung dazu sind insbesondere solche Forderungen aus Vereinbarungen nicht mehr vom Schutzzweck der Amtspflichten der Behörde umfasst, die mit Blick auf die bezüglich des konkreten Bauvorhabens bestehende Interessenlage der Vertragspartner nicht mehr nachvollziehbar sind, etwa weil sie der Kompensation von Nachteilen dienen, die bei anderen Bauvorhaben der Vertragsparteien entstanden sind. Allgemein kann gesagt werden, dass sich die schadensersatzpflichtige Körperschaft solche „schadensursächlichen" Vertragsabsprachen nicht entgegenhalten lassen muss, auf die sich ein wirtschaftlich denkender Vertragspartner auch unter Berücksichtigung der Interessen der Gegenseite nicht einlassen würde. Ebenfalls sind solche Forderungen ausgeschlossen, die im Hinblick auf eine – als möglich erkannte – Amtspflichtverletzung begründet wurden, um für diesen Fall eine möglichst hohe Schadensersatzforderung geltend machen zu können (BGH NJW 2009, 1207 Rn 13 f).

609 **ee)** Eine **Hinweispflicht** des Bauaufsichtsamts auf die Erlöschensfrist einer Baugenehmigung (zB Art 69 Abs 1 BayBO; § 75 Abs 1 BauO NRW; § 73 Abs 1 HmbBauO) besteht nicht. Jeder Bauherr muss wissen, dass die Nichtausnutzung der Baugenehmigung zu deren Erlöschen führen kann (BGH 22. 12. 1992 – III ZR 96/91, juris Rn 4). Ebenso wenig ist es Aufgabe der Bauverwaltung, ein im Rahmen des § 34 BauGB nicht genehmigungsfähiges Bauvorhaben so weitgehend umzuplanen, dass daraus ein völlig anderes, jedoch genehmigungsfähiges Vorhaben wird (BGH 26. 3. 1997 – III ZR 114/96, juris Rn 6). Ob eine allgemeine Pflicht besteht, den Bauherrn unverzüglich von einem Nachbarwiderspruch zu unterrichten, hat der BGH offengelassen; allerdings kann sich eine Unterrichtungspflicht aus einer Fürsorgepflicht ergeben, so wenn eine Baugenehmigung das Ergebnis eines mehrjährigen Abstimmungsprozesses ist und daher den zuständigen Amtsträgern klar sein muss, dass diese Baugenehmigung die Verlässlichkeitsgrundlage für kostspielige Aufwendungen bilden konnte, die der Verwirklichung des Vorhabens dienten (BGH 9. 10. 2003 – III ZR 414/02, NVwZ 2004, 638). Ebenso müssen die Bediensteten einer kreisfreien Stadt den Inhaber einer Baugenehmigung für ein in einem potenziellen Planungsgebiet gelegenes Grundstück auf den drohenden Eintritt einer Veränderungssperre gemäß § 9a Abs 3 S 6 iVm Abs 1 FStrG hinweisen, wenn die Stadt nach § 9a Abs 3 S 2 FStrG gehört wird und mit der Baumaßnahme noch nicht begonnen worden ist (BGH VersR 2006, 76).

Ebenfalls bejaht wurde die Haftung in einem Fall, in dem die Gemeinde, nachdem ihr die durch den Formfehler verursachte Nichtigkeit eines Bebauungsplans bekannt geworden war, es versäumt hatte, diesen Mangel gegenüber einem eine Auskunft begehrenden Bürger offenzulegen. Der zuständige Bedienstete hatte „ohne jedes Wenn und Aber" die Auskunft erteilt, der Bebauungsplan sei in Ordnung und die Bebaubarkeit sei gegeben. Die Gemeinde hatte ihre Pflicht verletzt, dafür zu sorgen, dass ihre Bediensteten, für deren Tätigkeit dies für Bedeutung sein konnte, auf Bedenken gegen die Gültigkeit des Bebauungsplans hingewiesen und mit den erforderlichen Anweisungen versehen wurden. Die hierfür notwendigen organisatorischen Maßnahmen hatte sie nicht getroffen. Dieses Unterlassen begründete – unabhängig vom individuellen Verschulden des die Auskunft erteilenden Bediensteten – einen **schuldhaften Organisationsmangel**, für den die Gemeinde aus dem Gesichtspunkt der Amtshaftung einzustehen hatte (BGH 25. 11. 1991 – III ZR 190/90, juris Rn 6 sowie BGH 11. 5. 1989 – III ZR 88/87, NJW 1990, 245, 246 f [beide Revisionsentscheidungen betreffen denselben Rechtsstreit]).

610 **ff)** Leitet der Kläger einen Amtshaftungsanspruch daraus her, dass die Rücknahme eines ihm erteilten Bauvorbescheides rechtswidrig sei, so muss das Gericht, das die Rücknahme für rechtmäßig hält, weil der erteilte Vorbescheid rechtswidrig gewesen sei, auch prüfen, ob der Amtshaftungsanspruch sich aus dem Erlass des Vorbescheides herleiten lässt. Die Frage, ob der Bauvorbescheid selbst oder aber seine Rücknahme rechtswidrig war und deshalb eine Amtspflichtverletzung darstellte, ist lediglich eine solche der rechtlichen Würdigung des gesamten Lebenssachverhalts und betrifft daher nur einen einheitlichen **Streitgegenstand**. Deshalb darf das Gericht sich nicht darauf beschränken, eine in der Rücknahme des Bauvorbescheides liegende Amtspflichtverletzung mangels Rechtswidrigkeit zu verneinen. Es muss auch prü-

fen, ob in der Erteilung des Bauvorbescheides eine schuldhafte Amtspflichtverletzung zu sehen ist (BGH 30. 11. 2006 – III ZR 352/04, BGHZ 170, 99 Rn 15).

Die gleichen Grundsätze gelten, wenn der Kläger einen Amtshaftungsanspruch darauf stützt, dass sein Bauvorhaben trotz einer erteilten Baugenehmigung stillgelegt worden ist. Das Gericht, das die Stilllegung für rechtmäßig hält, weil die erteilte Baugenehmigung rechtswidrig gewesen sei, muss auch prüfen, ob der Amtshaftungsanspruch sich aus dem Erlass der Baugenehmigung herleiten lässt (BGH BauR 2001, 1570). Wird ein Amtshaftungsanspruch wegen rechtswidriger Verzögerung einer Baugenehmigung darauf gestützt, dass eine Veränderungssperre, auf der diese Verzögerung beruht, unwirksam sei, so hat das Amtshaftungsgericht, das die Sperre für wirksam hält, zu prüfen, ob der Anspruch sich (teilweise) daraus herleiten lässt, dass die zeitliche Geltungsdauer der Sperre nicht beachtet worden ist (BGHZ 170, 99, 104).

2. Öffentliches Gesundheitswesen

a) Allgemeine Grundsätze

Wegen der Abgrenzung von Amtshaftung, (persönlicher) Beamtenhaftung und allgemeiner Deliktshaftung im Bereich des Arztrechts wird auf die Darstellung bei Staudinger/Gutmann (2021) § 630a Rn 21 ff sowie Staudinger/J Hager (2021) § 823 Rn I 4 f verwiesen. **611**

Die Heilbehandlung von Kranken, auch in Krankenhäusern in öffentlich-rechtlicher Trägerschaft, ist regelmäßig nicht Ausübung eines öffentlichen Amtes im Sinne von Art 34 GG (BGH 9. 10. 2025 – III ZR 180/24, NJW 2025, 3788 Rn 16; BGH 30. 7. 2024 – VI ZR 115/22, NJW-RR 2025, 19 Rn 11; BGH NJW 2017, 1745 Rn 10; BGHZ 213, 120 Rn 8), und zwar selbst dann, wenn die Einweisung in ein Krankenhaus auf Vorgängen des öffentlichen Rechts beruht (st Rspr; BGHZ 108, 230, 233 mwNw) oder wenn der Patient im Staatsdienst beschäftigt ist (BGH NJW-RR 2014, 1051). Auch die ärztliche Behandlung nach einem Arbeitsunfall stellt keine der Berufsgenossenschaft obliegende Aufgabe dar (BGH 30. 7. 2024 – VI ZR 115/22, NJW-RR 2025, 19 Rn 11). Der Kranke tritt dann in ein öffentlich-rechtliches Verhältnis zu der betreffenden Körperschaft, aus dem diese bei fehlerhafter Behandlung durch den Arzt entsprechend §§ 278 oder 31, 89, 831 BGB und nicht nach Staatshaftungsgrundsätzen haftet (BGHZ 63, 265, 270; 59, 310, 313; 9, 145; 4, 138, 152). Auch die ärztliche Behandlung des Kassenpatienten beruht ungeachtet der öffentlich-rechtlichen Beziehung des Versicherten zum Träger der gesetzlichen Krankenversicherung auf einem privatrechtlichen Behandlungsvertrag mit dem Arzt (BGHZ 108, 230, 233; BGH VersR 1961, 225, 226).

Im **stationären** Bereich haftet der im staatsrechtlichen Sinne **beamtete** Krankenhausarzt, sogar wenn er selbst liquidationsberechtigt ist, für Behandlungsfehler **persönlich** deliktisch nur nach § 839 BGB (BGHZ 120, 376, 380). Für ihn gilt daher bei Fahrlässigkeit das Verweisungsprivileg des § 839 Abs 1 S 2 BGB; als anderweitige Ersatzmöglichkeit kommt die Inanspruchnahme des Krankenhausträgers nach §§ 31, 89, 823 BGB sowie aus Vertrag in Betracht (BGHZ 85, 393, 395 f; s auch Rn 289). Ein im medizinischen Bereich völlig weisungsfrei arbeitender Chefarzt ist haftungsrechtlich stets als verfassungsmäßig berufener Vertreter (§§ 31, 89 BGB) der das Krankenhaus tragenden Körperschaft anzusehen (BGHZ 77, 74, 79). Eine **ambulante** Behandlung von Privatpatienten durch einen beamteten Arzt gehört dagegen nicht zu dessen Dienstaufgaben, auch wenn sie innerhalb des Krankenhauses erfolgt. Der Arzt haftet also für Schäden aus dabei begangenen Behandlungsfehlern nicht nach § 839 BGB und kann sich nicht auf das Privileg des § 839 Abs 1 S 2 BGB berufen (BGHZ 120, 376, 381, 385). Die ambulante Behandlung von Privatpatienten ist nämlich eine Nebentätigkeit, die außerhalb der Amtspflichten des beamteten Krankenhausarztes stattfindet. Zieht ein solcher Arzt indessen beamtete nachgeordnete Ärzte im Rahmen seiner Weisungsbefugnis und ihrer Dienstaufgaben zu einer solchen ambulanten Behandlung hinzu, so üben diese **keine** Nebentätigkeit aus, wenn sie dabei mitwirken. Ihre Eigenhaftung beurteilt sich daher nach § 839 BGB mit Geltung des Verweisungsprivilegs (BGHZ 120, 376, 386). Bei Kassenpatienten besteht nach §§ 39, 115a, 115b SGB V auch eine Zuständigkeit des Krankenhauses für ambulante Versorgung. Deshalb kann der beamtete selbstliquidierende Arzt insoweit auch im Rahmen seiner Dienstpflichten tätig werden (Staudinger/J Hager [2021] § 823 Rn I 4, 5 mwNw). Auch die deliktische Haftung des beamteten Arztes gegenüber den Kassenpatienten einer vom Krankenhaus getragenen Institutsambulanz beurteilt sich nach § 839 BGB (BGHZ 120, 376, 385; Staudinger/J Hager [2021] § 823 Rn I 4, 5).

b) Amtshaftung im öffentlichen Gesundheitswesen

612 Die Amtshaftung (§ 839 BGB iVm Art 34 GG) tritt dagegen ein, wenn die ärztliche Maßnahme sich als hoheitliche Zwangsbehandlung darstellt oder der Arzt eine dem Hoheitsträger selbst obliegende Aufgabe erledigt und ihm insoweit ein öffentliches Amt anvertraut ist (BGH NJW-RR 2014, 1051).

aa) Hoheitliche Zwangsbehandlung liegt bei der zwangsweisen **Unterbringung** in der geschlossenen Abteilung eines psychiatrischen Landeskrankenhauses vor (BGH 22. 11. 2012 – III ZR 150/12, NVwZ 2013, 454 Rn 13 mwNw); der BGH hat wegen der öffentlich-rechtlichen Organisation einer derartigen Anstalt auch deren Beziehungen zu einem freiwillig dort untergebrachten Patienten als Ausübung eines öffentlichen Amtes angesehen (BGH NJW 2008, 1444; BGHZ 38, 49). Eine Amtshaftung kommt auch in Betracht wegen mangelhafter Sicherungseinrichtungen eines Landeskrankenhauses (BGH 9. 4. 1987 – III ZR 171/86, VersR 1987, 985) oder der Verletzung von Sorgfaltspflichten gegenüber suizidgefährdeten Patienten in einem psychiatrischen Krankenhaus (BGH NJW 2014, 539; 1994, 794), hinsichtlich nachteiliger Vermögensdispositionen, die der Betroffene aufgrund eines im Unterbringungsverfahren erstatteten unrichtigen psychiatrischen Gutachtens vorgenommen hat (BGH NJW 1995, 2412), oder für einen Behandlungsfehler bei einem aufgrund eigenen Einverständnisses und dem seines Betreuers in einer geschlossenen Abteilung eines psychiatrischen Landeskrankenhauses befindlichen Patienten (BGH NJW 2008, 1444).

613 **bb)** Die unmittelbare Ausübung eines übertragenen öffentlichen Amtes ist insbesondere bei Amtsärzten der **Gesundheitsämter** zu bejahen (zahlreiche Einzelbeispiele bei Kreft Rn 343). Insbesondere die Durchführung von freiwilligen Schutzimpfungen durch Gesundheitsämter ist Ausübung eines anvertrauten Amtes, auch wenn sie durch nichtbeamtete Ärzte erfolgt (BGH NJW 1990, 2311). Auch hier gilt, dass eine ohne zureichende Risikoaufklärung vorgenommene Impfung rechtswidrig – und damit amtspflichtwidrig – ist (BGH NJW 1990, 2311). In den Schutzbereich können auch Kontaktpersonen des Impflings einbezogen sein (BGHZ 126, 386). Aus den Ermittlungspflichten des Arztes des Gesundheitsamts, gegenüber dem der Verdacht auf eine Impfschädigung geäußert wird, kann sich eine Amtspflicht zur Belehrung ergeben, dass es zur Anerkennung eines Impfschadens einer hierauf gerichteten Antragstellung bedarf (BGH NVwZ-RR 2000, 746). Dagegen bezwecken die Amtspflichten eines Amtsarztes, der die körperliche und geistige Eignung eines Bewerbers für die Erteilung oder Verlängerung einer Fahrerlaubnis zur Fahrgastbeförderung überprüft (§§ 15e, 15 f StVZO aF), allein den Schutz und die Sicherheit der beförderten Fahrgäste, nehmen aber dem zu Untersuchenden nicht die selbstverantwortliche Vor- und Fürsorge für die eigene Gesundheit ab (BGH NJW 1994, 2415).

cc) Die ärztliche Behandlung eines **Soldaten** in einem Sanitätszentrum der Bundeswehr ist grundsätzlich Wahrnehmung einer hoheitlichen Aufgabe und damit Ausübung eines öffentlichen Amtes im Sinne des Art 34 GG (BGHZ 187, 194 Rn 17; 120, 176; BGH NJW 1992, 744; BGHZ 108, 230); dies gilt auch für die Behandlung eines Soldaten, die im Auftrag der Bundeswehr durch Ärzte eines zivilen Krankenhauses durchgeführt wird (BGH 29. 2. 1996 – III ZR 238/94, NJW 1996, 2431). Amtshaftungsansprüche, die wegen einer dabei erlittenen Gesundheitsschädigung geltend gemacht werden, sind nach Maßgabe des § 91a SVG beschränkt. Diese Beschränkung kann sogar zum vollständigen Wegfall des Anspruchs führen (BGHZ 130, 176). Die Amtspflicht des Musterungsarztes, einen korrekten ärztlichen Untersuchungsbefund über die Tauglichkeit eines Wehrpflichtigen zu erheben, hat nicht den Schutzzweck, den nicht Wehrdienstfähigen davor zu bewahren, durch den Wehrdienst Zeit für Ausbildung und Beruf zu verlieren (BGHZ 65, 197; bestätigt durch das BVerfG, mitgeteilt bei Kreft Rn 246). Die ärztliche Behandlung von Zivildienstleistenden durch Vertragsärzte und Krankenhäuser mit Kassenzulassung im Rahmen der gesetzlichen Heilfürsorge erfolgt nicht in Ausübung eines öffentlichen Amtes (BGHZ 187, 194, 198). 614

Auch ein niedergelassener Arzt kann bei der Vornahme von Impfungen hoheitlich tätig sein (BGH 9. 10. 2025 – III ZR 180/24, NJW 2025, 3788). Dabei hat der BGH maßgeblich darauf abgestellt, dass bis zum 7. 4. 2023 unter Geltung der jeweiligen Fassung der Verordnung zum Anspruch auf Schutzimpfung gegen das Coronavirus SARS-CoV-2 (Coronavirus-Impfverordnung – CoronaImpfV) ein vom Krankenversicherungsstatus unabhängiger öffentlich-rechtlicher Anspruch auf Schutzimpfung gegen das Coronavirus bestand, der ein wesentlicher Bestandteil der staatlichen „Corona-Impfkampagne" war, nicht zwischen zweifellos hoheitlich tätigen Ärzten und Impfzentren einerseits und niedergelassenen Ärzten unterschieden wurde, (auch) den privaten Leistungserbringern nur ein stark eingeschränkter Entscheidungsspielraum zustand, wie der Anspruch auf Schutzimpfung zu erfüllen war, und der Impfanspruch jedenfalls im Hinblick auf vom Impfstatus bestehende Zugangs- und Kontaktverbote sowie Testnachweispflichten zeitweise einen engen Bezug zur Eingriffsverwaltung aufwies. 615

dd) Der **Durchgangsarzt** eines Unfallversicherungsträgers übt bei der ihm obliegenden Entscheidung, ob für die nach einem Arbeitsunfall dem Verletzten vom Unfallversicherungsträger zu gewährende Heilbehandlung die allgemeine Heilbehandlung ausreicht oder ob eine besondere Heilbehandlung zu erbringen und von wem diese durchzuführen ist, eine öffentlich-rechtliche Funktion aus (BGH 30. 7. 2024 – VI ZR 115/22, NJW-RR 2025, 19 Rn 12; BGH NJW 2017, 1745; BGHZ 213, 120 Rn 8; BGH NVwZ-RR 2010, 485 Rn 9; BGHZ 179, 115 Rn 17 mwNw). Auch die vom Durchgangsarzt im Rahmen der Eingangsuntersuchung vorgenommenen Untersuchungen zur Diagnosestellung und die anschließende Diagnosestellung sind Ausübung eines öffentlichen Amtes mit der 616

Folge, dass die Unfallversicherungsträger für etwaige Fehler in diesem Bereich haften (BGH 30. 7. 2024 – VI ZR 115/22, NJW-RR 2025, 19 Rn 13; BGH NJW 2017, 1745; BGHZ 213, 120 unter Aufgabe insoweit von BGHZ 63, 265, 273 f). Das gilt auch für die Erstversorgung (BGH 30. 7. 2024 – VI ZR 115/22, NJW-RR 2025, 19 Rn 13). Wegen des regelmäßig gegebenen inneren Zusammenhangs der Diagnosestellung und der sie vorbereitenden Maßnahmen mit der Entscheidung über die richtige Heilbehandlung sind jene Maßnahmen ebenfalls der öffentlich-rechtlichen Aufgabe des Durchgangsarztes zuzuordnen mit der Folge, dass die Unfallversicherungsträger für etwaige Fehler in diesem Bereich haften (BGHZ 213, 120). Gleiches gilt für die Überwachung des Heilungsverlaufs im Rahmen einer Nachschau, sofern sich der Durchgangsarzt dabei auf die Prüfung der Frage beschränkt, ob die bei der Erstvorstellung des Verletzten getroffene Entscheidung zugunsten einer allgemeinen Heilbehandlung aufrechtzuerhalten oder der Verletzte in die besondere Heilbehandlung zu überweisen ist (BGH 30. 7. 2024 – VI ZR 115/22, NJW-RR 2025, 19 Rn 12; BGH NJW 2017, 1745 Rn 11; kritisch hierzu und zu Abgrenzungsfragen Kampen GuP 2020, 180). Nimmt er die Heilbehandlung des Verletzten in die eigenen Hände, so wird zwischen ihm und dem Patienten ein zivilrechtliches Behandlungsverhältnis begründet (BGHZ 126, 297, 300 f; 63, 265, 270 ff). Die ärztliche Behandlung nach einem Arbeitsunfall ist keine der Berufsgenossenschaft obliegende Aufgabe und damit nicht hoheitlich (BGH 30. 7. 2024 – VI ZR 115/22, NJW-RR 2025, 19 Rn 11; BGHZ 213, 120 Rn 8; 179, 115 Rn 17; 126, 297, 301; 63, 265, 271 f). Der BGH hat offengelassen, ob ein vom Durchgangsarzt hinzugezogener anderer Arzt in Ausübung eines öffentlichen Amtes handelt, wenn er in dem Bereich der Tätigkeit des hinzuziehenden Durchgangsarztes handelt, der hoheitlicher Natur ist (BGH 10. 3. 2020 – VI ZR 281/19, NJW-RR 2020, 790 Rn 20 f). dürfte aber im Hinblick darauf, dass für die Abgrenzung die Funktion entscheidend ist (Rn 61), zu bejahen sein.

617 **ee)** Der bei einem medizinischen Dienst der Krankenversicherung angestellte Arzt, der gegenüber einer Krankenkasse eine Stellungnahme nach § 275 SGB V abgibt, handelt unabhängig davon, ob sein Arbeitgeber öffentlich- oder privatrechtlich organisiert ist, in Ausübung eines öffentlichen Amts (BGH VersR 2006, 1684).

c) Rettungs-, Notarzt- und Notfalldienst

618 **aa)** Der **Rettungsdienst** ist in den einzelnen Bundesländern unterschiedlich geregelt. Beispielsweise ist er in **Bayern** (BGHZ 120, 184, 187; BayObLGZ 2003, 129; Schlick, in: FS Müller [2009] Rn 283), **Hessen** (BGH NVwZ-RR 2010, 502), **Sachsen** (BGH NVwZ-RR 2019, 245), **Thüringen** (BGH 12. 1. 2017 – III ZR 312/16, BGHZ 213, 270 Rn 9 f), **Mecklenburg-Vorpommern** (BGH 15. 5. 2025 – III ZR 417/23, NJW 2025, 2689 Rn 17) sowie **Schleswig-Holstein** (BGH 15. 5. 2025 – III ZR 417/23, NJW 2025, 2689 Rn 30) öffentlich-rechtlich organisiert. Dort stellt sich das Führen eines Rettungswagens im rettungsdienstlichen Einsatz als Ausübung eines öffentlichen Amtes im Sinne des Art 34 S 1 GG dar. Das gilt auch dann, wenn der Kraftfahrzeugführer dem Träger des Rettungsdienstes von einer freiwilligen Hilfsorganisation, etwa dem Deutschen Roten Kreuz oder dem Malteser Hilfsdienst, zur Verfügung gestellt worden ist. Daher kommt bei Pflichtverletzungen, die von Rettungssanitätern oder -fahrern im Rahmen dieser Einsätze begangen werden, etwa bei schuldhaft verspätetem Eintreffen beim Notfallpatienten oder bei Verursachung eines Verkehrsunfalls auf der Rettungsfahrt, eine Amtshaftung der für den Rettungsdienst zuständigen kommunalen Körperschaft in Betracht (BGH 26. 3. 1997 – III ZR 295/96, NJW 1997, 2109, 2110; BGH 21. 3. 1991 – III ZR 77/90, NJW 1991, 2954; Schlick in: FS Müller [2009] Rn 283). In **Nordrhein-Westfalen** war der Rettungs-

dienst nach dem Rettungsgesetz NRW vom 26. 11. 1974 hoheitlich organisiert (BGH 26. 3. 1997 – III ZR 295/96, NJW 1997, 2109, 2110; BGH 21. 3. 1991 – III ZR 77/90, NJW 1991, 2954). Nach dem Rettungsgesetz vom 24. 11. 1992 zuletzt geändert durch Gesetz vom 17. 12. 2015 ist der Rettungsdienst allerdings neu konzipiert worden. Danach ist der Rettungsdienst zwar grundsätzlich weiterhin hoheitlich organisiert. Es können aber auch Unternehmer mit Genehmigung der Kreisordnungsbehörde Aufgaben der Notfallrettung oder des Krankentransports übernehmen, ohne am Rettungsdienst nach §§ 6–16 RettG NRW beteiligt zu sein. Diese üben – jedenfalls im Bereich des Krankentransports als Daseinsvorsorge/Leistungsverwaltung – kein öffentliches Amt aus (BGH 15. 1. 2009 – I ZR 141/06, GRUR 2009, 881 Rn 10). In **Baden-Württemberg** lag der Rettungsdienst grundsätzlich in Händen nichtstaatlicher, privatrechtlich organisierter Leistungsträger. Eine Amtshaftung kam daher nur insoweit in Betracht, als die bedarfsgerechte Versorgung der Bevölkerung mit leistungsfähigen Einrichtungen des Rettungsdienstes sicherzustellen war, da dies eine Pflichtaufgabe der Land- und Stadtkreise war (BGH 4. 6. 1992 – III ZR 93/91, BGHZ 118, 304, 306). Für das ab dem 1. 8. 1998 geltende RettungsdienstG BW hat der BGH offengelassen, ob diese Einordnung weiterhin Bestand hatte, und jedenfalls die Tätigkeit der Rettungsleitstelle bei der Lenkung der Einsätze des Rettungsdienstes als öffentlich-rechtlich qualifiziert (BGH 25. 9. 2007 – KZR 48/05, NVwZ-RR 2008, 79 Rn 7 zu § 6 RDG BW aF). Inzwischen gilt dort das Rettungsdienstgesetz vom 25. 7. 2024, das wiederum zahlreiche Neuerungen enthält. Dabei ist in § 29 Abs 4 RDG BW die Möglichkeit vorgesehen, als Unternehmer mit entsprechender Genehmigung Krankentransporte im eigenen Namen, auf eigene Verantwortung und auf eigene Rechnung, also privatrechtlich, durchzuführen. Soweit dies nicht einschlägig ist, dürfte der Rettungsdienst dagegen nunmehr als hoheitliche Tätigkeit zu qualifizieren sein.

Wird eine Pflichtverletzung von einem im Rettungsdienst eingesetzten Zivildienstleistenden begangen, tritt ausnahmslos eine Amtshaftung der Bundesrepublik Deutschland ein, gleichgültig in welcher Organisationsform der Rettungsdienst betrieben wird (BGH NVwZ 2001, 835; 2000, 963; BGH NJW 1997, 2109; BGHZ 118, 304; kritisch hierzu MünchKommBGB/Papier/Shirvani § 839 Rn 227 mwNw; s auch Rn 795).

Zu **Beweisfragen** bei Verletzung von Amtspflichten in Bezug auf einen Rettungsdiensteinsatz s Rn 417 f. Bei Pflichtverletzungen verschiedener Träger des Rettungsdienstes gilt hinsichtlich der Schadensursächlichkeit die Verursachungsvermutung nach § 830 Abs 1 S 2 BGB (BGH 15. 5. 2025 – III ZR 417/23, NJW 2025, 2689 Rn 50).

Ehrenamtliche Rettungshelfer dürften – auch in Ländern, in denen der Rettungsdienst hoheitlich ausgestaltet ist – selbst nicht hoheitlich tätig werden (Retzbach GuP 2023, 108, 110).

bb) Von dem „Rettungsdienst" ist der **„Notarztdienst"** begrifflich und rechtlich zu **619**
unterscheiden (Lippert NJW 1982, 2089, 2090). Bis zum Inkrafttreten des Zweiten GKV-Neuordnungsgesetzes vom 23. 6. 1997 (BGBl I 1520) hatte der BGH die Haftung für notärztliche Kunstfehler bundeseinheitlich wie folgt beurteilt, ohne Rücksicht darauf, ob der Rettungsdienst nach dem jeweiligen Landesrecht öffentlich-rechtlich oder privatrechtlich organisiert war: Die ärztliche Behandlung des Notfallpatienten, auch dann, wenn es sich um einen Kassenpatienten handelte, der in öffentlich-rechtlicher Beziehung zum Träger der gesetzlichen Krankenversicherung stand, beruhte auf

einem privatrechtlichen Rechtsverhältnis, sei es mit dem behandelnden Arzt selbst, sei es mit dem Träger des Krankenhauses, in dessen Dienst dieser stand. Grundlage dieses Rechtsverhältnisses war entweder – bei ansprechbaren Notfallpatienten – ein Behandlungsvertrag oder – bei bewusstlosen Notfallpatienten – die Geschäftsführung ohne Auftrag (BGH 26. 10. 1989 – III ZR 99/88, juris Rn 5; Lippert NJW 1982, 2092/2093). Diese Rechtsprechung hat der BGH nach Schaffung des SGB V aufgegeben und nunmehr judiziert, dass die Frage, ob Amtshaftung oder allgemeine Deliktshaftung eintritt, allein danach zu beantworten ist, ob das jeweilige Land den Rettungsdienst im Allgemeinen öffentlich-rechtlich oder privatrechtlich organisiert hat (BGH 16. 9. 2004 – III ZR 346/03, BGHZ 160, 216; BGH 9. 1. 2003 – III ZR 217/01, BGHZ 153, 268, 278 f zur entsprechenden Regelung in § 75 Abs 1 S 2 SGB V aF).

620 § 75 Abs 1b SGB V (§ 75 Abs 1 S 2 SGB V aF) bestimmt, dass die Sicherstellung der vertragsärztlichen Versorgung auch die Versorgung zu den sprechstundenfreien Zeiten (Notdienst), nicht jedoch die notärztliche Versorgung im Rahmen des Rettungsdienstes umfasst, es sei denn, Landesrecht bestimmt etwas anderes. Grund dieser Gesetzesänderung war die Erkenntnis, dass die notärztliche Versorgung im Rahmen des Rettungsdienstes keine typischerweise vertragsärztliche Aufgabe ist, sondern diese Leistungen vorrangig als Teil des durch Landesrecht geregelten Rettungsdienstes anzusehen sind (BT-Drucks 13/7264, 63 und 13/6578). Insofern ist hinsichtlich der **Passivlegitimation** entscheidend, ob der Kassenärztlichen Vereinigung (bzw einem anderen Träger) lediglich die „Sicherstellung“ oder insgesamt die „Aufgabe“ der notärztlichen Versorgung übertragen ist. Im ersten Fall haften für Fehler des Notarztes bei einem Rettungseinsatz die Rettungszweckverbände bzw die Landkreise und Kreisfreien Städte, die sich zu einem Rettungszweckverband zusammengeschlossen haben (BGH 15. 11. 2018 – III ZR 69/17, NVwZ-RR 2019, 245 Rn 31 für Sachsen; BGH 16. 9. 2004 – III ZR 346/03, BGHZ 160, 216, 228 f für Bayern). Weiter fortgeführt hat der BGH diese Rechtsprechung für Thüringen. Für Fehler des Notarztes bei einem Rettungseinsatz haftet dort die Kassenärztliche Vereinigung Thüringen (BGHZ 213, 270 Rn 15 ff).

621 **cc)** Der BGH hat zum früheren Recht entschieden, dass die Amtspflicht einer in der Rechtsform einer Körperschaft des öffentlichen Rechts bestehenden Kassenärztlichen Vereinigung, aufgrund ihres Sicherstellungsauftrages die zum Einsatz mit Notarztwagen im Rahmen des – öffentlich-rechtlich organisierten – Rettungsdienstes erforderlichen Notärzte zur Verfügung zu stellen, auch dem Individualinteresse des einzelnen, durch einen rettungsdienstlichen Notfall betroffenen Versicherten dient. Diesem können daher Amtshaftungsansprüche gegen die Kassenärztliche Vereinigung zustehen, wenn jene durch einen schuldhaften Organisationsmangel ein verspätetes Eintreffen des Notarztes am Unfallort verursacht hat (BGHZ 120, 184). Diese Rechtsprechung ist durch das Zweite GKV-Neuordnungsgesetz (Rn 619) für diejenigen Bundesländer überholt, die von der „Rückgabeklausel“ keinen Gebrauch gemacht haben, wo es also dabei verbleibt, dass die Sicherstellung des Rettungsdienstes aus dem Pflichtenkatalog des Sicherstellungsauftrages der Kassenärztlichen Vereinigungen ausgenommen wird. Macht der Landesgesetzgeber dagegen von der ihm durch § 75 Abs 1b S 1 SGB V nF eröffneten Möglichkeit Gebrauch, die notärztliche Versorgung im Rettungsdienst (wieder) zum Gegenstand der vertragsärztlichen Versorgung zu machen, so hat dies die Folge, dass diese Versorgung wie bisher vom Sicherstellungsauftrag der Kassenärztlichen Vereinigung erfasst wird und es insoweit bei den in BGHZ 120, 184 aufgestellten Haftungsgrundsätzen verbleibt (BGHZ 153, 268, 278).

dd) Wird der Notarzt selbst bei einem rettungsdienstlichen Notarzteinsatz durch Verschulden eines hoheitlich handelnden Rettungssanitäters verletzt, etwa durch einen von diesem auf der Rettungsfahrt verursachten Verkehrsunfall, so können ihm Amtshaftungsansprüche gegen die zuständige kommunale Körperschaft zustehen. Dies gilt uneingeschränkt bei frei praktizierenden Ärzten (BGH 21. 3. 1991 – III ZR 77/90, NJW 1991, 2954). Bei angestellten Krankenhausärzten, die nach § 2 Abs 1 Nr 1 SGB VII unfallversichert sind, kann ein Haftungsausschluss nach §§ 104 ff SGB VII (früher §§ 636, 637 RVO) stattfinden (BGH 14. 7. 1987 – III ZR 183/86, juris Rn 7 ff noch zu § 637 RVO). 622

ee) Der allgemeine (kassen-)ärztliche **Notfalldienst** stellt im Rahmen des durch die Kassenärztlichen Vereinigungen und die Ärztekammern organisierten ambulanten Notfall- und Bereitschaftsdienstes die ambulante ärztliche Behandlung bei dringenden Behandlungsfällen in solchen Zeiträumen sicher, in denen die in freier Praxis niedergelassenen Ärzte üblicherweise keine Sprechstunden abhalten (BGHZ 120, 184, 186). Die Heranziehung von Kassenärzten und Nicht-Kassenärzten zum Notdienst im Rahmen eines gemeinsamen Notdienstplans von Ärztekammern und Kassenärztlicher Vereinigung stellt jedenfalls insoweit keine drittgerichtete Amtspflichtverletzung zum Nachteil des einzelnen Kassenarztes dar, als dieser sich dadurch beeinträchtigt glaubt, dass er bei der Einteilung in zu geringem Umfang berücksichtigt worden sei, weil auch die Mitwirkung von Ärzten vorgesehen war, die nicht der Kassenärztlichen Vereinigung angehören (BGH 25. 1. 1990 – III ZR 283/88, juris Rn 8 ff). Im umgekehrten Fall einer übermäßigen Heranziehung zum Notfalldienst kommt dagegen eine Amtspflichtverletzung der Kassenärztlichen Vereinigung zu Lasten dieses Mitglieds als eines geschützten „Dritten" im Sinne des § 839 Abs 1 S 1 BGB iVm Art 34 GG in Betracht (BGH 13. 7. 1993 – III ZR 116/92, juris Rn 2). 623

Die Bundesrepublik Deutschland haftet für die Krankenhausbehandlung eines mittellosen Notfallpatienten nicht nach den Grundsätzen eines enteignenden oder enteignungsgleichen Eingriffs (BGH NJW 2005, 1363).

ff) Es besteht für die zuständige Behörde eine Amtspflicht, Genehmigungsanträge zum **Krankentransport** mit gebotener Beschleunigung zu bearbeiten, und, sobald deren Prüfung abgeschlossen ist, ungesäumt zu bescheiden (BGH NVwZ-RR 2008, 674 Rn 13). Unschädlich für einen Amtshaftungsanspruch ist es trotz des höchstpersönlichen Charakters der Genehmigung und deren Nichtübertragbarkeit in NRW, wenn die ursprünglich die Genehmigung beantragende OHG durch Ausscheiden eines Gesellschafters endet und der bisher geschäftsführende Gesellschafter nicht nur die personellen und sächlichen Mittel des Unternehmens erhält, sondern auch die zuvor im Genehmigungsverfahren als zuverlässig und fachlich geeignet nachgewiesene Person das Unternehmen fortführt (BGH NVwZ-RR 2008, 674 Rn 21 ff). 624

d) Weitere Beispiele für Amtspflichten der Kassenärztlichen Vereinigung

aa) Bei der Gestaltung des Verteilungsmaßstabs für die von der Krankenkasse entrichtete Gesamtvergütung haben die rechtsetzenden Organe der Kassenärztlichen Vereinigung gegenüber den Mitgliedern (Kassenärzten) die Amtspflicht, sich im Rah- 625 men einer Selbstverwaltungszuständigkeit zu halten und nicht in unzulässiger Weise den „Zulassungsstatus“ der Mitglieder zu schmälern (BGHZ 81, 21; zur drittgerichteten Amtspflicht der Kassenärztlichen Vereinigungen, sich in dem Verhalten gegenüber ihren Mitgliedern im Rahmen des kassenärztlichen Leistungssystems zu halten, s auch BGH 24. 11. 1991 – III ZR 24/91, juris Rn 5 f). Bei der Vereinbarung des einheitlichen Bewertungsmaßstabs für die ärztlichen Leistungen durch den Bewertungsausschuss (§ 87 SGB V) obliegen den von der Kassenärztlichen Bundesvereinigung entsandten Mitgliedern Amtspflichten gegenüber den Vertragsärzten, soweit es um die Beachtung und Wahrung ihres Zulassungsstatus geht. Greift der **Bewertungsausschuss** durch übereinstimmenden Beschluss rechtswidrig in den Zulassungsstatus eines Vertragsarztes ein, haftet die Kassenärztliche Bundesvereinigung für die von ihr in diesen Ausschuss entsandten Mitglieder, die ihren Weisungen unterliegen, nach Amtshaftungsgrundsätzen. Von den Mitgliedern des Bewertungsausschusses, die einem Gremium angehören, das zentral und auf höchster Ebene in der Selbstverwaltung der Ärzte und Krankenkassen mit einheitlichem Bewertungsmaßstab Vergütungsgrundlagen zu entwickeln hat, ist ein hohes Maß an Sachkenntnis zu erwarten und dementsprechend die Fähigkeit zu besonders gründlicher Prüfung zu verlangen. In einem solchen Fall ist kein Raum für die Anwendung der „Kollegialgerichts-Richtlinie“ (Rn 219 ff; BGHZ 150, 172).

Zur Beweislast bei einer Entscheidung von **Zulassungsgremien** (zB der Kassenärztlichen Vereinigungen) s Rn 121 . Steht die Einstimmigkeit der Entscheidung der Ausschüsse nicht in Frage, ist die Kassen(zahn)ärztliche Vereinigung passivlegitimiert (BGH 12. 4. 2006 – III ZR 35/05, NJW-RR 2006, 966 Rn 4).

Da die Frage ungeklärt war, ob ein Vertragsarzt im Nachbesetzungsverfahren nach § 103 Abs 4 SGB V seinen Nachbesetzungsantrag zurücknehmen und dann erneut stellen kann, wenn auf den ersten Nachbesetzungsantrag ein ihm nicht genehmer Bewerber ausgewählt wurde, oder ob die Antragsrücknahme nur bis zur Entscheidung des Zulassungsausschusses zulässig ist, hat der BGH eine Amtshaftung mangels Verschuldens abgelehnt, wenn die Kassenärztliche Vereinigung der zweitgenannten Auffassung folgt (BGH 8. 8. 2011 – III ZR 236/10, NZS 2012, 477). Diese Frage hat das BSG später dahin geklärt, dass ein erneuter Antrag nur beachtlich ist, wenn der Arzt ein berechtigtes Interesse für die Rücknahme und die erneute Antragstellung darlegen kann (BSG 23. 3. 2016 – B 6 KA 9/15 R, BSGE 121, 76).

626 **bb)** Nach Sinn und Zweck des § 111 Abs 2 SGB V haben die Krankenkassen bzw die Arbeitsgemeinschaften der Landesverbände beim Abschluss von Versorgungsverträgen mit Versorgungs- und Rehabilitationseinrichtungen – anders als im Krankenhausbereich – nicht die Aufgabe und das Recht, Obergrenzen bei der flächendeckenden Versorgung mit solchen Einrichtungen festzulegen (BGH NVwZ-RR 2004, 804; krit hierzu BeckOK-SozR/Penner [1. 12. 2025] § 111 SGB V Rn 10a). Der nicht erfolgte Abschluss eines Versorgungsvertrags nach § 111 Abs 2 SGB V stellt keinen Eingriff in den eingerichteten und ausgeübten Betriebs einer Rehabilitationsklinik dar, weil nur die Verdienstmöglichkeiten betroffen sind, nicht jedoch bereits erworbene und bestehende Rechte (BGH 8. 9. 2011 – III ZR 143/10, NZS 2012, 261 Rn 7).

e) Testamentserrichtung im Krankenhaus

627 Der Träger eines Krankenhauses ist gehalten, einem Patienten, der ein Testament zu errichten wünscht, zur Erfüllung dieses Wunsches jede mit der Anstaltsordnung zu

vereinbarende und zumutbare Unterstützung zu gewähren. Dazu gehört zumindest, dass alles unterlassen wird, was die Errichtung eines wirksamen Testaments gefährden oder verhindern kann. Die pflichtwidrige Mitwirkung von Krankenhauspersonal an der Errichtung eines formunwirksamen Testaments kann daher Schadensersatzansprüche derjenigen Personen begründen, die wegen der Formunwirksamkeit nicht in den Genuss der ihnen zugedachten Zuwendung gelangen (BGH NJW 1989, 2945). Bei einem Krankenhaus in kommunaler Trägerschaft hat der BGH die Amtshaftung in einem Fall für möglich gehalten, in dem ein kommunaler Beamter als Leiter des Krankenhauses in seiner, noch durch die Führung des Dienstsiegels herausgehobenen, amtlichen Eigenschaft tätig geworden war (BGH NJW 1958, 2107). In einer späteren Entscheidung hat der BGH die Anspruchsgrundlage offengelassen und als Alternative zur Amtshaftung in Betracht gezogen, dass der Krankenhausaufnahmevertrag Schutzwirkungen zugunsten Dritter (der durch das Testament zu bedenkenden Personen) entfalten konnte (NJW 1989, 2945).

f) Amtstierärzte

aa) Im Rahmen eines Tuberkulose-Bekämpfungsverfahrens treffen den Amtstierarzt zwar auch Amtspflichten, die dem Schutz des Tierbesitzers dienen. Dies gilt jedoch nicht für eine Pflicht, die Absonderung und Entfernung von Tieren anzuordnen und durchzusetzen, um die Ansteckung weiterer Tiere zu verhindern (BGH 16. 12. 1957 – III ZR 148/56, VerwRspr 1958, 564). Die Bestimmungen der Verordnung (EG) 1/2005 dienen dem Tierschutz und verpflichten zuvörderst den Halter der zu transportierenden Tiere. Seine Vermögensinteressen sind daher nicht in den Schutzbereich der vom amtlichen Tierarzt zu erfüllenden Überwachungs- und Dokumentationspflicht einbezogen und entfalten daher nicht den für einen Amtshaftungsanspruch erforderlichen Drittschutz (OLG Brandenburg 6. 4. 2020 – 13 U 136/18, BeckRS 2020, 13770). **628**

bb) Zu Rechtsfragen im Zusammenhang mit BSE-Tests s Rn 61, 183 und 189. **629**

g) Sonstiges

Die chemischen Untersuchungsämter, die als Kontrollorgane für die öffentliche Gesundheitsaufsicht und -fürsorge eingeschaltet sind, üben bei der Erstattung von Gutachten, auch wenn diese von privater Seite erbeten oder angeregt werden, in der Regel eine schlicht hoheitliche Tätigkeit aus. Für Pflichtverletzungen kann daher die Amtshaftung eintreten. „Dritter" ist auch der, der durch ein unrichtiges oder irreführendes Gutachten im Zusammenhang mit der Untersuchung berührt oder geschädigt werden kann; zB bei einem vom Käufer eines bestimmten Produktes (dort: Wein) eingeholten Gutachten, das zu dem unzutreffenden Ergebnis führt, das betreffende Produkt sei mangelhaft, auch der Lieferant (BGH 5. 12. 1963 – III ZR 176/62, MDR 1964, 299; dort auch zum Umfang der Amtspflichten eines staatlichen Weinkontrolleurs). **630**

3. Polizei- und Ordnungsbehörden

a) Polizei

aa) Die allgemeine Aufgabe der Polizei besteht nach der klassischen Formulierung des § 14 PrPVG darin, „im Rahmen der geltenden Gesetze die nach pflichtmäßigem Ermessen notwendigen Maßnahmen zu treffen, um von der Allgemeinheit oder den einzelnen Gefahren abzuwenden, durch die die öffentliche Sicherheit oder Ordnung bedroht wird". Die entsprechenden Bestimmungen der einzelnen Landespolizei- **631**

gesetze haben zum Teil einen abweichenden Wortlaut, stimmen aber inhaltlich mit diesem Grundsatz weitgehend überein. Eine „Gefahr" liegt nach allgemeiner Ansicht vor, wenn eine Sachlage oder ein Verhalten bei ungehindertem Ablauf des objektiv zu erwartenden Geschehens mit Wahrscheinlichkeit ein polizeilich geschütztes Rechtsgut schädigen wird (BVerwGE 45, 51, 57). Da der verdeckte Einsatz technischer Mittel in oder aus Wohnungen (Abhörmaßnahmen) einen erheblichen Grundrechtseingriff darstellt und dementsprechend nur aus gewichtigen Gründen verfassungsgemäß ist, ist für ihn eine – gegenüber Maßnahmen der polizeilichen Generalermächtigung – gesteigerte Gefahr erforderlich. Die Maßnahme muss zur Abwehr einer „unmittelbar bevorstehenden Gefahr" erforderlich sein. Diese zeichnet sich durch eine besondere zeitliche Nähe und ein gesteigertes Maß der Wahrscheinlichkeit des Schadenseintritts aus: Der Schaden muss in allernächster Zeit mit an Sicherheit grenzender Wahrscheinlichkeit eintreten. Soweit hingegen in der jeweils überschaubaren Zukunft kein Schadenseintritt zu erwarten ist, sind polizeiliche Maßnahmen zur Gefahrenabwehr weder geboten noch gerechtfertigt. Eine in unbestimmter Zeit erst erwartete Gefahr, die sich noch „entwickeln" muss, genügt für Abhörmaßnahmen (dort nach § 23 des Baden-Württembergischen Polizeigesetzes aF) nicht (BGH NJW 2003, 3693, 3696 mwNw).

632 **bb)** Die Pflicht der Polizei (Ordnungsbehörde), von der Allgemeinheit oder dem einzelnen Gefahren abzuwehren, durch die die öffentliche Sicherheit oder Ordnung bedroht wird, bedeutet einen umfassenden Auftrag, das Recht zu schützen. Dieser Auftrag umschließt sowohl den Schutz der Rechte und Rechtsgüter des Einzelnen als auch den Schutz des Gemeinwesens, seiner Normen und Einrichtungen. Der Einzelne ist also nicht mehr nur – reflexartig – über die „Allgemeinheit" geschützt. Wo gewichtige und eines polizeilichen (ordnungsbehördlichen) Schutzes bedürftige Individualinteressen auf dem Spiel stehen, ist vielmehr die Ermächtigung der Polizei (Ordnungsbehörde) zum Tätigwerden auch dem Schutz dieser Interessen zu dienen bestimmt. Dass das Gesetz regelmäßig auch das Vorliegen eines öffentlichen Interesses fordert, macht das Individualinteresse nicht zu einem unselbständigen Teil des Allgemeininteresses, sondern besagt nur, dass die Polizei (Ordnungsbehörde) nicht tätig werden soll, wo es ausschließlich um private Belange geht. Wo nach diesen Grundsätzen im Einzelfall die Polizeibehörden (Ordnungsbehörden) **verpflichtet** sind, zum Schutz bedrohter Individualinteressen einzugreifen, handelt es sich um Amtspflichten im Sinne von § 839 Abs 1 BGB, die den Beamten den geschützten Dritten gegenüber obliegen (BGHZ 78, 144, 152 m zahlr wNw).

633 **cc)** Insbesondere besteht eine Pflicht der Polizei zur Verhinderung von Straftaten, die ihr gegenüber jedem obliegt, dessen Rechtskreis durch eine Verletzung dieser Pflicht bedroht ist (BGHZ 54, 169; BGH VersR 1966, 1049; vgl auch BGHZ 12, 206, betreffend ungenügende Überwachung eines von der Stadt eingerichteten Lagers, in dem „fast ausschließlich kriminelle Elemente" untergebracht waren; RGZ 172, 11, betreffend Nichtverhinderung einer drohenden Entfernung vom Unfallort; RGZ 147, 144, betreffend Nichteinschreiten gegen Sachbeschädiger). Auch die an sich im Interesse der Allgemeinheit bestehende Pflicht, von Amts wegen strafbare Handlungen zu erforschen und zu verfolgen (§ 163 StPO), kann eine Amtspflicht darstellen, die der Polizei dem einzelnen gegenüber obliegt. So besteht dem in Verdacht einer strafbaren Handlung Geratenen (dem Beschuldigten) gegenüber die Pflicht, den wirklichen Täter zu ermitteln und Unschuldige vor der Verfolgung zu schützen; einem strafgerichtlich Verurteilten gegenüber besteht die

Amtspflicht, später hervortretenden Umständen sorgfältig nachzugehen, die zur Feststellung seiner Unschuld und zur Ermittlung des wirklichen Täters führen könnten (OLG Stuttgart JZ 1967, 534). Auch dem von der Straftat Betroffenen (dem Verletzten) gegenüber obliegen Amtspflichten. So besteht gegenüber einem Bestohlenen die Amtspflicht, für Ermittlung und Rückerlangung des gestohlenen Gutes zu sorgen, jedenfalls dann, wenn der Geschädigte genaue Hinweise über den Aufbewahrungsort des gestohlenen Gutes gegeben hat (OGHZ 4, 263; RGZ 154, 266).

dd) Bei der Frage, inwieweit bei Gefahr bergenden Veranstaltungen, zB bei Autorennen oder sportlichen Wettkämpfen, die zum Zusammenströmen großer Menschenmengen führen, die Polizei einer Verpflichtung zur Gefahrenabwehr nachkommen muss, ist zu berücksichtigen, dass es eine absolute Gefahrenfreiheit nicht gibt, der Verkehr vielmehr gewisse Grenzen als unvermeidlich hinnehmen muss (BGH NJW 1962, 1245). Es wäre deshalb unzumutbar, von der Polizei zu verlangen, dass sie jede entfernte Möglichkeit eines Schadens in Betracht ziehe. Andererseits darf aber hinsichtlich der Anforderungen an die Sorgfalt bei der Gefahrenabwendungspflicht auch nicht auf eine im Verkehr eingerissene Nachlässigkeit und Unsitte Rücksicht genommen werden (BGH NJW 1962, 1245; BGHZ 5, 318). **634**

ee) Die Pflicht der Polizei zur Gefahrenabwehr wird nicht dadurch ausgeschlossen, dass auch ein anderer rechtlich zur Beseitigung der Gefahrenquelle verpflichtet ist (BGH VersR 1964, 925, betreffend Abwendung von Gefahren für den Verkehr durch Ölverschmutzung einer Straße, wenn eine Beseitigungspflicht auch aufgrund von Verkehrssäuberungs- oder Wegereinigungspflicht besteht; vgl dazu § 32 StVO, s auch OLG Hamm VersR 1994, 726: Pflicht zur Beseitigung einer Ölspur kann Individualinteressen schützen). Ebenso wenig wird die Pflicht der Polizei zum Einschreiten dadurch eingeschränkt, dass auch einer anderen Stelle Möglichkeiten zur Beseitigung der Gefahr zur Verfügung stehen (BGH 28. 6. 1956 – III ZR 317/54, LMRR 1956, 22). **635**

ff) Welche Maßnahmen zur Gefahrenabwehr notwendig sind, unterliegt grundsätzlich dem pflichtmäßigen **Ermessen**. Wegen der Nachprüfung der Ermessensausübung im Amtshaftungsprozess vgl den Abschnitt „Feuerschutz" (Rn 743). Pflichtwidrig handelt danach ein Polizeibeamter, wenn er überhaupt keine Erwägungen angestellt, sich von sachfremden Erwägungen hat leiten lassen oder sein Vorgehen mit den an eine ordnungsmäßige Verwaltung zu stellenden Anforderungen schlechterdings unvereinbar ist (BGHZ 45, 143, 146; 12, 206, 208; 4, 302, 311; 2, 209, 214). So kann zwar in kritischen Situationen auch ein selbst nicht ungefährliches Eingreifen berechtigt sein, keinesfalls aber eine Maßnahme, die – was Gegenstand der Nachprüfung im Amtshaftungsverfahren ist – objektiv weder zur Abwehr noch zur Minderung der Gefahr geeignet ist, zB wenn eine zur Gefahrenabwehr bestimmte Maßnahme so getroffen wird, dass dem, dessen Schutz bezweckt war, nur ein Schaden erwachsen konnte (BGHZ 45, 143, 148). Besteht eine der Polizei gegenüber dem Gefahrbedrohten obliegende Amtspflicht zum Einschreiten (so), so steht die Auswahl der zu ergreifenden Maßnahmen nur insoweit in ihrem Ermessen, als diese noch geeignet sind, den angestrebten Zweck der Gefahrenabwehr hinreichend zu erfüllen (BGH NJW 1962, 1245). **636**

gg) Aus dem allgemein geltenden Grundsatz, dass **unbeteiligte Dritte**, die von einer Amtstätigkeit nicht berührt werden sollen, nicht dadurch beeinträchtigt werden dürfen, folgt, dass die Polizei ihre Gefahrenabwehrmaßnahmen nicht ohne Rücksicht **637**

auf die erkennbaren Folgen für unbeteiligte Dritte treffen darf. Sie muss ihre Maßnahmen so einrichten, dass die sich daraus für solche Dritte möglicherweise ergebenden Maßnahmen möglichst gering bleiben. Wiegen die einem Dritten drohenden Nachteile schwerer als die zu beseitigende oder zu verhütende Gefahr, so muss die Polizei von den beabsichtigten Maßnahmen überhaupt absehen (BGHZ 12, 325). Dies gilt besonders für den polizeilichen Schusswaffengebrauch, einschließlich der Abgabe von Warnschüssen bei der Verfolgung Flüchtender, die sich der Festnahme entziehen wollen; es sind dabei die Gefahren zu erwägen, die mit Abprallern und Querschlägern verbunden sind (vgl RGZ 108, 366; BGH VersR 1964, 534).

Bei der Frage, ob es (im Rahmen der Vorschriften über den Waffengebrauch) des Gebrauchs der Waffe bedurfte, ist grundsätzlich ein strenger Maßstab anzulegen (vgl BGH 14. 7. 1988 – III ZR 174/87, wo ein amtspflichtwidriger Schusswaffengebrauch bei einer nächtlichen Verfolgungsfahrt verneint worden ist). Die **Beweislast** für die die Amtspflichtwidrigkeit begründenden Umstände trägt nach allgemeinen Regeln der Geschädigte; dies gilt grundsätzlich auch bei einem Eingriff in grundrechtlich geschützte Positionen (Rn 413, 415). Über Aufopferungsansprüche der von der Amtsausübung betroffenen unbeteiligten Dritten vgl den dortigen Abschnitt (Rn 505).

638 **hh)** Beispiele für Folgerungen aus dem Grundsatz der **Verhältnismäßigkeit** des Eingriffs: Eine an sich zulässige präventive polizeiliche Beschlagnahme (Sicherstellung) darf nicht zur Vernichtung des beschlagnahmten Gegenstandes führen (vgl RG HRR 1929 Nr 598, betreffend die Beschlagnahme von leicht verderblichem Obst zur Verhinderung eines ungenehmigten Straßenhandels). Die Pflicht, die Folgen des polizeilichen Eingriffs möglichst schonend für den Betroffenen zu gestalten, bewirkt, dass die Polizeibehörde, wenn sie einen Räumungsschuldner zur Vermeidung der Obdachlosigkeit (im polizeilichen Notstand) wieder in einen Teil der Räume einweist, sofort sinnvolle und zweckentsprechende Maßnahmen zu einer möglichst baldigen anderweitigen Unterbringung zu treffen hat (BGHZ 35, 37; NJW 1959, 768; s zur entsprechenden Amtspflicht der Ordnungsbehörden auch weiter unten Rn 649). Die Zulässigkeit der Anwendung unmittelbaren Zwangs durch Polizeibeamte schließt die Annahme amtspflichtwidrigen Verhaltens bei der Durchführung der Zwangsmaßnahme nicht aus (BGH VersR 1964, 68). Hinsichtlich des Ausgleichs immaterieller Nachteile ist eine umfassende Gesamtabwägung erforderlich, die auch zu dem Ergebnis führen kann, dass bereits die Feststellung der Rechtswidrigkeit von polizeilichen Maßnahmen auf einer Demonstration durch das Verwaltungsgericht das von den betroffenen Demonstranten objektiv erlittene Unrecht ausgleicht (OLG Köln 26. 1. 2021 – 7 U 94/20).

Ein Eingreifen in rein privatrechtliche Auseinandersetzungen gehört nicht zum Aufgabenbereich der Polizei. Eine Amtspflichtverletzung durch Überschreitung der sachlichen Zuständigkeit liegt aber nicht vor, wenn bei einer privatrechtlichen Auseinandersetzung die Polizei einem Beteiligten einen Polizeibeamten lediglich zu dem Zweck beigibt, ihn vor tätlichen Angriffen zu schützen (Verhinderung strafbarer Handlungen), ohne sich in die privatrechtlichen Angelegenheiten einzumischen, und der Polizeibeamte sich in diesem Rahmen hält (RG HRR 1930 Nr 900).

639 **ii)** Weitere Einzelfragen: Ist die **Rechtmäßigkeit** eines Schusswaffengebrauchs durch polizeirechtliche Vorschriften eingeschränkt, kann der Beamte sich doch auf die allgemeinen Vorschrift über Notwehr und Nothilfe (§ 227 BGB, § 32 StGB) beru-

fen (OLG Celle 8. 2. 2000 – 16 U 106/99, NJW-RR 2001, 1033; s auch zB § 57 Abs 2 PolG NW; Art 77 BayPAG). Ein Polizeibeamter als Hilfsbeamter der Staatsanwaltschaft kann amtspflichtwidrig handeln, wenn er dem Auftraggeber eines Privatdetektivs empfiehlt, den Ermittlungsauftrag wegen angeblicher Störung staatsanwaltschaftlicher Ermittlungen zu kündigen; der Detektiv wurde im konkreten Fall als **geschützter „Dritter“** angesehen (BGH 19. 1. 1989 – III ZR 243/87, NJW 1989, 1924, 1925 f). Die Bestimmungen des „Leitfadens für die Eigensicherung im Polizeidienst beim Gefangenentransport“ begründen keine Amtspflichten, die den Polizeibeamten gegenüber der zu transportierenden Person obliegen (OLG Celle VersR 2001, 1288). Ein Polizeibeamter, der mit Billigung seines Dienstherrn nach Dienstschluss seine Dienstwaffe mit nach Hause nimmt und dort verwahrt, handelt insoweit regelmäßig **in Ausübung eines öffentlichen Amts**. Für Schäden aus einer unsorgfältigen Verwahrung – der Sohn des Beamten hatte die geladene Waffe an sich genommen und eine andere Person durch einen Schuss verletzt – haftet deshalb nicht der Beamte persönlich, sondern dessen Dienstherr (BGH NVwZ 2000, 467). Führt ein Polizeibeamter einen Polizeihund privat aus und verursacht der Hund einen Schaden, haftet das Land bereits als Tierhalter gemäß § 833 BGB (OLG Brandenburg MDR 2009, 633, das eine mögliche Amtshaftung im konkreten Fall offengelassen hat).

Grundsätzlich gilt im allgemeinen Straßenverkehr und bei der Erfüllung der öffentlich-rechtlichen Straßenverkehrssicherungspflicht das **Verweisungsprivileg** nicht (Rn 273). Dies gilt auch dann, wenn die Polizei im Rahmen ihrer Eilzuständigkeit anstelle des Straßenbaulastträgers handelt (OLG Hamm VersR 1994, 726; OLG Celle NZV 1993, 192). Das Verweisungsprivileg greift aber ein, wenn ein Polizeibeamter es fahrlässig versäumt hat, eine Ampelstörung zu melden, weil insoweit seine Sorgfaltspflichten durch Amtspflichten geprägt sind, die ausschließlich dem hoheitlichen Pflichtenkreis entlehnt sind und ihren Grund nicht in einer allgemeinen Verkehrssicherungspflicht haben (BGHZ 91, 48).

jj) Bei Beschädigung eines polizeilich sichergestellten Kraftfahrzeugs durch vorsätzliche Fremdeinwirkung (Vandalismus) bestehen keine Ersatzansprüche – auch aus enteignendem Eingriff –, weil sich insoweit nur das allgemeine Lebensrisiko verwirklicht (BGHZ 100, 335; s auch Rn 479). **640**

Wird ein **unbeteiligter Dritter** durch eine (rechtmäßige) polizeiliche Maßnahme geschädigt, sprechen einige Landesrechte ihm eine Entschädigung zu. Der BGH (NJW 2011, 3157) hat zu §§ 80, 81 Nds SOG entschieden, dass ein Kraftfahrzeugeigentümer, dessen Kraftfahrzeug gestohlen und bei der Verfolgung der Diebe von der Polizei absichtlich gerammt worden war, um es zum Stehen zu bringen und die Diebe festzunehmen, keinen Anspruch auf Entschädigung hat. Da der Kläger als unbeteiligter Dritter und nicht als Nichtstörer in Anspruch genommen worden war, bestanden Ansprüche aus §§ 80, 81 Nds SOG aF nicht. Ein Entschädigungsanspruch aus einem enteignenden Eingriff war zwar nicht wegen eines abschließenden Charakters des § 80 Nds SOG aF ausgeschlossen, scheiterte aber daran, dass der Kläger kein unzumutbares Sonderopfer erlitten hatte, weil sein Eigentumsrecht bereits vor dem Unfall aufgrund des Diebstahls erheblich beeinträchtigt und unsicher war, ob er sein Fahrzeug zurückerhalten würde. Mit Wirkung zum 24. 5. 2019 ist in § 80 Nds NPOG ein Abs 3 eingefügt worden, nach dem auch demjenigen, der als unbeteiligter Dritter in Anspruch genommen worden ist und durch eine rechtmäßige Maßnahme der Verwaltungsbehörde oder der Polizei getötet oder verletzt worden ist oder einen billigerweise nicht zumutbaren sonstigen Schaden erlitten hat, ein Ausgleich zu gewähren ist. Damit sollten insbesondere sog Türöffnungsfälle sowie Verkehrsunfälle erfasst und größere Rechtsklarheit geschaffen werden (LT-Drucks 18/850, 76; BeckOK-PolR Nds/Lampert [1. 12. 2025] § 80 NPOG Rn 49). Für den vom BGH entschiedenen Fall dürfte sich daraus kein anderes Ergebnis ergeben, denn nach § 81 Abs 5 S 2 Nds NPOG sind Ansprüche ausgeschlossen, wenn die Maßnahme auch unmittelbar dem Schutz der geschädigten Person oder deren Vermögen gedient hat. S auch Rn 646.

641 **kk)** Die Vorschriften des bayerischen Polizeirechts über die unmittelbare Ausführung einer Maßnahme (Art 9 PAG) und die Ersatzvornahme (Art 72 PAG) einschließlich der dazu gehörigen Bestimmungen über die Erhebung von Kosten (Gebühren und Auslagen) enthalten eine erschöpfende Sonderregelung, die in diesem Bereich einen Anspruch des Trägers der Polizei aus **Geschäftsführung ohne Auftrag** ausschließt. Ein Polizeibeamter, der in dienstlicher Eigenschaft hoheitlich tätig wird, kann nicht zugleich (in seiner Person) das bürgerlich-rechtliche Geschäft eines Dritten führen (BGHZ 156, 394, mit allgemeinen Ausführungen zur grundsätzlichen Anwendbarkeit der §§ 677 ff BGB im Verhältnis zwischen Verwaltungsträgern und Privatpersonen 397 ff; krit dazu Schenke VerwArch 2013, 486). Wird das Technische Hilfswerk auf Anforderung der zuständigen (rheinland-pfälzischen) Ordnungsbehörde zur Gefahrenabwehr eingesetzt, so sind die dadurch entstehenden Kosten in den Erstattungsanspruch der Ordnungsbehörde gegen den Gefahrenverursacher einzustellen. Ein Direktanspruch des THW gegen den Verursacher aus Geschäftsführung ohne Auftrag ist durch § 6 Abs 2 POG RhPf ausgeschlossen (BGH NVwZ 2008, 349). Entsprechendes gilt auch für das Recht anderer Länder (für NRW zB vgl BeckOK-PolR NRW/Braun [15. 9. 2025] § 46 PolG Rn 9).

Ein von der Ordnungsbehörde vertraglich Beauftragter, der die Pflichten eines ordnungsrechtlich Verantwortlichen erfüllt, hat ebenfalls keinen direkten Anspruch aus §§ 677, 683 S 1 BGB gegen diesen, wenn im Vertrag die Rechte und Pflichten des Geschäftsführers und insbesondere die Entgeltfrage umfassend geregelt sind (vgl BGH NVwZ-RR 2012, 707 Rn 16; NJ 2011, 527 mwNw).

Ein **Gesamtschuldnerausgleich** zwischen einem in Anspruch genommenen Störer und einem nicht in Anspruch genommenen Störer analog § 426 BGB findet nicht statt. Bedenken dagegen, den Rechtsgedanken des § 426 BGB allgemein eingreifen zu lassen, bestehen schon deshalb, weil die Rechtsbeziehungen mehrerer Störer zur Polizei (Ordnungsbehörde) schwerlich einem Gesamtschuldverhältnis gleichgeachtet werden können. Es fehlt vielfach schon an der Vergleichbarkeit, weil die Behörde nicht – wie für die Gesamtschuld charakteristisch – nach Belieben den einen oder anderen Störer auf Erfüllung seiner Pflichten in Anspruch nehmen kann. Die Rechtsbeziehungen mehrerer Störer zur Polizei- und Ordnungsbehörde sind deshalb mit einem Gesamtschuldverhältnis nicht vergleichbar (BGHZ 184, 288 Rn 32; BGH NJW 2014, 2730 Rn 14; 2006, 3628 Rn 24; BGH 2. 4. 2004 – V ZR 267/03, BGHZ 158, 354, 360; BGHZ 98, 235, 239; NJW 1981, 2457, 2458). Es gibt keinen allgemeinen Rechtsgrundsatz des öffentlichen Rechts, wonach ein Ausgleich zwischen mehreren Störern im Sinne des Ordnungsrechts stattzufinden hat. Etwas anderes gilt jedoch dort, wo das Polizei- und Ordnungsrecht Vorschriften über den Ausgleich unter mehreren Störern enthält (BGH NJW 2014, 2730 Rn 14 ff mwNw m Anm Gräfinger VersR 2015, 589; abl Anm Zimmermann NVwZ 2015, 787).

b) Ordnungsbehörden

Die vorstehend wiedergegebenen Grundsätze über die Drittgerichtetheit der von den Ordnungsbehörden zur Gefahrenabwehr zu ergreifenden Maßnahmen, über die Mittel der Gefahrenabwehr und über die Beachtung des Gebots der Verhältnismäßigkeit gelten für Ordnungsbehörden entsprechend. 642

Wenn im Falle der **behördlichen Einweisung** eines Obdachlosen dieser sich nach Ablauf der Einweisungsfrist weigert auszuziehen, besteht eine Amtspflicht der einweisenden Ordnungsbehörde gegenüber dem betroffenen Eigentümer, die Wohnung freizumachen; dies gilt auch dann, wenn es sich um eine Einweisung in die von dem Eingewiesenen bisher genutzte Wohnung handelt und der Eigentümer einen Räumungstitel besitzt. Kommt die Einweisungsbehörde nach Ablauf der Einweisungsfrist ihrer Pflicht zur Freimachung der Wohnung nicht nach, so steht es einem Amtshaftungsanspruch nicht entgegen, wenn der Eigentümer die Räumung mit Hilfe eines privatrechtlichen Titels auf seine Kosten selbst bewirkt (BGHZ 130, 332). Ein Amtshaftungsanspruch wurde ferner in einem Falle bejaht, in dem die Ordnungsbehörde nach dem Brand eines Hauses die sofortige **Niederlegung** der Brandruine durch einen privaten Abbruchunternehmer veranlasst hatte und dabei ein zusätzlicher, von der Feuerversicherung nicht gedeckter Schaden entstanden war. Die Amtspflichtverletzung wurde darin erblickt, dass der Leiter des Ordnungsamtes im Zuge der Durchführung des angeordneten Abbruchs nicht alle zum Schutz des Eigentums gebotenen Maßnahmen und Vorkehrungen getroffen hatte. Insbesondere fiel ihm bei der Beauftragung des – für diese Aufgabe nicht geeigneten – privaten Abbruchunternehmers ein Auswahl- und Überwachungsverschulden zur Last (BGH NVwZ 1993, 1228).

Ein Verstoß gegen die Zuständigkeitsvorschriften nach dem Passgesetz (hier § 19 PassG) begründet keinen Schadensersatz, wenn die materiellen Voraussetzungen der ordnungsbehördlichen Maßnahme der Passentziehung vorliegen und der Schaden durch eine unangemessene Reaktion auf die Ordnungsverfügung entstanden ist (OLG Düsseldorf BDAK-Info 2009, 107); der Antrag auf Bewilligung von Prozesskostenhilfe für eine Nichtzulassungsbeschwerde wurde vom BGH zurückgewiesen mangels Erfolgsaussicht (BGH 12. 3. 2009 – III ZA 22/08).

c) Landesrechtliche Polizei- und Ordnungsbehördenhaftung

aa) Wichtig ist, dass Maßnahmen der Polizei- und Ordnungsbehörden auch landesrechtliche Entschädigungsansprüche begründen können. Als Beispiel möge das praktisch besonders wichtige Regelungswerk der §§ 39 bis 43 OBG NRW dienen, das nachfolgend in vollem Wortlaut wiedergegeben wird. Diese Bestimmungen gelten auch für die Polizei (§ 67 PolG NRW): 643

§ 39 OBG NRW
Zur Entschädigung verpflichtende Maßnahmen

(1) Ein Schaden, den jemand durch Maßnahmen der Ordnungsbehörden erleidet, ist zu ersetzen, wenn er
a) infolge einer Inanspruchnahme nach § 19 oder
b) durch rechtswidrige Maßnahmen, gleichgültig, ob die Ordnungsbehörden ein Verschulden trifft oder nicht
entstanden ist

(2) Ein Ersatzanspruch besteht nicht
a) soweit die geschädigte Person auf andere Weise Ersatz erlangt hat oder
b) wenn durch die Maßnahme die Person oder das Vermögen der geschädigten Person geschützt worden ist oder
c) wenn der Schaden durch ein Handeln oder Unterlassen der Bauaufsichtsbehörde oder der für den Vollzug des Bundes-Immissionsschutzgesetzes in der Fassung der Bekanntmachung vom 17. 5. 2013 (BGBl I S 1274; 2021 I S 123), das zuletzt durch Artikel 1 des Gesetzes vom 3. 7. 2024 (BGBl 2024 I Nr 225, Nr 340) geändert worden ist, und der zu seiner Durchführung erlassenen Rechtsverordnungen und des Landes-Immissionsschutzgesetzes vom 18. 3. 1975 (GV NW S 232) in der jeweils geltenden Fassung zuständigen Behörde verursacht wurde.

(3) Soweit die Entschädigungspflicht wegen rechtmäßiger Maßnahmen der Ordnungsbehörden in anderen gesetzlichen Vorschriften geregelt ist, finden diese Anwendung.

§ 40 OBG NRW
Art, Inhalt und Umfang der Entschädigungsleistung

(1) Die Entschädigung nach § 39 Abs 1 wird nur für Vermögensschäden gewährt. Für entgangenen Gewinn, der über den Ausfall des gewöhnlichen Verdienstes oder Nutzungsentgelts hinausgeht, und für Vermögensnachteile, die nicht in unmittelbarem Zusammenhang mit der zu entschädigenden Maßnahme stehen, ist jedoch eine Entschädigung nur zu leisten, wenn und soweit dies zur Abwendung unbilliger Härten geboten erscheint.

(2) Die Entschädigung ist in Geld zu gewähren. Hat die zur Entschädigung verpflichtende Maßnahme der Ordnungsbehörde die Aufhebung oder Verminderung der Erwerbsfähigkeit oder eine Vermehrung der Bedürfnisse oder den Verlust oder die Verminderung eines Rechts auf Unterhalt zur Folge, so ist die Entschädigung durch Entrichtung einer Geldrente zu gewähren. Statt der Rente kann eine Abfindung in Kapital verlangt werden, wenn ein wichtiger Grund vorliegt.

(3) Die Entschädigung ist nur gegen Abtretung der Ansprüche zu gewähren, die der entschädigungsberechtigten Person aufgrund der Maßnahme, auf der die Entschädigungsverpflichtung beruht, gegen Dritte zustehen.

(4) Hat bei der Entstehung des Schadens ein Verschulden der von der Maßnahme der Ordnungsbehörde betroffenen Person mitgewirkt, so ist das Mitverschulden bei der Bemessung der Entschädigung zu berücksichtigen.

(5) Soweit die zur Entschädigung verpflichtende Maßnahme eine Amtspflichtverletzung darstellt, bleiben die weitergehenden Ersatzansprüche unberührt.

§ 41 OBG NRW
Verjährung des Entschädigungsanspruchs

Für die Verjährung des Entschädigungsanspruchs gelten die Bestimmungen des Bürgerlichen Gesetzbuchs über die Verjährung von Schadensersatzansprüchen entsprechend.

§ 42 OBG NRW
Entschädigungspflichtiger

(1) Entschädigungspflichtig ist der Träger der ordnungsbehördlichen Kosten (§ 45). Dies gilt auch dann, wenn die Maßnahme auf Ersuchen der Ordnungsbehörde von der Polizei durchgeführt worden ist. Soweit eine Entschädigungspflicht lediglich durch die Art der Durchführung des Ersuchens entsteht, ist der Träger der Polizeikosten dem Träger der ordnungsbehördlichen Kosten erstattungspflichtig.

(2) Wer nach § 39 Abs 1 Buchstabe a zum Ersatz verpflichtet ist, kann in entsprechender Anwendung der Vorschriften des Bürgerlichen Gesetzbuches über die Geschäftsführung ohne Auftrag den Ersatz seiner Aufwendungen von den nach §§ 17 und 18 ordnungspflichtigen Personen verlangen.

§ 43 OBG NRW
Rechtsweg für Entschädigungs-, Ersatz- und Erstattungsansprüche

(1) Über die Entschädigungsansprüche nach den §§ 39 bis 42 entscheiden im Streitfall die ordentlichen Gerichte.

(2) Über die Erstattungsansprüche nach § 42 Abs 1 S 3 sowie über die Ersatzansprüche nach § 42 Abs 2 entscheiden im Streitfall die Verwaltungsgerichte.

bb) Die Ordnungsbehördenhaftung für rechtswidrige Maßnahmen nach § 39 Abs 1 **644**
lit b OBG NW ist verschuldensunabhängig und verzichtet auch auf die Drittgerichtetheit der verletzten Amtspflicht als haftungsbegrenzendes Kriterium. Sie ist eine spezialgesetzliche Konkretisierung der Haftung aus enteignungsgleichem Eingriff. Aus diesem Grund ist zur Auslegung dieser Vorschrift die zum enteignungsgleichen Eingriff ergangene Rechtsprechung heranzuziehen (BGH 16. 4. 2015 – III ZR 333/13, BGHZ 205, 63 Rn 34). Sie geht in ihrem Anwendungsbereich den Haftungsinstituten des enteignungsgleichen und aufopferungsgleichen Eingriffs vor, soweit durch die jeweilige rechtswidrige Maßnahme ein ansonsten durch jene allgemeinen Haftungsinstitute geschütztes Rechtsgut betroffen ist (vgl zB BGHZ 125, 258, 264; 72, 273). Darin erschöpft sich der Anwendungsbereich der Ordnungsbehördenhaftung jedoch nicht; sie kann vielmehr auch bei Schädigungen solcher Rechtsgüter eintreten, die weder dem enteignungs- noch dem aufopferungsgleichen Eingriff unterfallen, beispielsweise solchen, die ausschließlich durch Art 12 GG geschützt werden (Rn 451, 501). Insbesondere gilt dies, wenn die rechtswidrige Maßnahme den Zweck gehabt hatte, den Betroffenen zu begünstigen (zB rechtswidrige Baugenehmigung oder sonstige Erlaubnis; unrichtige Auskünfte). Nicht anwendbar ist die Vorschrift, wenn das von der Ordnungsbehörde zutreffend angewandte Gesetz verfassungswidrig ist (legislatives Unrecht) oder die Ordnungsbehörde nationales Recht für sich genommen korrekt ausführt, das – für die Verwaltung nicht ohne weiteres erkennbar – mit Unionsrecht nicht vereinbar ist (BGHZ 205, 63 mwNw; **aA** Schönenbroicher/Heusch § 39 Rn 30).

(1) Der Begriff der **„Maßnahme“** ist vom Gesetz bewusst weit gefasst worden (BGH **645**
17. 12. 1981 – III ZR 88/80, BGHZ 82, 361, 362). Dazu zählen beispielsweise: die (positive) Erteilung einer Baugenehmigung und die Befreiung von den Festsetzungen eines Bebauungsplans durch die Baugenehmigungsbehörde (BGH NJW 1979, 34, 36; BGHZ 72,

273, 275), die ablehnende Bescheidung einer Bauvoranfrage (BGH NVwZ 2011, 1150, Rn 19), die Zurückstellung (§ 15 BauGB) und die Ablehnung eines Baugesuchs durch die Baugenehmigungsbehörde (BGHZ 84, 292, 295; 82, 361, 362), die Inanspruchnahme eines Grundstücks zur Abwehr einer vom Nachbargrundstück drohenden Gefahr (BGH 31. 1. 1980 – III ZR 140/78). Auch dem betroffenen Nachbarn gegenüber kann eine zu Unrecht erteilte Baugenehmigung eine entschädigungspflichtige rechtswidrige Maßnahme darstellen (BGHZ 86, 356). Der Widerruf der Erlaubnis zum Betrieb eines Hotels gemäß § 15 Abs 2 GastG ist vom weiten Begriff der Maßnahme ebenso erfasst (BGH VersR 1965, 140) wie die Erteilung einer mündlichen Auskunft, wenn und solange der auskunftsuchende Bürger auf ihre Richtigkeit vertrauen durfte (BGH NJW 1978, 1522 f). Sogar die Abgabe einander widersprechender Lichtzeichen durch eine Lichtzeichenanlage (sogenanntes „feindliches Grün“) kann den Verkehrsteilnehmern gegenüber eine rechtswidrige Maßnahme im Sinne des § 39 Abs 1 lit b OBG NW darstellen (BGHZ 99, 249 unter Aufgabe der anders lautenden früheren Rechtsprechung [BGHZ 54, 332]; s auch Rn 70). Die Bitte um „sofortige Veranlassung geeigneter Maßnahmen (ggf Rückruf) und Information darüber“ ist als bewusste, zielgerichtete und erfolgreiche Einwirkung auf den Bürger eine Maßnahme (BGH 11. 7. 1996 – III ZR 133/95, NJW 1996, 3151, 3152), nicht dagegen die Bitte gegenüber einem Landwirt, von einer Verwertung landwirtschaftlicher Produkte vorläufig abzusehen (BGH 22. 1. 1998 – III ZR 168/96, BGHZ 138, 15, 20 ff zu § 69 SOG LSA aF). Eine Auskunft, die keine Außenwirkung entfaltet (Aussage, eine Bauvoranfrage werde positiv beschieden werden) und daher auch keine Verlässlichkeitsgrundlage bilden kann, ist ebenfalls keine Maßnahme iSd § 39 Abs 1 lit b OBG NRW (BGH 16. 1. 1992 – III ZR 18/90, BGHZ 117, 83, 87).

646 (2) Ein reines **Unterlassen** erfüllt grundsätzlich nicht die Merkmale einer ordnungsbehördlichen Maßnahme, selbst wenn dem betroffenen Bürger ein Anspruch auf behördliches Handeln zusteht. Beim „schlichten“ Unterlassen wird dem Bürger nichts genommen, nur etwas vorenthalten. Nur ausnahmsweise kann ein Unterlassen als ein in den Rechtskreis des Betroffenen eingreifendes Handeln zu qualifizieren sein. Ein solches „qualifiziertes“ Unterlassen setzt jedoch voraus, dass unmittelbar auf eine geschützte Rechtsposition eingewirkt wird, wie es etwa bei einer förmlichen, dem geltenden Recht widersprechenden Ablehnung einer Bauerlaubnis der Fall sein kann (BGH 21. 9. 1989 – III ZR 13/88, juris Rn 5). Insoweit gelten die zum enteignungsgleichen Eingriff entwickelten Grundsätze entsprechend (Rn 469 f).

647 (3) Auch im Anwendungsbereich der verschuldensunabhängigen Polizei- und Ordnungsbehördenhaftung gilt der Grundsatz, dass die Verantwortung für rechtswidrige, aber bindende Weisungen nicht die angewiesene, sondern die anweisende Ordnungsbehörde trifft (BGH NVwZ-RR 2009, 363 Rn 6; s auch Rn 155). Das gilt jedoch nur, wenn die Weisung einen Einzelfall bzw einen überschaubaren Kreis bestimmter Personen betrifft, nicht aber für Erlasse, die der nachgeordneten Verwaltung allgemein eine bestimmte Gesetzesauslegung vorschreiben (BGH 16. 4. 2015 – III ZR 333/13, BGHZ 205, 63 Rn 19).

648 (4) Als haftungsbegrenzendes Kriterium ist auch im Anwendungsbereich des § 39 Abs 1 lit b OBG NW der **Schutzzweck** der verletzten Rechtsnorm uneingeschränkt heranzuziehen. So hat ein Grundstückseigentümer, der sich durch eine für ein Nachbargrundstück erteilte rechtswidrige Baugenehmigung beeinträchtigt fühlt, keinen Entschädigungsanspruch, wenn die verletzte Rechtsnorm keinen nachbarschützen-

den Charakter hatte (BGHZ 86, 356). Eine Baugenehmigung ist keine öffentlich-rechtlichen „Garantie" für die unbedenkliche Nutzbarkeit des Baugrundes. Hinsichtlich solcher Gefahren, die sich aus dem Baugrundstück des Genehmigungsempfängers selbst ergeben und die bei sorgfältiger, gewissenhafter Prüfung des Bauvorhabens nicht zutage getreten sind, bildet sie keine Verlässlichkeitsgrundlage und entfaltet daher auch keine Schutzwirkung (BGH 13. 7. 1993 – III ZR 22/92, BGHZ 123, 191, 199).

Zu ersetzen sind nur Vermögensschäden (§ 40 Abs 1 S 1 OBG NRW; s auch OLG Saarbrücken 21. 3. 2019 – 4 U 118/17, NJW-RR 2019, 1112 Rn 28 zu § 68 Abs 1 S 1 PolG SL). Zum zu ersetzenden Schaden s auch Rn 649.

cc) Der Entschädigungsanspruch für rechtmäßige Maßnahmen nach § 39 Abs 1 lit a OBG NW enthält einen **spezialgesetzlich** geregelten Fall des **enteignenden Eingriffs** oder der Aufopferung, soweit die Inanspruchnahme des Nichtstörers nach § 19 OBG NW Rechtsgüter betrifft, die durch jene beiden allgemeinen Haftungsinstitute geschützt werden. Die Ordnungsbehördenhaftung geht daher in ihrem Anwendungsbereich jenen allgemeinen Haftungsinstituten vor. Beispiel: Die (rechtmäßige) Einweisung eines Obdachlosen in einer private Wohnung führt zu einem Entschädigungsanspruch für solche Schäden, die in einem **unmittelbaren Zusammenhang** mit der Maßnahme stehen und im Übrigen nur dann, wenn und soweit dies zur Abwendung unbilliger Härten geboten erscheint (§ 40 Abs 1 S 2 OBG NW). Nötig ist ein innerer Zusammenhang mit dieser Maßnahme, dh es muss sich eine besondere Gefahr verwirklichen, die bereits in der hoheitlichen Maßnahme selbst angelegt ist (BGH 21. 12. 2005 –III ZR 148/25, NVwZ 2006, 363 Rn 5; BGH 9. 11. 1995 –III ZR 226/94, BGHZ 131, 163, 166 ff). Dies zu beurteilen ist Sache des Tatrichters und kann bzgl durch unsachgemäßen Gebrauch entstandener Schäden zu bejahen sein bei der Einweisung eines früheren Mieters, gegen den der Betroffene die Räumungsvollstreckung eingeleitet hat (BGH 9. 11. 1995 – III ZR 226/94, BGHZ 131, 163, 167 f), und zu verneinen sein, wenn das Verhältnis noch insgesamt „in Ordnung" war (BGH 21. 12. 2005 – III ZR 148/25, NVwZ 2006, 363 Rn 7). 649

Ob jemand Störer ist, muss nach den tatsächlichen Umständen entschieden werden, wie sie wirklich vorlagen. Es ist daher insofern – anders als bei der Beurteilung der Voraussetzungen und der Art und Weise des Einschreitens – für die Frage des Bestehens des Entschädigungsanspruchs nicht auf die Betrachtung aus der Sicht im **Zeitpunkt** des Eingriffs abzustellen. Wird also der Eigentümer einer Sache als Zustandsstörer (§ 18 OBG NW) in Anspruch genommen, weil der durch Tatsachen begründete Verdacht besteht, dass von der Sache eine Gefahr ausgeht, so kann er für dadurch erlittene Nachteile in entsprechender Anwendung von § 39 Abs 1 lit a OBG NW wie ein Nichtstörer Entschädigung verlangen, wenn sich nachträglich herausstellt, dass die Gefahr in Wirklichkeit nicht bestand, und wenn er die den Verdacht begründenden Umstände nicht zu verantworten hat (BGH 12. 3. 1992 – III ZR 128/91, BGHZ 117, 303, 307; s auch BGH 11. 7. 1996 – III ZR 133/95, NJW 1996, 3151, 3152 zu § 59 ASOG Bln sowie BGH 23. 6. 1994 – III ZR 54/93, BGHZ 126, 279, 283).

dd) Kann aus demselben Lebenssachverhalt ein Amtshaftungsanspruch und hilfsweise (alternativ) ein Anspruch wegen rechtmäßiger Inanspruchnahme (zB nach § 59 Abs 1 Nr 1 BerlASOG) hergeleitet werden, so handelt es sich um einen einheitlichen **Streitgegenstand** (BGH NJW 1996, 3151). Zur **Beweislast** s Rn 490. 650

4. Rechtspflege (außerhalb des Richterspruchprivilegs des § 839 Abs 2 BGB)

a) Vorbemerkung

651 In allen Bereichen richterlicher Tätigkeit außerhalb des Richterspruchprivilegs, in denen also für eine Amtshaftung nicht nur unter den engen Voraussetzungen des § 839 Abs 2 S 1 BGB Raum ist, ist gleichwohl der Verfassungsgrundsatz der richterlichen Unabhängigkeit zu beachten. Soweit in solchen Fällen im Amtshaftungsprozess darüber zu befinden ist, ob ein Richter bei der Rechtsanwendung und Gesetzesauslegung schuldhaft amtspflichtwidrig gehandelt hat, kann dem Richter in diesem Bereich ein Schuldvorwurf nur bei besonders groben Verstößen gemacht werden; inhaltlich läuft das auf eine Haftung für Vorsatz oder grobe Fahrlässigkeit hinaus (BGHZ 155, 306). Die neuere Rechtsprechung des Bundesgerichtshofs hat sich indes von dem Begriff der groben Fahrlässigkeit gelöst und stellt auf die Unvertretbarkeit als Maßstab ab (BGH 18. 4. 2019 – III ZR 68/17 Rn 21; BGH 15. 12. 2016 – III ZR 387/14, BGHZ 213, 200 Rn 14; BGH 27. 8. 2015 – III ZR 327/14 Rn 2; BGH 16. 10. 2014 – IX ZR 190/13, NJW-RR 2015, 369 Rn 19; BGH 22. 1. 2009 – III ZR 172/08, NJW-RR 2009, 601 Rn 13; BGH 5. 10. 2006 – III ZR 283/05, NJW 2007, 224 Rn 19; BGH 21. 7. 2005 – III ZR 21/05, NJOZ 2005, 3987, 3988 f; s auch BGH 4. 11. 2010 – III ZR 32/10, BGHZ 187, 286 Rn 27 zu § 198 GVG m Anm Roller DRiZ 2011, 172; Brüning NJW 2011, 1077; Fölsing EWIR 2011, 142; krit Zuck JZ 2011, 471; Ziehm NJW 2017, 1276; Rinne/Schlick NJW 2005, 3541, 3548; anders bei Ansprüchen aus Art 5 Abs 5 EMRK: BGH 18. 4. 2019 – III ZR 68/17, Rn 23 ff). Vgl zum Ganzen Rn 218, 314.

b) Zivilprozessrichter

652 **aa)** Dem Zivilprozessrichter obliegen Amtspflichten in der Regel nur gegenüber den am Rechtsstreit Beteiligten, die in ihrer Rechtsverfolgung oder -verteidigung beeinträchtigt werden können, nicht gegenüber Dritten, die nur wirtschaftlich am Ausgang des Prozesses beteiligt sind (OLG Frankfurt VersR 1967, 461). Entscheidet das Prozessgericht (außerhalb des § 839 Abs 2 S 1 BGB) in falscher Besetzung, so liegt darin eine Amtspflichtverletzung gegenüber den Parteien; denn die Vorschriften über die richtige Besetzung dienen nicht nur der öffentlichen Ordnung, sondern auch dem Schutz der Rechtssuchenden, wie sich aus §§ 547 Nr 1, 579 Abs 1 Nr 1 ZPO ergibt (BGH NJW 1962, 583). Eine unrichtige (zu niedrige) Festsetzung des Streitwerts ist Amtspflichtverletzung auch gegenüber dem Prozessbevollmächtigten einer Partei, da er gemäß § 32 Abs 2 RVG selbst Beteiligter am Streitwertfestsetzungsverfahren ist (BGH VersR 1964, 146). Die Pflicht zu fristgemäßer Urteilsabsetzung (§ 315 Abs 2 ZPO) obliegt dem Richter als Amtspflicht auch gegenüber der durch die Entscheidung beschwerten Partei (OLG Frankfurt VersR 1967, 461).

653 **bb)** Die Amtspflicht des Gerichts, Prozesskostenhilfe nur zu gewähren, wenn die in § 114 ZPO bestimmten Voraussetzungen vorliegen (dh das Prozesskostenhilfegesuch zurückzuweisen, wenn diese Voraussetzungen nicht erfüllt sind), obliegt ihm im Allgemeininteresse (Vermeidung unnötiger Prozesse und einer Belastung der Staatskasse), bezweckt aber nicht den Schutz des Gegners; daher war die Bewilligung des (früheren) Armenrechts trotz Aussichtslosigkeit des Rechtsstreits keine Amtspflichtverletzung gegenüber dem Gegner (RGZ 155, 218). Eine verzögernde Entscheidung über einen Antrag kann amtspflichtwidrig sein (vgl BGH MDR 1960, 117 im konkreten Fall verneinend). Da eine Entscheidung im PKH-Verfahren kein Urteil in einer Rechtssache iSd § 839 Abs 2 ist, kann eine unvertretbare, rechtswidrige Verweigerung von Prozesskostenhilfe Amtshaftungsansprüche begründen (OLG Frankfurt NJW 2001, 3270, das

allerdings auf ein grobes Verschulden abstellt; kritisch TOMBRINK NJW 2002, 1324). Die Amtspflicht, einer Partei im Falle des § 121 Abs 2 ZPO auf ihren Antrag einen zur Vertretung bereiten Rechtsanwalt ihrer Wahl beizuordnen, obliegt dem Gericht nicht gegenüber dem Rechtsanwalt als „Drittem" im Sinne des § 839 Abs 1 S 1 BGB (BGHZ 109, 163; diese Entscheidung betrifft die Amtspflicht der Strafkammer, dem Nebenkläger einen Rechtsanwalt beizuordnen; ihre Grundsätze gelten indessen auch für den Zivilprozess). Führt die unterlassene Bekanntgabe des Prozesskostenhilfeantrags an den Prozessgegner dazu, dass die Verjährung nicht nach § 204 Abs 1 Nr 14 gehemmt ist, begründet dies keinen Amtshaftungsanspruch, wenn dies nicht unvertretbar war, weil das Gericht die Erfolgsaussichten vertretbar verneint hat (BGH 27. 8. 2015 – III ZR 327/14, juris Rn 2).

cc) Die Amtspflicht des Gerichts, überflüssige, zur Entscheidung des Rechtsstreits nicht gebotene Beweisaufnahmen zu vermeiden, besteht ebenfalls lediglich im Allgemeininteresse (der Wahrung einer geordneten Rechtspflege), sie obliegt ihm nicht gegenüber den Prozessbeteiligten als eine Pflicht, ihnen unnötige Prozessaufwendungen zu ersparen (RGZ 155, 218, 223).

dd) Die im Vaterschaftsprozess zu beachtende Ausschlussfrist des § 1600b Abs 1 BGB dient nicht dem Schutz des leiblichen Vaters an einer Verhinderung seiner Vaterschaftsfeststellung und vor seiner Inanspruchnahme auf Zahlung von Unterhalt. Auf eine Verletzung des § 1600b BGB kann deshalb eine Amtshaftungsklage des leiblichen Vaters nicht gestützt werden (BGH NJW 2007, 223).

ee) Bei der Mitwirkung an einem **Prozessvergleich** kann der Kreis der „Dritten" **654**
über die Prozessparteien hinausgehen. So verletzt der Prozessrichter, der bei der Beurkundung eines Prozessvergleichs mit Erklärungen über die grundbuchmäßige Sicherung einer Geldforderung für eine Partei einen Vertreter ohne gehörige Prüfung der vorgezeigten Vollmacht zulässt und über deren Inhalt falsche Angaben in das Sitzungsprotokoll aufnimmt, seine Amtspflicht nicht nur gegenüber den Prozessparteien einschließlich der im Sinne des Zweiten Abschnitts des Ersten Buches der ZPO am Rechtsstreit beteiligten Dritten, sondern gegenüber allen Personen, deren Interessen nach der besonderen Natur des beurkundeten Vertrags berührt werden, also auch gegenüber dem Rechtsnachfolger oder Pfandgläubiger einer Prozesspartei und demjenigen, dem eine Prozesspartei den Vergleich zum Nachweis der beurkundeten Vorgänge zugänglich macht. Denn die Tätigkeit, die der Prozessrichter hier ausübt, entspricht der Tätigkeit eines Notars, der bei der Beurkundung eines Rechtsgeschäfts in solcher Weise fehlerhaft verfährt (RGZ 129, 37; s dazu § 12 BeurkG, § 127a BGB). Der gerichtliche Vergleich – auch jener nach § 278 Abs 6 S 2 ZPO – fällt nicht unter das Spruchrichterprivileg, weil er nicht darauf gerichtet ist, eine Entscheidung durch Urteil herbeizuführen (vgl RGZ 129, 37; ZÖLLER/GREGER, ZPO [36. Aufl 2026] § 278 Rn 40; MÜLLER-TECKHOF MDR 2014, 249, 253; wohl auch OLG Bremen NJW-RR 2001, 1036; offengelassen von BGH NJW 2011, 1572; **aA** RAKETE-DOMBEK NJW 2012, 1689, 1692), was Voraussetzung für die Anwendung des § 839 Abs 2 S 1 BGB ist (BGHZ 187, 286, 292). Die im Vorfeld des gerichtlichen Vergleichs gegebenen Hinweise im Prozess zB über die Erfolgsaussicht der Klage unterfallen jedoch dem Spruchrichterprivileg (OLG Bremen NJW-RR 2001, 1036). § 839 Abs 2 S 1 BGB umfasst nicht nur Mängel, die in dem Urteil selbst liegen oder die unmittelbar bei seinem Erlass begangen werden. Vielmehr sind privilegiert auch alle Maßnahmen, die objektiv darauf gerichtet sind, die Rechtssache durch Urteil zu entscheiden, also die Grundlagen für die Sachentschei-

dung zu gewinnen (vgl auch Tombrink NJW 2002, 1324, 1325). Dazu gehören zB auch die richtige Feststellung des Tatbestandes und die prozessleitenden Maßnahmen, wie die Erteilung von Hinweisen (BGHZ 187, 286, 291 f mwNw). Die Haftungsbegrenzung gilt dabei auch dann, wenn das Verfahren nicht durch Urteil endet (BGH 19. 11. 1956 – III ZR 119/55, VersR 1957, 43), sondern zB durch einen Vergleich. Damit ist aber auch zugleich die Grenze des Spruchrichterprivilegs aufgezeigt. Maßnahmen des Gerichts, die allein dem Abschluss des Vergleichs dienen und mit einer möglichen Entscheidung durch Urteil nicht mehr zusammenhängen, zB bei Hinweisen zur Einbeziehung von Sachverhalten in den Vergleich, die nicht Gegenstand des Verfahrens sind, unterfallen dem Spruchrichterprivileg nicht. Gleichwohl gilt auch hier, dass insoweit der verfassungsrechtliche Grundsatz der richterlichen Unabhängigkeit Bedeutung erlangt (vgl BGHZ 187, 286, 292), so dass eine volle Überprüfung der Richtigkeit der Maßnahmen des Richters nicht in Betracht kommt, sondern nur eine Kontrolle auf deren Vertretbarkeit (Zöller/Greger, ZPO [36. Aufl 2026] § 278 Rn 40).

655 **ff)** Das Präsidium eines Gerichts kann eine Amtspflicht gegenüber den Prozessparteien verletzten, wenn infolge eines fehlerhaften Geschäftsverteilungsbeschlusses (§ 21e GVG) das erkennende Gericht nicht ordnungsmäßig besetzt war (vgl BGH VersR 1962, 959, betreffend Verletzung der Grundsätze über den zulässigen Umfang der Mitwirkung von Hilfsrichtern; BGH VersR 1978, 460).

656 **gg)** Aus dem Rechtsstaatsprinzip (Art 20 Abs 3 GG) ist in Verbindung mit Art 2 Abs 1 GG für zivilrechtliche Streitigkeiten die Gewährleistung eines wirkungsvollen Rechtsschutzes abzuleiten. Dazu gehört auch, dass streitige Rechtsverhältnisse in angemessener Zeit geklärt werden. Hierbei verdichtet sich mit zunehmender Verfahrensdauer die Verpflichtung des Gerichts, sich nachhaltig um eine Förderung und Beendigung des Verfahrens zu bemühen. Die Gerichte müssen daher – und zwar als drittbezogene Amtspflicht gegenüber den Parteien – anhängige Verfahren mit der gebotenen Beschleunigung bearbeiten und bei Entscheidungsreife möglichst zeitnah abschließen. Der aus dem Rechtsstaatsprinzip folgende Anspruch auf Justizgewährung beinhaltet insoweit das Recht auf eine Entscheidung innerhalb angemessener Frist; gleiches folgt auch aus Art 6 Abs 1 EMRK. Nicht unter § 839 Abs 2 S 2 BGB fallen dabei Maßnahmen des Gerichts, die rechtzeitig getroffen wurden, aber im Ergebnis zu einer Verlängerung des Verfahrens geführt haben. Aber auch soweit das richterliche Verhalten nicht von § 839 Abs 2 S 1 BGB erfasst wird, kann bei der Beurteilung der Frage, ob eine haftungsbegründende Verzögerung vorliegt, der verfassungsrechtlich garantierte Grundsatz richterlicher Unabhängigkeit (Art 97 Abs 1 GG) nicht unberücksichtigt bleiben. Die zügige Erledigung eines Rechtsstreits ist kein Selbstzweck. Vielmehr verlangt gerade das Rechtsstaatsprinzip die grundsätzlich umfassende tatsächliche und rechtliche Prüfung des Streitgegenstands durch das dazu berufene Gericht. Insoweit ist die sachgerechte Führung eines Prozesses – abgesehen von zwingenden gesetzlichen Vorgaben – in das Ermessen der verantwortlichen Richter gestellt. Hierbei kann die Verfahrensführung im Amtshaftungsprozess nicht auf ihre Richtigkeit, sondern nur auf ihre Vertretbarkeit überprüft werden. Letztere darf nur verneint werden, wenn bei voller Würdigung auch der Belange einer funktionstüchtigen Zivilrechtspflege das richterliche Verhalten nicht mehr verständlich ist. Bei der insoweit anzustellenden Bewertung darf der Zeitfaktor (so) selbstverständlich nicht ausgeblendet werden; er ist aber nicht der allein entscheidende Maßstab (BGHZ 187, 286 Rn 11 ff mwNw). Die Überprüfung der Verfahrensführung

im Vorprozess obliegt insoweit grundsätzlich dem Tatrichter. Dessen Würdigung kann vom Revisionsgericht daraufhin überprüft werden, ob der rechtliche Rahmen verkannt, Denkgesetze oder allgemeine Erfahrungssätze verletzt und ob alle für die Beurteilung wesentlichen Umstände berücksichtigt und angemessen abgewogen worden sind (BGHZ 187, 286 Rn 18). Im Einzelnen s Herrmann/Ostwaldt, in: FS 75 Jahre BGH [2025] 61, 69 f.

c) Strafrechtspflege

aa) Strafrichter

Der Haftrichter begeht eine Amtspflichtverletzung gegenüber dem Beschuldigten, wenn er unter Vernachlässigung der gebotenen Vorsicht beim Erlass eines **Haftbefehls** Umstände nicht berücksichtigt, die offensichtlich den dringenden Tatverdacht hätten zerstreuen müssen (vgl RGZ 62, 367). Wegen der einschneidenden Folgen eines Haftbefehls ist er gehalten, die Akten – trotz aller etwa gebotenen Eile – sorgfältig und genau durchzuarbeiten, ehe er sich entschließen darf, einen Haftbefehl zu erlassen (BGH 29. 5. 1958 – III ZR 38/57, BGHZ 27, 338, 348 f). Im Übrigen gilt auch hier der Grundsatz, dass staatsanwaltschaftliche Entscheidungen im Ermittlungsverfahren, bei denen ein Beurteilungsspielraum besteht, im Amtshaftungsprozess nur auf ihre Vertretbarkeit zu überprüfen sind, auch für den Richter, der über die Anordnung oder Fortdauer von Untersuchungshaft zu entscheiden hat (BGHZ 122, 268, 271; s auch s Rn 161, 467). 657

Übersieht das Gericht bei Erlass eines Vollstreckungshaftbefehls, dass die Strafhaft aufgrund einer anzurechnenden Unterbringung bereits verbüßt ist, und wird der Verurteilte daraufhin unrechtmäßig inhaftiert, so steht ihm ein Amtshaftungsanspruch auf Schmerzensgeld zu. Dabei hat das OLG Hamm einen Betrag von 100 € je Tag angesetzt (OLG Hamm 16. 12. 2020 – 11 W 67/20, NJW-RR 2021, 535).

Die – an sich zur freiwilligen Gerichtsbarkeit gehörenden, in der Sache aber mit der Strafrechtspflege eng verwandten – richterlichen Anordnungen über den Einsatz verdeckter technischer Mittel zur Datenerhebung in oder aus Wohnungen sind keine „Urteile in einer Rechtssache" im Sinne des § 839 Abs 2 S 1 BGB. Eine derartige Abhörmaßnahme, die nicht nach ihrer Bekanntgabe an den Betroffenen im Beschwerdewege einer Sachprüfung unterworfen wurde, sondern (formell) rechtskräftig geworden ist, kann im Amtshaftungsprozess auf ihre Rechtmäßigkeit überprüft werden (BGH NJW 2003, 3693).

Die Landespressegesetze (vgl zB § 17 PresseG BW, § 17 BremPresseG, § 17 Abs 1 LPrG M-V) sehen zum Teil unabhängig davon, ob Amtshaftungsansprüche in Betracht kommen, bei unzulässiger oder ungerechtfertigter Beschlagnahme von Druckerzeugnissen durch den Richter (oder vorläufiger Sicherstellung durch die Staatsanwaltschaft) eine Entschädigungspflicht des Landes vor (vgl Koebel NJW 1967, 365).

bb) Staatsanwaltschaft

(1) Die Pflicht des Staatsanwalts zum Einschreiten wegen strafbarer Handlungen (§ 152 Abs 2 StPO) besteht gegenüber der Allgemeinheit, nicht gegenüber dem **Verletzten** (BGHSt 16, 228; RGZ 172, 13; 154, 276; 108, 250). Die Unterlassung der – an sich gebotenen – Verfolgung einer strafbaren Handlung, der Verhaftung eines Beschuldigten etc kann daher in aller Regel Amtspflichten gegenüber dem durch die Straftat 658

Geschädigten nicht verletzen (BGH NJW 1996, 2373; OLG Düsseldorf NJW 1996, 530 m abl Anm Hörstel NJW 1996, 497). Anders kann es sich allenfalls dann verhalten, wenn der Staatsanwaltschaft in einem laufenden Ermittlungsverfahren konkrete Schutzpflichten gegenüber dem durch eine Straftat Geschädigten erwachsen, etwa zur Sicherstellung der Diebesbeute im Interesse des Bestohlenen (vgl BGH NJW 1996, 2373; Steffen DRiZ 1972, 152).

659 **(2)** Die Pflicht zur Beachtung der dem Schutz und der Verteidigung des Beschuldigten dienenden strafprozessualen Vorschriften begründet hingegen Amtspflichten gegenüber dem **Beschuldigten** (BGHZ 20, 178, 180), so die Pflicht der Staatsanwaltschaft zu prüfen, ob ein ihr angezeigter Sachverhalt überhaupt unter eine Strafbestimmung fällt (BGHZ 20, 178, 180). Bestimmte Maßnahmen, bei denen der Staatsanwaltschaft ein Beurteilungsspielraum zusteht, sind im Amtshaftungsprozess nicht uneingeschränkt auf ihre sachliche Richtigkeit, sondern nur daraufhin zu überprüfen, ob sie – bei voller Würdigung auch der Belange einer funktionstüchtigen Strafrechtspflege – vertretbar sind (BGH NJW 2019, 227 Rn 17; ZInsO 2017, 548 Rn 3). Die Vertretbarkeit darf nur dann verneint werden, wenn bei voller Würdigung auch der Belange einer funktionstüchtigen Strafrechtspflege die betreffende Entscheidung nicht mehr verständlich ist. Dabei ist die Ausfüllung des unbestimmten Rechtsbegriffs der Vertretbarkeit Aufgabe des Tatrichters und kann vom Revisionsgericht nur daraufhin überprüft werden, ob er diesen Rechtsbegriff verkannt, Denkgesetze oder allgemeine Erfahrungssätze verletzt und alle für die Beurteilung wesentlichen Umstände berücksichtigt hat. Die Darlegungs- und Beweislast dafür, dass ein staatsanwaltschaftliches oder richterliches Handeln unvertretbar und insoweit amtspflichtwidrig war, trägt grundsätzlich derjenige, der einen Amtshaftungsanspruch geltend macht (BGH 15. 12. 2016 – III ZR 387/14, BGHZ 213, 200 Rn 14). Diese Grundsätze gelten für die Entscheidung über Einleitung und Fortführung der Ermittlungen (BGH NJW 1989, 96); für Durchsuchung- und Beschlagnahmeanordnungen (BGH 15. 12. 2016 – III ZR 387/14, BGHZ 213, 200; BGH WM 1997, 1755 = VersR 1997, 1363; BGH 19. 1. 1989 – III ZR 243/87, NJW 1989, 1924, 1925); für die Beantragung eines Haftbefehls, einschließlich der Beurteilung der Haftgründe nach § 112 Abs 2 StPO (BGH 27. 9. 1990 – III ZR 314/89, juris Rn 3); für die Entscheidung, Anklage zu erheben (BGH NJW 2000, 2672 m Anm Fluck NJW 2001, 202).

Hat eine amtspflichtwidrige, weil auf einer ungesicherten tatsächlichen Grundlage beruhende Anklageerhebung der Staatsanwaltschaft gegen die Geschäftsführer und einzigen Gesellschafter einer GmbH wegen Brandstiftung zur Folge, dass der Feuerversicherer die Zahlung der Entschädigung für den Brandschaden der versicherten GmbH (weiter) zurückhält, so ist bezüglich der dadurch eingetretenen Vermögenseinbußen die GmbH „geschützter Dritter" und dieser Schaden vom Schutzzweck der Amtspflicht der Staatsanwaltschaft, keine unzulässige Anklage zu erheben, umfasst (BGH NJW 2000, 2672). Der Amtspflicht des Richters, vor Erlass eines Haftbefehls die Akten – trotz aller etwa gebotenen Eile – sorgfältig und genau durchzuarbeiten (Rn 145), entspricht eine Amtspflicht der Staatsanwaltschaft, dem zuständigen Richter alle für die Beurteilung des Tatverdachts des Beschuldigten erheblichen Beweisergebnisse vorzulegen (BGH NJW 2003, 3693). Hat sich ein ursprünglich bestehender Anfangsverdacht nicht bestätigt und drohen dem Beschuldigten bei Fortführung des Verfahrens schwerwiegende Nachteile, besteht eine Amtspflicht der Staatsanwaltschaft, das Ermittlungsverfahren einzustellen; auch hier gilt der Maßstab der Vertretbarkeit (vgl BGH 21. 4. 1988 – III ZR 255/86, NJW 1989, 96, 98; OLG Saarbrücken 21. 3. 2019 – 4 U 118/17, NJW-RR 2019, 1112 Rn 33 f).

Zu Maßnahmen der früheren **Rückgewinnungshilfe** (hier: Sicherstellung durch Arrest gemäß § 111b Abs 2 iVm § 111d ff StPO aF) hat der BGH entschieden, dass diese im pflichtgemäßen Ermessen der Strafverfolgungsbehörde stehen. Ein ausschließlich zugunsten des Verletzten wirkender dinglicher Arrest ist nur dann angezeigt, wenn allein die Maßnahme nach § 111d StPO den Geschädigten davor bewahrt, seiner Ersatzansprüche verlustig zu gehen. Ein Amtshaftungsanspruch kommt insofern nur in Betracht, wenn die Handlungen der Staatsanwaltschaft nicht mehr vertretbar sind (BGH NJW 2019, 227 Rn 17; ZInsO 2017, 548 Rn 3). Der von einem rechtmäßigen Sicherungsarrest nach der Strafprozessordnung (Rückgewinnungshilfe) Betroffene hat keinen Anspruch auf Entschädigung wegen enteignenden Eingriffs, soweit es um die entgangene Nutzung des vom Arrest erfassten Gegenstands oder des zur Abwendung des Arrestvollzugs hinterlegten Geldbetrages geht und sich die Dauer der Maßnahme in einem angemessenen Rahmen hält. § 945 ZPO findet auf den dinglichen Arrest nach § 111e StPO weder unmittelbar noch analog Anwendung (BGH NJW 2019, 227 zu § 111d StPO aF m krit Anm Cornils NJW 2019, 230). Es spricht nichts dafür, dass dies unter Geltung des § 111e StPO anders zu beurteilen wäre.

Eine der **Presse** erteilte und zur Veröffentlichung bestimmte unrichtige Auskunft **660**
über den Stand eines Strafverfahrens kann eine Verletzung der Amtspflicht gegenüber dem Beschuldigten darstellen, wenn sie den bestehenden Tatverdacht nicht sachlich zutreffend wiedergibt oder nach Art und Umfang der erhobenen Vorwürfe ein berechtigtes Informationsinteresse der Öffentlichkeit nicht besteht (BGH VersR 1993, 754). Für die Entscheidung, ob die Auskunft zutrifft, kommt es nicht auf den reinen Wortlaut der Auskunft, sondern auf den Eindruck an, den sie bei den Lesern der veröffentlichten Auskunft hervorruft (BGHZ 27, 338). Insoweit gilt der vorstehend beschriebene eingeschränkte Prüfungsmaßstab nicht. Vielmehr kann, soweit es um die Beurteilung von Presseinformationen geht, für Bedienstete der Staatsanwaltschaft nichts anderes gelten als für andere Amtsträger. Diese haben, wenn sie vor der Frage stehen, ob die Presse über amtliche Vorgänge informiert werden soll, in der gleichen Weise wie die Staatsanwaltschaft in ihrem Bereich die erforderliche Abwägung zwischen dem Informationsrecht der Presse und dem allgemeinen Persönlichkeitsrecht (Geheimhaltungsinteresse) des jeweils Betroffenen (Art 5 Abs 1 GG einerseits, Art 1 Abs 1, 2 Abs 1 GG andererseits) vorzunehmen (BGH NJW 1994, 1950, 1951 mwNw). Führt die durch eine amtspflichtwidrige Information verursachte Berichterstattung über ein Ermittlungsverfahren zu einer schwerwiegenden Beeinträchtigung des Persönlichkeitsrechts des Betroffenen, so kommt ein Anspruch auf Schmerzensgeld in Betracht (BGH NJW 1994, 1950). Die Staatsanwaltschaft verletzt ihre Amtspflicht gegenüber dem Betroffenen, wenn sie den richtigen Vollzug einer von ihr erlassenen öffentlichen Bekanntmachung nicht überprüft und nicht für Beseitigung der bei einer Nachprüfung festgestellten Fehler sorgt (RGZ 113, 104, betreffend den Fall, dass ein Ersuchen um Ermittlung des Aufenthalts eines Tatverdächtigen versehentlich als Strafvollstreckungsersuchen veröffentlicht wird). Hätte die Staatsanwaltschaft bei pflichtgemäßer Aufmerksamkeit erkennen können, dass dem die Revision nach § 346 StPO verwerfenden Gericht ein Fehler unterlaufen ist, so darf sie von der Befugnis zum sofortigen Vollzug des noch nicht rechtskräftigen Strafurteils (§ 346 Abs 2 S 2 StPO) keinen Gebrauch machen (BGH VersR 1966, 389).

661 **(3)** Dem Verletzten gegenüber besteht zwar nicht die Pflicht zu rechtzeitiger Erwirkung der Beschlagnahme hinsichtlich der ihm durch eine Straftat entzogenen Sachen (RGZ 108, 249, 251), wohl aber die Pflicht, die spätere Rückgabe solcher Sachen an ihn zu sichern, die durch Beschlagnahme oder Sicherstellung in amtlichen Gewahrsam gelangt sind (RGZ 108, 249, 251 und dazu jetzt § 111n StPO). Die Rückgabe einer in einem Strafverfahren beschlagnahmten Sache hat an dem Ort zu erfolgen, an welchem diese aufzubewahren war; die zuständigen Justizbehörden sind nicht verpflichtet, die Sache dem Berechtigten an dessen Wohnsitz zu bringen (BGH NJW 2005, 988).

662 **(4)** Die im Zusammenhang mit der Überprüfung von im Ermittlungsverfahren getroffenen staatsanwaltschaftlichen bzw richterlichen Maßnahmen, bei denen ein Beurteilungsspielraum des Entscheidungsträgers besteht, entwickelten Grundsätze zur Vertretbarkeit der Maßnahme gelten auch für die Beurteilung von Ansprüchen aus **enteignungsgleichem Eingriff**. Ist eine solche Ermittlungshandlung vertretbar, entfällt die Rechtswidrigkeit des Eingriffs als Voraussetzung einer Haftung aus enteignungsgleichem Eingriff (BGH 15. 12. 2016 – III ZR 387/14, BGHZ 213, 200 Rn 21). Bei Geltendmachung eines Anspruchs aus enteignendem Eingriff ist das Vorliegen eines Sonderopfers der von der Beschlagnahme eines Presseerzeugnisses betroffenen Kapitalgesellschaft regelmäßig zu verneinen, wenn das Eingreifen der Strafverfolgungsbehörden durch ein bewusst riskantes Verhalten eines Gesellschaftsorgans veranlasst worden ist (BGH 15. 12. 2016 – III ZR 387/14, BGHZ 213, 200 Rn 25).

cc) Strafvollstreckungsbehörde

663 Die Strafvollstreckungsbehörde darf durch ihr Verhalten die Urteilsfolgen nicht über den Strafausspruch hinaus verschärfen; sie muss deshalb, damit ein Verurteilter nicht über die Zeit eines Fahrverbots hinaus im Gebrauch der Fahrerlaubnis beschränkt wird, ihm entweder gestatten, den Führerschein noch vor Ablauf der Fahrverbotsfrist abzuholen, oder veranlassen, dass der Führerschein so rechtzeitig abgesandt wird, dass er noch vor Ablauf der Verbotsfrist bei dem Verurteilten eintrifft (LG Flensburg DAR 1967, 299).

dd) Vollzugsbeamte

664 **(1)** Die aus dem öffentlich-rechtlichen Vollzugsverhältnis zwischen dem Staat und dem Untersuchungs- und Strafgefangenen sowie dem aufgrund gerichtlich angeordneter Maßnahmen der Besserung und Sicherung behördlich Untergebrachten sich ergebende Fürsorgepflicht des Staates, insbesondere für Leben und Gesundheit des Häftlings (Untergebrachten), begründet Amtspflichten der Vollzugsbediensteten gegenüber den Häftlingen, die im Einzelnen durch die besonderen Bestimmungen über den Vollzug durch Gesetz (StVollzG, StPO usw) oder Verwaltungsanordnung (UHaftvollzugsO, Verwaltungsvorschriften zum StVollzG – VVStVollzG –, Dienst- und Sicherheitsvorschriften für den Strafvollzug – DStVollzG – beide von 1977, StrafvollstreckungsO) geregelt sind (vgl BGH MDR 1982, 463; VersR 1964, 309, 311; 1962, 468; 1960, 497; BGHZ 21, 214, 219). Die Amtspflicht umfasst auch die Verhütung von drohenden Schädigungen des Häftlings durch Mitgefangene. Das Gebot, Untersuchungsgefangene von Strafgefangenen getrennt zu halten, hat nicht den Schutzzweck, die Untersuchungsgefangenen vor Schädigungen durch Strafgefangene zu bewahren (BGH NJW 2003, 3698). Die Amtspflicht, Schädigungen des Häftlings zu verhindern, erstreckt sich ebenso auf die Verhinderung des Selbstmords oder der Selbstbeschädigung des Häftlings (vgl dazu §§ 18, 88 und 101 StVollzG – Hungerstreik),

dies aber nur, wenn das Selbstmordvorhaben erkannt worden oder erkennbar geworden ist (BGH VersR 1964, 309, 311) oder durch besondere Umstände eine Selbstmordgefahr naheliegt. Dagegen besteht keine Amtspflicht der Anstaltsverwaltung, Vorkehrungen zur Ausschließung von Selbstmordmöglichkeiten zu treffen, zB durch Erhöhung der Treppengeländer, Anbringung von Schutzgittern usw Vorsorge dagegen zu treffen, dass Gefangene nicht unerwartet Selbstmord durch Herabspringen in das Treppenhaus verüben, zumal Selbstmordversuche von Gefangenen sich auch bei Anwendung größter Vorsichtsmaßregeln nicht ausschließen lassen (vgl RG HRR 1940, Nr 155).

(2) Falls sich nicht klären lässt, ob der Gesundheitsschaden eines Gefangenen auf amtspflichtwidrigem Verhalten des Anstaltsarztes oder des ihm gleichzustellenden Vertragsarztes der Justizvollzugsanstalt beruht, finden auch hier die allgemein geltenden Beweislastregeln bei Schädigung durch fehlerhafte ärztliche Behandlung Anwendung (BGH NJW 1982, 1328); nicht ärztliche Anstaltsbedienstete haben jede körperliche und geistige Auffälligkeit eines Gefangenen unverzüglich dem Arzt zu melden und dürfen nicht darauf vertrauen, dass der Gefangene gesundheitliche Beschwerden beim Arztbesuch schon selbst vorbringen werde (BGH NJW 1982, 1328). **665**

Es können aber auch Amtspflichten der Vollzugsanstalt gegenüber außerhalb des Vollzuges stehende Dritte in Betracht kommen. Bestellt zB ein Häftling bei einem Händler Gegenstände, ohne dass die Anstalt im Rahmen ihres Ermessens („kann") nach § 31 Abs 1 Nr 2 StVollzG Veranlassung sieht, das Bestellschreiben anzuhalten, und übersendet der Verkäufer die Ware, so kann die Vollzugsanstalt ggf den Empfang durch den Häftling nach § 33 Abs 1 StVollzG versagen; sie haftet aber dem Verkäufer, wenn die an die Anstalt gelangte Sendung weder an den Besteller weitergeleitet wird noch an den Absender zurückgelangt. Die Ungewissheit über den Verbleib der Sendung geht zu ihren Lasten (BGH NJW 1983, 627).

(3) Einem Strafgefangenen kann ein Anspruch auf Entschädigung in Geld wegen **menschenunwürdiger Unterbringung** in der Justizvollzugsanstalt zustehen (BGHZ 198, 1; 161, 33). Ob der Vollzug der Strafhaft als menschenunwürdig anzusehen ist, lässt sich dabei nicht abstrakt-generell klären; vielmehr bedarf es jeweils einer Gesamtschau der Umstände des konkreten Einzelfalls, wobei insbesondere die Anzahl der in einem Haftraum untergebrachten Gefangenen, die Größe der zur Verfügung stehenden Haftraumfläche, die Ausgestaltung der sanitären Anlagen im Haftraum, die Gesamtdauer der Unterbringung sowie die täglichen Einschlusszeiten zu berücksichtigen sind (BGH 4. 7. 2013 – III ZR 342/12, BGHZ 198, 1 Rn 6 mwNw). Diese Beurteilung muss dem Tatrichter überlassen bleiben, so dass es auch ein verfassungsmäßiges Mindestsoll im Sinne schematisch festgelegter allgemeiner Maßzahlen nicht geben kann (BVerfG 1. Senat 3. Kammer 28. 7. 2016 – 1 BvR 1695/15, StV 2018, 621 Rn 20; BGH 11. 3. 2010 – III ZR 124/09, NJW-RR 1465 Rn 7 mwNw). Das BVerfG hat jedoch wiederholt beanstandet, dass es „nach wie vor" an klärenden Leitentscheidungen des BGH zur Herausbildung übergreifender Grundsätze und Unterscheidungsmerkmale fehle, die sowohl den Betroffenen als auch den Behörden Kriterien an die Hand geben, die die Beurteilung der Menschenwürdigkeit der Unterbringung hinreichend vorhersehbar machen (BVerfG 1. Senat 2. Kammer 8. 12. 2020 – 1 BvR 149/16, StV-S 2021, 110 Rn 18; BVerfG 1. Senat 3. Kammer 28. 7. 2016 – 1 BvR 1695/15, StV 2018, 621 Rn 20 mwNw zu Einzelfällen aus der Instanzrechtsprechung in Rn 21–24). **666**

Auch bei einer festgestellten Amtspflichtverletzung (Organisationsverschulden) ist zu prüfen, ob die Menschenrechtsverletzung im konkreten Fall von einem solchen Gewicht ist, dass sie zwingend eine Geldentschädigung erfordert, denn zwischen der Feststellung einer Verletzung des Art 1 Abs 1 GG einerseits und der Zuerkennung einer Geldentschädigung andererseits besteht kein zwingendes Junktim (BGHZ 161, 33, 36 f; bestätigt durch BVerfG NJW 2006, 1580; s auch BVerfG NJW 2016, 389; EuGRZ 2014, 266; krit Kretschmer NJW 2009, 2406). Allerdings ist bei Verletzung der Menschenwürde die Schwelle für die Entschädigungspflicht niedriger als bei der bloßen Verletzung des allgemeinen Persönlichkeitsrechts (BVerfG EuGRZ 2014, 266). Wenn dem Strafgefangenen ein Schmerzensgeld wegen menschenunwürdiger Unterbringung zusteht, kann bei der Bemessung der Anspruchshöhe der Umstand Berücksichtigung finden, dass die materiell-rechtlichen Voraussetzungen für eine Inhaftierung vorgelegen haben. Dies steht im Einklang mit der Erwägung des Bundesverfassungsgerichts, dass beim Vorliegen einer Verletzung der Menschenwürde nach Art 1 Abs 1 GG diese Grundgesetzverletzung nicht durch Abwägung mit anderen Verfassungsbelangen gerechtfertigt werden kann, dass aber auf der Rechtsfolgenseite, dh der Frage nach Art und Umfang eines Schadensausgleichs, Erwägungen zur Schwere des Eingriffs angestellt und Art und Höhe dieses Ausgleichs von der Eingriffsintensität abhängig gemacht werden können (BGH 1. 8. 2007 – III ZR 284/06).

Ein Verlegungsantrag an den Anstaltsleiter nach § 108 Abs 1 StVollzG ist ein **Rechtsmittel** nach § 839 Abs 3 BGB (BGHZ 198, 1 Rn 19 sowie Rn 20 zur Frage, wann der Nichtgebrauch eines Rechtsmittels schuldhaft ist, s hierzu auch Rn 344). Der Erfolg des Rechtsmittels kann nicht verneint werden, weil keine andere Unterbringungsmöglichkeit für den Gefangenen bestanden habe, weil dann bei sonst menschenunwürdiger Unterbringung die Haft zu unterbrechen und davon auszugehen sei, dass die Strafvollstreckungsbehörden entsprechenden Feststellungen der Strafvollstreckungsgerichte Folge leisten werden (BGH 11. 3. 2010 – III ZR 124/09 NJW-RR 2010, 1465 Rn 15). Dem Inhaftierten, der menschenunwürdigen Haftbedingungen ausgesetzt ist, steht kein Entschädigungsanspruch nach Art 5 Abs 5 EMRK zu. Art 5 EMRK bezieht sich grundsätzlich nur auf die Freiheitsentziehung als solche (s hierzu Rn 509), nicht auf die Modalitäten des Vollzugs der Haft. Unzumutbare Haftbedingungen werden ausschließlich von Art 3 EMRK erfasst. Die Rechtsfolgen eines Verstoßes gegen Art 3 EMRK richten sich primär nach nationalem Recht, in Deutschland nach §§ 839, 249 ff BGB (BGHZ 198, 1). Ein Ersatzanspruch kann auch bei einer die Menschenwürde verletzenden Fesselung eines Strafgefangenen während einer Krankenhausbehandlung begründet sein (LG Marburg NVwZ-RR 2016, 381).

Es ist der Justizverwaltung unter dem Gesichtspunkt der unzulässigen Rechtsausübung (§ 242 BGB) grundsätzlich verwehrt, gegenüber dem Anspruch eines Strafgefangenen auf Geldentschädigung wegen menschenunwürdiger Haftbedingungen mit einer Gegenforderung auf Erstattung offener Kosten des Strafverfahrens **aufzurechnen** (BGHZ 182, 301). Ebenso ist eine Pfändung des Anspruchs unzulässig (BGH 5. 5. 2011 – VII ZB 25/10). Zulässig ist aber die Aufrechnung mit einer Kostenforderung aus einem neuen Strafverfahren, in dem erneut Sicherungsverwahrung angeordnet wurde (BGH 12. 11. 2015 – III ZR 204/15, BGHZ 207, 365 Rn 11 ff).

667 **(4)** Ein Strafgefangener, der bei seiner Entlassung (schuldhaft) entgegen dem Beschluss der Strafvollstreckungskammer weder mit Reisekosten noch mit einer Überbrückungshilfe ausgestattet wurde und einen ungültigen Personalausweis erhielt, hat einen Anspruch auf Ersatz des ihm dadurch entstandenen Verdienstausfalls (OLG Frankfurt 20. 12. 1983 – 1 W 50/83, NStZ 1985, 46).

Die Vorgabe, einem Strafgefangenen Vollzugslockerungen nur zu gewähren, wenn nicht zu befürchten ist, dass er diese zu Straftaten missbraucht, stellt eine „Amtspflicht" im Sinne des § 839 Abs 1 BGB dar. Jedes Opfer einer Gewaltstraftat eines Strafgefangenen, dem zu Unrecht derartige Vergünstigungen gewährt werden und der sie zu Straftaten missbraucht, kann geschützter „Dritter" im Sinne des § 839 Abs 1 S 1 BGB sein (OLG Karlsruhe NJW 2002, 445 mAnm ULLENBRUCH NJW 2002, 416 auch zu den Maßstäben für die Amtspflichtwidrigkeit einer Lockerungsanordnung).

(5) Es ist grundsätzlich weder Aufgabe des **Bewährungshelfers**, noch hat dieser das 668
Recht, potenzielle weitere Opfer des Probanden über dessen frühere Straftaten zu informieren, solange kein konkreter Verdacht der Begehung weiterer Straftaten besteht. Dementsprechend stellt das Unterlassen einer solchen Information keine Amtspflichtverletzung dar; zudem dienen die Amtspflichten dem Interessen der Allgemeinheit und nicht dem Schutz potentieller späterer Opfer (OLG Stuttgart 25. 6. 2003 – 4 U 33/03, NJW 2004, 1880).

(6) Das an Justizvollzugsbedienstete gerichtete Verbot, Gefangenen Waffen, Ausbruchswerkzeuge und andere gefährliche Sachen zu überlassen, bezweckt auch und gerade den Schutz anderer Vollzugsbediensteter (BGH NJW 2005, 3357).

ee) Zentralregister

Durch die Erteilung einer unrichtigen Auskunft aus dem Zentralregister (Führungs- 669
zeugnis, unbeschränkte Auskunft, §§ 30 ff, 41 ff BZRG) durch unvollständige, unrichtige oder unzulässige Angaben verletzt der Registerführer seine Amtspflicht jedenfalls gegenüber dem Verurteilten (BGHZ 17, 153, 158; RG JW 1937, 1326) und ggf auch gegenüber der um Auskunft ersuchenden Behörde, aber nicht gegenüber Dritten, die bei Kenntnis einer richtigen Auskunft vermögensschädigende Maßnahmen unterlassen hätten (BGH NJW 1981, 2347).

d) Freiwillige Gerichtsbarkeit; Zwangsvollstreckung und Insolvenz

aa) Allgemeines

Die das Verfahren der freiwilligen Gerichtsbarkeit beherrschende Amtsaufklärungs- 670
pflicht (§ 26 FamFG) besteht als Amtspflicht gegenüber demjenigen, dessen Belange nach der Natur des Amtsgeschäfts, dh nach seinem Zweck und seiner rechtlichen Bestimmung berührt werden, zB bei Maßnahmen des Nachlassrichters zur Sicherung des Nachlasses auch dem oder den Erben gegenüber (BGH VersR 1961, 507, 509). Bei Ermessensentscheidungen handelt der Richter amtspflichtwidrig, wenn seine Entscheidung so fehlsam erscheint, dass sie mit den an eine ordnungsmäßige Richtertätigkeit zu stellenden Anforderungen schlechterdings – dh jedem sachlich Beurteilenden einleuchtend – unvereinbar ist (vgl BGHZ 4, 302, 311 f). Ermessensentscheidungen setzen aber in jedem Fall eine sachgerechte und vollständige Sachverhaltsaufklärung voraus; **insoweit** besteht kein Ermessen (BGH VersR 1974, 360). Die in einem Verfahren nach den Vorschriften der freiwilligen Gerichtsbarkeit getroffene Kostenentscheidung schließt einen weitergehenden materiellen Kostenersatzanspruch eines Beteiligten unter dem Gesichtspunkt eines Amtshaftungsanspruchs nicht aus, soweit nicht die

Frage einer solchen materiellen Kostenerstattungspflicht bereits Gegenstand der Prüfung des Gerichts war (BGH NJW 2003, 3693, 3697 f).

bb) Einzelne Tätigkeitsgebiete

(1) Beurkundungen

671 Der Richter, der einen gerichtlichen Vergleich (§ 127a BGB) beurkundet, hat gegenüber den Beteiligten die gleichen Pflichten, wie sie einem Notar in einem solchen Fall obliegen (BGH DRiZ 1963, 233). Die Pflichten als Vormundschaftsrichter wirken grundsätzlich nicht ohne weiteres und nicht unmittelbar auf die Tätigkeit und den Umfang der Pflichten als beurkundender Richter (BGH DRiZ 1963, 233, 234). Insoweit gelten dieselben Maßstäbe wie im streitigen Verfahren (s hierzu Rn 654).

(2) Vormundschaftsgericht

672 Der Vormundschaftsrichter ist, wenn er die ihm obliegenden Pflichten der Aufsicht über den Vormund (usw) und der Fürsorge schuldhaft verletzt, dem Mündel nach § 839 Abs 1, 3 BGB verantwortlich (dh es tritt nach Art 34 GG Amtshaftung außerhalb des Spruchrichterprivilegs ein). Diese Amtshaftung besteht regelmäßig nur gegenüber dem Mündel, nicht aber gegenüber dritten Personen; etwas anderes kann gelten, wenn die Handlung des Vormundschaftsrichters gegen §§ 823, 826 BGB verstößt (RG HRR 1930 Nr 1320; RGZ 80, 406). Es liegt daher keine Amtspflichtverletzung gegenüber Dritten vor, wenn der Vormundschaftsrichter deren Anfragen um Auskunft nicht beantwortet, zB einem Interessenten, der mit dem Mündel Geschäfte vornehmen will, die Vertretungsverhältnisse nicht offenlegt. Wenn er aber Auskunft erteilt, so muss sie richtig sein, und eine unrichtige Auskunft löst nach allgemeinen Grundsätzen Amtshaftungsansprüche des Empfängers aus (RGZ 93, 61).

Zu den dem Vormundschaftsrichter gegenüber dem Mündel obliegenden Amtspflichten gehört, dafür zu sorgen, dass ein Rechtsgeschäft des Mündels, bei dem er mitzuwirken hat, sei es auch nur in der Weise, dass er die Vornahme des Rechtsgeschäfts durch die Bestellung eines Ergänzungspflegers ermöglicht, in rechtswirksamer Weise unter Wahrung der Interessen des Mündels vorgenommen wird (BGH VersR 1968, 172).

673 Beispiel für Amtspflichtverletzungen: Bestellung oder Nichtabsetzung eines unzuverlässigen Vormunds (RGZ 96, 163); gleichzeitige Übertragung von so vielen Vormundschaften und Pflegschaften an eine betagte Person, dass diese zu einer sachgemäßen Betreuung aller Mündel nicht in der Lage ist (BGH FamRZ 1962, 426), unzulängliche oder falsche Beratung und Belehrung des Vormunds (RG JW 1939, 155; RGZ 84, 92), Unterlassung oder Verzögerung der Nachprüfung der Vormundschaftsrechnung (RGZ 80, 406), mangelnde Sorge für die Anlegung des Verkaufserlöses nach Veräußerung eines Mündelgrundstücks (RG HRR 1935, Nr 1452; 1938 Nr 1009), Nichteinschreiten gegen vorschriftswidrige Anlegung von Mündelgeld (RG Warn 1936 Nr 157); verspätete Genehmigung von Aktienverkäufen (OLG München 22. 12. 2011 – 1 U 5388/10, BtV 2012, 69 – im konkreten Fall verneinend). Zur Amtspflicht des Vormundschaftsrichters, vor der Erteilung der vormundschaftsgerichtlichen Genehmigung zur Belastung des Grundbesitzes eines Minderjährigen mit hohen Grundpfandrechten zur Absicherung eines Betriebskredits den Sachverhalt hinreichend aufzuklären, vgl BGH NJW 1986, 2829; zu einer Amtspflichtverletzung des Vormundschaftsrichters bei der Entscheidung über die vormundschaftsgerichtliche Genehmigung eines Unterhalts-, Pflichtteils-

und Erbverzichtsvertrags: BGH NJW-RR 1995, 248 (unterlassene Ermittlungen über die Einkommens- und Vermögensverhältnisse des Vaters des Mündels).

Der aus dem früheren § 1848 BGB hergeleitete Grundsatz, dass dann, wenn der Vormundschaftsrichter seine Aufsichtspflicht verletzt hat, ein ursächlicher Zusammenhang zwischen der Aufsichtspflichtverletzung und dem schädigenden Verhalten des Vormunds anzunehmen sei (BGH VersR 1994, 865, 867; RGZ 154, 297), hat als allgemeingültig auch nach Streichung des § 1848 BGB seine Bedeutung behalten. Dagegen folgt aus dem genannten Grundsatz nicht, dass bei einem schädigenden Verhalten des Vormunds eine Aufsichtspflichtverletzung des Vormundschaftsrichters zu vermuten sei (BGH VersR 1994, 865, 867). 674

Ein Mündel, das Schadensersatz wegen Verletzung der Aufsichtspflicht des Vormundschaftsrichters fordert, weil dieser nicht gegen schädigende Unterlassungen des Vormunds eingeschritten ist, kann nicht gemäß § 839 Abs 1 S 2 BGB auf Ansprüche gegen den Vormund verwiesen werden. Denn dem Minderjährigen fehlt die Möglichkeit, gegen den Vormund vorzugehen; es hätte ihm dazu ein Pfleger bestellt werden müssen (RG JW 1935, 3530). Wohl aber muss der Mündel sich ein mitwirkendes Verschulden seines gesetzlichen Vertreters bei der Abwendung des Schadens nach §§ 254 Abs 2, 278 BGB anrechnen lassen (BGHZ 33, 136, 142 = NJW 1962, 20 m Anm Schuster NJW 1962, 557 = JZ 1962, 283 m Anm Zeiss). Zurechenbares Verschulden liegt zB vor, wenn der Vormundschaftsrichter es unterlässt, einen Auflassungsanspruch des Mündels durch Eintragung einer Auflassungsvormerkung sichern zu lassen, während der Vormund es unterlassen hatte, vom Vertragspartner eine Sicherung durch Auflassungsvormerkung zu verlangen (RG JW 1935, 3530), oder wenn der Vormundschaftsrichter nicht auf die rechtzeitige Anmeldung eines anmeldebedürftigen Anspruchs hinwies und der Vormund schuldhaft handelte, weil er nicht selbst die Anmeldung fristgemäß vornahm (RG JW 1935, 155). Voraussetzung der Zurechnung des Vertreterverschuldens ist jedoch stets, dass der Vormund oder Pfleger „als gesetzlicher Vertreter" gehandelt hat. Das ist nicht der Fall, wenn der Vormund (Pfleger) infolge Verabsäumung der Aufsichtspflicht des Vormundschaftsgerichts Mündelvermögen veruntreut. Denn die einzige Schadensabwendungsmöglichkeit des Vormunds bestünde darin, dass er dem Vormundschaftsgericht seine Verfehlung offenbarte; für ein Vorgehen gegen sich selbst ist der Vormund (arg §§ 181, 1824, 1789 Abs 2 S 2 [früher 1795] BGB) aber nicht gesetzlicher Vertreter des Mündels (BGHZ 33, 136). Ein Verschulden des Vormunds (Pflegers) bei der **Entstehung** des Schadens braucht sich ein Mündel nicht anrechnen zu lassen (vgl zB BGHZ 33, 136; 1, 248).

(3) Nachlassgericht

Das Nachlassgericht trifft zunächst die Amtspflicht, die Erben zu ermitteln, wobei jedoch Umfang und Dauer der Ermittlungen keinen starren Regelungen unterliegen (OLG Braunschweig 28. 8. 2020 – 11 U 65/19, FamRZ 2021, 1581; Reinert NJOZ 2023, 672, 675). Die Amtspflicht, einen beantragten Erbschein ohne Verzögerung auszustellen und auszuhändigen, besteht im Allgemeinen nur gegenüber dem Erben oder den Miterben als Antragstellern, nicht aber gegenüber solchen Dritten, die nur zufällig oder durch weitere rechtsgeschäftliche Abmachungen am Erfolg der Amtshandlung interessiert sind, wie zB gegenüber einem Gläubiger der Miterben, der unter dem Gesichtspunkt beschleunigter Befriedigung an schneller Erledigung der Erbscheinserteilung interessiert ist (BGH WM 1957, 1156; wegen weiterer Einzelheiten zur [Einschränkung 675 der] Drittbezogenheit der Amtspflichten des Nachlassrichters bei der Erteilung eines Erbscheins siehe auch BGH NJW 1992, 2758). Der Nachlassrichter verletzt die Amtspflicht gegenüber dem Erben, wenn er die Aufhebung der Nachlasspflegschaft schuldhaft verzögert (RGZ 154, 110). Dabei entlasten Störungen des Organisationsablaufs grundsätzlich nicht (vgl Rn 146 und Rn 228; vgl auch Tamoj/Rott, ErbR 2019, 70, 77 f).

Die Pflicht, nach gerichtlich verwahrten Testamenten zu forschen, besteht auch gegenüber den gesetzlichen Erben (RG HRR 1934 Nr 1590). Die Pflicht, die Beteiligten von dem sie betreffenden Inhalt einer Verfügung von Todes wegen in Kenntnis zu setzen (§ 348 Abs 3 FamFG; früher § 2262 BGB), dient dem Zweck, diese in den Stand zu setzen, das zur Wahrnehmung ihrer Interessen Zweckdienliche zu veranlassen, so dass ihre Verletzung Amtshaftungsansprüche begründen kann (BGH 27. 2. 1992 – III ZR 199/89, BGHZ 117, 287, 295). Der Schutzzweck der Amtspflicht des Nachlassgerichts, den erteilten Erbschein einzuziehen, wenn sich ergibt, dass er unrichtig ist (§ 2361 Abs 1 BGB), erschöpft sich darin, die von dem Erbschein ausgehenden Gefahren zu beseitigen, insbesondere zu verhindern, dass aufgrund des unrichtigen Erbscheins Verfügungen getroffen werden, die zu Lasten des wirklichen Erben wirksam sind. Dagegen hat diese Pflicht nicht den weitergehenden Zweck, es dem wirklichen Erben zu ermöglichen, seine Rechtsstellung auch tatsächlich wahrzunehmen (BGH 27. 2. 1992 – III ZR 199/89, BGHZ 117, 287, 301 f).

Die Erteilung eines Erbscheins ist für sich genommen kein „Urteil in einer Rechtssache“ iSd § 839 Abs 2 S 1 BGB, denn dieser Entscheidung kommt keine instanzbeendende Wirkung zu, sie ist weder der materiellen noch der formellen Rechtskraft fähig und sie muss auch nicht begründet werden (vgl zu diesen Voraussetzungen Rn 325, 327). Anders dürfte es dann liegen, wenn – ggf zugleich – ein Antrag auf Erteilung eines Erbscheins abgelehnt wird (OLG Naumburg 11. 1. 2000 – 1 U 151/99; **aA** [auch bei Entscheidung durch den Rechtspfleger] Tamoj/Rott, ErbR 2019, 70, 73 f, 75 f unter Hinweis auf die Urteilsqualität in diesem Sinne von Entscheidungen im einstweiligen Rechtsschutzverfahren). Für die Erteilung eines Testamentsvollstreckerzeugnisses greift dagegen das Spruchrichterprivileg hingegen nicht (Tamoj/Rott, ErbR 2019, 70, 74).

Die Pflicht zur Beaufsichtigung des Nachlassverwalters besteht gegenüber den Nachlassgläubigern und den Erben (RGZ 88, 264; s auch Tamoj/Rott, ErbR 2019, 70, 74 f, 76; Reinert NJOZ 2023, 672, 676). Im Erbscheinerteilungsverfahren sind „Dritte“ auch die Nacherben (RGZ 139, 343, betreffend Nichterwähnung der Nacherbfolge im Erbschein). Dabei fällt das Interesse der Erben, ein Grundstück bei günstigen Marktpreisen möglichst schnell zu veräußern, nicht unter den Schutzzweck der Amtspflichten des Nachlassgerichts (OLG Brandenburg 2. 12. 2003 – 11 U 25/03, FamRZ 2005, 2082 – NZB zurückgewiesen: BGH 24. 2. 2005 – III ZR 2/04). Die Pflicht, bei Erteilung eines Zeugnisses über die Fortsetzung der ehelichen Gütergemeinschaft das Vorhandensein gemeinschaftlicher Abkömmlinge zu prüfen, besteht gegenüber einem einseitigen Abkömmling des verstorbenen Ehegatten nur insoweit, als seine Rechtsstellung durch Verwendung eines unrichtigen Zeugnisses im Rechtsverkehr beeinträchtigt werden kann (BGH NJW 1981, 2346; BGHZ 63, 35).

(4) Handelsregister

676 Bei Amtspflichtverletzung des Registerführers sind „Dritte“ nicht nur der unmittelbar Beteiligte, sondern alle Personen, deren Rechte und Interessen durch eine gesetzwidrige Eintragung beeinflusst werden können (BGH VersR 1982, 957; RGZ 127, 153). Beispiele: unterlassene oder verzögerte öffentliche Bekanntmachung des Ausschlusses der Haftung nach § 25 HGB (RG Warn 1938 Nr 36), Haftung gegenüber den Firmenkunden bei Eintragung einer unwirksamen Prokura (RGZ 127, 156), Übersehen des Erfordernisses vormundschaftlicher Genehmigung bei Beteiligung Minderjähriger an einer OHG (RG JW 1935, 3154), ungenügende Prüfung bei der Eintragung einer neu gegründeten AG (RGZ 154, 276). Jedoch besteht die Amtspflicht, eine unrichtig gewordene Firmenbezeichnung als unzulässig zu beanstanden oder zu löschen, wenn ihr nicht ein die neue Rechtslage kennzeichnender Zusatz hinzugefügt wird (hier: GmbH & Co), grundsätzlich nur zum Schutze des Publikums vor irreführendem Firmengebrauch, nicht auch im Interesse des Firmeninhabers, um ihn vor einer persönlichen Haftung kraft Rechtsscheins zu bewahren (BGHZ 84, 285). Die nach § 16 Abs 2 S 1, § 198 Abs 3 UmwG erforderliche Negativerklärung der Vertretungsorgane des formwechselnden Rechtsträgers kann wirksam erst nach Ablauf der Frist für die Erhebung der Klage gegen die Wirksamkeit des Umwandlungsbeschlusses abgegeben werden. Vor dieser Erklärung darf die Umwandlung, sofern die klageberechtigten Anteilsinhaber nicht auf die Klage verzichtet haben, nicht eingetragen werden (§ 16 Abs 2 S 2 UmwG). Eine vorzeitige Eintragung kann eine drittgerichtete Amtspflichtverletzung zum Nachteil der betroffenen Aktionäre darstellen (BGH 5. 10. 2006 – III ZR 283/05 = NJW 2007, 224 m Anm Theimer).

(5) Grundbuch (Grundbuchrichter, Grundbuchamt, Grundbuchbeamte)

Einzelfälle von Amtspflichtverletzungen: fehlerhafte Behandlung von Anträgen, zB 677
unrichtige Beurkundung der Eingangszeit von Anträgen (RG SeuffA 83 Nr 210); Erledigung und Eintragung verschiedener Anträge in einer von § 17 GBO abweichenden Reihenfolge (RG WarnR 1929 Nr 149; RGZ 65, 98; 60, 362; 57, 277); Nichtvornahme der beantragten Eintragung (RG Warn 1931 Nr 85; 1930 Nr 190; RGZ 72, 324); Nichterledigung aller gleichzeitig gestellten Eintragungsanträge, obwohl nur einem von ihnen ein Hindernis entgegensteht (BGH VersR 1958, 58); verspätete Eintragung (RG Warn 1927 Nr 31); Eintragung mit falschem Rang (RG Warn 1931 Nr 106). Mangelnde Prüfung oder Verkennung der Persönlichkeit (BGH 20. 3. 1956 – III ZR 11/55, DNotZ 1956, 502; RG SeuffA 86 Nr 160); der Vertretungsbefugnis (RG Warn 1915 Nr 140) und der Verfügungsbefugnis (RG SeuffA 86 Nr 180); des Vorliegens oder der Gültigkeit einer erforderlichen vormundschaftsgerichtlichen Genehmigung (RG SeuffA 89 Nr 102, 91 Nr 81). Mangelhafte Eintragungen: Nichteintragung des Schuldgrundes bei einer Vormerkung (RG 1933 Nr 1848); Eintragung einer unwirksamen Hypothekenverpfändung (RG SeuffA 86 Nr 46); fehlerhafte Übertragung eines Trenngrundstücks und seiner Belastungen auf ein anderes Grundbuchblatt mit der Folge, dass versehentlich nicht mitübertragene Belastungen erlöschen (RGZ 138, 114); Nichtvermerk des Rechts des Nacherben bei Eintragung des Vorerben (RGZ 151, 395); zu Unrecht erfolgte Löschung einer „altrechtlichen" Dienstbarkeit mit der Folge, dass ein gutgläubiger Erwerber das dienende Grundstück insoweit lastenfrei erwerben kann (BGHZ 104, 139); nicht vermerktes Recht des Nacherben bei Eintragung des Vorerben (RGZ 151, 395). Verletzt der Grundbuchbeamte bei der Abschreibung von Grundstücksteilen seine Pflicht, sich die amtliche Flurkarte vorlegen zu lassen (§ 2 Abs 3 GBO aF), so haftet das Land zwar für die Abweichungen der in das Grundbuch eingetragenen Parzellen von der Teilungserklärung des Eigentümers (§ 903 BGB), nicht aber für eine spätere Verwechslung der Parzellen (BGHZ 124, 100). Verletzt der Grundbuchbeamte bei der Anlegung von Wohnungsgrundbüchern seine Pflicht, sich eine Abgeschlossenheits-

bescheinigung vorlegen zu lassen, die das Grundstück bezeichnet, auf dem die Wohnungen errichtet sind oder errichtet werden, haftet das Land für die Abweichung des Gegenstandes der Teilungserklärung (§ 8 WEG) vom Gegenstand des in den Wohnungsgrundbüchern eingetragenen Miteigentumsanteils (BGHZ 124, 100). Unsachgemäße Behandlung oder Verkennung der Bedeutung von Anträgen, Bewilligungen und Eingaben (RG JW 1932, 1549, betreffend Verpfändungsantrag; RG HRR 1934 Nr 1593, betreffend Eigentumsumschreibung auf Antrag des Käufers, obwohl der Eigentümer die Bewilligung ausdrücklich nur zu einem anderen Zweck eingereicht hatte; RG JW 1929, 741, betreffend Nichtprüfung, ob der Notar bei Einreichung von Urkunden botenmäßig übermittelt oder einen Antrag stellt). Versehen bei der Ausstellung und Aushändigung des Briefes: Nichterwähnung einer der Grundschuld vorgehenden Auflassungsvormerkung im Grundbuchbrief (RG Gruchot 70, 630); Ausfertigung des Hypothekenbriefs abweichend von Entwurf und Grundbuch (RGZ 77, 423); Aushändigung des Hypothekenbriefs an einen Nichtberechtigten (RG Warn 1930 Nr 214). Unterlassung von Mitteilungen und von gebotenen Vorkehrungen und Hinweisen zur Vermeidung von Schäden (RG JW 1930, 1063, betreffend Nichtbenachrichtigung des Gläubigers von der Löschung unzulässigerweise eingetragener Hypotheken; RG Warn 1941 Nr 81: der Grundbuchbeamte trägt einen zwei Grundstücke betreffenden Umschreibungsantrag nicht bei den Grundbuchakten beider Grundstücke ein und unterlässt die Eintragung einer Vormerkung; RG SeuffA 87 Nr 7; betreffend unterlassenen Hinweis des Beamten bei der Vorlage von Grundakten an den Richter, dass die Akten zu anderen Grundakten dringend benötigt werden; RG Warn 1917 Nr 208; JW 1934, 354; 1935, 372, betreffend Versäumnis, gegen missbräuchliche Benutzung von Vordrucken und Siegelpressen durch Angestellte Vorkehrungen zu treffen; BGH WM 1981, 1357, betreffend Zurückweisung des Antrags auf Eintragung einer Auflassungsvormerkung wegen Nichtzahlung des Kostenvorschusses, ohne vorher auch dem Begünstigten als weiterem Kostenschuldner Gelegenheit zur Einzahlung zu geben). Fehler bei der Gewährung von Einsicht in Grundbuch und Grundakten und bei Auskunft über Belastungen (RG SeuffA 87 Nr 56, betreffend Versehen bei Einsichtgewährung; RG JW 1933, 2584, betreffend Gewährung von Grundbucheinsicht, wenn ein auf mehrere Grundbuchblätter bezüglicher Antrag sich nicht bei allen Grundakten befindet; RG Warn 1937 Nr 69, betreffend Nichtberücksichtigung eines unerledigten Eintragungsantrags bei Auskunft über Belastungen). Über Belehrungspflichten vgl RGZ 169, 320. Siehe auch RG JW 1935, 2041 betreffend Kreditschwindeleien von Grundbuchbeamten: Amtspflichtverletzung, wenn der Grundbuchbeamte zu eigennützigen privaten Zwecken falsche Bestätigungen über Grundbuchverhältnisse abgibt.

In Grundbuchangelegenheiten ist „Dritter" im Sinne des § 839 BGB nicht nur derjenige, auf dessen Antrag oder in dessen Interesse die Eintragung erfolgt, sondern jeder, der im Vertrauen auf die richtige Handhabung der Grundbuchgeschäfte am Rechtsverkehr teilnimmt (BGHZ 124, 100).

678 Beispiel für Verneinung einer Amtspflicht: Der Grundbuchrechtspfleger ist bei Bearbeitung eines Eintragungsantrags grundsätzlich nicht verpflichtet, die Grundakten darauf durchzusehen, ob sich aus ihnen Bedenken gegen die beantragte Eintragung ergeben; im Regelfall kann er sich auf die sorgfältige Prüfung der eingereichten und etwa in Bezug genommenen Antragsunterlagen sowie des Grundbuchblatts beschränken (OLG Düsseldorf VersR 1966, 641). Bei Vorlage einer Vollmachtsurkunde kann der Nachweis, dass die Vollmacht noch wirksam ist, im Allgemeinen nur gefordert werden, wenn besondere auf die Möglichkeit einer Unwirksamkeit hinweisende Umstände zur Kenntnis des Grundbuchamts gelangt sind, denn der Erfahrungssatz, dass Vollmachtsurkunden nach Erlöschen der Vollmacht zurückgegeben zu werden pflegen, spricht grundsätzlich für weitere Gültigkeit der im Besitz des Bevollmächtigten befindlichen Urkunde (OLG Düsseldorf VersR 1966, 641). Die zur Entgegennahme einer Auflassung zuständige Amtsperson braucht sich grundsätzlich nicht um die Erfüllung der schuldrechtlichen Pflichten des zugrunde liegenden Kausalgeschäfts (Kaufvertrag usw) zu kümmern (BGH VersR 1966, 362). Die Versendung eines Grundschuldbriefs mit einfacher Post ist jedenfalls dann nicht amtspflichtwidrig, wenn das Land von der Möglichkeit nach § 49a S 2 GBV Gebrauch gemacht und im Erlasswege eine derartige Versendung verfügt hat (OLG Stuttgart 13. 4. 2022 – 4 U 116/21, juris Rn 21). Zu den Amtspflichten, die wahrzunehmen sind, wenn sich bei der Bearbeitung einer Grundbuchsache herausstellt, dass ein erteilter Erbschein unrichtig ist, s BGHZ 117, 287 (eine Pflicht des Grundbuchrechtspflegers, für die Einziehung des Erbscheins zu sorgen, oder eine Pflicht, die von der Unrichtigkeit des Erbscheins betroffenen Personen zu belehren, wurde nach den Besonderheiten des konkreten Falles verneint).

Das Grundbuchamt hat die Amtspflicht, Anträge mit der gebotenen Beschleunigung 679
zu bearbeiten. Ist dies wegen Überlastung des zuständigen Beamten nicht gewährleistet, so haben nicht nur das Amtsgericht, sondern auch die übergeordneten Stellen (Landgericht, Oberlandesgericht, Justizministerium) im Rahmen ihrer Möglichkeiten Abhilfe zu schaffen. Soweit es dagegen um die Zuweisung von Haushaltsmitteln und Stellen an die Gerichte durch den Haushaltsgesetzgeber geht, kann auf eine etwaige Pflichtverletzung des Gesetzgebers ein Schadensersatzanspruch des Bürgers nicht gestützt werden (BGH 11. 1. 2007 – III ZR 302/05, BGHZ 170, 260 Rn 20 ff; Terhechte DVBl 2007, 1134). Bei der unzumutbaren Verzögerung von Eintragungsanträgen kommt außer dem Amtshaftungsanspruch noch ein Anspruch des Grundstückseigentümers auf angemessene Entschädigung für die entgangene Nutzung seines Eigentums aus dem Gesichtspunkt des enteignungsgleichen Eingriffs in Betracht. Dieser Anspruch ist allerdings nicht auf vollen Schadensausgleich gerichtet (BGH 11. 1. 2007 – III ZR 302/05, BGHZ 170, 260 Rn 33 f; s auch Rn 485 ff).

(6) Insolvenzgericht / Konkursgericht

Zur Insolvenzordnung liegt weiterhin kaum Amtshaftungs-Rechtsprechung vor. 680
Zum Vergütungsanspruch des Verwalters hat der BGH entschieden, dass eine Amtspflicht des Insolvenzgerichts bestehen kann, der Entnahme eines Vorschusses aus der Masse zuzustimmen, dass aber der nicht bewilligte Vorschuss keinen Schaden im Rechtssinne dar, der Verwalter vielmehr nur Ersatz des Verzögerungsschadens verlangen kann (BGH 16. 10. 2014 – IX ZR 190/13, WM 2014, 2236 Rn 9 ff). Maßstab zur Beurteilung der Entscheidung des Rechtspflegers ist aber auch hier, ob diese unvertretbar ist (BGH 16. 10. 2014 – IX ZR 190/13, WM 2014, 2236 Rn 19). Das LG Münster hat entschieden, dass keine Amtspflicht des Insolvenzgerichts gegenüber einem Insolvenzgläubiger besteht, das Insolvenzverfahren beschleunigt zu eröffnen, um zu verhindern, dass dem Insolvenzgläubiger der Versicherungsschutz für seine Forderung gegen den Insolvenzschuldner entgeht (LG Münster 26. 11. 2004 – 11 O 538/03, NJW-RR 2005, 845). Der Bundesgerichtshof hat eine Amtshaftung des Landes in Betracht gezogen, wenn das Insolvenzgericht einen Insolvenzverwalter bestellt, der wegen einer Insolvenzstraftat vorbestraft ist (BGH VersR 2008, 779). Ob die Mitglieder des Gläubigerausschusses Amtsträger sind, hat der Bundesgerichtshof offengelassen, da die Haftung nach § 71 InsO und damit eine Haftung aus einem gesetzlichen Schuldver-

hältnis gegen Mitglieder eines Gläubigerausschusses gemäß §§ 67 ff InsO nicht durch das Amtshaftungsrecht verdrängt wird (BGHZ 202, 324 Rn 14).

Die zur bisherigen Konkurs- und Vergleichsordnung entwickelten Grundsätze behalten jedoch auch für das Insolvenzverfahren Bedeutung. Sie werden deshalb im Folgenden wiedergegeben:

681 Wie weit das Konkursgericht von dem aus dem Aufsichtsrecht über den Konkursverwalter (§ 83 KO entsprechend § 58 InsO) sich ergebenden Befugnissen Gebrauch machen will, steht in seinem pflichtmäßigen Ermessen; der Konkursrichter muss bei der Ausübung seiner Aufsicht über die Geschäftsführung des Konkursverwalters berücksichtigen, dass dessen Verwaltung nicht erschwert und seine Berufs- und Entschlussfreudigkeit nicht beeinträchtigt werden dürfen. Eine regelmäßige Rechnungsprüfung obliegt – anders als beim Vormundschaftsgericht gegenüber dem Vormund – dem Konkursrichter nicht. Eine Prüfung der Kassenbestände ist im Allgemeinen nur geboten – und ist dann eine dem Konkursgericht gegenüber den Konkursgläubigern obliegende Amtspflicht –, wenn hierzu ein besonderer Anlass besteht, wie zB bei Verdacht der Unredlichkeit des Verwalters, Fehlen oder Unfähigkeit eines Gläubigerausschusses, langer Dauer des Konkurses oder Führung mehrere Konkurse durch denselben Verwalter (BGH DRiZ 1965, 378 = BB 1966, 182; RGZ 151, 291, 296). Allgemein hat der Konkursrichter die Ausführung der Beschlüsse der Gläubigerversammlung durch den Konkursverwalter zu überwachen; zur Prüfung der Richtigkeit und Vollständigkeit des nach § 151 KO (nun § 188 InsO) vom Konkursverwalter niederzulegenden Verzeichnisses ist er aber nicht verpflichtet (RGZ 154, 291).

682 Weitere Beispiele für Amtspflichtverletzungen: unklare Eintragung in die Tabelle nach § 145 KO (RG JW 1928, 2714), unklare Anordnung hinsichtlich der Übersendung eines Tabellenauszuges ein Fall des § 146 Abs 1 KO (RGZ 85, 64), Nichteintragung einer angemeldeten Forderung in die Konkurstabelle (RG JW 1904, 85). Die gründliche Prüfung der Zahlungsunfähigkeit vor Konkurseröffnung ist Amtspflicht gegenüber dem Gemeinschuldner (BGH 5. 11. 1956 – III ZR 139/55, VersR 1957, 60). Sind Maßnahmen des Konkursgerichts zur Sicherung der Masse (§ 106 Abs 1 S 2 und 3 KO) nach Lage der Sache unter Berücksichtigung des Verhältnismäßigkeitsgrundsatzes erforderlich, so ist das Konkursgericht ungeachtet des Gesetzeswortlauts („kann") verpflichtet, sie zu treffen (BGH 19. 12. 1991 – III ZR 9/91, NJW-RR 1992, 919, 920). Die versehentliche Eintragung in die Liste der Personen, bei denen ein Konkursantrag mangels Masse abgelehnt ist (§ 109 Abs 2 KO), ist Amtspflichtverletzung gegenüber den Betroffenen (RGZ 118, 241).

(7) Vollstreckungsgericht

683 Als Verletzung der gegenüber dem Gläubiger obliegenden Amtspflichten kommen zB in Betracht: die Unterlassung einer Frage nach dem Versteck des Geldes, wenn der Schuldner angibt, zu Hause Geld versteckt zu haben (BGHZ 7, 287), die Abnahme der eidesstattlichen Versicherung trotz Unvollständigkeit des Vermögensverzeichnisses (RGZ 62, 351), die falsche Bezeichnung des Schuldners im Pfändungs- und Überweisungsbeschluss (RG SeuffA 90 Nr 114), die Überschreitung der Zuständigkeit des Vollstreckungsrichters durch die Einleitung eines Verteilungsverfahrens nach § 872 ZPO trotz Hinterlegung des Betrags einer zugleich abgetretenen und gepfändeten Forderung nach § 372 BGB (RGZ 144, 391).

(8) Zwangsversteigerungsgericht

Die Einhaltung der gesetzlichen Vorschriften ist Amtspflicht gegen den Beteiligten wie Schuldner, Gläubiger, Bieter, zB gegenüber dem Meistbietenden (BGH NJW-RR 2009, 601 f Rn 11 f; NJW 2000, 3358; WM 2002, 92; MDR 1958, 491; RGZ 129, 23). Zum Schutzbereich dieser Amtspflicht gegenüber dem Meistbietenden s im Folgenden Rn 687. Hingegen obliegen bei der Zwangsversteigerung eines Grundstücks dem Versteigerungsgericht grundsätzlich keine Amtspflichten gegenüber dem Zedenten eines zur Sicherheit an den Vollstreckungsgläubiger abgetretenen Grundpfandrechts (BGH NJW-RR 2002, 124). Beispiele für Amtspflichtverletzung: fehlerhafte Bestimmung des Versteigerungstermins (Verstoß gegen § 37 ZVG), Zuschlag trotz fehlerhafter Zustellung des Versteigerungsbeschlusses an den Schuldner, Unterlassung vorgeschriebener Bekanntmachungen (RGZ 129, 23), Fehler bei der Festsetzung des geringsten Gebots (RGZ 134, 56; 129, 23); Aufhebung des Zuschlagsbeschlusses wegen unterbliebener Zustellung des Wertfestsetzungsbeschlusses (BGH NJW-RR 2009, 601). Ein Nacherbenvermerk ist auch dann nicht in das geringste Gebot aufzunehmen, wenn das Anwartschaftsrecht des Nacherben verpfändet und die Verpfändung im Grundbuch gleichfalls eingetragen ist. Aus diesem Grunde ist hier für die Festsetzung eines Zuzahlungsbetrages nach den §§ 50, 51 ZVG ebenso wenig Raum. Eine gleichwohl erfolgte Festsetzung kann eine Amtspflichtverletzung gegenüber dem Vollstreckungsschuldner sein (BGH NJW 2000, 3359). Bei der Zwangsversteigerung eines mit einem Altenteilsrecht belasteten Grundstücks trifft das Versteigerungsgericht die Amtspflicht gegenüber den beteiligten Gläubigern und den Bietern, darauf hinzuweisen, dass das Altenteilsrecht nur dann erlischt, wenn dies ausdrücklich in den Versteigerungsbedingungen und dem Zuschlagsbeschluss festgehalten ist (BGH 21. 3. 1991 – III ZR 118/89, NJW 1991, 2759, 2760). Weitere Beispiele: unzureichende Aufklärung, wenn Anhaltspunkte bestehen, dass ein Grundstücks verunreinigt sein könnte, darf die erforderlichen Feststellungen – auch zum Schutz des Erwerbers – nicht allein dem mit der Wertfeststellung beauftragten Sachverständigen überlassen (OLG Karlsruhe 30. 7. 2010 – 12 U 245/09, VersR 2011, 498, 499); sachwidrige Rechtsauskunft auf Fragen von Bietern und Hypothekengläubigern im Versteigerungstermin (RGZ 148, 310); Verletzung des § 73 ZVG durch vorzeitige Schließung des Termins, auch durch längere Entfernung des Richters während der Bietungsstunde aus dem Terminraum, selbst wenn der Richter entsprechend seiner Erklärung jederzeit in einem anderen Raum erreichbar ist (RGZ 142, 383; 154, 397); ungerechtfertigte Vertagung des Versteigerungstermins (RGZ 125, 299; aber nicht, wenn ein sachlicher Grund vorliegt: OLG Saarbrücken 28. 11. 2013 – 4 U 419/12, MDR 2014, 368); Nichtbeachtung der von einem Bieter verlangten Sicherheit (RG JW 1915, 654); Nichtberücksichtigung oder mangelnde Sorgfalt bei der Prüfung von Vollstreckungshindernissen; Fortsetzung des Versteigerungsverfahrens trotz Rücknahme des Versteigerungsantrags oder nach Einstellung auf Bewilligung des betreibenden Gläubigers (RGZ 125, 25); mangelnde Prüfung, ob Höfeeigenschaft vorliegt (RG Warn 1936 Nr 139); fehlerhafte Berechnung der Teilungsmasse (BGHZ 68, 276); Verteilung des Versteigerungserlöses unter Nichtbeachtung des § 117 ZVG (RGZ 73, 298); unzulässige Unbrauchbarmachung von Hypothekenbriefen (RGZ 157, 287); mangelhafte, zur Unauffindbarkeit führende Aufbewahrung der Vollstreckungstitel (eines Grundschuldbriefs nebst Abtretungsurkunde) bei den Akten (RG JW 1934, 2842). 684

Auf die Richtigkeit der ihm nach § 19 Abs 2 ZVG erteilten Grundbuchabschriften darf sich der Versteigerungsrichter verlassen (RGZ 157, 92; dort auch zum Umfang der Überwachungspflicht bezüglich des Zustellungsvertreters).

685 Der Geschädigte, der den Widerspruch gegen einen unrichtigen Verteilungsplan unterlässt, verzichtet (trotz des § 877 Abs 1 ZPO) nicht auf einen etwaigen Schadensersatzanspruch aus § 839 BGB iVm Art 34 GG, sondern bringt nur zum Ausdruck, dass er sich dem Verteilungsverfahren nicht widersetzen will (vgl RGZ 166, 253). Die Unterlassung des Rechtsbehelfs der befristeten Erinnerung nach § 74a Abs 5 S 3 ZVG iVm § 11 Abs 1 RPflG gegen eine Wertfestsetzung in der Zwangsversteigerung kann nach § 839 Abs 3 BGB zum Verlust des Amtshaftungsanspruchs führen (BGH 27. 9. 1990 – III ZR 53/89, NVwZ 1991, 915 f). Der Schutzzweck der Amtspflicht gegenüber dem Meistbietenden, die gesetzlichen Vorschriften im Zwangsversteigerungsverfahren einzuhalten, umfasst nicht den entgangenen Gewinn, wenn der Zuschlagsbeschluss wegen eines Zustellungsfehlers wieder aufgehoben wird (BGH 13. 9. 2001 – III ZR 228/00, WM 2002, 92 unter teilweiser Aufgabe von BGH 2. 10. 1986 – III ZR 93/85, NJW-RR 1987, 246). Die zugrunde liegende Wertermittlung begründet ein schutzwürdiges Vertrauen des Ersteigerers zumindest dahin, dass bei ihr sachgemäß und korrekt verfahren worden ist. Dem steht auch die gesetzliche Regelung des § 74a Abs 5 S 4 ZVG nicht entgegen, wonach der Zuschlag oder die Versagung des Zuschlags mit der Begründung, dass der Grundstückswert unrichtig festgesetzt sei, nicht angefochten werden können. Diese Regelung sichert lediglich die Bestandskraft des Zuschlagsbeschlusses und besagt nichts über die haftungsrechtlichen Folgen einer unkorrekten Wertfestsetzung oder -ermittlung (BGH 6. 2. 2003 – III ZR 44/02, VersR 2003, 1535). Der Vollstreckungsgläubiger hat ein grundrechtlich (Art 14, Art 2 iVm Art 20 GG) geschütztes Interesse an einer verfahrensfehlerfreien und unverzögerten Durchführung des Zwangsvollstreckungsverfahrens. Er steht den Verfahrenspflichten des amtierenden Rechtspflegers deshalb näher als der Meistbietende. Sofern es sich nicht nur um Schutzvorschriften allein zugunsten des Schuldners oder Dritter handelt, schützen die im Zwangsversteigerungsverfahren zu beachtenden Bestimmungen das Interesse des Vollstreckungsgläubigers an der Befriedigung der titulierten Forderung. Deshalb sind wirtschaftliche Nachteile ersatzfähig, die dadurch entstehen, dass Beamte ihrer Verpflichtung zur Durchführung eines fehlerfreien Verfahrens nicht nachkommen und infolgedessen die Tilgung des Anspruchs, wegen dessen die Vollstreckung betrieben wird, unterbleibt (BGH NJW-RR 2009, 335: nach Aufhebung des Zuschlagsbeschlusses im nachfolgenden Versteigerungstermin geringerer Erlös erzielt).

Über Pflichten des Zwangsverwaltungsrichters bei Auswahl und Überwachung des Zwangsverwalters vgl RG HRR 1932 Nr 1653. Wegen der Vermutung des ursächlichen Zusammenhangs zwischen der Überwachungspflicht des Gerichts und einem schädigenden Verhalten des Zwangsverwalters s BGH VersR 1964, 867.

(9) Rechtspfleger (im Allgemeinen)

686 An die Sorgfaltspflicht des Rechtspflegers sind die gleichen Anforderungen zu stellen wie bei einem Richter. Der Rechtspfleger ist sachlich unabhängig und nur an Recht und Gesetz gebunden (§ 9 RPflG). Soweit daher im Amtshaftungsprozess darüber zu befinden ist, ob ein Rechtspfleger bei der Rechtsanwendung und Gesetzesauslegung schuldhaft amtspflichtwidrig gehandelt hat, kann dem Rechtspfleger – nicht anders als dem Richter – ein Schuldvorwurf nur bei besonders groben Verstößen gemacht werden. Ein Schuldvorwurf entfällt – ebenso wie beim Richter –, wenn die vom Rechtspfleger getroffene Entscheidung inhaltlich vertretbar gewesen ist (BGH NJW-RR 2009, 335 Rn 13; 2015, 369 Rn 9; NJW 2007, 224, Rn 20). Der Rechtspfleger verletzt seine Amtspflicht durch die Vornahme von Amtshandlungen, die dem Rich-

ter vorbehalten sind; er handelt bei offenkundig zweifelhafter Rechtslage hinsichtlich seiner Zuständigkeit schuldhaft, wenn er diese Zweifel nicht erkennt oder er trotz Zweifeln nicht den sicheren Weg der Vorlage an den Richter wählt (BGH 10. 7. 1967 – III ZR 120/66, VersR 1967, 1150; dazu LAPPE JVBl 1968, 125). Hat der Rechtspfleger dem Richter eine Sache nach § 5 RPflG vorgelegt, so ist er, falls der Richter ihm die Sache nach Abs 3 zurückgibt, an die vom Richter ausgesprochene Rechtsauffassung gebunden (§ 5 Abs 3 S 3 RPflG) und verletzt seine Amtspflicht gegenüber dem durch die Nichterledigung oder Verzögerung seines Antrags Geschädigten, wenn er die Sache nochmals dem Richter vorlegt, weil er von dessen Rechtsauffassung abweichen will (BGH VersR 1968, 1186).

(10) Urkundsbeamte der Geschäftsstelle

Einzelfälle von Amtspflichtverletzungen: Ablehnung der Aufnahme von Anträgen, 687
weil die zur Begründung des Antrags vorgelegten Unterlagen nicht genügten (RG JW 1934, 3194, betreffend Antrag auf Einstellung der Zwangsvollstreckung), verspätete Abholung von Eingängen aus dem Postfach (RG Warn 1938 Nr 3, betreffend Antrag auf Erlass eines Zahlungsbefehls [jetzt: Mahnbescheides]), Nichtüberwachung einer zwecks Verjährungsunterbrechung eiligen Zustellung eines Schriftsatzes (RGZ 105, 422), Nichtladung trotz Anordnung des persönlichen Erscheinens der Partei (RG Warn 1930 Nr 193), Nichtbenachrichtigung von Terminaufhebung (OLG Königsberg JW 1928, 517); mangelhafte Registrierung der in amtliche Verwahrung genommenen Überführungsstücke (RG JW 1925, 956); unrichtige Zustellung des Urteils bei mangelhaftem Urteilsrubrum (RG SeuffA 86 Nr 327); Unterlassen, einen von ihm erkannten Mangel der Zustellung nicht zum Anlass zu nehmen, diese formgerecht und wirksam nachzuholen (BGH NJW 1990, 176). Erteilung der Ausfertigung gerichtlicher Entscheidungen, die die Urschrift nicht wortgetreu und richtig wiedergeben (BGH NJW 1981, 2345). Die Amtspflicht des Urkundsbeamten, ein Rechtskraftzeugnis nur bei eingetretener Rechtskraft zu erteilen, obliegt ihm nur gegenüber den nach § 706 ZPO antragsberechtigten Prozessbeteiligten (Parteien, Streitgehilfen), nicht aber gegenüber Dritten, die auf den Inhalt des Urteils vertrauen. „Dritter" im Sinne des § 839 BGB ist daher zB nicht der zweite Ehegatte, der eine Ehe eingeht, weil er auf das zu Unrecht erteilte Zeugnis über die rechtskräftige Scheidung der früheren Ehe des anderen Ehegatten vertraute (BGHZ 31, 388).

(11) Gerichtsvollzieher

Gerichtsvollzieher sind keine Gebührenbeamten (BGH NJW 2001, 434, s hierzu auch 688
Rn 357 f).

Bei einer **Sequestration** handelt ein Gerichtsvollzieher teilweise hoheitlich, teilweise privatrechtlich (BGH NJW 2001, 434): Die Wegnahme des Sequestrationsobjekts fällt in den hoheitlichen Bereich der Vollziehung der einstweiligen Verfügung und obliegt dem Gerichtsvollzieher kraft seines Amtes. Dabei handelt er in Ausübung öffentlicher Gewalt. Haftungsrechtlich hat dies die Konsequenz, dass bei pflichtwidrigem Handeln des Gerichtsvollziehers als Vollstreckungsorgan die Amtshaftung eintritt. Die Sequestration umfasst dagegen die Sicherstellung, Verwahrung und Verwaltung einer Sache und ist keine Maßnahme der Zwangsvollstreckung, sondern beruht auf einem privatrechtlichen Sequestrationsvertrag. Bei pflichtwidrigem Handeln des Gerichtsvollziehers als Sequester trifft ihn daher die persönliche privatrechtliche Vertragshaftung. Aufgrund des Vollstreckungsauftrags nach § 754 ZPO ist der Gerichtsvollzieher befugt und im gegebenen Fall verpflichtet, Zahlungen in Empfang zu nehmen, dies zu quittieren und dem Schuldner, der seiner Verbindlichkeit genügt hat, die vollstreckbare Ausfertigung des Titels herauszugeben, so dass auf der Grundlage dieser Ausfertigung nicht mehr vollstreckt werden kann. Diese Rechtsstellung des Gerichtsvollziehers beruht aber nicht auf einem bürgerlich-rechtlichen Rechtsverhältnis zum Gläubiger, sondern auf seiner Stellung als auch im Bereich der Entgegennahme freiwilliger Zahlungen hoheitlich handelndes Organ der Zwangsvollstreckung (BGHZ 179, 298 Rn 6).

Der Grundsatz, dass **Dritte** im Sinne des § 839 BGB alle Personen sind, deren Interesse durch das Amtsgeschäft berührt werden, insbesondere diejenigen, die daraus Rechte erwerben sollen, gilt nur mit Einschränkungen für **Vollstreckungshandlungen** des Gerichtsvollziehers (RG JW 1934, 1350; RGZ 151, 113). Dieser hat Amtspflichten im Allgemeinen nur gegenüber dem Gläubiger und dem Schuldner, ausnahmsweise auch gegenüber Dritten, wie dem Eigentümer der Pfandsache, in deren Rechtskreis durch die Vollstreckung eingegriffen wird (RGZ 145, 215; 140, 427). Er verletzt zB seine Amtspflicht gegenüber dem Gläubiger bei Unterlassung der vorgeschriebenen oder erbetenen Benachrichtigung vom Termin zur Abnahme der eidesstattlichen Versicherung (BGHZ 7, 287, 291), bei nicht gehöriger Kenntlichmachung einer Pfändung durch Siegelanlegung (RG JW 1928, 114), bei ungenügendem Schutz gepfändeter Sachen vor beeinträchtigenden Maßnahmen des Schuldners (RGZ 118, 276) oder bei Belassung der Pfandstücke im Gewahrsam des Schuldners, nachdem er erkannt hat, dass durch Maßnahmen des Schuldners die Befriedigung des Gläubigers gefährdet ist (BGH MDR 1959, 282). Amtspflichten gegenüber dem Schuldner werden verletzt durch Unterlassung der Benachrichtigung vom Versteigerungstermin oder von bevorstehender Zwangsräumung eines Grundstücks (RGZ 147, 136) oder bei vermeidbarer Schädigung durch gewaltsames Öffnen von Türen und Behältnissen (BGH 10. 1. 1957 – III ZR 108/55). Gegenüber dem intervenierenden Eigentümer der Pfandsache kommen Amtspflichtverletzungen durch mangelhafte Verwahrung der in eigenen Gewahrsam genommenen Pfandsache und Unterlassung der Benachrichtigung vom Versteigerungstermin (RG JW 1934, 1350) sowie durch eine unterlassene Unterrichtung über eine Anschlusspfändung nach einer Erstpfändung desselben Gegenstands beim Schuldner und anschließendem Widerspruch in Betracht (BGH NJW-RR 2008, 338), gegenüber dem Ersteher der Pfandsache durch Aushändigung des Versteigerungserlöses an den Gläubiger vor Besitzübertragung der zugeschlagenen Sache (RGZ 153, 257), gegenüber dem Vermieter des Schuldners durch Vereitelung des gesetzlichen Vermieterpfandrechts nach §§ 559 ff aF (jetzt §§ 562 ff BGB), 805 ZPO (RGZ 153, 257; 151, 113; 87, 294).

689 Weitere Beispiele von Amtspflichtverletzungen als Vollstreckungsorgan: Nichtausführung oder Nichtbeachtung des Vollstreckungsauftrages (RG 1931 Nr 120; Warn 1930 Nr 57; RGZ 151, 114), Unterlassung einer Benachrichtigung des Gläubigers von der Nichtausführung der Versteigerung entgegen dem Verlangen des Gläubigers (RGZ 137, 153), erhebliche Verzögerung des Vollstreckungsauftrags mit der Folge, dass der Schuldner Vermögensstücke der Vollstreckung entziehen konnte (RGZ 79, 241) oder zwischenzeitlich in Konkurs fiel (RG Warn 1932 Nr 158), verfrühte Pfändung durch Nichtbeachtung der Wochenfrist des § 798 ZPO (RGZ 125, 286; 83, 363), Vollstreckung wegen einer Wechselforderung, ohne im Besitz des Wechsels zu sein (RG JW 1916, 739), Vollstreckung aufgrund eines Titels gegen den Gesellschafter in das Vermögen einer Ein-Mann-GmbH (BGH 26. 9. 1957 – III ZR 67/56, NJW 1957, 1877); unberechtigte Pfändung von Sachen im Gewahrsam eines Dritten, zB bei unrichtiger Feststellung seiner Herausgabebereitschaft (RG SeuffA 81 Nr 73; LG Bielefeld NJW 1956, 1879); Vornahme einer Anschluss- statt einer Ersatzpfändung (RG Warn 1931 Nr 21), Pfändung unpfändbarer Sachen in Kenntnis dieser Eigenschaft statt Pfändung anderer geeigneter Sachen (RGZ 72, 181), ungenügende Pfändung durch mangelnde Sorgfalt bei der Schätzung des Wertes der Pfandstücke (RG HRR 1929 Nr 1314; OLG Hamm OLG 34, 132); Unterlassung weiterer Pfändung, obwohl die vorangegangene sich als unzureichend erwies (RG LZ 1927, 421); Pfändung ohne Zeugen (OLG Dresden HRR 1928 Nr 136); Unterlassung der gebotenen Entfernung der Pfandstücke aus dem Gewahrsam des Schuldner (BGH 8. 12. 1958 – III ZR 100/57, WM 1959, 332; verneinend OLG München 7. 2. 2012 – 1 W 198/12, DGVZ 2012, 98); mangelhafter Verschluss der Pfandkammer (RG HRR 1934 Nr 257); Überlassung der Pfandsache an einen Dritten (BGH 9. 4. 1953 – III ZR 45/52, NJW 1953, 902); unberechtigte Freigabe von Pfandsachen (RG JW 1936, 2096); Versteigerung von Pfandstücken über das zur Gläubigerbefriedigung und Kostendeckung Erforderliche hinaus (RGZ 51, 186); Auszahlung des Versteigerungserlöses trotz Streites der Beteiligten statt Hinterlegung oder Herbeiführung der Entscheidung des Vollstreckungsgerichts (RG HRR 1931 Nr 220); Auszahlung beigetriebener Kosten an den unpfändbaren Auftraggeber statt weisungsgemäß an dessen Anwalt (RG JW 1927, 2200); fahrlässiges Entweichenlassen des zu persönlichem Arrest zu verhaftenden Schuldners (RG JW 1929, 111).

Amtspflichtverletzungen als **Zustellungsorgan**: Zustellung einer Klageschrift mit fehlender Terminbestimmung (RGZ 51, 258), fehlende Beschleunigung bei eilbedürftigen Sachen, auch wenn Eilvermerk fehlt (RG JW 1938, 1452; RG Warn 1937 Nr 35), Zustellung eiliger Fristsachen durch die Post ohne Überwachung der Erledigung und des Verbleibs der Zustellungsurkunde (RGZ 91, 179; RG JW 1918, 135), Zustellung durch Niederlegung bei der Post trotz möglicher Ersatzzustellung nach §§ 181, 182 ZPO aF (RGZ 87, 142), Unterlassen persönlicher Ausübung der Zustellungstätigkeit (RG JW 1934, 34, s auch RG HRR 1935 Nr 734). Ein Zustellungsbeamter, der entgegen den Vorschriften der Zivilprozessordnung eine Zustellung falsch bewirkt, verletzt eine Amtspflicht, die ihm sowohl dem Absender als auch dem Empfänger gegenüber obliegt. Die Heilung des Zustellungsmangels nach § 189 ZPO wirkt sich nicht auf das Vorliegen einer Amtspflichtverletzung aus, sondern ist allein für den Eintritt und Umfang eines ersatzfähigen Schadens von Bedeutung (BGH NJW 2019, 1374). Der Gerichtsvollzieher muss bei Aufnahme eines Wechselprotests, wenn der Name des Bezogenen undeutlich geschrieben ist, alle Möglichkeiten erschöpfen, um den Träger der undeutlichen Unterschrift einwandfrei festzustellen; andernfalls verletzt er fahrlässig eine ihn den übrigen Wechselverpflichteten gegenüber obliegende Amtspflicht (RG HRR 1930 Nr 114). 690

e) Justizverwaltung

Schadensersatzansprüche gegen den Staat wegen unzumutbarer Verzögerung von Eintragungen in das Grundbuch können nicht auf eine etwaige Pflichtverletzung des Gesetzgebers bei der Zuweisung von Haushaltsmitteln und Stellen an die Gerichte gestützt werden (BGHZ 170, 260, 267 f; s auch KG DRiZ 2006, 16). Allerdings kommen Amtshaftungsansprüche wegen Organisationsverschuldens des Amtsgerichts und der übergeordneten Behörden (Landgericht, Oberlandesgericht, Justizministerium) in Betracht. 691

692 Obwohl negative Gnadenentscheidungen überhaupt nicht oder nur in ganz beschränktem Umfang anfechtbar sind (BVerfGE 25, 352 = NJW 1969, 1895), kann ein Betroffener Schadensersatzansprüche mit der Behauptung geltend machen, die Gnadenbehörde habe ihm gegenüber Amtspflichten verletzt. Denn hat zwar niemand einen Anspruch auf Gnade, wohl aber einen Anspruch auf ein ordnungsmäßiges Verfahren und ein pflichtgemäßes Verhalten der beteiligten Hoheitsträger (BGHZ 57, 33, 46).

693 Die Aufsicht über Notare (§ 92 BNotO) erfolgt im Interesse der Rechtspflege, also im allgemeinen Interesse, und begründet daher grundsätzlich keine Amtspflichten gegenüber Dritten. Anderes kann jedoch im Einzelfall gegenüber solchen Personen gelten, die sich mit den gesetzlich vorgesehenen Rechtsbehelfen an die Aufsichtsbehörden wenden. Zudem kann sich gegenüber allen Rechtsuchenden die Amtspflicht ergeben, ein auf die Amtsenthebung des Notars gerichtetes Verfahren einzuleiten und sachgemäß durchzuführen. Diese Amtspflicht kann sich in eine Pflicht verdichten, die dem Interesse des einzelnen Rechtssuchenden dient (BGH 15. 5. 1997 – III ZR 204/96, BGHZ 135, 354, 358 für den Fall, dass ein mit der Notarprüfung beauftragter Richter Mängel in der Amtsführung des Notars festgestellt hat, die Anlass für eine [vorläufige] Amtsenthebung des Notars geben). Für den durch einen ungetreuen Notar Geschädigten stellt die von der Notarkammer abgeschlossene Vertrauensschadensversicherung im Verhältnis zur nach § 839 BGB, Art 34 GG haftenden Aufsichtsbehörde eine anderweitige Ersatzmöglichkeit im Sinne des § 839 Abs 1 S 2 BGB dar (BGH 15. 5. 1997 – III ZR 204/96, BGHZ 135, 354, 366 f). Durch die Zurückweisung des von einem Notar gestellten Antrags, ihm einen Vertreter zu bestellen, wird der in Aussicht genommene Vertreter nur mittelbar berührt. Er ist nicht „Dritter" im Sinne des § 839 Abs 1 S 1 BGB. Ein Richter im Ruhestand hat keinen Anspruch auf das dienstrechtliche Einverständnis damit, dass er in dem Landgerichtsbezirk, in dem er die Dienstaufsicht über die Notare geführt hat, in den ersten drei Jahren nach Eintritt in den Ruhestand zum Notarvertreter bestellt wird (BayObLGZ 1994, 382). Eine Amtshaftung in Betracht gezogen hat der BGH, wenn eine Notarkammer nicht ihrer Pflicht aus § 67 Abs 3 Nr 3 BNotO folgend eine den gesetzlichen Erfordernissen entsprechende Vertrauensschadenversicherung abgeschlossen hat (BGH NJW 2011, 3367, 3368: im konkreten Fall verneint).

5. Öffentliches Straßenwesen

a) Vorbemerkung

694 Das öffentliche Straßenwesen ist ein besonders wichtiger Teilbereich der allgemeinen staatlichen Daseinsvorsorge. Hinsichtlich der haftungsrechtlichen Folgen von Pflichtverletzungen der auf diesem Gebiet tätigen Amtsträger besteht eine Gemengelage von allgemeiner deliktsrechtlicher Verantwortlichkeit nach §§ 823 ff BGB und Amtshaftung nach § 839 BGB iVm Art 34 GG. Die mit dem öffentlichen Straßenwesen zusammenhängenden Verkehrssicherungspflichten sind in diesem Werk in die umfassende Darstellung der Verkehrspflichten einbezogen (Staudinger/J Hager [2021] § 823 Rn E 73–172). Wegen des Inhaltes der Verkehrssicherungspflichten im Einzelnen wird daher auf jene Darstellung verwiesen. Die folgenden Erläuterungen beschränken sich im Wesentlichen auf eine Abgrenzung der Anspruchsgrundlagen.

b) Straßenbaulast

aa) Die Straßenbaulast umfasst alle mit dem Bau und der Unterhaltung der Straßen zusammenhängenden Aufgaben. Die Träger der Straßenbaulast haben nach ihrer Leistungsfähigkeit die Straßen in einem dem regelmäßigen Verkehrsbedürfnis genügenden Zustand zu bauen, zu unterhalten, zu erweitern oder sonst zu verbessern und haben auf den nicht verkehrssicheren Zustand einer Straße durch Warnzeichen hinzuweisen (vgl § 3 Abs 1 und 2 FStrG). Dies betrifft unter anderem (OSSENBÜHL/CORNILS 32 mwNw): **695**

- die Herstellung (Anlegung, Ausbau, Verbesserung) öffentlicher Straßen (Wege und Plätze) einschließlich Brücken;
- die Befestigung, Trockenlegung und Entwässerung;
- die Sorge für die Sicherheit der Straßen;
- die Anbringung von Geländern und Absperrungen;
- die Beseitigung von Verkehrshindernissen;
- die Beschaffung, Anbringung und Unterhaltung von Verkehrszeichen und -signalanlagen nach Maßgabe der Entscheidungen der Straßenverkehrsbehörde.

bb) Die Straßenbaulast ist nach ständiger Rechtsprechung eine lediglich der Allgemeinheit, der Aufsichtsbehörde bzw der Wegepolizeibehörde gegenüber bestehende öffentlich-rechtliche Verpflichtung („Last“), die dem einzelnen Straßen- und Wegebenutzer keine Ansprüche gewährt. Eine Verletzung dieser nur der Allgemeinheit gegenüber bestehenden und in den einzelnen Straßengesetzen vielfach verschieden geregelten öffentlich-rechtlichen Pflicht kann nur zu Maßnahmen der Straßenaufsicht führen. Sie begründet insbesondere keinen Schadensersatzanspruch aus Amtspflichtverletzung nach § 839 BGB iVm Art 34 GG, weil die aus der Straßenbaulast folgenden Pflichten keine Amtspflichten sind, die den einzelnen Wegebenutzern gegenüber bestehen. Eine der öffentlichen Hand im Interesse der Allgemeinheit auferlegte Last ist auch kein Schutzgesetz im Sinne des § 823 Abs 2 BGB. Etwaige Versäumnisse der Straßenaufsichtsbehörden begründen ebenfalls keine Schadensersatzansprüche, weil auch die staatlichen Aufsichtsorgane bei der Staatsaufsicht grundsätzlich nur im allgemeinen staatlichen oder öffentlichen Interesse tätig werden und keine Amtspflichten erfüllen, die ihnen einzelnen begünstigten Personen (hier also den Wegebenutzern) gegenüber obliegen (BGHZ 112, 74, 75; BGH NJW 1967, 1325, 1326 mwNw). **696**

cc) Dagegen sind die Arbeiten beim Bau und zur Unterhaltung von Straßen, die unmittelbar von den Straßenbaubehörden und ihren Bediensteten vorgenommen werden, Ausübung eines öffentlichen Amtes im Sinne des Art 34 GG (BGH NJW 1980, 1679; BGHZ 72, 289, 292 f). Deswegen trifft die Straßenbaubehörden und -bediensteten insoweit die allgemeine Amtspflicht, sich bei ihrer Amtsausübung rechtswidriger Eingriffe in den Rechtskreis der Bürger, insbesondere unerlaubter Handlungen, zu enthalten (BGH NJW 1980, 1679). Für Verletzungen oder Sachbeschädigungen, die durch derartige Maßnahmen verursacht werden, wird daher nach Amtshaftungsrecht gehaftet. Auch die Dienstfahrt eines Straßenbaubediensteten im Rahmen der Straßenbau- **697**

tätigkeit ist Ausübung eines öffentlichen Amts, und die dadurch verursachte Verletzung anderer Verkehrsteilnehmer kann Ansprüche nach § 839 BGB iVm Art 34 GG auslösen (BGHZ 21, 48), wobei, soweit sich ein solcher Unfall bei der Teilnahme am allgemeinen Straßenverkehr ereignet, das Verweisungsprivileg des § 839 Abs 1 S 2 BGB keine Anwendung findet (BGHZ 68, 217). Der Einsatz eines langsam fahrenden Kraftfahrzeuges, das das Mähen von Gras auf dem Mittelstreifen einer Autobahn sichern soll, ist in der Rechtsprechung des BGH ebenfalls der Erfüllung von Verpflichtungen zugerechnet worden, die sich aus der Straßenbaulast ergaben. Für einen durch ein solches Kraftfahrzeug verursachten Auffahrunfall trat daher die Amtshaftung ein, und zwar da Sonderrechte nach § 35 Abs 6 S 1 StVO in Anspruch genommen waren, **mit** Anwendbarkeit des Verweisungsprivilegs (BGHZ 113, 164). Nach Amtshaftungsgrundsätzen beurteilt sich auch die Schädigung von Verkehrsteilnehmern bei dem Transport von Straßenbaumaterial durch die Bediensteten eines Straßenbauamts; die Zurechnung zur Straßenverkehrssicherungspflicht wird verneint, weil die Gefahrenlage nicht von der Straße ausging (BGH NJW 1962, 796). Ebenso liegt eine Amtspflichtverletzung vor, wenn die Bediensteten der öffentlichen Hand bei Straßenbauarbeiten schuldhaft Versäumnisse begehen, die Verletzungsgefahren begründen, etwa Arbeitsgeräte auf den Straßen so aufstellen, dass sie den Verkehr gefährden und Verkehrsteilnehmer schädigen (BGH VersR 1966, 562; 1964, 225). Auch für solche Schäden wird öffentlich-rechtlich gehaftet, die bei Herstellung und Unterhalt öffentlicher Straßen an den anliegenden Häusern entstehen (BGH VersR 1964, 1071), zB bei Anlegung einer vertieft liegenden Straße, durch die ein angrenzendes Hausgrundstück die erforderliche Stütze verliert (§ 909 BGB; BGH NJW 1980, 1679). Die vom Straßenbaulastträger bei der Planung und dem Bau der Straße zu beachtenden anerkannten Regeln der Straßenbautechnik und der Wasserwirtschaft (vgl BGH 31. 10. 2019 – III ZR 64/18, BGHZ 223, 316 Rn 16) beruhen auf einer gesteigerten Amtspflicht der öffentlichen Hand, und müssen von einem privaten Grundstücksnachbarn nicht beachtet werden (BGH NVwZ-RR 2007, 597 Rn 4). Wegen der Haftung für private Unternehmer, die bei Straßenbauarbeiten eingeschaltet werden, gilt der Abschnitt „Ausführung hoheitlich angeordneter Maßnahmen durch private Unternehmer" (Rn 58 ff, 104; allgemein dazu Itzel MDR 2018, 9; 2017, 1393) entsprechend.

c) Straßenverkehrssicherungspflicht

698 **aa)** Sie folgt aus dem allgemeinen, aus §§ 823 und 836 BGB abzuleitenden Rechtsgrundsatz, dass jeder, der in seinem Verantwortungsbereich eine Gefahrenquelle schafft oder andauern lässt, diejenigen ihm zumutbaren Maßnahmen und Vorkehrungen treffen muss, die zur Abwendung der daraus Dritten drohenden Gefahren notwendig sind. Die Straßenverkehrssicherungspflicht ist nur ein Unterfall der allgemeinen Verkehrssicherungspflicht für öffentliche Verkehrsflächen. Diese Straßenverkehrssicherungspflicht ergibt sich somit aus dem Umstand, dass von der Straße durch Zulassung des öffentlichen Verkehrs Gefahren ausgehen können. Das verpflichtet die verantwortliche Körperschaft zum Eingreifen. Der Inhalt dieser Straßenverkehrssicherungspflicht geht dahin, die öffentlichen Verkehrsflächen – wie alle sonstigen einem Verkehr eröffneten Räume oder Sachen – möglichst gefahrlos zu gestalten und zu erhalten, sowie im Rahmen des Zumutbaren alles zu tun, um den Gefahren zu begegnen, die den Verkehrsteilnehmern aus einem nicht ordnungsmäßigen Zustand der Verkehrsflächen drohen (BGHZ 60, 54, 55 f).

bb) Nach der früheren Rechtsprechung des Bundesgerichtshofs richteten sich die Schadensersatzansprüche wegen der Verletzung der Pflicht, für die Sicherheit der öffentlichen Straßen, Wege und Plätze zu sorgen, regelmäßig nach den allgemeinen zivilrechtlichen Deliktsvorschriften der §§ 823 ff BGB (BGHZ 54, 165; 20, 57; 16, 95; 14, 83; 9, 373). Auch das Bundesverwaltungsgericht hatte sich dieser Auffassung angeschlossen (BVerwGE 35, 334, 337; 14, 304). Dies schließt indessen die Möglichkeit einer Ersatzpflicht nach Amtshaftungsgrundsätzen nicht aus. Die öffentlich-rechtliche Körperschaft, der die Verkehrssicherung obliegt, hat grundsätzlich die Wahl, ob sie dieser Pflicht als Fiskus, also privatrechtlich, oder als Träger öffentlicher Gewalt, also hoheitsrechtlich, genügen will (BGHZ 60, 54, 56). Inzwischen haben alle Bundesländer mit Ausnahme Hessens von der Möglichkeit Gebrauch gemacht, in ihren Straßen- und Wegegesetzen die Straßenverkehrssicherungspflicht als hoheitliche Amtspflicht auszugestalten. Damit hat sich das frühere Regel-/Ausnahmeverhältnis in sein Gegenteil verkehrt: Gehaftet wird fast überall nach Amtshaftungsgrundsätzen, in Hessen nach allgemeinem Deliktsrecht (OLG Frankfurt 11. 5. 2023 – 1 U 310/20, VersR 2024, 667). **699**

Nachfolgend wird eine Übersicht über die einzelnen landesrechtlichen Regelungen gegeben: **700**

- Baden-Württemberg: Straßengesetz (StrG) in der Fassung vom 11. 5. 1992 (GBl 380) § 59.

- Bayern: Bayerisches Straßen- und Wegegesetz in der Fassung der Bekanntmachung vom 5. 10. 1981 (BayRS 91-1-I) Art 9 Abs 5.

- Berlin: Berliner Straßengesetz (BerlStrG) vom 13. 7. 1999 (GVBl 380) § 7 Abs 6; Berliner Straßenreinigungsgesetz vom 19. 12. 1978 (GVBl S 2501) § 4 Abs 1 (BGH 9. 10. 2014 – III ZR 68/14, NJW 2014, 3580: Der den Berliner Stadtreinigungsbetrieben [BSR] nach dem Berliner Straßenreinigungsgesetz zugewiesene Winterdienst [hier: im Bereich von Straßenbahnhaltestellen] stellt eine hoheitliche Aufgabe dar. Dies dürfte auch nach der Neufassung des § 4 Abs 1 weiterhin gelten).

- Brandenburg: Brandenburgisches Straßengesetz in Fassung der Bekanntmachung vom 28. 7. 2009 (GVBl I 358) § 10 Abs 1 S 1 (wobei die Bestimmungen über den Anspruch auf Schadensersatz wegen schuldlos rechtswidriger Schadenszufügung nach dem StHG und dem OBG Bbg keine Anwendung finden [§ 10 Abs 1 S 2 StrG Bbg]).

- Bremen: Bremisches Landesstraßengesetz (BremLStrG) vom 20. 12. 1976 (BremGBl 341) § 9.

- Hamburg: Hamburgisches Wegegesetz (HWG) in der Fassung vom 22. 1. 1974 (GVBl 41, 43) § 5.

- Hessen: Straßengesetz vom 8. 6. 2003 (GVBl I 166); enthält als einziges Landesstraßengesetz keine hoheitliche Ausgestaltung der Straßenverkehrssicherungspflicht (s hierzu OLG Frankfurt 11. 5. 2023 – 1 U 310/20, VersR 2024, 667).

- Mecklenburg-Vorpommern: Straßen- und Wegegesetz des Landes Mecklenburg-Vorpommern (StrWG-MV) vom 13. 1. 1993 (GVBl M-V 42) § 10 Abs 1.

- Niedersachsen: Niedersächsisches Straßengesetz (NStrG) in der Fassung vom 24. 9. 1980 (NdsGVBl 359) § 10 Abs 1.

- Nordrhein-Westfalen: Straßen- und Wegegesetz (StrWG NW) in der Fassung vom 23. 9. 1995 (GV NW 1028) § 9a Abs 1.

- Rheinland-Pfalz: Landesstraßengesetz in der Fassung vom 1. 8. 1977 (BS 91–1) § 48 Abs 2.

- Saarland: Saarländisches Straßengesetz vom 17. 12. 1964 (BS Saar 90–1) § 9 Abs 3a.

- Sachsen: Straßengesetz für den Freistaat Sachsen (SächsStrG) vom 21. 1. 1993 (SächsGVBl 93) § 10 Abs 1.

- Sachsen-Anhalt: Straßengesetz für das Land Sachsen-Anhalt (StrGLSA) vom 6. 7. 1993 (GVBl LSA 334) § 10 Abs 1.

- Schleswig-Holstein: Bekanntmachung der Neufassung des Straßen- und Wegegesetzes des Landes Schleswig-Holstein (StrWG) vom 25. 11. 2003 (GVOBl Schl-H S 631, ber 2004 140) § 10 Abs 4.

- Thüringen: Thüringer Straßengesetz vom 7. 5. 1993 (GVBl 273) § 10 Abs 1 S 1.

701 **cc)** Die öffentlich-rechtlich gestaltete Amtspflicht zur Sorge für die Sicherheit im Straßenverkehr entspricht inhaltlich der **allgemeinen Verkehrssicherungspflicht** (BGH 24. 7. 2014 – III ZR 550/13, VersR 2014, 1349 Rn 15; BGH NJW 1980, 2194, 2195 mwNw). Sie besteht als Amtspflicht zwar allen Straßenbenutzern gegenüber, aber nur mit dem Inhalt, sie vor Gefahren für Leben, Gesundheit, Eigentum oder sonstige absolute Rechte zu bewahren, nicht aber vor jedem Vermögensschaden (BGH NJW 1973, 463). Die Verkehrssicherungspflicht für öffentliche Straßen steht selbständig neben den sonstigen diese Straßen betreffenden Pflichten. Es handelt sich bei ihr nur um einen Unterfall der allgemeinen Verkehrssicherungspflicht, die auf dem Gedanken beruht, dass jeder, der in seinem Verantwortungsbereich eine Gefahrenquelle oder einen Gefahr drohenden Zustand schafft oder andauern lässt, die Pflicht hat, alle ihm zumutbaren Maßnahmen oder Vorkehrungen zu treffen, um eine Schädigung anderer zu verhindern. Die Verkehrssicherungspflicht erstreckt sich dabei nicht nur auf die Straße im engeren Sinn des Wortes, das heißt auf die eigentliche Verkehrsfläche, die Fahrbahn, sondern auch auf Gräben und Entwässerungsanlagen, die nach § 1 Abs 4 Nr 1 FStrG als Teile des Straßenkörpers zur Straße gehören (BGH 31. 10. 2019 – III ZR 64/18, BGHZ 223, 316 Rn 18), wie auch Parkplätze und die diese begrenzenden Randsteine (§ 2 Abs 2 Nr lit b StrG BW; BGH VersR 2014, 1349). Die dem Straßenverkehrssicherungspflichtigen obliegende Amtspflicht, die Bundesstraße einschließlich der zur Straße gehörenden Entwässerungsanlagen in einem verkehrssicheren Zustand zu erhalten, beschränkt sich nicht auf die Abwendung von Gefahren, die den Straßenbenutzern drohen. Es ist vielmehr auch der Sicherheit der Anlieger vor den Gefahren der Straßenentwässerung Rechnung zu tragen (BGH NVwZ-RR 2014, 252). Ein Verkehrssicherungspflichtiger hat in geeigneter und objektiv zumutbarer Weise alle, aber auch nur diejenigen Gefahren auszuräumen und erforderlichenfalls vor ihnen zu warnen, die für den Benutzer, der die erforderliche Sorgfalt walten lässt, nicht oder nicht rechtzeitig erkennbar sind und auf die er sich nicht oder nicht rechtzeitig einzurichten vermag (BGH 24. 8. 2017 – III ZR 574/16, NVwZ-RR 2018, 8 Rn 13). Dabei kann der Verkehrssicherungspflichtige auch gehalten sein, ein naheliegendes Fehlverhalten von Benutzern zu berücksichtigen (BGH VersR 2014, 1349 Rn 15 f). Bei einer (Wieder-)Eröffnung des Verkehrs auf der Straße kann eine Sichtprüfung zur Abnahme von Bauleistungen ausreichen, wenn es hier lediglich um die Überprüfung eines kleinen Teils des Straßenpflasters geht, zB um die ordnungsgemäße Verlegung der bei den Absperrhähnen vorhandenen Mosaiksteine. Unerheblich ist, ob dabei die technischen Regeln der VOB (C) eingehalten wurden; entscheidend sind lediglich die Anforderungen, die der jeweilige Verkehr mit sich bringt (BGH 12. 6. 2008 – III ZR 305/07; Schlick NJW 2009, 3487, 3489).

In seiner grundlegenden Entscheidung BGHZ 60, 54, 63, hatte der BGH aus der Ausgestaltung der Verkehrssicherungspflicht als Amtspflicht noch die Folgerung gezogen, dass damit auch das **Verweisungsprivileg** des § 839 Abs 1 S 2 BGB uneingeschränkt anwendbar sei. Seit BGHZ 75, 134 ist diese Haftungsbeschränkung bei Verletzung der hoheitlich ausgestalteten Straßenverkehrssicherungspflicht weggefallen (ebenso BGHZ 118, 368, betreffend die Verletzung der hoheitlich ausgestalteten Pflicht einer Gemeinde, die Einhaltung der Räum- und Streupflicht durch die Anlieger zu überwachen, und BGHZ 123, 102, betreffend die öffentlich-rechtlich ausgestaltete Sorge für die Standsicherheit von Straßenbäumen; NVwZ-RR 2014, 252: Haftung wegen unzureichender Kontrolle eines Straßenentwässerungsgrabens). Damit ergibt sich für die Straßenverkehrssicherungspflicht sowohl auf der Tatbestands- als auch auf der Rechtsfolgenseite eine vollständige Deckungsgleichheit von allgemeiner Deliktshaftung nach § 823 BGB und Amtshaftung nach § 839 BGB iVm Art 34 GG (vgl auch BGH NJW 2003, 3622). Im Fall einer „Organleihe" ist für die haftungsrechtliche Verantwortlichkeit für die Verletzung der Verkehrssicherungspflicht entscheidend, wer in der Lage gewesen ist, die zur Gefahrenabwehr erforderlichen Maßnahmen zu treffen (BGH 2. 2. 2006 – III ZR 159/05, VersR 2006, 803 Rn 21; s auch Rn 124).

dd) Eine Verneinung der Verkehrssicherungspflicht wegen **Erkennbarkeit der Gefahrenquelle** eines desolaten Fußweges kommt nur dann in Betracht, wenn der Bürger sich auf die Gefahr rechtzeitig einrichten kann, etwa weil er unproblematisch der Gefahrenstelle ausweichen kann. Dem Bürger kann nicht entgegengehalten werden, er habe die Gefahrenstelle meiden müssen, indem er zB statt des gefahrenträchtigen Gehwegs die daneben befindliche Grünfläche hätte nutzen müssen (BGH NVwZ-RR 2012, 831 zu einem Berliner Gehweg). Es besteht dagegen keine generelle Amtspflicht der verkehrssicherungspflichtigen Körperschaft, für ein gefahrloses „Überhangparken" durch besondere Gestaltung der Randsteine eines Parkplatzes Sorge zu tragen oder vor Gefahren beim freigabewidrigen Überhangparken zu warnen. Ggf muss sich ein Fahrer eines tiefergelegten Autos auch ein anspruchsausschließendes Mitverschulden anrechnen lassen, wenn er beim Überhangparken sein Auto durch den Randstein beschädigt (BGH VersR 2014, 1349 m Anm Kabus DAR 2014, 583). Ein quer über einen für die Nutzung durch Radfahrer zugelassenen Weg gespannter, nicht auffällig gekennzeichneter Stacheldraht, an dem ein Verkehrszeichen befestigt ist, ist verkehrswidrig. Ein solches Hindernis ist angesichts seiner schweren Erkennbarkeit und der daraus 702 sowie aus seiner Beschaffenheit folgenden Gefährlichkeit völlig ungewöhnlich und objektiv geradezu als tückisch anzusehen, so dass ein Fahrradfahrer hiermit nicht rechnen muss. Dem Radfahrer ist kein Mitverschulden wegen Verstoßes gegen das Sichtfahrgebot anzulasten (BGH 23. 4. 2020 – III ZR 250/17, DVBl 2020, 1272 Rn 27, 38 f; BGH 23. 4. 2020 – III ZR 251/17, NJW 2020, 3106 Rn 26, 37 f).

Ein Fußgänger, der wegen Verletzung der Verkehrssicherungspflicht stürzt und sich verletzt, braucht sich im Rahmen der Abwägung des **Mitverschuldens** nicht entgegenhalten zu lassen, er habe die Augen nicht ständig auf den Gehweg gerichtet. Wenn er deshalb Unebenheiten in der Pflasterung übersieht, ist ihm allein daraus der Vorwurf einer besonderen Unaufmerksamkeit nicht zu machen (BGH NJW 2007, 3211; VersR 1969, 515, 516 f). Dem Umstand, dass ein Geschädigter, als er sich der von ihm erkannten Glättegefahr aussetzte, keine unaufschiebbaren Angelegenheiten zu erledigen hatte, begründet kein Mitverschulden bei einem Schaden durch Sturz infolge Glatteises. Die Notwendigkeit und Unaufschiebbarkeit der Tätigkeit, zu deren Erledigung sich der später Geschädigte der von ihm erkannten Gefahr ausgesetzt hat, mag allenfalls ein im Einzelfall in die Gesamtabwägung einzubeziehender Belang sein, der geeignet ist, ein aufgrund der erkannten Selbstgefährdung anzunehmendes Mitverschulden auszuschließen (BGH NVwZ-RR 2013, 909).

703 **ee)** Durchgängig als öffentlich-rechtliche Amtspflicht ausgestaltet ist auch die Pflicht zur „polizeimäßigen“ oder „ordnungsmäßigen“ **Reinigung öffentlicher Straßen**, einschließlich der Räum- und Streupflicht. Diese Pflichten sind für den Bereich geschlossener Ortschaften den Gemeinden auferlegt, und zwar in den meisten Bundesländern durch die jeweiligen Straßen- und Wegegesetze, in Nordrhein-Westfalen und in Berlin durch besondere Straßenreinigungsgesetze. Grundlegend war insoweit das Preußische Gesetz über die Reinigung öffentlicher Wege vom 1. 7. 1912 (GS 187). Die „polizeimäßige“ Reinigung geht insoweit weiter als die allgemeine Verkehrssicherungspflicht, als sie nicht nur aus Verkehrsrücksicht und zum Zwecke der Aufrechterhaltung der Sicherheit und Leichtigkeit des Verkehrs erfolgt, sondern auch den weitergehenden allgemeinen polizeilichen Anforderungen (zB ordnungs- und gesundheitspolizeilicher Art) Rechnung trägt (BGHZ 112, 74, 79 mwNw).

Allerdings kann eine Pflicht zur Schneeräumung und zur Bestreuung der Gehwege, Fußgängerüberwege und verkehrswichtiger gefährlicher Fahrbahnstellen grundsätzlich nicht nur aus der Pflicht zur „polizeimäßigen“ Reinigung folgen, sondern auch aus der allgemeinen Verkehrssicherungspflicht, die bei öffentlichen Straßen regelmäßig den Baulastpflichtigen trifft. Zwar zählt zum Inhalt der Straßenbaulast als solcher das Schneeräumen und Streuen bei Schnee- und Eisglätte nicht; der Träger der Straßenbaulast wird nur durch eine Sollvorschrift zum Schneeräumen und Streuen angehalten (vgl § 3 Abs 3 FStrG). Das lässt aber unberührt, dass den Träger der Straßenbaulast unmittelbar aus der regelmäßig ihm auferlegten allgemeinen Verkehrssicherungspflicht auch eine Pflicht zur Schneeräumung und zur Bestreuung mit abstumpfenden Stoffen treffen kann. Die aus diesem Gesichtspunkt hergeleitete, als Pflicht zur „verkehrsmäßigen“ Reinigung bezeichnete, Verpflichtung ist nach ihrer rechtlichen Begründung und in ihren Rechtsfolgen grundsätzlich von der Pflicht zur „polizeimäßigen“ (ordnungsgemäßen) Reinigung zu unterscheiden. Beide Pflichtenkreise überlagern sich allerdings teilweise, im Blick auf die Verkehrssicherung innerhalb der geschlossenen Ortslage decken sie sich nach ihrem sachlichen Gehalt sogar völlig (BGH VersR 1997, 311, 312; BGHZ 112, 74, 79 f). Auch in Hessen, wo die Straßenverkehrssicherungspflicht selbst noch rein privatrechtlich ausgestaltet ist, ist die „polizeimäßige" Räum- und Streupflicht eine Amtspflicht im Sinne des Amtshaftungsrechts (BGH WM 1998, 827).

Die **winterliche Räum- und Streupflicht** beruht auf der Verantwortlichkeit durch Verkehrseröffnung und setzt eine konkrete Gefahrenlage, dh eine Gefährdung durch Glättebildung bzw Schneebelag voraus. Grundvoraussetzung für die Räum- und Streupflicht auf Straßen oder Wegen ist das Vorliegen einer allgemeinen Glätte und nicht nur das Vorhandensein einzelner Glättestellen (vgl BGH NJW-RR 2017, 858; VersR 2016, 63 Rn 25; NJW 2012, 2727 Rn 10; NJW 2009, 3302 Rn 4 mwNw). Ist eine Streupflicht gegeben, richten sich Inhalt und Umfang nach den Umständen des Einzelfalls (BGH VersR 1995, 721, 722; BGHZ 112, 74, 75; BGH NJW 1985, 270). Bei öffentlichen Straßen und Gehwegen sind dabei Art und Wichtigkeit des Verkehrswegs ebenso zu berücksichtigen wie seine Gefährlichkeit und die Stärke des zu erwartenden Verkehrs. Die Räum- und Streupflicht besteht nicht uneingeschränkt. Sie steht vielmehr unter dem Vorbehalt des Zumutbaren, wobei es auch auf die Leistungsfähigkeit des Sicherungspflichtigen ankommt (BGH NJW 2012, 2727 Rn 10; VersR 1998, 1373, 1374 f; 1995, 721, 722; BGHZ 112, 74, 75). Fußgängerüberwege innerhalb geschlossener Ortschaften sind danach nicht grundsätzlich, sondern nur dann zu streuen, soweit sie belebt und unentbehrlich sind (BGH VersR 2016, 63 Rn 21 mwNw). Es grundsätzlich nicht erforderlich, dass ein Parkplatz so bestreut wird, dass bereits beim Aussteigen aus jedem Fahrzeug abgestumpfter Boden betreten werden kann. Bei Parkplätzen für Gaststätten muss damit gerechnet werden, dass sich Besucher durch den Genuss alkoholischer Getränke unverständig verhalten und in ihrer Gehsicherheit beeinträchtigt sein können (BGH NJW-RR 2019, 1304 Rn 11; NJW 1985, 482, 483). Bei Parkplätzen von Lebensmittelmärkten ist den Kunden nicht nur einen im Rahmen des Zumutbaren möglichst gefahrlosen Zugang zu ihren auf dem Kundenparkplatz abgestellten Fahrzeugen zu verschaffen, sondern auch deren möglichst sicheres Be- und auch Entladen (zB von Leergut) zu ermöglichen (BGH NJW-RR 2019, 1304 Rn 11 ff mit Ausführungen zur Streupflicht auf Parkplätzen allgemein).

Bei Glatteisunfällen können die Regeln über den Anscheinsbeweis zu Gunsten des Geschädigten anwendbar sein, wenn er innerhalb der zeitlichen Grenzen der Streupflicht zu Fall gekommen ist. Dies entbindet den Anspruchsteller aber nicht davon, den Beweis führen zu müssen, dass zum Unfallzeitpunkt die Streupflicht bestanden hat (BGH NJW 2009, 3302 Rn 5).

ff) Die Verkehrssicherungspflichten erstrecken sich grundsätzlich auch auf den **704**
Schutz vor Gefahren durch **Straßenbäume** (BGH 24. 8. 2017 – III ZR 574/16, NVwZ-RR 2018, 8 Rn 13). Diese Pflicht dient auch dem Zweck, Anliegergrundstücke vor Beschädigungen durch umstürzende Bäume zu schützen (BGHZ 195, 30 Rn 16). Der Verkehrssicherungspflichtige muss daher Bäume oder Teile von ihnen entfernen, die den Verkehr konkret gefährden, insbesondere wenn sie nicht mehr standsicher sind oder Teile herabzustürzen drohen. Allerdings stellt jeder Baum an einer Straße oder an einem öffentlichen Parkplatz eine mögliche Gefahr dar. Einerseits können auch völlig gesunde Bäume vom Sturm, selbst bei nicht außergewöhnlicher Windstärke, entwurzelt oder geknickt oder Teile von ihnen abgebrochen werden; auch Schneeauflage oder starker Regen können zum Absturz selbst von größeren Ästen führen.

Andererseits ist die Erkrankung oder Vermorschung eines Baums von außen nicht immer erkennbar. Das gebietet aber nicht die Entfernung aller Bäume aus der Nähe von Straßen und öffentlichen Parkplätzen oder eine besonders gründliche Untersuchung jedes einzelnen Baums. Der Umfang der notwendigen Überwachung und Sicherung kann nicht an dem gemessen werden, was zur Beseitigung jeder Gefahr erforderlich ist; es ist unmöglich, den Verkehr völlig risikolos zu gestalten. Dieser muss gewisse Gefahren, die nicht durch menschliches Handeln entstehen, sondern auf Gegebenheiten der Natur selbst beruhen, als unvermeidlich hinnehmen. Die Behörden genügen daher ihrer Sicherungs- und Überwachungspflicht, wenn sie – außer der stets gebotenen regelmäßigen Beobachtung auf trockenes Laub, dürre Äste, Beschädigungen, Frostrisse oder Pilzbefall (hierzu OLG Brandenburg 15. 1. 2019 – 2 U 49/17, NJW-RR 2019, 343) – eine eingehende Untersuchung dort vornehmen, wo besondere Umstände – wie das Alter des Baums, sein Erhaltungszustand, die Eigenart seiner Stellung oder sein statischer Aufbau oder ähnliches – sie dem Einsichtigen angezeigt erscheinen lassen. Eine schuldhafte Verletzung der Verkehrssicherungspflicht liegt jedoch grundsätzlich nur dann vor, wenn Anzeichen verkannt oder übersehen worden sind, die nach der Erfahrung auf eine (weitere) Gefahr durch den Baum hinweisen (BGH 24. 8. 2017 – III ZR 574/16, NVwZ-RR 2018, 8 Rn 13). Ein natürlicher Astbruch, für den vorher keine besonderen Anzeichen bestanden haben, gehört auch bei hierfür anfälligeren Baumarten grundsätzlich zu den naturgebundenen und daher hinzunehmenden Lebensrisiken. Eine straßenverkehrssicherungspflichtige Gemeinde muss daher bei gesunden Straßenbäumen auch dann keine besonderen Schutzmaßnahmen ergreifen, wenn bei diesen – wie zB bei der Pappel oder bei anderen Weichhölzern – ein erhöhtes Risiko besteht, dass im gesunden Zustand Äste abbrechen und Schäden verursacht werden können (BGH NJW 2014, 1588 m Anm Gebhard AUR 2014, 222).

Ob und in welchem Umfang bzw mit welcher Kontrolldichte ein Grundstückseigentümer Kontroll- und Überprüfungsmaßnahmen durchführen muss, hängt von den konkreten Umständen des Einzelfalls – auch im Hinblick auf die Zumutbarkeit für den Grundstückseigentümer – ab (BGH 24. 8. 2017 – III ZR 574/16, NVwZ-RR 2018, 8 Rn 14). Der Eigentümer des an einer öffentlichen Straße liegenden Waldgrundstücks ist mit Rücksicht auf den Straßenverkehr verpflichtet, schädliche Einwirkungen auf die Verkehrsteilnehmer durch umstürzende Bäume zu vermeiden. Er ist verpflichtet, den Baumbestand so anzulegen, dass er im Rahmen des nach forstwirtschaftlicher Erkenntnis Möglichen gegen Windbruch und Windwurf gesichert ist (BGHZ 195, 30 Rn 16). Die Benutzung des Waldes – einschließlich auch stärker frequentierter Waldwege – erfolgt nach § 25 Abs 5 S 1 des LWaldG SL hingegen auf eigene Gefahr. Hieraus ergibt sich, dass der Waldbesitzer grundsätzlich nur für atypische Gefahren, nicht aber für waldtypische Gefahren haftet (BGHZ 195, 30). Die strengen Anforderungen an die Sicherheit von Bäumen gelten nur hinsichtlich solcher Bäume, die sich an öffentlichen Straßen befinden (BGHZ 195, 30 Rn 16).

d) Straßenverkehrsregelungspflicht

705 **aa)** Nach §§ 44 Abs 1, 45 Abs 3, 4 StVO haben die Straßenverkehrsbehörden die Pflicht, darüber Bestimmungen zu treffen, wo welche Verkehrszeichen und -einrichtungen anzubringen sind. Diese Aufgabe obliegt ihnen als Amtspflicht (§ 839 BGB iVm Art 34 GG) im Interesse und zum Schutz aller Verkehrsteilnehmer, die die Straße nach Art ihrer Verkehrseröffnung benutzen dürfen. Inhaltlich ist diese Amts-

pflicht darauf gerichtet, für die Sicherheit und Leichtigkeit des Verkehrs zu sorgen und die Einrichtungen für die Regelung des Verkehrs so zu gestalten, dass sie ihrem Zweck gerecht werden (BGH 15. 3. 1990 – III ZR 149/89, NVwZ 1990, 898; BGH 24. 3. 1988 – III ZR 104/87, VersR 1988, 697). Für die Ausführung der Anordnungen der Straßenverkehrsbehörde ist dagegen der Verkehrssicherungspflichtige, regelmäßig also der Träger der Straßenbaulast, zuständig. In den Bereich der Straßenverkehrssicherungspflicht, die, wie dargelegt, in Hessen rein privatrechtlich, im Übrigen Bundesgebiet als hoheitliche Amtspflicht ausgestaltet ist, fallen daher die Pflichten zur Bestimmung über die Art der Anbringung und Ausgestaltung und zur Beschaffung, ordnungsmäßigen Anbringung und Unterhaltung der von der Straßenverkehrsbehörde angeordneten Verkehrszeichen und -einrichtungen. Haftungsrechtlich hat diese Aufteilung der Zuständigkeiten die Folge, dass für Schäden, die durch eine amtspflichtwidrige Verkehrsregelung selbst verursacht werden, der Träger der Straßenverkehrsbehörde, hingegen für Fehler bei der Anbringung und Unterhaltung der Verkehrszeichen und -einrichtungen der Straßenbaulastträger einzustehen hat. Dementsprechend fällt beispielsweise die fehlerhafte Programmierung einer Lichtzeichenanlage in den Verantwortungsbereich der Straßenverkehrsbehörde (BGHZ NJW 1971, 2220), eine Funktionsstörung der Lichtzeichenanlage infolge unzureichender Wartung hingegen in denjenigen des Straßenbaulastträgers (BGH NJW 1972, 1268). Eine allgemeine Pflicht des Straßenbaulastträgers, die Bestimmung der Straßenverkehrsbehörde, wo ein Verkehrszeichen anzubringen ist, zu überprüfen, besteht nicht (BGH NVwZ 2000, 1209). Die Verantwortung für das Anbringen vorschriftsmäßiger Verkehrszeichen trägt grundsätzlich allein die Straßenverkehrsbehörde. Dennoch kann im Einzelfall auch der Träger der Straßenbaulast als Verkehrssicherungspflichtiger verpflichtet sein, bei der Straßenverkehrsbehörde auf eine Änderung der Verkehrsregelung hinzuwirken, wenn er die von einer unzulänglichen Beschilderung ausgehenden Gefahren erkennt oder eine derartige Verkehrsgefährdung so offensichtlich ist, dass sich die Notwendigkeit alsbaldiger Maßnahmen geradezu aufdrängt (BGH NVwZ 2000, 1209). Nach § 45 Abs 2 S 1, Abs 6 StVO ist die Straßenbaubehörde berechtigt, Verkehrsverbote und -beschränkungen anzuordnen. Dies ist eine hoheitliche Aufgabe. Auch die tatsächliche Umsetzung der Verkehrsregelung durch die Anbringung von Verkehrszeichen ist hoheitliche Aufgabe, die durch den Baulastträger erfolgt (§ 45 Abs 5 S 1 StVO). Die Mitarbeiter eines privaten Unternehmens, die zur Ausführung einer verkehrsbeschränkenden Anordnung der Straßenbaubehörde und des der Anordnung beigefügten Verkehrszeichenplans Verkehrsschilder nicht ordnungsgemäß befestigen, handeln (jedenfalls grundsätzlich) als Verwaltungshelfer und damit als Beamte im haftungsrechtlichen Sinne (BGH 11. 1. 2024 – III ZR 15/23, VersR 2024, 576 Rn 16, 19 f; BGH NJW-RR 2019, 1163 Rn 13 f; Zu Einzelheiten s Rn 67).

bb) Die Straßenverkehrsbehörden brauchen allerdings nur insoweit Maßnahmen **706**
zu ergreifen, als dies objektiv erforderlich und nach objektiven Maßstäben zumutbar ist. Sie haben deshalb regelmäßig dann keine weiteren Pflichten, wenn die Verkehrsteilnehmer bei zweckgerechter Benutzung der Straße und Anwendung der gebotenen Aufmerksamkeit etwaige Schäden selbst abwenden können. Von den Verkehrsteilnehmern wird dabei in schwierigen Verkehrslagen sogar eine gesteigerte Aufmerksamkeit erwartet. Zudem werden Kenntnisse über besondere Verkehrsgefahren vorausgesetzt. In derartigen Fällen ist eine Warnung nicht geboten, weil ein Kraftfahrer mit der erforderlichen Sorgfalt etwaige Schäden durch vorsichtiges Fahren abwenden kann (BGH 24. 3. 1988 – III ZR 104/87, VersR 1988, 697 mwNw). Ist eine Vor-

fahrtsberechtigung nur schwer erkennbar, kann indes eine Verpflichtung zu einer ausdrücklichen Vorfahrtsregelung bestehen (OLG München 4. 4. 2013 – 1 U 4266/12, NJW-RR 2014, 286).

707 Durch die Verkehrsregelung dürfen keine neuen Gefahrensituationen geschaffen werden. Gegen diese Pflicht wird insbesondere dann verstoßen, wenn die Beschilderung in sich widersprüchlich ist, beispielsweise eine Straße als Vorfahrtsstraße (Zeichen 306) ausgeschildert ist, während auf der untergeordneten Straße eine darauf abgestimmte negative Beschilderung mit dem Gebot, dem Verkehr auf der Vorfahrtsstraße Vorfahrt zu gewähren (Zeichen 205 oder 206), fehlt (BGH NVwZ 2000, 1209). Auch Änderungen der Verkehrsregelung als gefahrerhöhende Maßnahmen können für eine ausreichende Übergangszeit Warnpflichten der zuständigen Behörden auslösen. Dies gilt grundsätzlich für die Änderung solcher Regelungen, deren Missachtung – wie bei Vorfahrtänderungen – besonders gefährlich ist (BGH NVwZ 1990, 898). Wird durch eine Straßensperrung ein Abkürzungsverkehr verursacht, so besteht eine Verkehrssicherungspflicht, die die Verpflichtung umfasst, hierdurch hervorgerufene vermeidbare Schäden zu verhindern (OLG Bamberg 13. 1. 2025 – 4 U 80/24, NJW-RR 2025, 535). Allgemein besteht die Pflicht zur Kennzeichnung gefährlicher Stellen durch Gefahrzeichen, dh solcher Stellen, bei denen die Möglichkeit, dass sich aus der Anlage oder Beschaffenheit der Straße ein Unfall ergibt, für den Verkehrsteilnehmer auch dann nicht ohne weiteres oder nicht rechtzeitig erkennbar ist, wenn er die erforderliche Sorgfalt beachtet. In diesen Zusammenhang fällt auch die Hinweispflicht auf Verkehrsregelungen, mit denen unter den gegebenen Umständen üblicherweise nicht gerechnet werden kann, wie zB bei Straßenbahngegenverkehr in einer Einbahnstraße (LG Heidelberg VersR 1982, 1156). Bei der Programmierung einer Lichtzeichenanlage an einem Fußgängerüberweg in der Weise, dass die für den Kraftfahrzeugverkehr maßgebenden Ampeln zeitversetzte Grünphasen hatten, hat der BGH eine Amtspflichtverletzung verneint, obwohl aus einer untergeordneten Straßen einbiegende Verkehrsteilnehmer durch das für sie sichtbare Rotlicht zu dem unrichtigen Schluss verleitet werden konnten, auch die für den Gegenverkehr bestimmte Ampel sei auf Rot geschaltet (BGH NVwZ 1990, 898 = NZV 1991, 147 m abl Anm Menken). Zum Versagen einer Verkehrssignalanlage („feindliches Grün") s Rn 70.

708 **cc)** Das **Verweisungsprivileg** des § 839 Abs 1 S 2 BGB ist bei Amtspflichtverletzungen der Straßenverkehrsbehörden betreffend die Verkehrsregelung anwendbar. Bei einem Verkehrsunfall, der sowohl durch eine amtspflichtwidrige Verkehrsregelung als auch durch das Fehlverhalten eines weiteren Verkehrsteilnehmers verursacht worden ist, muss sich der Geschädigte daher vorrangig an den Zweitschädiger halten.

6. Abfallentsorgung

709 Die Amtspflichten, die den für die Erteilung einer immissionsschutzrechtlichen Genehmigung zur Errichtung und zum Betrieb einer Abfallentsorgungsanlage und für die Überwachung einer solchen Anlage zuständigen Behörden obliegen, können auch zugunsten des Eigentümers des Betriebsgrundstücks als einem geschützten „Dritten" bestehen (BGHZ 182, 370, 378). Erleidet ein Eigentümer eines Grundstücks dadurch einen Schaden – wie zB durch Bodenkontaminationen –, dass die zuständige Behörde die ihr bei der Erteilung der immissionsschutzrechtlichen Genehmigung und der Überwachung einer Abfallentsorgungsanlage obliegenden Amtspflichte verletzt, kann dem Eigentümer unter dem Gesichtspunkt des § 254 BGB ggf entgegengehalten werden, dass er es unterlassen hat, zivilrechtlich gegen den Anlagenbetreiber vorzugehen (zB aus § 1004 BGB), nachdem beim Betrieb der Anlage deutliche Mängel aufgetreten waren (vgl BGHZ 182, 370 Rn 38; Schlick NJW 2011, 3346).

7. Wasserwirtschaft

Haftungsfragen im Zusammenhang mit durch Wasser verursachte Schäden haben in der Praxis hohe Relevanz. Besondere Schwierigkeiten ergeben sich aus den unterschiedlichen Regelungen für verschiedene Arten von Wasser mit unterschiedlichen Zuständigkeiten. Dabei lassen sich insbesondere Frisch- und Abwasser, oberirdische Gewässer und Hochwasser unterscheiden. Außerdem können weitere Verantwortlichkeiten hinzutreten, etwa Verkehrssicherungspflichten des Trägers der Straßenbaulast in Bezug auf von der Straße abfließendes Wasser. Im Hinblick auf die Frischwasserversorgung kommt grds eine Amtshaftung nicht in Betracht. Diese erfolgt auf vertraglicher Grundlage; daneben kommen Ansprüche ua Ansprüche aus dem Haftpflichtgesetz und Produkthaftung in Betracht. 710

a) Gewässerunterhaltung

Für oberirdische Gewässer, also ständig oder zeitweilig in Betten fließende oder stehende oder aus Quellen wild abfließende Wasser (§ 3 Nr 1 WHG), besteht eine öffentlich-rechtliche Verpflichtung zur Unterhaltung, die ihre Pflege und Entwicklung umfasst (§ 39 Abs 1 S 1 WHG). Diese Pflicht trifft bei Bundeswasserstraßen den Bund als deren Eigentümer (§ 40 Abs 1 S 1 iVm § 4 Abs 1 S 1 WHG) und wird im Übrigen durch Landesrecht bestimmt (vgl § 4 Abs 5 WHG hins des Eigentums sowie § 40 Abs 1 S 1 WHG hins der Unterhaltungspflicht). Eigentümer der Gewässer sind zB in Nordrhein-Westfalen bei Gewässern erster Ordnung, die nicht Bundeswasserstraßen sind, das Land, im Übrigen die Eigentümer der Ufergrundstücke (§ 3 Abs 1 und 2 LWG NW). Unterhaltungspflichtig sind dagegen gemäß § 62 Abs 1 LWG NW bei Gewässern erster Ordnung idR das Land und im Übrigen die Kommunen (Anliegergemeinden), wobei die Kreise die Unterhaltungspflicht im Einvernehmen mit der Gemeinde übernehmen können oder die Pflicht auf eine Anstalt des öffentlichen Rechts übertragen werden kann (§ 62 Abs 4 bzw Abs 5 LWG NW). 711

Die Gewässerunterhaltungspflicht ist stets hoheitlich, dient allein wasserwirtschaftlichen und Zwecken der Allgemeinheit, so dass Drittbetroffene grundsätzlich keinen Rechtsanspruch gegen den Träger der Unterhaltungslast auf Erfüllung der Unterhaltungspflicht oder auf Vornahme bestimmter Unterhaltungsarbeiten haben (BGH 1. 12. 2022 – III ZR 54/21, BGHZ 235, 206 Rn 11; BGH 24. 2. 1994 – III ZR 4/93, BGHZ 125, 186, 188; BGH 25. 2. 1993 – III ZR 9/92, BGHZ 121, 367, 375). Als solche ist sie daher zunächst auch nicht drittschützend (BGH 24. 2. 1994 – III ZR 4/93, BGHZ 125, 186, 188; BGH 25. 2. 1993 – III ZR 9/92, BGHZ 121, 367, 375; s auch Rn 189). Neben der Gewässerunterhaltungspflicht besteht jedoch selbständig eine (allgemeine) Verkehrssicherungspflicht. Diese Pflichten sind zwar nicht identisch ist, können aber ineinander übergehen (BGH 25. 2. 1993 – III ZR 9/92, BGHZ 121, 367, 375). Seit jeher ist anerkannt, dass die Verletzung dieser Verkehrssicherungspflicht zu einem Anspruch aus § 823 Abs 1 BGB führen kann (BGH 24. 2. 1994 – III ZR 4/93, BGHZ 125, 186, 188; BGH 25. 2. 1993 – III ZR 9/92, BGHZ 121, 367, 374 mwNw). Der BGH hat nunmehr entschieden, dass auch die öffentlich-rechtliche Unterhaltungspflicht drittschützende Wirkung hat, soweit sie einer Verkehrssicherungspflicht inhaltlich gleichkommt (BGH 1. 12. 2022 – III ZR 54/21, BGHZ 235, 206 Rn 11). Dass sich daraus im Ergebnis Abweichungen vom bisherigen Rechtszustand ergeben, wie dies Itzel (ZfW 2023, 123) befürchtet, muss sich nicht zwingend aus dieser Entscheidung ergeben.

Die Gewässerunterhaltungspflicht umfasst insbes die Erhaltung eines ordnungsmäßigen Zustands für den Wasserabfluss, das heißt, das Gewässerbett für den Wasserabfluss zu erhalten, zu räumen und zu reinigen, das Gewässer in einem den wasserwirtschaftlichen Bedürfnissen entsprechenden Zustand für die Abfuhr oder Rückhaltung von Wasser zu erhalten sowie Feststoffe aus dem Gewässer oder von seinen Ufern zu entfernen (BGH 24. 2. 1994 – III ZR 4/93, BGHZ 125, 186, 189 zu § 28 WHG aF nunmehr § 39 Abs 1 WHG). Anlagen (zB Verrohrungen) fallen in die Unterhaltungslast des Gewässerunterhaltungspflichtigen, wenn sie eine wasserwirtschaftliche Zielsetzung haben, anderenfalls (vgl § 36 Abs 1 WHG) trägt derjenige, der die Vorteile der Anlage nutzt, regelmäßig ihr Eigentümer oder Betreiber, die Unterhaltungslast (BGH 1. 12. 2022 – III ZR 54/21, BGHZ 235, 206 Rn 14). In diesem Fall obliegt die Überwachung der Einhaltung der insoweit bestehenden Pflichten, einschließlich der Genehmigung von Anlagen, gem § 100 WHG dem durch Landesrecht bestimmten Inhaber der allgemeinen Gewässeraufsicht (BGH 1. 12. 2022 – III ZR 54/21, BGHZ 235, 206 Rn 15; BGH NVwZ-RR 2008, 672 Rn 9). Daraus folgt gegenüber den Eigentümern von nahe gelegenen Grundstücken eine Amtspflicht der Gewässeraufsichtsbehörde, dass ein schadloser Abfluss eines sogenannten 100-jährlichen Hochwassers, aber nicht weit darüber hinaus, sichergestellt ist, die einen Amtshaftungsanspruch begründen kann (BGH NVwZ-RR 2008, 672 Rn 10; offengelassen für 100-jährlisches Hochwasser; BayObLGZ 1989, 397). Eine Haftung des Gewässerunterhaltungspflichtigen kommt insofern nur dann in Betracht, wenn ihm Mängel einer solchen Anlage bei einer Gewässerschau auf Anhieb hätten auffallen müssen (BGH 1. 12. 2022 – III ZR 54/21, BGHZ 235, 206 Rn 16).

Zur (öffentlich-rechtlichen) Geschäftsführung ohne Auftrag durch die Erfüllung von Gewässerunterhaltungspflichten seitens eines privaten Dritten (Beseitigung des an einem Kraftwerksrechen angeschwemmten Pflanzenschnitts) s BGH NVwZ 2004, 764. Bei Unterhaltungsarbeiten abgemähte und im Wasser treibende Wasserpflanzen sind nicht im Sinne von § 22 Abs 1 WHG aF (nunmehr § 89 WHG) in das Gewässer eingebracht (BGH NVwZ 2004, 764).

b) Abwasserbeseitigung

712 Abwässer sind nach § 54 Abs 1 S 1 WHG Schmutz- und Niederschlagswasser. Die Sammlung und Beseitigung der Abwässer in einer Gemeinde ist eine hoheitliche Aufgabe, die einer juristischen Person des öffentlichen Rechts obliegt (§ 56 WHG). Die Zuständigkeit regelt das jew Landesrecht, das diese Pflichtaufgabe im Rahmen der Selbstverwaltung regelmäßig den Gemeinden zuweist (zB § 46 Abs 1 S 1 LWG NW). Für Fehler bei der Planung, der Herstellung und dem Betriebe einer Anlage zur Abwasserbeseitigung hat die Gemeinde daher nach Amtshaftungsgrundsätzen einzustehen (st Rspr, vgl zB BGHZ 140, 380; BGH NJW 1998, 1307; BGHZ 125, 19, 24; 115, 141, 147; 109, 8; BGH DVBl 1983, 1055, 1056). Die Abwasserbeseitigung dient auch dem Gesundheitsschutz (§ 41 IfSG). Niederschlagswasser soll möglichst nicht in mit Schmutzwasser vermischt, sondern versickert, verrieselt oder direkt oder über eine Kanalisation ohne Vermischung mit Schmutzwasser in ein Gewässer eingeleitet werden (§ 55 Abs 2 WHG). Eine mangelhafte Planung insoweit kann Amtshaftungsansprüche begründen (OLG München 29. 9. 2005 – 1 U 2278/05, juris Rn 156 ff).

Die Gemeinde ist nicht verpflichtet, eine Regenwasserkanalisation einzurichten und zu unterhalten, die alle denkbaren Niederschlagsmengen bewältigen kann. Wirtschaftliche Gründe zwingen jede Gemeinde dazu, das Fassungsvermögen einer Regenwasserkanalisation nicht so groß zu bemessen, dass es auch für ganz selten auftretende, außergewöhnlich heftige Regenfälle ausreicht. Insbesondere ist eine Dimensionierung im Hinblick auch auf katastrophenartige Unwetter, wie sie erfahrungsgemäß nur in sehr großen Zeitabständen vorkommen, nicht erforderlich (BGHZ 115, 141, 147 f; 109, 8, 10 mwNw). Danach gilt: Eine gemeindliche Regenwasserkanalisation ist unzureichend, wenn sie lediglich auf einen einjährigen Berechnungsregen ausgelegt ist. Zusätzlich sind die Geländeverhältnisse und die möglichen Fließwege des Abwassers bei Austritt aus den Einläufen zu berücksichtigen. Der Berechnungsregen kann – auch bei längeren Wiederkehrzeiten – insbesondere dann nicht alleiniger Maßstab sein, wenn konkrete Anhaltspunkte dafür vorliegen, dass eine auf ihn zugeschnittene Anlage außerstande ist, das anfallende Regenwasser nicht nur in seltenen Ausnahmefällen, sondern darüber hinaus auch bei häufigeren, auch im Rahmen einer generalisierenden Betrachtungsweise zu berücksichtigenden Anlässen zu bewältigen. Dies kann etwa der Fall sein, wenn sich zeigt, dass es in dem betroffenen Straßenzug trotz einer Auslegung der Kanalisation auf den Berechnungsregen immer wieder zu Überschwemmungen kommt (BGH NJW 1998, 1307; BGHZ 115, 141; 109, 8). Jedenfalls dürfte es genügen, bei der Planung des Leitungsnetzes einen 10- bis 20-jährigen Berechnungsregen zugrunde zu legen (Itzel/Schwall Rn 703 mwNw). Bei der Planung und Erstellung der für ein Baugebiet notwendigen Entwässerungsmaßnahmen ist zudem Niederschlagswasser zu berücksichtigen, das aus einem angrenzenden Gelände (dort: aus Weinbergen) in das Baugebiet abfließt (BGH 18. 2. 1999 – III ZR 272/96, BGHZ 140, 380, 386). Auch trifft eine Gemeinde im Rahmen des Hochwasserschutzes und der Verkehrssicherung die Amtspflicht, die Wohngrundstücke eines Baugebiets im Rahmen des Zumutbaren vor den Gefahren zu schützen, die dadurch auftreten können, dass ein Entwässerungsgraben das anfallende Wasser nicht mehr fasst (BGH VersR 1991, 888). Dagegen besteht keine Amtspflicht der Gemeinde zum Hochwasserschutz für ein Gebäude, das im Außenbereich an der tiefsten Stelle einer Geländemulde errichtet und daher „prädestiniert zum Überflutungsopfer" ist (BGH 23. 5. 1991 – III ZR 128/89, juris Rn 2).

Trotz einer objektiv vorliegenden Amtspflichtverletzung (zu geringe Dimensionierung der Regenwasserkanalisation) kann eine Haftung der Gemeinde ausscheiden, wenn die Überflutung darauf beruht, dass die vom Grundstückseigentümer gegen einen Rückstau zu ergreifenden Vorkehrungen unzulänglich gewesen sind; eine derartige Schadensursache fällt in den alleinigen Verantwortungsbereich des Eigentümers (BGH NVwZ 1998, 1218). Dies beruht darauf, dass der Grundstückseigentümer nicht in schutzwürdiger Weise darauf vertrauen kann, vor Rückstauschäden bewahrt zu bleiben, die bei normalen, durch die üblichen Sicherungsvorkehrungen auszugleichenden Druckverhältnissen entstehen; ein hierdurch entstandener Schaden liegt außerhalb des Schutzbereichs der von der Gemeinde zu beachtenden Amtspflichten (vgl BGH 24. 8. 2017 – III ZR 574/16, NVwZ-RR 2018, 8 Rn 23).

Wenn die öffentliche Hand in schlicht hoheitlicher Verwaltung eine Kläranlage betreibt, trifft sie gegenüber deren Nachbarn die Amtspflicht, nachbarschützende Auflagen in einem betriebsbezogenen Planfeststellungsbeschluss zu befolgen (BGHZ 97, 97).

713 Neben der Gemeinde können auch weitere Personen Pflichten bezüglich der Beseitigung von Niederschlagswasser treffen, insbesondere den Träger der Straßenbaulast in Bezug auf von der Straße abfließendes Wasser. Errichtet etwa der Straßenbaulastpflichtige einen den natürlichen Wasserablauf hindernden Lärmschutzwall, so hat er bei der Planung der Straßenentwässerung auch das gesamte weitere Einzugsgebiet mit Vorflut zur Straße zu berücksichtigen und die notwendigen Durchlässe unter Wall und Straße entsprechend zu dimensionieren (BGH VersR 2007, 1223).

c) Hochwasser

714 Von der Abwasserbeseitigung ist der **Hochwasserschutz**, für den nach Landesrecht eine andere Zuständigkeit bestehen kann, zu unterscheiden. Hochwasser bezeichnet nach der Legaldefinition in § 72 WHG, durch den Art 2 Nr 1 Hochwasser-RL vom 23. 10. 2007 (2007/60/EG) umgesetzt worden ist, eine zeitlich beschränkte Überschwemmung von normalerweise nicht mit Wasser bedecktem Land, insbesondere durch oberirdische Gewässer oder durch in Küstengebiete eindringendes Meerwasser. Ausdrücklich ausgenommen sind Überschwemmungen aus Abwasseranlagen (§ 72 S 2 WHG). Dagegen sind auch Überschwemmungen durch austretendes Grundwasser oder lokale Starkregenereignisse erfasst (BT-Drucks 17/10957, 22; Czychowski/Reinhardt [13. Aufl 2023] § 72 Rn 20). Allerdings fällt die Bewältigung solcher Abwässer, die aus (ehemaligem) Oberflächenhochwasser bestehen, grundsätzlich nicht in den haftungsrechtlichen Verantwortungsbereich des Abwasserbeseitigungspflichtigen iSd § 56 WHG (BGHZ 125, 19, 22).

Die nach Landesrecht für den Katastrophenschutz zuständigen Behörden sind aus dem Gesichtspunkt der Gefahrenabwehr verpflichtet, die von dem **Hochwasser** bedrohte Bevölkerung vor der Überflutung zu warnen (BGH 11. 11. 2004 – III ZR 200/03, NVwZ-RR 2005, 149; BGH 27. 1. 1994 – III ZR 109/92, VersR 1994, 935, 937). Solche Warnungen obliegen in Bayern – unabhängig von den Verpflichtungen erfahrungsgemäß durch Überschwemmungen bedrohter Gemeinden nach Art 50 Abs 2 BayWG – als Teil des Katastrophenschutzes jedenfalls auch den Kreisverwaltungsbehörden, also den Landkreisen und kreisfreien Städten. Eine Haftung des Freistaates Bayern wie bei der Ausführung rein staatlicher Aufgaben durch die Landkreise tritt in diesem Falle nicht ein. Der Katastrophen- und Hochwasserschutz dient nicht nur dem Interesse der Allgemeinheit, sondern zugleich den Belangen der von den Auswirkungen einer Überflutung möglicherweise Betroffenen; Amtspflichten dieser Art sind daher drittbezogen (BGHZ NVwZ-RR 2005, 149; VersR 1994, 935, 937; BGHZ 140, 380, 388; 54, 165, 170). In den Schutzbereich der Warnung vor Überschwemmungen fallen solche Schäden nicht, die sich nur bei Missachtung des Inhalts der Warnung vermeiden ließen (in dem vom BGH entschiedenen Fall: Schäden an im Keller befindlichen Gegenständen, wenn vor einem Betreten des Kellers wegen Lebensgefahr hätte gewarnt werden müssen; NVwZ-RR 2005, 149).

d) Ansprüche aus enteignungsgleichem und enteignungsgleichen Eingriff

715 In Fällen, in denen eine Überschwemmung durch eine rechtswidrige hoheitliche Maßnahme verursacht worden ist, können Entschädigungsansprüche wegen **enteignungs-**

gleichen Eingriffs begründet sein (st Rspr, vgl etwa BGHZ 125, 19, 21; 117, 240, 252; vor allem BGH WM 1987, 1316, 1317 mit dem – im Folgenden wiedergegebenen – Überblick über die Fallgruppen, in denen eine Haftung wegen enteignungsgleichen Eingriffs für Überschwemmungsschäden bejaht worden ist): wasserbautechnisch unsachgemäße Veränderungen an einem Wasserlauf III. Ordnung (BGH 26. 2. 1976 – III ZR 183/73, VersR 1976, 760); fehlerhafte Dimensionierung des Rohrsystems eines Baches (BGH 28. 1. 1982 – III ZR 111/80, VersR 1982, 436; BGH 20. 3. 1980 – III ZR 143/78,VersR 1980, 719); unsachgemäße Verrohrung eines Vorflutgrabens (BGH NJW 1982, 1277); unsachgemäße Verlegung eines Gewässerbettes (BGH VersR 1985, 492); Errichtung unzureichender Entwässerungsanlagen im Rahmen von Straßenbaumaßnahmen (BGH NJW 1985, 496; NVwZ 1982, 700; VersR 1976, 1985). Der BGH hat ferner Entschädigungsansprüche aus enteignendem Eingriff zugebilligt, wenn zur Verbesserung des Hochwasserschutzes Seedeiche erhöht und dadurch die im Vordeichgelände gelegenen Grundstücke in verstärktem Maße Überschwemmungsgefahren ausgesetzt werden (BGH 30. 6. 1986 – III ZR 42/85, NVwZ 1987, 628; BGH 5. 3. 1981 – III ZR 9/80, BGHZ 80, 111). Zur Frage der Entschädigungspflicht aus dem Gesichtspunkt des enteignungsgleichen oder enteignenden Eingriffs, wenn ein landwirtschaftlich genutztes Grundstück, das infolge seiner Lage an einem Gewässer künstlich entwässert wird, zum Schutz der Allgemeinheit vor Hochwasser durch Absperrung eines Zuflussgrabens zu einem Schöpfwerk nicht nur vorübergehend überschwemmt wird s BGHZ 117, 240. Verneint wurde die Haftung einer Gemeinde aus enteignungsgleichem Eingriff für Überschwemmungsschäden, die dadurch entstanden waren, dass der Abfluss des Oberflächenwassers durch die Ausweisung umfangreicher Baugebiete und die dadurch bewirkte „Bodenversiegelung" verändert worden war (BGH WM 1987, 1316); auch in einem Fall, in dem Überschwemmungsschäden dadurch entstanden waren, dass der Abfluss des Oberflächenwassers durch die Ausweisung umfangreicher Baugebiete und die dabei bewirkte „Bodenversiegelung" verändert worden war, konnte aus der im Rahmen der kommunalen Bauleitplanung nach § 4 BauGB abgegebenen Stellungnahme des (staatlichen) Wasserwirtschaftsamtes keine Haftung des Landes aus dem Gesichtspunkt des enteignenden oder enteignungsgleichen Eingriffs hergeleitet werden (BGH 23. 1. 1992 – III ZR 265/89, NJW-RR 1992, 948). Mangels Unmittelbarkeit wurde der Tatbestand eines enteignungsgleichen Eingriffs bei einem Schaden verneint, den ein auf einem Rohrbruch in einer gemeindlichen Wasserleitung beruhender Wassereinbruch einem Sacheigentümer verursacht hatte (BGHZ 55, 229). Auch bei einer Überschwemmung, die dadurch verursacht worden war, dass in die Kanalisation eingedrungenes Oberflächenhochwasser infolge der Fehlkonstruktion eines Abwasserpumpwerks nicht abgepumpt werden konnte, fehlte es an der Unmittelbarkeit des Eingriffs: Das Abwasserpumpwerk diente lediglich der Abwasserbeseitigung und nicht dem Hochwasserschutz (BGHZ 125, 19, 22 f). Beruht die Überschwemmung hingegen darauf, dass das Abwasser selbst (im Gegensatz zum zuvor erörterten Oberflächenhochwasser) nicht ordnungsgemäß beseitigt wird, ist eine Haftung der öffentlichen Hand für fehlerhafte Abwasseranlagen unter dem Gesichtspunkt des enteignungsgleichen Eingriffs denkbar (BGH 29. 10. 1987 – III ZR 234/86). Die Erhöhung eines Straßenkörpers kann einen enteignungsgleichen Eingriff darstellen, wenn sie ursächlich für die Überschwemmung von Grundstücken ist (BayObLGZ 1989, 397).

Eine Haftung aus **enteignendem** Eingriff hat der BGH in Fällen angenommen, in denen der Schaden durch Hochwasserschutzmaßnahmen entstanden war (Erhöhung von Seedeichen: BGHZ 80, 111, 113 ff; Absperrung eines Entwässerungsgrabens: BGHZ 117, 240, 252 ff; 716

Aufstau einer Talsperre: NJW 1971, 750). Der enteignende Eingriff bildete daher auch die Grundlage für die Haftung der Gemeinde für eine durch den Überlauf eines offenen Regenrückhaltebeckens entstandene Überschwemmung (BGHZ 158, 263, 268 f). Beim Überlauf eines offenen Regenrückhaltebeckens infolge eines Katastrophenregens kann sich die Gemeinde gegenüber der Haftung aus enteignendem Eingriff grundsätzlich auf höhere Gewalt berufen. Dies setzt allerdings voraus, dass sie alle technisch möglichen und mit wirtschaftlich zumutbarem Aufwand realisierbaren Sicherungsmaßnahmen ergriffen hatte, um eine Überschwemmung der Nachbargrundstücke zu verhindern, oder dass sich der Schaden auch bei solchen Maßnahmen ereignet hätte (BGHZ 166, 37). Im Fall von nach Unanfechtbarkeit des Planfeststellungsbeschlusses (Ortsumgehung einer Landesstraße) aufgetretenen, nicht voraussehbaren und durch Schutzvorkehrungen nicht mehr zu verhindernden Schäden am Eigentum Dritter (Feuchtigkeitsschäden am Wohnhaus infolge unzureichender Dimensionierung von Regenrückhaltebecken) besteht kein Anspruch der Betroffenen auf angemessene Entschädigung nach § 75 Abs 2 S 4 VwVfG. In einem solchen Fall können die Betroffenen Ansprüche aus enteignendem Eingriff vor den Zivilgerichten geltend machen (BGH NVwZ 2015, 1317; Ortsumgehung einer Landesstraße, Feuchtigkeitsschäden am Wohnhaus infolge unzureichender Dimensionierung von Regenrückhaltebecken; dazu KROHN DVBl 2017, 278).

e) Ansprüche aus Haftpflichtgesetz

717 Neben der Amtshaftung können Überschwemmungen, die durch Austritt des Wassers aus einer überfluteten Kanalisation verursacht werden, auch verschuldensunabhängige Ansprüche nach dem **Haftpflichtgesetz** (§ 2 Abs 1 S 1 „Wirkungshaftung") begründen (BGHZ 115, 141; 109, 8, 12). Dies gilt jedoch nicht für solches Wasser, das erst gar nicht in die Rohrleitungsanlage gelangt ist, also nicht durch Austritt aus dieser Anlage, sondern ungefasst unmittelbar von außen in die von der Überschwemmung betroffenen Gebäude und Anlagen einströmt (BGHZ 115, 141, 143). In einem solchen Fall ist für die Wirkungshaftung nach dem Haftpflichtgesetz kein Raum; vielmehr kann dann allein die verschuldensabhängige Amtshaftung – etwa wegen unzureichender Dimensionierung des Kanalnetzes – in Betracht kommen. Führt ein ganz ungewöhnlicher und seltener Starkregen (Wiederkehrzeit von mehr als 100 Jahren) zu einem Rückstau in der Abwasserkanalisation und zu einem Wiederaustritt des Niederschlagswassers, kann sich die Gemeinde gegenüber der Anlagenhaftung aus § 2 HPflG auf höhere Gewalt berufen. In einem solchen Fall können auch Amtshaftungsansprüche oder Ansprüche aus enteignungsgleichem Eingriff wegen einer behaupteten fehlerhaften Errichtung oder Dimensionierung des Abwasserkanals am fehlenden Ursachenzusammenhang zwischen den Pflichtverletzungen und dem Schaden scheitern (BGHZ 159, 19, 24).

f) Ansprüche aus öffentlich-rechtlichem Schuldverhältnis

718 Ebenso sind Schadensersatzansprüche des Grundstückseigentümers gegen die Gemeinde wegen einer Verletzung des auf dem Anschluss des Hausgrundstücks an die Kanalisation beruhenden **öffentlich-rechtlichen Schuldverhältnisses** denkbar (analog §§ 276, 278 BGB; vgl BGH NVwZ 2007, 1221; 2008, 238; NJW 2007, 1061, 1062; BGHZ 166, 268, 276 f; 54, 299, 302 ff). Dies setzt aber voraus, dass der Eigentümer gerade in seiner Eigenschaft als Anschlussnehmer der städtischen Kanalisation geschädigt worden ist. Dafür genügt es nicht, wenn eine ursächliche Beziehung zwischen der Existenz der Kanalisation und dem Schaden besteht, vielmehr muss der Schaden im inneren Zusammenhang mit dem Anschluss, dh der Ver- oder Entsorgung des Hauses eingetre-

ten sein. Hätte der Schaden den Eigentümer vielmehr auch dann und nicht anders getroffen, wenn sein Haus nicht an das Kanalisationsnetz angeschlossen gewesen wäre, ist für einen Schadensersatzanspruch aus dem öffentlich-rechtlichen Schuldverhältnis kein Raum (BGHZ 115, 141, 146 f; BGH DVBl 1983, 1055, 1056). In den Schutzbereich dieses öffentlich-rechtlichen Schuldverhältnisses ist auch der Mieter des angeschlossenen Grundstücks einbezogen. Die Gemeinde haftet für die Verletzung von Schutz- und Obhutspflichten bei Bauarbeiten nahe der Abwasserleitung durch einen von der Gemeinde beauftragten Unternehmer nach § 278 BGB (BGH NJW 2005, 1061). Zu den Pflichten eines Beregnungswasser für die Landwirtschaft bereitstellenden Wasser- und Bodenverbands, nach einem Wasserrohrbruch Hilfsmaßnahmen zugunsten der betroffenen Landwirte zu ergreifen, s BGH NVwZ 2007, 1221; zu den Pflichten eines Entwässerungsverbandes, bei einem absehbaren längerfristigen Ausfall von Entwässerungseinrichtungen Ersatz- und Vorsorgemaßnahmen zu treffen s BGH NVwZ 2008, 169. Diese vertragsähnliche Haftung kann, wenn es durch sachliche Gründe gerechtfertigt ist und es den Grundsätzen der Erforderlichkeit und Verhältnismäßigkeit entspricht, durch Satzung auf Vorsatz und grobe Fahrlässigkeit beschränkt werden (BGH NVwZ 2008, 238 Rn 8; BGHZ 61, 7, 12 f) Solche Ausnahmevorschriften sind indessen eng auszulegen. Der BGH hat deswegen den satzungsmäßigen Haftungsausschluss für Rückstauschäden nicht auf einen durch eine schuldhaft fehlerhafte Erstellung der Anschlussleitung entstehenden Schaden bezogen (BGHZ 54, 299, 305). Ein erst durch den Anschluss neuer Baugebiete hervorgerufener Mangel ist nicht anders zu beurteilen (BGH NVwZ 2008, 238 Rn 8).

8. Amtsvormund, Amtspfleger (Jugendamt); öffentliche Jugendhilfe

Nach § 55 Abs 1 SGB VIII (Kinder- und Jugendhilfe) wird das Jugendamt Beistand, **719**
Pfleger oder Vormund in den durch das Bürgerliche Gesetzbuch vorgesehenen Fällen (Beistandschaft, Amtspflegschaft, Amtsvormundschaft).

a) Amtshaftungsansprüche kommen insbesondere in Betracht in Fällen der be- **720**
stellten **Amtsvormundschaft** nach §§ 1773 ff BGB und der gesetzlichen Amtsvormundschaft nach §§ 1786 f, 1751 BGB. Die Führung der Beistandschaft, Amtspflegschaft und Amtsvormundschaft durch die zuständigen Amtsträger des Jugendamtes ist stets Ausübung eines anvertrauten öffentlichen Amtes im Sinne des Art 34 S 1 GG. Amtspflichtverletzungen können somit Amtshaftungsansprüche begründen; haftende Körperschaft ist der jeweilige Träger des Jugendamtes (Gemeinde, Landkreis). Soweit es um Pflichtverletzungen gegenüber dem Mündel selbst geht, konkurriert die Amtshaftung mit der Haftung des Vormunds nach § 1794 BGB (früher: § 1833 BGB); Haftungssubjekt ist auch hier der Träger des Jugendamtes (BGH NJW 1980, 251; BGHZ 9, 255). Die Haftung nach § 1794 BGB hat gegenüber der Amtshaftung den Vorteil, dass die Haftungsbeschränkungen nach § 839 Abs 1 S 2 BGB (Verweisungsprivileg) und Abs 3 nicht gelten (eine schuldhafte Rechtsmittelversäumung ist dementsprechend lediglich nach § 254 BGB zu beurteilen). Vgl in diesem Zusammenhang auch Staudinger/Veit (2020) § 1833 Rn 6, 11 mwNw. Die Grundsätze über die Nachprüfbarkeit von Ermessensentscheidungen der Verwaltungsbehörden durch die ordentlichen Gerichte (Rn 156 ff) sind auf die Haftung aus § 1794 BGB nicht anwendbar (BGHZ 9, 255 zu § 1833 aF). Gegenüber dem als Kindesvater in Anspruch genommenen Mann hat der Amtsvormund grundsätzlich keine Amtspflichten im Sinne des § 839 BGB; er steht diesem wie jedem anderen Prozessgegner gegen-

über (OLG Hamburg DAVorm 1968, 61). Das Jugendamt haftet zum einen nach § 839 Abs 1 BGB iVm Art 34 S 1 GG und zum anderen nach § 1716 S 2 BGB iVm §§ 1794 Abs 1 S 1, 1813 Abs 1 BGB für Pflichtverletzungen bei Ausübung einer unterhaltsrechtlichen Beistandschaft. Eine Pflichtverletzung liegt in jedem Verstoß gegen das Gebot treuer und gewissenhafter Amtsführung. Die Frage, ob der mit der Ausübung der Aufgaben der Beistandschaft betraute Amtsträger seine dem Kind gegenüber bestehenden Pflichten verletzt hat, ist maßgeblich danach zu beantworten, wie der Wirkungskreis der Beistandschaft beschaffen ist (BGH NJW 2014, 692; FamRZ 1999, 1342). Wenn dem Jugendamt gemäß § 1712 Abs 1 Nr 2 BGB die Aufgabe zugewiesen ist, im Rahmen der Beistandschaft Unterhaltsansprüche für minderjährige Kinder geltend zu machen, können diese darauf vertrauen, dass das Jugendamt diese Aufgabe fachkundig erledigt. Grundsätzlich obliegt es der Behörde, durch geeignete organisatorische Maßnahmen sicherzustellen, dass ihre mit der Sachbearbeitung betrauten Mitarbeiter die für die Erfüllung ihrer täglichen Aufgaben benötigten Rechtskenntnisse erwerben oder die Vorgänge in Zweifelsfällen einem Beschäftigten vorgelegt werden, der über die erforderlichen Rechtskenntnisse verfügt (BGH NJW 2014, 692; s allgemein auch Rn 141).

721 Weitere Einzelfälle von Amtspflichtverletzungen: Der Amtsvormund lässt ein Urteil, in dem die Unterhaltsrente zu niedrig festgesetzt ist, rechtskräftig werden (RG Warn 1933 Nr 26); er verursacht die Abweisung der Unterhaltsklage des Kindes durch schlechte Prozessführung (OLG Schleswig SchlHA 1962, 143); er schließt Verträge über die Abfindung der Unterhaltspflicht durch Kapitalzahlung in Zeiten des Währungsverfalls (BGHZ 22, 72; 9, 255); er unterlässt es, gegen den Mündel beeinträchtigende behördliche Maßnahmen mit Rechtsbehelfen anzugehen (RG HRR 1937 Nr 243); er unterlässt es, bei der Verfolgung von Pflichtteilsansprüchen des Mündels im Prozess das Gutachten des gerichtlich bestellten Sachverständigen über den Verkehrswert zum Nachlass gehörigen Grundvermögens kritisch zu kontrollieren (BGH VersR 1983, 1080). Eine Pflicht des Jugendamts, den Mündel gegen Haftpflicht aus von ihm verschuldeten Unfällen zu versichern, besteht nur, wenn in bisher verschuldeten Unfällen eine nicht hinreichend gesteuerte Neigung zu aggressivem Verhalten zum Ausdruck kam, die den Mündel in besonderem Maße der Gefahr aussetzt, sich durch Schädigung Dritter haftpflichtig zu machen (BGHZ 77, 224 = NJW 1980, 2249). Zu weiteren Pflichten im Zusammenhang mit der Vermögenssorge s Hk-BetrR/Meier (5. Aufl 2023) § 1826 Rn 10.

Verhandelt der Amtsvormund über einen Arbeitsvertrag für seinen Mündel, so können ihm ausnahmsweise Amtspflichten auch gegenüber dem Vertragspartner obliegen (Beispiel: Hinweis auf krankhafte Neigungen des Mündels zum Feuerlegen; BGHZ 100, 313).

722 **b)** Der Wirkungskreis des **Amtspflegers** nach § 1706 Nr 2 aF (Geltendmachung von Unterhaltsansprüchen des nichtehelichen Kindes) erstreckte sich grundsätzlich nicht auf die Beantragung von Leistungen nach dem Unterhaltsvorschussgesetz. Diese Aufgabe oblag eigenverantwortlich der Mutter des nichtehelichen Kindes (BGH 17. 6. 1999 – III ZR 248/98, NJW-RR 1999, 1521, 1522 unter III). Entsprechende Erwägungen dürften generell auch im Rahmen des § 1712 Abs 1 Nr 1 BGB gelten (vgl BeckOGK/A Uhl [1. 1. 2026] § 1712 BGB Rn 34). Der für die Führung der Amtspflegschaft zuständige Bedienstete ist verpflichtet, dafür Sorge zu tragen, dass auch für die Zeit nach

Eintritt der Volljährigkeit des Pfleglings dessen gesetzliche Vertretung und finanzielle Betreuung rechtzeitig sichergestellt werden. Diese Pflicht besteht auch gegenüber dem Träger des Heims, in dem der Jugendliche untergebracht ist (BGH 15. 6. 1989 – III ZR 96/88, NVwZ 1990, 499).

c) Das nach einem Umzug der Pflegefamilie erstmals für ein Pflegekind zuständig gewordene **Jugendamt** trifft eine Amtspflicht, sich durch einen „Antrittsbesuch" in engem zeitlichen Zusammenhang mit der Übernahme der Zuständigkeit ein eigenes Bild von dem Pflegekind und der Pflegefamilie zu verschaffen (BGH NJW 2005, 68 zu § 37 Abs 3 S 1 SGB VIII aF). Daran hat sich durch die Neufassung nichts geändert (vgl Wiesner, in: Wiesner/Wapler [6. Aufl 2022] SGB VIII § 44 Rn 24). Einem durch Misshandlungen seiner Pflegeeltern geschädigten (unterernährten) Pflegekind kommen im Amtshaftungsprozess gegen den Träger des Jugendamts bei der Prüfung, ob bei einem – pflichtwidrig unterbliebenen – „Antrittsbesuch" des Jugendamts bei der Pflegefamilie anlässlich eines Zuständigkeitswechsels das auffällige Untergewicht erkannt und durch daraufhin eingeleitete Nachforschungen die eingetretenen Gesundheitsschäden verhindert worden wäre, Beweiserleichterungen zu (BGH NJW 2005, 68). Der Träger des Jugendamts, dessen Mitarbeiter ein Kind auf der Grundlage der §§ 42, 43 SGB VIII vorläufig in einer Pflegefamilie unterbringen, haftet nicht für ein Verschulden der Pflegeeltern während der Betreuungszeit, durch das das Kind einen (gesundheitlichen) Schaden erleidet (BGH NJW 2006, 1121 = JZ 2006, 920 m Anm Ossenbühl, der eine Amtspflicht des Jugendamts in Erwägung zieht, sich darüber zu vergewissern, ob die Pflegefamilie über einen ausreichenden Haftpflichtversicherungsschutz verfügt). 723

Beseitigt ein Vorgehen nach § 8a Abs 1 SGB VIII eine Kindeswohlgefährdung voraussichtlich nicht, muss das Jugendamt gemäß § 8a Abs 2 das Familiengericht anrufen. Ein Ermessensspielraum ist ihm hierbei nicht eingeräumt, es besteht aber ein Beurteilungsspielraum, jedenfalls aber eine dem nahekommende Einschätzungsprärogative hinsichtlich der Erforderlichkeit, die gerichtlich nur eingeschränkt überprüfbar ist (OLG Brandenburg 11. 12. 2023 – 2 U 33/22, NJW-RR 2024, 555 Rn 30 mwNw). Dabei schließt es die Sachaufklärungspflicht des Jugendamts ein, dass es seine Einschätzung fortlaufend, ggf mit anderer Methodik, zu überprüfen. Dessen Verletzung kann Ansprüche – des betroffenen Kindes wie auch seiner leiblichen Eltern – auf Ersatz materieller wie insbes auch immaterieller Schäden begründen (OLG Brandenburg 11. 12. 2023 – 2 U 33/22, NJW-RR 2024, 555 Rn 37 ff, 60 f).

Eine Stellungnahme eines Jugendamtes im Rahmen eines sorgerechtlichen Gerichtsverfahrens nach § 50 Abs 1 SGB VIII kann Grundlage eines Amtshaftungsanspruchs sein. Das Landgericht Aachen (LG Aachen 30. 6. 2009 – 7 O 205/08) hat eine mögliche Haftung aber nur für grobe Fehler bei Abfassung einer Stellungnahme als anspruchsbegründende Amtspflichtverletzung angesehen und im konkreten Fall mangels Amtspflichtverletzung die Klage abgewiesen. Die Berufung gegen das Urteil des Landgerichts ist erfolglos geblieben (OLG Köln 17. 12. 2009 – 7 U 123/09) wie auch die dagegen erhobene Nichtzulassungsbeschwerde zum BGH (BGH 30. 9. 2010 – III ZR 6/10). 724

Die sich aus § 37 Abs 1 SGB VIII ergebende Verpflichtung des Jugendamts, die leiblichen Eltern über die Unterbringung des Kindes in einer Pflegefamilie zu unterrichten, hat nicht den Zweck, den Kindesvater vor der Zahlung nicht mehr geschuldeten Kindes- und Betreuungsunterhalts an seine geschiedene Ehefrau zu schützen. Die besondere, sich aus § 92 Abs 3 S 1 SGB VIII ergebende Pflicht des Jugendamts, eine unterhaltspflichtige Person über die Folgen für ihre Unterhaltspflicht aufzuklären, besteht nur im Zusammenhang mit der Erhebung eines Kostenbeitrags (BGH NJW 2014, 2642).

725 **d)** Der zuständige Träger der öffentlichen **Jugendhilfe** verletzt seine Amtspflicht, wenn er einem gemäß § 24 Abs 2 SGB VIII anspruchsberechtigten Kind trotz rechtzeitiger Anmeldung des Bedarfs keinen **Betreuungsplatz** zur Verfügung stellt (zur nur teilweise vergleichbaren Lage beim Sicherstellungsauftrag bzgl der pflegerischen Versorgung gem § 69 Abs 1 S 1 SGB XI Felix NZS 2023, 281). Diese Amtspflicht besteht nicht nur im Rahmen der vorhandenen Kapazität. Für das Verschulden des Amtsträgers kommt dem Geschädigten ein Beweis des ersten Anscheins zugute. Die mit dem Anspruch aus § 24 Abs 2 SGB VIII korrespondierende Amtspflicht bezweckt auch den Schutz der Interessen der personensorgeberechtigten Eltern. In den Schutzbereich der verletzten Amtspflicht fällt auch der Verdienstausfallschaden, den Eltern dadurch erleiden, dass ihr Kind entgegen § 24 Abs 2 SGB VIII keinen Betreuungsplatz erhält (BGH 20. 10. 2016 – III ZR 278/15, BGHZ 212, 303 zust Brade DVBl 2017, 621; m krit Anm Ritgen DVBl 2017, 62). Entsprechendes gilt für den Anspruch auf Förderung gemäß § 24 Abs 3 SGB VIII (OLG Brandenburg 20. 2. 2024 – 2 W 3/24, juris Rn 9; OLG Hamm 9. 1. 2023 – 11 W 44/22, NVwZ-RR 2023, 960 Rn 4 f). Die Ersatzpflicht tritt gemäß § 839 Abs 3 BGB dann nicht ein, wenn die betroffenen Eltern es unterlassen haben, um verwaltungsgerichtlichen Rechtsschutz nachzusuchen, obwohl absehbar war, dass sie den beantragten Betreuungsplatz nicht – rechtzeitig – erhalten würden (OLG Brandenburg 10. 4. 2024 – 2 U 9/23, NVwZ-RR 2024, 835 Rn 19 ff; OLG Hamm 9. 1. 2023 – 11 W 44/22, NVwZ-RR 2023, 960 Rn 6). Dies gilt allerdings dann nicht, wenn bereits aus anderen Verfahren bekannt ist, dass dieser Träger der öffentlichen Jugendhilfe wiederholt erfolglos im verwaltungsgerichtlichen Eilschutz in Anspruch genommen wurde, und er sich auf den Standpunkt stellt, er selbst sei kein Träger einer Kindertageseinrichtung und könne somit auch keine Zuweisung eines Kita-Platzes vornehmen (OLG Brandenburg 10. 4. 2024 – 2 U 9/23, NVwZ-RR 2024, 835 Rn 24 ff; OLG Brandenburg 20. 2. 2024 – 2 W 3/24, juris Rn 22). Ein den Anspruch ausschließendes Mitverschulden kann vorliegen, wenn ein vorhandener anderweitiger Betreuungsplatz bei einer Kindestagesmutter vorzeitig gekündigt worden ist (OLG Braunschweig MDR 2018, 342). In manchen Ländern sind Anmeldefristen zu beachten (so etwa in Sachsen, vgl OLG Dresden 30. 4. 2021 – 1 U 1695/20, MDR 2021, 1135; anders in Brandenburg, vgl OLG Brandenburg 20. 2. 2024 – 2 W 3/24, juris Rn 9).

726 Bedient sich der Sozialhilfeträger bei der Gewährung von Leistungen eines freien (privaten) Trägers, erfolgen die Leistungserbringung und Finanzierung auf der Grundlage des sog **jugendhilferechtlichen Dreiecksverhältnisses** (BGH 18. 2. 2021 – III ZR 175/19, juris Rn 19 ff), das sich an den Grundsätzen zum sozialhilferechtlichen Dreiecksverhältnisses (Rn 788) nach §§ 75 ff SGB XII in der bis zum 31. 12. 2019 gültigen Fassung orientiert. Danach bestehen neben der Rechtsbeziehung zwischen dem Hilfeempfänger (Leistungsberechtigter) und dem die Leistung erbringenden Träger (Leistungserbringer) weitere Rechtsbeziehungen zwischen dem Jugendhilfeträger (Leistungsträger) und dem Leistungsberechtigten sowie zwischen dem Leistungsträger und dem Leistungserbringer. Die Besonderheit und zugleich Schwierigkeit bei der Beurteilung von Ansprüchen der in diesem Dreiecksverhältnis verbundenen Beteiligten besteht darin, dass ihre Beziehungen zwar unabhängig voneinander gestaltet und unterschiedlicher Rechtsnatur sind, sich aber dennoch wechselseitig in viel-

fältiger Hinsicht beeinflussen. Zwischen dem Hilfeempfänger und dem Leistungsträger besteht ein jugendhilferechtliches Leistungsverhältnis (Grundverhältnis), das dem öffentlichen Recht zuzuordnen ist. Im Rahmen dieses Grundverhältnisses stehen dem Hilfeempfänger allerdings keine Primäransprüche auf Zahlung entstehender oder entstandener Kosten an sich selbst zu, sondern auf Übernahme des dem Leistungserbringer zustehenden Entgelts, wodurch dieser seine Sachleistungsverschaffungspflicht erfüllt. Der Kostenübernahmeanspruch setzt wiederum voraus, dass zwischen dem Hilfeempfänger und dem Leistungserbringer ein privatrechtlicher Vertrag – ausdrücklich oder konkludent – geschlossen wird, wobei die Zuordnung dieses Vertrags zum Privatrecht unabhängig davon ist, ob die Leistung durch einen freien oder einen öffentlichen Träger erbracht wird. Der Leistungsträger erfüllt den Anspruch auf Entgeltübernahme in der Praxis dadurch, dass er Zahlungen unmittelbar an den Leistungserbringer leistet und zwar auf der Grundlage eines Schuldbeitritts durch privatrechtsgestaltenden Verwaltungsakt mit Drittwirkung (kumulative Schuldübernahme). Dadurch wird zwischen dem Jugendhilfeträger und dem Leistungserbringer eine zivilrechtliche Rechtsbeziehung begründet. Der Jugendhilfeträger ist an den im Bewilligungsbescheid im Grundverhältnis gegenüber dem Hilfeempfänger erklärten Schuldbeitritt grundsätzlich gebunden. Diese Bindungswirkung besteht, solange und soweit der der Bewilligung zugrundeliegende (begünstigende) Verwaltungsakt nicht zurückgenommen, widerrufen, anderweitig aufgehoben oder durch Zeitablauf oder auf andere Weise erledigt ist (vgl § 39 Abs 2, §§ 44 ff SGB X). Werden der Bewilligungsbescheid und der darin erklärte Schuldbeitritt aufgehoben, entfällt im Verhältnis zum Leistungserbringer der Rechtsgrund für Zahlungen des Jugendhilfeträgers. Wird der Bewilligungsbescheid mit Wirkung für die Vergangenheit zurückgenommen (vgl § 45 Abs 2, 4 SGB X), sind bereits geleistete Zahlungen nach § 812 Abs 1 S 2 Alt 1 BGB auszugleichen (vgl BGHZ 209, 316, 205, 260; s auch BGH NJW 2019, 2611 zum sozialrechtlichen Dreiecksverhältnis). Nach § 820 Abs 1 S 2 BGB kann sich der Leistungserbringer nicht auf den Wegfall der Bereicherung berufen (BGHZ 209, 316 mit krit Anm Philipp Sozialrecht aktuell 2016, 160; vgl auch BGH NJW 2019, 2611 Rn 24: keine Rückforderung, wenn Bewilligungsbescheid nicht für die Vergangenheit zurückgenommen wurde). Für den Bereicherungsanspruch haften der Leistungserbringer und der Hilfeempfänger als Gesamtschuldner (BGHZ 209, 316 Rn 28). Entsprechend der zivilrechtlichen Natur des Anspruchs, zu dem der Schuldbeitritt erklärt wird, sind die §§ 286 ff BGB anwendbar, wenn der Jugendhilfeträger die übernommene Zahlungsverpflichtung verspätet erfüllt (BGHZ 205, 260 m Anm Mikysek RdLH 2015, 202).

9. Amt zur Regelung offener Vermögensfragen

Die Teilung Deutschlands, die damit verbundene Bevölkerungswanderung von Ost 727
nach West und die unterschiedlichen Rechtsordnungen in beiden deutschen Staaten haben zu zahlreichen vermögensrechtlichen Problemen geführt, zu deren Lösung sich die Regierungen der Bundesrepublik Deutschland und er DDR auf Eckwerte einigten, die sie in einer Gemeinsamen Erklärung vom 15. 6. 1990 festhielten. Danach sollten Enteignungen auf besatzungsrechtlicher bzw besatzungshoheitlicher Grundlage nicht rückgängig gemacht werden – eine abschließende Entscheidung über etwaige staatliche Ausgleichsleistungen sollte einem künftigen gesamtdeutschen Parlament vorbehalten bleiben. Dagegen sollte enteignetes Grundvermögen grundsätzlich unter Berücksichtigung den ehemaligen Eigentümern bzw ihren Erben zurückgegeben werden. Zugleich sollte ein Ausgleich für solche Eigentums- und Nut-

zungsrechte geschaffen werden, die Bürger im Vertrauen auf die Rechtsordnung in der DDR erworben hatten. Insofern galt der Grundsatz „Rückgabe vor Entschädigung“ (§ 3 VermG; vgl auch BGH 16. 12. 1994 – V ZR 177/93, BGHZ 128, 210, 219). Die Einzelheiten regelt das VermG, das entsprechend auf vermögensrechtliche Ansprüche von Bürgern und Vereinigungen anzuwenden ist, die unter der NS-Herrschaft aus rassischen, politischen, religiösen oder weltanschaulichen Gründen verfolgt wurden und deshalb ihr Vermögen infolge von Zwangsverkäufen, Enteignungen oder auf andere Weise verloren haben (§ 1 Abs 6 VermG). Die Abwicklung der Vermögensangelegenheiten erfolgte durch das Amt zur Regelung offener Vermögensfragen (nunmehr: Bundesamt für zentrale Dienste und offene Vermögensfragen – § 22 S 4 VermG).

Die Pflicht des Amtes zur Regelung offener Vermögensfragen, den eingetragenen Eigentümer eines restitutionsbelasteten Grundstücks (Verfügungsberechtigten) nach § 31 Abs 2 VermG über den Eingang eines Restitutionsantrags zu informieren, will auch den Restitutionsantragsteller (Berechtigten) mit Blick auf das Unterlassungsgebot des § 3 Abs 3 S 1 VermG vor einem Erlöschen des Rückübertragungsanspruchs und einer Aushöhlung der künftigen Rechtsstellung schützen (BGH VersR 2012, 1436 Rn 20; BGH VersR 2005, 1732). Letztlich offengelassen aber mit eindeutiger Tendenz beantwortet hat der Bundesgerichtshof die Frage, ob im Ausnahmefall eines offensichtlich unbegründeten Restitutionsantrags, der keine Geltung beansprucht (vgl BGHZ 126, 1, 9), in einer unterlassenen Mitteilung überhaupt eine Amtspflichtverletzung zu sehen ist (BGH VersR 2012, 1436 Rn 21). Die Pflicht nach § 31 Abs 2 VermG, den Verfügungsberechtigten über die Stellung eines Rückgabeantrags nach § 30 VermG zu informieren, besteht in einem Fall, in dem zum Zeitpunkt der Antragstellung der Vermögenswert bereits wirksam veräußert ist und anstelle einer Rückübertragung nur noch ein Anspruch auf Auskehr des Erlöses nach § 3 Abs 4 S 3 VermG in Betracht kommt, nicht als drittgerichtete Amtspflicht, sondern hat nur verfahrensrechtliche Bedeutung (BGH VersR 2011, 672). Wird ein Grundstück unter Verstoß gegen das Unterlassungsgebot (§ 3 Abs 3 S 1 VermG) mit einem Grundpfandrecht belastet und beruht dies sowohl auf einem schuldhaften Verstoß des Verfügungsberechtigten gegen seine Vergewisserungspflicht (§ 3 Abs 5 VermG) als auch auf einer Amtspflichtverletzung der Behörde, die den Verfügungsberechtigten nicht nach § 31 Abs 2 VermG unterrichtet hat, kann es dem Restitutionsantragsteller grundsätzlich nicht zugemutet werden, zwecks Erlangung einer anderweitigen Ersatzmöglichkeit (§ 2 StHG) den Verfügungsberechtigten vor der Bestandskraft des Rückgabebescheides des Amtes zur Regelung offener Vermögensfragen auf Beseitigung der Belastung, Schadensersatz oder Sicherstellung in Anspruch zu nehmen (BGH-Report 2004, 1347 = VIZ 2004, 452). Ein Verstoß des Verfügungsberechtigten gegen die Vergewisserungspflicht nach § 3 Abs 5 VermG kann ein Mitverschulden im Sinne des § 254 Abs 1 BGB begründen (BGH NVwZ-RR 2016, 258). Erteilt das Amt zur Regelung offener Vermögensfragen eine fehlerhafte Negativbescheinigung gemäß § 3 Abs 5 VermG, so ist auch die Treuhandanstalt (Bundesanstalt für vereinigungsbedingte Sonderaufgaben) als Verfügungsberechtigte geschützte Dritte (BGH VersR 2008, 252).

Ein Kostenerstattungsanspruch nach § 3 Abs 3 S 4 VermG kommt als eine anderweitige Ersatzmöglichkeit in Betracht (BGH VOZ 2010, 19).

Zur Kausalität einer unterlassenen Mitteilung nach § 31 Abs 2 VermG hat der Bundesgerichtshof ausgeführt, dass eine amtliche Mitteilung in stärkerem Maß als eine solche durch den Antragsteller selbst Anlass gibt, die Verfügungsbefugnis zu überdenken. Die Kausalität einer unterlassenen amtlichen Mitteilung kann deshalb nicht ohne weiteres deshalb verneint werden, der Antragsteller habe schon den Verfügungsberechtigten informiert (BGH VersR 2012, 1436 Rn 27). Im vom Bundesgerichtshof entschiedenen Fall hatte das Berufungsgericht einen Beweisantritt zur Kausalität übergangen. Die Mitteilungspflicht nach § 31 Abs 2 VermG hat keine weitere Bedeutung, als dass der Verfügungsberechtigte von einem Restitutionsantrag in Kenntnis gesetzt wird. Ist dies auf andere Weise erfolgt, weil er zB durch andere Umstände sichere Kenntnis erhalten und gleichwohl Verfügungen über das Grundstück vorgenommen hat, ist es gerechtfertigt, wenn der Tatrichter – nach vollständiger Erhebung der Beweise – sich die Überzeugung bildet, dass auch eine amtliche Mitteilung zu keiner anderen Verhaltensweise des Verfügungsberechtigten geführt hätte.

10. Agentur für Arbeit

a) Die Bundesagentur für Arbeit (Bundesagentur) ist eine rechtsfähige bundes- **728**
unmittelbare Körperschaft des öffentlichen Rechts mit Selbstverwaltung. Sie gliedert sich in eine Zentrale auf der oberen Verwaltungsebene, Regionaldirektionen auf der mittleren Verwaltungsebene und Agenturen für Arbeit auf der örtlichen Verwaltungsebene (§ 367 Abs 1 und Abs 2 S 1 SGB III).

b) Der Agentur für Arbeit (früher: Arbeitsamt) können bei der Vermittlung von Arbeitsuchenden Amtspflichten sowohl gegenüber dem Arbeitgeber wie gegenüber dem Arbeitnehmer obliegen. Wie weit im Allgemeinen der Pflichtenkreis der Arbeitsagentur gegenüber dem Arbeitgeber abzugrenzen ist, ob sie eine Prüfungspflicht bezüglich der fachlichen und persönlichen Eignung des Arbeitsuchenden hat oder ob es dem Arbeitgeber überlassen ist, den zugewiesenen Arbeitnehmer selbst auf seine Eignung zu prüfen, hat der BGH offengelassen. Jedenfalls verletzt die Arbeitsagentur aber ihre Amtspflicht gegenüber dem Arbeitgeber, wenn dieser eine Arbeitskraft mit bestimmten Befähigungsnachweisen – Führerschein oder anderen bestimmten Nachweisen, Approbationen, Erlaubnisscheinen usw – anfordert und die Arbeitsagentur ihm ohne (zumutbare) Prüfung eine Arbeitskraft mit einer Bescheinigung zuweist, dass sie die besonderen Voraussetzungen erfülle, obwohl dies nicht der Fall ist (BGHZ 31, 126). Eine Verletzung der Amtspflicht der Arbeitsagentur gegenüber dem Arbeitnehmer ist zB mangelnde Rücksichtnahme auf den Gesundheitszustand eines Arbeitslosen, während ihm gegenüber eine Pflicht zur Erkundigung über die Zahlungsfähigkeit des Arbeitgebers nicht besteht (LG Hamburg BB 1974, 1072). Die Pflicht der Arbeitsagentur zur Prüfung, ob die Voraussetzungen der Gewährung von Kurzarbeitergeld vorliegen, obliegt ihr nicht als Amtspflicht gegenüber den Arbeitgebern (BGH MDR 1972, 492). Siehe zur Amtshaftung in Jobcentern allgemein Herterich SFSH/SGB 2019, 7.

11. Architektenkammer

Bei der Entscheidung über den Antrag auf Eintragung in die Architektenliste han- **729**
deln die Mitglieder des Eintragungsausschusses in Ausübung eines ihnen anvertrauten hoheitlichen Amtes. Für schuldhafte Pflichtverletzungen hierbei haftet die Architektenkammer – dass ihr die beamtenrechtliche Dienstherrenfähigkeit fehlt, ist dabei unerheblich (BGH NVwZ 1992, 298; Rn 110).

12. Schwimmbad, Aufsicht

730 Die Badeaufsicht hat nicht die Verpflichtung zur lückenlosen Beobachtung eines jeden Schwimmers. Es kann und muss im Schwimmbadbetrieb nicht jeder abstrakten Gefahr durch vorbeugende Maßnahmen begegnet werden, da eine Sicherheit, die jeden Gefährdungsfall ausschließt, nicht erreichbar ist. Die Schwimmaufsicht ist jedoch verpflichtet, den Badebetrieb und damit auch das Geschehen im Wasser zu beobachten und mit regelmäßigen Kontrollblicken daraufhin zu überwachen, ob Gefahrensituationen für die Badegäste auftreten. Dabei ist der Beobachtungsort so wählen, dass der gesamte Schwimm- und Sprungbereich überwacht und auch in das Wasser hineingeblickt werden kann, was ggf häufigere Standortwechsel erfordert. Zu den Aufgaben der Aufsichtspersonen in einem Schwimmbad gehört es weiter, in Notfällen für rasche und wirksame Hilfeleistung zu sorgen. Die grobe fahrlässige Verletzung der Aufsichtspflicht führt zur Beweislastumkehr hinsichtlich der Kausalität der Pflichtverletzung für den eingetretenen Schaden. Die einfach-fahrlässige Aufsichtspflichtverletzung begründet eine tatsächliche Vermutung für den Schadenseintritt (BGHZ 217, 50 Rn 18 ff m Anm Koch/Rupp NJW 2018, 267; krit Laumen MDR 2018, 256; Katzenmeier JZ 2018, 415; s zu einer differenzierteren Betrachtung auch Rn 417). Durch Badeordnungen bzw Satzung kann die Haftung nicht ausgeschlossen werden. Anzumerken ist, dass sich diese Rechtsprechung auf einen Schwimmbadbetrieb bezieht und sich aus ihr keine Aufsichtspflichten bzgl unbeaufsichtigter (natürlicher) Seen ablesen lassen.

13. Bahn und Post

731 **a)** Schon die Tätigkeit der früheren Deutschen Bundesbahn bei der Beförderung von Personen und Gütern auf Schiene und Straße hatte nicht hoheitlichen, sondern privatrechtlichen Charakter, weil sie nach gesetzlicher Vorschrift und organisatorisch nach wirtschaftlichen Gesichtspunkten ausgerichtet war (§§ 4, 28 BundesbahnG vom 13. 12. 1951 [BGBl I 955]). Nach Art 87e, der durch das Änderungsgesetz vom 20. 12. 1993 (BGBl I 2089) in das Grundgesetz eingefügt worden ist, werden Eisenbahnen des Bundes als Wirtschaftsunternehmen in privatrechtlicher Form geführt (Abs 3 S 1). Dementsprechend ist die Deutsche Bundesbahn durch das Eisenbahnneuordnungsgesetz (ENeuOG) vom 27. 12. 1993 (BGBl I 2378) in eine Aktiengesellschaft, die Deutsche Bahn AG, umgewandelt worden. Dadurch ist ihre rein privatrechtliche Haftung, außerhalb der Amtshaftung, noch intensiviert und unterstrichen worden. Die hoheitliche und ggf die Amtshaftung der Deutschen Bundesbahn nach § 839 BGB iVm Art 34 GG begründende (Staudinger/Schäfer[12] § 839 Rn 118) Tätigkeit der Bahnpolizei ist durch Gesetz vom 23. 1. 1992 (BGBl 12978) auf den Bundesgrenzschutz (jetzt: Bundespolizei) übertragen worden. Maßgeblich für die Haftung der Bahn sind daher die privatrechtlichen Vertrags- und Deliktsrechtsregeln (§§ 823, 89, 31, 831, 278 BGB) sowie die eine Gefährdungshaftung normierenden Vorschriften des Haftpflichtgesetzes.

732 **b)** Im Gegensatz zur Bundesbahn wurde die Tätigkeit der früheren Deutschen Bundespost im Regelfall als hoheitlich eingestuft und somit dem Amtshaftungsregime unterstellt (Einzelheiten: Staudinger/Schäfer[12] § 839 Rn 107–114).

aa) Schon durch das Poststrukturgesetz vom 8. 6. 1989 (BGBl I 1026) wurde das Postwesen jedoch auf eine neue Grundlage gestellt. Danach gliederte sich die Bundespost in drei Teilbereiche, die als öffentliche Unternehmen – POSTDIENST, POSTBANK und TELEKOM – geführt wurden. Eine Amtshaftung war nur noch für Schäden vorgesehen, die im Postdienst bei der Durchführung der förmlichen Zustellung oder von Postprotestaufträgen entstanden (§ 16 PostG vom 22. 12. 1997 [BGBl I 3294]). Im Übrigen galten die Haftungsregeln des Privatrechts mit weitgehenden Haftungsbeschränkungen (§ 11 ff PostG; s wegen der Einzelheiten die zusammenfassende Darstellung bei Ossenbühl/Cornils 39). Durch Änderungsgesetz vom 30. 8. 1994 (BGBl I 2245) sind die Art 87 f und 143b in das Grundgesetz eingefügt worden. Auf ihrer Grundlage wurden die Unternehmen der Deutschen Bundespost in die Rechtsform der Aktiengesellschaft umgewandelt (§ 1 PostumwG vom 14. 9. 1994 [BGBl I 2325, 2339]). Nach § 63 PostG vom 15. 7. 2024 (BGBl I 236) haftet der verpflichtete Lizenznehmer (sc in erster Linie die Deutsche Post AG) für Schäden, die durch eine Pflichtverletzung bei der Durchführung der förmlichen Zustellung entstehen, nach den Vorschriften über die Schadensersatzpflicht eines öffentlich-rechtlichen Dienstherrn für seine Bediensteten im hoheitlichen Bereich. Daher besteht auf diesem Gebiet eine „Amtshaftung“, die aber – wie oben bereits dargelegt (Rn 109) – ihre Grundlage nicht unmittelbar in § 839 BGB iVm Art 34 GG findet, sondern in jener ausdrücklichen gesetzlichen Sonderregelung, nach der dann auch – im Unterschied zu sonst – ein Rechtssubjekt des Privatrechts haftende Körperschaft sein kann.

Im Übrigen gilt nunmehr auch für die Post und die Telekommunikation ein durchweg privatrechtliches Haftungsregime mit den oben (bei der Bahn Rn 733) dargelegten Anspruchsgrundlagen.

bb) Die **„Regulierung“** der Telekommunikation und des Postwesens ist allerdings 733
nach wie vor eine hoheitliche Aufgabe des Bundes (§ 1 des Gesetzes über die Regulierung der Telekommunikation und des Postwesens [PTRegG] vom 14. 9. 1994 [BGBl I 2325, 2371]). Sie soll sicherstellen, dass in den Bereichen der Telekommunikation und des Postwesens flächendeckend angemessene und ausreichende Dienstleistungen erbracht werden (§ 2 des Gesetzes über die Regulierung der Telekommunikation und des Postwesens [PTRegG]). Die dabei wahrzunehmenden Amtspflichten dürften in erster Linie gegenüber der Allgemeinheit bestehen; indessen sind – etwa bei der Wahrnehmung der Genehmigungsrechte nach § 4 – auch drittgerichtete Amtspflichten gegenüber den betroffenen Aktiengesellschaften oder sonstigen natürlichen oder juristischen Personen denkbar.

14. Beamtenwesen

Die Verletzung der beamtenrechtlichen Fürsorgepflicht, beruhend auf § 45 Be- 734
amtStG, § 78 BBG, kann Amtshaftungsansprüche des betroffenen Beamten begründen. Mit diesen konkurriert ein eigenständiger, verwaltungsrechtlicher Schadensersatzanspruch. Der Dienstherr kann wegen der schuldhaften Verletzung einer eigenen, in einem öffentlich-rechtlichen Dienstverhältnis wurzelnden (quasi-vertraglichen) Verbindlichkeit in Anspruch genommen werden, sofern diese adäquat kausal zu einem Schaden des Beamten geführt hat wie zB bei Verletzung eines Bewerbungsverfahrensanspruchs (BVerwG DVBl 2011, 233; BVerwGE 80, 123; 25, 136, 146). Für den gilt jedoch ebenfalls der Vorrang des Primärrechtsschutzes analog § 839 Abs 3 BGB (BVerwG NVwZ 1999, 542). Das Verhältnis zwischen dem Beamten und dem Dienstvorgesetzten muss von Offenheit und Vertrauen beherrscht sein. Daraus folgt,

dass der Dienstvorgesetzte aus einem Sachverhalt nur dann eine dem Beamten ungünstige Folgerung ziehen darf, wenn er ihm zuvor Gelegenheit gegeben hat, zu diesem Sachverhalt Stellung zu nehmen und Erklärungen darüber abzugeben, wie er zu seiner Handlungsweise gekommen ist. Jeder Beamte darf erwarten, dass sein Dienstvorgesetzter, wann immer er sich zu einem dem Beamten nachteiligen Eingreifen entschließt, auch die subjektive Seite des Verhaltens dieses Beamten mit Sorgfalt prüft (BGHZ 22, 258, 266 f). Zur Auswirkung dieses Grundsatzes auf die Amtspflichten, die bei disziplinarrechtlichen Vorermittlungen und der Erstattung einer Strafanzeige gegen einen Beamten wahrzunehmen sind, s BGH NVwZ 2000, 1451. Zu Amtspflichtverletzungen bei der Nichteinstellung eines Beamten, insbesondere zu den dabei auftretenden Problemen der Kausalität und der Beweisführung s BGH 28. 2. 1991 – III ZR 81/90, juris Rn 5 f sowie die Entscheidung der Vorinstanz OLG Karlsruhe 21. 3. 1990 – 13 U 340/88, NVwZ-RR 1991, 596. Der Bewerber um eine Beamtenstelle hat zwar grundsätzlich keinen Anspruch auf Übernahme in das Beamtenverhältnis. Er hat aber, sofern er den formalen Anforderungen genügt, Anspruch auf ermessens- und beurteilungsfehlerfreie sachliche Entscheidung (BGH VersR 2005, 1582 = DVBl 2005, 312, betreffend die Amtspflichten bei der Ernennung einer großen Zahl von Beamten). Zu den Amtspflichten einer Behörde, die in ständiger Verwaltungsübung Mindestwartezeiten für eine Beförderung festlegt, s BGH NVwZ 2003, 502 = DVBl 2003, 609: Der BGH hielt die dort in Rede stehenden Mindestwartezeiten von zehn bzw zwölf Jahren für mit dem Leistungsgrundsatz (Art 33 Abs 2, 5 GG) kaum vereinbar, da sie den Leistungsgrundsatz zum Nachteil junger, leistungsstarker Beamter unverhältnismäßig eingeschränkt hätten. Er ließ den Amtshaftungsanspruch jedoch daran scheitern, dass der Geschädigte es schuldhaft unterlassen hatte, den Schaden durch den Gebrauch eines Rechtsmittels abzuwenden (§ 839 Abs 3 BGB). Zu den Amts-(insbesondere Mitteilungs-)Pflichten, die im Verfahren, betreffend die Besetzung einer öffentlich ausgeschriebenen Stelle der Kommunalverwaltung, gegenüber konkurrierenden Mitbewerbern wahrzunehmen sind, sowie zur Darlegungs- und Beweislast im Amtshaftungsprozess, wenn eine verwaltungsgerichtliche Konkurrentenklage durch amtspflichtwidrige vorzeitige Ernennung eines Mitbewerbers vereitelt worden ist, s BGHZ 129, 226. Zu Amtspflichtverletzungen einer Gemeinde als Schulträger im Rahmen der Mitwirkung bei staatlichen Personalentscheidungen, s BGH 21. 10. 1993 – III ZR 68/92, NVwZ 1994, 825 und s Rn 126. Zur (im konkreten Fall verneinten) Amtspflicht, einen im Beamtenverhältnis auf Zeit stehenden Chefarzt nach Ablauf seiner zwölfjährigen Amtszeit erneut einzustellen, s BGH 31. 5. 1990 – III ZR 181/89. Zur Pflicht, bei der Beförderung eines Beamten die Ernennungsurkunde unverzüglich auszuhändigen, s BGH VersR 1983, 1031. Zum „Mobbing" eines Beamten s Rn 87. Zu der – sich möglicherweise zu einer Amtspflicht verdichtenden – Fürsorgepflicht des Dienstherrn, in seltenen Ausnahmefällen von der Durchsetzung begründeter Regressforderungen gegen den Beamten Abstand zu nehmen, s BGHZ 124, 15, 16 und Rn 397. Die Fürsorgepflicht besteht auch nach Beendigung des Beamtenverhältnisses (BGH MDR 1984, 647). Zu Amtshaftungsansprüchen des Eigentümers, der einem Beamten ein Kfz geliehen hat, das dieser auf Dienstfahrt beschädigt hat, s BGH NJW 1992, 1227, 1229 und Rn 96 (ein Amtshaftungsanspruch wurde verneint). Zu den Voraussetzungen eines Amtshaftungsanspruchs wegen einer unrichtigen Auskunft über die Höhe der Besoldung, wenn der Empfänger aufgrund der Mitteilung seine bisherige berufliche Position aufgibt und in ein Beamtenverhältnis wechselt, s BGH NVwZ 2006, 245 = VersR 2005, 1584; dort insbesondere auch zur Schadensberechnung.

15. Bundeswehr, NATO-Streitkräfte und NVA

a) Soldaten der Bundeswehr unterfallen dem haftungsrechtlichen Amtsträgerbegriff des Art 34 GG (BGHZ 151, 198, 199 mwNw; vgl in diesem Sinne bereits § 1 Abs 3 RBHG). Gleiches gilt für zivile Mitarbeiter in einem Sanitätsbereich der Bundeswehr. Der Einsatz in einem Sanitätszentrum oder -bereich der Bundeswehr ist grundsätzlich Wahrnehmung einer hoheitlichen Aufgabe und damit Ausübung eines öffentlichen Amts im Sinne des Art 34 GG. Auch ein ziviler Mitarbeiter erlangt dadurch Amtsträgereigenschaft im haftungsrechtlichen Sinne (BGHZ 151, 198, 199 mwNw). **735**

b) Die Amtspflicht der Streitkräfte, zu Übungszwecken nur die dafür zugelassenen Grundstücke zu benutzen, obliegt ihnen nicht nur gegenüber der Allgemeinheit, sondern nach dem Sinn der Regelung auch gegenüber den einzelnen Bürgern, die durch die Übungstätigkeit der Streitkräfte, einschließlich der An- und Abfahrt zum und vom Übungsgelände beeinträchtigt werden können. Das Gleiche gilt für die Amtspflicht, die benutzten Wege in ordnungsmäßigen Zustand zu bringen und dafür zu sorgen, dass von beschädigten Wegen nicht in erheblichem Umfang Bodenbestandteile auf benachbarte Grundstücke gelangen und dort Schäden verursachen (BGH 27. 3. 1990 – III ZR 124/89, juris Rn 13). Zu den Voraussetzungen von Entschädigungsansprüchen wegen Fluglärmimmissionen, die von einem Militärflughafen ausgehen (enteignender Eingriff durch Fluglärm), s BGHZ 122, 76. Das Munitionsteil eines zum Minenräumen verwendeten Sprenggreifers ist unmissverständlich als ein Gegenstand zu kennzeichnen, von dem eine Explosionsgefahr ausgeht (BGH NVwZ 1992, 603). Zur Drittbezogenheit der Pflicht eines Soldaten, die beim Teilladen einer Maschinenkanone eingetretene Waffenstörung zu melden: BGH 9. 5. 1996 – III ZR 109/95, NVwZ-RR 1996, 625. Zu einer bedingt vorsätzlichen Amtspflichtverletzung durch Nichteinhalt von Sicherheitsvorschriften bei einer militärischen Schießübung: BGH 27. 9. 1990 – III ZR 5/90. Die Verpflichtung militärischer Aufsichtspersonen, eine vorschriftswidrige Benutzung von Dienstkraftfahrzeugen im öffentlichen Straßenverkehr zu verhindern, besteht gegenüber den gefährdeten Verkehrsteilnehmern als geschützten „Dritten" (BGH VersR 1983, 638). Keine Amtspflichtverletzung, wenn ein Soldat, der als Kriegsdienstverweigerer aus dem Wehrdienst zu entlassen ist, bis zur vollständigen Verbüßung einer rechtmäßig verhängten Arreststrafe zurückbehalten wird (OLG Hamm NJW 1969, 1388 m Anm Kreutzer). **736**

Beispiele für vorsätzliche Amtspflichtverletzungen im militärischen Bereich: Rn 210.

Die Bundesrepublik darf nicht durch Absprachen mit einer privaten Fluggesellschaft den beabsichtigten Berufswechsel eines Berufssoldaten, der seine Entlassung auf eigenen Antrag betreiben will, über die gesetzlichen Voraussetzungen hinaus erschweren (BGH 18. 12. 1986 – III ZR 214/85, MDR 1987, 561).

Zur Haftungsbeschränkung nach § 91a SVG s Rn 365 ff.

c) In der Regel haftet kein Staat für die Amtspflichtverletzungen der Amtsträger eines anderen Staates (BGHZ 19, 341, 344). Jedoch können Klagen gegen die Bundesrepublik gerichtet werden, wenn die in der Bundesrepublik stationierten ausländischen NATO-Truppen, ihre Mitglieder und die des zivilen Gefolges in Ausübung des Diens- **737**

tes Dritte schädigen (vgl Art VIII Abs 5 des NATO-Truppenstatuts vom 19. 6. 1951 [BGBl 1961 II 1183]; Art 41 des Zusatzabkommens vom 3. 8. 1959 [BGBl 1961 II 1218]; Unterzeichnungsprotokoll zum Zusatzabkommen vom 3. 8. 1959 [BGBl 1961 II 1313] und Art 6 des Zustimmungsgesetzes vom 18. 8. 1961 [BGBl 1961 II 1183] [NTS-AG]; in Kraft seit 1. 7. 1963 laut Bekanntmachung vom 16. 6. 1963 [BGBl I 745]). Danach finden – mit gewissen Abweichungen (vgl BGH VersR 1964, 69) – die Grundsätze Anwendung, die bei gleichem Geschehensablauf gelten, wenn Angehörige der Bundeswehr in Ausübung von Hoheitsaufgaben Dritte schädigen (vgl zB BGHZ 30, 154, betreffend Fahrer eines Dienstfahrzeugs; BGHZ NJW 1962, 2299; BGHZ 49, 267; NJW 1969, 422, betreffend Verletzung von Verkehrsvorschriften; BGH VersR 1983, 85, betreffend Eigentumsbeschädigungen bei dienstlich veranstalteten sportlichen Betätigungen [Fußballspiel]). Es entfällt daher zB, auch wenn Militärfahrzeuge der Stationierungsmächte von deutschen Zulassungsvorschriften grundsätzlich befreit sind, die Haftungssubsidiarität nach § 839 Abs 1 S 2 BGB, wenn Fahrer solcher Fahrzeuge bei der dienstlichen Teilnahme am Straßenverkehr (außer bei Inanspruchnahme von Sonderrechten nach § 35 StVO) schuldhaft Körper- oder Sachschäden verursachen (BGH MDR 1981, 387; s wegen der Einzelheiten Rn 271 ff). Im Übrigen tritt die Haftung auch ein, wenn das Verhalten des Angehörigen einer Stationierungsmacht nach den Dienstvorschriften seines Landes einwandfrei ist, das entsprechende Verhalten eines Angehörigen der deutschen Streitkräfte aber eine haftungsrechtliche Amtspflichtverletzung im Sinne des § 839 BGB, Art 34 GG darstellt (BGH VersR 1966, 494 BGHZ 38, 21 = NJW 1962, 2299). In diesen Fällen führt die „als ob“-Regelung aber nur dazu, dass von einer fahrlässigen Amtspflichtverletzung auszugehen ist, mit der Folge, dass § 839 Abs 1 S 2 BGB (Haftungssubsidiarität) eingreift, soweit für eine solche nach der restriktiven Regelung des Begriffs des anderweitigen Ersatzes (Rn 271 ff) noch Raum ist. Ohne Bedeutung ist, ob der Angehörige der Stationierungsmacht in hoheitlicher Eigenschaft oder bei anderen dienstlichen Verrichtungen gehandelt hat (BGH NJW VersR 1983, 85; 1964, 104 = VersR 1964, 69). Die Behörde entscheidet über die Ansprüche im Wege einer Entschließung gemäß Art 11 NTS-AG, die ihrer rechtlichen Natur nach weder Verwaltungsakt noch ein sonstiger hoheitlicher Akt ist, sondern im Rahmen fiskalischer Tätigkeit ergeht und damit dem Gebiet des bürgerlichen Rechts zuzuordnen ist; ihr kommt die Bedeutung eines Anerkenntnisses zu (BGH 8. 12. 2011 – III ZR 72/11, NVwZ 2012, 581 Rn 12). Klagen sind gegen die Bundesrepublik zu richten, die den Prozess in Prozessstandschaft für den Entsendestaat führt (Art 12, 25 NTS-AG; BGH 7. 6. 1990 – III ZR 142/89, BGHZ 111, 339, 341). Bei Geltendmachung von Ansprüchen gemäß Art VIII Abs 5 des NATO-Truppenstatuts sind die Fristen des Art 6 Abs 1 bzw Abs 4 NTS-AG zu beachten (vgl hierzu OLG Köln 6. 3. 2025 – 7 U 30/24 nv – NZB zurückgewiesen: BGH 17. 12. 2025 – III ZR 39/25). Zur Frage, inwieweit neben Ansprüchen, die gegen die Bundesrepublik in Prozessstandschaft geltend zu machen sind, unmittelbare Ansprüche aus demselben Sachverhalt gegen die Bundesrepublik zulässig sind, vgl BGHZ 49, 340.

Die Bestimmungen des Art 32 des NATO-Truppenstatut-Zusatzabkommens über die Zustellung von Klageschriften schützen auch das Vermögensinteresse des Klägers, dessen Klageschrift zugestellt werden soll (BGHZ 211, 171).

738 **d)** In zwei Entscheidungen hat sich der BGH mit der Haftung der Bundesrepublik Deutschland für Einsätze der Bundeswehr im Ausland befasst. Die erste Entscheidung hatte den Raketenangriff vom 30. 5. 1999 auf die am Ortsausgang der serbischen Kleinstadt Varvarin über den Fluss Morava führende Brücke durch Kampfflugzeuge der NATO zum Gegenstand. Hierbei waren zehn Menschen getötet und 30 verletzt worden, davon 17 schwer; bei sämtlichen Opfern handelte es sich um Zivilpersonen. Flugzeuge der Bundesrepublik Deutschland waren an dem Beschuss der Brücke nicht unmittelbar beteiligt. Der BGH hat Ansprüche wegen des möglicherweise völkerrechtswidrigen Angriffs verneint, weil im Falle von Verletzungen des Kriegsvölkerrechts etwaige völkerrechtliche Schadensersatzansprüche gegen den verantwortlichen fremden Staat nicht einzelnen geschädigten Personen, sondern nur deren Heimatstaat zustehen (BGHZ 169, 348, 351; Vorinstanzen: LG Bonn NJW 2004, 525 = JZ 2004, 572 m Anm Dörr; OLG Köln NJW 2005, 2860 und dazu Schmahl ZaöRV 2006, 699; siehe auch eingehend Dutta AöR 2008, 191; s auch BGHZ 155, 279). Völkerrechtsverstöße bei einem Kampfeinsatz der NATO, an dem deutsche Streitkräfte nicht unmittelbar, sondern nur durch unterstützende Maßnahmen beteiligt waren, können der Bundesrepublik Deutschland allenfalls dann unter dem Gesichtspunkt einer Amtspflichtverletzung zugerechnet werden, wenn die deutschen Dienststellen über Einzelheiten des konkreten Einsatzes unterrichtet waren. Darüber hinaus hat der BGH in Frage gestellt, ob auf militärische Handlungen von Bundeswehrsoldaten im Ausland der Amtshaftungstatbestand des § 839 BGB iVm Art 34 GG überhaupt anwendbar ist. Auch eine etwaige – von den Klägern behauptete, von der beklagten Bundesrepublik bestrittene – Mitwirkung der Beklagten an der Aufnahme der Brücke von Varvarin in eine Zielliste der Luftoperationen der NATO konnte nicht als amtspflichtwidrig qualifiziert werden, weil eine solche Entscheidung sich im Rahmen eines weiten, insoweit nicht justitiablen, Beurteilungsspielraums der militärischen Führungsstellen bewegte, insbesondere nicht offensichtlich völkerrechtswidrig und völlig unvertretbar war. Das Bundesverfassungsgericht hat die Verfassungsbeschwerden gegen die Entscheidung des Bundesgerichtshofes nicht zur Entscheidung angenommen, jedoch klargestellt, dass die Annahme nicht justiziabler Beurteilungsspielräume, wie in der Entscheidung des Bundesgerichtshofs geschehen, gegen das Grundgesetz verstieße, dies der Amtshaftungsklage aber nicht zum Erfolg im konkreten Fall verhelfe (BVerfG EuGRZ 2013, 563 Rn 52 ff).

In seiner zweiten Entscheidung hat der BGH die offengebliebene Frage der Anwendbarkeit des Amtshaftungsrechts verneint (BGHZ 212, 173 m krit Anm Ackermann NVwZ 2017, 87; Hebeler JA 2017, 319; Starski/Beinlich JÖR 66, 299; Schmahl NJW 2017, 128; Frau JZ 2014, 417; Shrivani Die Verwaltung 2017, 571, 573 f; zustimmend Waldhoff JuS 2017, 572). 739

Die Kläger waren afghanische Staatsangehörige und nahmen die Bundesrepublik Deutschland auf Schadensersatz und Schmerzensgeld im Zusammenhang mit einem Luftangriff in Anspruch, der auf Befehl eines Angehörigen der Bundeswehr im Rahmen des NATO-geführten ISAF-Einsatzes in Afghanistan erfolgte (Kunduz). Am Nachmittag des 3. 9. 2009 hatte sich südlich der Stadt Kunduz eine Gruppe von Taliban-Kämpfern zweier Tanklastwagen bemächtigt. Bei dem Versuch, die Tanklastwagen auf die Westseite des Flusses Kunduz zu verbringen, blieben diese gegen 18.15 Uhr etwa sieben Kilometer Luftlinie von einem Feldlager der Bundeswehr entfernt auf einer Sandbank in der Flussmitte manövrierunfähig im Schlamm stecken. Gegen 20.30 Uhr erhielt der kommandierende Oberst die Information über die Entführung der beiden Tanklastwagen. Durch Einsatz eines Aufklärungsflugzeugs konnten die Fahrzeuge gegen Mitternacht aufgespürt werden. Später trafen zwei US-amerikanische Kampfflugzeuge vom Typ F 15 ein und übermittelten ab 1:17 Uhr Infrarot-

Luftaufnahmen von dem Geschehen auf der Sandbank in Echtzeit an die Operationszentrale im Feldlager Kunduz. Auf Anweisung der Fliegerleitzentrale hielten sich die Flugzeuge zunächst im Hintergrund, standen jedoch mit dem Fliegerleitoffizier (Joint Terminal Attack Controller, JTAC) in ständigem Funkkontakt. Parallel dazu wurde dem PRT-Kommandeur durch einen Informanten des Militärs mehrfach bestätigt, es befänden sich auf der Sandbank nur Aufständische und keine Zivilisten. Gegen 1:40 Uhr gab Oberst K den Befehl zum Waffeneinsatz. Daraufhin warfen die Kampfflugzeuge zwei Bomben ab. Dadurch wurden die beiden Tanklastwagen zerstört und zahlreiche Personen, die sich im Bereich der Fahrzeuge aufhielten, getötet bzw verletzt. Zum Sachverhalt s auch https://rsw.beck.de/aktuell/daily/meldung/detail/richterkritik-im-fall-kundus-propagandaerfolg-der-taliban.

Der BGH hat seine Auffassung bestätigt, dass völkerrechtliche Schadensersatzansprüche wegen völkerrechtswidriger Handlungen eines Staates gegenüber fremden Staatsangehörigen nur dem Heimatstaat zustehen. Das deutsche Amtshaftungsrecht (§ 839 BGB iVm Art 34 GG) findet auch unter der Geltung des Grundgesetzes auf Schäden keine Anwendung, die bei dem bewaffneten Auslandseinsatz deutscher Streitkräfte ausländischen Bürgern zugefügt werden. Ein Soldat begeht keine Amtspflichtverletzung, wenn er aus tatsächlichen Gründen einen Völkerrechtsverstoß nicht voraussehen oder vermeiden konnte. Bei der Beurteilung der Frage, ob ein (schuldhafter) Verstoß gegen das humanitäre Völkerrecht vorliegt, ist Maßstab für die einzuhaltende Sorgfalt nicht die ex post getroffene Sichtweise. Vielmehr kommt es auf diejenigen Erkenntnisse an, die einem Befehlshaber ex ante bei der Planung und Durchführung einer militärischen Handlung zur Verfügung stehen. Die mangelnde Anwendbarkeit des Amtshaftungsrechts hat der Bundesgerichtshof daraus abgeleitet, dass sie sich zwar nicht aus dem Wortlaut des Gesetzes ableiten lasse, aber aus den Gesetzesmaterialien oder aus späteren gesetzgeberischen Entscheidungen nicht erkennbar geworden sei, dass der Gesetzgeber die Anwendbarkeit gewollt habe.

Das BVerfG hat die Verfassungsbeschwerde auch gegen diese Entscheidung nicht zur Entscheidung angenommen, hat aber angemerkt, die Auffassung, § 839 BGB iVm Art 34 GG seien auf Einsätze der Bundeswehr im Ausland nicht anwendbar, begegne Zweifeln (BVerfG 2. Kammer des II. Senats 18. 11. 2020 – 2 BvR 477/17, NJW 2021, 398 Rn 23–32; s hierzu auch Rn 22).

740 **e)** Die Bundesrepublik Deutschland haftet nicht kraft Gesamtrechtsnachfolge für Verbindlichkeiten der Nationalen Volksarmee der DDR nach dem Gesetz über die Regelung der Staatshaftung in der Deutschen Demokratischen Republik. Eine solche Einstandspflicht ergibt sich auch nicht aus Art 21 Abs 1 S 1 Einigungsvertrag aufgrund der Übernahme von Vermögensgegenständen der NVA (BGHZ 175, 232, betreffend Gesundheitsbeschädigung von Soldaten der NVA durch radioaktive Strahlung von Radaranlagen).

16. Bußgeldstelle

741 Der in der Rechtsprechung des BGH entwickelte Grundsatz, dass bestimmte strafprozessuale Maßnahmen der Staatsanwaltschaft im Amtshaftungsprozess nur eingeschränkt nachprüfbar sind (Rn 657), gilt auch für die Beurteilung von Maßnahmen der Verfolgungsbehörde im Bußgeldverfahren nach dem Gesetz über Ordnungswidrigkeiten (BGH NJW 1994, 3162).

17. Deutscher Wetterdienst

Zur Drittgerichtetheit der Warnpflichten des Deutschen Wetterdienstes s BGHZ 129, 23, betreffend Hagelwarnung zugunsten von Flugzeugen, die auf einem Flugplatz abgestellt sind, und BGHZ 129, 17, betreffend Hagelwarnung zugunsten eines im Landevorgang begriffenen Verkehrsflugzeuges. Die Drittgerichtetheit wurde in beiden Fällen verneint. Zur WarnWetterApp des Deutschen Wetterdienstes s BGH 12. 3. 2020 – I ZR 126/18, BGHZ 225, 59 sowie Rn 77. **742**

18. Feuerschutz

a) Amtsträger im Sinne des § 839 BGB, Art 34 GG sind nicht nur die Angehörigen einer städtischen Berufsfeuerwehr, sondern auch die der freiwilligen Feuerwehren, die auf gesetzlicher Grundlage gebildet oder amtlich organisiert sind (BGH MDR 1959, 107; VersR 1958, 886; BGHZ 20, 290; vgl zum hoheitlichen Charakter der Tätigkeit gemeindlicher Feuerwehren bei der Wahrnehmung ihrer gesetzlichen Pflichtaufgaben auch BGH VersR 2008, 410; BayObLGZ 2002, 35). Keine Amtsträger sind dagegen die Angehörigen privater Werksfeuerwehren, auch soweit sie Sonderrechte nach § 35 Abs 1 StVO in Anspruch nehmen (BGHZ 113, 164, 169). **743**

b) Das Feuerlöschwesen als Ausübung öffentlicher Gewalt umfasst auch Dienstfahrten, die Fahrt zum Einsatz wie auch die Rückfahrt zur Unterkunft (RGZ 145, 179), Übungsfahrten und Fahrten zur fachlichen Fortbildung (Fahrt zum Feuerwehrtag, s RG DRW 1941, 1294), aber nicht Fahrten zu festlichen Veranstaltungen (Feuerwehrfest, vgl OLG Stuttgart MDR 1955, 355). Ausübung hoheitlicher Tätigkeit ist auch die Fahrt eines Mitglieds der freiwilligen Feuerwehr zum Einsatzort, auch wenn die Fahrt mit dem Privat-PKW erfolgt (BGH VersR 2008, 410 Rn 23 für Bayern). In Ausübung des ihm anvertrauten öffentlichen Feuerschutzamts handelt auch der Leiter einer Feuerlöschgruppe, der zugleich zum Fahrer eines Feuerwehrwagens bestellt ist, wenn er im Rahmen seiner Befugnisse mit der Feuerlöschgruppe einer anderen Gemeinde, die einen derartigen Wagen kaufen will, auf deren Wunsch eine Probefahrt mit seinem Feuerlöschwagen ausführt (BGH VRS 23, 258); anders – fiskalische Tätigkeit – liegt es bei Probefahrten anlässlich des Ankaufs und der Erprobung von Fahrzeugen (BGH VRS 23, 258). In Ausübung öffentlicher Gewalt handelt auch die Feuerwehr im Unfallrettungsdienst (Führung eines Unfallrettungswagens, s BGHZ 37, 337; Blutkonserventransport, vgl BGH 7. 6. 1971 – III ZR 63/68, VersR 1971, 864).

c) Die Amtspflicht der Träger des Feuerschutzes, alle zur Feuerbekämpfung erforderlichen Einrichtungen zugriffsbereit zu halten, besteht nicht nur gegenüber der Allgemeinheit, sondern auch gegenüber den durch einen Verstoß gegen diese Pflicht gefährdeten einzelnen Bürgern (BGH 25. 2. 1957 – III ZR 186/55, VersR 1957, 267; s auch BayObLG 20. 10. 1986 – RReg 2 Z 102/86, BayObLGZ 1986, 398 zu § 1 Abs 2 BayFwG), so zB die Pflicht, die Feuerwehrhydranten in einer Weise zu bezeichnen, dass ihre rasche Auffindbarkeit gewährleistet ist. Die Anforderungen an die Sorgfaltspflicht einer freiwilligen Feuerwehr können geringer sein als bei der Berufsfeuerwehr (OLG Celle NJW 1960, 676). Aus dem Vorgehen der Feuerwehr kann auch für die von dem Brandunglück

Betroffenen ein Amtshaftungsanspruch erwachsen, so etwa bei der Auswahl eines umweltschädigenden Löschmittels, dessen Einsatz zu keinem Zeitpunkt gerechtfertigt war (BGH 14. 6. 2018 – III ZR 54/17, BGHZ 219, 77 Rn 16 ff). Wie bei Verwaltungsakten im Allgemeinen, so ist aber auch hier die Nachprüfung der Zweckmäßigkeit der Brandbekämpfungsmaßnahmen darauf beschränkt, ob offenbar Ermessensfehlgebrauch vorliegt (RG HRR 1929 Nr 1501).

Die Haftung gemäß § 839 BGB iVm Art 34 S 1 GG wegen eines amtspflichtwidrigen Verhaltens eines zur Gefahrenabwehr handelnden Feuerwehrbeamten ist nicht entsprechend § 680 BGB auf Vorsatz und grobe Fahrlässigkeit beschränkt (BGH 14. 6. 2018 – III ZR 54/17, BGHZ 219, 77 Rn 46 ff).

d) Eine Gemeinde, die aus dem Gesichtspunkt der Fürsorgepflicht für eine ausreichende Versicherung der Mitglieder ihrer freiwilligen Feuerwehr gegen Dienstunfälle zu sorgen hat, kommt dieser Verpflichtung nach, wenn durch die Versicherungsleistungen die typischen Einkommensnachteile ausgeglichen werden, die in der ganz überwiegenden Mehrzahl der Fälle entstehen. Es ist nicht erforderlich, dass die Versicherungsleistungen im Einzelfall jede nur denkbare konkrete Einbuße in vollem Umfang abdecken (BGH VersR 1994, 471).

744 **e)** Auch nach der Reform des **Schornsteinfegerwesens** durch das Schornsteinfeger-Handwerksgesetz vom 26. 11. 2008 (BGBl I 2242) ist die Beleihung des Bezirksschornsteinfegermeisters (des „Bezirksbevollmächtigten“) mit – anderenfalls durch eine Behörde vorzunehmenden – „klassischen“ Kontrollaufgaben unberührt geblieben. Insbesondere sind die Ausstellung von Bescheinigungen zu Bauabnahmen nach Landesrecht und der Feuerstättenschau sowie Tätigkeiten, die aus Gründen der Betriebs- und Brandsicherheit sowie des Umwelt- und Klimaschutzes dem Bezirksbevollmächtigten als Wahrnehmung öffentlicher Aufgaben vorbehalten geblieben. Hoheitlich sind etwa die Durchführung der Feuerstättenschau und Erlass des Feuerstättenbescheids gem § 14 Abs 1 S 1 SchfHwG und die Ausstellung von Bescheinigungen über die Tauglichkeit und sichere Benutzbarkeit von Abgasanlagen und von Leitungen zur Abführung von Verbrennungsgasen nach Landesrecht gem § 16 S 1 SchfHwG (BGH NVwZ 2018, 1333 Rn 14 ff; zu dessen Tätigkeit als Gebührenbeamter s Rn 357 f). Dessen sonstige Tätigkeit – Kehrarbeiten usw – ist privatrechtlicher Natur (BGH VersR 1994, 404; BGHZ 62, 372), vgl § 8 Abs 2 S 2 SchfHwG vom 26. 11. 2008 (BGBl I 2242). Auskünfte des Schornsteinfegers, die dieser im Rahmen seiner hoheitlichen Tätigkeit erteilt, können Drittschutz entfalten, in den auch ein Dritter (zB Bauunternehmer) einbezogen sein kann, wenn das (wirtschaftliche) Risiko der Falschauskunft vollständig auf diesen verlagert ist, während dem vorrangig geschützten Auskunftsempfänger der entsprechende Schaden nicht entsteht (BGH NVwZ 2018, 1333 Rn 23 ff).

19. Finanz- und Zollwesen

745 **a)** Im Zuge der den **Finanzbehörden** obliegenden Verfolgung eines Steueranspruchs handelt ein Finanzamtsbeamter in Ausübung öffentlicher Gewalt. Seine Pflicht, Veranlagung, Erhebung und Beitreibung von Steuern nur unter den gesetzlichen Voraussetzungen und im Rahmen des gesetzlich Zulässigen vorzunehmen, besteht auch gegenüber dem Steuerschuldner (BGH WM 1968, 1168; RGZ 165, 259). Bei Vollziehung eines unrichtigen Steuerbescheids kann der betroffene Steuerpflichtige nur nach den Grundsätzen der Amtshaftung, dagegen nicht entsprechend § 717 Abs 2 ZPO Ersatz fordern (BGHZ 39, 77 in Ergänzung zu BGHZ 30, 123). Dies gilt auch nach Einführung der sogenannten Vollverzinsung für die in § 233a AO genannten Steuerarten. Auch in solchen Fällen kann bei Vollziehung eines nicht bestandskräftigen Haftungsbescheids der Steuerpflichtige nach dessen Aufhebung keinen Schadensersatz in entsprechender Anwendung des § 717 Abs 2 ZPO fordern (BGH NJW 2001, 1067). Der Ausschluss des Rechtswegs zu den Zivilgerichten in „Steuersachen“ steht einem wirklichen Amtshaftungsanspruch – im Gegensatz zu einem als Amtshaftungsanspruch aufgezogenen Steuererstattungsanspruch – nicht entgegen (BGH WM 1960, 721; RG JW 1937, 1548).

Einzelfälle fehlerhafter Amtsausübung: RGZ 165, 259 betreffend unbegründete Steuerveranlagung; BGH VersR 1961, 533 betreffend Schätzung der Besteuerungsgrundlagen, ohne dass die gesetzlichen Voraussetzungen einer Schätzung vorliegen, dazu auch OLG Düsseldorf NJW 1993, 1210; BGH WM 1963, 349 betreffend verzögerte Sachbehandlung; RG HRR 1937 Nr 801 betreffend falsche Buchung; RG JW 1934, 420; HRR 1934 Nr 387 betreffend Nachforschungspflicht und Wahrung des Steuergeheimnisses; BGH NJW 1982, 1648 betreffend Durchbrechung des Steuergeheimnisses wegen zwingenden öffentlichen Interesses an der Verfolgung nicht steuerrechtlicher Straftaten (§ 30 AO 1977; Amtspflichtverletzung verneint). Die Verpflichtung des Betriebsprüfers, die Besteuerungsgrundlagen nur unter den Voraussetzungen des Gesetzes und im Rahmen des gesetzlich Zulässigen festzustellen, ist eine Amtspflicht auch gegenüber dem Steuerpflichtigen (BGH VersR 1975, 568 mwNw); diese Grundsätze gelten auch für Prüfungsfeststellungen, die dem Steuerpflichtigen im Laufe der Außenprüfung gemäß § 199 Abs 2 AO mitgeteilt werden, damit er schon während des Prüfungsverfahrens zu einzelnen Prüfungsergebnissen Stellung nehmen kann (BGH NJW 1987, 434). Verfrühter Beginn der Zwangsvollstreckung aus einem Haftungsbescheid: BGH NJW 1992, 2086; dort auch zur Frage des Zurechnungszusammenhangs zwischen Amtspflichtverletzung und Schaden, wenn auf diese Weise der unmittelbar bevorstehende Verkauf des Grundstücks verhindert wird. BGH NJW 1973, 814 betreffend Verletzung des Grundsatzes der Verhältnismäßigkeit bei Durchführung der Zwangsversteigerung eines Grundstücks, ohne Anwendung von Stundung und Niederschlagung zu prüfen; RGZ 157, 197; DRW 1942, 1241 betreffend Unterdrückung einer Amnestieanzeige; RG DR 1942, 1242 betreffend Benachteiligung des Steuergesamtschuldners durch Freigabe oder Austausch einer Sicherheit; RG JW 1938, 2399 betreffend Geldübergabe in der Steuerkasse an einen unzuständigen Beamten; RG 138, 40 betreffend ungenügende Verwahrung gepfändeter Sachen; BGH WM 1968, 1167 betreffend Verletzung der Obhutspflichten der Bediensteten des Finanzamts gegenüber dem Vollstreckungsschuldner, wenn durch unzulässige Vollstreckungsmaßnahmen (Pfändung eines Sparbuchs) Gegenstände des Vollstreckungsschuldners in ihren Besitz gelangt sind; RG Warn 1939 Nr 61 betreffend verzögerte Beitreibung einer für Steuerschulden gepfändeten Forderung. BGHZ 39, 77 betreffend Vollziehung eines unrichtigen Steuerbescheides; BGH NVwZ 1982, 393 betreffend Ergreifung von Pfändungsmaßnahmen trotz Nichtvorliegens der formalen Vollstreckungsvoraussetzungen; BGH VersR 1983, 37 zur Frage amtspflichtwidrigen Vorgehens von Finanzbeamten bei Erwirkung und Vollzug eines Durchsuchungs- und Beschlagnahmebeschlusses; BGH VersR 1982, 899 betreffend Ablehnung der Gewährung von Vollstreckungsschutz oder -erleichterungen angesichts drohenden unverhältnismäßigen Schadens bei alsbaldiger Vollstreckung. Das 746

Finanzamt verstößt in der Regel gegen seine Amtspflicht, wenn es vor Erlass eines Haftungsbescheids kein rechtliches Gehör gewährt (OLG München NJW 1996, 1971).

747 Adressat der Bekanntgabepflicht nach § 327 S 3 AO ist der Vollstreckungsschuldner, der nicht notwendig mit dem Eigentümer der beschlagnahmten Sachen identisch zu sein braucht. Allerdings wird durch die Bekanntgabepflicht der Eigentümer von Waren, die der Sachhaftung nach § 76 AO unterliegen, auch dann geschützt, wenn er nicht selbst Vollstreckungsschuldner und damit Adressat ist (BGH NJW 2005, 1865). Der Konkursantrag (jetzt Insolvenzantrag) einer Gemeindefinanzbehörde wegen rückständiger Gemeindesteuern ist eine Amtshandlung, deren Pflichtmäßigkeit nach § 839 BGB zu beurteilen ist. Er ist amtspflichtwidrig, wenn ein Konkursgrund (jetzt: Insolvenzgrund) nicht vorliegt (BGHZ 110, 253). Erklärt die Finanzbehörde eine unzulässige Aufrechnung, so begeht sie damit eine Amtspflichtverletzung. Rechnet eine Verwaltungsbehörde gegen eine abgetretene Forderung gemäß § 406 BGB mit einer Forderung gegen den Zedenten auf, dann obliegt ihr die Amtspflicht, keine rechtlich unzulässige Aufrechnung zu erklären, auch gegenüber dem Zessionar (BGH 26. 4. 1990 – III ZR 106/89, juris Rn 5). Zum (fehlenden) Verschulden eines Finanzbeamten bei einem sich mit schwierigen steuer- und gesellschaftsrechtlichen Fragen befassenden steuerlichen Einspruchsbescheid vgl BGH 4. 6. 1987 – III ZR 147/86, juris Rn 8. Über Auskünfte und Zusagen in Steuer- und Zollsachen s RGZ 121, 173; OLG Köln NJW 1955, 106; BFH BB 1961, 515; BGH VersR 1961, 274. Im Hinblick auf § 839 Abs 3 BGB muss ein Steuerpflichtiger ein Rechtsmittel gegen die Vollziehung eines noch nicht bestandskräftigen und später aufgehobenen Haftungsbescheids einlegen, um einen Schadensersatzanspruch wegen amtspflichtwidriger Vollziehung erheben zu können (BGH NJW 2001, 1067). Beim Erlass von Gewerbesteuerbescheiden durch die Landesfinanzbehörde ist die hebeberechtigte Gemeinde nicht „Dritter" (BGH NVwZ 2004, 127; OLG Saarbrücken VersR 1994, 1191).

748 **b) Zollwesen**: Einzelbeispiele: RG JW 1936, 2653 betreffend Beschädigung eines Schiffs durch einen Zollkreuzer; BVerwG NJW 1958, 1599 betreffend Zurückweisung der Einfuhr durch die Zollstelle; BGH NJW 1956, 1234 betreffend Verletzung der Aufklärungspflicht über Zollgepäck gegenüber dem Reisenden; RG HRR 1937 Nr 1224 betreffend Haftung gegenüber dem Verletzten für Explosion anlässlich der Wiederversiegelung eines Fasses durch Zollbeamte; MDR 1960, 474 betreffend Pflichten der Zollbeamten gegenüber dem Brennereibesitzer bei Beaufsichtigung einer Verschlussbrennerei; RGZ 121, 173 betreffend Verschulden bei Rücknahme zur zollfreien Einfuhr; RG Warn 1935 Nr 8 betreffend Pflicht zur Rücksichtnahme auf das gesetzliche Pfandrecht des Spediteurs an Waren, die er beim Zollamt einlagert. Die kurzfristige Zurückhaltung einer beschlagnahmten Ware nach Behebung des Verdachts der Zollzuwiderhandlung kann unter dem Gesichtspunkt der Amtshilfe gerechtfertigt sein, wenn sie geschieht, um der Polizei Gelegenheit zum Einschreiten wegen Zuwiderhandlung gegen das Lebensmittelgesetz zu geben (BGH bei Kreft Rn 484). Die Amtspflicht bei der Zollabfertigung eingeführter Waren erstreckt sich gegenüber dem Zollpflichtigen nicht auf dessen Interesse an einer bestimmten Zollbehandlung künftig einzuführender Waren (BGH NJW 1976, 103). Die Pflicht der Grenzzollstellen zur Zurückweisung ausländischer Kraftfahrzeuge ohne die erforderliche Versicherungsbescheinigung besteht auch gegenüber den einzelnen inländischen Verkehrsteilnehmern (BGH NJW 1971, 222; s auch OLG Köln VersR 1978, 649; OLG Hamburg NJW 1974, 413; OLG Hamm NJW 1973, 428). Die zollamtliche Pflicht, ausländische Weine auf ihre Einfuhrfähigkeit zu prüfen, ist Amtspflicht gegenüber der Allgemeinheit, nicht gegenüber einzelnen Importeuren und späteren Abnehmern der Ware (BGH MDR 1972, 127). Die Haftung für Auskünfte der Zollbehörden (vgl hierzu zB BGH NJW 1976, 103; OLG Köln NJW 1955, 106) steht unter Geltung des Unionszollkodex auf einer grundsätzlich neuen Grundlage (vgl hierzu Rinnert in Hübschmann/Hepp/Spitaler AO/FGO [9/2024] Art 33 EUR 952/2013 Rn 14; Witte/Schulte [9. Aufl 2025] UZK Art 33 Rn 52). Zu den Pflichten bei Beschlagnahme s BGH DRiZ 1974, 27; BGH MDR 1972, 127 betreffend Nichtbeachtung von Einfuhrverboten sowie BVerwG NJW 1958, 1599 und BGH NJW 1976, 103 betreffend Pflicht zu richtiger Tarifierung einzuführender Sendungen; BGH BB 1972, 1394 betreffend Einleitung eines strafrechtlichen Ermittlungsverfahrens durch den Zollfahndungsdienst. Im Sammelzollanmeldungsverfahren kann für die Beamten der Zollbehörde eine Hinweis- und Warnpflicht gegenüber einem Importeur bestehen, wenn sie aufgrund konkreter, ihm offensichtlich nicht bekannter Tatsachen von Zahlungsschwierigkeiten des Spediteurs/Zulassungsinhabers und damit von der Gefahr einer dem Importeur drohenden Schädigung in beträchtlicher Höhe Kenntnis erlangt haben (BGH VersR 1996, 453). Der mit der Betriebsprüfung eines mit eigener Zollabteilung ausgestatteten Importunternehmens betraute Zollbeamte ist nicht verpflichtet, dieses ungefragt über eine günstigere zollrechtliche Gestaltung zu informieren (dort: Hinweis auf Anmeldung des Vorerwerbspreises als Transaktionswert nach Art 29 VO [EWG] 2913/92 des Rates vom 12. 10. 1992 zur Festlegung des Zollkodex der Gemeinschaften in Verbindung mit Art 147 Abs 1 der Durchführungsvorschriften zum Zollkodex aF – BGH NVwZ 2004, 474).

20. Grundstückverkehr

Die rechtswidrige Versagung einer Grundstückverkehrsgenehmigung nach § 9 GrdstVG kann eine Amtspflichtverletzung gegenüber dem Antragsteller des betreffenden Verfahrens sein (BGHZ 137, 182 [im konkreten Falle wurde die Amtshaftung mangels Verschuldens verneint]; bejaht in OLG Naumburg 14. 8. 2023 – 12 U 186/22, RdL 2025, 290). Wird durch eine solche (objektiv) rechtswidrige Versagung die Veräußerung eines Grundstücks verhindert oder verzögert, so kann dies einen Entschädigungsanspruch des betroffenen Grundstückseigentümers aus enteignungsgleichem Eingriff begründen (BGHZ 137, 182). In den Schutzbereich der nach § 1 Abs 2 GVO bestehenden, der Sicherung des Unterlassungsanspruchs nach § 3 Abs 3 VermG dienenden Amtspflicht, eine Grundstückverkehrsgenehmigung (nur) unter den dort näher bestimmten Voraussetzungen zu erteilen, ist nur der materiell restitutionsberechtigte Antragsteller einbezogen (BGH NJW-RR 2015, 269). Allerdings sollen die Amtspflichten der Behörde, nicht durch ein fehlerhaftes Verhalten das Vorkaufsrecht einer gemeinnützigen Siedlung zu vereiteln, nicht die Personen schützen und fördern, die das betreffende Grundstück von dem vorkaufsberechtigten Siedlungsunternehmen erwerben wollen (BGH 30. 6. 1994 – III ZR 112/93, NVwZ-RR 1995, 1). Durch den Erlass eines verspäteten Zwischenbescheides nach § 6 Abs 1 S 2 GrdstVG begehen die Bediensteten der Genehmigungsbehörde eine Amtspflichtverletzung, weil sie den unrichtigen Eindruck erwecken, die Entscheidung über den Antrag auf Genehmigung des Kaufvertrags sei noch in der Schwebe, während die Genehmigung wegen der Fiktion des § 6 Abs 2 GrdstVG in Wahrheit bereits als erteilt gilt (BGHZ 123, 1). 749

Hat der Berechtigte vermögensrechtliche Ansprüche angemeldet, so besteht, wenn der Verfügungsberechtigte das restitutionsbelastete Grundstück an einen Dritten veräußern will, auch dem Käufer gegenüber die Pflicht der Genehmigungsbehörde, die nachgesuchte Grundstückverkehrsgenehmigung (nach GVVO/GVO-DDR) für den abgeschlossenen Kaufvertrag nicht (sofort) zu erteilen, sondern das Genehmigungsverfahren bis zum bestandskräftigen Abschluss des Restitutionsverfahrens auszusetzen. Ein vom Schutzzweck der verletzten Amtspflicht erfasster Schaden des Käufers entsteht jedoch nur, wenn der Erwerb oder die Weiterveräußerung des Grundstücks gerade wegen der nicht ausgeräumten „Restitutions-Risiken" erschwert oder vereitelt wird (BGH WM 1999, 1124; s auch BGH 10. 5. 2001 – III ZR 223/00). Zur Frage, welche Rechtsbehelfsmöglichkeiten ein Restitutionsantragsteller, dessen Rückgabeantrag bei Erteilung einer Grundstückverkehrsgenehmigung übersehen wurde, zur Meidung des Verlusts eines Amtshaftungsanspruchs ergreifen muss, s BGH 9. 11. 2006 – III ZR 111/05, NJW-RR 2007, 449.

21. Gutachterausschuss

750 Der Gutachterausschuss ist Behörde (Ernst/Zinkahn/Bielenberg/Krautzberger/Voss [August 2025] BauGB § 192 Rn 17 mwNw). Wird er auf Antrag einer dazu nach § 193 Abs 1 Nr 3 BauGB berechtigten Person tätig, so besteht seine Amtspflicht, ein korrektes Verkehrswertgutachten zu erstatten, zugunsten der betreffenden Person als eines geschützten „Dritten" (BGH NVwZ 1982, 395). Aber auch dann, wenn der Gutachterausschuss von einer anderen Behörde (beispielsweise einer Gemeinde im Rahmen eines sanierungsrechtlichen Genehmigungsverfahrens nach §§ 144, 145 BauGB) mit der Wertermittlung beauftragt wird, können seine Amtspflichten, ein korrektes Gutachten zu erstatten, auch zugunsten des Antragstellers jenes behördlichen Verfahrens drittgerichtet sein (BGH 1. 2. 2001 – III ZR 193/99, BGHZ 146, 365; vgl auch Rn 127). Auch die Amtspflichten, die der im Rahmen eines Zwangsversteigerungsverfahrens vom Gericht mit der Wertermittlung beauftragte Gutachterausschuss wahrzunehmen hat, können zugunsten des Ersteigerers drittgerichtet sein (BGHZ VersR 2003, 1535 m Anm von Wagner/Thole VersR 2004, 275). Haftpflichtige Körperschaft im Sinne des Art 34 GG ist diejenige, bei der der Gutachterausschuss nach dem jeweiligen Landesrecht errichtet ist (BGH 1. 2. 2001 – III ZR 193/99, BGHZ 146, 365, 368; BGH 4. 3. 1982 – III ZR 156/80, NVwZ 1982, 395).

22. Handwerkskammer

751 Erbringt eine Handwerkskammer für ein Mitglied die ihr obliegenden (§§ 90 Abs 1, 91 Abs 1 Nr 1 und 9 HandwO) Beratungsdienste (zB Erstellung eines Wertgutachtens anlässlich der beabsichtigten Veräußerung des Betriebsgrundstücks des Mitglieds), handelt sie in Ausübung eines öffentlichen Amtes. Die dabei zu beachtenden Amtspflichten können auch dem Schutz des Erwerbers eines solchen Grundstücks dienen (BGH 22. 2. 2001 – III ZR 150/00, NVwZ-RR 2001, 441).

23. Hochschulwesen

752 Zur Passivlegitimation bei Amtspflichtverletzungen im Hochschulbereich s Rn 38, 112. Die rechtswidrige Verweigerung des Diplomzeugnisses kann auch dann eine schuldhafte Amtspflichtverletzung darstellen, wenn der Verstoß gegen die Prüfungsordnung durch unsachgemäße Ausführungsbestimmungen veranlasst ist (BGH 5. 7. 1979 – III ZR 121/77, VersR 1979, 1056). Ein Hochschulinstitut wird nicht hoheitlich tätig,

wenn es als – vom Bundesministerium für Arbeit und Sozialordnung bezeichnete – Prüfstelle dem Hersteller von Haushaltsgeräten aufgrund eines privatrechtlichen Vertrags eine Prüfbescheinigung erteilt, die der zuständigen Behörde Veranlassung gibt, auf eigene Feststellungen zu der Frage, ob die Geräte den Anforderungen des Gesetzes über technische Arbeitsmittel entsprechen, zu verzichten (BGH NJW 1978, 2548).

24. Kirchen und öffentlich-rechtliche Religionsgesellschaften

Vorbemerkung: Der Begriff „Religions**gesell**schaft" statt der gebräuchlicheren „Religions**gemein**schaft" wird hier bewusst verwendet, weil er derjenige des Grundgesetzes ist (Art 140 GG iVm Art 137 WeimVerf). **753**

a) Die von öffentlich-rechtlichen Religionsgesellschaften ausgeübte kirchliche Gewalt ist öffentliche Gewalt. Sie ist aber im Hinblick auf die Autonomie der Kirchen (Art 137 Abs 3 WeimVerf; Art 140 GG) keine vom Staat verliehene Gewalt (deswegen wurde die Amtsträgereigenschaft im strafrechtlichen Sinne des § 11 Abs 1 Nr 2 StGB bei einem Beamten der Evangelischen Landeskirche in Baden verneint [BGHSt 37, 191]), es sei denn, dass die Kirchen vom Staat verliehene Befugnisse ausüben oder in den staatlichen Bereich hineintragen oder ihre Maßnahmen den kirchlichen Bereich überschreiten (BVerfGE 18, 385 = NJW 1965, 961; dazu Grundmann JZ 1966, 81; Maurer JZ 1967, 409; Obermayer DVBl 1979, 441).

b) Der Begriff der Ausübung eines öffentlichen Amtes im Sinne des Art 34 GG (der Ausübung öffentlicher Gewalt) ist jedoch – im Gegensatz etwa zum Begriff der „öffentlichen Gewalt" im Sinne des § 90 Abs 1 BVerfGG (vgl BVerfGE 18, 385) – nicht auf die Ausübung staatlicher und vom Staat verliehener Gewalt beschränkt. § 839 BGB, Art 34 GG sind mindestens entsprechend auch auf die Amtspflichtverletzungen von Bediensteten (Geistlichen und Kirchenbeamten) der öffentlich-rechtlichen Religionsgesellschaften bei kirchlichen Verwaltungsakten im „hoheitlichen" Bereich anzuwenden. Die Möglichkeit einer Amtshaftung der Kirche für hoheitliches Handeln außerhalb des kircheninternen Bereichs ist inzwischen anerkannt (vgl BGHZ 154, 54, 57; dagegen insbesondere Ehlers JZ 2004, 196 ff [Anm zu BGHZ 154, 54 = JZ 2004, 195]). Auf dieser Linie liegt es, dass für **Abwehransprüche** gegen Äußerungen des Sektenbeauftragten einer Kirche, die dem Kernbereich kirchlichen Wirkens zuzuordnen sind, der Verwaltungsrechtsweg gegeben ist (BGH NJW 2001, 3537). Dies gilt nicht für die sogenannten kirchlichen Interna, dh die Maßnahmen kirchlicher Stellen, die vom Wesen der Kirche, ihrem Auftrag und ihrer Lehre gefordert werden. Ob eine Maßnahme dem innerkirchlichen Bereich zuzurechnen ist oder den staatlichen Bereich berührt, entscheidet sich danach, was materiell der Natur der Sache oder Zweckbindung nach als eigene Angelegenheit der Kirche anzusehen ist (BVerfGE NJW 1983, 2569; BVerfGE 18, 385, 387). Unanwendbar sind auch hier die § 839 BGB, Art 34 GG bei Handeln im fiskalischen Bereich der Kirche. Zum Ganzen s auch Rn 103. **754**

Allgemein entzogen sind der staatlichen Gerichtsbarkeit Streitigkeiten über vermögensrechtliche Ansprüche der Geistlichen und Kirchenbeamten aus dem Amt gegen die Kirche, da der gesamte Bereich der kirchlichen Organisation mitsamt dem kirchlichen Ämterrecht in den Bereich der Autonomie fällt. Umstritten war früher, ob dies generell gilt oder ob der Weg zu den staatlichen Gerichten nur dann gegeben ist, **755** wenn die Kirche von der Bildung eigener kirchlicher Gerichte Abstand nimmt und damit den Weg zur staatlichen Gerichtsbarkeit freigibt und wenn die staatliche Gesetzgebung in diesem Falle die staatlichen Gerichte zur Führung des Rechtsstreits zur Verfügung stellt (so BGHZ 34, 372 = NJW 1961, 1116; **aA** OVG Münster NJW 1978, 2111, 2113 mwNw). Inzwischen hat der BGH allerdings weitgehend Klarheit geschaffen: Für die Gehaltsklage aus dem Dienstverhältnis eines Geistlichen (dort: der Heilsarmee) ist der Rechtsweg zu den staatlichen Gerichten auch dann gegeben, wenn die Begründetheit des Anspruchs davon abhängt, ob der Geistliche wirksam aus dem Dienst entlassen worden ist. Für den Justizgewährungsanspruch gegenüber einer Kirche oder Glaubensgemeinschaft ist bei einer innerkirchlichen Streitigkeit weder die Unterscheidung von Amts- und Dienstverhältnis noch die zwischen kirchlichem Amtsrecht und vermögensrechtlicher Folge von Bedeutung. Das kirchliche Selbstbestimmungsrecht schränkt nicht die Justizgewährungspflicht ein, wohl aber das Maß der Justiziabilität der angegriffenen Entscheidung. Besteht die Möglichkeit, innerkirchliche Streitigkeiten durch die Anrufung kircheneigener Gerichte oder Schlichtungsgremien beizulegen, besteht für die Anrufung staatlicher Gerichte vor Erschöpfung des kirchlichen Rechtswegs kein Rechtsschutzbedürfnis. Eine von der geistlichen Grundordnung und von dem Selbstverständnis der Kirche oder Glaubensgemeinschaft getragene Maßnahme nach autonomem Kirchen- oder Gemeinschaftsrecht kann durch staatliche Gerichte nicht auf ihre Rechtmäßigkeit, sondern nur auf ihre Wirksamkeit überprüft werden. Die Wirksamkeitskontrolle ist darauf beschränkt, ob die Maßnahme gegen Grundprinzipien der Rechtsordnung verstößt, wie sie in dem allgemeinen Willkürverbot (Art 3 Abs 1 GG) sowie in dem Begriff der guten Sitten (§ 138 BGB) und dem des ordre public (Art 6 EGBGB) ihren Niederschlag gefunden haben. Auch bestandskräftig gewordene Entscheidungen eines kirchlichen Gerichts unterliegen nur der Wirksamkeitskontrolle. Die Frage, ob ein Geistlicher aus dem Dienst wirksam entlassen ist, unterfällt der autonomen Entscheidung der Kirche oder Glaubensgemeinschaft (BGHZ 154, 306).

756 **c)** Danach gilt Folgendes:

aa) Zulässig ist eine auf Amtspflichtverletzung kirchlicher Amtsträger gestützte Amtshaftungsklage vor dem ordentlichen Gericht, wenn ein Sachverhalt vorgetragen wird, der unabhängig davon, dass die Maßnahme in Wahrnehmung des geistlichen Auftrags der Kirche erging, ein Verhalten des Kirchenbeamten erkennen lässt, das Amtspflichten zuwiderläuft, die allgemein und jenseits des von der kirchlichen Ordnung Geforderten bestehen (BGH VersR 1961, 437; BGHZ 22, 383 = NJW 1957, 542). Zum Begriff des „Kirchenbeamten" genügt es, wenn der Bedienstete im Rahmen von kirchlichen Aufgaben tätig geworden ist, die außerhalb des rein fiskalischen Tätigkeitsbereichs der Kirche liegen und die – lägen sie im staatlichen Bereich – Ausübung eines öffentlichen Amtes darstellten (BGH VersR 1961, 437). Auch § 839 Abs 1 S 2 BGB (Haftungssubsidiarität) ist dann (entsprechend) anwendbar (BGH VersR 1961, 437).

757 **bb)** Amtspflichtverletzung in Ausübung eines öffentlichen Amtes ist zB die Anwendung unangemessener Mittel, um einen Geistlichen zu veranlassen, seine Versetzung in den Ruhestand zu beantragen (BGHZ 22, 383, 393). Amtspflichtwidrig ist es, wenn die kirchlichen Oberen einen evangelischen Pfarrer veranlassen, sein Pfarramt in einer Kirchengemeinde niederzulegen, ohne ihn zu belehren, dass er damit seinen

Status als Pfarrer der Landeskirche verliert, oder wenn sie seine Entfernung aus dem Dienst wegen Abweichung von der kirchlichen Lehre ohne das vorgeschriebene Lehrzuchtverfahren betreiben oder wenn sie pflichtwidrig seine Weiterbeschäftigung im Bereich einer anderen Landeskirche verhindern (BGHZ 46, 95 = JZ 1967, 406 m Anm Maurer). Amtspflichtverletzungen, die die Anwendbarkeit der § 839 BGB, Art 34 GG begründen, sind ferner unrichtige Auskünfte aus alten Kirchenbüchern zu personenstandsrechtlichen Zwecken oder Schädigungen Dritter unter Verletzung von Verkehrsvorschriften bei „hoheitlichen“ Dienstfahrten, zB im Rahmen des kirchlichen Filmdienstes (BGH VersR 1961, 437).

cc) Es bestehen auch keine durchgreifenden Bedenken dagegen, die Schadens- **758**
ersatzhaftung von Kirchen für Äußerungen ihrer Bediensteten grundsätzlich dem Amtshaftungsregime zu unterstellen; Gegenteiliges lässt sich auch aus den Entscheidungen des Bundesverfassungsgerichts in NVwZ 1994, 159 und NJW 2001, 429, 430 nicht entnehmen (anders OLG Düsseldorf NVwZ 2001, 1449). Wenn der Sektenbeauftragte einer öffentlich-rechtlich korporierten Religionsgesellschaft sich in Wahrnehmung seiner kirchlichen Aufgaben in den Medien kritisch über soziale Vorgänge äußert, handelt er in Ausübung eines öffentlichen Amtes im Sinne von Art 34 GG. Dies kann Amtshaftungsansprüche nach § 839 BGB iVm Art 34 GG auslösen, nicht jedoch Entschädigungsansprüche wegen enteignungsgleichen Eingriffs. Der Sektenbeauftragte einer öffentlich-rechtlich korporierten Religionsgesellschaft unterliegt bei kritischen Äußerungen in der Öffentlichkeit über andere Personen und Unternehmen im Hinblick auf die Grundrechte der Betroffenen gesteigerten Sorgfaltspflichten (BGHZ 154, 54 = NJW 2003, 1308 = JZ 2004, 195 = JR 2004, 145 mit Besprechungen von Wilms [NJW 2003, 2070], Wissmann [NJW 2003, 3455], Ehlers [JZ 2004, 196] und Thiel [JR 2004, 148]). Das Verfahren betraf die Klage eines ausgebildeten Heilpraktikers und Sozialpädagogen, der als Psychotherapeut tätig war, gegen eine katholische Erzdiözese, deren Sektenbeauftragter ihn als Anführer einer „Psychosekte“ bezeichnet hatte. Der BGH entschied, ein Sektenbeauftragter habe öffentlich-rechtliche Amtspflichten zu Sorgfalt, Sachlichkeit und Wahrhaftigkeit. Das Grundrecht der Religionsfreiheit gibt einer öffentlich-rechtlich korporierten Religionsgesellschaft (dort: der evangelisch-lutherischen Kirche) das Recht, ohne Störung durch den Staat eine – auch scharfe – öffentliche Kritik an der Tätigkeit anderer Religionsgesellschaften (dort: „Universelles Leben“) zu verbreiten. Dabei muss sie allerdings einen angemessenen Grad an Sorgfalt, Sachlichkeit und Wahrhaftigkeit beachten (VGH München NVwZ-RR 2006, 587; vgl zu kritischen Äußerungen über eine der Glaubensgemeinschaft „Universelles Leben“ nahestehende Fachklinik auch VGH München NVwZ-RR 2006, 586).

Zur Haftung bzgl Schulen in kirchlicher Trägerschaft s Rn 786.

dd) Auch die Fälle **sexuellen Missbrauchs** von Kindern und Jugendlichen durch **759**
Geistliche können Amtshaftungsansprüche auslösen. Diese von Staudinger/Wöstmann (2020) § 839 Rn 756 noch vorsichtig geäußerte Auffassung, kann inzwischen als geklärt gelten (zur Frage der Ausübung eines öffentlichen Amts insofern s Rn 103 sowie zur Verjährung Rn 372, 385).

ee) Die haftpflichtige Körperschaft im Sinne des Art 34 GG bestimmt sich nach **760**
den staatskirchenrechtlichen Organisationsformen. Es ist also zu prüfen, welche kirchliche Körperschaft mit im staatsrechtlichen Sinne öffentlich-rechtlichem Status

Dienstherr des schuldigen Amtsträgers ist oder ihm sein Amt in haftungsbegründender Weise anvertraut hat (Rn 109 ff).

761 **d)** Kirchliche Interna, die der staatlichen Jurisdiktion entzogen sind, sind zB die Besetzung kirchlicher Ämter und kirchliche Maßnahmen, die sich auf die Übertragung geistlicher Ämter und auf die Beendigung der Amtstätigkeit eines Geistlichen beschränken (BGHZ 22, 383, 391; OVG Münster NJW 1978, 2111), oder Maßnahmen der kirchlichen Vorgesetzten, wenn deren Auffassung über das, was die geistliche Amtspflicht von einem Pfarrer fordert, sich nicht mit der Auffassung des Pfarrers deckt (BGHZ 22, 383, 392). Ein kirchliches Internum ist auch das Interdikt eines bischöflichen Ordinariats, das die Verwendung des Weins eines bestimmten Lieferanten als Messwein, weil nicht den kirchlichen Anforderungen entsprechend, allgemein untersagt (offengelassen von BGH VersR 1964, 317, 318).

762 **e)** Das (verschuldensunabhängige) Rechtsinstitut des **enteignungsgleichen Eingriffs** kommt dagegen als Anspruchsgrundlage für Schädigungen durch kirchliche Hoheitsakte nicht in Betracht. Dieses Haftungsinstitut gewährt einen Entschädigungsanspruch nur bei (rechtswidrigen) unmittelbar oder mittelbar **staatlichen** hoheitlichen Eingriffen. Es besteht kein rechtlicher Grund und auch kein Bedürfnis, in dem sich aus den Besonderheiten der Kirchenverfassung ergebenden (öffentlich-rechtlichen) Raum zwischen einerseits dem eigentlichen kirchlichen Innenbereich und andererseits demjenigen der Wahrnehmung einzelner hoheitlicher Befugnisse entsprechend dem Staatshaftungsregime eine Haftungsgrundlage zu schaffen, die an die bloße Rechtswidrigkeit des kirchlichen Handelns anknüpft, zumal als Verschulden für eine Haftung nach Amtshaftungsgrundsätzen bereits ein objektiver Sorgfaltsverstoß ausreicht (BGHZ 154, 54, 58).

763 **f)** Nicht in diesen Zusammenhang gehören Amtspflichtverletzungen (zB unzulässige körperliche Züchtigungen) von Geistlichen bei Erteilung von Religionsunterricht als ordentliches Lehrfach an öffentlichen Schulen (vgl BGHZ 34, 20; OLG Celle DVBl 1974, 74); hier haftet nicht die Religionsgesellschaft, sondern der Staat, der dem Geistlichen die Erteilung von Unterricht als staatliche Aufgabe anvertraut hat.

25. Kommunalhaftung

764 Einen Bürgermeister trifft auch bei seinem Handeln für die Gemeinde im privatrechtlichen Bereich die Amtspflicht, die Bestimmungen der Gemeindeordnung einzuhalten, so dass bei einem Verstoß gegen ein Formerfordernis ein Amtshaftungsanspruch gegen den Bürgermeister in Betracht kommt, weil mangels hoheitlicher Tätigkeit eine Überleitung der Haftung nach Art 34 GG nicht stattfindet (BGH 10. 5. 2001 – III ZR 111/99, BGHZ 147, 381, 391 f). Übernimmt ein Bürgermeister in einem Zwangsversteigerungstermin namens der Gemeinde die Bürgschaft für einen Bieter, damit dieser das Grundstück erwerben kann, so stellt sich dieser Vorgang nach seinem gesamten Erscheinungsbild als eine dem Privatrechtsverkehr zuzurechnende Tätigkeit dar. Eine Haftung der Gemeinde für das pflichtwidrige Verhalten des Bürgermeisters einem geschädigten Mitbieter gegenüber kommt nur unter dem Aspekt einer sittenwidrigen vorsätzlichen Schädigung in Betracht (§§ 31, 89 Abs 1 BGB iVm § 826 BGB; BGH NJW 2000, 2810 = JZ 2001, 97 m Anm Ossenbühl). Es kann amtspflichtwidrig sein, wenn ein Bürgermeister bei einem Kandidaten pflichtwidrig das Vertrau-

en begründet, dieser werde zum Beigeordneten bestellt, und ihn auf diese Weise veranlasst, sein bisheriges Arbeitsverhältnis vorzeitig zu lösen. Dies kann allerdings nicht dazu führen, dass sein Recht und seine Pflicht, Beschlüssen des Gemeinderates zu widersprechen, wenn er der Auffassung ist, dass diese gesetzeswidrig oder für die Gemeinde nachteilig sind, eingeschränkt würde (BGHZ 137, 344).

Die **Kommunalaufsicht** gegenüber der Gemeinde in weisungsfreien Angelegenheiten beschränkt sich darauf, die Gesetzmäßigkeit der Verwaltung sicherzustellen, soweit gesetzlich nichts anderes bestimmt ist (Rechtsaufsicht; vgl zB § 118 Abs 1 BadWürtt-GO). Sie dient damit grundsätzlich nur dem Interesse des allgemeinen Wohls, nicht aber dem Individualinteresse des Einzelnen (Kreft Rn 44 mwNw). Nur ausnahmsweise kann eine konkrete drittgerichtete Amtspflicht zum Einschreiten begründet sein, etwa wenn zwischen dem Antragsteller und der Aufsichtsbehörde eine „besondere Beziehung" besteht; eine solche wird indessen beispielsweise durch die Stellung einer bloßen Voranfrage nicht geschaffen (BGH 118, 263, 274). Zu Amtspflichten der Kommunalaufsichtsbehörde gegenüber der zu beaufsichtigenden Gemeinde als einem geschützten „Dritten" s BGHZ 153, 198 sowie Rn 194. Die unzutreffende Feststellung einer personellen Unterbesetzung für einen bestimmten Verwaltungsbereich im Prüfungsbericht der überörtlichen Rechnungsprüfung bietet keine Verlässlichkeitsgrundlage für die geprüfte öffentlich-rechtliche Körperschaft, eine personelle Aufstockung vorzunehmen, ohne sich zuvor von deren Notwendigkeit unter dem Blickwinkel der ordnungsgemäßen Aufgabenerledigung eigenverantwortlich zu vergewissern (BGHZ 177, 37). Bedürfen bestimmte öffentlich-rechtliche Zusagen des Landrats (dort: hinsichtlich der Belegung und der Pflegesatzhöhe für ein zu errichtendes Altenpflegeheim) der Genehmigung durch die Aufsichtsbehörde, so kann der Landrat gegenüber dem Investor, der auf die Zusage vertraut, die Amtspflicht haben, diese Genehmigung einzuholen (BGH NVwZ 2001, 709). Der Bürgermeister einer Gemeinde ist nicht nur im Interesse der Allgemeinheit, sondern auch in dem des Vertragspartners der Gemeinde verpflichtet, sich darüber zu vergewissern – und im Anschluss daran die Gegenseite entsprechend zu unterrichten –, ob der in Aussicht genommene (privatrechtliche) Vertrag zu seiner Wirksamkeit die Genehmigung der Aufsichtsbehörde erfordert (BGH NVwZ 2005, 484; insoweit in BGHZ 157, 168 nicht abgedruckt; da hier ein fiskalisches Handeln des Bürgermeisters vorgelegen hatte, kam eine Haftung der Gemeinde nach Art 34 GG nicht in Betracht, wohl aber nach culpa in contrahendo in Verbindung mit §§ 31, 89 BGB; Rinne/Schlick NJW 2005, 3541, 3544 Fn 37). Swap-Geschäfte einer nordrhein-westfälischen Gemeinde, die ausschließlich der Erzielung eines Spekulationsgewinns dienen, sind weder wegen einer Überschreitung des der Gemeinde gesetzlich zugewiesenen Wirkungskreises unwirksam noch wegen eines Verstoßes gegen ein etwaiges gemeindliches Spekulationsverbot nichtig (BGHZ 205, 117).

26. Kraftfahrzeugwesen

a) Die **Kfz-Zulassungsstelle** handelt amtspflichtwidrig, wenn sie dem Halter ein **765**
amtliches Kennzeichen für ein Kfz ohne den Nachweis aushändigt, dass eine ausreichende Kfz-Haftpflichtversicherung besteht (§ 3 FZV); „Dritter" im Sinne des § 839 BGB, Art 34 GG ist aber nur der Unfallgeschädigte, der durch das verbotswidrig eingesetzte Kfz einen Unfall erleidet, nicht auch der Halter oder Entleiher des Kfz (vgl OLG München NJW 1956, 752; OLG Hamburg VersR 1951, 270). Die Zulassungsstelle ist auch dem durch ein nicht haftpflichtversichertes Kfz Verletzten gegenüber schadens-

ersatzpflichtig, wenn sie von dem Nichtbestehen der vorgeschriebenen Kfz-Haftpflichtversicherung Kenntnis erhalten und entgegen ihrer Verpflichtung aus § 29d Abs 2 StVZO aF (nunmehr § 51 Abs 4 FZV) nicht unverzüglich den Kfz-Schein eingezogen und das zugeteilte Kennzeichen entstempelt hat. Denn die Schädigung durch das weiterhin im Verkehr verbliebene Kfz ist eine adäquat ursächliche Folge des pflichtwidrigen Verhaltens der Zulassungsstelle, da bei pflichtgemäßem Verhalten in der Regel eine Vermutung dafür spricht, dass das nicht haftpflichtversicherte Kfz infolge der Einziehung des Kfz-Scheins und Entstempelung des Kennzeichens nicht mehr im Verkehr gewesen wäre und den Schaden nicht hätte verursachen können (BGH NJW 1982, 988, 1792; BGH VersR 1976, 885; 1966, 237; NJW 1965, 1524). Diese Amtspflicht besteht gegenüber allen potenziellen Opfern der Teilnahme des nicht versicherten Kfz am Straßenverkehr als geschützten „Dritten" – auch des Mitfahrers in dem nicht mehr versicherten Fahrzeug (BGH NJW 1982, 988). Allerdings wird der Umfang der Ersatzpflicht durch die Höhe der gesetzlich vorgeschriebenen Mindestversicherungssummen begrenzt. Denn die Amtspflicht der Zulassungsstelle zum unverzüglichen Handeln soll die Verkehrsteilnehmer nicht vor Unfallschäden überhaupt, sondern nur vor denjenigen Nachteilen schützen, die ihnen dadurch entstehen können, dass für ein Kraftfahrzeug, mit dem sie in einen Unfall verwickelt werden, nicht die vorgeschriebene Pflichtversicherung besteht und dass deshalb ihre Ansprüche auf Ersatz der ihnen durch ein solches Kraftfahrzeug zugefügten Schäden nicht in dem durch das Pflichtversicherungsgesetz gewährleisteten Umfang realisiert werden können; hierdurch wird der Schutzbereich der Amtspflicht entsprechend eingeschränkt (BGHZ 111, 272, 277 [„Rückläufer" zu BGHZ 99, 326]). Bei fahrlässiger Amtspflichtverletzung kann in diesen Fällen die haftende Körperschaft – abweichend von § 839 Abs 1 S 2 BGB – den Geschädigten nicht auf Ansprüche gegen den „Entschädigungsfonds für Schäden aus Kfz-Unfällen" verweisen (§ 12 Abs 1 S 4 PflVersG).

766 Die Verlegung des regelmäßigen Standorts des Fahrzeugs in den Bezirk einer anderen Zulassungsstelle begründet deren Zuständigkeit für Maßnahmen nach § 29d StVZO (nunmehr § 51 Abs 4 FZV) erst, wenn dort die Erteilung eines neuen Kennzeichens beantragt ist; diese Stelle kann zwar im Wege der Amtshilfe um die erforderlichen Maßnahmen ersucht werden; die zuständig gebliebene Behörde verletzt aber ihre Amtspflicht, wenn sie sich nicht nach dem Sachstand erkundigt, falls eine Vollzugsmeldung nicht in angemessener Frist erfolgt (BGH NJW 1982, 988). Die Tatsache, dass § 839 Abs 1 S 2 BGB unanwendbar ist, wenn ein Amtsträger bei der dienstlichen Teilnahme am allgemeinen Straßenverkehr durch seine Pflichtwidrigkeit Körper- oder Sachschäden verursacht (BGH VRS 60 [1980] 90; BGHZ 68, 217, 220; Rn 271 ff) oder wenn die Behörde die Straßenverkehrssicherungspflicht verletzt (BGH NJW 1981, 682; BGHZ 75, 134, 138), lässt die Anwendbarkeit des § 839 Abs 1 S 2 BGB bei Verletzungen der Pflichten aus § 51 Abs 4 FZV unberührt, da die Gründe, die in den oben genannten Fällen zum Wegfall der nur subsidiären Haftung führen, hier nicht in Betracht kommen.

767 Wenn die KfZ-Zulassungsstelle ein nicht mit dem zugewiesenen Kennzeichen übereinstimmendes Kennzeichenschild für das Fahrzeug abstempelt, handelt sie amtspflichtwidrig. Der Inhaber des PKW mit dem Kennzeichen ist in den Schutzbereich der der Zulassungsbehörde obliegenden Amtspflichten einbezogen. Verteidigerkosten, die einem Geschädigten im Rahmen eines Bußgeld- oder Strafverfahrens wegen des fehlerhaften Kennzeichens entstehen, sind vom Schutzweck der Amtspflicht umfasst und können ersetzt verlangt werden (BGH NJW 2018, 2264).

Die Rechtsprechung zu § 25 Abs 4 StVZO aF (BGHZ 30, 374; 10, 122) kann auf die Nachfolgeregelung (nunmehr) § 12 Abs 7 FZV nicht übertragen werden. Diese Rechtsprechung hatte sich auf den Wortlaut des § 24 Abs 4 StVZO aF gestützt, nach der die dort geregelten Pflichten der „mit den Fahrzeugbriefen befassten Behörden" der „Sicherung des Eigentums und anderer Rechte am Fahrzeug" dienten. Die Nachfolgeregelung (ursprünglich § 12 Abs 6 FZV) „basiert" auf § 25 Abs 4 StVZO aF (BR-Drucks 811/05, 174), enthält eine solche Zweckbestimmung jedoch nicht mehr. Die Zulassungsbescheinigung Teil II (früher: Kfz-Brief) hat neben einer gewissen eigentumsschützenden Funktion lediglich statistische und polizeiliche Aufgaben, die allein im Allgemeininteresse bestehen. So ist das Vertrauen eines Käufers in die Richtigkeit der Eintragung des Erstzulassungsdatums als Bestandteil der Fahrzeugbeschreibung nicht geschützt (BGH NJW 1982, 2188; s auch BGH 23. 7. 2024 – 1 StR 73/24, NJW 2024, 2776). Überlässt das Straßenverkehrsamt im Rahmen der Erteilung einer Betriebserlaubnis nach § 21 StVZO die Rückgabe des Kraftfahrzeugbriefs (nunmehr: Zulassungsbescheinigung Teil II) dem TÜV, so haftet bei weisungswidriger Aushändigung der Bescheinigung an einen Nichtberechtigten nicht der Träger der Zulassungsstelle, sondern das Bundesland, das den Kraftfahrzeugsachverständigen ihre amtliche Anerkennung erteilt hat (BGH NVwZ-RR 2001, 147 = NZV 2001, 76 m Anm Bouska). Der Grundsatz, dass bei Pflichtverletzungen des TÜV in Zusammenhang mit der Erteilung der Betriebserlaubnis nach § 21 StVZO das Bundesland haftet, das dem Kraftfahrzeugsachverständigen die amtliche Anerkennung erteilt hat, gilt auch dann, wenn die Zulassungsstelle dem TÜV die erstmalige Ausfertigung und Herausgabe der Kfz-Briefe für importierte Neufahrzeuge überlassen hat und dem TÜV hierbei Fehler unterlaufen (BGH VersR 2003, 1537 = MDR 2003, 930 – auch mit Bezug auf § 25 Abs 4 StVZO aF). 768

b) Im Falle des § 21 StVZO (Antrag auf Betriebserlaubnis für Einzelfahrzeuge) handelt der „amtlich anerkannte Sachverständige für den Kraftfahrzeugverkehr", der in dem vorzulegenden Kfz-Brief bescheinigen muss, dass das Fahrzeug richtig beschrieben ist und den geltenden Vorschriften entspricht, zwar in Ausübung hoheitlicher Befugnisse; jedoch verletzt er keine ihm gegenüber einem späteren Erwerber des Kfz obliegende Amtspflicht, wenn er fahrlässig Mängel übersieht oder unrichtige technische Angaben in dem Brief als richtig bescheinigt und der Erwerber dadurch einen Vermögensschaden erleidet. Denn die Bescheinigung dient nicht dazu, allgemein im rechtsgeschäftlichen Verkehr das Vertrauen auf die Richtigkeit der Beschreibung in dem Brief zu schützen und dem Erwerber eine eigene Prüfung des fahrtechnischen Zustands des Fahrzeugs abzunehmen (BGH NJW 1973, 458; BGHZ 18, 110). Der Grundsatz, dass die den amtlichen Sachverständigen für den Kraftfahrzeugverkehr bei der technischen Prüfung nach § 21 S 3 StVZO aF treffenden Amtspflichten nicht dem Schutz des Vermögens des zukünftigen Fahrzeugerwerbers dienen, gilt auch, soweit die generelle Benutzbarkeit des Fahrzeugs in Frage steht (BGH NJW 2004, 3484; OLG Koblenz NJW-RR 2016, 729). 769

c) Die Behörde, die einem ungeeigneten Jugendlichen einen Führerschein erteilt, verletzt ihre Amtspflicht gegenüber einem Unfallgeschädigten (BGH VersR 1956, 96). Gegenüber demjenigen, der nach strafgerichtlicher Entziehung der Fahrerlaubnis 770 und Ablauf der Sperrfrist die Wiedererteilung der Fahrerlaubnis beantragt, verletzt die Behörde ihre Amtspflicht, wenn sie den Antrag wegen mangelnder Eignung (§ 2 StVG) ablehnt, die Ablehnung aber darauf beruht, dass der Beamte den Sachverhalt nicht mit der erforderlichen Sorgfalt ermittelt und infolgedessen seiner Entscheidung einen unrichtigen Sachverhalt zugrunde gelegt hat (BGH 24. 3. 1966 – III ZR 220/64, NJW 1966, 1356, 1358). Sieht eine Behörde nach der formell rechtswidrigen Entziehung der Fahrerlaubnis von der Durchführung eines ordnungsgemäßen Entziehungsverfahrens trotz Vorliegens der materiell-rechtlichen Voraussetzungen hierfür in voller Kenntnis ab, dann kann sie sich im Amtshaftungsverfahren nicht auf den Verteidigungseinwand des rechtmäßigen Alternativverhaltens berufen (OLG Koblenz OLGR 2007, 445).

27. Landwirtschaft; Forst- und Jagdwesen

771 **a)** Die Verwertung des anfallenden Holzes und sonstiger Erzeugnisse des Waldes sowie die ertragswirtschaftliche Seite der Forstbewirtschaftung gehören regelmäßig zum fiskalischen Bereich (BGH 29. 11. 1950 – III ZR 22/50, BeckRS 2012, 24648). Das Vorliegen vertraglicher Beziehungen zwischen dem Forstfiskus und dem Käufer gefällter Bäume führt aber nicht zu einer Sonderbehandlung des Käufers beim Abtransport: Ist ein Forstweg wegen Wegebauarbeiten durch Verbotsschild allgemein für Wegebenutzer gesperrt, so gilt das Betretungsverbot ohne weiteres auch für den Käufer (BGH VersR 1983, 87). Inwieweit der Forstschutz im weiteren Sinn (Natur- und Umweltschutz, Fürsorge für die Erhaltung der Staatsforste, Schutz gegen Gefahren aller Art außer durch Menschen), zB der Schutz gegen forstschädliche Insekten, die Oberaufsicht über andere öffentliche Waldungen und die Förderung der privaten Waldwirtschaft usw schlicht hoheitlich oder fiskalisch erfolgt, richtet sich nach den bestehenden Organisationsformen (vgl Bundeswaldgesetz vom 2. 5. 1975 [BGBl I 1037] und die Landesforstgesetze).

Der BGH hatte in einer frühen Entscheidung geurteilt, dass in Hessen die Tätigkeit der öffentlichen Hand im Rahmen der Forstverwaltung, soweit es sich nicht um den Forstschutz im engeren Sinne und den Jagdschutz handelt, grundsätzlich fiskalischer Natur ist (BGH 11. 7. 1963 – III ZR 61/62, NJW 1963, 1782, in BGHZ 40, 76 und juris insoweit nicht abgedruckt). Inzwischen ist in §§ 23, 24 des hessischen Waldgesetzes bestimmt, inwieweit die Landesforstverwaltung aus einem hoheitlichen und einem betrieblichen Bereich besteht (vgl § 23 Abs 1 HWaldG). Für Bayern dagegen hat der BGH entschieden, dass der Forstschutz im weiteren Sinne (Schutz des Waldes gegen die durch Tiere, Pflanzen und Naturereignisse drohenden Gefahren) zum hoheitlichen Bereich gehört, so dass der Staat nach § 839 BGB, Art 34 GG für Schäden an Haustieren haftet, die durch den Genuss unzulänglich gesicherter giftiger Imprägnierungsmittel entstehen, die bei der Zubereitung der Pfähle für Waldzäune verwendet werden (BGH VersR 1964, 438). Hier ist nun in § 26 Abs 1 BayWaldG bestimmt, dass Bayern mit der Forstaufsicht eine hoheitliche Tätigkeit ausübt, um den Wald zu erhalten, vor Schäden zu bewahren und seine sachgemäße Bewirtschaftung zu sichern.

772 **b)** In der fehlerhaften Festsetzung von Abschussplänen (§ 21 Abs 2 BJagdG) kann die Verletzung einer dem Waldeigentümer bestehenden Amtspflicht zum Schutz des Waldes vor Wildschäden und ein enteignungsgleicher Eingriff in das Eigentum am Wald liegen. Die Belange einer ordnungsgemäßen land-, forst- und fi-

schereiwirtschaftlichen Nutzung genießen den Vorrang vor der zahlenmäßigen Hege der den Waldaufbau schädigenden Wildarten (BGHZ 91, 243; dort auch zur Frage der Drittbezogenheit der Amtspflichten einer obersten Landesbehörde beim Erlass allgemeiner Verwaltungsvorschriften). Darüber hinaus hat sich der BGH mit der Frage beschäftigt, ob eine Amtspflicht zur Angliederung einer jagdbezirksfreien Fläche an einen benachbarten Jagdbezirk besteht, um dem Eigentümer oder Pächter dieser Grundstücke einen Wildschadensersatzanspruch nach § 29 BJagdG zu verschaffen. Dabei hat er insbesondere Zweifel geäußert, ob eine solche Amtspflicht drittbezogen ist (BGH 15. 10. 1998 – III ZR 10/98, NVwZ-RR 1999, 206).

c) Weil das Gesetz über forstliches Saat- und Pflanzgut in der Fassung der Bekanntmachung vom 26. 7. 1979 (BGBl I 1242) – FSaatgG – nicht mehr den Anforderungen des Rechtsbereichs gemäß der Richtlinie 1999/105/EG des Rates vom 22. 12. 1999 über den Verkehr mit forstlichem Vermehrungsgut (ABl EG 2000 Nr L 11 S 17, 2001, Nr L 121 S 48) entsprach, ist dieser durch das Forstvermehrungsgutgesetz (FoVG) grundsätzlich neu gestaltet worden. Die Rechtsprechung des BGH zu § 20 FSaatgG (BGH VersR 1995, 533; VersR 1986, 1100) ist daher auf den neuen Rechtszustand nicht übertragbar. In Abgrenzung zu früheren Urteilen hat der BGH einen amtshaftungsrechtlichen Drittschutz des Inhabers eines Gartenbaubetriebs in Hessen für möglich gehalten, der vom (damaligen hessischen) Pflanzenschutzdienst beraten worden war (BGH NVwZ 2002, 1276 in Abgrenzung von BGH VersR 1995, 533 und VersR 1986, 1100). Die rechtswidrige Versagung der Zulassung eingeführten Saatguts als Importsaatgut ist kein enteignungsgleicher Eingriff in das Sacheigentum oder in den Gewerbebetrieb des Importeurs (BGH NJW 1967, 1857). Zum Umfang der den Pflanzenschutzdiensten der Länder nach dem Pflanzenschutzgesetz und der Pflanzenbeschauverordnung obliegenden Amtspflichten s BGH MDR 1984, 914. Zu Entschädigungsansprüchen nach § 54 Abs 1 und Abs 2 PflSchG s BGH RdL 2004, 271 = NuR 2004, 755 noch zu § 32 PflSchG aF und Rn 411, 496. 773

d) Der BGH hat die Wahrnehmung der Aufgaben einer Landwirtschaftskammer, die landwirtschaftliche Erzeugung durch geeignete Einrichtungen und Maßnahmen zu fördern und die Produktivität zu steigern sowie Wirtschaftsberatung und Wirtschaftsbetreuung durchzuführen, als Ausübung eines öffentlichen Amtes gewertet, wobei zur Erfüllung dieser Aufgaben der Kammer grundsätzlich sowohl öffentlich-rechtliche als auch privatrechtliche Handlungsformen zur Verfügung stehen (BGH 4. 7. 1991 – III ZR 119/90, juris Rn 3 ff mwNw zu § 2 Abs 2 a und Abs 2 c LwKG NDS aF, nunmehr § 2 Abs 2 Nr 1 und 4 LwKG NDS). 774

28. Luftfahrtwesen

a) Die frühere Bundesanstalt für Flugsicherung (vgl zu deren Amtspflichten BGHZ 129, 17, 20) ist durch Gesetz vom 23. 7. 1992 (BGBl I 1370, 1376) aufgelöst worden. Die Aufgaben der Flugsicherung (§ 27c LuftVG) werden von einem privatrechtlich, nämlich in der Rechtsform einer GmbH organisierten Flugsicherungsunternehmen wahrgenommen (§ 31b LuftVG). Auch die Aufgaben der Flughafenkoordinierung (§ 31a LuftVG) und bestimmte Aufgaben im Zusammenhang mit der Benutzung des Luftraums durch Freiballone, Luftsportgeräte und Flugmodelle (§ 31c LuftVG) können natürlichen oder juristischen Personen des privaten Rechts übertragen werden. Die Beauftragten nach §§ 31a, b und c LuftVG sind beliehene Unternehmer. Für Amts- 775 pflichtverletzungen tritt die Amtshaftung des Bundes ein. Diese wird in § 31e LuftVG vorausgesetzt, der den Rückgriff des Bundes in Fällen von Vorsatz oder grober Fahrlässigkeit regelt. Zu Luftfahrzeugführern als beliehenen Unternehmern s Rn 59. Der amtliche Prüfer, der im Auftrag der Bezirksregierung Flugzeugführerprüfungen und dergleichen abnimmt, handelt hoheitlich. Insoweit gilt grundsätzlich das Verweisungsprivileg des § 839 Abs 1 S 2 BGB; allerdings sind Flugzeugkaskoversicherungen keine anderweitige Ersatzmöglichkeit. Für ein Fehlverhalten des Prüfers, das zum Absturz des Flugzeugs geführt hat, tritt daher die Amtshaftung des Landes ein; jedoch muss sich der geschädigte Flugzeugeigentümer die Betriebsgefahr anspruchsmindernd anrechnen lassen; dies ist im Amtshaftungsprozess von Amts wegen zu berücksichtigen (BGH VersR 2000, 356 m abl Anm Mühlbauer und weiterer – zustimmender – Anm Prölss VersR 2001, 166). Auch für Pflichtverletzungen, die im Rahmen der Nachprüfung der Lufttüchtigkeit eines Luftfahrtgerätes durch einen genehmigten luftfahrttechnischen Betrieb nach den Bestimmungen der Verordnung zur Prüfung von Luftfahrtgerät begangen werden, wird nach Amtshaftungsgrundsätzen gehaftet (BGH WM 2001, 1072). Die Rechtsbeziehungen zwischen dem Flugplatzunternehmer und dem Luftfahrtunternehmen sind privatrechtlicher Natur und nach bürgerlichem Recht zu beurteilen. Ein Vertragsverhältnis kommt allein durch die Benutzung des Flughafens zustande (BGHZ 174, 48 Rn 11). Ein Luftverkehrsunternehmen hat gegen die Bundesrepublik Deutschland keinen Anspruch auf Erstattung von passagierbezogenen Zahlungen, die es für die Beförderung von Bundespolizeibeamten als Flugsicherheitsbegleiter (§§ 4a, 62 Abs 2 Nr 2 BPolG) an Dritte entrichten muss. Das Luftverkehrsunternehmen erbringt kein Sonderopfer (BGH NJW 2018, 2718 Rn 38).

776 **b)** Das LG Konstanz hat mit Urteil vom 27. 7. 2006 (LG Konstanz 27. 7. 2006 – 4 O 234/05 H) eine Amtshaftung der Bundesrepublik Deutschland für den aufsehenerregenden, zutiefst tragischen Zusammenstoß eines Verkehrsflugzeugs und eines Frachtflugzeugs am 1. 7. 2002 im Luftraum über dem Bodensee bei Überlingen dem Grunde nach bejaht. Die amtshaftungsrechtliche Besonderheit des Falles besteht darin, dass es hier nicht um das Fehlverhalten eines deutschen Amtsträgers, sondern eines solchen der Schweizerischen Flugverkehrsleitung Sky Guide AG bzw deren Mitarbeiters geht, die bzw der die Aufgaben der Flugsicherung auch für den deutschen Luftraum wahrgenommen hatte. Der landgerichtlichen Entscheidung ist zuzustimmen. Je stärker der hoheitliche Charakter der Aufgabe in den Vordergrund tritt, je enger die Verbindung zwischen der übertragenen Tätigkeit und der von der öffentlichen Hand zu erfüllenden hoheitlichen Aufgabe und je begrenzter der Entscheidungsspielraum des Privaten ist, desto näher liegt es, ihn als Beamten im haftungsrechtlichen Sinne anzusehen. Jedenfalls im Bereich der Eingriffsverwaltung kann sich die öffentliche Hand der Amtshaftung für fehlerhaftes Verhalten ihrer Bediensteten grundsätzlich nicht dadurch entziehen, dass sie die Durchführung einer Maßnahme durch privatrechtlichen Vertrag auf einen privaten Unternehmer überträgt (BGH NJW-RR 2019, 1163 Rn 18). Die Bundesrepublik haftet deshalb auch für Fehler bei der Wahrnehmung von Aufgaben der Flugsicherung nach § 27c LuftVG. Gemäß § 31b Abs 1 S 1 LuftVG darf grundsätzlich nur eine Flugsicherungsorganisation in Form einer GmbH beauftragt werden, deren Anteile ausschließlich vom Bund gehalten werden. Für grenzüberschreitenden Flugverkehr kann unter bestimmten Voraussetzungen auch eine ausländische Flugsicherungsorganisation im Ausland bzw mit Sitz im Ausland beauftragt werden (§ 31b Abs 6 LufVG). Diese Aufgabe ist so wesentlich hoheitlich geprägt, dass sich eine gesetzeswidrige Betrauung einer auslän-

dischen Flugsicherungsorganisation durch das zuständige Bundesministerium nicht haftungsrechtlich entlastend auswirkt. Vielmehr wird diese ausländische Flugsicherungsorganisation als Verwaltungshelfer im haftungsrechtlichen Sinn und damit als Beamter im Sinne des § 839 BGB tätig (BeckOGK/Thomas [1. 11. 2025] § 839 Rn 578; **aA** Rupp JZ 2006, 1033).

c) Die Kontrolle der Fluggäste und deren Gepäck nach Maßgabe des § 5 LuftSiG (§ 16a Abs 1 Nr 1 LuftSiG) obliegt gemäß § 2 S 2 Nr 1 LuftSiG der Luftsicherheitsbehörde, die sie auch durch Beliehene erledigen lassen kann (Rn 59). Darüber hinaus obliegt der Bundespolizei grundsätzlich auch der Grenzschutz (§ 2 Abs 1 BPolG), der unter anderem die polizeiliche Kontrolle des grenzüberschreitenden Verkehrs einschließlich der Überprüfung der Grenzübertrittspapiere und der Berechtigung zum Grenzübertritt umfasst (§ 2 Abs 2 S 1 Nr 2 lit a BPolG). Diese Aufgaben sind hoheitlicher Natur und können bei Verzögerungen im Betriebsablauf Amtshaftungsansprüche (zB bei Organisationsmängeln) oder Entschädigungsansprüche unter dem Gesichtspunkt der öffentlich-rechtlichen Aufopferung bzw des enteignenden Eingriffs auslösen (OLG Frankfurt 27. 1. 2022 – 1 U 220/20, VuR 2022, 181). Den Betreiber des Flughafens treffen insofern keine Pflichten (BGH 8. 12. 2022 – III ZR 204/21, NJW 2023, 691 Rn 18; vgl auch BGH 14. 12. 2017 – III ZR 48/17, NJW 2018, 1396). Dieser hat die Aufgabe, die gesamte Flughafenanlage so zu erstellen, zu gestalten und zu unterhalten, dass die Zuführung von Passagieren und Gepäck sowie die sachgerechte Durchführung der personellen Sicherungs- und Schutzmaßnahmen und die Kontrolle der Bereiche der Luftseite ermöglicht werden (§ 8 Abs 1 S 1 Nr 1 LuftSiG). Dementsprechend fällt es in seinen Aufgabenbereich, die Passagiere vom Check-in-Bereich zu dem Sicherheitsbereich zu leiten und möglichst frühzeitig einen gleichmäßigen Passagierzufluss zu den geöffneten Kontrollstationen herbeizuführen. Darüber hinaus gehört es zum Aufgaben- und Verantwortungsbereich des Flughafenbetreibers, durch entsprechenden Einsatz von Personal und/oder die Einrichtung eines Personenleitsystems (zB durch das Aufstellen von Hinweisschildern oder Absperrungen) die Warteschlangen vor dem Sicherheitsbereich so zu organisieren, dass die nachfolgenden Sicherheitskontrollen möglichst reibungslos ablaufen können (BGH 8. 12. 2022 – III ZR 204/21, NJW 2023, 691 Rn 15). **777**

29. Naturschutz

Stellen bestimmte unternehmerische Maßnahmen – etwa Gewinnung von Kies und die (anschließende) Verfüllung der entstandenen Kiesgruben – genehmigungspflichtige Eingriffe in die Landschaft dar, so ist nach Ablauf einer erteilten Genehmigung jedes weitere Verfüllen jedenfalls formell illegal. Daher handelt die zuständige Behörde, wenn sie durch Verwaltungsakt jede weitere Verfüllung untersagt, nicht schon deshalb rechtswidrig, weil der Unternehmer möglicherweise einen – auf der Grundlage eines von ihm zu erarbeitenden und vorzulegenden „Rekultivierungskonzepts“ durch Verwaltungsakt näher zu konkretisierenden – Anspruch auf Erteilung einer Genehmigung hat (BGH NVwZ 2001, 352; Rinne/Schlick NVwZ-Beil Nr II/2002, 12). **778**

Zu Maßnahmen des Naturschutzes als (möglicherweise ausgleichspflichtigen) Inhalts- und Schrankenbestimmungen des Eigentums s Rn 496 ff.

30. Rundfunk und Fernsehen

779 **a)** Die öffentlich-rechtlich organisierten Rundfunk- und Fernsehanstalten nehmen insbesondere bei der Nachrichtengebung im weitesten Sinne – einschließlich der Beiträge politisch engagierter Fernsehmagazine – öffentliche Aufgaben wahr, die dem Bereich der öffentlichen Verwaltung zugerechnet werden (vgl BVerfGE 31, 314, 329; 14, 121, 130; 12, 205, 244, 246; 7, 99, 104; BVerwGE 22, 299, 306; BGHZ 66, 182, 185 f). Indessen werden zumindest jene der Sache nach ausgrenzbaren Beziehungen, bei denen es um eine Abwägung der Interessen der Sendeanstalten an freier Programmgestaltung gegenüber dem Schutz der Individualsphäre geht, auf der Ebene privatrechtlichen Miteinanders geordnet. Die Grenze für vom Bürger hinzunehmende Rundfunk- oder Fernsehkritik wird vom Privatrecht gezogen und sanktioniert; es bestimmt über Vorliegen und Folgen von Eingriffen insbesondere in seine Persönlichkeitsrechte und in seinen Gewerbebetrieb durch solche Kritik (BGHZ 66, 182, 186). Dementsprechend wird für Pflichtverletzungen in diesem Bereich nicht nach Amtshaftungsgrundsätzen, sondern nach allgemeinem Deliktsrecht (§§ 823, 826, 831, 31 BGB) gehaftet. Auch für Unterlassungsansprüche der von Sendungen einer öffentlich-rechtlichen Rundfunkanstalt in ihren Persönlichkeitsrechten betroffenen Bürger ist grundsätzlich der Zivilrechtsweg gegeben (BVerwG NJW 1994, 2500). Allerdings ist die Frage im wissenschaftlichen Schrifttum heftig umstritten. Während Ossenbühl/Cornils (42 f) und Soergel/Vinke (§ 839 Rn 106) dem BGH zustimmen, vertreten MünchKommBGB/Papier/Shirvani (§ 839 Rn 235) die Auffassung, dass die Ausstrahlung solcher Sendungen dem öffentlich-rechtlichen Bereich zuzuordnen sei – mit der Konsequenz, dass sie dann auch dem Amtshaftungsregime unterstellt werden (krit auch HdbÄußerungsrecht/Wolf § 8 Rn 10). Ähnlich auch BayVGH (DVBl 1994, 642). Auf der Grundlage der gefestigten höchstrichterlichen Rechtsprechung dürfte in einem Fall, in dem eine Rundfunkanstalt in Zusammenarbeit mit den Ermittlungsbehörden eine Sendung gestaltet und ausstrahlt, die Zwecken der kriminalpolizeilichen Ermittlung und Fahndung dient („Aktenzeichen XY ... ungelöst"), der Eintritt der Amtshaftung zu verneinen sein (anders OLG München NJW 1970, 1745 mit insoweit abl Anm Schmidt NJW 1970, 2026). Denkbar ist allerdings eine Amts- und/oder Polizeihaftung der an der Sendung mitwirkenden Behörden.

b) Selbstverständlich ist im gesamten Tätigkeitsbereich der privaten Rundfunk- und Fernsehsender für eine Amtshaftung von vornherein kein Raum.

31. Schulwesen

780 **a)** Zunächst ist grundsätzlich zwischen Schulen in öffentlicher Trägerschaft und Privat-, etwa Ersatzschulen zu unterscheiden.

aa) Der Schulbetrieb an **öffentlichen Schulen**, die Erteilung von Unterricht und die Handhabung der Schulordnung und Schulzucht ist eine hoheitliche Aufgabe und für Lehrer und Schulverwaltungsbeamte Ausübung eines vom Staat anvertrauten öffentlichen Amtes (BGHZ 34, 20). Nach § 2 Abs 1 Nr 8b SGB VII sind die Körperschäden durch Schulunfälle in den Schutz der gesetzlichen Unfallversicherung einbezogen. Aus solchen Unfällen hergeleitete Amtshaftungsansprüche (etwa wegen Amtspflichtverletzungen von Lehrern, sonstigen Aufsichtspersonen oder beispielsweise auch von Schülern, die zu Hilfeleistungen beim Turnunterricht, zu Ordnungsdiensten oder ähnlichen Verrichtungen eingesetzt sind) unterliegen der Haftungsbeschränkung des § 104 Abs 1 S 1 SGB VII. Danach sind Unternehmer (hier also: der Schulträger) den Versicherten, die für ihre Unternehmen tätig sind oder zu ihren Unternehmen in einer sonstigen die Versicherung begründenden Beziehung stehen, nach anderen gesetzlichen Vorschriften zum Ersatz des Personenschadens, den ein Versicherungsfall verursacht hat, nur verpflichtet, wenn sie den Versicherungsfall vorsätzlich oder bei einer nach § 8 Abs 2 SGB VII versicherten Tätigkeit herbeigeführt haben (zum Begriff des „Weges" in diesem Sinne s insbesondere BGHZ 145, 311, 314 ff: Abgrenzung zum „Betriebsweg", für den es bei der Haftungsbeschränkung bleibt). Für Schülerunfälle stellen sich daher amtshaftungsrechtliche Fragen im Wesentlichen nur hinsichtlich der allgemeinen Zuordnung zum schulischen Bereich, für Fälle vorsätzlichen Handelns, für Sach- und Vermögensschäden der Schüler und für schulische Amtspflichtverletzungen gegenüber Dritten. Zu beachten ist, dass bei einem durch schülertypisches Verhalten vorsätzlich herbeigeführten Schulunfall die Haftungsbeschränkung nur dann entfällt, wenn sich der Vorsatz auch darauf erstreckt hat, dass bei dem geschädigten Mitschüler ernsthafte Verletzungsfolgen eintreten (BGHZ 154, 11). Es genügt also nicht, dass dem Schulträger (mglw) die Verletzung von Unfallverhütungsvorschriften bewusst gewesen ist (BGH 8. 3. 2012 – III ZR 191/11, VersR 2012, 724 Rn 14, s auch Rn 8 ff zum Begriff des Personen- und Vermögensschadens; s auch OLG Koblenz 30. 7. 2020 – 1 U 31/20, MDR 2020, 1182).

bb) Die Schule und ihre Bediensteten haben nicht nur die Amtspflicht, für die geis- **781**
tige, körperliche und charakterliche Erziehung der Schüler zu sorgen; ihnen obliegt vielmehr auch gegenüber den Schülern die Amtspflicht, sie in rechtlich und tatsächlich möglichem und zumutbarem Umfang im Schulbetrieb und während der Schulveranstaltungen – auch über die eigentliche Schulzeit und die Schulräumlichkeiten hinaus – vor Schäden an Gesundheit und Vermögen zu bewahren (BGH NJW 2019, 1809 Rn 21; VersR 1977, 222; NJW 1963, 1828; BGHZ 31, 149). Dies gilt insbesondere für Schädigungen durch Straftaten von Schülern untereinander (Gewaltdelikte, Erpressungen, Rauschgifthandel). Werden derartige Vorkommnisse von der Schulleitung vertuscht, etwa um den guten Ruf der Schule nicht zu gefährden, so kann hinsichtlich der durch das unterlassene Einschreiten verursachten Schäden Vorsatz der verantwortlichen Aufsichtspersonen vorliegen. Das OLG Zweibrücken (NJW 1998, 935) hat den Schmerzensgeldanspruch eines Schülers wegen Verletzung des Persönlichkeitsrechts durch einen Lehrer bejaht; dieser Anspruch unterfiel nicht dem Haftungsausschluss des § 105 Abs 1 SGB VII. Die Verletzung der Pflicht des Lehrers, **Erste Hilfe** im Sportunterricht zu leisten, löst Amtshaftungsansprüche aus. Eine Beweislastumkehr (s hierzu Rn 417) selbst bei grober Pflichtverletzung scheidet aus. Eine Beschränkung der Haftung auf Vorsatz und grobe Fahrlässigkeit analog § 680 BGB kommt nicht in Betracht (BGH NJW 2019, 1809 m krit Anm Hager jM 2019, 410, Prütting NJW 2019, 2661).

cc) Da jeder Amtsausübung die Pflicht innewohnt, dafür zu sorgen, dass Dritte un- **782**
beeinträchtigt bleiben, die von der Amtsausübung nicht berührt werden sollen, so hat der Lehrer Dritten gegenüber die Amtspflicht, seine Aufsicht über die Schüler so wahrzunehmen, dass Dritte nicht durch das Verhalten der Schüler gefährdet werden. Die Rücksichtnahme auf Dritte reicht aber nicht so weit, dass etwa, wenn eine Schulklasse beim Schulausflug eine Fähre benutzt, dem Lehrer gegenüber dem Fährunternehmer eine Amtspflicht obliege, auch dafür zu sorgen, dass der Fährunternehmer

nicht wegen des Unfalls eines Schülers in einen Prozess verwickelt wird, dessen Beweislage für ihn ungünstig ist (BGHZ 28, 297). Bei einer Verletzung dieser Aufsichtspflicht war nach früherer Ansicht des Bundegerichtshofs § 832 BGB unanwendbar, da § 839 BGB, Art 34 GG eine abschließende Regelung enthalte (BGHZ 13, 25). Diese Rechtsprechung hat der III. Zivilsenat mit Recht aufgegeben (BGHZ 196, 35 m zust Anm Schneider JZ 2013, 365 und Bernau NZV 2013, 237; krit Förster NJW 2013, 1201). Die Beweislastregel des § 832 BGB gilt auch im Rahmen der Haftung für die Verletzung der öffentlich-rechtlichen Aufsichtspflicht nach § 839 BGB in Verbindung mit Art 34 GG. Die den Bediensteten einer Kindertagesstätte obliegende Aufsichtspflicht über die ihnen anvertrauten Kinder ist, soweit sie der Vermeidung von Schäden Dritter dient, eine besondere Ausprägung der Verkehrssicherungspflichten, wie sie allgemein von der Grundnorm des § 823 BGB erfasst werden. Im Bereich der privatrechtlichen Haftung ist sie in § 832 BGB geregelt, der im Rahmen der §§ 823 ff BGB einen eigenständigen Haftungstatbestand bildet (Staudinger/Bernau [2022] § 832 Rn 2 mwNw). Zwar ist für eine unmittelbare Anwendung der deliktsrechtlichen Haftungstatbestände der §§ 823 ff BGB im Fall von Amtspflichtverletzungen grundsätzlich kein Raum, weil § 839 BGB insofern einen Sondertatbestand darstellt. Dies bedeutet indes nicht, dass die besonderen Beweislastregeln der §§ 832, 833 S 2 und § 836 BGB im Rahmen der Amtshaftung keine Anwendung finden können. Verdrängt werden durch den Sondertatbestand des § 839 BGB lediglich die Haftungstatbestände der §§ 823 ff BGB als solche, nicht hingegen die in ihnen enthaltenen besonderen Beweislastregeln (BGHZ 196, 35; vgl BGH 5. 4. 1990 – III ZR 4/89, NJW-RR 1990, 1500, 1501 zur Anwendbarkeit von § 836 BGB sowie BGH VersR 1972, 1047, 1048 zur Anwendbarkeit der Beweislastregel des § 833 S 2 BGB).

dd) Amtspflichtverletzungen eines Lehrers kommen nicht in Betracht bei außerschulischen Maßnahmen, so wenn ein Lehrer Schüler zu privathäuslichen Arbeiten heranzieht (RG Recht 1914 Nr 2663).

783 **ee)** Eine Amtspflichtverletzung liegt auch in der Gefährdung der Schüler durch tuberkuloseverdächtige Lehrkräfte (RG JW 1936, 860) oder Mitschüler, die an einer übertragbaren Krankheit leiden oder einer solchen verdächtig sind. Neben der Pflicht der Schule besteht auch die Verpflichtung der Gesundheitsämter, im Rahmen der Schulgesundheitspflege durch Überwachung eines erkrankten Lehrers oder Schülers der Gefahr einer Ansteckung zu begegnen, als Amtspflicht gegenüber jedem von dieser Gefahr betroffenen Schüler (BGH VersR 1969, 237). Grundsätzliche Bedeutung hat der BGH den Fragen beigemessen, in welchem Umfang einem Schulträger dem einzelnen Schüler gegenüber die Amtspflicht obliegt, die Unterrichtsräume von formaldehydhaltigen Substanzen freizuhalten, und welche Vorkehrungen er unter Berücksichtigung des im Jahre 1982 vorhandenen Problembewusstseins treffen musste, um zu gewährleisten, dass eine das zulässige Maß übersteigende Formaldehydbelastung der Räume vermieden wurde. Allerdings kam es auf diese Fragen nicht an, weil die Kausalität einer eventuellen Amtspflichtverletzung auch unter Berücksichtigung von Beweiserleichterungen nicht festzustellen war (BGH 25. 1. 1990 – III ZR 116/89, juris Rn 2 ff). Ob die Verkehrssicherungspflicht in Schulgebäuden eine öffentlich-rechtliche oder privatrechtliche Grundlage hat, hat der BGH ebenfalls offengelassen, weil dies nichts daran ändert, dass das Schulgebäude so einzurichten ist, dass Schüler, Besucher und sonstige Benutzer vor vermeidbaren Gefahren und gesundheitlichen Schäden tunlichst bewahrt werden, namentlich eine ausreichende Trittsicherheit des Bodens von Fluren und Treppen zu gewährleisten und übermäßige, gefahrbringende Glätte zu vermeiden (BGH VersR 1993, 331).

ff) Die Sorge für Sachen, die ein Schulkind in die Schule mitbringt (Ranzen, Map- **784**
pen, Kleidungs- und Schmuckstücke usw), verbleibt grundsätzlich dem Schüler und ist nicht Sache der Schule. Verlangt die Schule, dass das Kind einzelne Sachen ablegt (zB dass ein Mädchen beim Turnunterricht ein Armband ablegt, um Verletzungen und Behinderungen zu vermeiden), so muss zwar die Schule für eine angemessene Sicherung und Beaufsichtigung der abgelegten Sache während dieser Zeit sorgen (OLG Düsseldorf VersR 1974, 1226). Dagegen erstreckt sich die Fürsorgepflicht nicht auch darauf, dass das Kind die Sache später wieder an sich nimmt (BGH VersR 1964, 730). Über mitwirkendes Verschulden der Eltern (§ 278 BGB), die ein Schulmädchen mit wertvollem Schmuck zum Turnunterricht gehen lassen, wenn der abgelegte Schmuck durch fahrlässige Amtspflichtverletzung eines Lehrers in Verlust gerät, s Rn 259. Das LG Hamburg hat ein eigenes Mitverschulden eines 15,5 Jahre alten Schülers, der eine 1.000 € teure Uhr zum Sportunterricht mitgebracht hat, angenommen mit der Folge, dass Ersatz nur im Wert einer Uhr mittlerer Art und Güte zu gewähren war (LG Hamburg 31. 10. 2014 – 303 O 39/14). Zum Umfang der Fürsorgepflichten bei Studienfahrten von Schülern mit Lehrern ins Ausland nach dem Verlust eines Reisepasses s OLG Düsseldorf MDR 1978, 226. Wird Eigentum eines Schülers während der großen Pause aus dem nicht abgeschlossenen Klassenraum entwendet, so ist nicht der Schulträger (dort: die Gemeinde), sondern allenfalls das Land als Dienstherr der Lehrer aus Amtshaftungsgrundsätzen verpflichtet, wenn es eine Amtspflichtverletzung dargestellt hat, dass ein Lehrer den Klassenraum nicht abgeschlossen hat (LG Heidelberg VersR 1989, 1197).

Eine Amtspflicht, für die Möglichkeit sicherer Aufbewahrung in die Schule mitgebrachter Sachen Sorge zu tragen, obliegt dem Schulträger gegenüber Eltern, die an einer Elternversammlung teilnehmen, nur, wenn es dem betreffenden Elternteil nicht möglich und zumutbar ist, die mitgebrachten Sachen während der Versammlung bei sich zu behalten, und er deshalb von einem Vertreter des Schulträgers die sichere Aufbewahrung verlangt (BGH NJW 1988, 1258).

gg) Ein Transportunternehmer und der von ihm eingesetzte Fahrer sind beim Ein- **785**
satz eines Fahrzeugs als Schulbus nicht in den Schulbetrieb eingegliedert und daher nicht schon nach den Vorschriften des SGB VII (so) von der Haftung für Schulunfälle der zu befördernden Schulkinder befreit (BGH NJW 1982, 1042). Die öffentlichrechtliche Verpflichtung des Schulträgers, die Fahrtkosten der Schüler einer von ihm getragenen Schule zu übernehmen, begründet gegenüber dem durch Beförderungsvertrag berufenen privaten Unternehmer nicht die Amtspflicht, dafür Sorge zu tragen, dass der gestellte Schulbus nicht durch die beförderten Schüler beschädigt wird (BGH NJW 1992, 821).

b) **Private Schulen** sind nur bei Versetzungs- und Prüfungsentscheidungen sowie **786**
der Erteilung von Abschlusszeugnissen – insofern als Beliehene – hoheitlich tätig (vgl Rn 59 und 102). Im Übrigen sind die Rechtsverhältnisse zu den Schülern privatrechtlich ausgestaltet, so dass für Amtshaftung kein Raum ist. Dies gilt auch, wenn eine Religionsgesellschaft Schulträger ist (Rn 103).

Beantwortet die Schulaufsichtsbehörde eine Anfrage über die Zulässigkeit der Errichtung einer privaten Ergänzungsschule nicht „sachgerecht" und scheitert diese daher später, kann dies Amtshaftungsansprüche begründen (BGH VersR 1987, 50). Bei schulaufsichtlichen Maßnahmen, deren Adressat der private Schulträger ist, die sich aber auf einen bestimmten Lehrer beziehen, besteht die Amtspflicht des Amtsträgers der Schulaufsichtsbehörde, den Sachverhalt erschöpfend aufzuklären, auch zugunsten des betroffenen Lehrers als eines geschützten „Dritten" (BGH NJW 1989, 99).

32. Sozialhilfe

787 **a)** Das Recht der Sozialhilfe ist durch Gesetz vom 27. 12. 2003 (BGBl I 3022) in das Sozialgesetzbuch integriert worden (Sozialgesetzbuch [SGB] Zwölftes Buch [XII] – Sozialhilfe). Örtliche Träger der Sozialhilfe sind die kreisfreien Städte und die Kreise, soweit nicht nach Landesrecht etwas anderes bestimmt wird (§ 3 Abs 2 S 1 SGB XII).

b) Bei der Entscheidung über die Gewährung einer Sozialhilfeleistung an einen Behinderten nach § 69 Abs 3 S 2 BSHG aF bestehen Amtspflichten nur gegenüber diesem selbst als geschütztem **„Dritten"**, nicht jedoch gegenüber seiner Pflegeperson (BGH VersR 1990, 268 [Bestätigung von OLG Stuttgart VersR 1990, 276]). Auch die Amtspflicht des Trägers der Sozialhilfe, einen Antrag auf Bewilligung von Sozialhilfeleistungen in angemessener Zeit zu bescheiden, besteht nur gegenüber dem Antragsteller, nicht jedoch im Verhältnis zu Personen, die ihn versorgen oder unterstützen (OLG Köln VersR 1995, 784 = NJW-RR 1995, 570).

788 **c)** Bedient sich der Sozialhilfeträger bei der Gewährung von Leistungen eines freien (privaten) Trägers, erfolgen die Leistungserbringung und Finanzierung auf der Grundlage des sog **sozialhilferechtlichen Dreiecksverhältnisses** (s hierzu eingehend Rn 726 zum sog jugendhilferechtlichen Dreiecksverhältnis). Allerdings ist durch den 1. 1. 2020 in Kraft getretenen § 75 Abs 6 SGB XII nunmehr dem Leistungserbringer ein unmittelbarer vertraglicher Zahlungsanspruch gegen den Träger der Sozialhilfe eingeräumt worden. Damit wollte der Gesetzgeber dem Umstand Abhilfe schaffen, dass der Leistungserbringer nach der bislang geltenden Rechtslage im sozialhilferechtlichen Dreiecksverhältnis originär keinen unmittelbaren Zahlungsanspruch gegen den Leistungsträger hatte, den Anspruch des Leistungsberechtigten gegen den Sozialhilfeträger auf Kostenübernahme nicht einklagen konnte und erst durch den in der Kostenbewilligung liegenden Schuldbeitritt des Sozialhilfeträgers einen unmittelbaren Zahlungsanspruch gegen diesen erhielt (vgl BGH 18. 2. 2021 – III ZR 175/19, juris Rn 19 ff).

33. Sozialversicherung

789 Da die Tätigkeit der öffentlichen Sozialversicherung Wahrnehmung hoheitlicher Aufgaben ist, gelten auch für die Erteilung von Auskünften und die Bescheidung von Anträgen und Anfragen auf diesem Gebiet die allgemeinen Grundsätze über die Erteilung von Auskünften im hoheitlichen Bereich (BGH VersR 1968, 371; BSG NJW 1972, 1389; OLG Hamburg MDR 1963, 593; Rn 162 ff). Der Bundesgerichtshof erweitert diese allgemeinen Grundsätze für die Sozialversicherung wegen dort bestehender Besonderheiten. Besondere Beratungs- und Betreuungspflichten bestehen im Sozial-

recht für die Sozialleistungsträger (vgl § 2 Abs 2 HS 2, §§ 14, 15 und 17 Abs 1 SGB I). Denn eine umfassende Beratung des Versicherten ist die Grundlage für das Funktionieren des immer komplizierter werdenden sozialen Leistungssystems. Im Vordergrund steht dabei nicht mehr nur die Beantwortung von Fragen oder Bitten um Beratung, sondern die verständnisvolle Förderung des Versicherten, das heißt die aufmerksame Prüfung durch den Sachbearbeiter, ob Anlass besteht, den Versicherten auch von Amts wegen auf Gestaltungsmöglichkeiten oder Nachteile hinzuweisen, die sich mit seinem Anliegen verbinden; denn schon gezielte Fragen setzen Sachkunde voraus, über die der Versicherte oft nicht verfügt. Die Kompliziertheit des Sozialrechts liegt gerade in der Verzahnung seiner Sicherungsformen bei den verschiedenen versicherten Risiken (zB den Risiken der Renten- und Krankenversicherung), aber auch in der Verknüpfung mit anderen Sicherungssystemen (zB Grundsicherung bei Erwerbsminderung nach §§ 41 ff SGB XII und Rente wegen Erwerbsminderung nach § 43 SGB VI). Diese Sicherungssysteme können sowohl nebeneinander als auch nacheinander für den einzelnen wirksam werden. So kann nach den Normen, die ihr Verhältnis zueinander regeln, die Anrechnung bestimmter Zeiten in dem einen System die Anrechnung in dem anderen ausschließen oder die Gewährung von Leistungen aus dem einen System der Gewährung entsprechender aus dem anderen entgegenstehen oder sie begrenzen (vgl § 2 Abs 1 SGB XII). Die Beratungspflicht ist deshalb nicht auf die Normen beschränkt, die der betreffende Sozialleistungsträger anzuwenden hat. Der Leistungsträger kann sich nicht auf die Beantwortung konkreter Fragen oder abgegrenzter Bitten beschränken, sondern muss sich bemühen, das konkrete Anliegen des Ratsuchenden zu ermitteln und – unter dem Gesichtspunkt einer verständnisvollen Förderung – zu prüfen, ob über die konkrete Fragestellung hinaus Anlass besteht, auf Gestaltungsmöglichkeiten, Vor- oder Nachteile hinzuweisen, die sich mit dem Anliegen verbinden. Daraus hat der Bundesgerichtshof gefolgert, dass die Grundsicherungsbehörde bzw das Sozialamt einen Betroffenen auch über Rentenversicherungsfragen aufzuklären haben kann (BGH NJW 2019, 68 mit Anm Hebeler JA 2019, 558; Kellner DVBl 2018, 1503; Götsche FamRB 2018, 449). Auch eine nicht rechtsverbindliche Auskunft kann ein schutzwürdiges Vertrauen begründen, das Grundlage eines Amtshaftungsanspruchs sein kann. Dabei muss eine Auskunft auch dann, wenn eine Amtspflicht zur Erteilung der Auskunft nicht besteht, dem Stand der Erkenntnismöglichkeit des Beamten entsprechend sachgerecht, dh vollständig, richtig und unmissverständlich sein (BGH 23. 7. 2015 – III ZR 196/14, NVwZ 2016, 708 Rn 24).

Allerdings besteht die Amtspflicht des Bediensteten eines Rentenversicherungsträgers, der zuständigen Krankenkasse den Zeitpunkt der verbindlichen Ablehnung eines Rentenantrags unverzüglich mitzuteilen, nicht gegenüber der Krankenkasse selbst als einem „Dritten" im Sinne von § 839 Abs 1 S 1 BGB (BGHZ 116, 312). Der Träger der gesetzlichen Rentenversicherung verletzt seine Amtspflicht gegenüber einem Versicherten, der nach einem schweren Verkehrsunfall mit erlittener Querschnittslähmung wegen der Übernahme von Heilbehandlungskosten anfragt und einen Rentenantrag stellt, wenn er ihn nicht auf die Möglichkeit hinweist, dass er Mitglied der Krankenversicherung der Rentner geworden ist. Er handelt auch amtspflichtwidrig, wenn er die Bitte des Versicherten, die Bearbeitung seines Rentenantrags ruhen zu lassen, als Rücknahme wertet, ohne zugleich auf die möglichen Folgen für den Krankenversicherungsschutz hinzuweisen (BGH VersR 1997, 745). Der Rehabilitationsberater eines Trägers der gesetzlichen Rentenversicherung hat gegenüber einem Versicherten, der berufsfördernde Leistungen nach § 16 SGB VI (nunmehr iVm §§ 49 ff SGB IX) beanspruchen kann, dafür Sorge zu tragen, dass die Förderungsmöglichkeiten für den Versicherten erreichbar werden. Dies schließt nicht die Pflicht ein, dem Versicherten einen bestimmten Arbeitsplatz zu verschaffen oder den ins Auge gefassten Arbeitsvertrag „abschlussbereit" vorzubereiten. Hält jedoch der Berater den Versicherten von eigenen Bemühungen ab, weil er diesem verspricht, sich selbst um den Abschluss des Arbeitsvertrags zu kümmern, so verletzt er seine Amtspflichten, wenn er in dieser Richtung untätig bleibt und den Versicherten nicht rechtzeitig über die Notwendigkeit dessen eigener Mitwirkung unterrichtet (BGH NVwZ-RR 2005, 5; Rinne/Schlick NJW 2005, 3541, 3543 f).

790 Die Amtspflicht, Auskünfte so vollständig, richtig und unmissverständlich zu erteilen, dass der Empfänger der Auskunft entsprechend disponieren kann, gilt namentlich dann, wenn die Auskunftspflicht gesetzlich ausgeformt ist. So liegt der Fall, wenn ein Rentenversicherungsträger einer Versicherten auf der Grundlage des § 109 SGB VI Auskünfte über die Höhe der Regelaltersrente und der Rente wegen verminderter Erwerbsfähigkeit erteilt. Daraus, dass diese Auskünfte gemäß § 109 Abs 4 S 2 SGB VI aF nicht rechtsverbindlich sind, folgt nur, dass die Auskunft nicht den Charakter eines das Rentenversicherungsverhältnis regelnden Bescheids hat. Demgegenüber gibt diese Bestimmung keinen Anhalt dafür, dass sich der Rentenversicherungsträger von einer Amtshaftung für unrichtige Auskünfte freizeichnen kann (BGHZ 155, 354, 357 f; Rinne/Schlick NJW 2004, 1918, 1922). Nach der neuen Rechtslage gilt Entsprechendes im Hinblick auf den nach § 106 Abs 2 S 1 SGB VI zu erteilenden Hinweis (vgl BeckOGK/S Schmidt [15. 8. 2025] § 109 SGB VI Rn 11 f). Wird im Amtshaftungsprozess zwischen einem Versicherten und dem zuständigen Rentenversicherungsträger darüber gestritten, wie sich der Versicherte, der nach der Erteilung unrichtiger Rentenauskünfte seine berufliche Tätigkeit bereits mit Vollendung des 60. Lebensjahres aufgegeben hatte, bei Erteilung zutreffender Auskünfte verhalten hätte, so kommen bei der Beantwortung dieser Frage dem klagenden Versicherten die Beweiserleichterungen des § 287 ZPO zugute (BGHZ 155, 354, 360; Rinne/Schlick NJW 2004, 1918, 1926). Andererseits kann der Schadensersatzanspruch unter Schutzzweckgesichtspunkten auf das Interesse begrenzt sein, das sich ergeben hätte, wenn die Auskunft richtig gewesen wäre (BGHZ 155, 354, 362). Mit der Auskunft, die ein Rentenversicherungsträger im familiengerichtlichen Verfahren zum Versorgungsausgleich erteilt, erfüllt er zugleich eine ihm gegenüber dem Versicherten und dessen Ehegatten obliegende Amtspflicht. Kommt es aufgrund einer fehlerhaften Auskunft zu einer unrichtigen Entscheidung des Familiengerichts über den Versorgungsausgleich, steht der Bejahung eines adäquaten Ursachenzusammenhangs zwischen der fehlerhaften Auskunft und dem Schaden des betroffenen Ehegatten nicht entgegen, dass der Schaden endgültig erst durch die Gerichtsentscheidung herbeigeführt wird (BGHZ 137, 11 zu § 53b Abs 2 S 2 FGG, nunmehr § 220 Abs 1 FamFG [so schon Staudinger/Schäfer[12] § 839 Rn 602 im Anschluss an LG Aachen NJW 1983, 830]; s auch schon Rn 236).

791 Im hoheitlichen Bereich hält sich auch der Versicherungsträger, der die Abfassung von Heil- und Kostenplänen eines Zahnarztes über Zahnprothetik beanstandet und hierdurch Versicherte zur Wahl eines anderen Zahnarztes veranlasst; als Anspruchsgrundlage für Schadensersatzansprüche des Zahnarztes kommen deshalb nicht solche aus dem GWB, sondern § 839 BGB, Art 34 GG in Betracht (BGH NJW 1981, 636 zu §§ 26, 35 GWB aF).

Zum sozialrechtlichen Herstellungsanspruch als „Rechtsmittel" im Sinne des § 839 Abs 3 BGB s Rn 342; zur Verjährungsunterbrechung (jetzt: -hemmung) durch Geltendmachung des sozialrechtlichen Herstellungsanspruchs s Rn 380.

Zur verjährungshemmenden Wirkung eines sozialgerichtlichen Prozesses gegen einen Leistungsträger im Hinblick auf einen Amtshaftungsanspruch wegen einer fehlerhaften Auskunft eines anderen Leistungsträgers s Rn 380 sowie BGH NVwZ 2016, 708.

34. Staatlicher Verwalter

Pflichtverletzungen des staatlichen Verwalters während der Dauer dieser Verwaltung 792
können Schadensersatzansprüche nach § 13 Abs 1 VermG oder nach § 839 BGB iVm Art 34 GG auslösen. Der Schadensersatzanspruch nach § 13 VermG ist gegen den Entschädigungsfonds, der Amtshaftungsanspruch gegen die Gebietskörperschaft zu richten, in deren Auftrag der staatliche Verwalter tätig geworden ist (BGHZ 144, 271; vgl zur Amtshaftung für den staatlichen Verwalter auch schon BGHZ 128, 173, 184 sowie BGH 26. 11. 1998 – III ZR 203/97, VIZ 1999, 155). Eine unmittelbare Inanspruchnahme des früheren staatlichen Verwalters nach den Grundsätzen der positiven Vertragsverletzung kommt nur für solche Pflichtverletzungen in Betracht, die ihm nach dem Ende der staatlichen Verwaltung im Zusammenhang mit deren Abwicklung unterlaufen (BGHZ 144, 271).

35. Standesbeamter

Der Standesbeamte hat gegenüber den Verlobten als geschützten „Dritten" die 793
Amtspflicht, ihnen in Fällen naher Todesgefahr unverzüglich die Eheschließung zu ermöglichen. Diese Amtspflicht dient auch dem Schutz des mit der Eheschließung verbundenen Interesses eines Verlobten an der Erlangung einer Hinterbliebenenrente (BGH NJW 1990, 505 = FamRZ 1989, 1048 m Anm Bosch 1049 und 1275; s auch denselben FamRZ 1990, 578. Vorinstanz: OLG Nürnberg FamRZ 1988, 1047 m Anm Bosch 1048. Verfahrensfortgang nach der Zurückverweisung: zweites, wiederum klageabweisendes Berufungsurteil des OLG Nürnberg StAZ 1991, 14; bestätigt durch [nicht mit Gründen versehenen] Nichtannahmebeschluss des BGH vom 25. 10. 1990 FamRZ 1991, 541 m Anm Bosch). Die Entscheidung des BGH ist teilweise durch eine nachträgliche Gesetzesänderung überholt: Nach § 46 Abs 2a SGB VI in der Fassung der Bekanntmachung vom 19. 2. 2002 (BGBl I 754) haben Witwen oder Witwer keinen Anspruch auf Witwen- oder Witwerrente, wenn die Ehe nicht mindestens ein Jahr gedauert hat, es sei denn, dass nach den besonderen Umständen des Falles die Annahme nicht gerechtfertigt ist, dass es der alleinige oder überwiegende Zweck der Heirat war, einen Anspruch auf Hinterbliebenenversorgung zu begründen.

Zu Amtspflichtverletzungen des Standesbeamten durch unrichtige Eintragung in das Familienbuch (der gesetzliche Erbe kann geschützter „Dritter" sein) vgl OLG Braunschweig NJW-RR 1998, 1537.

36. Technischer Überwachungsverein

794 Der TÜV ist (im weiteren Sinne) Beliehener (Rn 61), aber als juristische Person des Privatrechts nicht selbst „Beamter“ im haftungsrechtlichen Sinne (Rn 55), also auch kein „Gebührenbeamter“. Amtsträger sind vielmehr die einzelnen TÜV-Sachverständigen bei Prüfung von Kraftfahrzeugen und der Abnahme von Kraftfahrprüfungen sowie bei der Vorprüfung einer überwachungsbedürftigen Anlage im „Vorfeld“ eines immissionsschutzrechtlichen Genehmigungsverfahrens. Für Amtspflichtverletzungen dieser Sachverständigen haftet somit das Land, das ihnen die Anerkennung erteilt hat (wegen der Einzelheiten s Rn 118). Zur Amtshaftung wegen weisungswidriger Aushändigung eines Kraftfahrzeugbriefs (nunmehr: Zulassungsbescheinigung Teil II) durch einen Kraftfahrzeugsachverständigen des TÜV s BGH NVwZ-RR 2001, 147 und Rn 768. Zur Amtshaftung für Pflichtverletzungen des TÜV im Zusammenhang mit der Erteilung der Betriebserlaubnis nach § 21 StVZO – dort: erstmalige Ausfertigung und Herausgabe der Kfz-Briefe für importierte Neufahrzeuge –, s BGH VersR 2003, 1537 und Rn 768. Zum Schutzbereich der Amtspflichten, die den amtlichen Sachverständigen für den Kraftfahrzeugverkehr bei der technischen Prüfung nach § 21 S 3 StVZO treffen, s BGH NJW 2004, 3484 und Rn 769.

37. Zivildienst

795 Die Rechtsprechung hat sich in der Vergangenheit mit zahlreichen Fragen im Zusammenhang mit dem Zivildienst befasst. Da diese Fragen wieder an Aktualität gewinnen können, soll der erreichte Erkenntnisstand weiterhin dargestellt werden. Der Zivildienst ist Ausübung eines anvertrauten öffentlichen Amtes. Dies gilt auch dann, wenn die anerkannte Beschäftigungsstelle, in deren Dienst der Schädiger tätig geworden ist, privatrechtlich organisiert ist und – von ihrer Rechtsstellung als hoheitlich beliehene Einrichtung abgesehen – privatrechtliche Aufgaben wahrnimmt. Haftende Körperschaft ist die Bundesrepublik Deutschland (BGHZ 158, 380, 381 f; BGH NVwZ 2001, 835; BGH NJW 1997, 2109; BGHZ 118, 304; krit Shirvani NVwZ 2010, 283, 285). Daran ändert es nichts, wenn die privatrechtlich organisierte Beschäftigungsstelle (etwa das Deutsche Rote Kreuz oder der Malteser Hilfsdienst) ihrerseits im öffentlich-rechtlich ausgestalteten Rettungsdienst einer Gemeinde tätig wird. In solchen Fällen kommt eine Amtshaftung der Gemeinde für solche Bedienstete in Betracht, die nicht im Zivildienst stehen, bei denen es mithin an einem öffentlichen Dienstherrn fehlt. Bei dem Zivildienstleistenden ist dagegen ein derartiger Rückgriff auf die ihm konkret übertragene Funktion entbehrlich (und auch rechtlich gar nicht möglich), weil er in einem die Amtshaftung primär begründenden öffentlichen Dienstverhältnis zur Bundesrepublik steht und die Anknüpfung an diese Dienstherreneigenschaft also gerade nicht „versagt“ (BGH NJW 1997, 2109, 2110). Fällt in solchen Fällen die Pflichtverletzung dem Zivildienstleistenden und einem sonstigen Rettungssanitäter gemeinschaftlich zur Last, haften die Bundesrepublik und die Gemeinde als Gesamtschuldner; das Gleiche gilt, wenn sich die konkrete Identität des Täters nicht feststellen lässt (Rn 131). Eine Amtshaftung der Bundesrepublik nach diesen Grundsätzen tritt auch dann ein, wenn der Zivildienstleistende unmittelbar bei einer anderen öffentlich-rechtlichen Körperschaft in deren (hoheitlichem oder privatrechtlichem) Tätigkeitsbereich eingesetzt wird (BGH NVwZ 2000, 963). Keine Amtshaftung tritt ein, wenn ein Zivildienstleistender bei Ableistung seines Dienstes fahrlässig Eigentum seiner – privatrechtlich organisierten – Beschäftigungsstelle beschädigt (BGHZ 87, 253).

Zu Rückgriff und Schadensausgleich, wenn durch pflichtwidriges Verhalten des Vorgesetzten der privaten Beschäftigungsstelle eine Verletzung des Zivildienstleistenden verursacht wird, die Aufwendungen des Bundes für Heilfürsorge und Versorgungsleistungen auslöst, s BGHZ 135, 341 und Rn 400. Der Umstand, dass die Bundesrepublik für Schäden, die ein Zivildienstleistender in Ausübung seines Dienstes Dritten zufügt, nach Amtshaftungsgrundsätzen einzustehen hat, schließt eine vertragliche Haftung des Trägers einer als Beschäftigungsstelle anerkannten privatrechtlichen Einrichtung, die sich des Zivildienstleistenden zur Erfüllung ihrer vertraglichen Pflichten bedient hat, nicht aus. In einem solchen Fall kann die Bundesrepublik den Geschädigten nicht auf die Vertragshaftung der Beschäftigungsstelle als anderweitige Ersatzmöglichkeit verweisen, sondern es besteht gegenüber dem Geschädigten eine gesamtschuldnerische Haftung. Haben sowohl die Bundesrepublik nach Amtshaftungsgrundsätzen als auch der Träger der Beschäftigungsstelle auf vertraglicher Grundlage für ein Fehlverhalten des Zivildienstleistenden gegenüber dem Geschädigten einzustehen, so enthalten die Vorschriften des Zivildienstgesetzes keine andere Bestimmung im Sinne des § 426 Abs 1 S 1 BGB, nach der einer von ihnen im Rahmen seiner Ausgleichungspflicht allein für den gesamten Schaden aufzukommen hat (BGHZ 152, 380 und Rn 133).

38. Anhang: Kriegsverbrechen im Zweiten Weltkrieg; Zwangsarbeit

a) Am 10. 6. 1944 wurden im damals besetzten Griechenland von Angehörigen ei- **796**
ner in die Deutsche Wehrmacht eingegliederten SS-Einheit nach einer vorausgegangenen bewaffneten Auseinandersetzung mit Partisanen im Zuge einer gegen das Dorf Distomo (Böotien) gerichteten „Sühnemaßnahme“ mehr als 300 an den Partisanenkämpfen unbeteiligte Dorfbewohner – überwiegend Frauen und Kinder – sowie zwölf gefangen genommene Partisanen erschossen. Das Dorf wurde niedergebrannt. Eine von Hinterbliebenen der Getöteten gegen die Bundesrepublik Deutschland gerichtete Klage auf Feststellung einer Schadensersatz-, hilfsweise Entschädigungspflicht blieb erfolglos (BGHZ 155, 279). Der BGH hat ausgeführt: Nach der im Zweiten Weltkrieg gegebenen Rechtslage standen im Falle von Verletzungen des Kriegsvölkerrechts etwaige Schadensersatzansprüche gegen den verantwortlichen fremden Staat nicht einzelnen geschädigten Personen, sondern nur deren Heimatstaat zu. Jedenfalls nach dem Verständnis des deutschen Amtshaftungsrechts in der Zeit bis zum Ende des Zweiten Weltkriegs waren dem Staat zurechenbare militärische Handlungen während des Krieges im Ausland von dem Amtshaftungstatbestand des § 839 BGB iVm Art 131 WeimVerf ausgenommen. Die Anerkennung des Urteils eines griechischen Gerichts, durch das die Bundesrepublik Deutschland wegen Kriegsverbrechen der Deutschen Wehrmacht in Griechenland im Zweiten Weltkrieg zur Zahlung von Schadensersatz an verletzte griechische Staatsangehörige verurteilt wurde, ist ausgeschlossen, weil ein solches Urteil dem völkerrechtlichen Grundsatz der Staatenimmunität widerspricht. Die Verfassungsbeschwerde der Kläger wurde vom BVerfG nicht angenommen (NJW 2006, 2542). Das BVerfG hob insbesondere darauf ab, dass der Haftungsausschluss in § 7 RBHG aF zur Anwendung kam (NJW 2006, 2543 f Rn 24–27). Nach dieser Vorschrift, die sowohl mit dem Grundgesetz als auch mit den allgemeinen Regeln des Völkerrechts im Sinne von Art 25 GG vereinbar war, stand in ihrer bis zum 30. 6. 1992 anzuwendenden Fassung Angehörigen eines ausländischen Staates ein Amtshaftungsanspruch gegen die Bundesrepublik Deutschland nur dann zu, wenn durch Gesetzgebung des ausländischen Staates

oder durch Staatsvertrag die Gegenseitigkeit verbürgt war. Eine solche Verbürgung seitens Griechenlands gegenüber Deutschland erfolgte erst nach dem Ende des Zweiten Weltkriegs (vgl Bekanntmachung vom 31. 5. 1957 [BGBl I 607]). Der Anwendung von § 7 RBHG aF steht Art 25 GG nicht entgegen. Mangels Betroffenheit des Anwendungsbereichs des EG-Vertrags verstößt die Bezugnahme auf den Haftungsausschluss des § 7 RBHG aF auch nicht gegen Art 12 Abs 1 des Vertrags zur Gründung der Europäischen Gemeinschaft (EG).

797 **b)** Der Ausschluss von Entschädigungsansprüchen ehemaliger NS-Zwangsarbeiter gegen deutsche Unternehmen durch § 16 Abs 1 des Gesetzes zur Errichtung einer Stiftung „Erinnerung, Verantwortung und Zukunft" (vom 2. 8. 2000 [BGBl I 1263]) ist nicht verfassungswidrig. Er verstößt insbesondere nicht gegen Art 14 GG. Der Gesetzgeber hat den Anspruchsausschluss unter dem Aspekt des Art 14 GG geprüft. Er ist unter Hinweis auf die in BVerfGE 42, 263 = NJW 1976, 1783 veröffentlichte Entscheidung des BVerfG (betreffend die Umformung privatrechtlicher Ansprüche durch das Gesetz über die Errichtung einer Stiftung „Hilfswerk für behinderte Kinder") zu dem Ergebnis gelangt, dass die von ihm gefundene Lösung verfassungsrechtlich unbedenklich sei, weil an die Stelle vermeintlicher Ansprüche gegen vielerorts nicht mehr existierende Anspruchsgegner eine angemessen ausgestattete Stiftung trete, die auch denjenigen ehemaligen Zwangsarbeitern offen stehe, deren früherer „Arbeitgeber" nicht mehr haftbar gemacht werden könne und auch nicht zu den Stiftungsunternehmen gehöre. Des Weiteren hat der Gesetzgeber in seine Überlegungen den Umstand mit einbezogen, dass die Wiedergutmachungsgesetze der Bundesrepublik Deutschland einen Entschädigungsanspruch wegen Zwangsarbeit nicht vorsehen, und außerdem berücksichtigt, dass bislang keine rechtskräftige Gerichtsentscheidung bekannt geworden sei, die einen gegen ein Unternehmen gerichteten Entschädigungsanspruch eines ehemaligen Zwangsarbeiters für begründet erachtet habe (BT-Drucks 14/3206, 17 f; BGH NJW 2003, 2912; 2001, 1069 f; zum Entschädigungsgesetz vom 2. 8. 2000 vgl auch Hahn NJW 2000, 3521). Zum Ganzen s auch Butzer in Dürig/Herzog/Scholz, GG [August 2025] Art 120 Rn 125 f.

§ 839a
Haftung des gerichtlichen Sachverständigen

(1) Erstattet ein vom Gericht ernannter Sachverständiger vorsätzlich oder grob fahrlässig ein unrichtiges Gutachten, so ist er zum Ersatz des Schadens verpflichtet, der einem Verfahrensbeteiligten durch eine gerichtliche Entscheidung entsteht, die auf diesem Gutachten beruht.

(2) § 839 Abs. 3 ist entsprechend anzuwenden.

Materialien: Eingefügt durch Art 2 Nr 5 des Zweiten Gesetzes zur Änderung schadensersatzrechtlicher Vorschriften vom 19. 7. 2002, BGBl I 2676; in Kraft seit dem 1. 8. 2002; BR-Drucks 742/01 v 28.9.01, 65–67.
Entstehungsgeschichte: Thole 41 f.

Schrifttum

Bayerlein/Bleutge/Roessner, Praxishandbuch Sachverständigenrecht (6. Aufl 2021)
Burckhardt, Die Neuregelung der Haftung des gerichtlichen Sachverständigen durch § 839a BGB (Diss Regensburg 2004)
Brückner/Bobsien, Die Haftung des Sachverständigen im Spiegel der aktuellen Rechtsprechung, WF 2008, 93
Dörr, Sachverständiger: Klage wegen unrichtigen Gutachtens, MDR 2016, 1314
Erman, BGB (17. Aufl 2023) § 839a, kommentiert von Mayen; zitiert Erman/Mayen
Gsell/Krüger/Lorenz/Mayer, beck-online. grosskommentar § 839a BGB, kommentiert von Bohlsen; zitiert: BeckOGK/Bohlsen
Hoffmann, Die Haftung des vom Gericht bestellten Sachverständigen (Diss Marburg 1978)
Ch Huber, Das neue Schadensersatzrecht (2003) § 5 Die Haftung des Gerichtssachverständigen, 217–239; zitiert: Ch Huber
Itzel/Schwall, Praxishandbuch des Amts- und Staatshaftungsrechts (3. Aufl 2020) 331–353 (Rn 649–685); zitiert: Itzel/Schwall
Jacobs, Haftung des gerichtlichen Sachverständigen, ZRP 2001, 489
Jaeger/Luckey, Das neue Schadensersatzrecht (2002); zitiert: Jaeger/Luckey
Jessnitzer, Dolmetscher (1982)
Kilian, Die Haftung des gerichtlichen Sachverständigen nach § 839a BGB, VersR 2003, 683
ders, Zweifelsfragen der deliktsrechtlichen Sachverständigenhaftung nach § 839a BGB, ZGS 2004, 220
Kontusch, Haftung für fehlerhafte Gutachten – Grundlagen und Verteidigungsstrategien, DS 2023, 238
Münchener Kommentar zum BGB (9. Aufl 2024) § 839a; kommentiert von Wagner; zitiert: MünchKommBGB/Wagner
NomosKommentar zum BGB (4. Aufl 2021) § 839a; kommentiert von Huber; zitiert NK-BGB/Huber
Schöpflin, Probleme der Haftung des gerichtlichen Sachverständigen nach § 839a BGB, ZfS 2004, 241
Soergel, Kommentar zum BGB (13. Aufl 1999 ff); zitiert: Soergel/Bearbeiter (§ 839a kommentiert von Spickhoff)
Spickhoff, Die neue Sachverständigenhaftung und die Ermittlung ausländischen Rechts, in: FS Heldrich (2005) 419–437; zitiert: Spickhoff
Thole, Die Haftung des gerichtlichen Sachverständigen nach § 839a BGB (2004); zitiert: Thole
Uhlenbruck, Die Haftung des vorläufigen Insolvenzverwalters als gerichtlicher Sachverständiger, ZInsO 2002, 809
Ulrich, Der gerichtliche Sachverständige (13. Aufl 2019); zitiert: Ulrich
Wagner/Thole, Die zivilrechtliche Haftung des gerichtlichen Sachverständigen, FPR (Familie Partnerschaft und Recht) 2003, 521
dies, Die Haftung des Wertgutachters gegenüber dem Ersteigerer, VersR 2004, 275
Windthorst, Schadensersatz wegen fahrlässiger Falschaussage?, VersR 2005, 1634.

Systematische Übersicht

Alphabetische Übersicht

I. Die Rechtsstellung des gerichtlichen Sachverständigen

1. Der „Sachverständige" im rechtlichen Sinne lässt sich definieren als eine Person, die auf einem bestimmten Gebiet der Geistes- oder Naturwissenschaften, der Wirtschaft, der Technik oder eines anderen Sachbereichs – beispielsweise auch bei der Ermittlung ausländischen Rechts nach § 293 ZPO (dazu grundlegend Spickhoff 419 ff) – überdurchschnittliche Kenntnisse und Erfahrungen hat und diese besondere Sachkunde in Ausübung eines Gewerbes oder eines freien Berufes jedermann persönlich unparteiisch, unabhängig und objektiv zur Verfügung stellt. Neben der reinen gutachterlichen Tätigkeit können Sachverständige analytisch, beratend, regulierend, kontrollierend oder auch sanierend tätig sein (Ulrich Rn 1 mwNw). „Gerichtliche" Sachverständige sind diejenigen Sachverständigen, die im Einzelfall als „Helfer" des Richters zur Entscheidung eines gerichtlichen Verfahrens herangezogen werden. Der Sachverständige gehört zu den Beweismitteln des gerichtlichen Verfahrens (Ulrich Rn 2). Für die hier zu erörternde Haftung des gerichtlichen Sachverständigen macht es keinen Unterschied, ob er zu dem in § 407 Abs 1 ZPO bezeichneten Personenkreis zählt, der der Ernennung Folge zu leisten hat, oder ob seine Verpflichtung zur Erstattung des Gutachtens darauf beruht, dass er sich hierzu vor Gericht bereit erklärt hat (§ 407 Abs 2 ZPO). Ebenso kommt eine Haftung nicht nur bei denjenigen Tätigkeiten in Betracht, die der Entscheidungsfindung im engeren Sinne zu dienen bestimmt sind, sondern auch bei den nach der restriktiven Definition von Ulrich (Rn 2) aus dem Tätigkeitsfeld des gerichtlichen Sachverständigen auszuklammernden Funktionen, in denen der Sachverständige zwar von einem Gericht nach gesetzlicher Vorschrift zu bestimmten Zwecken ernannt wird, aber nicht als Beweismittel und Helfer des Richters zur (Streit-)Entscheidung in einem gerichtlichen Verfahren herangezogen wird (zB nach §§ 84, 189 VVG, nach § 74a ZVG oder § 22 InsO). 1

2. Gerichtliche (vom Gericht zugezogene) Sachverständige, auch wenn sie öffentlich bestellt oder Beamte im staatsrechtlichen Sinne sind, werden durch ihre Aufgabe, Gehilfe des Richters bei der Urteilsfindung zu sein, nicht Beamte im haftungsrechtlichen Sinne; sie fallen demgemäß, wenn sie schuldhaft ein objektiv unrichtiges Gutachten erstatten, weder unter § 839 Abs 2 BGB noch unter § 839 Abs 1 BGB (BGH VersR 2003, 1535; NJW 2003, 2825, 2826; OLG Hamburg JW 1932, 3660; OLG Frankfurt MDR 1947, 357; OLG Nürnberg BayJMBl 1960, 156; OLG Celle NJW 1960, 387). Es entfällt auch eine Staatshaftung, wenn ein Arzt als gerichtlich mit der Erstattung eines Gutachtens über den Gesundheitszustand einer Person beauftragter Sachverständiger bei der vorbereitenden Untersuchung einen ärztlichen Kunstfehler begeht, der eine Gesundheitsbeschädigung des Betreffenden herbeiführt, sich aber nicht auf das Gutachten auswirkt (BGHZ 59, 316; vgl hierzu auch § 839 Rn 618). Anders liegt es, wenn die Staatsanwaltschaft im Ermittlungsverfahren eine Behörde um eine gutachtliche Stellungnahme ersucht; dann hat – entsprechend den allgemein für die Erteilung dienstlicher Auskünfte geltenden Grundsätzen – der bearbeitende Beamte die Amtspflicht, 2 die gutachtliche Auskunft unparteiisch, richtig, sachkundig und vollständig zu erteilen, und diese Amtspflicht besteht auch gegenüber einem etwaigen Beschuldigten (BGH VersR 1962, 1205; vgl auch BGH VersR 2003, 1535 sowie wegen der Einzelheiten Rn 37–39).

II. Der frühere Rechtszustand

3 **1.** Nach früherem Recht haftete der gerichtliche Sachverständige bei einer Verletzung seiner verfahrensrechtlichen Pflicht zu unparteiischer, richtiger, sachkundiger und vollständiger Erstattung seines Gutachtens dem Betroffenen aus unerlaubter Handlung nur nach den allgemeinen Vorschriften. Damit haftete er bei einem beeideten falschen Gutachten für Vorsatz und Fahrlässigkeit (§§ 154, 155, 161 StGB), denn § 161 StGB (fahrlässiger Falscheid; früher § 163 StGB) ist Schutzgesetz im Sinne des § 823 Abs 2 BGB (BGHZ 42, 318; BGH LM § 823 Be Nr 8). Dagegen war ein unbeeidigtes fahrlässig falsches Sachverständigengutachten nicht haftungsbegründend: § 153 StGB bedroht nur die vorsätzlich falsche Aussage des uneidlich vernommenen Sachverständigen mit Strafe; § 410 ZPO sowie § 79 StPO sind keine Schutzgesetze, denn sie regeln nur die Fassung des Eides und den Zeitpunkt seiner Abnahme (BGHZ 42, 313, 317 = NJW 1965, 298; OLG Celle NJW 1960, 387; OLG Köln NJW 1962, 1773; OLG Düsseldorf NJW 1986, 2891; **aA** OLG Hamm MDR 1950, 221; weitere Nachweise über die Streitfrage bei BGHZ 42, 313). Eine Haftung bei Fahrlässigkeit konnte daher nur dann eintreten, wenn der Sachverständige auf das konkrete Gutachten vereidigt worden war; die allgemeine Vereidigung, etwa durch die Industrie- und Handelskammer, reichte nicht aus. Mindestens erforderlich war eine **ausdrückliche** Berufung auf den allgemeinen Sachverständigeneid (§ 155 Nr 2 StGB; OLG Hamm BB 1993, 2408, 2409 mwNw; vgl auch BGH BB 1966, 918).

4 **2.** In der Rechtsprechung des Bundesgerichtshofs war allgemein der Leitsatz formuliert worden: Der gerichtliche Sachverständige kann in der Regel nicht von dem Verfahrensbeteiligten, zu dessen Nachteil sich das Gutachten ausgewirkt hat, mit der Behauptung, er habe sein Gutachten fahrlässig unrichtig erstattet, auf Ersatz in Anspruch genommen werden. Dies sollte sogar dann gelten, wenn im Strafverfahren der Angeklagte aufgrund eines grob fahrlässig unrichtigen uneidlichen Gutachtens zu einer Freiheitsstrafe verurteilt oder eine freiheitsentziehende Maßregel angeordnet wurde. Die Stellung des Sachverständigen als Gehilfe des Richters bei der Urteilsfindung sollte es ausschließen, dem Sachverständigen ein so weit reichendes Haftungsrisiko aufzuerlegen (BGHZ 62, 54 = NJW 1974, 312 m Anm Hellmer NJW 1974, 556). Das Urteil BGHZ 62, 54 ist allerdings vom Bundesverfassungsgericht (BVerfGE 49, 304 = NJW 1979, 305) aufgehoben worden. Durch diese Entscheidung wurde der Leitsatz des BGH enger gefasst: Eine aus § 823 Abs 1 BGB folgende Haftung wegen Verletzung des Rechts der persönlichen Freiheit darf durch den Richter nicht dahin eingeschränkt werden, dass ein gerichtlich bestellter Sachverständiger selbst für die Folgen einer grob fahrlässigen Falschbegutachtung nicht einzustehen habe. Eine Versagung von Schadensersatzansprüchen in diesen Fällen bei **grober** Fahrlässigkeit wurde von der Senatsmehrheit des Bundesverfassungsgerichts als Grundrechtsverletzung beurteilt. Dies ließ sich für eine Haftungsbeschränkung im Falle nur **leichter** Fahrlässigkeit nicht feststellen (Abstimmungsverhältnis insoweit: 4:4 Richterstimmen).

5 **3.** Unbeschränkt haftete der Sachverständige nach früheren Recht, wenn die Falschbegutachtung den Tatbestand der sittenwidrigen vorsätzlichen Schädigung

eines Dritten nach § 826 BGB erfüllte. Dafür war erforderlich, dass der Sachverständige bei der Erstellung des Gutachtens leichtfertig und gewissenlos und mindestens mit bedingtem Vorsatz gehandelt hatte. Die Erstattung eines fehlerhaften Gutachtens reichte dafür nicht aus. Hinzutreten musste vielmehr, dass sich der Sachverständige etwa durch nachlässige Ermittlungen zu den Grundlagen seines Auftrags oder gar durch „ins Blaue" gemachte Angaben der Gutachtensaufgabe leichtfertig entledigt und damit eine Rücksichtslosigkeit gegenüber dem Adressaten des Gutachtens und den in seinem Informationsbereich stehenden Dritten an den Tag gelegt hatte, die angesichts der Bedeutung, die das Gutachten für deren Entschließung hatte, und der von ihm in Anspruch genommenen Kompetenz als gewissenlos bezeichnet werden musste (BGH NJW 2003, 2825, 2826 mwNw). Wie bei der Amtshaftung war im Anwendungsbereich des § 826 BGB weiter erforderlich, dass der Sachverständige auch die Möglichkeit des Eintritts eines Schadens erkannt hatte oder hätte erkennen müssen (§ 839 Rn 193 mwNw).

III. Die Neuregelung

Zu Zweck und Inhalt der jetzigen Regelung ist in der amtlichen Begründung (BR-Drucks 742/01, 65–67) Folgendes ausgeführt: 6

> **„Zu Artikel 2 Nr. 5**
> Ein gerichtlich bestellter Sachverständiger ist gegenüber den Parteien eines Rechtsstreits oder sonst von einem gerichtlichen Verfahren Betroffenen keiner Vertragshaftung unterworfen (OLG Düsseldorf NJW 1986, 2891). Denn an dem zwischen dem Träger der Gerichtsbarkeit und dem Sachverständigen bestehenden Rechtsverhältnis sind sie weder beteiligt, noch entfaltet dieses Schutzwirkungen zu ihren Gunsten. Auch eine Haftung aus Amtspflichtverletzung (§ 839 BGB) kommt mangels Ausübung hoheitlicher Gewalt durch den Sachverständigen nicht in Betracht (OLG Düsseldorf NJW 1986, 2891). Ansprüche können sich daher nur aus allgemeinem Deliktsrecht ergeben.
>
> Diese Ansprüche sind indes nach geltender Rechtslage unterschiedlich, je nachdem, ob der Sachverständige beeidigt worden oder unbeeidigt geblieben ist: Der beeidigte Sachverständige haftet nach § 823 Abs. 2 BGB i.V.m. §§ 154, 161 StGB für jeden Vermögensschaden bereits bei fahrlässiger Falschbegutachtung. Der unbeeidigte Sachverständige haftet – da § 410 ZPO kein Schutzgesetz i.S.d. § 823 Abs. 2 BGB ist (OLG Düsseldorf NJW 1986, 2891) – für Vermögensschäden erst bei vorsätzlicher Falschbegutachtung (§ 826 BGB) (OLG Hamm NJW-RR 1998, 1686). Im Übrigen trifft ihn nur eine Haftung für die Verletzung absoluter Rechte (§ 823 Abs. 1 BGB), die von der Rechtsprechung auf die vorsätzliche und die grob fahrlässige Falschbegutachtung beschränkt wird (BVerfGE 49, 304; OLG Schleswig NJW 1995, 791).
>
> Ob ein Sachverständiger beeidigt worden oder unbeeidigt geblieben ist, ist eine verfahrensrechtlich und strafrechtlich beachtliche Unterscheidung. Haftungsrechtlich ist dies indes kein geeignetes Differenzierungskriterium (vgl. BVerfGE 49, 304). Mit dem neuen § 839 a BGB soll dieser Unterschied zwischen der Haftung des beeidigten und des nicht beeidigten gerichtlichen Sachverständigen deshalb beseitigt werden.
>
> Mit der vorgeschlagenen Regelung wird ein neuer Haftungstatbestand geschaffen, der die Haftung des gerichtlichen Sachverständigen für ein unrichtiges Gutachten abschließend regelt. Unerheblich ist es danach, ob der Sachverständige beeidigt wurde. Sowohl der beeidigte als

auch der unbeeidigte Sachverständige haften für Vorsatz und grobe Fahrlässigkeit. Damit wird zugleich der Vorschlag der ZPO-Kommission (§ 839a BGB-E, Bericht, S. 358 f.) umgesetzt, die sich bereits für eine eigenständige Vorschrift für die Haftung des gerichtlichen Sachverständigen ausgesprochen und vorgeschlagen hatte, dass dieser – gleichgültig ob er beeidigt wurde oder nicht – stets für Vorsatz und grobe Fahrlässigkeit einstehen solle.

Mit der Regelung soll auch dem Umstand Rechnung getragen werden, dass der Rückgriff auf den Sachverständigen für den in einem Rechtsstreit aufgrund eines falschen Sachverständigengutachtens Unterlegenen oft die einzige Möglichkeit ist, materielle Gerechtigkeit zu erlangen. Dies birgt freilich auch die Gefahr in sich, dass rechtskräftig abgeschlossene Prozesse im Gewand des Sachverständigenhaftungsprozesses neu aufgerollt werden.

Der Verschuldensmaßstab ist auf Vorsatz und grobe Fahrlässigkeit beschränkt; eine Haftung für einfache Fahrlässigkeit scheidet daher künftig aus. Andernfalls würde dem Sachverständigen die innere Freiheit genommen, derer er bedarf, um sein Gutachten unabhängig und ohne Druck eines möglichen Rückgriffs erstatten zu können. Dies gilt umso mehr, als der öffentlich bestellte Sachverständige regelmäßig zur Erstattung des Gutachtens verpflichtet ist.

Eine Ersatzpflicht des Sachverständigen soll nur insoweit begründet werden, als einem Prozessbeteiligten durch eine gerichtliche Entscheidung, die auf dem unrichtigen Gutachten beruht, ein Schaden entsteht. Ausgeschlossen von der Ersatzpflicht sind somit Fälle anderweitiger Erledigung wie z.B., dass sich die Parteien unter dem Eindruck eines unrichtigen Gutachtens vergleichen. Hier wäre der Nachweis, dass dieses Gutachten auf die Motivation der Parteien eingewirkt hat, auch nur schwer zu erbringen.

Absatz 2 stellt durch den Verweis auf § 839 Abs. 3 BGB sicher, dass die schuldhafte Nichteinlegung eines Rechtsmittels auch hier zum Haftungsausschluss führt."

IV. Folgerungen

1. Allgemeine Kennzeichnung

7 § 839a BGB schafft eine eigenständige, systematisch im Umfeld der Amtshaftung angesiedelte Anspruchsgrundlage für die Haftung des gerichtlichen Sachverständigen und ersetzt als insofern abschließende Regelung (BGH 25. 6. 2020 – III ZR 119/19, BGHZ 226, 116 Rn 12) **in seinem Anwendungsbereich** dessen allgemeine Deliktshaftung (s wegen deren Einzelheiten Rn 3–5). Vertragliche Ansprüche kommen daneben seit jeher nicht in Betracht, auch nicht nach den Grundsätzen der Drittschadensliquidation (OLG Brandenburg 11. 1. 2000 – 11 U 137/99, MDR 2000, 1076; Kontusch DS 2023, 238 f mwNw). § 839a BGB erfordert einen zweiaktigen Geschehensablauf, nämlich ein unrichtiges Gutachten, das Eingang in eine unrichtige gerichtliche Entscheidung gefunden hat, die ihrerseits den Schaden herbeiführt (Wagner/Thole VersR 2004, 275, 278; BGH NJW 2006, 1733 Rn 5). Nach Art 229 § 8 Abs 1 EGBGB ist § 839a BGB anzuwenden, wenn das „schädigende Ereignis" nach dem 31. 7. 2002 eingetreten ist. „Schädigendes Ereignis" ist insofern die gerichtliche Entscheidung, die den Schaden herbeigeführt hat (NJW 2004, 3488 = BauR 2004, 1975).

2. Ernennung durch das Gericht

In Betracht kommen Gerichte aller Gerichtszweige, also nicht nur die ordentlichen Gerichte, sondern auch die Verwaltungs-, Sozial-, Finanz- und Arbeitsgerichte. Nach der Übersicht bei Ulrich (Rn 3). lassen sich die gerichtlichen Verfahren, in denen der Sachverständige als Helfer des Richters bei der Entscheidungsfindung tätig wird, in drei große Gruppen einteilen, nämlich: 8

- den Zivilprozess, für den die Zivilprozessordnung unmittelbar anwendbar ist, und folgende Verfahren, für welche die ZPO weitgehend entsprechende Anwendung findet: das Arbeitsgerichtsverfahren (§ 46 Abs 2 ArbGG), das Verwaltungsgerichtsverfahren (§ 98 VwGO), das Finanzgerichtsverfahren (§ 82 FGO), das Sozialgerichtsverfahren (§ 118 SGG).

- Das Verfahren in Familiensachen und in den Angelegenheiten der freiwilligen Gerichtsbarkeit (§§ 29, 30 FamFG).

- die nach der Strafprozessordnung ausgerichteten Verfahren: der Strafprozess, das Bußgeldverfahren (§ 71 Abs 1 OWiG), das Disziplinarverfahren. Eine analoge Anwendung von § 839a BGB erfolgt im staatsanwaltschaftlichen Ermittlungsverfahren. Die Anklageerhebung ist insoweit eine gerichtliche Entscheidung (BGHZ 200, 253 Rn 21 ff; BGH NJW 2020, 1592).

Denkbar ist auch eine Ernennung zum gerichtlichen Sachverständigen in einem Verfahren vor dem Bundesverfassungsgericht.

Als „Gericht“, das den Sachverständigen ernennt, kommt nicht nur der Richter, sondern auch der Rechtspfleger in Betracht. In der bisherigen Spruchpraxis zu § 839a BGB hat sich insoweit die Wertfestsetzung im Zwangsversteigerungsverfahren (§ 74a ZVG) als besonders wichtig erwiesen (s dazu auch Rn 10).

Nicht anwendbar ist § 839a BGB im Verfahren zur Gründung einer Aktiengesellschaft, in dem nach § 33 AktG ein Gründungsprüfer bestellt werden muss, wie bei der Sachkapitalerhöhung nach § 183 Abs 3 AktG. Soweit das Registergericht den Prüfer bestellt, kommt gleichwohl eine Haftung nach § 839a BGB nicht in Betracht. Die Vorschrift enthält keine dem § 323 Abs 2 HGB vergleichbare Haftungsbeschränkung. Der 2002 in Kraft getretene § 839a BGB sollte eine Lücke im Haftungsumfang des gerichtlichen Sachverständigen schließen, der mangels vertraglicher Beziehungen zu den Beteiligten allenfalls bei einer vorsätzlichen sittenwidrigen Schädigung ersatzpflichtig sein konnte. Zwar gilt die Vorschrift grundsätzlich für sämtliche Gerichtsverfahren und damit im Allgemeinen auch in Verfahren der freiwilligen Gerichtsbarkeit und dem Eintragungsverfahren in Registerangelegenheiten. Entsprechend dem Zweck der Regelung des § 839a BGB, eine Haftungslücke zu schließen, kann die Norm aber dann keine Anwendung finden, wenn es eine spezialgesetzliche Norm gibt, die bereits eine allgemeine Fahrlässigkeitshaftung regelt, wie § 49 AktG, der für den Gründungs- und Sachkapitalerhöhungsprüfer auf § 323 HGB verweist. Eine kumulative Anwendung der Vorschriften kommt wegen der dann obsoleten Haftungsbeschränkung des § 323 Abs 2 HGB nicht in Betracht, dessen Geltung mit dem neu geschaffenen § 839a BGB aber nicht eingeschränkt werden sollte. Die spe- 8a zifisch im Aktienrecht geregelte Tätigkeit des Gründungs- und Sachkapitalerhöhungsprüfers ist insofern nicht als Sachverständigentätigkeit gemäß § 402 ZPO zu qualifizieren, so dass für einen nach diesen Normen tätigen Prüfer die Regelung des § 839a BGB nicht einschlägig ist (KG 22. 5. 2017 – 12 U 16/14, juris Rn 48 [NZB durch BGH 26. 9. 2018 – VII ZR 158/17 zurückgewiesen]; MünchKommBGB/Wagner § 839a Rn 9).

3. Unrichtiges Gutachten

9 Das Gutachten ist unrichtig, wenn es nicht der objektiven Sachlage entspricht, insbesondere wenn es von einem unzutreffenden Sachverhalt ausgeht oder aus dem festgestellten Sachverhalt falsche Schlüsse zieht (BGH 10. 10. 2013 – III ZR 345/12, BGHZ 198, 265 Rn 17; Thole 94–103, 256 mit umfangreichem Anschauungsmaterial; MünchKommBGB/Wagner § 839a Rn 18). Beispiele (jeweils Thole 94–103, 256; MünchKommBGB/Wagner § 839a Rn 18): unrichtige Tatsachenfeststellungen, fehlerhafte Schlussfolgerungen, Vorspiegeln einer Sicherheit, wo lediglich ein Wahrscheinlichkeitsurteil möglich ist. Ch Huber nimmt eine Grenzziehung dergestalt vor, dass eine Haftung dann zu verneinen ist, wenn die Ansicht des Gerichtssachverständigen vertretbar war (Rn 58). Dem halten Jaeger/Luckey (Rn 418) nicht ohne Grund entgegen, man müsse doch die Frage stellen, ob es überhaupt Fälle gebe, in denen die Meinung eines Sachverständigen unvertretbar falsch sei: „Wird es nicht immer einen Kollegen geben, der – wenn auch nicht den größten, aber doch relativ großen – Unsinn als noch vertretbar bezeichnen wird?“. Jaeger/Luckey meinen daher, der Sachverständige müsse immer dann haften, wenn sein Gutachten allgemein vertretenen Ansichten nicht entspreche. Dann sei das Gutachten objektiv falsch. Der Sachverständige könne allerdings in seinem Gutachten deutlich machen, dass seine Auffassung auf einer (Minder-)Meinung beruhe. Er müsse dann im Gutachten weiter darlegen, dass und gegebenenfalls welche Gegenmeinungen beständen, wie diese begründet würden und warum ihnen nicht zu folgen sein solle. Geschehe dies, sei es Sache des Richters, die mögliche Schwäche eines Gutachtens zu erkennen und daraus gegebenenfalls Konsequenzen zu ziehen (Jaeger/Luckey Rn 419).

Erstattet ist ein Gutachten, wenn der Sachverständige dem Gericht eine abschließende Beantwortung der ihm gestellten Fragen vorlegt (Erman/Mayen § 839a Rn 7). Dabei ist es unerheblich, ob das Gutachten schriftlich oder mündlich erstattet wird oder die Beantwortung im Rahmen der mündlichen Erläuterung des schriftlichen Gutachtens (§ 411 Abs 3 ZPO) erfolgt (Kontusch DS 2023, 238, 241; **aA** Erman/Mayen § 839a Rn 7).

10 Besondere Schwierigkeiten können auftreten, wenn es um vom Sachverständigen vorzunehmende Wertungen geht. So ist beispielsweise in der Rechtsprechung anerkannt, dass der Verkehrswert eines Grundstücks sich regelmäßig nicht exakt errechnen lassen wird (vgl BGH 10. 10. 2013 – III ZR 345/12, BGHZ 198, 265 Rn 20). Der Tatrichter ist deshalb auf Schätzungen angewiesen. Die Anwendung des § 287 ZPO ist zulässig und geboten. Ziel der Wertermittlung muss der Preis sein, der in dem Zeitpunkt, auf den sie sich bezieht, im gewöhnlichen Geschäftsverkehr nach den rechtlichen Gegebenheiten und tatsächlichen Eigenschaften, der sonstigen Beschaffenheit und der Lage des Grundstücks ohne Rücksicht auf ungewöhnliche oder persönliche Verhältnisse zu erzielen wäre (§ 194 BauGB). Dementsprechend kommt es darauf an, alle im maßgeblichen Zeitpunkt den Wert des Objektes beeinflussenden tatsächlichen, rechtlichen und wirtschaftlichen Umstände in den Bewertungsvorgang einzu-

beziehen und zu berücksichtigen, andererseits aber alle diejenigen Umstände unberücksichtigt zu lassen, welche sich nicht auf rechtlich gesicherte Positionen beziehen, ebenso wie diejenigen, welche nicht den allgemeinen Wert des Objekts, sondern nur dessen Preis im einzelnen Fall beeinflussen, ohne dass der gesunde Markt dies nachvollzieht. Die Wertermittlung muss nachvollziehbar sowie in sich schlüssig sein (BGH 2. 7. 1992 – III ZR 162/90, BGHZ 119, 62, 65 f). Dies sind dann zugleich auch die Kriterien für eine Richtigkeit oder Unrichtigkeit des Gutachtens. Solange sich der Sachverständige an ihnen ausrichtet und sich in den Grenzen der ihm dadurch eröffneten Beurteilungsspielräume hält, kann ihm der Vorwurf, ein objektiv unrichtiges Gutachten erstattet zu haben, nicht gemacht werden. Das von Wagner/Thole (VersR 2004, 275, 279) gebildete Extrembeispiel, dass der Sachverständige (bzw der Gutachterausschuss) im Wertfestsetzungsverfahren der Zwangsversteigerung dem Zwangsvollstreckungsgläubiger oder dem -schuldner haftpflichtig würde, wenn er den Grundstückswert um 1 € zu niedrig ansetzte, dass er aber umgekehrt dem Ersteher verantwortlich wäre, setzte er den Wert um 1 € zu hoch an, ist daher rein theoretischer Natur und ohne praktische Relevanz. Insoweit sind in der Rechtsprechung Abweichungen von bis zu 12,5 % toleriert worden (OLG Schleswig 6. 7. 2007 – 14 U 61/06, DS 2008, 32), auch wenn dies auf einer unrichtigen Erfassung und Bewertung von besonderen spezifischen Grundstücksmerkmalen beruht (OLG Hamm 3. 2. 2021 – 11 U 63/20, DS 2021, 164 Rn 23 zu einer Abweichung von 11 %). Nicht unrichtig ist ein wegen Befangenheit unverwertbares Gutachten (OLG Hamm MDR 2014, 681).

4. Vorsatz oder grobe Fahrlässigkeit

a) Der Vorsatz umfasst hier – nicht anders als im Amtshaftungsrecht (§ 839 Rn 195) – den unmittelbaren (dolus directus) und den bedingten Vorsatz (dolus eventualis). Der Sachverständige handelt vorsätzlich, wenn er sich bewusst über die bei der Erstattung des Gutachtens zu beachtenden Sorgfaltsanforderungen und sonstigen Verpflichtungen hinwegsetzt. Zum Vorsatz gehört nicht nur die Kenntnis der Tatsachen, aus denen die Pflichtverletzung sich objektiv ergibt, sondern auch das Bewusstsein der Pflichtwidrigkeit, dh das Bewusstsein, gegen die spezifische Sachverständigenpflicht zu verstoßen. Zumindest muss der Sachverständige mit der Möglichkeit eines Verstoßes rechnen und diesen billigend in Kauf nehmen. Anhaltspunkte für eine nähere inhaltliche Bestimmung des Vorsatzes bieten die oben (Rn 5) bereits wiedergegebenen Kriterien für die bisherige Haftung nach § 826 BGB, allerdings mit der Maßgabe, dass – anders als dort – der Vorsatz sich nur auf die Pflichtverletzung als solche beziehen muss. Ist Vorsatz in diesem Sinne gegeben, so erstreckt sich die Schadensersatzpflicht auch auf nur fahrlässige oder nicht verschuldete Folgen der Pflichtverletzung (§ 839 Rn 197). 11

b) Wiederum in Anlehnung an das Amtshaftungsrecht (§ 839 Rn 199) richten sich die an die Sorgfaltspflicht zu stellenden Anforderungen danach, was von einem pflichtgetreuen, über die für die Begutachtung erforderlichen Kenntnisse und Fähigkeiten verfügenden Durchschnitts-Sachverständigen, nicht aber danach, was von einer ideal vollkommenen Koryphäe seiner Gattung erwartet werden darf (NK-BGB/Huber § 839a Rn 31a). Abzustellen ist insofern auf die konkrete Beweisfrage. So ist zB ein Bauschadenssachverständiger, der ein Verkehrswertgutachten erstellt, daher an den Anforderungen an einen Verkehrswertgutachter zu messen (BGH 10. 10. 2013 – III ZR 345/12, BGHZ 198, 265 Rn 32). Grobe Fahrlässigkeit setzt einen objektiv schweren 12 und subjektiv nicht entschuldbaren Verstoß gegen die Anforderungen der im Verkehr erforderlichen Sorgfalt voraus (BGH 22. 9. 2011 – III ZR 186/10, NJW-RR 2012, 111 Rn 8; BGH 12. 1. 1988 – VI ZR 158/87, NJW 1988, 1265). Eine besonders schwere Sorgfaltspflichtverletzung liegt nach den in der Rechtsprechung entwickelten Grundsätzen vor, wenn die im Verkehr erforderliche Sorgfalt in ungewöhnlich hohem Maße verletzt wurde, wenn ganz naheliegende Überlegungen nicht angestellt oder beiseite geschoben wurden und dasjenige unbeachtet geblieben ist, was im gegebenen Fall sich jedem aufgedrängt hätte. Bei der groben Fahrlässigkeit handelt es sich um eine auch subjektiv schlechthin unentschuldbare Pflichtverletzung, die das gewöhnliche Maß der Fahrlässigkeit des § 276 Abs 1 BGB erheblich übersteigt (BGH 10. 10. 2013 – III ZR 345/12, BGHZ 198, 265 Rn 26 m zahlr wNw). Der Vorwurf grober Fahrlässigkeit kann beispielsweise auch unter dem Gesichtspunkt eines groben Übernahmeverschuldens begründet sein, wenn sich dem Sachverständigen förmlich aufdrängen musste, dass er dem gerichtlichen Auftrag im Hinblick auf fachliche Kompetenz, personelle Ausstattung oder technische Mittel nicht gewachsen war (Thole 109 mwNw). Es kommt für die Annahme grober Fahrlässigkeit des Sachverständigen nach § 839a BGB nicht darauf an, dass die Unrichtigkeit des Gutachtens jedermann, auch den entscheidenden Richtern, auf Grund naheliegender Überlegungen hätte einleuchten müssen. Maßgebend ist insoweit vielmehr die Perspektive des Sachkundigen. Das Gericht bedient sich der Hilfe des Sachverständigen, weil es über die nötige eigene Sachkunde nicht verfügt. Es ist deshalb auch typischerweise nicht ohne weiteres in der Lage, fachliche Mängel des Gutachtens zu erkennen. Damit aber kommt einer „Billigung" des Gutachtens durch das erkennende Gericht keine ein grobes Verschulden des Sachverständigen generell ausschließende Bedeutung zu. Die Billigung des Gutachtens des Sachverständigen im Ausgangsprozess ist in aller Regel gerade Voraussetzung für die Haftung des Sachverständigen gemäß § 839a BGB, weil diese nur dann eingreift, wenn die Entscheidung des Ausgangsprozesses auf seinem Gutachten – und damit auch auf dessen Billigung durch die Gerichte des Ausgangsprozesses – beruht. Wollte man annehmen, die Billigung des Gutachtens und der Vorgehensweise des Sachverständigen durch die Gerichte des Ausgangsverfahrens lasse ein grobes Verschulden des Sachverständigen entfallen, liefe die Haftung nach § 839a BGB weitestgehend leer und würde praktisch bedeutungslos (BGHZ 198, 265 Rn 27; BGH 24. 7. 2014 – III ZR 412/13, juris Rn 3; BGH 29. 8. 2024 – III ZR 427/23).

13 **c)** Die Haftungsbeschränkung auf Vorsatz und grobe Fahrlässigkeit muss sich auch auf die Haftung des Sachverständigen für Hilfspersonen auswirken: Diese beurteilt sich nach § 831 BGB (Verrichtungsgehilfenhaftung), nicht dagegen nach § 278 BGB (Erfüllungsgehilfenhaftung). Der Entlastungsbeweis kann dem Sachverständigen schon dann gelingen, wenn er dartut, dass ihm bei Auswahl, Anleitung und Überwachung des Gehilfen kein Vorsatz und keine grobe Fahrlässigkeit zur Last fällt. Diese bereits in der 13. Bearbeitung (Staudinger/Wurm [2002] § 839a Rn 4) vertretene Auffassung ist im Schrifttum teilweise auf Zustimmung (Ch Huber Rn 55), überwiegend aber auf Kritik gestoßen (Thole 111; MünchKommBGB/Wagner § 839a Rn 23; Soergel/Spickhoff § 839a Rn 27). Die Gegenmeinung hält den Rückgriff auf § 831 BGB für entbehrlich, da der Sachverständige ohnehin die Gesamtverantwortung für die Richtigkeit des Gutachtens trage (insbesondere MünchKommBGB/Wagner § 839a Rn 23). Materiell-rechtlich laufen beide Meinungen jedoch auf die gleichen Ergebnisse hinaus; denn auch Wagner hält den Sachverständigen für verpflichtet, die Fehlerfreiheit der Hilfstätigkeit durch sorgfältige Auswahl, Überwachung und Instruktion des

Gehilfen sowie entsprechende Organisation seines Betriebs zu gewährleisten, und das Ergebnis seiner Arbeit eigenständig zu überprüfen. Verletze der Sachverständige diese Pflichten in grober Weise, hafte er nach § 839a BGB (MünchKommBGB/Wagner § 839a Rn 23). Insofern sieht Wagner auch keinen Unterschied bei der Beweislast, die allerdings an sich nur gemäß § 831 Abs 1 S 2 BGB den Sachverständigen für fehlendes Auswahl-, Überwachungs-, Instruktions- oder Organisationsverschulden trifft, im Rahmen der allgemeinen Tatbestandsvoraussetzungen des § 839a BGB dagegen an sich den Geschädigten träfe.

Zur Eigenhaftung der Hilfsperson s Thole 113–115.

d) Für gerichtliche Entscheidungen **außerhalb** des Richterspruchprivilegs ist mit § 839a BGB im Ergebnis eine Harmonisierung der Maßstäbe für die Haftung des Sachverständigen einerseits und die Amtshaftung für die gerichtliche Entscheidung selbst andererseits hergestellt: In allen Bereichen richterlicher Tätigkeit außerhalb des Richterspruchprivilegs, in denen also für eine Amtshaftung nicht nur unter den engen Voraussetzungen des § 839 Abs 2 S 1 BGB Raum ist, ist gleichwohl der Verfassungsgrundsatz der richterlichen Unabhängigkeit zu beachten. Soweit in solchen Fällen im Amtshaftungsprozess darüber zu befinden ist, ob ein Richter bei der Rechtsanwendung und Gesetzesauslegung schuldhaft amtspflichtwidrig gehandelt hat, kann dem Richter in diesem Bereich ein Schuldvorwurf nur bei besonders groben Verstößen gemacht werden; inhaltlich läuft das auf eine Haftung für Vorsatz oder grobe Fahrlässigkeit hinaus (BGHZ 155, 306; s im Übrigen § 839 Rn 313, 655). **14**

5. Gerichtliche Entscheidung, die auf dem Gutachten beruht

a) Für die Sachverständigenhaftung nach § 839a BGB ist es unerheblich, welcher Art die betreffende gerichtliche Entscheidung ist; insbesondere tritt sie auch dann ein, wenn die Entscheidung selbst dem Richterspruchprivileg unterfällt. Die Gefahr, dass rechtskräftig abgeschlossene Prozesse auf diese Weise im Gewand des Sachverständigenhaftungsprozesses neu aufgerollt werden, wird bewusst in Kauf genommen (s die Begründung). Praktisch hält sich diese Gefahr indessen in Grenzen, da mit der Haftungsbeschränkung auf Vorsatz und grobe Fahrlässigkeit eine doch recht hohe Hürde aufgebaut wird, die mittelbar – zumindest als Reflex – auch dem Schutz der Rechtskraft der im Vorprozess ergangenen Entscheidung zugute kommt (Thole 58 ff). **15**

b) Nicht erforderlich ist, dass es sich um eine das Verfahren abschließende Entscheidung handelt; die diesbezügliche Formulierung in den ursprünglichen Fassungen des Gesetzentwurfes ist in den nunmehr geltenden § 839a BGB nicht übernommen worden (s zur Entstehungsgeschichte Thole 41). **16**

c) Vollzieht sich die gerichtliche Entscheidungsfindung über mehrere Stufen, von denen die jeweils folgende auf der vorangegangenen aufbaut, so kommt als haftungsbegründende Entscheidung nicht nur diejenige auf der Stufe in Betracht, auf der das Sachverständigengutachten eingeholt worden ist, sondern auch die folgende Endentscheidung. Dies gilt auch dann, wenn die Entscheidung auf der vorangegangenen Stufe einer selbständigen Anfechtbarkeit mit Rechtsmitteln unterlegen hatte. Als besonders instruktives Beispiel, das die Rechtsprechung schon mehrfach beschäftigt hat, ist insoweit die gerichtliche Wertfestsetzung im Zwangsversteigerungsverfahren **17**

nach § 74a ZVG zu nennen, die ihrerseits die Grundlage für den Zuschlag und damit für das eigentlich schädigende Ereignis bildet (BGHZ 198, 265 Rn 15; BGH NJW 2006, 1733 Rn 10; vgl auch BGH VersR 2003, 1535 = NVwZ-RR 2003, 410; BGH VersR 2003, 1049 = NJW 2003, 2825; BGH NJW 2004, 3488 = BauR 2004, 1975; OLG Frankfurt OLG-Report 2005, 241; OLG Celle BauR 2004, 1481; zum Ganzen kritisch: Wagner/Thole VersR 2004, 275).

18 **d)** Die gerichtliche Entscheidung „beruht" auf dem Gutachten, wenn dieses im Sinne adäquater Kausalität für sie ursächlich geworden ist. Erforderlich ist dabei eine Verwertung des Gutachtens im Wege des Sachverständigenbeweises; eine bloße urkundsbeweisliche Verwertung reicht dagegen nicht (OLG Celle 5. 5. 2009 – 4 U 26/09; Thole 134 ff; **aA** Musielak/Voit/ Röss, ZPO [22. Aufl 2025] § 411a Rn 16; MünchKommBGB/Wagner § 839a Rn 42). Anders ist es, wenn das in einem anderen Verfahren gerichtlich eingeholte Sachverständigengutachten nach § 411a ZPO durch Verwertung in einem weiteren Verfahren die schriftliche Begutachtung ersetzt. Dann handelt es sich um Sachverständigenbeweis; insoweit können dann die Haftungsfolgen des § 839a BGB auch für das neue Verfahren eintreten (Musielak/Voit/Röss, ZPO [22. Aufl 2025] § 411a Rn 16; einschränkend NK-BGB/Huber § 839a Rn 28). Für die Kausalität ist maßgebend, wie der Ausgangsprozess bei Vorlage eines richtigen Gutachtens des Sachverständigen richtigerweise hätte entschieden werden müssen (BGH NJW-RR 2018, 1364 Rn 6; NJW 2019, 1374 Rn 16).

6. Nichtstreitige Erledigung des Verfahrens

a) Vergleich

19 Nach der amtlichen Begründung (s Rn 6) sind von der Ersatzpflicht Fälle anderweitiger Erledigung ausgeschlossen, wie zB, dass sich die Parteien unter dem Eindruck eines unrichtigen Gutachtens vergleichen (OLG Nürnberg NJW-RR 2011, 1216; Brückner/Bobsien WF 2008, 93, 95). Dies wurde insbesondere damit begründet, hier wäre der Nachweis, dass dieses Gutachten auf die Motivation der Parteien eingewirkt habe, nur schwer zu erbringen. In der Literatur ist allerdings schon früh darauf hingewiesen worden, dass diese Erwägung nicht recht zu überzeugen vermag. Die etwaigen Beweisschwierigkeiten sind kein stichhaltiger Grund dafür, „das Kind mit dem Bade auszuschütten" und den Sachverständigen von jeder Haftung freizustellen (vgl hierzu die Vorbearbeitungen sowie Ch Huber Rn 79 f).

Der BGH hat diesen „gordischen Knoten" (NK-BGB/Huber § 839a Rn 39) indes durchschlagen und entschieden, dass § 839a BGB auf die Haftung des gerichtlichen Sachverständigen wegen eines unrichtigen Gutachtens analog Anwendung findet, wenn das Gerichtsverfahren durch einen Vergleich erledigt wurde, dessen Abschluss von dem Gutachten beeinflusst worden ist (BGH 25. 6. 2020 – III ZR 119/19, BGHZ 226, 116; zust BeckOGK/Bohlsen [1. 12. 2025] § 839a Rn 51; Erman/Mayen § 839a Rn 5; MünchKomm-BGB/Wagner § 839a Rn 28; NK-BGB/Huber § 839a Rn 39; nur im Ergebnis zust Finkelmeier NJW 2020, 2474; abl Thora VersR 2020, 1326; Volze DS 2020, 235; Linz DS 2020, 271; Seidenberg DS 2022, 291). Der BGH hat insofern anerkannt, dass ein Vergelich keine „gerichtliche Entscheidung" iSd § 839a BGB ist (BGH 25. 6. 2020 – III ZR 119/19, BGHZ 226, 116 Rn 12), jedoch darauf hingewiesen, dass es oft vom Zufall abhängt, ob ein Gerichtsverfahren durch eine Gerichtsentscheidung oder einen Vergleich erledigt wird – worauf der Sachverständige keinen Einfluss hat –, so dass eine unterschiedliche Behandlung dieser Fälle nicht sachgerecht wäre (BGH 25. 6. 2020 – III ZR 119/19, BGHZ 226, 116 Rn 14).

Eine überzeugende Alternative zu einer analogen Anwendung hat der BGH nicht gesehen, insbesondere im Hinblick auf den verfassungsrechtlich gebotenen Schutz der Grundrechte der Verfahrensbeteiligten, wäre die Haftung ausgeschlossen, und auf das gesetzgeberische Anliegen, die Prozesserledigung durch Vergleich zu fördern (BGH 25. 6. 2020 – III ZR 119/19, BGHZ 226, 116 Rn 16). Die analoge Anwendung des § 839a BGB bei Abschluss eines Vergleichs ist inzwischen weitgehend anerkannt (so BeckOGK/Bohlsen [1. 12. 2025] § 839a Rn 52.1).

b) Klage- und Rechtsmittelrücknahme

(1) Die gleichen Erwägungen müssen konsequenterweise für eine unter dem Eindruck des Gutachtens erklärte Klagerücknahme gelten (MünchKommBGB/Wagner § 839a Rn 29; BeckOGK/Bohlsen [1. 12. 2025] § 839a Rn 53). Insofern wird zutreffend darauf hingewiesen, dass eine Rücknahme häufig in Erfüllung eines außergerichtlichen Vergleichs erfolgt (MünchKommBGB/Wagner § 839a Rn 29). Aber auch in anderen Fällen beruht eine Klagerücknahme häufig auf ähnlichen Erwägungen wie der Abschluss eines Vergleichs. 20

(2) Bei einer Rechtsmittelrücknahme ist wie folgt zu unterscheiden: War das Sachverständigengutachten bereits in der Vorinstanz eingeholt und zur Grundlage der angefochtenen Entscheidung gemacht worden, so beruht diese, wenn sie durch die Rücknahme des Rechtsmittels in Rechtskraft erwächst, auf dem Gutachten (vgl auch BGH 25. 6. 2020 – III ZR 119/19, BGHZ 226, 116 Rn 14). Deswegen ist in einem solchen Fall § 839a BGB grundsätzlich anwendbar; allerdings kann die Rechtsmittelrücknahme nach § 839a Abs 2 BGB iVm § 839 Abs 3 BGB zu Rechtsnachteilen für den Geschädigten führen (Rn 27). Das Gleiche gilt für einen Rechtsmittelverzicht im Strafverfahren. Anders ist es, wenn erstmals im Rechtsmittelverfahren selbst Sachverständigenbeweis erhoben wird und das eingeholte Gutachten ein dem Rechtsmittelführer ungünstiges Ergebnis hat. Nimmt er daraufhin sein Rechtsmittel unter dem Eindruck des Gutachtens zurück, so lässt sich nicht sagen, dass die auf diese Weise rechtskräftig gewordene vorinstanzliche Entscheidung auf dem Gutachten beruht, das damals ja noch gar nicht vorgelegen hatte. Die oben dargestellten Erwägungen zur entsprechenden Anwendbarkeit des § 839a BGB im Fall des Abschlusses eines Vergleichs oder bei einer Klagerücknahme gelten indes auch in diesem Fall (BeckOGK/Bohlsen [1. 12. 2025] § 839a Rn 54; MünchKommBGB/Wagner § 839a Rn 30).

c) Anerkenntnis, Verzicht, Flucht in die Säumnis

Erkennt eine Partei unter dem Eindruck des Gutachtens den gegnerischen Anspruch 21
an oder verzichtet sie umgekehrt auf den von ihr geltend gemachten Anspruch oder ergreift sie „die Flucht in die Säumnis“, so wird der Rechtsstreit formal zwar – anders als in den vorgenannten Fällen des Vergleichs oder einer Klagerücknahme – durch Urteil (Anerkenntnis-, Verzichts- oder Versäumnisurteil) abgeschlossen. Auch diese Fallgestaltungen sind aber ebenso zu behandeln wie eine Erledigung durch Vergleich oder Klagerücknahme (BGH 25. 6. 2020 – III ZR 119/19, BGHZ 226, 116 Rn 14 für Verzichts- und Anerkenntnisurteile sowie BeckOGK/Bohlsen [1. 12. 2025] § 839a Rn 56; MünchKommBGB/Wagner § 839a Rn 34).

d) Weitere Fälle

(1) Erklären die Parteien unter dem Eindruck des Gutachtens übereinstimmend 22
die Hauptsache für erledigt, so können in die daraufhin vom Gericht nach § 91a

ZPO zu treffende Kostenentscheidung durchaus auch die Ergebnisse des Sachverständigengutachtens einfließen. Insoweit kommt daher ebenfalls eine Haftung des Sachverständigen nach § 839a BGB in Betracht (MünchKommBGB/Wagner § 839a Rn 28), allerdings beschränkt auf das Kosteninteresse (BeckOGK/Bohlsen [1. 12. 2025] § 839a Rn 57; Kontusch DS 2023, 238, 243). Das Hauptsacheinteresse ist nicht Gegenstand der gerichtlichen Entscheidung, sondern der beiderseitigen Erledigungserklärung.

23 **(2)** Wird unter dem Eindruck des Gutachtens eine bisher bestrittene Behauptung der Gegenseite nunmehr unstreitig (§ 138 Abs 3 ZPO) oder gar formell zugestanden (§ 288 ZPO), so wird man annehmen müssen, dass das Gutachten mittelbar auf den weiteren Gang des streitigen Verfahrens einwirkt. Auch insoweit ist daher § 839a BGB anwendbar (BeckOGK/Bohlsen [1. 12. 2025] § 839a Rn 46).

7. Der geschädigte „Verfahrensbeteiligte“

24 Wagner/Thole (VersR 2004, 275, 277) weisen mit Recht darauf hin, dass eine Erweiterung des Beteiligtenbegriffs über eine formalisierte, streng prozessrechtliche Betrachtung hinaus keineswegs ausgeschlossen, sondern vielfach sogar geboten ist. Insbesondere ist der Rechtsinhaber in den Fällen gesetzlicher oder gewillkürter Prozessstandschaft ebenso in den Schutzbereich des § 839a BGB einzubeziehen wie der Rechtsnachfolger eines streitbefangenen Gegenstandes unter den Voraussetzungen der §§ 265, 325, 727 ZPO (s in diesem Sinne auch MünchKommBGB/Wagner § 839a Rn 41 mwNw). Zur Aktivlegitimation bei § 839a BGB im Hinblick auf familiengerichtliche Verfahren vgl Wagner/Thole FPR 2003, 521, 524. Auf der Linie dieser großzügigen Betrachtungsweise hat der BGH auch den Ersteigerer im Zwangsversteigerungsverfahren in den Schutzbereich der Haftung des zuvor beauftragten Wertgutachters (§ 74a ZVG) einbezogen (BGH NJW 2006, 1733 Rn 6–8). Dies entspricht – trotz der beachtlichen Gegenargumente von Wagner/Thole (VersR 2004, 275 ff) – auch den zuvor ergangenen BGH-Entscheidungen, die sich – allerdings noch in Form von obiter dicta – zu § 839a BGB geäußert hatten (insbesondere BGH VersR 2003, 1049 = NJW 2003, 2825, 2826; BGH NJW 2004, 3488 = BauR 2004, 1975). Ebenso kann – im Anschluss an Ch Huber (Rn 90–93 mit Anschauungsmaterial aus der österreichischen Rechtsprechung) – auch der Zeuge als geschützter „Verfahrensbeteiligter“ angesehen werden (Erman/Mayen § 839a Rn 5; **aA** NK-BGB/Huber § 839a Rn 17). Der auf ein fehlerhaftes Gutachten in einem Erbscheinsverfahren gestützte Anspruch aus § 839a BGB gehört nicht zum Nachlass, sondern steht den betroffenen Erben zu (BGH 25. 7. 2024 – III ZR 416/23).

8. Der zu ersetzende Schaden

25 Zu dem zu ersetzenden Schaden gehören neben dem durch den Streitgegenstand des Vorprozesses begründeten Interesse insbesondere auch die Kosten des Vorprozesses. Im Übrigen ist jeder durch das unrichtige Gutachten und die darauf beruhende gerichtliche Entscheidung adäquat verursachte und in den Schutzbereich der verletzten Sachverständigenpflicht fallende Vermögensschaden ersatzfähig. Dies gilt unter den Voraussetzungen des § 253 Abs 2 BGB auch für immaterielle Schäden (Schmerzensgeld). Der zu leistende Schadensersatz soll die Vermögenslage herstellen, die bei pflichtgemäßem Verhalten des Sachverständigen eingetreten wäre.

Geht es um die Haftung des Wertgutachters gegenüber dem Ersteigerer im **Zwangsversteigungsverfahren**, so ist auf die Vermögenslage des Geschädigten abzustellen, die bestünde, wenn der Grundstückswert korrekt ermittelt worden wäre. Dies bedeutet, dass der Geschädigte nicht lediglich einen Anspruch darauf hat, so gestellt zu werden, als hätte er das Objekt nicht ersteigert. Dies ist zwar eine denkbare, aber nicht die einzige Möglichkeit der Schadensberechnung. Vielmehr bleibt es dem Geschädigten vom Ansatz her unbenommen, geltend zu machen, dass er bei korrekter Wertfestsetzung das Grundstück zu einem niedrigeren Meistgebot hätte ersteigern können. Den Differenzbetrag kann er als Schadensersatz beanspruchen. Dies gilt auch dann, wenn das zum Zuge gekommene Meistgebot unter dem Verkehrswert liegt. Der Umstand, dass der Geschädigte möglicherweise eine objektiv adäquate Gegenleistung erhalten hat, schließt es nicht aus, dass er bei korrekter Wertfestsetzung mit einem noch geringeren Gebot hätte zum Zuge kommen können und die Mehraufwendungen damit erspart hätte. Allerdings sind Feststellungen dazu zu treffen, ob der Geschädigte das Grundstück tatsächlich zu einem niedrigeren Meistgebot ersteigert hätte. Die insoweit im Rahmen des § 287 ZPO an die Darlegungs- und Beweislast des Geschädigten zu stellenden Anforderungen müssen umso strenger sein, je geringer die Differenz zwischen dem vom Sachverständigen ermittelten und dem von dem Geschädigten für zutreffend gehaltenen Verkehrswert ist und je deutlicher das zum Zuge gekommene Meistgebot unter diesen Werten liegt (BGHZ 198, 265 Rn 36; BGH NJW 2006, 1733 Rn 13, 14). Ein Anspruch kann nur auf die Unrichtigkeit des ermittelten Verkehrswerts, nicht aber des im Gutachten beschriebenen Gebäudezustands gestützt werden. Das Vertrauen darauf, dass die der Ermittlung des Verkehrswertes zugrunde gelegte Werte korrekt sind, ist nicht geschützt (OLG Saarbrücken 5. 8. 2022 – 4 U 6/22, juris Rn 37).

Aufwendungen, die allein auf ein im Ergebnis **unverwertbares Gutachten** während des noch laufenden Verfahrens außerhalb des Prozesses gemacht werden, sind kein ersatzfähiger Schaden (OLG Hamm MDR 2014, 681).

9. Kein Verweisungsprivileg

Eine dem § 839 Abs 1 S 2 BGB entsprechende Subsidiaritätsklausel gibt es bei der **26**
Haftung des gerichtlichen Sachverständigen nach § 839a BGB nicht. Soweit den beteiligten Richter der Vorwurf der (sei es auch groben) Fahrlässigkeit trifft, gilt für die wegen seiner unrichtigen Entscheidung außerhalb des Richterspruchprivilegs eintretende Amtshaftung die Subsidiaritätsklausel des § 839 Abs 1 S 2 BGB: Der Geschädigte muss sich daher auf den Schadensersatzanspruch gegen den Sachverständigen nach § 839a BGB als vorrangige anderweitige Ersatzmöglichkeit verweisen lassen.

10. Rechtsmittelversäumung (§ 839a Abs 2 BGB)

In § 839a Abs 2 BGB ist auch hinsichtlich der Haftung des gerichtlichen Sachverstän- **27**
digen der Vorrang des Primärrechtsschutzes normiert. Als „Rechtsmittel" im Sinne dieser Bestimmung in Verbindung mit § 839 Abs 3 BGB kommen zum einen solche Behelfe in Betracht, die sich unmittelbar gegen das fehlerhafte Gutachten selbst richten und die bestimmt und geeignet sind, eine auf das Gutachten gestützte gerichtliche Entscheidung zu verhindern (OLG Düsseldorf MedR 2013, 734; Itzel MDR 2014, 258, 262). Zu denken ist insoweit etwa an Gegenvorstellungen und Hinweise auf die Un-

richtigkeit des Gutachtens, Anträge den Sachverständigen zur mündlichen Erläuterung seines Gutachtens (OLG Hamm GesR 2011, 227) zu laden, die Beantragung einer mündlichen Verhandlung nach § 54 Abs 2 FamFG (OLG Karlsruhe 28. 10. 2025 – 16 U 1/25, juris Rn 38), formelle Beweisanträge auf Einholung eines (Ober-)Gutachtens (§ 412 ZPO). Zum anderen fallen nach Sinn und Zweck der Neuregelung unter die Rechtsmittel auch solche gegen die gerichtliche Entscheidung, die deren Korrektur im Rechtsmittelzug erstreben (BGHZ 173, 98 Rn 8; BGH NJW-RR 2006, 1454). Bei mehrstufiger Entscheidungsfindung (Rn 17) kann den Betroffenen die Obliegenheit treffen, nicht nur die Endentscheidung, sondern auch schon die Zwischenentscheidung auf derjenigen Stufe anzufechten, auf der das Sachverständigengutachten eingeholt worden ist (vgl zum allgemeinen Amtshaftungsrecht BGH 27. 9. 1990 – III ZR 53/89, NVwZ 1991, 915 sowie § 839 Rn 340). So kommt ein Klageerzwingungsverfahren als Rechtsmittel gegen die Einstellungsverfügung der Staatsanwaltschaft und damit gegen das dem zugrundeliegende Gutachten in Betracht (OLG Köln GesR 2013, 349 – NZB zurückgewiesen BGH 12. 9. 2013 – III ZR 346/12). Das Recht des Angeschuldigten, im strafprozessualen Zwischenverfahren Beweisanträge zu stellen und Einwendungen vorzubringen, ist ein „Rechtsmittel" im Sinne von § 839a Abs 2 BGB in Verbindung mit § 839 Abs 3 BGB (BGH NJW 2020, 1592). Kein Rechtsmittel ist die Ablehnung des Gutachters wegen Befangenheit nach § 406 ZPO (MünchKommBGB/Wagner § 839a Rn 44; Thole 160–162; NK-BGB/Huber § 839a Rn 43a), da dies ein gegen die Person und nicht gegen das Gutachten bzw dessen Richtigkeit gerichteter Angriff ist. Auch Dienstaufsichtsbeschwerden sind keine Rechtsmittel (NK-BGB/Huber § 839a Rn 43b; **aA** MünchKommBGB/Wagner § 839a Rn 43).

Kein dem Geschädigten zumutbares Rechtsmittel stellt die Wiederaufnahmeklage dar (BeckOGK/Bohlsen [1. 12. 2025] § 839a Rn 70; NK-BGB/Huber § 839a Rn 43b; Soergel/Spickhoff § 839a Rn 47; differenzierend MünchKommBGB/Wagner § 839a Rn 43). Die Einholung eines Privatgutachten ist dem Betroffenen regelmäßig ebenfalls unzumutbar und kann deshalb auch nicht als Rechtsmittel im Sinne des Abs 2 iVm § 839 Abs 3 BGB angesehen werden (BGH NJW-RR 2017, 1105 Rn 7; MünchKommBGB/Wagner § 839a Rn 44; Hoffmann S 147; Ulrich Rn 769; Thole AnwBl 2006, 91, 94; **aA** OLG Celle NdsRpfl 2012, 37; MDR 2016, 1203 m krit Anm Dörr MDR 2016, 1314).

Für den Ursachenzusammenhang zwischen der unterbliebenen Rechtsmittelversäumung und dem eingetretenen Schaden kann nicht ausschließlich zu Grunde gelegt werden, wie richtigerweise zu entscheiden gewesen wäre. Bei einer gerichtlichen Entscheidung spielt dieser Gesichtspunkt jedoch die größere Rolle, insbesondere wenn entgegenstehende Anhaltspunkte nicht ersichtlich sind (BGHZ 173, 98 Rn 11). Eine entgegenstehende Rechtspraxis zum Zeitpunkt, in dem das Rechtsmittel hätte eingelegt werden müssen, kann zu einer abweichenden Beurteilung führen (vgl BGHZ 173, 98 Rn 11).

Ein Rechtsmittel muss möglich, zumutbar und erfolgversprechend sein, damit sein Nichtgebrauch zu einem Anspruchsverlust führt; liegen diese Voraussetzungen aus der begründeten Sicht des Geschädigten nicht vor, so stellt sich der Nichtgebrauch des Behelfs nicht als schuldhaft dar. Dementsprechend fehlt es am Verschulden, wenn der Geschädigte davon ausgehen durfte, sämtliche konkret zumutbaren und erfolgversprechenden Behelfe gegen das einer Anklage zugrundeliegende Gutachten ergriffen zu haben (BGH NJW 2020, 1592). Ein Verschulden seines Anwalts muss sich der Geschädigte allerdings nach § 278 BGB zurechnen lassen (OLG Karlsruhe 13. 4. 2021 – 9 W 20/21, FamRZ 2021, 1818, 1819; s auch § 839 Rn 349 mwNw).

11. Prozessuale Fragen

a) Beweis- und Darlegungslast

Nach allgemeinen Grundsätzen hat der Geschädigte die gesamten Haftungsvoraus- 28
setzungen des § 839a Abs 1 BGB sowohl in objektiver als auch in subjektiver Hinsicht zu beweisen (MünchKommBGB/Wagner § 839a Rn 47). Die Frage, ob das unrichtige Gutachten für den Inhalt der gerichtlichen Entscheidung (mit-)ursächlich geworden ist, betrifft die haftungsbegründende Kausalität, so dass insoweit § 286 ZPO gilt. Dagegen ist § 287 ZPO anwendbar, soweit der Beweis zu führen ist, ob der geltend gemachte Schaden durch die von dem unrichtigen Gutachten beeinflusste Gerichtsentscheidung herbeigeführt worden ist (BGH 30. 8. 2018 – III ZR 363/17, NJW-RR 2018, 1364). Dazu muss auch (nach Maßgabe des § 287 ZPO) bewiesen werden, dass der Prozess bei einem pflichtgemäßen Gutachten anders entschieden worden wäre (OLG Hamm 11. 8. 2021 – 11 U 136/20, FamRZ 2022, 204, 207).

Die Art des Fehlers, der zur objektiven Unrichtigkeit des Gutachtens geführt hat, kann mitunter den Rückschluss auf grobe Fahrlässigkeit zulassen. Hat das Gericht im Ausgangsprozess das Gutachten „gebilligt", führt dies grundsätzlich nicht zu erhöhten Darlegungsanforderungen, da der Maßstab für die Beurteilung grober Fahrlässigkeit nicht die Perspektive eines Richters, sondern einer fachkundigen Person ist (Rn 12) – Für die Voraussetzungen des Absatzes 2 in Verbindung mit § 839 Abs 3 BGB, also dafür, dass der Verletzte es schuldhaft unterlassen hat, den Schaden durch Gebrauch eines Rechtsmittels abzuwenden, ist sodann der Sachverständige beweispflichtig (§ 839 Rn 405).

Die im Interesse des klageführenden Patienten anerkannte Herabsetzung der Substantiierungslast im Arzthaftungsprozess kann nicht auf den Regressprozess gegen den medizinischen Sachverständigen nach § 839a BGB übertragen werden. Der Regresskläger ist hier – ebenso wie bei der Klage gegen andere Sachverständige – gehalten, schlüssig darzulegen, dass der Beklagte mindestens grob fahrlässig ein unrichtiges gerichtliches Gutachten erstattet hat (BGH MDR 2020, 348 Rn 2; OLG Hamm 12. 1. 2022 – 11 U 21/21, VersR 2022, 1592, 1595; OLG Düsseldorf 26. 11. 2020 – 8 U 152/20, juris Rn 23).

b) Streitverkündung; selbständiges Beweisverfahren

Die Streitverkündung gegenüber einem gerichtlichen Sachverständigen zur Vorbe- 29
reitung von Haftungsansprüchen gegen diesen aus angeblich fehlerhafter, im selben Rechtsstreit erbrachter Gutachterleistungen ist unzulässig. § 72 Abs 2 ZPO bestimmt, dass das Gericht und ein vom Gericht ernannter Sachverständiger nicht „Dritter" im Sinne des § 72 Abs 1 ZPO sind. In der Rechtsprechung des BGH war dies schon zuvor anerkannt (BGHZ 168, 380). Ein Antrag auf Begutachtung durch einen Sachverständigen im selbständigen Beweisverfahren nach § 485 Abs 2 ZPO, der der Vorbereitung eines Sachverständigenhaftpflichtprozesses nach § 839a BGB dienen soll, ist mangels eines rechtlichen Interesses grundsätzlich unzulässig, solange der Vorprozess noch nicht abgeschlossen ist und der Partei dort Rechtsbehelfe zur Verfügung stehen, mit denen sie eine Korrektur des ihrer Meinung nach grob fehlerhaften Gutachtens erwirken kann (BGH NJW-RR 2006, 1454). Hingegen kommt bei

einem Beweissicherungsbedürfnis, insbesondere der Gefahr, dass das Beweismittel verloren geht oder seine Benutzung erschwert wird, eine Beweiserhebung nach § 485 Abs 1 ZPO in Betracht.

c) Gerichtliche Zuständigkeit

30 Die ausschließliche Zuständigkeit der Landgerichte für Amtshaftungsprozesse (§ 71 Abs 2 GVG) gilt nicht für die Sachverständigenhaftung nach § 839a BGB. Für Streitigkeiten über Ansprüche, deren Gegenstand an Geld oder Geldeswert die Summe von 10.000 € nicht übersteigt, sind daher die Amtsgerichte im ersten Rechtszug zuständig (§ 23 Abs 1 Nr 1 GVG).

V. Analoge Anwendbarkeit des § 839a BGB?

1. Dolmetscher

31 Es spricht viel dafür, § 839a BGB auf die Haftung des gerichtlichen Dolmetschers (§§ 189–191 GVG) entsprechend anzuwenden. Dies gilt auch für den Urkundsbeamten der Geschäftsstelle, der, ohne besonders beeidigt zu sein, den Dienst des Dolmetschers wahrnimmt (§ 190 GVG). Es bewendet insoweit bei dem eingangs (Rn 2) hervorgehobenen Grundsatz, dass ein gerichtlicher (vom Gericht zugezogener) Sachverständiger (hier: Dolmetscher), auch wenn er Beamter im staatsrechtlichen Sinne ist, durch seine Aufgabe, Gehilfe des Richters bei der Urteilsfindung zu sein, nicht Beamter im haftungsrechtlichen Sinne wird und dementsprechend, wenn er schuldhaft gegen die Pflicht verstößt, treu und gewissenhaft zu übertragen (§ 189 Abs 1 S 1 GVG), weder unter § 839 Abs 2 BGB noch unter § 839 Abs 1 BGB fällt. Dementsprechend findet eine Amtshaftung nicht statt; es bewendet bei der persönlichen Verantwortung des Dolmetschers.

2. Zeugen

32 Nach früherem Recht haftete der Zeuge für Schäden, die einem Prozessbeteiligten durch eine vorsätzliche Falschaussage entstehen, nach § 823 Abs 2 BGB iVm §§ 153 ff StGB, bei Fahrlässigkeit nur im Falle seiner Beeidigung (§ 161 StGB; Zöller/Greger [ZPO 36. Aufl 2026] vor §§ 373–401 Rn 17). Außerdem kam eine Haftung nach § 826 BGB in Betracht. Es galten also insgesamt die gleichen Anspruchsgrundlagen wie beim Sachverständigen. Mit eingehender Begründung hat Thole auch für Zeugen eine analoge Anwendbarkeit des § 839a BGB vorgeschlagen (Thole 199–223; im Ergebnis ebenso MünchKommBGB/Wagner § 839a Rn 17; Ch Huber Rn 76 f; siehe auch Staudinger/Wurm [2007] § 839a Rn 33, der seine früheren Bedenken in BauR 2005, 916 aufgegeben hatte). Folgt man dem, so lassen sich dadurch Abgrenzungsschwierigkeiten, die anderenfalls bei der haftungsrechtlichen Beurteilung der Aussage eines „normalen“ und derjenigen eines sachverständigen Zeugen (§ 414 ZPO) auftreten könnten, vermeiden. Neben der Haftungserweiterung bei unbeeidiger Aussage auf Fälle grober Fahrlässigkeit (insofern abl BeckOGK/Bohlsen [1. 12. 2025] § 839a Rn 25) ist damit aber auch eine Haftungsdbeschränkung bei eidlicher Aussage auf Fälle grober Fahrlässigkeit verbunden (insofern zust BeckOGK/Bohlsen [1. 12. 2025] § 839a Rn 25), wobei sich dieser Unterschied dadurch relativiert, dass der Nachweis des Vorsatzes bei § 826 BGB insofern erleichtert ist, als aus der Art und Weise des sittenwidrigen Handelns, insbes dem Grad der Leichtfertigkeit, auf ein vorsätzliches Handeln geschlossen werden

kann (HdbBeweislast/Luckey [5. Aufl 2023] § 826 Rn 4 f). Für ein Anwendung des § 839a BGB auf Zeugen spricht, dass der Gesetzgeber bei Schaffung des § 839a BGB eine Differenzierung bei der Haftung danach, ob der Sachverständige beeidigt oder unbeeidigt geblieben ist, als kein geeignetes Kriterium bezeichnet hat (s Rn 6 unter Verweis auf BVerfGE 49, 304). Gegen eine Anwendung spricht, dass – wenn der Sachverständige auch nicht Amtsträger ist – § 839a BGB doch systematisch im Umfeld der Amtshaftung angesiedelt ist (Rn 7). Während aber die Tätigkeit des Sachverständigen als Helfer des Richters, der jenen ausgewählt und ernannt hat, noch eine gewisse Ähnlichkeit zu einer Amtshandlung hat, trifft dies auf den Zeugen nicht zu. Zudem kommt der Aussage eines Zeugen idR für den Ausgang eines Verfahrens nicht eine vergleichbare Bedeutung zu wie einem Gutachten. So kann etwa keine Rede davon sein, dass die sog Nullhypothese (vgl Musielak/Voit/Foerste, ZPO [22. Aufl 2025] § 286 Rn 13 mwNw) auf Sachverständigengutachten Anwendung finden könnte. Eine Erweiterung der Haftung von Zeugen bei uneidlicher Aussage ist daher abzulehnen. Dagegen liegt es aus eben diesen Gründen nahe, im Wege eines „erst-recht-Schlusses" die Haftung von Zeugen bei fahrlässig falscher eidlicher Aussage ebenso wie beim Sachverständigen auf Fälle grober Fahrlässigkeit zu beschränken. Gegen eine analoge Anwendbarkeit des § 839a BGB auf die Haftung des Zeugen insbes Itzel/Schwall Rn 683; Windthorst VersR 2005, 1634; auch Soergel/Spickhoff § 839a Rn 17.

3. Sachverständige im schiedsrichterlichen Verfahren

Ein vom Schiedsgericht zugezogener Sachverständiger wird kraft Ermächtigung (im 33
Auftrag und in Vollmacht) der Parteien von den Schiedsrichtern mit der Erstattung des Gutachtens beauftragt und haftet den Parteien für Mängel seines Gutachtens aus Vertrag. Aber auch bei einem solchen Sachverständigen, der als Gehilfe des Schiedsrichters maßgeblichen Einfluss auf das Zustandekommens des Spruchs hat, hat der BGH angenommen, dass die Schiedsrichter dem Gutachter kein größeres Maß an Verantwortung aufbürden wollen, als sie ein gerichtlicher Sachverständiger zu tragen hat (BGHZ 42, 313, 317). Diese Entscheidung ist allerdings vor Inkrafttreten des § 839a BGB ergangen. Die für die Beschränkungsfunktion des § 839a BGB maßgeblichen Gesichtspunkte treffen indes auf den schiedsgerichtlichen Sachverständigen nicht zu, da es ihm insbesondere freisteht, den betreffenden Auftrag abzulehnen oder die Annahme von einer vertraglichen Haftungsbeschränkung abhängig zu machen (MünchKommBGB/Wagner § 839a Rn 14; Thole 82–92). Ohnehin würde durch eine Anwendung des § 839a BGB die Vertragshaftung nicht ausgeschlossen (MünchKommBGB/Wagner § 839a Rn 14). Für eine Anwendung des § 839a BGB auf den Sachverständigen im schiedsgerichtlichen Verfahren besteht daher kein Anlass (s auch Kontusch DS 2023, 238, 240).

4. Sachverständige in Verwaltungs- oder sonstigen außergerichtlichen Verfahren

a) Die Rechtsstellung des Sachverständigen (und auch des Zeugen) im förmlichen 34
Verwaltungsverfahren (§ 65 VwVfG) ist derjenigen im gerichtlichen Verfahren so weit angenähert, dass eine analoge Anwendung des § 839a BGB geboten ist (MünchKommBGB/Wagner § 839a Rn 16; Thole 233–250). Mit guten Gründen befürworten Wagner und Thole (MünchKommBGB/Wagner § 839a Rn 16; Thole 233–250) darüber hinaus aber auch eine Analogie für das allgemeine, nichtförmliche Verwaltungsverfahren,

dh den Anwendungsbereich des § 26 VwVfG. Anders kann es liegen, wenn eine Behörde im Rahmen der ihr im öffentlichen Interesse obliegenden Verwaltungsaufgaben einen Sachverständigen durch Vertrag mit der Erstellung eines Gutachtens beauftragt. In die Schutzwirkung eines solchen Vertrages ist der von der dadurch vorbereiteten Verwaltungsentscheidung möglicherweise betroffene Dritte nicht ohne weiteres einbezogen. Auch eine Haftung analog § 839a BGB kommt nicht in Betracht, weil das Vertragsverhältnis nicht durch die Spezifika des Verwaltungsverfahrens, sondern durch privatautonome Gestaltung bestimmt wird (vgl BGH NJW 2001, 3115; MünchKommBGB/Wagner § 839a Rn 16). In solchen Fällen bewendet es also bei den allgemeinen deliktischen Anspruchsgrundlagen (MünchKommBGB/Wagner § 839a Rn 16).

35 **b)** Nach dem Wortlaut von § 839a BGB fällt nur der von einem (staatlichen) Gericht ernannte Sachverständige unter den Anwendungsbereich dieser Regelung. Hiernach sind von der Staatsanwaltschaft bestellte Sachverständige nicht erfasst. Jedoch ist § 839a BGB analog auf die Gutachtenerstattung in einem **staatsanwaltschaftlichen Ermittlungsverfahren** anzuwenden. Diese Gleichbehandlung rechtfertigt sich aus der organisatorischen und institutionellen Nähe der Staatsanwaltschaft zum Gericht. Die Staatsanwaltschaft ist zwar in ihren amtlichen Verrichtungen von den Gerichten unabhängig (§ 150 GVG) und darf keine richterlichen Geschäfte wahrnehmen (§ 151 GVG). Sie ist aber den Gerichten zugeordnet (§§ 141, 144 GVG) und selbst ein Teil der Justiz. Die Staatsanwaltschaft nimmt als Institution sui generis keine typische Behördenfunktion war, sondern gehört zum Funktionsbereich der Rechtsprechung. Sie erfüllt durch ihre vorbereitende Tätigkeit gemeinsam mit den Gerichten die Aufgabe der Justizgewährung auf dem Gebiet der Strafrechtspflege. Diese organisatorische und institutionelle Nähe korrespondiert mit der engen verfahrensrechtlichen Verbindung zwischen Strafgericht und Staatsanwaltschaft. Die im Ermittlungsverfahren im Auftrag der Staatsanwaltschaft erstatteten Sachverständigengutachten wirken in aller Regel in ein daran anschließendes gerichtliches Hauptverfahren hinein. Wird das Ermittlungsverfahren mit der Anklageerhebung abgeschlossen, so mündet das Strafverfahren über das Zwischenverfahren bestimmungsgemäß in das gerichtliche Hauptverfahren. Dementsprechend ordnet § 161a StPO für die Vernehmung von Zeugen und Sachverständigen durch die Staatsanwaltschaft die Anwendung der für das Gerichtsverfahren geltenden Vorschriften an (§§ 48 ff, §§ 72 ff StPO); dies gilt insbesondere auch für die in § 75 StPO geregelte Pflicht des Sachverständigen, den Gutachtenauftrag zu übernehmen und auszuführen. Vor dem Hintergrund dieser Bestimmungen und der einheitlichen Regelung über die Vergütung im Justizvergütungs- und -entschädigungsgesetz (§ 1 JVEG) entspricht die Rechtsstellung des Sachverständigen im Ermittlungsverfahren im Wesentlichen derjenigen eines Sachverständigen im Gerichtsverfahren (BGHZ 200, 253 Rn 20 ff; BGH NJW 2020, 1592 Rn 17). Die Gleichstellung von Sachverständigengutachten unabhängig davon, ob sie von der StA oder dem Gericht eingeholt worden sind, kommt auch in § 411a ZPO zum Ausdruck. Hiernach kann eine erneute schriftliche Begutachtung durch die Verwertung eines gerichtlich oder staatsanwaltschaftlich eingeholten Sachverständigengutachtens aus einem anderen Verfahren ersetzt werden. Letztlich würde es sachlich nicht überzeugen, wenn der Haftungsmaßstab davon abhinge, ob der Sachverständige nur im Ermittlungsverfahren (im Auftrage der StA) tätig geworden ist (dann: kein „gerichtlicher“ Sachverständiger) oder auch (im Auftrage des Gerichts) in einem anschließenden Hauptverfahren (dann: „gerichtlicher“ Sachverständiger).

Die Ersatzpflicht des Gutachters ist allerdings auf den Schaden beschränkt, der auf eine auf dem Gutachten beruhende Entscheidung der Staatsanwaltschaft, etwa eine Beschlagnahme oder Festnahme, zurückzuführen ist. Dem Sachverständigen kann hingegen keine zivilrechtliche Verantwortlichkeit für die Schadensfolgen einer späteren Gerichtsentscheidung aufgebürdet werden, solange er nicht – wie es häufig geschieht – im Strafprozess erneut als Gutachter vom Gericht ernannt oder als sachverständiger Zeuge gehört wird und dort falsch aussagt (Thole 233–250 mwNw).

5. Hearings

Die für gerichtliche Sachverständige geltenden Grundsätze finden keine Anwendung 36 auf Sachverständige, die von Ausschüssen eines Parlaments (Bundes- oder Landtag) zur Anhörung (Hearing) zugezogen und wegen ihrer Dritte benachteiligenden Äußerungen Schadensersatzansprüchen oder Unterlassungsklagen der Betroffenen ausgesetzt sind (NK-BGB/Huber § 839a Rn 21).

VI. Behördengutachten

1. Nur ausnahmsweise ist es im Zivilprozess – anders als im Strafverfahren (§ 83 37 Abs 3 StPO) – zulässig, Fachbehörden als solche (also ohne Beauftragung einer bestimmten Person) mit der Abgabe gutachtlicher Stellungnahmen oder als Sachverständigengutachten zu wertender Auskünfte zu beauftragen, nämlich dann, wenn der betreffenden Stelle diese Aufgabe spezialgesetzlich übertragen ist (BGH 3. 3. 1998 – X ZR 106/96, NJW 1998, 3355, 3356). Zu nennen sind insbesondere der Gutachterausschuss für die Ermittlung von Grundstückswerten (§ 193 Abs 1 S 1 Nr 4 BauGB; praktisch besonders wichtig), das Patentamt (§ 29 PatG, § 21 Abs 1 GebrMG, § 58 Abs 1 MarkenG), die Rechtsanwaltskammer gemäß § 14 Abs 3 RVG für Anwaltshonorare (Zöller/Greger, ZPO [36. Aufl 2026] vor §§ 402–414 Rn 8); ferner das Jugendamt in Vormundschafts- oder Adoptionssachen (§§ 162, 189, 194, 195, FamFG), der Rentenversicherer im familiengerichtlichen Verfahren zum Versorgungsausgleich (BGHZ 137, 11), die Aufsichtsbehörde in AGB-Sachen (§ 8 UKlaG) oder Gutachten der Industrie- und Handels-, Handwerks- oder Landwirtschaftskammern in Handelsregistersachen (§ 23 Handelsregisterverfügung; Kilian VersR 2003, 683, 685).

2. Der allgemeine Grundsatz, dass ein gerichtlicher Sachverständiger durch seine 38 Ernennung nicht zum Amtsträger im amtshaftungsrechtlichen Sinne wird und daher eine Amtshaftung weder nach § 839 Abs 1 BGB noch nach Abs 2 eintritt (Rn 2), schließt es nicht aus, dass Amtsträger, zu deren gesetzlichem oder beruflichem Pflichtenkreis die Erstattung von Sachverständigengutachten gehört, diese Aufgaben im Rahmen ihrer normalen Amtstätigkeit, dh unabhängig von der gerichtlichen Beauftragung, als Amtspflichten im Sinne des § 839 BGB wahrnehmen. Die Haftung für ein Gerichtsgutachten stellt sich in solchen Fällen nicht anders dar, als wenn beispielsweise der Gutachterausschuss von einer sonstigen Behörde mit der Wertermittlung beauftragt worden wäre (BGH VersR 2003, 1535).

3. Dies bedeutet, dass § 839a BGB auf diese Behörden weder unmittelbar noch 39 analog anwendbar ist; es bewendet vielmehr bei den allgemeinen Amtshaftungsgrundsätzen (§ 839 BGB iVm Art 34 GG; BGHZ 200, 253 Rn 29 mwNw). Haftungsmaßstab ist einfache Fahrlässigkeit nach dem objektivierten Sorgfaltsmaßstab, der im

Amtshaftungsrecht gilt (§ 839 Rn 198; BGH VersR 2003, 1536). Hiergegen könnten sich die Einwände erheben, dass auf diese Weise die durch § 839a BGB bewirkte Harmonisierung der Haftungsmaßstäbe für den Richter (außerhalb des Richterspruchprivilegs) und den Sachverständigen zu Lasten der gutachterlich tätig gewordenen Fachbehörde verschoben und zugleich die Hürde dafür, den Vorprozess im Gewand des Amtshaftungsprozesses erneut aufzurollen, herabgesetzt wird. Auch aus der Sicht des Geschädigten macht es möglicherweise keinen Unterschied, ob zB die Wertermittlung durch den Gutachterausschuss (dann: Amtshaftung für einfache Fahrlässigkeit) oder durch einen privaten Grundstückssachverständigen (dann: Sachverständigenhaftung nach § 839a BGB) vorgenommen worden ist. Diese Unstimmigkeiten wiegen indessen nicht so schwer, als dass sie es rechtfertigen könnten, die gutachterlich tätig gewordene Behörde von der Einhaltung der normalen amtshaftungsrechtlichen Sorgfaltsstandards zu entbinden. Besonders deutlich wird dies, wenn das erstattete Gutachten oder die erteilte Auskunft über die durch den Gutachtenauftrag begründete Beziehung zum Geschädigten hinaus zugleich ein wesentliches Element im Rahmen des materiell-rechtlichen Verhältnisses zwischen der Behörde und dem Geschädigten darstellt, wie zB in dem der Entscheidung BGHZ 137, 11, 18 zugrunde liegenden Fall, wo der Rentenversicherungsträger mit der Auskunft, die er nach § 53b Abs 2 S 2 FGG aF im familiengerichtlichen Verfahren zum Versorgungsausgleich zu erteilen hatte, zugleich eine ihm gegenüber dem Versicherten und seinem Ehegatten obliegende rentenversicherungsrechtliche Amtspflicht erfüllte. Dementsprechend wird der Eintritt der Amtshaftung in diesen Fällen auch im Schrifttum gebilligt (MünchKommBGB/Wagner § 839a Rn 11; Soergel/Spickhoff § 839a Rn 13).

Sachregister

Die fetten Zahlen beziehen sich auf die Paragraphen, die mageren Zahlen auf die Randnummern.

J. von Staudingers Kommentar zum Bürgerlichen Gesetzbuch mit Einführungsgesetz und Nebengesetzen

Übersicht vom 15. 6. 2026

Die Übersicht informiert über die Erscheinungsjahre der Neubearbeitungen der Kommentierungen (= Gesamtwerk Staudinger).

Die Übersicht ist zugleich ein Vorschlag für das Aufstellen des „Gesamtwerk Staudinger" (insbesondere für solche Bände, die nur eine Sachbezeichnung haben). Es wird empfohlen, die Austauschbände chronologisch neben den überholten Bänden einzusortieren, um bei Querverweisungen auf diese schnell Zugriff zu haben. Bei Platzmangel sollten die ausgetauschten Bände an anderem Ort in gleicher Reihenfolge verwahrt werden.

	Neubearbeitungen				
Buch 1. Allgemeiner Teil					
Einl BGB; §§ 1–14; VerschG	2004	2013	2018	2024	
§§ 21–79a	2005	2019	2023		
§§ 80–89	2017				
§§ 90–124; 130–133	2012	2017	2021		
§§ 125–129; BeurkG	2012	2017	2023		
§§ 134–138	2003	2011	2017	2021	2024
§§ 139–163	2003	2010	2015	2020	2025
§§ 164–240a	2004	2009	2014	2019	2024
Buch 2. Recht der Schuldverhältnisse					
§§ 241–243	2005	2009	2015	2019	2024
§§ 244–248; PrKG	2016	2021	2024		
§§ 249–254	2005	2017	2021		
§§ 255–304	2004	2009	2014	2019	2025
§§ 305–310; UKlaG	2006	2013	2019	2022	2025
Anh zu §§ 305–310			2019	2022	2025
§§ 311, 311a–c	2012	2018	2023		
§§ 312–312m	2012	2019	2024		
§§ 313, 314	*2028*				
§§ 315–326	2004	2009	2015	2020	2026
§§ 327–327u	2023				
§§ 328–345	2009	2015	2020		
§§ 346–354	2012	2022			
§§ 358–360	2016	2021			
§§ 362–396	2006	2011	2016	2022	2026
§§ 397–432	2005	2012	2017	2022	
§§ 433–480	2004	2013			
§§ 433–448			2023		
§§ 449–473; 480–487			2024		
Wiener UN-Kaufrecht (CISG)	1999	2005	2013	2018	2025
§§ 488–490; 607–609	2010	2015	2025		
§§ 491–512	2004	2012			
§§ 516–534	2005	2013	2021	2026	
§§ 535–556g	2011	2014	2018	2021	2024
§§ 557–580a; Anh AGG	2011	2014	2018	2021	2024
Leasing	2004	2014	2018	2023	
§§ 581–606	2005	2013	2018	2024	
§§ 607–610 (siehe §§ 488–490; 607–609)	./.				
§§ 611–613	2011	2016	2020	2022	2025
§§ 613a–619a	2011	2016	2019	2022	2025
§§ 620–630	2012	2016	2019	2022	2025
§§ 630a–630h	2021				
§§ 631–650h; §§ 650p–650t	2024				
§§ 650i–650o; §§ 650u–650v	2025				
§§ 651a–651y	2003	2011	2016	2024	
§§ 652–655; 656a–656d	2021				
§§ 655a–656; 657–661a	2020				
§§ 662–675b	2017				
§§ 675c–676c	2012	2020			
§§ 677–704	2015	2020	2025		
§§ 705–740	2003				
§§ 741–764	2002	2008	2015	2021	
§§ 765–778	2013	2020	2025		
§§ 779–811	2002	2009	2015		
§§ 779–782				2020	2026
§§ 809–811				2023	
§§ 812–822	1999	2007			
§§ 823 A–D	2017				
§§ 823 E–I, 824, 825	2009	2021			
§§ 826–829; ProdHaftG	2003	2009	2014	2018	2021
§§ 830–838	2002	2008	2012	2018	2022
§§ 839, 839a	2007	2013	2020	2026	
§§ 840–853	2007	2015	2023		
AGG	2018	2020			
UmweltHR	2002	2010	2017		
Buch 3. Sachenrecht					
§§ 854–882	2000	2007	2012	2018	2025
§§ 883–888	2002	2008	2013	2020	2026
§§ 889–902	2019	2025			

§§ 903–924	2002	2009	2016	2020	2025
§§ 925–984; Anh §§ 929 ff	2004	2011	2017	2020	
§§ 985–1011	1999	2006	2013	2019	2023
ErbbauRG	2021	2026			
§§ 1018–1112	2025				
§§ 1113–1203	2002	2009	2015	2019	
§§ 1204–1296; §§ 1–84 SchiffsRG	2002	2009	2019		
§§ 1–17 WEG	2018	2023			
§§ 18–49 WEG	2018	2023			

Buch 4. Familienrecht

§§ 1297–1352	2007	2012	2015	2018	2023
LPartG	2010				
§§ 1353–1362	2007	2012	2018	2024	
§§ 1363–1407	2017				
§§ 1408–1563	2018	2023			
§§ 1564–1568b	2004	2010	2018	2024	
§§ 1569–1586b	2014				
§§ 1587–1588; VAHRG	2004				
§§ 1589–1600d	2000	2004	2011		
§§ 1601–1615n	2000	2018	2022		
§§ 1616–1625	2007	2015	2020	2026	
§§ 1626–1633; §§ 1–11 RKEG	2007	2015	2020		
§§ 1638–1683	2004	2009	2016	2020	
§§ 1684–1717	2006	2014	2018	2023	
§§ 1741–1772	2007	2019	2023		
§§ 1773–1895	2004	2014	2020		
§§ 1896–1921	2006	2013	2017		

Buch 5. Erbrecht

§§ 1922–1966	2000	2008	2017		
§§ 1967–2063	2002	2010	2016	2020	
§§ 2018–2063					2025
§§ 2064–2196	2003	2013	2019		
§§ 2087–2196				2026	
§§ 2197–2228	2003	2012	2016	2021	
§§ 2229–2302	2022				
§§ 2303–2345	2015	2021			
§§ 2346–2385	2010	2016			
§§ 2346–2352			2022		
§§ 2353–2370			2023		

EGBGB

Einl EGBGB; Art 1, 2, 50–218	2005	2013	2018	2025	
Art 219–232	2016				
Art 233–248	2016				

EGBGB/Internationales Privatrecht

Einl IPR	2012	2019	2024		
Art 3–6	2013				
Art 3–4		2019	2025		
Art 7–12, 47, 48	2007	2013	2019	2024	
IntGesR	1998	2024			
Art 13–17b	2003	2010			
Art 18; Vorbem A + B zu Art 19	2003				
Haager Unterhaltsprotokoll (HUP)		2016	2021		
Vorbem C–H zu Art 19	2009				
EU-VO u Übk z Schutz v Kindern		2018			
IntVerfREhe 2	2016				
IntVerfREhe (Brüssel IIb-VO)	2015	2023			
Art 19–24	2008	2014	2019	2022	
Art 25, 26	2000	2007			
Art 1–10 Rom I-VO	2011	2016	2021		
Art 11–29 Rom I-VO; Art 46b, c; IntVertrVerfR	2011	2016	2021		
Art 1–3; 10–14 Rom II-VO	2023				
Art 38–42	2001				
IntWirtschR	2006	2010	2015	2019	2023
Art 43–46	2015				

Eckpfeiler des Zivilrechts	2014	2018	2020	2022	2024

Demnächst erscheinen

§§ 355–361				2026	
§§ 652–661a				2026	
UmweltHR				2026	

Verlag Dr. Otto Schmidt und Walter de Gruyter Verlag OHG
Genthiner Str. 13, 10785 Berlin, Telefon (030) 2 60 05-0, E-Mail staudinger@degruyterbrill.com